Herrn Dr. Körber,

mit herzlichem Dank

für die großzügige Hilfe,

[signature]

19.12.2008

Arend Mindermann
Die Landtagsabschiede des Erzstifts Bremen
und des Hochstifts Verden

VERÖFFENTLICHUNGEN
DER HISTORISCHEN KOMMISSION FÜR NIEDERSACHSEN
UND BREMEN

244

SCHRIFTENREIHE DES LANDSCHAFTSVERBANDES
DER EHEMALIGEN HERZOGTÜMER BREMEN UND VERDEN

30

2008

VERLAG HAHNSCHE BUCHHANDLUNG HANNOVER

Die Landtagsabschiede des Erzstifts Bremen und des Hochstifts Verden

bearbeitet von
Arend Mindermann

2008

VERLAG HAHNSCHE BUCHHANDLUNG HANNOVER

Die Erarbeitung dieses Bandes wurde ermöglicht durch

VGH Landschaftliche Brandkasse Hannover

 Landschaft der Herzogtümer Bremen und Verden

 Landschaftsverband der ehemaligen Herzogtümer Bremen und Verden

Gedruckt mit Hilfe von
Forschungsmitteln des Landes Niedersachsen

Bibliografische Information der Deutschen Nationalbibliothek

Die Deutsche Nationalbibliothek verzeichnet diese Publikation in der Deutschen Nationalbibliografie; detaillierte bibliografische Daten sind im Internet über http://dnb.ddb.de abrufbar.

Abbildung auf dem Einband:
Siegel des Bremer Domkapitels, an einer Schuldverschreibung von 1595 November 10 als Siegel der Bremer Landstände verwendet
(StA Stade, Rep. 1, nr. 2074). Umzeichnung von Anne Vogt, Oldenburg

ISBN 978-3-7752-6044-2

© 2008 Verlag Hahnsche Buchhandlung Hannover
Gesamtherstellung: poppdruck, Langenhagen

*Dem ehemaligen Präsidenten
der Landschaft der Herzogtümer Bremen und Verden*

*Herwart von der Decken
(† 2003)*

zum Gedächtnis

Inhaltsverzeichnis

Geleitwort des Landschaftsverbandes der ehemaligen
   Herzogtümer Bremen und Verden 9

Geleitwort der Historischen Kommission
   für Niedersachsen und Bremen 11

Vorwort 13

Einleitung 15

Quellen und Literatur 25
   Ungedruckte Quellen 25
   Gedruckte Quellen und Literatur 31

Texte 43
   A. Landtagsabschiede des Erzstifts Bremen 43
   B. Landtagsabschiede des Hochstifts Verden 477

Indices 651
   Orts- und Personenindex 651
   Index ausgewählter Sachen 677

Geleitwort des Landschaftsverbandes der ehemaligen Herzogtümer Bremen und Verden

Eines der besonders wirksamen Strukturmerkmale der älteren niedersächsischen Geschichte ist die „Vielfalt der Territorien auf niedersächsischem Boden" (Ernst Schubert). Eindrucksvoll und für viele überraschend ist dies erst kürzlich wieder deutlich geworden in dem von der Historischen Kommission für Niedersachsen und Bremen in gemeinschaftlicher Anstrengung vieler ihrer Mitglieder erarbeiteten „Handbuch der niedersächsischen Landtags- und Ständegeschichte", das nicht weniger als 28 Territorien beschreibt[1]. Diese Vielfalt einerseits und andererseits die Erkenntnis, dass „Ständegeschichte als zentraler Beitrag zur individuellen Geschichte eines frühneuzeitlichen Territoriums" angesehen werden muss und dass daher „in den meisten Fällen die frühneuzeitliche Entwicklung der Territorien nicht allein von den Regenten her beschrieben werden kann, sondern die landständische Entwicklung einbeziehen muss"[2], veranlassten die Kommission vor einigen Jahren dazu, verstärkt die Bearbeitung der Landtags- und Ständegeschichte in den Blick zu nehmen. In den konzeptionellen Überlegungen wurde jedoch schnell klar, dass gerade angesichts der starken territorialen Differenzierung des niedersächsischen Raumes und wegen des zudem sehr unterschiedlichen – und nur zu häufig unzureichenden – Kenntnisstandes über die entsprechenden Gegebenheiten einzelner Territorien zunächst Grundlagenforschung zu leisten war. Vor diesem Hintergrund wurde das Ziel formuliert, Landtagsabschiede und -rezesse als die wichtigsten Quellen zur Stände- und Landtagsgeschichte der einzelnen niedersächsischen Territorien zu erschließen und zu veröffentlichen.

Diese Initiative ist auf sehr fruchtbaren Boden gefallen: Nachdem schon 2006 eine Edition der frühen Landtagsabschiede des Hochstifts Hildesheim erschienen ist[3], dokumentiert der vorliegende Band sämtliche erhaltenen Landtagsabschiede des Erzstifts Bremen und des Hochstifts Verden bis zu ihrer Säkularisation am Ende des Dreißigjährigen Krieges. Zusätzlich dazu bietet er Rechtsfindungen, Schatzbewilligungen und Nachweise der Landtagsprotokolle. Damit wird zum einen den Spezifika der Landtagsgeschichte dieser beiden geistlichen Territorien Rechnung getragen, zum anderen konnte auf einer im Untersuchungsgebiet bereits vorhandenen besonderen Forschungsstruktur aufgebaut werden. Schon seit Ende der 1980er Jahre haben es sich nämlich die Landschaft der Herzogtümer Bremen und Verden und der von ihr zusammen mit zahlreichen kommunalen Gebietskörperschaften sowie diversen Geschichts- und Heimatvereinen getragene gleichnamige Landschaftsverband zur Aufgabe gemacht, die Erforschung der Geschichte des

---

1 Handbuch der niedersächsischen Landtags- und Ständegeschichte, Bd. 1: 1500–1806, hrsg. von BRAGE BEI DER WIEDEN (Veröffentlichungen der Historischen Kommission für Niedersachsen und Bremen 216), Hannover 2004.
2 ERNST SCHUBERT, Einleitung, in: Handbuch, wie Anm. 1, S. 11 bzw. S. 9.
3 THOMAS KLINGEBIEL (Bearb.), Die Landtagsabschiede des Hochstifts Hildesheim 1573–1688 (Veröffentlichungen der Historischen Kommission für Niedersachsen und Bremen 234), Hannover 2006.

Elbe-Weser-Raumes verstärkt voranzutreiben. Seitdem stellt die Landschaft in jedem Jahr – gemeinsam mit Förderern und Sponsoren aus der Region – erhebliche zusätzliche Mittel zur Verfügung, durch die beim Landschaftsverband Forschungsstellen, Werkverträge und Sachkosten finanziert werden. In Zusammenwirken mit dem Niedersächsischen Landesarchiv – Staatsarchiv Stade – wurden dank dieser Hilfe grundlegende Quellenbestände planmäßig erschlossen und zahlreiche Themenfelder der hiesigen Landesgeschichte gezielt aufgearbeitet. In annähernd 30 Büchern sind in den letzten beiden Jahrzehnten die Ergebnisse dieser Forschungen veröffentlicht worden. Ihr Spektrum reicht von Urkundeneditionen und Darstellungen zur mittelalterlichen Geschichte über die für eine Küstenregion in schlechthin jeder Hinsicht konstitutive Geschichte der Deiche an Elbe und Weser bis hin zu Untersuchungen zur historischen Wohn- und zur Sepulkralkultur.

Wesentlicher Teil dieser aktiven Forschungslandschaft ist seit Mitte der 1990er Jahre Dr. Arend Mindermann. Er ist mit der Geschichte des Elbe-Weser-Raumes wie nur wenige vertraut und hat in gewohnt umsichtiger und akribischer Weise auch die vorliegende Edition erarbeitet. Ihm ist dafür an erster Stelle herzlich zu danken. Er konnte sich diesem Projekt allerdings nur deshalb so intensiv widmen, weil in außerordentlich großzügiger Weise die Landschaftliche Brandkasse Hannover (VGH) über einen Zeitraum von fünf Jahren die hierfür notwendigen zusätzlichen Personalkosten getragen hat. Für diese Förderung, mit der die VGH ein weiteres Mal ihr besonderes Interesse an der Geschichte der Landstände im Gebiet des früheren Königreichs Hannover (und damit auch an ihrer eigenen Vorgeschichte) eindrucksvoll bewiesen hat, sei ihr ebenfalls herzlich gedankt. Namentlich gilt dieser Dank den beiden im Projektzeitraum amtierenden Vorstandsvorsitzenden Dr. Robert Pohlhausen und Dr. Günter Schmidt, die beide an den Arbeiten von Herrn Mindermann auch persönlich stets sehr interessiert waren.

Die Basis des hier skizzierten Forschungsprogramms im Allgemeinen und des Projekts im Besonderen, das zu der hier vorgelegten Edition der Landtagsabschiede des Erzstifts Bremen und des Hochstifts Verden geführt hat, aber war die Landschaft der Herzogtümer Bremen und Verden und insbesondere Herwart von der Decken, der von 1989 bis 2001 Ritterschafts- und Landschaftspräsident war. Er regte nicht nur eine systematische Zusammenstellung aller dringlichen Desiderate der Geschichtsforschung zwischen Elbe und Weser an, sondern forderte auch nachdrücklich die Umsetzung der jeweiligen Projekte ein, führte die Beschlüsse zu ihrer Finanzierung herbei und begleitete alle sich daraus ergebenden Arbeiten mit vielfältiger weiterer Förderung. Auf ihn und sein hilfreiches Wirken sei daher an dieser Stelle in dankbarer Erinnerung hingewiesen. Auch seinem Nachfolger in beiden Ämtern, Herrn Dr. Eduard v. Reden-Lütcken, der dieses Engagement für die landesgeschichtliche Forschung im Elbe-Weser-Raum ohne jeden Abstrich fortgesetzt hat, wissen sich der Landschaftsverband der ehemaligen Herzogtümer Bremen und Verden und die Historische Kommission für Niedersachsen und Bremen, in deren beider Schriftenreihen dieses Buch erscheint, dankbar verbunden.

Hans-Eckhard Dannenberg, Bernd Kappelhoff

Geleitwort der Historischen Kommission für Niedersachsen und Bremen

Der moderne Staat wurzelt im Fürstenhof und -haushalt einerseits, in den frühneuzeitlichen Landtagen andererseits. Erst der Konsens der Landstände erlaubte es, eine Staatsgewalt zu inszenieren, die jedoch – zweites Ergebnis dieses Prozesses – Untertanengruppen wie Untertanen als Individuen eine eigene, garantierte Rechtspersönlichkeit verlieh. Steuerstaat und Rechtsstaat, sich einander bedingend, gingen im 20. Jahrhundert im Sozialstaat auf, dessen Niedergang wir zur Zeit erleben. Die Darstellung der historisch maßgeblichen Institutionen und Entwicklungen kann daher besondere Aufmerksamkeit verlangen. Nur wer um die Geschichte der staatlichen Komplementärgewalten, der Landstände bzw. der Landtage, als Institutionen des Interessensausgleichs weiß, lernt zu verstehen, dass der Staat nie Selbstzweck, sondern immer Instrument gewesen ist.

Um eine genauere Vorstellung von der Wirksamkeit der Landstände in den alteuropäischen Monarchien und Fürstenherrschaften erreichen zu können, muss zunächst ein Überblick über die möglichen Erscheinungsformen und Ausprägungen gewonnen werden. Geistliche Fürstentümer sind in dieser Hinsicht meist schlechter erforscht als weltliche, weil durch die Säkularisation wichtige Traditionsstränge abgeschnitten wurden und aus dem Bewusstsein schwanden. Das gilt für die Bischofswahlen und mehr noch für die auf diese sich gründende vorherrschende Stellung der Domkapitel. Wenngleich für das Gebiet des heutigen Landes Niedersachsen erste Vergleichsmöglichkeiten der landständischen Verfassungen der geistlichen wie weltlichen Territorien bereits vorliegen, ändert dies nichts an der Tatsache, dass eine eigentliche Erforschung des gesamten niedersächsischen Nordostens, des Erzstifts Bremen und des Hochstifts Verden, in dieser Beziehung noch aussteht.

Gut ein Siebtel der Fläche des heutigen Bundeslandes umfassen diese beiden Territorien, die hinsichtlich ihrer Verfassung und Sozialgeschichte durchaus ungewöhnlichen Konstellationen aufweisen. Den ersten Stand bildeten, wie in Hoch- und Erzstiften gewöhnlich, die Domkapitel. Die unterentwickelte Städtelandschaft, die sich kaum zu dem üblichen Dreiklang: erste Stadt, zweite Stadt, Residenz fügte, konnte kein wirkliches Gegengewicht bilden. Diese Funktion kam meistens der Ritterschaft zu. Anders als üblich formierte sich die bremische Ritterschaft nicht als Verband der fürstlichen Lehnsnehmer, sondern unter dem Druck der neuen Staatlichkeit und der sozialen Vorbilder anderer Landschaften und des Reiches. Die Ritter besaß ihre Güter im Erzstift gewöhnlich zu Eigentum. Außerdem muss die starke Stellung der Landesgemeinden hervorgehoben werden, die vor allem aus den wirtschaftlichen Verhältnissen resultierte – nicht umsonst bezeichnete ein alter Vergleich das Erzstift Bremen als einen alten schäbigen Mantel mit goldenen Borten, eben den blühenden Marschen, in denen die Landesgemeinden sich gebildet hatten. Gelegentlich wurden die Landesgemeinden, bäuerliche Vertreter also, zu den Landtagen geladen, ohne allerdings dauerhaft ein Repräsentationsrecht behaupten zu können.

Auf eine weitere Besonderheit geht der Bearbeiter, Dr. Arend Mindermann, in seiner Einleitung genauer ein: auf den Hoftagscharakter der Landtage, die in traditioneller Weise der Rechtsprechung dienten. Das mittellateinische Wort parliamentum erfuhr ja zwei unterschiedliche Bedeutungsausprägungen: Während in England aus der „parliament" genannten Ratsversammlung eine Volksvertretung erwuchs, trennte der französische König Philipp IV. 1302 die Vertretung der Reichsstände vom Pairsgericht und Obertribunal, dem „parlement" bzw. den Parlamenten, die als reine Justizbehörden bis 1790 ihre Tätigkeit ausübten.

Es gibt mithin Gründe genug, um sich mit den Bremer und den zeitweise eng assoziierten Verdener Landständen auseinander zu setzen und die je eigenen Entwicklungen in ihre europäischen Zusammenhänge einzuordnen. Mindermanns Edition bietet dafür eine ausgezeichnete Grundlage. Zur Verwirklichung dieses Editionsvorhabens trafen in idealer Weise die lang gehegten Wünsche des Landschaftsverbandes der ehemaligen Herzogtümer Bremen und Verden (und des Landes Hadeln), die eigenen Traditionen frei zu legen, mit den Bestrebungen der Historischen Kommission für Niedersachsen und Bremen zusammen. Näheres ist der Einleitung zu entnehmen. Hier soll lediglich der Freude Ausdruck verliehen werden, dass dieses Werk in dieser Form der Fachwelt präsentiert werden kann.

Brage Bei der Wieden

Vorwort

Das hier vorliegende Werk wäre nie zustande gekommen ohne die Hilfe und Unterstützung zahlreicher Personen und Institutionen, die nicht ungenannt bleiben sollen. Ihnen allen gilt mein herzlicher Dank.

Gedankt sei zunächst dem Landschaftsverband der ehemaligen Herzogtümer Bremen und Verden (Landschaftsverband Stade), in dessen Stader Geschäftsstelle das vorliegende Werk entstand. Namentlich genannt seien hier dessen Vorsitzenden Rainer Mawick, Verden, und dessen Geschäftsführer Dr. Hans-Eckhard Dannenberg, Stade. Der VGH und insbesondere ihrem Vorstandsvorsitzenden Dr. Robert Pohlhausen, danke ich für die großzügige finanzielle Förderung dieses Arbeitsprojektes sehr herzlich. Gleicher Dank gilt auch der Landschaft der Herzogtümer Bremen und Verden und ihrem Präsidenten, Herrn Dr. Eduard von Reden-Lütcken, für die stete Förderung dieses Arbeitsprojektes.

Zu danken ist auch den Kollegen in der Geschäftsstelle des Landschaftsverbandes für die kollegiale und nette Arbeitsatmosphäre. Zudem danke ich Dr. Dannenberg und Dr. Bernd Kappelhoff, Präsident des Niedersächsischen Landesarchivs, Hannover, für die Aufnahme dieses Bandes in die Schriftenreihe des Landschaftsverbandes Stade. Dem Vorsitzenden der Historischen Kommission für Niedersachsen und Bremen Prof. Dr. Thomas Vogtherr, Osnabrück, danke ich für die Aufnahme dieses Bandes in die Reihe der Veröffentlichungen der Historischen Kommission.

Bei der Bearbeitung der Landtagsabschiede war ich stets auf die Hilfe und Unterstützung der Leiter und Mitarbeiter der von mir genutzten Archive und Bibliotheken angewiesen, wofür ihnen allen sehr herzlich gedankt sei, auch wenn sie hier nicht alle namentlich genannt werden können. Stellvertretend für sie alle möchte ich aber die Mitarbeiter des Staatsarchivs Stade nennen, insbesondere Dr. Jan Lokers (jetzt Lübeck), Dr. Gudrun Fiedler, Dr. Thomas Bardelle, Dr. Brage Bei der Wieden (jetzt Wolfenbüttel), Dr. Christina Deggim, Dr. Beate-Christine Fiedler, Dr. Sabine Graf (jetzt Hannover), Dr. Christian Hoffmann (jetzt Hannover) und Herrn Bernd Watolla. Namentlich nennen möchte ich auch Herrn Thomas Fenner, Archiv der Landschaft und der Ritterschaft der Herzogtümer Bremen und Verden in Stade, Dr. Konrad Elmshäuser und Dr. Adolf E. Hofmeister, Staatsarchiv Bremen, Herrn Bernd Utermöhlen, Stadtarchiv Buxtehude sowie Dr. Björn Emigholz, Stadtarchiv Verden.

Für gewährten Rat und für Hilfe danke ich Herrn Norbert Bischoff, Döhlbergen, Dr. Wolfgang Dörfler, Gyhum, Dr. Michael Ehrhardt, Stade, Prof. Dr. Norbert Fischer, Hamburg, Prof. Dr. Thomas Klingebiel, Göttingen, und Dr. Dieter Riemer, Bremerhaven. Der Firma poppdruck möchte ich für die umsichtige und zügige Drucklegung sowie für ihre Nachsicht mit meinen typographischen Sonderwünschen und den zahlreichen Korrekturen danken.

Ein abschließender sehr herzlicher Dank gilt schließlich auch bei diesem Werk in Liebe meiner Frau, Dr. Ida-Christine Riggert-Mindermann, insbesondere für ihre große Hilfe bei der Erstellung des Registers.

Ohne den energischen Ansporn von Seiten des im Jahr 2003 verstorbenen ehemaligen Präsidenten der Landschaft der Herzogtümer Bremen und Verden sowie der Ritterschaft der Herzogtümer Bremen und Verden, Herrn Herwart von der Decken, wäre das hier vorliegende Buch wohl nie in Angriff genommen worden. Immer wieder drängte er darauf, mit der Bearbeitung der frühen Bremer und Verdener Landtagsgeschichte zu beginnen. Gern hätte ich ihm deshalb persönlich ein Exemplar des Buches überreicht. So bleibt mir nur, es seinem Andenken zu widmen.

Stade, im Sommer 2008   Dr. Arend Mindermann

Einleitung

Zur Geschichte der Bremischen und Verdischen Landstände

Erst vor wenigen Jahren Jahren sind von Adolf E. Hofmeister, Hans-Eckhard Dannenberg, Beate-Christine Fiedler und Ida-Christine Riggert-Mindermann Darstellungen vorgelegt worden, in welchen die wesentlichen Entwicklungen der Geschichte der Landstände des Erzstifts Bremen und des Hochstifts Verden dargelegt werden.[1] Sie alle bieten den jeweils neuesten Forschungsstand zu diesem Thema und die Nachweise der älteren diesbezüglichen Literatur. Weitere eingehende Studien zur Geschichte der Bremischen und Verdischen Landstände der Jahre vor 1648 bieten F. W. Wiedemann, Karl-Heinz Schleif und Karsten Frick im Rahmen ihrer thematisch weitergefaßten Arbeiten.[2] Es erübrigt sich deshalb, an dieser Stelle einen erneuten vollständigen Überblick über die Geschichte der Bremischen und Verdischen Landstände zu bieten, der doch notwendigerweise über weite Strecken nur eine Paraphrase jener Arbeiten werden könnte. Durch alle eben angeführten Arbeiten sind zudem die älteren, bis ins letzte Jahrzehnt des 20. Jahrhundert hinein immer noch einschlägigen, seinerzeit sehr verdienstvollen Arbeiten von Goetze, Freudentheil, Pfannkuche und Manecke in hohem Maße als überholt anzusehen.[3] Es sei daher im folgenden lediglich auf einige grundlegende Aspekte hingewiesen, die sich aus der jahrelangen Quellenrecherche ergaben, aus der Beschäftigung mit jenen Quellen also, die vom Bearbeiten in diesem Band sowie in einem in Kürze erscheinenden, unten noch näher betrachteten Supplementband vorgelegt werden.

Zunächst ist hinsichtlich der Bremer Landtage auf ein Faktum hinzuweisen, das der bisherigen Forschung zwar nicht verborgen geblieben ist, das aber in der Regel doch als ein eher marginales Phänomen aufgefaßt wurde, die Tatsache nämlich, daß die Bremer Landtage seit dem Jahr 1398, also praktisch von Beginn an, immer auch als Gerichtsstätte dienten.[4] In aller Regel waren es privatrechtliche Klagen zwischen Angehörigen von landtagsberechtigten Familien, und zwar zumeist Erbauseinandersetzungen, die dort verhandelt wurden. Als Ergebnis dieser Prozesse wurden im Jahr 1398 sowie das gesamte 15. Jahrhundert hindurch Rechtsfindungen der Landstände verkündet und gelegentlich auch publiziert. Nach Erlaß der Hofgerichtsordnung im Jahr 1517 – bezeichnenderweise in der Form eines

---

1 Hofmeister, Adel. – Dannenberg, Landtag. – Fiedler, Bremen. – Riggert-Mindermann, Verden.
2 Wiedemann, Bremen. – Schleif, Regierung. – Frick, Konfession.
3 Goetze, Commentatio. – Freudentheil, Landstände. – Manecke, Von den Landständen. Da die letztgenannten, sehr verdienstvollen, aber eben durchweg mindestens anderthalb Jahrhunderte alte Arbeiten bis zum Erscheinen der eingangs genannten Werke den gültigen Forschungsstand zur Bremischen und Verdischen Ständeforschung repräsentierten, überrascht es nicht, daß die Landstände des Erzstifts Bremen und des Hochstifts Verden in den Überblicksdarstellungen zur Geschichte der niedersächsischen Landstände, die in den letzten Jahren des vorigen Jahrhunderts vorgelegt worden sind, praktisch nicht vorkommen. Vgl. Heuvel, Mittelalter. – Schubert, Steuern. – Eine Ausnahme bildet Reinicke, Landstände.
4 Genannt wird die früheste Rechtsfindung von 1398 (nr. A.2) bereits von Merker, Ritterschaft, S. 84, Anm. 398 u. S. 123 mit Anm. 569.

Landtagsabschieds! (nr. A.46) – diente der Landtag in diesen Prozessen (nach vorangehender Verhandlung vor dem erzbischöflichen Hofgericht) als eine Appellationsinstanz, die bindende Bescheide ergehen lassen konnte. Eine größere Zahl dieser Bescheide hat sich erhalten und ist in diesem Band ediert (im Sachindex s. v. Rechtsbescheid nachgewiesen). Die ununterbrochene Kontinuität der Bremischen Landtage als Gerichtsstand reicht mithin vom Jahr 1399 bis zum Ende des Erzstifts Bremen im Jahr 1648. Es handelt sich hierbei also ganz eindeutig um ein ganz wesentliches Strukturmerkmal der Bremischen Landtage in der Zeit vor 1648. Die Bremer Landtage der Jahre vor 1648 sind damit ohne jeden Zweifel als unmittelbare Vorgängerinstitution der späteren Appellationsgerichte anzusehen.

Stark vereinfacht gesagt, gibt es also nicht nur eine (sei jeher bekannte) direkte Traditionslinie von den Bremischen und Verdischen Landtagen der Zeit vor 1648 zu den heutigen Landtagen der historischen Landschaft der Herzogtümer Bremen und Verden und (etwas indirekter) zum heutigen Niedersächsischen Landtag.[5] Vielmehr führt, zumindest bei den Bremer Landtagen, auch eine Traditionslinie von den Landtagen über das Wismarer Tribunal[6] und das Celler Oberappellationsgericht bis hin zum heutigen OLG Celle.[7] Für das Hochstift Verden hat sich Vergleichbares allerdings nicht nachweisen lassen; für die dortigen Landtage ist eine Rechtsfindung nur einmal und zudem erst sehr spät überliefert.[8] Aus diesem Befund ergeben sich gleich mehrere Fragen, etwa die Frage, warum es bei diesem Thema derartige regionale Unterschiede zwischen den Bremer und Verdener Landtagen gab, oder auch die Frage, ob sich ähnliche Gerichtsverhandlungen wie auf den Bremer Landtagen vielleicht auch in anderen Territorien finden lassen. Die Beantwortung dieser Fragen kann und soll dieser Stelle nicht versucht werden; dies muß künftigen rechtshistorischen Forschungen überlassen bleiben.

Des weiteren sei auf die Tagungsorte der Landtage verwiesen. Zu diesem Thema hat vor wenigen Jahren Elfriede Bachmann auf der Basis der umfangreichen Quellen des Staatsarchivs Stade eine detaillierte Untersuchung vorgelegt.[9] Ergänzend zu ihren gut begründeten Befunden können hier aber doch, aufgrund erhaltener Archivalien des Stadtarchivs Buxtehude und des Staatsarchivs Bremen, einige wenige weitere Details ergänzt werden. Völlig unstrittig ist, daß der Steingraben bei Basdahl, und der Ort Basdahl selbst, die traditionellen Bremer Landtagsplätze waren. Der Bremer Landtag vom 3. Dezember 1571, der auf den Steingraben ausgeschrieben worden war, dann aber, wie es im Protokoll explizit heißt, wegen eines *Ungewitters* nach Basdahl verlegt worden war, belegt, daß es durchaus gute Gründe für die Wahl eines geschlossenen Raums als Landtagsort gab. In jenem Fall war dies eben ein heftiges Unwetter, das einen Landtag unter freiem Himmel

---

5 Hierzu jetzt Schubert, Landtag.
6 Hierzu zuletzt umfassend Jörn u.a., Integration; vgl. jüngst auch Jörn, Stade.
7 Zur Geschichte der für Bremen und Verden zuständigen Appellationsgerichte vgl. Modéer, Gerichtsbarkeiten, spez. S. 62–91 u. 175–200 sowie zuletzt Drecktrah, Gerichtsbarkeit, spez. S. 24–31.
8 Nr. B.62.8 (1600 Juni 25).
9 Bachmann, Tagungsorte.

mit seinen Annehmlichkeiten in Form von kostenlosem Pferdefutter und einer kostenlosen Wasserversorgung für Mensch und Tier aus dem wohl unmittelbar am Landtagsort gelegenen ‚Steingraben', nicht zuließ, so daß nach Basdahl ausgewichen werden mußte. Zweifellos wird auch dieser Landtag also in einem Basdahler Bauernhof getagt haben, wie dies für andere Landtage sicher nachzuweisen ist (nr. A.50, 1522 Dezember 11; A.54; 1524 September 1; A.223, 1590 Januar 3). Daß aber auch die Tagung in einem – jahreszeitlich und witterungsbedingt wohl recht dunklen und ganz sicher verräucherten – Bauernhof in Basdahl als eher unbequem empfunden wurde (man ist versucht zu sagen: verständlicherweise), zeigt die Begründung der Verlegung eines Landtags von Basdahl nach Stade Ende Dezember 1596/Anfang Januar 1597. Ganz ausdrücklich wird im Stader Rezeß vom 6. Januar 1597 die Unbequemlichkeit der Räumlichkeiten in Basdahl als Grund für die Verlegung nach Stade genannt (nr. A.260).

Ein möglicher Tagungsort war zweifellos stets auch das jeweilige Domkapitelshaus in Verden bzw. Bremen. Die Verdener Landstände nutzten diesen Versammlungsort regelmäßig, aber auch für Bremen ist er mehrmals belegt (Index s.v. Verden, Domkapitelhaus und Bremen, Domkapitelshaus bzw. Domkapitelshaus ‚die Glocke'). Ob es nur die Größe des Territoriums des Erzstifts Bremen und die verkehrsgünstige Lage des Landtagsplatzes am Steingraben bzw. in Basdahl war, der dazu führte, daß jener Landtagsplatz sich im Erzstift Bremen durchsetzte, und eben nicht (wie im Hochstift Verden) das Domkapitelshaus, bliebe in künftigen vergleichenden Untersuchungen mit anderen Territorien zu untersuchen. In jedem Fall hatte sich der Steingraben bzw. Basdahl bereits Mitte des 16. Jahrhunderts als Landtagsplatz derart etabliert, daß ein vom Landesherrn ausgewählter anderer Tagungsort durchaus einer Begründung im Ausschreiben bedurfte (nr. A.160; 1563 Februar 3). Daß dann, wenn eine solche Begründung sich fand, etliche Dörfer in der Nähe Basdahls aber auch in Bremen, Stade oder Buxtehude bzw. Buxtehude-Altkloster zur Abhaltung eines Landtags in Frage kamen, zeigen die hier edierten Quellen. Auch Bachmann hat hierauf bereits hingewiesen. Eine Besonderheit zeigt sich in den Zeiten der Personalunion zwischen Bremen und Verden, insbesondere während der Regierungszeit der Bremer Erzbischöfe und Verdener Administratoren Christoph von Braunschweig-Lüneburg (1502 [Verden]/1511 [Bremen]–†1558) und dessen Bruder Georg (1558–†1566). Zu jener Zeit wurde vom Landesherrn offenbar gerne ein Ort zwischen Bremen und Verden ausgewählt, wie etwa das Dorf Achim, das im 16. Jahrhundert mehrfach als Landtagsort diente, oder auch Daverden, wo im Jahr 1549 ein wichtiger Landtag stattfand, auf dem gleich zwei der unten noch näher betrachteten Bremer Fundamentalrezesse verabschiedet wurden. Auch Orte in der Nähe der Grenze des Erzstifts Bremen kamen insbesondere in den Zeiten der Personalunion als Landtagsort in Frage, wie etwa Zeven oder Buxtehude, die beide mehrfach als Landtagsort bezeugt sind (s. Index s.v.).

Nur kurz angerissen werden soll hier das Thema der Häufigkeit der Landtage, da es auch hierzu vergleichender Untersuchungen bedürfte. Die zahlreichen überlieferten Quellen zeigen aber, wie sich schon jetzt sagen läßt, zumindest zweierlei:

Zum einen erweist sich, daß es ganz offenbar weder im Erzstift Bremen noch im Hochstift Verden völlig feste Daten für die Abhaltung von Landtagen gab; getagt werden konnte zu jeder Jahreszeit, also durchaus aus mitten im Winter. Zum anderen zeigen die erhaltenen Ausschreiben, daß es für die Abhaltung eines Landtags einer Begründung bedurfte. Die in den Ausschreiben häufig angeführten detaillierten Begründungen für die Abhaltung der jeweiligen Landtage deuten darauf hin, daß ein Landtag ganz offenbar immer dann ausgeschrieben wurde, wenn der Landesherr oder die Landstände dies für notwendig erachteten, also gegebenenfalls im Abstand weniger Wochen. Neben jeweils zeitgebundenen Begründungen taucht dabei eine Begründung für die Ausschreibung eines Landtags immer wieder auf: dringende Mahnungen vom Kaiserhof oder vom Reichskreis, die ausstehenden Steuern endlich zu zahlen.

Schließlich sei noch auf eine im Erzstift Bremen überlieferte Quelle hingewiesen, auf die bereits Karl-Heinz Schleif nachdrücklich aufmerksam gemacht hat: „Im Stile der Monarchomachen hat man im 17. Jh. auf ständischer Seite Sammlungen hergestellt unter Titeln wie ‚*stetswehrende Receß, Capitulationes unnd Verträge, zwischen den Herrn Ertzbischoffen zu Bremen und gemeinen Stenden auffgericht*‘, die den Charakter eines Grundgesetzes tragen."[10] Auf territorialer Ebene haben wir, so Schleif weiter, „in den ‚Fundamentalgesetzen' eine Ordnung vor, die im Erzstift grundlegend geblieben ist bis zum Ende des untersuchten Zeitraums," also bis 1648. Erzbischof Friedrich wird „1635 Febr. 25 [...] beim Regierungsantritt darauf festgelegt, sich ‚*die capitulation, fundamentalgesetz undt der stände privilegia*' angelegen sein zu lassen."[11] Auf die hierin überlieferten Quellen wird im folgenden noch zurückzukommen sein.

Zur Konzeption des Bandes

Grundlegender Ausgangspunkt des hier vorliegenden Bandes war der Wunsch, die rechtsverbindlich gewordenen Beschlüsse der Landtags des Erzstifts Bremen und des Hochstifts Verden vollständig zu edieren. Diese Zielkonzeption wurde bereits in ersten Vorgesprächen im Jahre 2001 festgelegt, an denen auf Initiative, unter der Leitung und auf Einladung des damaligen Landschaftspräsidenten Herwart von der Decken neben dem Bearbeiter und Dr. Hans-Eckhard Dannenberg als Landschaftsdirektor der Landschaft der Herzogtümer Bremen und Verden und Geschäftsführer des Landschaftsverbandes Stade auch der damalige Leiter des Niedersächsischen Staatsarchivs in Stade, Dr. Jan Lokers, sowie Prof. Dr. Ernst Schubert als Vorsitzender der Historischen Kommission für Niedersachsen und Bremen und Inhaber des Lehrstuhls für Niedersächsische Landesgeschichte an der Universität Göttingen teilnahmen. Es bestand bei diesen Gesprächen am Ende völliges Einvernehmen darüber, daß eine Auswahledition aller wichtigen landständischen Quellen anzustreben war, anstelle einer von Seiten des Landschafts-

---

10 Schleif, Regierung, S. 28.
11 Ebd., Anm. 35.

präsidenten von der Decken zunächst favorisierten vollständigen Edition aller Landtagsprotokolle bis 1648. Eine derartige Edition der Landtagsprotokolle erschien, so das einhellige Urteil von historischer und archivarischer Seite, aufgrund der hierzu vorliegenden, etliche Tausend Blatt umfassenden Menge an aufzunehmenden Texten von vornherein völlig aussichtslos und hätte wohl nahezu zwangsläufig in einem Torso geendet. Die nunmehr angestrebte Auswahl-Edition sollte in enger Abstimmung mit den von Seiten der Historischen Kommission geplanten Editionen von Landtagsabschieden realisiert werden.

Die mit Abstand wichtigsten Quellen für die Bearbeitung jenes Bandes waren dabei für das Erzstift Bremen zunächst und in erster Linie die ebengenannten Fundamentalgesetze. Insbesondere die Beschäftigung mit jenen Fundamentalgesetzen ließ den Bearbeiter sehr bald zu der Überzeugung gelangen, daß es am sinnvollsten wäre, sämtliche Texte dieses von Schleif zurecht so genannten Bremischen ‚Grundgesetzes'[12] vollständig und im Zusammenhang zu bieten. Demnach galt es nun, außer den grundlegenden Landtagsabschieden auch die dort durchweg enthaltenen landesherrlichen Mandate und Wahlkapitulationen aufzunehmen.[13] Diese konzeptionelle Entscheidung hatte mehrere gravierende, für den Bearbeiter zunächst noch nicht völlig absehbare Folgen: Da sowohl die Bremer als auch die Verdener Quellen vorgelegt werden sollten, ergab sich zunächst die Konsequenz, daß auch für den Verdener Teil die wichtigsten landesherrlichen Mandate und alle Wahlkapitulationen ermittelt und in den Textkorpus einzubeziehen waren. Anders als angesichts der bis in die 90er Jahre des 20. Jahrhunderts vorliegenden Forschung zu erwarten gewesen wäre, waren diese Quellen, insbesondere die zahlreichen

---

12 Ebd., S. 28.
13 Eine knappe Übersicht der in keiner dieser Sammlungen fehlenden Fundamentalgesetze bietet das Inhaltsverzeichnis der entsprechenden Verdener Sammlung (HB DoG Verden, Stettswehrende Receße):
– *Anno 1490 Recessus* [nr. A.31];
– *1517: Hoffgerichts Receß* [nr. A.46];
– *1525 Buxtehudischer Receß* [nr. A.57],
– *1531 Baßdahlischer Receß* [nr. A.67],
– *1534 Recess uff den Eilffthaler Schatz* [Lesefehler bei der Lesung des römischen Zahlzeichens II; korrekt: 2-Gulden-Schatz; nr. A.75],
– *1534 Bremischer Landstände vereinigung wieder den Ertzbischoff* [nr. A.73],
– *1541 Kayserl. Commissarien Vertrag und Recess* [nr. A.82],
– *1544 Recess uff den Sechszehenden Pfennig* [nr. A.93],
– *1549 Ertzb. Christophs Vertrag mit seinen Unterthanen* [nr. A.116],
– *1549 Ertzb. Christophs Vergleich über Zwist mit dem Dom-Capittel* [nr. A.117],
– *1554 Erzb. Christophs Vergleich mit Dom-Capittel und Ständen über die in diesen Kriegen entstandenen Irrungen* [nr. A.136],
– *1556 Ertzb. Christophs Edict über Bestrafung u. Mord u. Todschlag*,
– *1597 Zwischen den Bremischen Ständen u. Dom-Capittel verhandelter Vertrag wie es s. vacante u. repleta sede mit der Regierung u. mit der Election u. mit der Capitulation zu halten* [nr. A.260],
– *1597 des erwählten Erzb. Joh. Friedrich Anerkennung dises Vertrages*,
– *1597 desselben Wahlcapitulation*,
– *1580 Ertzbischof Heinrichs Edict wegen wucherlicher Contracte* [nr. A.189],
– *1577 16. April Ritter-Recht zu Volkmarst aufgericht.*

Wahlkapitulationen, nahezu lückenlos überliefert und zwar zumeist als Originalausfertigung. Ferner stellte sich bei der Arbeit an den Bremer Quellen heraus, daß es – über die im ‚Bremischen Grundgesetz' enthaltenen Quellen hinaus – zahlreiche weitere gleichartige Quellen gab, insbesondere mehrere Wahlkapitulationen sowie weitere landesherrliche Edikte und Mandate von grundlegender Bedeutung, die aus heute nicht mehr nachvollziehbaren Gründen nicht in das ‚Grundgesetz' aufgenommen worden sind. Jene Texte waren demnach ebenfalls in das Manuskript aufzunehmen. Zudem waren in einige Landtagsprotokolle auch Abschiede und/oder gerichtliche Bescheide integriert, also rechtsverbindliche Quellen von Landtagsbeschlüssen. Diese Quellen mußten demnach ebenfalls berücksichtigt werden. Wenn nun aber einige Protokolle im Textkorpus angeführt wurden, so konnten die übrigen nicht einfach völlig unberücksichtigt bleiben. Auch sie sind also zunächst vom Bearbeiter erfaßt worden, der sich dabei allerdings dankenswerterweise auf die von Dr. Ida-Christine Riggert-Mindermann im Auftrag der Historischen Kommission für Niedersachsen und Bremen bearbeiteten Bremischen und Verdischen Landtagslisten stützen konnte.[14]

Infolge der eben aufgeführten konzeptionellen Entscheidungen, die stets in enger Abstimmung mit der Historischen Kommision für Niedersachsen und Bremen vorgenommen, und in mehreren Arbeitsgesprächen fixiert wurden, konnte der Bearbeiter im Herbst 2007 einen umfangreichen Manuskriptband im Umfang von etwa 1300 Seiten vorlegen, der alle ebengenannten Quellen enthalten hat. Die Bremer Landtagsprotokolle waren in jenem Manuskript bis zum Termin des letzten verbindlichen Landtagsabschied im Jahre 1607 vollständig erfaßt und ihr Inhalt in Stichworten wiedergegeben worden.

Da das vorgelegte Manuskript zwar konzeptionell in sich schlüssig war, es aber andererseits für einen einzelnen Band doch sehr umfangreich und unhandlich war und da das Manskript zudem in konzeptioneller Hinsicht recht deutlich von dem schon erschienenen ersten Band der Landtagsabschiede des Hochstifts Hildesheim[15] sowie auch von den übrigen, für Publikationsreihe der Landtagsabschiede niedersächsischer Territorien geplanten Bände abwich, entschloß sich der Ausschuß der Historischen Kommission, in enger Abstimmung mit dem Bearbeiter und dem Geschäftsführer des Landschaftsverbandes Stade, Dr. Hans-Eckhard Dannenberg, hinsichtlich der Publikation für eine andere Lösung, indem das seinerzeit vorgelegte Manuskript auf zwei inhaltlich und konzeptionell in sich abgeschlossene und zudem deutlich handlichere Bände aufgeteilt wurde: Der hier vorliegende, sowohl in der Reihe der Veröffentlichungen der Historischen Kommission als auch in der Schriftenreihe des Landschaftsverbandes Stade erscheinende Band enthält die reine Landtagsüberlieferung, also zum einen sämtliche Landtagsbeschlüsse des Erzstifts Bremen und des Hochstifts Verden und zum anderen stichwortartige Nachweise zum Inhalt der überlieferten Landtagsprotokolle, wobei für das 17. Jahrhundert ein Verzicht auf absolute Vollständigkeit nötig wurde, wie unten noch ausgeführt

---

14 Online: http://www.nla.niedersachsen.de, mit Link ‚Landtagsgeschichte online'.
15 Klingebiel, Hildesheim.

wird. Angestrebt wurde also in diesen Band die Erfassung der für das Erzstift Bremen und das Hochstift Verden wichtigsten Quellen zur Landtagsgeschichte im engeren Sinne.

Ergänzend zu diesem Band werden die übrigen vom Bearbeiter bereits erfaßten Texte zur Geschichte der landständischen Verfassung im Erzstift Bremen und im Hochstift Verden, die nicht (!) oder doch zumindest nicht vorrangig auf Landtage bezogen sind und die damit über die reine Landtagsgeschichte hinausgehen, in einem Supplementband veröffentlicht, der in der Schriftenreihe des Landschaftsverbandes Stade erscheinen und im Umfang etwas geringer ausfallen wird als der hier vorliegende Band. Bei den in jenem Band edierten Quellen handelt es sich insbesondere um die erzbischöflichen und bischöflichen Wahlkapitulationen, die zahlreichen Ritterrollen und Musterungslisten des Landesaufgebots, einige Bündnisverträge sowie grundlegende landesherrliche Mandate und Edikte Wenn sich diese beiden Bände inhaltlich auch in hohem Maße ergänzen und zusammengenommen unter anderem auch sämtliche Texte des angeführten Bremer ‚Grundgesetzes' enthalten, so sind sie doch auch jeder für sich separat zu nutzen, da sie, wie eben angeführt, mit der reinen Landtagsüberlieferung auf der einen und den Wahlkapitulationen, Ritterrollen, Bündnisverträgen, Mandaten und Edikten auf der anderen Seite jeweils in sich geschlossene Quellengattungen bieten.

Dennoch sind die Quellengattungen beider Bände in hohem Maße aufeinander bezogen. So ist mehrfach zu belegen, daß Musterungen und Landtage miteinander verbunden wurde (s. z.B. nr. A.278). Die Wahlkapitulationen wurden aus den folgenden Gründen in den Textcorpus des Supplementbandes hereingenommen:

Zum einen nehmen Landtagsabschiede und Wahlkapitulationen in hohem Maße Bezug aufeinander: einerseits fehlt der Hinweis auf einzuhaltende Landtagsabschiede in keiner Wahlkapitulation und andererseits sind Vorwürfe wegen angeblich nicht eingehaltener Verpflichtungen der Wahlkapitulationen in nicht wenigen Landtagsabschieden zu finden.

Zum anderen sind zumindest im Fall des Erzstifts Bremen die Wahlkapitulationen in den im 17. und 18. Jahrhundert zusammengestellten Sammelhandschriften des ebengenannten Bremer ‚Grundgesetzes' sowie in den einschlägigen Editionen des 18. Jahrhunderts, insbesondere in der umfangreichen Sammlung der ‚Bremensia' des Johann Philipp Cassels, so gut wie ausnahmslos zusammen mit den Landtagsabschieden überliefert. Von den Zeitgenossen sowie von den frühneuzeitlichen Historikern, wie beispielsweise dem ebengenannten J. P. Cassel in Bremen, wurde demnach die Zusammengehörigkeit von Landtagsabschieden und Wahlkapitulationen stark empfunden

Zum dritten schließlich stehen beide Quellengattungen auch in einem engen formellen Bezug, handelt es sich doch beidemale um Herrschaftsverträge, die den jeweiligen Landesherrn an Vereinbarungen mit Vertretern des Landes binden. Ganz besonders deutlich wird dieser Zusammenhang bei dem heftigen Bremer Verfassungskonflikt der Jahre 1596/97 um die Rechte der Landstände bei der

Wahl des neuen Erzbischofs. Bei diesem Konflikt greifen Wahlkapitulation und Landtagsabschiede ganz besonders eng ineinander.

Zur Edition

Es handelt sich bei der vorliegenden Edition sowohl bei Teil A (Erzstift Bremen) als auch bei Teil B (Hochstift Verden) um die Edition grundlegender Texte zur Geschichte der Landtage beider Territorien. Eine auch nur annähernd vollständige Edition sämtlicher Quellen zur Geschichte jener Landtage ist allerdings bei beiden Teilen nicht zu erreichen und wurde deshalb auch von vornherein nicht angestrebt. Eine derartige, auf absolute Vollständigkeit der gesamten vorhandenen Überlieferung angelegte Edition hätte angesichts der (wie bereits das Quellenverzeichnis ausweist) insgesamt recht reichhaltigen Überlieferung wohl nahezu zwangsläufig ein Torso bleiben müssen, wie eingangs bereits angemerkt. Eine durchgängige Vollständigkeit in der Textwiedergabe wurde daher ausschließlich für die rechtsverbindlich gewordenen Landtagsbeschlüsse, also die Landtagsabschiede, die Schatzbewilligungen, die Rechtsfindungen und die Rechtsbescheide angestrebt. Weitere Quellen, insbesondere die Ausschreiben und die kurz nach 1570 in beiden Territorien einsetzenden Landtagsprotokolle wurden ergänzend herangezogen, um so den Diskussionsverlauf im Vorfeld der Verabschiedung der Abschiede deutlich machen zu können. Allerdings sind diese ergänzend herangezogenen Landtagsquellen, von wenigen Ausnahmen abgesehen, nur als Regest erfaßt; auf eine Wiedergabe des Quellentextes wurde verzichtet. Innerhalb der Regesten sind alle wörtlich aus der Vorlage übernommenen Text, insbesondere die Namensformen, durch nichtkursive Schreibung kenntlich gemacht. Die Deputierten-, Kommunikations- und Ausschußtage werden nur in Ausnahmefällen genannt. Die Quellenterminologie ist hier im 17. Jahrhundert allerdings bezeichnenderweise sehr unscharf; so kam es vor, daß der eine Protokollant eine Versammlung als Landtag bezeichnen, ein anderer Protokollant dagegen dieselbe Versammlung als Kommunikationstag oder gar als Ausschußtag bezeichnen kann. Tatsächlich war im Erzstift Bremen der Landtagsbesuch im frühen 17. Jahrhundert teilweise derart schlecht, daß Ausschuß- und Landtage bereits für die Zeitgenossen kaum mehr zu unterscheiden waren (vgl. z. B. nr. A.195–A.198).

Wie schon der Umfang der Teile A (Erzstift Bremen) und B (Hochstift Verden) dieses Bandes sowie der unterschiedliche zeitliche Rahmen beider Teile in signifikanter Weise ausweist, sind die für diesen Band einschlägigen Quellen für beide Territorien in sehr unterschiedlichem Umfang überliefert. Diese stark voneinander abweichende Quellengrundlage konnte nicht ohne Auswirkungen auf die Ausgestaltung beider Teile bleiben.

Für das spätmittelalterliche und frühneuzeitliche Erzstift Bremen liegt eine recht dichte und bereits 1397, also recht früh, einsetzende ständegeschichtliche Überlieferung vor. Im Hochstift Verden dagegen setzt die Überlieferung der Landtage erst 1531 ein, also recht spät. Seit dieser Zeit aber sind förmlich gestaltete Landtagsabschiede, die nahezu durchweg mit den Worten ‚Zu wissen' (bzw. niederdeutsch: ‚To weten') beginnen, in dichter Folge bis in den 30-jährigen Krieg hinein überliefert. Im Erzstift Bremen finden sich derartige förmlich aufgebaute Landtagsabschiede dagegen eher selten; nach 1600 sind kaum noch Landtagsabschiede überliefert, stattdessen nimmt aber die seit etwa 1570 einsetzende Überlieferung der Bremer Landtagsprotokolle stark zu. Es handelt sich hier um eine sehr reichhaltige Überlieferung von teilweise sehr ausführlichen, gelegentlich weit über 100 Seiten starken Landtagsprotokollen. Die Protokolle werden in diesem Band vom Jahr 1607 an, in welchem die Einzelbewilligung der Schatzungen endete, in Auswahl nachgewiesen. Aufgenommen wurden insbesondere die Nachweise derjenigen Protokolle, die aufgrund ihrer Bedeutung bereits in der Forschung rezipiert worden sind.

Ein großer Teil der Bremer und Verdener Quellen zur Geschichte der Landtage und Landstände ist mehrfach überliefert: Textzeugnisse finden sich zum einen in großer Zahl im einstigen landesherrlichen Archiv, das heute im Niedersächsischen Landesarchiv, Staatsarchiv Stade, verwahrt wird. Daneben sind umfangreiche, das Erzstift Bremen betreffende landständische Aktenbestände im Staatsarchiv Bremen, in den Stadtarchiven Stade und Buxtehude sowie im Landschaftlichen und Ritterschaftlichen Archiv Stade erhalten. Neben dem letztgenannten Archiv enthalten das Stadtarchiv Verden und das im Staatsarchiv Stade verwahrte Archiv der Adelsfamilie von Behr wichtige Aktenbestände zur Geschichte der Verdener Landstände.

Die Bremer Landtagsabschiede, insbesondere die Fundamentalrezesse, sind in größerer Zahl bereits im 18. Jahrhundert von J. P. Cassel erstmals ediert worden.[16] Cassels Editionen bieten in der Regel durchaus einen zuverlässigen Text, wenngleich seine Edition dem Standard einer modernen, kritischen Edition natürlich nicht entspricht. Ganz anders stellt sich die Lage für die Verdener Quellen dar. Für diese Texte liegen ausnahmslos noch keinerlei vollständige Editionen vor.

Soweit im einstigen landesherrlichen Archiv ein beglaubigter Text ermittelt werden konnte, wurde dieser der Edition zugrunde gelegt, da „dem frühneuzeitlichen Ius archivi zufolge primär die Schriftstücke vor Gericht Beweiskraft besaßen, die im landesherrlichen Archiv überliefert waren."[17] War in jenem Archiv kein beglaubigtes Exemplar des aufzunehmenden Textes aufzufinden, so wurde die jeweils beste originale, abschriftliche oder gegebenenfalls auch gedruckte Überlieferung herangezogen. Welcher Überlieferung dabei der Vorzug gegeben wurde, ist von Fall zu Fall durch den Bearbeiter entschieden worden. Bei dem ausgewählten Text muß es sich nicht notwendigerweise um die jeweils älteste Überlieferung handeln, da es durchaus vorkommt, daß eine jüngere, auf einer verlorenen Originalausfertigung basierende Vorlage den am wenigsten verfälschten Text bietet.

---

16 Cassel, Bremensia, spez. 1, S. 99–143, 341–375, 520–620 u. 2, S. 317–422.
17 Klingebiel, Hildesheim, S. 58.

Als rechtlich verbindliche Ergebnisse von Landtagen sind auch diejenigen schriftlich fixierten Landtagsbeschlüsse aufgenommen, bei denen es sich nicht um Landtagsabschiede im strengen Sinne handelt, wie etwa die zahlreichen Schatzbewilligungen. Daneben wurden auch die Rechtsfindungen bzw. Bescheide in Appellationssachen aufgenommen, verweist doch gerade diese letztgenannte Quellengattung auf die oben angeführte Funktion der Bremer Landtage als Gerichtsstand.

Die Edition endet jeweils mit dem letzten überlieferten derartigen Quellentext; in Bremen somit im Jahr 1616 in Verden 1638. Die nach diesem Jahr noch überlieferten Land- bzw. Kommunikations- und Ausschußtage, die ohne förmlichen Abschied beendet wurden, sind in einem Anhang zu Teil A und Teil B kurz und ohne Anspruch auf Vollständigkeit angeführt.

Die Textwiedergabe richtet sich, ebenso wie bereits bei der Edition der Hildesheimer Landtagsabschiede,[18] im Wesentlichen nach den „Empfehlungen zur Edition frühneuzeitlicher Texte".[19] Die Datierung der Abschiede und der übrigen Quellen folgt in der Regel dem Julianischen Kalender. Eine Ausnahme hiervon bildet nur der im Rahmen der katholischen Restitution im Hochstift Verden nach der kurzzeitigen Einführung des Gregorianischen Kalenders 1630 durchgeführte Landtag (nr. B.70).

---

18 Vgl. ebd., S. 58f.
19 Jahrbuch der historischen Forschung in der Bundesrepublik Deutschland. Berichtsjahr 1980, Stuttgart 1981, S. 85–96.

Quellen und Literatur

Ungedruckte Quellen

Staatsarchiv B r e m e n (StA Bremen):
Urkunden:
– ehem Trese (Sign.: 1–): Bm, Bw, Bx, F, M, N, O.

Akten und Handschriften:
– 2-P.1 (Quellensammlungen und Geschichtsforschung; 16.–19. Jh.):
– – 2-P.1–56 (Daniel von Bürens Denkbuch; 1. H. 16. Jh.).
– – 2-P.1–59 (Abschrift von Daniel von Bürens Denkbuch; angefertigt und mit einem Register versehen von Liborius Diedrich Post; nach 1772).
– 2-P.11 (Verwaltung Blumenthal und Neuenkirchen, 1436–1741).
– 2-Z.1.c (Quellensammlung zur Bremischen Geschichte).
– 2-Z.2.a (Generalia et diversa, 1397–1654; Abschriften und Inhaltsregister; verschiedene Hände 17. Jh.).
– 2-Z.2.b (Gesammelte Recesse, Capitulationen und Verträge der Erzbischöfe mit den Ständen, 1490–1651), nr. 0–6.
– 2-Z.2.c (Landtags-Protokolle; z. Tl. nur Auszüge):
– – nr. 1 (1580–1586 sowie Auszüge 1571–1591);
– – nr. 2 (Auszüge 1594–1600; angefertigt von L. D. Post; 18. Jh.);
– – nr. 3 (1591–1600);
– – nr. 4 (1601–1610);
– – nr. 5 (1611–1620);
– – nr. 6 (1621–1627);
– – nr. 7 (1633–1637).
– 2-Z.2.d (Stände und Landtag betreffend, Vermischte Verhandlungen):
– – nr. 1 (bis 1567).
– – nr. 2 (1567–1585).
– – nr. 3 (1585–1596).
– – nr. 4 (1596–1597).
– 2-Z.3 (Steuersachen des Erzstifts), Nr. d.
– 2-Z.4 (Die Ritterschaft des Erzstifts und die Städte Stade und Buxtehude betreffende Sachen), Nr. a–e.
– 2-Z.6.c (Verhandlungen und Streitigkeiten mit den Erzbischöfen; c: unter den Erzbischöfen Christoffer u. Georg, Intus: 1. Amtsregister von Ottersberg 1546–1552; 2. Akten, betr. das Haus Ottersberg im Besitz der Stadt Bremen 1547–1562).

Staats- und Universitätsbibliothek B r e m e n (StUB Bremen):
MS a 340 (Kelp, Fata Ottersbergensia (18. Jh.))

Stadtarchiv B u x t e h u d e (StadtA Buxtehude):
Urkundenbestand II (Urk. II).

Akten:
– Rep. LSt, F. II (ehem. D I 3; Landschaftliche Verhandlungen, 1571–1644), nr. 1–30.

Deicharchiv D o r u m (DA Dorum):
- Hs. IX, nr. 5 (J. G. Bekhof, Historische Nachricht von dem Lande Wursten und dessen Einwohnern; um 1710 [enthält mehrere Abschriften von Landtagsausschreiben u. -abschieden]).[1]

Staats- und Universitätsbibliothek G ö t t i n g e n (StUB Gött.):
- MS Hist. 415 (verschiedene Bremische Landtagsrezesse 1490–1605).

Niedersächsisches Landesarchiv; Hauptstaatsarchiv H a n n o v e r (HStA Hann.):
Urkunden:
- Brem. Or. (z. Tl. 1943 verbrannt; die übrigen an StA Stade abgegeben; dort jetzt: Rep. 1).
- Celle Or. 8 (Auswärtige Sachen).
- Celle Or. 12 (Lauenburg).

Akten:
- Cal. Br. 15 (Personalia 1490–1867).
- Celle Br. 10 (Alte Kriegshändel, Dreißigjähriger Krieg im Fürstentum Lüneburg).
- Celle Br. 22 (Auswärtige Mächte, Erzstift Bremen).
- Celle Br. 33 (Auswärtige Sachen, Stift Verden).

Kopiare:
- Cop. II 1 (1943 verbrannt).
- Cop. II 2 (1943 verbrannt).
- Cop. II 42a (Johannis Rode Registrum bonorum ecclesie Bremensis; Abschrift 2. H. 16. Jh; 1943 verbrannt).[2]
- Cop. II 46 (1943 verbrannt).[3]
- Cop. VIII 68; 1943 verbrannt).

Gottfried Wilhelm Leibniz Bibliothek H a n n o v e r, Niedersächsische Landesbibliothek (GWLB Hann.):
- MS XXIII 1051 (Bremensia; zahlreiche Urkundenabschriften; ferner: Originale von Schreiben d. 16. / 17. Jh., betr. Landstände).
- MS XXIII 1097 (Recesse, Transactionen, Verträge, Mandate, Edikte, Verhandlungen, Anschläge, Verordnungen etc., betr. das Erzstift Bremen).
- MS XXIII 1121 (Manuscripta miscellanea; gesammelt v. Holstein-Gottorfschen Geh.-Rat Wigand von Laffert; 17. Jh.; darin: fol. 1–68: Res Bremenses).

---

1   Von dieser Handschrift sind mehrere Abschriften erhalten, so z. B. in der Historischen Bibliothek des Domgymnasiums Verden. Die in dieser Edition zugrundegelegte, im DA Dorum, mithin im Land Wursten, überlieferte Hs. stammt nachweislich aus dem Besitz Bekhofs, ist also wohl als Autograph anzusprechen. Einem Besitzvermerk zufolge hat „In Anno 1741" die „Hochlœbl. Ritterschafft dieses Buch nebst verschiedenen andern von den [sic] Herrn Justiz-Rath Bekhof gekaufet".
2   Zu diesem Kopiar vgl. Johannis Rode, Reg. bon., S. V–VII.
3   Es handelt sich um das in Rep. Möhlmann 2 verzeichnete ehem. Cop. X des Provinzialarchivs Stade (vgl. hierzu Rep. Möhlmann 2, nr. 1163 mit Brem. UB 6.1, nr. 79 (1435 Oktober 16). Im Exzerpt in StA Stade, Rep. 5b, Fach 102, nr. 20, fol. 2r wird dieses Kopiar als ‚Lib. d' bezeichnet.

- MS XXIII 1122 (Das Bremische Ritterrecht; 18. Jh.).
- MS XXIII 1124 (Bremensia; Rezesse u. Gesetze, 1490–1615).
- MS XXIII 1125 (Bremensia, Recesse, Verträge, Privilegien, 1490–1678).

Reichsarchiv K o p e n h a g e n (RA Kopenhagen):
(benutzt nach Mikrofilm im StA Stade).
Tyske Kancellis Udenrigske Afdeling (TKUA):
- Bremen, Stift A.II.10

Niedersächsisches Landesarchiv, Staatsarchiv O l d e n b u r g (StA Oldenburg):
Best. 296 (Stadtarchiv Oldenburg).

Niedersächsisches Landesarchiv, Staatsarchiv O s n a b r ü c k (StA Osnabrück):
s. StA Stade, Rep. 8, F. 4, nr. 12a.

Landesarchiv Schleswig-Holstein in S c h l e s w i g (LA Schleswig):
(benutzt nach Fotokopien in StA Stade, Rep. 81, nr. 422)
- Abt. 7 (Stadt und Stift Bremen), nr. 1133, nr. 1151.

Archiv der Landschaft der Herzogtümer Bremen und Verden in S t a d e (AL Stade):
Akten:
- nr. 23, 128–130, 1361.

Archiv der Ritterschaft des Herzogtums Bremen in S t a d e (AR Stade):
Akten:
- nr. 132, 182, 183, 186, 187, 280.

Handschriften:
- Hs. 9 (Sammlung von Rezessen der Erzbischöfe von Bremen, 1500–1640; 2°, 296 foliierte Bll.,[4] 1. H. 17. Jh.).
- Hs. 10 (Privilegien, Satzungen u. Gebräuche d. bremischen Adels, 1570–1665; 2°, 321 S. spätes 17. Jh.).

---

4   Die Foliierung dieser Hs. stimmt nicht mit der tatsächlichen Blattzahl überein: Zwischen fol. 162r und fol. 185r ist die von der Hand des Abschreibers eingetragene Foliierung fehlerhaft. Auf fol. 162r folgt ein als fol. 163 gezähltes leeres Blatt, danach folgen 8 Blatt, die eine, von der Hand des Abschreibers eingetragene Seitenzählung aufweisen (S. 164–181); darauf folgt wieder eine von gleicher Hand eingetragene Foliierung der Blätter 182–184. Nach fol. 184 folgen zwei beschriebene unpaginierte Blätter (zu zählen als fol. 184a und 184b), an diese schließt sich dann das von der Hand des Abschreibers foliierte Blatt 185 an. Zwischen fol. 185r und fol. 246r weist der Band wieder eine einheitliche Foliierung auf. Fol. 246v ist von anderer zeitgleicher Hand als S. [!] 249 paginiert. Das danach folgende Blatt ist von der Hand des Abschreibers als fol. 247 foliiert worden, wurde aber im 20. Jh. mit Bleistift als fol. 250 foliiert. Danach setzt eine fortlaufende Stempelfoliierung ein, beginnend mit fol. 251 und endend mit fol. 295. Das letzte Bl. der Hs., fol. 296, weist dann wieder eine Bleistiftfoliierung des 20. Jh. s auf.

– Hs. 20 (Constitution des Erzbischofs Heinrich III. von Bremen für die Bremische Ritterschaft 1577 Dezember 22;2°, 45 S., 18. Jh.).

Stadtarchiv S t a d e (StadtA Stade).
Urkunden.
Akten:
– Landschaftliche Sachen (L. S.):
– Abt. V. 2, F. I, nr. 8. (Nachlaß Wilhelm von der Decken-Offen).

Niedersächsisches Landesarchiv, Staatsarchiv S t a d e (StA Stade):
Urkunden:
– Rep. 1 (Erzstift Bremen).
– Rep. 2 (Domstift Verden).

Akten:
Rep. 5a (Kgl. Schwedisches Archiv in Stade):
– F. 143, nr. 7,
– F. 161, nr. 2.
– F. 466, nr. 1.

Rep. 5b (Archiv des Erzstifts Bremen):
– F. 11, nr. 6, nr. 12.
– F. 18, nr. 2.
– F. 20, nr. 7.
– F. 21, nr. 7, nr. 11, nr. 12, nr. 14a, nr. 15, nr. 16.
– F. 22, nr. 10a, nr. 11.
– F. 23, nr. 20.
– F. 76, nr. 92.
– F. 83, nr. 13c.
– F. 89b, nr. 2 (im Oktober / November 2005 nicht auffindbar).
– F. 90, nr. 3 (im Oktober / November 2005 nicht auffindbar).
– F. 91, nr. 4a–7.
– F. 92, nr. 14–16a.
– F. 93, nr. 21, nr. 22.
– F. 94, nr. 24.
– F. 95, nr. 25.
– F. 96, nr. 28 (Bd. 1–2), nr. 30–32.
– F. 97, nr. 33.
– F. 98, nr. 42.
– F. 99, nr. 50, nr. 53.
– F. 102, nr. 20–22.
– F. 105, nr. 36.
– F. 106, nr. 50.
– F. 128, nr. 1–6, nr. 15a, nr. 16, nr. 17, nr. 18, nr. 23.
– F. 136, nr. 118.
– F. 141, nr. 51.
– F. 149, nr. 20, nr. 23.
– F. 163, nr. 2.
– F. 170, nr. 25.

Rep. 5g (Acta Archivalia), nr. 75 (ehem. F. 6, nr. 10a).

Rep. 6 (Niedersächsische Kreisakten der bremisch-verdischen Verwaltung zu Stade, 1532–1712), nr. 36, nr. 43, nr. 44, nr. 91.

Rep. 7 I (Marschländer Registratur, Teil I; ca. 1600–1801),[5] nr. 1–4.

Rep. 8 (Archiv des Hochstifts Verden, Akten):
– F. 4, nr. 12a [bis 1965 Oktober 6: StA Osnabrück, Rep. 100, Abschnitt 16, Nr. 26], nr. 13, nr. 16, nr. 18, nr. 19, nr. 20).
– F. 11, nr. 1, nr. 3a, nr. 4, nr. 4a, nr. 4b, nr. 5, nr. 5a, nr. 5b, nr. 6 (s.a. Rep. 5b. F. 35, nr. 1, fol. 2–6: Verdener Generalkapitelsprotokoll von 1609 Juni 21–24).
– F. 19, nr. 1, nr. 2, nr. 4, nr. 5.
– F. 26, nr. 41, nr. 54a, nr. 54b.

Rep. 27 (Reichskammergerichtsakten), B 1665^b, B 3825^c (Bd. 1–2), B 3825^f, H 4690^a, H 4690^b, H 5927^c (Bd. 1–5), L 3297, V 387, V 389, V 390, W 5825 (Bd. 1–4).

Rep. 40 (Kurhannoversche Regierungsräte in Stade, 1715–1803), nr. 709.

Rep. 74 (Ämter):
– Achim, nr. 117.
– Verden, nr. 907 u. 908.

Rep. 81 (Manuskripte, Handschriften, Kopien):
– Hs 4.
– Hs. 9 (Rep. Möhlmann 1; Abschrift von 1861; mit Tagesdaten aller Urkunden).
– Hs. 10 (Rep. Möhlmann 2; Abschrift von 1861; mit Tagesdaten aller Urkunden).

Rep. 94a (Struktur Verden), nr. 942.

Deposita:
Dep. 1 (Stadt Buxtehude).
Dep. 2 (Familie von Zesterfleth).
Dep. 5 B II (Familie von Behr, Klein-Häuslingen):
Dep. 6 B (Familie von Behr, Stellichte):
Dep. 6 C (Familie von Behr, Stellichte, Landschaftssachen):
Dep. 10 (Archiv des Stader Geschichts- und Heimatvereins), Hs. (mit Nr.).

Reichsarchiv S t o c k h o l m (RA Stockholm):
Krigshistoriske handlingar:
– D III, Bremensia, vol. 115: Äldre lager (benutzt nach Mikrofilm im StA Stade).

Enskilda arkiv, Oxenstierna samlingen, Johan Oxenstierna arkiv:
– E 948 (benutzt nach Mikrofilm im StA Stade).

---

5 Ein 1803 erstelltes Kurzverzeichnis dieses ansonsten unverzeichneten Bestands ist erhalten in StA Stade, Dep. 7 I (Familienarchiv Hahn, Teilbestand I), nr. 58.3. – Für den Hinweis auf dieses Verzeichnis danke ich Herrn Bernd Watolla, StA Stade.

Historische Bibliothek des Domgymnasiums V e r d e n (HB DoG Verden):
Handschrift (o. Sign.): ‚Stettswährende Receße und Verträge zwüschen den Herrn Ertzbischoffen zu Bremen, und den gemeinen Ständen auffgericht, Auch der Bremischen Ritterschafft Gerichtsconstitution unnd Andere mit den Ständen beliebte und publicirte Mandata und Edicta.' (1490–2. H. 17. Jh.; Abschrift 2. H. 17. Jh.).[6]

Stadtarchiv V e r d e n (StadtA Verden):
A XX (Landschaftliche Akten):
– 4.1.
– 4.2.

Staatsarchiv W o l f e n b ü t t e l (StA Wolfenbüttel):
1 Alt 8 (Acta publica Herzog Heinrich d. J.):
2 Hs. (Kopialbücher Mittleres Haus Braunschweig):

---

[6] Der Titel dieser Handschrift ist identisch mit StA Bremen, 2–Z.2.b.2 (dort Abschriften 1490–1597); vgl. hierzu Schleif, Regierung, S. 28..

Gedruckte Quellen und Literatur

Bachmann, Heeslingen-Zeven
Bachmann, Elfriede, Das Kloster Heeslingen-Zeven. Verfassungs- und Wirtschaftsgeschichte. (Einzelschriften des Stader Geschichts- und Heimatvereins 20) Stade 1966.

Bachmann, Tagungsorte
Bachmann, Elfriede, Tagungsorte der Landstände im Erzstift und späteren Herzogtum Bremen. In: Stader Jahrbuch N.F. 86, 1996, S. 83–130.

Bei der Wieden, Handbuch
Bei der Wieden, Brage (Hg.), Handbuch der niedersächsischen Landtags- und Ständegeschichte. Bd. I: 1500–1806. (Veröffentlichungen der Historischen Kommission für Niedersachsen und Bremen 216) Hannover 2004.

Bippen, Bremen
Bippen, Wilhelm von, Geschichte der Stadt Bremen. Bd. 1–3. Bremen 1892–1904.

Blanken, Basdahl
Blanken, Martin, Basdahl, mit Kluste, Oese, Poggemühlen und Volkmarst. Die Geschichte der Dörfer, der Höfe und ihrer Familien. Gnarrenburg, Bremervörde 1984.

Böhme, Staatsfinanzen
Böhme, Klaus-Richard, Bremisch-Verdische Staatsfinanzen 1645–1676. Die schwedische Krone als deutsche Landesherrin. (Studia historica Upsaliensia 26) Uppsala 1967.

Bohmbach, Neukloster
Bohmbach, Jürgen, Neukloster. In: Faust, Ulrich, OSB (Hg.), Die Frauenklöster in Niedersachsen, Schleswig-Holstein und Bremen. (Germania Benedictina 11) St. Ottilien 1984, S. 447–458.

Bohmbach, St. Georg
Bohmbach, Jürgen, Das Kloster St. Georg in Stade. In: Stader Jahrbuch N.F. 72, 1982, S. 36–55.

Buschmann, Kaiser und Reich
Buschmann, Arno (Hg.), Kaiser und Reich. Klassische Texte und Dokumente zur Verfassungsgeschichte des Hl. Römischen Reiches Deutscher Nation vom Beginn des 12. Jahrhunderts bis zum Jahre 1806. München 1984.

Cappelle, Stände
Cappelle, Richard, Die Stände des Erzstiftes Bremen im 16. Jahrhundert. In: Jahrbuch der Männer vom Morgenstern 18, 1917/20, S. 41–61.

Cassel, Bremensia
Cassel, Johann Philipp (Hg.), Bremensia. Bremische historische Nachrichten und Urkunden. Bd. 1–2. Bremen 1766–1767.

Chytraeus, Chronica
Chytraeus, David, Newe Sachssen Chronica. Vom Jahr Christi 1500 Bis auffs XVII. Bd. 1–2. Leipzig 1598.

Conring, Bericht
Conring, Hermann, Gründlicher Bericht/Von der Landes-Fürstlichen Ertz-Bischöfflichen Hoch- und Gerechtigkeit über die Stadt Bremen/[...]. o.O. 1652.

Dannenberg, Landtag
Dannenberg, Hans-Eckhard, Vom Landtag zur Landschaft. 600 Jahre Landstände im Elbe-Weser-Raum. In: Jahrbuch der Männer vom Morgenstern 79, 2000, S. 27–44.

Dannenberg/Schulze Geschichte 2
Dannenberg, Hans-Eckhard/Schulze, Heinz-Joachim (Hgg.), Geschichte des Landes

zwischen Elbe und Weser, Bd. II, Mittelalter. (Schriftenreihe des Landschaftsverbandes der ehemaligen Herzogtümer Bremen und Verden 8) Stade 1995.

Decken, Darstellung
Decken, Graf [Johann Friedrich] von der, Darstellung der Verhältnisse der Landschaft der Herzogthümer Bremen und Verden. Actenstücke, aus dem Archive der hochlöblichen bremen- und verdenschen Ritterschaft. In: Vaterländisches Archiv 1837, S. 457–590.

Decken, Familie
Decken Wilhelm von der, Die Familie von der Decken in ihren verschiedenen Verhältnissen dargestellt. Hannover 1865.

Dörfler, Herrschaft
Dörfler, Wolfgang, Herrschaft und Landesgrenze. Die langwährenden Bemühungen um die Grenzziehung zwischen den Stiften und späteren Herzogtümern Bremen und Verden. (Schriftenreihe des Landschaftsverbandes der ehemaligen Herzogtümer Bremen und Verden 22) Stade 2004.

Drecktrah, Gerichtsbarkeit
Drecktrah, Volker Friedrich, Die Gerichtsbarkeit in den Herzogtümern Bremen und Verden und in der preußischen Landdrostei Stade von 1715 bis 1879. (Rechtshistorische Reihe 259) Frankfurt a. M. u. a. 2002.

Dumont, Corps dipl.
Dumont, Jean (Hg.), Corps universel diplomatique du droit des gens. Bd. 1–5. Amsterdam 1726–1731.

Ehrhardt, Ober Ochtenhausen
Ehrhardt, Michael (mit Beiträgen weiterer Autoren), Ober Ochtenhausen. Altenburg, Falje, Hütten, Stoppelheide. Bd. 1–2. Ober Ochtenhausen 2005.

EKO 7.II.1
Die evangelischen Kirchenordnungen des XVI. Jahrhunderts, hrsg. von Emil Sehling, fortgeführt vom Institut für evangelisches Kirchenrecht der Evangelischen Kirche in Deutschland zu Göttingen, 7. Bd., Niedersachsen, II. Hälfte, Die außerwelfischen Lande, 1. Halbbd., Erzstift Bremen, Stadt Stade, Stadt Buxtehude, Stift Verden, Stift Osnabrück, Stadt Osnabrück, Grafschaft Ostfriesland [gleichzeitig Bd. 7.1 des Gesamtwerks]. Tübingen 1963.

FB Reichskammergericht
Weise, Erich (†) (Bearb.) / Schulze, Heinz-Joachim (Hg.), Findbuch zum Bestand 27 Reichskammergericht (1500–1648). (Veröffentlichungen der Niedersächsischen Archivverwaltung; Inventare und kleinere Schriften des Staatsarchivs in Stade 1; Inventar der Akten des Reichskammergerichts 4) Göttingen 1981.

Fiedler, Bremen
Fiedler, Beate-Christine, Bremen, Erzstift bzw. Herzogtum. In: Bei der Wieden, Handbuch, S. 23–32 u. 205–229.

Forst, Politische Correspondenz
Forst, H[ermann] (Hg.), Politische Correspondenz des Grafen Franz Wilhelm von Wartenberg, Bischofs von Osnabrück, aus den Jahren 1621–1631. (Publicationen aus den K. Preußischen Staatsarchiven 68) Leipzig 1897 (ND Osnabrück 1965).

Freudentheil, Landstände
[Freudentheil, Gottlieb Wilhelm], Die Verdenschen Landstände. In: Ders., Historischer Umriss der landschaftlichen Verfassung der Herzogthümer Bremen und Verden und die Verhandlungen des Landtages vom 10. Dezember 1839. Basel 1840, S. 63–70.

Frick, Konfession
Frick, Karsten, Konfession und Politik im Hochstift Verden. 16. und 17. Jahrhundert. Hausarbeit für die Erste Staatsprüfung für das Lehramt an Gymnasien im Fach Ge-

schichte an der Georg-August-Universität zu Göttingen. Göttingen 1995 (masch., Ex. im StA Stade vorhanden).

Gatz, Bischöfe 1
Gatz, Erwin (Hg., unter Mitwirkung v. Clemens Brodkorb), Die Bischöfe des Heiligen Römischen Reiches 1198 bis 1448. Ein biographisches Lexikon. Berlin 2001 [S. 78–105: Heinz-Joachim Schulze, Hamburg-Bremen (ecclesia Bremensis)].

Gatz, Bischöfe 2
Gatz, Erwin (Hg., unter Mitwirkung v. Clemens Brodkorb), Die Bischöfe des Heiligen Römischen Reiches 1448 bis 1648. Ein biographisches Lexikon. Berlin 1996.

Goetze, Commentatio
Goetze, Johann Nicolaus, Commentatio historico-iuridica de origine statu hodierno iuribusque praecipuis ordinum provincialium Ducatuum Bremensis atque Verdensis. Göttingen 1795.

Grimm, Weisthümer 3
Grimm, Jacob (Hg.), Weisthümer. Teil 3. In: Ludwig Erich Schmitt (Hg.), Jacob und Wilhelm Grimm, Werkausgabe. Abt. 1, Bd. 5 (= Bd. 21 des Gesamtwerks). Hildesheim 2000 (= ND d. Ausgabe Göttingen 1842).

Hammerstein, Gerichte
Hammerstein, [Wilhelm Carl Conrad] Frhr. von, Die ältesten Gerichte im Stifte Verden, nebst einem Anhange, das alte Recht im Gohgericht Verden betreffend. In: Zeitschrift des historischen Vereins für Niedersachsen 1854, S. 60–183. Nachtrag: ebd., S. 385–390.

Hauschildt, Landwirtschaft
Hauschildt, Hinrich, Zur Geschichte der Landwirtschaft im Alten Land. Studien zur bäuerlichen Wirtschaft in einem eigenständigen Marschgebiet des Erzstifts Bremen am Beginn der Neuzeit (1500–1618). Bd. 1–2. Diss. phil. Hamburg 1988.

Henze, Namen- und Sachregister
Henze, W. (Bearb.), Namen- und Sachregister zu den Protokollen der Bremischen Rittertage 1682–1946 und den Protokollen der Bremischen Land(schafts)tage 1682–1841. Bd. 1–2, o.O. o.J., masch. (Exemplar im AR Stade und im StA Stade vorhanden).

Heuvel, Mittelalter
Heuvel, Christine van den, Vom späten Mittelalter bis zum Ende des Alten Reiches. In: Landtage und Landstände. Der Weg zur demokratischen Volksvertretung in Niedersachsen. Katalog zur Ausstellung des Niedersächsischen Hauptstaatsarchivs aus Anlaß des 50. Jahrestages der Gründung des Landes Niedersachsen 2. November bis 20. Dezember 1996 im Niedersächsischen Landtag, hg. vom Präsidenten des Niedersächsischen Landtags. Hannover 1996, S. 19–93.

Heyken, Spuren
Heyken, Enno, Letzte Spuren der ‚Verdischen Kirchenordnung' des Bischofs Eberhard von Holle. In: Jahrbuch der Gesellschaft für niedersächsische Kirchengeschichte 55, 1957, S. 13–20.

Heyken, Chroniken
Heyken, Enno, Chroniken der Bischöfe von Verden aus dem 16. Jahrhundert. (Veröffentlichungen des Instituts für Historische Landesforschung der Universität Göttingen 20) Hildesheim 1983.

Hofmeister, Adel
Hofmeister, Adolf E., Adel, Bauern und Stände. In: Dannenberg/Schulze Geschichte 2, S. 195–240.

Hofmeister, Elbmarschen
Hofmeister, Adolf E., Besiedlung und Verfassung der Stader Elbmarschen im Mittelalter.

- Tl. 1: Die Stader Elbmarschen vor der Kolonisation des 12. Jahrhunderts. (Veröffentlichungen des Instituts für Historische Landesforschung der Universität Göttingen 12) Hildesheim 1979.
- Tl. 2: Die Hollerkolonisation und die Landesgemeinden Land Kehdingen und Altes Land. (Veröffentlichungen des Instituts für Historische Landesforschung der Universität Göttingen 14) Hildesheim 1981.

Hofmeister, Kirchspiele
Hofmeister, Adolf E., Mittelalterliche Kirchspiele, Gerichte und Gemeinden nördlich der Lesum. In: Jahrbuch der Wittheit zu Bremen 31, 1989, S. 123–148.

Iken, Epoche
Iken, J[ohann] Fr[iedrich], Die erste Epoche der Bremischen Reformation. In: Bremisches Jahrbuch 8, 1876, S. 40–113 [mit 2 Editionen im Anhang].

Inventar Reichskammergerichtsakten
Röpcke, Andreas/Bischoff, Angelika (Bearb.), Inventar der Bremer Reichskammergerichtsakten. (Kleinere Schriften des Staatsarchivs Bremen 22) Bremen 1995.

Jarck, Lilienthal
Jarck, Horst-Rüdiger, Lilienthal. In: Faust, Ulrich, OSB (Hg.), Die Männer- und Frauenklöster der Zisterzienser in Niedersachsen, Schleswig-Holstein und Hamburg. (Germania Benedictina 12) St. Ottilien 1994, S. 282–307.

Jörn u. a., Integration
Jörn, Nils/Diestelkamp Bernhard/Modéer, Kjell Åke (Hg.), Integration durch Recht. Das Wismarer Tribunal (1653–1806). (Quellen und Forschungen zur Höchsten Gerichtsbarkeit im Alten Reich 47) Köln, Weimar, Wien 2003.

Jörn, Stade
Jörn, Nils, Von Stade nach Wismar. Juristen aus Bremen-Verden am Wismarer Tribunal. In: Mitteilungen des Stader Geschichts- und Heimatvereins, 80. Jg., Heft 1, März 2005, S. 2–30.

Johannis Rode Reg. bon.
Cappelle, Richard (Hg.), Johannis Rode Archiepiscopi Registrum Bonorum et Iurium Ecclesiae Bremensis (Johan Roden Bok). Bremerhaven 1926.

Kappelhoff/Schulze, Buxtehude-Altkloster
Kappelhoff, Bernd/Schulze, Heinz-Joachim, Buxtehude-Altkloster. In: Faust, Ulrich, OSB (Hg.), Die Frauenklöster in Niedersachsen, Schleswig-Holstein und Bremen. (Germania Benedictina 11) St. Ottilien 1984, S. 134–159.

Kappelhoff/Vogtherr, Immunität
Kappelhoff, Bernd/Vogtherr, Thomas (Hg.), Immunität und Landesherrschaft. Beiträge zur Geschichte des Bistums Verden. (Schriftenreihe des Landschaftsverbandes der ehemaligen Herzogtümer Bremen und Verden 14) Stade 2002.

Klingebiel, Hildesheim
Klingebiel, Thomas (Bearb.), Die Landtagsabschiede des Hochstifts Hildesheim 1573–1688. (Veröffentlichungen der Historischen Kommission für Niedersachsen und Bremen 234) Hannover 2006.

Klinsmann, Geschichte
Klinsmann, Wilhelm, Geschichte der Herzogtümer Bremen und Verden in den Jahren 1648 bis 1653. In: Stader Archiv N. F. 17, 1927, S. 1–157.

Klippel, Mittheilungen
Klippel, Georg Heinrich, Mittheilungen aus dem Leben des Bischofs Eberhard von Holle. Ein Beitrag zur Reformations und Culturgeschichte des XVI. Jahrhunderts. Gymnasialprogramm Verden 1857.

Kobbe, Geschichte und Landesbeschreibung
Kobbe, Peter von, Geschichte und Landesbeschreibung der Herzogthümer Bremen und Verden. Bd. 1. Göttingen 1824 (ND Osnabrück 1977).

Krause, Beiträge
Krause, [Karl Ernst Hermann], Beiträge zur Geschichte des Landes Wursten. In: Stader Archiv A. F. 2, 1864, S. 66–91.

Krause, Urkunden
Krause, [Karl Ernst Hermann], 28 Urkunden zur Geschichte des Landes Wursten. In: Stader Archiv A. F. 2, 1864, S. 91–152.

Landgerichts-Protocoll
Möhlmann, D[iedrich] (Hg.), Landgerichts-Protocoll des Bremischen Erzbischofs Balduin, zur näheren Kunde des Rechts im Mittelalter. Stade 1843. (Auch gedruckt in: Juristische Zeitung für das Königreich Hannover 18. Jg, 1843, H. 3, S. 9–28 u. 33–47).

Lehe, Bündnisverträge
Lehe, Erich von, Bündnisverträge zwischen dem Lande Wursten und der Stadt Hamburg im späten Mittelalter (1316–1525). In: Jahrbuch der Männer vom Morgenstern 40, 1959, S. 51–67.

Lehe, Kirchspielsvögte
Lehe, Erich von, Die Wurster Kirchspielsvögte der erzbischöflichen und schwedischen Zeit. In: Jahrbuch der Männer vom Morgenstern 48, 1967, S. 129–190.

Lehe, Wursten
Lehe, Erich von, mit einem Beitrag von Werner Haarnagel, Geschichte des Landes Wursten, Bremerhaven 1973.

Lehentag
[o. Hg.], Lehentag zu Verden, am 2. April 1600 gehalten. (Nach einer in der Registratur der Königl. Landdrostei zu Stade befindlichen Original-Urkunde). In: Juristische Zeitung für das Königreich Hannover 16. Jg., 1841, H. 2, S. 145–153 u. 161–172.

Lünig, Reichsarchiv 16
Lünig, Johann Christian, Das Teutsche Reichsarchiv. Bd. 16 (Spicilegium ecclesiasticum, I. Continuatio). Leipzig 1716.

Manecke, Von den Landständen
Manecke, Urban Friedrich Christoph, Von den Landständen im Fürstentum Verden. In: Ders., Kur- und fürstlich Braunschweig-Lüneburgsches Staatsrecht bis zum Jahr 1800, Celle 1859, S. 295–297.

Manecke, Staatsrecht
Manecke, Urban Friedrich Christoph, Kur- und fürstlich Braunschweig-Lüneburgisches Staatsrecht. Bearbeitet bis zum Jahre 1800. Celle 1859.

May, Bischöfe
May, Georg, Die deutschen Bischöfe angesichts der Glaubensspaltung des 16. Jahrhunderts. Wien 1983.

Meier, Assertio Libertatis
Meier, Heinrich, Assertio Libertatis Reip. Bremensis, Das ist Der Kayserl. und dess Heil. Röm. Reichs Freyen Stadt Bremen Ehren-, Freyheit- und Standts-Rettung, Wieder Eine im Jahr 1642 unterm Titul Fürstl. Ertzbischöfl. Bremischen Nachtrabs angemasste Confutation dess im Jahr 1641 an seiten ermeldter Stadt in Truck gegebenen Prodromi oder Vortrabs Gründlichen wahrhafften Berichts und Gegen-Remonstration von der Stadt Bremen Berueffung, Session und Voto zum Reichstag in Regenspurg etc. Bremen o. J. [1651].

Mencken, Scriptores 1
Mencken, Johann Burchard (Hg.), Scriptores rerum Germanicarum praecipue Saxonicarum. Tom. 1. Leipzig 1728.

Merkel, Balduin von Wenden
Merkel, Johann, Balduin von Wenden († 1441). In: Zeitschrift des Historischen Vereins für Niedersachsen 1908, S. 323–361.

Merker, Ritterschaft
Merker, Otto, Die Ritterschaft des Erzstifts Bremen im Spätmittelalter. Herrschaft und politische Stellung als Landstand (1300–1550). (Einzelschriften des Stader Geschichts- und Heimatvereins 16) Stade 1962.

Metzler, Johannes Arnoldi
Metzler, Johannes SJ, Pater Johannes Arnoldi SJ. Ein Blutzeuge der norddeutschen Diaspora 1596–1631. Paderborn 1931.

Michaelsen, Bremen, St. Paul
Michaelsen, Luise, Bremen, St. Paul. In Ulrich Faust (Bearb.), Die Benediktinerklöster in Niedersachsen, Schleswig-Holstein und Bremen. (Germania Benedictina 6), St. Ottilien 1979, S. 57–66.

Mindermann, Adel
Mindermann, Arend, Adel in der Stadt des Spätmittelalters. Göttingen und Stade 1300 bis 1600. (Veröffentlichungen des Instituts für Historische Landesforschung der Universität Göttingen 35) Bielefeld 1996.

Modéer, Gerichtsbarkeiten
Modéer, Kjell Å[ke], Gerichtsbarkeiten der schwedischen Krone im deutschen Reichsterritorium. I. Voraussetzungen und Aufbau 1630–1657. (Skrifter utgivna av institut för rättshistorisk forskning, serien I: rättshistorisk bibliotek, tjugofjärde [24.] bandet) Stockholm 1975.

Moser, Reichs-Stättisches Hand-Buch
Moser, Johann Jacob (Hg.), Reichs-Stättisches Handbuch, worinn die heutiges Tages noch einen Nutzen zu haben scheinende Urkunden, welche des Heiligen Römischen Reichs Frey- und Reichs-Stätte überhaupt oder insbesondere angehen, [...], anzutreffen seynd. Tl. 1–2. Tübingen 1732–1733.

Nistal, Bischöfe
Nistal, Matthias, Verdens evangelische Bischöfe als Landesherren bis 1648. In: Kappelhoff/Vogtherr, Immunität, S. 175–194.

Nowak, Notariat
Nowak, Jürgen, Das Notariat im Erzstift Bremen und Stift Verden von den Anfängen bis ins Spätmittelalter. Hamburg 1998 [enthält S. 62–117: ‚Chronologisches Verzeichnis der Notare und Notariatsurkunden' dieser Territorien, vor 1312 (1302)–1624; Masch.; Ex. im StA Stade vorhanden].

Osten/Wiebalck, Wursten
Osten, Gustav von der, Geschichte des Landes Wursten. Neubearb. u. ergänzt von Robert Wiebalck. Wesermünde 21932.

Pfannkuche, Landstände
Pfannkuche, Chr. G., Die Verdenschen Landstände. In: Pfannkuche, Neuere Geschichte, S. 194–201.

Pfannkuche, Neuere Geschichte
Pfannkuche, Chr. G., Die neuere Geschichte des vormahligen Bisthumes Verden und jetzigen Herzogthumes Verden. Verden 1834, spez. S. 93–98.

Policey-Ordnung
Der Herzogthümer Bremen und Verden Policey-, Teich-, Holtz- und Jagt-Ordnung [...]. Stade 1732.

Pratje, Altes und Neues
Pratje, Johann Hinrich (Hg.), Altes und Neues aus den Herzogthümern Bremen und Verden. Bd. 1–12. Stade 1769–1781.

Pufendorf, Observationes 3
Pufendorf, Friedrich Esaias, Observationes iuris universi, quibus praecipue res iudicatae summi tribunalis regii et electoralis continentur. Adiecta est appendix variorum statutorum et iurium. Bd. 3. Hannover 1756.

Quellen z. Brem. Reformationsgeschichte
Bippen, W[ilhelm] von/Dünzelmann, E./Iken, J[ohann] Fr[iedrich] (Hg.), Quellen zur Bremischen Reformationsgeschichte. (Bremisches Jahrbuch, 2. Serie, Bd. 1) Bremen 1885.

Reinicke, Landstände
Reinicke, Wolf-Rüdiger, Landstände im Verfassungsstaat. Verfassungsgeschichte und gegenwärtige Rechtsstellung der Landschaften und Ritterschaften in Niedersachsen. (Göttinger rechtswissenschaftliche Studien 91) Göttingen 1975.

Rep. Möhlmann 1
Möhlmann, Diedrich (Bearb.), Chronologisches Verzeichnis der 1847 im damaligen Provinzialarchiv Stade vorhandenen Originalurkundenbestände (Erzstift Bremen, Domstift Verden, Andreasstift zu Verden, Klöster Altkloster, Lilienthal, Neukloster, Osterholz, St. Georg in Stade, St. Marien in Stade, Zeven), neu bearb. 1940–1958 von Erich Weise. (Masch., Exemplar im StA Stade, Kopie im HStA Hann.) [ohne Tagesdaten der 1943 verbrannten Urkunden].[7]

Rep. Möhlmann 2
Möhlmann, Diedrich (Bearb.), Chronologisches Verzeichnis der 1847 im damaligen Provinzialarchiv Stade in den Kopiaren vorhandenen Urkunden, 1949 neu bearb. von Erich Weise. (Masch., Exemplar im StA Stade, Kopie im HStA Hann.) [ohne Tagesdaten].[8]

Reuter, Balduin von Wenden
Reuter, H., Balduin von Wenden und Dahlum, Abt zu St. Michaelis in Lüneburg und Erzbischof von Bremen, † 1441. In: Zeitschrift der Gesellschaft für Niedersächsische Kirchengeschichte 14, 1909, S. 1–106.

Riggert-Mindermann, Stände
Riggert-Mindermann, Ida-Christine, Die frühneuzeitlichen Verdener Stände und ihre

---

[7] Von Rep. Möhlmann 1 gibt es im StA Stade zum einen eine handschriftliche Fassung (Rep. 81, Hs. Nr. 9), die mit der maschinenschriftlichen Fassung Erich Weises absolut textidentisch ist. Diese Fassung bietet (ebenso wie Weise) allerdings bei allen Urkunden nur das Jahresdatum. Daneben gibt es aber eine weitere Fassung von Rep. Möhlmann 1, die hinsichtlich der Regesten absolut textidentisch ist mit der vorgenannten, die aber zusätzlich bei allen Urkunden das Tagesdatum und den Ausstellungsort bietet, soweit dieser in der jeweiligen Urk. angegeben war. Für die 1943 im StA Hann. verbrannten Original-Urkundenbestände bietet jene Fassung also bei bisher ungedruckten und nichtregestierten Urkunden den einzigen Nachweis der exakten Datierung und des Ausstellungsortes. Wenn also im folgenden bei den 1943 im StA Hann verbrannten Urkunden der Bestände Bremen und Verden ein Tagesdatum angeführt wird, so ist dies stets der zuletzt genannten handschriftlichen Fassung von Rep. Möhlmann 1 entnommen.

[8] Von Rep. Möhlmann 2 existiert im StA Stade ebenfalls eine handschriftliche Fassung, die die exakte Tagesdatierung der jeweiligen Urkunden überliefert (Rep. 81, Hs. Nr. 10); vgl. Anm. 3.

Archive. In: Mitteilungen des Stader Geschichts- und Heimatvereins 82. Jg., 2007, H. 1–2, S. 2–23; ebd., H. 3–4, S. 38 f.

Riggert-Mindermann, Verden
Riggert-Mindermann, Ida-Christine, Verden, Hochstift bzw. Fürstentum. In: Bei der Wieden, Handbuch, S. 71–76 u. 259–265.

Ritter-Recht (1673)
Des Hertzogthumbs Bremen Ritter-Recht, Wie solches von [...] Heinrich, Postulirten Ertz-Bischoff zu Bremen, [...] hochsel. Gedächtnůß, Auff untherthånigstes Ansuchen Gesambter lőbl.r Ritterschafft und eingesessenen Adels-Personen Des Ertzstifftes Bremen, Von wegen der Succession in deroselben Erb- und Stamm-Gůtern, auch andern Fållen, [...] den 22. Decemb. Anno 1577 gnådigst confirmiret und bestattiget, Auff vielfaeltiges Begehren [...] zum Druck befŏrdert. Stade 1673.

Ritter-Recht (1739)
Des Herzogthums Bremen Ritter-Recht / von dem ehemaligen Bremischen herrn Ertz-Bischoffe Henrico im Jahre 1577 gnådigst bestätiget, jetzo aber von neuem revidiret / erlåutert / vermehret und von Ihrer Kŏnigl. Majeståt Georg dem Andern [...] als allergnådigstem Landes-Herrn allerhŏchst confirmiret. Stade 1739.

Rosenbrock/Voigt, Flurnamen
Rosenbrock, Alexander/Voigt, Otto, Die Flurnamen des Kreises Verden. Verden 1961.

RTA JR 18
Machoczek, Ursula (Bearb.), Deutsche Reichstagsakten unter Kaiser Karl V. Der Reichstag zu Augsburg 1547/48. Bd. 1–3. (Deutsche Reichstagsakten, Jüngere Reihe 18). München 2006.

Rüther, Hadler Chronik
Rüther, E[duard] (Bearb.), Hadler Chronik. Quellenbuch zur Geschichte des Landes Hadeln. (Sonderveröffentlichungen des Heimatbundes der Männer vom Morgenstern 5) Bremerhaven 21979 (= ND v. 11932).

Schäfer, Eberhard von Holle
Schäfer, Walter, Eberhard von Holle. Bischof und Reformator. Verden 1967.

Schleif, Regierung
Schleif, Karl Heinz, Regierung und Verwaltung des Erzstifts Bremen am Beginn der Neuzeit (1500–1645). Eine Studie zum Wesen der modernen Staatlichkeit. (Schriftenreihe des Landschaftsverbandes Stade 1) Hamburg 1972.

Schlüter, Ordnung
Schlüter, Ernst Wilhelm Gustav, Die Ordnung des Königlichen Hof-Gerichts der Herzogthümer Bremen und Verden in Stade. Von Neuem herausgegeben mit mit erläuternden Anmerkungen begleitet. Stade 1823.

Schmidt, Landfrieden
Schmidt, Heinrich, Landfrieden und Landstände im Erzstift Bremen im Jahre 1397. In: Stader Jahrbuch N.F. 87/88, 1997/98, S. 37–51.

Schmidtmayer, Urkunden
Schmidtmayer, Alfred, Urkunden des Bremischen Staatsarchivs von 1434 an. Bd. 1–2. Bremen 1935 (Masch.; Ex. im StA Bremen vorhanden).

Schönecke, Amtsdaten
Schönecke, Walter, Personal- und Amtsdaten der Erzbischöfe von Hamburg-Bremen vom Jahre 831 bis 1511. Diss. Greifswald 1915.

Schubert, Landtag
Schubert, Ernst, Landtag und Landstände – Vorformen des Parlamentarismus. Vortrag vom 7. April 2005 (Tag der Landesgeschichte) im Niedersächsischen Landtag, Han-

nover. In: Landesgeschichte im Landtag, hg. vom Präsidenten des Niedersächsischen Landtags, Hannover 2007, S. 330–333 (online: http://www.landtag-niedersachsen.de/ Aktuelles/landesgeschichte/vortragssammlung/060_schubert_070405.htm).

Schubert, Steuern
Schubert, Ernst, Steuern, Streit und Stände. Die Ausbildung ständischer Repräsentation in niedersächsischen Territorien des 16. Jahrhunderts. In: Niedersächsisches Jahrbuch für Landesgeschichte 63, 1991, S. 1–58.

Schütz, Johann Rode
Schütz, Michael, Das Erzstift Bremen unter der Regierung des Erzbischofs Johann Rode 1497–1511. Diss. phil. masch. Hamburg 1994 [mit Regestenanhang].

Schulze, Harsefeld
Schulze, Heinz-Joachim, Die Äbte des Benediktiner-Klosters St. Marien zu Harsefeld. In: Stader Jahrbuch N.F. 66, 1976, S. 7–59.

Schulze, Himmelpforten
Schulze, Heinz-Joachim, Himmelpforten. In Ulrich Faust (Bearb.), Die Männer- und Frauenklöster der Zisterzienser in Niedersachsen, Schleswig-Holstein und Hamburg. (Germania Benedictina 12), St. Ottilien 1994, S. 148–167.

Schulze, Stade, St. Marien
Schulze, Heinz-Joachim, Stade, St. Marien. In Ulrich Faust (Bearb.), Die Benediktinerklöster in Niedersachsen, Schleswig-Holstein und Bremen. (Germania Benedictina 6), St. Ottilien 1979, S. 463–482.

Schwarzwälder, Bremen 1
Schwarzwälder, Herbert, Geschichte der Freien Hansestadt Bremen. Bd. 1: Von den Anfängen bis zur Franzosenzeit (1810). Bremen ²1995 (¹1975).

Schwarzwälder, Haus Ottersberg
Schwarzwälder, Herbert, Das Haus Ottersberg unter der Herrschaft der Stadt Bremen. In: Bremisches Jahrbuch 66, 1988, S. 115–155.

Schwarzwälder, Geschichte Ottersberg
Schwarzwälder, Herbert, Die 800jährige Geschichte von Ottersberg. Burg und Festung- Amt und Flecken. I. Teil: Bis zur Franzosenzeit 1813. Fischerhude 1989.

Siedel, Untersuchungen
Siedel, A[dolf], Untersuchungen über die Entwicklung der Landeshoheit und der Landesgrenze des ehemaligen Fürstbistums Verden (bis 1586). (Studien und Vorarbeiten zum Historischen Atlas Niedersachsens 2) Göttingen 1915.

Spangenberg, Beiträge
Spangenberg, Ernst, Beiträge zur Kunde der teutschen Rechtsalterthümer und Rechtsquellen. Hannover 1824 [enthält S. 119–132 Edition des ‚Landgerichtsprotokolls' Erzbischof Balduins].

Spangenberg, Chronicon
Spangenberg, Cyriacus, Chronicon oder Lebensbeschreibung und Thaten aller Bischöffe des Stiffts Verden [...], Hamburg o.J. [1720/21].[9]

Strunk, Quellenbuch
Strunk, Hermann (Hg.), Quellenbuch zur Geschichte des alten Erzstifts Bremen und Niedersachsens bis zum Ausgang des Mittelalters. Halle a.S. 11911 (2. neubearb. Aufl. u.d.T. Quellenbuch zur Geschichte des Erzstifts Bremen, Heft 1–4 [jeweils separat paginiert], Bremerhaven 1923–1925).

---

9 Zu Entstehungszeit und Verfassernamen vgl. Heyken, Chroniken, S. 7–113.

Sverges tractater V.2
Hallendorff, Carl Jakob/Rydberg, Olof Simon (Hg.), Sverges tractater med främmande makter jemte andra dit hörande handlingar. Bd. V. 2. Stockholm 1909.
Täubrich, Heinrich der Jüngere
Täubrich, Rainer, Herzog Heinrich der Jüngere von Braunschweig-Wolfenbüttel (1489–1568). Leben und Politik bis zum Primogeniturvertrag von 1535. (Quellen und Forschungen zur Braunschweigischen Geschichte 29) Braunschweig 1991.
Trüper, Ritter
Trüper, Hans G[eorg], Ritter und Knappen zwischen Weser und Elbe. Die Ministerialität des Erzstifts Bremen. (Schriftenreihe des Landschaftsverbandes der ehemaligen Herzogtümer Bremen und Verden 12) Stade 2000.
UB Altes Land
Röper, Carl (Hg.), Urkunden, Regesten, Nachrichten über das Alte Land und Horneburg. Bd. 1–4. (Veröffentlichungen (so Bd. 1–2) / Schriftenreihe (so Bd. 3–4) des Vereins zur Förderung und Erhaltung Altländer Kultur Jork 2, 3, 7, 8) Jork 1985–1990.
Brem. UB
Bremisches Urkundenbuch. Bd. 1–7. Hg. von R. Ehmck/Wilhelm v. Bippen (Bd. 1 5), Hermann Entholt (Bd. 6) Adolf E. Hofmeister/Andreas Röpcke (Bd. 7). Bremen 1873–1992.
UB Herzöge
Sudendorf, Hans (Hg.), Urkundenbuch zur Geschichte der Herzöge von Braunschweig und Lüneburg und ihrer Lande. Bd. 1–10. Bd. 11 (Register) hg. v. Carl Sattler, Hannover und Göttingen 1859–1883.
UB Osterholz
Jarck, Hans-Heinrich (Bearb.), Urkundenbuch des Klosters Osterholz (Bremer Urkundenbuch, 8. Abteilung). (Veröffentlichungen der Historischen Kommission für Niedersachsen und Bremen 37.5) Hildesheim 1982.
UB St. Georg
Bohmbach, Jürgen (Bearb.), Regesten und Urkunden zur Geschichte des Klosters St. Georg in Stade. (Bremer UB Abt. 9; Veröffentlichungen der Historischen Kommission für Niedersachsen und Bremen 37.3) Hildesheim 1982.
UB Stade
Bohmbach, Jürgen (Bearb.), Urkundenbuch der Stadt Stade (Bremer Urkundenbuch, 12. Abteilung). (Veröffentlichungen der Historischen Kommission für Niedersachsen und Bremen 37.4; Veröffentlichungen aus dem Stadtarchiv Stade 1) Hildesheim, Stade 1981.
Unger, Volksvertretung
Unger, Friedrich Wilhelm, Urgeschichte der deutschen Volksvertretung und deren entwickelung [sic] durch das Lehnwesen des Mittelalters. Hannover 1844.
Veeck, Graf Heinrich
Veeck, Walther, Graf Heinrich von Schwarzburg, Administrator des Erzstifts Bremen (1463–1496) und Bischof von Münster (1466–1496). Diss. phil. masch. Göttingen 1920.
Weise, Edikt
Weise, Erich, Das ‚Edikt in Zauberei-Sachen' von 1603 und seine Anwendung durch den Richter Lüder Bicker zu Altluneberg. In: Stader Jahrbuch N.F.40, 1950, S. 35–64 [mit Edition des Edikts].
Weise, Staatsarchiv Stade
Weise, Erich, Geschichte des Niedersächsischen Staatsarchivs in Stade nebst Übersicht seiner Bestände, (Veröffentlichungen der Niedersächsischen Archivverwaltung 18) Göttingen 1964.

Wiedemann, Bremen
  Wiedemann, F. W., Geschichte des Herzogthums Bremen.
  – Bd. 1: Aeltere Geschichte des Herzogthums Bremen, Stade 1864.
  – Bd. 2: Neuere Geschichte des Herzogthums Bremen, Stade 1866.
Wilmanns, Landgebietspolitik
  Wilmanns, Manfred, Die Landgebietspolitik der Stadt Bremen um 1400 unter besonderer Berücksichtigung der Burgenpolitik des Rates im Erzstift und in Friesland. (Veröffentlichungen des Instituts für Historische Landesforschung der Universität Göttingen 6) Hildesheim 1973.
Wohltmann, Landständen
  Wohltmann, Hans, Von den Landständen in unserem Bezirk, den ehemaligen Herzogtümern Bremen-Verden und dem Lande Hadeln. Ein Überblick. In: Stader Jahrbuch N.F. 38, 1948, S. 5–18.
Wolff, Miscellen
  Wolff, [o.Vn.], Bremen- und Verdensche Miscellen. Ein Journal in zwanglosen Heften. Heft 1–3. Stade 1809–1810.
Wolters, Erzbischof Christoph
  Wolters, Theodor, Erzbischof Christophs Kampf um das geistliche Fürstentum in den Stiftern Bremen und Verden. Diss. phil. Hamburg 1939.

A.
Landtagsabschiede des Erzstifts Bremen

1

Landtag (?) 1397 Dezember 6

Landfriedensbündnis

Der Bremer Erzbischof Otto, das Bremer Domkapitel, die Prälaten, die Mannschaft und die Städte des Erzstifts Bremen verbinden sich untereinander zu gegenseitigem Schutz für die kommenden acht Jahre.[1]

Bündnisvertrag: StA Bremen, 1-Bw 1397 Dezember 6 (14 anhäng. Siegel erh.) (Or.-Ausf. Perg.). – (StA Hann., Brem. Or.; Or.-Ausf. Perg.; 1943 verbrannt). – StA Stade, Rep. 5b, F. 22, nr. 10a, fol. 8r/v (Abschrift Ende 14. Jh.). Druck: Mencken, Scriptores 1, S. 594–596. – Wiedemann, Bremen 1, S. 286–289 (nach Hann. Ausf.). – UB Herzöge 8, nr. 207 (nach Hann. Ausf.). – Brem. UB 4, nr. 206 (nach Bremer Ausf.). – Strunk, Quellenbuch, 1. Aufl. S. 128–130, nr. 81; 2. Aufl., H. 4, S. 7–10, nr. 75 (nach Brem. UB; unvollständig). – Blanken, Basdahl, S. 54–56 (Fotokopie aus Brem. UB). – UB Altes Land 3, nr. 2140 (nach UB Herzöge). Regest: Rep. Möhlmann 1, nr. 1534 (nach Hann. Ausf.). – UB Stade, nr. 166. Abb.: Blanken, Basdahl, S. 59. – Hofmeister, Adel, S. 220f., Abb. 6.
Literatur: Unger, Volksvertretung, S. 115. – Wohltmann, Landständen, S. 9f. – Merker, Ritterschaft, S. 120–123. – Wilmanns, Landgebietspolitik, S. 144f. – Modéer, Gerichtsbarkeiten, S. 65. – Hofmeister, Adel, S. 219–222. – Schmidt, Landfrieden. – Dannenberg, Landtag, S. 27–29. – Fiedler, Bremen, S. 206.

Wy Otto van Godes gnaden Erzebyschopp der hilghen kerken to Bremen, Unde Wy dômproveste, deken unde Cappittel der zulven kerken, Prelaten, Manschop unde Stede des Stichtes to Bremen, Also Bremen, Stade, Buxstehude unde Wyldeshusen, de ganze Meenheyt der lant des Osterstades, des Oldenlandes, des landes to Kedinghen unde des kerspels to der Osten bekennet unde betughet openbare in dessen breve, dat wy uns vruntliken hebbet voreneghet unde vordreghen van stunden an wente to Wynachten nach ghifte desses breves neghest to komende vort over Achte Jar bynnen dem Stichte to Bremen to holdene unde to volghende, also hir na screven steyt:

[1.] Dat wy Otto Erzebyschopp vorben[ompt] scolet unde willet de vorescr[evenen] domprovest, deken, Cappittel, Prelaten, Manschop, Stede unde lant, also hir vorben[ompt] stât, ze alle unde erer enen yewelken unde de ere truweliken vorbidden unde vordeghedinghen na al unser macht, wor wy kunnen unde moghen, unde willet unde scolet ze alle unde erer enen yewelken unde de ere vryliken bezitten unde bruken laten alle erer vryheyt, Rechticheyt, Privilegyen, wonheyt unde zeden, unde enwillet noch enscolet en de nerghen mede vorkrenken unde ze dar ok nicht an hindern ofte hindern laten.

[2.] Were aver, dat yement in der Manschop ofte in dem Osterstade, in dem Oldenlande, in dem lande to Kedinghen ofte in dem kerspele to der Osten gut hedden van unsen stichte, dar he breve up hedde van dem erebaren vadere in Gode, Hern Alberte Erzebyschope, unseme vorfaren, dem God gnedich zy, wes wy dar mit rechte in to sprekende hebbet, dar scal men uns rechtes ume pleghen.

[3.] Were ok, dat wy den van Bremen, den van Stade, den van Buxstehude, den van Wildeshusen ofte eren borghern ume unses stichtes gut wes to tozeghende hedden, dat scole wy holden, also de breve utwyset, de wy en bezeghelt hebbet.

[4.] Were ok, dat de dõmprovest, deken, Cappittel, Prelaten, Manschop, Stede unde lant, de hir vorben[ompt] ståt, ofte der yenich uns edder de unse wor an vorunrechteden, dat scole wy vorclaghen laten, wor zik dat van rechte bort, also vor den ghennen, den ze to vordeghedinghene bort.

[5.] Were, dat uns dar nyn recht wedder varen enkonde, zo scole wy dat vorclaghen laten vor den ghennen, de dar to schicket zint, also hern Johanne Slamestorpe provest to Hadelen, hern Erpe van Lunenberghen Sangmestere, her Johanne dem Cluvere Ryttere, Johanne van Wersbe dem olderen, Gheverde dem Schulten den[a] olderen, Mauricyeze dem Marschalke knapen, Reynwerde Denen, Vrederke van Walle to Bremen, Jacope van Haghene, Danyele van dem Kerchove to Stade, Curde Kavele, Heynen Schelen to Buxstehude unde Bernde van der Molen to Wildeshusen Borghermestern, konden uns de dar ok nynes rechtes umme helpen bynnen verteynachten, zo scolet de vorben[ompten] dõmprovest, deken, Cappittel, prelaten, Manschop, Stede unde lant des truweliken na zegkende der ghenner, de dar to schicket zint unde hir vorben[ompt] ståt, by bliven, also langhe, dat ze uns dar rechtes ume helpen. Wanner uns ok wedder varen kan, also vele also desse vorben[ompten] spreken, dat dat recht zy, dat scole wy yo nemen.

[6.] Were ok, dat dem dõmproveste, dekene, Cappittele, Prelaten, Manschop, Stede unde landen, de hir vorben[ompt] ståt, ofte der yennich edder den eren duchte, dat wy edder de unse ze dar wor an vorunrechteden ofte beschedeghen, dat scolet ofte he vorclaghen vor den vorben[ompten] schedesluden, de en neghest beleghen zint, de scolet uns dat vort wytlik dõn. Konnet uns de dar den nicht an berichten, dat wy em ofte en dõn des recht is, zo scole wy unde wyllet inriden to Bremen, to Stade ofte to Buxstehude in der dryer stede enbynnen den ersten verteynachten darna, wan wy van den vorben[ompten] schedesluden dar ume manet werdet, unde dar nicht ut, wy enhebben dat wedder dån in vruntschop edder in rechte na zegkende der vorben[ompten] schedeslude, unde enscolet lengher den vere weken dar nicht vore lygken.

[7.] Were, dat wy des nicht en des nicht endeden, zo moghen de vorben[ompten] domprovest, deken, Cappittel, Prelaten, Manschop, Stede unde lant, ze alle, de hir vorben[ompt] ståt, mit unsen willen unde vulbort des truweliken na zegkende der vorben[ompten] schedeslude to zamende bliven by dem ghennen, den wy em ofte en don also vele, also de vorben[ompten] spreken, dat recht zy. Unde wanner wy em dat don wyllet, dat scholet ze ofte he yo van uns nemen.

[8.] Were ok, dat bynnen unsem stichte yenich schelinghe worde twyschen dem domproveste, dekene, Cappittele, Prelaten, Manschop, Steden unde landen unde dar yenich schade van queme, we den schaden dem andern dede, de scolde eme den wedder dõn bynnen verteynachten na zegkende der vorben[ompten] schedeslude.

[9.] Were, dat he des nicht endede, zo scole wy Otto Erzebyschop vorben[ompt] mit dem vorescrevenen dômproveste, dekene, Cappittele, Prelaten, Manschop, Stede unde landen unde ze mit uns na zegkende der vorben[ompten] schedeslude truweliken dar to helpen, dat de schade wedder dan werde.

[10.] Were ok, dat yd also queme, dat des to donde were, dat desse vorben[ompten] schedeslude spreken, dat men volghe dôn scolde, zo scolde malk volghen mit zinen eghenen kosten unde scal wyn upboren na mantale wapender lude, de he dar mede heft, unde scal zin eghene vorlůs stån.

[11.] Were ok, dat desser vorben[ompten] schedeslude, de hir to schicket zint ofte werdet, yenich aflivich worde ofte dat upgheve, dar scal men enen andern in de stede kesen, dar scal desse bref unvorbroken mede wesen.

To ener openbaren betuchnisse alle desser vorescr[evenen] stucke unde der eyn yewelik he wy Otto Erzebyschopp unse Inghezeghel, unde wy dômprovest, deken unde Cappittel unses Cappittels Inghezeghel, Johan de Cluver Rytter, Johan van Wersbe de oldere, Gheverd de Schulte de oldere unde Mauricius de Marschalk unse Inghezeghele van der menen manschop weghene, Borghermestere unde Radmanne de Stede Bremen, Stade, Buxstehude unde Wildeshusen unser stede Inghezeghele, de Meenheyt des Osterstades, des Oldenlandes, des landes to Kedinghen unde des kerspeles to der Osten unser lande Inghezeghele alle wytliken unde mit guden willen ghehanghen to dessen breve. Datum Anno domini M°CCC° Nonagesimoseptimo, ipso die beati Nicolai Episcopi etc.
(StA Bremen, 1-Bw 1397 Dezember 6).

a den *von gleicher Hand über der Zeile nachgetragen.*

1 *Zum Bündnis der Bremer Landstände vom selben Tag vgl. UB Herzöge 8, nr. 208; Brem. UB 4, nr. 207 (mit weiteren Nachweisen).*

2

Landtag 1398 Mai 6, auf dem Steingraben (bei Basdahl)

Rechtsfindung

Das Bremer Domkapitel, die Bürgermeister der Städte Bremen, Stade, Buxtehude und Wildeshausen sowie der Ritter Johann Clüver als Vertreter der Stiftsmannen bezeugen eine auf dem Landtag auf dem Steingraben (bei Basdahl) auf Anfrage des Bremer Erzbischofs Otto ergangene Rechtsfindung der Bremischen Landstände über die Rechtsstellung der Unfreien: Alle Kinder, die aus einer ohne Wissen und Zustimmung der jeweiligen Herren vorgenommenen Heirat zwischen Freien und Eigenleuten hervorgehen, fallen in jedem Fall ‚der ärgeren Hand' zu und werden somit zu Eigenleuten.

Rechtsfindung: StA Stade, Rep. 5g, nr. 75 (ehem. F. 6, nr. 10a), fol. 6r/v (Abschrift frühes 16. Jh.).
Literatur: Merker, Ritterschaft, S. 84, Anm. 398 u. S. 123 mit Anm. 569 (mit fehlerhafter Signaturangabe u. Datierung). – Hofmeister, Elbmarschen 2, S. 168. – Blanken, Basdahl, S. 60 (fehlerhaft). – Hofmeister, Adel, S. 222. – Bachmann, Tagungsorte, S. 93. – Dannenberg, Landtag, S. 32.

Wy domprovest, deken und Capittel der kerken [tho Bremen][a], Borgermester und Rathmanne der stede Bremen, Stade, Buxstehude und Wyldeshusen, Johan de Kluver rytter van wegen der gemenen stychtesmanne bekennen und betughen apenbar in dussem breve vor alsweme, de nhu synth und thokamen moghen, dath de Erwerdygesthe in Godt Here Otto Ertzebyskup der hylgen kerkenn tho Bremen, unse gnedyghe Here, hefth donn laten eyne apenbar fraghe up eyneme gemenen landage up dem Stengrave in jegenwardycheyth der gemeynen ledematen geysthlych und werthlych und waß dar by bogerende, dath de ledematen samptlyken und eyndrachtliken dar up vynden wolden, wo dath sethlick und wanthlyck were wesenn beth her tho und wo men dath vordan tho ewyghen tyden holden wolde[b] und scholde in dessem lande, dath nemande tho horth. Schege ok, dath egen lude den hern, prelaten und gudemannen nycht vorquemen, wo dagelykeß schude, und dath de ledematen dath so wolden vynden, also se dath oren nhakomelingen und kynderen arven wolden, welkere vraghe ludede van worde tho worde alduß, so hyr nha gheschreven steyt: Oft eyn egen man neme eyne vryge frowen sunder syneß heren wetent, wyllen und fulborth, ok wedderumme ofth eyn egen froweßpersone neme eynen frygen man sunder oreß heren wetent, wyllen und fulborth, wo men dath in dessem lande dar mede holden scholde, ofte dath scholde slan to der argeren hanth ofte nycht, edder ofte de dar ok jennyghe vryheyth ofte wanheyth enthjegen bruken mochten. Hyr up hebben de gemenen ledematen sampthlyken geysthlyck und werthlyck eyn berath nhamen und synt aver de syden ghegan und hebben syck bespraken und eyndrachtlykenn Unsem G. H. vorg. wedder in ghebracht, wo hyr nhaghescreven steyth: Wen eyn egen man neme eyne vrye frowen buten weten, wyllen und fulborth syneß hern, dath slage alle tyth tho der argeren hanth, wente dath were nycht mogelyck, dath eyn egen man konde vrye kynder maken. Ok wen eyn egen vrowe syck mengede myth eynem vryen manne, slage dath alle tyth tho der argeren hanth; de man wurde egen myth der frowen, so konde nen egen frowe vrygbar kinder telen. Ok warth nen egenman vrye kynder maken. Dar furder vrageth, ofth eyn egen man eyneß prelaten ofte eyneß gudemanneß syck mengede myth eyneß prelaten ofte gudemanneß egen mageth buten orer beyder heren weten, wyllen und fulborde, wo dath dar umme stan scholde. Hyr seden de letematen eyndrachtlyken up: Wen sodaneß gheschege, moghen ohrer beyder hern Jewelyck de syne dar umme straffen und syck dar umme vordragen, wo dath umme ore arfdel ofte nhalacth, ock wo dath umme de kynder stan schal. Desseß hadden de gemenen ledematen eyn benogenth, nhemen dath ok an, fulborden dath und wolden nha dessem dage dath so holdenn, und belovede ene ganß wol; und so wy domprovesth, dekenn, Capittel der kerken to Bremen, Borgermestere und Radthmanne der stede Bremen, Stade, Buxstehude und Wyldeshusen, unse gheschyckten hyr hebben an und aver ghehath und Ick Johan de Cluver rytter hyr personlych ok byn by ghewesenn, so hebbe wy domprovest, deken und Capittel und wy borgermester und Radthmanne der stath Bremen van wegen der ergenanten

48

stede und ick Johan de Cluver Rytter van der stychtesmanne wegen umme bede, wyllen deß Ergenanten Unseß G. H., ok der anderen ghemenen ledematen, unse ingesegel vor dyssen bref laten hangen, de ghegeven is nha der borth unseß Hern dusenth dre hunderth achten unde negentych, up den mandach nach Cantate.

(StA Stade, Rep. 5g, nr. 75 (ehem. F. 6, nr. 10a), fol. 6r/v).

a tho Bremen *fehlt in der Vorlage.*   b wolde *von gleicher Hand am linken Rand nachgetragen und mit Verweiszeichen ^ als Nachtrag hinter* holden *und vor* und *gekennzeichnet.*

3

Landtag 1399 Juni 12, o. O.

Schatzbewilligung

Die Bremischen Landstände bewilligen die von Erzbischof Otto von Bremen erbetene Erhebung eines Pflugschatzes im gesamten Erzstift Bremen, dessen Erlöse zur Einlösung der Burg Langwedel verwendet werden sollen.

Ausschreiben: –
Protokoll: –
Abschied: (StA Hann., Cop. II 46, p. 5–7; 1943 verbrannt). – StA Stade, Rep. 5b, F. 102, nr. 20, fol. 2r *(Exzerpt, 16. Jh.;* Überschrift: Vortekeninge etlyker Schattynge, de yn deme Styffte tho Bremen syn thogelaten; *Angabe zur Vorlage:* vide Latius Libro D folio quinto, *mithin zweifellos aus Cop. II 46 exzerpiert). Druck: UB Herzöge 9, nr. 15 (nach Kopiar). Reg.: Rep. Möhlmann 2, nr. 768 (nach Kopiar).*
Literatur: Merker, Ritterschaft, S. 123 (nach Exzerpt). – *Wilmanns, Landgebietspolitik, S. 141 u. 145.* – *Blanken, Basdahl, S. 74.* – *Hofmeister, Adel, S. 222f.* – *Dannenberg, Landtag, S. 32.*

Wy Her Johan Sclamestorp provest to Hadelen de eldere unde [dat][a] Capittel der kerken to Bremen Bekennen openbare in dessem Breve vor alsweme, dat wi deme Erwerdighen in Gode vadere unde heren, Hern Otten ertzebischope der hilgen kerken to Bremen, unseme leven gnedigen heren, na rade der prelaten unde der Stade Stade unde Buxstehude unde eyn del des stichtes tho Bremen Hebben eendrachtichen myd guden vryen willen orlovet unde vulbordet eynen plochschat in dem vorscrevenen stichte to Bremen in gheest unde in mersch, nemendes lude gheestlik edder werlik uthgesproken, dat Sclot Langwedel unsem vorscrevenen heren wedder in to losende van deme schatte unde anders nerghene in to kerende, In desser naghescrevenen wise, dat eyn ihewelik bůwman eynen Swaren Rinschen guldenen edder zesteyn grote unde eyn ihewelk koter eynen halven zwaren guldenen edder achte grote schullen gheven. We ok also vele ackers heft alse he myd ener ploch bůwen mach, he buwe den acker edder nicht, de scal eynen zwaren guldenen gheven. Were aver, dat twe to zamende spennen in eynen pluch, dat lichte wol schuch, so scal de eyne vor eynen buwman unde de andere vor eynen kotere gheven. Vortmer hebbe wy over gheghevenen unde vulbordet unsem vorscrevenen heren, dat alle Schomakere, Smede, Coplude, Tavernere, Tavernerschen unde de haverknechte gheheten zind, wor ze beseten zin buten

Steden in gheest unde in mersch in dessem vorscrevenen stichte eyn ihewelik eynen zwaren guldenen gheŭen scal. Dessen vorscrevenen schat schulle wy unde willen unsem vorscrevenen Heren truweliken myd gantzem vlite uthrichten unde bemanen helpen wente tho zunte Michaelis daghe neghest to komende[1] na gifte desses Breves zunder arghelist. Were, dat zik ihement dar uth toghe unde dessen vorghescrevenen schat nicht uthgheven en wolde, dar wille wi unses vorscrevenen heren beste ane weten unde dŭn, unde eme behulpelik dar to wesen, also eme des not unde behof is, ane arghelist, ut ghesproken Rittere unde knechte, dar en dorve wy nyne volghe up dŭn, doch zo wille wy unse beste dar io gherne to dŭn myd gantzen truwen, dat de ere dŭn, also vor ghescreven is. Were ok ihenich denstman, de unsem vorscrevenen heren myd der wapene nicht en dende, de denstman unde syne Meyere schollen ok malk eynen Rinschen gulden gheven. Were ok, dat ihement dessen vorscrevenen schat na overghevende des meynen landes not weghene vor helde, we den werde edder vorweren hulpe, uppe dene wille wi unsem vorghescrevenen heren truweliken volghen lik deme ihenen, de des schattes also vorzatich wurde. Al desse vorscrevenen stucke unde eyn ihewelk besunderen love wy Her Johan Sclamestorp provest to Hadelen de eldere unde[a] Capittel der kerken to Bremen vorben[ompt] myd zamender hand in guden truwen unsem vorgescrevenen heren Hern Otten stede, vast unde unvorbroken to holdene sunder ihenigherleye hulpe, weddersprake gheestlik edder werlik unde arghelist, unde hebbe des to tughe unses Capittels Inghes[egel] myd willen an dessen Bref ghehanghen. Datum Anno domini Millesimo CCC nonagesimo nono, feria quinta proxima ante festum Beati Viti martiris gloriosi.

(UB Herzöge 9, nr. 15).

a dat *fehlt*.

1 *1399 September 29.*

4

Landtag (?) 1432 [April 14–August 24][1]

Schatzverweigerung

*Die Bremer Landstände verweigern dem Bremer Erzbischof Nikolaus die von diesem erbetene Erhebung einer Schatzung in Form eines Pflugschatzes oder einer Landbede (*a quibus subditi ecclesiae eundem dominum Nicolaum relevare nolebant admittendo sibi aliquod subsidium vocatum ‚plogschatt' vel ‚landbede'*).*[2]

Überlieferung: *Johannis Rode Reg. bon., S. 90.*
Literatur: *Wilmanns, Landgebietspolitik, S. 154.*

1 *Zur Datierung vgl. Wilmanns, Landgebietspolitik, S. 154.*   2 *Zur damaligen Überschuldung des Erzstifts sowie den daraus resultierenden ständischen Bemühungen, den Erzbischof zur Einsetzung eines*

Koadjutors zu drängen, unter anderem auch durch die angeführte Schatzverweigerung, vgl. umfassend Wiedemann, Bremen 1, S. 306–308 (der die Schatzverweigerung aber nicht explizit erwähnt). Wilmans, Landgebietspolitik, S. 154, sieht einen Zusammenhang zwischen der erzbischöflichen Schatzforderung und der angestrebten Einlösung der verpfändeten Burg Langwedel.

5

Landtag 1435 Oktober 16/23, auf dem Steingraben (bei Basdahl)

Schatzbewilligung 1435 Oktober 16

Erzbischof Balduin II. von Bremen bestätigt, daß die Bremischen Landstände die von ihm erbetenen Steuern, nämlich Schatz und Bede in genannter Höhe, nur wegen der Notlage des Erzstifts Bremen bewilligt haben, und daß sich aus dieser Bewilligung für die Landstände keinerlei Verpflichtung für die Zukunft ergibt.

Ausschreiben: –
Protokoll: –
Abschied: (StA Hann., Cop. II 46, p. 232; 1943 verbrannt). – StA Stade, Rep. 5b, F. 102, nr. 20, fol. 2r (Exzerpt, 16. Jh.; Überschrift: Vortekeninge etlyker Schattynge, de yn deme Styffte tho Bremen syn thogelaten; Angabe zur Vorlage: Lib. D fol. 118, trotz abweichender Foliierung zweifellos aus Cop. II 46 exzerpiert). Druck: Brem. UB 6, nr. 79 (nach dem verbrannten Kopiar). Regest: Rep. Möhlmann 2, nr. 1163 (nach dem verbrannten Kopiar).
Literatur: Hofmeister, Adel, S. 223.

Wii Boldewin van Godes gnaden ertzebisschop der hilgen kerken to Bremen bekennen unde betugen openbar in dessem breve vor alleswene, dat sodane schat unde bede, alse nomliken van enen buwmanne, amptluden alse taverne, cremere, smede, scrodere, peltsere, schomakere dree Rinsche gulden unde de kotere anderhalven Rinschen gulden, alse uns to unses stichtes noed unde behoff van capittule, prelaten, mannen, steden unde landen is togelaten unde overgheven, nicht van plicht edder sunderger rechticheyt togelaten is unde overgheven, sunder umme groter und swarer noed unde belastinge van schulden, darmede nu jegenwardich unse stichte beswerd unde begrepen is, unde umme dessulven stichtes unde des gemenen besten, vrede, raste unde bestentnisse willen also togelaten unde overgeven is. Unde wy edder unse nakomelinge willen unde schullen jenigerleye nenen schat edder bede in tokomenden tiiden esschen noch upsetten edder utbeden, id enwere denne, dat deme stichte to Bremen alsodane dreplik swor nod anliggende were, dat capittel, prelaten, manne, stede unde gemeenliken de land sulven irkenden, dat des behoff unde noed were unde denne endrachtliken vulbordeden unde overgeven. Desses wii to bekantnisse vor uns unde unsse nakomelinge unsse ingesegel witliken hebben gehangen laten to dessem breve. Unde wii elder unde capittel der vorscr[evenen] kerken to Bremen bekennen unde betugen openbare in dessem sulven breve, dat wii desset, so vorscreven is, mede vulbordet, gehandelt unde gededinget hebben; des wii to merer witticheyt unde bekantnisse ok unsse ingesegel mede hebben gehangen laten to dessem breve. Na Godes bord dusend verhundert darna in deme viffundedruttichsten jare, am dage sunte Gallen.

(Brem. UB 6, nr. 79).

6

Derselbe Landtag

Landtagsabschied 1435 Oktober 23

Der Bremer Erzbischof Balduin II., das Bremer Domkapitel, die Prälaten, die Mannschaft und die Städte des Erzstifts Bremen beschließen, künftig dreimal jährlich einen gemeinsamen ‚Rechtstag' auf dem Steingraben (bei Basdahl) abzuhalten, und setzen die Ladungsfristen fest.

Ausschreiben: –
Protokoll: –
Abschied: (StA Hannover; Collectio sententiarum [...] archiepiscopi Balduini; Mitte 15. Jh.; Signatur unbekannt; 1943 verbrannt). – StA Stade, Rep. 5b, F. 128, nr. 1, fol. 1r/v (Abschrift 16. Jh.). Druck: Spangenberg, Beiträge, S. 119f. – Landgerichts-Protokoll, S. 9f. (beide nach der verbrannten Collectio).
Literatur: Unger, Volksvertretung, S. 114f. – Merker, Ritterschaft, S. 37f. – Schleif, Regierung, S. 115. – Modéer, Gerichtsbarkeiten, S. 65f. – Hofmeister, Adel, S. 223.

In dem nahmen Gotts. Amen. Wy Baldewin vann Wendenn van Gotts genadenn Ertzbischop to Bremen dohn witlich allenn, de in dußem boke lesende werden, dat wi mit unnsem Capittell, Prelaten, Manschup unnd steden ein sin gewurden, dat me duße nageschrevene Rechte in unnsem Stichte tho ewigenn Tydenn holdenn schall; unnd we hir entegegenn dede, denn schall me verfolgen, alse hirinnen geschreven iß. Also sette wy dusse articull unnd Rechte, mit öhrer aller widtschup und vulborde, ein gemeine recht unnseß Stichteß, unnd willen dat sik allemann, de vor unnß unnd Nhakomelingenn Recht soken scholenn, daran genögenn scholenn latenn.

[1.] Innt erste sindt gesatet dre Rechtdage in dem Jahre, de erste des Veerden Sondages nha Paßchenn, alse men singet in der Kerkenn Cantate, de andere deß Sondageß vor unnser leven Frouwen dage erer gebordt, De drudde deß Sondageß vor Simonis unnd Jude. Duße Rechtedage schall me holden up dem Steingravenn, dar denne khomen scholenn Capittell, Prelaten, Manschup unnd Stede, umm den willen, dat se unß eine Jewelicke sake in dem Rechtenn scheden helpenn.

[2.] So iß gewilkorett: Will Jemandt den andern beclagenn, de schall unnß sinn Clage schrivenn; de wille wy denne dem andern, entwederen veer weken vor dem Richtdage wittlich dohn unnd en tho andtworde eßchen, kumpt he denne nicht, so schall me ehme noch drei Verthein nacht tho Vörde vor unnsen Amptman leggenn; queme dan noch nicht, so schal he der sake nedderfellich unnd verlustich wesenn. Deßgelicken schall me idt holdenn mit dem Cleger; queme he nicht up dem Richtdag edder binnen verteinnachtenn darna tho Vörde, unnd verfolgede sine sake, so schall he der vorlustich wesenn.

Dith iß darumme gesatet, dat ein Jewelick moge sin beradth hebben darup, wat he andtwordenn wille; unnd duth allent wart gesatet Anno Domini M.CCCC. XXXV., deß Sondageß vor Simonis et Judæ, up dem Steingravenn.

(Landgerichts-Protocoll, S. 9f.).

7
Landtag [1436]¹ Mai 6

Rechtsfindungen

Rechtsfindungen (des Bremer Erzbischofs Balduin II., des Bremer Domkapitels, der Prälaten, der Mannschaft und der Städte des Erzstifts Bremen) über verschiedene Raub- und Schadensfälle sowie über den Verbleib des Hergewettes im Sterbefall.

Sate: (StA Hannover; Collectio sententiarum [...] archiepiscopi Balduini; Mitte 15. Jh.; Signatur unbekannt; 1943 verbrannt). – StA Stade, Rep. 5b, F. 128, nr. 1, fol. 1v (Abschrift 16. Jh.; unvollständig: nur [1.]–[3.]). Druck: Spangenberg, Beiträge, S. 120f. – Landgerichts-Protocoll, S. 10f. (beide nach der verbrannten Collectio).

Dar wardt gefundenn:

[1.] Welck man sulffmede siner genatenn mit sinem rechtenn sinne vorstahenn will edder kan, de iß deß neger tho beholde, wen ohm jemandt affthoseggende. Also wardt Henricke van der Lyth dat Bocklo thogescheidenn, dat Her Martenn unndt Wilckenn van der Lyth anklagedenn.

[2.] Werdt ock we anclaget, dat hebbe wenn gerovet oder anderß beschediget, unndt hebbe dat gedahn alse ein Hovettmann, ein Amptpmann edder ein Heter, deß mach he sick entledigenn mit synem Eyde. Also schedede Diderick van Stinstede van Carsten Steding.

[3.] Wardt ock ein wedewe beclaget darumme, dat er selige Mann wen hebbe berovet eder anderenn schadenn gedann, will de Frouwe mit erem Rechte beholdenn, dat er unwidtlick sy, wat deß in ehr Huß gekamen sy, dat iß Recht unnd iß darvan nichteß plichtich. Mach ock de Cleger up den Dodenn bewisenn solcke daeth mit LXXVII. tugenn, de iß deß neger. Also wardt gescheidenn twißchen den van Itzendorpe unnd Iwenß Wedwenn vann Borch.

[4.] We ock Claget vann Roeff eder schadenn, de schall denn Namhafftich makenn und utdrucken, wat, wovele, war unnd wanner de schade geschehenn sy.

[5.] Welck Man einenn Knecht uthlenet, deidt de Knecht denne schadenn unnd de Here den Knecht darnha vordt in sinen Denste leth und beholdt, wyll de

53

Here mit sinem Eide beholden, dat he öhme dartho nicht hebbe uthgelenet unnd öhme ock unwithlick were, dat he denn schadenn dohn scholde, so moth he doch andtworden van deß Knechteß wegenn vor denn gantzenn schadenn nha antahle der Personen, de den schaden mede gedaen hebben. Wuste averst de Here, dat de Knecht schaden dohen wolde unnd dat he schaden dede, so schall de Here vor den gantzen schaden andtwordenn, wertt he darumme beclaget.

[6.] Van Rove unnd Schade gedaenn: Welck Man dem Anderenn in frundtlicker Handlunge unvorwardt schadenn deidt an sinenn Meigerenn, an rove, an brande oder ahn anderenn Dingenn, den schall He denn entrichtenn, unnd Jenne schall mit sinem rechtenn beholdenn, dat he do sin Meiger aß. Also worden gescheiden Johan van dem Sandtbeke unnd Johan vann Zesterflete.

[7.] Van Herwede: Herwede schal blivenn in der schwerdthalve. Iß dar nen schwerdtmage, so schall idt vallenn up de frouwenn, de van der schwertmagen dar iß.

Alle duth vorgeschrevenn wardt tho rechte gescheidenn up denn vorgenannten Dage, wardt deß Sondages Cantate.

(Landgerichts-Protocoll, S. 10f.).

1 *Die Jahreszahl dieses Landtags ist mit hinreichender Sicherheit zu erschließen aus der Datierung von nr. A.6 und nr. A.8, zwischen denen nr. A.6 in der einzigen bekannten Überlieferung eingereiht ist.*

8

Landtag 1436 Juni 24, (Bremer-) Vörde

Rechtsfindungen

Rechtsfindungen (des Bremer Erzbischofs Balduin II., des Bremer Domkapitels, der Prälaten, der Mannschaft und der Städte des Erzstifts Bremen) über die Schatzung gefangener Knechte.

Sate: (StA Hannover; Collectio sententiarum [...] archiepiscopi Balduini; Mitte 15. Jh.; Signatur unbekannt; 1943 verbrannt). – StA Stade, Rep. 5b, F. 128, nr. 1, fol. 5r/v (Abschrift 16. Jh.). Druck: Spangenberg, Beiträge, S. 120. – Landgerichts-Protocoll, S. 11 (beide nach der verbrannten Collectio).

Vorder am XXXVI. Jahre, am Dage Sancti Johannis Baptisten, tho Vörde in Jegenwardicheidt Unnser, unnses Capitteß; Prelaten, Manne unnd stede wardt gefunden:

We dem anderenn, dar he in Kundtschup unnd Handelung mede iß, sinen Knecht afgripet unnd schattet unvorwahret, will he mit sinem Rechte beholdenn, dat he thor tidt sin Knecht waß, he mach en quidt unnd loeß gevenn, unnd wat he ohn affgeschattet hefft unnd weddergevenn, unnd de schattinge mach he bewysenn mit denn, de darbi werenn, do he ohne uthgaff. Aver de Here moth sinen Knecht wedder tho rechte bestellenn. Also wardt gescheidenn twißchenn Johan van Zesterfledt unnd denn van Itzendorpe.

(Landgerichts-Protocoll, S. 11).

9

Landtag 1436 September 2/8, auf dem Steingraben (bei Basdahl)

Rechtsfindungen 1436 September 2

(1.) Sollte das Bremer Domkapitel, die Prälaten und die Mannschaft des Erzstifts Bremen nicht in der Lage sein, in einem Fall das Recht zu finden, so soll der Erzbischof eine endgültige und für beide Seiten verbindliche Rechtsfindung vornehmen. (2.) Fehdeandrohung wird jederman, auch dem (Bremer) Erzbischof, untersagt.

Sate: (StA Hannover; Collectio sententiarum [...] archiepiscopi Balduini; Mitte 15. Jh.; Signatur unbekannt; 1943 verbrannt). – StA Stade, Rep. 5b, F. 128, nr. 1, fol. 5v (Abschrift 16. Jh.). Druck: Spangenberg, Beiträge, S. 121. – Landgerichts-Protocoll, S. 12.

Anno etc. 36, ahm Sondage vor Nativitatis Mariæ up dem Steingraven iß gefunden:

[1.] Were ein recht, dat Capittel, Manschup unnd stede nicht findenn konden, dat dar de meiste meinung nicht Inne aver ein drogenn, dat Recht schall de Ertzebischup vindenn, alse he des vor Godt unnd denn Ludenn bekennenn will, dar schall me sick ann genogenn latenn, unnd sick forder nicht beropenn.

[2.] Wy vorbeden einnem Jewelicken, alse wy hogest vormogen, dat he sine Hende hole, unnd unnß nene Veide an denn Halß en thee; ock schall dat de Ertzebischop nicht dohenn.

(Landgerichts-Protocoll, S. 12).

10

Derselbe Landtag

Rechtsfindungen 1436 September 8

Rechtsfindungen (des Bremer Erzbischofs Balduin II., des Bremer Domkapitels, der Prälaten, der Mannschaft und der Städte des Erzstifts Bremen) in Streitfällen zwischen genannten Bremer Adeligen, sowohl untereinander als auch mit dem Propst des Klosters Zeven.[1]

Sate: (StA Hannover; Collectio sententiarum [...] archiepiscopi Balduini; Mitte 15. Jh.; Signatur unbekannt; 1943 verbrannt); StA Stade, Rep. 5b, F. 128, nr. 2, fol. 1r–2v (Abschrift 16. Jh.). Druck: Spangenberg, Beiträge, S. 126–128 (nach der verbrannten älteren Überlieferung). – Landgerichts-Protocoll, S. 19–23 (nach der verbrannten älteren Überlieferung).

Anno etc. Domini M.CCCC.XXXVI., Am Sondage Unser Leven Frouwen Nativitatis wardt gefunden up den Steingravenn, alse hirna steidt geschreven:

[1.] Primo leth Johan van Borch tho, dat he besegelden wolde mit Ivenß frouwenn der van Borch güder, dar Godert van Borch sin Herwede mede annehmen mochte.

[2.] Item Schuldigde Godertt van Borch Ivenß frouwen umme Vormunderschup tho Ivenß Kindern. Duth hebben up sick genommen de Borchmannen van Horneborch.

[3.] Item Schuldigde Borcherdt van Moseborch Ivenß frouwenn umme schadenn, den he bi Iven geleden hadde, den he achtet up D. Rinsche gulden, dat dar up gekahmen iß van Luderß wegen van Heienbroke, dar de frouwe tho andtworde, dat eine apenbare Veide were mit den Heren van Luneborch etc., und binnen Hamborch In mineß Heren Jegenwardicheidt alle unwille scheiden worden etc. Jedoch kan he dat up den Doden bringen, alse van rechte schall. Dat will se liden.

[4.] Wardt gefunden vor Recht, wer sake, dat der Frouwen unnd Vormunderenn de sake widtlick were, so schall se den Borcherde gelden, stan se ock nicht tho, so scholen se dat bringen up den Doden, alse he dat van Recht schall. Dat vulbordeden etlicke und ettlicke nicht.

[5.] Item Andtworde de Frouwe, dat er nichtes widtlikeß, dat Iven Borcherde noch Luder nichts plichtich were van den schaden wegenn, alse vorschrevenn iß.

[6.] Item Ivenß frouwe van Borch schuldiget Gysenn frouwen des Cluverß van eineß breveß gegen de underpendede guder vor Dusent Bremer marck, tho dem anderen breve umme dat Erve. Dar de frouwe tho andtworde, se dorffde tho den breven nicht andtworden, sint dem dat se dar nicht mede besegellt hadde, unnd dar se up spreken, were ohre erve unnd sette dat bi minen Heren und bi den Stichtmann, vor den se tho andtworden plichtich were. Deß so vaken unnd vele se sick besprekenn, unnd konden deß nicht einß werden, deß de eine Partye bliven wolde bi twen ohrer frunden, de se in frundschup edder Im Rechtenn scheidenn scholden, konden se nicht so scholde min Her dar recht upseggen; dat scholde ohnenn woll und wehe dohenn. Deßgeliken wolde de anderenn, alse Gysen frouwenn ock dohn, sunder min Her scholde dat scheiden nha Saßeschen Rechtte. Dar de Stichtman umme spreken, wer se des Plichtich weren, dar se sick lange umme beredeenn. Int lateste, dat se eindrechliken funden, Wat se nicht finden kondenn, Dat scholde min Her unnd sine Nakomeling na Rechte richtenn, alse he wolde bekandt wesenn etc. Also hebben gekorenn Iveß *[sic]* frouwe denn Prawest tho Zevenn[1] unnd Hinrick van der Lith, Undt de Cluversche Herman van

Mandelßlo unnd Frerick Schultenn vor Schedeslude, de datt schlichten scholden; konden se nicht, so scholden se dat bringen an minen Herenn, Am dage Lucae deß Donder Dageß vor den Elven Dusent Megeden.[2]

[7.] Item Erp van Weige Clagede aver Greven Ottenn van der Hoye unnd de sine, dat se ohm dat sine nehmen, und bath aver alle hulpe. Dar min Here both der Manschup, dat se sick beraden scholden, offt me Erpe vorbeden plichtich were, dat he se roven scholde vam Otterßberge. Do se sick beradenn, undt spreken, he hadde gebaden, Alse he hogest konde, dat ohr gelick sine Hande helde, und toge ohm nene Veide aver den Halß, undt begerden, datt he deßgelicken up sinen schloten ock bestellede.

[8.] Item de Pravest tho Zeven[1] Clagede aver Gysenn Frouwenn deß Cluverß, wo dat Gise ohme unnd dem Closter groten schaden gedahnn hefft:

[a.] Primo, umme dat bewigent scholde horen sunte Vite. Dar se Up secht: se horede sunte Peter. Deß theeß se beide an den kundtschuppenn.
[b.] Item umme dat beseiede gudt und Acker theet se ock an den Kundtschup.
[c.] Item Umme de tunne botter, de ohne affgeschattet wardt unnd Paridom van Holtte, deß secht se, dat si ehr unwithlick.
[d.] Item deßgeliken Umme Claweses Kock schattinge.

[9.] Item umme de söß Marck, de Erp mines Herenn unnd sinen Meiger affgeschattet hefft, deß stehet Erp tho, sunder he hedde em tho seggende.

[10.] Item umme twe Oßenn, de Erp Hinrick Vicken genahmen hadde, dar he to sede, dat de Vaget plichtich were; ock an de Kundtschup.

[11.] Item Schuldigde Johan vam Sandtbeke Johan van Zesterflete umme sinen knecht, den he knaken affgebraken hefft, mit nhamen Hinrick Schwanewede. Dar he to andtworde, he hadde dat gedan mit rechte.

[12.] Item dar wardt gefunden: Konde he dat thobringen, alse he dat van Rechte scholde, he mochte deß geneten, deß he vullenkamen schall sulffs drudde thom negesten Rechtsdage.

[13.] Item schuldigde Johan van Zesterflete weder Johan van Sandtbeke, dat he sinem Meiger tho Orle ein Huß gebrannt hebbe unnd schaden gedaenn. Dar he tho secht, he si deß unschuldich.

[14.] Claweß van Itzendorpe wardt gefundenn up dem Huse Vorde, dat he Berende Vagede schall entrichten twißchen Duth unnd Michaeliß[3] van deß schaden wegenn, den he ohm gedahn hefft, alse XIII m[ark] undt 1 kho.

[15.] De van Ißendorp leten eßchenn Wilcken van Luneberg, und alse he dar nicht waß, wardt he siner sake nedderfellich.

(Landgerichts-Protocoll, S. 19–23).
1 *Ortgies Spade, 1414–1445 Propst des Klosters Zeven (Bachmann, Heeslingen-Zeven, S. 159).* 2 *[1436] Oktober 18.* 3 *[1436] September 29.*

11

Landtag 1436 Oktober 21, auf dem Steingraben (bei Basdahl)

Rechtsfindungen

Rechtsfindungen (des Bremer Erzbischofs Balduin II., des Bremer Domkapitels, der Prälaten, der Mannschaft und der Städte des Erzstifts Bremen), betreffend verschiedene Streitfälle zu Fragen der Fristversäumnis bei Klagen (1.), der Vormundschaft (2.), der Beweisführung (3.–6.), der Gültigkeit besiegelter Urkunden (7.) sowie zu Tätlichkeiten gegenüber Boten (8.).

Sate: (StA Hannover; Collectio sententiarum [...] archiepiscopi Balduini; Mitte 15. Jh.; Signatur unbekannt; 1943 verbrannt). – StA Stade, Rep. 5b, F. 128, nr. 1, fol. 3r/v [2.]–[8.] u. fol. 5v (Überschrift u. [1.]) (Abschrift 16. Jh.). Druck: Spangenberg, Beiträge, S. 121. – Landgerichts-Protocoll, S. 12f.

Anno etc. 36., deß Sondageß vor Simonis et Judæ, up den Steingraven wardt gefunden tho rechte:

[1.] Werdt einn nedderfellich siner sake, wo dat thokumpt, denn schall de Ertzebischup dre vertein nacht legenn, vor ene tho kahmende, war he in dem Stichte iß, edder vor sinem Amptman tho Vörde; versumet he de, so schall me en fredeloeß leggenn. Averst de Jenne, de den sake fordertt, moth alletidt Jegenwardich wesen. Unnd we so fredeloß wertt, moth deß Ertzebischoppes Hulde wervenn, ehr he wedder tho rechte komme.

[2.] Van Vormunderschup: De Broder iß de negste Vormünder sines broderß binnenn Jahren. Iß dar nen broder, so iß de Vedder de negeste, Idt en were dan, dat de Broder edder Vedder afsinnich edder unmundich were. So schall me einen Vormunder settenn nha rade deß Ertzbischopeß. Also wardt gefunden umme Johans willenn van Borch und Ottenn sines Broderß.

[3.] Woll Echte noth bewisen will, de schall vor eynem Manne schwerenn, dat he noth also sy, dat he nicht kommen konne, alse Kranckheidt, Vencknißse. Unnd de Man schall vor dem Ertzbischop vorth denn Eidt dohenn, alse he den van Jenem genhamenn hefft.

[4.] Menn moth den Sakewolden erst mit rechte verfolgenn unnd denne den Borgen. Also wardt gescheidenn twißchen Johan van Zesterflete unnd Detlefe van der Kula.

[5.] Wo ein eine Schedinge bewisen mach: We sick thosecht eine Schedinge, de de Ertzebischop gedaen hebbe, de mach he bewisen mit twen Mannen, sinen genaten. We sich secht, dat de negeste frige Liff, dat mach he bewisen mit twen sinen genaten.

[6.] Welck Man secht, he hebbe wat vorclaget vor sinem Herenn, dat mach he bewisenn mit twen genaten. Also wart geschedenn twißchen Hencke van der Lith unnd Augustin Grimken umme Borcholdten gudt.

[7.] Gesegelde breve schall me holden alse geschwarenn und gelavet sin. Also wart gescheiden twißchen Johan van Zesterflete unnd Wilcken van Luneberge.

[8.] We eynenn Baden schleidt edder einenn Knecht, de schall ohne dat beteren nha broke der borde, dar he inne iß. Also wardt gescheidenn twißchen Johan van Zesterflete unnd Clawese van Idzendorpe.
(Landgerichts-Protocoll, S. 12f.).

12

Derselbe Landtag

Weitere Rechtsfindungen

Rechtsfindungen des Bremer Erzbischofs (Balduin II.), des Bremer Domkapitels, der Prälaten, der Mannschaft und der Städte des Erzstifts Bremen über den Streit um Burg Blumenthal sowie zahlreiche weitere genannte Streitfragen betreffend Vormundschaft und Nichterscheinen vor Gericht.

Sate: (StA Hannover; Collectio sententiarum [...] archiepiscopi Balduini; Mitte 15. Jh.; Signatur unbekannt; 1943 verbrannt). – StA Stade, Rep. 5b, F. 128, nr. 2, fol. 2v–4r (Abschrift 16. Jh.). – StA Bremen, 2-P.11 (Auszug 18. Jh.). Druck: Spangenberg, Beiträge, S. 129f. (nach der verbrannten älteren Überlieferung). – Landgerichts-Protocoll, S. 23–27 (nach der verbrannten älteren Überlieferung).
Literatur: Hofmeister, Adel, S. 223.

Im Jahre unnses Heren Dusent Veerhundert, darna Im soß und dertichsten Jhare, Am Sondage vor Sunte Simonis und Judæ, Da wardt gefunden up den Steingraven, Alse hier schrevenn steidt etc.:

[1.] Primo wardt gefundenn vam Capittel, Prälaten, Manschup und Stede, dar Frederick Schulte dat vorheldt, offt dar war we siner sake nedrich worde, dat queme tho, wo dat queme. Dem schall min Her legenn drei veertein nachte, dar Jegenwardich wesenn schall de Clegere, wor he in deme Stichte iß, edder vor sinen Ambtman. Thor lesten tidt schall he ohne fredeloß leggenn. Datt geschach up Giseken und Wilckens nhagelaten gudt.

[2.] Item ward darsulvest gefunden, dat desulve, de alduß nedderfellich wurde, scholde mines Heren Hulde werven, wanner he fredeloß gelecht iß.

[3.] Item wardt gebispraket de Blomendall van her Johan van Schonebecke, Pravest tho Wildeßhusenn, Hinrick undtt sinen Broderen, Alse se van Rechte scholden.

[4.] Vann Vormunderschup: Item wardt gefunden, dat nemandt neger were tho Vormunderschup alse de geborne Broder, unnd were nein broder, so mochte ein

Vedder Vormunder wesen, dat en were, dat de broder edder Vedder affsinnich were, edder nicht mundich, so mach me einem kinde vormunden setten, nha rade mineß Herenn. Duth wardt gefunden up Johan van Borch.

[5.] Darup dede min Here den Uthsproke twischen den van Bremen und Johan van Borch up den Steingraven In Jegenwardicheidt vann deß Capittels Gegen de Marschalcke unnd den Pravest tho Wildeßhusenn; van der Manschup wegenn Hinrick van der Lyth, Fredericke Schulten, Johan van dem Sandtbeke, Geverde van der Hude, Herman van Itzendorpe, Dettlefe vann der Kuhla, Gerde Schultten, Johan van Zesterflete, Mineke und Clavese van Itzendorpe, Wilcken van der Lyth, Hinrick unnd Luder vam Schonebecke & Marten van der Lidt, Lippeldt van der Helle. Van deß Radeß wegenn van Bremen Her Herman Gropelinge, Her Johan Frese unnd Her Johan Brundiderckeß Borgemester. Item van deß Radeß wegen van Stade Her Jacob van Hagen Borgermester unnd Her Marquard van der Hoyen Radtman.

[6.] Item de Rath van Bremen wolden dat gerne bringen in ohren Rath; Wan de dar weß anne vornehmen, so dat nicht Clarliken, so stunde dat up minem Heren, de ohne dat scholde clarenn.

[7.] Dussett seden se dartho, alse se min Her Vragede, wer se dar weß in tho seggende hebben. Deßgelicken woll Johan van Borch mit sinen frundenn ock dohen.

[8.] Item Clagede Her Herman van Wersebe, de Junge Marschalck, unnd Johan van dem Sandtbeke Aver Dettmer Groninge, dat he öhn nicht benehme, alse vor ehme gelavet hebben.

[9.] Deß will he deme Marschalcke sin anthall entrichten twißchen duth unnd Winachten,[1] unnd de anderenn alse he ersten konnde.

[10.] Wo sick einer mag entschuldigenn latenn, de geladen iß: Item leeth sick entschuldigen Wolder Stovenhagen, dat he dar nicht kommen konde von kranckheit wegenn. Dar Vragede min Here, wo man dat vorstahn scholde. Dar wordt upgefundenn, de den scholde entschuldigen, de scholde ein Eidt van dem Kranken genahmen hebbenn, und den vorth gedaen vor minen Herenn, dat dat in der warde were. Dat also nicht geschehen was.

[11.] Item wardt he nedderfellich und bewiset siner vorth nicht. Deß lede he ohme ock dre vertein nacht.

[12.] Item de Pravest tho Wildeßhusenn schuldigde de Osterstedinger umme ein Perdt, dat in öhr Landt gebracht wardt, und tho Wildeßhusenn genahmen. Dar min Her ohm sede, dat he ohm deß woll tho stann wolde, dat dat van ohme geclaget were.

[13.] Item Johan van Zesterflete claget aver Detelefe van der Cula van lofftes wegen, Alse he lavet hadde. Deß wardt gefundenn, he scholde verfolgen Johan den Schulden, den sakewolden, wolde de den nicht holden, so scholde he denne tasten up de anderen Sakewolden. Wolden de denne ock nicht holden, so mach he tasten vorth up de Borgen.

[14.] Item de Stere worden nedderfellich Hinrick van der Lith und Merten und Hinrick van Schonebeke; den worden ock drei Vertain nachte gelecht, den Dinxdach mit ahn thorekende.

[15.] Item Wilcken van Luneberg schall me ock leggen de Veertein nachte vor minen Herenn van Hermanß wegen van Itzendorpe.

[16.] Luder Kroch klagede aver de Osterstedinger, nha luth ohrer Deß he ohn de overgeven en Midtweken binnen Bremen; deß scholden se ohr andtwort dar wedder upschriven, offt he dar wedder up tho seggende hebbe, unnd darnha veertein nacht will min Her dath uthseggenn.

[17.] Item Schuldigde Augustin Grimbke unnd Bertoldt Grimke, Hinrick van der Lith unnd Herman van Itzendorpe, dat se sick unnderwunden hedden Borcholtten, de de Starff to Vörde, sines gudes, datt ohne doch van Bisschup Claweße wardt thogefunden, dat dat negeste frie liff, darmede Hermen ginge, deß he neger iß, wen se, alse he menet. Dar se tho andtwordenn, dat gudt si öhre annestorven Erve, unnd hebben dat Jaher unnd Dach besetenn, unnd willen gudt unnd wehr vorstahenn, alse sick dat geboret. Dar wardt up gefundenn: Kan Augustin bewisen, dat van Bischup Clawese dat affgefundenn si, dat Erve up dat negeste frige liff, Item dat he dat si, dat schall he mit soven guden Mannen, de so gudt sind, alse se. Item he schall bewisenn, dat he dat beclaget, dat schall he bewisenn mit tqwen guden Mannenn, de so gudt sin, alse se.

[18.] Item Johan van Borch schall andtworden den van Issendorpe, unnd se wedderumme.

(Landgerichts-Protocoll, S. 23–27).

1 *1436 Dezember 25.*

13

Derselbe Landtag

Urteilsspruch

Erzbischof Balduin II. von Bremen verkündet die von ihm gefällte Entscheidung im Streit zwischen der Stadt Bremen auf der einen und Johann von Borch auf der anderen Seite um Burg Blumenthal.

Urkunde: StA Bremen, 2-P.11 (Postische Sammlung, Kop. Nr. 22; Abschrift des Archivars Post; 17. Jh., nach der seinerzeit noch vorhandenen, später an das Amt Blumenthal abgegebenen und jetzt verlorenen Or.-Ausf.). Druck: Brem. UB 6, nr. 109.

Literatur: Merkel, Balduin von Wenden, S. 354f. – Reuter, Balduin von Wenden, S. 84f. (mit weiteren Nachweisen). – Hofmeister, Kirchspiele, S. 136. – Hofmeister, Adel, S. 223.

Wy van Godes gnaden Baldewin ertzebischupp der hilgen kercken to Bremen don witlik all den jennen, de dussen breff seen oder horen lesen: Alse unse leven getruwen de borgermestere unde rad unser stad Bremen uppe ene syd unde Johan van Borch unse man uppe ander syd ore scheel unde twidracht umme den Blomendaell unde umme allen unwillen unde twidracht, de darvan gesaket synd, uppe uns in frundschupp edder in rechte tovorschedende gestalt unde gesad hebben sunder jenigerleye unterscheid, so segge wy uppe sodane wilkore vor ene frundlike schedinge unde uthsproke:

[1.] To dem ersten, dat de rad to Bremen den Blomendaall myd syner tobehoringe beholden schuld unde Johan van Borch schol des van syner unde synes broders wegen ene recht vorticht doen unde schal alle syn recht, dat he daranne hefft edder ienigerleye wis daranne hebben mach, deme rade van Bremen updragen unde uplaten in der besten wise, so dat syn unde synes broders recht an deme Blomendale myt syner tobehoringe jo an se kome. Hedde ok Johan vorbenompt jenige breve edder bewaringe den Blomendaall unde syne tobehoringe andrepende, de schal he deme rade to Bremen overantworden bynnen verteyn nachten unser schedinge negestvolgende.

[2.] Vortmer schal Johan vorbenompt deme rade to Bremen warschup doen vor syck unde synen brodere unde vor alszweme vor rechte ansprake, wur unde wanne one des to donde is, unde see dat van one esched. Were ok van deme Blomendale edder syner tobehoringe in vortyden wad vorpendet, vorlaten edder up enen wedderkoep verkofft, dat bewislick were, dat moged de van Bremen wedderlosen edder wedderkopen na lude der jenner breve, den de gudere vorpendet edder vorkofft synd. Wad aver in vortyden to ewigen kope dar van vorkofft edder vorlaten were, dat scholden de van Bremen holden. Ok schuld de rad van Bremen Johanne van Borch weddergeven syne radschup unde husrad, wat se des noch hebben by oren waren wurden.

[3.] Vortmer, kan Kerstens van Oumunde wedewe bewisen, dat se an en deel der gulde, de to deme Blomendale hored, lyfftucht hebbe, de schuld de rad van Bremen or volgen laten.

[4.] Hyr enjegen schal de rad van Bremen Johan van Borch to siner und to sinen broders hand entrichten verteynhundert gude vulwichtige Rinsche gulden edder verteinhundert pund penninge, alse de to Hamborg unde to Stade ginge unde geve sind, der wy ome van des rades wegen van Bremen al rede veerhundert Rinsche gulden betald hebben. Und de overgen dusent gulden edder pund schuld se ome betalen, als in den twolff nachten to Wynachten negestkomende[1] viffhundert gulden edder pund der vorgescreven munte unde in der ersten achte dagen to Paschen darna negestkomende[2] schuld se ome aver entrichten viffhundert gulden edder viffhundert pund der erbonompten munte, so dat uppe dusse lesten tyd dat gold edder geld all betald sy. Unde dusse betalinge alle dusses vorgescreven goldes edder geldes schal men Johanne doen bynnen der stad Stade unbehindert unde unbekummerd vor alsweme. Unde Johan vorgescreven schal deme rade to Bremen dusser summen ener jewelken, wan se eme betald ward, na seggende quitancien geven.

[5.] Unde hyr upp schullen alle vangene los wesen; unde wad orer schattinge unbedaget unde unvorwised were, dat schall alle quyd wesen.

[6.] Hyrmede schal alle unwille twischen der stad und rade to Bremen und Johan van Borch unde alle den jennen, de um oren willen to unwillen unde to veyden to beydent syden gekomen syn, gensliken gesleten unde bigelecht wesen; unde wes ein jewelk part van dussem vorgescreven unsem uthsproke dem andern plichtich is, des schal eyn jewelk dem anderen synen besegelden breff geven bynnen veer weken negest volgende.

[7.] Were ok, dat dusse vorgescreven schedinge in jenigen articulen nicht clar noch enwere edder jenich twifel under dussen vorgescreven partyen twen darinne uppstunde, so dat eyn parte de anders vorstode edder dudde wen de andere, so beholde wy uns de macht, dat wy de claren unde duden mogen; unde wu wy dat denne seggen, dat schuld se dat an beydentsyden by laten unde dat so holden.

Geven uppe dem Stengraven, under unsem secrete, am jare unses heren dusend verhundert, darna in deme seesunddruttigesten jare, am sondage vor sunte Symonis unde Jude dage.

(StA Bremen, 2-P.11).

1 *1436 Dezember 25–1437 Januar 6.*   2 *1437 März 31–April 7.*

14
Derselbe Landtag
Rechtsfindung und Verpflichtungserklärung

Erzbischof Balduin II. von Bremen, das Bremer Domkapitel, die Mannschaft und die Städte des Erzstifts Bremen verpflichten sich zur Einhaltung des in nr. A.13 angeführten Urteils über Burg Blumenthal. Zudem Rechtsfindung der Bremischen Landstände, betreffend Anerkennung des Johann von Borch als Vormund des Otto von Borch.

Sate: StA Bremen, 2-P.11 (Postische Sammlung, Kop. Nr. 23; Abschrift des Archivars Post; 18. Jh., nach der seinerzeit noch vorhandenen, später an das Amt Blumenthal abgegebenen und jetzt verlorenen Or.-Ausf.). Druck: Brem. UB 6, nr. 110.
Literatur: Merkel, Balduin von Wenden, S. 354f. – Reuter, Balduin von Wenden, S. 84f. (mit weiteren Nachweisen). – Hofmeister, Kirchspiele, S. 136. – Hofmeister, Adel, S. 223.

Wy Boldewin van Godes gnaden Ertzebisschup der hilgen kerken to Bremen bekennen unde betugen openbare in desseme breve vor allesweme,

[1.] dat wy up enem gemenen samptkome unde rechtedage, de de was an deme sondage vor sunte Symonis unde Jude dage, up dem Steengraven, dar unse Capittel gemeenliken, de manschup unde stede jegenwardich weren, vrageden umme recht, oft Johan van Borch Otten synes broders rechte vormunde mochte wesen, dar se syk alle umme bereden unde Frederik Schulte uns van orer wegene weddersede, dat Johan van Borch Otten synes[a] broders rechte vormunde mochte wesen unde were, unde wes de ergenante Johan van syner unde des vorbenomeden Otten synes broders wegene alse en recht vormunde an deme slote Blomendale unde syner tobehoringe do unde gedaen hedde, des were he van synes broders wegene vulmechtich; unde wolden des alle by deme uthsproke des rechten blyven unde dem bistendich wesen.

[2.] Ok bekenne wy Baldewin ertzebisschup vorgenant in dessem sulven breve vor uns und unsse nakomelinge, were dat na desseme dage van dem uthsproke des rechten vorgescreven den ersamen unssen leven getruwen borgermestern unde radmannen to Bremen jenich wedderstand schude eft upstunde, dat queme to, wo in wat mate dat to queme, des scholen unde willen wy unde unsse nakomelinge by dem ergenanten rade unssen leven getruwen bistentliken unde truwelken blyven, unde one des vorgescreven rechtes bistendich wesen, unde se dar yo by beholden na unsser macht. Des to tuge so hebben wy Baldewin ertzebisschup ergenant unsse grote ingesegele witliken gehangen laten to desseme breve.

[3.] Ok bekenne wy elder unde capittel der vorscreven kerken [to][b] Bremen, wy Hinrik van der Lyd, Frederik Schulte, Johan van dem Santbeke, Geverd van der Hude, Hermen van Ydzendorpe, Detleff van der Cula, Bernd Schulte, Johan van Tzesterflete, Mynrik unde Clawes van Ydzendorpe, Wilken van der Lyd, Merten van der Lyd, Lippeld van der Helle unde Hinrick van Schonebeke van der manschup wegen, unde wy borgermestere unde radmanne der stad Stade openbare in desseme sulven breve, dat wy desses vorscrevenen uthsprokes des rechten tostaen unde willen dar alle byblyven unde deme bistendich wesen, des wy elder unde capittel vorgescreven unsse grote ingesegele, unde wy Hinrik, Frederik, Johan, Geverd, Hermen, Detlef, Bernd, Johan, Mynrik, Clawes, Wilken, Merten, Lippeld und Hinrick alle vorbenombt van der manschup wegen unsse, unde wy borgermestere unde radmanne to Stade vorscreven unsser stad ingesegele to meren tuchnisse unde liggener orkunde hebben gehangen to desseme breve, de geven unde screven is na Godes bord dusent verhundert, dar na in deme sosundedrittigesten jare, an deme sondage vor sunte Symonis unde Jude dage vorgescreven.

(StA Bremen, 2-P.11).

a *irrtümlich* sones *in der Vorlage.*   b to *fehlt.*

15

Landtag 1436 Dezember 4

Rechtsfindungen

Rechtsfindungen (des Bremer Erzbischofs Balduin II., des Bremer Domkapitels, der Prälaten, der Mannschaft und der Städte des Erzstifts Bremen) über verschiedene Streitfälle.

Sate: (StA Hannover; Collectio sententiarum [...] archiepiscopi Balduini; Mitte 15. Jh.; Signatur unbekannt; 1943 verbrannt). – StA Stade, Rep. 5b, F. 128, nr. 2, fol. 4v–5v (Abschrift 16. Jh.). Druck: Spangenberg, Beiträge, S. 131f. (nach der verbrannten älteren Überlieferung). – Landgerichts-Protocoll, S. 28–30 (nach der verbrannten älteren Überlieferung).

Anno et[c].ª XXXVI. Barbaræ.

[1.] Schuldigede Hinrick van der Lidt, Hinrick unnd Dannell sere, dat se thovorn hadden helpen roven. Dar se up andtworden, dat se Hinrick Kulen helpen eine Pandinge dohn umme sine Erfflicke Hure und min Her si Hinrick Kulen dar mechtig tho, dat Hinrick van der Lyth ehre unnd recht plege, dar sick dat gebohre. Hir up sprak de Borgermeister Her Johan Frese van mineß Heren wegen, unnd sinen man: Konnen de Stede Hinrick Kulen vormogen, dat he vor minen Heren kame und plege Hinrick van der Lith Recht van der nhamen wegenn, unnd bringe tho, dat he pandinge gedahn hebbe, umme sine erflike Hure, unnd dan dat binnen III vertein nachte, deß mogen se sere genetenn; konnen se dat nicht dohenn, so scholen se Hinrick van der Lyth andtwordenn.

[2.] Item Wilcken van der Lidt schuldigede de Nagell van der frouwen wegen et[c]ª. Dar stundt unnser Her unnd sine Man deß tho, dat de guder de frouwen weren thogefunden, unnd wolde noch, dat de guder der frouwen weren.

[3.] Item Gisenn Cluverß frouwe schall willen hebbenn Johans van Zesterflete umme VIII m[ark] van einem Pantzer, IX m[ark] van einem perde, XXV de ohm Erp van Weige thosteidt. Item XXV m[ark] van einem perdt. Tho anderen schulden schall se andtwordenn Johanne. Van stundt darup schuldigenn Johan de frouwen, Dat Gise Cluver ehr Man ohne genhamen hadde XVI Koye sinen luden tho Anderlingen, dar Lippelt van der Helle mede waß. Item schall Gyse genhamen hebben ohme twen Mannen, de he vordingen laten hadde binnen der tidt Tidtken Dinerdes tho Ochtenhusen, an Oßen, Koyen, anderen queke, Schwinen unnd plunder war, up C^V und XXV m[ark]. Item Clawese Niemanne thom Speckense binnen der Dingethall^b, In ossen, koyen, anderen queke unnd Plunder war up C^V Lubb. m[ark]. Item hadde ohm Gise schaden gedan in minen andern Meiern, an Rove unnd in brande uppe M. Lubb. m[ark]. Item scholde ohm Gise genhamen hebben tein schwine tho Halfßborstell, miner Moder teien, unnd Aleken Gerdeß teien. Hir both se vor Recht to donde, dat se er duth unwithlick were, und lede ehre Hande uppe de burst. Also gaff Johan van Zesterflete ohre deßet ock tho.

[4.] Item Clagede Johan van Zesterflete Wilcken van Luneberge unnd Johan van Luneberge Danneß sohn van Ervebreveß wegen, sprekende up Vofftich Rinsche guldenn unnd ein. Dar wardt up gefunden, dat se den breff holden scholden, alse he lavet unnd Schwarenn iß.

[5.] Giseke Nagell vorleth sinen Dehl der frouwen van der Helffte wegen, deß gudeß Marten Beckeßhovedeß, also er dat thogefunden iß.

[6.] Item mit Wilcken schall bestan so lange datt he riden oder gahnn mach, so schall min Her ohn vor sick vorbaden veertein nachte thovorenn und folgen ohme danne, alse me ohm gedan scholde hebbenn.

[7.] Item schuldigt Johan van Zesterflete de van Ißendorpe umme C^V Lubb. gulden unnd VIII. Schall min Her se berichtenn, dat se ohme holden ohrenn breff oder andtworden up dat negeste gerichte.

[8.] Item Otto van Stade Schuldiget Johan van Borch umme IIII ossen, IIII koye unnd plunder wahre, alse he sinem Meiger tho Elme scholde genahmen hebbenn. Deß scholen se sick frundtlicken vorgahn oder Johan schall Otten andtwordenn, thom negesten Rechte Dage.

(Landgerichts-Protocoll, S. 28–30).

a & *Vorlage.*   b Dinge thal *Vorlage.*

16

Landtag [14]37 April 28/Mai 16, auf dem Steingraben (bei Basdahl)

Rechtsfindungen 1437 April 28

Rechtsfindungen des Bremer Erzbischofs (Balduin II.), des Bremer Domkapitels, der Mannschaft und der Städte (des Erzstifts Bremen) über verschiedene Streitfälle betreffend Erbangelegenheiten.

Sate: (StA Hannover; Collectio sententiarum [...] archiepiscopi Balduini; Mitte 15. Jh.; Signatur unbekannt; 1943 verbrannt). – StA Stade, Rep. 5b, F. 128, nr. 1, fol. 3v (Abschrift 16. Jh.). Druck: Spangenberg, Beiträge, S. 122f. – Landgerichts-Protocoll, S. 13f.

Anno etc. 37, Dominica Cantate, up den Steingraven wardt gefundenn unnd gewilkoret:

[1.] Weret, dat Jemandt Vredeloß gelecht worde, aver den willen de Ertzebißchup, Capittell, Manschup und stede helpenn, dat he geutert werde, beth so lange, dat he recht plege unnd Hulde werve.

[2.] De Schwerttmage iß noger deme Ervegude, wen de van der Spillhalve sick dar tho thuet. Also wertt gescheidenn twischen Hinrick van Heienbroke Und Hermen van Wersebe.

[3.] Wen menn schuldiget, dat he Holdt affgehouwen hebbe, daß mach he sick mit sinem Eide entledigen. Also ward gefundenn twißchen Wilcken van der Lydt und Wilken van Luneberge.

[4.] We sick einem gude thuet und secht idt si sin erve, und secht, he hebbe dat in sinem were, de vorsteidt de were mit den Mannenn, ohm evenbordich, und dat Erve mit sinen Mannenn sinen genahtenn. Also wart gefunden twißchen den van Reymerßhusenn.

[5.] De Wedewe iß ohrer Kinder Vormunderin dewile se mit ohnen unvorscheiden iß, und dewile moth se vor ehre Kinder andtwordenn. Also wardt gefundenn Gysenn Cluverß wedewenn.

(Landgerichts-Protocoll, S. 13f.).

17

Derselbe Landtag

Rechtsfindungen 1437 Mai 16

Rechtsfindungen (des Bremer Erzbischofs Balduin II., des Bremer Domkapitels, der Prälaten, der Mannschaft und der Städte des Erzstifts Bremen), betreffend Streitfälle zu Fragen des Bürgschaftsrechts (1.), zu Angriffen auf fremde Knechte (2.), zu Besitzansprüchen auf Landgüter (3.) und zur gültigen Münze in Zweifelsfällen (4.).

Sate: *(StA Hannover;* Collectio sententiarum [...] archiepiscopi Balduini; *Mitte 15. Jh.; Signatur unbekannt; 1943 verbrannt). – StA Stade, Rep. 5b, F. 128, nr. 1, fol. 4r (Abschrift 16. Jh.). Druck: Spangenberg, Beiträge, S. 123. – Landgerichts-Protocoll, S. 14.*

Eodem anno,[1] feria quinta post Ascensionem Domini wardt gefunden:

[1.] Welck Mann Borgen nehmet vor eine Summe geldeß, denn Sakewoldenn deß geldeß ein dehll aff sunder Widtschup unnd willen der Borgen, edder deidt he idt tegen den Hovetbreff sunder willen der Borgen, de Borgen sin loß. Also wardt gefunden twißchen Johan van Zesterflete unnd Deteleff van der Kula.

[2.] Beclagett we den andern, dat he sinen Knecht gewundet hebbe unnd gestott edder geschlagen, bekennet Jenne deß, so moth he beteren nha broke deß Gerichtes, dar dat inne geschehenn iß. Also wardt gescheiden twißchen Wilcken van Luneberg unnd Wilcken van der Lyth.

[3.] Hedde Ick ein gudt in minem Wehre gehadt, dat Landtwithlick wehre, und ein ander undernehme sick deß gudeß, de moth bewisenn, wen ohme dat gudt angekahmenn sy, entwedder vorkofft edder gegeven edder vorpendet et[c]ᵃ. Also wardt gefunden twißchen Herman van Itzendorp unnd Marquardt Platenn.

[4.] Schuldiget we den Andern umme X., XX., XXX. etc. punt, unnd nomet nicht uth watterlei Munte, edder iß in dem breve nicht geschreven, wat munte idt wesen schal, de mach bethalen mit der munte, de in dem Stichte ginge und geve iß. Also wardt gefundenn twißchen Johan van Zesterflete unnd Pelleken Wedewen Gisen Cluverß.

(Landgerichts-Protocoll, S. 14).

a & Vorlage.
1 Bezieht sich zurück auf nr. A.16.

18

Gerichtstag (Landtag?) 1437 Juli 7, Sottrum

Gerichtshegung und Rechtsfindung

Erzbischof Balduin II. von Bremen, die Bremischen Landstände und der Verdener Weihbischof Johann (Waltmani?), Titular-Bischof von Melos (?),[1] setzen auf einem Gerichtstag die Grenzen und Rechte des Gerichts Ottersberg fest.

*Urkunde: Überlieferung A.) (Überlieferung ‚Millen'ᵈ): (StA Hann., Cop. II 40, p. 50f.; 1943 verbrannt). – StA Stade, Rep. 74 Achim, nr. 117, fol. 6r–7v (Abschrift; 1610). – StA Stade, Rep. 5b, Fach 83, nr. 13c, fol. 7r–9v (Abschrift; Ende 16./Anfang 17. Jh.). – StA Stade, Rep. 5b, Fach 170, nr. 25, fol. 7r–11v (Abschrift; 1610). – StA Stade, Rep. 5b, Fach 170, nr. 25, fol. 88r–91v (Abschrift; 1610). – StA Stade, Rep. 5b, Fach 170, nr. 25, fol. 94r–97v (Abschrift; Ende 16./Anfang 17. Jh.) – StA Bremen, 2-Z.2.a (Auszug; nach dem erstgenannten verbrannten Cop. II 40). Druck: Dörfler, Herrschaft, S. 743–745, Anlage 2 (nach StA Stade, Rep. 74 Achim, nr. 117). Überlieferung B.) (Überlieferung ‚Vullen'/‚Vulden'ᵈ): ‚Vullen': (StA Hann., Brem. Or. 1061; Abschrift Perg.; 15. Jh.; 1943 verbrannt). – StUB Bremen, Cassel, Copiar. docum. Brem., S. 197 (nach der vorgenannten Abschrift). – Provinzialarchiv Stade, Kopiar Lit. C fol. 32; verschollen. – StA Stade, Rep. 5a, F. 446, nr. 71, fol. 1–4 (Abschrift; 17. Jh.). – StA Stade, Rep. 74 Achim, nr. 117, fol. 2–5 (Abschrift 18. Jh.). Druck: Grimm, Weisthümer 3, S. 219–221 (ohne Angaben zur Vorlage). – Hammerstein, Gerichte, S. 174–176, Anlage 14 (nach „Stader Arch. Aus Reg. C. Registranda Grenzsachen"). – ‚Fulden': StA Stade, Rep. 5b, F. 170, nr. 25, fol. 16–19 (Abschrift; Ende 16./Anfang 17. Jh.). – StA Stade, Rep. 5b, Fach 170, nr. 25, fol. 180–182 (Abschrift; Ende 16./Anfang 17. Jh.). – Reg. (nach allen Überlieferungen): Rep. Möhlmann 2, nr. 1178 (nach Cop. I [identisch mit StA Hann., Cop. II 40], p. 50–51 u. nach Cop. VI, p. 69). – Stader Copiar, S. VII, nr. 23 (nach dem Stader Copiar; fehlerhaft). – Brem. UB 6.1, nr. 128.
Literatur: Hammerstein, Gerichte, S. 123. – Siedel, Untersuchungen, S. 62. – Schwarzwälder, Geschichte Ottersberg, S. 42 u. S. 364, Anm. 242. – Dörfler, Herrschaft, S. 110–133.*

A

Text nach Überlieferung A:

[a]Na der gebohrt Christi Dusent veerhundert Jahr, darnah in dem 37. Jahre, am Dage Materniani, De Ehrwerdige in Gott Vader unnd Her, Her Boldewin Erzbischop tho Bremen hadde[a] tho sich geesschet to Soterum das capittel, manschop und stede und de gantze goe zum Ottersberge und wolde dar richtlick beschriven laten, des ampts gerechticheit. Daran und aver war her Johan bischop zu Millen *[sic]*,[1] weyelbischop zu Verdenn und andere undersaten des bischops zu Verden, [b]und van des Capituls wegen tho Bremen weren de Ehrsamen Hern,[b] herr Mauritius Marschalck prawest zu Rameslo, meister Johan Hellingstede prawest zu Bücken, her Ortgyss Spade prawest tho Zeven [b]und Dohmherr tho Bremen[b] von wegen dessulven cloesters mit seinen Undersaten und uth der manschop was dar Friederich Schulte, Hinrick von der Lith, Herman von Itzendorff, Segebade Marschalck, Gothart von Otterstede, Johan von Hohenhorst, Lippelt von der Halle, Arp vom Weige, Herman vonn Wittorp vaget thom Ottersberge, Rotger vom Eltze, Borchert von dem Berge, Wulff Bremer und Luder von der Lith, von des radess wegen zu Bremen weren dar herr Johan Frese borgermeister zu Bremenn und amptman zu Vörde, herr Dirick Scharhar burgermeister und herr Marquart von der Hoye. In disser aller Jegenwardicheit und noch veele mer lude let Balduinus von sinem und des Rades wegen Henneken Kreyen dem gogreven hegen ein gerichte. Darin setende schepen, dar disse nafolgende articul vor recht in gefunden worden, de ock von allen den jegenwerdigen vulbordet sin. Und up dat dar nen twystich mer an worde intho kamende tiden, sowolde he, dat men das zur ewigen gedechtnisse anschrift brachte:

[1.] Tom ersten: Vor dem gerichte wordt gefunden, dat de vischers des Otterßbergeß mögen fischen de Wimmen up, wente under de brügge zu Rodenborch, de nöemliken het ‚de Nye Bruggen', und deßgeliken de Wimme wedder darl.

[2.] Item worde darsulvest gefunden, dat de jegere des Ottersberges mogen ere hunde losen up der Nyenbrugge zu Rodenborch und laten se lopen, und moge voder esschen vor ere hunde einen korff mit brode und einen kannen beers, das die jegerß drincken.

[3.] Item wordt da gefunden, dat de rechticheit des Ottersberges und jacht ga von der glyen Nyenbruggen bet up de Hunginge, wente fort aldan wieder up de Grove, von der Grove wente up den Heitberg, von dem Heitberge wente up hertogen Berendeß graven, von hertzogen Berendes graven wedder bet thom Ottersberge von dem Otterberge fort wente tho Rodenborch.

[4.] Item wordt dar gefunden: Eft sick mol drenckede an der Wumme, sleits he tho der vagedye zum Otterßberge wert tho lande, so horet he zum Otterßberge zurichtende, sleit he up der andern side, so hoeret he einen andern wech thorichtende.

[5.] Item wort dar gefunden: Wurde dar einer geslagen up der Nyenbrugge zu Rodenborch, fallet he zu Rodenborch wert, so hoert he dar zurichtende, fallet he na der vogedye, so hoert he tho dem Otterßberge zu richtende.

[6.] Item das dorf zu Glinstede hoert tho Sottrum und de Ottersberch hefft alle rechticheit in dem dorpe an holte, water, wische und weide, utgesechtt 3. have, so frei sint, dar hefft de Otterßberch nicht an.

[7.] Item wort dar gefunde, dat alle guder, dar de Ottersberg rechticheit an heft, se hören edlen, prawesten, papen, knapen, de dar wöste sint, de mach de Otterßberg brucken in holten, äcker, heide und weide, so lange, dat se beseyet werden, Wen de guder beseyet sint, so heft der Otterßberg sine unplicht und rechticheit, und de herren ire zinse daran.

[8.] Item wort dar gefunde, dat dat Heidenbroeck gha bet up de Ebbensick, und dar hefft de Otterßberg de pandnige an und alle unrecht und unplicht. Und ein jeder, de dar ichts wat in hefft, de mach in dem brocke houwen tho siner behoeff, anders nicht.

[9.] Item wort dar funden, dat de Berverlo hoert der ebdissin zum Liliendael, de pandnig in dem Berverlo horet in den Otterßberg. Dessulve ebdissen mach houwen tho ehrer behoeff an den Berverlo, men so mach dar nemant inne waren.

[10.] Item wort dar gefunden, dat de Otterßberg schal und mach vorbidden, alle inkamene und un echte lude. Und sterven se sonder freye erven, ere nalaten gudt, dat vorfallet in den Otterßberg.

[11.] Item koft sick einer frey und wanet in der vogedye zum Ottersberge und telet he nene freye erven na sinen frey kope und stervet, sin gudt vorfallet in den Otterßberg.

[12.] Item de eninge, de alda lange gewesen heft, twisschen S. Peter und S. Viti in eren egenen luden in der vogedye zum Otterßberge, de eninge hefft bischoff Balduinuß na rade capittel, man und steden afgesettet und afgedaen und ein itzlicher schal na disser tit sine eigene lude brucken und behalden.

[13.] Item wort gefunden, dat alle gudere, dede horen geistliken Luden edder kercken, de in der vogedye belegen sint, de behoeret den Otterßberch tho vorbiddende und moten deß Otterßberges neten und entgelden.

[14.] Vortmer sindt disse nabeschreven guder frey:

[a.] Tho dem Twelckhorne hefft dat closter tho Zeven twe freye hove.

[b.] To Otterstede einen hoff.

[c.] Tho Sottrum I hoff.

[d.] Tho Werfenste 2. have.

[e.] Tho Tegken einen hoff.

[f.] Tho Hastede einen hoff.

[g.] Tho Nordter twe höffe.

[h.] Tho Botersen einen hoff.

[i.] Tho Winckeldorff einen hoff.

[j.] Tho Benckele einen hoff.

[k.] Tho Nortem einen hoff.

[l.] Tho Westerbecke einen hoff.

[m.] Tho dem Vorwercke einen hoff.

Hir mach men sick zu ewigen tiden na richten.

(StA Stade, Rep. 74 Achim, nr. 117, fol. 6r–7v, mit angemerkten Korrekturen nach Hammerstein, Gerichte, S. 174f.).

a–a *nach Hammerstein; Vorlage hat* Anno 1437 an dem dage Materniani hadde Balduinus tho sich geesschet. b–b *nach Hammerstein; fehlt in der Vorlage.*

B.

Text nach Überlieferung B:

Ottersberger gerechticheit wo wyth de sich strecket. Na der bort Christi dusent veerhundert jar, dar na in deme XXXVII jare, am dage Materniani, de erwirdige in got vader und here her Baldewin ertzbiscupp to Bremen hadde to sik geescheth to Sottern capittel manschüpp und stede und dat goe tom Ottersberghe, daran und aver was de erwerdighe vader her Johan biscüpp to Vullen *[sic]*[1], wielbescüpp des stichtes to Verden vnd auder undersaten des biscuppes to Verden, und van des capittels wegen to Bremen weren de ersamen here her Mauricius Marschalk, provest to Rameslo, mester Johan Hellingstede provest to Bucken, und van des closters wegen to Tzeven her Ortgis Spade darsülvest und domhere to Bremen mit sinen undersaten, und ut der manschupp was dar Ffrederick Schulte, Hinrick van der Lydt, Hermen van Idzendorpe, Segebado Marschalk, Godehard van Otterstede, Johan van Honhorst, Lippolt van der Helle, Erpp van Wege, Herman Wittorp voget tom Ottersbarghe, Rodtger van Eltze, Borchart van dem Barghe, Wulff Bremer, Luder van der Lydt, van des rades weghe to Bremen were das her Johan Vresse borgermester to Bremen und amptman to Vorde, her Diderick Scharhar borgermester, vnd Merten Schermbeke rademan, und van des rades wegen to Stade was dar her Hinrick Swarte borgermester und her Marquardt van der Hoye rademan. In dusszer aller jeghenwordicheit und noch merer lüde leed de erwerdige ertzebiscüpp vorscr. van siner und sines stichtes wegen Henneken Kregen den gogreven mit ordele und mit vorspraken hegen en richte, darinne seten de schepen, dar dusse nachscr. artikele vor recht inne gevunden worden, de ok van allen den jegenwardhigen gevulbordet worden, und uppe dat dar nen twivel mer van en wurde in tokamen tiden, so wolde he, dat men dat to ewiger dechtnisse an scrift brachte.

[1.] To dem ersten vor dem gherichte warth gevunden, dat de viskere des Ottersberghes mogen vischen de Wummen upp, wenthe under de bruggen to Rodesborg, dede nompliken hetet ‚de Niggenbrügge', und des ghelikes de Wummen wedder dale.

[2.] *[fehlt in der Vorlage]*.

[3.] Item wart darsülves gevunden, dat de rechticheit des Ottersberges. und iacht ga an van dersulven Niggenbruggen wenthe uppe den Hungruk, van dem Hüngruge wenthe uppe de grave, van der grave wenthe upp den Heytbergh, van den Heytbarghe, wenthe uppe hertogen Berndes graven, van hertoge Berndes grave wedder wenthe to dem Ottersberghe, van dem Ottersberge vorth wente to Rodenborch.

[4.] Item wart dar gevunden, offt sick we drenkede an der Wummen, sleit[a] he to der vogedie to dem Ottersbarghe wart to lande, so borth he dem Ottersberg to richtende. Sleit he upp de andere siden, so borth he einen anderen wech to richtende.

[5.] Item wart dar gevunden, worde dar ein gheslagen upp der Niggenbrugge to Rodenborch, valt he to Rodenborch wart, so bort he dar to richtende, valt he na der vogedie, so borth he dem Ottersbarge to richtende.

[6.] Item dat dorp to Glynstede hort to richte de Sottern, und de Ottersbarch heft alle rechticheit an dem dorpe an holte, water, wysche und weide, utgesecht dre hove de sint vrig, dar hefft de Ottersberg nicht ane.

[7.] Item wart dar ghevunden, dat alle guder, dar de Ottersbarch rechticheit ane hefft, se horen ebbeten, provesten, papen, knapen, de dar wuste sin, der nach de Ottersberg bruken an holte, acker, heide und weide, so lange wenthe se besettet werden. wenth de güder beset sint, so hefft de Ottersberg sine unplicht und richticheit, und de heren oren tins darane.

[8.] Item wart dar gevunden, dat dat Hüder bruck ga wenthe upp den Ewensick, und dar hefft de Ottersbarch ane de pandinge und alle unrecht und unplicht, und ein iewelick de dar echtwardt ane heft, de mach in dem bruke howen to siner behoef und anders nicht.

[9.] Item wart dar gevunden, dat de Beverlo hort der ebdeschen tom Liliendale, de pandinge in dem Beverlo hort in den Ottersbarch. desulve ebdesche mach howen in dem Beverlo to orer behoef, men se mach dar nemende vurder inne warden.

[10.] Item wart dar ghevunden, de Ottersberch schal und mach vorbidden alle inkomende und unechte lüde; sterven se sunder vrige erven, ore nalatene gud vorvalt an den Ottersbarch.

[11.] Item koft sik ein vrig und waneth in der vogedie tom Ottersbarch, und telet he nene vrie erven na sinem vrigkope, und sterveth, sin gut vorvalt an den Ottersberg.

[12.] Item de eninge, de alsus lang gewesen heft twusken sunte Peter und synte Vite, de eninge heft de erwerdige in god vader und here, her Baldewin ertzebischupp to Bremen na rade capittels, manschupp u. stede affgedan, und ein iewelk schall na dusser tit sinen eigenen lude bruken und beholden.

[13.] Item wart gevunden, dat alle guder, dede horen gestliken luden edder kerken, de in der vogedie belegen sint, de borth dem Ottersbarge to vorbiddende, und moten des Ottersbarges neten u. entgelden.

[14.] Vortmer sint desse naschr. guder vrig:

[a.] to Quelckhorne heft dat closter Tzeven twe vrige hove,

[b.] item to Otterstede enen hof,

[c.] to Sottern enen hof,

[d.] to Waffensche twe hove,

[e.] to Token enen hof,

[f.] to Hostede enen hof,

[g.] tor Nortowe twe hove,

[h.] to Botersen enen hof,

[i.] to Winkeldorpe enen hof,

[j.] to Westertymele enen hof,

[k.] to dem Vorwarke enen hof.

[l.] Item Everinchusen gift grevenschatt.

[m.] Item to dem lutken Bulverstede enen hof.

[n.] Item alle des marschalkes guder in der vogedie tom Ottersberge, uthgesproken twe hove to Vesmer, de geven verder und grevenschat und denet nicht to hove.

[o.] Item Ffrederik Schulte heft enen vrien hof to Torvenstede und ene koten.

[p.] Item Hinrik van der Lydt heft dre vrie hove to Hopstede.

[q.] Item Lippolt van der Helle heft vrig sine guder an den hof to Lune, de gift verder und grevenschat und denet to hove.

[r.] Item Ertman Schulte guder sind vrig.

[s.] Item der van Idzendorpe guder.

[t.] Item der Cluver guder sint vrig sunder enen hof to Brettorpe.

[u.] Item Gherverdes guder van der Hude sint vrig und de guder Mins Herren Moder van Hertzenvelde abdes Johannes Schulte.

[v.] Item sunte Johannes to Rode heft twe vrige hove to Brettorpe.

Alle desse vurgescr[evenen] guder sint vrig denste, aver alle ander guder in der vogedie tom Ottersberge sint to deme Ottersberge denstplichtich. Hir mach me sick to ewigen tiden na richten.
(Grimm, Weisthümer 3, S. 219–221).

a *folgt in der Vorlage irrtümlich (? fleit).*

1 *Vgl. zur Überlieferungslage umfassend Dörfler, Herrschaft, S. 115f. u. 123–127. – Dörfler (ebd., S. 125f.) zufolge soll es sich bei dem hier genannten Bf. Johann von* Millen *um Johann (Tidau), Titular-Bf. von Missinum handeln (*episcopus Missinensis*). Einmal ganz abgesehen davon, daß Johann Tidau erst 1477–1501 Ep. tit. Missinensis war (Gatz, Bischöfe 2, S. 696, Art. v. Karl Hengst), der Name des hier gemeinten Bischofs also in keinem Fall Johann Tidau lauten kann, setzt Dörflers Annahme zum einen voraus, daß in einer verlorenen Vorlage für den Titel dieses Bf.s die Schreibung* Missen *(mit langem s) vorhanden gewesen wäre, und zum anderen, daß dieser Bistumsname später zu* Millen *verlesen wurde, was prinzipiell durchaus möglich wäre. Als Beleg für seine Angabe nennt Dörfler eine schriftliche Auskunft v. Dr. Dieter Brosius, HStA Hann (ebd., S. 125, Anm. 65). Der hier vorkommende Bischofsname ist aber wohl sehr viel einfacher und zudem ohne Annahme eines derartigen Lesefehlers erklärbar: Hier dürfte am ehesten der Verdener und Hildesheimer Weihbf. Johann Waltmani (auch: Valtemplini) OCarm, gemeint sein, der 1430 März 6 an der römischen Kurie zum (Titular-) Bf. von Melos (*episcopus Milensis *oder* Milenensis*), benannt nach der nahe Rhodos gelegenen griechischen Mittelmeer-Insel Melos (lat. Milo), geweiht wurde, und nachweislich noch 1440 als Hildesheimer Weihbf. tätig war (HStA Hann., Cal. Or. 100 Marienrode, nr. 381, 1440 Dezember 7). Gegen Dörfler (a.a.O., S. 125), demzufolge „Johannes Valtemplini als Verdener Weihbischof […] in der örtlichen Überlieferung nicht auftaucht und auch nicht mit einem Bistum Millen o. ä. in Verbindung zu bringen ist," ist es m.E. durchaus evident, daß Johann Waltmani (Valtemplini), der ja, wie eben angeführt, noch 1440 in Norddeutschland nachzuweisen ist, im Jahr 1437 als Verdener Weihbf. tätig werden konnte und daß sein Titel* episcopus Milensis *in niederdeutscher Sprache* bischop to Millen *lautet. – In Gatz, Bischöfe 1, S. 836 u. ebd. 2, S. 817, Anm. 40, wird „Johannes Valtemplini" als Verdener Weihbf. „um 1430" aufgeführt. Sollte der von Dörfler postulierte Lesefehler tatsächlich stattgefunden haben, und es sich demnach hier um den Ep. tit. Missinensis gehandelt haben, so müßte hier Johann Christiani von Schlepegrell (OESA) († 1468 Oktober 8) gemeint sein, der dieses Amt seit 1428 innehatte und vorrangig im Bistum Hildesheim als Weihbischof tätig war (Gatz, Bischöfe 2, S. 100; Art. v. Karl Hengst).*

19
Derselbe Gerichtstag (Landtag?)

Rechtsfindung

Weitere in Teilen abweichende Überlieferung derselben Verhandlung.

Sate: *StA Stade, Rep. 5b, Fach 84, nr. 13f., fol. 299r/v (1530)[1]* Druck: *Dörfler, Herrschaft, S. 742f., Anlage 1 (nicht fehlerfrei).* Abb.: *Dörfler, Herrschaft, S. 117, Abb. 7 (Foto v. fol. 299r).*
Literatur: *Dörfler, S. 117–119 u. 188f.*
[fol. 299v]

Rechtycheyth Otterbergge

[fol. 299r]

[1.] Anno M°CCCC [sic]ª.

[a.] Twelckhorne	II vrye hove	
[b.] Ottersted	I hoff	
[c.] Sottrum	I hoff	
[d.] Wavenß	II	
[e.] Takenn	I	
[f.] Hosted	I	
[g.] Nartowe	II	ᵇXVII vrye hove In der Gravessch[app]ᵇ
[h.] Botterßenn	I	
[i.] Winckeldorpe	I	
[j.] Benckel	I	
[k.] Nortem	I	
[l.] Westtymeke	I	
[m.] Vorwerk	I	
[n.] Lutkenbulvste	I	

ᶜItem [im]ᵈ 93. Jar¹ tho Sottrum tempore Boldeweni Archiepiscopi vrig gefundenn.

ᵉOrthgiß Spade vann Tzevenn ͤ Vann den Capittel beschicket.

Vann den Rad van Bre[men] H[er]ᶠ Johann Vreß Borgermester und Amptmann to Vorde.

Van den vann Stade H[er]ᶠ Hinr. Swartte.

Uther Ridtschupp Vred. Schulten, Lud[er] van der Lydt, Harmen vann Itzendorpp.

[2.] Item de Visscher vom Ottersberge mach Visschenn de Wymmen up betho under de Nig[en] Brugg[en] to Rod[enburg], des gelikenn de Wymmen wedd[er] dale.

[3.] De Jeger mach zwe hund[e] loß upp Nigenbrugg[en] to Rod[enburg] und latt Lopenn, mach esschenn 1 Korff met Brod und 1 Kannen bers.

[4.] De rechticht des Ott[er]sb[er]g[es] und Jacht ga ann vann der zulven Nigenbrugg[e], ga an upp den Hungenck, vann denn Hungarge wente upp de Grave, vann der Grave wente up denn Heytberch, vann den Heytberg upp Hertogen Bernd[es] graven, van ᵍH[ertogen] B[erndes]ᵍ graven wedd[er] tom Ott[er]sb[er]g, vann deme Ott[er]b[er]g to Rodenborch.

[5.] Item Koft zick eynn frig, und woneth ynn der Vogedye, telet nhene frye erven na synen vrig kopenn und stervett, zin gud vallet ann denn Otterberch.

[6.] Alle wuste guder mach der Ott[er]b[er]g bruken, in Acker, weyd[en] etc.

[7.] Unecht[e] lude dar sterven zund[er] echt[en] erven, er gud vor Valt an d[en] Ott[er]b[erg].

[8.] Dat Dorp to Glinste hort to Richte to Sottrum, und Ottersb[erg] heft all[e] Rechticht an den dorppe, an holt[e], water, vissche [sic] und weyde, uthschedenn III hove, de zint vryg, dar heft de Ott[er]b[erg] Rychte inn[en].

[9.] Dat Hudbrock geyt upp[e] denn Ebbensick, dar heft de Otter[berg] pand[inge] ynn[en] etc., mogenn dar uth hervenn er Nottrefftticht[h].

[10.] Oft zick we drenckede ann der Wymme, zleyt he tor Vogedye tho thom Lande, zo hort he to Richtende tom Otterberg[e], zleyt he up de andern Syd[en], zo hort he eynenn anndernn.

[11.] Worde eynn geslagenn uppe Nigenbrugge to Rod[en]b[org], valt he na Ro[denborg] tho, hort[i] dar tho Rychte; valt he na der Vogedye, Kumpt denn Ottersb[er]g tho.

[12.] Beverlo hort der Ebdisß thom Liliendaell[e], overst de Panding[en] in den Ott[er]b[erg]; ze mach darynn howenn to erern behoff.

a *Die Jahreszahl ist offenkundig unvollständig B.*   b–b *steht rechts neben einer großen geschweiften Klammer, mit der die Einträge [a.]–[o.] zusammengefaßt werden B.*   c *Der folgende Text beginnt rechts neben der Aufzählung der freien Höfe und wird ohne Unterbrechung unterhalb der Aufzählung der freien Höfe forgesetzt B.*   d im *fehlt B.*   e–e *Nachtrag unterhalb der vorangehenden Tabelle; durch Verweiszeichen *, das vor der Zeile* van dem capitte[el] beschicket *wiederholt ist, ist diese Marginalie als Nachtrag zu jener Zeile gekennzeichnet B.*   f h *(ohne Kürzungszeichen) B.*   g–g h B *(ohne Kürzungszeichen) B.*   h *Unterstreichung in B.*   i bort *B.*

1 *Die Zeitangabe [*im*] 93. jar bezieht sich offenkundig auf die Zeit der Anfertigung der Abschrift B, die demnach 93 Jahre nach 1437, mithin im Jahr 1530, angefertigt worden sein wird. Die Anfertigung von B im Jahr 1530 wird durch den paläographischen Befund bestätigt; vgl. Dörfler, Herrschaft, S. 118.*

20

Landtag [1437][1] September 1, auf dem Steingraben (bei Basdahl)

Rechtsfindungen

Rechtsfindungen (des Bremer Erzbischofs Balduin II., des Bremer Domkapitels, der Prälaten der Mannschaft und der Städte des Erzstifts Bremen), betreffend (1, 3, 4) Streitfälle zu Fragen des Besitzrechts von Eigen- und Lehengütern, insbesondere in weiblicher Linie, (2.) zur Gültigkeit von Urteilen und (6.) von Sühnen.

Ferner (5.) setzen die Landstände einvernehmlich die Höhe der Entschädigungen fest, die für Schäden zu leisten sind, die von entlaufenen Schweinen in fremden Holzungen angerichtet werden.

Sate: (StA Hannover; Collectio sententiarum [...] archiepiscopi Balduini; Mitte 15. Jh.; Signatur unbekannt; 1943 verbrannt). – StA Stade, Rep. 5b, F. 128, nr. 1, fol. 4r/v (Abschrift 16. Jh.). Druck: Spangenberg, Beiträge, S. 123f. – Landgerichts-Protocoll, S. 14f.

Deß Sondageß vor Nativitatis Mariæ up dem Steingraven wart gefunden:

[1.] De Mome iß noger eres sohns gude wen de Halffsuster.

[2.] Ein ordell twißchen andern luden uthgespraken en deidt andernn luden nenen schaden. Also wart gefunden twißchen den van Ronne unnd den Bulckouwerenn.

[3.] De Wedewe mach mit öhren Kinderen besitten in allem rechte, in allen guderen bewechlick unnd unbewechlick und Lehengudern, ahne Borchlehn, dewile se unvorandert iß. Also wart Ivenß wedewe van Borch thogefunden tegen Godderde van Borch.

[4.] Secht sick we tho de were an einem gude, und ein ander secht, idt si sin Lehengudt, unnd hebbe deß einen levendigen Lehenheren, dath moith duße Jennen de were breken mit rechte. Also wardt gefunden Ivenß wedewe van Borch tegen Johan van Borch umme de Mollenstede.

[5.] Endtlopen wen sine Schwine in deß Anderen Holtinge Ahne vorsahte, thom ersten schall me den schaden gelden mit gelde und mit rechte. Thom andern mahle schall me vor Jevelick Schwin geven IIII schilling. Thom drudden mahle vor Jewelick schwin VIII schillinge. Thom verden mahle scholen de schwine wesen deß Holdtherenn. Also iß dan van allen gewilckorett.

[6.] Welck man secht, de sake si besönet, kan he de sone bewisenn, also recht iß, deß mach he geneten. Also wardt gefundenn Johann van Borch tegen Herman van Itzendorpe.

(Landgerichts-Protocoll, S. 14f.).

1 *Die Jahreszahl ist anhand der in der einzig vorhandenen Überlieferung unmittelbar vorangehenden und folgenden Landtage völlig zweifelsfrei zu erschließen: Da oben nr. A.16 auf 1437 datiert ist und unten nr. A.21 noch ‚in demselben Jahr' stattfand, kann auch dieser Landtag nur 1437 stattgefunden haben.*

21

Landtag [1437]¹ Oktober 20, auf dem Steingraben (bei Basdahl)

Rechtsfindungen und Verpflichtungserklärung

Gegenseitige Verpflichtung (des Bremer Erzbischofs Balduin II., des Bremer Domkapitels, der Prälaten, der Mannschaft und der Städte des Erzstifts Bremen), gegen jeden vorzugehen, der ohne vorherige Klage vor dem Erzbischof eine Fehde im Erzstift Bremen beginnt. Ferner Rechtsfindungen über mehrere Streitfragen, betreffend Zitationen und Nichterscheinen vor Gericht.

Sate: (StA Hannover; Collectio sententiarum [...] archiepiscopi Balduini; Mitte 15. Jh.; Signatur unbekannt; 1943 verbrannt). – StA Stade, Rep. 5b, F. 128, nr. 1, fol. 2r ([2.]–[4.]) u. fol. 4v (Überschrift und [1.]) (Abschrift 16. Jh.). Druck: Spangenberg, Beiträge, S. 124. – Landgerichts-Protocoll, S. 15f..

Deß Sondages vor Simonis et Judæ up dem Steingraven deßulven Jahres etc.:

[1.] Haldt Jemandt Veide int Land, unvorclaget vor dem Ertzbischop, tegen den willet se alle dohen mit live und gude.

[2.] Werdt wem ein Rechtdach gelecht umme tichte willen, dat he einem andern tiget und kemet nichtt vor eder nemandt van sinent wegen, de wert unrecht, und Jenne wert van dem tichten loßgedeilet. Also wardt gescheidenn Her Diderik Scharhar tegen Eggerde van Stinstede.

[3.] Ock werdt eindrechtliken van allen gewilkoret: Worde van dem Ertzebischoppe Jemande tidt gelecht, den schall me up den negesten recht Dage fredeloeß leggen, unnd so mach de Ertzbischup se alle eßchen unnd soken, dem fredelosen vul tho donde. Werdt he landtschlachtich, so schall me ohn buten dem lande holdern, so lange wenthe he willenn hefft deß Clegerß und Ertzbischuppes. Unnd so schall me uth den gudern dem cleger so vele andtworden, alse ohm uthgerichtet iß. Unnd we deßen Landschlachtigen husede edder hegede, dem mach me ock also volgen, alse vorgeßecht iß. Deßgeliken schall me dohen dem Jenigen, dem drei XIIII recht gelecht werden; kommet men der der tidt nicht vor edder maket nicht willenn, den schall me ock fredeloß leggenn unnd denne volgen, alse hir geschreven steidt.

[4.] Tyget we dem Andern, dat he ohn vor einem borgen hebbe uthgesatt, deß mach sick Jenne entleggen mit sinem Rechte. Also wardt gescheidenn Herman van Wendenn tegen Curde vann Ronne.

(Landgerichts-Protocoll, S. 15f.).

1 *Die Jahreszahl ist anhand der in der einzig vorhandenen Überlieferung unmittelbar vorangehenden und folgenden Landtage völlig zweifelsfrei zu erschließen: Da oben nr. A.16 auf 1437 datiert ist und nr. A.21 noch 'in demselben Jahr' stattfand, kann auch dieser Landtag nur 1437 stattgefunden haben.*

22

Landtag 1438 Mai 11/18, auf dem Steingraben (bei Basdahl)

Rechtsfindungen 1438 Mai 11

Rechtsfindungen (des Bremer Erzbischofs Balduin II., des Bremer Domkapitels, der Prälaten, der Mannschaft und der Städte des Erzstifts Bremen) über verschiedene Streitfragen.

Sate: (StA Hannover; Collectio sententiarum [...] archiepiscopi Balduini; Mitte 15. Jh.; Signatur unbekannt; 1943 verbrannt). – StA Stade, Rep. 5b, F. 128, nr. 1, fol. 2r/v ([Überschrift u. [1.]–[7.]) u. fol. 6r ([8.] u. [9.]) (Abschrift 16. Jh.). Druck: Spangenberg, Beiträge, S. 124f. – Landgerichts-Protocoll, S. 16f.

Anno et[c].ª XXXVIII, Cantate, up den Steingraven.

[1.] Sin twe broder, de sick scheidenn willenn in dem Erve, so schall de eldeste broder delen unnd de Jungeste keisenn. Also wardt gescheidenn den van Zesterflete.

[2.] Wan ein Wedewe sittet mit eren Kinderen in ehreß Manneß nagelaten guderen, de mag de Kindere van den guderen beraden all wat se sin, Idt en were, dat Idtlike borchmanne ein sonderlick vordracht hedden, Alse tho Horneborch eder tho Luneberge edder thor Hude etc.ª De most me holden. Also wardt gescheiden Ivenß Wedwe van der Borch.

[3.] Hefft we dem andern sin gudt vorkofft up einen wedderkoep edder vorsaeth, mach he bewisenn, dat he tho rechter tidt de lose gekundiget hebbe, deß mach he geneten unden doit ehme nene schaden, offt Jenne sin gudt darenbaven beholdt. Also wardt gescheidenn der Wedwen Hinrick vander Hude tegen Diderke vann Ronne.

[4.] Welck man hefft einen Meiger de ein Vrig Man iß, werdt ohn de affgeschlagen unnd den frunden gebetert, so en darf me den Hern dar nicht tho andtwordenn. Hefft aver de Here deß schadenn, dat ohm sin Meiger affgeschlagen iß, dar moith eme de Doitschleger tho andtworden, edder de, tho weß Huse dat uth und in geschehen iß. Also wardt gescheidenn twischen Wilcken unnd Arp van Luneberge.

[5.] Wem de breef spricht, dem schall me ohn holden, offte he darmede manet, offt woll andere van deß breveß wegen manen wolden. Also wardt gescheiden denn Wittesanden tegen Hinrick van Gropelingen.

[6.] Gripet eine dem andern sinen Man aff unvorfolget, und unvorclaget vor dem Ertzebischop, und schattet ohn, de moth den Man quidt gevenn, Und de schattinge wedder geven, unnd hefft de Man wat gelavet, loß laten. Also wardt gescheidenn dem Abte tho Harßefelde[1] tegen dem Pravest tho Zevenn.[2]

[7.] Spreken thwei ein gudt ahn, de eine mit langer were, de ander mit korter were, Welcker de besten bewisinge hefft, mag deß genetenn. Also wardt gescheiden twißchen den sulven Prelaten.

[8.] Lavet ein frouwe vor eren Manne, de in gefenckeniße iß, edder siner nicht mechtig iß, unnd deidt dat in den besten, dat schall bundende wesen. Also wart den twen ock gefunden.

[9.] We denn anderenn Warschup lavede, de schall ohne wahren vor rechter ansprake; vor gewaldt darff he ohn nicht warenn. Also wardt gefundenn dem Abte tho Unnser Frouwen³ tegen den Pravest tho Zevenn.

(Landgerichts-Protocoll, S. 16f.).

a & in der Vorlage; etc. in der Abschrift 16. Jh.

1 *Johann Schulte, 1440–1462 Erzabt des Klosters Harsefeld (Schulze, Harsefeld, S. 30f.).*   1 *Ortgies Spade 1414–1445 Propst des Klosters Zeven (Bachmann, Heeslingen-Zeven, S. 159).*   3 *1433–1438 war Marquard Runge Abt des hier zweifellos gemeinten Klosters St. Marien bei Stade, 1438–1439 Johann Borcholte (Schulze, Stade, St. Marien, S. 479). Da Schulze für die Amtszeiten der Äbte weder Tagesdaten noch Einzelbelege anführt, war eine genauere Bestimmung der Amszeiten beider Äbte im Rahmen dieser Edition mit vertretbarem Aufwand nicht zu leisten, so daß z. Zt. offen bleiben muß, welcher der beiden Äbte hier gemeint ist.*

23

Derselbe Landtag

Rechtsfindung 1438 Mai 18

Eine Entscheidung im Streit zwischen Hermann von Issendorff und Wilken von Luneberg wird vom Bremer Erzbischof (Balduin II.) auf den nächsten Landtag ('Rechtstag') verschoben, wo der Streitfall vom Bremer Domkapitel, von den Prälaten, der Mannschaft und den Städten (des Erzstifts Bremen) entschieden werden soll.

Sate: (StA Hannover; Collectio sententiarum [...] archiepiscopi Balduini; Mitte 15. Jh.; Signatur unbekannt; 1943 verbrannt). – StA Stade, Rep. 5b, F. 128, nr. 2, fol. 2v (Abschrift 16. Jh.). Druck: Spangenberg, Beiträge, S. 128 (nach der verbrannten älteren Überlieferung). – Landgerichts-Protocoll, S. 23 (nach der verbrannten älteren Überlieferung).

Item anno XXXVIII, am Sondage Vocem Iucunditatis.

Leth vorludenn Herman van Ißendorpe, dat Wilcken van Luneberge ohm were nedderfellich worden, so vorschreven steitt,[1] van eines Erves wegen; dar Wilcken tho andtworde, he were dar nicht geladen; dat min Her staen leth wenthe thom negesten Rechtedage, weß den dar inne seden Capittel, Prelaten, Manschup unnd Stede, dar he datt henne wisede.

(Landgerichts-Protocoll, S. 23).

1 *Oben nr. A.10 (1436 September 8).*

24

Landtag 1438 September 7, auf dem Steingraben (bei Basdahl)

Rechtsfindungen

Rechtsfindungen (des Bremer Erzbischofs Balduin II., des Bremer Domkapitels, der Prälaten, der Mannschaft und der Städte des Erzstifts Bremen) über rechtmäßigen Güterbesitz.

Sate: (StA Hannover; Collectio sententiarum [...] archiepiscopi Balduini; Mitte 15. Jh.; Signatur unbekannt; 1943 verbrannt). – StA Stade, Rep. 5b, F. 128, nr. 1, fol. 6r (Abschrift 16. Jh.). Druck: Spangenberg, Beiträge, S. 126. – Landgerichts-Protocoll, S. 17f.

Anno etc. XXXVIII, deß sondageß vor Nativitatis Mariæ, up dem Steingraven.

[1.] Eyn Jewelick besittet in siner were so langhe wenthe so ohm mit rechte gebraken werdt.

[2.] We de oldesten were hefft, und ohme de Kundtschup thosteidt, de iß dem gude negest.

[3.] De Kundtschup schall me vohrenn, dar dat gudt licht, dar schall se de Richter horenn. Also wardt gefunden twißchen Johan vann Sandtbeke und Dethmar Groning.

[4.] Ein Jewelick mach sines gudeß gebruken nha sinen willen; deß en moghet de Erven nicht Hinderenn. Also wardt gefundenn der Beckeshovedeschen tegen den Pravest tho Wildeßhusenn Her Johan vam Schonenbeke.

(Landgerichts-Protocoll, S. 17f.).

25

Landtag 1443 März 31, Giehle

Rechtsfindungen

Rechtsfindungen (des Bremer Erzbischofs Gerhard III., des Bremer Domkapitels, der Prälaten und der Mannschaft des Erzstifts Bremen) über mehrere Streitfragen, insbesondere zwischen Johann von Schönebeck, Propst von Wildeshausen, auf der einen sowie Giseke und Willeke Nagel auf der anderen Seite.

Sate: (StA Hannover; Collectio sententiarum [...] archiepiscopi Balduini; Mitte 15. Jh.; Signatur unbekannt; 1943 verbrannt). – StA Stade, Rep. 5b, F. 128, nr. 1, fol. 6r/v (Abschrift 16. Jh.). Druck: Spangenberg, Beiträge, S. 126. – Landgerichts-Protocoll, S. 18f.

Anno etc.ª XLIII, tho Gile, Dominica Lætare.

[1.] De Pravest tho Wildeßhusen Her Johan vam Schonebeke sprak an de Nagele, Gisekenn unnd Wilckenn, umme erve guder; deß eßchenden se eine rechte were. So wardt darsulvest gefundenn, he scholde en de bestellen, de eme van siner wegen dar dede deße naschreven, Alse Eggerdt van Stinstede, Marten van der Lith unnd Herman van Wersebe, Men scholde nemende thokommen tho vorfange wesenn.

[2.] Mach men eine Sake einer vorscheidenn bewisenn, de schall men anderwerve nicht upthehen. Also wardt gefunden twißchen den Praveste van Wildeßhusenn unnd denn Nagelenn.

[3.] De Pravest van Wildeßhusenn Her Johan van Schönebeke, Wilcken van der Lidt unnd de Groninge clageden an Gisekenn unnd Wilcken broder, gehetenn de Nagele, umme Mertenß van Bexhovede nhalaten gudt, dar se tho andtwordenn, idt were eine verschedene sake. Darup ward gefunden: Mochten se dat bewisenn, alse se van rechte scholenn, deß mogen se genenten. Deß laten de Nagele lesen thwe averschrifften breve Desulven sake andrepende, Nompliken vorpendige were nicht geschehenn mit ervelove, und hadde de redeliken in rechtliken bispraken, unnd wolden dat setten bi mineß Heren Gnadenn van Bremenn, Capitell, Prälaten, Manschuppen und Steden. Weß se scholden deß genenten und entgeldenn, dar will min Here twißchen dith unnd Pinxtenn negest kommende[1] ohn beiden einen Dach tho teken und de Erven darbi laden, unnd se dar aver mit Reche vorscheiden. Men se scholet minen Heren thovorne ohrer breve ware affschrifft gevenn, dar he sick mit den sinen moge up beropen.

(Landgerichts-Protocoll, S. 18f.).

a & *in der Vorlage; p. in der Abschrift 16. Jh.*
1 *1443 Juni 9.*

26

Landtag 1443 Juni 2, auf dem Steingraben (bei Basdahl)

Rechtsfindung

Regelung von Erbfragen.

Sate: (StA Hannover; Collectio sententiarum [...] archiepiscopi Balduini; Mitte 15. Jh.; Signatur unbekannt; 1943 verbrannt). – StA Stade, Rep. 5b, F. 128, nr. 1, fol. 6v (Abschrift 16. Jh.). Druck: Spangenberg, Beiträge, S. 127. – Landgerichts-Protocoll, S. 19.

Anno etc. XLIII., Dominica Exaudi, upm Steingravenn:

Dar iß ein Stichtsman van Bremenn undt starff af sin Frouwe, de darnha leth kinder. Wardt gefraget, wer de Jene ock sinen Kinderen mer geven schole, wen erer Moder siner seligen Hußfrouwen nahlaten gudt, undt weme dat gerade borenn moge.
(Landgerichts-Protocoll, S. 19.)

27

Landtag 1470 Juni 27, auf dem Steingraben (bei Basdahl)

Rechtsfindung

Heinrich, Bischof von Münster (Heinrich III.) und Administrator von Bremen (Heinrich II.) bestätigt eine Rechtsfindung der Bremischen Prälaten, des Domkapitels, der Ritterschaft und der Städte, in welcher die von dem Osterholzer Propst Johann Weckebrodt vorgelegten besiegelten Privilegien des Klosters Osterholz gegen Ansprüche der von der Hude für unantastbar erklärt werden.

Rechtsfindung: (StA Hann., Cop. II 158 (Kopiar des Klosters Osterholz), nr. 118; Abschrift 1545; 1943 verbrannt). – StA Stade, Dep. 10, nr. 712 (ehem. F-a 3, nr. 2), Urk. nr. 298 (Abschrift Mitte 19. Jh., nach Kopiar). Druck: UB Osterholz, nr. 322 (nach Abschrift Mitte 19. Jh.).

Wy Hinrick van Gades und des stoels to Rome Bisschop to Munster und der hilgen kercken to Bremen administrator doen kůnd avermiddelst dessem unsem breve vor alsweme, dat am mideweken negest na sunte Johannes baptisten dage syner gebord, alsmen screff dusent veerhundert am soventigesten yare, up dem Steengraven, dar wy dosulves ein samptkomen unser prelaten, capittel, manschup und steden vorscreven und vorgaddert hadden, de werdige unse leve andechtige Her Johan Wekebrodt pravest to Osterholte etlicke versegelde breve, unse closter to Osterholte andrepende, to latina geschreven und ungeseriget vor uns entogede und lesen leth, yegen welkere breve unse leven getruwen, de van der Hude genant, sampt und besunderen dar sulven anspreke und wedderrede deden und dorch ere frunde doen lethen, uthe welckeren anspraken und wedder reden der breve halven dar sulves up dem Steengraven van den unsen, de wy dar so to wysenden, gefunden wart, dat men versegelde breve unvorlegen und ungeseriget na erem geholde duden und holden scholde. Desses to furder witlicheyt hebben wy unse secretum under dessen breff gedrucket laten, de gegeven und schreven is up yare und dach vorschreven.
(StA Stade, Dep. 10, nr. 712, Urk. nr. 298).

28

Landtag (?) 1471 Januar 25

Schatzbewilligung

Heinrich, Bischof von Münster (Heinrich III.) und Administrator von Bremen (Heinrich II.) bestätigt, daß die Bremischen Landstände die von ihm erbetene Steuer bewilligt haben, nämlich 2 Lübische Mark, die Bauern, Amtleute und genannte Handwerker aufbringen sollen.

Abschied: (StA Hann., Cop. II 46, p. 362; 1943 verbrannt). – StA Stade, Rep. 5b, F. 102, nr. 20, fol. 2r (Exzerpt, Ende 16. Jh.; Überschrift: Vortekeninge etlyker Schattynge, de yn deme Styffte tho Bremen syn thogelaten; Angabe zur Vorlage: Lib. D fol. 180 und 183, *trotz abweichender Foliierung zweifellos aus Cop. II 46 exzerpiert*). Reg.: StA Stade, Rep. 81, Hs. 10 (Rep. Möhlmann 2), nr. 1451 (nach Kopiar).
Literatur: Hofmeister, Adel, S. 224.

Anno domini 1471, Byschup Hynricke.

Twe Lubsche marck van de buw, amtluden, tavernese, kramer, smede, schroder, pyltzer unnde schomaker, und van deme Koter I marck Lub. thogelatenn.

(StA Stade, Rep. 5b, F. 102, nr. 20, fol. 2r).

1471. Janr. 25. Revers des Erzbischofs Heinrich von Bremen wegen eingewilligter Landschatzung.

(StA Stade, Hs. 10 (Rep. Möhlmann 2), nr. 1451).

29

Landtag (?) 1472 Januar 25

Schatzbewilligung

Heinrich, Bischof von Münster (Heinrich III.) und Administrator von Bremen (Heinrich II.) bestätigt, daß die Bremischen Landstände die von ihm erbetene Steuer (Landschatzung) bewilligt haben.

Abschied: (StA Hann., ehem. Cop. II 46, p. 368; 1943 verbrannt). Reg.: StA Stade, Rep. 81, Hs. 10 (Rep. Möhlmann 2), nr. 1464.
Literatur: Hofmeister, Adel, S. 224.

30

Landtag 1477 August 19, auf dem Steingraben (bei Basdahl)

Rechtsfindung

Die namentlich genannten Horneburger Burgmannen und Knappen aus den Familien Schulte, von Borch und Marschalck bezeugen, daß auf dem Landtag 1477 August 19 auf dem Steingraben (bei Basdahl) in Anwesenheit Erzbischof Heinrichs II. durch die Ritterschaft und die (dort anwesenden Vertreter) der Städte ein Streit zwischen dem Harsefelder Erzabt Matthias (Grimmeke) und dessen Konvent auf der einen sowie dem Knappen Johann von Zesterfleth auf der anderen Seite um das Freigericht (zur Lühe) im Alten Land zugunsten des Johann von Zesterfleth verbindlich entschieden worden ist.

Urkunde: StA Stade, Dep. 2, nr. 108 (besiegelte Or.-Ausf. Perg., anhäng. Siegel ab). – Ebd., Rep. 5g, nr. 75 (ehem. F. 6, nr. 10a), fol. 26r – 27r (Abschrift 16. Jh.; Überschrift: Copei eines alten Pergament buches, mit dem Original allemahl beßerckenden trießes).
Literatur: Merker, Ritterschaft, S. 35, Anm. 119 u. S. 37, Anm. 131 (nach der Abschrift; beidemale irrtümlich datiert „1397"; in Anm. 131 fehlerhaft: „in Gegenwart Erzb. Gerhards"). – Hofmeister, Elbmarschen 2, S. 130.

We Hermen, Johan, Balthasar vedderen gheheten de Sculten, Otte, Iwen vedderen gheheten de van Borch, Baldewin unde Balthazar brodere gheheten de Marschalke, Borchmans to Horneborch, knapen, bekennen unde betughen apenbare in dessemm breve voralßweme, dat na Cristi ghebord dusent verhundert, dar na an deme SevenundeSeventighesten iaren, In deme daghe sancti Magni[a] martiris, vunden de Erbaren duchtighen knapen unde Ridderschup Imm stichte to Bremen uppe deme Stengrave in Jeghenwardicheyt Unses Gnedighen Hernn van Bremen Hernn Hinrickes, des werdighen Capittels darsulves, unde der Ersamen Stede, de dar do alle Jegenwardich weren, ene Concordienn andrepende demm Erwerdighen in God vadere unde Heren, Her Mathiase abbet to Hertzevelde unde synemm Convente uppe ene, unde denn duchtighenn knapen Johanne van Tzestersflete vor sick unde syne erven uppe de anderen syden, In sodaner wise: Na demale de duchtighe Johan ergenant vor sick unde syne erven sodane vrig recht beleghen in dem Oldenlande ghehad hebben, rouweliken unde vredesam beseten, dat em syn grotevader unde syn vadere ervet hebben sunder Jenigherleyge insprake, So scholde de sulve Johan unde syne Erven dat sulve vrig recht vort vredesam besittenn unde hebben to ewighen tyden sunder des Abbetes to Hertzevelde, syner nakomelinghe und synes Conventes weddersprake effte insaghe ok nemendes van erer wegen. Des tor warheyt unde bekantenisse hebben wy Borchman vorbenompt vor uns unses Slates Inghesegell witlicken ghehanghen nedden an dessen breff. Ghegeven unde schreven na Cristi ghebord ut supra.

(StA Stade, Dep. 2, nr. 108).

[a] Magni *in der Vorlage von gleicher Hand über der Zeile nachgetragen.*

31

Landtag 1490 November 16, Bremen, Domkapitelshaus ‚die Glocke'

Landtagsabschied

Die Bremischen Landstände einigen sich in Anwesenheit des Amtmanns und erzbischöflichen Rats Garlich Schulte über folgende Punkte: (1.) gemeinsamer Schutz des Erzstifts Bremen; (2.) Regelung von Streitigkeiten untereinander durch gewählte Räte; (3.) Verbot, Meier als Knechte anzunehmen; (4.) Verbot der Beschlagnahme von Gütern ohne diesbezügliches Gerichtsurteil; (5.) gerichtliche Klagen sind vor den Erzbischof oder, in dessen Abwesenheit, dem erzbischöflichen Amtmann vorzubringen; (6.) Bestätigung der alten Rechte und Gewohnheiten; (7.) Kenntnisnahme dieser Punkte durch den Landesherrn (Heinrich II.).

Ausschreiben: –
Protokoll: –
Abschied: StA Bremen, 1-M 1490 November 16 (unbesiegelte Or.-Ausf. Papier; landesherrliches Reskript). – StA Bremen, liegt 1-M 1490 November 16 bei (Konzept). – LA Schleswig, Abt. 7, nr. 1133, fol. 4v – 6v (Abschrift Ende 16. Jh.). – StA Stade, Rep. 5b, Fach 20, nr. 7 (gesamte Akte; Abschrift frühes 17. Jh.). – StA Bremen, 2-Z.2.a (Abschrift um 1600). – Ebd, 2-Z.2.b.1 (Abschrift um 1600). – Ebd., 2-Z.2.b.2, S. 25 – 28 (Abschrift um 1600). – Ebd., 2-Z.2.b.3 (Abschrift um 1600). – Ebd., 2-Z.2.b.4, S. 1 – 3 (Abschrift um 1600). – Ebd., 2-Z.2.b.6 (Abschrift um 1600). – Ebd., 2-Z.2.b.5, S. 93–96 (Abschrift Mitte 17. Jh.). – HB DoG Verden, Stettswährende Receße, S. 1–3 (Abschrift 17. Jh.). – StA Stade, Dep. 10, Hs. 7, S. 1–3 (Abschrift 1. H. 17. Jh.). – Ebd., Rep. 5b, F. 128, nr. 15a, fol. 54v–56v (Abschrift; 1. H. 17. Jh.). – AR Stade, Hs. 9, fol. 62r–64r (Abschrift 1. H. 17. Jh.). – GWLB Hann., MS XXIII 1124, S. 1–4 (Abschrift 17. Jh.). – Ebd., MS XXIII 1125, fol. 13v–14v (Abschrift 17. Jh.) (B). – StA Bremen, 2-P.1-291 (ehem. 2-P.1.t.2), S. 499 (Abschrift v. J. P. Cassel; 18. Jh.). Druck: Pratje, Altes und Neues 1, S. 292–294 (ohne Angaben zur Vorlage). Reg.: UB Stade, nr. 381 (nach Abschrift aus StA Stade).
Literatur: Decken, Darstellung, S. 458, 464–466, 469–472, 482. – Veeck, Graf Heinrich, S. 146f. – Schleif, Regierung, S. 27. – Modéer, Gerichtsbarkeiten, S. 65. – Elmshäuser, Erzbischöfe, S. 188. – Hofmeister, Adel, S. 225.

In deme Namen des Heren Intyaere unses Heren dusent veerhundert unde Negentich Ame dinxtdage na Martini Is geholden eyn Ghemeyne Samptkumpft bynnen Bremen uppe den Groten Capittelhuse vor der Klocken, Alse de Ghemeynen ledemathe des Stichts to Bremen, Nemptliken, dat werdige Capittel to Bremen, de werdigen prelaten, de duchtigen Manschup unde Ersamen Stede, alse nemptliken Bremen, Stade, Buxtehude unde Wildeshusen, des Stichtes tho Bremen, Na Raede und belevynge Unses Gnedigen Heren, In bywesene des duchtigen Garlich Schulten Amptmans[a] unde Zyner Gnaden Reeden, unde hebn sick dar guetliken unde leeffliken vordregen, Unsseme Gnedigen Heren unde zynen lande to gude unde thome besten In dieser nagheschrevene wyse:

[1.] Also dat sick eyn yderman schall unde will tor wore stellen, Unde sick In eyne guetlike sathe geven In eyne besundergen beschermynghe des Stichtes tho Bremen, zyner lande unde lude Jegen vele beampten dessulven Stichts, dar etlike fursten, heren unde Andere dar umme here belegen, Unde alse id myt Roffe unde brande angeferdige werdt, sick des to Irwerende, Dar yegen eyne sathe myt deme ersten vullentheyne, So dat se eyneme ydermanne drachtig zy, Unde dar mede schall men denne dat Stichte van Bremen int beste na nottrofft beschermen unde beschutten.

[2.] Und die Redere des Stichts van Bremen, uth allen ledemathen gekoren, schollen dar Int beste vor wesen, unde besorgen, zo dat alle twystige sake, de de yegenwerdigen lopen, unde der sick malck tho beclagende heefft, myt den ersten, Unser Gnedige Here zy binnen effte buten syneme Stichte van Bremen, guetliken mogen gerichtet werden, Unde efft men ock yenige Ansprake hadde, besundergen Unse Gnedige Here samptliken offt besonderen, offte die eyne undersate yegen den anderen, sodane sake schal men myt rechte vorderen, unde dar to nymande overfallen noch yenige walt doen, Id zy In Roffe, Koslage, Pandinge offte yenigen anderen overfallen, Unde men schall ock nymande by poenen beden, Id en moghe also myt rechte geboren.

[3.] Ock en schall Unsse Gnedige Here offte Zyner Genaden Amptman offte yemant nymandes meygere to Knechte nhemen, nymande to verdedingen Jegen zynen lantheren unde borliken Richter offte nyemande zyne egenen lude vore tho verdedingene offte over to vallende.

[4.] Ock en schall men nymande zyn guet toslaen offte vorbeden, he zy erst myt rechte verwunnen, Unde wanne ze denne vor zynen borliken Richtere verwunnen is, so ne schall man eme denne noch zyn guet nicht nhemen, sunder he bettere denne In fruntschuppe eder rechte, [b]na gnade vor deme sulven Richte, dar he vor verwunnen is[b].

[5.] Item offt ock yemandt gebreck hadde, de yenne schall id vor Unsen Gnedigen Heren, In Zyner Gnaden affwesene vor synem Amptmanne verclagen, Deme dat aldar myt rechte mach geboren, De schall denne de Redere des Stichtes to Bremen vorschryven, uppe lechlike stede unde dar to helpen myt Raede unde dade, dat id gha In fruntschuppe offte rechte, so id sick geboert bynnen eynen Maenthe, In deme de sake nycht to lastich en zy, unde die men irkennen mach, unde wes de also scheden, schall by macht wesen unde blyven; Unde we den anderen to beschuldigene heefft, den schall he verclagen vor zynem geborliken Richtere.

[6.] Unde Unse Gnedige Here unde eyn yderman geistlick unde wertlick In dem Stichte tho Bremen, schall by guden olden wueliken herkomende seden, wonheyt, segelen, breven, privilegien unde rechte blyven.[c]

[7.] Und alle desse puncte schall men Unsen Gnedigen Leven Heren verwitliken unde twyvelen nycht, Zyne Gnade de ze woll beleven, Angeseen, ze alle gotlick unde erlick syndt, unde ock mercklick vor Zyner Gnaden lande unde lude.

Desses to eyner bekantnysse, zo synt desser schryffte vyffe, des de eyne by Unsen Gnedigen Heren unde Zyner Gnaden Capitel, de ander by den Stichts mannen, de dridde by den van Bremen, de verde by den van Stade, unde de vyffte by den van Buxtehude synt entholden. Verhandelt unde gescheen Na Godesbordt Ame Jare unde daghe bavengerordt.

Ad mandatum R^{mi} domini gratie sue Secretarius
Everhardus van Elen scripsit et subscripsit.

(StA Bremen, 1-M 1490 November 16).

a Ampt^ans *in der Vorlage.* b–b *in der Vorlage Nachtrag von gleicher Hand am Seitenrand.* c *folgt im Konzept durchstrichen:* bliven. Ock so wyl Unsse Gnedige Her myt deme besten dar vore wesen, Dat eynn yder man, De schaden geleden hefft, schole gutliken entrichtet unde betalet werden.

32

Landtag 1496 September 12–15, auf dem Steingraben (bei Basdahl) und in Basdahl, fortgesetzt 1496 Oktober 22, Bremen, Domkapitelshaus ‚die Glocke'

Landtagsprotokoll

*Die Bremischen Landstände verhandeln ohne abschließendes Ergebnis über die Streitpunkte der Landstände mit Heinrich, Bischof von Münster (Heinrich III.) und Administrator von Bremen (Heinrich II.) und mit der Stadt Bremen, betreffend: (1.) Zoll zu (Bremer-) Vörde; (2.) Gericht zu Hagen; (3.) Deichgericht (*Dik richte*) zu Assel? (*Haßelle*); (4.) Klagen des* Werner van der Hude *gegen die* Wurder; *(5.) Klagen gegen* Dirich Quenck (Ovenck?), *daß er einen Kaufmann zollfrei* averschupent *habe mit gekauften Schweinen; (6.) Klagen gegen die Amtleute auf den Burgen Ottersberg und Langwedel; (7.) Schädigung eines Bremer Wehrs (in der Weser) durch jemanden von Burg Langwedel; (8.) Frage des* Garlich Schulten *in erzbischöflichen Auftrag, ob die Stände die Wiedereinlösung (*inlosinge*) des Zolls vor der Weserbrücke (*toln vor der Weßerbrugge*) zugestehen wollen; (9.) Zölle zu Bremen; (10.) die dem Erzbischof bei der Brechung mancher Burgen, speziell Elmlohe (*Sommige Veste hadden dalebreken, alse nomptliken Elme*) geleisten Dienste mit 12 Pferden; (11.) Unterhalt der* Borchleen Synen Gnaden tho Bederkesa thokomenden, *über den beschlus tho Buxtehude hinaus; (12.) Brechung der Burg Blumenthal; (13.) Unterwerfung* idtliker Freyen Huß in Bremen by dem Domshave *unter Bürgerrecht; (14.) Klage, daß einer* uth dem dome genamen; *(15.) Nichtachtung der Rechte der Domfreiheit durch die Stadt Bremen.*

Die Positionen des Erzbischofs in den tagelangen Verhandlungen mit den gemeinen Ledematen *vertritt (der erzbischöfliche Landdrost)* Garlich Schulten.

Ausschreiben: –
*Protokoll: StA Bremen, 2-Z.2.a (Abschrift 18. Jh.) (*In den Jahren Unsers Herren Dusent Veerhundert Seß undt Negentich [...] thom Stengravenn [...]. [...] tho Basdaelle [...] am Mondag negst Unser Leven Frouwen dage Nativitatis. [...] in des negsten Dinxedages am morgen, [...]; des Middewekens eyn mor-

gen, was am dage Crucis; [...]; deß Donnerdages ein morgen negest Crucis exaltationis; Indt Jahr Unsers Herrn Dusent Veerhundert Seß undt Negentigsten, up Sonnavende negst thor der Elven Dusent Jungkfrouwen Dage [...] binnen Bremen up der Kloken im dome tho Bremen).
Abschied: –
Weitere zu diesem Landtag gehörige Quellen: –
Literatur: –

33

Landtag 1499 April 22, auf dem Steingraben (bei Basdahl)

Landtagsabschied (mit Rechtsfindung)

(1.) Entscheidung der Bremischen Landstände über die Aufstellung (Sate) der gerüsteten Pferde des landständischen Aufgebots: Trotz Einwänden der Ritterschaft sollen die in die Stadt Stade gezogenen Adeligen im Aufgebot der Stadt Stade gezählt werden.

(2.) Rechtsfindung der Landstände über die Rechtsstellung der Unfreien: Auf Anfrage des Zevener Propstes Luder Bramstede finden die Landstände für Recht, daß alle Kinder, die aus einer ohne Wissen und Zustimmung der jeweiligen Herren vorgenommenen Heirat zwischen Freien und Eigenleuten hervorgehen, in jedem Fall ‚der ärgeren Hand' zufallen und somit zu Eigenleuten werden.

(3.) Entscheidung der Landstände über die Jagdrechte und die Befestigungspflichten der Burgmannen der Burgen Thedinghausen und Langwedel.

Abschied: (StA Hann., Cop. II 42a, fol. 206r/v; Abschrift 2. H. 16. Jh.; 1943 verbrannt). Druck: Johannis Rode Reg. bon., S. 179–181, nr. 70. Reg.: Schütz, Johann Rode, S. 187f., nr. 81–83.
Literatur: Merker, Ritterschaft, S. 84, Anm. 398. – Blanken, Basdahl, S. 61. – Bachmann, Tagungsorte, S. 93. – Mindermann, Adel, S. 272 u. 344.

Am jahre M°CCCCXCIX° up den avent Georgii Martyris iss geholden ein gemein landtag up dem Steengraven, welcker dag gespracken was uth enem andern dage, kortes vorher geholden.[1]

[1.] So dat ein Idermann zick schall van stundt richten na harnsche undt Perden unde eine sate liden unde annehmen, dar de Stichtssman mit andern ledematen wurde gesatet unde nehmen ock aldar de zate an unde vorwarden vorhen, dat se in or sate mede hebben wollen unde dar nicht uth entbehren de gude menne, de to Stade ingetagen weren unde dagelickes dar noch inthein, dat de van Stade nicht inrumen wolden, unde leten zick bedunken, de zulffte scholden on in ore sate to bate kamen unde nicht den Stichtsmannen, dar de Stichessmänne zick up besprakken unde seden endrachtigen, se wolden dat mitt allen nicht inrumen, se möchten wol alle in de Stede teen, ein here des landess scholde darumme sines deenstes nicht entbehren unde were ock unborlick, so wurden se alle uthgewiset unde brachten wedder in, dat de gennen, de so in de Stede tagen weren unde noch dagelickes darin togen, scholden vor ore gudt doen unde denen lick den andern. Desset schach in iegenwordicheit der van Brehmen, Stade unde Buxtehude, unde der gemenen ledematen, de desset alle so beleveden, vulbordeten unde annehmen, unde de gennen, de so to Stade ingetagen weren, wurden aldar tor stede gesatet unde nehmen de zate an unserm gnedigem hern dessem lande to samende, alse se gesatet weren, darto zick unse gnedige here verleth, glick alse to andern insaten, de up or gudt gesatet zyndt, dat in tokamen tyden so geholden werden schall unde men ock geholden hebben will unde dat alle so angenomen iss. Dat[um] ut p.

[2.] Ock ledt de Werdige Here Luder Bramstede Prawest to Zeven fragen up dem zulven dage, offt een egen man neme eine fryge frowe zunder zynss hern weten, willen offt vulbort, ock wedderumme, offt ein egen frowesspersone neme enen frygen man buten ores hern willen unde vulbort, wo dat scholde darmede staen, offt ock scholde schlaen to der eegen handt offt nicht edder offt de ienige frigheit offt wonheit dardorch undt entiegen mochten brucken, dar eendrachtlicken up gefunden wardt, wan sondanss geschege sunder der Herschup offt der gennen willen, de se todropen, schlage dat allewege to der eegen handt. Ein fryg man wurde egen, so froe, alse he zick buten willen mengede mit ener frowen, dessgelicken wedderumme. Dat[um] ut supra.

[3.] Item so de Borchmanne to Thedinghusen ock tho dem Langwedell unde vor andern dess Stichts Schloten beseten, vele rechticheit sick antheen unde unternehmen besundern mit der jagt, so iss geschlagen, dat de nene rechticheit van ören Borchlenen hebben offte hebben mögen, wan de darsulven nicht enwahnen, anderss wolden geistlick unde wertlick, de erve unde gudt under der Borch offte in der vogedye liggen hebben, dess gelicken doen, dat wolde der herschup affdregen, unde wanne den de Borchmänne wanen vor den Schloten up oren Borchlehnen, mögen unde scholen se ock nene rechticheit hebben in iacht unde anderss, sunder se mögen de hasen jagen unde anderss nicht, unde de Borchmanne, de nicht wanen up ören Borchlehnen vor des Stichtes Schloten, willen öre borchlehne beholden, so scholen se darvon doen, wat on behöret, plancken, bolen unde isen etc. Wen se dess nicht doen, mach de herschup de borchlehne antasten, so schölen se de ock nicht wedder hebben, wen de herschup de beplancket unde gemacket hefft. Desset iss so tom Otterberge gefunden unde geholden.

(Johannis Rode Reg. bon., S. 179–181, nr. 70).

1 *Der hier genannte Tag (Landtag), der diesen Angaben zufolge kurz vor 1499 April 22 stattgefunden haben muß, ist ansonsten nirgends überliefert. Möglicherweise hat es sich hierbei um die in Punkt 3 genannte Rechtsfindung in Ottersberg gehandelt.*

34

Derselbe Landtag

Rechtsfindung

Die Rechtsfindung (Punkt 2) des vorangehenden Abschieds (nr. A.33) in ausführlicherer Überlieferung.

Sate: StA Stade, Rep. 5g, nr. 75 (ehem. Fach 6, nr. 10a), fol. 6v–7r (Abschrift frühes 16. Jh.; nicht ganz vollständig). Reg.: Schütz, Johann Rode, S. 187, nr. 82.
Literatur: Merker, Ritterschaft, S. 84, Anm. 398.

Wy Johan van Godes gnaden Erthzebyskup tho Bremen bekennen und betugen openbar vor alsweme, dath am Jar dusenth veerhunderth negen und negentych, up den aventh sunte Jurgenß deß hylgen mertelerß, iß eyn gemeyne landach van unß angestelleth und gheholden thom Stengrave, up ansokenth unser gemeynen ledematen umme marcklyker saken wyllen unse stychte bedrapende, up welkem dage weren vorgadderth de ledematen uneß stychteß sampthliken, Capittel, prelaten, manne und stede, ock de lande, alse de aldar so vorsamelth weren, und mannygherleye marcklyke sake unse stychte belangende hadden avergespraken und gehandelth, hefth de werdige Here Luder Bramstede domher to Bremen und pravesth to Tzeven ene vrage dan und darboven bogerth, dath de ledematen dar wolden up vynden, wo dath sethlych und wonthlych in dessem unsem lande wesen were, ock wo men dath beth her to holden hadde und wo men dath noch vordan holdenn scholde, wath dar eyn recht up were. De vraghe waß desse und ludede alduß: Ofth eyn man nheme eyne vrye vrowen tor ee sunder syneß hern weten, wyllen und fulborde, ok ofth eyn egen frowesperson neme eynen vryen man buten ereß hern weten, wyllen und fulborde, wo men dath darmede holden scholde, ofth dath to der argeren hanth slan scholde ofte nycht, Edder ofth ock jenyghe vryheyth, wonheyth ofte gnade dar enthjegenn brukenn mochten; wor up hebben de ledematen eyndrachtlyken funden, wo hyr nha schreven steyth: Wen eyn egen man nympth eynen vryen frowenn tor ee sunder synes hern weten, wyllen und fulborde, de frowen warth myth dem manne egen, de kynder werden ock alle egen, wenthe eyn egen man kan neyne vrye kynder maken; ok kan nen egen frowe vrye kynder telen, so vro syck eyn egen man myth eyner vryen frowen mengeth und eyn eghen frowe myth eynem fryen manne sunder wyllen, wetenth und fulborde deß gennen, dem de egene manspersone ofte de egene frowespersone to horth, so sleyth dath alle tyth tho der argeren hanth, so verne dar nene vorworth ofte ander vordrachth deß hern dem de egendom tokumpth, vorhandelth werden, alse desser, so van den gemenen ledematen gefunden iß, hebben unse lanthschup dath so angenamen und belevet in unser jegenwardycheyth, dath so tho holdende. Deß to tuge und forder orkunde hebben wy Johan Erthzebyskup vorscreven na rade, wetende und wyllen unseß stychteß ledematen dat ok so angenamen und beleveth eynen ideren insaten to besten, dath so tho holdende, und umme sunderge bede wyllen unser gemenen ledematen, ock deß genanten Hern Luder Bramsteden domhern und pravesth to Tzeven unse rechte ingesegel wythlyken hangen laten to dessem breve, tho behoff alle unser ledematen und underdanen geysthlych ofte werthlych und eynem ideren, wen deß tho donde iß und hyr nhamals tho donde mochte werdenn. Und wy Conraduß Clencke domdeken und Capittel to Bremen bekennen, dath unse gheschyckeden hyr hebben an und aver gewesen und wedder an unß gebracht, so hebben wy dath so beleveth und angenamen tho holdende vor unß und unse nhakomelynge. Deß to tuge hebben wy unse ingesegel by Unseß G. H. ingesegel laten hangen. Und wy borchman van Horneborch bekennen etc., worumme hebben wy unseß slatz ingesegel etc., und wy Warner van der Hude N N N N N *[sic]* bekennen, dath wy hyr personlych synth aver und an gewesen, hebben dath so mede gefunden und belevet; ock iß dath eyn alth sede, wanheyth und Recht in dyssem lande gewesen, wor umme hebben wy unse Rechte ing[esegel] wythlyken an dussen bref laten hangen, de gegeven und screven iß am jar und dage baven gerorth; und desser breve scholen twe wesen, der eyne schal lyggen by unsem G. H., de ander by dem werdygen Capittel van Bremen, dar eyn ider mach thoflucht to hebben, wen deß to donde iß.

(StA Stade, Rep. 5g, nr. 75 (ehem. Fach 6, nr. 10a), fol. 6v–7r).

35

Landtag 1502 April 22/23, Basdahl

Einigung 1502 April 22, Basdahl

Der Bremer Erzbischof Johann (Rode) einigt sich auf dem Landtag zu Basdahl mit dem Rat der Stadt Bremen über den Ochsenzoll zu (Bremer-) Vörde.

Einigungsvertrag: StA Bremen, 1-M 1502 April 22 (Or.-Ausf.).– (StA Hann., Brem. Or.; 1943 verbrannt; letzte Signatur unbekannt). – StA Bremen, 2-P.1.319 (ehem. 2-P.1.t.13b), nr. 151b (Abschrift 17. Jh.). Reg.: StA Stade, Rep. 81, Hs. 9 (Rep. Möhlmann 1), nr. 2826 (datiert 1502 August 22; nach der verbrannten Or.-Ausf.). – Schmidtmayer, Urkunden, S. 9. – Schütz, Johann Rode, S. 206f., nr. 207.

36

Derselbe Landtag

Sühneverhandlung 1502 April 22, Basdahl

Der Bremer Erzbischof Johann Rode auf der einen sowie Herzog Heinrich d. Ä. von Braunschweig-Lüneburg(-Wolfenbüttel) und dessen Sohn, der Bremer Koadjutor Christoph, kommen überein, die Sühneverhandlungen, die zwischen ihnen für 1502 April 18 in Stadland vorgesehen waren, auf den Landtag zu verschieben, der 1503 Juni 4 (Pfingsten) in Basdahl stattfinden soll, damit Herzog Heinrich zwischenzeitlich versuchen kann, die Stadt Lüneburg zur Übernahme des Schiedsrichteramtes in dieser Sache bewegen.

Abschied: StA Bremen, 1-F 1502 April 22 (Or.-Ausf.). – StA Bremen, 2-P.1.t.4.b, nr. 151 (Abschrift 17. Jh.). – StA Bremen, 2-P.t. 318 (ehem. 2-P.t.13.a), nr. 97 (Abschrift 17. Jh.). – StA Oldenburg, Best. 296-20-1, S. 503–506 (Abschrift 18./19. Jh.). Reg.: Cassel, Bremensia 1, S. 336. – Oldenburg. UB 3, nr. 153. – Schmidtmayer, Urkunden 2, S. 9. – Schütz, Johann Rode, S. 206, nr. 206.

37
Derselbe Landtag

Schatzbewilligung 1502 April 23

Der Bremer Erzbischof Johann Rode bestätigt, daß ihm die Landstände einen Pflugschatz in Höhe von 2 Rheinischen Gulden pro Baumann und 1 Rheinischen Gulden pro Kötner bewilligt haben, die bis zum 29. September (Michaelis) eingezogen werden sollen. Im Gegenzug bestätigt Erzbischof Johann Rode die Privilegien der Landstände und verspricht, keinen weiteren Pflugschatz zu fordern, sofern nicht das Erzstift in eine Fehde verwickelt wird.[1]

Abschied: StA Bremen, 1-M 1502 April 23 (Or.-Ausf.). – (StA Hann., ehem. Kopiar XI d. Provinzialarchivs Stade, p. 88; 1943 verbrannt). – StA Bremen, 2-P1.t.4.b., nr. 150 (Abschrift 17. Jh.) – StA Bremen, 2.P.1.319 (ehem. 2-P.1.t.13.b), nr. 151c. Regest: Cassel, Bremensia 1, S. 336. – StA Stade, Rep. 81, Hs. 10 (Rep. Möhlmann 2), nr. 1862 (nach dem verbrannten Kopiar). – Schmidtmayer, Urkunden, S. 9. – Schütz, Johann Rode, S. 207, nr. 208.
Literatur: Wiedemann, Bremen 2, S. 13.

1 Erzbischof Johann Rode hat am selben Tag auch in Bremervörde geurkundet (vgl. UB Stade, nr. 397, UB St. Georg, nr. 503a, Schütz, Johann Rode, Anhang, S. 207, nr. 209 (jeweils mit weiteren Nachweisen).

38
Derselbe Landtag

Schatzbewilligung 1502 April 23

Die in nr. A.37 angeführte Schatzbewilligung in anderer Überlieferung: Der Bremer Erzbischof Johann Rode bestätigt, daß ihm die Landstände einen Pflugschatz bewilligt haben, aus dessen Erträgen zugunsten des Bremer Koadjutors (Christoph) der (verpfändete) Mühlenhof in Buxtehude eingelöst werden soll.

Abschied: StA Stade, Rep. 5b, F. 102, nr. 20, fol. 3r (Exzerpt, 16. Jh.; Überschrift (fol. 2r): Vortekeninge etlyker Schattynge, de yn deme Styffte tho Bremen syn thogelaten; *Angabe zur Vorlage:* ut patet registro Capitulari E folio 44.*).*

Anno domini 1502.

Twe gulden munte van der ploch thogelaten, de Cort van Wulven und Johans van Hagen yngenamen hebben, darmede behoff des Coadiutors de Molenhoff tho Buxtehude scholde yngeloßet werdenn, do heffe eyn ider broger *[?]* und amptman gelyck den buwmanne geven mothen und de Koter I fl. munte.

(StA Stade, Rep. 5b, F. 102, nr. 20, fol. 3r).

39

Landtag (?)[1] 1503 Juni 4, Basdahl

Die Sühneverhandlungen zwischen dem Bremer Erzbischof Johann (Rode) auf der einen sowie Herzog Heinrich d.Ä. von Braunschweig-Lüneburg(-Wolfenbüttel) und dessen Sohn, der Bremer Koadjutor Christoph, auf der anderen Seite sollen 1503 Juni 4 (Pfingsten) auf dem Landtag in Basdahl[1] unter Vermittlung der Stadt Lüneburg abgeschlossen werden.

Erwähnt in oben nr. A.36 (1502 April 22). Weitere Überlieferung bisher nicht bekannt.

1 *Ob dieser Landtag, der 1502 April 22 erwähnt wird (oben nr. A.36), tatsächlich stattfand, ist nicht überliefert.*

40

Landtag 1503 Oktober 23, auf dem Steingraben (bei Basdahl)

Rechtsfindung

Rechtsfindung der Bremischen Landstände im Streit um das Erbe des Iwen von Borch, des letzten männlichen Angehörigen jener Familie, zwischen seinen Schwagern Sander von Holle und Otto von Düring auf der einen sowie Iwens Witwe Mette Podewisch auf der anderen Seite.

Sate: StA Stade, Rep. 5g, nr. 75 (ehem. Fach 6, nr. 10a), fol. 8r/v (Abschrift frühes 16. Jh.). Auszug: (StA Hannover; Collectio sententiarum [...] archiepiscopi Balduini; Mitte 15. Jh.; Nachträge; Signatur unbekannt; 1943 verbrannt), Druck d. Auszugs: Spangenberg, Beiträge, S. 131. – Landgerichts-Protocoll, S. 27f. Reg.: Schütz, Johann Rode, Anhang, S. 212, nr. 246 (mit fehlerhafter Angabe des Landtagsortes).

Anno veftheynhunderth und dre jare, am mandaghe nha der Elven dusenth megede daghe, isth eyn ghemeyner landach thom Stengrave gheholden dorch den Erwerdygensten in Godth Vader und Hernn, Hern Johann Ertzbyskoppe tho Bremen, Unsem Gnedygsten Leven Heren, up ansokenth und irwyllynghe der Erbarenn Sander van Holle und Otthenn van Durynghenn van weghen orer leven husfrowen up eyne und der Erbaren vrowen Metthen Podewysck nhaghelaten wedewen seligen Ivenß van Borch up ander sydenn, deß sulfthen Ivenß nach dodeß afghanck nhagelaten gudere belangende nach klaghe und anthworde van beyden partenn up de ghemeynen ledematenn torkennende ghestalt in dysser nhabeschrevenenn wyse:

[1.] Item Inth Ersthe so selyghe Ivenn van Borch dem Godth gnade nene manneßErven nhaghelaten und den schyldth der van Borch myth syck van dyssem Erthryke genamen heft, hebben de ghemeynen ledemate desseß landeß vor recht irkanth, de nhaghelatene gudere thor spylsydenn tho Ervende, so den Sander van Holle und Ottho van Durynck deß sulftenn Ivenß seliger beyde susterß hebbenn, synth de in dath gueth ghesateth eynen iderman schulth und unschult, klaghe und anthworde tho pleghende und wedderumme tho ghenetende weß recht iß.

[2.] Item so denn salyghe Iven van Borch syne leven husfrowenn Metthenn Podewysck myth vefteynhunderth marken Lubb. belyftuchtygeth heft, de denne de Ervenn nha irmeldunghe zegele und breven tho Stade in Hertich Brokers hueß tho der frowen besten ghelecht hebben, isth der frowen thogefundenn dath gelth und wedderumme gheloven tho donde vor de vifhunderth marck Lubb. nha orem dode wedder by de Erven thokomende, wo segele und breve dath irmeldenn.

[3.] Item so isth der frowen vorder thoghefundenn uth ores selighen huswerdeß gude eyn husgerade tho tende, wo dath in dyssem lande sethlych und wonthlych iß, dath dath harwede nychth bedrapeth.

[4.] Item so isth ock der frowenn furder thogedelth eyne temelyke wanynghe up der vorborch tho Horneborch ofte in dem bleke, in deme se de sulvesth de tyth oreß levendes bewanen und besytthenn wyl.

[5.] Item, ofth de Ervenn ore in orem nha jare und daghe orer renthe, welke wo se de[a] bokene kann, entoghe hadden, de scholen de erven ore noch volghen latenn.

[6.] Item ock isth der fruwenn furder thogedelth ore morghengave, de or ore huswert zelyger yn synen guderenn gegevenn heft.

[7.] Item, so denn de frowe syck leth hoerenn, wo ore huswerth Iven synen latestenn ethlych gelth tho eyner memorien hadde ghegeven, und leth syck bedunckenn, sodanß denn wech hen thokerende wer byllych; dar up isth gefunden: were sodanß vor synem dode gheschenn, mosten de Erven dath hebben gheduldeth, nhu dem so nycht gheschenn were, stunde dath tho der Ervenn ghevalle.

[8.] Item ock so de frowe syck leth horenn, wo se alle jare in Ivenß gueth XXX mar[ck] Lubb. ghebracht hadde, de sumen so berekende up VI C marck Lubb., lete syck bedunckenn, men dath ock wedderumme schuldych were tho Enthrychtende;

dar up hebbenn de ledematen irkanth: hebbe se deß segele und breve vann orem huswerde, der moghe se wol ghenetenn.

[9.] Item ock umme de voftich guldenn, se orem huswerde gheleneth hadde, alse he synn huß buwede tho Horneborch, ick ock up segele und breve irkanth.

[10.] Item so denn de Ervenn ock angethogenn umme rede gelth, dath Ivenn scholde ghehat hebben, welker weghen dath scholde volghenn, dar up hebben de ledemate irkanth: weß Iven in redem gelde in synem levende und dode ghehath hebbe, dath sy ghestorven up de Erven und nycht up de wedewenn, men ofth de wedewe sunderge egene have imme schape offenn offth anderß ghehath hadde, wor van se jarlykeß rede gelth ghemaketh hadde, dath mach de frowe myth rechte dar van theenn.

(StA Stade, Rep. 5g, nr. 75 (ehem. Fach 6, nr. 10a), fol. 8r/v).

a *folgt gestr.* borkene.

41

Landtag (?) 1508 o. T.

Schatzbewilligung

Die Bremischen Landstände bewilligen dem (Bremer) Koadjutor (Christoph) einen Pflugschatz, aus dessen Erträgen verpfändete Stiftsgüter eingelöst werden sollen.

Abschied: StA Stade, Rep. 5b, F. 102, nr. 20, fol. 3r (Exzerpt, 16. Jh.; Überschrift (fol. 2r): Vortekeninge etlyker Schattynge, de yn deme Styffte tho Bremen syn thogelaten; *Angabe zur Vorlage:* Latius Libro B folio 9no*).*

Anno domini 1508.

Twe gulden munte uppe de ploch tho glaten *[sic]*, de Segebodo Cluver Prepositus in Wildeshusen unde Conradus vam Horne yngesamleth, darmede de vorpendeden Styfftes gudere behoff des Hernn Coadiutornn scholden yngeloset werden.

(StA Stade, Rep. 5b, F. 102, nr. 20, fol. 3r).

42

Landtag (?) 1511 [nach Dezember 4][1]/Dezember 11

Schatzbewilligung 1511 [nach Dezember 4][1]

Die Bremischen Landstände bewilligen nach dem Tod des Bremer Erzbischofs (Johann Rode) einen Pflugschatz dessen Erträge dem Willkomm des neuen Erzbischofs (Christoph) dienen sollen.

Abschied: StA Stade, Rep. 5b, F. 102, nr. 20, fol. 3r (Exzerpt, 16. Jh.; Überschrift (fol. 2r): Vortekeninge etlyker Schattynge, de yn deme Styffte tho Bremen syn thogelaten; *ohne Angabe zur Vorlage).*

Anno domini 1511.

Veer grote van eynes ydernn ploch Unßem Gnedygesten Ffursten und Hernn tho eynen wyllekome gegeven, do ßillige Bysschup Johan yn Godt vorstorven was, tho Inforynge des nygen Hernn, na older gewonheyt.

(StA Stade, Rep. 5b, F. 102, nr. 20, fol. 3r).

1 *Der Terminus post quem ergibt sich aus dem Todestag des Erzbischofs Johann Rode († 1511 Dezember 4).*

43

Landtag (?) 1512 o. T.

Schatzbewilligung

Die Bremischen Landstände bewilligen einen Pflugschatz in Höhe von 3 Gulden, aus dessen Erträgen neue Geschütze gegossen werden sollen, die stets im Erzstift Bremen verbleiben sollen.

Abschied: StA Stade, Rep. 5b, F. 102, nr. 20, fol. 3r (Exzerpt, 16. Jh.; Überschrift (fol. 2r): Vortekeninge etlyker Schattynge, de yn deme Styffte tho Bremen syn thogelaten; *ohne Angabe zur Vorlage).*

Anno domini 1512.

Dre gulden munte ider ploch tho behoff niges geschuttes tho getende, dath Stedes by deme Bremisschen Stiffte blyven scholde. Conradus van Horne Collector.

(StA Stade, Rep. 5b, F. 102, nr. 20, fol. 3r).

44

Landtag (?) 1514 o. T.

Schatzbewilligung

Die Bremischen Landstände bewilligen einen Pflugschatz in Höhe von 3 Gulden pro Pflug.

Abschied: StA Stade, Rep. 5b, F. 102, nr. 20, fol. 3v *(Exzerpt, 16. Jh.; Überschrift:* Noch van schattingen deme Heren Ertzebisschuppe thogelaten.*; ohne Angabe zur Vorlage).*

Anno domini 1514.

Dre gulden munte uppe ider ploch, de hefft Conradus van dem Horne upgenamen.
(StA Stade, Rep. 5b, F. 102, nr. 20, fol. 3v).

45

Landtag 1515 vor Dezember 13

Landtagsprotokoll (verloren?)

Die Bremischen Landstände verhandeln auf einem Landtag (mehr nicht bekannt).

Vor Luciæ 1515.

Ausschreiben: –
Protokoll: (im 17. Jh. noch vorhanden; wird in einer Liste von Landtagsprotokollen in StA Bremen, 2-Z.2.a mit dem o.a. Datum aufgeführt; Verbleib unbekannt).
Abschied: –
Weitere zu diesem Landtag gehörige Quellen: –
Literatur: –

46

Landtag 1517 Juni 26/Juli 3, auf dem Steingraben (bei Basdahl)

Landtagsabschied/Hofgerichtsordnung 1517 Juli 3

Christoph, bestätigter Administrator des Erzbistums Bremen und des Bistums Verden, Herzog von Braunschweig-Lüneburg, beurkundet die auf dem Landtag von 1517 Juni 26 auf dem Steingraben von den genannten Landständen beschlossene Einrichtung und Ordnung des Bremischen Hofgerichts, das künftig in genau be-

nannter Zusammensetzung jährlich am 29. September (Michaelis) in Bremen und am 2. Sonntag nach Ostern (Misericordias Domini) in Stade tagen soll. In der Zeit zwischen diesen Gerichtstagen soll je ein allgemeiner Landtag abgehalten werden, so daß jährlich zwei Landtage stattfinden, auf denen Erzbischof und Landstände als Appellationsinstanz gegebenenfalls über die vom Hofgericht gefällten Urteile endgültig befinden.

Ausschreiben: –
Protokoll: –
Abschied: StA Bremen, 1-N 1517 Juli 3 (besiegelte Or.-Ausf. Perg.; 8 anhäng. Siegel gut, 1 Siegel (Buxtehude) stark besch. erh). – (StA Hann., Brem. Or.; Signatur unbekannt, letzte bekannte Signatur von 1847: Provinzialarchiv Stade, C.22 N. 2; besiegelte Or.-Ausf mit 9 Siegeln; 1823 war nur ein Siegel [Stadt Bremen] noch vorh.; 1943 verbrannt).[1] – StA Stade, Rep. 5b, F. 21, nr. 12, fol. 5v–8v; (Abschrift ca. 1558; nicht ganz vollständig; von Ebf. Georg, dem Nachfolger Ebf. Christophs, handschriftl. bestätigt [1558] (fol. 8v) u. damit rechtsgültig). – Ebd., Rep. 5b, F. 128, nr. 17 (vom Notar Henricus Custodis beglaubigte Abschrift 16. Jh.). – Ebd., F. 92, nr. 15, fol. 31v–35v (Abschrift 2. H. 16. Jh.; nach einer Or.-Ausf.; Or.-Foliierung 16. Jh.: fol. 27v–31v). – LA Schleswig, Abt. 7, nr. 1133, fol. 6v–10v (Abschrift Ende 16. Jh.). – StA Bremen, 2-Z.1.c.2 (Abschrift um 1600). – Ebd., 2-Z.2.a (Abschrift um 1600). – Ebd., 2-Z.2.b.1 (Abschrift um 1600). – Ebd., 2-Z.2.b.2, S. 33–44 (Abschrift um 1600) u. S. 355–368 (Abschrift um 1600). – Ebd., 2-Z.2.b.3 (Abschrift um 1600). – Ebd., 2-Z.2.b.4, S. 4–11 (Abschrift um 1600). – Ebd., 2-Z.2.b.6 (Abschrift um 1600). – Ebd., 2-Z.2.d.1 (Abschrift um 1600). – StA Bremen, 2-Z.2.b.5, S. 97–120 (Abschrift 2. H. 17. Jh.). – HB DoG Verden, Stettswährende Receße, S. 3–11 (Abschrift 17. Jh.). – StA Stade, Dep. 10, Hs. 7, S. 4–11 (Abschrift 1. H. 17). – Ebd., Rep. 5b, F. 128, nr. 15a, fol. 57r–60v (Abschrift; 1. H. 17. Jh.). – AR Stade, Hs. 9, fol. 64v–70v (Abschrift 1. H. 17. Jh.). – LB Hann., MS XXIII 1124, S. 5–15 (Abschrift 17. Jh.). – Ebd., MS XXIII 1125, fol. 15r–19r (Abschrift 17. Jh.). – RA Kopenhagen, TKUA, Bremen, Stift A.II.10 (Abschrift 17. Jh.). – RA Stockholm, D III, Bremensia, vol. 115 (Abschrift 17. Jh.). – StA Stade, Rep. 5b, F. 128, nr. 15a, fol. 57r–60v (Abschrift 17. Jh.). – Ebd., Dep. 10, Hs. 54, nr. 93 (Abschrift 18. Jh.). – AR Stade, nr. 132 (Abschrift 18. Jh.). – StA Stade, Rep. 5b, F. 128, nr. 16 (Fassung in lateinischer Sprache; 16. Jh.). Druck: Cassel, Bremensia 1, S. 112–121, nr. 1 (nach Abschrift von vor 1623 Sept. 1 im Kopiar des L. Heistermann). – Pratje, Altes und Neues 4, S. 195–202, nr. P (ohne Angaben zur Vorlage). – Wolff, Miscellen 1, S. 84–92 (enthält zahlreiche, z. Tl. sinnentstellende Fehler). – Schlüter, Ordnung, S. V–XXIII (nach der Or.-Ausf. d. Provinzialarchivs Stade; mit synoptischer Übersetzung). Reg.: StA Stade, Rep. 81, Hs. 9 (Rep. Möhlmann 1), nr. 3043 (nach der angeführten Or.-Ausf.).
Weitere zu diesem Landtag gehörende Quellen: –
Literatur: Decken, Darstellung, S. 458–460, 466, 471–473, 478, 481, 487. – Wiedemann, Bremen 2, S. 27 (datiert 1517 Juni 30). – Weise, Staatsarchiv Stade, S. 186, Anm. 5. – Schleif, Regierung, S. 115f. – Modéer, Gerichtsbarkeiten, S. 68. – Drecktrah, Gerichtsbarkeit, S. 24 u. 59. – Fiedler, Bremen, S. 27 u. 209f.

To wetende: Nadem eyn tydtlangk by den Inwanern unde unterdanen des Stichtes to Bremen manygerleye unde vele erdoms, wedderwillen unde ghebreke ume erffguder unde anders anfals halven, ßo daghelicks entstaen, sick boghevent unde erholden hebben, Unde noch, De dene uth older ghewonheyt up de ghemeynen landtdaghe, ßo am Steyngraven gheholden, gheschaten unde gewyset, Unde darßulvest rechtlyck offte gudtlyck dorch de ledemate des Stichtes entscheyd unde byghelecht scholden werden, De wyle averst In manghel befunden wert, Dat ßodann handel dorch ander ßware marclike zake, de denne wentherto to verhandelnde up sulkem landtdaghe to mehrmalen vorgefallen, De anderen twistigen zake unde ghebreke also vorhyndert unde ungheendigt to rugge ghestelt, Ock sust der maten In velen vellen der manichfoldigen Handel so gruntlyck unde rechtmetich, alße wol noedt wolde syn, staitlyck offt fruchtbarlyck nicht gheßlaten offte sententiert, Dar dorch de parthe allenthalve gruntlick ghescheyden [unde][a] vordragen unde darup dorch de overcheyt vullenkamen unde geborlike executien ghedan mach

99

werden, Dar uth den ensteyt, alße vor oghen is, Dat vele wyder errynghe, ghebreke un menghelynghe bynnen unde buten landes sick erholden, dagelickes ynbrecken unde erwassenn, Deme men ßo myth rade un guder ordinantien wol bojeghen mochte.

So hebben Wy Christoffer Confirmerde Administrator des Ertzbischupdoms Bremen unde Stichtes to Verden, Hertoge to Brunßwick unde Lůneborch etc., sulke mengel und gebreke, de denn so van dage to dage vorfallen unde yo wyder ynbrecken, Uth sunderlicker gnediger thoneghynghe, De wy to unsen landen unde luden dragen, in fůrstlicke beweghynghe ghenamen, Unde eyne ordinantien, Dar dorch Gode dem Almechtigen to lave unde ehren, Uns, unsen undersaten, landen und luden allenthalven tom besten, un tho vorkŏmynghe noch mehr unnd wyder besperynghe, scaden un nadeyls, so nycht alleyne bynne sunder ock butenn landes ume her sick mochte vormeren, Unde darmede sick ock nemanth rechtloeß to beclagende hebbe, Ock dardorch allenthalven frede, enygheit unde eyn yder by synem rechte staitliker unde fruchtbarliker den wenther geholden un gehanthavet moghe werden, myt ßampt unses werdigen Capittel, prelaten, Manschup unde Steden uppen Steyngraven, des vreydages na sancte Johannes Baptisten dage, na meldynge disses datŭms vorgename, anghesath unde eyndrachtliken gheßlaten, wo hyr nafolgth:

[1.] Thom erstenn, De wyle wy alle gebreken und handele der undersaten uth merckliken geschefftenn, so dagelikes vorfallen, alweghe so staitlick unnd fruchtbarlyck, ock na nottrofft derßulften yn eghener personen sulvest nycht vorhoren noch vornemene moghen, So hebben wy verordenet eynen bestendigen Radt, unde wo vorberordt eine ordenynge opghesath, angherichtet un vorgenomme, Also dat eyn werdige Capittel der kercken to Bremen uth syck schullen deputeren und verorden etlicke verstendige personenn, Di neffen dem Abbte to Hartzefelde[2] unde dem abbte to sancti Pawel vor Bremen,[3] Neffen den verordenten der Manschup, alse Warner van der Hude, Melchior van der Lydt, Clawes van Tzesterflete un Jurgen Bremer, ock neffen den gheschikeden der Stede Breme[n][b], Stade unde Buxtehude alße unse bestendige Rede unde des Stichtes verordenet synt, Dat nu vorbeth alle yar uppe sancti Michaelis dach[4] iegen den Avent schullen tho Breme[n][b] erschyne[n][b] unde thor stede syn, De vorordenten des Capittels, van den prelaten, de Abbet[c] tho sunte Pawell vor Bremen,[d] Warner van der Hude, Melchior van der Lydt,[e] unde de gheschikeden der dryer stede Bremen, Stade und Buxtehude, unde allewege van den nagestvolgende daghe darna antho rekende Seeß, Seven offte achte daghe upt lengeste, Dar na vele ßake vorhanden tovorhandelnde syndt, stille liggen. Des gelicken schullen ock de geschikeden des gemelten Capittels, De abbet van Hartzefelde,[f] Clawes van Tzesterflete, Jŭrgen Bremer unde de geschickeden der ghenanten dryer Stede[g] alle yar uppe den Sondach Misericordia Domini to Stade ynkame unde tor stede syn, Volgende mandages de vorhorynghe unde hendell glicker wyse alßo to Breme[n][b] vornheme[n][b], Dar sulvest ock Sesse, Seve[n][b] offte achte dage na gelegenheyt der Zake stille liggen, Unde eynen Schryver, de uns vorwanth sy, an izlicken oerde vorberordt by syck hebben, Dar ßulvest in itwelkern orth landes was ghebrecke twysschen den Insaten des Stichtes syck erholden, schullen de sulften zodane zake na nottorfft vorhore[n]^b unnd guetichen Handell dar ynne vorneme[n]^b. So one overst de gude entstunde, eyns ydere[n]^b clage, antwordt, rede unde wedderrede horen, Und den Schryver de antheken laten, alse denne, ßo ße gheschiket were[n]^b, eyne Richtsproke dar ynne don, dar to wy alleweghe uth unsen dagelickes hoffreden, Neffen den vorbenompten vorordenten Reden, an yewelken orth ock schicken wyllen.

[2.] Item, so nŭ also dorch de vorordenten Rede eyn Ordel gefunden, offt affgespraken werde, unde sik dessulfften yenyge partei beswereth befunde, so mach der ßulffte part dar van Appelleren offt schelden an uns unde de ledemate[n]^b des Stichtes, dorch welkern alße denn Deffinitive Sententiert unde sunder wyder uthflucht offte Appellation entlyck ghescheyden scal werden.

[3.] Ock scal dan up alle yar eyn mall twysschen den beyden angestalden Rechtsdagen eyn bestendich gehemeyne landtdach gheholden unde nicht vorstrecket offte affghestalt werden, Dar mede man upp de gedanen Appellation unde andere ßake, was dene mochte van noden syn, geborlike unde entlike erkantnysse moghe doen.

[4.] So sick denne der mathen begheven wurde, dat yemandt van de ordell offte Sententz der gemelten Rede to Breme[n]^b offt Stade Appelleren wolde, So scal de ßulve Appellation alßo forth na dem ordell offte Sentientien unde de wyle de Rede up der Daghe eynen by eynander syn gescheen, Ofte bynne[n]^b teyn daghen darnegest folgende, unde alßo dene In zodan teyn dagen de Appellation dem vorordenten rechtsschryver Insinuiren, De he denn van stundt an Int gherichte boek scall vorteken, upp wath dach de Appellatio ome insinuert und angedragen sy, Denn vorthan schal ße dathsulffte parth vullentheen, wo sick dath gehoret.

[5.] Wor averst der mathen, wo de artickel vormeldet, nycht Appellert wurde, scal darnegest nemande meer Appellatio ghestadet werden.

[6.] So ock vor den vorordenten Reden eyn rechtlicke offte guethlike vordracht offte Sententie affgesecht wŭrde, des scal de Scryver Oerkunde offte Contract breve maken, Unde desulfften den parthen under unßem Segell tostellen, Darmede de parthe alle weghe in thokamenden tyden des schryfftlicken unde gheloffwerdigen schynn hebben, Und wy desto Rechtlicker darup Execution moghen don.

[7.] Unde wanner denne dorch de verodenthen Rede alßo ein Richtlyck ordell offte vordracht uthesprakenn, dar van, wo vorgherort, nycht Appellert, Unde de Jeghendeyll dem ßulfften Ordell darna nene volge wolde doen, und also unghehorßam befunden wŭrde, So syck denn des yemandes von den anderen tiegen uns beclagedenn, Willen wy myt ernste vorschaffen by unßen Amptluden an den oerden, dar de guder belegen offte de lude boßeten syn, Dat na uthwysynghe unde vormoghe des ordels offte Recess dem cleger fŭrderlych schal ghehulpenn unde dat Ordel gehanthavet werdenn, ock de unghehorsame[n]^b na ghelegenheyt der ßake unde des bewusten unhorsames myt rechte straffen latenn, Dar mede de ordenyng by macht moghe blyven unde gheholden werden.

[8.] Item, bogheve sick ok, dath yemandt to synem rechte gedachte tuchnysse to vorende, dar mede scal dat geholden werden na forme der ghemeynen beschreven Rechte.

[9.] Wor ock de handell der ghestalt unde ßo wytlufftich were, dat ße upp eyne dagelestynghe to Rechtliken offte gutliken erkantnysse nycht komen kondenn, mochten ße dath vorlenghen beth an den anderen negestfolgenden dach.

[10.] Were ock yemant, de den anderen hedde tho beclagende, unde up vorgemelten Rechtsdage synen jegendeyl wolde citere[n]^b und forderen laten, de mach twyssschen den beyden daghen Uth unser Cantzellie van dem Scryver, de dar to voroordent wert, Citation breve fordern, de ome denn In ghewantliker formen unvorlettet ghegeve[n]^b unde dem boclageden eyne Mandt tovoren alse vor deme Termine van dem cleger Intimert unde thon handen gheschicket werdenn.

[11.] Ifft nů den vorordenten Reden ßake vörfellenn upp den beyden Rechtsdagen jarlickes, de wath ßwar, edder yffte noedt wolde syn uns tho wetende offte andragen to latende, Up sulk andrage[n]^b unde vorbringen wyllen wy de zake ghern horen und annehme[n]^b, Unde alßdenn myt rade unß werdigen Capittels unde der Rede, ßo dat de nottrofft erforderde, dar up wyderen bescheyt unde bevell don.

[12.] Item de voroordente[n]^b Rede vorghenant schullen alßo, wo desse ordinantz vormach, Rechtlyck offte gutlycke yn errynghe unde ghebrekenn allenthalven macht hebben to erkennende, to Sententierende, to voreynyngende unde to scheydende, Ock alleweghe unßer unde des Stichtes zakenn bestendyge Rede syn unde blyven, Unde up unse forderyge ghetrewlyck radenn und bystendich ßyn.

[13.] Vurder hebben wy beleveth unde is beredet, dat nemandt myt gewalt uth syner besittynge offte gherechticheyt ghedrungen werde, In neynerleyge wyse dat gheschee, denn myt rechte.

[14.] Item offt syck bogheve, dath wy myt yemande uth den ledemathen des Stichtes umme arffguders offte anders anfalles halve yn erdum quemen, wyllen wy erlyden, dat de ßake vor den verordente[n]^b Redenn tho vorhore kame, Unde wor wy uns averst beßwaret funden, de ßake ßo ßwar unde wichtich weren, wyllenn wy laten kame[n]^b vor de ghemeyne[n]^b ledematen, Unde alßdann vor den ßulfften erkantnysse nheme[n]^b.

[15.] Ock wyllenn wy nene Veyde[n]^b annhemen, sunder na miderade unde wetend der ledematen.

[16.] Item wy wyllen ock nemand meyger bynnen Stichtes tiegen syne[n]^b erff- offte gudthere[n]^b to knechte anneme[n]^b Noch anneme[n]^b lathenn.

[17.] Der kost und terynghe halven, so upp sulken vorben[omeden] Rechtsdaghen ghescheyn wyllenn, Is vorlaten unde bewilliget, dat eyn Werdich Capitel de kost und therynghe o̊rer gheschickeden, Ock de prelaten vor syck sulvest, des gheliken de Stede vor ore gheschickeden alle weghe staenn unde uthrichten schullen. So wyllen wy de kost un therynge vor unße Rede, ßo hyr beforen uth der Manschupp vorgenandt unde vorordent, Des ghelyken vor unße hoffrede, de wy dar by schiken werden, unde vor den Schryver uthrichtynghe donn.

[18.] Unde deße Ordinantie schal unsen Regalien unde fürstliker overicheyt, Rechticheyt, Vrygheyt, furder eynen yderen der ledemathen an synen Rechticheyden, Privilegien, Olden herkamen unde ghewanhayden nycht vorfenglyck offte schedelyck syn.

[19.] Unde [dat]ᵍ desse ordinantie van uns Unde unsem Werdigen Capittel, Werdige Prelate[n]ᵇ, Manschupp unde Steden vorben[ompt] beßlaten unde eyndrachtliken anghenamen, Unde vorthan stede unde vast [unde]ᵃ unvorbraken schal geholden werden, Synt der sulfftigen ordeninge Vyve ghelykes ludes, De eyne by uns, Eyne by unßem Capittel, Eyne by heren Hinricke to Hartzefelde Unde heren Hinricke to Sancti Pawel Ebbtenn, Eyn by den erbaren Werner van der Hude unde Melchior van der Lydt van der Manschupp weghen, Unde Eyn by ʰdem Radeʰ van Bremen, Stade und Buxstehude belecht worden unde blyvenn.

So hebben Wy Christoffer Administrator vorben[ompt] to erkantnysse und blyvender Orkunde unse Ingeßegel heten hange[n]ᵇ to dessen breven. Unde Wy dompravest, Domdeken und gantze Capittel der kerken to Bremen, Hynrick to Harsefelde³ Unde Hynrick to Sancti Pawel vor Bremen⁴ Abbte alße vor de prelatenn, Werner van der Hude, Melchior van der Lydt alße vor de Rydderschupp, Unde Borgermester unde Radtmann der Stede Bremen, Stade unde Buxstehude Unße rechte Ingeßegelle witliken mede heten hangen an desse breve, De gegeven unde screven syndt In dem yar Na Cristi Unses Heren ghebordt Do men schreff Vyffteynhundertt unde Seve[n]teyneⁱ, am Vrydage Na ʲPetri unde Pauli der hilligen Apostellenn.ʲ

(Schlüter, Ordnung, S. V–XXIII; offenkundige Druckfehler sind stillschweigend korrigiert).

a *unde fehlt in der Vorlage; hier nach den angeführten Abschriften und Drucken ergänzt.* b *in der Vorlage fehlt das Schluß-n; da die angeführten Abschriften und der Druck bei Cassel ausnahmslos das Schluß-n bieten (z. Tl. in der Form –nn), wird in der Vorlage ein Kürzungszeichen der Or.-Ausf. übersehen worden sein; in der verbrannten Or.-Ausf. dürfte am Wortende also am ehesten –ē gestanden haben.* c *folgt nur im Druck bei Cassel* tho Hertzefelde, unnd den Abbet. d *folgt nur im Druck bei Cassel* van der Manschop. e *folgt nur im Druck bei Cassel* Clawes van Tzesterfleten und Jurgen Bremer f *folgt nur im Druck bei Cassel* de Abbet van Sunte Pawel vor Bremen. g *folgt nur im Druck bei Cassel* Bremen, Stade und Buxtehude. g *dat fehlt in der Vorlage; hier nach den angeführten Abschriften und Drucken ergänzt.* h–h *in der Vorlage* den; *hier korr. nach den angeführten Abschriften und Drucken.* i *in der Vorlage* Seveteyne; *hier korr. nach den angeführten Abschriften und Drucken* j–j „*Einige Handschriften haben den datum* Freydags na S. Johannis Baptiste, auf dem Steingraven" *(Cassel, Bremensia 1, S. 121, Anm. zu nr. 1). Auf welche Handschriften Cassel hier Bezug nimmt, bleibt unerfindlich; die hier zugrundegelegte Or.-Ausf. sowie die übrigen o.a. Handschriften bieten durchweg das genannte Datum ‚Freitag nach Petri und Pauli'. Vermutlich liegt in den von Cassel herangezogenen Handschriften eine Verwechslung des Ausstellungsdatum dieses Rezesses mit dem Datum des Landtags vor, der ja, wie oben angeführt, am ‚Freitag nach St. Johannis auf dem Steingraben' stattfand.*

1 *Eine detaillierte Beschreibung dieser Or. Ausf. bietet Schlüter, Ordnung, unpag. Vorwort [S. 3].*
2 *Heinrich Dudenrath, Erzabt von Harsefeld 1508–1527 (Schulze, Harsefeld, S. 36–38).*   3 *Heinrich Junge (auch genannt Hinrich Wildeshusen), Abt des Klosters St. Paul vor Bremen 1507–1525 (Michaelsen, Bremen, St. Paul, S. 63).*   4 *September 29.*

47

Landtag 1518 Januar 9–12, Bremen

Schatzbewilligung

Die Bremischen Landstände bewilligen dem Erzbischof Christoph einen Pflugschatz zur Besoldung von Landsknechten, die für die Eroberung des Landes Wursten in Dienst genommen worden waren.

Ausschreiben:
Protokoll: :
Abschied: (StA Hann., Brem. Or., nr. 1476; 1943 verbrannt; datiert 1518 Januar 9). – StA Stade, Rep. 5b, F. 102, nr. 20, fol. 3v (Exzerpt, 16. Jh.; Überschrift: Noch van schattingen deme Heren Ertzebisschuppe thogelaten.; ohne Angabe zur Vorlage). Regest: StA Stade, Rep. 81, Hs. 9 (Rep. Möhlmann 1), nr. 3053. – StadtA Stade, Abt. V.2 (Nachlaß Wilhelm v. d. Decken-Offen), F. 7, nr. 60 (beide Regg. nach der verbrannten Or.-Ausf.).
Literatur: Merker, Ritterschaft, S. 124, Anm. 574. – Blanken, Basdahl, S. 62 (datiert 1517).

Anno domini 1518.

Dre Bremer marck uppe de ploch thogelaten tho bosoldinge der knechte, de dath Landt tho Wursten in vigilia vigilie Nativitatis Christi[1] yngenamen hadden unde uppe de borde thor Schermbeke und sus gelecht worden uppe de armen Lude ßo lange, dath en ocht botalinge gegeven wardt. Conradus vam Horne collector.

^aDo hebben de Kerckswornen tho Bremen erlegen 581 fl. umme Stede yn den Marsklanden und sus 1124 fl geven mothen, de syn öhne duplicert etc.^a
(StA Stade, Rep. 5b, F. 102, nr. 20, fol. 3v).

a–a *Nachtrag von gleicher Hand auf beigelegtem, später neben dem Eintrag zu 1518 eingebundenen Zettel.*

1 Dezember 23.

48

Derselbe Landtag

Erzbischöfliche Obligation 1518 Januar 12, Bremen

Der Bremer Erzbischof Christoph bekundet, (1.) daß er sich gegenüber den Bremischen Landständen verpflichtet, 4200 Gulden aus dem Pflugschatz ausschließlich zur Bezahlung der 3000 Landsknechte zu verwenden, die für die Kriegszüge in Wursten angeworben worden sind; (2.) daß er einen Landtag ausschreiben wird, der 1518 März 4 in Basdahl stattfinden, und sich mit den Streitigkeiten zwischen den Landständen und dem Erzbischof befassen soll;[1] (3.) daß er eine neue Burg in Weddewarden im Land Wursten erbauen wird,[2] ohne hierfür Abgaben oder Diens-

te der Untertanen in den Marschlanden und auf der Geest im Erzstift Bremen zu fordern, daß er jenen Untertanen vielmehr sämtlichen alten Rechte bestätigt.

Urkunde: StA Bremen, 1-N 1518 Januar 12 (besiegelte Or.-Ausf. Perg., anhäng. Siegel erh.). Regest: Schmidtmayer, Urkunden 1, S. 78.
Literatur: –

Vonn Godes gnaden Wy Cristoffer des Ertzebisscupdomes Bremen und Stichts tho Verden Confirmerde Administrator, Hertoge to Brunswig unnd Luneborg etc. Bekennen und doen kundt vor uns und unse nakomelinge unses Stichts tho Bremen:

[1.] datt uns de Werdigen Hoichgelerden Erbarn und Ersamen unse leven Andechtigen und getruwen Domprovest, Deken und Capittel, klostere, alse tho Hertzevelde, Stade, Sunte Pawel Ebbete, Tzeven, Oldencloster tho Buxtehude, Sunte Jurgen tho Stade, Hemmelporten, Nygencloster, Lylliendale, Osterholte Proveste und vorweser,³ Manschupp, Stede Bremen, Stade und Buxtehude gelofflicken mytt gantzer swarheit und moyge hebben upgebracht Veerdusent unde Tweyhundert gulden in pagimenthe, wo In Unser Stat to Bremen genge unde geve ys, to behoiff afftoleggen und tobetalen by dren Dusent knechten, so wy de gebruket hebben mytt hertoge unses Stichts upp Wurstfreßlandt, mytt gotliker hulpe bekrefftiget und gehorsam tho unsem Stichte gebracht hebben, dar ße erfflick to°horth, und tokamen ewigenn tyden by blyven scholen, uppe dat ße denne nenen schaden lyden, ßo sindt wy mit den erbenompten eindrachtlicken overeingekomen, beredet unnd besloten, datt ße mogen und schullen sodane Summen mytt Renthe und schaden, wo dar mag uprysen, wedder bekomen uth unsem Stichte von Bremen erbenompt, by alle den yennen, de uns nu desses Jares, ock vorhenn uns eindrechtlicken togelaten ploichschatt geven und geven hebben, des eyn dach geholden und wesen schal des Mandages na Nativitatis Marie to Basdale erstkumpstig, und denne de ßake overeintokomen, Wo vele eyn ytlick buw, kother, köpman, hantwerckeßman und eyn yder geven schall und uthtofordernde, datt sulcken geltt yo uthe sy, In den Twelff nachten to Wynachtenn, dar ock van belecht scholen werden, de wy nicht belecht offt beleggen, under desser tytt, nomptlicken Stichtesmanne van Bremen, de In der Veyde vor Weddewerden vorloren, und by oren truwen und ehren holden willen, etlick syn vorlueß und na erkantenisse unser Stichts Rede.

Welckere vorschreven geltt dorch ore dar tho gesatet werden tosamende, bederueden, ße ock unser vogede offte hulpe, dartho willen und scholen wy schicken sunder weigerent, Und unser to gebruken, datt ßy In watt enden bedarff ys, Wanner und wo vaken unse Amptlude, Greven und Vogede geesschet werden, wy willen und schullen uns In sodanen Summen, de dar so to gesatet werden, nichts ankeren offt Juwelden, Sunder In allen gnadenn tohelpen, dat ße wol betalet, uthkame und upgebracht werde, und schall geschein sunder yennigerleye vorsumenisse. Ock mogen ße under orenn namen laten kundigen, datt eyn Yder datt syne uthgeve sunder schaden.

[2.] Vurder iß beredet, datt wy willen na Reminiscere erschynen to Bremen am donredage⁴ des morgens uppe Achte ure, dageleistinge myt unsen vorbenompten ledematen, de wy dat tho vorschryven willen, toholden, umme gebreke, de sick mogen hebben tobeclagen, rechtferdigen und bygelecht mogen werden.

[3.] Alse wy denne ock eyne nyge Borch offte veste gedencken und begunnet hebben tobuwen tho Weddewerden In Worstfreßlandt, dar to willen wy unse undersaten des Stichts Bremen In Marschlanden offte geeste myt bede offte bade todeynende nicht gebruken, dat sy mit graven, wallen offte anders, sunder de by rechticheit, olden ßeden und wanheiden gnediglick beholden, Sunder datt sy ßake, datt geschee na rade und vulborth des Capittelss und Stichtz Rede, datt wy so Reden, ane alle geverde wol toholdende.

Hebben des unse Rechte Ingesegell heten hangen an dussen breff. Gegeven bynnen unser Statt Bremen Im Jare, alse men schrift na Cristi unses leven Hern geborth Veffteinhundertt und Achteyne, des dinstedages na Trium Regum.

(StA Bremen, 1-N 1518 Januar 12).

1 *Der hier genannte Landtag 1518 März 4 in Bremen ist ansonsten nirgends überliefert. Es bleibt deshalb unsicher, ob er tatsächlich stattgefunden hat.*   2 *Zu dieser Burg vgl. Lehe, Wursten, S. 233–236.*   3 *Konrad Klencke, Bremer Domdekan ca. 1498–1518, 1518 August 4 in Wursten ermordet (Schleif, Regierung, S. 206, nr. 8; Lehe, Wursten, S. 235f.); Heinrich Dudenrath, Erzbt von Harsefeld 1508–1527 (Schulze, Harsefeld, S. 36–38); Gerhard Rode, 1509–1517 Abt von St. Marien in Stade (Schulze, St. Marien, S. 479); die für diesen Abt von Schleif, Regierung, S. 207, nr. 34, unter Hinweis auf Cassel, Bremensia 1, S. 127, angeführte Namensform „Gerhard Kothe" dürfte auf einen Lesefehler Cassels zurückgehen; Heinrich Junge (auch genannt Hinrich Wildeshusen), Abt des Klosters St. Paul vor Bremen 1507–1525 (Michaelsen, Bremen, St. Paul, S. 63); Konrad Klencke, 1499 Mai 22–1518 August 4 Propst des Klosters Zeven (Bachmann, Heeslingen-Zeven, S. 160); Friedrich Statius, 1503–1519 Propst des Klosters Buxtehude-Altkloster (Kappelhoff/Schulze, Buxtehude-Altkloster, S. 155); Heinrich de Traiecto, 1517–1519 Propst des Klosters St. Georg in Stade (Bohmbach, St. Georg, S. 50); Ludolph, Propst von Neukloster 1504–1531; der Zuname ist bisher nicht bekannt (Bohmbach, Neukloster, S. 456); Johann Wiedenbrügge, Propst von Osterholz 1507–1550 (Jarck, Osterholz, S. 495). – Bisher unbekannt sind die Name des damaligen Bremer Dompropstes sowie die Namen der Pröpste von Himmelpforten und Lilienthal (zu letzteren Schulze, Himmelpforten, S. 162; Jarck, Lilienthal, S. 299).*   4 *1518 März 4.*

49

Landtag (?) 1519 o. T.

Schatzbewilligung

Die Bremischen Landstände bewilligen einen Pflugschatz um ungenannten Adeligen und weiteren Personen Schäden zu ersetzen, die bei der Eroberung des Landes Wursten entstanden sind.

Abschied: *StA Stade, Rep. 5b, F. 102, nr. 20, fol. 3v (Exzerpt, 16. Jh.;* Überschrift: Noch van schattingen deme Heren Ertzebisschuppe thogelaten.*; ohne Angabe zur Vorlage).*
Literatur: *Merker, Ritterschaft, S. 124, Anm. 574.*

Anno domini 1519.

Twe gulden munte van der ploch thogelaten. Dar vanne scholde de adel des Stychtes und andere ßo schaden vor dem Lande tho Wursten genamen hadden, botaleth werdenn.

(StA Stade, Rep. 5b, F. 102, nr. 20, fol. 3v).

50
Landtag 1522 Dezember 11, Basdahl, Hof des Johann Bosen

Schatzbewilligung [1522 Dezember 11][1]

Die Bremischen Landstände verhandeln über den Konflikt zwischen dem Bremer Erzbischof Christoph und der Stadt Bremen um einen in Bremen predigenden, der lutherischen Lehre zuneigenden Augustinermönch.[2] Die Landstände bewilligen dem Erzbischof einen Pflugschatz.

Ausschreiben: –
Protokoll: StA Bremen, 2-P.1-56 (Daniel von Bürens Denkbuch), S. 136–138 (vom Bremer Bürgermeister Daniel von Büren angefertigte Paraphrase des Protokolls des Landtags, der Donredages na Conceptionis Mariae toe Basdale in Johan Bosen have *abgehalten wurde). – Ebd., 2-P.1-59, fol. 115v–116r (Abschrift von L. D. Post; nach 1772). Druck: Quellen z. Brem. Reformationsgeschichte, S. 175–177.*
Abschied: StA Stade, Rep. 5b, F. 102, nr. 20, fol. 3v (Exzerpt, 16. Jh.; Überschrift: Noch van schattingen deme Heren Ertzebisschuppe thogelaten.*; ohne Angabe zur Vorlage).*
*Weitere zu diesem Landtag gehörige Quellen: StA Bremen, 2-P.1-56 (Daniel von Bürens Denkbuch), S. 138f. (vom Bremer Bürgermeister Daniel von Büren angefertigte Paraphrase des Protokolls eines vom Bremer Domkapitel ausgeschriebenen Ausschußtages, der 1522 Dezember 20 in Giehlermühlen abgehalten wurde (*uppen avend sancti Thome apostoli vorscreff ein W. Capittel vam Dome Tor Molen Clementen van der Wisch Landrosten und ern Johan Rapen Canceller van wegen Mines G. Heren, item Abbet to Hertzevelde[3] uthe der prelaten, item Werner van der Hude unde Hermen van Wersebe wegen der ritterschop, Marten Swanewede van Stade unde meister Peter Radelevetze van Buxtehude*), betreffend den Konflikt zwischen Erzbischof Christoph und der Stadt Bremen um den o. a. Augustinermönch.[2] – Ebd., 2-P.1-59, fol. 116v–117r (Abschrift von L. D. Post; nach 1772). Druck: Quellen z. Brem. Reformationsgeschichte, S. 177f.*
Literatur: –

Anno domini 1522.

Twe gulden munte van der ploch, de hefft Hynrick Cluver, Gyßen ßone Droste tho Hagen upgenamen.

(StA Stade, Rep. 5b, F. 102, nr. 20, fol. 3v).

1 *Die Schatzbewilligung ist ohne Tagesdatum überliefert. Da aber für 1522 nur ein Landtag bekannt ist, dürfte dieser Schatz auf dem im angeführten Protokoll genannten Landtag von 1522 Dezember 11 bewilligt worden sein.* 2 *Heinrich von Zütphen; hierzu zuletzt Nistal, Bischöfe, S. 175 (mit Nachweis älterer Lit.).* 3 *Heinrich Dudenrath, Erzabt von Harsefeld 1508–1527 (Schulze, Harsefeld, S. 36–38).*

51

Landtag 1523 Oktober 23, auf dem Steingraben (bei Basdahl)

Schatzbewilligung 1523 [Oktober 23][1]

Die Bremischen Landstände bewilligen einen Pflugschatz.

Ausschreiben: Erzbischof Christoph lädt die Landstände zum nächstfolgenden 23. Oktober auf einen Landtag auf dem Steingraben (bei Basdahl). Druck: Quellen z. Brem. Reformationsgeschichte, S. 9, Anlage zu nr. 4 (nach einer Or.-Ausf.). – Die Räte der Städte Stade und Buxtehude übersenden dem Rat der Stadt Bremen das ebengenannte Ausschreiben Erzbischof Christophs. Druck: Quellen z. Brem. Reformationsgeschichte, S. 8f., nr. 4 (nach einer Or.-Ausf.).
Protokoll: –
Abschied: StA Stade, Rep. 5b, F. 102, nr. 20, fol. 3v (Exzerpt, 16. Jh.; Überschrift: Noch van schattingen deme Hernn Ertzebisschuppe thogelaten.*; ohne Angabe zur Vorlage).*
Weitere zu diesem Landtag gehörige Quellen: –
Literatur: –

Anno domini 1523.

Dre Lubsche marck uppe de ploch thogelaten, de syn von Conradus vam Horne und Hylmer Marten upgenamen.

(StA Stade, Rep. 5b, F. 102, nr. 20, fol. 3v).

1 Die Schatzbewilligung ist ohne Tagesdatum überliefert. Da aber für 1523 nur ein Landtag bekannt ist, dürfte dieser Schatz auf dem im Ausschreiben genannten Landtag von 1523 Oktober 23 bewilligt worden sein.

52

Landtag 1524 August 13, auf dem Steingraben (bei Basdahl)

Landtagsprotokoll (Auszug)

Die Bremischen Landstände verhandeln über den Konflikt zwischen dem Bremer Erzbischof Christoph und der Stadt Bremen.

Ausschreiben: –
Protokoll: StA Bremen, 2-P.1-56 (Daniel von Bürens Denkbuch), S. 147f. (Auszug). – Ebd., 2-P.1-59, fol. 121r/v (Abschrift des Denkbuchs von L. D. Post; nach 1772). Druck: Quellen z. Brem. Reformationsgeschichte, S. 185.
Abschied: –
Weitere zu diesem Landtag gehörige Quellen: –
Literatur: –

Sonnavendes vor Assumpt. gloriose virginis Marie uppen Landdage ton Steyngraven Seden Marten van Heymbroke Burgermeister unde ick[1] vor gemeynen ledematen, wy weren gewarnet, de Landesknechte syn gefurdert tiegen de Worstfresen unde de Stad van Bremen etc. Dar up ghingen her Frederik Bremer domdeken, Her Hinr. Abbed to Hertzevelde,[2] Hermen van Wersebe, Luder van der Lydt unde Here Clawes van der Deken Burgermeister to Stade, hen vor Unsen Gnedigsten Heren, Hern Cristoffer Ertzebischup to Bremen etc., in bywesende des irluchteden Hern, Hern Jurjens unde Siner F. G. Broder, Wilken Clencken Ludelff sone, Steffen Hoffensteyner landdrosten unde, ut credo, Clementen van der Wyssch, ock Her Johan Rapen unde merer. Brachten wedder unde seden uns vor den ledematen alsus: Myn G. H. kan wol lyden der van Lubecke, Hamborch unde Luneborch etc. schedinge in den gebreken tusschen Synen F. G. unde der Stad Bremen, Averst sege lever, id bynnen landes dorch de ledemathe vorsocht worde etc.

Dar up gesecht van uns, wi Konden de Ledemate wol lyden, Averst Eyn W. Capittel to Bremen syn parth unde de Prelaten, ritterschup unde Steden en doren nicht tiegens Syne F. G. ordelen, doch gunnet men one frundlikes Handels wol, presentibus omnibus prelatis ac domino Theoderico Vresen preposito Buccensi et in Tzeven, Dyrico Ostingen van Stade ac Liborio van der Hoye van Buxtehude Burgermeistern, Erdman Schulten, Johanne van Schonenbeke etc.

(StA Bremen, 2-P.1-56, S. 147f.).

1 *Daniel von Büren, Bürgermeister der Stadt Bremen.*   2 *Heinrich Dudenrath, Erzabt von Harsefeld 1508–1527 (Schulze, Harsefeld, S. 36–38).*

53

Derselbe Landtag

Schatzbewilligung 1524 [August 13][1]

Die Bremischen Landstände bewilligen einen Pflugschatz um genannte Gläubiger auszuzahlen, bei denen Gelder aufgenommen worden waren, die für die Eroberung des Landes Wursten benötigt wurden.

Abschied: StA Stade, Rep. 5b, F. 102, nr. 20, fol. 5r (Exzerpt, 16. Jh.; Überschrift: Noch van schattingen deme Heren Ertzebisschuppe thogelaten.; ohne Angabe zur Vorlage).

Anno domini 1524.

Vyff Lub[sche] marck uppe de ploch thogelaten. Dar van scholden Wylken und Johanne Klencken unde Melchior van Badenhußen Sosdusendt und eynhundert golt gulden myth den Zynßen botaleth werden, de tho der anderen voroverynge des Landes tho Wursten upgebrocht und den kerken scholden gegeven werden.

(StA Stade, Rep. 5b, F. 102, nr. 20, fol. 5r).

1 *Die Schatzbewilligung, ist ebenso wie eine zweite Schatzbewilligung von 1524 (unten nr. A.55), ohne Tagesdatum überliefert. Da aber für 1524 nur zwei Landtage bekannt ist, dürfte dieser Schatz auf dem Landtag von 1524 August 13 bewilligt worden sein.*

54

Landtag [1524]¹ September 1, Basdahl, Hof des Johann Bosen

Landtagsprotokoll und -abschied

Die Bremischen Landstände verhandeln und entscheiden über den Konflikt zwischen dem Bremer Erzbischof Christoph und der Stadt Bremen, betreffend (1.) die lutherischen Predigten des Augustinermönchs Heinrich von Zütphen in Bremen; (2.) den Abbruch des Klosters St. Paul vor Bremen; (3.) Bedrückung der Kanoniker der Stifte St. Stephani und St. Ansgarii in Bremen sowie von Bremer Domherrn durch den Bremer Rat.

Ausschreiben: –
Protokoll und Abschied: StA Bremen, 2-P.1-56 (Daniel von Bürens Denkbuch), S. 148–151. – Ebd., 2-P.1-59, fol. 121v–123r (Abschrift des Denkbuchs von L. D. Post; nach 1772). Druck: Quellen z. Brem. Reformationsgeschichte, S. 185–190.
Weitere zu diesem Landtag gehörige Quellen: –
Literatur: –

[I.] Donredages die S. Egidii abbatis to Basdale in Johan Bosen have in jegenwardicheid Hern Hertoch Hinrickes Unses Heren Bruders, des gantzen capittels to Bremen, der prelaten, ritterschup unde stede Stade unde Buxtehude leth Unse Gnedigste Here, Her Cristoffer ertzebischup to Bremen etc. dorch einen doctoren   Konynck[a] clagen alsus:

[1.] wuwol de rechte opentlick vermochten, dat eynem Bischoppe tobehorende Predicanten to settende, dat word Godes to predeken, unde were alsus lange tyd vor[b] geholden; wen alrede neyne rechte dat vormochten, so geve des doch de olde gebruck unde vorjaringe ome dat recht. Hir enboven anneme Ein raid to Bremen zick der Bischuplike gewalt unde hadden einen Monnick, bruder Hinrick van Sudvelde genomed, angenamen unde de predeke bevolen tiegen alle billicheid unde recht.

2. Item desulve Monnick hadde ock gepredeked, dat alle geystlike scholden horsam syn deme rade to Bremen, Inholt Sinte Petri ock Pauli Epistolen. Unde dar uth hadde zick de raid furder in stede Mines G. Heren gesath unde Sunte Pauli Closter buten vor Bremen in de grund affgebraken, tiegen alle rede und byllicheyd zick geryket myt anderer schaden.

3. Item furder hadden se zick angenamen aver de gheistliken to herschen. Wente se hadden Sinte Steffens Styffte binnen Bremen verweldiget unde eynen Domheren I tunne Hamburger beres genamen, desgeliken Sinte Anscharii Styffte ock bynnen Bremen dorch rades deiner averlopen, myt lengeren. Bad darumme den fursten Hern Hinrick hertogen to Brunsw. unde de gantze Landeschup, de van Bremen wolden anwysen wandel unde Buthe to donde, so zick solde geboren etc.

[II.] Hir up de geschickeden des Rades to Bremen andworden alsus:

1. De Monnick enwere vam rade to Bremen nicht gesath to predeken, sunder were van anfalle dar gekomen, unde umme bede sommiger Burger eynen edder twe Sermonen gepredeked, so were dat gemeyne volck ome anhangende worden unde enwolden one nicht verlaten, eer denn dat he avergewunnen unrechter predekye, unde enwere nicht by schulde des rades.

2. Item dat Closter were gebraken uthe grotem furchten lyves, gudes, wives unde Kindes, wedewen unde weßen, geistliken unde wertliken vorderves, wente de grotmechtige Here, Her Cristiern Koningk to Dennemarcken was beruchted uptobringende ein gruweliken Hertoch Krigeslude to vothe unde to perde, welcks geliken by allen levendigen minschen tiden nicht gedacht. So weren de van Bremen gewarschuwed uthe velen enden van buthen her. Desgeliken hadden de W. Here Hinr., abbet to Sinte Pawele,[2] syn cleynode wech gefored, unde ock de Pryor Sinte Katerinen closters binnen Bremen hadde des closters geld unde Breve, ock cleynode uthgebracht der Stad. Dar to hadde Unse G. Here van Bremen uppe eynen openbaren landdage laten seggen, de Koning to Dennemarcken wolde leyde hebben dorch dat Styffte Bremen mit willen edder he wolde tiegen dat Styffte leyde mede bringen. Unde so men sede, de ruthere, de ome ryden wolden, nicht verne von hir weren, endorste ein raid to Bremen nicht lenger beiden. Wente Unse G. Here was buten landes unde de Here Abbet des Clost(ers) hadde zick myt deme Erb. raide vordragen, dat closter mit guden wil(len) beyder parthe to brekende (unde ome) eyne stede in der Stad wedd(er to gevende).

3. Item der papen to Sinte Steffene halven Andword: dat de baven tosage unde verdracht, vor deme W. DomKapittele, dar mit II van Sinte Steffens unde II van Sinte Anscharii Capitteln gewesen, is verlaten, de ore nein Hamborger beer umme geld lopen edder tappen laten scholden, dar enbaven doch gescheyn, unde Ein Erb. raid dorch II der eldesten des Rads dat Capittel to Sinte Steffenn leth irmanen umbe en sodane affgestalt unde, wo togesecht, gestrafft mochte werden, Is doch versumet unde nicht gescheyn, sunder Eyn orer Canonicke Her Erick Hammyngk XVI edder XX tunnen Hamborgers beeres to Effen (:in spot voriger verdracht:) heft ingenamen unde in sinen Canonicken have bi Sinte Steffens, ock in sine vicaries bi Sinte Anscharii Kercken have umme gelt getappet unde tappen laten. Alsus mach syn, dat Sommyge lichtverdige Personen beer umme gelt begered, des heft he geweygerd, Seggende, nicht mer beres hadde unde yfft se wat mer by ome funden, schole one gegheven syn. Also mogen se de latesten eyne tunne uppen bone gefunden, unde uppe dat me ome neyn ungefoch in sinem have dede, is de tunne upper strate gedruncken.

Averst den Capittelsheren by Sinte Anscharii kercken sy neyn averfaringe gescheyn, ane dat II rades deiner gefraged, yfft in II hoven ock Hamb. ber were, unde anders nicht. Hapeden des Erb. rads geschickeden, wes so gescheyn, myt guden reden bestan muchte. Beden sodane andworde gnedigen uptonemende.

4. Replica. [III.] Unse G. here besteyt dem rade neyner rechticheyt jennige predeker to settende unde yffte vorhenn sommyge Barevoten Sinte Francisici monnicke gepredeket, dat se heymliken ane wetent des Bischopes gescheyn.

¶ Item de Abbet Sinte Pauli bestode ock neyner verdracht, unde de vertellede myt openbarer logene alle jegens den syn. Bad darumme etc. und dat de ledemate Unsem Heren wolden helpen de Bremer horsam to maken etc.

[IV.] Hir entiegen duplicerden de van Bremen, dat wort Godes to predeken sy vrig unde moge neyne rechtes settinge edder verjaringe dar jegen angetogen werden. Ock nadem in deme worde Godes der gemeynde salicht unde unsalicht gelegen, mogen se de predeker up(nemen) unde ock ore lere richten, alss geschreven Matth.:[3] de schape bekennen de stimme ores her(den, averst) den vromeden herden folgen se nicht etc.

Item Ma(th.):[4] Wachet unde hudet jw vor fal(schen prophet)en, van oren fruchten solle gy se kennen.

[.....]^c XIV:[5] Twe edder dre predeken, aver [.....]^c ine richte de predekie. Hir uth blickt, dat de Kercke, dat is dat meyne, moge predeker upnemen unde wedder afsetten inholt godliker srifft. Hir uth schynet, dat God wil, dat de Schape sollen richten de stemmene der prediker, volgen oren rechten egenen herden, unde nicht deme frommeden. Item we ys de frommede herde? Warliken de, dede anders wat leret, dan dat Cristus wil geleret hebben, nomptlick dat hillige Evangelium Cristi. Marci ult.:[6] Ghaet henn in de werlt unde prediket dat Evangelium allen creaturen, dat is apenbare solle gy predeken Evangelium Cristi. Alsus wyl God, dat men dat Evangelium predeke unde den gennen hore, de dat leret, averst de anders leret. nicht enhore edder upneme. Unde alsus is in den Schapen dat gerichte, wente Cristus wysede Annam to den Schapen unde nicht to den anderen Bisschuppen edder prelaten, seggende, vrage de mi gehored hebben etc.

Item Joh. III:[7] Den God gesand hefft, de leret Gods wort, darumme de genne, de Gods wort leret, es van Gode gesand. Item I. Joh. IV:[8] Wyllet nicht allen geysteren loven, sunder provet se, yfft se van Gode syn etc.

Item hir wart gesecht, men solde den prior Sinte Karterinen Cloesters bynnen Bremen mit dren verwyseden Monnicken wedder yn nemen etc.

Andword: Wenne se ore lere bewysen, so se zick beromen to donde, so wyl me dat gerne don, Edder bekennen oren Erdom, Anders wyl't gemeyne se nicht lyden. Bydden etc., desse andworde gnedigen uptonemende etc.

Hir negest worden gemeyne ledemate verordent, uns geschickeden van Bremen antodragen, dat wy in der gude den Bruder Hinrick vorlaten solden unde Mynen G. Heren vorboten, He achtede den hon uppe hundert dusent gulden, doch wolde zyck metigen. Andword: Wen Bruder Hinrick verwonnen syner unrechten lere, gerne, anders konde men id yn der menheyt nicht hebben.

[V.][1.] Item Aveschet was, an de unse torugge to bringende den Monnick to vorlatende edder affdracht to makende, unde des andworde to ghevende wente erstkomende Mandag⁹ to Vorde. Dat nemen wi an.

[2.] Item dit Andwort senden wy scrifftlick unde dar na noch I breff beandwordet worden desse sake unde wedderumme des rades tiegen den Ertzebisschup gestalt to ruste uppe Hertoch Hinrick van Brunsw. Unses Heren Bruder unde uppe de van Lub[eck], Hamb[orch] unde Luneborch.

(StA Bremen, 2-P.1-56, S. 148–151; dort zerstörte Textstellen nach der Abschrift 2-P.1-59 in runden Klammern ergänzt).

a *vor* Konyngk *Lücke in der Vorlage für den Daniel von Büren offenbar beabsichtigten späteren Nachrag des Vornamen; zu ergänzen ist* Kilian.   b *vor* in *der Vorlage gestrichen.*   c *Textverlust in der Vorlage und der Abschrift.*

1 *Die Jahreszahl ergibt sich aus nr. A.52, da beide Texte in der Vorlage unmittelbar einander folgen.*
2 *Heinrich Junge (auch genannt Hinrich Wildeshusen), Abt des Klosters St. Paul vor Bremen 1507–1525 (Michaelsen, Bremen, St. Paul, S. 63).*   3 *Nicht, wie angegeben, Mt., sondern Joh. 10,5/6.*   4 *Cap. 7,15/16.*   5 *1 Cor. 14,29.*   6 *Mc. 16,15.*   7 *Joh. 3,34.*   8 *Joh. 4,1.*   9 *1524 September 5.*

55
Derselbe Landtag

Schatzbewilligung 1524 [September 1][1]

Die Bremischen Landstände bewilligen dem Bremer Erzbischof (Christoph) eine Schatzung zugunsten der erzbischöflichen Hofhaltung.

Abschied: StA Stade, Rep. 5b, F. 102, nr. 20, fol. 5r (Exzerpt, 16. Jh.; *Überschrift:* Noch van schattingen deme Heren Ertzebisschuppe thogelaten.; *ohne Angabe zur Vorlage).*

Eodem anno.[2]

Soß hempten Roggen eyn ider buw uppe der Gest und yn der marsch, garssen ofte ander Korne Unßem Gnedygen Heren gegeven tho behoff der Husholdinge.

(StA Stade, Rep. 5b, F. 102, nr. 20, fol. 5r).

1 *Die Schatzbewilligung ist ohne Tagesdatum überliefert. Da aber für 1524 nur zwei Landtage bekannt ist, dürfte dieser Schatz auf dem Landtag von 1524 September 1 bewilligt worden sein (vgl. nr. A.53).*
2 *Bezieht sich zurück auf nr. A.53.*

56

Landtag 1525 Februar 3, Giehlermühlen

Landtagsprotokoll und -abschied

Die Bremischen Landstände verhandeln über folgende Punkte: (1.) die vom Bremer Erzbischof Christoph beantragten Gelder. Nach eintägigen Verhandlungen gestatten die Landstände dem Erzbischof zusätzlich zu den schon bewilligten 2 000 Gulden weitere 500 Gulden aus dem zugelassenen Pflugschatz zu entnehmen. Diese Gelder sollen zur Erstattung der Kosten von 1 600 Gulden verwendet werden, die dem Erzbischof zum einen durch einen Reichskammergerichtsprozeß gegen Herzog Magnus von Sachsen-Lauenburg[1] und zum andern durch die Verhängung der Reichsacht aufgrund der vom Erzstift Bremen nicht gezahlten Unterhaltskosten für das Reichskammergericht, entstanden sind. (2.) Landsknechte im Groniger Land in Diensten des Herzogs Magnus von Lauenburg, deren drohender Durchzug durch das Erzstift Bremen; Bitte an Bischof (Friedrich III.) von Münster um militärische Hilfe; (3.) Ankündigung Erzbischof Christophs, auf dem nächsten Landtag 1 000 Gulden zu beantragen; Bitte des Erzbischofs an die Landstände, hierzu ausreichend bevollmächtigt zu erscheinen; (4.) Bitte Daniel von Bürens, Erzbischof Christoph möge Hermann Gröning mit den Gütern seines † Bruders Johann Gröning belehnen; (5.)–(9.) Verschiedene auf dem Landtag vorgelegte Schreiben und erteilte Auskünfte, betreffend politische Verhandlungen und Schuldsachen; (10.) Klage des Luder von der Lieth gegen Johann Rode zu Bederkesa, betreffend Meier in der Börde Ringstedt.

Ausschreiben: –
Landtagsprotokoll und -abschied: StA Bremen, 2-P.1-56 (Daniel von Bürens Denkbuch), S. 155f. –
  Ebd., 2-P.1-59, fol. 125r/v (Abschrift des Denkbuchs von L. D. Post; nach 1772). Druck: Quellen z.
  Brem. Reformationsgeschichte, S. 190 (Auszug).
Weitere zu diesem Landtag gehörige Quellen: –
Literatur: –

Anno etc. XV^CXXV. vrigdages na Lychtmissen, die sanctorum Anscharii et Blasii to Gyler molen [1.] gaff Unse Gnedigste Here, Her Cristoffer etc. gemeynen ledematen vore van eynem Mandate der Keys. Maj. Kamergerichte durch Einen Irluchten Heren, Heren Magnus van Louenburch etc. aver Unsen Gnedigsten Heren gefurdert, he deme Hertogen de lande Hadelen unde Worstfreysland solde wedder yn syne were doen, darto allen schaden gelden unde mer inholdes. Darnegest sede Unse G. Here, wes se dar entiegen an dat Kamergerichte, unde ock andere Heren unde fursten lande unde Stede entschuldiginge scryfftlich hadde don laten myt inforinge wes groter unkost unde schaden, ock geltspildinge, Syne F. G. gedan nicht alleyn in ynnemynge der Lande Hadelen unde Wursten in rutheren unde anderen Krigesluden, Tzaldyn unde unkost, voderinge unde Proviande, sunder ock des Camergerichtes, wente syne F. G. vorhenn in des Rykes achte was gedan, darumme he nicht hadde gegeven to underholdinge des Cammergerichts tweye Negentich gulden, ome upgelecht to Wormes, he ock mede angenomen unde to twen tyden, wo beleved, nicht entricht unde uth gegheven hadde, Welcker achte Syner F. G. aver XVI^C. gulden gekosted hadde etc. Bad hirumme Raed, trost unde hulpe gemeyner Ledemate etc. Toch hir by an, wu Syne F. G. zick tiegens den Heren Hertogen to Louenborch hadde doen entschuldigen unde wolde wyder dar tiegen trachten.

Hir up na langst underredinge den gantzen dach, is Syner F. G. van den gemeynen Ledematen, wowol de Adel des Stichtes swerlich, to gelaten V^C gulden boven de II^M gulden Syner F. G. vorhenn to gelaten umme Syner F. G. Huse to spysende, hoy unde haveren unde anders to Kopende, wo van noden, uthe deme to gelatenen plochschatte to entfangende unde zick unde syne sake im Camergerichte de bath to vorbyddende.

[2.] Item wo noch sommyge landesknechte in Groninger lande scholen liggen, der men zick befruchtet de Hertoge van Louenborch in Stichte Bremen willen bringen, is aflate, den Herrn Bischup to Munster to begruten umme solcks to vorhinderen, ome ock [.....]^a bedenn hulpe darto to donde to perde unde vote.

[3.] Item Unse G. H. bad vurder noch M gulden to irlovende, unde wyl des eynen nyen landdach vorscryven. Bidden, dat jederman myt fuller macht irschynen etc.

[4.] Item Ick werff vor Hermen Groninge, dar ock mede tor stede nademe syn broder Johan Groning in God verstorven, dat Unse G. H. one dat leengud gnedigen wille verleyen etc. Andword Syne F. G. wyl de Regyster aversehn laten und Hermen sal to weders dagen by Syne F: G. komen, present. Dirck Hoyers, actum im have.

[5.] Item Myn G. H. hefft gescreven an de Stede Lub[eck], Hamb[orch] unde Luneb[orch] des dages tusschen Syne F. G. unde den van Bremen, wyl deme Rade de andworde laten to komen.

[6.] Item Hinr. Swanenflogel behelt dersulven Stede andworde, an unsen rad gedan unde III Copyen dersulven dryer breve.

[7.] Item de van Stede unde Buxtehude hebben myt deme Rade Luneborch fullentogen de Handel des Huses Horneborch. Dyt seden uns Her Marten von der Medeme, ock Her Marten van Swanewedel van Stade, ock H. Liborius van der Hoye to Buxtehude Burgermestere.

[8.] Item Ick vernyede one, wo dat H. Clawes van der Deke to des Huses Horneborch gebuwete van my (:vergangene jare:) XX Lub. mk. entf. hebbe.

[9.] Item H. Segebade Cluver Provest to Wyldeshusen, sede Dyrick Hoyers unde my, dat Hinr. Cluver Gysen sone, wylt gudtlicken stan laten, wente (:so ick meyne:) to mydfasten erstkomende;[2] Indeme H. Marten Heymborch scryfft van wegen Johan Roden etc.

[10.] Item Luder van der Lydt clagede avermals aver Johan Raden to Berexen, he synen unde synes vedderen meyere in der Borde to Rinxstede [.....]^a genomen, dat he unde syne vedderen nicht konen liden uppe de lenge. Bad wy one, welchen anwysen etc.

(StA Bremen, 2-P.1-56, S. 155f).

a *Textverlust in der Vorlage und der Abschrift.*

1 *Die Akten des hier genannten Reichskammergerichtsprozesses zwischen Erzbischof Christoph von Bremen und dem Herzog Magnus von Sachsen-Lauenburg, betreffend die Ansprüche des genannten Herzogs auf Hadeln und Wursten, haben sich erhalten; vgl. FB Reichskammergericht, S. 79, nr. F 2593.* 2 *1525 März 26.*

57

Landtag 1525 Oktober 19, Kloster Buxtehude-Altkloster

Landtagsabschied ("Buxtehuder Rezeß")[1]

Herzog Heinrich d. J. von Braunschweig-Lüneburg (-Wolfenbüttel) beurkundet den zwischen seinem Bruder Christoph, Erzbischof von Bremen und Administrator von Verden, auf der einen und dem Bremer Domkapitel, den Prälaten, der Ritterschaft und den Städten, als den Landständen des Erzstifts Bremen, auf der anderen Seite vereinbarten Abschied.

Ausschreiben: –
Protokoll: –
Abschied: (StA Stade, Brem. Or.; Signatur unbekannt; Or.-Ausf.; 1943 verbrannt). – StA Stade, Rep. 5b, F. 18, nr. 2, fol. 1r–5v (Abschrift 16. Jh.). – Ebd., F. 92, nr. 15, fol. 36r–42v (Abschrift 2. H. 16. Jh.; nach einer Or.-Ausf.; Or.-Foliierung 16. Jh.: fol. 32r–38v). – LA Schleswig, Abt. 7, nr. 1133, fol. 10v–16r (Abschrift Ende 16. Jh.). – StA Bremen, 2-Z.1.c.2, nr. 33. – Ebd., 2-Z.2.a (2 Abschriften um 1600). – Ebd., 2-Z.2.b.1 (Abschrift um 1600). – Ebd., 2-Z.2.b.2, S. 47–65 (Abschrift um 1600). – Ebd., 2-Z.2.b.3 (Abschrift um 1600). – Ebd., 2-Z.2.b.4, S. 12–24 (Abschrift um 1600). – Ebd., 2-Z.2.b.6 (Abschrift Mitte 17. Jh.). – HB DoG Verden, Stettswährende Receße, S. 11–23 (Abschrift 17. Jh.). – StA Stade, Dep. 10, Hs. 7, S. 11–21 (Abschrift 1. H. 17. Jh.; vom Notar Gerhard Trekell beglaubigt). – Ebd., Rep. 5b, F. 128, nr. 4, fol. 61r–66r (Abschrift; 1. H. 17. Jh.). – AR Stade, Hs. 9, fol. 71r–82r (Abschrift 1. H. 17. Jh.). – StA Bremen, 2-Z.2.b.5, S. 121–140 (Abschrift Mitte 17. Jh.). – LB Hann, MS XXIII 1124, S. 16–30 (Abschrift 17. Jh.). – Ebd., MS XXIII 1125, fol. 19v–25v (Abschrift 17. Jh.) – StA Wolfenbüttel, 1 Alt 8, nr. 176, fol. 1r–10r (Abschrift 16. Jh.). – StA Stade, Rep. 27, W 5825, Bd. 2, fol. 223r–225r, nr. II (Auszug; 1557/58). – StA Stade, Rep. 27, L 3297, fol. 149r–151v (Auszug; 1593–1601). Druck: Cassel, Bremensia 1, S. 131–143, nr. 4 (nach Abschrift von vor 1623 Sept. 1 im Kopiar des. L. Heistermann). Regest: StA Stade, Rep. 81, Hs. 9 (Rep. Möhlmann 1), nr. 3137c (nach der Stader Or.-Ausf.). – Rüther, Hadler Chronik, nr. 603 (nach Cassel; irrtüml. datiert „1525, Nov. 19").
Sonstige zu diesem Landtag gehörige Quellen: Protokoll der Verhandlungen im Kapitelhaus in Bremen von 1525 September 30–Oktober 7. Druck: Iken, Epoche, S. 84–107, Anhang I (nach Abschrift 17. Jh.). – Quellen z. Brem. Reformationsgeschichte, S. 17–53, nr. 10 (nach derselben Abschrift 17. Jh.). – Krause, Urkunden, S. 139f., nr. 21 (Druck nach einem „Original im K. Archive zu Hannover"; Vorlage bisher noch nicht wieder aufgefunden): Schreiben Erzbischof Christophs an den Kirchherrn und Kirchgeschworenen von Mulsum, 1525 November 12; darin: Aufforderung an die Adressaten, sich uner Mitführung aller Güter- und Einkunftsverzeichnisse am 5. Dezember 1525 frühmorgens nach Basdahl zu begeben (up den andern und negsten dach na Barbare virginis nu schirstkommende up fronnddach [sic] tho Basdale by eynthokomende), um dort zusammen mit den

Landständen (Unse und der gemenen Lidtmate und Stende) die mit Zustimmung von Domkapitel und Landständen jüngst [nämlich mit dem Buxtehuder Rezeß von 1525 Oktober 19] beschlossene gemeyne Anlage oder Contribution berechnen zu können. Der Empfänger hat auf dem Schreiben notiert: dedi XII. goltgl. und VII. teynden ½ ß lb.; die hier einberufene Versammlung am 5. Dezember 1525 hat mithin stattgefunden).
Literatur: Decken, Darstellung, S. 458, 460, 464, 469, 471f., 487f., 496, 498. – Osten/Wiebalck, Wursten, S. 146. – Wolters, Erzbischof Christoph, S. 38f. – Merker, Ritterschaft, S. 125. – Weise, Staatsarchiv Stade, S. 186, Anm. 2. – EKO 7.II.1, S. 7. – Schleif, Regierung, S. 25 u. 64. – Lehe, Wursten, S. 254. – Modéer, Gerichtsbarkeiten, S. 70. – Täubrich, Heinrich der Jüngere, S. 106 u. 226, Anm. 229. – Dannenberg, Landtag, S. 33f. – Fiedler, Bremen, S. 208.

Von Gotts gnadenn wyr Hynrick der Junger, Hartzoch tho Brunswich und Lunenburch etc. bekennenn und dohn kunth allermennichlich, de dußenn unsernn offenn anlaß breff seen offte horenn, Das nach dem wir auß vorwantnuße und besunderlicher Bruderlicher Liebe, und gnediger guder wolmenunghe, So wir tho dem Hochwerdigestenn, Hoichgebornenn Furstenn Hernn, Christoffernn ErzBißchuppenn des Styffts Bremenn, Confirmeertenn Administratorn tho Verdenn, Herthogenn tho Brunswick und Lunenborch etc., unsernn liebenn Hern und Bruder, Auch seiner Liebe Capittell und Landeschafft darselbst zu Bremenn tragenn, uns mit Gotlicher Hilff de selbigenn Hochgedachtenn unsernn lieben Hern und Bruder, Capittell und Landschafft des geschwinden besverlichenn und schetlichenn einfals in Wurtzerlanth zuentsetzen, geschicket und Godtlich gnad und ewighe Weißheit solchs so gnadennreich, ehr unser ankumft vorseen, daß unser lieber Herr und Bruder sampt den seynen dasselbighe Wurstfreßlanth wider eroberth und inhabenn, So habenn wir nicht moghen underlaßenn, So wy doch in das Styfft Bremenn gekamenn, und ezliche tagenn dar mit den gutlichen Handell, syn Liebe und Styfft Bremenn, und dem Hochgebornenn Furstenn, Hern Magnußen, Herzogen tho Sassenn, Engernn und Westphalen, unsernn lieben Swagernn, ierer gebrekenn, der Wurster und Hadeler Landes, Auch anderer anzugs, kostenn und schadenn halber gutlich zu vortragenn beharret, Aus anlyggender gedachter bruderlichen Liebe und gnedigenn willen des Styffts unsers Bruders, Capittell und Landschafft gelegenheit, weßenn und stande, ordnung und Regimenth zu erfragenn, Dar in wir dennoch uth velenn orsakenn, der begevenen handell, kosten und schaden, so auff das Wurstfreßlanth und sunst gelauffen, und unordenung, ße darauß gewassenn, und im lande befundenn, nicht de geringestenn syn, so fyll befundenn, das tho allenn teylenn Hoichgedachtenn unsernn Bruder, Capittell und Landschafft, auch dem gantzen Styfft Bremenn der under verzeichedenn freundtlichenn Beredungen, ordnungen und Regimenth, welicher maßen im Styfft freyd, guter wyll, lieb, gehorsam und einicheit, und recht, und dem Styffte nicht uber vormogenn auffgelecht, auch beschwerlicheit und Landsachenn nicht anhe Radt verhandelth, gudt regiment und Orthnung geachtet. Auch wie mit der Tzeidt den schuldenn geraten, und weiterenn schadenn, nateyll und besverth vorhuth werde, nicht weinich noth gewesenn, Dem tzu forderung, dar mit syck hoichgedachter unser Bruder gegen Capittell, Prelaten, Ritterschafft und Stedt, als des loblichen Stifts lithmaß und das gantze lanth, als ein Gnediger Her beweißen, und Capittell, prelaten, Ritterschafft und Stedth, auch das gantze lanth widerumb irer plicht, und unterwantnuße nach gegen dem Herrn in gehorsam und denst ertzogen mogen.

[1.] So willigt hoichgedachter unser freundlicher lieber Herr und Bruder, wir auch myt zeitigem Rath, van des pesten wegen berathenn, das Seine Libe keine veiden oder ander handell, dar an dem Styffte gelegen, auch keine voranderungen des Styffts Guder mit vorkopen, vorpenden oder aus gnaden auch tzu liebe tzuvergebenn, auch keinerleye schulde zumachen oder vorwarung darvor, besunder uff dath Styffte, und de Irenn zugeben, sich underwinden thuen oder laßenn will, anhe des Capittels wißenn und willen, we van alters her gepracht.

[2.] Dergleichen schall der Erzbischup keinen schats, sunder wißenn und vulborth des Capittels und glithmaßen ansetzen, und furdernn.

[3.] Und ob nhu Syner Leyb schatz Nachgebenn und bewilliget wurde, so wil Syne Lebe sich des schatz nicht tzu underwynden, besundern den selbenn van den verordenthenn des Capittels, alß nomplicken Hern Frederiche Bremer Domdeken und Hern Tyderichen Vresen Domhern der Kerckenn tho Bremen, Auch der Ritterschafft alß Otten van der Hude und Hinrick Cluver insundern auffheben und in der Styffts schulde und Bestenn wenden und kerenn laßenn.

[4.] Was auch der sachen und der gleichenn den Hern vorkamen, oder offt der furst der wegen ersocht, das der vorordenten von noden syn mocht, Szo wil Syn Lebe de vorordenthen und was noth syn mach mit flyß vorschribenn und bestellenn laßenn. So auch die vorordenten tho deßer oder andern sachen erfurderth, so willen se sich unvorhindet darzu vlißigen und tzu kamen, nicht afflaten, dar mith des Styffts notturft geachtet und nicht vorseumet worde.

[5.] Was auch sunst vor sachen im lande vorfeilenn, de dem Styfft Bremen tzu schaden und guthen kamen mochten, oder dartzu se doch umme des pestenn willenn gefurdert wurden, dar inne sollenn und willenn de selben vorordenten von dem Capittell und der Landschafft gleich wie in den oberrurten sich getruwelich und anhe geferde by eren plichten zubeweißen handlen und waren erpoten und gewilligt habenn.

[6.] Wan dan de Vorordenten tzu den hir innen berurthen hantlenn gefurdert werden, so will Seine Lebe den selbigen gnedige außrichtinge thun.

[7.] Ob auch was vann furstenn gesucht oder vorgeschlagen, des die vorordenten, und im vall de gantze lantschafft in des Stifts Bremen und des Hern bestenn mit rathe auch nicht gefolgt syn mochten, das soll inen zu keiner ungnadten kamen, gerekenth oder gedeutet werden.

[8.] Darzu will auch de ErtzeBißchup de Cantzeley, des Styffts hendell gewarth worden, in eine geschichte gude ordnung und Regimenth setzenn und halten, und das hauß Vorde mith geschickten drosten und Ambtsman, der tzum schimff und ernste doghen und angesen bestellenn; Auch seinen hoff und hoffholten mit reuthern und anderm Gesinde also meßigen, daß er mith radt der verordenthen nicht mer dan dryssich reysige Pferde, und Tein Clopper holten will, und das gesinde, so nicht noth, gheen laßen, damit Syne Lebe das hoffhalten den Ampten und auff kamen nicht tzu suer mache, und das Styffts sachenn desther vlißiger gewarth, und also auß dem schadenn und unordnung kamen moghe.

[9.] Wan auch Hoichgedachtem Ertzbischup ethwan eines einfalls mer Pferd tho behoff des Styffts noth werenn, de kan Sein Lieb van der Landschafft alle thage nach radt der verordenten woll bekamenn. Sie willenn sich auch darynnenn als de gehorsamen bewißen.

[10.] Derhalben wil auch der Ertzbischup sick vort meer myt keinem hern seidt edder hoch in vorwißenschafft, voreinung oder vorbunthnus anhe weßenn und willen der verordenthen und der glithmaßenn stecken, auch kein mangelt oder ander vorschribung van sich geben.

[11.] Der furst will auch mit hogen vliß in synen Stypfft Bremen befelenn und bestellenn, das dem Capitell und prelatenn, auch der gantzenn Landschafft und den Stettenn geistlich und wertlich ire Jurisdiction und rechticheit, Privilegien, frigheheitenn, Alten und Loblichen gepruchenn und herkamen unvorhindert erhaltenn und nicht besweren oder inbrechen lassenn.

[12.] Der herr will auch den inwanerenn des landes und ohn rath der verorndten und litmassenn keinenn schatz oder neuwe unpflicht auffleggen, auch de Closter so mit mit swarenn großen, und langenn lagernn uber alth herkamen anhe derselbignen radt, auch in noden nicht beladenn.

[13.] Es will auch Sine Lebe im Stifftt uber nimanth des stiffts furwanthen, arm oder reich, eddell oder uneddell, den Sein Lebe tzu gleick recht mechtich kummers oder anders aufhaltens gestaten, das auch vill friedt und recht, darauß einicheit, lieb und gehorsam erwechst, im Styfft Bremen mogenn erhaltenn werden.

[14.] So ist bewilliget, alß viel Irrung unter den Partheyen, edel und unedel sich eine lange Zeit unentscheiden enthalten, daß ein jeder hoch oder seit, des was zu klagen, seiner Noturft nach gehoeret werde, und nach gelegen Dingen in Sachen, freundliche oder rechtliche Tage zu Voehrde für der Cantzeley oder anderen gelegen Orten mit Erfurderung des Jegenthels anzeigt, der dan die Partheye durch des Erzbischofs Cantzler, Drosten und Ambten oder andere verordnete Rhaete, die Seine Liebe darzu vorsehen wurde, mit Fleiß solten vorgenommen, und verhoeret werden, daß ein jeder bei dem seinen unvorkortet und unvorhindert bleiben muege, und so viel mueglich, erst in Gute, und wo die entstunde, in Recht von einander gesezet werden.

[15.] Wan dannoch dieselbige Sachen so wichtig, oder sonst aus Ursachen allein fuer die Cantzley nicht mugten oder konten entscheiden werden, So sollen dieselbigen Sachen an die Verordnete der Capittule und Landschaft zu vereinigen, zu verrichten, und zu entscheiden, geschlossen werden.

[16.] Wo aber solches auch entstunde, so sollen dieselbigen Sachen auf die gemeinen Gerichtstage zu Bremen und zu Stade angesezet, fuer Seiner Liebe Hofraeten und den Verordneten der Capittule, Landschaft und der Stede, alles nach Vermuge

Einhalt, Siegel und Briefe, so deshalben bereits aufgerichtet seyn, zu vereinigen, zu verrichten, und zu entscheiden, geschlossen, und geweiset werden.

[17.] Seine Liebe wil auch hinfuehro verschaffen, daß desselbigen Richtstage zu Bremen und Stade sollen statlicher und geschickter dan bisher geschehen, durch Seiner Liebe Canzler, Landdrosten und Befehlhaber gewaret, und gehalten werden und daß keine Verseumenisse darinne geschehen, sollen und was dar gefunden, und entscheiden wird, bei Macht zu erhalten, und mit notturftiger Execution die Sententz oder Abrede handthaben und volnziehen lassen.

[18.] Dieweiln dann Capittul, Praelaten, Ritterschaft und Stede, als die Landschaft des Stifts Bremen, aus den obverzeichnenden vormercken, und befinden die gnedige Zuneigung, daß ihr gnedigster Herr der Erzbischof und Landschaft sich in das Regiment und Ordnung dermassen, wie vorstehet, mit den besten schikken, und halten, weil dadurch dem Stifte und ganzen Land viel gut und Wolfahrt erwachsen mag, und sie bei allen Gnaden, Privilegien, guten Gewohnten mit Gnaden gnediglich wil bleiben lassen, und handhaben; So seyn sie des dienstlichen, unterthaenigen und gehorsamen Erbietens, daß sie die Sachen mit ihren Vermuegen willig gerne furdern, und furtscheuben willen, dem auch zu Ansehen und Furderung, so haben Capittel, Praelaten, Ritterschaft und Stade, auch die ganze Landschaft Seiner Liebe dienstlich nachgegeben, daß ihr gnedigster Herr seine Schulde verzeichnet anzeige, und uebergebe; dem Seine Liebe alß gethan, alß nemlich Dieterich von Weige tausend und hundert Gulden, Arp von Weige tausend Gulden, Clauwes von Zesterflet tausend Gulden, dem Abte von S. Pawel achthundert Gulden, den Oltenleuten zu Bremen fuenf hundert Gulden, Otto von der Hude vierhundert Gulden, Item noch anderthalb hundert Gulden demselben, Johan von Schonebeke drittehalb hundert und zehen Gulden, Johan Klenken, Ulriche Grossen, und Melchior von Bodenhauß Sextausend Gulden, Stephan Hopfensteiner zwenhundert, und achtzig Gulden, Jobst von Monnighausen 800 Gulden, den Kirchschworen zu Buxtehude tausent Gulden mit zweien Jahren Zinsen, das in einer Summen wird machen vierzehen tausend, hundert und acht und achtzig Gulden. So wollen die gemeinen Gliedmassen erstmals darvor seyn, daß ein gemeiner Landschaz ueber das gantze Stift verkundiget und eingefurdert werde, und davon sollen die sechstausend Gulden dem Erbaren Johan Klencken, und Ulriche Groten entrichtet werden, und was drüber bleibt, wollen die Gliedtmassen aus besonderlichen, gehorsamen Dienst und Willen unsern Antragen an die 2000 Gulden, so vom Burgermeister und Rath zu Stade auf des Stifts Gueter genommen, zu abkuerzen, ordnen, und verschaffen.

[19.] Wenn auch die Summa aus dem Schatz nicht mugte erreichen, und ganz ablegen, so wollen sie darzu rathen und vorhelffen, das uebrige mit den achttausend, hundert und acht und achtzig Gulden, mit den fuerderlichsten abgelegt werden, wollen die Gliedtmassen sampt ihren gnedigsten Herrn sich mit Canoniken, Vicarien, Kirchen und Kirchgeschworen oder Juraten aus den Stedten, und dem ganzen Stifte betagen und handeln, so viel immer mueglich, daß ein Jeder nach seinem Vermuegen gebende verwillige, und annehme, und was also erhalten wird, das sol zu Bezalunge solcher Summen mit guter Rechenschaft durch die Verordneten der Gliedmassen, nach Rath der gemeinen Gliedtmassen ausgeben und angeleget werden.

[20.] So erbieten sich die Gliedmassen semptlich, daß sie mit dem besten darzu trachten, und sich befleißigen wollen, daß das uebrige zu bequemer Zeit auch muege bezalet werden, durch die gemeinen Insaten des Stifts, darzu Ihr Gnedigster Herr inne behuelflich und rechtig sol seyn, So daß diese Herren des Capittuls, Praelaten, Manschaft und Stete Meiger, wie bisher geschehen, dazu geben und thuen sollen.

[21.] Was auch dem Stift zum besten also verhandelt und ausgerichtet, das wollen die Verordenten dem Herrn alle Jahr gute Rechenschaft und Bericht thun; Darinne wil der Erzbischof ganz keine Irrung oder Eingrif, aber fleißige und mugliche Furderunge thun.

[22.] Also wil auch unser lieber Herr und Bruder seines Regiments und Auskommens, wie sich doch gepuret von seinen Ambten jaehrlichs in Beiwesen des Capittuls geschikten, und der Verordneten Rechenschaft thun lassen, und mit den Drosten und Ambtleuten mit Rhade der Verordneten die Ordnung vornehmen, und anrichten, daß nichts verseumet, aber gewaret und bedacht werden, darmit sie zu vermerken, daß Seine Liebe mit dem Regiment sich also halten und erzeigen wil, daß solches nicht zu schaden, aber zu Rettung Ursach geben soll, und alle Wege gegen das Land, Capittul, und Landschaft dermassen befinden lassen, daß sie an Seiner Liebe, wie Seiner Liebe Fuerstlich, ehrlich und wol anstehet, einen gnedigen Herrn haben sollen.

[23.] Es ist auch beredet, und verlassen, daß durch diesen Receß, oder Versiegelung die vorigen Verpflichtung, Verschreibung, Receß, so Seine Liebe dem Capittul, Landschaft und Stedten bereit gethan und gegeben, in keinem Artickell sollen gekraenket oder geschwaechet werden, sondern bey Macht und Kraft bleiben, und hiemit dermassen befestiget seyn, daß Seine Liebe dieselbigen Verpflichtung, Verschreibung und Receß wollen in allten ichlichen Artikelen bestendig halten, und also nachkommen, daß hinfuerder dargegen durch Seine Liebe, oder Seiner Liebe Ambtleute und Diener nichts soll fuergenommen oder gehandelt werden.

[24.] Darmit nun solche Vereinigung, Ordnung, und Regiment desto statlicher gehalten, und volnzogen werde, und Capittul, Praelaten, Ritterschaft und Stedte so ganz dienstlich, gehorsamlich und gepuerlich sich gegen ihren Herrn und Landesfursten, unsen lieben Herrn und Bruder wiederumb zu halten, erpieten, so empfahen und nehmen wir auf hochgedachtes, unses lieben Hernn und Bruders, auch Capittul, Praelaten, Ritterschaft und Stedte, als gantzer Landschaft des Stiftes Bremen, freundtlich Anligen, Bit und dienstlich begehren, das Stift Bremen zu und in unsern Schirm, Schutz und Vorthedigung, daß diese oben gesprochene Ordnung stets und unvorbrochen gehalten werde, dem Theil, so dieser unser Ordnung genug thun, und erfolgen wird, beizupflichten, und das andere Theil demselbigen straks zugeleben, zu unterweisen.

Dem zu mehrer Urkund und Wissenheit haben Wir unser gewohnliche Insiegel an diesen Anlaß Brief der zweigefaechiget, und einen dem Erzbischofe, als Fuersten des Landes, und den andern dem Capittul und Landschaft alß den Unterthanen sich darnach zu richten, gegeben, hangen lassen.

Und Wir von Gottes Gnaden Christoffer, Erzbischof zu Bremen, Administrator des Stifts Verden, Herzog zu Braunschweig und Luneburg, bekennen fuer allermenniglich, alß wir den Hochgeboirnen Fuersten, Herrn Heinrichen den Juengern, Herzogen zu Braunschweig und Luenburg, unsern lieben Bruder, umb dieser freundliche Einsazung, Ordnung, Regiment zu machen, und zuvor Anlaß geben, stehet uns auch gegen Seiner Liebe solches in guten nimmer zu vergessen, besondern freundlich zu verdienen; So wollen Wir dasselbige in allen und ichlichen Stucken und Artikelen, so wie die hirinnen erzehlen, straks, unvorbrochen, ohne alle Gefehrde, und neue Funde halten und erfolgen. Dem zu wissentlicher Uhrkunde haben wir unser gewohnliche Insiegell neben hochgedachtes unsers lieben Bruders des Hendelers und Handhabers Siegell hengen lassen.

Daß Wir Thumbpropst, Thumbdechant, und das ganze Capittul, Praelaten, Ritterschaft und Stedte, solches, wie obstehet, von Worten zu Worten auch gewilliget, und zu erfolgen angenommen, ohne Argelist, und neue Funde, So haben Wir itzo gedachte Thumbpropst, Thumbdechant, und ganz Capittul von des Capittels, und Wir Heinrich, Abt zu Hersevelde,[2] von den Praelaten, und Wir Otto von der Hude und Heinrich Cluever von der Ritterschaft, und wir Burgermeister und Rhatmenne der Staedte Bremen, Stade, und Buxtehude, von unsers selbst wegen, unsere gewohnliche Siegel hirnedden zu den Hochwuerdigsten in Gott, Durchleuchtigsten Hochgebornen Fuersten und Herrn, Hern Christoffer Erzbischofe zu Bremen, Adminnistratoris des Stifts Vehrden, und Herrn Heinrichs des Juengern, Gebrudern, beider Herzogen zu Braunschweig und Luenburg, unser Gnedigsten und Gneidgen Herren Siegel hangen lassen. Geschehen im Alten Closter vor Buxtehude, Nach Christi unsers Herrn Geburt 1525 Jahr, Am Donnerstage nach S. Lucas dem heiligen Evangelisten Dage.

(StA Stade, Rep. 5b, F. 18, nr. 2, fol. 1r–5v).

1 *Dem ‚Basdahler Rezeß' von 1531 (unten nr. A.67) zufolge wurde der ‚Buxtehuder Rezeß' nicht vollzogen (vgl. Cassel, Bremensia 1, S. 352). Die Beschwerden der Landstände bezüglich der Verstöße Christophs gegen den Buxtehuder Rezeß sind aus dem Jahr 1527 überliefert (unten nr. A.60).* 2 *Heinrich Dudenrath, Erzabt von Harsefeld 1508–1527 (Schulze, Äbte, S. 36–38).*

58

Derselbe Landtag

Schatzbewilligung

Die in nr. A.57, Punkt 18 und 19, angeführte Schatzbewilligung in anderer Überlieferung mit abweichenden Geldbeträgen.

Auszug: StA Stade, Rep. 5b, F. 102, nr. 20, fol. 5r (Exzerpt, 16. Jh.; Überschrift: Noch van schattingen deme Heren Ertzebisschuppe thogelaten.; ohne Angabe zur Vorlage).
Literatur: Merker, Ritterschaft, S. 125, Anm. 575.

Anno domini 1525. Buxtehudesscher Reces.

Sosteyndusent, Eynhundert und achteyn gulden de Landesschup vor unsen Gn. Heren den Ertzebisschup tho botalende angenomen, Do thom male dath Landt tho Wursten vorovert was, und is de bavenschreven Summa alle unses Gn. Heren schuldt gewesen; tho botalynge solcher schult, Syn de Geistlychenn ym Lande, Pastoren, Vicaryre, ok de Iuraten der kercken boschatteth; de van Bremen hebben orhe Juraten nycht boschatten laten, dubito de aliis civitatibus. Wath aver de Collegia Sanctorum Steffani & Willehadi & Sancti Anscharii myth oren Vicarien, Ock den Vicarien des olden und nygen Slaphußes gegeven, dath hefft unse Gn. Here baven den avescheit an sick gebracht und yn de schulde nycht keren laten.

(StA Stade, Rep. 5b, F. 102, nr. 20, fol. 5r).

59

Landtag (?) 1526 o. T.

Schatzbewilligung

Die Bremischen Landstände bewilligen eine Schatzung zur Bezahlung von Schulden.

Abschied: StA Stade, Rep. 5b, F. 102, nr. 20, fol. 5r (Exzerpt, 16. Jh.; Überschrift: Noch van schattingen deme Heren Ertzebisschuppe thogelaten.; ohne Angabe zur Vorlage).

Anno domini 1526.

Veer Lubsche marck noch thogelaten uppe dath de bovenscr[evenen] und angenamen schulde und ander nottrufft botaleth worden, de dorch yngrepen und vorhynderynge Unßes Gn. Heren nycht botaleth weren.

(StA Stade, Rep. 5b, F. 102, nr. 20, fol. 5r).

60

Landtag (?) 1527 o. T.

Gravamina der Landstände

Zusammenstellung der landständischen Beschwerden über Erzbischof Christoph wegen der Nichteinhaltung der Bestimmungen des Buxtehuder Rezesses (1525 Oktober 19; oben nr. A.57).

Gravamina: StA Stade, Rep. 5b, F. 22, nr. 10a, fol. 20r–32v (Konzept).
Literatur: Schleif, Regierung, S. 65, Anm. 271.

61

Derselbe Landtag

Schatzbewilligung

Die Bremischen Landstände bewilligen eine Schatzung zur Bezahlung von Schulden.

Abschied: StA Stade, Rep. 5b, F. 102, nr. 20, fol. 5v (Exzerpt, 16. Jh.; Überschrift: Noch van schattyngen dem Heren Ertzebisschuppe tho Bremen thogelaten.; *ohne Angabe zur Vorlage).*

Anno domini 1527 unde 1528, do hefft de Herr Ertzebischup deme Domcapittell alle orhe guder thogeslagen, und uppe verten dage lestyngen nycht entlyk enderken laten, wor umme als nu derhalven vele dage geholden und syck gemeyne ledematen darup groter bowere bosorgeden, dem vortho komende hebben ße deme Heren eyne Schattynge thogelaten van veer gulden munte, de Otto van der Hude und Johannes Quenkeler upgenamen hebben.

(StA Stade, Rep. 5b, F. 102, nr. 20, fol. 5v).

62

Landtag (?) 1528 [vor Dezember 19?][1]

Schatzbewilligung

Die Bremischen Landstände bewilligen eine Schatzung zur Bezahlung von Schulden (vgl. nr. A.61).

Abschied: StA Stade, Rep. 5b, F. 102, nr. 20, fol. 5v (Exzerpt, 16. Jh.; Überschrift: Noch van schattyngen dem Heren Ertzebisschuppe tho Bremen thogelaten.; ohne Angabe zur Vorlage).

1 *Einen möglichen Hinweis auf die Datierung dieses Landtags bietet ein nicht mehr erhaltenes Schreiben des Bremer Erzbischofs Christoph, datiert Vörde 1528 Dezember 19 (am Sonnavende quatuortemporum na Lucie), in welchem er, Krause zufolge, „auf Anhalten gemeyner Stende und Lethmate," die Kirchspiele Altenbruch und Lüdingworth im Land Hadeln auffordert, dem Bremer Dompropst die ihm zustehenden Gefälle zu lassen (Regest: Krause, Urkunden, S. 143–147, nr. 24, hier S. 145). Sollte sich hinter dem hier genannten ‚Anhalten gemeyner Stande und Ledemathen' ein ansonsten nicht überlieferter Landtagsbeschluß verbergen, was immerhin nicht unplausibel erscheint, so wäre dieser Landtag demzufolge auf 1528 vor Dezember 19 zu datieren, da für das Jahr 1528 ansonsten kein weiterer Landtag überliefert ist.*

63
Landtag (?) 1529 o. T.

Schatzbewilligung

Die Bremischen Landstände bewilligen, als Hilfe für Herzog Heinrich d. J. von Braunschweig-Lüneburg (-Wolfenbüttel) in dessen Auseinandersetzung mit der Stadt Goslar,[1] einen Pflugschatz.

Abschied: StA Stade, Rep. 5b, F. 102, nr. 20, fol. 5v (Exzerpt, 16. Jh.; Überschrift: Noch van schattyngen dem Heren Ertzebisschuppe tho Bremen thogelaten.; ohne Angabe zur Vorlage).

Anno domini 1529.

Twelff grote van der ploch thogelaten tho hulpe Hertogenn Heynricke, do S. F. G. myth den van Gosler yn unwyllen gewesen ys.

(StA Stade, Rep. 5b, F. 102, nr. 20, fol. 5v).

1 *Zu den langjährigen Auseindersetzungen zwischen Herzog Heinrich d. J. und der Stadt Goslar vgl. Täubrich, Herzog Heinrich, S. 112–153; zu den kriegerischen Aktionen der Jahre 1527/28 vgl. spez. S. 120–122.*

64
Landtag (?) 1530 o. T.

Schatzbewilligung

Die Bremischen Landstände bewilligen eine Schatzung von je 18 Groten, aus dessen Erträgen insbesondere die Schulden des Bremer Erzbischofs (Christoph) gegenüber Anton von Münchhausen bezahlt werden sollen.

Abschied: StA Stade, Rep. 5b, F. 102, nr. 20, fol. 5v (Exzerpt, 16. Jh.; Überschrift: Noch van schattyngen dem Heren Ertzebisschuppe tho Bremen thogelaten.; ohne Angabe zur Vorlage).

Anno domini 1530.

Achteyn grote hefft eyn ider Guthere dorch dath Styffte vor Syne Buwhove und na anparthe vor Koter upbryngen mothen, Darmede Thonyes van Monnychußen der schult, ßo ohme Unse G^de Here schuldich botaleth wart und de Landesschup sick dar vor vorschreven hadde, und dath Unsen G^den Heren de botalynge uth bavenscr. Schatten tho donde vorhyndert wart.

(StA Stade, Rep. 5b, F. 102, nr. 20, fol. 5v).

65
Landtag [1530?] Oktober 7 (?),[1] Langwedel

Ausschreiben (undatiert)

Erzbischof Christoph von Bremen lädt auf Initiative seines Bruders, Herzog Heinrichs d. J. von Braunschweig-Lüneburg (-Wolfenbüttel) (das unns der hochgebornne furst, unser Freuntlicher lieber bruder, Her Heinrich der Junger Herzog zu Braunschweig und Luneburg geschriben und freuntlich gebeten), *die Bremischen Landstände zu einem Landtag auf den nach dem 4. Oktober nächstfolgenden Donnerstag nach Langwedel* (wollet auf den schinstkomenden Montag nach Francisici Confessoris zu volfurung solcher gutlicher handlung zu Langtwedel in unnser stat zu fruher tagzeit gewißlich erscheinen), *um dort zu einer gütlichen Einigung über die landständischen Beschwerden bezüglich der Nichteinhaltung der Bestimmungen des Buxtehuder Rezesses (1525 Oktober 19, oben nr. A.57) durch Erzbischof Christoph* (etlicher beschwernus halber, welche unns ein zeither dem Buxdehudischen Receß zu wider) *zu gelangen.*[2]

Ausschreiben: GWLB Hann., MS XXIII 1051, o. pag. (Konzept; Überschrift: Außschreiben des landtags des
    Stifts Bremmen *[sic]*; in dorso von anderer zeitgleicher Hand: Ausschreiben des Landttages zu Bremen).
Protokoll: –
Abschied: –

a *in der Vorlage sind die beiden in Klammern stehenden Worte untereinander und durch die geschweiften Klammern zusammengefaßt, wobei das hier erstgenannte Wort über dem zweitgenannten steht.*

1 *Aufgrund des undatierten Ladungsschreibens läßt sich sicher nur angeben, daß dieser, sonst unbekannte Landtag auf eine Initiative Herzog Heinrichs d. J. von Braunschweig-Lüneburg (-Wolfenbüttel) zurückgeht und daß der Buxtehuder Rezeß von 1525 Oktober 19 (oben nr. A.57) bereits einige Zeit zurückliegt (ein zeither). Eine Beschäftigung Herzog Heinrichs d. J. mit den Beschwerden der Bremischen Landstände wegen der Nichtbefolgung der im Buxtehuder Rezeß vereinbarten Punkte von Seiten Erzbischof Christophs ist ansonsten erstmals im Basdahler Rezeß von 1531 (nr. A.67) sicher bezeugt. Man wird den hier ausgeschriebenen Langwedeler Landtag deshalb wohl am ehesten in das unmittelbare zeitliche Vorfeld dieses Basdahler Landtags setzen können, was auch im Einklang steht mit der Angabe, daß der Buxtehuder Landtag von 1525 bereits einige Zeit zurückliegt. Daraus ergibt sich die erschlossene Datierung auf 1530. Ob dieser Landtag identisch ist mit nr. A.64 (1530 o. T.), oder ob hier zwei verschiedene Landtage des Jahres 1530 erfaßt werden, läßt sich mangels Quellen nicht mehr entscheiden. Beschwerden der Landstände bezüglich der Verstöße Christophs gegen den Buxtehuder Rezeß sind aus dem Jahr 1527 überliefert (oben nr. A.60). 1531 März 19 sandten die Bremischen Landstände erneut ein diesbezügliches Beschwer-*

deschreiben an Herzog Heinrich d. J. von Braunschweig-Lüneburg (-Wolfenbüttel) (StA Wolfenbüttel, 1 Alt 8, nr. 176, fol. 22r–25v; vgl. Täubrich, Herzog Heinrich, S. 163f. u. S. 303, Anm. 79). 2 *Ob dieser Landtag stattgefunden hat, bleibt unklar, da nicht sicher ist, ob Ausfertigungen des hier als Konzept vorliegenden Ausschreibens tatsächlich abgegangen sind.*

66

Landtag 1531 März 23, Buxtehude

Ausschreiben 1531 März 5, Verden

Der Bremer Erzbischof Christoph lädt Bürgermeister und Ratsherren der Stadt Buxtehude auf einen allgemeinen Landtag, der am 23. März (1531) in Buxtehude stattfinden soll (eynen gemeynen Lantdach uppe deme donnerdach na Letare schirstkomende by Jw bynnen Buxtehude), *zur Verhandlung über* Unßes Stichts obliggende ßakenn.[1]

Datum In Unser Stadt Verden am Sondage Reminiscere Anno etc. XXXI.

[a]Christopherus

M. propria ssi.[a]

Ausschreiben: StA Stade, Dep. 1, nr. 197 (Or.-Ausf. Papier o.Wz.; aufgedr. Siegel erh.).
Protokoll: –
Abschied: –
Literatur: –

a–a *Unterschrift von eigener Hand.*

1 *Mangels weiterer Quellen bleibt unklar, ob dieser Landtag tatsächlich stattgefunden hat.*

67

Landtag 1531 August 31, Basdahl

Landtagsabschied (‚Basdahler Rezeß')

Herzog Heinrich d.J. von Braunschweig-Lüneburg (-Wolfenbüttel) beurkundet den zwischen seinem Bruder Christoph, Erzbischof von Bremen und Administrator von Verden, auf der einen und dem Bremer Domkapitel, den Prälaten, der Ritterschaft und den Städten, als den Landständen des Erzstifts Bremen, auf der anderen Seite vereinbarten Abschied, der die Streitigkeiten beilegen soll, die sich zwischen beiden Seiten insbesondere daraus ergeben haben, daß die Bestimmungen des Buxtehuder Rezesses von 1525 Oktober 19 (oben nr. A.57) nicht vollzogen worden sind.

Ausschreiben: –
Protokoll: –
Abschied: StA Bremen, 1-N 1531 August 31 (besiegelte Or.-Ausf. Perg.; 7 anhäng. Siegel erh., 2 ab). – StA Stade, Rep. 5b, F. 18, nr. 2 (Abschrift 16. Jh.). – Ebd., Rep. 5b, F. 91, nr. 5 (Abschrift 16. Jh.). – StadtA Verden, A XX 1, 2, fol. 39–51 (Abschrift 16. Jh.). – StA Stade, F. 92, nr. 15, fol. 43v – 46v (Abschrift 2. H. 16. Jh.; nach einer Or.-Ausf.; Or.-Foliierung 16. Jh.: fol. 39r–42v). – Ebd., Rep. 27, L 3297, fol. 154r–155v (Auszug; 1593–1601). – LA Schleswig, Abt. 7, nr. 1133, fol. 16r – 19v (Abschrift Ende 16. Jh.). – StA Stade, Dep. 10, Hs. 7, S. 40–45 (Abschrift 1. H. 17. Jh.). – GWLB Hann., MS XXIII 1124, S. 32–42 (Abschrift 17. Jh.). – GWLB Hann., MS XXIII 1125, fol. 26r–29v (Abschrift 17. Jh.). – StA Bremen, 2-Z.2.a (Abschrift um 1600). – Ebd., 2-Z.2.b.1 (Abschrift um 1600). – Ebd., 2-Z.2.b.2, S. 67–77 (Abschrift um 1600). – Ebd., 2-Z.2.b.3 (Abschrift um 1600). – Ebd., 2-Z.2.b.4, S. 25–32 (Abschrift um 1600). – Ebd., 2-Z.2.b.6 (Abschrift um 1600). – StA Stade, Dep. 10, Hs. 7, S. 40–45 (Abschrift 1. H. 17). – Ebd., Rep. 5b, F. 128, nr. 15a, fol. 66v – 69v (Abschrift; 1. H. 17. Jh.). – AR Stade, Hs. 9, fol. 82v–88v (Abschrift 1. H. 17. Jh.). – StA Bremen, 2-Z.2.b.5, S. 141–152 (Abschrift Mitte 17. Jh.). – HB DoG Verden, Stettswährende Receße, S. 23–31 (Abschrift 17. Jh.). *Druck:* Cassel, Bremensia 1, S. 351–359, nr. 4 (nach einer vor 1623 Sept. 1 angefertigten Abschrift im Kopiar des L. Heistermann).
Sonstige zu diesem Landtag gehörige Quellen: Gravamina des Erzbischofs: StA Wolfenbüttel, 1 Alt 8, nr. 143a (47 Bll.). – Gravamina der Landstände: Ebd., 1 Alt 8, nr. 176, fol. 22r–25r, Buxtehude 1531 März 19 (Or.-Ausf.). – Ebd., 1 Alt 8, nr. 176, fol. 28r–31r (zeitgleiche Abschrift).
Literatur: Decken, Darstellung, S. 460, 465, 476, 478, 488. – Krause, Beiträge, S. 87. – Wolters, Erzbischof Christoph, S. 48 f. – Weise, Staatsarchiv Stade, S. 186, Anm. 3. – EKO 7.II.1, S. 8. – Schleif, Regierung, S. 53. – Lehe, Wursten, S. 254. – Schwarzwälder, Bremen 1, S. 190 (irrtümlich datiert 1531 August 28). – Blanken, Basdahl, S. 66 f. – Täubrich, Heinrich der Jüngere, S. 163 f., S. 268, Anm. 228 f., S. 303, Anm. 79 f. – Bachmann, Tagungsorte, S. 84. – Fiedler, Bremen, S. 208.

Vonn Gots gnaden Wir Heinrich der Junger Hertzog zu Braunsweig unnd Luneburg etc. Bekennen unnd thun kundt vor unns, unse Erben und aller menniglichen, in diesem offenen anlaßbreve, Daß, Nachdem sich etliche irrunge tzwischen dem Hochwirdigisten in Got Hochgepornen Fursten, Herrn, Cristoffern, Ertzebischofen zu Bremen, Administratori des Stifts Verden, Hertzogen zu Braunsweig und Luneburg etc. unsern früntligen lieben Hern und Bruder, Und desselben gemeynen Glidemassen des Ertzebischthumbs Bremen erhalten habenn, Und wir aber Hochgedachten unserm lieben Hern und Bruder zu freuntlichen Gefallen, und gemelter lantschaft zu gnedigen Willen, uns derhalben in das benante Stifft Bremen in eigener Person verfugt, daselbs mit beyderseits verwilligung einen Recess zu Hinlegung der gebrechen zu Buxtehuden im funffzehenhundersten funffundtzwantzigisten Jare, am Donnerstag nach Luce Evangeliste aufgerichtet,[1] Dieweill aber sollicher Recess nicht vollentzogen, und in sein wirckung kommen, auch mitlertzeit sich mehr irrung und tzwitracht von wegen des Recesses und anderer ursach halber zugetragen, So haben wir aus bruderlicher lieb, und gnedigen bedenken, nicht mugen underlassen, sonder uns abermaelen in das Stifft Bremen verfugt, die lantschafft zu uns verschrieben, die Zwispalt und irrung vor uns genohmen, dieselben beigelegt und vorhandelt, darmit der Buxtehudisch auffgerichte Recess gentzlich in allen seinen puncten und Artickeln vollentzogen werde, und haben neben den verordenten der lantschafft, das Regiment, mit dem Cantzlar und Hoffreten, und Im Fall der nottorfft mit den verordenten der lantschafft, inhalte des Buxtehudischenn Recesses auffgerichtet und bestalt.

[1.] Dieweill aber auch unser lieber Her und bruder dieser tzeit keynen lantdrosten hat, Zo willen Wir Seiner Lieb zu freuntschafft und der lantschafft zu gnaden, nach eynem erlichen, geschikten, redlichenn gesellenn, helffen trachten, welicher alspaldt er angenohmen, und er dan ehr zu dem Ampt kompt, unserm bruder dem Erzebischofen und dem Capittel, gewonlich eidt und gelibd, wie vonn alters geschenn, thun soll, auch den aufgericht[eten]^a Buxtehudischen Recess sampt diesem anlass in allen puncten bey gemelten eyde zugeloben, zusagen, und bewilligen; Und soll nicht desteweniger mitlerzeit seiner ankunft durch die andern vermelten Hoffrete nach vermug und inhalt der uffgerichten ordenung gehandelt werden; Und soll Jurge von Ravenspurch ein tzeitlang verweser des lantdrosten Ampts sein, auch derhalbenn die obberurten verpflichtung auf den Buxtehudischen Recess und diesenn Anlass zw erfolgen thun und halten; Und welche Amptleut und bevelichaber itzund iegenwertig gewesenn, haben wir obberurten eydt und verplichtung furhalten, und thun lassen, mit ferner verordnung, das von den abwesenden in der wochen nach Michaelis[2] erstlich zu hagen, und also vordan uf den andern heusern, durch die verordenten gemelter eyde und pflicht auch genohmen werden.

[2.] Es sol und wil auch unser lieber Her und bruder dem lant Sassen die heuser des Stifts zukomen lassen; Jedoch und dieweil Sein Libt, etlichen die Heuser eingethan, welchertzeit und Jahr, die sie mit Willen des Capittels haben nicht verlauffen, dieselben sol Seine Lieb Inhalt brieff und Sigelln besitzen lassen, und alsdan auf yr bitt, sie vor andern datzu gestaten, Jedoch, daß sie Seiner Lieb davon gelten, pflegen und dinen wie andere, und die itzigen Inhaber zuthun schuldig, auch mit ubergebung der Reversal, dem Capittel, alles nach vermug des Recesses zu Buxtehuden aufgericht, gehalten werde.

[3.] Es sol auch unser Her und Bruder kein schulde oder veranderung in des Stifts heuser und guter ohne wissen und vulbort des Capittels machen, oder verhandelln, auch kein mangelt one wissen und willen des Capittels hinfuran verschreiben.

[4.] Sein Liebe sol auch geschickte und verstendige Amptleut mit wissen und willen des Capittels, wie von alter heer und sich gepuret hat, setzen, die Seiner Lieb und dem Capittel sollen gelubd und geschworn sein; die sollen in yren eyden mit eynnehmen, das sie den Buxtehudischen Recess und diesen abeschiedt halten, und erfolgen wollen.

[5.] Wo aber eyner demselben nicht nachkomen wurde, der sol geurlaubt, und ein ander geschickter an seine statt, obberurter weiss angenohmen werden; Yedoch vor solichem urlaub sol sein schuldt oder unschuldt verhort werden, und sol soliche verhorung gescheyen vor dem Capittel und gemeynen glidtmassen.

[6.] Es sollen auch die Amptleut bey Iren eyden und gelofften verpflicht sein, die erkantenis zw nehmen, und auf erfurdern und heischen des Capittels nicht aussenpleiben.

[7.] Die Jurisdiction, Altherkomen unnd Sinodalia sollen ohne unsers lieben hern Bruders verhinderung erhalten werden.

[8.] Sein Lieb sollen auch Capittels lehen verleihen oder sich frembder guter undermassen.

[9.] Unser her und Bruder der Ertzebischof wil auch die Closter uber altherkomen unnd aufflas unbesswert lassen.

[10.] Es soll auch Sein Lieb kein verpoth auff ochssen, Schaff, holtz, korn und allerley leibs narung, wie von alter herkomen legen oder thun lassen.

[11.] Unser Her und bruder sol hinforder kein kommer, es wehre dan, daß dasselbige teill, darauff der kommer ginge, keines rechtes pflegen wolt, legen oder leggen lassen.

[12.] Auch sol und wil unser Her und bruder die von Bremen und Ire guter, wie von alter her Inhalt Sigelln und briven, Zollen frey pleiben unnd wesen lassen, Yedoch, das sie solicher freyheit nicht missbrauchen, und mit Iren eyden erhalten, das solich guter yr eigen seyn, und darInnen kein argelist oder geferde gepraucht werde.

[13.] Aber mit dem geleit gelde von den ochssen, so uber oder auff der Elbe vonn den Iren gekaufft, die men durch Vorde ausserhalb Stiffts treyben und verkauffen wurth, sol men sich zu bequemer tzeit mit Seiner Lieb weiter unterreden und vertragen, Dan alle ochssen und Vyhe, so men bynnen Bremen bedorfftig, sollen an allen enden des Stiffts zollen und gleitsgeldes frey wesen und pleiben.

[14.] Und Zw dem sollen auch die lantschafft und Capittel zu Verden der holtzfeure halben zum forderlichsten betagt werden, damit Ire gerechtigkeit[b] dargethan, und yedern teil[c] datzu er fug und recht schleunig verholffen werde, also das auch der Zoll zum Langwedel von lassenn, Negenogen und Stinten hinforder nicht sol eingenohmen oder gefurdert werden.

[15.] Die vonn Lee, auch burger und ander underthanen unnd verwandten der Stadt Bremen, sollen bey freiheit, recht und geleit, one Schutz-, Schirm- und geleids geldes unnbeswert pleiben.

[16.] Alle Jar auff eine bestimpte tzeit sollen die Ampten nach alter gewonheit, und laut des Buxtehudischen Recesses gute rechenschafft thun.

[17.] Und nach dem eine Zyse vonn dem Hamburger byre etliche Jahr unserm Hern und bruder von der lantschafft zugelassen und dieselbigen Jahr nun langst verlauffen, so sol Seine Lieb dieselb nu widder loss und frey lassen.

[18.] Was auch vonn Irrungen zwisschen den undersassen des Stiffts Bremen sein, die wir itzo aus kurtze der tzeit, nicht beylegen konnen, haben wir den Hoffrethen und Verordenten bevelich geben, damit sie dieselben auff den montag nach Martini[3] und dieselbe wochenn, dieweill men von wegen des aussgeschriebenn Reichstage nicht ee datzu komen kan, vor sich bescheidenn, und die sachen verhorenn, und mit allen vleis handelln, damit dieselben hingelegt, friede unnd einnigkeit erhalten werde, wie das der Buxtehudische Recess vermag; und dasselbig sol durch den lantdrosten gefordert werden, den men auch darumb ersuchen sol.

[19.] Dergleichen sollen die Irrunge tzwischen unserm lieben Hern und bruder, unnd etlichen Seiner Liebe underthanen, auff den montag nach CatharineVirginis[4] und dieselbe wochen dorchaus, alles nach inhalt des Buxtehudischen Recesses zu Vorde gehandelt werden.

[20.] Wann auch die verordenten Rethe verschrieben werden, so sollen sie one redeliche entschuldigunng und Eehaffte ursachenn nicht aussenpleibenn, Sonder gehorsamlich erscheinen, die sachen nach dem besten helffen beraten und sovil muglich beylegenn.

[21.] Und damit dem Recess gelebt und nachkomen werde, So ordenen wir, daß, wo unser Her und bruder oder Seiner Lieb Amptleut unnd bevelichaber dem Buxtehudischen Recess, und diesem anlass entiegen teten, vor dem Capittel derhalben gehandelt werde.

[22.] So aber die glidemassen erfunden, das yemants anderst dawidder gehandelt, den Recess und anlass gebrochenn und darauff verharret, so sollen die gemeynenn glidemassen erkennen, was ehr derhalb zw thun schuldig und pflichtig sey.

[23.] Wir wollenn auch, daß durch diese obgeschriebenn Artickel und abescheidt der Buxtehudische Recess keine wege geswecht oder gekrengket, Sunder vilmehr bekrefftigt und in wierden sein soll.

Dem allen zw mehrer Urkundt und Wissenheit haben wir unser gewonlich Ingesigell hir unden an diesen briff unnd anlaß der drey befestigt, und einer dem Ertzebischoff als fursten des landes, der ander dem Capitell unnd lantschafft, unnd der dritt der Stadt Bremen, alse den underthanen, sich darnach zw richten, geben und hangen lassen.

Unnd wir vonn Gots gnaden [Christoffer]^d Ertzebischoff zw Bremen, Administrator des Stifts Verden, herzog zu Braunsweig und Luneburg etc,, Bekennen vor allermenniglich, hiemit offentlich: Nachdem der Hochgeporene furst, unser freundtlicher lieber Bruder, Her Heinrich der Junger, hertzog zw Braunsweig und Luneburg etc., auf unser pitlich ansuchenn furhin in den irringen sachenn ein Recess zu Buxtehude Im Jahre, wie oben vermeldt aufgericht, Welcher aber sein vollentziehung nicht erlangt, unnd derhalben sich itzund abermalenn Sein Lieb in unser Stifft Bremen verfugt, den Recess zuvollentzihen, gehandelt, die Irrung, wy obertzelt, beygelegt, So geeeden [sic] und geloben wir, dasselbig in allen und yeden stucken unnd Artickellen, wie die hierInnen ertzelet, stracks, unvorprochenn, one alle geferde, und neue funde, haltenn und erfolgenn wollenn. Dem zu wissentlicher urkund haben wir unser gewonlich Insgesegell, nebenn Hochgedachtes unsers liebenn Bruders, des Handelers Insigell druckenn lassenn.

Das Wir Thumbprobst, Thumbtechan, Senior und gantze Capittell, Prelaten, Ritterschafft unnd Stete solichs, wie obsteet, vonn worten zu worten auch gewilligt, unnd zu erfolgenn angenohmen, uns auch gegenn Hochgemelten Unsernn Gnedigistenn Herenn, den Ertzebischofenn und landesfurstenn, halten unnd erzeigenn, wie uns alse getrewenn unnd gehorsamen underthanen eignet unnd gepueret, ohne argelist unnd neue funde, So haben wir itzdtgedachte Thumbprobst, Thumbtechan und gantze Capittell vonn des Capittels, Unnd wir Arnoldus ErtzAbt zw Hertzefelde[5] von den Prelaten, und wir Heinrich Cluver und Segebade vonn der Hude vonn der Ritterschafft, unnd Wir Burgermeister unnd Rathmanne der Stete Bremen, Stade und Buxtehude von unser selbs wegenn, unser gewonliche Segill zw der Hochwirdigisten In Got Durchleuchtigen, Hochgeporenen Fursten und Hern, Heren Christoffernn, Ertzebischofen zw Bremen, Administratori des Stiffts Verdenn, und Hernn Heinrichs des Jungernn, gebrudernn, beyder Hertzogenn zw Braunsweig und Luneburg etc., Unser Gnedigsten unnd Gnedigenn Heren [Insiegel][d] hangenn lassenn. Gescheenn Zw Basdall, als men tzelt, Nach Christi Unsers Heren gepurt Tausent funffhundert Eyn unnd dreissig Jahr, Donnerstags nach Augustini Episcopi.

(StA Bremen, 1-N 1531 August 31).

a aufgericht. *(mit Kürzungsschlaufe am Wortende) in der Vorlage von gleicher Hand am Rand nachgetragen.*   b *folgt in der Vorlage offenkundig irrtümlich* und.   c teill *in der Vorlage von gleicher Hand über der Zeile nachgetragen.*   d *fehlt in der Vorlage; hier nach der übrigen Überlieferung ergänzt.*

1 *1525 Oktober 19 (oben nr. A.57).*   2 *1531 September 29 – Oktober 6.*   3 *1531 November 13.*   4 *1531 November 27.*   5 *Arnold Bicker, 1527–1548 Erzabt des Klosters Harsefeld (Schulze, Harsefeld, S. 38f.).*

68

Derselbe Landtag

Schatzbewilligung

Die Bremischen Landstände bewilligen auf Ersuchen des Herzogs Heinrich d. J. von Braunschweig-Lüneburg (-Wolfenbüttel) eine Schatzung von je 4 Lübischen Mark.

Abschied: *StA Stade, Rep. 5b, F. 102, nr. 20, fol. 5v (Exzerpt, 16. Jh.; Überschrift:* Noch van schattyngen dem Heren Ertzebisschuppe tho Bremen thogelaten.*; ohne Angabe zur Vorlage).*

Anno domini 1531.

Veer Lubsche marck up erforderung Hertogen Heynrickes tho Basdale thogelaten, dar up de Basdalessche Reces vorsatat.

(StA Stade, Rep. 5b, F. 102, nr. 20, fol. 5v).

69

Landtag 1532 August 5, Basdahl

Landtagsabschied und Rechtsfindung

Rechtsfindung der Bremischen Landstände im Streitfall zwischen den erzbischöflichen Räten und Detlev Bremer (um den Nachlaß des Bremer Domdekans und Osterholzer Propstes Friedrich Bremer in Bremen).

Ausschreiben: StA Stade, Rep. 27, B 3825c, Bd. 2, fol. 4r: Ladungsschreiben Erzbischof Christophs zum gemeinen landtag in unsen Bremischen stieffte to Basdall up den Moendach na Petri ad vincula scherzkomende [sic] to vormidage (Abschrift; 1551–1563) – Weitere Abschrift dieses Ladungsschreibens in hochdeutscher Fassung: StA Stade, Rep. 27, B 3825f, Bd. 1, fol. 49r (Abschrift; 1551–1564).
Protokoll: –
Abschied: StA Stade, Rep. 27, B 3825c, Bd. 1, fol. 79r–80v (notariell beglaubigte Abschrift einer Or.-Ausf.; 1551–1563). – StA Stade, Rep. 27, B 3825c, Bd. 2, fol. 4v–6v (Abschrift der vorgenannten Abschrift; 1551–1563). – StA Stade, Rep. 27, B 3825f, Bd. 1, fol. 49v–52v. (Abschrift in hochdeutscher Fassung; 1551–1564). Reg.: FB Reichskammergericht, S. 28f.
Weitere zu diesem Landtag gehörige Quellen: –

Tho wetten, dat inn sacken und irrungen, so sich twischen Unserm Gnedigesten Fursten und Herren van Bremen ein, und Dietleff Bremers anderdeels enthalden klage, antwordt, inrede, wederrede allenthalven vor den gemeynen Stenden des Stiffts von Bremen uff Mondach nach Petri ad vincula itziges jars vorgedragen und erhŏrt in bey verordenten Furstlichen Reden van Gelren von Dietloff Bremer dar her bewegen anhŏrent, uff folgende meinunge und articl, durch die wirdigen Erentfesten und Erbar Herren Diderick Friesse Domdecken, Segebade Kluver Proveste etc. und Dhomhern der Dhomkercken to Bremen, von wegen der Landtschuepp unnd Stenden des Stifftes to Bremen fruntlich und guetlich handel vorgenhomen, also anfencklich:

[1.] Im ersten der sacke to gnede veer gudt angesehen das Dietleff Bremer in alle syn oelde vederlicke und moderlick Erve, guedt und gerechtigkeit mŏchte wedder um ingesaedt werden, des sonder des Fursten behindernn wy seine olderen gedaen togebrucken.

[2.] Der anderen Errunge halven twischen Hochgedachten Unserm Gnedigesten Herren von Bremen und Dietloff Bremer, de Katten, Clementen van der Wissche unnd des nagelatten gudes und Testamente des zeligen Dhomdeckens unnd anders sall vortgestelt werden, und dar Landtage to angesatt, die gebrucke bynnen Jair unnd dage na den meisten Reeden by der lantschapp to verglicken unnd verdragen.

[3.] So ouck twelffhundert gulden hovertsummen thyns unnd schaden erringe entstanden, unnd die Burgen ervordert sulde Dietloff Bremer sodan houvetstoel laten staen twe jair langk syn geborlich tyns dar von boeren oen wyderen schaden, und die erwassen tynse betalen sick laten, den schaden staen lathen tho erkantnusse der Landtschaep gelick den anderen gebruck.

[4.] Dusses allenn solde Dietloff Bremer eyn Recess und geleide van dem Fursten gegeven worden und vorsegelt thogestalt, und dar die sacke bynnen jair und dag nit geendiget worde, Solde wederumb Dietleff macht hebben[a] na als bevorn syne clage to erfolgen, ouck solde de sulve Recess inholden, dat Dietloff Bremer by dem Fursten[b] beungnadet nicht werden solde, So sullykes wes geborde, solde Sein F. G. vor der Landtschap uthdracht und entschaep gewarden, ahnn alle ware und ungnade, Dietloff oucke uthe synem guede sunder whetten der Landtschaep nicht entsetten.

Darup mannichfoldige fruntliche underhandlinge allenthalven vorgewanth, hefft Dietleff Bremer slutlich und entlich in volgende artickl verwilliget unnd darop verharret:

[1.] Im ersten: Inn dem Ersten articl durch gedachten Herren gutliger Menunge vorgestalt hefft Dietloff Bremer fulbort gegeven und beleneth.

[2.] Thom anderen hefft sick Dietlŏff vorbeholden all syns Broder narlath ane besperinge tho forderen und intomanen, uthbescheden wes Hochgedaichter Furst in Klederen und Cleinode unnd Boecken an sick lathen furderen, sall to erkantnisse der Landtschap staen gelichen volgenden articln.

[3.] Thom derden wyl Dietlŏff laten staen die twelff hundert gulden up erstkumenden Oestern,[1] idoch mit vorbeholde, dat Hoichgedaichter Furst mytler tidt mit Dietleff des schaden unnd angewasse thynse handle; so overst sullichs nicht geschege, dat Dietleff dan ane Ungnade syne Borgen to forderen hebbe.

Offte oick twischen dith unnd ierstkumen Paeschen[1] unnser Gnedigster Herr up tyns unnd genhamen schaden sick mit Dietleff voreynigde, alsdan will he de hovetsumen Syner F. G. bis ankomen Paeschen darnae over ein jar jedoch vortinset staen laten.

[4.] Thom Verden: wes wider inn angegeven gebrecken to beyden delen vorgebracht, den Fursten, Dietleff, Katten, Clemens van der Wysch, unnd anderen belangendt, sall vor der Landtschaep in Fruntschap eder nach Rechte bynnen jair und dach vordrogen und erkanth werden; worde overst in gedachten gebrecken wy vorgeschreven nicht erkhanth, soll Dietleff ahnne ungnadt des Fursten vaer unnd schuwen in ithliger forderinge staen und blyven, unnd so dan hier inne dage soldenn angesanth werden, Sall unnd will Dietleff de dagesettinge twe maentydes em verkundigeth unnd togescreven werden mit genoichsam geleide aff und an, vor sick unnd syne frunde, de he thom dage bringen werdt.

[5.] Thom Vifften und slutlich sall Dietleff bey insettinge syner guder ohnne alle verhinderen beschutzet unnd handthaben werden, dat sall ouck Hoichgedaichter Furst Dietleff nicht ungnedich begegenen edder begegenen latten, noch Keyner gestalt Zicke mit ungenaden an Dietleff verwercken, Sonder Zo dar ungnade, de Furst mit ursache vormeynde erwecken edder sus anqueme, sall Syn F. G. vor der Landtschaep vorfolgen, und erkantenisse na rechte gewarden. Syn F. G. sall ouck ahnne Raedt unnd medewette der Landtschaep beneffenst Syner F. G. mede vorsegelt werden.

Hierup hebben die verordenthe Unsers Gnedigsten Herren Furstliche Rethe, hinderbringen an Syn F. G. angenhomen, unnd verthein, ein bedencken mitler tydt des Fursten meynunge und willen Dietleff Bremer Schrifftlich tobeantworden angenhomen, Zodann schrifftlich antwordt in behusunge Diderick Walen tobehanden.

Unnd ᶜsynt diesserᶜ handlunge drifachtige Czedelen in gedechtnisse vorfatzet, den verordenten herren, unnd fruntlichen handelers eyne, den bey voerodenten [sic] Furstlichen Reden von Gelren etc. uth begerten die ander, unnd Dietleff Breemer die Derde, des eyn wetten unnd gedechtnusse to hebben, gegeven durch underschreven herren tor Kundtscaep underscreven, ast geschein in beywessen von wegen Dietleff Bremer des Wirdigen Hochgelerten Erentvesten unnd Erbaren Herren unnd Mester Sweder von Karnehen provest tho Sutphen etc. unnd Kontzen von Seelbach verordenten Gellrischen Furstlichen Reden, Mester Waelterus Barenscieth, Jurgen Hake Decken to Overwater in Munster, Johan Marschalck, Diderick Waele, Herman van Dingklage, Godert van Brobergen, Johan Doringerloe, Luder Kulen, Luder Bicker, Vincentius Bernefhur, Segebade van der Hude, Harborth van Apenn, Cristopher Bicker, Joachim unnd Melchior Korff gebroder, Bertholdt Breemer unnd mher frunden genoich, dat gescheen am mondach Petri ad vincula anno etc. XXXII°.

In memoriam prescriptorum Ego Swederus de Karnehen prepositus Sutphanensis pnt. nomine mei script. signavi.

Swederus de Karnehem Prepositus
Sutphanensis etc. s[ub]sc[rips]i.

In memoriam prescriptorum Ego Georgius Hacke Decanus etc. manu mea propria hac subscripsi.

Similiter et ego Walterus Barenschiet attestor manu propria.

(StA Stade, Rep. 27, B 3825c, Bd. 1, fol. 79r–80v).

a *folgt in der Vorlage irrtümlich* haben.   b *folgt in der Vorlage irrtümlich* nicht.   c–c *die Vorlage hat hier nur* diesse; *Textergänzung nach der zweiten niederdeutschen Abschrift.*

1 *1533 April 13.*

70

Derselbe Landtag

Schatzbewilligung[1]

Die Bremischen Landstände bewilligen dem Bremer Erzbischof (Christoph) einen Pflugschatz von je 1 Gulden für die Türkenzüge.

Abschied: StA Stade, Rep. 5b, F. 102, nr. 20, fol. 5v (Exzerpt, 16. Jh.; Überschrift: Noch van schattyngen dem Heren Ertzebisschuppe tho Bremen thogelaten.*; ohne Angabe zur Vorlage).*

Anno domini 1532.

Eyn gulden munte van der ploch thogelathen behoff der Turken thoge. Conradus ab Horne Collector.

(StA Stade, Rep. 5b, F. 102, nr. 20, fol. 5v).

1 *Da 1532 kein weiterer Landtag belegt ist, wird man davon ausgehen dürfen, daß die Schatzbewilligung auf dem Landtag von 1532 August 5 in Basdahl erfolgte.*

71

Landtag 1533 September 23, Basdahl

Landtagsabschied

Der Bremer Erzbischof Christoph und der Rat der Stadt Bremen entscheiden auf dem Landtag in Basdahl am 23. September 1533 in Anwesenheit der Landstände des Erzstifts Bremen, ihre vor dem Reichskammergericht anhängigen Streitigkeiten durch ein Schiedsgerichtsverfahren zu lösen. Der Streitpunkt der gottesdienstlichen Zeremonien (mithin der Konflikt über die Einführung der Reformation in Bremen) wird bis zur Entscheidung durch ein allgemeines Konzil vertagt.[1]

Ausschreiben: –
Protokoll: –
Abschied: StA Bremen, 1-N 1533 September 23 (besiegelte Or.-Ausf.; 7 anhäng. Siegel erh.). – StA Bremen, 2-Z.2.b, nr. 0 (Abschrift 18. Jh.). Druck: Conring, Bericht, o. pag. [cap. 15]. – Meier, Assertio Libertatis, S. 98. – Lünig, Reichsarchiv 16, S. 448. – Dumont, Corps Dipl. 4, Tl. 2, S. 101, nr. 73 (nach Lünig). – Moser, Reichs-Stättisches Hand-Buch, Tl. 1, S. 221. – Decken, Familie, 4. Abth. (Urkunden), S. 14f. (nach Dumont). – Quellen z. Brem. Reformationsgeschichte, S. 148–151, nr. 53 (nach der Or.-Ausf.). – Regest: Cassel, Bremensia 1, S. 359f., nr. 6 (nach den fünf erstgenannten Drucken).
Literatur: Bippen, Bremen 2, S. 195. – Wolters, Erzbischof Christoph, S. 51f. – EKO 7.II.1, S. 8. – May, Bischöfe, S. 42.

Nachdeme sich etliche Irrunge unnd gebrechen zwischen unns Christoffern von Gottes gnaden Ertzebisschoff zu Bremen, Administrator des Stiffts Verden, hertzog zu Braunschwigk unnd Lunenburgk etc. unnd etlichen unnsern verwandten an Eynem und den Ersamen unnsern Lieben getreuwen Burgermeistern, Rathe unnd gemeynen unnser Stadt Bremen anders theils, darumb wir Sie viell unnd mannichfaltiglich besprochen, auch etliche tage unnd handelunge darInne vorgenhomen, unnd wir zu hinlegunge derselbigen der guete nye vorgewesen; derhalben verschienes Jar auch In kurtz etliche tage, als nemblich zur Burck, durch unsere wirdig Thumbcapittell und den Eltisten unnser Bremischen Stiffts glidmassen, darinne gehalten und gehandelt, Dieweill wyr nymandes Lieber dan Sie darInne leiden mochten, auch auff dieselbigen wir sollich gebrechen In der guete hinzulegen gantz mechtiglich gestellet, und derselbigen entscheid unnd auswysunge haben wollen Annhemen, welliches dermassen, aber die gedachten von Bremen Ires theils nicht haben vorstellen wollen, sunder sich auff das hochloblich Kayserlich Camergerichte Im Heiligen Reich zu Rechtlicher erkenntnuße erbotten, auch daneben andere wege der guete vorgeschlagen, darInne wir ein zeitlanck bedenckens gehabt; Unnd nun dienstages nach Mathei Apostoli jungest vorschinen zu Basdaell auff eynen Landtagk, den wir mith gemeynen unsern glidmassen gehalten, daselbst wir auff Ir underthenig bitten Inen zu erhen unnd gnedigen willen als der gnedige Landesfurste, der nicht anders in allen billichen wegen dan gnad, friede unnd eynigkeit mith Iren undersassen suchen, gespureth unnd gefunden werden will und der Inen zu gnaden auch deren schaden unnd nachteill zuvorkhomen mith allem gueten geneiget, nachgegeben haben; Ydoch unser unnd unnsers Bremischen Stiffts alte lobliche hergebrachte freyheit, Recht unnd gerechtigkeit hiermit unvorfenglich sein sollen, alle sollich unsere zuspruch, Irrunge und gebrechen zwischen unns und obgedachter unnser Stadt Bremen an das kayserliche Camergerichte zu Rechtlicher erkenntnuße haben gestellet und khomen Lassen, welliches von den verordenten unnser Stadt Bremen mith grosser undertheniger dancksagunge willicklich angenhomen; doch ob mitler zeit des Rechten genante unsere underthanen unnser Stadt Bremen, sich zu billichen wegen dem Rechten gemeß, In gutlicher handelunge mith uns zuvortragen khomen mochten, unbegeben.

[1.] Den Artyckell die nydergelechten Ceremonien belangende, derenthalben wir nicht zu begeben gewist, sonder die wieder auffgericht werdern solten, Aber auch auff underthenig fleissig bitten unnser gemeynen glidmassen, Kayserliche Mayestat, Chur-, fursten unnd gemeyner des Reichs Stende abescheidet nach, hingestellt bis zukunfftigen generall Concilio oder eindrechtiger ordenung Teutscher Nation durch Gottes schickunge, oder sunst gutliche underhandelung hiermit unbegeben, auch hieruber weiter nicht wollen gewilliget haben, mith besonderer Protestation unnd bedingung, wes vielgemelte unnsere underthanen unnser Stadt Bremen, deshalben gegen Bepstlicher Heiligkeit, Remischer *[sic]* Kayserlicher Mayestat, oder sonnst des Heiligen Reichs obrigkeitenn mechten ubergangen haben, des sie sich daver *[sic]* also schicken und ertzeigen, das wir unnser Lanth unnd Leuth unvernachtheil, unbeschwerdt bleiben mugen.

[2.] Unnd sollen also nun hinfhuro berurter sachen halben hieruber genanthe unnser underthanen von Bremen keiner ungnade oder eyniches thetlichen fhornhemens von unns oder den unnsern vormueten, sonder aller gnaden unnd gnedigen fhorderunge unnd zu Rechte vorthedigunge alse Irem gnedigen Landesfursten und wir hienwiederumb von denselbigen von Bremen aller underthenigkeit unnd gehorsames unnsers bestes zuthun, unnd arges zuwenden, wie getreuwen underthanen gegen unns alße Irem Landesfursten eygenth unnd gebureth, Respective vermueten unnd gewertigk sein, Auch sich aller tadt gegen unns und den unnsern enthalten wollen und sollen.[a]

[3.] Weret auch das zu zukunfftigen zeiten eyniche andere zwiste zwischenn uns beider sitz wieder auffstehen wurd, das der Almechtige gnediglich verhueten wolle, sollen alsdan sodane gebrechen auff zwein von Jedlicher seyten zu freuntlicher besichtigunge unnd verhoer gestalt werden, Dieselbigen gebrechen in der guete, so viell mugelich beyzulegen unnd zuentscheiden.

[4.] Wo aber die guete entstunde, So soll dan ohne Mittell sollich auff die glidmassen geweiseth werden, die sich nach gelegenheit (:wo sie dieselbigenn gebrechen, vonn sich selbest nicht entscheiden konten:) bey einer unverdechtlichen unnd unpartyeschen universitet Doctorn oder andern Rechtes erfarnen mugen belernen und In eyner benanten zeit auffes Lengeste In dreyen Monaten den negesten daruber Recht sprechen unnd Erkennen, wellliches wir also wie vermeldeth vor unns stet, vasthe, unverbrechen furstlich unnd woll; und wir Burgermeister, Rathmanne und ganntze gemeyne der Stadt Bremen bey unnsem wahren treuwen ehern und glauben underthenigen pflichten also unverbrochenlichen nachzusetzen, angenhomen, verwilligeth, und zuhalten verpflicht haben.

Zuurkunde stetter wissenschafft haben wir obgenanter furst unnser Ingesigell an diesen brieff, der zweifach geleich lautes auffgericht, unnd eynen bey unns behalten, den andern vielgemelten unnsern underthanen von Bremen verreichenn Lassen. Und wir Burgermeister unnd Rathmanne zu Bremen der Stadt Ingesigell vor unns unnd gemeyne stath neben hochgedachtes unsers gnedigsten Herrn hangen Lassen, und dieweill wir dechandt und Capitell der kirchen, Prelaten, Ritterschafft unnd Stette Bremischen Stiffts sollliches, wie obstehet, also mith unserm Rath und wissen geschehen; So haben wir Itzgedachte dechant unnd Capittell von des Capittells, und wir Werner von der Hude und Alverick Cluver von der Ritterschafft, Unnd wir Clawes von der Dekenn und meister Peter Radeleves von der Stedte Stade und Buxtehuden wegen, unnser gewenliche Sigell hiernyden zu hochgedachtes Unsers Gnedigsten Herrn und der Stadt Bremen sigell hengen Lassen, geschehen zu Basdaell, dienstages nach Mathei Apostoli, nach Christi Unnsers Lieben Hern gebuert funfftzen hundert, Im dreyundreyssigsten. Taxe

(StA Bremen, 1-N 1533 September 23).

1 Die Akten des hier genannten Prozesses sind im Bundesarchiv Frankfurt, Best. AR 1 erhalten (vgl. Inventar Reichskammergerichtsakten, S. 163, nr. 8; ehem. Reichskammergericht, Prozeß B 3710/69).

72

Derselbe Landtag

Schatzbewilligung[1]

Die Bremischen Landstände bewilligen dem Bremer Erzbischof (Christoph) einen Pflugschatz von je 2 Mark Lübisch für die Türkenzüge.

Abschied: StA Stade, Rep. 5b, F. 102, nr. 20, fol. 5v (Exzerpt, 16. Jh.; Überschrift: Noch van schattyngen dem Heren Ertzebisschuppe tho Bremen thogelaten.; ohne Angabe zur Vorlage).

Anno domini 1533.

Twe Lub. marck van der ploch thogelathen behoff der Turken thoge. Conradus ab Horne Collector.

(StA Stade, Rep. 5b, F. 102, nr. 20, fol. 5v).

1 *Da 1533 kein weiterer Landtag belegt ist, wird man davon ausgehen dürfen, daß die Schatzbewilligung auf dem Landtag von 1533 September 23 in Basdahl erfolgte.*

73

Landtag 1534 April 28, Sottrum fortgesetzt als Versammlung (*Tohopesate*) der Landstände 1534 Mai 6 Basdahl (?)[1]

Bündnis der Landstände 1534 Mai 6

*Das Bremer Domkapitel, die Prälaten, die Ritterschaft und die Städte des Erzstifts Bremen schließen als Bremische Landstände, nachdem ihre Anliegen, betreffend die Zahlung der erzbischöflichen Schulden, auf dem Landtag in Sottrum am 28. April 1534 von den Räten des Bremer Erzbischofs Christoph abgelehnt worden sind, untereinander ein Bündnis (*Tohopesate*) zur Verteidigung ihrer Rechte gegenüber Erzbischof Christoph.*

Abschied: (StA Hann., Brem. Or.; 1943 verbrannt; Signatur unbekannt; letzte bekannte Signatur von 1847: Provinzialarchiv Stade, C 14, Nr. 2; Or.-Ausf.). – StA Stade, Rep. 5b, F. 91, nr. 7, fol. 16r–21v (Abschrift 16. Jh.; durch Wurmfraß beschädigt). – StA Bremen, 2-Z.2.a (Abschrift um 1600). – Ebd., 2-Z.2.b.1 (Abschrift um 1600). – Ebd., 2-Z.2.b.2, S. 81–93 (Abschrift um 1600). – Ebd., 2-Z.2.b.3 (Abschrift um 1600). – Ebd., 2-Z.2.b.4, S. 41–53 (Abschrift um 1600). – Ebd., 2-Z.2.b.6 (Abschrift um 1600). – Ebd., 2-Z.2.d.1 (Abschrift um 1600). – StA Stade, Dep. 10, Hs. 7, S. 51–57 (Abschrift 1. H. 17. Jh.). – Ebd., Rep. 5b, F. 128, nr. 15a, fol. 44r–47v (Abschrift; 1. H. 17. Jh.). – AR Stade, Hs. 9, fol. 96r–103r (Abschrift 1. H. 17. Jh.). – StA Bremen, 2-Z.2.b.5, S. 153–162 (Abschrift Mitte 17. Jh.). – HB DoG Verden, Stettswährende Receße, S. 40–50 (Abschrift 17. Jh.). – GWLB Hann., MS XXIII 1124, S. 55–66 (Abschrift 17. Jh.). – Ebd., MS XXIII 1125, fol. 30r–34v (Abschrift 17. Jh.). Druck: Cassel, Bremensia 1, S. 360–369, nr. 7 (nach einer vor 1623 Sept. 1 an-

gefertigten Abschrift im Kopiar des L. Heistermann). Regest: StA Stade, Rep. 81, Hs. 9 (Rep. Möhlmann 1), nr. 3254 (nach der verbrannten Or.-Ausf.).
Literatur: Wiedemann, Bremen 2, S. 17f. – Wolters, Erzbischof Christoph, S. 52. – Merker, Ritterschaft, S. 125. – Weise, Staatsarchiv Stade, S. 186, Anm. 6. – EKO 7.II.1, S. 7.– Reinicke, Landstände, S. 72f. – Schleif, Regierung, S. 27f. – Bachmann, Tagungsorte, S. 84. – Dannenberg, Landtag, S. 34. – Fiedler, Bremen, S. 208.

Wy Domcapittell, Prålaten, Ridderschup, Stede und Stende, alß gemene Ledemate des Bremischen Stichtes, Bekennen und betůgen vor unß, unse Nakomelinge, und Erven, und vort alß wehme, apenbar in dussem Breve. Wo woll Wy unß tegen den Hochwurdigsten in Godt Durchluchtigen Hochgebornen Fůrsten und Herrn, Herrn Christoffer, Ertzbischoffe tho Bremen, Administratorn des Stifts Verden, Hertzogen zu Brunschwigk und Luneborgh etc., Unsem Gnedigsten Herrn vom Anfange S. F. G. Regirung, beth an den hudigen Dach, mit aller Underthånigheitt, wo Wy na Vermoege unser Verplichtinge tho donde schuldigh, gehorsamlick ertaget, darupp ock S. F. G. tho dersulfften Nottorfft und Entsettinge, vast veele Plochschatte, aver dat gantze Stichte, to enen merckliken Summen Gulden sick vorstreckende, tho vorschedenen Jahren, denstlick und underdenich thogelatenn und vorwilliget,[2] Darenbaven noch am Jare viff und twintich deß kleinen Getals jůngst vorschenen uppe des Durchluchtigen Hochgebornen Fursten und Herrn, Herrn Hinrickes des Jůngeren ock Hertzogen tho Brunschwich und Luneborch etc., S. F. G. Herrn Bruders, ock unses gnedigen Herrn, gnedigen Verhandelinge, so dat mal vor Buxtehude im olden Closter geholdenn,[3] ungefehrlich tho Sostein dusendt Gulden, darmede S. F. G. alß do vorhafft, alß getrewe Undersaten, de ehren Gnedigsten Herren und Landesfursten gerne gereddet, und in Furstlickem Wolstande gerne erhŏhet segen, ock up uns genamen, und betalet, Up dusse gnedige Thosage und Furstliche Verpflichtinge, Also dat sick S. F. G. nach der Tidt ahne Vulbordt gemeiner Ledemate, mit keinen wiederenn Schulden beladen, Noch des Stichtes Huser jeniger mahten wormede vorpfenden, Oder beschweren wolde, sunder sick tho S. F. G. eigenen Persohnen und sustes tho des gantzen Stichtes Wolstande und Besten, und tho Verschoninge der Armode, de dorch veele Schattinge thom Armode gekamen, an S. F. G. Hußholdinge, Regimenten und Hoffgesinde dermaten vordan holden, bewisen und schicken wolde, dat men an ohme deß einen sunderlicken Leffmoth und Gefallen dragen scholde, wo de Receß do sulvest in Olden Closter[4] und sunst der Tydt dorch einen anderen Breff, vormitz dem upgemelten Fursten tho Brunschwigk etc am Jahr ein und dertich negst vorgangen binnen Baßdale tho bestadinge und Ratification deß upgeorden Buxtehudischen Recesses allenthalben Furstlick upgerichtet,[5] dusser alle, wovor důttlicher uhtgefŏhret und vormeldet. Wy unß ock alß de getrewen Undersatenen, in gantzer Vertrostinge, verhapet, dat sick S. F. G. nach Vermoege dersulfften Furstlichen Verplichtinge und in Macht der upgerichteden und vorsegelden Recesse unverbracklicken ertŏgett und geholden scholde hebben, Tho dero Behoeff ock von unß alß den Undersaten der tidt mit S. F. G. alß deme Landesfursten gerne gudt segen, und getrulich wol menen, Midler tidt der vorgerorden Recesses und Anlaten Breve, ock sind darnah mehr ander Plochschatte tho verschedenen tiden thogelaten und verwilliget,[6] darmede by unß itzo nicht anders, dan alle Ehre, Rede und Billicheit ersporet undt befunden, undt mit guder Fuege nicht bespracken mochten werden, Jedoch so hefft S. F. G. sodane unse getrewe Wollmeninge undt Bestandt nicht allenen hengelecht und unachtsam, Sondern sick den vorgerorden Recessen und S. F. G. Verpflichtinge entgegens und tho wedderenn in eine andere vast merckliche Summen Gulden gesettet, und gestellet, ock de Husere des Stichtes ahne unsen des Capittelß, Inholde der Verschrivinge und Verplichtinge, Radt, Vulbortt und Willen versettet, und beschweret, darmede noch nicht gesediget, sonder tho mehren und wiederen Beschweringe der Armode dusses Stichteß, de doch genoch alrede verletzet, einen groten Antal van Kriegsknechten, alß nu thor tidt Giffte dusses Breves, alhir int Stichte foeren und bringen laten, umme unß mit densulfften darhenn tho drengen, und tho nodinge, dat Wy de vorgeschrevene Summen Gulden darmede S. F. G. alß nuh beladen, entrichten undt betalen, ock desulfften Knechte, mit geborlicker Besoldinge, affleggen und quiten scholden. Wovan S. F. G. Reden am Dingsttage nah Jubilate neuwligst vorledenn,[7] up einem geholdenen Landtdage[a] tho Sotterm, apenlick angedragen und gewurven, dewile Wy nu S. F. G. in Macht einer Instruction, wovon unß allenthalven eindrechtigen vorramet und bewilligt, darup bescheden, dat unß de Betalinge der beclageden Summen schulden, so de buthen unser aller Belehninge und Willen, na Vermoege der vorgerorden Recesse gemacket, ock in Erbaren Nutt und Besten dusses Stichtes nicht gekamen, in keinen Wegen wolde angelegen und tho donde syn. Noch de vele weniger, dat Wy de Kriegßlude mit Besoldinge affleggen, und vernogen scholden mit angeheffter Erbedinge, wor S. F. G. hiermede nicht gefrediget, dat Wy alsden Kayserl. Maytt. unsers allergnedigsten Herrn, alß S. F. G. ock unses aller Oversten Overicheide Hochlofflichen Cammergerichts Rechtes Erkandtnisse daraver erliden, und gewarden wollen.[8] Wor nu S. F. G. hiruth wo thu besorgen, tho Ungnaden und Torne gewagen, und deß tegen Unß sambt, effte einen jederen intbesunder, edder up unse arme Lůde dusses Stichtes nuh offte in thokamenden tyden, mit der Dath und werigen Angrepen, etwaß vornemmen, oder betengen wolde, undt also darentjegens thor Wedderwehre genodiget, undt gedrungen, dat doch de Almechtige gnediglick affwenden und verhoden wille, Derhalven und nachdeme ock susses an veelen Furstenthumben, Landen, Stetten und Gebeden vast veele geschwinde Uproer, Twedracht und Varlicheit vorhanden, so dat einen jederen guder Upsicht wol vonnoden, So hebbe Wy unß tho der Ehre des Almechtigen, tho forderlicken Wolstande, Hochgemelten unses gnedigsten Herrn und Fursten tho Handthavinge der Armen, de Wy so vele mogelick vor Averfall und Beschweringe, tho erredende schuldich, und sustes tho Bestadinge Eindrachten, Leffte und Fredes dusses Stichtes in sambt eindrechtiglikenn voreiniget, tho hope gesettet, und verbunden, und jegenwardigenn in und mit Krafft dusses Breveß, voreinigen, tho hope setten, und verbinden, Alß Wy uth vorigen Ohrsaken, offte sustes in thokamenden Tidenn, jeniger mathen anderß baven vorgerorde unse Vorsegelinge, Recesse, und gedanen Rechtes Erbedinge van upgemelten Unsen Gnedigen Herrn von Bremen etc., jemandes anderß von siner wegen, buhten edder binnen Stichtes averfallen und beschweret wurden, dat Wy des by malckanderen sambt und besunderen bliven, ock de ener van den anderen by sinen Ehren, Eden, Redelicheiden und Plichten keinen Affwecke nemen wille, Sundern unß malkanderen getruwelick mit Live und Gude, by Plichten und Verhelpen, ock ferners alle Beschwerde, so ieniger mahten daruth erwassen und erstan konden malckanderen upnehmen und dragen, in Forme und mahte, wo hier nah beschreven:

[1.] Alß wo unse Gunstige Herr von Bremen etc. alß nuh mit dussenn jetzigen Knechten etwaß vornehmen wolde, deß hebben Wy uht unß allen hirtho verordnet, und benomet etlicke uht des Domcapitteß Personen, welckere Wy jetzgedachte von den Unsen dartho deputeren, und so vackenn nodig oder bedarff mochte werden, vermoegen und verschaffen scholen, und willen, uht der Ridderschup de Erbaren Alverick Clüver den Elderen, Otto von der Hude, Johannen Marschalck, Henneken von Brobargen, Henrick Cluver, Hinricke von Zesterflete, Bartolde Schultenn, und Segebade van der Hude, ock summige uht den Steden, alß Bremen, Stade und Buxtehude, desullften se tho allen mahlen des Behoeff wil sin, dartho scholen und willen bestellen, dar de in unser aller Namen, den Handell upt notturfftigste erwegen und betrachten scholen, und tho unser und der unsen Noturfft Underreddinge jeniger frombden Rūter und Knechte baven, de so alhier im Stiffte beseten, vonnoden wurden syn, So scholen de upbenomeden unse Verordneten de Macht hebben, so dane Rūter und Knechte anthonehmen, und weß dar an Gelde und Darstreckinge belopen will, so idt tho des Stichtes Beste und Nutte vorgenahmen, datsulffte alles ahne der Verordneten Beschweringe sambtlicken leisten und betalen willen.

[2.] Begeve idt sick ock hier nachmalß, dat Jemandt von unß, hoch offt sidt, rick edder Arme, an wath Orderen de gesehten, van upgemeltenn unsen gnedigsten Herrn van Bremen etc. baven Rechts Erbedinge up unß de Ledemate oder Kays. Maytt. Cammergericht jeniger mahten verungnadet und beschweret wurde, densulfften schole dat Domcapittel up sine angedragene Clage tegens S. F. G. mit denstlicken Vorschrifften vorbidden, darmede de sulffte der thogemetenen Beschwerde vorlaten und gereddet moge werden.

[3.] Wo ock deme Beschwerden sodane gudige Vorschrifte unbatlick bodagen, Alßdenne schole dat Capittel de upbenompten Verordneten, offte na Gelegenheit de gantze Ledematen dartho vorschriven, umme den Handel tho berathschlagen, darmede de Cleger uht sinen Beschwerden gehulpen.

[4.] Quemet ock in tho kunpftigen tiden, dat de vielgemelte Unse Gnedigste Herr van Bremen etc., jenige Ruter und Knechte, inmahten wo nuh geschehen, alhier int Stichte avermalß erfoerdern und bringen worde, und sick ein so danes so itlich und ungeweten thoginge und begebe, so dat de upbenompten Verordneten, offte so dorch dersulfften dotlicken Affgange dar vor in der Stede gesettet, mit ohne den gantzen Ledemahten thor Underredinge nicht konden thosamen kamen, Alßdenne scholen se ock nah Rade der jennen, de se up der Negede, und in der Ile von den ledematen bekamen konnen, de Macht und Befehl hebben, von unser aller wegen, na Notturfft und Gelegenheide des Handelß frembde Ruter und Knechte, inmahten vorgerort, thor Jegenwehre, und Defension up tho bringen, und alhier tho befoerderende, darby Wy ock, in aller mahten wo vorgeschreven, unafftredelick willen bliven, und desulfften de beschwert werden, ahn wat ordenen de ock gesehten sin, mit aller Macht tho orer Erreddinge tho Hulpe kamen, und entsetten, deß ock in deme Falle, de Undersaten ohre Have und Gudere nichtes buhten Stichtes, dan in de Stadt, de ohnen binnen Stichtes am negesten belegen, bi Verluste Lives und Gudes scholen bringen.

[5.] We ock in dussem Handell tho unser und des gantzen Stichtes Erholdinge, jenige Gulden upgebracht musten werden, darover so schollen und willen Wy gnugsame Versekeringe undt Verwisinge dohn, und desulften ohne alle Insage und Beschweringe nah eines jederen Anparte und Gelegenheide wedder uhtgeven, entrichten und bethalen.

[6.] Und quemet, dat sick jemandt von Unß uht dusser unser malkander tho hope affsonderen und erutheren wolde, so wy unß doch in keinen Wegen vermoden willen, So dat de sulffte dusser siner Verplichtinge nicht naqueme, und genoch dede, de jene, de also befunden, schole vortmehr alß ein Ehrloß, loffloß, ungetreuer geachtet undt geschulden, und nah der Tidt vor kein Lidtmate des Stichtes geholden, gehavet und vorbeden werden.

[7.] Jedoch so willen Wy hiermede apentlick und tho Rechte genochsam vorbedinget und protestert hebben, dat dusse unse Thohopesettinge und Vereinigunge hochgemelter Kayserlicher Maytt., des hilligen Richs Ordnunge und Landfrede etc., noch upgedachtem Unsen Gnedigsten Herrn von Bremen etc. an S. F. G. Hocheide, Overicheide und Regalien nicht entjegends tho wedderen, und tho Affbrocke schole kamen, dan unß allewege tegenß dessulfften in rechtmetigen und billigen Handelen geborlick und gehorsamlick, wo getreuwen Underdanen tho donde gebohrt, ertogen und finden laten willen, sundern allenen tho unser und des Stichtes Undersaten und Verwandten Beschutz und Bescherminge, und tho Vorkaminge drangsaliges Gewaldts und Averfaringe langen und gerecken schole, allendt ohne Behelp und Gefehrde.

Und desses tho Tŭge, So hebbe Wy Domcapittel, Abt tho Hertzevelde, wegen der gemeinen Prælaten, Werner von der Hude, Claus von Zesterfleth, Dirick von Zesterflethe, Alverick Clŭver de Elder, Otto von der Hude, Jost von der Hude, Johann van Schonebecke, Johan Marschalck, Sivert, Johan van Schwanewedel, Johan Bicker, Heine Spade, Hennecke, Herman von Brobergen, Alverick Clŭver thom Clŭvenhagen, Hinrick Clŭver, Vincentius Clŭver, Claweß Clŭver, Johan Clŭver, Borchert Clŭver, Dirick Clŭver, Alverick Clŭver, Christoffer Clŭver, Dirick und Alverick Clŭver, Clawes vom Horne der Elder, Clawß vom Horne der Jŭngere, Otto und Herman von Horn, Johan und Benedits Klencken, Hinrick von der Cula, Johan und Ortgist von Wegholten, Johan, Otto, Jost, Dirick, Bartoldt und Frantz von der Lytth, Frantz Marschalck, Wilcken vom Schonebecke, Carsten, Berendt und Arendt von Wersabe, Aleff Bremer, Lŭder, Berendt, Tonnieß, Christoffer, Bastian und Peter Bicker, Garlich und Bartold Schulte, Dirick, Henrick, Gerveyt von Zesterfleth, Johan und Gise von During, Herman und Claweß von Issendorpe, Herbert von Apen, Jost von Sandtbecke, Otto, Jurgen, Gevert, Segebade, Marten, Arendt, Cordt, Jurgen von der Hude, Christoffer, Melchior, Jasper undt Balthasar von Luneberen, Jurgen von Schwanewedeles, Borgermeistere, Radtmanne der Stede Bremen, Stade und Buxtehude, Greffen, Schulten und Schefen der Lande

tho Kedingen und Oldenlandes, ein jeder sein rechte Ingesegele to dussem Breve gehangen. Gegeven nah Christi unses Heren Gebort Dusendt Viffhundert, darnah im Vehr und dertigsten Jahre, am Middewekenn nahm Sondage Cantate.
(Cassel, Bremensia 1, S. 360–369, nr. 7).

a *die Vorlage hat hier, abweichend von der übrigen Überlieferung,* Dage.

1 *Diesen Versammlungsort nennt Wiedemann, Bremen 2, S. 17 (ohne Quellennachweis).* 2 *Oben nr. A.72.* 3 *Oben nr. A.57, 1525 Oktober 19 („Buxtehuder Rezeß").* 4 *Ebd.* 5 *Oben nr. A.67, 1531 August 31 („Basdahler Rezeß").* 6 *Oben nr. A.59, 1526 o. T.; nr. A.61, 1527 o. T.; nr. A.62, 1528 [vor Dezember 19?]; nr. A.63, 1529 o. T.* 7 *1534 April 28.* 8 *Über den hier von den Bremischen Landständen angekündigten Reichskammergerichtsprozeß gegen Erzbischof Christoph haben sich, soweit bisher bekannt, keine Quellen erhalten. Im Bestand StA Stade, Rep. 27 (Reichskammergericht) und im Bestand StA Bremen, 6,1 (Reichskammergerichtsakten) sind, soweit anhand der vorliegenden Findbücher erkennbar, jedenfalls keine Akten eines derartigen Prozesses vorhanden. Unter den Akten des Bundesarchivs Frankfurt, Bestand AR 1, der auch Reichskammergerichtsakten mit Bremer Betreffen enthält, haben sich, soweit bisher bekannt, zu dem hier genannten Prozeß ebenfalls keine Akten erhalten; vgl. zu den Stader Beständen: FB Reichskammergericht; zu den Bremer u. Frankfurter Beständen: Inventar Reichskammergerichtsakten. Ob die Stände 1534 ihre Drohung wahrgemacht und tatsächlich Klage beim Reichskammergericht eingereicht haben, läßt sich demnach wohl nicht mehr klären. Sicher ist aber, daß es in der Folgezeit zu derartigen Prozessen gekommen ist. Von zwei Reichskammergerichtsprozessen der Bremischen Landstände gegen Erzbischof Christoph von 1539/41, betr. Schatzung in Bülkau, und von 1548/49, betr. Zahlung der Türkenhilfe, haben sich die Akten in StA Stade, Rep. 27, B 3721m sowie B 3721n erhalten (Reg.: FB Reichskammergericht, S. 18f.).*

74
1534 September 22, Bremen

Abschied

Der Bremer Erzbischof Christoph einigt sich dem Rat der Stadt Bremen über die zwischen ihnen strittigen Fragen.

Abschied: StA Stade, Rep. 5b, F. 91, nr. 7, fol. 6r–7v (zeitgleiche Abschrift). – StA Bremen, 1-N 1534 September 22 (Or.-Ausf. Perg. in hochdeutscher Sprache; 3 anhäng. Siegel erh.). – StA Bremen, 2-Z.2.b, nr. 0 (Abschrift 18. Jh.). – StA Bremen, 2-Z.2.b, nr. 1 (Abschrift um 1600). – StA Bremen, 2-Z.2.b, nr. 2, S. 113–118 (Abschrift um 1600). – StA Bremen, 2-Z.2.b, nr. 3 (Abschrift um 1600). – StA Bremen, 2-Z.2.b, nr. 4 (Abschrift um 1600). – StA Bremen, 2-Z.2.b, nr. 5 (Abschrift um 1600). – StA Bremen, 2-Z.2.b, nr. 6 (Abschrift um 1600). – GWLB Hann., MS XXIII 1051, o. pag. (Abschrift 16. Jh. in hochdeutscher Sprache). – AR Stade, Hs. 9, fol. 57r–59r (Abschrift 1. H. 17. Jh.). Druck: Cassel, Bremensia 1, S. 370–375, nr. 8 (nach einer vor 1623 Sept. 1 angefertigten Abschrift im Kopiar des L. Heistermann, der eine von den Notaren Gerhard Trekel und Caspar Glandorp beglaubigte Abschrift der Or.-Ausf. zugrundelag). – Quellen z. Brem. Reformationsgeschichte, S. 165–168, nr. 63 (Auszug; nach der Or.-Ausf. im StA Bremen).
Literatur: Wiedemann, Bremen 2, S. 19 (datiert „1534, Sept. 23"). – Wolters, Erzbsichof Christoph, S. 52. – EKO 7.II.1, S. 8. – Lehe, Wursten, S. 261. – Schwarzwälder, Bremen 1, S. 207. – May, Bischöfe, S 42.

Wytlik und kundt sy Idermennyclyken: Nachdeme unde alße syck eyne tydthere twyschen deme Hochwerdygesten in Godt, Durchluchtygen, Hochgebornen Ffursten und Hernn Cristoffero Ertzebysscoppe tho Bremen, Administratori des Stichtes Verden, Hertogen tho Brunswych und Luneburch etc., eynes, und

Borgermestern, Radthmannen, und gemeyner Stadt Bremen, anders deyles, mennigerleye boschwerlyche Yrthůme unde Zwytracht erhalten, Is derhalven up hůde Dato Deme Almechtygen tho Lave unde dege und tho erholdynge gemenes Nůttes, Frede und eynycheyde dorch embsyg gůtlyck underhandelynge, myddel und wege, eyn rechter, bostendyger, ewyger gůthlyk vordracht beyder sydes uffgerychteth, und nachfolgender Mathe und gestalt vullenthogenn:

[1.] Erstlich, so vele dath Evangelissche Vornemen bolangende, schole up eyn gemeyne ffryg Christlyck Concilium van gemeynen Stenden Des Rykes eyndrachtlyken angenamen und bowyllyget, Edder beth ßo lange van den sůlven yn ßaken des gelovens unde Religion eyn ander Insehen geschycht, hengestalt und vorbeholden seyn, Desgelyken de Ceremonien ym Dome tho Bremen, de wyle syck de van Bremen, dorch wedder uprichtynge dersullften meres unrades, ßo daruth entstan mochte, swerlych besorgen, scholen na vermoge negest upgerichteden Vordrage ym dre unde dertygesten Jare vůllentagen,[1] geholden werden.

[2.] Thom Anderen scholen syck de van Bremen mytler tydt yn Geystlyken gůderen, Lehnen, und wath deme anhengych syn mochte, hynfurder keynes weges, geweldyges Yngrypens understan, Noch tho attempteren gestaden, Sůnder der wegen alle boschwerlycken [Indranck][a] offte Verhynderynge genslyken entholden, und affschaffen, Idoch eynes Ideren Rechtes, und Rechtycheyt hyranne vorbeholtlyk.

[3.] Thom Drudden de Ansprake, ßo hochgedachte S. FF. G. Jegens de van Bremen von wegen des Closters Sancti Pauli vorgenamenbd, so vele Syner FF. G. Perßonen bodrepende, sall ok ganslyk unde gare hengelecht, entscheyden, und vordragen syn, Idoch alßo offte up eynem gemeynen Christlyken Concilio van gemeynen Stenden Deß Rykes vor gůdt angeseen, bowagen unde eyndrachtlyken boslatenn wůrde, Dath de Clostere yn ohrem Vorygenn Weßende scholden blyven, Alsdenne wyll de Radt van Bremen, myth Nach Syner FF. G. Radt, tho eyner gelegenn stede Raden und trachten, Dare eyn Closter wedder upgerychteth unde gebuweth moge werdenn.

[4.] Thom Vereden, sollen de van Bremen des Tollen tho Stotell fryg geholden werden, Uhtboscheden we de Specken up dem More myth gude bodryven werde, dasselb schole van twen graue Hoveden Vehes eynen Bremern groten und van dem Styge Scapen veere sware tho wechgelde gegeven werde. Wo averst Jemandt de bonanten Specken nycht bodryven worde, schole dar tho nemandes genodygeth, sunder fryg gelaten werden und blyven, wo van alther herkamen.

[5.] Thom Voften, scholen de van Bremen gelykermaten ock des Tollens thom Langwedell, Lude orher dar aver vorbreveden und vorsegelden vorscryvynge fryg syn, und de nygerynge bether darsulvest vorgenamen, alse van Lassen, Negen Ogen, Stynthe, offte anders affgestalt ßyn, und blyven, wo van alter her kamen ys.

[6.] Thom Sosten, Deß Ossen Tollen halven tho Vorde scholen de van Bremen syck orher thosprake hyr myth unbegeven, Doch myth Syner FF. G. tho boquemer tydt tho vordragenn, vorbeholden Hebbenn, Overst De Ossen, ßo Dorch Vorde gan, und bynnen Bremen gehorych, aldar vorkofft, oder vorbraucht werden, scholen hynfurder, wo van alther hergekamen, Tollen fryg syn und blyven, wo dem allenthalven yn etlyken Recessen vorlaten.

[7.] Thom Seveden, Myth der Vysscherye, und vorden Uppe der Wesser, Dath darup twysschen nu und Martini² De Amptman van Hagen dorch Syne FF. G. alhyr vorscreven und vormyddelst dersulven Rede und des Capittels und Rades vorordenten Darynne also gehandelt moge werden, Dath eyn Ider by older gerechtycheyt und gebruck moge blyven.

[8.] Thom Achten, scholen de Yrrungen tvysschen den Van Lehe, und Wurstfreßen Des Myddelsandes und angenamenn Dykes, Ok der Vhere aver de Wesser, twysschen Hyr und Paschen Negestkamende³ Dorch Syner FF. G. Rede, eynes Werdygenn Domcapittels und Rades Darsulvest tho Bremen gescyckten, bosyctygt und vorhordt, und den borechtygeden Deel, an syner gerechtycheyt boschuttet und hanthavet werden.

[9.] Hyrmede scullen alle yrrungen und gebreke, wo syck tvysschen Syner FF. G. und den van Bremen van wegen des Gelovens Der Religion und wes demsulven anhengych, der gelychen myth den Neddergelachten Ceremonien, de brekynge des Closters Sancti Pauli und anderer kercken, wo yn aventhogenen Artykelen vormeldeth, Ok alle sake deme Keyserlyken Camergerychte anhengych, Myth allen Anderen, wo de Jenyger mathen gestalt und namen hebben Mogen, beth An Dato dusses breves entholden, Nychtes dar van uthbosceheden, deger und all thor grundt, sunder Jenyge wedder reppynge und vorbeholden genslyken vereynygeth, vordragen Und entscheyden syn unde blyven; Dermathen,

[a.] Dat syck nu Hochgedachter Ffurst und Her vann Bremen Jegen S. FF. G. underdanen, Borgermesteren, Rathmannen, und gemeyner Stadt Bremen alles underdenyges gehorsames Hulpe, Radt und Daeth, wo getrewen underdanen alwegen gebordt, ane alle myddel vorsehen und gewarden scholen.

[b.] Deßgelyken und wedderumme benante Radt und gemene Stadt Bremen syck tho Synen FF. G., alse tho orhen Rechten ordentlyken Landesfursten, und Heren aller gnaden, trost und Hulpe, getrosten mogen, Uppe dat also hynfurder ewychlyk beyder syden frede, eynycheyt, und gantzem Ertzestyffte Bremen, fruchtbarlykes gedygen, geplanthet und erholden moge werden.

[c.] Und yffte syck yn thokumpstygen tyden eynyge wydere unluste und gebreke beyder syts upstaen wurden (dath doch de Almechtyge tho gemeynen wolstande gnedichlyken vorkamen und vorhoden wylle), Alsdenne scholen ßodane gebreke, uppe tve Jeders Dels tho gutlyker bosychtynge unde vorhore gestalt werden, De sulven gebreke, In der gude, ßo vele ummher moglyck, by tho leggen und tho vorscheden. Wo averst de gude entstunde, so scholen solke ane myddel, uppe gemene Ledemathe gewyseth werden, de se syck, nach gelegenheyde, wo desulfften gebreke [van sick sulvest]ᵇ nycht enthscheyden konden, by eyner unvordechtygen und unpartyesken universiteten, Doctoren edder ander Rechtes erfahren, mogen boleren, und yn eyner bonompten tydt, upt lengeste yn dren Manten, den negesten dar aver Recht spreken und erkennen.

[d.] Szo averst dessem also nycht nagekamen und geleveth wurde, Edder yffte syck eynych pardt, beyder sydts, solker Uthsproke, boswereth folde, Des scholle eynem Ideren, nach syner gelegenheyt und nottrofft an geborlyken orderen, de wege des Rechtens unvorgeven syn.

Des alles tho warer Orkunde hefft mher Hochgedachter Ffurste van Bremen Syner FF. G. egen Ffurstlyke Secreth, Desgelyken Burgermesters, Radtmennen, und gemener Stadt Bremen, Irer Stadt Ingeßegell ok an düssen breff wyssentlyk hangen lassen.

Und Wy Domdeckenn, Senior und gantze Capitell der Domkercke tho Bremen, umme beyder genanter Deel gesynnen und Bede wyllen, unßes Capittels [Ingesiegel]ᶜ thor wytlycheyde ok an düssen breff gehangenn. Geschenn bynnen Bremen Ime Jar nach Christi Unsers Heren gebort Düsenth vyffhundert ver unde Dertych, Am Dyxtedage Na Mathei Apostoli.

(StA Stade, Rep. 5b, F. 91, nr. 7, fol. 6r–7v).

a Indranck *fehlt in der Vorlage; nach Cassel, Bremensia ergänzt.*   b van sick sulvest *fehlt in der Vorlage; nach Cassel, Bremensia ergänzt.*   c Ingesiegel *fehlt in der Vorlage; nach Cassel, Bremensia ergänzt.*

1 *Oben nr. A.71 (1533 September 23).*   2 *1534 November 11.*   3 *1535 März 28.*

75

Landtag 1534 Oktober 8/16, Basdahl

Landtagsabschied und Schatzbewilligung 1534 Oktober 8, Basdahl

Der Bremer Erzbischof Christoph beurkundet den auf dem Landtag 1534 Oktober 8 in Basdahl beschlossenen Landtagsabschied mit den darin getroffenen Regelungen zur Beilegung genannter Streitfälle sowie des darin von den Bremischen Landständen genehmigten Pflugschatzes von je 2 Gulden, wobei jeder Gulden zu 29 Lübischen Schilling gerechnet werden soll. Von den Erträgen soll der Erzbischof 2000 Gulden erhalten; der Rest soll zur Abzahlung von Schulden verwendet werden.

Abschied: StA Stade, Rep. 5b, F. 91, nr. 7, fol. 2r–5v (zeitgleiche Abschrift). – StA Bremen, 2-Z.2.b.1 (Abschrift um 1600). – Ebd., 2-Z.2.b.2, S. 97–108 (Abschrift um 1600). – Ebd., 2-Z.2.b.3 (Abschrift um 1600). – Ebd., 2-Z.2.b.4, S. 33–40 (Abschrift um 1600). – Ebd., 2-Z.2.b.6 (Abschrift um 1600). – HB DoG Verden, Stettswährende Receße, S. 31–40 (Abschrift 17. Jh.). – GWLB Hann., MS XXIII 1124, S. 43–54 (Abschrift 17 Jh.) – StA Bremen, 2-Z.2.b.5, S. 153–162 (Abschrift Mitte 17. Jh.). – DA Wursten, Hs. IX, nr. 5, o. pag, nr. DD (Bekhof, Nachricht; um 1710; Auszug). – StA Stade, Rep. 5b, F. 91, nr. 6 (Fassung in lateinischer Sprache; 16. Jh.). Druck: Cassel, Bremensia 1,

S. 582–591, nr. 9 (nach einer vor 1623 Sept. 1 angefertigten hochdeutschen Abschrift im Kopiar des L. Heistermann).
Literatur: Unger, Volksvertretung, S. 115. – Krause, Beiträge, S. 87. – Wiedemann, Bremen 2, S. 19f. (datiert „1534, Oct. 5"). – Weise, Staatsarchiv Stade, S. 187, Anm. 11.

Wir Christoffer von Gottes Gnaden Ertzbischoff zu Bremen, Administrator des Stifftes Verden, Hertzog zu Braunschweig und Luneburgk thun kundt, und bekennen hir mit diesen unserem offenen Briefe vor jedermenniglichen: Nachdeme und [alse]ª Wir durch vielfeltige treffliche Uhrsache mit fast mercklichem Unrath und Beschwerungh der Schulde eingefueret und gekomen sein, Daher unß dan an unsen furstlichen Ehren, und Wolstandt nicht allein täglicher Schaden sonder Hoenn und Nachtheill erfolget, derowegen daß die unseren vorgesetzten Burgen, der nicht Bezalungh halben, so durch Einfordern bedrängett, deren dan zum theill, Unß und gantzem unserem Stiffte, zum Hoenn, und Vorderbe iner holden, damit aber weiteren Unrath mit guttem zeitigen Rath vorgekomen, haben Wir derhalben die Ehrwurdigen, Wurdigen, Hochgelarten, Erbaren, und Ersamen, Unsere lieben, andechtigen und getrewen Domcapittel, Prålaten, Ritterschafft, Stette, und gemeine Stende dieses Ertzstiffts Bremen, auff heut dato gegenwertiges Jhars binnen Boßdahl auff einem gemeinen Landtag zu uns verschrieben, mit ihnen gerathschlaget, und underredet, mit gantzen gnedigen Begehren, sie die gemeinen Gliedmassen, alß die unsere getrewen Underthanen, wollten hierin mit dem besten verhelfen einrathen, damit wir auß vorgerurten Schulden und Beschwerungen aufs furderlichste gerettet, Wir und unser Stifft sampt gemeinen Inwonern desslben vor weiteren Hoen, Schaden, und Nachtheil verhůtetbleiben moechten, und wiewol gemeltte Gliedtmassen nach gehaltenen Besprach fast vielerlei Ursachen und Beschwerung angezogen, und verholett, worumb sie unß auf berürten Schulden nitt zu rathen noch zu helffen wusten, Jedoch damit sie sich alß getrewe Underthanen, wie sie sich dan bishero und alwegen erzeigt, erspůret und befunden wurden, Und daß sie unseren furstlichen Wolstandt und Ehre gerne vortgesetzet und erhalten sehen, Derhalber den Wir und sie uff beiderseits unser embsig Underhandelung auf hir nachfolgende Articull, (darvon auch in vorigen etlichen Recessen vormeldet), auf newe vereiniget und vertragen.

[1.] Weltliche haben gemeine Gliedtmassen auf unser gnedigstes Begehren, diesem unserm Stifft und desselben Inwoner zum besten, auf daß sie vielfaltiger Gebrechen und Beschwerunge, so sich allenthalen im Stifft erhalten, erledigett wurden, ein gutt ordentlich Regiment mit löblichen des Stiffts geschicketen Råthen, Alß nemlich die Erbare unsere libe Getrewen Johan Marschalck, Heinrich Clůver, Segebade von der Hude, Heinrich von Zesterfleth, Clauß von Horn der Junger, und Luder Bicker eintrechtigh geordnett, deßgleichen Unß mit einem Landtrosten, der binnen oder buten Stiffts besessen, und unserem wurdigen Thumbcapittel zu Bremen für Annehmung seines Dienstes mitt Aiden und Pflichten vorstricket, zu versehen, und eines guten Cantzlers Meldung gethaen, und daß Wir auch unse Hoffhaltungh durch geschicktte Ordtnung, und Regimentt der massen meßigen, ansetzen, und verschaffen, alleß zu gemeinem Nutz unsers Stiffts, auf daß ein jeder Einbesessener seines Handelß, und Geschefftes unverzogenes Rechten erlangen mochten, und waß also weitters rates im Stiffte notturfftigh, daß wir dan vorgenandte verordentte

Råthe, (auff unsere zimbliche Außrichtigung,) vorschreiben sollen, Oder aber darnach Gelegenheitt, und Notturfft der Sachen die gantze Gelidtmassen auf die gewöhnliche Stette erforderen lassen, und mit denselben die Gelegenheitt fůrgefallen Handels zu berathschlagen, und zu erwegen, daß also allen Gebrechen, so viel immer muglich im besten vorgekommen, und begegnet wurde, Und alß sich dann allenthalben im Stiffte mercklich Gebrechen erhalten, deren sich dan unsere Glidtmassen auf dießmahl in ihrer Andtwortt beklagt, daß Wir zwischen hier und Osteren negstkommende[1] mit gnedigen Einsehen also verschaffen und handelen wolten lassen, daß dieselben Gebrechen, wie wir deren auch gleicher massen gegen sie zum Theil, und sie daß wiederumb gegen Unß, oder die Unserenn, oder unter den Glidtmassen, untereinander erhoben, und erwachßhen, binnen unseren Stetten, Bremen, Stade oder Vorde, nach jedeß besessener Naheitt zum foderlichsten fůrgenommen, vorhandelt vermittelst der Gutte oder deß Rechten unverzogen beigelegtt und verscheiden sollen werden, zu dero Behueff soll ein jeder seine Beschwerde mittler Zeit in unsere Cantzlei zu Vorde, schrifftlichen übergeben, und anzeigen lassen.

[2.] Und nachdem unser Closter Osterholtt durch Ployttt, und andere Rechts Furderungh zu unser und gantzen unsen Stifftes mercklichen Schaden in ewigen Verderb fueretet, daß derselbe Zweidrachtt, durch Unß und gemeiner Glittmassen Rath vormittelst der Guette widerumb abgewandt, und daß Closter bey alter Frey und Gerechtigkeit sollen bleiben lassen, außbescheiden, daß sich der altte Probst Ehr Johan Widenbrugge mitt seiner Provision settigen lassen und gentzlichen abstehen.

[3.] Item daß unser Convent zum Alten Closter durch ihres Abwesenden Probstes, (so sich in dem Marcker holtt,) an Abbrechungh ihrer guetter, Gerechtigkeit und Gebrauch fast höchlich benachteiligt, und beschweret, daß derselbe Probst zu seiner Residentz durch unß zu vorzögentlich zu kommen, sollen furderen lassen, Wo er aber darüber seumigh aussen blibe, daß alßdan durch Rathe und Kohr der Jungfrawen dasselbe Closter mit einem geschickten Probste zu Verthedigunge ihrer Guetter genuchsamb vorsorget mugen werden.

[4.] Die Meiger und sonderlich die Marschlůde unsers Closters zur Himmelspforten über alt Herkommen mit neuen Hoff Diensten bedrenget und beschweret, dardurch dan ihre Dyke vorkommen, und nicht erhalten können werden, daß solchs auß unserem Befehll wiederumb abgeschaffet soll werden.

[5.] Und alß die Guetter unses Convents St. Georgii binnen Staden mit Arresten und Kummer verfasset, daß dieselben arresterte Guttere wiederumb sollen abgethan, von dem Probste Rechnung genommen, mit unser Vorbittungh, daß er hinfůro von dem Closter sonder unser Wissen und Willen nichts versetzen, verkeuffen, noch verpfenden soll.

[6.] Alß auch unser Diener Johan Reichardtt sich an unserem Hoffe zu Twiste gemeinen Glittmassen nicht angelegen, und gefelligh enthalten, das Wir denselben Reichardt so fortt des Dienstes verlassen, und ihne zu keinerem weiterem Handell unsers Stiffts gebrauchen sollen, noch wollen.

[7.] Dieweil dan auch unser Landt zu Wursten, auf grosse und fast merckliche Hulff, zu Lage und Darstreckung der Ledematen, und Untersassen, mehr dan zu vorn, ehe daß zu Gehorsamb des Stiffts gebracht ist, deß solle dasselbe Landt, mitt unser und gemeiner Glittmassen Hulff, und Beistandtt zu ewigen Zeiten bey diesem Stiffte bleiben, und sonsten keiner gestallt darvon gebracht, oder vorendertt werden, und so unser Schwager von Sachsen[2] diesser anhengigen Sachen am Cammergericht prociren wurde, wollen Wir derselben fleißig wartten, und einsehen thuen, damit derhalb nichts vorsaŭmet soll werden.

[8.] Wir sollen und wollen einen jederen Unseren Undersassen, und Inwohner des Stiffts, was Condition des sey geistlich oder weltlich bei older hergebrachter Freyheitt, Gerechtigkeit und Gebrauch, auch Siegel und Brieffen unvormindertt, und unvorkrencktt lassen.

[9.] Wann dan auch die unsere Underthanen dieses Stiffts vor etzlichen vorschinenen Zeiten durch die Kriegsknechte, alß sie sich darinne gelegertt, an ihren Gutteren, Hoffen, Heußern, und anderß fast hochlich vorherret, und verdorbenn, So wollen Wir nun vorthan, allß der Gnådige Landes Furste mit Hulffe und Beystandt gemeiner Gliedtmassen so gnedig einsehen, zu vorschaffen, daß solche Garderinge, und Legeringe des Landes knechte hinfŭro vorbleiben solle.

[10.] Wie aber nach mercklichen Bewegungen, und zeitigen Rath, von gemeinen Gliedtmassen, unser treffenliche Beschwerung der Schulden, betrachtt und erkandt worden, haben sie darauff uns zu Hulff und Steur einen Pflugschatz, von einem jeden Pflug zwei Gulden, in Neun und Zwanzig Schilling zum Gulden gerechnett, zu bezahlende, unterthenig zu gelassen, und bewilliget, Jedoch also, daß unß auß diesem Schatz zwei dausent Gulden verrichtet, und Wir darŭber keinen weiteren Eingriff thuen sollen, und wollen, sondern von dem Ubrigen unsere verborgten und benŏdigsten Schulden, durch die von gemeinen Gliettmassen, Verordneten, sambtt den geordneten gemelten Råthen, von unserent wegen aufnehmen, so viel sich die verstreiten mŭgen, darmit abzulegen.

[11.] Wann dan also von gemeinen unseren Gliedtmassen mitt guttem Grunde befunden, daß wir in vorgerŭrten Articuln, und mitt diesem Pflugschatz also Furstlichen Nachkommen und geleben werden, So haben sich die offt genandten gemeinen Gliedtmassen unß undertheinig vorplichtet, zugesagtt, und gelobet, daß sie unß alsdan zu Ablegungh dieser anderer unserer angezeigten Schulden, weiterst auf erst mŏglicher Zeit nicht vorlassen, sondern helffen und rathen wollen, Jedoch wollen sie die Gleubiger und Burgen auf sich nicht geweiset haben, Und dieweil wir ihr der Gliedtmassen Untertheinig, getrew, und gutwillige Meinunge gespŭret, und gesehen, haben Wir dasselbige zu gnådigen Gemuht, und Danck, angenommen, aus Furstlicher Milde, freymutig, gnediglich zugesagtt, und vorsprochen, daß Wir alle Frey und Gerechtigkeitt zu diesem underem Stiffte gehŏrig, wie von altter Herkommen, also behalten wollen, und ohne unsers Wurdigen Thumbcapittuls zu Bremen Wissen und Volbortt, darauff dan dieselben bey gemeinen Gliedtmassen nach Notturfft weiteren Rath nemen mugen, keinerley Weise oder masse vorsetzen, vorpfenden, verkauffen, noch sonsten auß Gnaden, oder anders, so zu Nachtheill oder Schaden denselben reichen, oder kommen mochte, nicht vorgeben, und kommen lassen wollen, noch sollen.

[12.] Deßgleichen sollen und wollen Wir auch, sonder und ohne gemeltts unsers Thumbcapittuls Rhat, Volbordt und Consent das Bremische Stiffts nicht resigniren, noch keinen Coadiutoren setzen, noch erwehlen, Sondern dasselbige Stiffte mit allen Heusern, Landen und Guettern, inmassen Wir daß im Anfange unsers Regiments angenommen, auch mit allem deme, so dießer Zeit hero, von unß darzu erobertt, und gekommen ist, nach Unserem thotlichen Abgang (den Gott der Allmechtige lang gnediglich behüten wolle) an die Handt unvorlångst wollen stellen, und stellen lassen, darvon wir daß empfangen.

[13.] Wir sollen und wollen auch alle andere, Verträge, Recessen, und waß zwischen Unß und gemelten den Unseren Gleidtmassen vorschehener Jahren, im Alten Closter vor Boxtehude,³ zu Baßdael,⁴ und anderß zu deß Stiffts Wolstandt, und besten aufgerichttet, und versiegelt, hiermit nicht verkrencket, sondern sie sollen nach allem ihren Inhaltt ernewert, ratificiret und bekrefftiget sein und bleiben.

[14.] Und wiewoll gar nicht gezweiffeltt soll werden, Wir wollen allen diesen vorgeschriebenen, und nach der Långe erzahleten Articuln Furstlichen nachsetzen, nachkommen, und gnediglich Folge geleben.

[15.) So haben doch gemeine Glidtmassen ihnen hiermitt bestendig vorbehalten, und bedingett, wo Wir in vorgerürten angezogenen Puncten und Articulen sambtt oder besonderen, wie die einigermassen gestallt sein mögen, mitt dem Grunde bruchenhafftig befunden, und denselben nicht nachkommen wurden, (daß durch Gottes Hulffe nicht geschehen soll) daß alßdan sie, die unsere Gliedtmassen dieser ihr berurten Zusagungh, an gemelten unsern Schulden und Beschwerungh, zu rathen, zu helffen, noch in einiger massen, woranne nichts zu thuen vorpflichtet, sondern hiermit solten vorledigett, und benommen sein. Jedoch im Fall Wir, bei gemeinen unseren Gliedtmassen angetragen wurden, Alß hetten Wir hir wider gehandelt oder handeln lassen, daß soll unß unser wurdigh Thumbcapittul anzeigen, und unsere Antwordt anhören, Alleß ohne Geferde, und haben deß zu Uhrkundt und stetet Haltungh unser Furstlich, groß Ingesiegell an diesen Brieff zu hangen, wissentlich befohlen.

Geschehen zu Basdaell, Donnerstages nach Francisci, nach Christi unsers Erlösers Geburtt Funffzehen Hundert, und im Vier und Dreißigsten Jhar.

(Cassel, Bremensia 1, S. 582–591, nr. 9).

a *alse fehlt in der Vorlage; Ergänzung nach nr. A.66.*

1. *1535 März 28.*   2 *Herzog Magnus von Sachsen-Lauenburg.*   3 *‚Buxtehuder Rezeß' von 1525 Oktober 19 (oben nr. A.57).*   4 *‚Basdahler Rezeß' von 1531 August 31 (oben nr. A.59).*

76

Derselbe Landtag

Landtagsabschied und Schatzbewilligung 1534 Oktober 16

Derselbe Landtagsabschied in einer auf 1534 Oktober 16 datierten, vom Rechtsinhalt her weithin identischen, vom Wortlaut her aber teilweise erheblich abweichenden Fassung.

Abschied: GWLB Hann., MS XXIII 1051, o.pag. (Abschrift 16. Jh.; Überschrift von gleicher Hand auf dem Deckblatt: 1536 [!]. Receß unnd abscheid der hulff; Abschied datiert 1535 Januar 5). – StA Stade, Rep. 5b, F. 91, nr. 7, fol. 2r–5r (Abschrift 16. Jh. ; Überschrift: Receß up dem II Daler Schatt, dem der XVI penningk gefolgett). – Ebd. Rep. 5b, F. 91, nr. 6, fol. 2r (Abschrift 16. Jh.). – Ebd., Rep. 5b, F. 91, nr. 7, fol. 2r–5r (Abschrift 16. Jh.; unmittelbar danach folgt fol. 5r eine Liste sämtlicher Schuldner Erzbischof Christophs in den Jahre 1534 u. 1535, mitsamt den jeweils geschuldeten Geldbeträgen). – Ebd., F. 92, nr. 15, fol. 47r–50v (Abschrift 2. H. 16. Jh.; Or.-Foliierung 16. Jh.: fol. 43r–46v). – LA Schleswig, Abt. 7, nr. 1133, Tl. 2, o. pag. (Abschrift Ende 16. Jh.). – StA Stade, Rep. 81, Hs. 4, S. 82–89 (Abschrift 18. Jh.). – Ebd., Dep. 10, Hs. 7, S. 45–51 (Abschrift 1. H. 17. Jh.). – Ebd., Rep. 5b, F. 128, nr. 15a, fol. 50r–53v (Abschrift; 1. H. 17. Jh.). – AR Stade, Hs. 9, fol. 89r–95v (Abschrift 1. H. 17. Jh.). – StA Stade, Rep. 81, Hs. 4, S. 82–89 (Abschrift; 17. Jh.). – GWLB, MS XXIII 1125, fol. 35r–39r (Abschrift; 17. Jh.). – StA Stade, Rep. 27, L 3297, fol. 157r–158v (Exzerpt; 1593–1601). Druck: Cassel, Bremensia 1, S. 591–599, nr. 10 (nach einer vor 1623 Sept. 1 angefertigten Abschrift im Kopiar des L. Heistermann).
Literatur: Unger, Volksvertretung, S. 115. – Decken, Darstellung, S. 465f., 471 u. 476. – Krause, Beiträge, S. 87. – Wiedemann, Bremen 2, S. 20 (datiert 1534 „Oct. 10"). – Osten/Wiebalck, Wursten, S. 146. – Schleif, Regierung, S. 25 u. 57. – Lehe, Kirchspielsvögte, S. 130. – Lehe, Wursten, S. 261. – Bachmann, Tagungsorte, S. 84.

Wy Christoffer von Gots gnadenn Ertzbischop tho Bremen [a]Administrator des Stiffts Verden, Herthoig tho Brunswigk und Luneburch[a] etc., Bekennen und betugen hirmit vor jedermenniglikenn: Na deme unnd alse wy eyne tidt here mith itlikenn gescheften behafft unnd dardurch nicht allene in fast mercklichenn unradt und schulde geforeth, unnd gekamen, Sundern uns ock darvan, so unse borger tho unser furstliken vorkleininge thom inlager gefordert, dath ock vann dem mehren dele dersulften geholden, widers unrades, hons und schadens des stichtes besorgen unnd warden mothen, derhalben so hebben wy mit unsen leven Andechtigen und getruwen, den Erwerdigen, Wirdigenn, Erbarn und Ersamen DomCapittelle, Prelaten, Ritterschup, Steden und gemeinen stenden unsers Bremischen Stichtes, de wy am Donnerdage des abends Dionisii jegenwardigen jares[1] bynnen Bastaell thom Landtag an uns vorschreven gerathschlaget und underredet, Ock van dersulfftigen mit gnedigenn gemothe gesunnen unnd begehret, Dath se uns alß de undersaten unnd getruwenn thom forderligsten unnd mit dem besten darahne raden wellen helpen, Darmede wy van den vorgerorden unsen schuldenn nach vermoͤge einer angetekenden und van uns overgegevenen Cedulen, darinne de summe benompt, geredet, ock vor wideren hoen und vorschmehung vorhott, Unnd datt stichte sampt den ingeseten dessulfften derwegen buthen nadell und schaden mochten blieben. Unnd wewell darentgegen von gedachten ledemathen in gethaner bespraeke vast vielfaldige orsake und beschweringhe angetagen, warumb se uns van den vorgerorden beschwerden nicht tho raden noch tho helpehen wusten. Nach deme under der angetogeden Summen vele Verdesche panth und gnade schulde medde wehren, jedoch darmedde se nicht anders, dann alse getruwe undersaten, wo se sick ock allerwege ertoget, ersporet und befundenn, Und dat se unsen furstlikenn wolstandt und erhe gerne vortgesettet und erholden segen, des hebben se sick mit uns up unse gnedige ersoken uppe folgende articken, darhan ock thom dele im vorigen Receß vormeldeth, uppet nye voreynet und vordragen:

[1.] Anfengklich unnd thom ersten, so schollen und wellenn wy unns nach rade unsers Werdigen DomCapittels und der Erbarn Johann Marschalck, Hinrich Cluver, Segebade van der Hude, Hinrick van Tzesterflete, Clawes vam Horne de Junger unnd Luder Biker, wo van gemenen ledemathen hirtho vorordenth, mit loffliken unnd geschickeden Landesdrosten, Cantzler, unnd Renthmester, de bynnen offte buten Stichtes beseten, und gedachten Capittell, vor annehminge ohrer denste mit eeden unnd pflichten vorstricket unnd suste mit andern hoffreden und deneren vorsorgen. Ock unse hueßholdinge dorch geschicklike ordenunge und regiemente dermathenn metigen, ansetten und vorschaffenn, dath gemene ledemathen dessullten billich enen wolgefallen dragen, ein ieder dardorch in seines handells geschafften unvortogerdes rechten erlangenn unnd bekomen. Ock unserm Bremischen Stichte unnd allenn undersaten dessullften tho allen wolstande, wollfaringe und besten reken und gedien schole.

[2.] Unnd so wy in nodturfftigen handelen unses stichtes wideres rades bedarfftich, des schollenn unnd wellen wy de upbenompten vorordenten, up themelike uth richtinge, an uns vorschrieven, iffte nach nodturfft de gantzen ledemathen tho gewontlicker stede eschenn und erfordern laten, umme mit densulfften de gelegenheide des handels alß tho beradslagen und tho erwegen, dath dem Stichte darvon kein nadell und schade entstaen und gejegenen moge.

[3.] Wy schollenn unnd wyllenn inn gebrekenn, der sick de upgenanthen ledemathe in ohren antworden beclagett, twüschen nuhe und Ostern negstfolgende,[2] mit gnedigem insehenn, alse vorschaffenn unnd handelenn lathen, Dath desulfften gebreke, wo wy de ock geliker mathen tiegens se thom dele und se des wederumb tegens uns, Iffte de unsen, Offte under den ledematen malckanderen entholden und erwussen, bynnen Brehmenn, Stade offte Vorde, nach eynes iedern gelegenheit, thom forderlichstenn vorgenohmen vorhandeltt, ock in der gude, Iffte tho rechte unvorwileth bygelegt und vorscheden schollen werden, Tho der behueff ock ein ieder syne beschwerde middeler tydt In unser Cantzley schall anthekenn lathenn.

[4.] Und nachdeme [a.] dath Closter tho Osterholte dorch ployt und andere rechten forderinge tho unser und des gantzen Stichtes mercklichen schaden in ewigen vordarf geforete, [b.] Item dath Convent thom Olden Closter durch affwesent ohres Pravest, so sich de sulffte in der Marcke entholdet, an affbrekinghe ohrer guder, rechticheit unnd gebruke vast hochlich vornachdelet unnd beschwert, [c.] De Meigere und sunderlinges de marschlude des Closters thor Hemmelporthenn baven olde herkumpste mit nygen und unwontliken hoffdensten bedrenget und beschweret, wordorch denn ohre dike vorkamen und nicht erholdenn konnen werdenn, [d.] De guder des Convents sancti Georgii bynnen Stadt mit arreste unnd kummer uthe unsem vorhete vorsatet, [e.] So ock unsern dener Johann Richardes in unsen denste thobeholdende gemenen ledematen nicht angelegen und gefellig, daranne so schollen und wyllen wy unß alß gnediglich schickenn und ertogen: Dath [a.] dath Convent tho Osterholte by older fryheide unnd rechticheide, wo van uns bestadet, soll blieven, De ploit und rechtsforderunghe unvortoglich weder affgedaen und vorlathen, [b.] ock den Prawest vom Olden Closter tho syner residentien unvortoglick tho komen heischen unnd erfordern lathenn willen, Unnd mehr he darober uthebleve, dath sulffte Closter nach rade und kore der Jungkfrowenn darsulvest mit eynem andern geschickden Prowest tho vorbiddinghe ohrer gudere gnugsam vorsorgenn, [c.] De meigere tho der Hemmelporten des vorgenamen hoffdenstes vorlathenn, [d.] de vorgerorden arresterden guedere des anholdens queytlathenn und vortyfenn, [e.] Dartho denn upgenanten Johann Rychardes uth unsem denste vort verlatenn, Unnd den sulfften in keynen wideren handelen unses Stichts gebruckenn.

[5.] Wy wyllen unnd schollenn ock de husere, lande unnd guedere unses Bremeschen Stichts, wo als nuhe thor tydt darane tho stahn unnd behorig sin, ane unses werdigen DoemCapittells tho Bremenn vulborth unnd willen, darup den dessulften by gemenen ledemathen na nodurfft wideren radt nehmen mogen, keinerleye wise effte mathen vorsetten, vorpenden, vorkopen, noch suste uth gnaden, lieffte effte anders tho nadell und schaden dessulften, darvon ichtes wes vorgebenn edder kamen lathen.

[6.] Dewyll ock dath Landt tho Wursten up grothe unnd vast merklige hulpe, tholage unnd darstreckinghe der ledemathen und undersaten mehr dann idt thovorne tho gehorsame des Stichtes dorch uns voroverth unnd gebracht ist, Des schall dathsulffte vorthan tho ewigen dagen dar by blyven, Und sundst in keynerley gestalt, Iffte wegenn, darvon gebracht, unnd vorandert werden, Und so de Hertoge tho Saßßen etc. dusser anhengigen sake an dem Keyserliken Cammergerichte procederende wurden,[3] daranne so wyllen wy mit flithe insehen unnd gewarden lathen, So dath derhalven nit vorsumeth schole werden.

[7.] Dergeliken buthen unnd ahne des opgenanthen unses DoemCapittels Rath, vulborth und Consent schollen unnd wyllen wy dath Bremesche Stichte [b]nichtt Resigniren noch dartho keynen Coadiutoren setten und erwelen, Sunder dat sulffte Stichte[b] mit allen Huesern, Landen unnd guderen, In mathen wy dath Im anfange unses regiements angenomehnn, ock mit aller deme, wo sint der tydt van uns darto, wo vorgerorth, eroverth unnd gekamenn sy, na unsenn dothlikem affgange an de hande unvorletzet wyllen stellen unnd komen lathen, Darvan wy dath entpfangen.

[8.] Wy schollen ock und wyllenn vortmehr unse Bremesche Stichte aver all mit keynem weiteren schulden Jeniger mathen nith beschweren unnd bolestigenn.

[9.] Dartho kein Hueß, ampt, molen, Erve unnd gueder des Stichtes, se sint bynnen offte buten den Steden bolegenn, Jeniger mathen voranderen, vorsetten, vorpanden noch vorkopen, Ifte uth gnadenn Indoen.

[10.] Wor dath ock uth nodt und mit rade, vulborde, unnd wyllenn unses Werdigen DoemCapittells Io geschege, So wyllen wy desulfften Hueser, Ampt, molen unnd guedere nemandes Indoen, dann de in unsen Bremeschenn Stichte geseten.

[11.] Idt schollen ock unse Drostenn, Renthmester, Schrivere unnd Voigde Jarlikes Zwuschen Osteren und Pinxten in bywesende unses Capittels, unnd der vorgerorden vorordenden, geborliche rekenschup und bescheit doen, Van alle deme, wo se upgenamen unnd entpfangenn.

[12.] Wy schollenn und wyllenn ock einem iederen undersaten und Inwaner unses Bremeschenn Stichtes, wat gestalt, de sy Geistlick Iffte wertlick, by aller hergebrachter fryheide, rechtigheide, gebrucke, ock segell unnd breven unvorminnerth und unvorkrencketh lathen blieven.

[13.] Wante ock de undersaten dusses Stichtes tho itlikenn vorschreven tyden dorch die kriegsknechte, wo sick darinne gelagert, an ohren hoven, guederen, huseren und anders vast hochlich vorseret unnd vordorbenn, Des schollen und wyllen wy nuhe vorthan, alse de Landesfurste, mit allenn getruwen upsehen, darvor sin und vorschaffen, dath sodane gardinge unnd belegeringe der knechte vorthmer vorbliven schole, Welchent wy ock mit aller macht unnd mogenheit getruwelik kehren unnd affwenden wyllenn.

[14.] So ock twuschen uns und gedachten ledemathenn Inn vorschenen iharen, Im Olden Closter vor Buxdehude tho Bastaell unnd susts anders tho unsem unnd des Stichtes wolstande und bestenn Itlike andere vordrachte unnd receß upgericht und vorsegellt,[4] Des scholen desulfften, dorch diße Iegenwertige voreyninge Jeniger mathen nit gebraken und vorkrencket, Sundern hiemit nach allem ohrenn Inholde, in allen artickelln und puncten ratificiret, bestadet und bekrefftiget sein und blieven.

[15.] Hirup uns denn von gemenen Stenden thor hulpe und stuer von eyner iederen ploch twe gulden, einen iederen gulden mit XXIX Lubesche schilling tho betalende, untertheniglick thogelaten, unnd vorwilliget, Idoch also, dath wy baven tweetusent gulden, wo uns daruth vorrekent schollen werden, keinen wideren Ingrepe doen schollen Iffte wyllen, Sundern van dem overigen de vorborgeden unnd nodigten schulde dorch de upbenompten vorordenten van unsent wegen, so vele de strecken wyllen, darmedde afflegen und thoslichtende.

[16.] Wo ock van gemenen ledemathen mit gudem gunde ersporet unnd befunden, dat allen und iedern vorgerorden artickeln und puncten nach ohrem Inholde von uns furstliken nagekomen und geleveth wurde, des hebben se uns unterthenichlick thogesecht und geloveth, dat se uns als denne, tho affleginge unser angetekender schulde, nach vermoge der overgegeven Cedel, Idoch alle gnade, schulde, pandeschulde und Verdesche schulde, wo vorgerort, hirane uthbescheden, tho gelegener tidt wider raden, helpen willen und nit vorlaten; Idoch willen se de gelovigere und borgen up sick nit gewiset, edder darmede tho doen hebben.

[17.] Idoch alß wor wy den vorgerorden artickeln sampt Iffte besundern dermathen, wo de gestalt, nicht nakomende wurden, Den sampt edder in eynem iederen artickele und puncte, Wo de ock sy, ingebraken und nicht geholden, dath doch vormidis Gotlicher hulpe nit gescheen schole, So hebben sick de upgenanten Ledemathe desfalls hiranne vorbeholden und bedinget, dath se uns alß denne an den vorgerorden schulden nicht raden, helpen, Noch Jeniger mathen worane vorpflicht wellen wesen.

ᶜUnd dusses alles in orkunde und vorsekeringe, Szo hebben wy Christoffer Ertzbischup tho Bremenn, Administrator des Stichtes Verden, Herthoge tho Brunswigk und Luneborch etc. unße grothe furstlike Ingesegell under an dussen breff gehangen. Gegeven na Christi unses Hern geborth dusent vyffhundertt dar nha Im ver und dertigesten Jar, Am Fridage nha Dionisii.ᶜ

(GWLB Hann., MS XXIII 1125, o. pag.).

a–a *fehlt in der Vorlage; ergänzt nach StA Stade, Rep. 5b, F. 91, nr. 7, fol. 2r.*   b–b *fehlt in der Vorlage; ergänzt nach StA Stade, Rep. 5b, F. 91, nr. 7, fol. 3v.*   c–c *nach StA Stade, Rep. 5b, F. 91, nr. 7, fol. 5r; in der Vorlage, abweichend von allen übrigen Abschriften u. von dem Druck bei Cassel, offenkundig irrtümlich aus einem anderen Abschied übernommen:* Und desses alles Inn Orkunde unnd vorsekeringe hebben wy unse furstlike Ingesegell hirunden witlichen anhangen lathenn. Gescheen na Christi unses Hern gebort duesent viffhundert unnd im viffundertigsten jare, Dinstages nach Circumcisionis domini.

1 *1534 Oktober 8.*   2 *1535 März 28.*   3 *Hier dürfte ein Reichskammergerichtsprozeß gemeint sein, von dem sich Akten der Jahre 1524–1527 erhalten haben (StA Stade, Rep. 27, F 2593). In diesem Prozeß war Erzbischof Christoph von Bremen verklagt worden* „wegen Landfriedensbruch, weil er am 9. 8. 1524 mit 10 bis 20 000 Mann Kriegsvolk, welches vom Hz. von Geldern entlassen in das Land Wursten und das Hz. Magnus von [Sachsen-] Lauenburg gehörige Land Hadeln eingefallen und das Schloß Otterndorf genommen und geplündert hat" *(FB Reichskammergericht, S. 79).*   4 *Vgl. oben nr. A.57, 1525 Oktober 19 ('Buxtehuder Rezeß') u. nr. A.67, 1531 August 31 ('Basdahler Rezeß').*

77

Derselbe Landtag

Schatzbewilligung

Die in nr. A.75, § 10 und A.76, § 15 genannte Bewilligung des 2 Gulden-Pflugschatzes in anderer Überlieferung.

Abschied: StA Stade, Rep. 5b, F. 102, nr. 20, fol. 6r (Exzerpt, 16. Jh.; Überschrift: Noch tho behoff des Heren Ertzebisschuppes thogelaten.; ohne Angabe zur Vorlage).

Anno domini 1534.

Twe Daler deme Heren tho gelaten, dath S. FF. G. darvon 2 000 fl. munte thon handen hebben scholden. Dath overyge scholde an S. FF. G. schulde gewendeth werden. Dar vanne syn S. FF. G. noch dusendt fl. thogestelt, und is de geleverde Summa geweßen 6723 fl., ßo de Samler den vorordentenn der Landesschup averandtwordeth, und 29 groten.

(StA Stade, Rep. 5b, F. 102, nr. 20, fol. 6r).

78

Landtag (?) 1535 [Januar 5?]¹

Schatzbewilligung

Die Bremischen Landstände bewilligen dem Erzbischof Christoph einen ersten 16.-Pfennig-Schatz, dessen Erträge zur Verringerung der Schulden verwendet werden sollen.

Abschied: StA Stade, Rep. 5b, F. 102, nr. 20, fol. 6r (Exzerpt, 16. Jh.; Überschrift: Noch tho behoff des Heren Ertzebisschuppes thogelaten.; ohne Angabe zur Vorlage).

Anno domini 1535.

Der erste Sosteigende Penninghe Schatz tho gelaten uppe dath Unße Gn. Ff. und^a Here eyns vor alle uth synen schulden gereddeth worde. De Schattynge hefft averall syck belopen 43 727 gulden munte. Dar van syn 37 333 fl. munte yn hovetsummen und tyns des Heren Ertzebischuppes gekereth worden. Und hebben Ir. FF. G. boven den aven scheth uth dee Samlynge nomen laten 4728 fl. munte und XXVI groten. So Is den Samlern und Scryveren vor ohre belangige und vorterynge, ok an anderen unrath gewendeth 1597 fl. munte und etlyke groten etc.

(StA Stade, Rep. 5b, F. 102, nr. 20, fol. 6r).

a *folgt in der Vorlage irrtümlich weiteres und.*

1 *Völlig abweichend von der gesamten übrigen Überlieferung zum Landtag von 1534 Oktober 8/16 (nr. A.75) bietet GWLB Hann., MS XXIII 1125 für den Abschied von 1534 Oktober 16 (nr. A.76), der hier ansonsten wortgetreu abgeschrieben ist, die folgende Datierung:* Und desses alles Inn Orkunde unnd vorsekeringe hebben wy unse furstlike Ingesegell hirunden witlichen anhangen lathen. Gescheen na Christi unses Hern gebort duesent viffhundert unnd im viffundertigsten jare, Dinstages nach Circumcisionis domini. *Diese singulär überlieferte Datierung auf 1535 Januar 6 könnte darauf hindeuten, daß der Schreiber dieser Abschrift hier versehentlich die Datierung eines ihm vorliegenden, sonst nicht überlieferten, thematisch wohl ähnlichen Landtagsrezesses von 1535 Januar 5 übernommen hat. Ausgehend von dieser, m. E. nicht unplausiblen Annahme ergibt sich, daß in einem Landtagsabschied von 1535 Januar 5 offenbar eine Schatzbewilligung beurkundet wurde. Demzufolge spricht einiges dafür, daß die in StA Stade, Rep. 5b, F. 102, nr. 20 überlieferte Schatzbewilligung wohl am ehesten auf 1535 Januar 5 datiert werden kann.*

79

Landtag 1537 Juni 16, Basdahl

Erzbischöfliche Instruktion 1537 Juni 30, Verden

Der Bremer Erzbischof Christoph befiehlt, daß die auf dem Landtag in Basdahl 1537 Juni 16 von den Landständen geforderte Rechenschaft über den 16.-Pfennig-Schatz von genannten Personen 1537 Juli 2 in der Stadt Bremen vorgenommen werden soll.

157

Instruktion: GWLB Hann., MS XXIII 1051, o. pag. (Abschrift 16. Jh.).

Instructio unnd werbung, wes der Hochwerdigste in Gott Durchleuchtigeste Hochgeborne Furste und Her, Her Christoffer Ertze bisschup tho Bremen, Administrator des Styftes Verdenn, Hertoge tho Brunswick unnd Lunenborch, den Werdigenn unnd Erbaren, Irer F. G. rethenn, Leven Andechtigenn unnd getruwen Eren Michell von Mandeslo, Sangmeister, Canonico der Dom kerckenn tho Bremen, und Verden, Heinen von Heimbruch, Henningus Eckeleff Renthe mester sampt anderenn Irenn deneren, und verwantenn, an de Werdigenn Hoichgelerden Erbarenn unnd Erfarnenn Eren Domdechanten, Seniori unnd Capittell der kerken, vorordenten von der Ridderschafft des Stiftes, Burgermestere und Rathmannen der Stath Bremen antodragen bevolen: Anfenglich: Inenn semptlich und sunderlich Irer F. G. gnedigen willen und alles guten antzusagenn. Und volgendes: Nachdem uf Jungesten gehaltenen Landach tho Basdall Sonnavends nach Viti[1] von gemeinen Bremischen Stifftes und geledemassenn bewilliget, beslossen und angenhomen wordenn, dar uf schinstkunftigen Mondach nach Petri und Pauli Apostolorum[2] Ir F. G. Rethe in de Stath Bremen intheschickenn unnd de rekeninge des Sesteinden penninges tho nehemenn, hat der wegen Ir. F. G. de Werdigen und Erbaren Hernn Michaell vonn Mandelsle Sangmester und Domher tho Bremen, und Verden, Heinen von Heyenborch, Henningus Ekeleff Renthemester, und ander Ir. F. G. dener und verwanten, tho der behoff na Bremen, dem beslute und bewilligung nach, so up vorgen angetekenden Landach geschehenn, solke getruwe klare, gehorsame und rechte Rekenschup tho nehemenn, mith tho lesen, legen und horen, afgeferdiget, Und wath ene alse begegent wederumme an S. F. G. gelangen latenn; und ofte der sustugen gnediges beger, der verordentenn, Schatsamler gelabeten und[a] worden sich der gebur der matenn schickenn, alße sich thor billicheith eigen will; Doch werth S. F. G. in gnaden, und allem guden tho bedencken geneget sein. Des tho orkundt heft S. F. G. dersulbigenn Secret[b] an dusse Instruction bevelen tho druckenn. Gegeven in der Stadt Verden, Sonnavendes na Petri und Pauli Apostolorum, Anno etc. XXXVII.

(GWLB Hann., MS XXIII 1051, o. pag.).

a gelabeten und *von anderer zeitgleicher Hand über der Zeile nachgetragen.*   b Secret *von derselben zeitgleichen Hand über der Zeile nachgetragen.*

1 *1537 Juni 16.*   2 *1537 Juli 2.*

80

Landtag 1538 Mai 27, (Bremer- (Vörde)

Ausschreiben 1538 Mai 21, Rotenburg

Christoph, Erzbischof von Bremen, Administrator von Verden, Herzog von Braunschweig-Lüneburg, teilt den Adressaten seine Absicht mit, uff negstkunfftigen Montag nach dem Sontage Vocem Jucunditatis *[sic]* tzu Vorde einen Landtagk tzu halten, *um dort* mit unsers stiffts Bremen gliedmassen tzu Rathschlagenn unnd tzuverandtwerdenn, *und bittet deshalb dieselben,* auff angetzeigten negsten Sontag Vocem Jucunditatis[1] daselbst tzu Vorde *[...] jegen den abentt zu erscheinen, damit der Landtag am darauffolgenden Montagmorgen begonnen werden kann.*[2]

Datum Rottenburgk Dienstags nach Cantate, Anno etc. XXXVIII. *[folgt eigenhändige Unterschrift Erzbischof Christophs].*

Ausschreiben: StA Bremen, 2-Z.2.d.1 (adressiert an Bürgermeister und Rat der Stadt Bremen; besiegelte Or.-Ausf. Papier; Verschlußsiegel ab).
Protokoll: –
Abschied: –
Weitere zu diesem Landtag gehörige Quellen:–
Literatur: –

1 *1538 Mai 26.*   2 *Mangels weiterer Quellen bleibt unklar, ob dieser Landtag tatsächlich stattgefunden hat.*

81
Landtag 1541 Mai 20, Basdahl

Schatzbewilligung[1]

Die Bremischen Landstände bewilligen dem Bemer Erzbischof Christoph zu dessen Nutzen einen Pflugschatz in Höhe von 3 Talern.

Ausschreiben: StA Bremen, 2-Z.2.d.1 (Erzbischof Christoph lädt die Bremischen Landstände zur Beratung eines ihm vom Kaiser (Karl V.) zugegangenen Schreibens zu einem Landtag auff den Freitagk negst nach Cantate Dei, der ist zweinzigster tagk des Monats Maii bey uns zu Basdall yn frewer und zeitlicher Mittage zeit zu erscheinen und ankomen; datiert: Rodenborgk Freitags nach Jubilate Anno etc. XLI. [1541 Mai 13]; Or.-Ausf. Papier; Verschlußsiegel ab).
Protokoll: –
Abschied: StA Stade, Rep. 5b, F. 102, nr. 20, fol. 6r (Exzerpt, 16. Jh.; Überschrift: Noch tho behoff des Heren Ertzebisschuppes thogelaten.; ohne Angabe zur Vorlage).
Weitere zu diesem Landtag gehörige Quellen: –
Literatur: –

Anno domini 1541.

Dre daler thogelaten aver de ploch etc., Darvan in Usum Reverendissimi Archiepiscopi Bremensis gekamenn – 9613 fl. munte, 15 grote 2 ßwaren.

(StA Stade, Rep. 5b, F. 102, nr. 20, fol. 6r).

1 *Das Tagesdatum ergibt sich aus dem Ausschreiben.*

82
1541 November 7, Stadthagen

Vertrag und Abschied

Die von Kaiser Karl V., gemäß der hier inserierten, am 24. Juli 1541 in Regensburg ausgestellten Beauftragung, eingesetzen kaiserlichen Kommissarien Graf Adolf von Holstein, Koadjutor des Erzstifts Köln, und Graf Johann von Diepholz beurkunden den von ihnen ausgehandelten Vergleich zwischen Erzbischof Christoph von Bremen und den Bremischen Landständen, in welchem der Erzbischof sich durch Eid zur Einhaltung folgender Punkte verpflichtet: (1.) Einhaltung älterer Rezesse und Verträge;[1] (2.) maßvolle Hofhaltung; (3.) jedem Einwohner des Erzstifts rechtzeitig zu seinem Recht zu verhelfen; (4.) Verbot des Vorkaufs; (5.) Eidleistung neu eingestellter Drosten, Kanzler, Amtleute und Vögte gegenüber dem Domkapitel binnen 14 Tagen; (6.) Jährliche Rechnungslegung im Beisein der dazu Verordneten der Landstände; (7.) Bewahrung aller Rechte und Freiheiten des Erzstifts; (8.) zum Nutzen und Besten des Erzstifts zu regieren; (9.) Bewahrung der Rechte und Freiheiten aller Einwohner des Erzstifts; (10.) das eroberte Land Wursten soll beim Erzstift Bremen bleiben und ebenso wie das Alte Land und Kehdingen zu Landtagen geladen werden.

Ferner bestätigen die Aussteller, daß die Bremischen Landstände auf ihre Bitten hin dem Erzbischof auf 3 Jahre einen Pflugschatz von 3 Talern zu 48 Groten bewilligt haben (oben nr. A.81), der für einzeln genannte Zwecke verwendet werden soll.

Urkunde: StA Stade, Rep. 5b, F. 91, nr. 7, fol. 11r–14v (zeitgleiche Abschrift). – Ebd., F. 92, nr. 15, fol. 51v–57r; Abschrift 2. H. 16. Jh.; mit zahlreichen Marginalien; nach einer Or.-Ausf.; Or.-Foliierung 16. Jh.: fol. 47v–43r. – LA Schleswig, Abt. 7, nr. 1133, fol. 19v–21r (Abschrift Ende 16. Jh.). – Ebd., Tl. 2, o. pag. (Abschrift Ende 16. Jh.). – StA Stade, Dep. 10, Hs. 7, S. 5867 (Abschrift 1. H. 17. Jh.; nach einer von (dem Notar) Gerhard Trekel beglaubigten Abschrift einer Or.-Ausf.; mit Marginalien des Abschreibers). – Ebd., Rep. 5b, F. 128, nr. 15a, fol. 70r–74v (Abschrift; 1. H. 17. Jh.). – GWLB Hann., MS XXIII 1125, fol. 39v–45v (stellenweise gekürzte u. fehlerhafte, ins Neuhochdeutsche übertragene Abschrift; frühes 17. Jh.). – GWLB Hann., MS XXIII 1124, S. 67–83 (Abschrift 17. Jh.). – AR Stade, Hs. 9, fol. 103v–113v (Abschrift 17. Jh.). – StA Bremen, 2-Z.2.a (2 Abschriften, eine um 1600, eine 19. Jh.). – Ebd., 2-Z.2.b.1 (Abschrift um 1600). – Ebd., 2-Z.2.b.2, S. 123–141 (Abschrift um 1600). – Ebd., 2-Z.2.b.3 (Abschrift um 1600). – Ebd., 2-Z.2.b.4 (Abschrift um 1600). – Ebd., 2-Z.2.b.6 (Abschrift um 1600). – HB DoG Verden, Stettswährende Receße, S. 50–63 (Abschrift 17. Jh.). – StA Bremen, 2-Z.2.b.5, S. 172 – 185 (Abschrift Mitte 17. Jh.). – StA Stade, Rep. 27, W 5825, Bd. 2, fol. 225r–227r, nr. III (Auszug; 1557/58). – StA Stade, Rep. 27, L 3297, fol. 160r–161v (Auszug; 1593–1601). – DA Dorum, Hs. IX, nr. 5, o. pag., nr. EE (Bekhof, Nachricht; um 1710; Auszug). Druck: Cassel, Bremensia 1, S. 600–612, nr. 11 nach einer vor 1623 Sept. 1 angefertigten Abschrift im Kopiar des L. Heistermann, der wiederum eine vom Notar Gerhard Trekel beglaubigte Abschrift einer Or.-Ausf. zugrundelag).
Weiterer hierzu gehörige Quellen: StA Bremen, 2-Z.2.a (Additionall-Artickel im Reichskammergerichtsprozeß der Landstände gegen Erzbischof Christoph, datiert Speyer, 1541 Februar 7).
Literatur: Unger, Volksvertretung, S. 115. – Decken, Darstellung, S. 461, 476, 488 u. 498. – Krause, Beiträge, S. 88. – Wiedemann, Bremen 2, S. 21–23 u. 141. – Osten/Wiebalck, Wursten, S. 146. – Wohltmann, Landständen, S. 12. – Wolters, Erzbischof Christoph, S. 69. – Weise, Staatsarchiv Stade, S. 188, Anm. 18f. u. S. 190, Anm. 32. – EKO 7.II.1, S. 4. – Lehe, Kirchspielsvögte, S. 130f. – Lehe, Wursten, S. 262. – Fiedler, Bremen, S. 208.

83

Landtag (?) 1542 o. T.

Schatzbewilligung

Die Bremischen Landstände bewilligen dem Bremer Erzbischof Christoph zu dessen Nutzen einen Pflugschatz in Höhe von 3 Talern.

Abschied: StA Stade, Rep. 5b, F. 102, nr. 20, fol. 6r (Exzerpt, 16. Jh.; Überschrift: Noch tho behoff des Heren Ertzebisschuppes thogelaten.*; ohne Angabe zur Vorlage).*

Anno domini 1542.

Dre daler aver de ploch thogelaten, darvan in Usum Archiepiscopi gekamenn – 9648 fl. munte, 3 grote, 1 ßwaren.

(StA Stade, Rep. 5b, F. 102, nr. 20, fol. 6r).

84

Landtag 1542 Februar 24/26, Bremen

Landtagsabschied 1542 Februar 26

*Die Bremischen Landstände legen fest, daß künftig bei der Erhebung des Pflugschatzes 20 Jück Altacker als ein Pflug gerechnet werden sollen (*20 Jück Landes ein Ploch tho achten*).*

Ausschreiben: –
Protokoll: –
Abschied: (StA Hann., Cop. II 2, S. 84; Abschrift; 1943 verbrannt).
Literatur: Osten/Wiebalck, Wursten, S. 305, Anm. 17 zu Kap. 3.

85

Landtag 1542 Oktober 9, Bremen

Landständische Gravamina

Die Wurster legen dem Landtag ihre Beschwerden gegen den Bremer Erzbischof Christoph vor.

Überlieferung: Lehe, Kirchspielsvögte, S. 131 f. – Lehe, Wursten, S. 263 (beidemale ohne Quellennachweis).

86

Landtag 1543 März 22/23, Bremen, Domkapitelshaus

Schatzbewilligung 1543 [März 23]¹

Die Bremischen Landstände bewilligen dem Erzbischof Christoph zu dessen Nutzen einen 3 Taler-Pflugschatz, dessen Erträge vor allem zur Erstattung der Kosten dienen sollen, die durch den Krieg gegen Junker Balthasar (von Esens) entstanden sind.²

Ausschreiben: DA Dorum, Hs. IX, nr. 5, o. pag., Landtages-Brieffe, nr. 1 (Bekhof, Nachricht; um 1710): Domdeken, Elder und Capittel der Kerken, Alverich Clüver, Otto van der Hude, uth der Ridderschap des Stiffts, Borgemeister und Rath der Stadt Bremen laden Bevollmächtigte aus Wursten zum Landtag (rath [...] tho helpende), mit Anreise am Abend es 22. März und Verhandlungen am 23. März 1543, ab 8.00 Uhr im Bremer Domkapitelshaus (am Donnerstage nach Palm gegen den Avendt alhier binnen Bremen inthokamende und folgendts Freydages des Morgens tho Acht Uhren im DohmCapittul Huse), ausgestellt 1543 März 16 (Frydages na Judica Anno p. XLIII).
Protokoll: –
Abschied: StA Stade, Rep. 5b, F. 102, nr. 20, fol. 6r (Exzerpt, 16. Jh.; Überschrift: Noch tho behoff des Heren Ertzebisschuppes thogelaten.; ohne Angabe zur Vorlage).
Weitere zu diesem Landtag gehörige Quellen: DA Dorum, Hs. IX, nr. 5, o. pag., Landtages-Brieffe, nr. 2, Schreiben des Bremer Domkapitels an das Land Wursten, Datum Bremen, [...] den XXIX dag Decemb., Anno etc. XLIII, betreffend Erhebung des auf dem Landtag beschlossenen dryer daler schatt (Bekhof, Nachricht; um 1710).
Literatur: Schleif, Regierung, S. 62. – Blanken, Basdahl, S. 75.

Anno domini 1543.

Dre daler van der ploch etc., dar van in Usum Reverendissimi Archiepiscopi Bremensis gekamenn – 9475 fl. munte, 18 grote und 4 ßwaren, van dussen drudden jare des daler Schattes hefft der Her Ertzebisschup keyne Rekenschup nemen laten wyllen.

Van den vorgescreven dren dalern de dre jar langk, dar van hefft de Here Ertzebisschup ides jares II daler gekregen, Den drudden daler hebben de dre jare Domcapittel und Radt tho Bremen angenamen, van welkem drudden dele dath Domcapittel den verden dell pro expensis eorum, und de van Bremen dre dele tho behoff orhes kryges, den ße myth juncher Balthasar gehath, van der Landesschup yngerumeth is.

(StA Stade, Rep. 5b, F. 102, nr. 20, fol. 6r).

1 *Das Tagesdatum ergibt sich aus dem Ausschreiben.* 2 *Der hier genannte Krieg gegen Junker Balthasar von Esens († 1540 Oktober 18) hatte 1538–1540 stattgefunden.*

87

Landtag 1544 Juli 3–5, Basdahl

Landtagsabschied 1544 Juli 5, Itzehoe

Die Bremischen Landstände verhandeln über folgende Punkte der erzbischöflichen Instruktion: (1.) Angemessene finanzielle Ausstattung des Erzbischofs (Christoph); (2.) Festlegung eines Tages, an dem über die Vergehen der Wurstfriesen verhandelt werden soll; (3.) Einsetzung (Friedrichs von Dänemark) des Bruders des dänischen Königs (Christian III.), als Bremischen und Verdischen Koadjutor; (4.) Ermöglichung des Durchzugs der mechtig antall Ruter und Knechte, die sich aver der Wesser, aver der Elve *aufhalten, durch das Erzstift Bremen, möglichst ohne Schädigung der* armen lude.

Nach vorangehenden Verhandlungen am 25. Juni 1544 in Stade kommt zu Punkt (3.) ein Abschied zustande.

Ausschreiben: –
Protokoll: –
Abschied: StA Stade, Rep. 5b, F. 22, nr. 11, fol. 22r–23r (Abschrift 16. Jh.).
Weitere zu diesem Landtag gehörige Quellen: StA Stade, Rep. 5b, F. 22, nr. 11, fol. 36r–41r (Instruktion für die erzbischöflichen Räte mit vertekinge der punctenn unnd artykelenn, so up dem Landtdage, de Tho Basdaell Donnerdages na Visiationis Marię negestkumpstig Anno XLIIII° uthgeschreven; Or.-Ausf.). – Erwähnung dieses Landtags in unten nr. A.88 (1544 Juli 20–26).
Literatur: Osten/Wiebalck, Wursten, S. 147f. – Lehe, Kirchspielsvögte, S. 133.

Zuwissen, das auf Heut. dato, Sonnabends nach Petri unnd Pauli Anno etc. XLIIII° voriger Handlunge nach zu Stadenn Mittwochens nach Johannis Baptiste kurzverflossen, verabscheidet zwischen den Gestrengen unnd Ernvesten und Erbarn Hern Johann Rantzowen Rittern, Hoffmeistern und Georgen Corpern Secretarien, Inn namen unnd von wegen der Ko. Mai. zu Dennemargk etc. an einem, und den Ervesten und Erbarn Claus Hermelingen und Steffen vom Stein Secretarien an Stat des Erzbischoffs unnd Segebaden von der Huden und Heinrichs von der Deken, von wegen ThumbCapittels, Prelaten, Ritterschafft, Stettenn unnd Landtschafft des Ertzstiffts Bremen zu Itzeho klarlichen verabscheidet, das auff schirstkunfftigen Sontag vor Jacobi gegen abendt Ko. Mat. zu Dennemargken etc. Rethe kegen des hohgemelten Ertzbischoven Rethe, auch neben dem, den volmechtigen ThumbCapittell, Prelatenn, Ritterschafft, Stetten und Manschafft des Ertzstiffts Bremen zu Staden ankomen, allenthalben mit volnkomen gewalt unnd bevelich, folgendts uf die handlunge, so die vorgemelten Bremischen Rethe heut dato alhie zu Itzeho von wegenn des Erzbischoven und obgemelter Stende zu Bremen sachen halben der Coadiutorie unnd Ko. Mat. bruders belangend, laut ubergebenem Iren Instruction Inbracht, zuhandeln, zutractiren und zuschliessen. Unnd wo nun solcher tagk von Ko. Mat. mitler zeit *[sic]* nicht abgeschrieben, Soll er ßunder alle mittel fur ßich gehen. Wo aber Ko. Mat. darin bedenken unnd den tagk verlengern wolten, Sollen Sein Ko. Mat. solchs uffn Midwochen oder Donerstagk vor gemelten Sontage, iß nach Margareten,[1] gewißlichen dem

Ertzbischove abschreibenn unnd gegen Stade ann Heinrichn Heitmollern Zcolnern die brieve gelangen lassen.

Es sollen sich auch neben diesen der Ertzbischoff, Capittell und Stende des Erzstiffts Bremen mit dem allereilendsten bevleissen, Das sie das Capittell zu Vherdenn, durch wege hiezu dinlichen, dohin persuadiren, Das ßie vorgemelten wegen, die Coadiutorie betreffend, gleich unnd neben dem Ertzbischoffenn, Capittell unnd andern Stenden unnd Stetten des Ertzstiffts Bremen willigen und gehollen wollenn; Wie sich die Rethe dasselb sovill an Ihnen zufurdern, freundtlichen zugesagt, Darnach allenthalben zurichten. Actum et Datum ut supra.

Steffen vom Stein
Secretarius s[ub]s[cri]p[si]t.

(StA Stade, Rep. 5b, F. 22, nr. 11, fol. 22r–23r).

1 *1544 Juli 13.*

88

(Land-) Tag 1544 Juli 20–26, Stade

Erzbischöflicher Abschied 1544 Juli 20 [Stade]

Erzbischof Christoph von Bremen und die Bremischen Landstände einigen sich gemäß dem Abschied von 1544 Juli 5 (nr. A.87) über die Voraussetzungen der Einsetzung (Friedrichs von Dänemark) des Bruders des dänischen Königs (Christian III.) als Bremischen und Verdischen Koadjutor. Der künftige Koadjutor soll sich vor seiner Einsetzung hinsichtlich folgender Punkte verpflichten: (1.) Bewahrung der katholischen Zeremonien und Gottesdienste;[1] Erlangung der päpstlichen Bestätigung auf eigene Kosten; (2.) Bewahrung der Stellung des Erzstifts Bremen im Reich; (3.) Bewahrung der althergebrachten Privilegien; Anerkennung der Gehorsamspflicht gegenüber dem Erzbischof; (4.) Auslösung der verpfändeten Güter; (5.) Verhinderung jeglicher Ansprüche auf das Erzstift Bremen von Seiten des dänischen Königs; Anerkennung des zwischen Erzbischof Christoph und dem dänischen König Christian III. geschlossenen Vertrag von 1536.[2]

Ausschreiben: –
Protokoll: –
Abschied: StA Stade, Rep. 5b, F. 22, nr. 11, fol. 24r–26v (Konzept).
Weitere zu diesem Landtag gehörige Quellen: –
Literatur: –

Zuwissen: Nach dem verruckter zeyt unnd Entlichem dem Donnerstag nach Johannis Baptist negstvorschenen disses Jaren vifhundert vier unnd viertigesten Jares, Ettliche Handelunge twisschenn den Dorchluchtigen unnd Grotmechtigesten Hocherwerdigesten Dorchluchtigen und Hochgebornen Ffursten unnd Hern, Hern Christian zu Dennemarken unnd Norwegen etc. Koninck unnd Hern Christoffern

Ertzbischoven zu Bremen etc. einer Coadiutorien der Ertz- unnd Stiffte Bremen unnd Verden hebben zugedragen unnd aber Hochermelter Ertzebischoff eynen Coadiutorem de zeit synes lebens zukeißen nie gesumet, sundern veill mer gedacht de wordigen Capittell bey eyner frien Election unnd welung, als se van Angebynne *[sic]* der Stiffte geweßen, pleiben zulassen. Unnd uber datth auch der Ertzbischoff ferner eigen Person nach, ßo der selbigen zeit, zur Stete sollicher Handelunge, furder gemeiner Capittell unnd Lantschafften Ffurwissen, Consent und fulmacht, antzunemen ist mechtig, sich derhalben auff einen gemeinen Landtdach beruffen unnd auscriben *[sic]* lassen. Unnd nach dem der Ertzbisschoff Personichlichen erscheine, unnd eyn werdich Capittell zu Verden sich Ernstlichen entschuldiget, gedachter Ertzebischoff, Konig. Mat. meynung gemeinen Stenden seines Ertzestiffts mit dem besten vortragen lassen. Und nach dem der Ertzebischoff, gemeine Stende zu billicher, trefflicher und unschetlicher Handlung geneigt befunden, Den sulben auch nicht auchslagen *[sic]* wollen, sunder kegen wordigen tach, als den XX^{ten} tach Julii, soliche Handlunge Im fall das dersulbigen zuerlangen, unnd wollgedachter Erzebischoff hirnachbeschriebene Artickell sich furbeholden und mith ausgededinget haben:

[1.] Irstlich: Das in Itzo gedachten fall Idertzeit de Religionis sachen Ausbescheiden unnd In alden unnd Iden ceremonien unnd Gotzdeinsten gebruchen, werden unnd Ehren, darinn de voralters unnd nach Ausweisung der Heiligen gemeine Christlichen unnd Romeschen kirchen bleiben, auch consensus sedis apostolicę unnd folgendeß die Confirmatio unnd bestetigung, wie Christlich, ehrlich, billich und de Concordata nationis germanice in sede apostolica mit sich brengen auff Coadiutoris unkosten unnd expens, erhalten und erlangen werden.

[2.] Zum Andern: Nach dem unnd gemeltes Ertzstiffts erstlich sein fundation unnd dotation von Romaschen Kaeisern, Konningen, Ffursten unnd Stenden dieses Hilligen Reichs genomen, unnd von den zeiten Hochloblicher Gedechteniß Kaiser Karols des grossenn bestanher bei dem Heiligen Reich geweßen, Der Ertzebischoff so zur zeit in regerung komen, gelich andern Ffursten Deß Heiligen Reichs, sine regalia entpfangen unnd der solben unnd der Heiligen Reichs schutz, schirm unnd gehorsam gelebt, auff alle Reichstach unnd andere Furstliche ßamptkumsthe nit als der geringst, sunder furnemsten einer vorscriben, sein Session unnd Votum gehabt unnd als eyn Ffurst des Reichs Iderzeit erkennt unnd geholten wurden; Solde Hinfuren zu ewigen zeiten gemelter Ertzestiffte unnd erwelter Coadiutor dermassen unnd gestalt wie obsthed in alten seinen Privilegien, unnd alten Hirkummenen frey unnd geruehig pleiben, da von nit gedrungen edder In fremde gewalt alienert werden.

[3.] Zum Dritten, solle der Ertzebischoff jede zeit seines lebens yn fulmechtiger regirung dusses ErtzeStiffts Landt unnd Luthe, sunder jeniger Inspruch, des coadiutoris, den allein so fern der Ertzebischoff den Coadiutorem umb Hulff unnd beisandt anlangen unnd furdern wurde, Unnd sunst nit; auch Capittell unnd Kirchen bey allen iren Privilegien, Jurisdiction, gerichten, Zwengen, gerechtigkeiten, alten loblichem gebruchen, unnd herkumsten ungehindert, unnd ungeirret zu Ewigen

Zeiten bleyben; unnd wu da von etwas unbillicher weiß entweldiget, unnd wyder recht abgedrungen, mit Hilff unnd beystandt dusses Coadiutoris widerumb recuperirt und dazu gebracht werden.

Es soll sich auch der Coadiutor Iderzeit in allen so Furstlich, recht unnd billich, als eyn son jegen dem Ertzbischoff gehorsam unnd willich ertzeigenn, Auch sich mit mer underwinden, einige Inwaner edder undersassen des Ertzstifftes geistlich edder weltlich, eddell edder uneddell dem Ertzebischoff zuwider unnd entziegen zu vorbitten, schutzen, schirmen edder handthaben noch in einige Handlung edder sachen, sunder er worde von dem Ertzebischove darumb ersucht, unnd mit seinem consent, wissen und willen einzulassen.

[4.] Zum Verden soll der Coadiutor alle unnd Itzliche bewisliche unnd bekantliche schulde, so durch den Ertzbischoff, edder seine furfaren, biß auff de zeit deises Tractats, auff sich genomen unnd nach gelegenheit domit dem Ertzstifft, deß sulbige Landt unnd Leuthe keyn schade, vorderb edder nachteill darauss erwachßenn kunne edder moge, genslichen entrichten unnd betalenn; alle vorsetzte Hawßer, Ampter, dorfer, zoln, hove, mulen, holtzer, wasserstrome edder fischerrien, wischen, acker unnd andere guter wei de genat werden mogen, so dem Ertzestiffte zuhorich, widerumb fryen unnd an das Ertzestifft losen unnd bringen. De so verfallen unnd unerbauwet, widerumb auffrichten, besseren unndd erbauwen, Unnd Iderzeit disses ertzestifftes zu bessern unnd zumehren, In frit unnd Einicheit zuerhalten schuldich unnd pflicht seyn.

[5.] Zum fumsten *[sic]* soll der Coadiutor vorschaffen, darob unnd daran seyn, das Konichliche Mat. auß Dennemarken dem Ertzbischoven daß jenige, so Ime dorch I. Mat. furfarn, auch I. Mat. selbest vorheisen unnd zugesagt, mildechlich halte unnd entrichte, de alten Receß unnd zuvorauß im Jar 36. zwischen I. K. Mat. unnd dem Ertzebischove auffgericht, widerumb renovirt unnd vorbessert, unnd bede I. Mat. unnd des Ertzebischoven Kunichrich, Furstendumb, Stiffte, Herschafften, Landt, unnd Luwte yn Ewigen ffrid unnd einicheid pleiben, geschutzet unnd hanthabet mugen werden.

Unnd Im fall das der Ertzebischoff durch alter edder zukumstige swacheit syner peson, sich des Regimentes genslich entslan unnd das zuergeben gesynnet wurde, Bogert ere Itzunder zu wissen, Waß ehr den Jarlichen von gemelten ertzestiffte dye zeit synes leben und zu nottrufftiger furstlicher Unterhaltung gewertich sein soll.

Es hath auch der Ertzbischoff Mit sinem Capitell des Stifftes Verden der handelung halbern underredung gehat, aber das selbige dazu keines wegs geneigt, sundern bey ferner freier Election zuvorharren gedechtich befunden, will des Ertzebischoveß Jurament nit leiden dassulbige fernern zudrengen, sunder muß eß bey syner gerechtikei berhuen lassen.

Hinwiderumb will der Ertzebischoff sich jegen den Coadiutorn als synen fruntlich lieben oren unnd gekoren son, fruntlichen unnd der gepur nach bewisen unde ertzeigen.

Es haben auch alle unnd Jede upgescribene handelunge, wan die nunn getroffen unnd zu Irem effect kommen, nith allein durch den khiesen Coadiutor, unnd Ko. Mat. genuchsam vorbriefft unnd vorsygelt, sundern auch durch umliggfende Stedte, Als Hamburgk, Luneburgk, unnd ander auch Inegessene von der Ritterschafft des Landts Holstein, der massen vorsichert, vorwart unnd vorburgeschafft wordem, do mit der selbigen keiner Partyen forfencklich war, vest unnd stede gehalten, unnd jegen Godt, Rechtliche Harlicheit, Ro. Key. und Ko. Mat., dem gantzen Heiligen Reich, unnd aller mennichlichem Ffurstlichen unnd erlich moge vorantwurdt werden.

Unnd, entlichen, nach dem unnd dem Ertzebischoven Invormals gelichmessiger *[sic]* handelungen, mith wihlen Erlichen Ffurstlichen unnd nuttlichen Condition, von Ro. Kaeserlicher unnd Konich. zu Ungern unnd Bemen etc. Maiestaten vorgehalten, aber dahin nicht bewogen mogen werden, Sundern allem vorheißen sunder hochgemelter Maiesteten wissen, willen unnd Radt von sinen Ertz- unnd Stiften zudisponiren wolt den Ertzbischoffve *[sic]* vorwislich sein, unersucht derselben in dusser handelung was boscheitliches anzunemen, Begert derhalben doch nach angehorten vorslegen unnd von beiten zeiten ubergeben Articulen, ehr zeit moge haben biss auff zuerkumstigen ausgekundten Richstage, alda wil der Ertzebischoff dusse handelung an Ro. Kaiser. Mat. unnd ander sine Hern unnd frunde gelangen laßen unnd nach der selben Radt sich witer mit Kunichlicher Mat. ªweiter Kon.ʳ Mat. anthwordt geben.ª

Christopherus M[anu] propria s[ub]s[crip]s[i]t.

(StA Stade, Rep. 5b, F. 22, nr. 11, fol. 24r–26v.)

a–a *von anderer gleichzeitiger Hand; davor gestrichen:* In handelungen begeben.

1 *Da König Christian III. zu den frühesten Anhängern Luthers gehörte und in Dänemark die lutherische Reformation durchsetzte (vgl. G. Waitz, Artikel ‚Christian III.', in: ADB 4, S. 184–188), kam dieser Punkt einer faktischen Ablehnung des Koadjutors durch Erzbischof Christoph gleich. Die Einsetzung des seinerzeit noch minderjährigen, evangelisch erzogenen Friedrich von Dänemark (*wohl 1529) scheiterte schließlich. Friedrich wurde 1551, trotz seiner „eindeutig evangelischen Gesinnung", zum Bischof von Hildesheim gewählt, erlangte aufgrund kaiserlicher Fürsprache die päpstliche Bestätigung, wurde 1554 in Hildesheim inthronisiert, begünstigte im Hochstift Hildesheim „die Ausbreitung des Protestantismus" und starb bereits 1556 (Gatz, Bischöfe 2, S. 200f., Art. v. Hans-Georg Aschoff).* 2 *Über einen Bremisch-Dänischen Vertrag von 1536 (dem Jahr des Regierungsantritts König Christians III.) hat der Bearb. unter den im StA Stade verwahrten Archivalien keine weiteren Quellen ermitteln können; auf Recherchen in dänischen Archiven ist im Rahmen dieser Edition verzichtet worden, so daß nicht auszuschließen ist, daß sich dort möglicherweise noch Quellen zu diesem Vertrag erhalten haben.*

89

Derselbe (Land-) Tag

Landschaftlicher Abschied 1544 Juli 26, Stade

Das Bremer Domkapitel, die Bremischen Landstände und das Hamburger Domkapitel referieren den bisherigen Gang der Verhandlungen bezüglich der Einsetzung Friedrichs von Dänemark, Herzog von Schleswig, Holstein und Stormarn, Sohn des † dänischen Königs Friedrich I., Bruder des dänischen Königs Christian III., zum Koadjutor im Erzbistum Bremen und im Bistum Verden. Das Bremer und das Hamburger Domkapitel verpflichten sich, den genannten Herzog Friedrich nach dem Tod des jetzigen Erzbischofs Christoph zu dessen Nachfolger zu wählen; genannte Vertreter der Bremischen Landstände leisten Bürgschaft hierfür.

Ausschreiben: –
Protokoll: –
Abschied: StA Stade, Rep. 5b, F. 22, nr. 11, fol. 13v–15v (gleichzeitige Abschrift).
Weitere zu diesem Landtag gehörige Quellen: nr. A.90 u. A.91 (mit den weiteren dort genannten Schreiben).
Literatur: –

Wy Domdeken, Eldere, Capittell, Prelaten, Stende, Adell, Stette und gemene Landeschup des Ertzstiffts Bremen Und DomCapittell der Kercken tho Hamborch, ßo vele hyr tho gehorych, Bokennen hyr mede unde donn Kundt apenbar alle den Jennygen, ßo dussen breff sehen, horen unde Leßen, vor uns, unße nakamelynge: Na dem lenger dan vor eynem gantzen Jare syck der Coadiutorie der Bremisschen und Verdisschen Ertz- und Styfft halven tho behoff des Durchluchtygen Hochgebornenn Ffursten und Heren Frederychen Erven tho Norwegen, Hertogen tho Sleswigk, Holstein, Stormarnn und Graven tho Oldenborch und Delmenhorst, Konyng Frederyken tho Dennemarcken etc. zeliger ßon, Tvysschen dem Durchluchtygesten Grothmechtygesten Hochgebornenn Ffursten und Heren, Heren Christian to Dennemarcken, Norwegenn, der Wenden und Gotten Konynck, Ok hertogen tho Sleswyck, Holstein, Stormarn, Graven tho Oldenborgk und Delmenhorst, Und den dem Hochwerdygesten yn Godt Durchluchtygen Hochgebornen Ffursten unde Heren, Heren Christoffern Ertzebysschuppen tho Bremen und Administratoren des Styffts Verden, Hertogen tho Brunswygk und Luneburgk etc., Unsernn Gnedygesten Konyngk, Landesffursten und Heren, Handelynge begeven, Dar durch eyn dach bynnen Stade erneut darhen de Hochermelte Konyngk. Matt.[n] und de Durchluchtigen Hochgeborne Ffursten und Heren, Heren Johans und Adolff Kon.[n] Matt.[n] Brudere, de Hertogen tho Holstein etc. orhe statlyken Rede myth namen de gestrenge Ernvesten und Geborn Heren Johan Rantzow Hoffmeyster, Ritter, Scacke Rantzow und Georgen Corpern Secretarien vorfertigt; Ok Unße Gnedygeste Her der Ertzebysscup eygener Person myth sampt etlyken uth uns (:ßo syn Ffurstlyke Gnade by sulche Handelunge erfordert:) angekomen, Dorsulvest upmm Rathuse vorgenomen, Und Syn FF. G. up eynen gemeynen Landtach vorschoven voraffcheydeth, Ok tho Basdale geholden wurdenn.

Dewyle wy den up gemelten Landage yn rade erfunden, syn wy Den Hochgemelten Hertogen Frederyck tho Holstein etc. tho eynem Coadiutor Bremessches Ertzestiffts anthonemen nycht ungenegeth gewest, und Syn FF. G. gebeden, alße de dusse handelynge tho affwerunge anderer gefare volntheen, wo uns dan Syn FF. G. vorheten, Und darup Syner FF. G. Rede neffenst unseren vulmechtygenn myth vorßegelden wervyngen und Instructionen myth Ffurstlyken handen underschreven, Dem vorgemelten Hern Johan Rantzow Rytteren Hoffmeystern etc. gein Itzeho gesendt, borychtende, wes up dem Landtage vorabscheydeth, byddende Kon. Matt.^{n} und Ire Brudere wollen den Bysschoff und uns nycht alleyn yn Schutz und Schirm nemen, sunder tho affholdynge und vorkomynge der geschwynden Practykenn, ßo der tydt na Lade der Instructionen und ane dath vorhanden geweßen, An de Chur- und Fursten tho Sassen, Luneburgk, Hessen und Stadt Bremen myth ernst und vlyth myth vermeldunge Der angenomen boschuttynge und der bowyllygeden Coadiutorien Handelunge schryven wolden, Up welkers averst Her Johann Rantzow des Ertzebysschuppes und unseren gesandten angetzeyget.

Deweyll dessmalß de Coadiutorie nycht genslyken vollentagenn worden, Kon.^{n} Matt.^{n} und dersulven Brudere an de gerurden Chur- unde Ffursten und Stadt Bremen tho scryvende bosverynge dragen, wolde ok Syner Ko.^{n} Matt.^{n} und orhen Ffurstlyken Gnaden wo geschreven und dan darnach der Handell vom Bysschuppe und uns nycht vollentagen worden, schymp und nachteyll geven, Darmede man den nycht konde edder worde ersedyget syn. Mosten alßo Her Johan Rantzow van der Hochgemelten Kon.^{n} Mat.^{n} und der sulven Broder wegenn tho vor der Coadiutorie gewysse syn. Des syck denne des Ertzebysschuppes und unße gesandten vorsecht, wes de Instructionen medebrechten und ße yn dyser Coadiutorie handelynge vorsecht scholde, sunder alle myddell als von vramen Erbaren Luden erholden werden; Ok thor stundt orhe Instructionen dare myth syck Ko.^{e} Matt.^{n} und orhe Bruder darup desto mer thovorlaten, Up welche men syck hyr mede referirt hebben wolde averanthwordeth.

Dem na de Hochgemelthe Ko.^{n} Mat.^{n} an de gerueden Chur- und Ffursten und Stadt Bremen deß Ertzebysschuppes und unserneth halven geschreven und folgendeß mith dem Ertzebysschuppe und uns ho vullenthenynge der Coadiutorien Handelynge eynes dages als Sondages vor Jacobi[1] tho Staden boslaten orhe Ståthlyken Rede, myth namen vorgemelte Heren Johan Rantzowenn, Wulff Powysk beyde Rittern, Breda und Scacke Rantzowen unde Georgen Corpern Secretarien kegen Hochgerordes Ertzebysschuppes Rede und uns gescycketh.

Dewyle wy averst unangeseen ergangener urspruchlyker Handelung uth dem andrage, ßo Unses G.^{sten} Heren des Ertzebysschuppes Rede, dede myth vulmacht Inholt des Itzebesken [?] aveschedes nycht vorsehen geweßen offentlyk bofunden, Dath yn dusser sachen van Unsern G.^{sten} Heren vorlengerung gesocht, Syn wy van Hochgerurden Ko.^{n} und Ffurstlyken Reden angelangt wurden unßren thoßagen und genommen affschede unsers teyls, als by den De Frige Election stunde, mith Inen de Coadiutorie tho volnthende. Wo wol nu Godt loff wy unß unßer thosage, bowyllygung und gemachten avescheide gans wol tho erynnern gewust, ok densulven geburlyken nathosetten ummers willych, hebben wy dannoch der sake tho gude, dusse sacken nochmals unserm G.^{sten} Heren Dem Ertzebisschove tho vorynnern und tho boscycken upschuff gesunnen, de unß ok gegunneth worden.

Dewyle averst nach wedderkumpst Hochgedachts Unsers Gnedygsten Heren des Ertzebyscupps Reden und unserer mythvorordenten wy vormarkt, dat Syn FF. G. yn volnstrekynge Des handels (:unangeseen, wo unß Syn FF. G. dor by befurth:) gesunneth; Und unße getreuwe Radt keyn ansehenn hebben mogen. Hebben wy dennoch alß de erlevende unser thosage ym weynygesten nycht enthfallen, sunder der sulve tho erredynge unser und des Ertzestyfftes Bremen fryd, Row und eyndracht nakomen wollen.

Und nachdeme dan wy de Hochgemelten Kon.^{n} Matt.^{n} tho Dennemarcken und dersulven Bruder Je und allewegen unß und dyßem Ertzestyfft Bremen tho affwerunge alles nadeils und wedderumme forderunge des Pesten geneigt, Ok bofunden, dath ße uns und duth olt hofflyk Styfft uth vorhabenden perikelen gefaren und practyken erreddet, und uns und gemelte Ertzestyfft dar over vor syck und de erhern yn besunderer Schuth, Scherm und vorbyddynge genomen, Und wyllen uns yn allen byllyken sachen mogelyke gnedegeste und gnedege forderunge und byplychtynge bowyßen, Ok uns und gemelte Ertzstyfft Bremen und Capitell tho Hamborgk by unsern Pryvylegien, gerechtycheyden und Frygheydenn tho laten und tho hanthavenn gemeynt In mathen syck des Or Ko.^{e} Matt.^{n} Uns FF. G. kegen uns Konyglyck und Ffurstlyk vorscreven unde vorsegelt hebben.

Dem na Wy Domdeken, Elder unde Capittell Der Domkerken tho Bremen, Und wy Capittels Der Stifftkercken Hamborch personen, ßo thom Choir gehorych, Dewyle und nach dem De wålle und koer des Ertzebysschuppes ane myddel by uns Is Yren Ko.^{n} Mat.^{n} und Ffurstliccher gnaden Hochgemelt by unßen eren und guden geloven unwedderroplyck vor uns und unße nakomelynge vorspraken, thogesacht und vorheten, Dath wy nach Dothlichem affgange (:dath Godt lange vorhoden wylle:) Itziges unses Heren des Ertzebysschuppes, den alse nu und nu alse den sunder alle myddel den Durchluchten Hochgebornen Ffursten und Heren, Heren Frederigk Erffgenam tho Norwegen, Hertogenn tho Sleswyck, Holstein und Stormaren, Graven tho Oldenborch und Delmenhorst etc., Konyng Frederychs zeliger ßon, In und tho eynem Ertzebysschuppe Des Bremysschen Ertzestyffts erwelen Und yn den namen der Hylligen Drevoldycheyt gewontlycher wyse Keßen wyllen.

Doch offt syck aver de thovorsycht bogeve eimanth, de were we de were, mydt der dadt wedder Recht und byllycheyt, wan de Kore gescheen, Den forthganck dessulven tho vorhynderen understunde, Wyllen Ir Kon.^{e} Matt.^{n} und Ir FF. G. Hogestes vormogendes neffen uns darvor syn und dare tho donn, dath de Koir gehanthaveth werde, und dusse handelunge wrycklyken vortgank erreiche. Eth schullen syck auch Kon.^{n} Matt.^{n} und dersulvenn gebruder, Ok Kunychryke und Ffurstendom, Lande und Lude uth dem Ertzestiffts Bremen Keynes boschwerlychen noch forlychen thoschove, tholatinge offt anforderynge, ßo vele by uns, Sunder Ider tydt des besten und vorwarnynge schadens und nachdels gewertych synn.

Idt schullen auch Kon.ᵉ Matt.ⁿ und derselben gebruder als de Gnedygesten und Gnediygen SchutzHeren unßer domcapittellen und Glythmassen alwegen tho gelych und recht mechtych syn.

Und darmyth Ir. Kon.ᵉ Mat.ⁿ und FF. G. des eynen gewyssen ßekeren und ungetruivelder thovorsycht und vesten futh hebbe und dath de Holchgemelthe Ir. FF. G. Hertoge Frederigk yn tydt desfals gewyssliych thom Ertzebysschuppe erweleth schulle werden, Szo hebben wy beyde Domdeken, Elder und Capittell der Kercken Bremen und Hamborch tho Steder, vaster unwedderroplyker holdynge angethogeder handelynge Unßer Capittell Ingeßegell vor uns und unße nakomelinge hirann wytlyken hangen Lathen. Und wy Arendt Bicker ErtzeAbt tho Hertzvelde, Jost Abt tho Unßer Leven Vrowen bynnen Stade und Johan Abt tho Sunte Pawell vor Bremen und Provest tho Osterholte, Alveryk Cluver de Elder, Johan Marscalk, Hynryk Cluver zeligen Gyßen ßone, Johan von Duringhenn, Clawes vam Horn, Segebade van der Hude, Ffrans Marscalk, Thomas und Hynryk gebroder van der Dekenn, Johann Plate und Clawes Kule; Und wy Borgermestere und Radtmanne der Stadt Stade und Buxtehude, Wanth wy de Domcapittele obgemelt tho erholdynge frede und eynycheyt erfordert und gebeden yn dusse handelynge tho vorwyllygen, syn ok tho der nottrufft by kegenwordygem handell In namen gemeyne geLythmathen *[sic]* Bremessches Ertzestiffts ann und aver geweßenn, und derwegen unße Segell edder Pytzschyr neffest der Domcapittele Hyr ann wetentlyk gehangenn. Geven und geschreven tho Stade Amm Sonnavende Na Jacobi Apostoli Anno Domini vyffteynhundert veertych unde veere.

(StA Stade, Rep. 5b, F. 22, nr. 11, fol. 13v–15v).

1 *1544 Juli 20; s. nr. A.88.* 2 *Jodokus (Jost) von Bordeslohe, 1529–1549 Abt des Klosters St. Marien in Stade (Schulze, Stade, St. Marien, S. 479).* 3 *Johann Wiedenbrügge, 1541–1550 Abt des Klosters St. Paul vor Bremen (Michaelsen, Bremen, St. Paul, S. 63).*

90
Derselbe (Land-) Tag

Landschaftlicher Abschied (Instruktion) 1544 Juli 26, Stade

Die Bremischen Landstände verabschieden eine schriftliche Instruktion für ihre beiden namentlich genannten Gesandten, die sie zum Kaiser (Karl V.) entsenden wollen; hierin bitten sie den Kaiser um Bestätigung Friedrichs von Dänemark als Bremischen und Verdischen Koadjutor.

Abschied: StA Stade, Rep. 5b, F. 22, nr. 11, fol. 17r–18r (Konzept oder gleichzeitige Abschrift). Weitere hierzu gehörige Quellen: Ebd., fol. 16r (Schreiben der o. a. Aussteller an Kaiser Karl V., betr. Bevollmächtigung der beiden landschaftlichen Gesandten Segebade von der Hude, Bremer Domherr, und Heinrich von der Decken; Datum Staden, [...] Sonnavendes na Jacobi Apostoli Anno etc. XLIIII [1544 Juli 26]). – Ebd., fol. 16v (Bevollmächtigung der beiden genannten Gesandten durch Domdeken, Capittel und gemeine gelithmathe Bremessches Stiffts; *Datum Bremenn den XXVI dach Augusti*

Am Jar na Christi geborth voffteynhundert Veer unde Vertich *[1544 August 26])* *(allesamt gleichzeitige Abschriften) sowie nr. A.74/4.*
Literatur: –

Instruction, ßo dem Wirden, Vesten und Erbarenn Herenn Segebaden van der Hude Domherenn der Kerken tho Bremenn und Hynrycke van der Deken vam domcapittell und gemeinen Gelythmathen Bremessches Styfftes ann de Ro.^{n} Kay.^{n} Mat.^{n} geborender Demuth tho Dragende befalenn.

Erstlyk, Irer Ro.^{n} Key. Mat.^{n} Des Domcapyttels und Gelythmathenn underdenygesten gehorsamen denst und dath de sulven allenth, wes der Ro.^{n} Key.^{n} Matt.^{n} tho Eren und Heyll geyen mocht Hogestes Flytes vorthesettende, boreyth und mer dan wyllych syn anthozeygende; Darboneffenn tho borychten, dath ungeferlych aver eynen Jar tusschenn den Groshmechiygestenn, Durchluchtygesten, Hochgeborenn Ffursten und Heren, Heren Cristian tho Dennemarcken, tho Norwegen, der Wende *[sic]* und Gotten Konynge, Hertogen to Sleswyck, Holssteyn und Stormarnn, Grave tho Oldenborch und Delmenhorst etc. an eyns, und Heren, Herenn Cristopher Ertzebysscup tho Bremen, Administrator des Styffts Verden, Hertogen tho Brunswyck und Lunenburgk etc. Anderndels, Unser Gnedygester Heren eyner Coadiutorie halven Des Bremesschen und Verdesschen Ertz- Styfft tho behoff des Durchluchten Hochgebornen Ffursten und Heren, Heren Frederychen Erven tho Norwegen, Hertogen tho Sleswyck, Holstein und Stormarnn, Graven tho Oldenborch und Delmenhorst etc., Konyng Frederychen tho Dennemarcken etc. Zelyger sonen, vor eynem Jar dorch wervynge Des Gestrengen, Ernvesten Hern Johan Rantzow Rytters etc. under anderen tho underhandelynge erwassen; Also, dath der wegen eynen dach bynnen Stade van beyden delen tho erfolgende bowyllyget, Unde Hochbenompte Ertzebysschup by sollyche handelunge dath Bremessche Domcapitell, etlyke Prelaten und des Adels vorschreven, Dede ok gehorsamlyk angekommen. Als aver solche handelunge Durch Kon.^{r} Durch. geschyckeden und den Heren Ertzebysscup tho handelen de vorgenommen, und de vorordente des Domcapittels uthe denn Prelaten und Rydderscup, ßo dar tho gegen, yn ansehunge solk wychtych doint, Landt und Lude bolangende, syck darynne rades tho plegende nycht wyllen boladen, Is solches up eynen gemeynen Landtdach und der gemeynen gelythmathen Bremessches Styffts Radt und gefallen vorschoven. Und aver up sollyckem Landtdage, dede up Donnersdach na Visitationis Marie des Itzlopenden Jares to Basdale geholden wurden,[1] De anlyggende noth, avertoch unde Ewych, unwedderbrynglych vorderff, ßo gewyslyk vorhanden, und eynes weges affthowendende und enthflehende geweßen, hoich unde vylfoldych Dregelyken, dath myth erbede up Kon.^{r} Durch. dath de Ertze bysscup *[sic]* by dem regimenth und all dem synen, Ok dath Styfft und Ingesethen by Frygheyt und gerechtycheyt boschuddet, boschermeth und gehanthavet scholden werden, angeseen, erwegen und bodacht, hefft syck de Her Ertzebysscup tho fulnfurynge des handels yntholatende myth der Landesscup eynhellychlych entslaten, und syndt derwegen vam Ertzebyscuppe und gemenen gelythmathen gesandten an gemelten Heren Johan Rantzow myth scryfftlyken Instructionen, de handelynge bodrepende, affgeferdygeth; Desulven ok beworven, Dath Kon.^{r} D.^{t} tho Des Ertzebysscopes und Syfftes enthreddynge an de Chur- und Ffursten van Sassen, Hertogen van

Luneburgk, Lantgraven tho Hessen und de Stadt Bremen gescreven, Dar dorch De avertoch, Ewych vorderff und ander boschwer affgwanth. Sodann ock eyn ander samptkumpst yn der Coadiutorie handelunge tho entslutende bowyllet, Und syck do sulvest bofunden Der Her Ertzebyscupp den handell thovorschuvende und deme aveschede nathokomende anders bodencken gewest; Welchs van Kon.^{n} D.^{t} gesandten Reden nycht upgenamen, hebben de vorordente des Domcapittels und gelythmathen Des Styffts Bremen als de erlevende yn botrachtynge voryge gelofflyker handelunge, thosage und enthfangener woldaeth der geschener enthreddynge, sunderlykes ock, wes vorderves, schadens und unwedderbrynglyken nadeles, so solchs doint, Der Kon.^{n} D.^{t} tho hon und spotte affgeslagenn erfolgen worde; Hebben syck yn handelunge Doch Pawestlycher Hyllycheyt, Der Ro.^{n} Key.^{n} Matt.^{n}, dem Hylleygen Reych und Ertzebysscuppe unvorgryplych Inholt upgerychteder vordrege bogeven.

Dewyle dann solk doindt anfenglyk uth dem Heren Ertzebysschuppe und Irer FF. G. handelunge erflaten, Und dorch de myddell, ßo ungetwyvelt van Godt Almechtych tho Des armen Styffts enthredddynge, beschuddynge und besten vorsehen, De anlyggende noth des Styffts affgewandt, Is Des Domcapittels und gelythmathen Bremessches Styffts an de Ro.^{n} Key.^{n} Matt.^{n} underdenygest, demutygest bytt und troistlyke vorhopenth, Dewyle solk dointh aver des Hyllygen Rommysschenn Ryches affbroke off schadens ys Ire Ro.^{e} Key.^{e} Matt.^{n} Des armen Styffts gelegenheyt und dath dath sulvyge Des wegen anstandenn unwedderbrynglyken vorderves enthreddeth und Hynfurder yn Row, Frede und wolstande tho Godes ere Leven unde dorch nemant neist Der Ro.^{n} Key.^{n} Mat.^{n} beter Dan durch Hochgemelten Hertogen Frederychen als Ffursten des Hyllygen Ro.^{n} Reychs nach naberlyger gelegenheyt beschermeth und gehanthaveth kan werden, Ir Ro. Key. Matt.^{n} sulche Handelunge Godt dem Almechtygen tho love Gnedyglykest gefallen lathen, bostetygen und bevulborden wylle; Dah wert Godt Der Almechtych Rykelyk beloven und Irer Ro.^{n} Key.^{n} Matt.^{n} hochprislych und romlych syn; Sokennenth syck dath Domcapittel und gelythmathen des vylgemelten Ertzestyffts gegen Godt hogester demuth thovorbyddende und over de plicht orhers armen vormogens thovordenende schuldich, Des ße syck dan ok allewege als de gehorsamen yn underdenycheyt don erbedenn. Datum Stade under des Domcapittels Secreth, Des de gelythmaten Hyr tho mede gebruken, Nach der gebort Christi voffteinhundert veer unde veertych Jare, am Sonnavende Na Jacobi Apostoli.

(StA Stade, Rep. 5b, F. 22, nr. 11, fol. 17r–18r).

1 *1544 Juli 3–5, Landtag in Basdahl (oben nr. A.87).*

91

Derselbe (Land-) Tag

Supplik [1544 Juli 26, Stade][1]

Die Bremischen Landstände verabschieden eine Supplik, welche die in nr. A.90 genannten Gesandten dem Kaiser (Karl V.) übergeben sollen. Sie bitten den Kaiser hierin um die Bestätigung Friedrichs von Dänemark als Bremischen Koadjutor.

Schreiben: StA Stade, Rep. 22, nr. 11, fol. 18v–19r (Konzept oder gleichzeitige Abschrift, o.Dat.).
Weitere hierzu gehörige Quellen: Ebd., fol. 19v–21v (offenbar eigenhändiger Bericht des Segebade von der Hude über diese Gesandtschaftsreise; darin: fol. 19v–20r: Bericht über die Übergabe dieser Supplik an den kaiserlichen Rat Carolo Boisott am 3tia Octobris anno 1544 tho Brussell, *über den Aufenthalt am Kaiserhof, eine Audienz beim Kaiser am Sonntag, 5. Oktober 1544, und die Ankündigung des kaiserlichen Antwortschreibens am 14. Oktober durch denselben Boisott und durch Obernburger; fol. 20v: Abschrift des Antwortschreibens Kaiser Karls V., ausgestellt* yn der Stadt Brussell yn Brabandt am XIIIIden tag des Monats Octobris Anno etc. ym XLIIIIden, Unsers Keyserthumbs ym XXIIIIden; *unterfertigt von Boisot und Obernburger:* Die Gesandten werden angewiesen, nachdem der Kaiser ihre Supplik gnedichlychen angehort *und* widerumb abgefertygt hat, *von den kaiserlichen Räten die Antwort zuvornemen); fol. 21r/v: Abschrift des von Obernburger unterschriebenen Antwortschreibens;* Actum Brussel Inn Brabandt am Dreyzehenden Tag Octobris Anno etc. Im Vierundviertzygesten; *die Sache wird vom Kaiser, der* myth anderen vylfeltygen hochwychtygen geschafften boladen *ist, dem angeenden Reychstag ghen Wormbs übertragen, der darüber befinden soll; fol. 21v: Bericht über die Rückkehr der Gesandten zum Bremer Domkapitel; die* 28ten Octobris [...] den Heren des Domcapittels Relation gedan *und* den 29ten Octobris *die ebengenannten Schreiben an den Dompropst übergeben haben). –* Nr. A.76/1–A.76/3 *(mit den weiteren dort genannten Schreiben).*
Literatur: –

Supplication, Szo de gesandten Des Ertzestyffts Bremenn Der Romyschen Key.n Mat.n avergeven:

Aller Durchluchtygester, Grosmechtyger, Unoverwynthlykester Romesschen Keyser, Aller Gnedygester Her, Euwerenn Key.ⁿ Matt.ⁿ geven Wy uth hoger nottrufft underdenygest erkennen, Wylkere gestalt syck Tvyschen der Kon.ⁿ Durchluchtycheyt tho Dennemarckenn etc. und deme Heren Ertzeysscuppe tho Bremen etc., Unsere Gnedigesten Heren, eyner Coadiutorie halven Des Bremesschen Ertzestyffts, to behoff Des Hochgebornen Ffursten Hertogen Frederykenn Kon.ʳ Durchluchtycheit tho Dennemarckenn etc., gebroderenn Unses Gnedygenn Herenn, Handelunge thogedragenn, Welck tho Rade und bodenckenn Des Bremesschen Domcapittels und gemener Gelythmaten gestalt, Und desulvenn ynbefyndynge der geferlyken geschwynden Practyken unde ewygen vorderve, ßo de tydt Jegen den Herenn Ertzebysscup und Styffte vorhanden. Deme vorthokomende Hebben ße syck myth deme Ertzebyscuppe tho Handelunge Der Coadiutorie eyndrechtych yngelaten. Und der halvenn der Ertzebysscup etlyke Erer Ffurstlyken Gnade Rede unde De gelythmathen welke uth ohnen, myth Instructionenn und wervyngen an den Gestrengen Heren Johan Rantzouwen Rytter als underhandeleren affgeverdygeth, Daruth erfolgeth De Kon.ᵉ Durchluchtycheit tho Dennemarckenn etc. dath boschwerlyche anlyggenth des Styffts erreddeth und affgewenth. Und do bofunden, der Her Ertzebysscup yn der Coadiutorie Handelunge und genamen aveschede anders bodenckens geweßen, Und dorch de Kon.ᵉ vorordente Rede Dat Domcapittell und Gelythmaten den Handell voriger wervyngen und thosagen vormoge der Instruction tho erfolgende, geschwynde und unaffstegelyk erfordert, Szo dath solkes dath Domcapittell und Gelythmathen nycht affthoslande, sunder thom Handell Pawestlyker Hyllycheyt, Euwer Key.ʳ Matt.ⁿ, Dem Hyllygen Ro.ⁿ Reich, dem Ertzebysscuppe unnd Iderem hogen und nyderen Stande yn syner overycheit unvorfenglyk, uppe mathe und gestalt als de upgerichten aveschede und vordrage, ßo twyschen Kon.ʳ Durchluchtycheit, Irer Kon.ⁿ Matt.ⁿ gebroderenn und deme Domcapittell, gelythmaten und Stendenn Des Ertzestyffts Bremen upgerichtt, Der wy Euwern Key.ⁿ Matt.ⁿ waraffte avescryfft myt des Ertzebysscuppes und Gelythmaten Instructionen, Daruth alle gelegenheit und anfang der Handelunge tho bofyndende, underdenygestes gehorsames averthogevende erbodych und De allenthalven ferner melden tho slutkylem Handell Hebben grypen mothen, Dermathen, dath de Hochermelth Hertoge Frederyck naItziges Ertzebysscuppes Dotlykem affgange (:dath Godt lange vorhoden wylle:) vam Domcapittell tho Kumpstygem Bremysschen Ertzebysscuppe erweleth und der Landesscuppe scall angenommen werden bowyllyget.

Dewyle dan Aller Gnedygester Keyßer solk dointh deme Styffte unde yngeßeten thom besten und erreddynge vordervens gedegenn und sus uh wolgegrundten orßaken vorhandelt, ok ungetvyvelt van Godt Almechtich alßo Gnedychlyk vorsehen, Szo ys des Domcapittels und Landesschup des Bremesschen Styffts underdenygeste bytt, Euwer Key. Matt.ⁿ yn Gnedygestem bodencken aller gelegenheit unde ßo dem Styyfte daruth Rouwe und wolstandt erfolgeth, sollychen Handell syck Gnedychlykest gefallen lathen, Und den sulvygen bostedygen, Confirmeren und des Domcapittels und gelythmathen Upgedachter Gnedygester Keyser und Her syn wylle; Unde offt Euwer Key.ʳ Mat.ⁿ van Jemandes anders, dan vorgemalt borycht worden, dath Euwer Key.ᵉ Mat.ⁿ dem sulven keyen byfall geven wyllen, er gemene Gelithmathen des Bremesschen ErtzeStyfftses tho anthworde gestadeth werdenn. Sollyches wert Godt Almechtych rykelyk belonen und dath Domcapittell und gelythmathen werdenth Jegen Godt tho vorbyddende und yn underdenygestem gehorsam na der armen gelegenheyt boreyth syn tho denende.

 Euwer Key.n Matt.n

Underdenygeste und gehorsame
Segebade van der Hude Domhere
und Hinrick van den Dekenn,
Van wegenn Des
Domcapittels, Prelaten, Rydderschupp,
Stede und Lande des ErtzeStyfftes
Bremen.

(StA Stade, Rep. 22, nr. 11, fol. 18v–19r).

1 *Ort und Datum ergeben sich aus dem inhaltlichen Zusammenhang dieser Supplik mit nr. A.88–A.90.*

92

Landtag 1544 August 21, Oerel

Erzbischöfliche Proposition

Erzbischof Christoph von Bremen teilt dem Landtag mit, wie ungebührlich sich die Wurster bei ihrer Rückkehr nach Dorum verhalten hätten, indem sie die Rückkehr zu einem Triumpfzug gegen den Erzbischof gemacht hätten.

Überlieferung: Lehe, Kirchspielsvögte, S. 133. – Lehe, Wursten, S. 264 (beidemale ohne Quellennachweis).

93

1544 Dezember 15, Bremen

Landtagsabschied

Der Bremer Erzbischof Christoph bezeugt, daß die Bremischen Landstände ihm, wie erbeten, einen zweiten 16.-Pfennigschatz bewilligt haben, dessen Erträge zur Zahlung der Türkensteuer und zur Rückzahlung genannter Schulden verwendet werden sollen.

Abschied: (StA Hann., Brem. Or. 1699; 1943 verbrannt; Or.-Ausf.). – StA Stade, Rep. 5b, F. 91, nr. 7, fol. 8r–9v (Abschrift 16. Jh.). – Ebd., F. 92, nr. 15, fol. 57v–65v; Abschrift 2. H. 16. Jh.; nach einer Or.-Ausf.; Or.-Foliierung 16. Jh.: fol. 53v–61v). – LA Schleswig, Abt. 7, nr. 1133, Tl. 2, o. pag. (Abschrift Ende 16. Jh.). – StA Bremen, 2-Z.2.a (2 Abschriften; eine um 1600, eine 19. Jh.). – Ebd., 2-Z.2.b.1 (Abschrift um 1600). – Ebd., 2-Z.2.b.2, S. 146–153 (Abschrift um 1600). – Ebd., 2-Z.2.b.3 (Abschrift um 1600). – Ebd., 2-Z.2.b.4, S. 68–75 (Abschrift um 1600). – Ebd., 2-Z.2.b.6 (Abschrift um 1600). – HB DoG Verden, Stettswährende Receße, S. 63–69 (Abschrift 17. Jh.). – StA Stade, Dep. 10, Hs. 7, S. 68–73 (Abschrift 1. H. 17, offenbar nach einer Or.-Ausf.). – AR Stade, Hs. 9, fol. 114r–119r (Abschrift 1. H. 17. Jh.). – StA Bremen, 2-Z.2.b.5, S. 186–192 (Abschrift Mitte 17. Jh.). – GWLB Hann., MS XXIII 1124, S. 85–92 (Abschrift 17. Jh.). – Ebd., MS XXIII 1125, fol. 46r–48v (Abschrift 17. Jh.). – StA Stade, Rep. 5b, F. 102, nr. 20, fol. 6v (Auszug, 16. Jh.; Überschrift: Noch dem Heren Ertzebisschuppe tho Bremen yn Schattynge thogelaten.; ohne Angabe zur Vorlage). – StA Stade, Rep. 27, W 5825, Bd. 2, fol. 227r/v, nr. IIII (Auszug; 1557/58). – Ebd., Rep. 27, L 3297, fol. 163r (Auszug; 1593–1601). – Ebd., Rep. 5b, F. 128, nr. 15a, fol. 53r–55v (Abschrift; 1. H. 17. Jh.). – Druck: Cassel, Bremensia 1, S. 613–619, nr. 12 (offenbar nach einer Or.-Ausf.). – Decken, Familie, 4. Abth. (Urkunden), S. 19f. (wohl nach der verbrannten Or.-Ausf.).
Reg.: StA Stade, Rep. 81, Hs. 9 (Rep. Möhlmann 1), nr. 3378; nach der verbrannten Or.-Ausf.). – FB Reichskammergericht, S. 250.
Weitere zu diesem Landtag gehörige Quelle: StA Stade, Rep. 5b, F. 105, nr. 36, Bd. 2, fol. 181r und Rep. 5b, F. 106, nr. 50, fol. 2r (Instruktion für die Schatzsammler; 1544). – Cassel, Bremensia 1, S. 619f. („Verzeichniß des 16 Pfenning Schatzes, wie er nach diesen von den Schaz Einnehmern berechnet worden"; ohne Angabe zur Vorlage).
Literatur: Unger, Volksvertretung, S. 115. – Wiedemann, Bremen 2, S. 23 (datiert „1544, Dec. 16."). – Osten/Wiebalck, Wursten, S. 148f. – Wolters, Erzbischof Christoph, S. 72f. (nach der verbrannten Or.-Ausf.). – Weise, Staatsarchiv Stade, S. 187, Anm. 10. – Schleif, Regierung, S. 62, S. 66, Anm. 284; S. 68, Anm. 292 (Instruktionen für Schatzsammler) u. S. 71f. (Abschied). – Lehe, Kirchspielsvögte, S. 133f. – Lehe, Wursten, S. 282f. – Blanken, Basdahl, S. 75.

Wir Christoffer von Gottes gnaden Erzbischof tho Bremen, Administrator des stichtes Vehrden, Hertzog to Brunsschwig und Lünenburg p. bekennen und betügen avermiddelst düssem unsern breve opentlich vor uns und unse nachkommen in unserm Bremischen stift:

[1.] Nadem wy up etlichen vorigen landtagen dem wurdigen, unsern leven andechtigen und getreuen domcapittel, prälaten, ritterschaft, steden, stenden und landschaft unsers Bremischen erzstifts unse schwere schulde und obligen tho mehrmalen gnediglich mit gesunnen, so unß als de getreuen, in dem to erreddinge unsers obliggens, tho erholdinge unsers furstlichen standes und ehren mit einer statlichen steuer wolden vorhelpen, begehret, daruth erfolget, obgemelte unsers Bremischen stiftes gliedtmate, in erweginge unser gelegenheit, schweres obliegens tho unsers stifts land und lüde erreddinge nach veelfoldiger geplegeder handelunge, alss de gehorsamen und getreuen, eine gemeine landsteuer des sosteinden penninges aver unse Bremische erzstift, doch up mate, gestalt und condition nachgeschreven, nagegeben und bewilliget. Also dat in beschrivinge des sosteinden penninges schatzes de jennigen, so van olders frey gewest, mit düssem schatte unbeladen, und des frey syn und bliven schollen, doch de jennigen, so ungefehrlich aver vif ofte soss jahren gegeven, scholen vordann geven, dat ock de vorigen schatschrivers, so von wegen der landschaft, de vorigen schattinge des sosteinden penninges beschreven, mit thodohen der vesten und ehrbaren Clawes Kulen, Wilken von Schönebeck, Hermans von Horne, des edlen Arendts von der Lith und Johan von Bremen oder Marcus Eitzen in oerteren jederes gelegenheit schölen upbringen, einfurderen, und in die schatkisten binnen Bremen, in bisyn unser und der landschaft verordneten bestellen, lievern und inbringen. Und mögen wir up idern örs einem unser betreueden tho sampt dem amtmanne des orts, dar gehevet werd, de solches allenthalven mede hören, sehen, doch nicht tho schrivende oder register tho makende hebben, verordenen, so schal ock meldung des vorigen registers des sösteinden penninges, wor voranderinge in den gudern in geschehen, fortfahren werden, alss dat huss, hof, land, sand, acker, wische, koye, pferde, schape, schwine, ossen, varende have und allent, darvan schattinge tho gevende, gewonlich nicht höger dan inhalt voriger register angeschlagen oft gerekent werden. Und schal solche sture de helfte twischen nu und negstkamenden Vastelavendt[1] beschreven, upgebracht und ingenamen, und de andere helfte up Michaelis[2] am nechst kunftigen soss und vertigsten jahre vor angetogeder mate, gefurdert, geheven und ingebracht werden. Sodann ock inholdt des Hilligen Rikes affscheden twe anklage wedder den Turken vorwilliget, schal dat jennige, so de schatplichtigen von sulken nagegevenen Turken sture tho inleggende plichtig, vorerst durch vorangetogede schathevers aver dat gantze land afgetagen, und in de kisten der Turkensteuer, sonder einige unse oder unser vorhinderinge gelevert werden. Nadem ock in etlichen ortern unsers stiftes von den schatplichtigen ein deel der upgelechten Turkensteur vorrichtet, hebben wy naggegeven, so vele der sulven de stüre erlecht, dat öhn solches in der summen des sosteinden penninges afgetagen werde, und desulve, wat se utgelecht, up nie tho vorrichtende nicht schuldig syn.

177

[2.] So schölen ock unse leven getreuen dem ehrenfesten Johan von Monnighausen 4000 goldgulden, so in dat Neuehuss vorschreven, und ein dusend gulden munte, so men den gebrüdern von der Deken für provande schuldig ist, mit den tinsen vorerst, und uth der ersten helfte düsser anlage vorricht und betalet, und dat ander in de nothwendigste schulde gekehrt werden.

[3.] Idt scholen sick ock de vorordneten schathever unserm domcapittel in stadt der gliedtmaten mit eden vorplichtet, de olden und nien register getreulick tho vorwahrende, desulven oder aveschrift in niemandes henden kamen to latende, dan nach upbringinge des schattes mede in den schattcisten, welche in unserm dome tho Bremen uppe de trese gestalt schal werden, in bewahr leggen und stellen.

[4.] Dewile dann ock in etlichen unseres stiftes ortern ein merklich schade von den rottenden landesknechten geschehen, hebben wi unss mit den glidmaten vorglikent, dardorch de armot nicht tho hope beschediget, dann gelickeit im stifte geholden werde, dat solches na befindinge und warhaftiger anzeige der gelegenheit angesehen, und durch de verordneten hever nach grote des erleden schaden in düsser anlage (darmit wy öhr geweten beladen) gekortet werde, wor ock kentlich armot befunden, schal man desulven so vele mogelich vorbyghan.

[5.] Wy hebben uns ock geloflich verspraken, dat wy in unser heimkunft vom Rikestage einen jeden des landes ingeseten recht verhelpen, ergahen laten und dartho dage mit den forderlichsten ansetten willen. Nachdem sich averst thodrecht, wi unsern anliggende na idtliche wichtige bahrschoff und vorsettede kleinot intholösende, und den anstahenden Wormbschen Reichstage mede tho besökende, tho dohende, hebben de gemeinen lidtmaten uns tho unterthenigen gefallen, dat unss de achte dusent thaler, so unse unterthanen der Wurster tho itziger anlage tho geven angenamen, dergelichen datjennige, so im ambte Nigenhuss und des rhades von Bremen gebeden fallen werde, nagegeven und vorwilliget. Dewile ock de olden und neien Vagede halven des landes zu Wursten velfoldich twispalt und wedderwertigkeit sich begeven, daruth und anders wi geren dat land tho Wursten, und sonderlich ein und twintich inwoner darsulvest, ungnade gesatet, und solche gebreke tho etlichen malen vor die gliedtmaten in verhör gedien laten, hebben wy nu und zu lest obgedachter unser gelidtmaten unterthenig, flitig, bittend und anholdend, frede und einigkeit tho plantende, und süss alle wedderwertigkeit im lande tho Wursten tho dempen, alle ungnade fallen laten, und dat land und ingeseten tho Wursten in unser gnade, schuz, schirm und handhavinge alse unse leven getreuen und gehorsame underthanen und gleidmaten unsers Bremischen stiftes wieder entfangen willen, und hinfurder aller wedderwertigkeit vorgeten syn, und in ungnade nicht mehr gedenken. Schölen also alle und jeder vorige vogede ave, und alles befehls entsettet syn und bliven, hebben also up bittend des landes mit unser glidtmaten medeweten und willen, dütmal jedoch hinfüran unsere Hoch- und Obrigkeit unvorfenglich tho vogede unses landes tho Wursten verordnet und gesettet, nömblichen tho Misselwarden: Tiarik Steders, tho Middelen: Lüder Henrichs, tho Cappelen: Alberich Siebe Lüders, tho Padingbuttel und Mulsen: Adick Johan Adickes, Dornum: Nocke Ebe Lüders, Wreme: Johan Edebaus,

Imbsen: Adike Sirikes, Spicke: Ede Erikes; da de unss und unserm domcapittel gewonlike lofte und eide geleistet, vogede syn und bliven, ock ane billiche und rechtmetige orsake und unser gliedmaten medeweten nicht entsettet werden schölen.

[6.] So vele dann ock de erringe des Nernsteder dieckes, sender Sasschedinge, und de meiger vor deme lande, dar sick de gebreke entholden, einen dach ansetten, unse domcapittel, etliche der oldesten unser ritterschaft und der stede darsulvest, tho erschienende vorschriven, alle gelegenheit besichtigen, de Wurster tho den öhren, so vele dartho berechtiget, kamen laten, und so sich erfunde, de meiger etlicher uth der gemeinen heide gebraket, wess vorhen kein vormalich acker gewest, schal darinne billige mate, na rahde der jennigen, so by solchem handel erfurdert.

[7.] Idt hebben sick ock die gliedtmaten vorbeholden, so einig avertoch dem lande anstande, oder alle und jede artickell düsses affschedes van uns, (dat Gott afwenden wolle), nicht erfolget worden, dat alssdan de gliedmaten nergens inne verplichtet willen syn. Und schal alle handel, so vele de stuer belanget, af und nichtig syn. So schal ock düsse recess den vorigen upgerichteden und versiegelten recessen und vordregen unnachdelich, oft vorgriplich syn, dann de vorige dussen befestiget und bekreftiget bliven.

In orkund hebben wy düssen brieff mit eigener hand unterschreven, und unse insiegel hirunden upt spacium wissentlich befahlen tho drucken, de gegeven in unser stadt Bremen, montage na Luciæ virginis, anno im vier und vertigsten.

Christopherus m[anu] propria.

(Decken, Familie, 4. Abth. (Urkunden), S. 19f.).
1 *1545 Februar 20–25.* 2 *1546 September 29.*

94

Landtag 1547 Februar 14, Basdahl

Landschaftlicher Abschied

Die Bremischen Landstände verhandeln und beschließen über die Bezahlung der von kaiserlicher Seite geforderten Defensiv-Hilfe sowie ihre Forderungen an den Bremer Erzbischof Christoph.

Ausschreiben: –
Protokoll mit Paraphrase des landschaftlichen Abschieds: StA Stade, Rep. 5b, F. 22, nr. 11, fol. 98r (zeitgleich).
Abschied: –
Weitere zu diesem Landtag gehörige Quellen: –
Literatur: Wiedemann, Bremen 2, S. 58f. – Blanken, Basdahl, S. 68.

Anno 1547 den verteinden februarii Is ein lantdach to Baßdal geholden und sint twe breve vorlesen, de eine Key^r Mat. und de ander Key^r Mat. Commissarien, darInnen de defensive helpe gefordert.

Und deweil men begert towetten, wo hoghe sich de summe erstreckende, wess de lantschup dar to todonde schuldich, und dat Key^r Mat. men dat sulche helpe belangende vorlesen mocht werden begert, Jo tor anthwordt fallen, men so der summen nicht gewisse, moge to tein off elven dusent gulden vorlopen, de mochte de lantschup upbringen, erwere in des Hern vermogen nicht; Dat DomCapittel konde wol dredusent gulden verleggen, den se Key^r Mat. wedderwertigen Tiden to Knipensen etlige summen vorgestreckt. De Cantzeller mester Vith hedde dat mandat vorslotten, wer nicht inheimisch.

Und dewil van wegen des DomCapittel anthwordt und dat es sich mit Tiden von Knipensen angezeigter mocht erholte geschein, Is der her upstotich worden am slut tor nuh wechgereden. Es sin over de Rede Johan und Diderich von Monnichhusen, de Provest tho Tzevenn² angesprockenn und begert worden, Ir F. G., der wir wolde sin[en], [1.] de defensiff hulpe betalt worde, [2.] de Knechte ute dem Stiffte mochten bliven, [3.] dat oick Ir F. G. dat unbillich beschattent der armen lude hinderlaten und [4.] den gegevenen segelen und breven gemeten holden, [5.] dat oick der lantschup und sunderlich dem DomCapittell des scrivendes Key^r Mat. und der Commissarien Kopien togestalt und den folgenden Dinxtedach¹ overanthwordet mochte werden. Und sin nichtdeweiniger etlige mit den Knechten to underreden und handelen verordent.³

(StA Stade, Rep. 5b, F. 22, nr. 11, fol. 98r).

1 *1547 Februar 15.* 2 *Der Name des Zevener Propstes des Jahres 1547 ist nicht überliefert; 1518–1546 hatte Dietrich Frese dieses Amt inne; 1548–1554 Andreas Mundemann (Bachmann, Heeslingen-Zeven, S. 160f.).* 3 *Hierauf folgt in der Vorlage (fol. 98r/v) ein Bericht über die weiteren Ereignisse am Abend des 15. Februar und am 18. Februar; vgl. hierzu Wiedemann, Bremen 2, S. 59f.*

95

Landtag 1547 Februar 23, Basdahl

Landtagsprotokoll

Die Bremischen Landstände verhandeln über folgende Punkte der erzbischöflichen Proposition: (1.) die von kaiserlichen Commissarien beantragten 7 998 Gulden, die aus der von Seiten des Erzstifts Bremen (1544) auf dem Reichstag in Speyer dem Kaiser (Karl V.) zugesagten Unterstützung (im Krieg gegen Frankreich) geleistet (die Kayserliche Außgange Mandata, die anlage der Speirischen Defensif hilf von wegen Unsers Ertzstifts betreffende [Instruktion, fol. 5r]); (2.) Beschwerden des Erzbischofs Christoph über ihm von Seiten der Stände gegenüber jenen Commissarien zugefügten Injurien. (3.) Forderung, die Belagerung Bremens durch

Truppen des kaiserlichen Obristen (Josse von) Cruningen dadurch zu unterstützen, daß die Straßen nach Bremen verlegt und der Stadt Bremen die Zufuhr gesperrt wird.

Zu Punkt (1.) bitten die Stände den Erzbischof, daß S. F. G. bei den Kaiserlichen Commissarien umb ringerung der angeschlagenen defensif hilf sovihl mugelich handelenn wolthenn (Rep. 5b, F. 11, nr. 6, fol. 9v); die in Punkt (2.) der erzbischöflichen Proposition vorgetragenen Beschwerden weisen sie zurück, da sie sich nicht zuerinnern wissen, daß doselbst weß daß Iren F. G. An Iren F. G. ehren und wirden vercleinert, geredt worden sei (ebd., fol. 9r); zu Punkt (3.) geben die Stände an, sie seien durch keine Bündnisse an eine der beiden Seiten gebunden.

Namentlich genannte Teilnehmer des Landtags (ebd., fol. 10r): die gesandten der Stadt Stade Johan Pape unnd Ditmer Plate Burgermeister *[...]*, in bei sein Johan von Munnichausenn, unnd anderer Ir F. G. verwanten, *[...]* die gesandten der Stadt Buxtehude Jacob Radeleveß Burgermeister unnd Hinrick Ducker Ratsverwanten *[...]*, in beysein derselben Johann von Munnichausenn, Heinrich Heitmoller und anderer.

Datum: (ebd., fol. 7v): [...] der Landtag zu Paßdal auf Mithwuchen am tag Cinerum, wilcher der 23 Februarii gewesen, gehalten wurden.

(ebd., F. 22, nr. 11, fol. 100r): Midtwekens na Esto michi is de Lantdach tho Bastdall geholden.[a]

Ausschreiben: erwähnt in StA Stade, Rep. 5b, F. 11, nr. 6, fol. 4r (Mitte 16. Jh.: Erzbischof Christoph hat nach 1547 Februar 19 einen gemeinen landtag Im Ertzestiffte Bremen uf Mithwochen nach Estomihi am tage Cinerum zu Paßdall außschreiben lassen). Auch erwähnt: Ebd., Rep. 5b, F. 22, nr. 11, fol. 98v–100r.
Protokoll: StA Stade, Rep. 5b, F. 11, nr. 6, fol. 7v–10r. – StA Stade, Rep. 5b, F. 22, nr. 11, fol. 100r–101r.
Abschied: –
Weitere zu diesem Landtag gehörige Quellen: StA Stade, Rep. 5b, F. 11, nr. 6, fol. 4v–7v (erzbischöfliche Instruktion für die Räte Hermen von Horn d.J. und Steffen Harder für deren Verhandlungen mit den Befehlhabern der kaiserlichen Truppen vor Bremen, ausgestellt zu Rotenburg Suntags Estomihi Anno etc. XLVII° [1547 Februar 20]; Abschrift Mitte 16. Jh.).
Literatur: Wiedemann, Bremen 2, S. 60f. – Wolters, Erzbischof Christoph, S. 77.

a *hierzu zeitgleiche Marginalie:* tho Basdale 23ten februarii.

96

Landtag 1547 März 5, auf dem Steingraben (bei Basdahl)

Landschaftlicher Abschied

Die Bremischen Landstände beschließen auf dem Landtag über folgende Punkte: (1.) Bezahlung einer Defensif hilf an die kaiserlichen Commissarien; (2.) Beauftragung des Ausschusses der Landstände, im Konflikt um die Stadt Bremen zu vermitteln.

Ausschreiben: erwähnt in StA Stade, Rep. 5b, F. 11, nr. 6, fol. 18r (Mitte 16. Jh.: Erzbischof Christoph hat uf Sunnabent nach Invocavit [...] den gemeinen glitmassen [...] auf daß Steingraf bescheiden lassen und verschrieben durch S. F. G. Rethe und dienser Ern Andreaßen Mundeman probsen Deß Closters Zeven, Ditterich von Munnichausen Ebertes zeligen sohn, Frantz van der Lidt und Cordt von Drentwede).
Protokoll: –
Abschied: Paraphrasiert in: StA Stade, Rep. 5b, F. 11, nr. 6, fol. 21r–22r (Abschrift 16. Jh.).
Weitere zu diesem Landtag gehörige Quellen: StA Stade, Rep. 5b, F. 11, nr. 6, fol. 18r–21r (erzbischöfliche Instruktion, ausgestellt zu Vorde, Freitags nach Invocavit Anno etc. XLVII. [1547 März 4] u. erzbischöfliche Instruktion für die Räte Burchart von Cramm, Hermen von Horn d.J. und Cord von Drentwede für deren Verhandlungen mit den Befehlshabern der kaiserlichen Truppen vor Bremen, ausgestellt zu Vorde, Sunnabendeß nach Invocavit Anno etc. XLVII°. [1547 März 5]; Abschrift Mitte 16. Jh.). – Ebd., Rep. 5b, F. 22, nr. 11, fol. 118r/v Schreiben der Bremischen Landstände (Gemene Bremissche gelytmathe upm Stengrave tho dage) an den Bremer Stadtrat, ausgestellt 1547 März 5 (Sonnavende nach Invocavit Anno etc. XLVII°). – Ebd., fol. 102r/v (zeitgleiche Abschrift der von vier namentlich genannten kaiserlichen Commissarien unterschriebenen Quittung über die Zahlung der Defensiv-Hilfe, ausgestellt in unserem Keyr Mayt. Kriegsfolcks veltleger vor der Stadt sych Bremen nennet, Den XIIII tag Marcii Anno etc. Im XLVII^{den} [1547 März 14].
Literatur: Wiedemann, Bremen 2, S. 66f.

[Auf die Abschrift der erzbischöflichen Instruktion folgt:]

Uf ditz antragen haben sich die glidmassen Bremisches Ertzestiffts, so zum Steingraf erschienen, mit nachfolgendenn antwurten vernehmen lassen:

[1.] Daß der gethanen gnedigen danngsagung von unnothen, dan ßie weren deß zuthuen, wan S. F. G. sie verschriebe schuldich.

[2.] Folgendeß: Alß S. F. G. den gefurderthen denß Sunnabents nach Oculi zu Verden zuerscheinende antzegenn lassen; Darauf muchten sie In antwurt nicht bergen, Daß sich die gem[ein]en^a glidtmasse Bremisches Stifts [...]h^b einander zusamend verpunden, verschrieven, voreydeth unnd vorsiegelt, wer von denselbigen uberfallen wurde, der scholde nicht verlassen werden, wilcher gelidtmasse eine die Stadt von Bremen wehre, und daß sie sich dagegin selthen gebrauchen lassen, weihre ohn keines weges zu thun, Dan eß onhen ahn orhen live unnd gute nicht allene schetlich, sunder Irhe Ehere unnd gelimpf betreffe.

[3.] Zudeme so wehre nicht haimlich, sondern offenbar, Daß von Hamburg sich mit Ruteren und knechten beworbenn, und die angenohmen, damit die von Bremen dermassen zuentsetzende unnd beyzustehende, gleich ob eß Ihnen selbst gulthe. Wie nun von der Landschaft ßodane dienste zu pferde unnd fusse geschee unnd gegen die von Bremen furgenohmen wurthe, werhe vermutlich, Daß die Hamburger Daß land zu Keding, Oldelandt, und sonderlich Horneburg widerumb anfellen, und sich feindtlicher hanth gebraucheten, Daß S. F. G. gnediglich behertzigenn welthe.

[4.] Unnd wan den von Bremen orhe Hauß Bericksa sampt anderenn orhen gebeden genohmenn, dem Ertzestiffte Bremen ein merglicher abbruch sein welthe.

[5.] So verhoffen sie sich underthe[ni]glich[b] unnd gentzlich, Eß wehre Romischer Kay. Mat. bevehl nicht, Diß Stifte mehr, Dan andere umbligende dermassen zubeschedigende und antzutastende, Darumb deinstlichs fleits gebedenn, S. F. G. bey den Kay. Commissarien alle mittel, wege unnd furschlege furwenden muchte, Darmede der feynde abgehulfenn. Weß sie dartzu rathen konthen weren sie zuthun gewilliget.

(StA Stade, Rep. 5b, F. 11, nr. 6, fol. 21r–22r).

a *in der Vorlage* gemen.   b *Textverlust am oberen Seitenrand.*

97

Landtag (?) 1547 März 16 o.O.

Landschaftlicher Abschied (Instruktion)

Die Bremischen Landstände verabschieden eine schriftliche Instruktion für ihren Gesandten Segebade von der Hude und einen nicht namentlich genannten Gesandten, die sie zum dänischen König (Christian III.) entsenden wollen, um diesen zu bitten, den Bremischen Landständen im Konflikt mit dem Erzbischof, der von den Landständen die Unterstützung im Kampf gegen die Stadt Bremen, also eines ihrer Mitglieder, fordert, beizustehen und zu vermitteln.

Abschied: StA Stade, Rep. 5b, F. 22, nr. 11, fol. 89r–90v (zeitgleiche Abschrift).

Instruction der werunge, so dem werden, vesten unnd erbernn Hernn Segebade von der Huda sampt N. in namen unnd von wegen der Bremesschen lantschup an die Kon.ᵉ Mat. tho Dennemarcken todragende befallen.

Erstlich Irer Mat. der lantschupp bereit willige denste bestes flites antozeigende, darbeneffen denstlich toberichten, Dewil In Kon.ʳ Mat.ⁿ bewuster mate dat Bremissche Stiffte in Gnedigste schut, scherm und hanthavige entfangen, und wo wol dath Stifft eine tidt betanher fast allerley beswer unnd unrow angelegen, so hebbe sich doch de Bremissche lantschup oick in itzigen geferligen lopen unnd geswinden tiden Ir. Kon.ᵉ Mat.ⁿ mit velen ansolen tobenoigende vorschonet troistliges vorhopens, es hedden sich erogede geferlige swindichheit to anderen unnd drechligen wegen gelindert. Nu drecht sich over tho, dat wedder alle vormodent dat Stifft Bremen mit unwedderbrinckligen ewigen vorderve overladen, Den sich itzigen tidt ein merckliger hupen der Ro.ʳ Key.ʳ Mat.ⁿ, Unsers Aldergnedᵗᵉⁿ Hernn krigesfolck de stadt Bremen tho overrende begennen, dar uth dem Stifft hogest beswer erefolget. Unnd sunderlichs so de Hoichwerdigster etc. Unser Gnedigster Her Der Ertzbisschup sich angezeigter krigeshandlung anhengich maket unnd de lantschup to solcher nottrofft to denste wedder des Stiffts friheit unnd hergebrachten gebruck befordert.

Dewil over de utganck der Krigesleuffe twivelhafich und de lantschup sich solchs denstes als ore mede gelit des Bremisschen Stiffts uth erhemeligen orsaken nicht unbillige beswert, derenthalven ock sulche denste tolesten vortogen.

Unnd over vormotlich angezeigte handelunge tho ferner scherpe und unrade erwassen und dat Stifft in unwedderbrinckligen schaden geraden werde dan nachdem der Ertzbischup sich thom krige mede ingelathen unnd dan de stadt Hamborch, welche mit etligem antall krigesfolcke to water und lande vorsehen, der stadt Bremen mit bundtnuse vorwant und sust anhengich, dem Bremisschen Stifft Inwendich korter tidt so men thor gegen wer nicht gefatet, merkligen schaden und etlige oick de besten des Stiffts orter in grunt unnd to bodden vorderven kan.

Und wan solche wol nicht were, kan de stadt Bremen dorch dachligen utfall, so desulve etlige tidt gepleget, doch des Stiffts noch etliger mate vorschonet, unwedderbrinckligen schaden tofogen, den doch itzige krigesfolck noch tor tidt gines weges vorhoden kan.

Dem nach is der lantschup denstligeste, flitigeste bitt, Ir. Kon.ᵉ Mat.ⁿ Irer Mat.ⁿ Gnedigsten Raidt mitdeilen, de lantschup itzigen tidt in ansehinge der uttersten noit mit trost und beistant nicht wille lathen.

Up Irer Mat.ⁿ Gnedigst gefallen eine scrifft oder staitlige besendinge an de von Hamborch gelangen laten und anhalden, so dise krigeshandlunge to ferner wideronge gedege, de von Hamborch sich an dat Bremissche Stifft (:welches Ir. Mat.ⁿ tho eren und billichheit ane utflucht mechtich:) nicht vorgripen oder dat sulve einger *[sic]* gestalt beschedigen wollen.

Und off wol up bitlich der Bremisschen lantschup anholdent der Key.ʳ Mat.ⁿ Gubernator, Overster, Commissarien unnd krigesRede oick de stadt Bremen in angezeigten krigesleuffen underhand lange toplegende ingewilliget, is doch solchs ane frucht affgegan; Und over de lantschup erachtet, Wo Ir Kon.ᵉ Mat.ⁿ handel to underfangende sich Gnedichlichst bewegen lete, es worde ein sunderlich statlich ansehen hebben, unnd dorch Gots Almechtich hulpe frucht geberen. Were derwegen der lantschup denstligeste flitigeste bitt, Ir Mat.ⁿ der Bremisschen lantschup to Gnedigister forderunge und erreddinge handels, so ungetreivelt Irer Mat.ⁿ Rede affgeslagen wert, dorch Irer Mat.ⁿ Rede plegen und de gebrecke to billigen wegen Gnedichlichst vorfaten wille laten. Solchs is de lantschup Hogestes flites tovordenende bereit. Datum midtweckens nach Oculi Anno etc. XLVII.

(StA Stade, Rep. 5b, F. 22, nr. 11, fol. 89r–90v)

98

Landtag 1547 März 30, Basdahl

Landtagsprotokoll

Auf dem Landtag in Basdahl am 30. März 1547 läßt der erzbischöfliche Kantzler Veit Krummer ein Schreiben Kaiser Karls V. an die Bremischen Landstände verlesen (fol. 110r: Anno domini 1547 Martii 30ma Unße G.^{ste} Ffurste und Her van der Ro.^{n} Key.^{n} Mat.^{n} uthbrachte Mandath up geholdenem Landtage tho Basdale vorkundygenn lathen, ßo volgith *[folgt die Abschrift des kaiserlichen Schreibens]; fol. 110v [nach der Abschrift]:* Basdale 30ma Martii averanthwordeth gemenen Stenden Van Vito Crummer Cancellario*).*

*Es handelt sich um ein Schreiben Kaiser Karls V., ausgestellt 1547 Februar 6 in Ulm (*In Unser und des Reichs Stat Ulmb Am Sechsten tag des Monats Februarii Anno etc. ym Syben unde vertzygestenn, Unsers Keysertumbs ym Syben unde Zwentzygysten und Unser Reyche ym Zwe und Dryssygesten*), adressiert an die Bremischen Landstände (*N. Dechanth und Capittell des hohen Stiffts, Auch Ritterschafft, Mansscafft [sic] und Stenden des Ertzestyffts*), in welchem der Kaiser auf die aus dem Erzstift Bremen ausstehenden Gelder hinweist, insbesondere* der Turcken Steur und Speyrischen Deffension hulff, ßo Uns noch hinderstellig *(fol. 110r) und die Adressaten nachdrücklich zum Gehorsam gegenüber dem Bremer Erzbischof Christoph und zur Beendigung aller ungepurlicheren Pacta,* Conventiculen, Conspiration, Emporung und neuwerungh *auffordert. Weiteres über die Verhandlungen des Landtags am 30. März 1547 ist nicht bekannt.*

Ausschreiben: –
Protokoll StA Stade, Rep. 5b, F. 22, nr. 11, fol. 110r/v.
Abschied: –
Weitere zu diesem Landtag gehörige Quellen: StA Stade, Rep. 5b, F. 22, nr. 11, fol. 110r/v (zeitgleiche Abschrift des o. a. Schreiben Kaiser Karls V., datiert Ulm, 1547 Februar 6). – Unten nr. A.83 (1547 Mai 13).
Literatur: Wolters, Erzbischof Christoph, S. 78f.

99

Fortsetzung des Landtags 1547 März 31/April 1, Beverstedt

Landtagsprotokoll

*Auf dem Landtag in Beverstedt am 31. März 1547 beschließen die Landstände, Ludolf von Varendorf, Segebade von der Hude, Johann Bicker und den Sekretär Magister Heinrich Withmer (*her Ludolff van Varendorp, Segebade van der Hude, Johan Bycker und Mester Hynrick) *zu den kaiserlichen Obristen (in das Feldlager vor Bremen) mit einem dem Protokoll inserierten Schreiben zu entsenden. In diesem Schreiben,* Datum tho Beverstede de Donnerstages na Judica Anno etc. XLVII, Is Ultima Martii geweßt, *erklären die* Guthwillige Gemeine Bremissche Gelithmathe tho Beverstede vorsamleth *ihre Verhandlungsbereitschaft (*alle gelegenheyt wegen I. G. E. und G. underreden mogen gnedich und gunstychlyk bonomen*).*

*Die Gesandten kommen am 1. April (*den Friygdach*) in das Feldlager nach (*Bremen-*) Burg (*Borch*) und fanden das Heerlager in vollem Aufbruch (*ys dath Leger upgebrackenn*). Sie erfahren dort, daß der Obrist Wrisberg von Osterholz komme, wo sich auch der Herzog von (Sachsen-)Lauenburg und erzbischöfliche Räte befänden (*des Wrysbergen van Osterholte gekamen by deme Ffursten van Louenborch und etliken Unsers G.*^{sten}* Hern dar geweßen). Segebade von der Hude und Magister Heinrich Withmer, die ihm in die Nacht hinein bis nach Kuhstedt folgen, treffen ihn dort (*Als Segebade und Mester Hynryck ohme wente tho Kustede Jegen de nacht gefolgeth, Dar an gedrapen hefft*). Hier haben sie eine ergebnislose Unterredung mit ihm.*

*Die Gesandten kehren nach Beverstedt zurück und erstatten den Landständen Bericht (*Sze syn myth solks borichte, do nycht anders ys tho erlangen geweßen, abgescheden, na Beversteden gereden, Dar dosulvest de anderen Ledemathen bofundenn*). Weiteres über die Verhandlungen des Landtags am 31. März/1. April ist nicht bekannt.*

Ausschreiben: –
Protokoll StA Stade, Rep. 5b, F. 22, nr. 11, fol. 105r.
Abschied: –
Weitere zu diesem Landtag gehörige Quellen: Ebd., fol. 105r (Abschrift des o. a. Schreibens an die kaiserlichen Befehlshaber).
Literatur: Wiedemann, Bremen 2, S. 71. – Blanken, Basdahl, S. 68.

100

Landtag (?) 1547 April 11

Landschaftlicher Abschied (Schuldverschreibung)

Das Bremer Domkapitel, die Prälaten, die Ritterschaft, die Städte und Lande des Erzstifts Bremen bekunden, daß sie Erzbischof (Christoph) auf dem Landtag in Basdahl 1547 Februar 23 (nr. A.95) eine Unterstützung von 5 000 Talern zugesagt haben, um damit von Seiten des Erzstifts Bremen die auf dem Reichstag in Speyer 1544 dem Kaiser (Karl V.) zugesagte Unterstützung im Krieg gegen Frankreich zu leisten. Um diesen einen Betrag aufzubringen, nehmen die Bremischen Landstände eine Anleihe von 1 000 Joachimstalern bei der Stadt Stade auf, die mit 6 % verzinst werden soll. Zinszahlung soll, je nachdem, wo es der Stade am bequemsten ist, in Bremen, Stade oder Buxtehude erfolgen.

Bürgen: Das Bremer Domkapitel mit zwei Pferden und einem Knecht; für die Prälaten: Arnold, Erzabt von Harsefeld,[1] *Jodocus, Abt des Klosters St. Marien in Stade,*[2] *Johann Wiedenbrügge, Abt des Klosters St. Paul vor Bremen und Propst des Klosters Osterholz, jeweils mit zwei Pferden und einem Knecht; für die Ritterschaft: Johann* Marschalck, *Melchior* Korff, *Thomas* von der Deken, *Wilken* von Schonebeke, *Moritz* von Nyndorpp, *Bastian* Bicker, *Melchior* Schulte, *Arend* Quiter, *Melchior von* Lunenberge, *Augustin* Werner *und Otto* Dreweß, *jeder mit zwei Pferden und einem Knecht, sowie für die gemeine Landschaft ein Ratsherr der Stadt Buxtehude mit zwei Pferden und einem Knecht. Die Bürgen verpflichten sich zum Einlager in Bremen, Stade oder Buxtehude.*

Datum: Gegeven nach der gebort Christi 1547 mandages in den hilligen Osteren.

Urkunde: StadtA Stade, Urk. nr. 53 (Or.-Ausf.; 19 Einschnitte für die Anbringung von Siegeln; Spuren einer erfolgten Besiegelung sind nicht erkennbar). Regest: UB Stade, nr. 440 (mit irrtümlicher Datierung des Landtags auf 1547 Februar 14).

1 *Arnold Bicker, 1527–1548 Erzabt des Klosters Harsefeld (Schulze, Harsefeld, S. 38f.).* 2 *Jodokus (Jost) von Bordeslohe, 1529–1549 Abt des Klosters St. Marien in Stade (Schulze, Stade, St. Marien, S. 479).*

101

Landtag (?) 1547 Mai 13, Stade

Landschaftlicher Abschied (Instruktion)

Die Bremischen Landstände verabschieden eine schriftliche Instruktion für ihre namentlich genannten Gesandten, die sie zum Kaiser (Karl V.) entsenden wollen, mit folgenden Punkten: (1.) Antwort auf das kaiserliche Schreiben vom 6. Februar 1547, das den Landständen am 30. März 1547 verkündet wurde (oben nr. A.98); (2.) Zurückweisung des Vorwurfs des Ungehorsams der Landstände gegenüber den Befehlshabern des kaiserlichen Heeres vor Bremen.

Ausschreiben: –
Protokoll: –
Abschied: StA Stade, Rep. 5b, F. 22, nr. 11, fol. 111r–112v (zeitgleiche Abschrift).
Weitere zu diesem Landtag gehörige Quellen: –
Literatur: Wolters, Erzbischof Christoph, S. 78f.

Instruction der werunge, ßo den Werdenn, Erbaren und Erhafften wolgelerden heren Ludolffe van Varendorppe domheren und Praweste und Hynryche Wythmers Secretaryen an de Ro.^{e} Key.^{e} Mat.^{n} van wegen gemener Ledemate des Styffts Bremen tho dragende bofolenn.

[1.] Erstlich Irer Ro.^{n} Key^n Mat.n der Bremisschen Gelithmaten und Landtschafft underdenygeste gehorsame denste bestes flytes anthozeygende. Darbeneffen yn Underdenychey tho borichten, Szo der Hochwyrdygeste yn Godt Durchlucht

187

Hochgebaren Ffurst und Her, Hern Christoffer Ertzebysscupp tho Bremen, Administrator des Styfftes Verden, Hertoge tho Brunswych und Lunenborch etc., Am Jungesten eyn Irer Ro.^{r} Key.^{r} Mat.^{n} Mandat Des datum Steyt *[sic]* Ulm am Sosten des Monats Ffebruarii uthbringen und der Lanthscup den Dryttygesten Dage Martii vorkunden Lathenn,[1] Under anderen des meldens, Dath Dechant, Capittell, Ritterschafft, Manscafft und Stende des Ertzestyffts Bremen, Nycht alleyn wyder Hochbenompten Ertzebysscuppes wyllen und meinung, Sunder ouch Der Hogesten Geistlichen Obericheit Als Pawestlycher Hyllycheit erkandtnus und erclerung tho vorachtynge und ungehorsam, Und Irer Ro.^{r} Key.^{r} Mat.^{n} und den Hyllygen Reich tho mercklykem abbruch myth dersulven anhangk, tho unrechtmetyger vorbothner Contract und Pacta eyngelassen, Conventicula und Coniurationn yngeen und vornemen, De hylff oder steur, ßo dem Ertzebysscuppe van der Lanthscafft eynhellychlyken tho behoff der schulden, ock vorrychtynge der Turckenstur und Spyrissche Defension Hylffe, ßo noch Hynderstellych, Und sust anderen ordentlyken eyn kommen, ßo etlyke gar mer, dan umme den halben teyll geryngert, und dem Styfft enthogenn syn, nycht enthricht und gelest werden konen. Fferners Inhalts solchs Kon.^{n} Mandats, Welchs De Landesscup yn geborender gehorsamer underdenycheyt enthfangenn.

Und Irer Ro.^{r} Key.^{r} Mat.^{n} folgender gegenboricht yn hogester demuth Kennen byddeth, Dath de Bremissche Landtschup sych solches angevens myth nychte vorsehen sollen, Dan sych myth bostendyger warheyt erfynden wirt, dath syck Domcapittell, Rydderscafft unde Stende Je und alwege als de gehorsamen und getruwen Jegen Pawestlyke Hyllycheyt, De Ro.^{e} Key.^{e} Mat.^{n} und Iren Heren den Ertzebysscup erzeigt, Szo de sulven ock eyner anderen gestalt sych tho holden bodacht.

Und Dewyll de Landtscup angetzeygter mathe bostendyger voranthwordynge erfordert, Mogen de gesandten, Wo wol ße es vyll lever vorswegenn, sehen wolten, Und Itzygen Jegen boricht tho Nottrufft des Handels nemanth dar durch tho smehen unangetzeygeth nycht laten, Dath syck bemelthe ungehorsam by dem Heren Ertzebysscuppe und nycht Die Landesscup myth warheyt erhelt, Dan ßo der Ertzebysscup dem Domcapittell und Des sulven vormanthen Perßonen und etlyken des Styyfts yngeßeten Ire Hoeve, guder, Erve und anders geweldyger doidt gegen Recht und byllycheyt genomen, Derwegen Dem Ertzebyscuppe eyn Keyserlyck Penall Mandatt, solkes ynwendich domals eyner bonompten tydt zu restitueren, by ansenlychen Penen gebaden; Hefft der Ertzbysscup sulchen Mandaten nycht allein gynen gehorsam Leistet, Dan nach der vorkundygunge solchs Mandats mer geoveth, Dem Domcapittell und Perßonen tho den vorygen noch etlyke andere Erve, guder, Tegeden, Tynße, Renthe und Uffkumpste ane Jenyge vorgande rychtlyke Handlunge detlych genamen, Dersulven spoliert und enthsettet, Ock de sulven noch Hutyges Dages ynne hefft und geweldyger daedt enthelt.

Szo weth syck ock de Landesscup myth nychten tho erynneren, de sulven sych Jegen De Pawestlyche Hyllycheyt oder den Heren Ertzebysscup yn ungehorsam upgeleneth, eynyg vorboden Pacta, Coniurationn oder Conventicula upgericht;

Vylweyniger, Dath de anlage, ßo dem Ertzebysscuppe tho vorrychtynge der schulden, Der Turkenstur und Spirisschen Defensiff hulpe vorwisligeth, geweldichlyk vorbodden, De bescryver und ynnemer vorjagt scholden hebben, solkes ys gelyck unerfyndtlyk angegeven.

De Landtscup aver ys nycht yn affrede, dath deme Ertzebysscuppe eyne sture vormoge Segel und breve, nycht uth plycht, dan guthwyllycheyt, nagegeven. Dewyl aver Der Ertzebysscup Den vordrechten, Segell und Brevenn nycht geleveth, Dan dar wedder de armen Styffts yngeßeten boschattet und dath ore genommen, hefft de Landesscup sollyches nycht unbyllyke wedderspraken, Und den scryvenn myth forderunge stylle tho stan und sych des den upgerichteden Szegell, Breven und Recessen gemethe tho holdende angelangeth. Do eth aver unfruchtbar gedegenn, De Her Ertzebysscup nycht alleyn gegen Key.^{r} Mat.^{n} Mandatt, dan ock Ir loffte, Szegell und Breve gehandelt, Is am dage und tho gelegener tydt genochsam tho bowyßende, Und nachdem der Her Ertzebysscup derlyke Handlunge tho gebrukende understan, syn etlyke der naberffursten unde heren dem Ertzebysscuppe daryn nycht bythoplychten, und also schaden affthowendende bytlyck und gyner anderen gestalt ersoicht, Szo hefft ock der Her Ertzebysscup nycht alleyne yn geborende Turckensture nycht erlecht, Dan ok de Summe, Dar van Der Schatplychtygen steur affgetagen und botalt scholde werdenn, wechgenommen. Und hefft de Landesscup thor Defensyff hulpe Vyffdußenth Daler, wo wol de sulve sych vorsehen, ore gebor nycht ßo hoch erstrecketh, Dar myth de sulven nycht anders, dan als de gehorsame vormerckt, erlecht und enthrichtet. Dem na nychts by der Landesscup den deme Heren Ertzebysscuppe Mangelt, und kan derenthalven nychts unbyllyges der Landtscup tho geneten werden.

Dath ok dem Heren Ertzebysscuppe yn den Ordentlichen ynfellenn affbrocke boscheenn, Oder over dath Geistlicher Lehen Collation Iren F. G. thostendych, underwunden, De Beneficia unduchtygen Personen, Oder Dath by Iren FF. G. Recht tho ßoken vorbaden und gesprakenes Ordel execution vorhyndert, Dath gantze landt tho ungehorsam, emporunge unde Zertrennung bewegeth, Offt sych ho eynynges Coniuration oder ungeborender vorbunthnyss yngelaten scholden hebben, Dessen weten sych de Landscup gar nycht zu erynnernn. Hefft sych ok Godt Danck solcher Lasterlyken handlungen und uproir tho erwecken wol wethen tho ersparenn, Syn es ok gewysse, solchs myth bestendygem gemude [?] nycht erwyseth moge werden.

Wen aver derenthalven in Specie angetzeyget, wirt sich de Landsscup myth warafften gegenberycht dermathen vornemen lathen, darmyth ße sych genochsam enthschuldygeth tho syn vortrosen.

Dath ok de Landsscup andere herscaftten ynthoforende den Ertzebysscup tho entsetten und also eygen gewaltyger doidt und vormeneth eyn frevelych unzimblych Spolium und enderunge ym Regimente yn Key.^{r} Mat.^{n} und des Reichs Lehen ynthoforende understanden etc., In dem boscheht der Landtscup gans ungutlych wirt, ok nycht tho bowysende syn, Szo ys ok unerfyndtlych furgebracht, de Landscup der Key.^{n} Mat.^{n}, des Reichs Rechten und Ordenunge tho wedder und enthyegen dem Ertzebysscuppe und Ertzestyfft tho hogen boschwerlyken nachdeil, schaden und vorderven, Und des Key.[n] Mat.[n] als dis Reicgs eygenthumb tho Schmelerung und abbruch gehandelt.

Dan noch dar neffen ok war, dath der Her Ertzebysscup wydder geplycht yn ankumpt des Styffts gedan, derglyken wedder upgerichtede Segell, Breve, Recesse und aveschede Des Bremysschen Styfftes hußer, upkumpste, Tegeden, tynße, Renthe, hove, Erve und gudt, thom dele vorpendeth, vorgeven, vorspyltert [sic] und vorutert. Off nun sollchs nychts des Styffts abbruche, nachteyl unde schaden sy, Und wes der Ertzebysscup der Landtscup thometet, sulvest ungeborlyker mathe begangen und vorwirckt, ßollychs wyllen Domcapittell, Rydderscafft und Stende an der Ro.[n] Key.[n] Mat. aller gnedygeste erkandtnysse yn underdanycheyt gestalt hebben etc.

[2.] Do dan ok de Her Ertzebysscup de Bremissche Lanthscup by den Edlenn, Wolgeboren, Gestrengen, Vesten und Erbaren der Ro.[n] Key.[n] Mat.[n] Gubernator, Oversten, Commissaryen und Krygesrethen Dergestalt, dath syk de sulven tho bolerunge [sic] der Stadt Bremen tho denende gewygert, ungehorsambs bolagerth unde an de Landscup gelangenn latenn. Darup de Lanthscup bostendendyge, erlyen [?][a], velyche und wolgegrundte enthschuldygunge anthozeygende und vorthowendende vorordenth, welche doch nycht gehordt worden. Unde Dan de Landtscup sych yn eynygen ungehorsam unbyllyger vorweygerunge oder wedderspennycheyt ungerne bofynden wilde laten, Is der Ro.[r] Key.[r] Mat.[n] folgende enthschuldygynge yn aller underdenycheyt anthodragende newlych, dath na gelegenheyt des daran de beyden flote der Elve unde Weßer oren lop hebben, und dan de Stadt Hamborch, ßo den van Bremen yn Itzyger krygeshandlung anhenglych, an der Elve, und de Stadt Bremen an der Weßer gelegen, kan de Stadt Hamborch ynwendych weynynger tydt de Lande Kedynge, Osterstadt, Wurster und Oldelandt myth Heers krafft tho water und Lande overthen, Roven, Brennen, desgelyken kan de Stadt Bremen denn anderen des Styffts Ort, Als dath Ampt Tedinghußen twysschen Langwedell und Bremen, Ok van dem Huße Berkeßa [sic] de de angrentzende des Styfftsorter vorwusten, vorheren und yn de grunth vorderven. Dem na der Landtschup myth all nycht gelegen, sych yn de Krygeslouffte yntholaten und also unwedderbrynglyken vorderfflyken schaden up syck tho halenn, tho deme dath de erforderte denst der Key.[n] Mat.[n] oder Krygesreden yn Stadt Irer Mat.[n] weynych oder nychts batlych konnen syn. Dem na ok de Landsscup underdenygesten vorhopens, Der Ro.[n] Key.[n] Mat.[n] gemote darhen, denste van der Landtscup, de desulven one enygen unwedderbrynglyken schaden und vorderff nycht geleystet konne werden, tho forderen und de Landesscup dar nycht tho boladende nycht geneycht sy.

Dem na Ir Key.[e] Mat.[n] myth hogesten flyth upt underdenygeste tho byddende, Ir Key.[r] Mat.[n] yn aller gnedygster erwegynge, Dath syck Domcapittell, Rydderscup und de Stede Stade und Buxtehude myth umme Lyggenden Landen tho keynen tyden, de Smalkaldesschen Bündtnysse anthonemende (:wo wol ße sampt und sunderlyk darumme angelangeth, ok vylfoldych boschwert syn worden:) bowegen hebben laten wyllen, Des underdenygesten vorhopens, Ir Key.ᵉ Mat.ⁿ uth Keyserlycher gude als der underdenygen gehorsamen Aldergnedygester Boschutter, Schermer unde Hanthaver, de Lanthscuppe enthschuldyget und nycht de weynyger yn handlung und satzen den Heren Ertzebysscup bodrepenn, de ßaken allenthalven tho horen, Und yn Stadt Irer Mat.ⁿ Recht ergan tho latende.

Den Itzigen Irer Mat.ⁿ Krygesfolcke vor Bremen, ernstlyk ynbynden, desulven Jegen dath Bremyssche Styfft, Als der Ro.ⁿ Key.ⁿ Mat.ⁿ underdenygeste und gehorsame, Dede ok Jegen Key.ʳ Mat.ⁿ nychts vorwerckt, nychts derlykes vorthonemen, Roves, Brandes, boschedynge und overtages hinfurder tho esparende, Und de Landtscup Allergnedygester Keyser und Her syn wolle, solck steyt de Landesscup yn ungetwyvelder vorhopen, und ys dath sulve aver de schuldygen plycht yn geborender underdenycheyt vigespardes lyves und gudes hogestes flytes tho vordenende boreyth. Orkundt der warheyt ys dusset myth etlyker unßer des Domcapittels, Personen Uth dem Adell und eyne der Stede undergedruckten Pytzyren und Secreten bovesteth. Datum tho Stadenn, Frygdages Na dem Sondage Cantate, Am Jar Dusent Vyffhundert Seven unde Vertych.

(StA Stade, Rep. 5b, F. 22, nr. 11, fol. 111r–112v).

a *die beiden letzten Buchstaben am Seitenrand der Vorlage nicht mehr völlig sicher erkennbar.*
1 *Oben nr. A.98 (1547 März 30).*

102
Landtag 1547 August 24, Stade

Landtagsprotokoll

Die Bremischen Landstände beraten mit genannten erzbischöflichen Räten über eine Lösung der Konflikte zwischen Landständen und Erzbischof, insbesondere über die Einbeziehung der Bremer und der Wurster in einen diesbezüglichen Einigungsvertrag.[1]

Ausschreiben: –
Protokoll: StA Stade, Rep. 5b, F. 22, nr. 11, fol. 150r/v.
Abschied: –
Weitere zu diesem Landtag gehörige Quellen: –
Literatur: Wiedemann, Bremen 2, S. 95.

Anno 1547 is dorch den Bremisschen Utschot ein landtdach bynnen Stade up dach Bartholomei Apostoli toholden utgescreven, dar den de mererdeil (:utbescheden de Prelaten, so uth sundern orsaken nicht vorscreven:) angekomen. So sin oick des Ertzebisschups Rede Johan von Monichhusen, Her Vith Chrumaren, Stephan Harder und Hinrich Heitmoller darsulvest gewesen und hebben Credentz vom Hernn Ertzbisschuppe overanthworden lathen und in der werunge furbracht, so sich twispalt twusschen den Hernn Ertzbisschuppe und den Gelitmaten togedragen, hedde Ir F. G. wol gemeint, desulven bitoleggen, dat de Ro.^{e} Key.^{e} Mat.^{n} derenthalven tobemangede unnodich erachtet, doch wo dem Ir F. G. were gemeint sich mit den Gelitmaten tovordragen, unnd da de gebrecke entdecket mochten werden, wolde sich Ir F. G. na rade der Gelitmaten geborlich schicken und so emande ichtes genomen, scholde weddergegeven werden, und scholde al dat doin, wes de Gelitmaten hebben wolden.

Up solche is gesacht, dat de Gelitmate uth dren grunden noit de Key.^{e} Mat.^{n} tobesokende vororsakt, Welchs sie sust lever unotich geien und den unraidt erspart hedden, dan de Gelitmate sich by Key.^{r} Mat.^{n} fast beswerlich an or schult angegeven befunden in dem, dat Ir. F. G. ein fast beswerlich mandat utgebracht und upm gemeinen landtdage upmm Stengrave vorkunden laten, derenthalven ore entschuldigunge doch mit der beschedenheit, dat de Ertzbisschup sich des nicht tobesweren hedde, vorwenden lathen. Und were solchs wol scharper antodragen west, wor de Ertzbisschup darin nicht vorschonet. Nu erhilden sich oick de gebrecke fast witlopich, dan ein deil dat gansse lant, ein deil sunder orter oick personen des Stiffts bedrepen wolde itziger tidt gelegenheit to erblanen [?] nicht erliden, so weren oick alle und ider gelitmate nicht gegenwertich de dannoch sunderlich dar to darmit ider sine nottrufft antozeigen hedde beropen mosten werden. Und sin up sulche mate fast allerley rede und wedderrede doch tolest darhen, dat ein Utschot wider sich tounderredende vorordent gepleget.

In de samptkumpst der Rede und des Utschottes is noch vorgeholden, dat der Ertzebisschup sich mit den Gelitmaten genoget to vordregen und dat de gebrecke de meisten vorgenommen und de anderen tom landtdage upgeschoven mochten werden. Darup gefraget, off oick de semptlige gelitmate und de von Bremenn sulchen vordrage mit vorfatet sind und off oick dar durch de overtoch und vorderff des Stiffts konde vorbliven, Je geanthwordet, de van Bremen begerden gines vordrages, hedden den Ertzebisschuppe siner lant, lude und heuser unvorwart entsettet, so konde oick Sin F. G. g[e]nen [?]^a handel der Wurster halven liden, de weren mede vor Vorde wesen, wolde Ir F. G. straffen. Dar gegen berichtet, dat men vor denstlich ansege, de von Bremen von wegen der Gelitmate mochten beschicket werden, off enige middel todreppen, desulven mede im vordrage vorfatet mochten sin, hedden ock etlige der Wurster ovel gehandelt, dat solche vor den Gelitmaten tovorhoir kamen mocht, so dan emant gebrocken, desulve mochte boten.

(StA Stade, Rep. 5b, F. 22, nr. 11, fol. 150r/v).

a *Kürzungsauflösung nicht völlig gesichert;* g̅n̅e̅ *in der Vorlage.*

103

Deputiertentag [1547][1] September 6, Bremen

Vertragsentwurf

Der Ausschuß der Bremischen Landstände einigt sich mit dem Rat der Stadt Bremen auf die Punkte eines Vertrags zur Lösung der Konflikte mit Erzbischof Christoph.

Diese Punkte werden genannten erzbischöflichen Räten in der Kirche St. Georg in Stade vorgelegt, finden aber von Seiten Erzbischof Christophs keine Zustimmung.

Ausschreiben: –
Protokoll: StA Stade, Rep. 5b, F. 22, nr. 11, fol. 151r–153v.
Abschied: –
Weitere hierzu gehörige Quellen: –
Literatur: Wiedemann, Bremen 2, S. 96 (irrtümlich datiert „September 7.").

[Auszug:]
[fol. 151r]

Den VI. Dach Septembris is doch de Gesandten des Bremischen Uthschottes in affwesen der Furstlichen Rede dem Achtbernn Hinrich Heitmoller nachfolgender bericht angezeigt, *[...]*.

[fol. 152v]

Is dise menige angestalt, dat wo wol dem Rade unnd dersulven verwanten sich tom handel into latende beschwerlich, solchs oick wol aftoslan hedden, dannoch de wech des handels de drechlichste, darmit dan de Gelitmate dat de stadt des stiffts vorderff ungerne vororsaken wolde befunden wolden, se sich up folgende middel tom handel inlaten menlich:

[1.] Dath der Her Ertzebisschup mit todaet Hertogen Hinrichs von Brunswick und sust Irer F. G. Heren und frunde bi der Ro.[r] Key.[r] Mat.[n] erlangede;

[2.] Dath Grave Albrecht von Mansfelt to dersulven lant, luden unnd husen, sovell Ir. F. G. der berechtiget, gestadet werde;

[3.] Dath de gefate ungnade der Key.[r] Mat.[n] gegen de stadt Bremen, so desulve meistich von Ertzbisschuppe vororsaket, erbeden und affgeschafft werde;

[4.] Dath den Bremesschen Borgern etliger mathe des schadens, so densulven mit rove und brande begegent, erstadinge beschee;

[5.] Dath oick de anderen stede, so sich to erreddinge der stadt Bremen gutwillichlich gebruken laten, mede im handell vorfatet sin und oren bescheet oick bekamen mochten, etc. *[...]*.

[fol. 153r/v]

Up solchs hebben sich de gesanten wedder van Bremen ghen Stade an de Furstlichen Rede erheven, Und Johan von Monnichhusen tosampt Hinrich Hetemoller vor sich befunden, densulven in Sant Jurgens Kerken, wes on vom Rade tho Bremen begegent, nach der lenge berichtet, Hebben de Rede beschet geven, dat se es anfencklich dar wol vor angesehen, dat es ein unfruchtbar handel worde sin, dan de von Bremen lechten de Heren unmogelige druck up. Und da se antogen von segel und breven, de nicht gehölden weren, dat hedde Ir. F. G. nicht doin motten, do se sich mit Iren G. vordragen, do scholden se gesacht hebben, dat Or G. segel und breve helde, dan se hedden G. lant, lude und de huser Unentsacht boslich und ovel, do se wol geweten Ir. F. G. by Key.^{r} Mat.^{n} in oren saken gewesen, genommen; Und weren de vorgeslagene middel men F. G. kenes weges antonemen; Ir F. G. konde es oick bi der Key.^{r} Mat.^{n} nicht erholden, so hedde ock Ir F. G. mit dem Graven von Mansfelt nichts todonde edder ichtes genommen, wo Ir G. den to landen und luden scholde bringen.

(StA Stade, Rep. 5b., F. 22, nr. 11, fol. 151r–153v).

1 *Die Jahreszahl ergibt sich aus dem inhaltlichen Zusammenhang mit nr. A.91–A.101.*

104
Landtag 1548 Februar Ende, Basdahl

Die Bremischen Landstände kommen Ende Februar 1548 zu einem Landtag in Basdahl zusammen, zu dem der Graf (Albrecht) von Mansfeld Bevollmächtigte entsendet. Zwischen diesen und den Landständen kommt es zum offenen Konflikt, da die Gesandten auf die landständischen Beschwerden erwidern, der Graf (Albrecht) von Mansfeld habe das Land mit dem Schwert erobert und wolle es deswegen nach seinem Gefallen regieren. Hierauf erwidern die Landstände, „hätte der Graf ein Schwert, so hätte ihrer jeder auch ein Schwert". Unmittelbar anschließend wird der Landtag abgebrochen.[1]

Ausschreiben: –
Protokoll: –
Abschied: –
Weitere zu diesem Landtag gehörige Quellen: StA Stade, Rep. 5b, F. 22, nr. 11, fol. 148r/v (Schreiben des Lazarus von Schwendi an Ritterschafft und Landschafft des Ertzstiffts Bremen; Datum Mansfelt auff 20 Februarii Anno etc. 1548).
Literatur: Wiedemann, Bremen 2, S. 98 (ohne Quellennachweis). – Blanken, Basdahl, S. 69 (nach Wiedemann).

1 *Das Regest folgt den Angaben Wiedemanns, der hierfür seine Quelle aber nicht nennt. Unter den dem Bearb. bekannt gewordenen Quellen fand sich die von Wiedemann herangezogene Quelle nicht.*

105

Landtag (?) 1548 März 17, (Bremer-) Vörde

Schatzbewilligung

Die Landschaft des Erzstifts Bremen bewilligt einen dritten 16.-Pfennig-Schatz, aus dessen Erträgen Schulden bezahlt werden sollen. Ferner sollen die durch den Krieg gegen den Grafen Albrecht von Mansfeld entstandenen Kosten gedeckt werden. Die Stadt Bremen erläßt Sonderregelungen für das Amt Bederkesa und ihre übrigen Gebiete.

Auszug: StA Stade, Rep. 5b, F. 102, nr. 20, fol. 7r (Exzerpt, 16. Jh.; ohne Überschrift und ohne Angabe zur Vorlage)
Literatur: Schleif, Regierung, S. 62. – Blanken, Basdahl, S. 75.

Anno domini 1548.

De drudde Sosteynde Pennyngh Schath, martii den 17[den] bynnen Vorde van gemeynen Stenden thogelaten, darmede de Landesschup de Schulde, ßo der defensive hulpen halven gemaketh, Ok noch de krych myth Grave Albrechten van Mansfelde gekostet, Ock den Summen der affkopynge van dem Huße Vorde den van Mansfelde mede botalen scholden. Doch hebben de van Bremen orhe Lude yn den Gohen umme des velen vorderven wyllen uthboscheden und scal van orhen andern Gerichten und ym ampte tho Berxsa[1] de buw III daler vor den 16 pennyng geven.

(StA Stade, Rep. 5b, F. 102, nr. 20, fol. 7r).

1 *Das Amt Bederkesa, seinerzeit im Pfandbesitz der Stadt Bremen.*

106

Landtag (?) 1548 März 30, Basdahl

Ausschreiben 1548 März 27, (Bremer-) Vörde

*Der Bremer Domdeckenn unnd bevelhebber des huses Vorde lädt die Bürgermeister und Ratsherren der Stadt Bremen sowie die übrigen Bremischen Landstände, die deswegen ebenfalls angeschrieben worden sind, auf den folgenden Karfreitag (1548 März 30), 10 Uhr vormittags nach Basdahl (*neffen den Andernn, so wi thoderbehoff ock vorschreven, kumbstigenn Stillenn fridage tho X. schlegenn vormiddage to Basdall*), um dort* wichtige hendell *zu besprechen.*[1]

Datum Vorde [...] Dingsdages na Palmarum Anno etc. 48.

Ausschreiben: StA Bremen, 2-Z.2.d.1 (besiegelte Or.-Ausf. Papier; Verschlußsiegel ab).

Protokoll: –
Abschied: –
Weitere zu diesem Landtag gehörige Quellen: –
Literatur: –

1 *Mangels weiterer Quellen bleibt unklar, ob dieser Landtag bzw. diese landständische Versammlung tatsächlich stattgefunden hat.*

107

Landtag (?) 1548 Juli 5, (Bremer-) Vörde

Landschaftlicher Abschied (Instruktion)

Die Bremischen Landstände verabschieden eine schriftliche Instruktion für ihre namentlich genannten Gesandten, die sie zum Kaiser (Karl V.) entsenden wollen, mit folgenden Punkten: (1.)–(3.) Verfehlungen des Bremer Erzbischofs Christoph; (4.) Vorgehen gegen Achim Pentz und andere Gläubiger des Erzstifts; Sicherstellung der Verwaltung der Burgen (Bremer-) Vörde und Neuhaus durch die Landstände während der Abwesenheit Erzbischof Christophs.

Ausschreiben: –
Protokoll: –
Abschied: StA Stade, Rep. 5b, F. 91, nr. 7, fol. 284r–285r (besiegelte Or.-Ausf.).
Weitere zu diesem Landtag gehörige Quellen: –
Literatur: –

Instruction der werunge, so deme Vestenn und Erbarenn Alveriche vann der Hude unnd Meister Hinriche Withmer Secretario In namen der Bremesckenn Landtschup neffen dem werden Hochgelerten Herenn Joachim Hincken doctorn unnd Domherrenn an de Ro^e Key^e Matt. in gehorsamer underdeningheyt tho dragende bofolenn.

[1.] Vor erst der Ro.^{r} Key^r Mat. Unnserm Allergned^{sten} Hernn des DomCapittels unnd Bremischenn Landtschupp underdenigestenn gehorsam unnd plichte dennste in aller demuth Hogestes flites antozeigende erbeden unnd vormelden.

[2.] Szo dat Bremesche Stifft, durch denn Gravenn van Mansfeldt ingenomenn, unnd der Hochwerdigsth, Durchlucht, Hochgebarnn Fursth unnd Her, Her Christoffer Ertzebisschopp tho Bremen, Administrator des Stiffts Verdenn, Hertoge tho Brunsswick unnd Lůneborch, de Bremische Landtschup ungetrost genocken, unnd dat Stifft myth avertoge, brandtschattinge bolediget, bosweret wordenn, unwedderbrinklicken schadenn ereldenn unnd uppt Hogeste vordorvenn, Und sunderlichs in torstoringe unde thertrennirige der gardinge des graven unnd dessulven anhanges, Welche nicht allein tho des Bremischen Stiffts ewiger vorwustinge unnd vorderve, Dann ock des Hilligen Richte fast Hogester bosweringe, Wo de sulve in tidt unnd bovorenn de vorhupet gestoret were, tho rechten sich annsehenn laten, In undrechtlige schulde unnd unradth, noth unnd nachdeyll, der sich de landtschup boswerlich tho erreddende hefft, erwissen; Und aver sulchs alle, de landtschup etlicher Hogenn bosweringenn unnd puncten Halvenn, myt obgemeltenn Herren Ertzebisschuppe in twischen, und dat desulvenn tho billigenn wegen gericht, De landtschupp unnd Stiffts ingesetenn by frigheyt, Hur unnd gude unvorletzet und unboroveth, wo bether, unbillige boschernn erreddet unnd boholdenn mochtenn werdenn, unnd flitigester bitt stann, der Her Ertzebisschupp der landtschupp ock gelofflich latenn anseggenn, So de lanthschupp, de Bremissche Huser uthe der Vierde Hande (:Wo dan Godt danck gescheenn:) ritenn konde; Wolde Ir. F. G. de Huser nicht inforderenn, er vunde bovorenn, de schulde errelecht unnd de errunge vorgleichennth unnd thor billicheyt vordragenn werenn.

[3.] Wo woll nu de Landesschup je nicht anders bogerth, Dan der Her Ertzebischup sick tho billigenn wegenn schicknn *[sic]*, denn gennenn, so dat er geweldiger handt genomenn, unnd frigheyt entsettet, edder sust wedder de vorplichtinge, sigell unde breve beleidigeth, boswereth unnd vornachdeleth werenn, errestadinge unnd ergetzünge tho bokomen, und de schnede botallt werdenn mochtenn; Der wegen ock etlige samptkumpft und underhandelinge myt dem Herren Ertzebisschuppen geplegett, unnd sunderlich Am Pinxster avende[1] upm Closterhave tho Tzevenn Im Bremischenn Stifft der Her Ertzebisschupp up dat myllt der Landtschupp erbedenn Eynn bodencken verteyndage genomenn, Welche sich De Landtschupp in underdenicheyt gefallen latenn. De wyll aver der Her Ertzebischup uth dem Stifft getogenn, unnd Inwendich erflatener rumer tidt nichts gehandellt, Unnd dannoch De Landtschup orenn gesandtenn vann anfange des itzigenn Auspurgeschenn Rikesdages darsulvest upp de sake gheforderth unnd sunder upschuff entschupp erreichenn unnd tho billigen wegenn gericht werdenn gehadt unnd noch hefft; Tho dem der schülde halvenn, so der Her Ertzebisschupp aver der vorplichtinge wedder segell unnd breve gemaketh, Dat Stifft myt Roeff unnd brant In fall der nicht botalinge anthogripende unbillige vorwilliget und vorschrevenn; Dar uth erfolgeth dat sulve myt fast geswindenn drouwschrifftenn hefftich angelangett werdenn, avertoges, roves, brandes unnd ewiges unwedderbringenn vorderves gewertich moith synn, Unnd de ehaffte noit erforderth dat Stifft der anstanden gefar erleddiget unnd der boswer entladenn werden.

[4.] Derwegenn de Ro.^{r} Key.^{r} Mat. myt underdenigester bitt antholangenn, Ir Ro.^{r} Key.^{r} Mat. angezeiget Hochanliggenth Aller Gnedichlichste Herren, Irer Ro.^{r} Key.^{r} Mat. Aller Gnedigste raidt unnd erreddinge, unnd sunderlich de wyll Ir Ro.^{r} Key.^{r} Mat. hirbovor gegen Achim Pentze unnd andere vorvente gleuiger *[sic]*, ock Furst unnd Overicheyt, dar unnder de sulvenn geleten, Key.^{r} pevall man dat gegevenn, de vorkundt doch nicht geacht wordenn, dorch ferner richtlige hulp, erklerung der Acht oder anders nach Irer Key.^{r} Mat. Gnedigste gefallenn, sich in recht gefedigenn latenn unnd der doidt tho esparenn hebbenn myt delenn wylle. Dewyle dann ock de Landtschupp de Huser Vorde unnd Niggehues eroverth, dar ynn liff unnd gudt in gefair stelleth, unnd angezeigte thosage des Herren Ertzebisschuppes gescheenn, de anliggende mangell aver bether dorch denn Ertzebisschup nicht gebeterth, oder dat de gebeterth werdenn eniger gestallt vorgenomenn, es Hochesten flites antholholden, do de gebrecke durch de Key^r vorordente Herren Commissarien myt denn slunigestenn vorgenomenn Handelunge unnd entschůp tho erreddinge des Stiffts gedropenn werden. Dat ock der Landtschupp de vorwaltunge der Hůser nach des Herrenn Ertzebisschuppes sulvest vorwillunge nicht affgesnedenn, sůsth ock dem muntligenn myt gegevenen bofell nachgesettett, unnd allenthalvenn des Stifftes nottrufft unnd beste vorwendeth, forderth unnd betrůweder mathe fortsettet, unnd wes degelegenheyt erheyscheth, handelet werde, alleth getruwelich unnd ungeferlich. Datum Vorde under des Domcapittels Secreth, Des semptlige landtschup hir tho myt gebruketh, Denn vofftenn dach Julii nach Christi geborth Anno etc. XLVIII.

(StA Stade, Rep. 5b, F. 91, nr. 7, fol. 284r–285r).

1 [1548] Mai 19.

108
Landtag 1548 August 13/16, Basdahl

Landtagsabschied (verloren)

Die Bremischen Landstände verhandeln über die Streitigkeiten zwischen den Landständen und dem Erzbischof Christoph. Es wird im Landtagsabschied beschlossen, hierzu erneut einen Landtag einzuberufen und dort weiter zu verhandeln.

Ausschreiben: –
Protokoll: –
Abschied: genannt in unten nr. A.109 (1548 August 25).
Weitere zu diesem Landtag gehörige Quellen: Instruktionen: StA Stade, Rep. 5b, F. 91, nr. 7, fol. 72r–81r (Erzbischöfliche Instruktion für den Landtag in Basdahl 1548 August 13; Abschrift 16. Jh.). – Ebd., Rep. 5b, F. 91, nr. 7, fol. 41r–45r (Erzbischöfliche Instruktion für den Landtag, datiert 1548 August 16; besiegelte Or.-Ausf.).
Literatur: Bachmann, Tagungsorte, S. 85.

109
Landtag 1548 August 25, Zeven

Landtagsprotokoll und -abschied

Die Bremischen Landstände verhandeln und entscheiden über folgende Punkte der erzbischöflichen Proposition: (1.) die Steuer; (2.) das Garden (der Landsknechte); (3.) Verbleib der Burgen nach Erlangung der erzbischöflichen Bestätigung; (4.) Burgen im Besitz der Stadt Bremen; (5.) Besitz des Klosters St. Georg in Stade; (6.) Privatklage des gefangen genommenen Luder Bicker gegen Johann Möller; (7.) Privatklage des Karsten von Wersebe.

Eine endgültige Antwort zu Punkt 4 soll der Erzbischof (Christoph) von den Landständen auf einem hier neu ausgeschriebenen Landtag erhalten, den der Erzbischof innerhalb einer Woche auf den Ort in Basdahl und Steingraben (sic) ausschreiben soll.[1]

Ausschreiben: StA Stade, Rep. 5b, F. 91, nr. 11. – StA Bremen, 2-Z.2.d.1 (ausgestellt von Erzbischof Christoph, datiert Verden, Sonnavendes na Assumptionis Marię virginis Anno etc. XLVIII [1548 August 18]; Or.-Ausf. Papier, Verschlußsiegel ab).
Protokoll (der erzbischöflichen Räte) mit Abschied: StA Stade, Rep. 5b, F. 91, nr. 7, fol. 34r–38v (Abschrift 16. Jh.; Aktentitel fol. 33r (16. Jh.): Handelung deß Landtags zu Zevenn*.*[2]
Weitere zu diesem Landtag gehörige Quellen: StA Stade, Rep. 5b, F. 91, nr. 7, fol. 175r–176r (Gravamina des Domkapitels; datiert: Anno domini 1548 up dem dage tho Tzeven*). – Ebd., fol. 177r–180r (Gravamina der Bremischen Landstände (*Gemeine Bremissche Stiffts Ghelithmathe*); datiert:* Anno 48*).*
Literatur: Bachmann, Tagungsorte, S. 85, Anm. 12.

[I.] Erstlich Ist der ausschuß deß zu Basdall genhomenen abschiedes erInnert Mit beger, do sie sich vormuge desselbigen mit der Landschafft unterredet sich Ihrer menung vornhemen Zulassen; Wo aber solche unterredung nicht gescheen, das dieselbige sunderlich mochte furgenhomen werden, So wolten wyr unß alßdan von wegen Unsers G.sten Herren auch vornhemen lassen, und ist darnebenn der ausschuß, weß mit der Stadt Bremen Jungest gehandelt, der gleichen wie es mit Frantz Marschalchs sachen gelegen berichtet worden.

[II.] Darauff der ausschuß angezeigt, daß sie mit der Landschafft kein unterredung gehabtt, es weren auch die stende, sunderlich die von Bremen, noch nicht ankomen, szo baltt se aber ankomen, wolten sie sich mitheinander unterreden, mit bitt, do es unß nicht zuentkegen, daß wyr Ihnen Unsers G.sten Hern meinung eroffenen wolten, ᵃdann derselbe berichtt zu fürderlicher abhelffung der sachen diennlich sein solleᵃ. Das wyr dann vormuge der Instruction gethann.

[III.] Habenn dennoch gemeine gliedmaßen Ihr bedencken auff die gestelte caution eroffenet, das sie Ihnen dieselben zum will gefallen liessen, doch etzliche artickel angezogenn, Nemlich: [1.] der steuer, ᵃdaß sie woll leiden mochten das Unser G.ster Her dieselben ein nheme, doch auff die maß, das Se. F. G. die brieff und sigel von Johan von Monchausen und den von der Decken junior vorschaffte.

[2.] Itemᵃ der garden, das deßhalb Key. M.t außdrucklick nicht mochte gedacht werden;

[3.] auch der confirmation, daß sie die heuser fur uberanwortung der confirmyrten caution nicht abetreten wolten.

[4.] Item der vonn Bremen halben, das die Landschafft gebetenn, das man sich fur einstellung der heuser mit Ihnen, ᵃden von Bremen,ᵃ auch vortragenn wolte.

[5.] Item das sie die Stadt Staden vorbetenn, daß des Closters halber zu Sant Georgenn die verordenung gemachtt wurde, das die vier personen einen vorwalter Insetzen hetten, welcher den vieren mit plichten vorwandt denselbenn wenhung thet, Und anders mit Ihrem wissen handelte.

[6.] Letzlich das sie etzliche privat sachenn, alß Luder Bickers gefengniß, Johan Mollers handelung, das er In ungenad komen und[b] eins holtzes halber schadenn bekomen.

[7.] Und dan[c] Kersten von Wersebe[d] vorbeten, das Ihm Itzo ein termyn [a]seine sache zuvorhorhen mochte angesatztt werden.[a]

[IV.] Darauff Ists

[1.] der steuer halber auff dem beruhet, daß Unser G.[ster] Her bey einnehmung derselbenn eine personen darzu vorordenen sollte, Und was noch bezalung der zweyer summ [a]Johan Munchausen und die von der Decken sambtt den zinsen[a] uberigk, das solchs Unserm G.[sten] Herrnn zugestellet werden sollte.

[2.] Der garden halben, hatt mans In Ihr bedencken gestellet, ob es der Landschafft fugsam Und gelimpfflich, daß sie die Key. M.[te] [e]In der caution außdrucklich nicht gesetzt habenn wolten.

[3.] Der confirmyrten caution halber Isst Ihnen die ablehnung vormuge der Instruction gescheen, mit vormeldung, wie es In der caution stunde allein von fleiß und bearbeitung[f], ßo Unser G.[ster] H. darInnen benoben den stenden thun sollte.

[4.] Der von Bremen halber ißt die Landschafft auch vormuge der Instruction bericht wordenn, daß sie derhalb Unsernn G.[sten] Hern das Landt[g] nicht vor behaltenn konden.

[5.] Der vonn Staden halber Ist auff voriger meinung, das Unser G.[ster] Her einen vorwalter zuvorordenen haben sollte, bestande, mit anzeigung, das Unser G.[ster] Her als Landesfurste ethwas mher gerechtigkeit des orths habenn muste,[h] dann das capittel, Ritterschafft oder die vonn Staden.

[6.] Letzlich der Privat sachen halber, ßo Itzo angezogen, Ist man auff Basdalischen abschiede das die Und andere privat sachen Inwendig dreyen monaten nach einstellung der heuser durch Unsen G.[sten] Hern sollten furgenhomen Und entscheiden werden, bestanden.

[V.] [1.] Darauff seyndt die Landschafft des ersten puncts der steur halber friedich geweßen.

[2.] Zum andern haben sie fur gutt angesehen, das der garden halber die Key. M.[t] außdrucklicht nicht vor meldet wurde und des zwe ursach angezeiget:

[a.] [a]Erstlich das solchs zuvorkleinerung Key. M.[t] gelangen mochte als wurde es alhir darfur gehalten, ahne garden, In diesem stiffte nichtt erhalten konnte etc.

[b.] Zum anderenn, daß[j] kriegsvolck unter dem schein der Key. M.[t] manchmall Inn dem stifft mochten vorsamlet werden ehe nunn de Lantschafft In gewisse erfarung keme, ob solchs Key. M.[t] belangte, ßo were In das dem stiffte merglicher schade zugefügtt[k], aber ahne die vormeldung die Landschafft Key. Mt Ingehorsamen schuldig des sie sich auch bis daher geflissen, ßo were es ahne nott hyr Ihnen sonderlich zuspecificiren.ᵃ

[keine Antwort zu 3. und 4.]

[5.] Der vonn Staden halben haben sie es darbey gelassen, das Unser G.ˢᵗᵉʳ Herr einen zuvordenen hette, doch daß derselbe der Landschafft furgestellet wurde, ob er Ihnen annhemlich ader nicht. Item das er sich vorpflichtete, mit vowissenn der vieren zuhandelenn.

[6.] Die angezogenn privatt sachenn, habenn sie bey unser anthwortt bleibenn lassenn mit erbietung, do wyr unß mit ihnen der angehoren articker halber¹ vorglichen wurden, des sie mit uns entlich schlissen woltenn und darnebenn mit angehengtt ᵃdaß sie der Bremischen handelungᵃ kein wissen bringen; Darumb wurde der Burgermeister hyrmit selbst bericht thunn, das er dan auch [.....]ᵐ furnhemlich den schadenn angezogenn, ßo gemeine burgerschafft und des Radts undersassen gelittenn habenn soltenn, das demselbigenn Unser G.ˢᵗᵉʳ Her vorursachet, mit bitt die Landschafft wolte die heuser vorerorterung Ihrer, ᵃder von Bremenᵃ, sachen nicht abtretenn, wie sie dann auch nicht bevehlich Zettel ehe des Inn einige einwunuge der heuser Zubewilligen; Und haben darauff die Landschafft der auffgerichten vorpflichtung, das sie derselbenn gemeß wolten handeln, erInnert.

[VI.] Als habenn wyr den ausschuß erfurdert, Und von Ihnen gewesse erklerung gebeten, ob sie Unserm G.ˢᵗᵉⁿ Hern, auff den fall, do die confirmation außbracht wurde, die heuser gewißlich einstellen wolten oder kontenn, weill sich die von Bremen auff Ihr unterlang gemachte vorpflichtung referirt.

[VII.] Darauff sich der ausschuß mit den Bremischen beredet; Und nach langer unterredung die anthwortt gebenn vormuge der vorzeichniß, ßo sie die Bremisschen mit sich genhomen, mit H. gezaichnent.

[VIII.] Alß habenn wyr der confirmation halber ein hindergang gebeten mit anzeigung, das sie, die Landschafft, Unserm G.ˢᵗᵉⁿ Hern eine vorgewissung auch mittler weill ethwas S. F. G. zur underhaltung zukomen lassen woltenn, Und der Bremischen delung, wie die von Ihnen vorgeschlagen, das hielten wyr fur unsere person nicht unpillich, were hiebevor Unsers G.ˢᵗᵉⁿ Herrn erbieten gewesenn, Und wolten es nochmals an Unsern G.ˢᵗᵉⁿ Hernn gelangen lassen mit dem anhange, das sich S. F. G. gegen den von Bremen wie angezogen vorpflichtende, Und das sie sie, die von Bremen, herwyderumb auch gleiche vorsicherung tethen.

[IX.] Darauff hatt der ausschuß Sonnabends zu abent bedencken genhomen sich auff die puncten Unserer begert vorgewisserung und unterhaltung halben mit der Landtschafft zubereden und darneben gebeten, daß wyr den abeschiedt der von Bremen halber In ein notel vorfassen und Ihnen zustellen woltenn. Welchs alßo gescheen und ist H sigmiertt *[sic]*.

[X.] Auff Sontag haben sich die Lantschafft Langzeit unter redet und volgents vormuge des nechtigen abeschiedes diese antwortt geben,

[1.] das sie das conceptt, der von Bremen halben gestellet, empfangen, hetten auch solch der von Bremen gesant, zugestellet, die es dann anders nicht dan solchs an Ihre eltisten zubringen angenhomen, und wes dieselben darauff retich, daß solch Ihr bedencken Unserm G.^{sten} F. oder dem Thumbcapittel solte zugestallt werdenn.

[2.] Zum andernn ßo begertenn sie, das die artickel, wie gestern darevon geredet, In der caution mochte vorandertt werdenn, sunderlich der stewer halber, Weill Unser G.^{ster} Her bey einnhame derselben, einen zuvorordenen haben solte, das S. F. G. a[...]schnen die register zum furderlichsten zustellen, auch der leute gelegenheit dar Innen bedacht wurde.

[2.a.] Item der artickel der garden halben, wie er gestellet bliebe, doch darneben der vorbehallt der Key. M.^{t} auß furangezeigten ursachen aussen gelassen wurde.

[3.] Zum dritten habenn sie begertt, daß die caution zum furderlichsten Ins wegt gebrachtt und bey der Key. M.^{t} deßhalben bearbetet wurde, und damit sie auff unsere frage, ob sie nach außbringung der Key. confirmation Unserm G. F. die heuser wiederumb einstellen solten konnen mochten, wurde bey Ihnen fur gutt angesehen, das es nichts bessers, dan das der Herr mit dem Knechte, Und der knecht mit dem Herrn gentzlich vortragen wurden, Weill nhun zu außbringung der confirmation ethwan ein Zeidt gehoren wolte, do nun In derselbenn Zeidt Unser G.^{ster} Herr auch die vonn Bremen vortragenn wurden, ßo hette es der angezogen vorsicherung der einstellung der heuser Keinen mangel, auffm fall aber, das In Zeidt, alß die confirmation auff brachtt, der vonn Bremen sachen nicht vortragen, Und unser G.^{ster} H. bey der Landtschafft^n umb zustellung der heuser weiter ansuchen wurde, ßo wolten sie sich mit geburlicher anthwort vornhemen lassen.

[4.] Zum viertenn habenn sie der gesuchtenn underhaltung halbenn Ihrenn underthenigen willen erboten, daß sie dasselbe zuthun willigk, aber sich darbenebenn, mit den kriegs leufftenn, des Landes grosser beschwerung, Item mit der schatzung, Und anderm Unrecht ^{a}alß bestellung der heuser und sunsten^a entschuldigett, mit erbietung, Nach dem am schatze des sechszehenden pfennings Ihnen ethwas nachstendigs, darvon sie nun die uberigenn schuldenn enthrichten musten, do das geschege, wes alßdann uberigk, wolten sie S. F. G. zu steur genre zustellen.

Und haben darbeneben angezeiget, das sich etzliche eingesessene des Landes denselben schatz zu geben wegerten, wiewoll sie nicht wusten, ob solchs durch der vogte anleitung geschege, ßo habenn sie doch gebeten, das wyr die furderung thun wolten, damit den leuten gebotenn wurde, den bewilligten schatz zerlegen.

[5.] Zum funfften haben sie angezogen, das die von Staden des Closters halber, wie auch In der caution gesetzet zufrieden weren, allein das darInnen außdrucklich vormeldet mochte werden, das des Closters Jherliche nutzung, ßo viele der In einer

Iden rechnung uberigk, mit vorwissen der viere zu besserung des Closters mochte gewant werden.

[6.] Letzlich habenn sie Luder Beckers halber das wyr bey Unserm G.sten [Herrn]⁰ umb widerstellung seiner handt underthenige furbett thun wolten, abermals erInnerung gethan.

[XI.] Darauff haben wyr furder angetzeigett:

[1.] Erstlichen, ßoviel das conceptt vonn Bremen belangentt, das wyr dasselbe, das sie es an Ihre oben gelangen liessen, woll zufriedenn weren, dann wyr Uns deßhalb auch nichtt vorbuntlich eingelassen haben wolten, sondern das solchs auff Unsers G.^{sten} Herrn bewilligung stehen solte.

[2.] Die andernn artickell, ßo Vonn Ihnen angezogen, stunden darauff das sie In die caution gehorten, das gebeten wordenn, das sie der gestrigen abrede nach In die caution mochtenn gesatzt werden. Nun wurde es deßhalben nicht viel streitt habenn, dann do es bis an dieselben keme, ßo wurdenn solche artickel Ihre entlichen masse woll findenn.

[3.] Soviel aber die Key. confirmation, auch Ihre anthwortt, ob sie nach außbringung der confirmation Unserm G.^{sten} [Herrn]⁰ die heuser einstellen und daruber vorsicherung thun woltenn belangenn, habenn wyr uns derselbenn anthwortt alß die Ungewiß und zweiffelhafftig zum hochstenn beschwertt, mit anzeigung, das es uns an Unsern G.^{sten} Hernn dermassenn zubringen gar nicht thunlich, es wolte auch Ihnen bey der Key. Mt Unserm^p G.^{sten} Hern Seiner F. G. Hern und Freunde zu kleinen gnaden und gelimpff gereichenn, do es alßo auff einem ungewissenn stehen solte; Nemlich das sie alle Ihre hendel nach Ihrem gefallen gewiß gemachtt hetten, Unsers G.^{sten} Hernn briefe und sigel, auch der Key. confirmation, und solte Unser G.^{ster} Herr nicht entlich vorgewissert sein, das S. F. G. nach solchen allem derselben heuser wiederumb bekomen solten, das wusten wyr bey uns gar nicht zur achten, das es der billigkeit gemeß ader *[sic]* auch Ihnen selbst thunlich were, Und derwegen nochmals gebeten, das sie sich sich auff diesen tag mit entlicher gewisser anthwort, ob nach außbringung der confirmation Unserm G.^{sten} Hern die heuser solten widerumb zugestelt werden, Vornehmen lassen wolten.

[XII.] Darauff hatt die Landtschafft nach langer beredung der caution halber anzeigen lassenn, das derhalben dermassen wie wyrs vorstandenn, nicht geredt were, Und Im fall, das es alßo geredtt, ßo were es doch alßo nicht gemeint, Sondern es hette die meinung, Nach dem In Irrungen zwischen Unserm G.^{sten} Herrrn und der stadt Bremen mittel und wege furgeschlagenn, welche die gesanten von Bremen an Ihre obern zubringenn angenhomen, do nun beide partien darauff guttliche handelung einreumen wurden, Und die vom^r Landtschafft begerett, ßo wolten sie etzliche auß Ihnen darzuvor ordenen, die dan guttliche handelung furnhemen solten, don nun solche gebrechen alßdan In gute vortragen, ßo solte Unser G.^{ster} Herr mit einstellung der heuser nach außbringung der confirmation nicht gehindert werden, sondern es solte S. F. G. von denn deputirten genugsam vorgewissung gescheen. Auffn fall aber, das die Bremische sache noch unvortragen, ßo wolten sie sich alßdann auff Unsers G.^(sten) Hern ansuchen weiter mit schliessiger anthwort vornehmen lassenn.

[Landtagsabschied:]

[XIII.] Hyrauff hatt man gleiche gestaltt die beschwerung angezeigett, wie vor, das die anthwortt ungewiß und nochmals auff entliche erklerung gedrungen.

Als haben etzliche sondere personn mit uns ferner unterredung gehabtt, Und denn vorstant darauff erklertt, ob es woll anders gerett, ßo sey es doch alßo gemeintt Unsern G.^(sten) H. underthenigst zubitten, das S. F. G. achtt tage gedultt tragen wolte, In der Zeidtt solte S. F. G., der geleichen die vonn Bremen auff den furschlag Ider teill sein bedenken schrifftlich dem capittel einbringen, es wiederum nhun die von Bremen den furschlag willigen ader *[sic]* nichtt, ßo wolten sich die Landtschafft mit entlicher anttwortt die einstellung der heuser belangent unvorweißlich vornhemen lassen.

Und ist letzlich der handel do hingerichtt und vorabschiedet, das mitth der sachen zwischen hir und nechsten Sontag stillegestanden solte werden und das mitteller weile Ider teill sein bedenck der Bremischen handeling halber dem Capittel schrifftlich zustellen; doch haben die vonn Bremen Ihnen furbehalten, die anthwort Unserm G.^(sten) H. zuzuschicken, Und des In den achtt tagen Unser G.^(ster) Herr einen Lanttag an gewonlicher Malstadt Baszdall und Steingraben außschreiben, darselbst der Lantschafft entlich anthwortt, die einstellung der heuser belangent, zugewarten.

(StA Stade, Rep. 5b, F. 91, nr. 7, fol. 34r–38v).

a–a *Nachtrag von gleicher Hand am Seitenrand.* b *folgt gestr.* umb. c *folgt gestr.* Her. d *folgt gestr.* halben angezogenn. e *folgt gestr.* hyrInnen. f *folgt gestr.* der von Bremen halber. g *folgt gestr.* zwar. h *folgt gestr.* das. i–i *Nachtrag von gleicher Hand am Seitenrand.* j *folgt gestr.* sich. k *folgt gestr.* weile. l *folgt gestr.* mit. m *Wort (5 Buchstaben) durch Tintenkleckse unlesbar; der zweiten Buchstabe dürfte am ehesten ein* e *sein; die Wortendung am ehesten* -en. n *folgt gestr.* In. o Herrn *fehlt in der Vorlage.* p *folgt gestr.* aller. r *folgt gestr.* capittell; *deshalb steht hier irrtümlich* vom *statt korrekt* von der.

1 *Der hier genannte geplante Landtag in Basdahl bzw. auf dem Steingraben ist ansonsten nicht nachzuweisen, hat demnach also ganz offenbar nicht stattgefunden; vermutlich ist der hier genannte Landtag nach Buxtehude einberufen worden (nr. A.110).*

110

Landtag 1548 September 7, Buxtehude

Landtagsabschied (Konzept)

Die Bremischen Landstände beschließen über: (1.) Aushändigung der Burgen (des Erzstifts Bremen) an den Erzbischof (Christoph) erst nach einer kaiserlichen Bestätigung eines Einigungs-Vertrags im Konflikt zwischen Erzbischof Christoph und der Stadt Bremen; (2.) Stellungnahme der Landstände zu einer möglichen gütlichen Einigung in diesem Konflikt erfolgt auf einem kommenden Landtag an gewöhnlicher Stätte.

Ausschreiben: –
Protokoll: –
Abschied: StA Stade, Rep. 5b, F. 91, nr. 7, fol. 46r (Konzept).
Weitere zu diesem Landtag gehörige Quellen: –
Literatur: –

Zuwissen, daß auff Jungstgehaltenem Landtage zu Buxtehuden, Zwischen Unß. G^{sten} F. unnd H. dem Ertzbischoff zu Bremen etc. oder^a S. F. G. gesandten Rethen eins, Unnd gemeinen Stenden gemeltes Ertzstifftes anderseyts, nach allerley handlung unnd underredung endtlichen diser abschiden genomen:

[1.] Das Unnß. G^{ster} H. die guttlich handlung mit der Stadt Bremen fur die handt nemen soll, unnd wan Durch gottliche hulff^b die sachen sich dohin schicken, das si gentzlichen vergleicht unnd vertragen mochten werden, unnd auch die Confirmation des berotten [sic] vertrachts von Khey. Mt. erlangt, alsdan wollen sich gemeine glidmasss [sic] mit einstellung der heuser gegen S. F. G. geburlichen schicken.

[2.] Wo aber die gute entstunde, unnd S. F. G. alsdan hernach, einen gemenen landtage an gewonlicher Malstatt, wurd ausschreyben, wollen sich gemeine stende mit unverwislicher antwort vernemen lassen.

^{c}Actum Buxtehude, freitags nach Egidii, ^{d}is gewesen der 7 Septembris^d, Anno XLVIII.^{c}

a *folgt in der Vorlage gestr.* des. b hulff *von gleicher Hand am Seitenrand der Vorlage nachgetragen.*
c–c *Nachtrag am unteren Seitenrand von anderer zeitgleicher Hand.* d–d *Nachtrag am Seitenrand von derselben zeitgleichen Hand, die auch die* Actum-*Zeile nachgetragen hat.*

111
Landtag 1548 November 28/29, Achim

(Landtagsabschied 1548 November 28; verschollen)/ Ausschreiben 1548 November 29, Verden

*Die erzbischöflich-bremischen Räte, die auf dem soeben abgehaltenen Landtag in Achim anwesend waren (*Verordente Furstliche Bremische Rethe, auff Jungstem gehalten Landtage zu Achchim [sic]*), senden ein in Verden 1548 November 29 (*Datum Verden under Holchgemelts Unsers Gnedigsten Hern Secret, Donnerstags nach Catherine Anno etc. XLVIII*) ausgestelltes Schreiben an den noch auf dem Landtag in Achim anwesenden Ausschuß der Bremischen Landstände (*Denn [...] Ausschuß der gemeinen Stende deß Ertzstiffts Bremen, Itzo zu Achchim*). Sie* *fordern die Adressaten auf*, da die sachen auf den gestrigen genommenen abschid, dermassen zutragen und geschaffen sein, *das eine unverzügliche Beratung nötig ist (*ferner underredung und handlung zu pflegen*),*[1] *sich unverzüglich (zu Erzbischof Christoph) nach Verden zu begeben (*sich zum schleunigsten erheben und semptlich anhero zu unß In die Stadt Verden verfügen*). Um dies gefahrlos zu ermöglichen, gewähren sie den Adressaten, obgleich dies eigentlich nicht nötig wäre (*ob woll [...] Sunsten dieses orts keines gleites von nothenn*), mit diesem Schreiben sicheres Geleit (*schrifftlich und unbeferet gleite hiemit zuschicken*).*

Ausschreiben: –
Protokoll: –
Abschied: verschollen; genannt im o. a. Schreiben der ebfl. Räte von 1548 November 29.
Weitere zu diesem Landtag gehörige Quellen: StA Stade, Rep. 5b, F. 91, nr. 7, fol. 49r–57v *(flüchtig geschriebenes Protokoll eines Deputiertentags, zu dem der Ausschuß der Landstände die ebfl. Räte 1548 Oktober 10 geladen hatte (fol. 49r:* Am Mithwochen nach Dionisii dieses 48. Jares*) und der 1548 Oktober 13 in Achim stattfand (ebd.:* auf nehestfolgenden Sunabend frue umb IX uhr gehn Achchim*).* – *Ebd., fol. 31r (o. a. Schreiben der ebfl. Räte an den Ausschuß der Landschaft, datiert Verden 1548 November 29; Abschrift 16. Jh.). – Ebd., fol. 32r (Abschrift 16. Jh. des Geleitsbriefs Erzbischof Christophs vom selben Datum für* den Ausschus der gemeinen Stende Unsers Ertzestifts Bremen, so Itzo zu Achchim beieinander*).*
Literatur: –

1 *Der Inhalt des hier genannten Landtagsabschieds von 1548 November 28 ist unbekannt, da bisher keine weiteren Quellen hierzu ermittelt werden konnten.*

112
Fortsetzung des Landtags/Deputiertentag 1548 Dezember 1, Verden

Erzbischöfliche Zusage

Erzbischof Christoph von Bremen verspricht den Landständen auf deren Bitten hin, Luder Bicker d. Ä. aus der Gefangenschaft zu entlassen, sofern dieser ihm und dem erzbischöflichen Marschall Hermann von Horn d. J., der ihn auf erzbischöflichen Befehl hin gefangen genommen hat, eine hinreichende Urfehde leistet.

Urkunde: StA Stade, Rep. 5b, F. 91, nr. 7, fol. 30r (Konzept).

Wir Christoffer von Gots gnadenn Ertzbischof zu Bremen etc. Thun kund hirmit offentlich: Nachdem wir hirbevor den Erbarn unsern lieben getreuen Luder Bicker den Eltheren auß domahle bewegende ursachen verstricken lassen, daß wir nun auf undertenige furpit der gemeinen landschaft unsers Ertzstifts Bremen, denselbigen zu sondern gnaden hern Luder Bicker sulche verstrickung widerumb ledig gemaket und gefryet haben [a]und thun[a] sulches hiemit wissentlich[b], daß derselbige Luder Bicker[c] unß und auch den Erbarn unser Marschalck und lieben getreuwen Hermen van Horn, den Jungern (.der Ihnen auf unsern bevehl verstricketh.) sampt andern, die der verstrickung halber von unserth wegen zuthun gehabt, oder damit bedacht werden muchten, eine gewonliche und genugsame orphede aufrichten und geben und zustellen sol[d], alles ohne gefer, deß zur urkunde wir diesen[e] brief mit aigner hand underschreiben und unser furstlich Secret darauf zudrucken bevohlen. Zu Verden, Sanavendes nach Andree etc., Im Jahre der wenigern Zal Acht und virzig.

(StA Stade, Rep. 5b, F. 91, nr. 7, fol. 30r).

a–a *Nachtrag am Rand; dafür gestr.* wie uber d.   b *folgt gestr.* thun also und dergestalt.   c *folgt stark gestr.* gestr. auf de[....]ß.   d *folgt gestr.* des.   e folgt gestr. brief schein.

113

Derselbe Landtag/Deputiertentag

Landschaftlicher Abschied/Schatzbewilligung

Der namentlich genannte Ausschuß der Bremischen Landstände, bestehend aus zwei Bremer Domherren und drei Adeligen, bewilligt namens der gesamten Landstände einen 3-Taler-Pflugschatz, dessen Erträge vorrangig für die Bezahlung der auf dem jüngsten Augsburger Reichstag[1] beschlossenen Abgaben dienen sollen.

Abschied: StA Stade, Rep. 5b, F. 91, nr. 7, fol. 141r (besiegelte Or.-Ausf.).

Kunth und openbar sy ydermennichlikenn: Nach dem de Hoichwerdigeste In Goth Durchluchtige Hochgebarn Furste unde Here, Here Cristoffer Ertzebisscopp tho Bremenn, Administrator des Stifftes Verdenn, Hertoch tho Brunswick unde Luneborch etc., Unsze gnedigeste Furste unde Here, Up etzliche Curfurstenn, Furstenn unde Gravenn Rede unde gesantenn underhandelung yn szampt unde szonderheit, myth allenn unde ydenn des Ertzestiffts Gelitmatenn unde Underdanenn, ock der Stath Bremenn, yn gnedigstenn handelung unde vordrechte yngelatenn unde aver gemene Gelitmate gemeltenn Ertzestiffts uns hir under bescrevenn dem bovell gedann, Ire Furstliche Gnaden underdenichlich und gewislich tho vortrostenn, Wen sollich verdrege allenthalvenn fullentagenn unde der enbavenn vormoge des Jungesten Basdalischenn Recess der Rom[en]. Keyser[en]. May[t], Unzes Allergnedigestenn Heren Approbatienn uthgebracht, dat iegen averantwordynge der sulvenn, ock anderer Concordien, szo dussze sake bolangenn, Iren Furstlichen Gnaden, der huszer Vorde und Nygehus szampt alle dersluvenn thobehoringe unde gerechticheidenn yn matenn de sulvenn ytzonth yn gemener ledemate vorwaltunge szynn gewislichen affrede geschenn, Unde tho Irer F. G. hendenn wedder umme, ane ferner Exceptionn eder vortoch gestelleth, ock Iren F. G. tho ergetzonghe Irer F. G. geledens scadens, unde umme mher fredens wyllen, eyne scattinge van Dren Daleren, yn mathen szo hir under benometh, gegevenn solle werden, Doch eynem yderen an synem pantschillinge oder anderer gerechcheyt unscetlick, wellicke Scath unde Sture van Gemenen litmatenn In byweszende Irer F. G. denere unde verordentenn upgehaven und yngesamelth unde de tholatinge, szo Rom^er. Key^r. unde Kon^r. May^t Up ytzigenn Ausborgesschenn Rickesdage bewilligeth, Unde alle dath anders vann denn twen daleren Dusszes, unde eynem daler des Folgendes anderen iares Iren F. G. tho ergetlicheith Irer F. G. scadens, unde anderer der sulvigenn nottrufft tho handen Irer F. G. gestelleth scall werdenn. Dem nach an Stath unde vann wegenn gemelter Ledemathe laven unde reden wy Segebade vann der Hude Pravesth tho sunte Anscaries, Joachim Hincke der Rechte Doctor Unde Scolaster, beyde Domheren, Hinrick Cluver Gysenn seliger szone, Borcharth Cluver unde Mellichier Korff, alle dre des adels Im Ertzestiffte Bremenn, dath baven gemelte articell der Restitutionn yn bavenscrevener mathe, underdenichlick, truwelick, unde ane alle geferde geholdenn, ock Iren F. G. ytziges iares vann ener ploich derenn, szo ym Ertzestiffte vann olders und gewanheit scatplichtich synn, twe Jochimdaler (:doch dat an ynnemynge dessulvenn die szo yn ynngestenn kreyszemborung vorbranth nicht boladenn, ock dre Sture unde tolaghe szo Rom^r Key^r unde Konich^r May^t, unde dem Hilligenn Rike up ytzo kumpstigen wynachtenn vormoge des anslages uth deme Ertzestiffte folgenn scall, yn unde dar uth vorrichteth unde botaleth werde:), Unde als aver eynn iare noch van yderer ploich eynen daler gegevenn unde thogestelleth scolle werdenn, In orkunth der warheit hebben wy bavengenante Unsze gewontliche Pitzer unten upt spatium dusses breves, de gegeven is tho Verdenn, Sonnavende na Andree ym iare duszenth vyffhundert achte und vertich, witlick gedrucketh.

(StA Stade, Rep. 5b, F. 91, nr. 7, fol. 141r)

1 Der ‚geharnischte Reichstag' 1547/48; vgl. jetzt umfassend RTA JR 18.

114

Landtag 1549 Januar 15, Basdahl

Ausschreiben 1549 Januar 5, Verden

*Der Bremer Erzbischof Christoph verkündet den Landständen des Erzstifts Bremen (*gemeinen Stenden unsers Ertzstifts Bremen*), daß er einen allgemeinen Landtag (*einen gemeinen Landtdach*) angeordnet hat (*bestimmeth und angehetten*), der am 15. Januar (1549) in Basdahl stattfinden soll (*up schinstkomenden Dinstag nach Hilarii, ^awelcher de XV. dieses Monats Januarii syn wirdt,^a in unnserm dorpe Baßdal*). Zugleich fordert er die Stände auf, dort zu erscheinen (*dar sulvest tho Basdal gewislich erschienen*).*[1]

Datum Verden, Sonavendes^b nach Circumcisionis Domini Anno etc. XLIX.

Ausschreiben: StA Stade, Rep. 5b, F. 91, nr. 7, fol. 236r (Konzept).

Protokoll: –
Abschied: –
Literatur: Bachmann, Tagungsorte, S. 85.

a–a *Nachtrag von gleicher Hand am Seitenrand.*   b *davor gestrichen Donnerstages.*
1 *Mangels weiterer Quellen bleibt unklar, ob dieser Landtag tatsächlich stattgefunden hat.*

115
Landtag 1549 Mai 31, Zeven, Klosterhof

Ausschreiben 1549 Mai 22, Verden

Christoph, Erzbischof von Bremen, Administrator von Verden, Herzog von Braunschweig-Lüneburg, teilt den Adressaten mit, daß er einen gemeinen Landtage up nechstkhommenden Freytag nach Vocem Iocunditatis *auf dem* Closter hove tho Tzeven bestemmeth und angesettet *hat, und fordert sie auf,* am bemelttenn Freittag tho fruher tag tydt umb acht uhrenn gewislich darsulvigt tho Tzeven *zu erscheinen.*[1]

Datum Verden Mittwochen nach Cantate Anno etc. XLIX.

Ausschreiben: StA Bremen, 2-Z.2.d.1 (adressiert an Bürgermeister und Rat der Stadt Bremen; besiegelte Or.-Ausf. Papier; Verschlußsiegel erh.).
Protokoll: –
Abschied: –
Weitere zu diesem Landtag gehörige Quellen: –
Literatur: –

1 *Mangels weiterer Quellen bleibt unklar, ob dieser Landtag tatsächlich stattgefunden hat.*

116
Landtag 1549 Juni 13, Daverden

Erzbischöflicher Abschied/Zusage (Cautio)

Christoph von Braunschweig-Lüneburg, Erzbischof von Bremen und Administrator von Verden, beurkundet die Einigung mit den Bremischen Landständen über strittige Fragen, betreffend insbesondere die Verpfändung der Burg Neuhaus, die Türkensteuer und die erzbischöflichen Schulden, die freie Wahl der Klöster sowie das Land Wursten und den Flecken (Bremer-) Vörde.

Ausschreiben: –
Protokoll: –

Abschied: StA Stade, Rep. 5b, F. 91, nr. 7, fol. 288r (in die Akte eingebundene Or.-Ausf. Perg. mit 5 Kassationsschnitten; 3 anhäng. Siegel abgeschnitten; Presseln erh.). – (StA Hann., ehem. Kop. XIX d. Provinzialarchivs Stade, p. 60; 1943 verbrannt). – StA Stade, Rep. 5b, F. 91, nr. 7, fol. 289r–292v (Abschrift 16. Jh.). – LA Schleswig, Abt. 7, nr. 1133, Tl. 2, o. pag. (Abschrift Ende 16. Jh.). – StA Bremen, 2-Z.2.a (2 Abschriften, eine um 1600, eine 19. Jh.). – Ebd., 2-Z.2.b.1 (Abschrift um 1600). – Ebd., 2-Z.2.b.2, S. 157 – 172 (Abschrift um 1600). – Ebd., 2-Z.2.b.3 (Abschrift um 1600). – Ebd., 2-Z.2.b.4, S. 76 – 88 (Abschrift um 1600). – Ebd., 2-Z.2.b.6 (Abschrift um 1600). – HB DoG Verden, Stettswährende Receße, S. 69 – 79 (Abschrift 17. Jh.). – StA Stade, Dep. 10, Hs. 7, S. 74 – 82 (Abschrift 1. H. 17). – Ebd., Rep. 5b, F. 128, nr. 15a, fol. 40r – 43v (Abschrift 1. H. 17. Jh.). – AR Stade, Hs. 9, fol. 123r – 130v (Abschrift 1. H. 17. Jh.). – StA Bremen, 2-Z.2.b.5, S. 193 – 203 (Abschrift Mitte 17. Jh.). – GWLB Hann., MS XXIII 1124, S. 94 – 107 (Abschrift 17. Jh.). – GWLB Hann., MS XXIII 1125, fol. 49r – 53v (Abschrift 17. Jh.). – StA Stade, Rep. 27, W 5825, Bd. 2, fol. 228v/229r, nr. V (Auszug; 1557/58). – Ebd., Rep. 27, L 3297, fol. 164r (Auszug; 1593 – 1601). – DA Dorum, Hs. IX, nr. 5. o. pag., nr. GG (Bekhof, Nachricht; um 1710; Auszug). Druck: Cassel, Bremensia 2, S. 372 – 383, nr. 14 (nach einer vor 1623 Sept. 1 angefertigten Abschrift im Kopiar des L. Heistermann, der eine vom Notar Christoph Hipstedt beglaubigte Kopie zugrunde lag). – Decken, Familie, 4. Abth. (Urkunden), S. 23 – 25 (ohne Angaben zur Vorlage). Regest: StA Stade, Rep. 81, Hs. 10 (Rep. Möhlmann 2), nr. 2231 (nach Cassel u. dem verbrannten Hannoverschen Kopiar). – FB Reichskammergericht, S. 250 (nach dem Auszug von 1557/58).

Literatur: Decken, Darstellung, S. 498. – Krause, Beiträge, S. 89. – Cappelle, Stände, S. 55. – Schleif, Regierung, S. 77. – Fiedler, Bremen, S. 208.

Wir Christoffer von Gots gnadenn Ertzebischoff zu Bremenn, Administrator des Stiffts Verdenn, Hertzog zu Braunschweigk unnd Luneburgk etc. Bekennen und thuen kundt hirmit offentlich vor unss unnd unsere nachkomen in dem Ertzstiffte Bremen gegenn allermeniglich, Das Nachdem unnd alss ein zeitlang allerley mißverstandt, Irthumbe unnd widerwillenn Zwischen unss unnd gemeinen unsers Ertzstiffts Bremen Glidtmassen unnd Stendenn Zwiespeltig geschwebt unnd wir vermerckt, das auss solchem nit allein unser der partheyen, sonder vhile mehrer schaden, nachteill und ewiger verderb sich erregen unnd erwachssen wolde, Wir mith zeitigem Rath unnd wolbedachten moth, Inn erwegung allerley gefar, die gebrechenn, so sich erhalten, fur die Hand genomen, dieselben erwogen, zu allen enden eingeschlagen, unnd uns derenthalbenn mith denselben unsern underthanen vereinigeth, vergleicht unnd vertragen, wie hernach folgt:

[1.] Nemblichen, diewill und verruckter Jahr unss zu hohestem unserm obligen etlicher summen geldes von nothen, und wir dieselbenn in der eyle sonder underpfandt nicht wusten aufzubringen unnd zu der behueff, die Wirdigenn unnd Erbarn unsere lieben Andechtigen Thumbdechant, Senior und gemeine Capittell unser Thumbkirchenn zu Bremen, uns vergunstigeth, unnd nachgebenn, auch neben unns versigelt unnd verbrieveth, das wir unser vhesten, dass Newehaus genant, umb viertausendt golt gulden auszusetzenn, doch dergestalt, dass solliche viertausend golt guldenn sampt den verlauffenen tzinsen, aus der negsten schatzung, so uns von unser Landtschafft im Jahre der weinigern Zall Vier und viertzig eingereumbt,[1] widderumb betzalt, unnd die gegebene Sigel und brieve geloseth, unnd unserm ThumbCapittell zuu handen gestelleth, auch Tausendt guldenn munze den gebrudern von der Deken, welches sie vor ettliche profiandt auf unser heuser vorgestrecketh sampt den aufgelauffenen Interesse entrichteth, darneben auch die bewilligte Zwey Turckensteur, so auf verlauffenen Reichstagen von gemeinen Reichs Stenden bewilligt nach gepurlicher anpart, aus obangezogenem schatz erlegt sollen werden, unnd aber folgendes uns der Sechtzehende pfenning, uber unser gantze Ertzstifft nachgegeben, wellicher zum theill eingebracht, unnd zum theill auch

210

noch aussstendig, doch durch allerley ander nottdorfft, das solliche obangetzeigte Summa geldes, als nemblichenn der Viertausendt golt guldenn, welcher Johan von Monnichausen, seeligen Eberts sohne, auf gemelte unser Newhauss, auch die Tausendt sampt dem Interesse, so die Gebrudere von der Dekenn[2] dargeliehen, noch auf die berurete Turckensteur vorgenugeth, So habenn wir den obgedachtenn unsern underthanen und Glithmassenn, vhilgedachts unsers Ertzstiffts Bremenn versprochen, gelobt und zugesagt, Inen gnedigst zugunnen und nachgebenn, das sie das Rest und ausstendig von obgedachtem Sechtzehen pfenning, laut der alten Register, welche wir ihnen zu der behueff, Jedoch nebenn einem unserm Diener, der damith bey, ob und an sein soll, zustellen wollen, und vorwilligung aufnhemen unnd einnamenn, Johan von Monnichausen die viertausend golt gulden, gegen uberanthwortung der hauptverschreibung, Item, den gebruderen von der Deken[2] die Tausendt gulden, neben dem Interesse betzalen, und die gegebene Siegel und brieve widderumb an ßich lossen, sonder einige einsper, oder Hindernisse unser oder Jemandts von unserentwegnn, sollen unnd mogenn, Auch darob und an sein, darmith obgedachter Turckenhilff halbenn, so viell wir derselbigenn uffgenommen oder uns zugewendeth, unsere underthanen und eingesessen unsers Ertzstiffts Bremen, weder von der Romischen Keyserlichen und Khuniglichen May[ten] noch derselben Fiscaln weiter molestirt, gefordert oder angefochten sollen werden.

[2.] Item, nachdeme unnd wir aus vielen hohen und wichtigen unsern obligen genotigeth, und unvermeidtlich gedrungenn, eine dreffentliche antzahl schulden zu machen, die wir bis anher nit ablegen haben konnen noch mogen, und die Glidtmassenn unsers Ertzstiffts sich derselbenn, dieweill die one unsers ThumbCapittels vorwissenn unnd willenn gemacht, anzumassen nit schuldig achten, darvon sie auch offentlich bedingt, fur unser personn, so viell uns Immer menschlich unnd muglich, dafur zusein und zuverhuten, darmith sollicher schulden halben, unser landt und leute, und derselben Einwohner one schaden sein und bleiben, und In sonderheit der Ehrwirdiger unser lieber Andechtiger Er Johan Widenbrug Abt zu Sanct Pawell fur unser Stadt Bremenn, und Probsten unsers Closters Osterholtz, Johann und Frantz die Marschalcke gevettern, Harneit von Honhorst, Hermen von Brobergen, Johan von der Deken, Johann von Sarenhausen, und andere Burgen, so im Ertzstiffte Bremen gesessenn, ihre burgeschafft, so sie gegen Achim Pentzenn vor unns umb etliche Summen geldes gethann, one schadenn unnd entgelt uns mugen benommen werden, Auch alles muglichen fleis zufurdern, damith dem Closter zu Hertzefeld unnd andern In dem lande Ir zugefugter schade vonn unsern Gleubigern widerlegt, und hinfuran dergleichen vermitten bleibe.

[3.] Ferner auch das unbilliche anmassen, deren von Hamburgk an dem Elbstrome, auch die uberfarunge Hertzogen Otten von Luneburges, an des Stiffts Holtzern, und andern des Ertzstiffts Recht unnd gerechtigkeiten so viele muglich, zufordern und mith recht zu verthedigenn.

[4.] Item die Closter unsers Ertzstiffts bey Irer freyen Election unverhindert zulassenn, sie mith gelübden und ungepurlichen ablegern zuverschonen, und furnemblich mit Sanct Jurgens Closters zu Staden, und desselbenn gutern die ordnung auffrichten, daß wir aldar mit rath unser Landtschafft einen Erlichen und glaubwirdigen man, welcher jarlichen als vieren vonn unnß, unserm ThumbCapittell, Ritterschafft und Stadt Staden depurtirten und verordentenn sollicher seiner Administration gute Rechenschafft thuen, unnd die auffkumpste In des Closters gebew und nutz wenden soll, dieselbenn zuadministreren, setzenn unnd verordenen wollen, Unnd sunst soviell muglich befurdern, darmith das Closter widerumb mith Geistlichen personen versehenn, uffgericht, gebauweth, erhalten, und Restituirt moge werden.

[5.] Item ob einichem aus unsern underthanen oder den Glidtmassenn vhilgemelts unsers Ertzstiffts uber rechtmessige erkandtnusse ethweß genomen oder entfrembdeth were worden, Unns desselbigen mith Inen Innerhalb dreyer Monat nach wider einstellung unser Heuser, lande und leute gnedigist uff sein ansuchen gutlich oder rechtlich nach erkandtnuß unserer Landschafft zu vergleichen.

[6.] Item keine neuwe vergaderinge oder zusammenlauff einiges krigsfolckes in unserm ErtzeStiffte antzurichten oder Jemandts zuthuen gestatten, es were dan, das eß geschege mith guetem vorwissen und willen vorgemelter Stende gedachts unnßers Ertzestiffts.

[7.] Item dieweill auch die einwoner des landes zu Wursten vilfaltig anfurderung gethan, darmit sie zu dem Irigen, das zu Scharnstedt, Dyckeßende und Sassedinge gelegen, und sie vor Ire Erbe ansprechen, widerum gestattet mochten werdenn, wie dan In etlichen Recessen verabscheideth, und Inen darauff vertrostung geschehen, doch bß anhero durch andere wichtige furgefallene handlung zur endtschafft nit gerichteth, unnd aber gemeine Stende unsers Ertzestiffts betrachteth, das ferner unrath daraus entstehen mocht, beide partheyen vorbescheidern, derselbenn clag unnd anthwort gehort, und folgendes mith einhelligem Rath, die Wurster Inn Ire angemaste Erb und gutter, doch dergestalt, daß ßie alle gewohnliche pflicht, so sie andern leuth gethan haben, hinfuro an auch zu thun schuldig sein sollen, geweiset, solche einweisung vonn uns gnedigst bestetiget unnd verfulwordeth sein unnd bleiben soll, jedoch dermassenn, ob vorgemelte gewesene Inwohner Scharnsteder, Dickßender und Sassendinge Imandes von den Wurstern, umb einichen zugefugten schaden vetterlich Erbe oder anderß zubesprechen, dasselbig fur unß und unserer Landtschafft Inen zuthun unabgeschlagenn, und macht haben sollen.

[8.] Dergleich auch ob die Eingesessenn deß landes zu Wurstenn sampt oder besondern bey unnß auß Imandt anbringen verungelimpfeth, dardurch wir zu ungnaden, unnd ethwan beschwerung uber sie zuverhengen willenß gewesen; Dieweil dieselbigenn, uff unser ansprach, sich gemeiner Stende erkandtnuß underwerffen, und darauf erpotten, daß wir mit keiner thatlicher handlung one vorgehende erkandtnusse gedachter unser Stende gegen Inen fortfaren wollen, sonder wo sie darthun kunnen, daß ßie unbillicher weise wider uffgerichte vortrege beschwert, derselben entledigt unnd Irer unschuldt geniessen, Idoch wo sie ungeburlicher weise Jegen unß als Irer oberkeit sich vergriffen, unser Recht vor gemeiner Landtschafft gegen Inen außzufuren, Unß vorbehalten, und nichts dardurch begeben soll sein.

[9.] Item Nachdeme Luder Orwede Im Lande zu Wurstenn gesessenn, welcher on genugsam ursache seine Eliche hausfrawen verlassen, von Iheronimo Schwingen und seinen Brudern, als der frauwen Bluthsverwandten, umb etliche vorhandlung vilfeltig gegen unnß angeclagt, und neulichen durch etlicher hern vorschrifften damith Ine Rechts verholffenn mocht werdenn, angehalten, und derohalben in userm abwesen, die partheyenn zu beidenn theilen, vor den verordenten Inhabern unsers hauses Vorde bescheiden, Aber Orwede Idertzeit ungehorsamlichen außbliebenn, derhalben dem Schwinge und seine gebruder In Orweden bewegliche und unbewegliche gueter, so lange und soviell bis Orwede sich mith gedachten Schwingen freundtlich oder Rechtlich vordragen, eingeweiset, daß wir sulche Inweisung, noch kein ander gutlich oder Rechtlich vorhandlung, die bey tzeiten die vhilgedachte unser Landtschafft unsere heuser verwalteth gescheen, retractiren, oder dar In ethwaß, eß ßey dan die Jenigen so sollich handlung gepflogenn, werden von unß darzu erfurderth, und gehort vor andern, sonder dieselben vhill mehr bestettigen und belieben sollen und wollen.

[10.] Item daß auch keiner, er sey Edell oder uneddell, Burger zu Vorde oder sonst unser alter diener, der in unserm abwesen, und dieweill gemeine Stende unsers ErtzStiffts unser heuser Vorde und Newehauß Ingehabt, sich zu einnhemung der schatzungen oder andern bedageten einkumpsten eintzunhemen und den verordenten Inhabern unser heuser zu beantwurten, zu unser heuser und Ertzstiffts nottorfft het gebrauchen lassen, bey unß soll verungnadeth oder sunst zu schaden und nachtheill gedrungen werden; Und dieweill augenscheinlich der Jemmerlich schade unnd verderb darein durch verlauffene Krigßhandelung, die Burger und einwoner unses Fleckes Vörde govoreth, und gemeine Glidtmassen sie In unserm abwesenn mit voriger freyheit, Nemblich den dritten deile der Accisenn und andern, darvon sie ethwan gekommen, vergunstigeth und Restituirt, wollen wir sie bey solchem gnedigst geruhen, und bleiben lassen, Idoch daß sie darentgegen, waß schuldig, gehorsamblich leisten, unnd sunst wie sie pflichtig beweisen und ertzeigen.

[11.] Item daß wir sovihll die Geistlichenn gueter, Kirchenn und Stifft belangeth, einen Idern prelaten In seiner Jurisdiction zuvisitiren, Inventaria zu machenn, glaubwirdige Register aufrichten, damith die gueter unverrucketh bleiben mugen, aber doch unser Hohen Oberkeit unschedlich, gnedigst nachgeben, unnd kein verhinderung darein thun wollen.

[12.] Item dieweill (:wie unß angetzeigt:) merglich unrath uff underhaltung der heuser, besoldung der Knechte und ander dinst mussen gelegt werden, und datzu von wegen ufgebrachtem profiandt und nottorfft, noch grosse Schulden verhanden, Welliches alles aus verschienen Acht und Viertzigisten Jares zugelassener steur[3] muß betzahlet werden, daß wir den Gelidtmassen In uffnehmung sulcher schatzung Kein hinderung oder Insper zuthuen gestatten sollen oder wollen, Sunder die Verordenten unser Landtschafft, die uns auch davon geburliche Rechenschaft zuthun sich erpotten, gentzlichen nach nottorfft darmit zuhandelen bewehren lassen.

[13.] Endtlich Nachdem Auch In der ordnung unnd gebrauch unsers Hoffgerichtes, Auch sunst In den Landtgerichten allerley mißbrauch und mangell befunden, Daß wir mith Rathe der Rechtgelerten, auch der Stende unser[a] Landschafft, als denen die gelegenheit unnd gebrauch bewust, allen muglichen fleiß vorwenden, das dieselben gebessert unnd zu Rechtmessiger Reformation gebracht mogen werden.

[14.] Wir haben uns aber In allen und Iden obgeschriebenen puncten, stucken und Artikelen des gebuhrlichen gehorsames, gegen die Romische[n] Kay.[n] und Koniglichen May.[ten], Unsere Allergnedigiste Hern, furbehalten, Alß daß unß diese verpflichtung daJegen nit binden, auffhalten, oder daran verhindern, auch unß an allen und Jeden unsern Regalien, Hoch-, uber-, frey- und gerechtigkeit, so unsere Vorfaren am Ertzstiffte Bremen unnd wir von Romischen Kaisern unnd Khonigen bis an diese zeit empfangen und gehabt haben, in allewege unabbruglich, unschedelich, unnachteilig, und unhinderlich sein und bleiben soll.

[15.] Unnd damith hieran niemandts Zweiffell tragen moge, So geloben, versprechen, unnd verheissen wir bey unsern furstlichen worten, trewen und ehren, alles und Ides wie obsteet, Auch alle und Ide unse vorige uffgerichtede verpflichtunge, Recesse unnd verdrege, Wahr, vhest, unnd unverbrochen zu halten, darentgegen nit zukomen, noch einiche ausflucht, Innerhalb oder ausserhalb Geistliches oder Weltliches Rechten suchen, oder Imandts von unserentwegen zu thuen gestatten oder vergunnen. Im fall aber (:daß doch nicht geschehen soll:) wir In einem oder mher obgeschriebenen Artickeln niderfellig wurden, unnd nit Hielten, So wollen wir hyemit Itzt alsdan, und dan als Itzt, uns aller gnaden, Privilegien, und Regalien, damit wir von der Romischen Kay.[n] May.[ten] belehnet unnd begnadeth, Auch des gehorsames und pflicht, die unß unsere underthanen derhalben zuleisten schuldig, gentzlichen begeben, und nit zugebrauchen haben, Dawieder unß Kein Cautell Juris oder facti exceptio schutzen, und schirmen oder In einiche wege behulfflich sein soll.

[16.] Unnd zum uberfluß, sollen unnd wollen wir neben unser Landtschafft, wo die diesen vertrag durch die Romische Kay.[e] May.[t] Confirmirt, und bestetiget zuwerden, Ire May.[t] underthenglich ersuchen, und bitten wurden, nebenn Inen soviell muglich um erlangung sulcher Keiserlichen Confirmation underthenigist furdern und anhalten helffen.

[b]Unnd wir von Gots gnaden Frantz zu Sachssen, Engern und Westphalen Hertzoge, Und Anthonieß zu Altenburg unnd Delmenhorst Graffe, Bekennen, daß wir uff des Hochwirdigisten Durchleuchtigenn Hochgebornen Fursten unnd Hern, Hern Christoffers Ertzebischoffs zu Bremen, Administrators des Stiffts Verden, Hertzogen zu Braunschweigk unnd Luneburgk etc., Unsers Freuntlichen Lieben Hern Ohaimen und Schwagerenn freuntlich anhaldent und begeren, daß allen und Jeden, dieß brieffe Inhalt glaublich und furstlich nachgesatzet werden soll, versprechen, und so sulchs nit erfolgeth worde, wollen oder schollen wir Hochermeltem Ertzbischoffe nicht beypflichten, handthabenn, oder einige furderung mith theilen, dan vhill mher der Landtschafft uff Ir ansuchen beypflichtung, vorschub und Hilffe leisten, Alles trewlich unnd one geverde. Deß zu wahrer urkunde haben gegenwertige

214

transaction wir Christoffer Ertzebischoff zu Bremen, Administrator des Stiffts Verdenn, Hertzog zu Braunschweigk unnd Luneburgk etc. mit eigener Handt underschrieben, und unserm anhangenden Siegell verfertigen; Unnd wir Frantz Hertzog zu Sachssen, Engern unnd Westphalen etc., unnd Anthonius Graffe zu Altenburgk unnd Delmenhorst etc. unser furstliche unnd Graveliche Sigell daneben hiran hangen lassen[b]. Geschehen zu Daverdenn, Donnerstags in den heiligen Pfingsten Nach Christi unsers Herren geburt, Im funfzehenhundersten unnd Neun und Viertzigisten Jare.

(StA Stade, Rep. 5b, F. 91, nr. 7, fol. 288r).

a unser *in der Vorlage von gleicher Hand über der Zeile nachgetragen.* b–b *in der übrigen angeführten Überlieferung (mit orthographischen Varianten; hier zit. nach Decken, Familie):* alles treulich und ohne Gefehr. Des zu wahrer Urkunde wir diese Caution mit eigener Hand unterschrieben, und unser Fürstlich Siegel daran zu hangen befohlen.

1 *Vgl. oben nr. A.83, 1544 Dezember 15.* 2 *Die Brüder Thomas und Heinrich von Decken; vgl. Decken, Familie, 4. Abth. (Urkunden), S. 27f. (1550 Dezember 15; die Or.-Ausf. dieser Urk. ist verbrannt; s. StA, Stade, Rep. 81, Hs. 9; Rep. Möhlmann 1; nr. 2257; vgl. auch ebd., nr. 2255; 1550 Oktober 8.* 3 *Vgl. oben nr. A.105 (1548 März 17).*

117

Derselbe Landtag

Erzbischöflicher Abschied/Zusage (Cautio)

Christoph von Braunschweig-Lüneburg, Erzbischof von Bremen und Administrator von Verden, beurkundet die Einigung mit dem Bremer Domkapitel über strittige Fragen:

(1.) 600 Goldgulden alter Schulden und Rente an genannten Orten aus einem Vertrag vom 31. März 1456 mit dem Kurialen Johann Rode; (2.) im Jahr 1546 vorenthaltene Einkünfte aus dem Dorf Engeo; (3.) Güter des † Bremer Domdekan Dietrich Frese in Achim, Hagen und Grinden; (4.) Güter in Büren (Stadt Bremen), die je zur Hälfte demselben Dietrich Frese und dem † Wildeshausener Propst Segeband Clüver zustanden; (5.) Nutzung des Peterswerder (Weserinsel, Stadt Bremen); von dort entwendete Ochsen; (6.) Güter in Kadewisch; (7.) Entfremdung von Äckern in Cadenberge zugunsten der Burg Neuhaus; (8.) Eingriffe in die Jurisdiktionsreche der Bremer Domherren; (9.) Kapellanat des Bremer Doms; (10.) Erträge des ‚Wilhadus-Pfennigs'; (11.) Rückerstattung der den Meiern aus dem Dorf Engeo weggenommenen Ochsen.

Abschied: (StA Hann., Brem. Or.; 1943 verbrannt; letzte Signatur unbekannt; Or.-Ausf.). – StA Stade, Rep. 5b, F. 91, nr. 7, fol. 297r–299v (Abschrift 16. Jh.). – Ebd., F. 92, nr. 15, fol. 66r–68v; Abschrift 2. H. 16. Jh.; nach einer Or.-Ausf.; Or.-Foliierung 16. Jh.: fol. 62r–64v). – StA Bremen, 2-Z.2.b.1 (Abschrift um 1600). – Ebd., 2-Z.2.b.2, S. 177–185 (Abschrift um 1600). – Ebd., 2-Z.2.b.3 (Abschrift um 1600). – Ebd., 2-Z.2.b.4, S. 89–96 (Abschrift um 1600). – Ebd., 2-Z.2.b.6

(Abschrift um 1600). – HB DoG Verden, Stettswährende Receße, S. 79–87 (Abschrift 17. Jh.). – LA Schleswig, Abt. 7, nr. 1133, Tl. 2, o. pag. (Abschrift Ende 16. Jh.). – StA Stade, Dep. 10, Hs. 7, S. 83–87 (Abschrift 1. H. 17. Jh.; mit zahlreichen Marginalien von gleicher Hand; Marginalie S. 83 oben: Ist vordechtig und durch gemeine Stende nicht bewilligt). – Ebd., Rep. 5b, F. 128, nr. 15a, fol. 37v–39v (Abschrift; 1. H. 17. Jh.). – AR Stade, Hs. 9, fol. 131r–135v (Abschrift 1. H. 17. Jh). – StA Bremen, 2-Z.2.b.5, S. 204–209 (Abschrift Mitte 17. Jh.). – GWLB Hann., MS XXIII 1124, S. 109–117 (Abschrift 17. Jh.). – Ebd., S. 119f. (Auszug 17. Jh.). – Ebd., MS XXIII 1125, fol. 54r–57v; Abschrift 17. Jh.). Druck: Cassel, Bremensia 2, S. 384–390, nr. 15 (nach einer vor 1623 Sept. 1 angefertigten Abschrift im Kopiar des L. Heistermann). Reg. StA Stade, Rep. 81, Hs. 9 (Rep. Möhlmann 1), nr. 3420a (nach der verbrannten Or.-Ausf.).
Literatur: Decken, Darstellung, S. 498. – Cappelle, Stände, S. 55. – Schleif, Regierung, S. 77. – Fiedler, Bremen, S. 208.

Wir Christoffer von Gots gnaden Ertzbischoff zu Bremen, Administrator des Stiffts Verden, Hertzog zu Brunswigk und Luneborch etc., Bekennen und thun Kundth hiemit vor Uns, Unßere Nachkommen Ertzbischoff zu Bremen und allermennichlich:

[I.] Nach deme und alse[a] sich ethliche zwiespalt und Irrunge, zwischen Uns eyns und den wirdigen Erbarn, Hochgelarten Unsern Lieben Andechtigen Thumbdechantt, Senior und gemeynen Capitell Unsers Ertzstiffts Bremen hernach beschrieben puncten und artikell halber andertheyls ein zeitlangk erhalten, Das Wir Uns derselben gnedigst mit denselben vergleichen und vertragen, wie hernach folgt:

[1.] Erstlichen dieweyl obgedachte Thumbdechant, Senior und Capitell Johan Roden Sechs hundert volwichtige golt gulden alter schulden, vor welche Loblicher Gedechtnuß Bischoff Gerhardt Unser Furfader, etzliche Jerliche Renthe, als Nemblich: zu dem Kedingbruck Sechs und vierzigk Lubescher Mark, zu Oppelen zehen Lubische Mark und zu Bulstorpe funff Lubische Mark, lauth dar uber Im Jare Nach Christi geburtt tausent virhundert und Im Sechs und funffzigsten, Mithwoch zu Paschen,[1] uffgerichteten Siegell und brieve, Johan Roden ßeligen, ßo etwan Corrector oder abbreviator Literarum Apostolicarum gewesen, verkaufft und unabgeloset geplieben, und die obgenanten, von dem Capitell Uns zu bezalen geburen wolle, erachten, von newen vorsicherung gethan, und von dem Jare virzigk der Mindern zall biß anhero die zinsen bezalt, und erlegtt;

[2.] ferner auch gemelten Thumbdechant, Senior und Capitell, das Ihnen durch Uns oder auch Unsern bevehl Im Jare Sechs und Vierzigk negst vorschienen Das durpff *[sic]* Edinge sampt den zinßen;

[3.] Item die zehenden und guther zu Achim, Hagen und Grinden ßeliger Gedechtnuß Hern Ditterichen Vresen domahls Thumbdechant zu Bremen In seynem Leben und Nochmals in seynem Tode eingetzogen;

[4.] Item eyn helffte Itzgemelten Hern Dittrichen seliger, und die anderen helffte der guter zu Buren Hern Segeband Cluver seliger, etwan Probsten zu Wildeshausen,

[5.] sampt dem Peterswerder desselben Nutzungen, Ochssen und Andrem Jungen Viehe entfrombdett und derselben entsetzt;

[6.] Weitter auch ethliche guther In der Kadewisch vilgedachten Capitell;

216

[7.] dergleichen auch etliker Acker von dem Kadenberge abgedrungen und zu des Newenhaus gebrauch gelecht;

[8.] Den prelaten etwan in Irer Jurisdiction eingriff gethan;

[9.] Die Cappellanat Unßer Ertzstifft Kirchen Bremen personen ausserhalb des Capittels verlehnt, Und vilheicht auch In andern lehen, mit der provision derselben eingriffen;

[10.] Auch entlichen den Willehadus pfenning, der Ihnen lautt Unser verpflichtung Jerlichen an Sant Wilhadus abend[2] geburen wolten, in zukunfftigen Wilhadi zwolff Jar vorenthalten und mit gerecht sollen haben sich beclagett.

[II.] Und wiewol Wir Uns zu ethlichen oberwenten guetern berechtigett, und was Wir zum theil gethan, mit fug und billicheytt beschen, erachten, Jedoch damit aller widerwille derhalben auffgehebtt, friede und Einheytt zwuschen Uns den partheyen widerumb auffgerichtt und gepflantzet, Haben Wir Ihnen gnedigst zugesagtt, gelobt und versprochen, Alß Nemblich:

[1.] So viel die obernanten Sechs hundertt gold gulden belangett, sie nach wider eingebung Unßer heußer und vesten der zinsse halber In die obvermelt guther, Dar Inne die zinsse von Unßerm furfordern verschreiben, dieselbigen daraus vorthan zu furdern und einzunemen zuverweisen, und im fall solche zinße und Rechten Jerlichen auß gemelten guthern nicht entrichtt wurden, sich an die genanten gueter zu halten, biss zu entlicher bezalung gedachter zinße, und dieselbigen pfandtweise einzunemen, vergonnen. Und sover von den gemeynen glidtmassen Unßers Ertzstiffts Bremen, uns aberkandt wurde, das Wir dieselbigen Sechs hundertt goldt gulden sampt den hinderstelligen zinsen zum theyl oder gar zubezalen schuldich, derselbigen,

[2.] dergleichen Auch die Sieben und Sibentzigste halben Bremer schaffell Rocken, ßo auß dem durpff *[sic]* Edinge weggefurdt, eynen Iden schaffel fur eynen floren Muntz gerechnet,

[3.] Item die zehenden und gueter zu Achim, Hagen und Grinden,

[4.] sampt der Nutzung der gueter zu Bueren nach gestalt, wie dusser zeitt das Korn, Auch wisch und weyde gegolten, muege werden, dermassen auch die nutzunge der andern helffte der gueter zu Bueren Ingleichem werth,

[5.] mit nutzung des Peterswerder, sampt den Ochssen und Vihe, ßo davon genommen, wes die gleichmessig geschetzt mogen, den Jenigen, ßo es gehort und zugestelt soll werden, Innerhalb zwein Jar fristh nach dem und Uns Unßer heußer und vesten widerumb eingereumbt, gnedichlich zubezalen zuvergnugen, Und sie derhalben gentzlichen cloglos zu stellen. Und so vell vorbemelte und alleander gueter belangett, an deren possession, gebrauch und abnutzunge Wir Unßer Thumbcapittell betrubt, verhindertt oder ohne vorgehende Rechtliche erkanthnuß entsetzt haben mochten, und sie zur possession, gebrauch und abnutzung derselben widerumb vor zeitt dusses verdrages wircklich kommen wehren, Solchs approbiren Wir hiemit In Crafft eyner formlichen Restitution, die Wir Ihnen nichts destoweyniger, wohr und ßo offt es Ihnen, von wegen sulcher gueter von nothen, thun sollen und wollen, Sie auch eingriffs, turbation und aller veranderung In denselben guetern gnediglich verschonen, und nichts, es sey dan zuvor geburlich und ordentlich Rechterkanthnuss gemeyner glithmassen Unßers Ertzstiffts Bremen daruber ergangen, vornhemen; Auch vermuge derselben erkanhnuß und nichts anders handeln.

[6./7.] Uber das auch bey Unserm Amptman uff Unsern Newenhaus ernstlichen zu vorschaffen, das auch den guetern In der Kadewisch, daraus zuvor eynem Thumbhern Unser ThumbKirchen zu Bremen, der solche gueter nach gewonheytt Unßer ThumbKirchen In gebrauch haben wirth, Jerlichen funfftehalbe Marck Lubesch gefallen, solche funffte halbe mark alle Jar unweygerlich erlegt und gereicht werden. Und sovil solche hinderstellige zinsse belanget, Wo befunden worde, das Wir Uns derhalb mit Hern Segebandt Cluver seliger nicht gentzlichen vertragen, Sondern derhalben noch etwas zu thun schuldig, mit dem, so sulchs geboren wil, gnedichlich zuvorgleichen.

[8.] Und enthliche mit den Prelaten, ßo sich Ingrifs In Irer Jurisdiction Und collation beclagen, uns gutlich deshalben vergleichen; Auch die Intrusos dahin weisen und halten;

[9.] die Cappellanat, ßo unbequemen personen gegeben, emancipirten Thumbhern Unser ThumbKirchen zu Bremen verleihen;

[10.] die nachstendige Wilhadus pfenning, alß zwey hundert zwey und funfftzigk Bremer Marck Unßerm Thumbcapittel zu Bremen Innerhalb vorbenanter zwey Jeriger frist entrichten lassen. Auch in zukunfftigen zeiten, sovill der Prelaten Jurisdiction, die Capellanat, Auch andere lehen und Wilhadus pfenning belanget, Uns den alten Recessen und Unser verpflichtung gemeß verhalten und beweisen.

[11.] Und dieweyl auch den Meygern zu Edinge etliche Ochssen abgeschlagen sein sollen worden, denselben dermassen gnedige Widderstattung thun, das sie sich derhalben ferner nit beclagen sollen.

Geloben derhalben, zusagen und verpflichten vor Uns und Unßer Nachkomen am Ertzstifft Bremen hiemit bey Unsern wahren trewen und Ehren alles, wie obgeschrieben, war, vest, steth und unverbrochen zuhalten, Dar entJegen Keyne ausfluchte oder behelff In oder außerhalb Rechtens zu suchen oder Jemants zuthun gestatten, Und im fall Wir an eynichen alles des, wie obgeschrieben, seumich und vellig wurden, des doch nit sein soll, Szo geloben und versprechen Wir In massen, wie vor, das Wir aller und Jeder gueter, wie die genant muge werden, ßo Unsser Thumbcapittel semptlich oder desselben personen In sonderheytt pfandtsweiß oder sunst von Unße vorfordern den Ertzbischoffen zu Bremen oder Unß Innehaben oder fur außgangk der zweyen Jare mit Unßerem gueten willen an sich bringen wurden, derselben sampt und sonderlich Keyne abloße oder verenderung einiger gestalt Jegen derselben Inhaber In Unßerm Thumbcapittel zu Bremen durch Uns furzunemen, Auch andern solchs zu thun nicht gestatten, es sey den vorgemelt

Unßer Thumbcapittel oberzelten sachen und artikel halber gar und alle von Uns Inhalt dusses vertrags zufriden gestellt, mit Iren guden willen, Alles trewlich und ohne geferch. Des zu warer urkunde haben Wir gegenwertige Caution mit eygener handt underschrieben und mit Unßerem hier anhengenden Sigell verfertigen lassen. Geschein zu Daverden, Donnerstags In den hilligen Pingsten, Nach Christi Unsers Hern geburtt Im funffzehenhundersten und Neun und Virtigsten Jaren.

(StA Stade, Rep. 5b, F. 91, nr. 7, fol. 297r–299v).

a alse *fehlt in der Vorlage; hier nach StA Stade, Dep. 10, Hs. 7 ergänzt; AR Stade, Hs. 9 hat* dieweill; *bei Cassel fehlt* und alse/dieweill.
1 *1456 März 31.* 2 *November 7.*

118

Derselbe Landtag

Landständischer Abschied/Schatzbewilligung

Die Bremischen Landstände bewilligen einen Pflugschatz in Höhe von 4 Talern, mit genauen Regelungen für das Land Wursten, legen die Verwendung der Schatzerträge fest und fordern die Einhaltung der Zusage des Erzbischofs, einen allgemeinen Landtag nach (Bremer-) Vörde auszuschreiben.[1]

Abschied: *StA Stade, Rep. 5b, F. 21, nr. 14a (Abschrift 16. Jh.). – (StA Hann., ehem. Kopiar XIX d. Provinzialarchivs Stade, p. 70; 1943 verbrannt). – AR Stade, Hs 9, fol. 119v–122v (Abschrift frühes 17. Jh.). – StA Stade Dep. 10, Hs. 7, S. 110–113 (Abschrift 17. Jh.). Druck: Cassel, Bremensia 2, S. 390–394, nr. 16 (nach einer vor 1623 Sept. 1 angefertigten Abschrift im Kopiar des L. Heistermann). Regest: StA Stade, Rep. 81, Hs. 10 (Rep. Möhlmann 2), nr. 2232.*
Literatur: *Krause, Beiträge, S. 89. – Schleif, Regierung, S. 77.*

Kundt undt openbar sy idermenniglichen: Nachdeme sich de Hochwordigste in Gott Dorchluchtige Hochgebohrne Furst, und Herr, Herr Christoffer, Ertzbischoff tho Bremen, Administrator des Stiffts Verden, Hertoge zu Braunschweigh und Luneborch etc., Unse Gnedigste Furste und Herr, nach langer gepflegener Handtlung in samptt und sonderheitt, mit allen, und jeden des Ertzstiffts Bremen Gliedtmassen und Underthanen, ock der Statt Bremen in gnedigste Verdrachte in gelaten, dergestalt datt Ihren F. G: durch gemeine Landtschuppe dessulvigen Ertzstiffts bey ören adelichen Ehren, truwen un d Geloven, vorheten, und thogesegtt. Wenn solche Vordrage nemlichen die Caution gegen datt Domcapittul deß Ertzstiffts, und da *[sic]* Vordracht mit der Statt Bremen under I. F. G. Handtteken, und Secret, wi de in sich verfatet, und idzundt alhier tho Daverden voraffscheidet, ock dabeneben, de eine Caution, so I. F. G. allen gemeinen Stenden dessulvigen Ertzstiffts nicht alleine, under I. F. G. Handtteken und Secret, aber ock under deß Dorchluchtigen, Hochgebornen Fursten und Herrn, Herrn Frantzen Hertogen tho Sassen, Engern und Westphalen, etc. und des Edlen und wolgebornen Herrn Anthon, Grafen tho Oldenborch, und Delmenhorst,

Unser Gnedigen Herrn, darneven angehangen Sekreten, tho geven verwilliget, allenthalven vollentagen und verfertigeth, datt jegen Averandwordinge, solcher twier Caution, und deß Verdrages mit den von Bremen I. F. G. de Hŭser Vŏrde und Nigehuß sambtt alle desulvigen Thobehŏringe, und Gerechtigheden, und dem gantzen Lande, in mathen desulvigen in gemeiner Ledemathen Verwaltung syen, gewißlichenn affgetreden, und up einem gemeinem Landtage, so tho der Behoff, dorch I. F. G. bynnen Vorde bestemmeth, und uth geschreven werden schall, tho I. F. G. Handen und Gewalt wederumb, ane ferner Exception, Zurede, Uthflucht eder Vertoch gestellet, ock Ihren F. G. Ergetzunge Ihres erledneń Schadens, und umme mehres Fredes willen eine Schattungh von veer Dalern aver eine jede Ploch im gantzen Ertzstifft Bremen, in mathenn so hir under benohmet, schall gegeven werden, doch einem jedenn ihn seiner von Olders hergebrachten Freyheit unschedtlich, Welche Schatt und Steur durch Hochgedachtes Unses Gnedigsten Herrn und gemeine Landtschup, dar tho Verordente by gefordertt, und den Verordenten der Landschup tho gestellet werden schall, dieser Gestalt, datt darvan erstlich de Stur und tholage, so up jungsten tho Augspurgh geholdenen Rykes Dage von den gemeinen Rikestendenn bewilliget, und halff zu den Negst verschenen Winachten scholde entrichtet worden sein, de andere Helfftte aber in den jetzigen schirst kunfftigen Weinachten entrichtet werden moth, afgetagen, und dat overige alle Ihren F. G. ane Jenighen Abbroch, oder Zugrepe avergeantwordet und tho gestellet werde.

Werret aver Sake, dat I. F. G. de berŭrtenn tho Lage deß Rikes by der Rŏmischen Kayserlichen Maj. afhandelen, oder af bidden konde, solchs schall I. F. G. vorbehalten sein und I.F. G. alßdann de verwillingen veer daler von jederer Ploch, alß baven gemeltt, gantz und ghar ohne jenigen Abbroch oder Ingrepe tho gestellet werden.

Demnach und tho mehrer Urkundt, dat alle baven gemelte Articull, der Restitution halven, in baven schrevener mathe durch de gemene Landschup underdeniglich treulich, und ohne alle Geferde geholden, ock I. F. G. itziges Jhares, von einer ideren Ploch, de ren so ihm Ertzstifft von Olderß und Gewonheit schat plochtig syen, ock der Ingesetten deß Landeß tho Wursten (Jedoch dath desulvigen Wurstfresen nicht höher in den Beschwerden datt ohnen alle wege in dŭssem veer daler Plochschatt twintich Juck Landes up jedere Ploch, wie von olderß gebrucklich, angeschlagen und gerekent) twe Jochim daler, doch datt an Innehminge dersulvingen, de so in jungster Kryges Emporungh verbrandt, ock de kentlichen Armen nicht beladen, tho deme de halve deel der Steur, und tho late, so Romischer Kays. Maj. und den hilligen Ricke, alß baven gemeldt, uth dem Ertzstiffte folgen schall, daruth verrichten, und betalett, und den in schirsten Vofftigsten Jhar der weinigern thall, Ihrer F. G. geliker gestalt, noch von iderer Ploch twe daler gegeven, und darvan ock die overige halve deel der bewilligten tho Lage dem Rike entrichtet, und bethalet, datt averige aber I. F. G. unweigerlich aver antwordett, und tho gestellet scholle werden, so syen, deß tho mehrer Urkundt dieser Breve twe, gelickes Ludes, upgerichtet, deren einen Hochermelter Unser Gnedigster Herr mitt eigner Handt underschreven, und I. F. G. Furstlichen Secret befestiget, der gemeiner Landtschup des Ertzstiffts avergeben laten, den andern die Ehrwurdigen, Wirdigen, Ernvesten, Erbaren, und Ersamen Herr Christoffer Bicker, Ertzabtt tho Herßfelde von wegen der Prålaten, Herr Ludolff von Varendorff Domdeken, und Herr Segebade von der Hude, Pravest tho Sunte Anscharieß, und Canoniken der Domkerken tho Bremen von wegen deß Domcapittels, Henrich Clůver Gysen seligen Sohn, Borchartt Clůver, Frantz Marschalck, Claweß Kule, Mauritz van Indorff *[sic]*, und Alverich von der Hude, alle von wegen und uth der Ridderschup deß Ertzstiffts mit ihren upgedruckten Pitschafften, und Burgermeister und Rhade tho Bremen, Stade und Boxtehude, mitt ihrer Stede Secreten befestiget, und vorsegelt, und I. F. G. tho gestellt. Geschehen tho Daverden, Donnersdages in den hilligen Pinxten nach Christi unsers Herrn Gebortt, im Vofftein hundersten, und negen und vertig Jharen.

(Cassel, Bremensia 2, S. 390–394, nr. 16).

1 *Ob dieser Landtag tatsächlich ausgeschrieben und abgehalten wurde, ist unbekannt, da bisher keinerlei Quellen über einen Landtag in Bremervörde im Jahr 1549 oder 1550 bekannt geworden sind. Da angesichts der ansonsten recht dichten landständischen Überlieferung aus dieser Zeit kaum mit dem Verlust der gesamten Überlieferung zu einem Landtag zu rechnen ist, dürfte es wenig wahrscheinlich sein, hier Überlieferungsverlust anzunehmen. Wahrscheinlicher ist vielmehr, daß dieser Landtag nie stattfand, daß also Erzbischof Christoph seine diesbezügliche Zusage nicht eingehalten hat.*

119
Derselbe Landtag

Schatzbewilligung

Die in nr. A.118 angeführte Schatzbewilligung in anderer Überlieferung.

Auszug: StA Stade, Rep. 5b, F. 102, nr. 20, fol. 7r (Auszug, 16. Jh.; ohne Überschrift und ohne Angabe zur Vorlage).

Anno domini 1549.

Veer daler van der ploch deme Hern donerdages yn deme pynxten van den gemeynen Stenden vorwillygeth, de bynnen II volgende jaren schullen upgenamen werden van den vorordenten der Landesschup yn bysyn der hern gescyckedenn, van der Schattinge schullen gemeyne Stende de bowyligten thoLage, So tho Auspurg anno 48 von den Reichsstenden thogelaten,[1] affthen und inholde des Reichs aveschede up geborlyke orde scycken, und ys de Bremissche anslach eynes vorrades ym Ryke tho hebbende und II jar ydes jars tho botalende thom vorrade 3096 fl. munte tho 15 partyen maketh 2731 daler, 13 patyen.

Thom Ungersschen gebuw 200 fl. tho 15 patyen, is 176 daler 8 pathyen, under holdynge key[n] Cammergerichtes 50 fl. tho 16 patyen, maketh 47 daler, I patyen.

Summa 2955 daler und 4 patyen, de daler 17 patyen. Und syn de halven 3000 daler up Collen gesendet anno 49, dosulvest Cristoffer van Eytzen und Hynrich Meyger 2404 daler und 261 groten in usum R^{mi} archiepiscopi averandthwordeth.

(StA Stade, Rep. 5b, F. 102, nr. 20, fol. 7r).

1 *Der ‚geharnischte Reichstag' von 1547/48; vgl. jetzt umfassend RTA JR 18.*

120
Derselbe Landtag

Landtagsabschied

Unter Vermittlung des Ausschusses der Bremischen Landstände einigen sich Erzbischof Christoph von Bremen und die Stadt Bremen über folgende strittige Punkte: (1.) Aussöhnung nach den vorgefallenen kriegerischen Handlungen; (2.) Modalitäten der Rückgabe der vom Erzbischof an die Stadt Bremen ausgeliehenen, genau bezeichneten Geschütze sowie mehrerer, dem Erzbischof entwendeter Bücher, Register und Urkunden; (3.) neue Privilegien des jetzigen Kaisers (Karl V.) für die Stadt Bremen; (4.) Prozesse des Erzbischofs gegen diese Privilegien; (5.) Rechtsstreitigkeiten von Untertanen beider Seiten; (6.) weitere Gültigkeit älterer Verträge; (7.) Schutzgewährung des Erzbischofs gegenüber der Stadt Bremen; (8.) Aufhebung der Gehorsamspflicht der Untertanen und der Pflicht zur Hilfe von Seiten der Landstände, für den Fall, daß Bestimmungen dieses Vertrags verletzt werden.

Abschied: StA Stade, Rep. 5b, F. 91, nr. 7, fol. 293r–295v (Abschrift 16. Jh.). – AR Stade, Hs. 9, S. [!] 164–172 (Abschrift 1. H. 17. Jh.; in hochdeutscher Sprache).¹ – StA Bremen, 2-Z.2.b, nr. 0 (Abschrift 18. Jh.). Druck: Pratje, Altes und Neues 7, S. 373–380 (ohne Angabe zur Vorlage).
Literatur: Schleif, Regierung, S. 77.

Thoweten sy allermennichlich: Nach dem denn sich twisschen den Hochwerdigsten in Godt Durchleuchtigen, Hochgebornen Fursten und Hern, Hern Christoffer Ertzbischup tho Bremen, Administratorn des Stiffts Verden, Herthogen tho Brunswigk und Luneburg, Unserm Gnedigst^n Hern an eynem, und den Ersamen Burgermestern, Radtmannen und gantzer gemeyne der Stadt Bremen, am andern dele, twispalt, erringe und gebreken tho gedragen und bogeven hebben van wegen ethliker geoveder Kriges handlung, de sich verschener Jare, vor der Stadt und im Ertzstifft Bremen vorlopen, dar uth allerley unrow, wedderwille, bosweringe der Armoth, und ander uneynicheytt Im Stiffte Bremen entstanden, dormit den demsulven und andren wydern vorderffliken unrade, schaden und nachdeil, ßo der Armoth und gantzem Stiffte daruth erwassen konth, vorgekamen, Frede, Row und eynicheytt wedder erstifftet, Und dat gude Ertzestifft Bremen tho wolfardt, upnemen und gedien dessulven Ingesetten, ock der gantzen landtschup wedderumb tho guder eyndracht und freden gebracht, Szo hebben Wy underbenanten alße verordente uthschott der gemeynen Ledematen up gedachtes Ertzestiffts Bremen

Gade dem Almechtigen tho lave und dem guden Lanth thom besten twischen upgedachten beyden parthen guthlich gehandelt, und se mit ohrem guden wethen, fulborth und willen vorligkent und vordragen up wyße und in maten, wo nach folget:

[1.] Erstlich so schole alle dat Jenne, Wes sich In upgemelter geoveder krigesscher handlung In beyden Stifften Bremen und Verden, ock vor der Stadt Bremen edder anders Wor, eyniger maten tho gedragen und vorlopen, Ock alle unwille, de de parthe dar uth eyne Jegen den andren gefatett, gantz und gar vorgeven und vorgeten, dergelik ock alle schade und Nadell von beyden delen eyn Jegen den Andren upgehaven, gedodett und gedemptt syn, Und ewichlich bliven, Szo dat neyn deel dem Andren solliches na dussem dage In ungnade und erste vorwyten, vorwarpen edder wedder erregen schole, Sunder Hochgedachte Unße G^{ster} Herre schole nu vordan De Stadt Bremen und dersulvigen Borgere, Inwaner und undersaten mit allen gnaden meynen, Szo alße S. F. G. undersaten gnedichlich schutten und handthaven und wedderumb de Stadt sich Jegen S. F. G. alße getrewe undersaten In aller borlichen underdenicheytt holden und erzeygen, wo sich dath van allersyts billich eygent und gebort; und de Jennen, de eynem Idern dele, in sunderheytt In dussen Kregesschen handelungen gedenet, angehangen, furderinge oder vorschoff gedan, In wath wyße oder wege, dath eyniger gestaldt geschegen, de alle, nemandt uthboscheden, scholen des von andern dele, dem dath tho Jegen magk gescheyn syn, ohne alle gefhare und boswerung bliven und hirnach ock verßonet und verdragen syn, Alßo, dath de eyne parth des andern dener, underdane, vorwandten und anhangk nu vorth mehr, frig, velich, unboferdt schall handeln, wandeln, Reyßen, wandern und passeren latenn, ohne alle verhinderung, uth genamen de Jennen, de hirmeth Int gemeyne nicht wollen beßonet syn, De sich twisschen dith und negestfolgenden Martini[2] Namkundich maken und ohre gemothe und meynong desfals eropen und enthlich erclerenn sollen, Welche ock alsdenne Hochgedachte Unße G^{ster} Herre In S. F. G. Stifften, Landen und gebieden der Stadt tho Jegen, nichtt underschleffen, hußen, herbergen edder underholden noch eyniche andere verschoff doin oder bowyßen, sunder ohres eygen gelucks gewarden laten scholen.

[2.] Nachdem aver wyder S. F. G. geclagett van twen Carthunen, de S. F. G. guden geloven In de Stadt Bremen geschickett, Ock noch von twen stucken, alße eyner Carthunen und eyner Slangen, de eyn Radt Im Kreyge eroverth, Dergeliken van ethliken Boeken, Registern und breven, dar an dem Stiffte gelegen, de S. F. G. scholen affhendich geworden syn, Darup is boredett, Dath De ersten twe gemelten Carthunen noch thor tydt vordan In der Stadt Bremen und by dem Rade scholen bliven; Wenne Aver De Stadt dorch vorlehninge des Almechtigen mit der Itzigen Ro^n Key^n May^{tt}, Unsern Aller Gnedigsten Hern, wedder uthgesoneth und vordragen, Alsdenne schollen und willen gedachte Rath tho Bremen sollichen Carthunen S. F. G. und dersulvigen Ertzestiffte wedderumb folgen laten und tho stellen, Idoch offt in midler tydt S. F. G. offt dem Ertzstifft Bremen, doer Godt vore sy, sollicke noth vorfelle, dath ße der gerorden Carthunen nothwendichlich wurden tho donde Krigen und tho gebruken, ßo schole eyn Radt na Rade und gudtbeduncken der gemeynen lithmate Des Stiffts desulven S. F. G. tho solch anliggende noth dennoch nichtt weygern, sundern ock guthwillich volgen laten. Aver der andren beyden eroverden stucke halven hebben sich de van Bremen nichtt vorreden willen. Quemet averst alßo, Dath S. F. G. na upgemelter uth sone mit der Key. May^{tt} sich Jegen den Radt und gemeyner Stadt alßo gnedich erzeygeden und helde, Dat eyn Radt S. F. G. up desulven beyder stuck Jegen wedder rekung des geschuttes, Dath der Stadt genomen, Wes tho gude by den ohren handeln konden, sollichs scholden S. F. G. unvorsechtt syn. Wath denne de Boke, Register und Breve angeyth, Dor willen und scholen eyn Radt allen vlith verwenden, offt ße dersulven welke up sporen und uthfreyen konden by ohren borgern, denerenn, underdanen und vorwandten, dat S. F. G. desulven wedder thon handen komen mochten.

[3.] Szo dan ok Unße Hochgedachte G^{ster} Herr rede vorlengist vor anfange der verlopenen Krygeshandelung mit dem Rade tho Bremen etliker Irer privilegien halven, de eyn Radt by Itziger Ro^n Key^n May^{tt}, Unßern Aller Gnedigsten Hern, hirbevorn uthgebracht, und S. F. G. daraff vormeneth boswerdt tho synth, In Recht stridinge erwassen, scholen sollliche Rechtferdinge unvorfengklich beyden parthen an ohrem Rechten rowen und stille sthan. Ock dar Inne Jegen den Rade nichtt procediert werden, ßo lange eyn Radt mit Hochstermelter Ro. Key. May^{tt}, Unsern Aller Gnedigsten Hern, tho gnedigster uthsone gekamen und alßo eyn unparthielich Recht hebben mogen.

[4.] Als denne S. F. G. Wyder up dessulven tho procediren schall unvorgeven und unbonomen syn.

[5.] Dore ock beyder parthen undersaten, angehorige und vorwandten eyn Jegen den andern utherhalve dusser Krigessaken Jenige sproke, Rechtt oder foderinge hedden, de scholen und mogen se unvorhindertt eyniges dinges, mit Rechtte Jegen den andern uthdragen, und men schall ohne van beyden deken geborlikes Rechtten dar Inne gunnen und gestaden.

[6.] Und dusse vordrachtt schole ock allen andern vordrechten und Rechten, ßo hirbevorn in watterleye saken dath sy, upgerichtett und gemakett, nichts bonemen edder affbreken, sundern desulven alle by werden und gantzen crefften bliven sunder geferde; und hirmeth scholen den upgemelten beyden parthe alle ohre gebrechen, schelinge und twidracht, de wenth tho dussem dage twisschen ohnen sich erhaven und entspunnen, ock aller tho sprak, foderinge und Action, dede eyne gegen den andern deshalven gehadt edder hebben mogen, gans und thor grundt voreynigett und vordragen, Ock hirmeth alle unwille upgehaven, hen- und bygelecht syn und ewichlich bliven, des in unguden nicht mehr tho gedencken.

[7.] Wo aver de Stadt von Bremen durch Jemands bofeydet oder boschedigett worde, alse denne schollen und willen Unser G^{ster} Her de Ertzbischoff Hochstgedacht ße na alle ohrem hogsten vormogen, doch S. F. G. hocheyt, Regalien und ohren schuldigen vorplichtingen und verwandtnuss unschedtlich, dar Jegen schutzen und vorbidden.

[8.] Wor aver dusser vorsprekener vordracht In allen edder dersulven ethliken artikelen van Hochgedachten Unserm G^{sten} Herren edder gemelten Rath und Stadt Bremen (:alße doch wil Godt nichtt gescheyn schall:) nichtt gelevet, edder desulvige In eynistem stuck Ingebraken, Hebben sich beyde parthie bewilligett, Nemblichen Hochgedachter Unser G^{ster} Her, Dat S. F. G. als denne Nene hulpe, steur, Schattinge edder anders van dem Ertstifft tho Bremen mer hebben edder fordern wille. Eth scholen ock de underdanen Ohren Furstligen Gnaden dar Inne tho folgen nichtt schuldich edder vorbunden syn; Desglik eyn Radt und Stadt Bremen, offt de mangell der nichtt holdinge by ohnen befunden, scholen up den fall den gledematen des Stiffts nene hulpe, Radt, trost edder bystandt hebben noch ße ohnen trostlich, bystendich edder behulplich syn, Allent umb erholdung freden und Eyndrachts willen, und tho vorhodinge groters unglucks und schadens.

Dormit nu dusse vordracht In allen oren articulen und puncten umb ßo vele stadtliker und vester geholden werden moge, und thom warhafften teken, dath Wy upgemelte parthen sollige mit guden weten und willen angenamen, bowillett und bolevett, Szo hebben Wy van Gots gnaden Christoffer Ertzbischop tho Bremen, Administrator des Stiffts Verden, Hertzog tho Brunswigk und Luneborch etc. vor Uns Unsse, Und wy Borgermestere und Radtmanne der Stadt Bremenn ock vor uns und de unsen unser erbenompten Stadt Rechten Ingesegele thovorne an gehangen.

Und wanthe wy Decanus, Senior und gantze Capittell der Domkercken, und wy prelaten und van der Ridderschup des Stiffts Bremen, Ock wy Borgermester und Radtmanne der Stede Stade und Buxtehude dusse upgemelte guthliche handlung und vordracht dorch unßer verordente hebben maken und vorhandelen laten, Szo hebben Wy Decanus, Senior und Capittell unßer Kercken und Ick Johannes Abt tho Sunte Pawel,³ van wegen der prelaten, und Wy Hinrick Cluver Gysen Shone, Luder Bicker, Borchert Cluver, Segebade van der Hude, Frantz Marschalk, Clawes Kule, Mauritz van Nindorp van wegen der Ridderschup unsere, und Wy Burgermester und Radtmanne der obberorten Stede Stade und Buxtehude unßer Stede Ingeßegell boneffen Hochgemelts Unsers G^{sten} Hern und des Rades tho Bremen Ohren Ingeßegeln thor withschup an dussen breff gehangen. Geschein tho Daverden na Christi Unsers Hern geborth Im voffteynhundersten und Negen und vertigsten Jares, Des Donnersdages In den Hilligen Pingsten.

(StA Stade, Rep. 5b, F. 91, nr. 7, fol. 293r–295v).

1 *Zur fehlerhaften Foliierung und Paginierung dieser Hs. vgl. Verzeichnis der ungedruckten Quellen, Anm. 4.* 2 *1549 November 11.* 3 *Johann Wiedenbrügge, 1541–1550 Abt des Benediktinerklosters St. Paul vor Bremen (Michaelsen, St. Paul, S. 63).*

121

Landtag 1549 Juli 27, Basdahl

Ausschreiben 1549 Juli 8, Stade

Christoph, Erzbischof von Bremen, Administrator von Verden, Herzog von Braunschweig-Lüneburg, lädt die Adressaten zum Landtdach up schirstkommenden Sonnaventh nach Jacobi Apolstoli welker der XXVII disses Monats Julii *[...],* morgens fro umb acht Uhre *[...]* In Unserm dorpe Basdall.[1]

Datum Stade, Dinstedages den Achten Visitationis Marię Anno etc. XLIX.

Ausschreiben: StA Bremen, 2-Z.2.d.1 (adressiert an Bürgermeister und Rat der Stadt Bremen; besiegelte Or.-Ausf. Papier; Verschlußsiegel erh.).
Protokoll: –
Abschied: –
Weitere zu diesem Landtag gehörige Quellen: –
Literatur: –

1 *Mangels weiterer Quellen bleibt unklar, ob dieser Landtag tatsächlich stattgefunden hat.*

122

Landtag 1549 Dezember 13, Basdahl

Ausschreiben 1549 Dezember 6, (Bremer-) Vörde

Christoph, Erzbischof von Bremen, Administrator von Verden, Herzog von Braunschweig-Lüneburg, lädt die Adressaten auf einen gemeinen Landtach In demselbigen Erzestifte zu Basdal up schirstkommenden Freitage am tage Lucię, wilcher der XIII dieses Monats sein wirth, *und fordert sie auf,* freitags frue umb achte uhre gewislich alda zu Basdal zu erscheinen.[1]

Datum Vorde Freitags Nicolai Episcopi anno etc. XLIX.

Ausschreiben: StA Bremen, 2-Z.2.d.1 (adressiert an Bürgermeister und Rat der Stadt Bremen; besiegelte Or.-Ausf. Papier; Verschlußsiegel erh.).
Protokoll: –
Abschied: –
Weitere zu diesem Landtag gehörige Quellen: –
Literatur: –

1 *Mangels weiterer Quellen bleibt unklar, ob dieser Landtag tatsächlich stattgefunden hat.*

123

Landtag 1550 Mai 22, Basdahl

Ausschreiben 1550 Mai 16, Verden

Christoph, Erzbischof von Bremen, Administrator von Verden, Herzog von Braunschweig-Lüneburg, lädt die gemeine Landtschop unsers Ertzestifftes Bremen Adressaten auf einen gemeinen Landtach in demsulvigen unserm Ertzestifte up schirsten Donnerstag nach Exaudi, welcker der XXII disses Monats Maii seinn werth, *[...]*, fru umb seven Uhre *[...]* alda tho Baßdael.[1]

Datum Verden, Freitages na der Hemmelfart Cristi Anno etc. 50.

Ausschreiben: StA Bremen, 2-Z.2.d.1 (adressiert an Bürgermeister und Rat der Stadt Bremen; besiegelte Or.-Ausf. Papier; Verschlußsiegel besch. erh.).
Protokoll: –
Abschied: –
Weitere zu diesem Landtag gehörige Quellen: –
Literatur: –

1 *Mangels weiterer Quellen bleibt unklar, ob dieser Landtag tatsächlich stattgefunden hat.*

124

Landtag 1550 Dezember 4, auf dem Steingraben (bei Basdahl)

Ausschreiben 1550 Dezember 1, (Bremer-) Vörde

Christoph, Erzbischof von Bremen, Administrator von Verden, Herzog von Braunschweig-Lüneburg, lädt die gemeine Landtschop unsers Ertzestifftes Bremen am schirsten Donnerstage den veerden dach disses Monats Decembris up dem Steingraffe up gemeinen Landtage *zu Beratungen über* fridebrüchige veinde *des Erzstifts Bremen, und fordert sie auf, an jenem Tag* tho fruer dage tidt darsulves up dat Steingraaf zu erscheinen, *und zwar gerüstet mit Pferden und Knechten.*[1]

Datum Vorde, Mandages na Andreę Apostoli, Anno etc. L.

Ausschreiben: StA Bremen, 2-Z.2.d.1 (adressiert an Bürgermeister und Rat der Stadt Bremen; besiegelte Or.-Ausf. Papier; Verschlußsiegel besch. erh.).
Protokoll: –
Abschied: –
Weitere zu diesem Landtag gehörige Quellen: –
Literatur: –

1 *Mangels weiterer Quellen bleibt unklar, ob dieser Landtag tatsächlich stattgefunden hat.*

125

Landtag 1551 Mai 12, Daverden

Ausschreiben 1551 Mai 7, Verden

Christoph, Erzbischof von Bremen, Administrator von Verden, Herzog von Braunschweig-Lüneburg, lädt die Bremischen Stende auff schirstenn Dinstag nach Exaudi Inn unnser durff Daverdenn, *und fordert sie auf,* zu fruer tage zeit van acht uhr alldar zu Daverdenn *zu erscheinen.*[1]

Datum Verdenn am tage der Himmelfart Christi, Anno etc. LI.

Ausschreiben: StA Bremen, 2-Z.2.d.1 (adressiert an Bürgermeister und Rat der Stadt Bremen; besiegelte Or.-Ausf. Papier; Verschlußsiegel zerbrochen).
Protokoll: –
Abschied: –
Weitere zu diesem Landtag gehörige Quellen: –
Literatur: –

1 *Mangels weiterer Quellen bleibt unklar, ob dieser Landtag tatsächlich stattgefunden hat.*

126

Landtag 1551 Juni 11, Basdahl

Die Bremischen Landstände verhandeln über die aus dem Land Wursten ausstehenden Gelder des 16.-Pfennig-Schatzes (mehr nicht bekannt).

Ausschreiben: –
Protokoll:
Abschied: –
Weitere zu diesem Landtag gehörige Quellen: StA Stade, Rep. 5b, F. 22, nr. 11, fol. 7r (Nennung des gesterigenn zu Baßdal gehaltenen Landtage in einem erzbischöflichen Ausschreiben zu nr. A.127, 1551 Juli 5–6; datiert Vorde, Freitags den XII Junii Anno p. LI*).*
Literatur: –

127

Deputiertentag 1551 Juli 5–6, (Bremer-) Vörde

Erzbischof Christoph von Braunschweig-Lüneburg hat Bevollmächtigte (volnmechtige) *des Bremer Domkapitels und der Bremischen Landstände auf* Suntag nach Visitationis Marię, wilcher der funfte des Monats Julii sein wirt, gegen den abent alhie zu Vorde *geladen, um dann* folgendes Montags frue, umb VIII uhre *(Ausschreiben, fol. 7r) mit ihnen über den* ungehorsam *der* ungetreuwen underthanen *aus dem Land Wursten sowie über die von den landständischen Schatzeinnehmern bisher nicht vorgenommene Rechungslegung des 16.-Pfennig-Schatzes zu verhandeln (ebd.).*

Die Deputierten der Landstände verweigern dem Erzbischof Christoph die von ihm erwünschte Einziehung der angeblich aus Wursten noch fehlenden Gelder des 16.-Pfennig-Schatzes, zu dem die Wurster, dem Erzbischof zufolge, erst 3 000 bis 4 000 Gulden gezahlt haben sollen. Die Verweigerung geschieht, da die Landstände von den Wurstern angesichts von deren Schäden nur diese Summe gefordert haben und da etwaige Rückstände im Übrigen den Ständen zugunsten des Erzstifts und nicht dem Erzbischof zukämen.

Ausschreiben: StA Stade, Rep. 5b, F. 22, nr. 11, fol. 7r–9v (Konzepte zweier Ausschreiben, eines adressiert an das Bremer Domkapitel, datiert Vorde, Freitags den XII Junii Anno p. LI*; das zweite adressiert an die Räte der Städte Bremen, Stade und Buxtehude, datiert* Vorde, Mithwochen den Irsten tag Julii Anno p. LI*).*
Protokoll: –
Abschied: StA Wolfenbüttel, 1 Alt 8, nr. 3.
Weitere zu diesem Landtag gehörige Quellen: –
Literatur: Osten/Wiebalck, Wursten, S. 156 f.

128
Landtag 1551 Juli 27, Basdahl

Schreiben der erzbischöflichen Räte 1551 August 4, (Bremer-) Vörde

Die erzbischöflichen Räte schreiben den Bremer Domherren bezüglich zweier Punkte, über die auf dem Landtag am 27. Juli 1551 in Basdahl verhandelt worden sind: (1.) schriftliche Stellungnahme von Domkapitel und Landschaft zum kaiserlichen Mandat, betreffend das Interim, das dem Erzbischof Christoph, der Instruktion zufolge, am 18. Juli durch den kaiserlichen Cammerpotten *zugegangen ist (fol. 3r); (2.) Beischrift des Domkapitels, die Ämter betreffend.*

Ausschreiben: –
Protokoll: –
Abschied: –
Schreiben: StA Stade, Rep. 5b, F. 92, nr. 14, Bd. 1, fol. 6r–7r (Konzept oder zeitgleiche Abschrift).
Weitere zu diesem Landtag gehörige Quellen: StA Stade, Rep. 5b, F. 92, nr. 14, Bd. 1, fol. 3r–5v (an die erzbischöflichen Räte adressierte erzbischöfliche Instruktion für den Landtag in Basdahl, 1551 Juli 27 (Itzigen bestimmeten Landtage zue Baßdaell Montags nach Jacobi Apostoli den XXVII dieses Monats Julii)*, datiert* Verden 1551 Juli 24 *(*geben zu Verdenn, freitagis nach Marię Magdalenę, Anno p. LI*); Or.-Ausf.; aufgedr. Siegel erh.).*
Literatur: Hauschildt, Landwirtschaft 1, S. 44, nr. 1 f. – Bachmann, Tagungsorte, S. 85.

[fol. 6r/v]

Unser freuntliche dienste zuvor, Ehrwurdige, Wurdige, Erbare unnd Hochgelerte, Besondere Gunstige und Gude Freunde. Euer ahn uns gesants schreiben habenn wir entphangenn und des Inhalts nach der lenge vorlesen. Wollenn Euch aber zur gegenanthwort darauff nicht vorhaltenn. Nachdem auff Jungst vorschienem lantage zu Basthall vonn dem Hoechwurdigisten Inn Gott Durchleuchtigenn Hoechgebornem Furstenn und Hernn, Hernn Christoffernn Ertzbischoffen zu Bremen, Administratorn des Stiffts Verdenn, Hertzogenn zu Brunschwig und Lunuenburg *[sic]* etc., Unserm Gnedigstenn Hernn, der Rom. Kais. Matt. auschribenn und mandatenn sampt Irer Furst.^{n} Gnadenn Instructionn und anderenn beischreiben Euch behendigt unnd vorgelesen Ist wordenn, unnd darauff Irer F. G. ein schrifftliche anthwort anhero nach Vorden zuverfertigen, Furstlichs und Gnediges gsinne gewesenn und noch Ist, Darneben auch solche anthwort schriftenn, so balt wir sie vonn Euch bekemen, Irer F. G. ahn alles seumen und hindernus mit eilender post dieselbenn zuzuschicken uns verplichten, bevolhen unnd aufferlegt. Demnach ferner yuntlicher *[?]* beredung daruber zuhalten sich Itzmals nicht leiden noch schicken will, Sondern nachmals ann statt und von wegen Hochgedachts Unsers Gnedigsten Furstenn und Hernn unser gebern vor unser person freuntlichs gesinnen, auff vorbemelt Keisserlichen Mandaten von Euch und der Lantschafft ein schrifftlich anthwort zustellen und auszubringen, und dieselben unverzuglichen uns anhero nach Vordenn zuschicken, forderlichen erzeigen wolleten, welche wir unverhindert Ir F. G. ubersenden werden. Das wir Euch auß Furstlichem bevhelich abermals unangezeigt nicht haben wollenn lassen, und vor unser Person Euch freuntlichen zuwilfarenn seindt wie Iderzeit willig und geflissen. Datum Vorden, Denn Vierden Augusti, Anno etc. LI.

Verordente bevelhaber
des Hausses Vördenn.

[fol. 7r]

Eingelegter Zeddell.

Weß sich auch E. E. Inn einer beischrift Die Ampthen belangendt mit begriffenn und angezogen, seindt wir zweiffels frey, desselben neben dm Auschosse, so hir zu Vorden Jungst beyeinander gewesenn, und unserm vorbringen genugsamlich bericht empfangen haben. Doch so Ist Borchart von Kram, neben andern bevelhabern Inn kortzen vorreissett; so balt sie aber wiederumb anheims komen werden, wollen wir uns mit ferner anthwort erzeigen und vernehmen lassen etc. Datum ut in l[itte]ris.

(StA Stade, Rep. 5b, F. 92, nr. 14, fol. 6r–7r).

129

Landtag 1552 Juli 27, Basdahl

Ausschreiben 1552 Juli 21, (Bremer-) Vörde

Christoph, Erzbischof von Bremen, Administrator von Verden, Herzog von Braunschweig-Lüneburg, lädt die Adressaten auf einen gemeinen Landtagk in demselben unserm Ertzestiffte auff schirsten Donnerstagk nach Jacobi Apostoli, den XXVII dießes Monats Julii in unserm Durffe Baßdall, *und fordert sie auf,* zu fruer tage tzeit umb VIII Uhre gewislich daselbst zw Basdaell *zu erscheinen.*[1]

Datum Vorde Fridages nach Divionis Apostolorum Anno etc. LII.

Ausschreiben: StA Bremen, 2-Z.2.d.1 (adressiert an Bürgermeister und Rat der Stadt Bremen; besiegelte Or.-Ausf. Papier; Verschlußsiegel zerbrochen).
Protokoll: –
Abschied: –
Weitere zu diesem Landtag gehörige Quellen: –
Literatur: –

1 *Mangels weiterer Quellen bleibt unklar, ob dieser Landtag tatsächlich stattgefunden hat.*

130

Landtag 1552 Oktober 27, auf dem Steingraben (bei Basdahl)

Schatzbewilligung

Die Bremischen Landstände bewilligen einen vierten 16.-Pfennig-Pflugschatz, von dessen Erträgen zum einen die dem Grafen Volrad von Mansfeld zugesagten 20 000 Taler Brandschatz und zum anderen Schulden des Erzstifts Bremen bezahlt werden sollen.

Auszug: StA Stade, Rep. 5b, F. 102, nr. 20, fol. 7v (Exzerpt, 16. Jh.; Überschrift: Noch van Schattinge ym Styffte Bremen van den Ledematen thogelaten; *ohne Angabe zur Vorlage).*
Literatur: Schleif, Regierung, S. 62. – Blanken, Basdahl, S. 75.

Anno domini 1552.

Den verden Sosteinden penningh Schath hebben gemeyne Ledematen uppe deme Steyngrave den XVII octobris thogelaten, Darvon schullen de twyntych dusendt daler de Greven Volrade van Mansfelde vor branthschatz tho gesecht botaleth worden, Unde dath overegge schal men an der schulde des Styfftes keren.
(StA Stade, Rep. 5b, F. 102, nr. 20, fol. 7v).

131

Landtag 1553 o. T., Stade

Der Bremer Erzbischof Christoph erklärt sich auf dem allgemeinen Landtag in Stade gegenüber den Bremischen Landständen bereit, die in den landständischen Gravamina vorgebrachten Mißstände abzustellen.[1]

Erwähnt in nr. A.132 (1554 Februar 21–22).
1 *Ein Abschied des hier genannten Landtags hat sich, soweit bisher bekannt, nicht erhalten.*

132

Landtag 1554 Februar 21–22, Bremen

Landständische Gravamina 1554 Februar 22, Bremen

Die Bremischen Landstände stellen gemäß der Beschlüsse der in (Bremer-) Vörde abgehaltenen Verhandlungen vom 15. Januar 1554 ihre Gravamina gegenüber dem Bremer Erzbischof Christoph zusammen, in denen sie ihm insbesondere die Nichtbeachtung mehrerer genannter Rezesse vorwerfen.

Ausschreiben: -
Protokoll: –
Gravamina: StA Stade, Rep. 5b, F. 91, nr. 7, fol. 311r–312v u. 319r–320r (Abschrift 16. Jh.).
Weitere zu diesem Landtag gehörige Quellen: –
Literatur: –

Vortekenung der gebreche, worInne die herrn des Domcapittels, Ritterschaft, Steden und Landschaft des Bremischen Erzestiftes weder beschene vorplichtung und upgerichteden Hoich verpeente Recesse vermeinen vor Irem Gnedigstenn Herrn vonn Bremenn etc. beswerdt tho sin.

Nachdeme de hochwerdigste Inn Got Durchluchte und Hochgeborne Furst und Her, Her Christoffer Ertzebischop tho Bremen, Administrator des Stifftes Verden, Herzog tho Brunßwigk und Luneborch etc., Unse Gnedigste Her, hirbevorns Iegenn gemeine Bremische Landtschaft, up geholdenem Landtdage binnen Stade des negstverschenenn 53ten Jars[1] sich gnedigst erclert, dath S. F. G. geneigt, sich mit gemeiner Landtschaft der gebreche unnd beswerunge derenn sich de Landtschaft ein tidt her beclagt, genedigst thovorgliken, und tho volge des up dem huse Vorde, des Domcapittels und ethliche des Adels neffen der Steden gesandten am verschenen15 dage des Mants Januarii[2] up domals geslagene handlunge thom avescheide anseggen lathenn, Dath binnen die Stadt Bremen Inn erster des Domcapittels gelegenhait etzliche personenn des Adels und der Stede gesandten vorschrevenn, de gebreche und beswerung, Inn eine schrift verfathet Und folgents S. F. G. thogeschickt soldenn werdenn, Darmede S. F. G. desto bestendiger daruth aller gelegenheit sich thoerInnern, und henwedderumb S. F. G. notturft Inn eine schrift verfathen tholathen, und henwedderumb tho overgeven hedde, alles tho dem Ende, darmede volgents vor gemeiner Landschaft solchs alles Inn Radt gestelleth und sovehle Godt Gnade vorlehnenn wurde, de beswerung affgedann und de gebreche verrichtet mochten werdenn. Darna hebben de verordenthen Am Avende Cathedra Petri[1] binnen Bremen nach Irem besten einfalt nachfolgende schriftliche verfatynge, der beswerung gestellet, mith uthdrucklicher Protestation, dath desulvige sie oder gemeine Landschaft Inn neinem Punct obligiren und bindenn, ock ergents neerann nicht Providiren solde, sonder allein als Ire einfeltige getreuwe wolmeinung und bedencken, biß uff kunftigenn und fernern Rath, Consenth und Fulbordt, der al gemeinen Bremischenn Ledemathe und Landtschaft, unverbintlich berouwenn, und by densulvigen sthan solden, Dusse schriftliche vertekenunge tho verandern, tho mehrenn und tho mindern, So ock durch belehnung, gnaden, oder liffgifte, oder Inn ander wege, anders als na uthwisinge Unsers Gnedigsten Hernn verplichtung und Recesse gehandelt, Welches hir Inn nicht vertekenth sin mochte, Dath dorch deniennigenn, so solche belehnung, gnaden oder liffgiffte entfangenn, nichtts tho vordell, oder den verplichtungenn und Recessen, tho Affbroke soll stilschweigendt vorbygan sin.

Mit solchem vorbehalt ist erstlich den Stenden beswerlich:

1. Als deme Bremischenn Ertzestift ann velenn ordenn sunderlichs ann dem Stiffts holtenn, gudernn und gerechtigheidenn, Ihm Lande tho Luneborch, dorch den hertogen tho Harborch und Moseborgg, den Graven vonn der Hoyen Im Ampte Tedinghusen, Ock by dem Munsterschenn vonn wegenn der Stadt Wildeshusen dersulvenn gerechtigkeith, und vonn denn vonn Hamborg an der friheitt des Elvestromes denn Ingesethenn des Stiffts vele affbrockes beigegnet, und Unsem Gdsten. Fursten und Hern vermoge dem Jurament,[3] ock der Key. Commissarienn vordrage[4] vorbiddinge darinne tho donde geborde, So hebben doch Capittel und Landtschaft tho notturftigenn tiden, by dem Hern Ertzebischup vorhorß dage, darInne mochtenn gelecht werdenn nicht erholdenn konen.

2. So heft ock Ir F. G. Inn stridigenn sachen huß und herschaft Delmenhorst belangendt umb des Bremischen Stiftes gerechtigkeith willen, am Key. Cammergericht oder suß nichtes vorwendeth.

3. Eth hebben ock Ir F. G. vele voranderinge an Stiffts heusern und gudern boven Ir F. G. Jurament,[3] Basdalischen[5] und den twe Daler Receß[6] gemaketh, so dathsulvige noch dachlickes tho merchlichen affbroke, schaden und nadell Unses Gnedigsten Hern werdt Im wercke befundenn.

4. So don ock Drosten, Cantzler, Amptlude, Vogede vermoge dem Jurament,[3] Baßdalischen[5] und Twe Daler,[6] und der Commissarien Receß[4] keine lofften und Eide, und gestadeth Unse Gnedigste Furst und Her nicht, dat Jarliches Inn bysin des Capittels verordenthen Rechenschaft vonn den Renthmeistern genohmen werdenn, Inholt des Baßdalischen,[5] twe Daler[6] und der Commissarien Receß[4] tho merglichem nadele Unses Gndsten. F. und Hern.

5. Menn heft ock tho keinenn tidenn bittlich erholdenn konnen, dath Ir F. G. twischenn denn gerichtes dagen Landtage leggen willen, up welchen de parth so Sententien vor sich hadde und de Appellerende hedden ordenthlich vorschiedenn mogen werdenn.

6. So hefft ock Ir F. G. Jegenn denn Baßdalischenn[5] und der Commissarienn Receß korn und vhe koep verbodenn.

7. Und dath Ir. F. G. Irrunge und twidracht, so Im Lande und unter den parthen, vermoge des Baßdalischenn,[5] twe Daler,[6] der Commissarien,[4] den 16. Pennings,[7] und dem Receß am 49. Jahre upgerichtet,[8] nicht vorschieden lathenn, lopeth den parthenn tho grothem nadel und schadenn.

8. Als sich ock Ir F. G. Inn deme Baßdalischen,[5] twe Daler,[6] und andern Receß keine schulden thomakende gnedigst versprokenn, Wo deme tho Jegenn gehandelt were, vertrosten sich gemeine stende, dath se solcher schulden tho nichts tho donde hebben; Weren ock de merglichenn htogelahenn Steure na verpflichtunge Unses Gdstenn. und Rade der Landtschup In nutte S. F. G. gekereth, Darmede hadden lichtlich alle schulden konnen verrichtet werdenn.

9. Do ock Ir F. G. de Closter by frier Election vermoge des Receß am Jar 49 upgerichtet, gelathen,[8] hefft S. F. G. uth Irem vernemendt, by dem Closter Hemmelporthenn sich gnedigst tho berichtende.

10. Weß ock des Closters und guder halvenn tho Sanct Jurgenn binnen Stade, inn upgemeltenn 49 Jars upgerichteden vordrage vorlatenn,[8] is vormoge dessulven nichts erfolgt.

11. So hefft ock Unse Gnedigste Furst und Her, dem Domcapittel de LXI Lub. marck Jarliker Renthe uth den dorpern Kedingbroke, Oppeln und Bulstorppe nicht folgen lathen.

12. Affgeslagenn Ossenn und wechgenomenen korne vonn denn meigern ho Edinge nicht bethaleth.

13. Deßgeliken weß S. F. G. uth denn Tegeden Achim, Hagen, Grinden und Buyrenn, ock dem Peterßwerder enthnamen, nichts verrichtenn lathen, dartho de Wilhades penningk nachstendig gebleven.

14. So iß ock uth der Kaddewisch den Testamentarien zeligen Hern Segebaden Cluvers und deme Izigen Possessori Her Segebaden vonn der Hude keine vorrichtunge geschein.

15. Es sollen auch de Closter mith ungeborlichen afflogernn nicht beladenn werden; Wie Im Receß vermeldet, anno 49 upgerichtet.[8]

16. So sollen auch Inholt desselbenn de Prelatenn und ein Ider bey seiner Jurisdiction gelathen werden.

17. Deßgeleich wie demselbenn bemelten Receß Anno 49 In deme Artikell, so wem uber rechtmetige erkandtnuß ethweß genohmenn, und entwendeth,[9] gefolgeth

unnd nachgelobt iß worden, Des werdt S. F. G. sich sulvest gnedigst berichten konnen.

18. Eß sollen auch der Stadt Bremen thobehorenndt guder an allenn Endenn des Erzestiffts Tolfrey sin, ludt des ufgericheden Baßdalischen Receß Anno 31,[5] und dath ock desulven so glikermathen vonn olders her berechtiget ohrer friheit genetenn mogen.

19. Alßdenne ock S. F. G. wegenn ethliche Landtsathen an Achim Pentzenn borgeschaft[a] gedann, und na uthwisinge des Recess anno 49 scholen benamen werden, und nicht geschein.

20. Alß sich denn ock geborenn soldenn, so Toll und wechgelt verrichtenn, und ohne dath Christlich und billich is, dath deselbenn Im Erzstift Bremen solden frey, felich und unbefarth passeren, und aber darenboven vor und kortlich sich thogedragenn, dath etwelchenn dath ere genohmen und Jemmerlich umbracht; So ist des uthschots underdenigst bitt. Ir F. G. tho erholdung guder, fheliger, freyer Landtstratenn, de vorsehung gnedigst don moge, Darmit solchs henferner verhott bliven, und denienigenn, so solchs uben oder geubeth hebben, mith dem ernstlichsten moge nagetrachtet werdenn, Dewile eß S. F. G. rohmlich un dersulvenn undersathenn thom bestenn und gudenn gereichenn konthe.

Dewile nu Christlich und erlich is, dath alle und In sunderheit de beEidetenn verplichtungenn und vordrochte, so tho gemeiner wolfardt, erholdung fredens, Rechtens und guder Policey upgerichtett, getreulich geholden werdenn, Und aver uth bivorwarten Copien upgerichteder verplichtunge und verdrechtenn twischenn Hochgedachten Unsern G[dsten.] Hern und gemeiner Landtschaft thobefundenn, Dath desulvigenn alle tho sollichenn wegenn gerichtett, So sein de verordenthen underdenigster trostlicher thovorsicht, desulvigenn billich geholden, und weß dar Jegenn gehandelt, affgeschaffeth werdenn. Darmede se sollich umb Ire F. G. thovordenende wusten, Der werenn so Irenn schuldigenn plichtigenn denstenn na Identidt tho donde bereith und willich. Datum Byennen Bremen, Am dage Cathedra Petri, Anno domini dusent viffhundert vehr und foftig.

(StA Stade, Rep. 5b, F. 91, nr. 7, fol. 311r–312v u. 319r–320r).

a *offenkundig irrtümlich* borgeschchaft *in der Vorlage.*
1 *1554 Februar 21.* 2 *1554 Januar 15.* 3 *Wahlkapitulation Erzbischof Christophs (Cassel, Bremensia 1, S. 100–112, 1511 Dezember 11).* 4 *Oben nr. A.82 (1541 November 7).* 5 *‚Basdahler Rezeß‘, oben nr. A.67 (1531 August 31).* 6 *Hier wird oben nr. A.75 (1534 Oktober 16; Bewilligung des ersten 2-Taler-Schatzes) gemeint sein.* 7 *Oben nr. A.93 (1544 Dezember 15).* 8 *Daverdener Abschiede 1549 Juni 13 (oben nr. A.116).* 9 *Oben nr. A.116.5 (1549 Juni 13).*

133

Derselbe Landtag

Erzbischöflicher Abschied [1554 Februar 22, Bremen][1]

Antwort der erzbischischöflichen Räte namens Erzbischof Christophs von Bremen auf die eben genannten landständischen Gravamina.

Abschied: StA Stade, Rep. 5b, F. 91, nr. 7, fol. 313r–317r (Abschrift 16. Jh.; eingebunden in die Gravamina von 1554 Febr. 22; fol. 318 ist unbeschrieben).

Uff der gemeinen Stende und Gliedtmassen des Bremischen Erzestiffts wider denn Hochwirdigstenn in Got durchleuchtigstenn Hochgebornenn Furstenn und Hernn, Hern Christoffern Erzebischovenn zu Bremen, Administratorn des Stiffts Verdenn, Hertzogenn zu Braunschweig unnd Luneburg etc. Ubergebene Artickel, darin sie von S. F. G. sich besswerth vermeinenn, rechtmessige, billiche Jegenrede unnd enthschuldigung vonn wegenn Hochermelts Furstenn furzubringenn, Unnd uff Jede Artikel sonderlich zuanthwurtenn,

[1./2.] Sagenn S. F. G. wieder denn Erstenn unnd Andern Artikel, Daß die In abwendung sollicher gewaltsamenn unrechtmessigenn Intringung unnd Zunottigung, die S. F. G. landenn und leuthenn vonn dem Herzogenn vonn Luneburg, Graffen zur Hoya, auch denn Munsterischenn, der Stadt Hamburg unnd lezlich dem Grafenn vonn Oldenborch in vorenthaltung deß Stiffts gerechtigkeith, an dem hauße und herschaft Delmenhorst beiegneth, ann Irem nuglichenn fleiß nichts erwindenn lassen, sonder hochermelten herzogenn und andere von Iren Unzimblichenn Zunotigung abzustehen, unnd umb eine forderliche zusammenkumbst, darein dieße gebrechenn in verhor unnd augenscheinn genohmen zu ezlich massenn schriftlich ersuchen lassen, aber nit daryn vermugen konnen; So sey auch der ganzen Landschaft unnd allermenniglichenn bewust, das S. F. G. unmuglich gewest, in diesenn unfriedtsamenn Jaren, da die widersacher Jhe unnd allewege Seinen F. G. zu sterck gewest ohne offentliche feindtliche handlung oder anderer ernstlicher furderung, ohn der Landschaft Rath unnd hilff sich zugebrauchen mugen, oder sunst in obermelten deß gemeinenn Stiffts sachen weß fruchtbarlichs außzurichten, Sein aber dieses gnedigenn erbietens, weß sich hinfuro die glidmassen zuerhaltung des Stiffts hoch- und gerechtigkeith wieder die obernanthe herschaften unnd Partheienn sampt und sonder furgenehmenn, gefallen lassen.

[3.] Belangendt denn drittenn Artickel, Anfahend ‚Edt hebbenn ock' etc., Wissenn S. F. G. sich nit zuerInnerndt, das dieselbe Inn des Stiffts heusernn unnd guthern nahteilige verenderung furgenohmen, Wenn aber S. F. G. deß sondernn bericht wo unnd ann waß ortern sollliche verenderung zu des Stiffts abbruch geschein, empfangen, unnd deß nit genugsam fuge unnd unrsach gehabt, Wollen S. F. G. darin der gebur unnd billigkeith sich berichten und weissen lassen; Mochten aber wol erlaidenn S. F. G. nit so oft mith Ihrem Iurament angeregt, dann die demselben gemeß sich bißanhero unverweißlich gehalten, kontenn aber wol dagegen mith bestendigen grundt darthun, wie etzliche andere vom Thumbcapittel dieselbenn hingestelt, die Alten loblichen gebreuch der kirchen abkummen lassen, die geistlichen guther Imbursierenn, nit zu Gottes ehrenn sunder Irem aignen unnd Irer freundtschaft nun anwenden; Wie dan dergleichenn mengell unnd mißbrauch S. F. G. mehr furzubringen, aber umb gelimpffs unnd besser verainigung willen, noch dieß alles bey sich behalten wollen.

[4.] Uff den Viertenn Artickel, Anfahendt ‚So dan ock', lassen S. F. G. antwurt gebenn, daß biß anher Irer F. G. drost, Cantzler unnd Ambtleuthe unnd vogte, nit Inn deß Thumbcapittels ayden gestandenn, oder in derselbenn verordenten beywesenn von Seiner Gnaden Renthmeistern, Rechenschaft genohmenn worden, sey allein der uneinigkeyt halbenn, die zwischenn gemeltem Thumbcapittel und S. F. G. eingerissenn verbliebenn, solle aber hinfurter andere versehehung nach der Landschaft beger darein geschein, Doch das S. F. G. Bruder Herzogh Heinrich zu Braunßweig seiner anfurderung die S. F. G. zu der gemeinenn Landschaft Bremenn unnd verhuetung allerley thetlicher beswerung, aß veraugen *[sic]* stundenn, mith einstellung Seiner Gnaden hauß und gerichtes zu Vorde uf sich genohmenn, uß dieser bewilligt Sechszehendpfennigsteur zuforderst abgelegt unnd zufride gestalt werde.

[5.] Uff den funft Artickel, sagenn S. F. G. die Iderzeit gesprochene Urtheil gerne vollenstreckt hetten, sein aber daran vonn der Landtschaft gehintert, Wollen auch noch denn Appellationn sachenn geburlicher weiß deferiren unnd darin dem Rechtenn unnd alten Stiffts gebreuchenn sich gleichmessig verhaltenn.

[6.] Dann weiters denn Sechstenn Artickell, daß verboth deß Kornns- unnd vihekauffs betreffendt, habenn S. F. G. daßelbe allein dieser unnd sunst keiner anderen ursach halb furgenohmen, dan nachdem dieselbig glaublich berichtet, das etzliche außlandische Kauffleuthe das kornn unnd vihe in grossenn hauffenn unnd anzall uffkauft, uff das dan durch derselbenn unzimblichen genieß, unnd Im rechten verbotnen vortheil die gemein eingesessenn des Stiffts an notturfftiger leibsnarung nit zuhart bodruckt, Auch in diesen geferlichenn zeitenn die Lande nith zu seer emblosset wordenn, sunder mugenn Ir F. G. erleidenn das der Kornkauff menniglichenn freystehe, Doch wollen S. F. G. sich da durch Ires vorkauffes unbegebenn habenn.

[7.] Uff denn Siebenden Artickel sagenn Ir F. G., das die nit liebers gesehenn hettenn, und noch, dann alle zweyspalt unnd uneinigkeith zwischenn denn undersassenn uffgehabt, sey aber daran vonn wegenn der Privationn gehintert, dieweil die Partheyenn halstarrig gewest, Unnd S. F. G. ann der Execution insprerrung gethann.

[8.] Wider denn Achten Posten sagenn S. F. G., das die auß Ehaften, unmeidtlichenn ursachenn in schuldenn geratenn, Die Ir F. G. furnemblich zueroberung des Landes zu Wursten angewendt, und das S. F. G. zu erstattung derselbenn eine treffenliche anzall vonn denn furnembsten einwohnern daselbst vor geißler und verwahrung genohmenn, Aber alß dieselbenn vonn der Landtschaft ohne alles bevehlch unnd vorwissenn S. F. G. erleddigt sey, darauß de andere emporung Deß Landes zu Wurstenn erfolgeth. Unnd S. F. G. Inn neuwenn Kriegsskost unnd swere schuldenn gefuhret, wilchs Jhe langere Jhe tieffer eingerissenn, Unnd obwol S. F. G. der zeit, alß die Ires Landes vertrungenn auß betrengnuß sollich schuldenn doch nicht anderst dann sovihl Seine F. G. menschlich oder muglich abzufinden, allein uf sich geladenn, befinde sich doch uß angezeigten bericht, das die zu deß gemeinen Stiffts nutz unnd vermehrung Darzu außerfurdern der unmeidtlichenn nottorft gemacht wordenn, Dieweil S. F. G. in denn swerenn leufftenn auß sonderenn der Key. Mat^n. befell Ire heuser bestellenn unnd mith swerenn trefflichenn kosten erhalten mußten, zu dem dorch de mannigfeltigenn uberzuge in verderbliche schedenn und nachteil gerathenn, Dieweil dann Seinenn F. G. nit muglich auß der bewilligten sechßzehenden pfennigsteur sollich schuldenn alle abzuleggenn, Dieweil das der Landtschafft bewust, das in denn vorigenn bewilligten steuwern S. F. G. allerley Inpaß geschehen, vile dovon befreieth wurdenn, auch die Insambler darauß allerley Kosten alß pferde, Kleidung unnd dergleichenn unzimbliche zerung uff S. F. G. getrungenn, also das S. F. G. vonn sollichenn schatzungenn ein geringer theil zukohmenn; Unnd wollen derhalbenn S. F. G. sich versehenn unnd gnediglich begert habenn, Gemeine glidmassen werden S. F. G. uber Ir vermugen nicht bedrengenn sonnder in sollichenn Irenn hohen anliegenn, auch der gemeinen Landschaft furstehenden beswerung rathenn und helffen.

[9.] Belangenn denn Neunden Articell, wissenn Ir F. G. einicher den Clostern in Irer freyenn election zugewendter verhindernuß sich nit zuerInnern, sein auch sollicher des Closters zue Himmelpforten berumbter gerechtigkeith unangesehenn Sein F. G. decretum electionis vonn Ihne erforderrn lassen, noch biß anhero nit bericht. Eß kann aber daß widerspill, das S. F. G. unnd derselben Predecessorenn uber XX, XXX, XL, L, hundert jarenn und leng, dann sich menschenn denckenn, erstreckenn mugenn, ermelten Junffernn keiner freienn Wahl ann sollicher Probstey gestendig, sonder diselb Ires gutbedunckens zuverlehnenn gehabt, auch zu etzlichenn mahlenn dahin Weltliche Personennn, ohne Imandts Inredt verordent, Aber wie dem, so sein Ir F. G. deß gnedigsten erbietens, Waß oftermelt closter ann sollicher freyen Election Inn Recht (:das S. F. G. zur Jegen beweisunge sich hiemit auch wil furbehaltenn:) zubecrefftigenn verhoffen, Das sol S. F. G. nit zugegenn, sonder wollenn sie deßgleichenn geniessen lassen.

[10.] Uff den zehendenn Articell sagen S. F. G., das die Inn dem closter gutern Sanct Georgens mith Rath unnd vorwissenn gemeiner Landtschaft, die ordnung angerichtet, die Ires versehens zu erbauwung unnd versehung der erfallenn kirchenn gebew, unnd der Jerlichenn Renthenn dem Closter notturftig, derrn auch die Landtschaft Ires verhoffens gudt benugenn tragenn werdenn.

[11.–14.] Weß S. F. G. in dem XI, XII, XIII, XIIII Articell dem Thumbcapittell auch andern sonder personen, nach Inhalt vorigenn Recess unnd verwegenn zuleistenn oder zugeben, nachstenndig, das dann durch verseumnuß der Irenn mag ein zeithero zuruck gestelt, So sein Ir. F. G. derselben Artickel sampt unnd sonder nochmals geburliche folge zuthun erburtig.

[15./16.] Wissen sich aber nicht zuerinnern, das sie oder die Ihren wider denn XV oder XVI Artickel einiche neuwerung furgenohmenn, So ferne sie aber derenn bericht werden, sollen dieselbenn abgeschaffth unnd hinfurter verpleiben.

[17.] Unnd dann uff denn XVII posten zuanthwurtenn Anfahendt, deßgleichenn wie dem selbenn sey Iren F. G. nit kundtbar, Das Imandts uber Rechtmessige erkanthnuß weß genohmenn, So aber einicher dawieder deß seinem verweligt, muge sich der beswerter namhafft machen, Unnd die entpfrembte guther lauter anzeigenn unnd specificirenn, soll Im Rechtens nicht geweigert werden.

[18.] Gleichfalls begern Ir F. G. auch uff nachfolgendenn XVIII Artickel der von Bremenn underschiedtlichenn bericht, an waß orthenn sie wieder altherkommen unnd gebrauch ann Seiner F. G. zollen vernachtheileth, sol Ihnenn gewandelt und bey alter freiheit gelassen werdenn. Wollen sich auch dagegenn zu denn vonn Bremenn versehenn, die werdenn Irenn F. G. wiederumb denn Otterßberg unnd das geschutze ohn weiter verzug folgenn lassen.

[19.] Uff denn XIX Articul lassen S. F. G. die Landtschaft berichtenn, das die Achim Penzenn schuldenn zubenehmung seiner Borgenn, und verhuetung weithers schadens mith Tonnies vonn Monnichaußenn verwechselt, unnd demselbenn dafur neuwe verwahrung gethann habenn.

[20.] Weß aber besließlich denn XX Artickel berureth, S. F. G. darin angezogenen fridtbruchs zum hertisten beswerth, habenn auch die Kauffleuth, ann sich bescheidenn, aller gelegenheit zuerkunden, mith gnedigstem erbieten mith allem Ernst denn thattern nachzutrachtenn unnd uff der Kaufleuth antzeig zwenn S. F. G. underthan lange zeit fenglich angefahrenn, Woltenn auch noch wann ainige antzeigung, da sich die hatter verhielten, verhandenn, die versehung furnehmen, Das sie in geburlich straffe genohmen werden sollten, hett sich aber nit versehehn [sic] die gemeine Landtschaft S. F. G. mith dießeme Antzeig alß ob der mangel der strassen unvehligkeith bey denselben stunde, verschonet hetten, dan sie sich selbst zuberichtenn, das die vom Adell mith iren Roßdiensten nit gefort, darzu auch die Prelaten des Thumbcapittels nach der Kirchenn althergebrachtenn loblichem gebrauch in die XXIIII geruster pferde der menn sich Inn sollichenn fellen zu der strassenn sicherheit gebrauchenn mochte, underhalten sollten, Also das Ir F. G. in diesenn sweren zeitenn nit muglich von sich selbst alleine ohne der andern zuthundt alle ordt der Landschaft durch die Ire verwaren zulassen.

Und uber diß alleß sey Jhe Landtkundig unnd menniglichen bewust, welcher gestalt Ficke vom Berge ganz frevelig fridtbruchiger weise uff S. F. G. freyer strassen etzliche Kauffleuth unnd Borger zu Stadenn feindtlich angerendt, denn furmann erschiessenn lassenn, unnd sein dieselbenn thetter dertzeit in abwesen S. F. G. nith allein unverfolgt bliebenn, sonder habe auch Tomaß von der Dekenn nach sollichem begangnen fridebruch unnd mordt sich der fridebrecher des Heiligen Reichs ordnung unnd Landfriedenn zuwider angenohmen, durch die seiner vergleichenn unnd wegbringenn lassen, dardurch sich der strefflichenn handlung theilhaftig gemacht.

Damit nun S. F. G. wieder solche friedebrecher unnd derselbenn undersleuffer nit mehr oder weiniger thue oder vornehme, Dan was denselben Iren Furstlichenn Ambt unnd dem Rechtenn nach geburenn wil, thun oder vernehmen, Begern S. F. G. darin gemeiner glidtmassen Rath und bedenckenn, Dan S. F. G. nit anders geneigt, dan gemeinen fridt, Recht unnd guthe pollicei zu handthabenn, Unnd deß Landes frommen unnd gedey Ires hogsten vermugendes zubefordern, auch diesem unnd denn vorigenn verwegenn zum getreulichsten nachzukommen, Deß S. F. G. bey Iren furstlichen wurdenn, wahrenn worten, truwe unnd glaubenn sich also verplichtenn unnd vestigtlich zuhalten gemeindt sein etc.
(StA Stade, Rep. 5b, F. 91, nr. 7, fol. 313r–317r).

1 *Die Datierung ergibt sich dem inhaltlichen Zusammenhang mit nr. A.132.*

134
Landtag 1554 Mai 1, Stade

Schatzbewilligung

Die Bremischen Landstände bewilligen einen fünften 16.-Pfennig-Schatz, dessen Erträge insbesondere dem Herzog Heinrich (d. J. von Braunschweig-Lüneburg-Wolfenbüttel) für genannte Zwecke zukommen sollen.

Auszug: StA Stade, Rep. 5b, F. 102, nr. 20, fol. 7v (Exzerpt, 16. Jh.; Überschrift: Noch van Schattinge ym Styffte Bremen van den Ledematen thogelaten; ohne Angabe zur Vorlage).
Literatur: Schleif, Regierung, S. 62. – Blanken, Basdahl, S. 75.

Anno domini 1554.

De voffte Sosteinde pennynch Schath is bynnen Stade in principio mensis maii thogelaten, Do Hertoge Hinrick der Frankisschen eynyges vorwarten knechte, ynn dem Stychte Bremen und sunderly[ken] ym Olden Lande Lyggen gehadt hefft, van der Schattynge scholde Hertoch Hinrick, alle syner sproke, de he tho Unsen G^n Heren und deme Styffte Bremen, ok thom huse Langwedell gehadt, affgelecht werden, Dorr vor Unße G^n Heren ªHertogen Hinrickeª XVI^m daler thogesecht und gegeven hefft, Und is Dorr jegen den Hertogen Quitans up alle ansprake gegen dath Styffte aver antwordeth.

(StA Stade, Rep. 5b, F. 102, nr. 20, fol. 7v)

a–a *in der Vorlage von gleicher Hand in blasserer Tinte am Rand nachgetragen.*

135

Landtag 1554 Mai 22, (Bremer-) Vörde

Landtagsabschied (‚Vörder Rezeß')

Die Bremischen Landstände bewilligen (1.) dem Erzbischof Christoph einen 16.-Pfennig-Schatz, dessen Erträge für die Türkenhilfe, sonstige Verpflichtungen gegenüber dem Reich sowie zur Schuldentilgung verwendet werden sollen; (2.) fordern die Landstände die Beendigung der anhängigen Reichskammergerichtsprozesse; (3.) vereinbaren sie mit dem Erzbischof zur Beilegung strittiger Fragen die Einsetzung eines aus acht Personen bestehenden Schiedsgerichts, wobei der Erzbischof und die Landstände je vier Personen entsenden sollen; (4.) erklärt der Erzbischof sich bereit, die Erhebung des angeführten 16.-Pfennig-Schatzes in der bisher üblichen Weise durchzuführen; (5.) erklären die Landstände, gegen jeden vorzugehen, der Feinde des Kaisers und der Reichsstände und speziell Herzog Heinrich den Jüngeren von Braunschweig-Lüneburg(-Wolfenbüttel) in irgend einer Weise unterstützt; (6.) kommen Erzbischof und Landstände darin überein, daß Zuwiderhandlungen gegen diese Bestimmungen nur den jeweiligen Tätern, nicht aber den gesamten Landständen zugerechnet werden sollen.

Ausschreiben: –
Protokoll: –
Abschied: StA Stade, Rep. 5b, F. 91, nr. 7, fol. 301r–305v (Abschrift 16. Jh.). – Ebd., F. 92, nr. 15, fol. 69r–73r; Abschrift 2. H. 16. Jh.; Or.-Foliierung 16. Jh.: fol. 65r–69r). – StA Bremen, 2-Z.2.a (Abschrift um 1600). – AR Stade, Hs. 9, fol. 136r–141r (Abschrift 1. H. 17. Jh.). – StA Stade, Dep. 10, Hs. 7, S. 113–119 (Abschrift, 17. Jh.). – GWLB Hann., MS XXIII 1097, S. 124–140 (Abschrift, 17. Jh.). – StA Stade, Rep. 27, L 3297, fol. 165r (Auszug, 1593–1601). Druck: Cassel, Bremensia 2, S. 408–416, nr. 19 (nach einer vom Notar Gerhard Trekel beglaubigten Kopie einer Or.-Ausf.). – Decken, Familie, 4. Abth. (Urkunden), S. 31–33 (nach einer vom Notar Gerhard Trekel beglaubigten Kopie einer Or.-Ausf.).
Weitere Quellen zu diesem Landtag: HStA Hann., Celle Br. 10, nr. 24 (Akten d. Wrisbergschen Prozesses, Zeugenverhör, Zeuge 3). – Von Erzbischof Christoph und Erasmus Ebner, Kriegscommissarius in Franken, vermittelter Vergleich in dem vor dem Reichskammergericht anhängigen Streitfall zwischen Herzog Heinrich dem Jüngeren von Braunschweig-Lüneburg (-Wolfenbüttel) und der Stadt Bremen, ausgestellt (Bremer-) Vörde 1554 Mai 4; Druck: Cassel, Bremensia 2, S. 416–422, nr. 20 (ohne Angaben zur Vorlage).
Literatur: Krause, Beiträge, S. 90. – Osten/Wiebalck, Wursten, S. 157.

Kundt und zu wissen sei allermenniglich, daß sich der Hochwurdigst, Durchleuchtig, Hochgeporner Furst und Herr, Herr Christoffer, Ertzbischoff zu Bremen, Administrator des Stiffts Verden, Hertzog zu Braunschweig und Lüneburch, Mein Gnedigster Herr mit seiner F. G. Thumbcapitell, auch Prålaten, Ritterschafft, Stedten und gemeinen Stenden angeregten Ertzstiffts Bremen auß nachfolgenden unterscheidtlichen Uhrsachen, einer durch auffgehenden Landsteur und Schatzung durch das gantze Ertzstifft Bremen, und desselbigen zu- und angehörigen Marsch- und Geistlande nichts davon auff zu bescheiden auf nachfolgende maess, mittell und Condition beredet, vereiniget und gentzlich verglichen, Alss fürnemblich darumb:

[1.] Nachdeme S. F. G. geliebter Bruder, der auch Durchleuchtig, Hochgeborner Furst und Herr, Herr Henrich der Junge, Hertzogh zu Braunschweigh und Lůneburg, mein Gnediger Herr etlich Irrungh und Aussprach halben mit der Landschafft und Stenden gemeltts Stichts Bremen in Furderung gestanden, die auch dahin und also weit geraten, daß S. F. G. solche Aussprache mit Kriegs- und gewerter Handt zu verrichten sich unternommen, daß dan noch zu Verhůtung allerley Unrath, Weiterungh und Verderb, so der Krieg auff sich hat und bringett, obbemelte Landschafft und Stende des Ertzstiffts Bremen Hochernenten ihren gnedigsten Landtsfursten und Herren, den Ertzbischoffen mit bittlichen Ansuchen, dahin bewegt und vermogt haben, Dass S. F. G. Deroselben Bruders angestellete Furderung und Kriegs-Beschwerung mit einer namhaften Summen Geldes alss S. F. G. am treglichsten zu erhalten, abzufinden, und alle Spruche Hertzogen Heinrichs, deren S. F. G. sich gegen die Bremische Landschafft in was seine die fůrgenommen, angemasset, abzuschaffen, und davon bei Hertzog Henrich genugsamb Renuntiation, und Quitung, auß zu brengen, und die dem Thumbcapitell zu Behueff gemeiner Landschafft, vor Einnehmung des Sechszehenden Pfennigs, den die Landschafft dargegen, und zu Verdichtung dessen allen außbewilliget, zuzustellen, an sich genommen, und ist also darentgegen, und zu Verrichtung dessen allen und Befriedigung Hertzog Henrichen, auch sonsten zu Ablegung etzlicher S. F. G. selbst Schulden, Beschwerung, und Furstlichen Unterhaltungh eine gemeine Landtschatzung, wie oben gemeldet, nemlich der sechszehende Pfennig, über alle Eingesessene des Ertzstiffts in Geist- und Marschlanden, nichts außbescheiden, welcher zum furderlichst beschrieben, und daraus zum halben theill dieses itzigen 54 Jares, zwischen Michaelis und Weinhachten[1] eingebragtt, und der ander halber deill zwischen Michaelis und Weinhachten über ein Jhar negst folgendt[2], aufkommen, und ohne Verzug oder Weigerungh, zu Abschaffungh S. F. G. Bruders Hertzog Heinrichen Furderunge und Ansprache, so viel S. F. G. davon in der Gutte nicht abhandlen konte, zu voller Gnůge zugestellet und gefolget werden soll. Wes sich aber über den sechszehenden Pfennig erleuffen, und davon einkommen wirdt, dasselbige soll und will Hochermelter Furst der Ertzbischoff zu Einlösung S. F. G. und des Stiffts verpfendeten Heusser und Gutter, und sonst Ihr F. Gn. Underhaltung und Notturfft anlegen und gebrauchen.

[2.] Nachdem aber Hochermelter Ertzbischoff von dem Kays. Fiscal, umb etliche nachstehende Reichs Anlagen von den Vorrath Bauwgelt, den gemeinen Pfenning und anders belangent, so von wegen wegen des Ertzstiffts Bremen noch nicht erlecht, am Kayserl. Cammer Gericht fast hefftig angefochten, und bei der Landschafft, damit dieselbige Beschwerunge auch abgeschaffet werden mochte, durch S. F. G. itzo angefurdertt, so hat gemeine Landschafft für gut angesehen, und ist darauff I. F. G. verwilliget, das umb Einstellung derselben angefangener und schwebender Process, mit Erzehlung des Ertzstiffts erlittener Schäden, und der Armen Eingesessenen des Stiffts daraus erfolgten Unvermugens bei dem Cammer Gericht, auch umb Nachlass alter bei dem Ertzstiffte Bremen nachstehender Reichs anlagen, bei der Röm. Keys. und Königl. Majtt. Unseren Allergnedigsten Herrn, und den gemeinen Stenden des heiligen Reichs, alle fleissige Anfůrderung geschehen soll, die weilln man der Zuversicht, es wurde sollich Ansuchen und Bitte der Ortter statt finden, und Frucht schaffen, da aber dasselbige gantz oder zu teile über Zuversicht, unfruchtbar abgehen solte, auf den Fall, hat sich gemeine Landschafft alles das jenig ihnen zu Ablegung sollicher Beschwerungh gebüren wil, und obligt, zu thun erbotten, und dieweil über obangerechte Beschwerung, die gemeinen Gliedtmassen des Stiffts auch in etzliche Schulden von wegen gemeines Stiffts gerathen, So haben S. F. G. der Landschafft zu gnaden verwilligt, und eingeräumet, dass zu Ablegung solcher Schulden der Nachstandt des sechszehenden Pfenniges, den die Landschafft hiebevor unter sich bewilliget, und zum mehrern theil eingenommen, zum furderlichsten eingesamblet, und gebraucht werden soll. Und im Fall derselbige Nachstandt zu Ablegung sollicher der Landschafft Schulden nicht genugsam sein wurden, S. F. G. auch die Reichsanlagen, als obstehet, nicht abhandlen, und abbitten konte, das als dan die Landschafft auff Mittel und Wege, dardurch sollliche ihre Schulden bezahlet, und die Reichsanlagen, so von wegen des Ertzstiffts noch unentrichtet, und doch bezalet werden müssen, furderlichst abegelegt, gedencken und die an- und fürnehmen mügen, welche S. F. G. sich auch gnediglichen gefallen lassen, und wess in deme von gemeiner Landschafft kunfftiglich verordennet, itzt alssdan, und dan alss idtzo bewilliget haben wollen.

[3.] Nachdem dan auch zwischen S. F. G. und Deroselben Thumbcapittel und Landschafft des Ertzstiffts Bremen sampt und sunderlich etzliche Gebrechen und Irrungen sich erhaltenn, So haben sich beide Parten zu fuderlichen guttlichen Austrage deroselben auf acht guttliche Handeler und Scheidesleute, deren S. F. G. viere ihre Gefallens, auch ein Erw. Thumbcapittel und Landschafft Vier nach ihrem Willen erkiesen mügen, mechtiglichen verstellet, und ob dieselbigen acht Personen sich eines Scheidespruchs in Gutte oder Rechte nicht vereinigen kondten, Alssdan soll denselbigen auff beider Part, als der Principalen Bewilligung, ein Obmen *[sic]* zugeordnet, was dan die acht erkorne Scheides Leutte, oder im Fall sie der Urtheil zweispeltig, der Obman erkennen wurde, Darbey soll und will es Hochermelter Furst auch Capittull und Landschafft ohne einige weiter Appellation oder Reduction, deren sich beide Parten hiemit in bester Form der Rechten willliglich verziehen, und begeben haben, bleiben lassen, und da wieder in keinerley Weise und Wege ichtes wes attentiren noch fürnehmen, damit zwischen S. F. G. Deroselben Capittell und Landschafft aller gnediger Wille und Einigkeitt zu des Landes Frommen, Gedey und Wolfardt gefurdertt werde, Und soll sollicher guttlich und rechtliche Spruch und Handelung zwischen dato und Michaelis erstfolgendes[3] ihre geburende Endschafft nehmen, und ausgesprochen, auch keines weges ferner hingestellet, oder auffgehoben werden, auch in mitteler Weile kein Theil von dem anderen verungnadet, verkurzt, Aber ein jeder bey seinem Hoch-, Frey- und Gerechtigkeiten gelassen werden.

[4.] Darzu haben auch S. F. G. nachgegeben und bewilligt, dass des Stiffts Gleidtmassen zu Beschreibung des Landschatzes, die ihren nach eines jeden Orts Gelegenheit verordenen, und die Leutte über ihr Vermugen nicht angeschrieben, noch, so nicht schatzpflichtig, an Ihrer Freiheitt verkürtzet, auch die Register nach gesambleten Landtschatz, wie das von Alters hero gebrauchlich, dem Thumbcapittell zugestellet werden sollen.

[5.] Dieweil Hochermelter Ertzbischoff gegen S. F. G. geliebten Herrn Bruders Hertzog Heinrichs, alss Kays. Kriegß Commissarien sich wegen S. F. G. und derselben Ertz- und Stiffts-Gliedtmassen, und gemeiner Stende verpflichten und verschreiben müssen, aller höchst gemelter Röm. Kays. und Königl. Maytt. und allen des Reichs gehorsamen Churfursten, Fursten und Stenden, und sonderlich Seinen Hertzogen Heinrichs F. G. zu widder, und entgegen nicht zu thuen oder zu handeln noch jemandts einigen Furschub, Hulff und Furderung zu erzeigen, und zu keinen verbottenen Garden und Versamblungen heimblichen oder offentlich zu helffen, aber dieselbigen vielmehr so viel bei S. F. G. und Deroselben Stiffter Stenden zu verhindern, und zu vorkommen, Insonderheit auch Hertogen Henrichs widderwertige, so sich an ordentlichen Rechten nicht settigen und begnügen lassen wolten, aber thädtlicher Handlung unterstehen wurden, bei sich wissentlich nicht zu leiden, unterzuschlieffen, zu haussen, noch zu herbergen, daß derwegen gemeine Stende und Gliedemassen des Ertzstiffts Bremen alle demjenigen, was Hochermelter Ertzbischoff sich von ihrer der Stende wegen alß verpflichtet, und verschrieben, welches dan ohne das des heiligen Reichs Ordenungen, Landtfrieden und Abscheiden gleichmessig, ihnen ihres Theils alß den gehorsamen des Heiligen Reichs Underthanen von rechtes wegen gebüret, getreulich nachkommen, und in dem bei sich keinen Mangell erscheinen lassen wollen.

[6.] Wo aber jemandt auß den Stenden des Ertzstiffts sich in deme also nicht verhalten und dargegen handlen wurde, daß der oder dieselbigen derhalben ihres eignen Ebenteurs und Straffe gewärtig sein, und die gemeine Landschafft derwegen nicht besprochen werden möge, und so diese Handtlung, und aufgerichte der Abscheides Brieff den vorigen zwischen S. F. G. und den gemeinen Stenden versiegelten verbrieffen Uhrkunden unschedlich sein und bleiben.

Und damit diesem allem vom Hochermelten Fürsten dem Ertzbischoffe, auch den gemeinen Stenden und Gliedemassen des Ertzstiffts Folge geschehen und nachgelebet werden müge, und solle, So ist von S. F. G. und gemeinen Stenden bewilliget, daß dieser Brieffe zween von Wortt zu Wortt gleich lautendt auffgerichtet, von S. F. G. unterschrieben, und mit derselbigen Furstlichen, darzu des Thumbcapittuls und Rahts zu Bremen, Stade und Buxtehude gewonlichen Secreten und Siegeln, auch des Erzabten zu Herssefelde,[4] Abten zu Unser Lieben Frauen binnen Stade,[5] Probsteienn zu Osterholtz und Newencloster von wegen der Prälaten, und dan von wegen der Ritterschafft Lüder Bickern, Segebaden von der Huden, Burgkharten Clüvers, Thomassen von der Decken, Segebaden Marschalck, Moritzen von Indorf *[sic]*, Johan von Duringen, Detlevff Schultten, Wilkenn von Schönebecke, Herman vom Horne deß Eltern, Clauß Kuhlen und Joachim Korffs gewonlichen und angebornen Pittschafften bevestigt, deren eins S. F. G., der ander dem Thumbcapittel zu Bremen zu Behueff gemeiner Landschaft zugestellet werden soll.

Welches geschehen und gegeben zu Vorde, Dinstage nach Trinitatis, nach Christi unsers Herrn Geburdt im Funfzehenhunderdstenn und Vier und funftzigsten Jharen.

Christopherus m[anu] p[ro]pria.

(Cassel, Bremensia 2, S. 408–416, nr. 19 = Decken, Familie, 4. Abth. (Urkunden), S. 31–33).

1 *1554 September 29–Dezember 25.* 2 *1555 September 29–Dezember 25.* 3 *1554 Mai 22–September 29.* 4 *Christoph Bicker, Erzabt von Harsefeld 1548–1575 (Schulze, Harsefeld, S. 39f.).* 5 *Johann Bruns, Abt des Klosters St. Marien in Stade 1549–1568 (Schulze, St. Marien, S. 479).*

136

Landtag (?) 1554 August 1, (Bremer-) Vörde

Erzbischöflicher Abschied/Zusage (Cautio)

Erzbischof Christoph von Bremen beurkundet den mit Hilfe (ungenannter) Schiedsrichter vereinbarten Abschied zur Beilegung strittiger Punkte zwischen ihm und den Landständen des Erzstifts Bremen: (1.) Beteiligung von Domkapitel und Landständen bei der Wiedererlangung genannter entfremdeter Güter und Rechte durch benachbarte Fürsten; (2.) Reichskammergericht betreffend Delmenhorst; (3.) Abschaffung der durch Not erzwungenen, bei den erzbischöflichen Burgen und Güter vorgenommenen Veränderungen (wohl hinsichtlich Diensten und Abgaben); (4.) Eidleistung der erzbischöflichen Kanzler, Vögte, Rentmeister und Amtleute gegenüber dem Domkapitel; (5.) Wiedereinführung und Verbesserung der Gerichtsordung; (6.) Aufhebung des Verbots des Verkaufs von Korn und Vieh bei Vorbehalt eines erzbischöflichen Vorkaufsrechts; (7.) Wiedereinsetzung der Tagsatzungen zur Regelung privatrechtlicher Prozesse des Adels und anderer hochstehender Personen, gemäß den Bestimmungen des Buxtehuder Resesses von 1525;[1] (8.) Bestätigung des freien Wahlrechts der Klöster (bei der Wahl ihrer Dignitäre); (9.) Garantie der Bestätigung rechtmäßig gewählter Prälaten durch den Erzbischof; (10.) Gültigkei der alten Verträge und Rezesse bezüglich des Klosters St. Georg in Stade; (11.) Abschaffung der in den vorangegangenen Kriegszeiten entgegen altem Herkommen unrechtmäßig erhobenen Zölle; (12.) Sicherung der Straßen gegen Straßenraub und Landfriedensbruch; (13.) Übernahme der Kosten ausgeschriebener Heerzüge und sonstiger Dienste der Landstände durch den Erzbischof.

Ausschreiben: –
Protokoll: –
Abschied: StA Stade, Rep. 5b, F. 91, nr. 7, fol. 307r–309v (Abschrift 16. Jh.). – LA Schleswig, Abt. 7, nr. 1133, fol. 21r–25r (Abschrift Ende 16. Jh.). – StA Stade, Rep. 5b, F. 128, nr. 15a, fol. 34r–37r (Abschrift; 1. H. 17. Jh.). – StA Bremen, 2-Z.2.a (Abschrift um 1600). – Ebd., 2-Z.2.b.1 (Abschrift um 1600). – Ebd., 2-Z.2.b.2, S. 197–210 (Abschrift um 1600). – Ebd., 2-Z.2.b.3 (Abschrift um 1600). – Ebd., 2-Z.2.b.6 (Abschrift um 1600). – HB DoG Verden, Stettswährende Receße, fol.

87–96 (Abschrift 17. Jh.). – AR Stade, Hs. 9, fol. 141r–148v (Abschrift 1. H. 17. Jh.). – StA Stade, Dep. 10, Hs. 7, S. 88–99 (Abschrift 1. H. 17). – StA Bremen, 2-Z.2.b.5, S. 210–220 (Abschrift Mitte 17. Jh.). – GWLB Hann., MS XXIII 1124, S. 121–133 (Abschrift 17. Jh.). – Ebd., MS XXIII 1125, fol. 57r–61v (Abschrift 17. Jh.). Druck: Cassel, Bremensia 2, S. 398–407, nr. 18 (wohl nach einer Or.-Ausf.).
Weitere zu dieser Urkunde gehörige Quellen: –
Literatur: Schleif, Regierung, S. 49.

Wir Christoffer von Gotts gnaden Ertzebischoff zu Bremen, Administrator des Stiffts Verden, Hertzogh zu Brunschweig und Luneburgh etc., Bekennen und thun kunth hiemit offentlich fur uns und unsere nachkomen an dem Ertzstifft Bremen gegen allermenniglich, Das nachdeme und in diesen unrugigen und geschwinden zeiten und krigsemporungen etlich zeit hir allerlei mißverstant, Irthumbe und widerwille zwischen uns, unserem ThumbCapitel und gemeinen glitmaßen und Stenden obgemelts unsers Ertzstiffts zweispaltig geswebt, Darauß dan zubesorgen, Das verderb, schaden und nachtheil beiden parteyenn und dem Ertzstifft sich ereugen, erwachsen mogten, wie dieselben auch clerlich fur augen und zu befinden gewesenn, wir durch etlich beiderseits dazu erwelte und gekorne scheitsleutte in der gute gentzlichen von einander gesetzt, vertragen und verglichen sein wurden, in maßen und gestalt, wie hir nach folgt, Nemlich:

[1.] Nachdem wir in vorigen Receß unserm ThumbCapitel und gemeinen Stenden zugesagt, das wir mit ernstlichen fleiß verschaffen, dorob und daran sein wolten, damit in den thatlichen uberfahrungen, so dem Ertzstifft an vielen, und sonderlich an des Siffts holzern, guteren, Renten, Zinsen, Zehenden, diensten und sonst allerlei gerechtigheiten im lande Luneborgh van den heusern Harborg und Museborgk, Auch in Irrungen, turbation und verhindrungen, so von denen von Hamborg an der freiheit des Elbstromes, gemeinen einwohnern vielgedachts Ertzstiffts werden zugefuget, Dergleichen auch durch die Graffen von der Hoien in dem Ampte Tedinghaußen und dan in den Munsterschen sachen, von wegen der Stad Wildeshaußen und derselben gerechtigkeiten, und ferner von wegen des haußes Delmenhorst und deßelben zubehorung, verhorstage zu abhelffung solcher gebrechen, ernent, außgeschrieben und angesetzet mogtenn werden, Und wir aber durch obangezeigte kriegsleuffte und ander gefehrlicheit, auch obligende geschefft verhindert, solchs in das werck zu stellen, So sollen und wollen wir hinfuran, mit Rat, hulff und beistant obgemelter unser ThumCapittel und landschafft mit dem furderlichsten, so imer muglich die versehung thun, damit in solchen angeregten gebrechen tage angesetzet, dieselben verhort, und wz von des Ertzstiffts gutern unbilligen eingezogen, einigem Stande vorenthalten, oder worin jemants der Glitmaßen beswert, wiederumb Recuperirt, gefolget, zugestelt und abgeschaffet mogen werden.

[2.] Wir wollen auch also bald in der strittigen sachen, so van wegen des hauses Delmenhorst an dem Keiserlichen Camergericht anhengig, neben unserm Capittel einem oder mehr procuratorn oder procuratores constituirn, die solche sachen von unsernthwegen und in unserm namen, neben vielgedachtem unserm Capittel, außfuhre und zum ende prosequiren solle.

[3.] Dieweil wir auch in diesen geschwinden leufften vor und nach der zeiten, alß wir von unsern Stifften gedrungen, in unseren hohesten notten und anliegen, und durch andere unuberwintliche zugefugte schaden gedrungen, ethwan verenderung In des Stiffts heusern und gutern zu machen, So sollen und wollen wir doch mit allem fleiß und so viel muglich verschaffen, das solche verenderung wiederumb in Iren alten stand gebracht, und damit vermuge der Receß gehandelt werden.

[4.] Weither auch, nach dem nicht sonder merklich ursach verbleiben, das droste, Cantzler, Rentmeister, Vogte, und andre Ampten unßes Ertzstiffts Bremen, unserme ThumbCapittel daselbst, nicht gebuhrliche und gewonliche Eid und pflicht, und die Rentmeister jarlichs in beisein obgemelts des ThumbCapittels verordenten Rechenschafft gethan, wie billigen bescheen sein sollte, und dieser zeit allerley furgefallen Beschwerung halben, also stracks nit hat erfolgen konden, So sollen und wollen wir doch mit dem ersten und furderlichsten darob und an sein, das gemelte Ampten mit solchen gewonhlichen Eiden vermuge der alten Receß, sich gedachtem unserm ThumbCapittel verpflicht und verwant machen, und der Renthmeister im beisein obgemelter des ThumbCapittels verordenten alle jar rechenschafft zulegen und fertig machen.

[5.] Und auch auß obbemelten Kriegsemporungen, Zweitrachten, Widerwille, uneinigkeiten und andern erheblichen ursachen hergefloßen, das die ordentlichen gerichts- und landtagen nicht gehalten, So soll hinfuran mit fleiß versehung gethan werden, das dieselben nit vorbey gangen, sondern zu bestimpten zeiten, vermuge der Receß, außgeschrieben, verfolgt, auch die gefaßt Richtsordnung nach Rat gemeiner landschafft verbeßert und Renovirt mog werden.

[6.] Und als wir etzliche mallen, auff etz[licher]^a unser Ertzstiffts Stenden Begern und ansuchen, den korn- und vihekauff verbotten, und das keiner andren ursach, den damit die proviant auß dem Ertzstifft mit merklichem derselben einwohnern schaden und nachteil nit verkaufft noch verfurt werde, Und aber nachmals wir berichtet worden, das solchs andrer gestalt verstanden, und durch etzliche unser meinung gentzlich mißbraucht worden, So soll hinfuran solcher kauff menniglichen in unserm Ertzstifft erlaubt und niemals verbotten werden, Jedoch soll uns der vorkauff an solchem vihe und korn zu behuff unser nottrufft jeder zeit vorbehalten bleiben.

[7.] Item dieweil auch auß obangezogener zwietracht die gewohnlichen tagesatzungen, so in zwistigen sachen zwischen denen von Adel und andren anschulichen parteien pflegten angesetzt und dan die streittigen sachen entscheidenn und verglichen werden, ein zeitlanch nicht gehalten und nachgeplieben sein, darauß den allerlei unrichtigkeit erfolget, so soll zuverhuung derselben und aller ander weitleuffigkeit, in denselben hinfuran solcher fleiß furgewant und vermuge des Buchstehudischen Receß, so anno 25 aufgericht,[1] fortgefahren, das bey uns kein mangell soll gespurt oder befunden werden.

[8.] Wiewoll auch durch gemeine Stende unsers Ertzstiffts angeregt worden, das wir unsers Ertzstiffts Clostern in Irer walh in sperrung gethan und sie daran verhindert, den prelaten und andren in Ire Jurisdiction gefalen sein und darein turbirt, Item die Closter mit ungewohnlichen und beschwerlichen ablegern, wieder den Receß Anno 49 verfast,[2] beschwert sollen haben, So wißen wir uns doch nicht zuerinnern, das wir einig Closter in seiner Electio beeintrechticht oder einig Prelaten oder andre in seiner Jurisdiction turbirt, vielweniger einigen Closter mit ungezimlich ableger beschwert gewesen. Und soll dasselbig hinfuran auch furstlichen und gnedigsten gemeßiget werden.

[9.] Wir sollen und wollen auch hinfuran die Prelaten und Probste, so rite et canonice eligirt und zu solchem Ampt digni, idonei, habiles und genugsam befunden, bei solcher Electio, so viel sie des berechtigt gepührlich pleiben laßen und darauff nit gebührlicher und gewohnlicher Confirmation, auff der eligenten und des electi pittlich und rechtmeßig ansuchen, Jegen gewohnliche beeidete schrifftliche Juramenta, gnediglichen Confirmiren, Und die dan durch uns also rite und legitime Confirmirt, solcher prælaturn und probstei de facto nit destituirn, Wir haben dan denselben oder dieselben, so wir zu beschuldigen furhaben, zuvorn vor unsern gemeinen Stenden beklagt und alß dan da ursachen destitutionis verhanden, mit unses ThumbCapittels und gemeiner Stende furwißen und wie Recht furgenomen, Damit allerlei beschwerliche, schedliche und nachteillige proceß, die sonst am hoff zu Rom und ann dem Keyserlichen Camergericht erfolgen mogten, vermitten pleiben.

[10.] Da auch mit unserm Closter S. Jürgen in Staden den auffgerichten vertrechten und Receß durchauß nit gewiß gelept wer worden, und solchs auß nottdringenden und erheblichen ursachen verbleiben, Ist unser gnedig zuversicht, werde denselben unnd nicht uns zugemeßen werden. Wir sollen und wollen aber hinfuran mit fleiß darann sein, das in demselben allen die Receß nit sollen uberschritten, sondern denselben gemeß gehandelt werden.

[11.] Item in dem auch von obgemelten Stenden furgewendet, alß sollen der von Bremen guter an etlichen unsers Ertzstiffts ortern mit zollen wieder derselben altherkomen und freiheit beschwert sein, wißen wir uns deßelben nit zuberichten; Da es aber in kriegsleufften oder andren unruhigen zeitten beschehen, hette das sein bescheit. Es sollen aber hinfuran unser unterthanen die von Bremen mit Iren gutern bei alten gewonheiden, frey- und gerechtigkeiden ungehindert gelaßen und dawieder mit nichten beschwert werden, Jedoch das in dem kein gefahr gepraucht, auff den fall wir uns dan unser hoch- und gerechtigkeitten und was wir vermuge desselben befuget, furbehalten haben wollen.

[12.] Endlich nach dem uns den auch angezeigt, dz in unserm Ertzstifft newlichen etlichen gewanderten und handtierende Personen das Ire genomen und dazu jemmerlichen umb ihr leben gebracht sollten sein worden und derselben bei uns in underteinigkeit gesucht und gebetten, Das die versehung mogt furgenomen werden, dz hinfuro solchs vermitten pleiben und die straßen vhelich und sicher gehalten und von menniglich unbefahrt bewandert und durchzogen mogen werden, haben wir nit ungerners vernamen, den das sich solche schandliche und landfriedbruchige thaten in unserm Ertzstifft und land zugetragen, Und aber gemeinen unsers Ertzstiffts glitmaßen und Inwohnern offentlich bewust, das wir uns bei zeitten unser Regierung, nie hofers befließen, auch mit der that bewiesen, dan das reine straßen und dieselben ungeschent mogten erhalten werden, sie uns hirein kein nachleßigkeit zumeßen kunden, Aber wie dem allen, so sollen und wollen wir, neben gemeinen Stenden unsers Ertzstiffts, die dan so offt sie darumb sampt oder sonderlich , wie das zu Jeder zeit die nottrufft und gelegenheit erfurderen wird, ersucht, das Ire dazu zu thun, schuldig sein sollen, den thetern mit allem muglichen fleiß nachtrachten und an uns nichts erwinden laßen, damit solche unthat mit bepurlicher und erstlicher straff verfolgt, und furan solche plackerei verhutet werden und menniglich seiner Narung und handtierung nach, durch unser Ertzstifft vhelich, und hierher handlen, wandlen und paßiren muge.

[13.] Und beschließlich, da wir unser landschafft zum teil oder gar zu hertzugen oder sonst zu unser behuff erforderen und verschreiben werden, sollen und wollen wir dieselben zu jeder zeit mit nottrufftigem futter und malh versorgen, Do wir auch jemants hetten zu besprechen, der billig fur gemeiner unser landschafft furgenomen soll werden unnd sich auff dieselbe wurde beruffen, So sollen und wollen Wir denselben unerhorter sachen, vor gedachter unser landschafft nicht beschweren oder durch jemants andern beschweren laßen, Sonder uns gegen demselben vermuge dieses Receßes Jederzeit wißen gebührlich zu verhalten, Jedoch das hiedurch uns ann unsere Regalien, holten, Ubrigkeitt, erleubter gegenwehr unnd hergebrachtem geprauche, In den fellen, so sich jemants thetlicher unbefugter handel de facto understehen wurde, nicht begeben.

Und soll hiemit den vorigen Receßen nichts benomen, sonder dieselben In und bei Iren wirden gelaßen werden.

Und damit hiran niemants zweiffel tragen muge, So geloben und versprechen wir, bei unsern furstlichen wahren worten, dieß alles also furstlich und auffrichtig zu halten Darentkegen in keinerlei weiß oder weg nicht zu komen oder jemants zu thun zugestatten oder zuverhengen, auch dawieder bei außflucht Inner- oder außerhalb Geistlichs oder weltlichs Rechtens zu suchen. Wir sollen und wollen uns auch hiewieder keinerlei Recht, Freiheit, Privilegien, Exemptien, gewanheide, alte ode New erdachte oder unerdachte funde noch eynig Bapstlich oder Keiserlich Indult oder Rescript erlangt oder unerlangt, ob sie auch motu proprio und auß eigener bewegung und auß eigentlicher wißenschafft gegeben weren worden oder noch wurden, nicht mugen gebrauchen, noch einig ander Cautel Juris oder facti, oder doli mali, vis, motus oder fraudig exception und hilffrede, welchen allen wir auß guter und rechter wißenschafft offentlich hiemit renunciiren und Renunciirt wollen haben, hirwieder schutzen oder behulfflich sein, Alles getrewlich und ohne geferde. Und des zu wahrer urkunt, haben wir diesen Receß mir eigener hand underschrieben, Und unser furstlich Secret hiran wißentlich thun hengen. Gescheen zu Vorde, am tage Vincula Petri, Als man zaelt nach Christi Unsers Lieben Herrn gebuhrt, tausent, funffhundert und vier und funfftzig Jar.

Christopherus
M[anu] propria ssps.

(StA Stade, Rep. 5b, F. 91, nr. 7, fol. 307r–309v)

a *Textverlust durch abgerissene Seitenecke in der Vorlage.*
1 ‚*Buxtehuder Rezeß' von 1525 Oktober 19 (oben nr. A.57).* 2 *Daverdener Landtagsabschiede von 1549 Juni 13 (oben nr. A.116 u. A.117).*

137

Landtag, 1554 August 27, (Bremer-) Vörde

Landtagsabschied (‚Richtedag' genannt)[1]

Erzbischof Christoph von Bremen und die Bremischen Landstände legen die künftig geltenden regelmäßigen Gerichtstermine für (1.) das Hofgericht und (2.) das (Ober-)Landgericht fest.

Ausschreiben: –
Protokoll: –
Abschied: StA Bremen, 2-Z.2.b.1 (Abschrift um 1600). – Ebd., 2-Z.2.b.2, S. 189–193 (Abschrift um 1600). – Ebd., 2-Z.2.b.4, S. 97–108 (Abschrift um 1600). – AR Stade, Hs. 9, fol. 149r–151r (Abschrift 1. H. 17. Jh.; Überschrift: Richtttag *[sic]* Vorde). Druck: Pratje, Altes und Neues 4, S. 203–205, nr. Q (ohne Angaben zur Vorlage). – Cassel, Bremensia 2, S. 394–398, nr. 17 (nach einer vom Notar Christoph Hipstedt beglaubigten Abschrift; Überschrift: Erzbischof Christoffers Verordnung wegen der Gerichte, sonsten Richtedag genannt).
Weitere zu diesem Landtag gehörige Quellen: –
Literatur: Schleif, Regierung, S. 49. – Modéer, Gerichtsbarkeiten, S. 68f. – Fiedler, Bremen, S. 27.

Wir Christoffer von Gottes Gnaden Ertzbischoff zu Bremen, Administrator des Stiffts Verden, Hertzog zu Braunschwigh und Luneborch etc. empieten den Erwurdigen, Wirdigen, und Hochgelarten, Erbaren und Ersamen, Unsern Lieben Andechtigen und Getreuwen, Ern Decano, Seniori und gantzen Capittell, auch Prålaten, Ritterschafft, Stetten und gemeinen Stenden und Unterthanen Unsers Ertzstiffts, Unsere Gnade und hiemit zu wissen.

[1.] Alß auf dem jungst gehaltenen Landtage zwischen Uns und Eweren Verordneten under ander verabschedet, verlassen und beschlossen, daß zu Erhaltungh Friede und Rechttenß in demselben Unserm Ertzstifft darmit den Jennigen, so auf den Landgerichten in Unserm Ertzstifft beschwerett zu sein vermeinten, und sich von den Landgerichten an Unß beruffen wurden, Auch denen so etwa sonst ein ander mit Recht zu besprechen, ordentlich Recht mitzutheilen und also einem jederen in Unseren Ertztstiffte, was recht und billig wiederfahren muege, alle Monat vor Unserm Hause Vorde ein ordentlich Gerichte, durch Unsere und Eure des Capitelß Verordnete, auch etzliche auß der Ritterschafft gehalten, und doselbst de jennigen, so alß gemelt, auf den Landtgerichten an Unß beruffen, auch sonst alle und jede Partheyen, so einander zu besprechen haben, und vier zehen tage zuvorn umb Dilation in Unsere Cantzeley ersuchen werden, für bescheidenn, ihre Clage und Irrungen für die Handt genommen, und gudtlich, oder rechtlich entscheiden, oder aber da die Sachen dermassen befunden, daß die alda nicht entscheiden werden kondten, und vor Unser Hoffgerichte vermuege der Ordnung gehoreten, und dahin verweiset werden muchten, an dasselbige Unsere Hoffgerichte, so Wyr jederß Jahrß zweimall, das eine in Unser Stadt Bremen, Mandages nach Francisici,[2] das ander in Unser Stadt Staden, Montags nach dem Sontage Misericordias Domini, berurter Ordnungh nach, so vor Jaren derhalben auffgerichtet, und wie dieselbige eine gute Zeit hergebracht, zu halten verordnen wollen, remittirt und verwiesen, und also auf solchen Tagen menniglichen rechtliche Hilff mitgetheilet werden solle.

[2.] Und Wir dan von Anfange Unser Regierungh nicht gesehen, auch nochmals nicht lieberß gesehen wollen, dan daß allenthalben in Unserm Ertzstifte die Ordnungen gehalten, so zuforderst Godt dem Almächtigen zu Lob und Ehren, auch Erhaltungh Friedenß und Rechtenß geduren mochten; So haben Wir solchen mit Euren den gemeinen Stenden Verordneten genommenen Abscheiden zufolge verordnet, daß negst kunfftigen Montag nach Michaelis, welcher der erste des Monaths Octobris sein wirdt, und dan folgendts über ein Monath darnach abermalß und also für und für alle Monaten von dem einen zu dem anderen zu rechnen, für Unser Hause Vorde, alß obstehet, durch Unsere und Euere des Thumbcapitelß Verordnete, und etzliche aus der Ritterschafft Unsers Ertzstiffts ordentliche Gerichtstage gehalten, und dan das Hoffgerichte, in Unser Stadt Bremen, auff den itz nehest kunfftigen Montag nach Francisici auch angefangen, und die folgende tage, wie von alters gebreuchlich, continuiret, und den clagenden Partheyen, so vor Unserm Gerichte zu Vorde ihre Sachen fürnemen wolten, jedeßmalß wan sie derhalben, Vierzehen tage zuvorn, und den Jennigen so jemandtß uff Unserm Hoffgerichte zu Bremen zu besprechen, wen die derhalben Vier Wochen zuvor bey Unser Cantzley zu Voerde ansuchen werden, zu dero Behueff notturfftige Citationes decernirt und mit getheilet werden, und folgends uff den Gerichts tagen und Hoffgerichte waß Recht wiederfahren, und bejegen solle, damit nun menniglichen solcher Unser Ordnungh berichtet, undt seiner Sachen Notturfft und Gelegenheitt zu Rechte zu fordern wissen muege, So haben Wir solches Euch allen sambt und sonderlich hiemitt verkunden, publicieren und vermelden willen, und thun daß iegenwardich in Crafft disses Briefes, den Wir zu Urkunde, mit Unserm Furstlichen Auffgedrukten Secrete bevestigenn, und geben lassen zu Vorde, Mondags nach Bartholomæi Apostoli, Nach Christi Unsers Herrn Gebort Jahr der weiniger Zahl Vier und Funfzig.
(Cassel, Bremensia 2, S. , S. 394–398, nr. 17).

1 *Diese Bezeichnung ist überliefert in Cassel, Bremensia 2, S. 394, Überschrift zu nr. 17.* 2 *Montag nach dem 4. Oktober.*

138

Landtag, 1554 November 26–29, Basdahl/(Bremer-) Vörde[1]

Landtagsabschied 1554 November 29, (Bremer-) Vörde

Der Bremer Erzbischof Christoph und die Bremischen Landstände beschließen über folgende Punkte: (1.) die aus dem Land Wursten ausstehenden Gelder des 16.-Pfennig-Schatzes; (2.) Einnehmung dieses Schatzes; (3.)–(5.) Bescheide der Landstände als Appellationsinstanz in genannten privatrechtlichen Prozessen; (6.) Streitfall zwischen dem Erzabt von Harsefeld und den Herzögen von Braunschweig-Lüneburg; (7.) und (.8.) erzbischöfliche Beauftragung Dietrich Behrs zu Verhandlungen mit den Herzögen von Braunschweig-Lüneburg und den Grafen von Hoya, speziell wegen Grenzstreitigkeiten; (9.) und (10.) Streitigkeiten desselben Dietrich Behr mit Erzbischof Christoph um genannte Güter; (11.) und (12.) Entscheidung über Supplikationen Anton von Weyhes und Klaus Bickers; (13.) Geleitbrief für Bartold von der Lieth; (14.) Verweigerung der Beschreibung des 16.-Pfennig-Schatzes im Amt Bederkesa.

Ausschreiben: –
Protokoll: –
Abschied: StA Stade, Rep. 5a, F. 466, nr. 1, fol. 42r–44r (Konzept oder zeitgleiche Abschrift).
Weitere zu diesem Landtag gehörige Quellen: StA Stade, Rep. 5b, F. 92, nr. 14, Bd. 1, fol. 9r–17r (Instruktion für die erzbischöflichen Räte, o. Dat.; zeitgleiche Abschrift).
Literatur: Hauschildt, Landwirtschaft 1, S. 44, nr. 3. – Bachmann, Tagungsorte, S. 85.

Weß Donrstags nach Catharine zu Vorde mith gemeinen Stenden des Erzestiffts Bremen unnd derselben voorordenten auch sunst anderen eingesessenen des Stiffts verabschiedeth.

[1.] Die Wurster vonn wegenn des 16 Pfennigschatzes belangendt:

Die Wurster sollenn am Abende Lucię, den 12 Decembris schirst, gegen den abendt zu Vorde einkhomen unnd sich folgendes Donnerstags, am tage Lucię, den 13 Decembris frue umb achte uhre enthlich unnd ohne alle weither außflucht ercleren, ob sie den 16ten d. schatz uber das Landt zu Wurstenn beschreibenn, oder nicht beschreibenn lassen wollen.

Unnd sollenn diejennigen, so sulche erclerung alßdan thun werdenn, volkomen macht habenn, Im fal das landt verwilligen werdt, unnd sich dermassenn alßdan erclerenn, das sie den 16ten d. schatz beschreiben lassen wollenn mith Unserm Gnedigisten Hern oder S. F. G. verordenthen unnd denjennigen, so alßdan auß den gemeinen Stenden des Erzestiffts zu Vorde auch erscheinenn werdenn, sich entlich und ohne hinder sich bringen zuvorgleichen, Wie die beschreibung unnd bezalung des schatzes zum forderlichsten vormuge des Recesses, so sulches schatzes halbenn zwischenn S. F. G. unnd gemeiner Landtschaft hiebevor aufgericht, Im Lande zu Wursten furgenohmen werdenn unnd geschein soll p.

[2.] Die Beschwerung, so vonn ethlichen Im Erzstiffte vonn wegenn der vermeinten ungleicheit In beschreibung des 16ten d. schatzes angezogen, belangend:

Ist vorabschiedeth, Das Achte personen auß der Landschaft sollen uff bemelten Abendt Lucię den 12 Decembris zu Vorde gegenn den abendt einkommen, folgendes Donrstags am tage Lucię den 13 Decembris frue mith Unsers Gnedigisten Hern verordenthen die Instruction, die den Schatzsamblern mith gegeben, vor die handt zunehmen Und sich alßdan, wo uber zuversicht in derselben einiche ungleicheit befunden, uff trepliche mittel, wie die beschreibung unnd einnahme des schatzes an die handt zunehmen Unnd begurliche gleicheit daran gehalten, zuvorabschieden.

[3.] Engelberth vonn Langenn furderung gegen Dethleff vonn der Culla belangendt, auch Segebaden Marschalcke, Ditterich unnd Clauß die Cluvere:

Die partheien sein uff den Freitag nach Lucię[2] frue umb achte uhre zu Vorde zu guetlicher verhor furbescheiden, mit dem erbiethen, da die guthe entstehen wurde, Das Unser Gnedigister Her uf des clegers ansuchen Ihme uber die beclagten Rechts verschaffen wil.

[4.] Friedrich Johansen unnd Peke Johan Siadesen:

Ist uff Ire Supplication der bescheidt gebenn, das sie uff die außgangne Furstliche Citation am Montage nach Andreę[3] alhie zu Vorde erscheinen unnd Irer sachen halben erorterung erwarten sollen p.

[5.] Der Priorin[4] unnd ganzen samblung zum Althencloster uff Ire Supplication:

Ist gleicher bescheit gegeben wurden, das der beclagte Ire Meigere Im Althenlande Ditterich Ottenn am Montage nach Andreę[3], der ergangen Citation nach, zu Vorde erscheinenn unnd bescheidts erwarten soll.

[6.] Dem Abt zu Herssevelde[5]:

Ist uff sein ansuchenn Durch M. Gnsten. Hern erlaubeth, sich vonn wegen des Closters zu Herssevelde Irrunge, Intrag unnd verhinderung mith M. Gnedigen Hern von Luneburg zuvortragen und deß Closters beste zuhandln.

[7.] Ditterich Behre:

Sol sich mith M. Gnedigen Hern von Luneburg p. Hertzog Frantz Otten zu den wegenn, von wegen Unsers Gnedigsten Hern vonn Bremen bereden, Das Unser Gnedigister Her geneigt, S. F. G. Vettern von Luneburg, ungeverlich nach den schirstenn weinachten gehn Verden zu sich zu freuntlicher underredung zu verschreibenn unnd sulche Malsteth sampt einem gewissenn thage S. F. G. 14 thage zuvor zuverkunden, Damith sich S. F. G. dazu gefast machen mugen.

Auch kunnen S. F. G. erleiden, Daß darnach der Bremischenn, Verdischenn, Unnd Luneburgischenn Irrung Unnd grenitz halben tage bestimmeth, dieselbenn in den augenschein genohmen und enthschieden.

[8.] Hoyesche Irrung belangend, ist mit Ditterich Behrenn vorabschiedeth:

Daß Unser Gnedigister Her erleiden kann, Das sich Ditterich Behre mit Stathaltern und Rethenn der herschaft Hoya zu den wegenn an stat S. F. G. berede, das sulche Irrung auch in den augenschein genohmen und verglichenn, Unnd dozu tage bestimmeth werden.

[9.] Die Wisch im Rodersbroke unnd Ditterich Behrenn derhalbenn furgewendte furderung belangendt:

Wil sich Unser Gnedigister Her, Wen Sein F. G. zu Rothenburg kommen, der gelegenheit erkunden unnd gegen Ihme mit gnedigen anthwurten vernehmen lassen.

[10.] Ditterich Behren furderung, des Zehenten halbenn zu der Eitzen belangendt:

Will Main Gdster. Her, Ditterich Behren Unnd Daß Capittel zu Verdenn, Wen S. F. G. dolselbst kommen, furbescheiden, die sachenn verhoren unnd geburlich einsehen thun.

[11.] Anthoniesen von Weige:

Ist uff sein ansuchen, Daß ehr ethliche ziegenn muge in Das mohr, so zum molenhoffe zu Buxtehude gehort, treiben, der bescheid geben, Das Unser Gnedigister Her Dethlef Schulten wollenn bevehlen, die gelegenheit zubesichtigen, Unnd dovon S. F. G. Relation zuthun; Darnach wollen S. F. G. Ihme uf sein ansuchen mit gnedigen anthwurten bejegnen.

[12.] Clauß Bicker:

Dieweil ehr gebetenn, das Ihme die Beverstetter Muhle muge disenn winther gelassenn werdenn, mith dem erbieten, uff die Ostern dovonn abzusehenn, Ist der bescheidt gebenn, das Unser Gdster. Her sulch sein ansuchen In gnedig bedencken nohmen; Und da S. F. G. sulchs also gefellig, ehr, Clauß, Weiters bescheides nicht zuerwarten habenn soll; Da aber eß S. F. G. nicht gelegenn, alßdan S. F. G. Ihnen furbescheiden Unnd derselben gemute Ihme ferner anzeigen lassen wollen.

[13.] Bartholdt von der Lidt:

ᵃIst ein gleithe zu Rechte vor gewalt decernirt unnd mithgetheileth.ᵃ

[14.] Bernd Schreiber von Bederkesa:

Ist der bescheit gebenn, Das Unser Gster. Her sich beschener weigerung der beschreibung halben des 16ten pfenningschatzes nicht versehen unnd die beschreibung biß uff Lucie[6] schirst einstellen; Darnach S. F. G. schatzschreiber wiederumb in das Ampt zu Bederkesa abfertigen, unnd sich ferner weigerung nicht versehen wollen, Dan S. F. G. keine ungleicheit Im beschreiben unnd einfurdern begeren, allein das so S. F. G. vorwilligeth nemblich den 16ten pfennig.

ᵇActum Vordie, die quo supra Anno p. 54.ᵇ

(StA Stade, Rep. 5a, F. 466, nr. 1, fol. 42r–44r).

a–a *in der Vorlage gestrichen.*   b–b *in der Vorlage von anderer gleichzeitiger Hand.*

1 *Wie die Überschrift der o. a. Instruktion erweist, sollte diese Instruktion von den erzbischöflichen Räten den gemeinen Stenden des Ertzstifftes Bremen, so uff dem bestimbten Landtage zu Basdall schirsten montages nach Catherinę Virginis den XXVI dieses Monats Novembris erscheinen werden und von dannen gehn Vorde zu kommen erfurdert, furgetragen werden (StA Stade, Rep. 5b, F. 92, nr. 14, Bd. 1, fol. 9r). Der in Basdahl am 26. November 1554 begonnene Landtag wurde demnach auf Aufforderung der erzbischöflichen Räte hin nach Bremervörde verlegt, dort fortgesetzt und am 29. November 1554 beendet.*   2 *1554 Dezember 14.*   3 *1554 Dezember 2.*   4 *Gerburg Tymme, Priorin des Klosters Buxtehude-Altkoster 1550–1564 (Schulze, Altes Kloster, S. 89).*   5 *Christoph Bicker, Erzabt von Harsefeld 1548–1575 (Schulze, Harsefeld, S. 39f.).*   6 *1554 Dezember 13.*

139
Landtag 1556 Juni 30, Basdahl

Schatzbewilligung

Die Bremischen Landstände bewilligen eine Schatzung in Höhe von 15 (!) Groten Bremer Währung oder 15 Schilling, 1 Witte Lübischer Währung pro Vollhof, 8 Groten bzw. 5 Schilling, 3 Pfennig pro Halbhof, 5 (!) Groten bzw. 3 Schilling, 1 Witte pro Kate. Zur Einziehung des Schatzes in 25 Bezirken des Erzstifts Bremen werden namentlich genannte Schatzsammler verordnet.

Ausschreiben: –
Protokoll: StA Bremen, 2-Z.2.d.1 (nur Proposition; in sehr flüchtiger Schrift; datiert: Landttag [...] zu Basdall Anno etc. 56*).*
Abschied: StA Stade, Rep. 5b, F. 105, nr. 36, Bd. 1, fol. 460r (Auszug).
Literatur: Schleif, Regierung, S. 66. – Blanken, Basdahl, S. 75.

Anno domini 1556 Junii 30ma uppe eynem Landage tho Basdale eyne Schatynge tho gelaten, Dath eyn Ider Buw oder ploch scal geven 15 grote, dar Bremer munte ys ganckbar, dar Lubische munte ys XV scyl. un I wytten.

De halve buw 8 grote offte 5 scyll., 3 penningh.

De kote 5 grote offte 3 scyl., I wytten.

[es folgen die Namen der 25 Schatzsammler sowie die detaillierte Schatzbeschreibung].

(StA Stade, Rep. 5b, F. 105, nr. 36, Bd. 1, fol. 460r).

140

Derselbe Landtag

Schatzbewilligung (in anderer Überlieferung)

Die Bremischen Landstände bewilligen eine Schatzung in Höhe von 16 (!) Groten pro Vollhof, 8 Groten pro Halbhof, 6 Groten pro Pflugkate und 4 (!) Groten pro sonstiger Kate. Von den Erträgen dieser Schatzung sind 911 Taler in Lübeck deponiert worden, um gemäß dem in Halberstadt aufgerichteten Abschied des Niedersächsischen Reichskreises 36 Mann zu Pferd und 150 Mann zu Fuß ausrüsten zu können. Ferner erhält Dr. Michael von Kaden, der (Bremer) Bevollmächtigte (beim Reichskammergericht) in Speyer, 40 Goldgulden als jährliche Besoldung. Auf erzbischöflichen Befehl erhält außerdem Heinrich von Salza, Drost in (Bremer-) Vörde, 239 ausgemünzte Gulden, 23 Grote und 4 Swaren.

Auszug: StA Stade, Rep. 5b, F. 102, nr. 20, fol. 7v (Exzerpt, 16. Jh.; Überschrift: Noch van Schattinge ym Styffte Bremen van den Ledematen thogelaten; ohne Angabe zur Vorlage).

Anno domini 1556.

Sosteyn grote uppe de buw, achte grote up de helven, Sos grote uppe katen, de ploge bruken, 4 grote andere gemeyne katen tho Schattinge Ultima Junii tho Basdale thogelaten van gemeynen Ledematen, dar van scal tho Lubeck eyn mant besoldinge uppe 36 tho rosse und 150 tho vothe gelecht werden van wegen des Stichtes Bremenn vermoge des Nedder Sassysschen kreytzes oveschede tho Halverstadt upgerechtet.

Der behoff syn tho Lubeck deponert negenhundert und Elve daler[a] van wegen des Stifftes Bremen.

Vertich golt gulden syn Michael van Kaden doctori tho Spyre vor syn jargelt synes procuratura thogesandt.

Tvehundert negen unde dertych fl. munte, 23 grote und IIII swaren Hinricke van Saltza droste tho Vorde Iussu R[mi] Bremensis archiepiscopi behanden laten.

(StA Stade, Rep. 5b, F. 102, nr. 20, fol. 7v).

a *in der Vorlage* Elüe daleR *[sic]*.

141

Landtag 1556 [nach Juni 30]1

Schatzbewilligung

Die Bremischen Landstände bewilligen eine Schatzung in Höhe von 18 Groten pro Vollhof, 9 Groten pro Halbhof, 6 Groten pro Pflugkate und 4 Groten pro sonstiger Kate sowie in den Marschgebieten in Höhe von 12 Groten pro Vollhof, 6 Groten pro Halbhof, 4 Groten pro Pflugkate und 3 Groten pro sonstiger Kate. Von den Erträgen dieser Schatzung sollen Zinszahlungen geleistet werden.

Auszug: StA Stade, Rep. 5b, F. 102, nr. 20, fol. 9r (Exzerpt, 16. Jh.; Überschrift: Van Schattingen thoglaten ym Styffte Bremen; *ohne Angabe zur Vorlage).*

Anno domini 1556.

Thogelaten uppe dee Recess:

Achtein grote de buw, IX grote de halve buw, VI grote de ploch kate, IIII grote ander gemeyner katen.

In der marsch schullen geven:

XII scyllyng de buw, VI scyl. de halve buw, IIII scyllyng de ploch kate, III scyll. gemeyne katen, de keyn landt hebbenn, Unde schullen an dusser Schattynge dee Landesscup nastendigge tynsße botaleth werden.

(StA Stade, Rep. 5b, F. 102, nr. 20, fol. 9r).

1 *Der Terminus post quem ergibt sich aufgrund der Vorlage, in welcher die Schatzbewilligungen chronologisch erfaßt sind, und diese Bewilligung nach der von 1556 Juni 30 (nr. A.141) eingetragen ist.*

142

Landtag 1557 März 19, Achim

Landtagsabschied (verschollen)

Die Bremischen Landstände beschließen über folgende Punkte: (1.) daß sie, nachdem der Bremer Erzbischof Christoph dargelegt hatte, von Seiten der Truppen des Obristen Christoph von Wrisberg sei mit feindlichem Durchzug zu rechnen,¹ dem Landesherrn bei der Verteidigung zur Seite stehen, und hierfür einen mit hinreichenden Vollmachten versehenen landschaftlichen Ausschuß einsetzen, der in dieser Sache mit dem Erzbischof und dessen Räten zusammenwirken soll; (2.) aus dem Land Wursten ausstehende Steuern.

Ausschreiben: –
Protokoll: –
Abschied: –
Sonstige zu diesem Landtag gehörige Quellen: HStA Hann., Celle Br. 10, nr. 24 (Akten des Prozesses gegen den Obristen Christoph von Wrisberg).
Literatur: Wiedemann, Bremen 2, S. 142. – Osten/ Wiebalck, Wursten, S. 161.

1 *Vgl. hierzu umfassend Wiedemann, Bremen 2, S. 143f. – Osten/ Wiebalck, Wursten, S. 159–168.*

143

Ausschußtag 1557 März 29, (Bremer-) Vörde

Schreiben

Der landständische Ausschuß antwortet dem Erzbischof Christoph von Bremen auf die in dessen vorgelegter Instruktion genannten Punkte: (1.) Hinsichtlich der Schulden der Wurster ist auf dem Landtag in Achim alles Nötige besprochen; (2.) Die angezeigte Rüstung des Obristen (Christoph von) Wrisberg zur Eintreibung angeblicher Schulden verstößt gegen den Landfrieden, da Privatpersonen nicht rüsten dürfen; (3.) Schulden Erzbischof Christophs bei dem Obristen Wrisberg sind dem Ausschuß nicht bekannt; (4.) Die gesamte Sache erscheint verdächtig, denn Nu wert ok gesecht, dath in der weken na Esto mihi *[1557 Februar 28–März 6]* I. Fürstl. Gn. gans Gnediglich etzliche dage tho Verden myth dem Oversten syck beredeth hebben; *zudem sollen sich im Heer Wrisbergs auch Verdener Untertanen und Adelige befinden; Erzbischof Christoph wird ermahnt, an seine Pflichten gegenüber den Menschen zu denken, sowie an Gott,* de dennoch ethwan rekenschafft des bevolenen ampts forden wyl;[1] *(6.) im Falle eines militärischen Vorgehen des Obristen Wrisbergs wird der landständische Ausschuß sich an die Stände des Niedersächsischen Reichskreises wegen Landfriedensbruch wenden.*

Ausschreiben: (StA Hann., Cop. VIII 68, S. 117ff.; 1943 verbrannt; Ausschreiben Erzbischof Christophs, ausgestellt 1557 März 24).
Protokoll:
Schreiben: HStA Hann., Celle Br. 10, nr. 24 (Or.-Ausf.).
Weitere hierzu gehörige Quellen: HStA Hann., Celle Br. 10, nr. 24 (Instruktion für die erzbischöflichen Räte von 1557 März 24). – StA Bremen, 2-Z.2.d.1 (hierin: Korrespondenz betr. Christoph von Wrisberg).
Literatur: Wiedemann, Bremen 2, S. 143–145. – Osten/ Wiebalck, Wursten, S. 162.

1 *Die hier angedeutete, gegen die Wurster gerichtete Intrige zwischen dem Obristen Wrisberg und Erzbischof Christoph ist sicher nachweisbar; vgl. hierzu Wiedemann, Bremen 2, S. 143–145. – Osten/ Wiebalck, Wursten, S. 162.*

144
Landtag 1557 April 14, Basdahl

Schreiben

Erzbischof Christoph übersendet den von ihm am selben Tag mit dem Obristen Christoph von Wrisberg geschlossenen Vertrag an die in Basdahl versammelten Bremischen Landstände (Gemeinen Stenden Unsers Erzestiffts Bremen, Jetzo zu Baßdal beyeinander), *und bittet diese,* Ir wolleth gleichlautenden Vertrag *(...)* versigelt morgen, Donrstag, anhero schicken *(mehr über diesen Landtag nicht bekannt).*

Datum: Vorde Mittwochen nach Palmarum Anno p. 57.

Ausschreiben: –
Protokoll: –
Abschied: –
Weitere zu diesem Landtag gehörige Quellen: StA Stade, Rep. 5a, F. 466, nr. 1, fol. 101r (das o. a. Schreiben). – Ebd., fol. 97r–99v (zeitgleiche Abschrift des Vertrags zwischen Erzbischof Christoph und dem Obristen Christoph von Wrisberg, 1557 April 14).
Literatur: –

145
Versammlung der Landstände 1557 Mai 18–23, Verden

Chronikalische Nachricht

Die Herzöge Heinrich II. (d. J.) von Braunschweig-Lüneburg(-Wolfenbüttel) und Erich II. von Braunschweig-Lüneburg(-Calenberg) sowie Herzog Franz I. von Sachsen-Lauenburg zitieren am 17. Mai die Bremischen und am 19. Mai sowohl die Bremischen als auch die Verdischen Landstände in das Rathaus der (Norder-) Stadt Verden und verlangen insbesondere die Übernahme der Kriegskosten für einen Monat sowie die Absetzung des Erzbischofs (Christoph).

Zu ersterem erklären sich Bremischen Landstände unter Vorbehalten bereit. Zu letzterem teilen sie mit, daß sie sie hierzu nicht berechtigt seien, den Erzbischof aber vor das (Bremer) Domkapitel laden und an seine Wahlkapitulation[1] erinnern wollten, in der Hoffnung, ihn damit zum Amtsverzicht bewegen zu können.[2]

Überlieferung: Spangenberg, Chronicon, S. 209f. (Reg.).
Literatur: Frick, Konfession, S. 34 (nach Spangenberg).

Den folgenden FreitagsMorgens[3] um 9 Uhr/sind Hertzog Hinrichen und Erichen/ Secretarien und Fourier ankommen. *[...].*

Dienstags post Cantate[4] sind beyde Hertzogen wieder zurück in Vehrden kommen/ um 8. Uhren frühe/haben herein beschieden die Bremischen Landstände und Hertzogen Frantzen von Sachsen.

Mittwochen[5] um 12. Uhren/haben diese Herren ihre Beysammenkunfft auf dem Rahthause gehalten/inmittelst die Zeitung kommen/daß der Obrist Christoph von Wrißbergen auf der Elbe in einem Schiffe gefänglich angenommen/und nach dem Pinneberg geführet worden.

Donnerstags[6] sind die Hertzogen von Braunschweig und Sachsen wieder zu Rahthause gangen um 8 Uhren frühe/und ist alda den Bremischen Land-Ständen/ wie auch den Vehrdischen vorgestellet/daß man dem Bischoff solte ein ander Regiment vorstellen.

2do. Daß man solte ein Monat die Kriegs-Kosten erlegen.

Freytags[7] sind sie abermahl zu Rahthause gezogen um 7. Uhren/und haben den Bremischen wieder vorgehalten/daß sie solten den Verlag thun/und die Unkosten bezahlen/so auf ihre Reuter und Knechte gangen/biß daß die Crayß-Stände könten verschrieben werden/alsdann solten sie das wieder bekommen.

Hertzog Hinrich hat das Wort selbst geführet/und den Bremischen die Schuld gegeben/daß sie sich des Obristen Wrißbergen Sache theilhafftig gemachet und denselbigen aufgewiegelt/dahero dieser Schade wäre entstanden/derohalben auch billig/daß sie etwas darzu geben.

Worauf die Bremischen geantwortet/daß sie zwar von Rechteswegen nicht schuldig wären den Verlag zu thun/massen auch die Mittel nicht bey ihnen wären/solten sie aber zu ihrem Theil etwas derzu geben/solt es an ihnen nicht ermangeln.

2do. Hätten sich auch mit dem Wrißbergen nicht theilhafftig gemacht/besondern wäre öffentlich am Tage/wer ihn dazu gefordert: So hätten sie das Ihrige auch dagegen gethan/welches dem Stiffte und den Ständen zu grossen Unkosten gelauffen/wie auch noch: hätten auch/nach Laut des Reichs-Abschied/die 3. Fähnlein Reuter bey sich gefürdert/ihnen hätte aber damahls kein Trost wiederfahren mögen: bäten demnach/daß ihnen solches nicht möge zugeleget werden.

Sonnabends nach Cantate[8] haben die Bremischen ihren Bescheid bekommen/und seind mit gutem Willen wieder abgezogen. *[...]*.

Folgenden Sontags[9] *[...]*.

Den Bremischen ist eine schriftliche Erklärung mitgetheilet/Einhalts/daß sie ihren Bischoffen solten absetzen von der Regierung/und ihme einen Unterhalt vermachen.

Darauf sie geantwortet/daß ihnen nicht gebühret ihren Herren von seinen Würden und Stande zu setzen/sondern wolten ihn zu Capitul fordern/und seiner

Capitulation und Verpflichtung erinnern/in Hoffnung/er würde seine Sache in andere Wege anstellen.

(Spangenberg, Chronicon, S. 209f.)

1 *Cassel, Bremensia 1, S. 100–112 (1511 Dezember 11).* 2 *Vgl. hierzu auch Verdener Landtage, nr. B.7 (1557 Mai 18–22); zur Sache vgl. auch Osten/Wiebalck, Wursten, S. 167f.* 3 *[1557] April 23. Die Datierung bezieht sich zurück auf die S. 208 genannte Datierung* Anno 1557 Mittwochens in den Ostern *(April 21).* 4 *[1557] Mai 18.* 5 *[1557] Mai 19.* 6 *[1557] Mai 20.* 7 *[1557] Mai 21.* 8 *[1557] Mai 22.* 9 *[1557] Mai 23.*

146
Landtag 1559 Januar 30

Schatzbewilligung

Die Bremischen Landstände bewilligen dem postulierten Bremer Erzbischof Georg als Landschatz einen 4 Taler-Pflugschatz, der in zwei angegebenen Terminen im Frühjahr und im Herbst eingesammelt werden soll und dessen Erträge je zur Hälfte zur Einlösung von erzbischöflichen Tafelgütern und zur Bezahlung von Schulden dienen sollen.

Abschied: StA Stade, Rep. 5b, F. 102, nr. 20, fol. 9r (Exzerpt, 16. Jh.; Überschrift: Van Schattyngen thogelaten im Styffte Bremen; *ohne Angabe zur Vorlage).*

Anno domini 1559. Ist Tempore D. Georgii Postulati archiepiscopi Bremensis, Episcopi Myndensis et Coadiutore Ecclesie Verdensis am Mandage 30ma Ianuarii eyn Lantschath thogelaten van Veer dalern up de Ploch, dar van II daler twysschen Passchen und Pinxten, und II daler twysschen Michaelis und Martini scholen ingenomen, de helffte tho Losinge des Ertzebisscoppes taffelgude, de ander helffte an schulde der gemeynen Styfftes Stende schullen gekert werdenn.

(StA Stade, Rep. 5b, F. 102, nr. 20, fol. 9r).

147
Landtag 1560 Januar 31, Basdahl

Schatzbewilligung

Die Bremischen Landstände bewilligen einen sechsten 16.-Pfennig-Schatz, der je zur Hälfte an genannten Terminen im Frühjahr und im Herbst eingenommen werden und zur Zahlung der Reichssteuern und der Rückzahlung der Schulden der Landschaft in Höhe von 4000 Talern dienen soll. Mit der übrigen Summe soll der (Bremer) Erzbischof (Georg) verpfändete erzstiftische Burgen und Tafelgüter einlösen.

Ausschreiben: –
Protokoll: StA Bremen, 2-Z.2.d.1 (stichwortartig in sehr flüchtige Schrift; datiert 1560).
Abschied:: StA Stade, Rep. 5b, F. 102, nr. 20, fol. 9r (Exzerpt, 16. Jh.; Überschrift: Van Schattyngen thogelaten im Styffte Bremen; *ohne Angabe zur Vorlage).*
Weitere zu diesem Landtag gehörige Quellen: StA Bremen, 2-Z.2.d.1 (von den Landständen formulierte 11 Artikell, über die auf einem Ausschußtag 1559 November 1 zue Borch *verhandelt werden sollte; datiert Verden 1559 Oktober 30).*
Literatur: Schleif, Regierung, S. 62. – Blanken, Basdahl, S. 75.

Anno domini 1560 Ianuarii tricesima prima.

De Soste Sosteinde pennyng Schath van gemeynen Stenden tho Basdale thogelaten, De scat, de thokamenden vasten[1] halff, unde de ander helffte twysschen Michaelis[2] und Martini[3] hylgen dagen upgenamen werden, den de samlere bynnen Bremen Leveren schullen, Und scholen dar van de nastendygen Rykes Sture, ok dee Landesscup egen schult 4000 daler botaldt werden. Und scal deme Heren dath overyge tho Losynge des Styfftes huseren und Tafelguder, de myth wyllen des domcapittels vorsattet, thogestelleth werden.

(StA Stade, Rep. 5b, F. 102, nr. 20, fol. 9r).

1 *1560 Februar 27–April 13.*   2 *1560 September 29.*   3 *1560 November 11.*

148
Landtag (?) 1560 März 18–19

Schatzbewilligung 1560 März 19

Die Bremischen Landstände bewilligen dem postulierten Bremer Erzbischof Georg einen 16.-Pfennig-Schatz.

Ausschreiben: StA Bremen, 2-Z.2.d.1 (Ausschreiben eines gemeinen Landtages uff den Montag nach Oculi, so da ist der achtzehende kunfftiges Monats Martii [...] gegen Basdall zu fruher tage Zeit; ausgestellt vom postulierten Bremer Erzbischof Georg, datiert Vorde, den 28 Februarii Anno p. 60; unbesiegelte Or-Ausf.).
Protokoll: –
Abschied: StA Stade, Rep. 5b, F. 102, nr. 20, fol. 8r (Exzerpt, 16. Jh.; ohne Überschrift und ohne Angabe zur Vorlage).

Anno [15]60 Martii 19na R^{mo} Postulato archiepiscopo uth der kumpfthygen scattynge des 16^{den} pennyngs thogelaten vorgenant.

1000 daler tho vorrade der Hußer.

103 fl. 3 patye up forderynge Hern Michael Bysscup zu Manspurg Cammerher van nastande des colloquii tho Worms, dar van ok tho botalende.

(StA Stade, Rep. 5b, F. 102, nr. 20, fol. 8r).

149
Landtag 1560 November 14, Basdahl

Der postulierte Bremer Erzbischof Georg, bestätigter Bischof von Minden, Administrator des Bistums Verden, Herzog von Braunschweig-Lüneburg, erscheint persönlich auf dem allgemeinen Landtag in Basdahl, der von ihm auf den 14. November (Donnerstag nach Martini) 1560 einberufen worden ist. Der Landtag befaßt sich mit den dem Erzbischof vorgetragenen Gravamina der Landstände. Ferner legen mehrere Adelige beim Erzbischof Klage ein in Prozessen, deren Entscheidung nach Ritterrecht der Ritterschaft zusteht. Da nur wenige Adelige auf dem Landtag anwesend sind, ist in diesen Fällen eine Entscheidung nicht möglich.[1]

Erwähnt in unten nr. A.150 (1560 Dezember 11).

1 *Ein Abschied des hier genannten Landtags hat sich, soweit bisher bekannt, nicht erhalten.*

150
Rittertag 1560 Dezember 11, Basdahl

Protestation/Ritterschaftlicher Abschied

Im Anschluß an die auf dem Landtag von 1560 November 14 (nr. A.149) zur Sprache gekommenen Probleme hinsichtlich der Durchführung von Prozessen, an denen Adelige aus dem Erzstift Bremen beteiligt sind, kommt die Bremische Ritterschaft in Anwesenheit Erzbischof Georgs, der diesen Rittertag einberufen hat, darin überein, daß künftig rechtmäßig ergangene Urteile für alle Beteiligte verbindlich sein sollen. Dies soll auch gelten für die Entscheidungen des 1517 Juni 26 von Erzbischof Christoph begründeten Hofgerichts,[1] das jährlich einmal in Bremen und einmal in Stade tagt. Wer dagegen verstößt, soll keinerlei Unterstützung erhalten. Vier genannte Angehörige der Ritterschaft werden bevollmächtigt, namens der Ritterschaft bei Bedarf einen Rechtsgelehrten zu bestellen und zu besolden. Der Sold (dieses Syndicus') soll von allen Angehörigen der Ritterschaft aufgebracht werden, wobei die Lasten in gleicher Weise verteilt werden sollen, wie bei der Sate der Ritterschaft.

Ausschreiben: –
Protokoll: –
Abschied: StA Stade, Dep. 10, Hs. 7, S. 120–125 (Abschrift frühes 17. Jh.). – AR Stade, Hs. 9, fol. 226r–231r (Abschrift 1. H. 17. Jh.). – GWLB Hann, MS XXIII 1125, fol. 108v–113r (Abschrift 17. Jh.). – StA Bremen, 2-P.1-291, S. 584 (Abschrift 18. Jh. v. J. P. Cassel). Druck: Pratje, Altes und Neues 1, S. 294–300 (ohne Angaben zur Vorlage). – Decken, Familie, 4. Abth. (Urkunden), S. 38f. (ohne Angaben zur Vorlage).
Literatur: Pratje, Altes und Neues 1, S. 256. – Wohltmann, Landständen, S. 12. – Schleif, Regierung, S. 118. – Blanken, Basdahl, S. 62. – Bachmann, Tagungsorte, S. 85.

We, de van der[a] Ridderschup des Erzstifts Bremen, doen kund und bekennen hiemit vor uns, unse Erven und sunst jedermännichlick, als de Hochwordigste in Gott Dorchlauchtige, Hochgebohrne Fürst und Herr, Hr. Georg, postulirter Erzbischop tho Bremen, Confirmirter tho Minden, Administrator des Stifts Verden, Hertoge tho Brunswiegk und Lüneborgh, unse gnedigste Here, up den Donnerdach na Martini disses jetz lopenden Sostigen Jares, der weniger Tall,[2] einen gemeinen Landdach tho Basdahl angesettet, und uthgeschreven, und S. F. Gn. densulven egener Person besogt, unde uth väterlichen gnedigsten Gemöthe de Obligen und Beschwerung gemeldts Erzstifts na nothdörftiger Erwägung entdeckt und vordragen laten, und dasülvest van etliken van Adel allerley Clage vorgebrocht, welcherer gerichttliche Entschedunge alleene deme van Adel na Ridderrechte gehöret, datmael aber ein geringe Antael der Junkern to der Stede gewesen, der Orsake unse hoge Nothdorft erfoerdert, uns by einander tho verföfgen, und wat maten und gestalt den Parten ordentlikes Rechten na Ridderrechte van uns verhelpen mochte werden, tho berathschlagen, dat wy deswegen Höchstermeldeten Unsen Gnädigsten Landesfürsten und Herren, in Underthanigkeit angelanget und gebeden, allen vom Adel des Erzstiffts Bremen deshalben einen Dach anthsetten, und se tho dero Behoef tho verschrieben, welchere Bede S. F. Gn. dessen wy uns tegens desülven ganz underdänichlick doen bedanken, Statt gegeven, und dorch ein apenlick fürstlick Mandat alle, de sick adelicher Fryheit berömet, und deren hernamals vernurt tho geneten, up den Middeweken na Conceptionis Mariae[3] jetzigen gemelten Jares gen Basdael erfoerdert darup wy gehorsamst erschenen, unsere olde wohlhergebrachte adelike Fry- und Gewonheiten, ok de Gelegenheit unses riddermäthigen Gerichtes, so vele in so korter Tyd geschehen können tho Gemöthe geföhret, erwagen, betrachtet, und endliken in düssen nafolgenden Puncten uns bestendichlick beredet:

[1.] Dewile, vort erste, im Erzstift Bremen je und allewege de Gebruk geholden und gewesen, wennehr de Erzbischop mit enem, edder mehrere der Ledematen gedachtes Erzstiftes in Erringe geraden (welchere de Allmechtige hernachmals genedichlick verhöden, und afwenden wolle) dat alsdenn S. F. Gn. den edder desulven vor den andern gemeinen Ledematen cerclaget und besproken, und wat also van ene na angehoreder Clage und Antworde vor Recht erkant und uthgespraken, ane Uthflucht, edder fernere Wideringe, gnedigst angenamen.

[2.] Tho dem anderen. Wennehr unde den Ledematen desses Erzstiftes Unwille und Rechtsforderinge entstanden, und ein edder beide Parte sick an den Erzbischop und de gemene Ledematen beropen, dat alsdann de Sake tho schluniger Verhör, gerichtlicher Erkäntnis und Endschop sein Deil wider beschweret worden.

[3.] Tho dem drüdden. Wannehr twespaldige Saken vorgefallen, darinne deme vam Adel allene, na older Gewohnheit und riddermätiger Fryheit tho erkennen geböret, dat alsdenn sodan Bekäntnis up den Steengraven, edder wo sunsten ein Landdach van dem Erzbischoppe binnen Stichts, angesettet und geholden, von deme vom Adel geschehen, und also densülften Saken dorch se, de vom Adel alleene afgeholden, darby et ok stets unverandert gebleven, scholen düsse dre

Stücke ok hebvorder also geholden, und nichts darentgegen vorgenamen werden, wo wy denne darby tho blieben, und keineswegs darvon aftotreden uns samt und sunder liken in craft desses Brefes, also und dergestalt verplichtet, da wy darin nichts willen vorändern, edder vorändern laten, idt geschee dann up ripen Rade gemener Ledematen, insonderheit, dewile Hochstermelte Unse jetzige Gnedigste Landesfürst und Here uns nicht allene by unsen Fry- und Gerechticheiden tho laden, sundern ok tho handhaven, und tho schütten, gnedigste Thosage gedaen, an deren Holdinge wy gar keinen Twivel dragen.

[4.] Tho dem veerden. Nademale de ok Hochwerdigste in Gott Dorchluchtige, Hochgebohrne Fürst und Here, Her Christoff wyland Erzbischop tho Bremen etc. Unse Gnadigste Here, hochmilder und christliker Gedechtnisse, im Jahre nach Christi unses Herrn und Heilandes Geboert, der weniger Tal söventein, am Frydage nach Johannis Baptistae jarlikes twe Hofgerichte, dat ane binnen Bremen, dat ander binnen Stade, tho Entschedinge aller Spalt und Errung, so sick twischen den gesamten Ledematen tho dragen mochten, mit Rade, Bewilligung und Belevinge aller der gedachten Bremischen Ledematen tho holden, gnedigst verordnet, und angesettet, darvon wy uns keineswegs afthosundernde geneget edder bedacht, besundern demsülften alletyd willichlick thor billiken Liekmetigkeit underworpen, und noch underwerpen, ok eme sinen stracken frien Loop van Herten gunnen, averst dat einige nomlick, dat sick ein ehrwürdig Domcapittel, Prelaten und andre Geistlike, ok de Stäede des Erzstifts Bremen bedunken laten, derjenige, de se tho Rechte tho bespreken up sodanen wohlgeordneten Hofgerichten, nicht schuldig syn, tho antworden, Erringe und Wedderwillen darine gestiftet und angerichtet, hebben wy samt und ungescheden bewilliget, im Fall angetagene Erringe nicht tidliken vor dem negsten künftigen Hofgerichte ward bygelegt, und de Billicheit vorgenamen (des wy uns doch gentzlich, dat idt geschehen scholle, willen verhapen und erbädig, dermaten tho verholden, dat de Mangel an uns nicht schall gespöret werden) dat als denn keiner van uns dat Hofgericht besitten, noch up vorgaende Citationes schall antworden, bet so lange de Gliekmeenheit, vermoge des daraver berameden und upgerichteten Recesses, vorgenamen und geholden werd.

[5.] Thom voften. Is van uns allen, by adelicken Truwen, wider beredet, und angenamen, wo einer edder mehr van uns baven edder wedder desse Article, edder ok sunst wedder Recht beschweret wurde, dat wy semtlick deme oder densülven thor Billicheit byplichten ene edder se vertreden, handhaven, und keineswegs verlathen willen.

[6.] Thom sösten. Dewyle wy enes gelerden Mannes, de uns in unsen Anliggen rädig syn, und unse Nothdorft, wo wy des tho doende, mit dem besten verdragen möge, hoch von nöden, hebben wy unse Medeledematen und Verwandte, Wilken van Schönenbeck, Segebaden van der Hude, Dirick Clüvern tho Emssen, und Jost Beeren vullen kamene Gewalt und macht gegeben, sick um sodanen gelehrden, geschickeden Mann tho bearbeiden, densülften tho unser aller Beste tho bestellen, und anthonemen, und wat se eme vor jarlick Besoldinge thoseggen, schall na unsem Saatzettel, wo vele einem ideren darvan jarlickes tho erleggen geboret, gerekent werden, und also ider syn Anpart allewege des Middewekens na Misericordiae domini binnen Stade, an einen bestemmenden Orthe, ame alle Sumenisse, Insage, edder Uthflicht erleggen, betalen und entrichten.

[7.] Thom sövenden und latesten. Als up dussen geholdenen Dage andere mehr unsere adelicke, riddermätige Fry- und Gerechtigkeit, wegen der Korten Tyd, nicht konnen edder mogen in Bedenken und Berathschlagung getagen, und dussem Breve, edder Bewilligung inverlivet werden, beholden wy uns uthdrücklick vor, dat wy uns hiedorch keines Dinges willen begeven, besundern unsere mehrere Gelegenheit, na Nottorft, up widere Berathschlagung gestellet hebben.

Düsse vorschrevene Stücke, Puncte und Articule, van unser Vor- und Averolderen up uns geervet und wohlhergebracht, gereden und laven wy, alle de van Ridderschop des Bremischen Erzstifts, vor uns und unse Erven, by unsern adelicken Ehren, Truwen, und guden Gloven, ok alle demjenigen, dat eeinen Redliken vam Adel binden und verplichten mach, stedes truwelick und unverbraken, ok ehrbarlick und uprochtich tho holden, ane Gefehrde, alle nige Fünde, und List, wo des Menschensinne erdenken mögen, hendangesettet. Des allen tho mehrer Tüchnisse hebben wy nabeschrevene, als Lüder Bicker, de Oldere, Wilken van Schonebeck, Segebade van der Hude, Borchert Cluver, Jost van Sandbeck, Hermann van Brobergen, Hermann van Horne, Thomas van der Decken, Detlef Schulte, Everd van der Lieth, Clawes van Tzesterfleth, Johann Quiter, Balthasar van Lunenbarge, Henrich Clüver, Detlef van der Kuhla, Jürgen van Schwanewede, Ortgies van Wersebe, Cord Klencke, Christoffer van Issendorff, Jost Beere, Segebade Marschalck, Benedictus Bremer; wegen der Kedinger Junckern averst Moritz van Nindorp, Clawes van der Decken, und Christoffer Bremer; wegen der Ostinger Junckern Gerd van Rönne; wegen der Ostersteder Junckeren Johann Barneflethe, vor uns und in Stede der ganzen gemenen Ridderschop, ok vor alle unsere Erven, unse angebaren Pitzer beneden an düssen Bref hangen lathen.

Actum Basdael, Middewekens na Conceptionis Mariae Anno Sostig.

(Decken, Familie, 4. Abth. (Urkunden), S. 38f.).

a der *fehlt in der Vorlage; in allen Abschriften vorhanden.*

1 *Bei dem hier genannten Datum 1517 Juni 26 handelt es sich um das Datum des Landtags, auf dem die Einrichtung des Hofgerichts beschlossen wurde. Der diesbezügliche Abschied ist auf 1517 Juli 3 datiert (oben nr. A.46).* 2 *1560 November 14 (oben nr. A.139).* 3 *1560 Dezember 11.*

151

Landtag 1561 Januar 13–15, Daverden

Chronikalische Nachricht

Erzbischof Georg von Bremen bietet der Stadt Bremen bezüglich der in Bremer Pfandbesitz befindlichen Burg Ottersberg die Erstattung der Pfandsumme an, lehnt eine Entschädigung der entstandenen Reparaturkosten aber ab.

Erwähnt: StA Bremen, 2-Z.6.c.
Literatur: Schwarzwälder, Haus Ottersberg, S. 137.

152

Landtag 1561 März 14, Basdahl

Chronikalische Nachricht

Die Bremischen Landstände fordern die Stadt Bremen auf, sie möge die Burg Ottersberg und zwei dem Erzbischof Georg vorenthaltene Geschütze zurückgeben. Der Stadt Bremen werden zwei Monate Bedenkzeit eingeräumt.

Erwähnt: StA Bremen, 2-Z.6.c.
Literatur: Schwarzwälder, Haus Ottersberg, S. 137.

153

Landtag 1562 Januar 8, Basdahl

Landschaftlicher Abschied

Die Bremischen Landstände beschließen über gerichtliche Regelungen, betreffend Totschlag und Notwehr.[1]

Ausschreiben: –
Protokoll: –
Abschied: Druck: Cassel, Bremensia 2, S. 682f., nr. 25 (ohne Angabe zur Vorlage).
Weitere zu diesem Landtag gehörige Quellen:–
Literatur: –

Wan einer eine Notwehr beweisen will, er sey gefangen oder nicht gefangen, sondern flüchtig; so sollen den ansuchenden Part zu seiner Beweisung Commissarien gesetzet werden, für welchen er seinen Beweiß und Zeugnisse soll füren, welches die Commissarien fleißig aufschreiben, und sekretieren, und hernach in das Amt oder Gerichte, darunter das Homicidium geschehen, schicken soll; So soll der Amptmann zum negesten ein peinlich Halßgerichte legen, für demselben soll der Gefangene, doch nicht durch den Diebhenker, sondern des Amptes oder Hauses Fueßknecht, gestelt, und die Gezeuchnisse seiner Unschult, richtlich eröfnet und verlesen werden. Ist aber der Homicida nicht gefangen, mach er einen Defensoren vor das Gerichte schikken, und seine Sachen darselbst ausführen, und seine Gezeuchnisse eröfnen, und darauf erkennen lassen, und solche Gezeuchnisse soll das Gerichte erkennen, ob der Thetter schuldig oder unschuldig. Wird dan der Reus absolviret, so hat er das zu geniessen, und soll alßdan durch die Obrigkeit zu dem seinen wieder gestadet werden, doch vorbehalten, weß der Obrigkeit in Erlegung der Unkosten und sonst gebüren will, wird er aber condemnirt, und der Reus gegenwärtig, so muß er seiner Straff gewertig seyn. Ist er absens, soll er ewig des Landes vorweiset seyn, und bleiben. So er darüber im Lande betroffen wird, alßdan sol ihme sein Recht auch wiederfahren. Darumb muß der Beklagte bei des Gnäd. Herrn Ampten umb einen Richtedag anhalten, und Ihr Commissarien den Ampten oder Gericht Herrn, die dicta testium veschlossen zustellen, die hiernach, und mi diesem Beweise der Notwer gehalten werden. Ita conclusum per status Bremenses. 8. Januar. Anno 1562.

(Cassel, Bremensia 2, S. 682f., nr. 25).

1 *Vgl. Edikt Erzbischof Christophs gegen Totschläger von 1556 o.T. (Cassel, Bremensia 2, S. 662–667; nr. 22); vgl. auch unten nr. A. 172.*

154

Derselbe Landtag

Schatzbewilligung

Die Bremischen Landstände bewilligen dem Bremer Erzbischof Georg als Landschatz einen 3 Taler-Pflugschatz, der je zur Hälfte zu Ostern und zu Michaelis (September 29) eingefordert werden soll. Die Erträge sollen zur Bezahlung von Reichsteuern und Schulden sowie für den Willkomm des neuen Erzbischofs verwendet werden. Das Bremer Domkapitel erhebt für den Willkomm des neuen Erzbischofs von den Geistlichen im Erzstift Bremen einen Willkomm in doppelter Höhe wie beim letzten Mal im Jahr 1502.[1]

Abschied: StA Stade, Rep. 5b, F. 102, nr. 20, fol. 9v (Exzerpt, 16. Jh.; ohne Überschrift und ohne Angabe zur Vorlage).

Anno domini 1562 Schattynge ynn deme Styffte Bremen thogelaten.

Donredages Octava Ianuarii tho Basdale eynen Landtschattynge dorch gemeyne Stende des Ertzestifftes van dren dalern up de ploch thogelaten, Deß de helffte up Passchen, de ander helffte uppe folgende Michaelis ynthoforderende etc.

Darvan de Ryches nastendige Sturen, ock upgebrachte Legation gelt ᵃyn Franckrich umme vorkortyn geroften der Stiffte Metze, Tul und Verdun,ᵃ ock Jochym Lutzouwen 2000 fl. golt und anderen, darmede anno LX gehandelt, schullen botalt werden. Szo schullen ok der Ledematen upgebrochte barschup tho behoff der Landesschup dare uth werden botaleth. Dath overegge schal men keren an de taffell guder, ßo Unsem Gⁿ Ff. und Heren thokamen und vorpendeth syn, und scall de Schadt bynnen Bremen gebracht werden.

Dolsulvest is deme Heren Ertzebisscuppe vorwyllygeth gewontlyken wyllekome dorch dath gantze Stiffte na older gewontheit und sunderlicke na eynem Register, dath ßylyge Bisscupp Johan scal hebben boscreven laten upthonemende,[2] Und dath dar van Neymandes im lande scal bofryeth syn.

Den willekome hefft der Her Samelen laten, Und hefft yn den Marscklanden van jederen, de boven XII jar ys olt geweßen, alß van der werde *[?]* kynderen, megeden, knechten ok vor orhen egen personen vor ideren 4 Lub. scyllynge. Und ys yn etlyken orden uppe der Gest genamen van ideren personen 4 grote, ideren groten tho VI ßwaren, Und up etlyken orden 4 grote, ideren groten tho viff ßwaren.

So hebben ock ock dath sulve jar dath Domcapittell over de Geistlichen eynen wyllkome oder Procuration tho gevende vorwyllygeth, als nemblich dath de Geistlychen Duplicem Portionem geven schullen als vormalen anno domini 1502 den vorygen Heren vorewylligeth undgegeven ys, so dar van olde antekynge vormelden etc.

(StA Stade, Rep. 5b, F. 102, nr. 20, fol. 9v)

a–a *Nachtrag am Seitenrand von gleicher Hand.*
1 *Erzbischof Christoph erhielt den Willkomm demnach bei seinem Amtsantritt als Coadiutor im Jahr 1502.* 2 *Hier dürfte das 1926 von Cappelle edierte Register des Bremer Erzbischofs Johann Rode (Johannis Rode Reg. bon.) gemeint sein.*

155

Landtag 1562 Januar 13, Daverden

Schreiben/Chronikalische Nachrichten

Die Bremischen Landstände beschäftigen sich mit dem Problem der an die Stadt Bremen verpfändeten Burg Ottersberg. Die Bremer vertreten hierzu ihre Rechtsposition.

Ausschreiben: –
Protokoll: –
*Weitere zu diesem Landtag gehörige Schreiben: StA Bremen, 2-Z.2.d.1 (Responsio Bremensium [3 Bll.],
   datiert 13. Januarii in Daverden). – StA Bremen, 2-Z.6.c (Bericht über diesen Streitfall).*
Literatur: Schwarzwälder, Haus Ottersberg, S. 137.

156
Landtag 1562 Februar 17, Basdahl

Chronikalische Nachricht

Die Bremischen Landstände fordern die Stadt Bremen auf, sie möge die Burg Ottersberg und zwei dem Erzbischof Georg vorenthaltenen Geschütze zurückgeben. Der Bremer Bürgermeister Detmar Kenckel erklärt hierzu namens des Bremer Rates seine prinzipielle Bereitschaft, bittet aber um Aufschub wegen der Religionswirren in der Stadt Bremen.

Erwähnt: StA Stade, Rep. 5b, F. 170, nr. 12. – StA Bremen, 2-Z.6.c.
Literatur: Schwarzwälder, Haus Ottersberg, S. 137f.

157
Ausschußtag 1562 März 19, Daverden

Abschied

Der Ausschuß der Bremischen Landstände beschäftigt sich mit dem Problem der an die Stadt Bremen verpfändeten Burg Ottersberg.

Ausschreiben: –
Protokoll: –
Abschied: –
*Weitere zu diesem Landtag gehörige Quellen: StA Stade, Rep. 5b, F. 170, nr. 12. – StA Stade, Rep. 5b,
   F. 170, nr. 13 (Schreiben d. Erzbischofs Georg an Hzg. Heinrich II., d. J., von Braunschweig-Lüneburg(-Wolfenbüttel). – StA Bremen, 2-Z.6.c.*
Literatur: Schwarzwälder, Haus Ottersberg, S. 138f.

158

Landtag 1562 Juni 2, Bremen

Landtagsabschied/Vertrag

Der Bremer Erzbischof Georg, das Bremer Domkapitel und die Bremischen Landstände vergleichen sich bezüglich der an die Stadt Bremen verpfändeten Burg Ottersberg.

Ausschreiben: –
Protokoll: –
Abschied: AR Stade, Hs. 9, fol. 174r–178r (Abschrift 17. Jh.; ohne Angaben zur Vorlage).
Weitere zu diesem Landtag gehörige Quellen: Brief Erzbischof Georgs an den Bremer Rat vom 3. Juni 1562, genannt in: StA Bremen, 2-Z.6.c. Nachricht über die Unterzeichnung dieses Abschieds am 8. Juni 1562: StUB Bremen, Ms a 340, fol. 35r–36r (Kelp, Fata Ottersbergensia; 18. Jh.). – StA Bremen, 1-O 1562 Juni 8 (Or.-Ausf. des Abschieds von 1562 Juni 8). – StA Bremen, 2-Z.2.b, nr. 0 (Abschrift d. Ausf. von 1562 Juni 8; 18. Jh.). – AR Stade, Hs. 9, fol. 178r/v (von namentlich genannten Vertretern des Bremer Rats und Ausschusses am 3. Juli 1562 in Bremen ausgestellter Revers des Vertrags vom 8. Juni 1562; Abschrift 17. Jh.; ohne Angaben zur Vorlage). – StA Bremen, 2-Z.2.b, nr. 0 (Abschrift des Reverses von 1562 Juni 3; 18. Jh.).
Literatur: Schwarzwälder, Haus Ottersberg, S. 140–142 (mit weiteren Nachweisen).

Zuwissen: Nachdem der Hochwürdigst in Gott Duchleuchtig, Hochgebohrner Fürst und Herr, Herr Georg, Confirmirter der Ertz- und Stifft Bremen und Minden, Administrator zu Verden, Hertzog zu Braunschweig und Lüneburgk, sambt I. F. G. Bremischen ThumbCapittul gegen E. E. Raht und Gemeinde I. F. G. Stadt Bremen von wegen des Hauses und Vogtey Ottersberg, sampt derselbigen angehörung, ein zeithero in fürderung und ferung gestanden, Daß auf Heüt Dato durch I. F. G. gesandten, auch die Verordneten eines Ehrw. ThumbCapittuls und auß der Landtschafft, desgleichen eines Erb. Rahts und der Gemeinde der Stadt Bremen dieselben allerseits gütlich beygelegt, genzlich vertragen und verglichen seynd worden nachfolgender gestadt, nemblich,

[1.] Daß ein Ehrbahr Raht von Bremen und die Gemeinde Ihrer F. G. und derselben Bremischen ThumbCapittul gutwillig wiederüm einräumen und abtreten sollen und wollen gemelt Haus und Vogtey Ottersberg mit aller zubehörung und Gerechtigkeit, auch alten und neüen Gebaw, Inmassen es E. E. Raht und die Stadt Bremen nun ein Zeitlang als sindther dem Jahre Eintausend fümfhundert sieben und Viertzig hat eingehabt, gebessert und genutzet.

[2.] Zudem sollen I. F. G. und das ThumbCapittul dem Ertzstifft zu gutem auf und zu dem Hause behalten allen Haußgerath, außgenommen eine Brawpfanne, und was dem jezzigen Drosten und Otraff Friesen von gerührtem Haußgeräht eigenthümlich zugehöret; Item allen Vorraht, wie der in zeit des Abtritts vorhanden, Klein und groß, Jung und alt, nichts daran außgenommen.

[3.] Darentgegen sollen und wollen I. F. G. und daß ThumbCapittul einem Ehrb. Rade zu Bremen wiederum Ihren Pfandschilling, welchen Sie hiebevor Otraf Friesen vergnüget, als nemlich vier tausend ein hundert und viertzig Goldgülden,

271

oder so viele an Thalern, Jedern Goldgülden zu vier und fünfzig Bremer groten zu rechnen,[1] binnen der Stadt Bremen gegen Lieferung darüber lautender, Weiland Ertzbischof Christoffern p. und des ThumbCapittuls vorschreibung zu gnüge entrichten und bezahlen.

[4.] Darentgegen ein Erb. Raht alsobald wiederümb ehemelt Haus und Vogtey abtreten und zu S. F. G. und des Thumb-Capittuls Handen stellen sollen und wollen, und soll alsdenne in zeit des Abtritts dem Rahde alles Geschütz mit der zugehörigen Arteleyey und munition, wie das itzo auf dem Hause ist, ausgenommen so etwas gefunden wurde, welches dem Stifft oder Capittul zugehörig, und zuvor in zeit, als die von Bremen das Haus bekommen, dabey gewäsen ist, gefolget werden.

[5.] Zudem sollen die Bürgere von Bremen in berührter Vogtey und vor dem Hause Ottersberg wie sonst im ganzen diesem Ertzstifft zollfrey seyn, Sie auch und andere des Rahts untersassen mit keinem Geleit geld beschweret werden, und die Leüte in vielgemelter Vogtey Ottersberge wohnhafftig, so Holtz zuverkauffen hetten, welches Ihr wehre, daß Ihnen solches von wegen Altes Gebrauchs zu verkauffen frey stünde, denselbigen soll frey seyn und bleiben, solches Holtz gegen Bremen, so woll als nach Stade und Buxtehude oder anderswo zum Marckte zu führen.

[6.] Und sollen sonst nun forthan in dieser Vogtey keine Neuwerung wieder der Gütern und der Eingesessenen der Vogtey, oder sonst deren von Bremen freyheit, inmassen Sie die von Altershero gehabt, eingeführt, und so etwas darwieder fürgenommen, solches abgeschaffet, auch Niemands von den, so dem Rahde auf und bey dem Hause gedienet, in oder ausserhalb Rechtens nicht gefähret werden.

[7.] Der zweyer Stück Geschütz halber, so Ertzbischoff Christoffer p. in verschienen Kriegslaüfften entwendet, davon der vertrag, im Jahr Tausend fünfhundert neun und viertzig aufgerichtet, meldet,[2] will Ein Ehrb. Raht mit der Gemeinde zu erster Gelägenheit handln, und sich alsdan folgents gegen S. F. G. mit underthäniger gebührender Antwohrt erklären, Alles gantz getreulich und ungefehrlich.

Des zu Uhrkunde haben die Beredung, Vertrag und Vereinigung obgedachte Herren Gesandte und underhandler von wegen Hochgedachtes Unsers Gnädigsten Herrn p., des Ertzbischoffes von Bremen p.: der Ehrbahre und Mannhaffte Claus von Eppen Haubtmann eines Ehrwürdigen Bremischen ThumCapittuls, die Ehrwürdige, Hochgelahrte und Ehrbahre Herr Ludolph von Varendörff ThumProbst und Herr Joachim Hinck ThumbDechant und der Rechten Doctor p.; Ritter- und Landschafft: die Ehrnveste und Erbahre Borchard Clüver und Wilcken von Schönebecke; und dan von wegen des Rades und der Gemeinde zu Bremen: die Ehrbahre, Weise und Vorsichtige Herr Daniel von Büren Bürgermeister, Herr Johann Brandt Rahtmann, Herman Werenberg und Cordt Kenckell beide Bürger zu Bremen und auß den verordenten der Gemeinde, dieß mit eigener Handt underschrieben. Und wir itztgenante Bürgermeister und RahtsPersohnen und uns aus den verordneten der Gemeine versprochen und zugesagt, Alsbaldt der Raht dieser Stadt, wie sich gebühret, wiederümb besetzet, daß alsden Höchstgemelten

Unserm Gnädigsten Herrn und einem Ehrwürdigen ThumbCapittul dieser Vertrag under unser Stadt Ingesiegel zum fürderlichsten soll zugestellet, auch dagegen der Stadt gleichlautenden Recess wiederumb billich zuzustellen. Geschehen zu Bremen, den andern tag des Monats Junii nach Christi Unsers Herrn Gebuhrt im Fümfzehenhundersten *[sic]* und Zwey und Sechszigsten Jahre.
(AR Stade, Hs. 9, fol. 174r–178r).

1 *Die Pfandsumme von „4140 Goldgulden = 4562 Reichstaler." Schwarzwälder, Haus Ottersberg, S. 141.*
2 *Vgl. hierzu ebd., S. 116–125.*

159
Landtag 1562 Juli 13, Achim

Schreiben

Die Bremischen Landstände verhandeln (1.) über die Probleme der an die Stadt Bremen verpfändeten Burg Ottersberg; (2.) den Streit mit der Stadt Bremen in Religionssachen.

Ausschreiben: –
Protokoll: –
Abschied: –
Weitere zu diesem Landtag gehörige Quellen: StA Stade, Rep. 5b, F. 170, nr. 13.
Literatur: Schwarzwälder, Haus Ottersberg, S. 143 u. 147–149.

160
Landtag 1563 Februar 4, Achim

Landtagsabschied (verloren)

Die Bremischen Landstände beraten über folgende Punkte: (1.) Gravamina des Adels, betreffend Hof- und Landgericht; (2.) ausstehende Reichssteuern des Erzstifts Bremen; (3.) Ansetzung eines Ausschußtags am 19. März in Daverden, zur Beratung über die von Herzog Heinrich d.J. von Braunschweig-Lüneburg (-Wolfenbüttel) vorgebrachte Schuldforderung; (4.) Auslösung verpfändeter Tafelgüter; (5.) über die von den geladenen Vertretern des Landes Wursten vorgebrachten Gravamina. Die Landstände beschließen, Verordnete zu benennen, die über die auf Burg (Bremer-) Vörde notwendigen Baumaßnahmen sowie über sonstige notwendige Befestigungsbauten entscheiden sollen.

Ausschreiben: StA Bremen, 2-Z.2.d.1 (hierin: Ausschreiben Erzbischof Georgs, datiert Verden am 17ten Januarii Anno p. 63, *mit der Ankündigung an die Landstände,* einen gemeinen Landtag uff den

Donnerstag nach Mariæ Lichtmissen, so da sein wirth der Vierdte Monatz tag Februarii, In das Dorff Achim zwischen Bremen unnd unser Hauß Langwedell (:Dan wir dißmals nach unser gelegenheitt, die Landtag stede, Dath der gewonlichen In allewege unvorfengklich:) endern mussen, *anzusetzen, zu dem die Adressaten morgens um neun uhr erscheinen sollen; mit Nennung der o.a. Verhandlungspunkte; besiegelte Or.-Ausf. Papier; aufgrdr. Siegel erh.).*
Protokoll: –
Abschied: –
Weitere zu diesem Landtag gehörige Quellen: Ebd., Rep. 5a, F. 466, nr. 1, fol. 174r–175v (Or.-Ausf. eines Schreibens der Kirch- und Deichgeschworenen des Landes Wursten an den Bremer Erzbischof Georg, datiert Mulsum [Mülsen], 1563 Februar 25 [Donnersdags vor Esto mihi Anno LXIII]; mit Bericht über ein gemeinen Landtdach tho Achim [fol. 174r]). – StA Bremen, 2-Z.2.d.1 (hierin: Schreiben Erzbischof Georgs, datiert Vorde am 25sten Aprilis Anno p. 63; Erzbischof Georg fordert gemäß dem auff nehesten abscheidt mit unsern gemeinen Bremischen Stenden uffm Landtage zu Achim genhomen, diejenigen so zu besichtigung des gebuts unsers Ertzstiffts hauses Vorde und was sunsten an der munition notwendig mangeltt, sich am Dinstag nach Jubilate [1563 Mai 4] um neun urhen anher geg[en] Vorde zu begeben; Or.-Ausf. Papier; Verschlußsiegel ab).
Literatur: –

161
Landtag 1563 August 21, Basdahl

Schatzbewilligung

Die Bremischen Landstände bewilligen dem postulierten Bremer Erzbischof Georg einen Landschatz, der zwischen Michaelis (29. September) und Martini (11. November) eingesammelt werden soll. Von dessen Erträgen sollen insgesamt 6000 Gulden als Schuldentilgung an Herzog Heinrich d.J. von Braunschweig (-Lüneburg-Wolfenbüttel) gezahlt werden.

Ausschreiben: –
Protokoll: –
Abschied: StA Stade, Rep. 5b, F. 102, nr. 20, fol. 10r (Exzerpt, 16. Jh.; ohne Angabe zur Vorlage).

Anno domini 1563 Schattinge yn deme Stiffte Bremen thogelaten.

In Augusto mense, [a]den 21 dach[a] der weken na Assumptionis Marie Virginis tho Basdale eyne Landtschattinge van gemeynen Stenden thogelaten, van eynem daler[b], de twisschen Michaeliß und Martini, schal upgenamen, und by de verordenten des Domcapittelß gekuert werden. De Schattynge schal men wenden an de forderynge, de hertoch Hynrich tho Brunswych, van wegen Hennyngh Wangelynes wedwen uppe dath Stiffte Bremen drengeth, Soß dusendt golt gulden halven, De ohme unße ßelige Here anno domini 41 schal schuldich geworden syn, Unde dee hartoch sych annympt, Syne[c] Ff G. vor solken hovethsummen gelaveth und borge geworden sy, Und als Byscup Christoffer unße salyge Her in Godt vorstorven, ßo werde dee hartoch van der Wangelynisschen und oren frunden als borge tho botolynge der hovethsummen undd nastande tynße oder thor thor inleistynge horde befordert, Und hefft darup by tyden deß itzygen Unses G[n] Heren gefordert, heffe ok deme Heren Ertzebisscoppe syne jarlyke Pension, ßo ohme de hartoge uth deme

Ffurstendomme tho Brunswick tho gevende schuldich ytlyke tyde vorentholden, Derenthalven der Her Ertzebisscupp by der Landesscup ßo vele erholden, dath de Landesscup deme Heren Ertzebisscuppe, und nycht hartoge Hinricke, dusse sture tho hulpe glaten, Und wor de nycht bolangen worde, ßo wyl de Landesscup ßo vele barschup enthlenen^d up anderen orden, Dath de 6000 fl. golt ideren fl. tho 40 Marienkrossen, schullen botaleth werden, Unde schall jegen solche vorrichtynge der Landesschupp der Wangelynisschen vorschryvynge wedder thogestelt, ock van hartogen Hinricke avermal eyn Quytinge gegeven werden, Dath S. FF. G. thom Styffte Bremen keyne mer forderunge oder sprake hebben. ^{e}Und up folgende Michaelis aver eynem Jar oder umb Passchen so scal avermalen eyn Schat van I daler wedder angann, darmede der Wangelinsschen schult gans botaleth werde. Darup unß G^{te} Her eyne vorsegelynge gegeven den 21ten Augusti anno 63.^{e} Ut ^{f}a domino Hinrico^f similiter anno domini 1554 factum est vor 16000 daler^g.

(StA Stade, Rep. 5b, F. 102, nr. 20, fol. 10r).

a–a *Nachtrag über der Zeile von gleicher Hand.* b daleR *in der Vorlage.* c *Lesung des S aufgrund nachgetragener Korrektur nicht absolut sicher.* d *irrtümlich* euthleuen *in der Vorlage.* e–e *Nachtrag von gleicher Hand am unteren Seitenrand der Vorlage.* f–f *Nachtrag von gleicher Hand am Seitenrand.* g daleR *in der Vorlage.*

162

Landtag 1564 Januar 16/17, Achim

Schatzbewilligung

Die Bremischen Landstände bewilligen die Erhebung eines 16.-Pfennigschatzes an vier Terminen.

Ausschreiben: DA Dorum, Hs. IX, nr. 5, o. pag., Landtages-Brieffe, nr. 3 (Bekhof, Nachricht; um 1710;
   Der Bremer Erzbischof Georg schreibt einen gemeinen Landttag aus auff dem Montag den tagh Anthonii, welcher sein wirdt der Sieben Zehende Jetzlauffenden Monaths, *zu dem die (ungenannten)* Adressaten uff ernanten Sieben Zehenden tags in unserm dorff Achim, morgens umb Acht Uhr bei uns und den andern Stenden Unsers Ertzstiffts ankommen sollen; Datum Verden, den 5.ten Januarii Anno p. 64.*).*
Protokoll: –
Abschied: StA Stade, Rep. 5b, F. 105, nr. 36, Bd. 2, fol. 183r (Auszug; nur Schatzbewilligung; angefertigt nach 1602).
Weitere zu diesem Landtag gehörige Quellen: –
Literatur: Schleif, Regierung, S. 63, Anm. 259. – Blanken, Basdahl, S. 75.

Anno 1564 den 16 Januarii ein Sechtzehende pfenningschatz von den algemeinen Stenden dieses Ertzstifftz Bremen bewilligt, in vier Terminen auffzubringen, [...].

(StA Stade, Rep. 5b, F. 105, nr. 36, Bd. 2, fol. 183r).

163

Landtag 1564 April 17, Stade

Landtagsabschied

Die Bremischen Landstände und der erwählte und bestätigte Bremer Erzbischof Georg verkünden die am selben Tag auf dem Landtag in Stade erzielte Einigung über strittige Punkte, betreffend das Hofgericht.

Ausschreiben: –
Protokoll: –
Abschied: StadtA Buxtehude, Urk. II 62 (besiegelte Or.-Ausf. Perg.; anhäng. Siegel gut erh.; Abschrift 20. Jh. liegt bei). – Ebd., Urk. II 66 (Abschrift 2. H. 16. Jh.). – LA Schleswig, Abt. 7, nr. 1133, fol. 27v–29v (Abschrift Ende 16. Jh.; datiert 1560 [Anno p. Sechtzig p.]). – StA Bremen, 2-Z.2.a (Abschrift um 1600). – StA Bremen, 2-Z.2.b, nr. 1 (Abschrift um 1600). – StA Bremen, 2-Z.2.b, nr. 2, S. 215–221 (Abschrift um 1600). – StA Bremen, 2-Z.2.b, nr. 3 (Abschrift um 1600). – StA Bremen, 2-Z.2.b, nr. 4 (Abschrift um 1600). – StA Bremen, 2-Z.2.b, nr. 5 (Abschrift um 1600). – StA Bremen, 2-Z.2.b, nr. 6 (Abschrift um 1600). – StA Bremen, 2-Z.2.d.1 (Abschrift um 1600). – GWLB Hann., MS XXIII 1125, fol. 62r–64v (Abschrift 17. Jh.). – StA Stade, Dep. 10, Hs. 7, S. 125–128 (Abschrift frühes 17. Jh.). – AR Stade, Hs. 9, fol. 151v–155v (Abschrift 17. Jh. in hochdeutscher Sprache). Druck: Cassel, Bremensia 2, S. 683–688, nr. 26 (ohne Angaben zur Vorlage). – Pratje, Altes und Neues 4, S. 205–209, nr. QQ (ohne Angaben zur Vorlage).
Weitere zu diesem Landtag gehörige Quellen: –
Literatur: Merker, Ritterschaft, S. 38. – Modéer, Gerichtsbarkeiten, S. 67f.

Zu wissen: Nachdem eyn zeit hero zwischen Stenden deß Ertz Stiffts Bremen von wegen des Hoffgerichts schwere mißvorstende und Irrunge sich erhalten, daher daß die von der Ritterschafft furgeben haben und sich bedunken laßen, Nachdem der Her Ertzbischoff selber als der Landesfurste vormuge des Hoffgerichtes Receßes de Anno siebenzehen,[1] sich demselben gerichte untergeben, das auch gleicher gestalt die Hern deß Capittels, prelaten, Auch die von den Stetten, weiln sie das Hoffgerichte mit bekladeten, und uber sie die Ritterschafft richten hulffen, Auch Inen sonderlich, wan man sie Irer gueter halber zu besprechen hette, darumb fur dem Hoffgerichte zu rechte zustehen, und Antwurten schuldigh seyn solten, Hinweider die hern deß Capittels unnd prelaten angezeiget, das sie als Geystliche personen, von Paubsten [sic], Romischen Keisern und Kunigen, Auch aus geistlichem Rechte, nicht alleyne Irer person, sondern Auch der gueter halber, also privilegiret und begnadet weren, daß sie solchen und dergleichen weltlichen gerichten In burgerlichen sachen nicht underworffen weren, sundern hetten eyne Geistliche Iurisdiction und gerichtszwangk, Auch Ihr heupt und Ordinarium, vormuge deßelben wolten sie Niemandts Rechten fur sein. So were Auch das Hoffgerichte Irenthalben nicht Angerichtet, sondern umb der Ritterschafft willen, sich deßen An den Buchstaben deß Receßes gezogen. Das sie aber das Hoffgerichte bekleiden und besitzen helffen, thetten sie nicht fur sich, sondern vormuge deß hoffgerichts Ordenunge, als Rehte deß Hern S. F. G. zu demutigen ehren und gefallen, damit sie weiln es Ime des Jars nicht zu geringen uncosten verleffe, das Hofgerichte zu beschicken, und des Auszuwarten, lieber vorschont werden. Die Stette darentkegen Auch furgeben, das sie Ire sunderliche privilegien und freyheit, Auch Ire burgerliche gerichte In den Stetten hetten, wo Jemandes Ire Burger zubeclagen, wuste man, wo daß Recht zusuchen were, und worde sulchs niemandt vorsaget. So betreffe Auch sie diese Ordenunge dieses hoffgerichts nicht, wurden Auch Im Receß nicht gemeldet, das sie das Hoffgerichte mit besitzen laßen, hette Auch seyne ursach, wie oben bereits vormeldet. Wan nun diesie *[sic]* dinge durch solche disputation zu große weitleuftigkeit geratten mugen, und keines weges zugeduldet gewesen, daß hiedurch die lobliche heilsame und nutzbare vorordnung deß hoffgerichtes, solte In abgangk komen oder vorhindert werdenn, So hat der Hochwurdigster in Got Vater, Durchleuchtiger und Hochgeborner Furst, Her Georg, Confirmirter deß Ertz- unnd Stiffte Bremen und Verden, Bischoff, Administrator des Stiffts Minden, Hertzog zu Braunswig unnd Leuneburgk p. Aus vetterlicher sorchfeltigkeitt und bewechnuß, das durch ordentlich gericht und Rechte, Landte und Leute erhalten werden mussen, diese dinge ßo weit getrieben und befurdert, das die herren deß Capittels und prelaten, doch unbegeben Irer habenden stadtlichen begnadungen und privilegien S. F. G. zu diemutigen underthenigen ehren und gefallen umb erhaltungh friede, ruhe und einigkeit, zu wolfart des gemeynen Vaterlandts sich dahin ercleret und begeben, das sie In Actionibus Realibus, als ein Collegium oder Corpus, wan man sie Irer güeter halben zu besprechen hette, als dan fur dem Hoffgerichte den von der Ritterschafft zu rechte stehen unnd antworten wollen.

Die Stette Bremen, Stade und Buxtehude sich dahin auch ercleret, wiewol die gemeine beschriben Rechte eyne klare vorordnungh haben, woher eyner dem Andern umb gueter zubesprechen, wo sulches zu suchen und Anzustellen, wo sie nuhn mit privilegien und frieheiten hirkegen nicht schutzen konten, und wolten sie noch konten Niemandts ordentlichen Rechtens fur seyn.

Alß nhun die von der Ritterschafft Auf solche erklerung die sache zu erkentnuß Hochgedachtes Hern Ertzbischoffen gestalt, So haben S. F. G. Darumb eynen gemeynen Landtagk Auf den Montagk nach Misericordias Domini biynnen Stade, dar sunst der zeit daß Hoffgerichte gehalten werden solte, gelecht, sich eygener person dahin begeben, und fur angehendem Hoffgerichte dieses streitigen puncts halber den gemeinen Bremischen Stenden diesen bescheidt gegeben, das S. F. G. die oben berurte geschene erklerungh der Hern, des Capittels und Prelaten gantz milde vormerckten, Darumb solte dieß Ihr erpieten, das sie Inen oben berurter gestalt, von Ihren güetern vor dem Hoffgerichte zu rechte stehen und Antworten wolten, von der Ritterschafft Angenomen werden, und solte damit dieser Pünct seyne Endtschafft habenn.

Belangendt die Stette Bremen, Stade und Buxtehude, nachdem Ir erbieten den gemeynen beschriebenen Rechten Auch nicht ungemeß were, so solte dasselbe Auch Angenommen seyn, und wo eyner von der Ritterschafft, der Stette eyne, als eyn Kommun besprechen hette, wolten S. F. G. daruff Citation An daß Hoffgerichte erkennen und mitteilen, konten dan sie sich mit einigen Privilegien oder Frieheiten Eximiren und Außziehen, die hetten sie furzubringen; wo nicht, hette dieser punct Auch seynen geweisen wegk, unnd so solten sulche sache fur dem Hoffgerichte Angenommen werden.

Diesen Furstlichen bescheidt haben die von der Ritterschafft, also beliebet und angenommen, gleicher gestalt Auch die Vorordenten eynes wirdigen Thumcapittels, die Prelaten fur sich, Auch der Stett volmechtige vorordente es gethan haben, doch mit der protestation, wo die von der Ritterschafft diesenn Abscheidt In eynem oder anderm punct nicht halten worden, so wolten daß Capittel, Prelaten und Stedte, dieses weiter unvorbunden seyn, Und solte eß Alßdan aller dynge bey dem Alten Hoffgerichts Receß, darAuß sie hidurch nicht wolten getretten seyin, blieben, Inmassen Auch demselben hidurch nichts derogiret, sondern derselbe Receß in seynen wirden und krefften seyn und blieben soll; gleicher gestalt ist hiewiderumb durch die von der Ritterschaft protestiret und bedinget worden.

Und sollen also hiemit die obenberurte erreichte mißverstende und Irrungen deß Hoffgerichts halber, zwischen der Bremischen Ritterschafft an eynem, und dem Capittell, Prelaten und den Stetten, Andertheile, gentzlich vortragen und entscheiden seyn, und sol Auch sunst dieser vortrag keynem Stande An seynen habenden privilegien, frye- und gerechtigkeiten zu nachteil oder etweß weiter gemeynet seyn und vorstanden werden, als der gesunde Inhalt mit sich bringet.

Deß zu urkunde und vester erhaltung Hochgedachter Furst dieß in funff Receß vorfaßen laßen, eynenn dem Capittell, den Andern den Prelaten, den dritten den Stetten, den Viertenn den von der Ritterschafft zugestalt, und den funfften bey deß Hoffgerichts handlung, In die furstlichen *[sic]* Cantzley vorordenet, und Alle mitt S. F. G. großen Ingesiegell versiegelet. Geschehen zu Stade den Montag nach Misericordias Domini Anno p. Sechtzigk Vier p.

(StadtA Buxtehude, Urk. II 62).

1 Oben nr. A.43 (1517 Juni 26/Juli 3).

164

Landtag 1564 Juli 11/13, auf dem Steingraben (bei Basdahl)

Landtagsabschied (verschollen)

Die Bremischen Landstände beschließen, zur Bezahlung der Schulden des Erzstifts Gelder durch Leihe aufzunehmen.

Genannt in: StA Hann., Brem. Or., nr. 1873 (1943 verbrannt). Regest: StA Stade, Rep. 81, Hs. 9 (Rep. Möhlmann 1), nr. 3608. – StadtA Stade, Abt. V.2 (Nachlaß W.v.d.Decken-Offen), F.I, nr. 8.

165

Landtag (?)¹ 1566 Dezember 2, auf dem Steingraben (bei Basdahl)

Ausschreiben 1566 November 16, (Bremer-) Vörde

Der Bremer Erzbischof Georg teilt den (ungenannten) Adressaten mit, daß er einen gemeinen Landttag uff schiresten Montag nach dem Advent, welcher der ander des Monats Decembris sein wird, an dem Steingraben außgeschrieben *hat, zu dem die Adressaten* uff sothanen Landtage, Morgens zeitlich umb neun Uhren gewiß zur stette erscheinen *sollen.*

Datum Vorde, den 16. Novemb. Anno p. 66.

Ausschreiben: DA Dorum, Hs. IX, nr. 5, o. pag., Landtages-Brieffe, nr. 4 (Bekhof, Nachricht; um 1710).
Protokoll: –
Abschied: –
Weitere zu diesem Landtag gehörige Quellen: –
Literatur: –

1 *Da keine weitere Überlieferung zu diesem Landtag vorliegt, bleibt unsicher, ob er tatsächlich stattgefunden hat.*

166

Landtag (?)¹ 1567 Januar 3, auf dem Steingraben (bei Basdahl)

Ausschreiben 1566 Dezember 18, (Bremer-) Vörde

Die Verordnete des Bremischen ThumbCapittelß *teilen den (ungenannten) Adressaten mit, daß sie zur Beratung der auf dem letzten Landtag des † Bremer Erzbischofs (Georg) zur Bezahlung der Türkenhilfe beschlossenen Schatzung (*uff negst gehaltenem Landtage Unser gewesener Gnedigster Hochloblicher gedechtnuß von wegen der Turkensteuer durch gemeiner Landschatt*),² die von einem (ungenannten) kaiserlichen* Commissarius *bereits unter Androhung von Prozeß und Strafe angemahnt worden ist,* einen gemeinen Landttag uff schirsten Freytagh nach dem newen Jahr, den dritten des Monaths Januarii zeitlich frühe Morgens zum Steingraben ausgeschrieben haben, zu dem die Adressaten uff gemelte zeitt uff den Steingrabe den morgen umb neune erscheinen sollen.

Datum Vorde, den 18. Decemb. Anno p. 66.

Ausschreiben: DA Dorum, Hs. IX, nr. 5, o. pag., Landtages-Brieffe, nr. 5 (Bekhof, Nachricht; um 1710).
Protokoll: –
Abschied: –
Weitere zu diesem Landtag gehörige Quellen: –
Literatur: –

1 *Da keine weitere Überlieferung zu diesem Landtag vorliegt, bleibt unsicher, ob er tatsächlich stattgefunden hat.* 2 *Welcher Landtag hier gemeint ist, bleibt unklar.*

167

Landtag (?)[1] 1567 Juli 22, auf dem Steingraben (bei Basdahl)

Ausschreiben 1567 Juni 27

Thumbprobst,[1] Dechandt,[3] Senior unnd Capittell der Kirchen zu Bremen *teilen Bürgermeistern und Ratsherren der Stadt Bremen mit, daß sie denn* 22sten *tag negstvolgenden Monats Julii, welcher sein wirdt der tag Mariæ Magdalenæ, einen tag angesetzt haben, zu dem die Adressaten zwe newn schlegenn vormittags, uf der gewonlichen tagstette zum Steingrabe erscheinen sollen. Verhandelt werden soll insbesondere über die Bezahlung der Türkensteuer.*

Datum [...] denn 27. Junii Anno p. 67.

Ausschreiben: StA Bremen, 2-Z.2.d.1 (besiegelte Or.-Ausf. Papier; aufgedr. Siegel erh.).
Protokoll: –
Abschied: –
Weitere zu diesem Landtag gehörige Quellen: –
Literatur: –

1 *Da keine weitere Überlieferung zu diesem Landtag vorliegt, bleibt unsicher, ob er tatsächlich stattgefunden hat.* 2 *Ludolf von Vahrendorf Dompropst.* 3 *Joachim Hinck Domdekan.*

168

Landtag (?)[1] 1567 Dezember 16, Basdahl

Ausschreiben 1567 November 24, Bremen

Thumbprobst,[2] Dechandt,[3] Senior und Capittel der Kirchen zu Bremenn *teilen Bürgermeistern und Ratsherren der Stadt Bremen mit, daß sie abermahl einen gemeinen Landtag binnen Basdall auf den Dinstag nach Luciæ, wirdt sein der*

16. tagk kunfftigen Monats Decembris *angesetzt haben, zu dem die Adressaten zeitlich umb* Acht uhre *erscheinen sollen.*

Datum Bremen [...], den 24. Novemb. Anno p. 67.

Ausschreiben: StA Bremen, 2-Z.2.d.1 (besiegelte Or.-Ausf. Papier; aufgedr. Siegel erh.).
Protokoll: –
Abschied: –
Weitere zu diesem Landtag gehörige Quellen: –
Literatur: –

1 *Da keine weitere Überlieferung zu diesem Landtag vorliegt, bleibt unsicher, ob er tatsächlich stattgefunden hat.* 2 *Ludolf von Vahrendorf Dompropst.* 3 *Joachim Hinck Domdekan.*

169
Landtag, 1568 Januar 16, Basdahl

Schatzbewilligung

Die Bremischen Landstände (ohne die Städte) bewilligen sede vacante *(!) die Erhebung eines 16.-Pfennig-Schatzes, dessen erstes Viertel in der Woche nach dem 7. März (Invocavit) gesammelt werden soll. Zugleich werden die weiteren Instruktionen für die Schatzsammler beschlossen, und dessen Erträge für die 1568 auf dem Augsburger Reichstag bewilligte Türkenhilfe sowie zur Abtragung von Schulden des Erzstifts Bremen verwendet werden sollen.*

Ausschreiben: DA Dorum, Hs. IX, nr. 5, o. pag., Landtages-Brieffe, nr. 6 (Bekhof, Nachricht; um 1710);
  Aussteller: Thumbprobst, Dechant, Senior und Capittel zu Bremen; Adressaten ungenannt. Datum [...] den 30. Decemb. Anno 67.
Protokoll: –
Abschied: –
Weitere zu diesem Landtag gehörige Quellen: StA Stade, Rep. 5b, F. 106, nr. 50, fol. 49r–53r (Instruktion der Landstände für die Schatzsammlung, ausgestellt Bremen. im Domkapitel, 1568 Februar 21; mit dem Domkapitelssiegel besiegelte Or.-Ausf. Papier).– StA Stade, Rep. 5b, F. 105, nr. 36, Bd. 1, fol. 155r ff. (Schatzrechnung).
Literatur: Schleif, Regierung, S. 63, Anm. 259f.; S. 66, Anm. 284.

Instructionn, welcher massen unnd gestalt wir ThumbProbst, Thumbdechandt, Senior und gantz Capittell der Ertzbischofflichen Kirchenn zu Bremenn unns mit den anderen des Ertzstifts Stenden, Prelaten, Ritter- unnd Lantschafften, vonn wegen der newen bewilligten unnd zugelaßenenn beschreibung des SechsZehendenn Pfenningschates uff nehesten zw Baßdahll den 16 des Monats Januarii Anno p. 68 gehaltenen Landtage verglichen, Unnd was gestaldt derselbe vonn denn Schatzpflichtigenn zu behueff der uf Anno p. 66 Zw Auspurg bewilligten Turckkenhulff unnd ablegung anderer des Ertzstifts beschwerungen die woche nach Invocavit nehestkommend[1] zum virten theill eingesamblet unnd ufs newe beschriebenn werden solle.

[folgt die weitere Schatzbeschreibung].

(StA Stade, Rep. 5b, F. 106, nr. 50, fol. 49r–53r, hier fol. 49r).

1 *Der Sonntag Invocavit fiel 1568 auf den 7. März; mithin ist die Woche 1568 März 7–13 gemeint.*

170

Landtag 1570 März 13, Basdahl

Landtagsabschied/Hofgerichtsordnung

Die Bremischen Landstände und die Verordneten des postulierten Bremer Erzbischofs Heinrich III. erlassen eine neue Hofgerichtsordnung und regeln insbesondere den Instanzenzug.

Ausschreiben: –
Protokoll: –
Abschied: StA Stade, Rep. 5b, F. 128, nr. 18, fol. 49r–50v (korrigierte unbesiegelte Reinschrift 16. Jh.).
 – Ebd., Rep. 5b, F. 128, nr. 18, fol. 52r–53v (korrigiertes Konzept; Aktentitel (16. Jh.)): Recess des hofgerichts halber auf gehaltenem tage zu Paßdall, Donnerstags nach Reminiscere bewilligett. Hoc exemplar correctum est.). – Rep. 5b, F. 128, nr. 18, fol. 55r–57v (Abschrift vor 1580; Aktentitel (16. Jh.)): Receß des Hoffgerichts Anno 70. Zu Baßdahl, inscriptum manu D. Hinckii.[1] Vörde Zuerkundigen, ob daselbst dieser Receß nicht in Originali, oder sonsten in der Landtage Protocoll zufinden). – GWLB Hann, MS XXIII 1125, fol. 113v–115r (Abschrift 17. Jh.). – StA Bremen, 2-P.1. 291, S. 598–605 (18. Jh.; Abschrift v. J. P. Cassel).
Weitere zu diesem Landtag gehörige Quellen: StA Stade, Rep. 5b, F. 92, nr. 14, Bd. 1, fol. 21r–27v (Konzept der Instruktion der erzbischöflichen Räte von der Hand des Ortgies von Wersebe; o. Dat. [vor 1570 März 13]).[2] – StA Stade, Dep. 10, Hs. 7, S. 142–145 (Edikt Erzbischof Heinrichs III. ‚De pace tenenda', ausgestellt am selben Tag in Bremervörde [Auf Unserm Schloß Vorde am 13. Martii Nach Christi Unsers Lieben Herrn und Seligmachers Geburdt ein Tausent funfhundert und Siebentzigesenn Jahre]; Abschrift frühes 17. Jh.). – HStA Hann., Celle Or. 12 (Lauenburg), nr. 256 (Or.-Ausf.), 1570 März 27, Otterndorf: Schuldurkunde Herzog Franz I. von Sachsen-Lauenburg gegenüber den Bremer Landständen, betreffend 13.000 M. sächsischen Schrots und Korns, die der Herzog für 5% Zinsen auf 12 Jahre von den Bremer Landständen geliehen hat; bei Nichtbezahlung soll das Haus Otterndorf an die Bremer Landstände fallen, unbeschadet der darauf liegenden, genannten Hypotheken; Bürgschaft leisten der postulierte Erzbischof Heinrich III. von Bremen, Herzog Franz d. J. von Sachsen-Lauenburg sowie genannte Schöffen und Bevollmächtigte aus Hadeln). Regest: Rüther, Hadler Chronik, nr. 694.
Literatur: Schleif, Regierung, S. 119. – Modéer, Gerichtsbarkeiten, S. 68.

Zuwissen, Nachdem uber Hiebevor Anno 1517 unnd 1564, des Bremischen hoffgerichts halber aufgerichtede Receß, Zwischen einem Erw. ThumbCapittell, Prelaten unnd Stedte an einem, und etzlichen Personen deß Adelß im Ertzstifft Bremen[3] anderßtheils mißvorstandt und Irrung, Wo und an wellichem orte ein Jeder obberurter Stende in prima instantia zu besprechen, Auch was vur sachenn vur berurt Bremische hofgerichte gehören solten, sich zugetragen unnd erhalten, Alß hatt Zw hinlegung derselben der Hochwirdigst Inn Godt Durchleuchtig Hochgeborne Furste und Her, Her[a] Heinrich Postulirter Ertzbischoff zw Bremen, Hertzog zu Sachssen, Engernn und Westphalen p. Auff gemeiner Bremischen Landschafft rhatlich bedenncken hewt Dato ein Beysamenkünfft zw Baßdahl beschrieben, Darauff obgedachte Parteien etzliche eigener Personen, die andern abwesenden aber durch Ire volmechtige erschienen. Unnd nach angehorter eineß

Jeden beschwerung notturfft frey- und gerechtigkheit seint dieselben Irrungenn Inn beysein Hochgedachtes Unsers Gnedigsten Hern Deß Ertzbischoffs zw Bremen darzw vorordenten Rhete unndter Ihnen den Parteien mit Irer allerseits gutem wissen und willen entlich aufgehoben, verglichen unnd vertragen worden, Wie volget:

[1.] Nemblich, do hinfurter und nach diesem tage ein Erwirdig ThumbCapittell, auch Jemants aus den Prelaten deß Ertzstiffts Bremen, alß ein Corpus oder Collegium, Oder auch undter Inen eine sonderbahre Person. so von dem Collegio oder Corpore gueter Innen hette, besässe oder gebrauchete, Inn sambt oder sonderlich umbliegende gueter solten Rechtlich angelangt unnd besprochen werden, Das sie Alßdan nicht alleine sollicher geistlichen, Sondern auch Ihrer Erbgutter halber, so sie Im Ertzstifft liegen haben, Vur den Bremischen Hofgerichte gleich andern des Adelß Im Ertzstifft dem Cleger auff seyne Clage antworten, Unnd daselbst der sachen rechtlichen Außtrag erwarten sollen unnd wollen; Jedoch sollen die Clage auf die gueter, derenthalber man sonst vur andern undergerichten Im Ertzstifft Bremen dingpflichtich Ist, hiemit nicht gemeint seynn p.

[2.] Was aber die andere Personall Klagen, alß umb gewalt, schulde unnd anders belangendt, Do derentwegen Jemandt eine geistliche Person zwbesprechende, soll solchens vur einer Jeden Obrigkheit darundter der Beclagter gesessen, in prima instantia gescheen, Unnd sie derentwegen vur dz Hoffgerichte nicht getzogen werden.

[3.] Alß aber Die Zehentsache von Alterß hero vur dem Bremischen official oder In deßem mangell vur den Ertzbischoven zw Bremen selbst ᵇoder I. F. G. dartzu verordenten Commissarienᵇ zu Rechte gehort, Ist allerseits bewilligt worden, Do Jemandt der Geistlichen ᵇoder weltlichenᵇ hinfuro sollicher Zehenden halber besprochen werden solten, dz sie altem gebrauch nach vur dem Official oder dem Ertzbischoff zw Bremen ᵇoder S. F. G. Commissarienᵇ derenthalber zw rechte antworten sollen und wollen.ᶜ

[4.] Es haben aber die Vom Adell dabey offentlich bedingt, Nachdeme von etzlichen hiebevor regierenden Ertzbischoven zw Bremen Inen Committiret und nachgegeben Innᵈ ᵇadelichen,ᵇ leibzucht, morgengabe, Erbfellen undᵉ ᵇSuccession sachenᵇ Recht zw sprechen unnd zuerkennen, Das sie durch diese Itziger verhandlung und einwilligung sich sollicher von Alterßhero Committirten unnd gehabten Cognition nicht wollen begeben habenn.

[5.] Mit den Dreien Stedten, Bremen, Stade und Buxtehude, Ist die sache entlich dahin verschoben, ᶠDz sie sich auß Dem Recess Anno 64 auffgerichtet⁴ mitt nichten wißen zu begeben, besondern laßen eß nochmalß da bei bleiben und wenden,ᶠ und vorgleichen worden, Das soviel die Convention Irer Privat Burger und underthanenn belangent, Das die billich vur eines Jeden ordentlichen Obrigkheit, darunder der beclagte gesessen, geschee; Do aber Jemandt der Stende des Ertzstiffts dero Stette eine alß eine Commun oder sonst Irer Burger unnd underthanen Jemanden erbguttern halber, so ausserhalb Irer Stadtᵍ belegenn, zubesprechen hette, Unnd derentwegenn Umb Citation bei der Landtfurstlichen Obrigkheit ansuchen wurde, Das Alßdan solliche Citation dem Clagenden theile mitgetheilet werden, Und Sie, die Stedte, darauf zw Compariren schuldig sein sollen, Jedoch dergestalt, das sie auff unnd vur demselben Hoffgerichte Ihre freiheit Irer Exemption halber vur erst einzuwenden, Unnd do dieselbe erheblich befunden, sie damitt billich gehoret, Unnd deren zugeniessen haben sollen; Wo nicht, das alßdan In der hawbtsache vur gemeltem Hoffgerichte[h] procediret werde p.

[i]Basdahl Donnerstages nach Reminiscere 1570.[i]

(StA Stade, Rep. 5b, F. 128, nr. 18, fol. 49r–50v).

a Her *fehlt in der Vorlage; in den übrigen Abschriften vorhanden.* b–b *von anderer zeitgleicher Hand am Seitenrand nachgetragen; in allen übrigen Abschriften im Text enthalten.* c *folgt in der Vorlage gestrichen:* So wollen und sollen Ingleichenn fellen auch die vom Adell sich der geburlichen Jurißdiction auch nicht außziehen; *diese gestrichene Passage fehlt in allen übrigen Abschriften.* d *folgt in der Vorlage gestrichen:* etzlichen sonderbarenn sachen so sie belandendt unnd derenn undter sich alleine zw thuen gehabt hetten, Alß Inn; *die gestrichene Passage fehlt in allen übrigen Abschriften.* e *folgt in der Vorlage gestrichen:* Andere; *die gestrichene Passage fehlt in allen übrigen Abschriften.* f–f *fehlt im Konzept u. in der Vorlage; in den übrigen Abschriften vorhanden.* g *folgt in der Vorlage gestrichen:* und Jurisdiction; *die gestrichene Passage fehlt in allen übrigen Abschriften.* h *folgt im Konzept u. in der Vorlage gestrichen:* auch; *die gestrichene Passage fehlt in allen übrigen Abschriften.* i–i *Nachtrag in der Vorlage von anderer zeitgleicher Hand; fehlt in allen übrigen Abschriften.*

1 *Dr. iur. utr. Joachim Hinck (†1580), Bremer Domherr (seit 1548), Domscholaster u. Propst von Osterholz (seit 1550), ebfl. Rat (seit 1551); vgl. Schleif, Regierung, S. 211, nr. 88.* 2 *Hauschildt (Landwirtschaft 1, S. 44, nr. 4) datiert dieses undatierte Instruktions-Konzept auf „vor 1557" und bezieht es auf den Pontifikat Erzbischof Christophs. Hauschildts Datierungsansatz ist aber sicher zu widerlegen, da im zeitgenössischen Aktentitel auf fol. 27v ausdrücklich ein Landtdach Archiepiscopi Henrici genannt wird, für den dieses Konzept angefertigt worden ist (was Hauschildt entgangen ist). – Der Bezug dieses Konzepts zum Landtag von 1570 März 13 ist sicher zu erschließen: Im Konzept wird die 1568 November 1 in Köln von Erzbischof Heinrich beschworene Wahlkapitulation (Druck: Cassel, Bremensia 2, S. 561–565) explizit erwähnt (fol. 21v: obwohl S. F. G. sich hiebevor zu aller nottorfft Jegen daß Thumbcapittel dohin obligiret, [...]). Das Konzept muß demnach nach 1568 angefertigt worden sein. Da der Landtag von 1570 März 13 der erste nachweisbare Landtag Erzbischof Heinrichs nach Beschwörung der Wahlkapitulation war, kann sich dieses Konzept demzufolge frühestens auf diesen Landtag beziehen. Da zudem aber unter Punkt 4 des Konzepts die für den Landtag vorgesehene Beratung über landständische Gravamina hinsichtlich der Notwendigkeit einer neuen Hofgerichtsordnung genannt wird, muß das Konzept vor Verabschiedung dieser Ordnung angefertigt worden sein, mithin vor 1570 März 13. Somit ist zweifelsfrei erwiesen, daß es nur für den Landtag von 1570 März 13 angefertigt worden sein kann.* 3 *Oben nr. A.46 (1517 Juli 3) u. A.143 (1564 April 17).* 4 *Oben nr. A.163 (1564 April 17).*

171

Landtag (?)[1] 1570 August 31, auf dem Steingraben (bei Basdahl)

Ausschreiben 1570 August 11/12, (Bremer-) Vörde

Der Bremer Erzbischof Heinrich III. schreibt einen gemeinen Landtag *aus* uff schirsten donnerstag nach Decollationis Johannis, wirdt sein der 31.te oder lezte dieses Monats zum Steingrabe, *zu dem die (ungenannten) Adressaten* zeitlich umb acht Uhr vormittags *erscheinen sollen. Themen: Anhörung und Beratung über die* Relation von dem Verordneten Außschuße *sowie, falls erforderlich,* Appellationsachen *von Seiten der Adressaten.*

Datum Vorde am 11. Augusti Anno p. 70 *(DA Dorum, Hs IX, nr. 5)/*Datum Vorde den XII[ten] Augusti Anno p. LXX *(StA Bremen, 2-Z.2.d.2).*

Ausschreiben: DA Dorum, Hs. IX, nr. 5, Landtages-Brieffe, *nr. 7 (Bekhof, Nachricht; um 1710; datiert 1570 August 11). – StA Bremen, 2-Z.2.d.2 (besiegelte Or.-Ausf. Papier; aufgedr. Siegel erh.; datiert 1570 August 12).*
Protokoll: –
Abschied: –
Weitere zu diesem Landtag gehörige Quellen: –
Literatur: –

1 *Da keine weitere Überlieferung zu diesem Landtag vorliegt, bleibt unsicher, ob er tatsächlich stattgefunden hat.*

172
Landtag 1571 Juli 16, auf dem Steingraben (bei Basdahl)

Landtagsprotokoll

Die Bremischen Landstände verhandeln über folgende Punkte der erzbischöflichen Proposition, die ihnen durch die erzbischöflichen Räte Jost Bheren Landrost, Marx Kellern Cantzlern, Ortgyß von Wersaben, Niclaß Boschen Probsten zum Newen Closter *vorgetragen worden ist: (1.) vom Reichspfennigmeister eingeforderte Türkensteuer; (2.) Abgabe für den* Kreyß Kasten *(des Niedersächsischen Reichskreises); (3.) dem Erzstift Magdeburg von Seiten des Erzstifts Bremen noch schuldige* Krigskosten; *(4.) Verhandlung über die Verringerung (*Moderation*) der an das Reich zu zahlenden Abgaben; (5.) Übernahme der Kosten für einen Advokaten für Verhandlungen in dieser Sache durch die Landstände; (6.) Appellationen vom Hofgericht an den Landtag; (7.) Fortgang der Streitigkeiten des Erzschofs* wider Dennemarck und Holstein *wegen Dithmarschen sowie mit der Stadt Hamburg wegen der Elbschiffahrt (*Elbfart*); diesbezüglich* Reichßtag Commissiones außgebracht; *Bitte um Übernahme der dadurch entstandenen Kosten durch die Landstände; (8.) Änderung des* Totslags halben ergangenen *vorige* edict,[1] *dahingehend, daß diejenigen, die geflohen sind (*gewichen*), sich zum Prozeß nicht in Gefangenschaft begeben müssen, sondern sich dort durch einen Bevollmächtigten (*per procuratorem*) vertreten lassen können; (9.) Übernahme von Baukosten durch die Landstände für Baumaßnahmen von acht Tagen an Burg (*Bremer-*) Vörde, betreffend das neue Tor (*die newe pforte am Haueße Vorde*) und das Gewölbe (*gewelbe*); (10.) Beratung über das weitere Vorgehen des Erzbischofs im Prozeß gegen den Bremer Rat nach dessen Appellation gegen das ergangene Ur-*

*teil, was S. F. G. Regalien zu Abbruch gelangen thete; (11.) Vorgehen, wie den gartenden Landsknechten zu steuern ist; (12.) Holzverkauf; (13.) Vorgehen gegen Wildschützen (*wiltschutzen*).*

Zu Punkt (1.)–(3.) sichern die Landstände zu, alles zu tun, was den Standen geburet; *zu weiteren Verhandlungen sollen* auff des Thumbcapittuls schrifftlich erfurdern eyner von den Prelaten, vom Adell Christoff von Issendorf, Corde Klencke und Burch. v. Schwanewedel (...) zu Bremen einkommen; *zu Punkt (4.) und (5.) erklären sie, daß diese Summen* auß dem gemeynen gelt genommen *werden sollen; Punkt (6.)* wird zum negsten Lantage vertrostet; *Punkt (7.)* Soll auch auff gemeynen uncosten geschehen; *Punkt (8.) stimmen sie zu; Punkt (9.)* wird Inn negsten Lantag *verschoben; zu Punkt (10.)* haben sie mit den Bremern gesprochen und die Bremer wollen *sich gegen das Thumbcapittel erclaren, ob Sie darein williglen konnen; zu Punkt (11.) schlagen sie vor, daß der Erzbischof die gartenden Landsknechte nach gelegenheit, vermuge deß Heil. Reichs Ordnung und Mandaten straffen soll; zu Punkt (11.) schlagen sie, bei sonstiger Zustimmung, vor, dahin zu wirken, daß Holtz auß dem Stiffte nicht muge gefhuret werden; zu Punkt (13.) erklären sie ihr Placet.*

Datum: Anno 1571, Montags den 16. July Ist ein gemeyner Landdach Zum Steingrabe gehalten.

Ausschreiben: StA Bremen, 2-Z.2.d.2 (von Erzbischof Heinrich III. ausgestellt; Datum Vorde ahm Ersten Junii Anno p. LXXI.; Or.-Ausf. Papier; Verschlußsiegel ab).
Protokoll: StA Stade, Rep. 5b, F. 92, nr. 14, Bd. 1, fol. 28r–33v (von der Hand des Ortgies von Wersebe, in sehr flüchtiger Schrift).
Abschied: –
Weitere zu diesem Landtag gehörige Quellen: nr. A.173. – StA Bremen, 2-Z.2.d.2 (Konzept eines Schreibens des Rats der Stadt Bremen an den Rat der Stadt Stade; 1571 Juli 13).
Literatur: Hauschildt, Landwirtschaft 1, S. 45, nr. 5. – Bachmann, Tagungsorte, S. 85.

1 *Edikt Erzbischof Christophs gegen Totschläger von 1556 o.T. (Cassel, Bremensia 2, S. 662–667; nr. 22); vgl. auch oben nr. A. 153.*

173

Derselbe Landtag

Zitationen

Zitationen der Bremischen Landstände und der Ritterschaft als Appellationsinstanz, betreffend die vor den gesamten Landtag oder vor die Ritterschaft gebrachten Rechtsstreitigkeiten genannter Personen.

Zitation: StA Stade, Rep. 5b, F. 92, nr. 14, Bd. 1, fol. 31r–32r (Konzept oder gleichzeitige Abschrift, mit Nachtrag).

Citationes auffn Steingrabischen Landtag Montags nach Margarete, den 16. Julii Anno p. 71.

[1.] Johan Krudener unnd Johan Brummer fur sich und in namen seiner gebruder, beclagen Benedictus Bremer unnd seine mitt consorten von wegen ungeburlicher vorlengerung unnd uffhaltung seiner vermeinten appellation, Idoch das Ihnen diese Citation an gebottener execution unverletzlich sein soll.

[2.] Dorothea Schonebeck, seligen Herman von Brobergen nachgelassene wittwe, beclagt Iren Bruder Johan von Schonebeck, vonn wegen eines Frawengerades, so die bevorn vom Hoffgericht an gemeine Bremische Glidtmassen ist Remittirt, unnd sunst etzlicher mehr ansprache.

[3.] Johan vom Schonebeck verclagt seine Schwester vorgemelt, widerumb von wegen Jungst aufffm Hoffgericht zu Staden gesprochener Sententz, seiner seligen Mutter Testament belangend, davon ehr Appellirt, laudt seinem derwegen Infimirtem appellation Instrumento.

[4.] Leffrentz Lembke beclagt Otten von Hadelen, von wegen eines Frawengerades, so iungstmahls, wie auch vorhin, vom Hoffgericht, an und fur gemeine Ritterschaft ist Remittirt wurden.

[5.] Melchior, Jacob unnd Augustin die Drewese gefettern seligen Clawes Kulen beclagen desselbigen nachgelassen wittwen Margreten Marschalckes und berurts Claus Kulen seine Schwester Beken Kulen Closter Junffern zur Himmelpforten von wegen seiner, Claus Kulen, nachgelassenen gutter.

[6.] Noch beclagen sie imgleichen Clawes Brummern den Eltern, Christoffern vom Ronne, Otto Segeman, unnd seine gebruder und Basilius von Indorffen [sic], mitt seinen Schwegernn.

[7.] Heinrich von Brobergen beclagt Margreten seligen Carsten van Estorpes nachgelassen wittwen, Ire Kinder unnd Vormunder, vonn wegen Ires seligen Mannes unnd Vattern Erbschaft, unnd was dem anhengig ist, so er durch Rechtmessigen Tittel an sich gebracht unnd erkaufft haben soll.

[8.] Benedictus Bremer unnd seine mitt consorten beclagen Johan Krudener, Johan Brummer unnd Ire mitt litis consorten, von wegen Anno p. 70 binnen Stade eroffenter Sententz, unnd darauf erfolgter Insinuirten Apellation, Dieselbig auf Itzigem Steingrabischen Landtage ferner Justificiren siehen.

[9.] Bernhardus Bisterfelt fur sich unnd In namen seiner Ehelichen Hausfrawen, sampt andern mitt litis Consorten, beclagen seligen Heinrich Cluver des Eltern nachgelassen Erben, von wegen eines Leipzigschen Urtheils, hirbevorn gegen sie zu Bremen eroffnet, davon sie Appelirt, Laudt derhalben Insinuirten Appellation Instruments.

[10.] Segebade von der Hude, Beclagt Jurgen von Schwanewedel von wegen seines seligen Bruder Alverichs, seinem, des beclagten, auch seligen Bruder Luder vom

Schwanewedel furgestrekten geldes, so von Jungstem Stadischen Hoffgericht, an unnd fur die gemeine Bremische Ritterschaft Remittirt wurden.

[11.] Noch beclagt er seligenn Michel Korns Erben unnd Burgenn im Ampte Newen Haus, als nemblich Hei *[sic]* Schutten, Clawes Hagel unnd Meinert Zum Kadenberge, umb seines seligen bruder Alverichen furgestreckten Summen golt unnd Thaler.

[12.] Noch seindt uf letzt Zu Stade gerichtlichen gegebenen Abscheidt Gevert von der Hude, sein Bruder unnd dero Consorten, seligen Alverichs Kinder anhero als Jure tecty furgeladen.

[13.] Beke, seligen Clawes Hermelinges nachgelassen wittwe, unnd Anna, Hermans vom Horne des Eltern Eheliche Hausfrawe, beide seligen Johan Cluvers nachgelassene Tochtere, Beclagen Benedictus Bremer, von wegen seligen Junffer Margreten Bremers vorlassenen Frawengerats, dozu sie die negsten sein sollen.

[14.] Jost Beke beclagt Evert vonn der Lidt, Joachim von Staffhorst, unnd Jost von Weigen, von wegen der Spaden nachgelassen gutter.

[15.] Catharina Bocks, seligen Dittrich von Horne nachgelassene wittwe, beclagt Herman Badenhop, Albert Meier, unnd Olrich Bottken burgere zu Vehrden, Demnach sie Anno p. 70 zu Bremen uffm Hoffgericht mitt einem Urtheil beschwert, Davon sie Appelirt laudt Insinuirtem Appellation Instruments, wilche sie bedacht ferner fur der Bremischen Ritterschaft zu Justificiren.

[16.] Herman von Horn Der Elter, beclagt Margreten Groten seligen Heinrich Cluver des Jungern nachgelassen wittwen, Ire Kinder unnd vormunden, von wegen seiner Ehelichen Hausfrawen Hinderstendigen Braudtschatz, Kleider unnd Kleinodien, worinnen die guttliche angesetzte verhor unnd handlung entstandenn.

[17.] ªAnna Gruben ßeligen Michael vom Bruche vorlassen witfrawe beclagt Clawes und Johan Gruben, von wegen seligen Otten Gruben vorlassen Erbgute fur der gemeiner Ritterschafft, Dahin Diese sache Anno p. 69 von Furstlichem Hoffgericht ist Remittirt wurden.ª

(StA Stade, Rep. 5b, F. 92, nr. 14, Bd. 1, fol. 31r–32r).

a–a *Nachtrag in der Vorlage von anderer gleichzeitiger Hand.*

174

Landtag 1571 Dezember 3, ausgeschrieben auf den Steingraben (bei Basdahl), wegen Unwetters verlegt nach Basdahl

Landtagsprotokoll

Die Bremischen Landstände verhandeln über die Punkte der erzbischöflichen Proposition: (1.) Probleme, die vom Erzstift Bremen für das Reich, speziell wegen der Türkensteuer, aufzubringenden Gelder durch den Ertrag des 16.-Pfennig-Schatzes zu zahlen; (2.) Gravamina der Kehdinger und Altländer, betreffend die Besteuerung der städtischen Güter in ihren Landen; (3.) Schreiben von Dr. Julius Martt an den Bremer Ebf. (Heinrich III.), betreffend die vom Erzstift Bremen geforderte Ergänzung des Reichsvorrats; (4.) Schreiben des Kaisers (Maximilian II.), betreffend den Römerzins; (5.) Schreiben des Erzbischofs von Magdeburg (Joachim Friedrich) wegen der vom Bremer Erzbischof für den Kriegszug bewilligten Beihilfe eines einfachen Römerzugs; (6.) Appellationen der Landschaft und der Ritterschaft; (7.) Bericht an die Landschaft über die Verhandlungen des Erzbischofs auf dem Moderationstag in Frankfurt; (8.) Bitte des Erzbischofs um eine Hand-Hilfe; (9.) Durchführung einer Musterung des Landesaufgebots.

Den 3. Decembris[a] Anno 71. ist ein Bremischer Landtag aufm Steingraben ausgeschrieben, doch wegen des Ungewitters zu Basdahll gehalten worden p. *(StadtA Buxtehude, LSt, F. II).*

a *in der Vorlage korrigiert* aus Octobris.

Ausschreiben: –
Protokoll: StadtA Buxtehude, LSt., F. II (ehem. D I 3), nr. 1. – StA Bremen, 2-Z.2.c.1.
Abschied: –
Weitere zu diesem Landtag gehörige Quellen: –
.Literatur: –

175

Landtag 1572 Juli 17, auf dem Steingraben (bei Basdahl)

Landtagsprotokoll

Die Bremischen Landstände verhandeln über (1.) eine neue Kirchenordnung und eine Kirchenvisitation; (2.) neu beschlossene, an das Reich zu zahlende Steuern; (3.) Abgaben an den Niedersächsischen Reichskreis; dieser Punkt wird an den

Ausschuß überwiesen; (4.) Beihilfe der ‚Freien' zum 16.-Pfennig-Schatz; (5.) Musterung des Landesaufgebots; (6.) Appellationen der Ritterschaft in privatrechtlichen Klagen; (7.) Schulden und Erbe des Segeband von der Hude im Amt Neuhaus; Gewährung einer Bauhilfe für den Erzbischof (Heinrich III.).

Ausschreiben: –
Protokoll: StA Stade, Rep. 5b, F. 92, nr. 14, Bd. 1, fol. 34r–39v (Abschrift 16. Jh.).
Abschied: –
Weitere zu diesem Landtag gehörige Quellen: –
Literatur: EKO 7.II.1, S. 11, Anm. 75a. – Hauschildt, Landwirtschaft 1, S. 45f., nr. 6. – Bachmann, Tagungsorte, S. 85.

176

Landtag 1573 Juli 20, Basdahl

Landtagsprotokoll

Die Bremischen Landstände verhandeln über (1.) die auf dem letzten Landtag unerledig gebliebenen Punkte; (2.) eine neue Polizeiordnung; (3.) Ausschreibung einer Schatzung, deren Erlös für die Zahlung der Abgaben an das Reich sowie als Bauhilfe für den Erzbischof (Heinrich III.) verwendet werden soll; (4.) Huldigung und Privilegienbestätigung; (5.) Landesverteidigung, Musterung, Sate der Ritterschaft; Beistand auswärtiger Ritter; (6.) Konflikte mit der Stadt Bremen; (7.) Erlaß einer Ordnung gegen Wildschützen; (8.) die laufenden Kriegsereignisse; dazu wird Einvernehmen erzielt, fremde Truppenwerbung und Reislaufen zu verbieten.

Ausschreiben: –
Protokoll: StA Stade, Rep. 5b, F. 92, nr. 14, Bd. 1, fol. 40r–59v u. ein unpaginiertes Bl. (1573 Juli 20).
 – StadtA Buxtehude, LSt., F. II (ehem. D I 3), nr. 1. – StA Bremen, 2-Z.2.c.1.
Abschied: –
Weitere zu diesem Landtag gehörige Quellen: –
Literatur: Hauschildt, Landwirtschaft 1, S. 46, nr. 7.

177

Landtag 1573 September 24, Basdahl

Landtagsprotokoll

Fortsetzung des Landtags von 1573 Juli 20 (nr. A.176).

Ausschreiben: –
Protokoll: StA Stade, Rep. 5b, F. 92, nr. 14, Bd. 1, fol. 60r/v (gezählt als fol. 60 u. 61) u. 69v. – StA Bremen, 2-Z.2.c.1.

Abschied: –
Weitere zu diesem Landtag gehörige Quellen:–
Literatur: –

178

Landtag 1573 Oktober 22–23, Basdahl

Landtagsprotokoll

Die Bremischen Landstände verhandeln am 22. Oktober in Abwesenheit und am 23. Oktober in Anwesenheit des Erzbischofs (Heinrich III.) über diejenigen Punkte, die durch geringes Erscheinen und vorzeitigen Abzug von Angehörigen der Lantschafft *auf dem letzten Landtag unerledigt geblieben sind: (1.) Ausschreibung eines 16. Pfennigschatzes, deren Erlös für die Zahlung der Kontributionen an das Reich sowie für die Hofhaltung Erzbischof (Heinrichs III.) verwendet werden soll; (2.) Ergänzung des Sateregisters (für die Musterung des Landesaufgebots); eine neue Polizeiordnung; (3.) Anordnung des Ausschusses; (4.) Privata, betreffend zum einen die von Bremen und zum andern Segeband von der Hude wegen Neuhaus.*[1]

Anno p. 73 den 22sten Octobris hat Unser Gnedigster Her Ausgeschrieben eynen Gemeynen Lanttag zu Basdalhe, *[...] (StadtA Buxtehude, LSt., F. II, nr. 1).*

Ausschreiben: –
Protokoll: StadtA Buxtehude, LSt., F. II (ehem. D I 3), nr. 1. – StA Bremen, 2-Z.2.c.1.
Abschied: –
Weitere zu diesem Landtag gehörige Quellen:–
Literatur: –

1 *Vgl. nr. A.175 (1572 Juli 17).*

179

Landtag 1574 Dezember 1

Landtagsprotokoll

Die Bremischen Landstände verhandeln über (1.) die auf der Musterung am 29. Oktober [1574] auf der Oereler Heide (auff der Orlheide jungsten den 29sten 8bris in der Munsterung) *festgestellten Mängel des Landesaufgebots; (2.) Türkenhilfe; (3.) Schatzpflicht der Bauerngüter in Marschlanden, die im Besitz von Stadtbürgern sind; (4.) vor den Erzbischof gebrachte Beschwerden, daß die von der Ritterschaft vor den Landtag gebrachten Appellationen dort nicht zügig genug*

291

erörtert worden sind; (5.) Abgaben an den (Niedersächsischen) Reichskreis, die bereits unter Strafandrohung angemahnt worden sind; (6.) die bisher noch nicht durchgeführte Vollziehung zweier kaiserlicher Mandate, eines über die Münze und eines über das Kriegswesen, durch den Erzbischof (Heinrich III.); (7.) Zahlung ausstehenden Salärs an Mauritius Winkelmann, Advokat am Reichskammergericht; (8.) Streitfall (Irrung) zwischen Luder Clüver und Johann Clüver. Auf die Propositionen antworten im Namen* Capituli et prelatorum Ortgise Schulten, Dirik von Galen, D. Eggeling,[1] Archiabbas.[2]

Denn 1sten Decembris Anno p. 74 hatt Unser Gnedigster Her eynen gemeynen Lanttag auschreibenn unnd durch I. F. G. Cantzler D. Stellebogen[3] In I. F. G. Jegenwart nachfolgende propositiones der Lantschafft laßen furtragen *[folgt das weitere Protokoll (StadtA Buxtehude, LSt F.II)].*

Ausschreiben: –
Protokoll: StadtA Buxtehude, LSt., F. II (ehem. D I 3), nr. 1. – StA Bremen, 2-Z.2.c.1.
Abschied: –
Weitere zu diesem Landtag gehörige Quellen: –
Literatur: –

1 *Dr. iur. utr. Gedeon Eggeling, 1579–1581 erzbischöflich-bremischer Kanzler (Schleif, Regierung, S. 202f., nr. 14).*   2 *Christoph Bicker, Erzabt von Harsefeld 1548–1575 (Schulze, Harsefeld, S. 39f.).*
3 *Kanzler Dr. Sebastian Stelbogen (Schleif, Regierung, S. 202, nr. 13).*

180
Landtag 1575 März 24, Basdahl

Landtagsprotokoll

*Die Bremischen Landstände verhandeln über (1.) die auf der letzten Musterung auf der Oereler Heide (*In Jungster Munsterung Auff der Orlerheide*) festgestellten Mängel des Landesaufgebots; (2.) die Pflicht zur Leistung des Roßdienstes durch etzliche Auslendische und im Ertzstifft beguterte vom Adell; (3.) Türkenhilfe; (4.) vor den Erzbischof gebrachte Beschwerden, daß die vor dem Landtag schwebenden (Gerichts-) Verfahren dort nicht zügig genug erörtert werden; (5.) Schatzpflicht der Bauerngüter in Marschlanden, die im Besitz von Stadtbürgern sind.*

Ausschreiben: –
Protokoll: StadtA Buxtehude, LSt., F. II (ehem. D I 3), nr. 1. – StA Bremen, 2-Z.2.c.1.
Abschied: –
Weitere zu diesem Landtag gehörige Quellen: –
Literatur: –

Den 24sten Martii Anno 1575 hatt Unser G. Her der Ertzbischoff zu Bremen eynen gemeynen Lanttag ghen Basdael Auschreiben laßen und seindt I. F. G. Alda In eigner personen gewesen;

Irer F. G. Rethe aber: D. Sebastian Stellenbogen Cantzler, Marcus Keller, Cristoff Schiver Licentiat., M. Georg Birkennfeltt.[1]

Wegen des Capittels: Joachim Hinke D. und Thumbdechant, Orttgise Schulte, Otto von der Hude, Thumbhern,[a] D. Gedeon Eggeling syndicus.

Die Ritterschafft aber ist alda In großer anzall gewesen.

Wegen der stette: Bremen: H. Eilert Haveman Burgermeister, D. Cristoff Widekint Syndicus, H. Gertt Schnederman Rathman.

Stade: H. Cristoff von Eitzen, H. Johan Wike Licentiat, Burgermeyster.[a]

Buxtehude: H. Ludolff Schrader Burgermeyster, Johannes Focrelle Secret. *[folgt das weitere Protokoll].*

(StadtA Buxtehude, LSt., F. II (ehem. D I 3), nr. 1).

a *mit einer geschweiften Klammer versehen; ist auf die beiden vorgenannten Personen zu beziehen.*
1 *Magister Georg Birkenfelder, Hofrat (Schleif, Regierung, S. 225, nr. 4).*

181
Landtag 1576 Februar 4, (Bremer-) Vörde

Erzbischof Heinrich III. und die Bremischen Landstände kommen am 4. Februar 1576 zu einem Landtag in (Bremer-) Vörde zusammen (mehr nicht bekannt).[1]

Ausschreiben: –
Protokoll: –
Abschied: –
Weitere zu diesem Landtag gehörige Quellen: StA Stade, Rep. 5b, F. 92, nr. 14, Bd. 1, fol. 75v (Rückvermerk).
Literatur: –

1 *Dieser Landtag konnte nur durch den o.a. Rückvermerk nachgewiesen werden.*

182
Landtag 1576 April 3 Basdahl

Landtagsprotokoll

*Die Bremischen Landstände verhandeln, nach vorangegangenen diesbezüglichen Beratungen des Ausschusses, über die im Erzstift Bremen versammelten Landsknechte (*zusamelauffung des krigsvolckes*).*[1]

Den 3ten Aprilis An. 76 zu Basdall eynn Gemeyner Bremischer Lanttag gehalten, da Unser G. Her Jegenwertig gewesen.

Ausschreiben: –
Protokoll: StadtA Buxtehude, LSt., F. II (ehem. D I 3), nr. 1. – StA Bremen, 2-Z.2.c.1.
Abschied: –
Weitere zu diesem Landtag gehörige Quellen:–
Literatur: –

1 Zur Sache vgl. Schwarzwälder, Bremen 1, S. 255.

183

Landtag (?)1 1576 April 16, Basdahl

Ausschreiben 1576 April 8, (Bremer-) Vörde

Der Bremer Erzbischof Heinrich III. schreibt einen gemeinen Landtag aus, der am schirstkunfftigen Montage nach Palmarum, den 16.ten dieses Monats, zue früher Tagezeit in Baßdahll *stattfinden soll.*

Datum Vorde am Sontage Judica, Anno 76 p.

Ausschreiben: DA Dorum, Hs. IX, nr. 5, o. pag., Landtages-Brieffe, nr. 8 (Bekhof, Nachricht; um 1710).
Protokoll: –
Abschied: –
Weitere zu diesem Landtag gehörige Quellen: –
Literatur: –

1 Da keine weitere Überlieferung zu diesem Landtag vorliegt, bleibt unsicher, ob er tatsächlich stattgefunden hat.

184

Landtag 1576 Dezember 18/19, (Bremer-) Vörde

Landtagsabschied (verschollen)

Die Bremischen Landstände verhandeln über (1.) Zahlung einer Reichshilfe (60 Monate in 6 Jahren zu je 2 Terminen); (2.) Ausführung des Reichslandfriedens; Verbot der Söldnerwerbung ohne Ständekonsens; (3.) Kriegsereignisse im Reich; Reislaufverbot; (4.) Mandat gegen Totschläger, insbesondere Notwehr betreffend; (5.) Gewährung eines 16.-Pfennig-Schatzes, um die steigenden Lasten zahlen zu können; (6.) Ordnung des Rittergerichts.

Ausschreiben: –

Protokoll: StA Stade, Rep. 5b, F. 92, nr. 14, Bd. 1, fol. 62r–76v. – StadtA Buxtehude, LSt., F. II (ehem. D I 3), nr. 1. – StA Bremen, 2-Z.2.c.1 (Auszug). – StA Stade, Dep 10, Hs 9, fol. 1r–4v (Abschrift 17. Jh.).
Abschied: StA Stade, Rep. 5b, F. 105, nr. 36, Bd. 2, fol. 183r (kurzer Auszug; nur Schatzbewilligung; angefertigt nach 1602). – Ebd., Rep. 5a, F. 143, nr. 7, fol. 5r (Auszug; nur Schatzbewilligung; angefertigt nach 1602).
Weitere zu diesem Landtag gehörige Quellen: StA Stade, Rep. 5b, F. 92, nr. 14, Bd. 1, fol. 62r–68v (Propositio; darin eingebunden fol. 66r: erzbischöfliche Instruktion von derselben Hand wie in F. 92, nr. 16). – Ebd., Rep. 5b, F. 92, nr. 16 (Or.-Ausf. zweier kurzer erzbischöflicher Instruktionen, betr. ein newe Mandat der Todtschleger halber, sonderlich wie es mit der nottwehr [...] solte gehalten werdenn [...]. Datum Hagen, den 11ten Decembris Anno p. 76). – Ebd., Rep. 5b, F. 105, nr. 36, Bd. 2, fol. 18r–23v (Register des up den Anno 1576 den 18 decembris bewilligten Sesteinpenninck und des 79 bewilligten Plochschatzes[1]).
Literatur: Hauschildt, Landwirtschaft 1, S. 46f., nr. 8.

1 Daß im Jahr 1579 von den Bremer Landständen ein Pflugschatz bewillig worden sei, ist nur hier überliefert.

185

Landtag 1578 Juli 28, auf dem Steingraben (bei Basdahl)

Landtagsprotokoll

Die Bremischen Landstände verhandeln über die bereits angemahnten Schulden des Erzstiffts Bremen beim (Niedersächsischen) Reichskreis in Höhe von mehr als 2600 Talern. Den Vorschlag der erzbischöflichen Räte, zu deren Bezahlung den 3. Termin des 16.-Pfennig-Schatzes vorzuziehen, lehnen die Landstände ab, stattdessen nehmen die erzbischöflichen Räte den Vorschlag der Landstände an, diese Summe gegen Zinsen zu leihen.

Privata: *In einer vor den Landtag gebrachten Klage nehmen die Landstände eine* Missive *des Johan von der Lithe an, in welcher er erklärt, daß er Jost von Bheren nicht als Erbe des Franz von der Litte anerkennt.*

[...] Zum Steingrabe Den 28sten Julii Anno 1578 eynen Gemeynen Lanttag Ausgeschrieben, [...] *(StadtA Buxtehude, LSt., F. II, nr. 1).*

Ausschreiben: –
Protokoll: StadtA Buxtehude, LSt., F. II (ehem. D I 3), nr. 1. – StA Bremen, 2-Z.2.c.1.
Abschied: –
Weitere zu diesem Landtag gehörige Quellen: –
Literatur: –

186

Landtag 1578 Dezember 22, auf dem Steingraben (bei Basdahl)

Landtagsprotokoll

Die Bremischen Landstände verhandeln über: (1.) die Bezahlung von Geldern an den Niedersächsischen Reichskreis; (2.) die vom Bremer Erzbischof (Heinrich III.) verlangte Handhilfe für die Befestigung der Burg (Bremer-) Vörde; (3.) die erzbischöfliche Forderung, daß sich das Landesaufgebot gerüstet parat halten solle; (4.) die Bestätigung eines Ritterschafts-Präsidenten gemäß dem Bremischen Ritterrecht (von 1577);[1] *(5.) Benennung von Ort und Tag zur Verhandlung der auf den Landtagen anhängigen (privatrechtlichen) Prozesse von Angehörigen der Ritterschaft.*

Anno 1578 den 22. Dec. zum Steingraben *(StadtA Buxtehude, LSt., F. II, nr. 1).*

Ausschreiben: –
Protokoll: StadtA Buxtehude, LSt., F. II (ehem. D I 3), nr. 1. – Ebd., nr. 2. – StA Bremen, 2-Z.2.c.1.
Abschied: –
Weitere zu diesem Landtag gehörige Quellen: –
Literatur: –

1 Druck: Ritter-Recht (1673). – Ritter-Recht (1739). – Zum bremischen Ritterrecht von 1577 April 14/ Dezember 22 vgl. Pratje, Altes und Neues 1, S. 8f. u. 12f. – Decken, Darstellung, S. 505. – Wiedemann, Bremen 2, S. 171f. – Blanken, Basdahl, S. 70–74. (1577 Dezember 22).

187

Landtag 1580 März 14, Basdahl

Landtagsprotokoll

Die Bremischen Landstände verhandeln über die vom erzbischöflichen Kanzler Dr. Gedeonn Eggeling vorgebrachten Punkte der Proposition: (1.) die 1577 in Frankfurt beschlossene Constitution *des Reichs*[1] *und deren Publikation im Erzstift Bremen; Maßnahmen gegen die in den Marschlanden entgegen dieser Ordnung vorkommenden* Monopolia *beim Vorkauf des Getreides (2.) Verhalten gegenüber den gardenden Landsknechten gemäß den Bestimmungen der ebengenannten* Constitution *von 1577; (3.) Maßnahmen gegen Wildschützen; (4.) Leistung einer dreitägigen Handhilfe für Baumaßnahmen auf Burg (Bremer-) Vörde; (5.) Streitigkeit zwischen dem Erzbischof und Segebade Clüver, betreffend die Ottersbergischen Holzungen; diesbezügliche Aufforderung, daß die Landschaft oder etzliche Ires Mittels vor Richtern* ad dirigendum Processum *benennen solle.*

Den 14ten Martii Anno 1580 hatt Unser Gnedigster Her in eigner Personen zu Basdal einen gemeynen Lanttag gehalten, [...]. (StadtA Buxtehude, LSt., F. II, nr. 1)

Ausschreiben: –
Protokoll: StadtA Buxtehude, LSt., F. II (ehem. D I 3), nr. 1. – StA Bremen, 2-Z.2.c.1.
Abschied: –
Weitere zu diesem Landtag gehörige Quellen: –
Literatur: –

1 *Der Roemischen Kaeyserlichen reformirte und gebesserte Policey-Ordnung [...] Anno 1577 aufgerichtet [d.i. Frankfurter Reichspolizeiordnung von 1577], in: J. Schmaus, H. C. Senckenberg (Bearb.), Neue und vollständigere Sammlung der Reichsabschiede, Bd. 3, Frankfurt/Main 1747 (ND Osnabrück 1967, S. 379–398; auch gedruckt in: Matthias Weber, Die Reichspolizeiordnungen von 1530, 1548 und 1577. Historische Einführung und Edition, (Ius commune, Sonderhefte, Studien zur europäischen Rechtsgeschichte 146) Frankfurt (Main) 2002.*

188
Landtag 1580 November 17, Basdahl

Landtagsprotokoll

Die Bremischen Landstände verhandeln über (1.) Abgaben an das Reich und die Mittel zur Aufbringung; (2.) Erlaß einer Ordnung, betreffend wucherliche Kontrakte, gemäß dem Abschied des Regensburger Reichstags von 1576; (3.) die große Teuerung, besonders in den Marschlanden; Erwägung eines Verbots des Kornverkaufs.

Ausschreiben: –
Protokoll: StA Stade, Rep. 5b, F. 92, nr. 14, Bd. 1, fol. 78r–83v. – Ebd., Dep. 10, Hs. 9, fol. 16r–27r. – StA Bremen, 2-Z.2.c.1.
Abschied: –
Weitere zu diesem Landtag gehörige Quellen: –
Literatur: Hauschildt, Landwirtschaft1, S. 47, nr. 9.

189
Landtag 1580 Dezember 9, Bremen

Landtagsabschied/Edikt 1580 Dezember 9, Bremervörde

Die Bremer Landstände verhandeln über (1.) überfällige Abgaben an das Reich und die Mittel zur Aufbringung; (2.) Erlaß einer Ordnung, betreffend wucherliche Kontrakte, gemäß dem Abschied des Regensburger Reichstags von 1576; (3.) Änderungen bei den Untergerichten; (4.) Übermäßigen Holzeinschlag; (5.) Regelungen betreffend den Kornkauf.

Landtagsabschied, betreffend Punkt 2: Erzbischof Heinrich III. von Bremen und die Bremischen Landstände verkünden gemäß den Bestimmungen der Reichs-Polizeiordnung von 1577[1] ein Edikt gegen die besonders in den Marschlanden noch verbreiteten wucherlichen Kontrakte (und erlassen mithin die Polizeiordnung des Erzstifts Bremen).

Ausschreiben: –
Protokoll: StA Stade, Rep. 5b, F. 92, nr. 14, Bd. 1, fol. 84r–87v. – StadtA Buxtehude, LSt., F. II (ehem. D I 3), nr. 1. – StA Bremen, 2-Z.2.c.1 (Auszug u. vollständige Fassung). – StA Stade, Dep 10, Hs. 9, fol. 5r–15r (Abschrift 17./18. Jh.).
Abschied: StA Stade, F. 128, nr. 4, fol. 13r (gedruckte besiegelte Or.-Ausf., Papier o.Wz.; aufgedr. Siegel erh.; in dorso von zeitgleicher Hand: Achim). – Ebd., Rep. 5b, F. 136, nr. 118 (Abschrift 16 Jh.). – LA Schleswig, Abt. 7, nr. 1133, fol. 30r–34v (Abschrift Ende 16. Jh.). – StA Bremen, 2-Z.2.a (2 Abschriften, eine um 1600, eine 19. Jh.). – Ebd., 2-Z.2.b.1 (Abschrift um 1600). – Ebd., 2-Z.2.b.2, S. 413–432 (Abschrift um 1600). – Ebd., 2-Z.2.b.3 (Abschrift um 1600). – Ebd., 2-Z.2.b.6 (Abschrift um 1600). – StA Stade, Dep. 10, Hs. 7, S. 99–109 (Abschrift 1. H. 17, mit zahlreichen lateinischen Marginalien von gleicher Hand). – AR Stade, Hs. 9, fol. 210r–220r (Abschrift frühes 17. Jh.). – StA Stade, Rep. 5b, F. 128, nr. 4, fol. 7r–11v (Abschrift frühes 17. Jh.). – StA Bremen, 2-Z.2.b.5, S. 257–269 (Abschrift Mitte 17. Jh.). – StA Stade, Rep. 5b, F. 128, nr. 4, fol. 14r–19r (Abschrift 17. Jh.). – GWLB Hann., MS XXIII 1111, fol. 1r–6v (Abschrift 17. Jh.). – Ebd., MS XXIII 1124, S. 227–242 (Abschrift 17. Jh.) – StA Stade, Rep. 5a, F. 143, nr. 7, fol. 5r (Auszug; nur Punkt 1; nach 1602). Druck: Policey-Ordnung, S. 935–943. – EKO 7.II.1, S. 18–24 (Auszüge).
Weitere zu diesem Landtag gehörige Quellen: StA Stade, Rep. 5b, F. 128, nr. 5 (Gutachten der Juristischen Fakultät der Universität Marburg zum Edikt gegen wucherliche Kontrakte; 1622). – StA Stade, Rep. 5b, F. 163, nr. 2 (vom Amtmann zu Hagen Heinrich Wartkenstede im Beisein von Johan Barnneflett, Hauptmann zu Hagen, auf erzbischöfliche Anordnung nach Zusendung dieses Landtagsabschieds verfaßter Bericht über die Gerichte und Rechte im Amt Hagen und in Osterstade, 1581 Januar 18). Druck: Pufendorf, Observationes 3, Appendix 1, S. 3–35 (nach dem vorgenannten, seinerzeit im Archiv des Amts Hagen verwahrten Original des Berichts).
Literatur: Kobbe, Geschichte und Landesbeschreibung 1, S. 247. – Klinsmann, Geschichte, S. 25 f. – EKO 7.II.1, S. 11 f. – Schleif, Regierung, S. 50, Anm. 180; 120, Anm. 242; S. 155 f. – Modéer, Gerichtsbarkeiten, S. 69 u. 89. Hauschildt, Landwirtschaft 1, S. 47, nr. 10.

WIR von Gottes gnaden Heinrich Postulirter Ertzbischoff zu Bremen/ Administrator der Stiffte Ossnabrugk und Paderborn/Hertzog zu Sachsen/Engern und Westphalen/etc. Embieten allen und Jeden Unsern lieben andechtigen und getrewen/Prælaten/Capitulen/Denen von der Ritterschafft/Stedten und Landen/ Auch insonderheit Unsern Landtdrosten/Drosten/Ambtleuten/Schultheissen/ Schöppen/Richtern/Voigten und Bevelichabern/Unsers Ertztiffts Bremen/ Unsern gnedigen gruß/Und fügen euch sambt und sonderlichen/So wol auch allen berůrts Unsers Ertzstiffts unterthanen/ingemein hiemit zuwissen/Ob wol Wir im negstverschienen Neunundsiebentzigsten jare/auff gemeinen gehaltenen Landtage/Unsers Ertzstiffts Stenden und underthanen gnedigst vorhalten und berichten lassen der wůcherlichen Contract[a] und handlung halber/so Wir erfaren das die hin und wider/bevorab aber in den Marschländern dieses Unsers Ertzstiffts Bremen/wider Gottes gebott und Recht täglich geůbt/und darüber die armut in eussersten verderb/schaden und nachtheil gesetzt werde solle/Mit erinnerung/ das Uns alß der Landtsfůrstlichen Obrigkeit nicht gebühren wölle/ermelte wůcherliche und unchristliche Contract[a] und handlung hinfurder zugedůlden/ Auch darauff wes derentwegen uber die vőrige im Heyligen Rőmischen Reich auffgerichtete Constitutiones, im negst abgelauffenen sieben und siebentzigsten jare/auff gehaltenem deputationtage zu Franckfurth am Mayn/wider ernewert/ verordnet und verabscheidet/offentlich vorlesen/und Publiciren lassen/mit gnedigstem begeren/Das hinfuro ein jeder eingesessener und underthan dieses Unsers Ertzstiffts/sich aller und jeder wůcherlichen Contract[a] und handlung/bey vormeidung der/in oberwehnten Reichs Constitutionibus einverleibten Peen und straffen sich enthalte.

So kommen Wir dannoch nichts destoweniger in glaubwůrdige erfahrung/das solchen im Heyligen Reich publicirten ordnungen/diesen punct die wůcherlichen Contract belangend/von Unsern underthanen eins theilß/nicht alleine nicht nach gelebt/Sondern auch das darůber/seidt oberwehnten Unserm Anno etc. 79. gehaltenem Landtage von yrer etzlichen nach weiter newe wůcherliche Contract, nicht zu geringer der Rŏm. Kay. Mat. Unsers Aller Gnedigsten Herrn/auch Unser alß des Landtsfůrsten verachtung/auffgerichtet und beschlossen sein sollen.

Damit nun diesem unchristlichem unbillichen und hochnachtheilligen wesen/ nicht lenger zugesehen/sondern in zeiten vorgebawet/auch durch ordentliche gepůrliche straffe begegnet/und sich kůnfftiglich niemandt der unwissenheit můge haben zuentschůldigen/Alß haben Wirs die nodturfft zusein erachtet/vŏrige Unsern befelich und meinunge mit Rath, gut achten und bewilligung/Unserer Bremischen Landtschaft/durch diesen Unsern offenen anschlagk und bevelich/ abermal mennglich kundt zuthuen/und zupubliciren/etc.

[1.] SEtzen *[sic]*/ordnen und wollen demnach/Erstlich in gemein/Daß sich ein jeder eingeseßener und underthan dieses Unsers Ertzstiffts/der hiebevor im Hey. Rŏmischen Reich/und sonderlich jůngst zu Franckfurt Publicirten Policey ordnung/von wůcherlichen Contracten,[1] ausserhalb der hernach in specie gesatzter puncten/durchauß gemeß verhalte/und niemandt darůber gegen Gottes gebott die Christliche liebe und sein gewissen/seinen negsten mit einigen wůcherlichen handlungen und Contracten, wie die in specie der oberwehnten letzt außgangnen Policey ordnungen einverleibt[1]/nicht belege/Sondern da darůber nach publicirung dieses Unsers offenen Edicts jemandt gefunden/so dagegen thuen/oder in einige ungebůrliche, unrechtliche Contract, Pacta, geding und hǎndel/wie die erdacht oder genat werden můgen/sich einlassen wůrde/wollen Wir das dieselben unwůrdig/krafftloß und unbůndig sein sollen.[b]

[2.] Gebieten auch darauff Unsers Hoff- und Oberlandgerichts Presidenten und Assessorn, so wol auch allen andern in diesem Unserm Ertzstiffte Richtern, Geistlichen und Weltlichen: Wenn solche wůcherliche Contract und Pacta vor sie bracht/das sie dieselben unbůndig erkennen/erclaren und declariren, und auff solche Contract, keine Execution oder volnziehung thuen oder verhelffen/ Zu deme das der jenige/so solche wůcherliche Contract hinfuro kůnfftiglich nach Publicirung dieses Unsers Edicts uben/und einen andern damit vervorteilen wůrd/den vierten teill an seiner haubtsumma verloren haben/und davon der halbe teill der bůrgerlichen Obrigkeit oder Richter darunter solcher wucherer/der ander halbe teill aber der Obrigkeit oder Richtere darunter der arme Man/gegen deme solcher wucherlicher Contract gebrauchet/gesessen/heim gefallen sein soll.

299

[3.] Dieweil aber unter andern mehrberůrter jůngst publicirten Policey ordnung mit begriffen/Daß mit einhundert gůlten hauptsumma nicht mehr dann fůnff jårlicher gůlten gekaufft werden/und die losekůndigung der gůltverschreibungen/bey den verkeuffern/und nicht dem kauffer stehen soll/Im gleichen/das auch hinfurter die einleistung mit bůrgen/auff den fall der nit betzalung/den gůltverschreibungen einzuverleiben gåntzlich soll verbotten sein.

[4.] Und aber Unsere getrewe Landtschafft Uns berichtet/Ob sie wol in diesen obgesatzten dreyen puncten/der mehrerwehnten Policey ordnung[1]/auch durchauß nachzuleben sich schůldig erkenneten/auch yres theilß gerne thuen wolten/so wehre doch notorium und unlaugbar/das in den benachbarten Fůrstenthůmben/ Landen und Stedten/mit welchen dieses Unsers Ertzstiffts underthanen yre kauffmanschafft, handtierung und Commertia nodtwendiglich treiben můssen/die Policey ordnung in obgesatzten dreyen puncten noch zur zeitt weinig gehalten/ Besondern in denselben von jeden 100. f. jårlichs sechs und noch mehr gůlten/ zu kauffgelde oder zinsen heut zutage noch genommen/und gegeben werden/ Im gleichen auch die losekůndigung/so woll dem keuffer alß verkeuffer/dem außleiher als dem entlehner/nachgelassen und unverbotten wehre. Dieweil auch sonderlich in den Marschlanden die gůltverschreibungen gemeiniglich auff bůrgen und einleistung zuverfassen/biß anhero alhie im Ertzstifft gebreuchlich gewesen/ wehre auch zubesorgen/do hinfortan solche Caution nicht mehr im gebrauch bleiben/und neben den vorigen beiden puncten/nicht etwas gemiltert/oder an statt der einleistung/ein anders vorordnet werden solte/das weinig gelt von den bedůrfftigen und bedranckten armen leuten/alhier in Unserm Ertzstiffte mehr wurde konnen auffgebracht oder entlehnet werden/Darůber dann die Marschlånde dieses orts an der Seekant/auch der Elb- und Wiesserstrômen [sic] belegen/Welcherer einwohner tåglichs und ohne unterlaß/mit grossen unkosten und geltspildungen (so sie offtmals mit grosser beschwernuß in eill kaum auffbringen konnen) yre Teiche oder Aggeres gegen die grosse Wasserfluet underhalten můssen/gåntzlich zunichte werden/und also der beste teill dieses Ertzstiffts zu ewigen verderb und undergang geraten wůrde/Mit underthåniger bitte/Wir gnediglich bewilligen und zulassen můchten/Das in obberůrten dreyen puncten/auß angezogenen erheblichen ursachen die Constitution von wůcherlichen Contracten in der Policeyordnung begriffen/entweder gåntzlich abgethan oder je zum wenigsten/so lange eingestellet werden můchte/biß die andern benachbarte Fůrstenthůmb/Lande und Stedte/ sich derselben auch unterwůrffig machen/Sie auch hernachmals derselbigen destobesser in yhren håndlen und Contracten nachrůcken/und der gepůr nach/ sich verhalten můchten.

[5.] Ob nun woll Wir Uns zuerinneren/das Uns in den ein mahl beschlossenen und bewilligten des Hey. Rômischen Reichs Constitutionibus einige verånderungh zumachen/oder darůber ein anders zuverhengen[c] mit nichten gebůret. Dieweil aber Unß dennoch bewust/ohne das auch Notorium, kundt und offenbahr/das obangezeigter massen die gelegenheit in den benachbarten Fůrstenthůmben/ Landen und Stedten/in angemelten beyden/auch dem dritten punct alhier in unserm Ertzstiffte geschaffen/und in warheit bekennen můssen/wo nicht in denselben Uns benachbarten Landen die mängel der wůcherlichen Contract, bey diesen oberwehnten puncten/allerding nach laut und Inhalt der Anno etc. 77. auffgerichteten Policey ordnung[1] auch abgeschaffet/das darůber gemelte Unsere underthanen/hinfůrder schwerlich nicht allein yhre Commertia ohne yhren grossen schaden/verderb und nachtheil mit den benachberten werden treiben/ sondern auch in mangelung dessen/daß sie auf burgk kein bar gelt mehr werden aufbrengen und entlehnen kőnnen/obberůrte Unsere Marschlande in entlichen abgangk und verderb gerahten/auch die underthanen so darinnen wohnen/Die im Heyligen Reich und Kreyß/bewilligte Contributiones, und andere nodtwendige zulagen/So wol auch sonst yhre gepůrende gůlt und Zinse/lenger Uns und andern Gutherrn nicht werden erlegen/und verrichten konnen.

[6.] Demnach haben Wir Uns mit gemelter Unserer Bremischen Landtschaft obgesetzter mängel und punct halber volgender massen verglichen/Thuen das auch hiemit őffentlich/und mit guter wissenschaft dergestalt: Daß gemelts Unsers Ertzstiffts Bremen Eingåssene und underthanen/wann sie zu yhrer nahrung und nodturfft gelt in diesem Unserm Ertzstifft auff burg nemen oder entlehnen wőllen/ Sechs[d] und nicht mehr/von jedem Einhundert jårlichs ohne straffe und gefahr geben und nemen/im gleichen die gůltverschreibungen beiden theilen/den kåufer sowol alß dem verkåufer/Dem außleiher alß dem entlåhner (wie von alters hero alhie im Ertzstifft biß anhero gebreuchlich gewesen) die Losekůndigung frey sein und bleiben můge/Soviel aber die bůrgliche einleistung betrifft/Nach dem eß unlaugbar wahr/das solche burgschafft zu viel malen mißbraucht/Auch die Bůrgen so wol alß die Hauptschůldiger dadurch ins eusserste verderb gesatzt/ Und also auch dem Glaubiger selbst/da Ihme damit nicht geholffen/noch bezahlet werden kan/zu nachteil reichen thuet/und solche leistungh in den hiebevor im Heyligen Reich albereits auffgerichten Policey ordnungen/und also iure publico verbotten/wollen Wir daß auch alhier in Unserm Ertzstiffte die leistung in kůnftigen schuldtverschreibungen einzuverleiben soll verbotten sein/Dermaßen/ da einige verschreibung gleichwol darůber hinferners darauff gestellet wůrde/ soll dieselbe leistung nichtig/und demnach kein Bůrge noch Schůldener zuleisten/ noch auch den wirdten da auff ihnen mit der that geleistet wůrde/etwas zubezalen verbunden sein/Was aber die vergangene mitt Bůrgen verschriebene schůlden belangend/lassen Wir dieselben in yhren wůrden beruhen/Damit aber nichtes destoweniger kůnfftiglich den glaubigern mit gnugsamer versicherung/so wol auch denjenigen/so geldes bedůrfftig sein/durch andere rechtmessige billiche wege/mőge geholffen werden/wollen Wir/das denselben glaubigern durch die schůldener auff yhr außgethane geldt/und versprochene Zinse hinfurder mit gnugsamen underpfanden/an beweglichen oder unbeweglichen gůtern oder aber mit Burgschafften[e] verwahrung geschehen soll/welche Bůrgen vorerst/vor sich und yhre Erben loben/und daneben dem glaubigern von yhren liegenden oder fahrenden gůtern/alhier in Unserm Ertzstiffte/soviel zum underpfande setzen sollen/damit er zufrieden.

[7.] Da alßdann sich kůnfftiglich begebe/Daß die schůldener oder auch die Bůrgen/ nach geschehener gebůhrlicher losekůndigung in bezalung[f] der heuptsummen und zinse seumig würden/und bey Uns oder Unsern Amptleuten/Gråven/Richtern/ Vögten und andern Bevelichabern/oder denen Vom Adel und andern/so eigene Gerichte in Unserm Ertzstifft haben/darunter die güter belegen/umb immission in die hypothecirten oder verpfendete güter ansuchung thuen würden/Wo alßdann die angezogene schülde gnugsam mit siegel und brieffen dargethan und erwiset/ Alß sollen Unsere Amptleute/Gråven/Schultzen/Schöppen/Richter und Vöigte/ So wol auch alle andere Richtere In Unserm Ertzstiffte gesessen/schüldig sein/ alßbaldt Nemlich/uber die dwer nacht[g]/damit kein schade durch den vorzug den Parteyen erwachse/ohne einigen auffschob/oder außflucht[h] nach geschehener interpellation den glaubigern in die verschriebene underpfande wircklich zuimmittiren/einzuweisen/und dabey so lange zuschützen/und zuhandhaben/ biß er seines außgethanen geldes zinse und beweißlichen erlittenen schadens nach inhalt siegel und brieffen/zur gnüge befridiget und bezalt/Wie dann auch gleicher gestalt den Bürgen wider den Haubtschüldiger mit der immission wiederumb in seine güter wie obstehet/soll verholffen werden. Würde aber der schüldener/ oder auch ein oder mehr seiner außgesasten Bürgen vermeinen das er oder sie wider recht mit der geschehenen immission beschweret/Alß dan sollen Unsere Ambtleute/Gråven/Vögte/Schultzen und Schöppen/So wol auch alle andere Richtere schüldig sein/soferne sich solche disputationes unter Adelichen personen zutragen würden/Die Contrahenten damit an Unsere negstkommende Bremische Hoffgerichte oder darunder[i] nidriges stands personen/dieselbe sich begeben/ damit für Unser erstkomende Oberlandtgerichte gen Vorde zuverweisen/Da alß dann Summarie die sachen abgehöret/und ohne verzugk darinnen erkandt werden/und ergehen soll was billich und recht ist/Jedoch soll solchs den Städten/ an yhren Statutis und woll hergebrachten gewon- und gerechtigkeiten in andern fellen (weiln dieser fall der Execution yhren Statutis gemeß) unverfengklich sein/ Da auch hiebevor Gråven/und Hauptleuten im Landt zu Kedingen/oder auch Richtere in andern Marschländern/die findung oder erkandtnuß uber Siegel und Brieffe/von alters hero gehabt/soll denselben gemelte yhre findung und Recht/wie sie das von alters hero gehabt und hergebracht/hiemit nicht benommen/sondern viel mehr außdrucklich vorbehalten sein.

[8.] Und wollen Wir obberürt durch diese jetzige mit Unserer Landtschafften geschehene vereinigung/und auff ein zeitlang gemachte milterung des puncts von Wücherlichen Contracten die offterwehnten auffgerichten Policey ordnungh sunsten mit nichten abgethan/Sundern viel mehr die hiemit wissentlich bestetigt haben.

[9.] Ferner alß auch hiebevor/in den Publicirten Reichs Policey ordnungen heilsamlich Statuirt und geordnet/wie es gehalten werden soll mit den jenigen/ so den Armen Haußleuten zuerbawungh yhres Ackers und anderer täglichen nodturfft/auff Korn geldt verstrecken und leihen/Nemlich das solch verleihen/ und zuvor außgeben/anders und mehrers nicht alß auf den schlag und gemeinen kauff geschehen soll/als das Getreide in zeit des Contracts oder aber 14. tage die negsten nach der Arndten zu gemeinem kauff gildt/Alß wollen Wir solcher Reichs Constitution Unsers Ertzstiffts underthanen hiemit auch erinnert[j] haben.

[10.] SEtzen *[sic]* darauff und wollen/Da kůnfftiglich einer/einem Armen Manne an gelde in der nodt auff Korn etwas verstrecken wurde/Das solch Korn in der bezalung nicht geringer dem glaubiger durch den schůldener angeschlagen und gerechnet werden soll/als daselbst in Unserm Ertzstiffte in zeit des Contracts/oder achte tage nach Michaelis gildt/Und soll hierůber der schůldener dem jenigen/so Ihme ein halb jahr zuvor auff Korn geldt verstrecket/in zeit der lieferung auff eine jede schmale tunne Roggen/Weitzen/Gersten/und Bohnen/zur verehrung geben zwo Lůb. schilling/Auff eine jede tunne habern aber einen schilling Lůbesch etc. und nicht mehr.ᵏ

[11.] Und wo durch Jemandt hierůber gehandelt/und hierinnen einigerley vortheil/argelist/gefahr oder betrug gebrauchet wůrdt/Soll der kåuffer damit den vierten theil des gekaufften Korns verwůrckt/und sich dessen vorlůstig gemacht haben/Welcher Vierte theil an Uns oder einen jeden Richter/darunter der kåuffer gesessen/gefallen sein soll.

DAs *[sic]* meinen Wir ernstlich/und wirdt sich ein Jeder obberůrter Unserer Bremischen Landtsassen und underthanen/hinfurter darnach wißen zurichten/und fůr schaden zuhůten/Des zur urkunde haben Wir Unser Fůrstlich Secret zu ende dieses Brieffs drucken lassen/den 9. Decemb. Anno nach Christi Unsers Lieben HERRN und Seligmachers geburt im Fůnffzehenhundertsten/und Achtzigsten Jare/Auff Unserm Schloß Bremischen Vôrde/etc.

(StA Stade, Rep. 5b, F. 128, nr. 4, fol. 13r).

a Contract *in der Vorlage.*   b *in der Vorlage kein Absatz an dieser Stelle.*   c zunerhengen *in der Vorlage.*   d Seschs *in der Vorlage.*   e Burschgafft *in der Vorlage.*   f bezalnng *in der Vorlage.*   g *hierzu erläuternde Marginalie in StA Stade, Rep. 5b, F. 128, nr. 4, fol. 10v (Abschrift 17. Jh.):* dweer Nacht ist 24 stunde NB.   h außslucht *in der Vorlage.*   i da under *in der Vorlage; alle Abschriften haben* darunter.   j erinnirt *in der Vorlage.*   k *an dieser Stelle folgt (jeweils von derselben Hand) in StA Stade, Dep. 10, Hs. 7 und in AR Stade, Hs. 9 ein Nachtrag (nach 1587 Mai 29):* Dieweil aber den haußleuten Unmueglich, eben auf die zeitt wegen Ihres Viehes das korn außzudreschen, und also die lieferungh nicht geschehen kan, sondern gemeinlich biß fastnacht verzogen wirdt, vor welchen vorzugh der kaufman noch so viel auf Jede Korns, wie in constitutione gemeldet, fuddert, welches Jahrlich aufs hundert, 18. bringt, und dennoch gleichwoll sonderbahren Vortheil am kornkauf haben wollen, dadurch der Arme Man, sonderlich in der Marsch gantz außgesogen wirdt. Alß ist auf gemeinen Landtage den 29. Maii anno 1587 beym funften punct der proposition beschloßen, das es bey dieser constitution vorpleiben, und in alles nicht mehr, den was darinne zugelaßen, genommen werden solle, aldieweil anfenglich bey anordnung derselben, es die meinung gehabt, das uf ein gantzes Jahr nicht mehr gegeben werden solte, dieweil es noch genuegh und die kaufere ohne daß ihren Vortheil am korn hetten. *In StA Stade, Dep. 10, Hs. 7 ist dieser Nachtrag ohne besondere Kennzeichnung vollständig in den Text integriert; in AR Stade, Hs. 9 in eckige Klammern gesetzt und mit der Marginalie* hæc in authentico non reperiuntur *versehen; vgl. hierzu unten nr. A.213 (1587 Mai 29).*

1 *Der Roemischen Kaeyserlichen reformirte und gebesserte Policey-Ordnung [...] Anno 1577 aufgerichtet [d.i. Frankfurter Reichspolizeiordnung von 1577], in:* J. Schmaus, H. C. Senckenberg (Bearb.), Neue und vollständigere Sammlung der Reichsabschiede, Bd. 3, Frankfurt/Main 1747 (ND Osnabrück 1967), S. 379–398, *hier Abschnitt ‚Von Wucherlichen Contracten'; auch gedruckt in:* Matthias Weber, Die Reichspolizeiordnungen von 1530, 1548 und 1577. Historische Einführung und Edition, (Ius commune, Sonderhefte, Studien zur europäischen Rechtsgeschichte 146) Frankfurt (Main) 2002.

190

Landtag 1581 März 15, auf der Heide hinter dem Dorf Basdahl

Landtagsprotokoll

Die Bremischen Landstände verhandeln über folgende Punkte der erzbischöflichen Proposition: (1.) Reformation der Untergerichte; (2.) Polizeiordnung; (3.) Erhebung der Kontribution; (4.) vom Erzbischof (Heinrich III.) erbetene Bewilligung eines 16.-Pfennig-Schatzes durch die Landstände (Anno 81 den 15 Martii ist nochmals ein 16. pfenningschatz eingereumbt; *Rep. 5b, F. 105, nr. 36, Bd. 2, fol. 183r; (5.) Beteiligung der Landstände an den Kosten für nötige Baumaßnahmen auf Burg (Bremer-) Vörde.*

Anno p. 81 den 15. Monats tag Marcii ist hinter dem Dorff Baßdaell uff der Heide ein gemeiner landtag gehalten worden, [...] *(Rep. 5b, F. 92, n. 14, Bd. 1, fol. 88r).*

Ausschreiben: –
Protokoll: StA Stade, Rep. 5b, F. 92, nr. 14, Bd. 1, fol. 88r–94v. – StadtA Buxtehude, LSt., F. II (ehem. D I 3), nr. 1. – StA Bremen, 2-Z.2.c.1 (Auszug u. vollständige Fassung).
Abschied: StA Stade, Rep. 5b, F. 105, nr. 36, Bd. 2, fol. 183r (kurzer Auszug; nur Schatzbewilligung; angefertigt nach 1602).
Weitere zu diesem Landtag gehörige Quellen: StA Stade, Rep. 5b, F. 105, nr. 36, Bd. 2, fol. 31r u. 46r–56r (Schatzregister 1581–1587).
Literatur: Hauschildt, Landwirtschaft 1, S. 48, nr. 11. – Bachmann, Tagungsorte, S. 85.

191

Landtag 1581 Juli 21, Basdahl

Landtagsprotokoll

Die Bremischen Landstände verhandeln über (1.) Verletzung der erzbischöflichen Regalien durch Hamburg infolge Elbschiffahrt; Handel mit Hamburger Bier; (2.) Beschluß und Mandat des Kreismünztags des Niedersächsischen Reichskreises; (3.) Ordnung gegen wucherliche Kontrakte;[1] *(4.) Regelung von Erbfällen im Vieland, betreffend Agnaten; (5.) verschiedene Punkte (erzbischöfliche Regalien, Bauhilfe für den Erzbischof (Heinrich III.); Abgaben an das Reich).*

Ausschreiben: –
Protokoll: StA Stade, Rep. 5b, F. 92, nr. 14, Bd. 1, fol. 96–102 u. 131–138. – StadtA Buxtehude, LSt., F. II (ehem. D I 3), nr. 1. – StA Bremen, 2-Z.2.c.1 (Auszug u. vollständige Fassung).
Abschied: –
Weitere zu diesem Landtag gehörige Quellen: –

Literatur: Hauschildt, Landwirtschaft 1, S.48, nr. 12. – Bachmann, Tagungsorte, S. 85.

1 Oben nr. A.189 (1580 Dezember 9).

192

Landtag 1582 März 16, Basdahl

Landtagsprotokoll

Die Bremischen Landstände verhandeln über (1.) Verlehnte erzstiftische Burgen; (2.) Konflikt mit der Stadt Hamburg; (3.) Verhandlungen über Ermäßigung ('Moderation') der an das Reich zu zahlenden Abgaben; (4.) Schreiben des Reichspfennigmeisters wegen ausstehender Türkensteuer; (5.) Beschwerden wegen ungleicher Belastung bei der letzten Schatzbeschreibung; (6.) Strafen bei Übertretung der für die Schatzbeschreibung geltenden Gebote; (7.) finanzielle Hilfe für die erzbischöfliche Hofhaltung; (8.) Bürgschaft der Landschaft für Schulden des Erzstifts gegenüber der Grqfschaft Oldenburg; (9.) Totschlag im Erzstift Bremen; (10.) Bildung eines landständischen Ausschusses angesichts der gefährlichen Zeitläufe ('leuffte'). Privata: Verhandlungen über die Klage des Benedikt Bremer gegen den Bremer Erzbischof (Heinrich III.) wegen Jagd- und Zehntrechten sowie des Peter von der Decken gegen den Stader Rat (Stadenses) betreffend Jurisdiktionsrechte; in letzterem Prozeß hatte Peter von der Decken an die Landstände appelliert, die Exekution *des gegen ihn ergangenen Urteils* einzustellen.

Ausschreiben: –
Protokoll: StA Stade, Rep. 5b, F. 92, nr. 14, Bd. 1, fol. 103r–111v. – StadtA Buxtehude, LSt., F. II (ehem. D I 3), nr. 1. – StA Bremen, 2-Z.2.c.1 (Auszug u. vollständige Fassung).
Abschied: –
Weitere zu diesem Landtag gehörige Quellen: –
Literatur: Hauschildt, Landwirtschaft 1, S. 48f., nr. 13.

Anno 82 den 16 Monatstag Martii *[...]* uf dem Bremischen Landtage zu Baßdaell *[...]*.

Und seint von wegen Unsers G[sten] F. und H. neben Ihrer F. G. eigener Personen dieße nachbenante Rethe gegenwertig gewesen: Jobst Frese Droste, Marcus Keller Vice Canzler, Christoffer Schyver Licentiat, H. Nicolaus Boschen Probst zum Newen Closter.

Auß dem Capittell: H. Otto von Duringen Thumbdechant, H. Ortgyß Schulte Probst, H. Otto von der Hude Probst, Tilemannus Zerneman D. und Syndicus.

Die Ritterschafft insgemein.

Prælaten: Abbas Hersefeldensis,[1] Abbas Dive Mariæ Virginis in Stade.[2]

Bremen: H. Carsten Steding Burgermeister, D. Christoffer Widekindt Syndicus, H. Arendt Lavas Rathman.

Stade: H. Jacob Lakeman Burgermeister, Casparus Schwenck Syndicus, H. Hinrich Michaelis, Rathman.

Buxtehude: H. Nicolaus Kruger Rathman, Johannes Fockrelle Secretarius.

Oldenlandes, und Wursterlandes Gesandtenn.
[folgt das weitere Protokoll].
(StA Bremen, 2-Z.2.c.1)

a *vor* Gesandten *geschweifte Klammer in der Vorlage, mithin auf beide Lande zu beziehen.*
1 *Luneberg Brummer, 1575–1612 Erzabt von Harsefeld (Schulze, Harsefeld, S. 40–44).*   2 *Jodokus (Jost) von der Beke, 1583–1624 Abt von St. Marien in Stade (Schulze, St. Marien, S. 479).*

193
1582 Juni 11/17, Basdahl

Protokoll

Die Bremischen Landstände verhandeln ohne die krankheitsbedingt abwesenden Vertreter der Prälaten mit den erzbischöflichen Räten über die folgenden Punkte: (1.) Beschwerden der Landschaft betreffend Hamburg; (2.) den Reichstag betreffende Ausgaben; (3.) Steuerfreiheit von Adelsgütern; (4.) Verschiebung der Sate des Adels auf den nächsten Landtag; (5.) Einigkeit mit der Landschaft betreffend die Contumation; *(6.) Rechte der ständischen Syndici in den Prozessen am Hof- und Oberlandgericht.*

Ausschreiben: StA Stade, Rep. 5b, F. 92, nr. 14, Bd. I, fol. 119r (gleichzeitige Abschrift).
Protokoll: StA Stade, Rep. 5b, F. 92, nr. 14, Bd. I, fol. 120r–125v (1582 Juni 11); ebd., fol. 170r–177v (1582 Juni 17) (als Ausschußtag bezeichnet). – StA Bremen, 2-Z.2.c.1.
Weitere zu diesem Landtag gehörige Quellen: Instruktionen der erzbischöflich-bremischen Räte: StA Stade, Rep. 5b, F. 92, nr. 14, Bd. I, fol. 117v/118r (Konzept).
Literatur: Hauschildt, Landwirtschaft 1, S. 49, nr. 14. – Bachmann, Tagungsorte, S. 85.

Anno 82. Montags nach Trinitatis den 11. Junii ist zu Baßdaell ein Lantag gehalten, *[...]*.

Von wegen Unsers G[sten] Hern sein erschienen nachvelgende *[sic]* Personen: Ortgyß von Wersabe Stadthalter, Jobst Frese Droste, L. Christoffer Schyver Cantzler, Marcus Keller CammerRath, H. Nicolaus Boschen Probst zum Newen Kloster, M. Georg Berckenfelder.

Auß dem Capitell: H. Otto von Duringen, H. Ortgyß Schulte Probst, H. Otto von der Hude Probst, D. Tilemannus Zerneman Syndicus.

Prælaten: Abbas Hersfeldensis[1] & Dive Sanctæ Mariæ Virginis Stadensis[2] sein beyde kranck, und nicht da gewesen.

Die Ritterschafft ins gemeine.

Bremen: H. Carsten Steding Burgermeister, H. Christoffer Widekindt Syndicus, H. Arendt Lavas Rathman.

Stade: H. Jacob Lakeman Burgermeister, Casparus Schwenck Syndicus, H. Heinrich Michaelis Rathman.

Buxtehude: M. Nicolaus Kruger Rathman, Johannes Fockrelle Secretarius.

Oldelandt, Wursterlandt Gesandten[a].
[folgt das weitere Protokoll].
(StA Bremen, 2-Z.2.c.1)

a *vor* Gesandten *geschweifte Klammer in der Vorlage, mithin auf beide Lande zu beziehen.*
1 *Luneberg Brummer, 1575–1612 Erzabt von Harsefeld (Schulze, Harsefeld, S. 40–44).* 2 *Jodokus (Jost) von der Beke, 1583–1624 Abt von St. Marien in Stade (Schulze, St. Marien, S. 479).*

194

Landtag [1582] 1 Juli 21

Landtagsprotokoll

Die Bremischen Landstände verhandeln über (1.) Konflikt mit der Stadt Hamburg; diesbezüglicher Reichskammergerichtsprozeß;[2] (2.) Verhandlungen über Münzgleichheit im Niedersächsischen Reichskreis; Position des Erzstifts Bremen dazu; (3.) uneinheitliche Rechtsprechung im Erzstift Bremen bei Erbfällen; (4.) Gewährung einer Bauhilfe für Baumaßnahmen an Burg (Bremer-) Vörde; (5.) Ordnung betreffend wucherliche Kontrakte.[3]

Ausschreiben: –
Protokoll: StA Stade, Rep. 5b, F. 92, nr. 14, Bd. 1, fol. 141r–149r.
Abschied: –
Weitere zu diesem Landtag gehörige Quellen: –
Literatur: Hauschildt, Landwirtschaft 1, S. 48f., nr. 15.

1 *Datierung nach Hauschildt, Landwirtschaft 1, S. 49, nr. 15.* 2 *Die diesbezüglichen Prozeßakten sind erhalten; vgl. FB Reichskammergericht, S. 113 (nr. H 773).* 3 *Oben nr. A.189 (1580 Dezember 9).*

195

Ausschußtag 1583 April 12 (13?), Basdahl

Protokoll

Der Auschuß der Bremischen Landstände verhandelt über (1.) Verbot des Reislaufens; (2.) Verhandlung über die Verringerung (Moderation) der vom Erzstift Bremen an das Reich zu zahlenden Gelder; (3.) Korrekturen bei den Schatzsammlungen; (4.) die vom jüngsten Reichstag in Augsburg wegen der Gefahren für den Rheinischen, Oberrheinischen und Westfälischen Reichskreis bewilligten 2 Römerzüge pro Reichskreis (auff Jungst zu Ausp. gehaltenen Rechstag wegenn gefar des Reinischen undt Uberreinischen undt Westphelischen Kreigs Einn Jeder Kreigs 2 Romerzuuge williget) und deren Aufbringung im Erzstift Bremen; (5.) dreitägige Handhilfe für Baumaßnahmen auf Burg (Bremer-) Vörde (des gebuwes zuu Vorde) (StadtA Buxtehude, LSt, F. II, nr. 1).

Anno 83, den 13. [!] Aprilis ist ein Außschus auß den Stenden zu Baßdaell von F. G. vorschrieben gewesen, [...] *(StA Bremen, 2-Z.2.c.1).*

Ausschreiben: –
Protokoll: StadtA Buxtehude, LSt., F. II (ehem. D I 3), nr. 1 (datiert 1583 April 12). – StA Bremen, 2-Z.2.c.1 (Auszug; datiert: Anno 83, den 12ten Aprilis ist eine [!] gemeiner landtag zu Baßdaell gehalten worden). *– Ebd. (vollständiges Protokoll).*
Abschied: –
Weitere zu diesem Landtag gehörige Quellen: –
Literatur: –

196

Landtag 1583 Juni 10, Basdahl

Landtagsprotokoll

Die Bremischen Landstände verhandeln über (1.) Konflikt mit der Stadt Hamburg; (2.) Mahnung des Erzbischof (Heinrich III.), das Landesaufgebot gemäß der Sollstärke ('Sate') zu bewaffnen.

Ausschreiben: –
Protokoll: StA Stade, Rep. 5b, F. 92, nr. 14, Bd. 1, fol. 112r–114v (Auszug). – StA Bremen, 2-Z.2.c.1 (Auszug). – Ebd. (vollständiges Protokoll).
Abschied: –
Weitere zu diesem Landtag gehörige Quellen: –
Literatur: Hauschildt, Landwirtschaft 1, S. 50, nr. 17.

Anno 83. Montags den 10. Junii ist zu Baßdaell ein Landtag gehalten worden, daselbst erschienen:
Unser G^{sten} F. und H. in eigener person.

Christoffer Schriver Licentiat und Cantzler, Jobst Frese Landt Droste, Friedrich Werpup Hofrath, Heidenreich Droste Hofrath.

Auß dem ThumbCapittell: Her Otto von Duringen Thumbdechant, H. Ortgyß Schulte Subsenior, H. Otto von der Hude Probst.

Prælaten: Abbas zu Unser Lieben Frauwen binnen Stade.[1]

Die Ritterschafft ins gemeine.

Auß Bremen: H. Carsten Steding Burgermeister, H. Christoffer Widekindt D. und Syndicus, H. Arendt Lavaes Rathman.

Stade und Buxtehude Gesandten.

Item Oldenlander unnd Wurster Gesandten.
[folgt das weitere Protokoll].
(StA Bremen, 2-Z.2.c.1)

1 *Jodokus (Jost) von der Beke, 1583–1624 Abt von St. Marien in Stade (Schulze, St. Marien, S. 479).*

197
Landtag 1583 September 28, Basdahl

Landtagsprotokoll

Die Bremischen Landstände verhandeln über (1.) Verhandlungen des Erzbischofs (Heinrich III.) über Verringerung der an das Reich zu zahlenden Abgaben; (2.) Aufbringung dieser Abgaben sowie der für die Verteidigung des Erzstifts Bremen nötigen Gelder.

Anno 83 Sonnabent den 28 Septembris ist zu Baßdaell ein gemeiner Lantag außgeschrieben gewesen, [....].

Ausschreiben: –
Protokoll: StA Bremen, 2-Z.2.c.1.
Abschied: –
Weitere zu diesem Landtag gehörige Quellen: –
Literatur: –

198
Landtag 1584 Mai 22, Basdahl

Landtagsprotokoll

Die Bremischen Landstände verhandeln über (1.). Verhandlungen zur Ermäßigung (Moderation) der an das Reich zu zahlenden Abgaben; (2.) Streitigkeiten um die Grenze zwischen dem Erzstift Bremen und dem Hochstift Verden;[1] (3.) Beschwerden wegen ungleicher Belastung bei der letzten Schatzbeschreibung; (4.) Streitfälle und Prozesse am Reichskammergericht; (5.) Hilfen für die Untertanen in den in (4.) genannten Prozessen; (6.) Konflikt mit der Stadt Hamburg; (7.) Danksagung an den Erzbischof (Heinrich III.) und dessen Vorgänger für Kapital in Höhe von 13000 Taler, das sie zur Abtragung der Schulden des Erzstifts beigetragen haben.

Ausschreiben: –
Protokoll: StA Stade, Rep. 5b, F. 92, nr. 14, Bd. 1, fol. 184r–187v. – StA Bremen, 2-Z.2.c.1 (hier als Ausschußtag bezeichnet).
Abschied: –
Weitere zu diesem Landtag gehörige Quellen: –
Literatur: Hauschildt, Landwirtschaft 1, S. 50, nr. 19.

Anno 84. den 22. Maii ist zu Baßdaell ein Außschußtag [!] vorschrieben, und gehalten wurden. Daselbst von wegen Unsers G^{sten} F. und H. erschienen:
Jost Frese LandtDroste, Christoffer Schyver L. Cantzler, Nicolaus Boscken, Casparus Turban L. Hofrath, Magnus Guden Hofrath.

Auß dem ThumbCapittell: Her Otto von Duringen Thumbdechant, H. Ortgyß Schulte Senior und Probst, D. Zerneman Syndicus.

Prælaten: Der Abtt zu Unser Leven Frouwen binnen Stade.[2]

Auß der Ritterschafft: Luder Cluver, Præsident, Ebert von der Lydt, Christoffer von Ißendorf, Arendt Bicker, Vyth von Brobergen, Curt Klencke, Dietrich von Duringen, Segebade Cluver, Arend Schulte, Henneke von Brobergen, Wulf Lutken, Benedictus von der Kola.

Von Bremen: H. Carsten Steding Burgermeister, H. Hinrich Salomon Rathman, D. Widekindt Syndicus.

Von Stade: H. Jacob Lakeman Burgermeister, Her N. Stemmeshorn Rathman, Casparus Schwencke Syndicus.

Die von Buxtehude haben sich wegen der eingefallenen peste durch die von Stade entschuldigen laßen, und denselbigen Ihre Volmacht gegeben.
[folgt das weitere Protokoll].
(StA Bremen, 2-Z.2.c.1)

1 *Vgl. hierzu Dörfler, Herrschaft, S. 351f.*   2 *Jodokus (Jost) von der Beke, 1583–1624 Abt von St. Marien in Stade (Schulze, St. Marien, S. 479).*

199
Landtag 1584 September 24, Basdahl

Landtagsprotokoll

Die Bremischen Landstände verhandeln über die erzbischöfliche Proposition; hierin Verweis auf das erzbischöfliche Mandat gegen Totschläger; Darlegung des erzbischöflichen Vergehens gegen Luder Bicker, *wegen des von jenem begangenen Totschlags und weiterer genannter Vergehen desselben, insbesondere wegen des Vorwurfs,* Luder Bicker habe dem Dotschleger Herbert von Mandelshlo (...) eine gemeine Herberge *gewährt (fol. 191r). Hierzu wird vom Erzbischof (Heinrich III.) vorgebracht: die diesbezügliche Korrespondenz von der Ritterschaft,* Claus Bicker *(fol. 192r u. 193r) und* Arend Bicker *(fol. 195r/v) einerseits und dem Erzbischof andererseits, unter Hinweis auf den Abschied von 1517 (fol. 196r) (oben nr. A.46), den Buxtehuder Rezeß von 1525 Oktober 19 (*Dato ahm Donnertag nach S. Lucas tage des heiligen Evangelisten Anno 1525 zu Boxtehude; *fol. 196v) (oben nr. A.57), den Abschied von 1531 (fol. 196v) (oben nr. A.67), den Abschied der kaiserliche Kommissare (von 1541; fol. 197r/v) (oben nr. A.82), den Abschied von 1554 August 1 (*Dato 1554 Ahm tage Vincula Petri*) (oben nr. A.136) und deren Bestätigung durch Erzbischof Georg.*

Ausschreiben: –
Protokoll: StA Stade, Rep. 5b, F. 92, nr. 14, Bd. 1, fol. 190r–217v (darin: fol. 190r–201r: erzbischöfliche Proposition; fol. 202r–208r: landständische Replica;. fol. 209r–201r: Triplica der erzbischöflichen Räte; fol. 210v–217v: Quadruplica der Ritterschaft). – Ebd., fol. 220r–255r (von anderer zeitgleicher Hand). – StA Bremen, Z.2.b.5, S. 399–449. – Ebd., 2-Z.2.c.1.
Abschied: –
Weitere zu diesem Landtag gehörige Quellen: –
Literatur: Weise, Edikt, S. 37–39. – Hauschildt, Landwirtschaft 1, S. 50, nr. 20.

Uf den gehaltenen Landtage zu Baßdaell Den 24 Septembris Anno p. 84 erschienen sein:
Unser G[sten] F. und Here in eigener Person.
Christoffer Schyver Cantzler, Jost Frese LandtDrost, Nicolaus Boschen, Marcus Keller, Hofräthe[a], CasparusTurban Der Rechte L.

Auß dem ThumbCapitell: Her Otto von Duringen Thumbdechant, H. Ortgyß Schulte Senior, H. Otto von der Hude Probst, H. Jost von Galen Probst, D. Tilemannus Zerneman Syndicus.

Prælaten: Abbas Hersefeldensis,[1] Abbas Divæ Mariæ Virginis in Stade.[2]

[b]Auß den Steden: Von Bremen: H. Daniell von Buren Burgermeister, H. Gert Putteman, D.Wedekindt Syndicus.

Von Stade: Casparus Schwencke Syndicus.

Die von Buxtehude haben sich eingefallener Pest entschuldigen laßen, und den andern Steden Ihre Volmacht gegeben.

[folgt das weitere Protokoll].
(StA Bremen, 2-Z.2.c.1)

a Hofräthe *in der Vorlage durch daneben gesetzte geschweifte Klammer auf die beiden vorangehenden Namen bezogen.* b *die Vertreter der Ritterschaft sind hier nicht eingetragen, waren dem Protokoll zufolge aber anwesend.*

1 *Luneberg Brummer, 1575–1612 Erzabt von Harsefeld (Schulze, Harsefeld, S. 40–44).* 2 *Jodokus (Jost) von der Beke, 1583–1624 Abt von St. Marien in Stade (Schulze, St. Marien, S. 479).*

200

Landtag 1585 Mai 19–22, auf dem Steingraben (bei Basdahl)/Basdahl[1]

Landtagsprotokoll

Verhandlungspunkte wie in nr. A.201.

Ausschreiben: –
Protokoll: *StA Stade, Rep. 5b, F. 92, nr. 14, Bd. 1, fol. 262r–267v. – Ebd., Rep. 5b, F. 141, nr. 51, S. 190–215. – Ebd., Rep. 81, Hs. 4, S. 458ff. – StadtA Buxtehude, LSt., F. II (ehem. D I 3), nr. 1. – StA Bremen, 2-Z.2.c.1. – StA Bremen, 2-Z.2.d.3 (2 Exemplare von verschiedenen zeitgleichen Händen, jeweils mit Anwesenheitslisten).*
Abschied: *StA Stade, Rep. 5b, F. 92, nr. 14, Bd. 1, fol. 260r/v (zeitgleiche Abschrift) (nr. A.201).*
Weitere zu diesem Landtag gehörige Quellen: –
Literatur: *Hauschildt, Landwirtschaft 1, S. 50f., nr. 21.*

Doselbst Anno p. 85 Ist uff Hochgedachte Unsers G^{sten} F. und H. begerens von den Anwesenden Stenden ein gemeiner Landttach den 21 May uff dem Steingrabe zuhalten verabscheidt undt bewilliget worden.

Solcher vorwilligung unndt Abrede nach sein uff vorgerurtem tage diese nachbenante Auß den Stenden daselbst uff den Steingrabe erscheinen:

Auß dem ThumbCapitell: Her Otto von Duringen Thumbdechandt, H. Orttgyß Schulte Senior undt Probst zu Osterholtz, Hadlen p., H. Otte von der Hude Thumbher undt Probst S. Anscharii, Himmelpfort., H. Jost von Galen Thumbher undt Probst zu Zeven, H. Tilemannus Zernemahn Doctor undt Sindicus.

Auß den Prelaten: Der Her von Herzfelde H. Luneberch Brummer, Der Her von Unser Lieben Frowen zu Stade H. Jobst von der Beke, H. Hermen vonn der Beke Probst zum Altten Closter, H. Nicolauß Boschen Probst zum Newen Closter.

Die Ritterschafft Inß gemein.

Auß der Stadt Bremen: H. Daniell von Buren Burgermeister, H. Herman Schuemacher Burgermeister, H. Arendt Lavarß[a] Radtmahn, H. Christoffer Widekindt Doctor undt Sindicus.

Die gesandten deß Radts zu Stade unndt Buxtehude.

Wurster unndt Oldelandt.

[folgt das weitere Protokoll].
(StA Bremen, 2-Z.2.d.3; 1. Liste).

a *in der 2. Liste* Lavees.
1 *Die Überlieferung ist hinsichtlich des Landtagsortes uneinheitlich; die angeführten Protokolle überliefern den Steingraben als Ort; im Abschied (nr. A.201) wird dagegen Basdahl genannt.*

201
Derselbe Landtag

Landtagsabschied 1585 Mai 21, Basdahl *[sic]*

Die Bremischen Landstände verhandeln und entscheiden über folgende Punkte: (1.) Auslösung verpfändeter Güter; (2.) Beschreibung des Zehntels-Schatzes; (3.) Einsetzung eines landständisches Rats zur Entscheidung anhängiger Prozesse; (4.) ‚Causa moderationis'; Zahlung einer Belohnung an Dr. Zernemann; (5.) Prozesse am Reichskammergericht; (6.) Rechnungslegung; Verwendung überschüssiger Gelder für den Rückerwerb entfremdeter Güter und zur Wiederherstellung der Burgen; (7.) Drosten und Amtleute zu (Bremer-) Vörde sowie andere Vögte; (8.) Nachlaß des † Erzbischofs (Heinrich III.); Herzog Franz (von Sachsen-Lauenburg) als möglicher Erbe.

Überlieferung: wie nr. A.200.

ªBremische Landttags Abscheidt zu Boesdaell, den 21 tag Maii Anno p. 85.ª

Abrede und beschlus des Anno 85 am 21. Maii gehalten Landtages.

1. Alleß was vom Stift anderen vorpfendet und alienirt, vorbunten oder Leibzuchts weise eingethan worden, ohne bewilligung des ehrwurdigen ThumbCapittelß wieder umb auß stifft zunemen, was auch mit bewilligung deß Capittelß vorpfendet, gleichfals zulossen seinde.

2. Mit beschreibung des 10 theils Schatzes an den ortren, da eß vorbleiben, zuvorfahrende.

3. Einen bestendigen Stifts Rath aus Allen stenden zuvorordenen, welche auch sollen vulnkommene macht haben in furfallenden sachen Durch freundschafft oder Recht die parteyen zu endtscheiden unnd darauß auch geburliche Execution zuthun.

4. Causa moderationis soll ferner nach Rath eines Erwurdigen Tuhmcapittels *[sic]* derigirt unnd erfolget werden, alß denen die sache am besten bekandt, unnd soll doctori Zernemanno wegen seiner denisten *[sic]* vom Stift unvorweisleiche belonung geschenen.

5. Alle Camergericht Processe novis mandatis zu befurdernde, Dohweilen etzliche Stiffts eingesesene *[sic]* haben ihrer beschwerung halber appellieren mussen, Dieselbigen sachen zu renoviren unnd einem anderen zu dem seinen zugestaten.

6. Die Rechung in beisein aller Stifs *[sic]* vorordente Reten zunemende, waß darauß kan erubert werden, sulcheß ad redemtionem alienatorum vor erst zuwenden, darnach ad refectionem arcium.

7. Drosten unnd Amptleute zu Vorde, auch andere vordechtige Voigte und Personen in continenti zuerlauben.

8. Die pferde zeligen Herren zuvorkaufen unnd sulches zu abfindung deß gesinds zugebrauchen, des ubrigen ein bestendig inventarium Hertzogen Frantzen zuzustellen unnd erclerung zu fordernde, an velit hereditatem adire vel non. Nach erlangter resolution damit nach Rath unnd gudtachtent der vorordenten zuvorfaren.

(StA Stade, Rep. 5b, F. 92, nr. 14, Bd. 1, fol. 260r/v).

a–a *Marginalie von gleicher Hand.*

202
Landtag 1585 September 24, Basdahl

Landtagsprotokoll

Die Bremischen Landstände verhandeln über folgende Punkte der erzbischöflichen Proposition: (1.) Widerrechtliche Errichtung eine Grenzsäule (Greniz Seulen; *Rep. 5b, F. 92, nr. 16a, fol. 3r) im Amt Thedinghausen von Seiten des Herzogs Julius von Braunschweig-Lüneburg (-Wolfenbüttel); diesbezüglich ergeht ein Schreiben der Stände an jenen Herzog (nr. A.203); (2.) Fälle von gewalttätiger Selbstjustiz in mehreren Streitfällen, insbesondere in den Fällen* Marschalcke contra Brobergen, Ditterich Schulze contra Volradten vonn der Decken und hinwiederumb vonn der Deken contra Schulzen, Cluver contra Hude *und dann* Vollradt von der Deken contra eines Erbaren Raths dero Stadt Stade *(ebd., fol. 4v); (3.) Fälle von Ungehorsam gegenüber den erzbischöflichen Landräten; (4.) Verhandlung über die* Constitution der Todtschlägere *(ebd., fo. 5v); (5.) Klage der Bürger in (Bremer-) Vörde, daß* Godthardt vonn Brobergen *sich ohne ausreichende Rechtsgrundlage das Recht des* Bier Zollens *anmaßt, und deshalb dem* Caspar Desebruch *aus dessen Schiff* Achtzehen Tunnen Hamburger Biers *hat wegknehmenn lassen (ebd., fol. 6r); dessen Bitte um Restitution wird von den Landständen unterstützt; (6.) baldmögliche Einberufung des Hofgerichts, das in den vorangegangenen Jahren insbesondere* wegen der Peste undt tödtlichen Abfalles in Bremen nicht gehalten *wurde (ebd., fol. 6v); (7.) Aufbringung der dem Niedersächsischen Reichskreis schuldigen Gelder in Höhe von 2731 Taler sowie* der Türkensteuer und der Reichsanlagen; (8.) Bitte des Abts des Klosters St. Marien (Unser Lieben Frawen) in Stade,[1] daß die Landstände Gotthardt von Brobergen erneut dazu auffordern, jenem Kloster etliche Hunde zu restituieren, die er dem Kloster im Gerichtte zu Lambstede nach geendigter Jagtt genhommen hat (ebd., fol. 7r). (9.) Appellationsverhandlung in privatrechtlicher Klage: Hierzu ergeht ein Bescheid (nr. A.204).

Ausschreiben: StA Stade, F. 92, nr. 16a, fol. 1r–2r (Abschriften zweier Ausschreiben für einen Landtag am 20.ten [!] deß Monats Septembris zu Baeßdall [fol. 1r], ausgestellt vom Bremer Domkapitel 1585 August 30 in (Bremer-) Vörde).
Protokoll: StA Stade, Rep. 5b, F. 92, nr. 14, Bd. 1, fol. 268r–276v. – Ebd., F. 92, nr. 16a, fol. 2r–35v. – StadtA Buxtehude, I.St., F. II (ehem. D I 3), nr. 1. – StA Bremen, 2-Z.2.c.1. – Ebd., 2-Z.2.d.3.
Abschied: –
Weitere zu diesem Landtag gehörige Quellen: nr. A.203 und A.204.
Literatur: Wiedemann, Bremen 2, S. 183f. – Hauschildt, Landwirtschaft 1, S. 51, nr. 22.

Anno der weiniger Zale 85., den 24. Septembris, Ist abermhall ein gemeiner Landtag verschrieben gewesen, daselbst von wegen des Thumbcapittels erschienen die Erwerdige, Edle, Ernveste, Hochgelarte und Erbar: H. Otto von During Thumbdechant, H. Ohrtgyß Schulte Senior und probst zu Osterholtz p., H. Otto von der Hude thumbher und probst zu S. Anschar. und Himmelpforten p., D. Tylemannus Zerneman Syndicus und D. [Casparius][a] Koch Cantzler, Arpp von Duringen Landtdroste.

Von wegen der prelaten: Der Her von Hertzfelde[2] und Der Her von Unser Lieben Frauwen auß Stade.[1]

Die Ritterschafft in gemein.

Aus den Stetten Bremen, Stade und Buxtehude.

Die vogte auß dem Lande Wursten und Oldelandt.
[folgt das weitere Protokoll].
(StA Stade, Rep. 5b, F. 92, nr. 14, Bd. 1, fol. 268r).

a Für den in der Vorlage fehlenden Namen ist vom Schreiber eine Lücke im Text gelassen worden.
1 Jodokus (Jost) von der Beke, 1583–1624 Abt von St. Marien in Stade (Schulze, St. Marien, S. 479).
2 Luneberg Brummer, 1575–1612 Erzabt von Harsefeld (Schulze, Harsefeld, S. 40–44).

203

Derselbe Landtag

Mahnschreiben

Dechand,[1] Senior[2] und Capittul sampt Prelaten, Ritterschafft, Stedten undt gemeine Lantschafft des Ertzstiffts Bremen *(fol. 27r)* richten bezüglich oben nr. A.202, Punkt (1.), ein Schreiben an Herzog Julius von Braunschweig-Lüneburg (-Wolfenbüttel).

Sie teilen dem Herzog mit, daß an der Grenze zwischen dem Ampte Syke *und dem* Ampt Tedinghausenn *von Syke aus erneut eine* Seule *errichtet worden ist, nachdem zuvor bereits eine erste derartige* Seule *vom Amtmann zu Thedinghausen entfernt worden war. Sie fordern Herzog Julius auf, diese neuerrichtete* Seule *wieder abzubrechen, da diese sich nicht auf Besitz des Amtes Syke befindet, sondern* diesseit heruber dem Sihelgraben und also auf dießes Ertzstiffts grundt und boden gelegen ist *(fol. 24r).* Sollte dies nicht geschehen, behalten sie sich vor, alles zu tun, waß zu erhaltung dießes Ertzstiffts alt und wolhergebrachter gerechtigkeitt vonnoten sein wirt *(fol. 26r). Sie bitten den Herzog ferner, hinsichtlich des Amts Thedinghausen den vorherigen Rechtsstatus, wie er unter den ausgestorbenen Grafen von Hoya bestanden hat, zu restituieren.*

Datum zu Baßdael, Auff gemeinem Landtage undter unser etzlicher in nahmen und vonn wegen gemeiner Stende und Landschafft Pitzschieren, Den 24.ten Septembris Anno p 85 *(fol. 27r).*

Schreiben: StA Stade, F. 92, nr. 16a, fol. 22v–27r (zeitgleiche Abschrift).

1 *Otto von Düring.* 2 *Ortgies Schulte.*

204

Derselbe Landtag

Bescheid

Die Bremischen Landstände entscheiden als Appellationsinstanz in dem vor den Landtag gebrachten Rechtsstreit zwischen Eberhard von der Lieth und Heinrich Meier, Kommendist am Altar St. Mauritii im Bremer Dom, auf Nichtzulassung der Appellation wegen Fristversäumnis.

Bescheid: StA Stade, F. 92, nr. 16a, fol. 35r/v (zeitgleiche Abschrift).

Bescheidt.

In Appellation Sachen, Eberhardten von der Lidt, Als Appellanten, an einem, Jegen und wieder Hinricum Meier Commendisten ad altare S. Mauritii der Kirchen zu Bremen, Appellanten anderthells, Erkennen die Abgeordnete eine Erw. ThumbCapittuls, Semptliche Prelaten unnd Ritterschafft, Auch Abgesante der Stedte dieses Erzstifftes Bremen fur Recht: Weill Appellante in geburender zeitt, wie sie im Erzstiffte gebreuchlich, seine eingewandte Appellationen fur gemeinen Stenden nicht prosequiret, daß derenthalbenn dieselbe defect, unnd eß bei vorigem Urtheil billich bleibe. Von Rechtes wegen pronunctiatum Baßdael, Auf gemeinem Landtage, under eines Ehrwurdigen Thumbcapittuls Secret, Am 24.ten Septembris Anno p. 85.ᵃ

(StA Stade, F. 92, nr. 16a, fol. 35r/v).

a *folgt in der Vorlage:* Von diesem Urtheil hatt der Appellante Alßbaldt stante pede viva voce appellirt.

205

Landtag 1586 Februar 28–März 1, Basdahl

Landtagsprotokoll

Die Bremischen Landstände verhandeln am 28. Februar und am 1. März 1586 über folgende Punkte der erzbischöflichen Proposition: (1.) Ausschreiben dieses Landtags; Dank für das Erscheinen der Anwesenden in diesem kalten Wetter (Rep. 5b, F. 92, nr. 14, Bd. 1, fol. 277r);

(2.) Fortsetzung der Verhandlungen des Landtags vom 24. September 1585 (nr. A.202) über die Reichs- und Reichskreissteuern; (3.) die im Namen Herzog Julius' von Braunschweig-Lüneburg (-Wolfenbüttel) an der Grenze zwischen den Ämtern Syke und Thedinghausen widerrechtlich errichtete Grenzsäule; diesbezüglich ergeht ein weiteres Schreiben der Stände an jenen Herzog (nr. A.206); (4.) Entfremdung erzbischöflicher Tafelgüter; Rückverweis auf den Landtagsabschied vom 22.sten [sic] May deß Jars 85 (oben nr. A.202);

(5.) Schreiben des Herzogs von Holstein als Oberst des Niedersächsischen Reichskreises mit der Bitte um Unterstützung wegen deß Französischen kriegs (StA Stade, Rep. 5b, F. 92, nr. 16a, fol. 48); zu dieser Unterstützung erklären sich die Stände bereit;

(6.) Schreiben der Vormünder des † Jobst Behr, betreffend Auslösung der an jenen verpfändeten (ungenannten) Burg (Hauß); zu dieser Sache soll ein Verhandlungstag angesetzt werden.

Ausschreiben: ausgestellt vom Bremer Domkapitel, datiert 1586 Februar 3; offenbar verschollen; genannt in StA Stade, Rep. 5b, F. 92, nr. 16a, fol. 43r; ohne Datumsnennung genannt in StA Stade, Rep. 5b, F. 92, nr. 14, Bd. 1, fol. 277r (s.u.).
Protokoll: StA Stade, Rep. 5b, F. 92, nr. 14, Bd. 1, fol. 277r–281v. – Ebd., F. 92, nr. 16a, fol. 39r–56r. – StadtA Buxtehude, LSt., F. II (ehem. D I 3), nr. 1. – StA Bremen, 2-Z.2.c.1. – Ebd., 2-Z.2.d.3.
Abschied: –
Weitere zu diesem Landtag gehörige Quellen: nr. A.206.
Literatur: Hauschildt, Landwirtschaft 1, S. 51f., nr. 23.

Anno p. 86 den Mandach nach Reminiscere, war der 28. Monatstag Februarii, Ißt uff Außgangene schreibent eins Erw.[d] Thumbcapittels zu Baßdaell ein gemeiner Landtagk gehalten worden, daselbst von wegen eines Erw.[d] thumbcapittels erschinen: Her Otto von Duringen thumbdechandt, Her Ohrtgyß Schulte Senior und probst p., Her Frantz Marschalck. D. Koch Cantzler, D. Zerneman Sindicus.

Prelatum: Her Luneberch Brummer Ertzabt zu Hertzvelde, Her Jost von der Beke Abt zu Unser Lieben Frauwen, Her Herman v. d. Beke probst zum Alten Closter.

Die Ritterschafft insgemein.

Die von Stetten: Bremen, Stade und Buxtehude.
Auß Bremen: H. Carsten Steding B., Eler Esich Radtman, Christoffer Widekind D. und S.
[folgt das weitere Protokoll].
(StA Stade, Rep. 5b, F. 92, nr. 14, Bd. 1, fol. 277r).

206
Derselbe Landtag

Mahnschreiben [1586 Februar 28][1]

ThumbDechandt,[2] Senior[3] und Capittull, zu sambtt Prælaten, Ritterschafft, Stedten und gemainer Lantschafft des Ertzstiffts Bremen *(fol. 54v) richten bezüglich oben nr. A.205, Punkt (3.), ein Schreiben an Herzog Julius von Braunschweig-Lüneburg (-Wolfenbüttel).*

Sie verweisen auf das herzogliche Schreiben, datiert Stolzenau, 18. Dezember 1585, sowie das o. a. Schreiben der Bremer Landschaft vom 24. September 1585 (oben nr. A.203), bezüglich der an der Grenze des Erzstifts Bremen vom Ambttman zu Syke auf dieses Ertzstiffts grundt und Boden auffgerichtete und *durch den* Ambtman zue Thedinghausen (...) *wiederumb niedergelegten und abgeschafften* Seulenn, *und auf die weitere Korrespondenz zwischen beiden Seiten. Sie berichten nochmals ausführlich über die erste widerrechtlich errichtete Grenzsäule, die vom Thedinghäuser Amtmann noch zu Lebzeiten des vorherigen Erzbischofs (Heinrich III.) niedergerissen worden war, also vor dessen Tod,* den Freitagk post Quasimodogeniti den 23. Aprilis zwischen 1 unndt 2 uhr in der nacht *(fol. 53r).*[4] *Zur Lösung des Streitfalls schlagen sie eine Grenzbegehung durch Gesandtschaften beider Seiten vor, die schnellstmöglichst, auf Einladung durch Herzog Julius, stattfinden sollte (*das I. F. G. dero obgemelten zusammenschickungh, besichtigungh und vergleichungh solcher gebrechen zum furderlichsten einen Anfangk geben und darmitt keinen verzogk gebrauchen; *fol. 54r).*

Datum Basdaell uff gemeinem Landtage undter unser etzlicher Pitzier. *(fol. 54v).*

Schreiben: StA Stade, F. 92, nr. 16a, fol. 52v–54v (zeitgleiche Abschrift).

1 *Dieses Schreiben ist im Protokoll unter den Verhandlungen des 28. Februars überliefert (StA Stade, F. 92, nr. 16a, fol. 39r–55r. Auf fol. 55r ist dort angegeben, daß der Landtag,* weiln es fast spade auf den tagh, am 1. März fortgesetzt wurde, *beginnend mit* Der Ritterschafft Resolution den 1.ten Martii Anno 86. *Demnach ist dieses Schreiben ohne jeden Zweifel wie angegeben zu datieren.*   2 *Otto von Düring.*   3 *Ortgies Schulte.*   4 *Die hier überlieferte genaue Todesstunde Erzbischofs Heinrichs III. (†1586 April 23) war m. W. bisher nicht bekannt.*

207

Landtag (?) 1586 Oktober 25, Buxtehude

Abschied ('Buxtehuder Abschied')

Der Bremer Erzbischof (Johann Adolf) und die Bremischen Landstände auf der einen und der Rat der Stadt Hamburg auf der anderen Seiten vergleichen sich über die zwischen ihnen strittigen Punkte, insbesondere bezüglich des Klosters Neuenwalde, des Landes Wursten sowie der Grenze zwischen dem (hamburgischen) Amt Ritzebüttel und dem Erzstift Bremen.

Ausschreiben: –
Protokoll: StA Bremen, 2-Z.2.c.1.
Abschied: StA Stade, Rep. 5b, F. 76, nr. 92, fol. 2r–5r *(Abschrift Mitte 17. Jh.; Wasserschäden; Überschrift:* Buxtehuder Abscheid *[folgt gestr.* H. Ertz*]* Bremen contra Ritzbüttel Anno 1586 d. 25. Octobr.*). Druck:* Cassel, Bremensia 2, S. 699–705, nr. 30 *(nicht ganz vollständig; nach einer wohl annähernd zeitgleichen, vom Notar Christoph Hipstedt beglaubigten Abschrift einer Or.-Ausf.).*[1]
Weitere zu diesem Landtag gehörige Quellen: –
Literatur: Osten/Wiebalck, Wursten, S. 201f. – Lehe, Wursten, S. 301f.

Zu wißen: Nachdem zwischen dem Herrn Erzbischoffe und gemeinen Ständen des Ertzstiffts Brehmen, an einem, und dem Ehrbaren Rahde der Stadt Hamburg anders theils, raume zeithero allerhandt irrung und Mißverstande von wegen des Closters zum Newenwolde, des Landes zu Wursten undt Ambts Ritzebüttell grentzen undt sonsten eingerißen und mehrenteils zu nicht geringer weitleuffigkeit und Verbitterung hinaußgesehen, daß dieselbigen zu beforderung und Erhaltung ruhe und Friedens durch beeder theile Verordnete und Abgesandte heüte dato untenbeschrieben, in gutliche undt Nachbarliche tractation und handlung genommen und Nachfolgender gestalt verglichen undt auffgehoben.

[1.] Erstlichen, so viell die Kirche zum Oldenwolde angehet, haben sich die Verordneten miteinander dahin entschlossen und verabschiedet, daß nun hinführo die præsentatio eines düchtigen Pastorn jedesmahlen, so offt dieselbe Kirchen vacirete, bey der Stadt Hamburg oder dem Hause Ritzebüttell, aber die Institution oder Confirmation bey dem Herrn Erzbischoffen zu Brehmen oder Sr. Fr. Gd. gesetzten verwalter zum Newenwolde, stehen, und beruhen, und der instituirte und confirmirte Pastor gratitudinis ergo sive honorarii loco jetzgemelten Vorwalter Sechs Rthlr. zugeben schuldig sein, Und Ihme darauff die Confirmation unverweigerlich gefolget werden solle.

[2.] Zum Andern, waß das Nohtgericht, welches die Beamte zu Ritzebüttell etliche Jahre hero in dem Dorfe Oldenwolde Brehmischen Stiffts fur dem Kirchhoffe daselbst, nicht weit von der Gattern gehalten haben, aber von dem Ertzstifft alß auff deßelben grundt und bohden wiederfochten und Nicht verstattet werden wollen, anlangen thuet, ist von dem Rahte zu Hamburg zur erhaltung Nachbarlicher beywohnung und Verhütung allerhandt weiterung bewilliget und nachgegeben worden, daß daßelbige Nohtgerichte an berührtem orthe weiter nicht gehalten, sondern künfftiglich in das Ambt Ritzebüttell, wo es dem Rathe gefällig oder in loco delicti der örther transferiret und verlegt werden soll.

[3.] Nachdem auch Vors Dritte, die Bremischen Abgesandten fast in allen beysammenkünfften sich wegen der abkündigungen, so auff den Kirchhoffe zu Oldenwolde durch des Hauses Ritzebüttell Schultzen zugeschehen pflegt, beschweret, Als daß solches auff Brehmische Unterthanen etwa gezogen und verstanden werden möchte, So ist dieses puncts halben verabschiedet, und durch die Brehmischen nachgegeben, waß die gewöhnliche abkündigung, so durch die Ritzebüttelschen Schultzen auff dem Kirchhoffe über des Hauses Ritzebüttell Unterthanen alß von Teichschauung, Deichwege, Schleüßegebrechen, Kauffen und Verkauffen und darüber gelieferten friedt undt Ban, und waß dergleichen mehr gehalten und verrichtet sein werden, Nach altem gebrauche hinführo auch gehalten werden möge, allermaßen daßelbe auch dem Voigte zum Oldenwolde über die Brehmischen Unterthanen seiner Voigtey vorbehalten sein, doch also daß solche abkündigung weiter nicht denn uff eines jedemtheils ungemittelte Unterthanen verstanden, Wie es dänn auch gleiche Meinung mit dem jennen, waß der Pastor daselbst von der Cantzell von wegen des Ertzstiffts Brehmen, oder des Hauses Ritzebüttell abzukündigen hat, haben soll, doch also daß hierdurch des Ertzstiffts Brehmen hoch- und botthmeßigkeit, Imgleichen des Hauses Ritzebüttells im wenigsten nichts abgebrochen noch entzogen werden soll.

[4.] Zum Vierdten; Nachdem auch wegen der Pfandung in den Fünff Heidtdörffern, allerhand Schelung und Mißverständnus eingefallen, auß dehme, daß das Ertzstifft Brehmen der Pfandung über des Closters Meyer, von wegen ihrer Zehenden, Pacht, Zinsen, Landtwinnen und Hoffdiensten sich gebrauchen wollen, welches der Ambtman zu Ritzebüttell aber nicht verstatten und gut sein laßen wollen, Ist hierüber verabscheidet, daß vorged[achter]^a Voigt oder befehlighaber des Closters zum Newenwolde, wann jemandts in angezogenen Fünff Heidtdörffern ungehorsahm sein, und seine landtwinnung, Zehendt, Pacht, Zinse, Hoffdienste über beschehene anmahnung des Voigts oder befehlighabers nicht bezahlen oder leisten würde, daß alßdan jetzberürter Voigt bey dem Hause Ritzebüttell darum anhalten, und wann daßelbige geschehen, der Ambtman daselbst gehalten sein soll, Verschaffung zu thun, daß dem Voigt oder Befehlig haber zum Newenwolde, die geklagte außstendige Zinse, Zehenden, Pacht, Landtwinnungen oder Hoffdienst innerhalb Vierzehen tagen, in geldt oder Korn, bezahlet, oder in Verpleibung deßenn, soll Er dem gedachten Voigt gnugsahm und beßere Pfande, alß sich dei berürte ausstandt erstrecket, überliefern und antworten, Also, daß der Voigt daran ein genügen habe, Welche Pfande (:woferne dieselbe in dennegsten achte tagen nicht gelöset werden:) durch den Voigt verkaufft undt seine zahlung darauß gesuchet werden magk, ohne einige weitere Processe derselbigen Meyere oder des Hauses Ritzebüttell, auff des Voigts zum Newenwolde begehren, in [za?]lung^b gnugsahmer Pfande sich säumig oder weigerlich erzeigen würden, alßdan soll der gedachte Voigt gemächtiget sein, die Pfandung selbst zu thun, und Nach achte dagen damit zugeschehen, wie vorstehet.

[5.] Zum Fünfften, den Butendick der Dörffer Bernsche undt Arensche belangede, ist bewilliget und verabscheidet, daß die Einwohner daselbst in solchen Butendiek alle Ihr Kreup und Viehe, wie auch Ihre Marschschape treiben und weiden mögen nach wie vor, doch also und mit der bescheidenheit, daß Sie nicht destoweiniger Ihre Heidtschaffe in die gemeine des Hauses Ritzebüttellsch angehörige Heyde, zu erhaltung und bekräfftigung derselbigen trieben, damit die nicht von den benachbarthen eingezogen und gemelten Hause entwendet werden möge; Nachdem aber und so viell den Butendeich betr[ifft][a], darinnen mehr dan der ged[achten][a] Leuthe zu Bernsche und Arnsche eigener deelzucht geweidet werden kan, Ist verabscheidet, verglichen und vertragen worden, daß von dem Ambtman zu Ritzebüttell dem befehlighaber zum Newenwolde und Dorffleuthen jetzgedacht ein überschlag gemacht werden soll, wie viell frembdes Viehes darin genomen werden könne, und soll dem Ambtman zu Ritzebüttell freystehen, Imgleichen dem befehlighaber zum Newenwolde, und dan den dorffleuthen mit Ihrem eigenen Viehe oder fremden um geldt, Zum dritten theill darin zu treiben und weiden zu laßen, Also zuverstehen, daß der Ambtman zu Ritzebüttel einen theill, Imgleichen der Verwalter zum Newenwolde einen theill, und dan die dorffleuthe selbst auch einen theill von obberürten übrigen Weide dem Butendiek zu genießen haben soll; Doch soll berürter Verwalter zum Newenwolde, hierdurch mit nichten eine Hocheit oder Jurisdiction der örther ge[..........]lich[b] auff den andern dörffern und darzu gehörenden FeldtMarken und Ländereyen in consequentiam nicht gezogen, wie auch dem Viellgedachtenn Closter Newenwolde an Ihrer gerechigkeit der Butendeiche nichts benommen sein soll.

[6.] Was die Greintze *[sic]* des Gerichts zum Oldenwolde und des Hauses Ritzbüttel betreffen thuet, Haben sich die Verordneten allerseits dahin verglichen, daß es bey der Alten Findung bleiben und beruhen solle, Als Nemblich: Daß sie ihren anfangk habe, nicht weit von dem Oldenwolde an einem Bache genomdt der Steinfort, von demselbigen biß auf die Steidelborgk, von dannen biß auff den Raugenbusch, von dar uff die Wehlenkuhlen, von derselbigen auff den Lütken Strucklohe, von dar auff die Holtzerne Höhe, fürder von dar auff den Kalten Stein, von demselben uff Unser Lieben Frauen Specken, fürder von dehren auff die Landtwehre, von der Landtwehre in die Mitten derselben entlangk, hierauff wiederumb biß uff den Steinforth, darnach sich beede theile Richten undt halten sollen, Doch also, daß eines jeden Unterthanen Ecker, Wiesen, und Gerechtigkeit derselbigen unverhindert und wie es alters hergebracht, verbleiben solle.

[7.] Nachdem auch Eingeseßene des Landes zu Wursten sich beschweret, daß sie in der Stadt Hamburgk über und wieder alt herkommen an ihren eingekaufften nohtürfftigen und Häußlichen Wahren mit ungewohnlichen Zollen beleget worden, Ist derowegen bewilliget und verabscheidet, daß es bey dem alten gebrauch bleibe: Alß daß von einem jedern Schiffe guhts, so Sie zu Ihrer Heußlichen Nohturfft zu Hamburg einkauffen, einen Blaffer und nicht mehr zu geben schüldig noch darüber beschweret werden soll.

[8.] Letzlich, waß die Scheidung des Landes zu Wursten und Ambts Ritzebüttell, mit dem Lande zu Hadeln, betreffen thuet, Ist es dahin beschlossen und verabscheidet, daß es deßfals bey der alten gewöhnlichen Schnede bleiben und gelaßen werden solle, Nemblich von dem Hövetgraben an biß in die Mettkendals Lehde über die Hohe Lieth biß in den Oekerbeck und dieselbigem hinab, bis in die Sehe, also was bey Suhden derselbigen Beke gelegen, dem Erzstifft Brehmen, und waß bey der Norderseith gelegen dem Ambt Ritzebüttell zugehörig sein soll; Undt hierbey ferner verabscheidet, daß uff dem negstkunfftigen Frühling dieses 87. Jahres ein Schiff zu ende des Robbensandes geleget werden und durch beederseits Verordnete das Compaß gesetzet, und also endlich ein Strich, so woll zu Waßer alß zu Lande designiret und verordnet werden solle, doch das die Alten Schurhorn an der Hamburgerseiten bleiben solle, Waß sich beede theile deßfals zuverhalten und darnach sich in Strandung der Schiffe und berggeldes zurichten haben sollen, Alles ohne argelist und gefehrde.

Daß in Uhrkundt der Wahrheit ist dieser Receße zwo eines lauts auffgerichtet Und mit beedertheile Insiegell befestiget. Actum in Buxtehude den 25.sten Octobr. nach Christi gnadenreichen geburth im Fünffzehenhundert und SechßundAchtzigsten Jahre p.

(StA Stade, Rep. 5b, F. 76, nr. 92, fol. 2r–5r).

a gekürzt in der Vorlage; nach Cassel ergänzt.   b Textverlust durch Wasserschaden in der Vorlage; Ergänzung durch Cassel nicht möglich, da diese Textstelle dort fehlt.

1 Christoph Hipstedt, Kleriker aus der Diözese Bremen, ist nachweislich 1607 als Notar belegt (Nowak, Notariat, S. 116).

208
Ausschußtag 1587 Januar 24, Basdahl

Protokoll

Die erzbischöflichen Räte und der Ausschuß der Bremischen Landstände verhandeln und einigen sich über folgende Punkte der erzbischöflichen Proposition: (1.) Versuch einer Verringerung (Moderation) der an das Reich zu leistenden Abgaben des Erzstifts Bremen; (2.) Reichskammergerichtsprozeß gegen Hochstift und Stadt Münster wegen der Stadt und des Amts Wildeshausen; (3.) Bezahlung der Besoldung der am Reichskammergericht in Speyer für das Erzstift Bremen tätigen Advokaten Dr. Vomelius, sowie dem ebendort in gleicher Funktion tätigen Dr. Forster, der 200 Taler in causa Hoiensi geltend macht; Auszahlung noch ausstehender diesbezüglicher Gelder an die Erben des Dr. Ramminger; (4.) Bewilligung einer Schuldverschreibung in Höhe von 2000 Taler durch Domkapitel und Landstände. Diese Summe soll bei Hilmer von Amelunxen aufgenommen werden, um damit die vom Reichspfennigmeister angemahnten, an den Haubtman

Stadtlander *auszuzahlenden 1900 Taler bezahlen zu können, da aus dem letzten 16.-Pfennig-Schatz nichts mehr übrig ist. (5.) Verhandlung über zwei Gravamina der verordneten Schatzschreiber, betreffend des Ambtmans zu Hagenn Quartier (ebd., fol. 63v): bezüglich des Dorfes Lehe sollen* die vorigen verordenten Orttgieß von Wersabe, Burgermeister Daniell von Buhren und Haubtman Bardenflete *eine erneute Besichtigung vornehmen; bezüglich* des Erblandes in der borde zu Debbestede, *das* nicht Maschlandt sonder fast der Dorffschafft Uthlede Acker gleichett, *wird festgelegt, daß* die Erbgutter nach des Dorffes Anschlag in der Borde Debbestede Taxiret oder æstimiret, und dan von einem Jedern hundert margk oder thalern einer gegeben werden. *(6.) Appellationsverhandlungen in privatrechtlicher Klage: Hierzu ergehen Bescheide (nr. A.209–A.212).*

Datum:[...] Anno 1587 Dingstages den 24. Januarii, Seindt die Sembtliche Rethe und Ausschuß zue Basdaell *[...]* bey ein gewesen, *[...] (ebd., fol. 56r).*

Ausschreiben: –
Protokoll: StA Stade, Rep. 5b, F. 92, nr. 16a, fol. 56v–70r. – Ebd., Dep. 10, Hs. 9, Bd. 1, fol. 121r–148v.
Abschied: –
Weitere zu diesem Landtag gehörige Quellen:–
Literatur: –

209

Derselbe Ausschußtag

Bescheid

*Die erzbischöflichen Räte und der Ausschuß der Bremischen Landstände entscheidet als Appellationsinstanz in dem vor den Landtag gebrachten Rechtsstreit zwischen dem Dombaumeister Konrad Schlüter und Johann Clüver (*Conradus Schlüter Bawmeister contra Johan Cluver *(fol. 63v) gegen Letztgenannten auf Restitution der weggenommenen Pferde.*

Bescheid: StA Stade, Rep. 5b, F. 92, nr. 16a, fol. 64r (zeitgleiche Abschrift).

Bescheidt.

Dz man an den Gogreven Luder Cluvern Als in Deßen Bottmeßigkeitt im Gerichte Achim die Pferde stehen sollen, schreiben und von Ihme begeren solle, das ehr Dem Ambtman zu Thedinghausen Auf Sein Anfurdern dieselben Pferde volgen laßen muege. Im gleichen fall soll dem Ambttmanne bevohlen werden, die selben Abzuholenn, Dem Meiger zu restituiren. Unnd da Johan Cluver ettwa defacto weitter Pfanden wurde, Die Pfande, ehr er sie uber die Weser bringe, An sich wiederumb zunhemen. So solle Auch Johann Cluvern bey Poen Hundert goltgulden Aufferlegt werden, sich des Meiers und der perturbation Der Immission zuenthaltten. Unnd so er Dawieder handle, Auff gemeinn Landtage ad pœnam persolvendam gegen Ihnen procediret werden.

(StA Stade, Rep. 5b, F. 92, nr. 16a, fol. 64r).

210
Derselbe Ausschußtag

Bescheid

Die erzbischöflichen Räte und der Ausschuß der Bremischen Landstände entscheidet als Appellationsinstanz in dem vor den Landtag gebrachten Rechtsstreit Marcus Päle contra Clawesen den Jungern und Herman von der Deken, & e contra Wegen der hinc inde geklagten gewaldt und Schmehenwortter (fol. 64r) auf Einsetzung namentlich genannter Kommissarien, vor denen die Parteien binnen sechs Wochen ihre Beweise schriftlich vorlegen müssen.

Bescheid: StA Stade, Rep. 5b, F. 92, nr. 16a, fol. 64r/v (zeitgleiche Abschrift).

Bescheidt.

In Sachen Marx Pfahlen, wegen etzlicher Irrungen, so sich Auffm Kirchove zu Freiburgk zugetragenn, Clegern An einem, Und Clawes dem Jungern unndt Herman von der Dekenn Beklagten Anders theils, Geben die Hern eines Erwurdigen Bremischen ThumbCapittuls, benebenst den Verordneten LandtRäthen den Bescheidt, Das so woll Cleger Als BeClagte, Ire Beweiß Articull, Defensionales und nhamen der Zeugen, Innerhalb Sechs Wochen, vor den Edlen, Ernvesten und Hochgelartten Arp von Duringen Landtdrosten, Caspar Koch Doctorn und Cantzlern des Ertzstiffts Bremen, und Bartholdt Schulttenn, So Ihnen zu der behueff sambtt und Sonderlich zu Commissarien deputirett unndt verordnett sein. Auf dieselben Auch Commissio in forma erkandt, gedubbeldt einbringen, Welche beider seits gezeugnus, Wie recht, Aufnehmen sollen. Und wan dieselben vollnfuehrett, eroffnett unnd beiden Partten Abschriefften darvon mittgetheilet, Auch beide theile hinc inde mitt zween Satzen, von Sechs wochenn darauff Zum Urtheill geschloßen, Und so woll die gezeugnußen Als auch Acta undter der Commissarien Pittschafften verschloßenn, In die Cantzlei eingeandtworttet, Ergehett und geschickt, Als dan ferner Was Recht, und der Sachen notturfft erfordern wirtt, Immittelst Aber, so woll der eine Als Andertheill, sich lautt voriger Ausgangener Befehligschreiben, gegen dem Andern mitt handt und munde friedtlich verhaltte, Alles von Ambts wegenn, Pronunciatum Baesdaell undter eines Erw. Brem. ThumbCap. secrete, Am 24.ten Januarii Anno p. 87.

(StA Stade, Rep. 5b, F. 92, nr. 16a, fol. 64r/v).

211

Derselbe Ausschußtag

Bescheid

Die erzbischöflichen Räte und der Ausschuß der Bremischen Landstände entscheidet als Appellationsinstanz in dem vor den Landtag gebrachten Rechtsstreit Clawes Hermelingh contra Seines Bruedern Orttgiesen Wittwen (fol. 67v) gegen die Beklagte auf Abtretung der zur Donation gehörigen Güter an den Kläger.

Bescheid: StA Stade, Rep. 5b, F. 92, nr. 16a, fol. 67r/v (zeitgleiche Abschrift).

Bescheidt.

In Sachen Clawes Hermelinges, Clegern An einem und Marien Bremers, sehligen Orttgiesen Hermelinges nachgelaßene Wittibenn, Beclagtin Anders theils, Erkennen die Hern eines Erwurdigen Bremischen ThumbCapittuls, nebenst den Verordenten LandtRethen uff gehörtte Clage undt Antwortt vor Recht, Das die Beclagtin die gutter, so in der Donation begriffenn, sambtt deroselben vorbeßerungh, dem Clegere Clawes Hermeling Abzutretten schuldigh, Jedoch das dardurch dem Ertzstifft, wegen solcher vorbeßerungh, An seiner habenden gerechtigkeit, Darzu nichts benommen sey. Hier entgegenn gedachter Cleger, der BeClagtin, Ihren eingebrachten Beweißlichen Brauttschatz, vorbeßerung deßelben und Andere frawliche gerechtigkeitt, was deren Aus Haußgerathe, Cleinodien und fahrender habe, oder Ihr sonsten gehorig, nach des ortts LandRechte entrichten und betzalen soll. Die 300. thaler Aber belangende, Wo fern Sie Johan Schalandt deßhalben zu besprechen willens, Das Sie solches zu gebuerenden örttern, und mitt ordentlichem Rechtten, vor die Handt nheme, von Rechts unndt Ambts wegen, Pronunciatum Baßdaell undter eines Erw. Brem. ThumbC. Secrete, Am 24.ten Januarii Anno p. 87.

(StA Stade, Rep. 5b, F. 92, nr. 16a, fol. 67r/v)

212

Derselbe Ausschußtag

Bescheid

Die erzbischöflichen Räte und der Ausschuß der Bremischen Landstände entscheiden als Appellationsinstanz in dem vor den Landtag gebrachten Rechtsstreit Johan der Elter und Henneke von Brobergen contra Segebaden Marschalck zugunsten der Kläger, daß der Beklagte seine Mühle, die er zusätzlich zur Mühlen zu Nindorff (fol. 69r) errichtet hat, unter Androhung genannter Strafe bis zur Besichtigung und Entscheidung durch Kommissarien nicht weiterbauen darf.

Bescheid: StA Stade, Rep. 5b, F. 92, nr. 16a, fol. 70r (zeitgleiche Abschrift).

Decretum.

Dz Ihme sub pœna 100. goltfl. inhibiret undt Aufferlegt werden sollte, sich fernern Bauwens undt Ableitungh der graben zuenthaltten, biß das die gelegenheitt durch die Commissarien besichtigett, darvon Relation gethan, und furter die Sache erörttert werde p.

(StA Stade, Rep. 5b, F. 92, nr. 16a, fol. 70r).

213
Landtag 1587 Mai 29, auf dem Steingraben (bei Basdahl)

Landtagsprotokoll

Die Bremischen Landstände verhandeln über folgende Punkte der erzbischöflichen Proposition: (1.) Ausführung der vom Kreistag des Niedersächsischen Reichskreises am 12. März (1587) in Braunschweig beschlossenen militärischen Musterung, um gegebenenfalls das bedrohliche Parmische und Colnische Kriges volcke *abwehren zu können (Rep. 5b, F. 92, nr. 16a, fol. 71r/v); (2.) Aufbringung des Erzstift-Bremischen Anteils von 1 204 Reichstalern an der ebendort für denselben Zweck vom Reichskreis bewilligten größeren Geldsumme, die am 12. Juni (1587) (Trinitatis) zu entrichten ist; insbesondere angesichts ausstehender Schulden beim Reichskreis in Höhe von 2 000 Reichstalern; (3.) Aufbringung der beiden letzten Termine der bewilligten Türkensteuer am 29. September 1587 (Michaelis) in Höhe von insgesamt 4816 Reichstaler sowie 100 Reichstaler für Dr. Rammingers Erben und 80 Reichstaler für Dr. Vomelius sowie 2 000 Reichstaler für Zinsen; (4.) Aufbringung der auf kaiserlichen Befehl an den* Leuttenandt Ulrichen Stadtlander *gezahlten Gelder, dem* etzlich geldt zu Kurtzungh der Turkensteuer erlegt *worden war (ebd., fol. 72v). Zu Punkt (1.) – (4.) kommen die Landstände überein, daß die Gelder* auf Burgschafft *aufgenommen werden sollen (ebd., fol. 77v). (5.) Zustimmung der Landstände zur erzbischöfliche Verordnung,* wie es mitt dem korn kauffe in den Maschlendern solle gehaltten werden *(ebd.).*[1] *(6.) Appellationsverhandlung in privatrechtlicher Klage: Hierzu ergeht ein Bescheid (nr. A.214).*

Datum: *[...]* den 29. May, Anno p. 87, auff dem Steingraben *[...] (ebd., fol. 71r).*

Ausschreiben: –
Protokoll: StA Stade, Rep. 5b, F. 92, nr. 14, Bd. 1, fol. 285r–287v. – Ebd., Rep. 5b, F. 92, nr. 16a, fol. 71r–82v. – StadtA Buxtehude, LSt., F. II (ehem. D I 3), nr. 1. – StA Bremen, 2-Z.2.c.1. – StA Stade, Dep. 10, Hs. 9, Bd. 1, fol. 149r–215v.
Abschied: –
Weitere zu diesem Landtag gehörige Quellen: nr. A.181..
Literatur: Hauschildt, Landwirtschaft 1, S. 52, nr. 25. – Bachmann, Tagungsorte, S. 85.

1 *Vgl. hierzu oben nr. A.189 (1580 Dezember 9), spez. Anm. k.*

214

Derselbe Landtag

Bescheid

Die Landstände verhandeln als Appellationsinstanz im Prozeß Der Herr Thümbdechandt Herr Otto, Seine gebrüeder Arp und Dieterich von Düringen contra Segebaden und Johan Clüver gefetterenn (fol. 78r).

Bescheid: StA Stade, Rep. 5b, F. 92, nr. 16a, fol. 82r/v (zeitgleiche Abschrift).

Bescheidt und Resolutio der Stende.

Das Sie ungerne vernhommen, Das diese Irrungen zwischen Clegern und Beklagten furgefallen, Unndt dieweiln Sie lieber nicht sehen wolten, da dz nicht erweitert wurde, Als hetten Sie Aus Allen Stendenn etzliche, Aus dem ThumbCapitull den H. Probst zu Zeven,[1] Auß den Prælaten den H. Ertzabbt zu Harßevelde,[2] Auß den Räthen des Ertzstiffts den Cantzler D. Caspar Coch, Auß der Ritterschafft Luder Cluvern unndt Henneken von Brobergen, und von wegen der Stedte, der Stadt Bremen Abgesandte verordnet, Welchere ghen Basdaell beide theile fur sich bescheidenn, unndt vorsuchen sollenn, Das Sie Diesn gebrechen und Irsalen in der gutte Abhelffenn muegten, Da Die gutte entstunde, wolten Sie diese Sache Auch ordentlich Recht verweisen habenn.

Segebaden Cluvers forderungh wegen Des Neuen Hauses wißen Sie sich mitt ihme in guedtliche handlung nicht einzulaßen, Sondern da er deßwegen von gemeinen Stenden was zufordern bedacht, und solcher ordentlich weiße Anstelle, wollen Sie Ime der gebuer Antwortten, der Zuversicht, er werde darmitt friedtlich sein, und daruber nicht furnhemen, Cum protestatione, so deßen was geschehe bei Ihme des schadens sich zu erholen.

Johan Cluvers furderungh wegen des Hoffes zu Inschen, darInne Sie nichts wieder Rechtlichs, nur was aufm Hoffgerichte erkandt, geschehen, Das Ime die Copia der vorschreibungh oder Pfandtbrieffes nicht zukommen, Solte Ime dieselbige mitt dem Urtheill vom Bawmeister[3] noch gegeben werden.

(StA Stade, Rep. 5b, F. 92, nr. 16a, fol. 82r/v).

1 *Jodokus (Jost) von Galen, 1575–1601 Propst des Klosters Zeven (Bachmann, Heeslingen-Zeven, S. 161f.).* 2 *Luneberg Brummer, 1575–1612 Erzabt von Harsefeld (Schulze, Harsefeld, S. 40–44).* 3 *Dombaumeister Konrad Schlüter.*

215

Landtag 1587 November 22, Basdahl

Landtagsprotokoll und -abschied

Die Bremischen Landstände verhandeln und entscheiden über folgende Punkte der erzbischöflichen Proposition: (1.) Abgaben an den Niedersächsischen Reichskreis; Verhandlung über deren Verringerung; Aufbringung dieser Gelder; diesbezüglich Erhebung eines Viertels eines 16.-Pfennig-Schatzes, aufzubringen an vier Terminen; (2.) Schreiben des Erzbischofs von Magdeburg (Joachim Friedrich von Brandenburg). (3.) Verhandlungen in Appellationssachen: Bescheid im Verfahren Gottharts von Brobergen; die Verfahren Siegfrieds von Schwanewede und Ortgies von Wersebe werden wegen der forgeschrittenen Zeit auf den nächsten Landtag vertagt.

Ausschreiben: –
Protokoll: StadtA Buxtehude, LSt., F. II (ehem. D I 3), nr. 1 (Auszug). – StA Bremen, 2-Z.2.c.1.
Protokoll mit Abschied: StA Stade, Rep. 5b, F. 92, nr. 16a, fol. 86r–93r.[1]
Abschied: StA Stade, Rep. 5b, F. 105, nr. 36, Bd. 2, fol. 183r (kurzer Auszug; nur Schatzbewilligung; angefertigt nach 1602).
Weitere zu diesem Landtag gehörige Quellen: StA Stade, Rep. 5b, F. 105, nr. 36, Bd. 2, fol. 57r 70r (Registrum des vorschienen 87 Jars auf den 22 Novembris bewilligten Bremischen Sechtzehenden Pfennigschatzes).
Literatur: Wiedemann, Bremen 2, S. 194 (datiert „1587, December 20"). – Schleif, Regierung, S. 63, Anm. 259.

[1.] [...].

RITTERSCHAFFT.

[...]

Und sei derentwegen wegen der Abgeordneten des Capituls bedencken, Auf die Proposition, dieß: Das man Jetzo bewilliget, das laut der Alten beschreibungh, so weit dieselbige richtigh, Allenthalben der Vierdte theill Des Sechtzehenden Pfennigschatzes Jetzo Also baldt erlagt, Und inmittelst tractation wegen der newen Accise zu Handt genommen, Wie dieselbe gefurdert, und wie viell von einem Jeglichen gegeben, statuiert werden solle.

Dieweile Auch die Wurster unnd Altenlender, auch die von Lehe und andere vörhin nichtt beschrieben, Sondern nur eine gewiße Summam nach gemachtem Dink Zahll erlagt, Stehe hiebei in bedencken, Ob man nun Jetzo beschrieben oder Aber bey dem Dink Zahll bleiben laßen wolle.

PRÆLATI.

Laßen Sich den Vorschlagh wegen des Viertentheils Des SechtzehenPfennigs chatzes gefallen und darbei bedunken, das es billich, das die Wurstfrieser und Altenlender numehr gleich anderen beschrieben werden.

Die von der Ritterschafft.

Sein mitt dem beschehenen Vorschlagh und bedencken wegen der Wurster und Altenlender beschreibungh einigh.

Die Stedte.

Sein Deßen Auch mitt Ainigh Aller seits.

Darauf einheilligh vorabscheidett mitt aller Stende bewilligung, das die von Lehe, Wurstfriesen und Altenlender, und Andere, so noch vorhin richtigh beschrieben, Jetzo Aufs newe beschrieben werden sollen.

Und das die Altenlender durch Bartholdt unnd Dietrich Schulten, und Dietrichen von Düringen, deren einem Jeglichen einer Aus dem Rath von Stade und Buxtehude, Auch ein schreiber zugegeben und geordent, furdersamst beschrieben werden soltern, So solten Auch zu mehrer richtigkeit die Altenlender, Ire Schleuse- und Teichregister ediren, Damitt man wißen konte, wie viell morgen landes ungefehr vorhanden.

Die Würstfriesen solten durch Hern Adolff Bremer Thumbhern, Berndten von Wersabee *[sic]*, Dietrichen von der Lithe, Zween verordenten des Raths zu Bremen, und Berendt Gogrevenn und Moritz Reichen beschrieben werden.

Die von Liehe solten Segebandt von der Hude, einer Aus dem Raethe zu Bremen und Jurgen Hammenstedte beschrieben.

Was sonsten Deren von Debbestede Taxam Annlangendt, ist die fur dißmahll biß auff kunfftigen tagh, welcher zu Abhalttungh der Gravaminum, So bei dem 16. Pfennigschatz sein, Angesatzt werden soll, Hin Ausgesatzt.

Und soll ferner Allen ortten und Kirchspielen Abgekundiget werden, das ein jeglicher nach dem Alten Anschlage sich mitt seinem Viertten theill gefaßet mache, damit er denselben Auf der verordenten Anfurdern Also baldt erleggen konne.

Die Kedinger sollen Das Ihre, Iren Landtschreiberenn, denen die Alten Register zugestaldt werden sollen, erleggen.

Das Ambt Newenhause, Wie Auch Das Carspell zur Ostenn, Borde Lambstede, Groten Wurder, Hechtheuser, Oldendorper, und Ingeseßene der Borde Orell sollten Iren Viertheill dem Ambtmanne zum Newen Hause Heinrichen von Cappelenn lautt der Alten Register, so Ihme sollen zugestaldt werden, erleggen.

Dat Blek Vohrde solle Aufs newe durch Luder von der Lith, des Radts zu Stade unndt Engelbertt Kuchenschreiber daselbst beschrieben, und von deme dz geldt eingenommen werden.

Zacharias Struver soll seines Quartiers, so er vorhin beschrieben, Vierttentheill, laut seiner Register einforderenn.

Gleicher gestaldt soll Auch in den Anderen richtigen Quartieren von den Vorigen einsambleren geschehen. Und darmitt es desto schleuniger verzeichnet werde, Sollen Aucs der Cantzlei gemeine Außschreibenn, soin Allen Carspellen offentlich verkundiget unndt Abgelesen, verferttiget, und wie fürhin Angedeuttet, den leutten Angekundiget werden, das Sie sich Auf geldt schickenn, darmitt ein Jeglicher sein Vierdten theill vermuge voriger Instruction unndt beschreibungh erleggen konne. Alles bei vermeidung dero voriger Instruction einvorleibene Pönn. Und sollen HirInne niemandts verschonen, Sondern dieser vierdte theill, so wol von den freien Als Andern erlagt und nun niemandts gefreiet werden.

Solches, wie es vorzeichnet und protocolliret, ist nochmals dem Außschuß der Stende furgehaltenn, welchere es samblich beliebett undt Alles einhelligh Angenommen, Außerhalb das die Wurster und Altenlender gebeten, Sie bei Iren dinkzahll zulaßenn, unnd mitt der beschreibungh zuverschonenn.

Da Aber Das nicht geschehen unnd die beschreibung mitt Ihnen furgenommen werden solte, Konten Sie hirInn Simpliciter nichtt willigen, Sondernn musten solches erstlich zu rugke An Ire mitt eingeseßene bringen. Mitt bitte Ihnen darzu eine geringe frist zugonnen, So wolten Sie sich Kurtzlich gegen die Hern Resolviren.

[2.] Den Andern Punct der proposition, das schreibens Archiepiscopi Magdeburgensis Angehendt, Haben die Semptlichen Stende deßen beAntwordtung Capitulo heimbgestaldt, welcher dz zuthuenn Angenommen.

[3.] In Sachen Gotthardts von Brobergen wegen des nichtgestandenen Gerichts zu Brobergen.

Ist decretiret und wurdt verAbscheidett, das etzliche Aus den landtRethen verordenet werden sollen, wellicher Sich erkundigen, wie es umb die von Ihme Angezogene Exercirte actus eine gelegenheitt habe.

Siegfriedt von Schwanewedell lest durch Doctor Wedekindt protestiren und einwenden,

Das Auf Jungst gehaltenem Hoffgericht fur seinen Wiedertheill Auß ButtJaderlandt ein Urtheill wieder Ihnen Abgesprochenn, davon er Anhero Appelliret. Ob er nun wol deren zu Volge Citationem Ausgebrachtt, und Jetzo seinen Appellatum gerne Prosequiren wolte, So were Jetzo es doch so Speedt, das die Hern des nicht Abwartten kontten. Derentwegen er dan hiemitt zum Zirligsten bedingen und Protestirenn thette, das Ihme dieses nicht Præjudicierlich sein solte, Sondern er sich hirit Außtrucklich Vorbehalten haben wolte, Auff kunfftigenm Landtage seine eingewandte Appellation zu prosequiren unnd Achterfolgenn.

Welches Dan Die Stende, weiln der tag schon verlauffen, eingwilliget.

Gleicher gestaldt hatt Auch Orttgieß von Wersabe gegen seine Vettern Sich vorbehalten seine eingewandte Appellation Auff kunfftigem Landtage zu Prosequiren, Dieweile derselbig Aber keine Citation Auf diesen Landtagh Ausgebracht, ist das In bedenckenn gezogenn.
(StA Stade, Rep. 5b, F. 92, nr. 16a, fol. 91v–93r).

1 *Es handelt sich tatsächlich um 14 Bll., da zwischen fol. 91 und 93 irrtümlich zwei Blätter als fol. 92 gezählt worden sind.*

216
Derselbe Landtag

Schatzbewilligung

Anno 87 den 22 November widerumb ein 16 pfenningschatz berambt in 4 terminen einzubringen *[...]*.
(StA Stade, Rep. 5b, F. 105, nr. 36, Bd. 2, fol. 183r).

217
Landtag 1589 März 11, Basdahl

Landtagsprotokoll

Erzbischof Johann Adolf berichtet in seiner Proposition über eine Sitzung des Ausschusses der Landstände am 26. November 1588 in Basdahl. Die Bremischen Landstände verhandeln über folgende Punkte: (1.) Entsendung des Dr. Zernemann zu Verhandlungen mit dem Kaiser über Reduzierung der vom Erzstift Bremen zu leistenden Abgaben; Beschluß über die Instruktion Zernemanns; (2.) Zahlung eines diesbezüglichen Honorars für Dr. Zernemann durch die Landstände; (3.) Verwendung eines Viertels der Schatzung zur Zahlung der Reisekosten dieser Gesandtschaft; (4.) Korrektur der bisherigen Schatzbeschreibung; (5.) Appellationsverhandlungen in privat- und strafrechtlichen Prozessen; hierzu ergehen Bescheide (nr. A.218–A.222).

Ausschreiben: DA Dorum, Hs. IX, nr. 5, o. pag., Landtags-Brieffe, nr. 11 (Bekhof, Nachricht; um 1710; Ausschreiben für 1589 März 1 [sic]; Aussteller: Johann Adolf, postulierter Erzbischof von Bremen; Datum Vörde am 16. Januarii Anno 89).
Protokoll (des Landtags von 1589 März 11): StA Stade, Rep. 5b, F. 92, nr. 14, Bd. 2., fol. 198r–204r. – Ebd., Rep. 5b, F. 92, nr. 16a, fol. 107r–115r. – Ebd., Rep. 5g, nr. 76, fol. 57r–59v. – StadtA Buxtehude, LSt., F. II (ehem. D I 3), nr. 1 (Auszug). – StA Bremen, 2-Z.2.c.1 (Auszug). – StA Stade, Dep. 10, Hs. 9, Bd. 1, fol. 216r–235v.

Abschied: –
Weitere zu diesem Landtag gehörige Quellen: Bescheide in den drei o. a. Appellationsverhandlungen vom selben Tag. – StA Bremen, 2-Z.2.d.3 (verschiedene im Jahr 1588 auf Ausschußtagen verhandelte ritterschaftliche Gravamina und darauf bezügliche Resolutionen des Domkapitels).
Literatur: Hauschildt, Landwirtschaft 1, S. 52, nr. 26. – Bachmann, Tagungsorte, S. 85.

Anno p. 89 den 11. Martii Ist zu Baßdaell ein gemeiner Landtagk gehalten worden, darselbst von wegen Unseres G. F. und H. Jegenwerdig gewesen: Arp von Duringen Landtdrost, D. Casparius Koch Cantzler, D. Daniell Brandt F. Hoffrath.

Von wegen der prelaten: Her Joibst von der Beke Abt zu Unser Leven Frouwen binnen Stade.

Auß dem Capitull: H. Dietrich von Galen Thumbprobst, H. Otto von Duringen Domdechandt, H. Ohrtgieß Schulte Senior, H. Engelbert Wepperman der rechten Licentiat, D. Zerneman Syndicus.

Auß den Steden: Von Bremen: H. Herman Schomacher Burgermeister, H. Johan Esich Radtsher, D. Wedekindt Syndicus.
Auß Stade: H. Heinrich von der Deken Burgermeister, H. Casparius Schwencke Syndicus.
Auß Buxtehude: H. Marcus Muller, Johannes Fockrelle Syndicus.

Die Nobiles in großer Anzall.

Die gesandten auß dem Lande Wursten und Oldenlande.
[folgt das weitere Protokoll].
(StA Stade, Rep. 5b, F. 92, nr. 14, Bd. 2., fol. 198r–204r, hier fol. 198r/v).

218

Derselbe Landtag

Bescheid

Der Bremer Erzbischof Johann Adolf und die Bremer Landstände erlassen als Appellationsinstanz einen Bescheid in dem vor den Landtag gebrachten privatrechtlichen Prozeß des Heineke von Lunebergen contra Boying von Wadtwarden.

Bescheid: StA Stade, Rep. 5b, F. 92, nr. 16a, fol. 112r/v (zeitgleiche Abschrift).

Bescheidt.

In Appellation Sachen Heinecken von Lunebergen Appellanten An einem, gegen und wieder Boyingh vonn Wedtwarden Appellaten Anders theills, Ist des Hochwirdigsten Durchleuchtigen, Hochgebornen Fursten und Hern, Hern Johan Adolffs, Postulirtten und Erwöltem zu Ertz- und Bischoffen der Stiffter Bremen und Lubeck, Erben zu Norwegen, Hertzogen zu Schlesewigk, Holstein, Stormarn und der Dittmarschen, Graffen zu Oldenburgk p. benebenst gemeinen

Anwesenden Stenden dieses Ertzstiffts Bremen der Bescheidt, Das Appellanten zueinbrengungh seiner Conclusionschrifft ex officio Sechs wochen zeitt zuzulaßen sey, Wie Sie Ihme dan hiermit zugelaßen wirt, Jedoch mitt der Communication und Außtrucklichen Vorwahrungh, Im fahll er solchen Terminum verfließenn laßen wurde, Das Alsdan die Sache fur beschloßen erkandt unndt Angenommen Sey, Und woferne Appellant in solcher seiner Conclusion ettwas newes vorbringenn wurde, die hinc inde eingebrachten Acten zu Vorde in der Cantzlei in der Partheien beisein Rotuliret und Auff eine Unpartheische Universitet umb Rechtsbelehrungh Verschicket, und Hernacher in gegenwartt etzlicher Aus den Stenden Auff vorgehende citation das Urtheill eroffnet und publiciret werden solle, Von Ambts wegen. Pronunciatum Basdaell Auff Algemeinem Landtage, undter Furstlichem Secrete, am 11.ten Martii, Anno p. 89.

(StA Stade, Rep. 5b, F. 92, nr. 16a, fol. 112r/v).

219

Derselbe Landtag

Bescheid

Der Bremer Erzbischof Johann Adolf und die Bremer Landstände erlassen als Appellationsinstanz einen Bescheid in dem vor den Landtag gebrachten privatrechtlichen Prozeß des Franz Marschalck contra Margarethe, Witwe des Claus Schermer.

Bescheid: StA Stade, Rep. 5b, F. 92, nr. 16a, fol. 113r/v (zeitgleiche Abschrift).

Bescheidt.

In Appellation Sachen Frantz Marschalcks Appellanten An einem gegen und wider Margarehten sehligen Clawes Schermers Hinterlaßenen Wittwenn Appellatin Anders theils, Erkendt der Hochwirdigster, Durchleuchtiger, Hochgeborner Furst und Herr, Her Johan Adolff Postulirtter und Erwolter zu Ertz- und Bischoffen der Stiffter Bremen und Lubeck, Erbe zu Norwegen, Hertzog zu Schlesewigk, Holstein p., benebest gemeinen Anwesenden Stenden dieses Ertzstiffts Bremen Aus bewegenden Ursachenn vor Recht, Das in erster Instantz wolgesprochenn und ubell davon Appelliret, Und derwegen die Urtheill erster Instantz billig zu Confirmiren sei, Wie Sie dan Hiermitt Confirmirt wirtt, vonn Rechts wegen. Pronunciatum Basdaell, Auff Algemeinem Landtage, Am 11.ten Martii, Anno p. 89.

(StA Stade, Rep. 5b, F. 92, nr. 16a, fol. 113r/v).

220

Derselbe Landtag

Bescheid

Der Bremer Erzbischof Johann Adolf und die Bremer Landstände erlassen als Appellationsinstanz einen Bescheid in dem vor den Landtag gebrachten privatrechtlichen Prozeß des Ortgies von Wersebe contra Berendt von Wersebe.

Bescheid: StA Stade, Rep. 5b, F. 92, nr. 16a, fol. 114r/v (zeitgleiche Abschrift).

Bescheidt.

In Appellation Sachen Orttgiesen von Wersabee *[sic]* Appellanten An einem, gegen und wieder Anthonießen und Berendt von Wersabee *[sic]* Appellaten Anders theils ist des Hochwirdigsten, Durchleuchtigen, Hochgebornen Fursten und Hern, Hern Johan Adolff p., benebest den Sambtlichen Anwesenden Stendenn dieses Ertzstiffts der Bescheidt, das diese Sache vor die Erwirdigen, Edlen, Ernvesten und Hochgelartten Hern Engelbrecht Wipperman der Rechten Licentiaten und Thumbhern der Kirchenn zu Bremen, Und Arendt von der Hude, UngeAcht der Appellaten einwenden, in die gutte zuvorweisen sei, Wie Sie dan Hirmitt darin verwiesen, und Auff dieselben Commissio in forma erkandt wirtt, Dergestaldt, das in entstehung der gutte, obgemelte Hern Commissarien gemechtiget sein sollen, die Partheien in einen kurtzen schleunigen Proceß zuverAnlaßen, Und wan zum Urtheill geschloßen, Als dan die Acten undter Ihrem Pittschafften verwahret gegen negstfolgenden Landtagh einzuschicken, Darmitt darAuff ferner ergehen und geschehen muege, was recht ist. V[on] A[mpts] W[egen]. Pronunciatum Basdaell, uff Algemeinem Landtaghe, undter Furstlichem Secrett, Am 11.ten Martii, Anno p. 89.

(StA Stade, F. 92, nr. 16a, fol. 114r/v).

221

Derselbe Landtag

Bescheid

Der Bremer Erzbischof (Johann Adolf) und die Bremer Landstände erlassen als Appellationsinstanz einen Bescheid in dem vor den Landtag gebrachten privatrechtlichen Prozeß des Peter von der Decken contra Markus Pahlen.

Bescheid: StA Stade, Rep. 5b, F. 92, nr. 16a, fol. 115r (zeitgleiche Abschrift).

Bescheidt.

In Appellation Sachen Peter von der Deken Appellanten An einem, gegen und wieder Marx Phalen unnd seine Consorten Appellaten Anders theils, Gibt der Hochwirdigster p. benebest gemeinen Anwesendenn Stenden dieses Ertzstiffts den Bescheidt, Das diese Sache vor die Edlen, Ernvesten und Erbarn Johan Platen Greven, und Michell von Anckeln, Landtschreiber des Landes Kedingenn, In die guette zu verweisen sei, Wie Sie dan dirmitt darin vorwiesen, Und Auff dieselben Commissio in forma erkandt wirtt, dergestaldt, das in entstehungh der gutte, gemelte Hern Commissarios Auf negstem Landtage Außfuerlichen bericht, wie Sie die Sachenn beschaffen befunden, thuen sollen und geschehen muege, was recht, von Ampts wegen. Pronunciatum Basdaell, uff gemeinem Landtage undter Furstlichem Secrete, Am 11.ten Martii, Anno p. 89.

(StA Stade, Rep. 5b, F. 92, nr. 16a, fol. 115r).

222

Derselbe Landtag

Bescheid

Die Bremer Landstände entscheiden als Appellationsinstanz in der vor den Landtag gebrachten Appellationsverhandlung in Sachen des Kriminalprozesses gegen Johann Clüver, der von der Bruningeschen auß Bremen angeklagt worden ist, wegen Ihres Sones entleibung,[1] *der ferner von Frederich von Barsen angeklagt worden ist,* dessen vatter auch vom leben zum todte gebracht *zu haben und den* etzliche Burger *(aus Bremen) wegen Schädigung ihrer Güter angeklagt haben. Die Landstände entscheiden* in vorgeurten Criminallsachen, *es* bleibe auch die Execution billich bei F. G. alß der Hohen Obrigkeit; Konnen nicht gleuben, daß die vonn Adell von dem angezogenen Mandato[2] sollte exempt sein.

Paraphrase des Bescheids: StA Stade, Rep. 5b, F. 92, nr. 14a, fol. 202v/203v (zeitgleiche Abschrift).

1 *Der Getötete hieß Rolf Brüning; vgl. Thassilo von der Decken, Die Familie Clüver (Teil 3). In: Stader Jahrbuch N. F. 73, 1983, S. 87–137, hier S. 109.*   2 *Vgl. Cassel, Bremensia 2, S. 662–667, nr. 12 (1556 o. T.; Edikt gegen Totschläger).*

223

Landtag 1590 Januar 3 (2?)[1], Basdahl, Haus des Marten Tweiteman

Landtagsprotokoll

Die Bremischen Landstände verhandeln über die Punkte der erzbischöflichen Proposition: (1.) Verhandlungen über Ermäßigung (Moderation) er in Reichssachen zu zahlenden Abgaben des Erzstifts Bremen; (2.) Beschwerden betreffend Beschreibung und Einsammlung des Schatzes; (3.) Appellationsverhandlungen in privatrechtlichen Prozessen; hierzu ergehen Bescheide (nr. A.224–A.225).

Anno 1590, den 3. Januarii [...] einen gemeinen Lantagk binnen Basdaell in Marten Tweitemans Behausung *(Rep. 5b, F. 92, nr. 16a, fol. 118r).*

Ausschreiben: –
Protokoll: StA Stade, Rep. 5b, F. 92, nr. 16a fol. 118r–123v. – Ebd., Dep. 10, Hs. 9, Bd. 1, fol. 236r–289v. – StA Bremen, 2-Z.2.c.1 (Auszug; datiert Anno p. 90 den 2ten [!] Januarii ein Landtagh zw Baßdaell [...]).
Abschied: –
Weitere zu diesem Landtag gehörige Quellen: Bescheide in den beiden o. a. Appellationsverhandlungen vom selben Tag.
Literatur: –

---

1 *Die Datierung ist in den Protokollen uneinheitlich; nur in dem im StA Bremen überlieferten Protokollauszug ist der Landtag auf den 2. Januar datiert, ansonsten auf den 3. Januar.*

224

Derselbe Landtag

Bescheid

Die Bremer Landstände erlassen als Appellationsinstanz einen Bescheid in dem vor den Landtag gebrachten privatrechtlichen Prozeß des Borchard Clüver gegen Johann Clüver

Bescheid: StA Stade, Rep. 5b, F. 92, nr. 16a, fol. 120v (zeitgleicher Auszug).

Bescheidt.

Daß an Luder Cluvers stette, Hennecke vonn Brobergenn verordent, unndt auf denselben benebest Aßmußen von Mandelschlo die Commissio solte sambt unnd sonderlich Renoviret, geferttiget unndt Ime mitgetheilet werden.

(StA Stade, F. 92, nr. 16a, fol. 120v).

225

Derselbe Landtag

Bescheid

Die Bremer Landstände erlassen als Appellationsinstanz einen Bescheid in dem vor den Landtag gebrachten privatrechtlichen Prozeß des Albrecht Hakelborn, Jürgen Korff, Johann Drewes, Detlef Rönn und Detmar Bremer contra Detlef Bremer.

Bescheid: StA Stade, Rep. 5b, F. 92, nr. 16a, fol. 123r (zeitgleiche Abschrift).

Bescheidt.

In Appellation Sachen Albrecht Hakelborns, Jurgen Korfes, Johan Dreweß, undt Dettleff von Ronne, alß Dettmar Bremers, vor Sechs Hundert marck Lubesch außgestaldte Burgenn, Appellanten undt beclagter einß, undt Dettleff Bremer Appellaten und Clegeren anderßtheilß, Erkennen die Hern Anwesenden Prælaten, abgeordneten eines Erwirdigen Bremischen TumbCapituls, Ritterschafft, unndt Städten dieses Itzigenn Landtages, vor Recht, Daß in priori Instantia woll gesprochen, ubell aber darvon Appelliret, unndt derwegen ermelte urtheill erster Instantz billig zu Confirmiren sei, Wie sie dan hiermit Confirmiret wirdt. Von rechts wegen. Pronunciatum Baßdaehl undter Furstlichem Secrete am 3.ten Januarii, Anno p. 90.

(StA Stade, Rep. 5b, F. 92, nr. 16a, fol. 123r).

226

Landtag 1590 März 12, Basdahl

Landtagsabschied (Entwurf)

Die Bremischen Landstände verhandeln und beschließen über (1.) Schuldenerlaß durch den Kaiser; Erhebung eines Termins des 16.-Pfennigschatzes; (2.) Tod des Herzogs (Philipp) von Holstein (-Gottorf); (3.) die englischen Kaufleute in Stade.

Ausschreiben: –
Protokoll: StA Stade, Rep. 5b, F. 92, nr. 14, Bd. 2, fol. 222r–244v (mit Entwurf d. Abschieds). – Ebd., Rep. 5b, F. 92, nr. 16a fol. 135r–139v. – StadtA Buxtehude, LSt., F. II (ehem. D I 3), nr. 1. – StA Bremen, 2-Z.2.c.1.
Abschied: StA Stade, Rep. 5b, F. 92, nr. 14, Bd. 2, fol. 244r/v (Entwurf; letztes Bl. d. Protokolls; Wasserschäden; Textverlust am Seitenrand).
Weitere zu diesem Landtag gehörige Quellen: –
Literatur: Wiedemann, Bremen 2, S. 188. – Hauschildt, Landwirtschaft 1, S. 52, nr. 27.

[StA Stade, Rep. 5b, F. 92, nr. 14, fol. 222r:]

Anno p. 90, 12. Martii Iß zu Basdall[a] ein gemeiner Landtagk gehalten worden, daselbst erschienen und gegenwertig gewesen:

Von wegen Unsers Gsten. F. und H.: Abwesende des Hern Cantzlers,[1] Doctor Daniell Brandt Furstlicher Raeht, Doctor Pintzier.

Auß denn prelaten: Her Luneberch Brummer, Ertzabt zu Hertzvelde, Her Joibst von der Beke Abt zu Unser Leven Frouwen binnen Stade.

Auß dem Domcapittull: Her Otto von Duringen Thumbdechandt, Her Ohrtgiß Schulte Senior, Her Engelbertus Wipperman LL. Licentiaten, Doctor Zerneman Syndicus.

Die Ritterschafft in groser anzall.

Auß den Steden: Bremen: Her Herman Schumacher Burgermeister, Her Arndt Lavaeß Radtman, D. Wedekindt Syndicus.
Stade.
Buxtehude.
[...] [folgt das weitere Protokoll] [...].
[fol. 244r/v:]

Darauff dieser beschluß:

1. Primo anbietung des gnedigen grusses underthenigst zu bedanken.

Daß Kays. Maitt. wegen solcher gnedigster milterung in aller underthenigkeit danckzusagen, wie dan auch solches in nhamen gemeiner Stende geschehen, unnd dem probste[2] mit gegeben wer[den][b] solte.

Unnd werden alle die alten schulde billich bezalet [...][b] musten, daß gelt zu befidigung Key. Maitt. [...][b] auch uffgenommen. Item nach 2. Monat Kriges zulagen, daß man derwegen einen termin von dem Sechszehenden pfennig schatze wolte verwilligen unnd ßo weith aussetzen, daß die Leute woll darzu kommen konten.

2. Daß man mit dem abfall F. G. von Holstein p. billich ein Christlich und demutig mitleiden tringe *[?]*, unnd daß F. G. darumb auß diesem Stiffte verreiset, woll entschuldiget, unnd thetten sich der Gnedigsten avisation underthenigst bedancken, wolten sich in gute uffsicht haben, damit angeregtes publicirtes mandat auch in acht genommen werde.

3. Daß die beschickung erstes tages muge fur die handt genommen, die personen, ßo man darzu wolle gebrauchen, itzo benennet und deputiret werden, unnd auß den Stenden an einen rhat verschrieben, Und sich alda der Instruction halben einer gewissen masse vergleichen mugen.

Die Stende protestiren abermhall Jegen die von Stade, da Ihnen wegen der Engelschen einich schade unnd unheill wedderfharen wurde, daß sie sich dessen bei denen von Stade wolten haben zu erholen, unnd solches zu prothocolliren gebetten.

(StA Stade, Rep. 5b, F. 92, nr. 14, Bd. 2, fol. 222r; 244r/v).

a Baldall *in der Vorlage.* b *Textverlust am Seitenrand der Vorlage.*
1 *Dr. Kaspar Koch.* 2 *Hier wird Hermann von der Beke, Propst von Buxtehude-Altkloster, gemeint sein, der als Gesandter des Erzstifts Bremen zum Kaiser entsandt worden ist.*

227

Landtag 1590 Oktober 26, Basdahl

Landtagsprotokoll

Die Bremischen Landstände verhandeln ohne abschließendes Ergebnis über die Punkte der vom Bremer Erzbischof Johann Adolf vorgelegten Proposition: (1.) Ausschreiben einer Kontribution (16.-Pfennig-Schatz); (2.) Niederlassung der englischen Kaufleute in Stade.

Anno 1590, denn 26. Des Monats Octobris *[...]* Einen gemeinen Landtag in dero Ertzstifft Bremen zue Baßdall *[...] (Rep. 5b, F. 92, nr. 16, fol. 140v).*

Ausschreiben: –
Protokoll: StA Stade, Rep. 5b, F. 92, nr. 14, Bd. 2, fol. 245r–250v. – Ebd., Rep. 5b, F. 92, nr. 16a fol. 140v–149v. – Ebd., Dep. 10, Hs. 9, Bd. 1, fol. 290r–312v. – StadtA Buxtehude, LSt., F. II (ehem. D I 3), nr. 1 (datiert 1590 Oktober 28). – StA Bremen, 2-Z.2.c.1 (Auszug).
Abschied: –
Weitere zu diesem Landtag gehörige Quellen: –
Literatur: Hauschildt, Landwirtschaft 1, S. 52f., nr. 28.

228

Landtag 1591 April 17, Basdahl

Landtagsprotokoll

Die Bremischen Landstände verhandeln und entscheiden in Anwesenheit des Bremer Erzbischofs Johann Adolf über folgende Punkte: (1.) Gewährung einer Aufwandsentschädigung für Hermann von der Beke, Propst des Klosters (Buxtehude-) Altkloster, für dessen Gesandtschaft zu Kaiser Rudolf II.; hierzu in einem Protokoll (Rep. 5b, F. 94, nr. 16a, fol. 152r/v) Abschrift einer auf diese Gesandtschaft bezüglichen Urkunde Kaiser Rudolfs II., ausgestellt am 30. November 1590 in Prag; (2.) Zahlung ausstehender Reichssteuern in Höhe von 10 000 Reichstalern. Die Landstände beschließen: Zu Punkt (1.): Hermann von der Beke werden für seine Mühe 400 Reichstaler gewährt. Zu Punkt (2.): Aus dem bereits gewährten 16.-Pfennig-Schatz sollen auf einem weiteren Termin insgesamt 6 000 Reichstaler zur Abzahlung dieser Schulden verwendet werden; die übrige Summe kann vom Erzstift nicht aufgebracht werden. Die Abgeordneten der Städte erklären, mangels hinreichender Vollmachten dem Beschluß zu Punkt (2.) nicht sofort zustimmen zu können, gehen aber davon aus, daß die Städte nach hinreichender Berichterstattung ebenfalls zustimmen werden. (3.) Verhandlung über folgende privatrechtliche Prozesse: (I.) Arend von der Hude contra Propst und Domina des Klosters Lilienthal[1] sowie (II.) Witwe des Segebade von der Hude und deren Kurator contra Arend von der Hude.[2]

Datum: Anno p. 91 den 17. Aprilis Ist zu Baßdall ein gemeiner Landtagk gehalten (Rep. 5b, F. 92, nr. 14, Bd. 2, fol. 252r)/ Anno der weiniger Zahl Neuntzigk unnd einn, denn Siebenzendenn Monatztagk Aprilis [...] binnen Baßdaal Inn dero F. G. Ertzstiefft Bremenn, [...] (Rep. 5b, F. 92, nr. 16a, fol. 150r).

Ausschreiben: –
Protokoll: StA Stade, Rep. 5b, F. 92, nr. 14, Bd. 2, fol. 252r–255v. – StA Stade, Rep. 5b, F. 92, nr. 16a, fol. 150r–162r. – StadtA Buxtehude, LSt., F. II (ehem. D I 3), nr. 1. – StA Bremen, 2-Z.2.c.1 (Auszug).
Abschied: –
Weitere zu diesem Landtag gehörige Quellen:–
Literatur: Hauschildt, Landwirtschaft 1, S. 53, nr. 30.

1 *Otto von Düring, Propst des Klosters Lilienthal 1568–1597; Tibbe von Marßel, Äbtissin (*Domina*) des Klosters Lilienthal 1586–1607 (Jarck, Lilienthal, S. 299).* 2 *In StA Stade, Rep. 5b, F. 92, nr. 14, Bd. 2, fol. 255v nur Nennung der beiden Prozeßgegner des erstgenannten Prozesses unter der Überschrift* Causæ Privatæ. *In Rep. 5b, F. 92, nr. 16a, fol. 156v–162r Protokoll beider Gerichtsverhandlungen. In beiden Verhandlungen ergehen keine Bescheide.*

229
Landtag 1591 November 23, auf dem Steingraben (bei Basdahl)

Landtagsprotokoll

*Die Bremischen Landstände verhandeln auf diesem Landtag mit Musterung des Landesaufgebots über folgende Punkte: (1.) Die Niederlassung der englischen Kaufleute in Stade (*Engelsche Residentz*); hierzu bitten die Stände den Erzbischof (Johann Adolf), sich um die Ausstellung einer kaiserlichen Urkunde zu bemühen; (2.) von den Landständen vorgenommene Appellation vom Hofgericht zu den Landtagen gemäß Abschied von 1517;[1] (3.) Hilfeleistung für den Obersten des Niedersächsischen Reichskreises; die Punkte (2.) und (3.) werden ohne Entscheidung auf den nächsten Landtag verschoben.*

Ausschreiben: –
Protokoll: StA Stade, Rep. 5b, F. 92, nr. 14, Bd. 2, fol. 257r–259r.
Weitere zu diesem Landtag gehörige Quellen: –
Literatur: Hauschildt, Landwirtschaft 1, S. 53, nr. 31.

Anno p. 91 den 23.ten Novembris ist uff dem Steingraben Musterung gehalten, darselbst der Reverendissimus in der person.

Doctor Koch F. G. Cantzler, Doctor Brandt, Doctor Lorentius Lelius.

Auß dem Thumbcapittull: Der Thumbdechandt,[2] Her Ohrtgyß Schulte, Senior, Herr Engelbertus Wepperman L.

Auß dem Pręlaten: Der Her Ertzabt von Hertzfelde.[3]

Die Ritterschafft im gemeine.

Auß den Stetten ist Niemants da gewesen.
[folgt das weitere Protokoll].
(StA Stade, Rep. 5b, F. 92, nr. 14, Bd. 2, fol. 257r–259r).

1 *Oben nr. A.43 (1517 Juni 26/Juli 3).* 2 *Otto von Düring.* 3 *Luneberg Brummer, 1575–1612 Erzabt von Harsefeld (Schulze, Harsefeld, S. 40–44).*

230
Landtag 1593 Januar 11, Basdahl

Landtagsprotokoll

Die Bremischen Landstände verhandeln über die Punkte der erzbischöflichen Proposition: (1.) dem Reich geschuldete Gelder des Erzstifts Bremen; kaiserliches Angebot, einen Großteil davon zu erlassen; (2.) Bewilligung von 4 Monaten eilender Hilfe durch den Kreistag des Niedersächsischen Reichskreises; das Reich hat eilende Hilfe beantragt; (3.) Appellationsverhandlung in einem privatrechtlichen Prozeß; hierzu ergeht ein Bescheid (nr. A.231).

Ausschreiben: –
Protokoll: StA Stade, Rep. 5b, F. 92, nr. 14, Bd. 2, fol. 273r–275r. – Ebd., Rep. 5b, F. 92, nr. 16a fol. 168r–178v. – Ebd., Dep. 10, Hs. 9, Bd. 1, fol. 373r–388v. – StA Bremen, 2-Z.2.c.3.
Abschied: –
Weitere zu diesem Landtag gehörige Quellen: –
Literatur: Hauschildt, Landwirtschaft 1, S. 53, nr. 33 (irrtümlich datiert 1593 Februar 11). – Bachmann, Tagungsorte, S. 85.

Anno der weiniger Zale 93 den 11 Januarii ist ein gemeiner Landtagk zu Baßdael gehalten worden, darselbst von wegen Unsers Gstn. Herrn: D. Casper Koch Cantzler, D. Daniell Brandt, D. Lorentius Lęlius Hoffrethe.

Auß den prelaten: Der Her von Hertzfelde H. Luneberch Brummer und Her Joibst von der Beke Her zu Unser Lieben Frauwen binnen Stade.

Auß dem ThumbCapittull: H. Otto von Duringen Domdechandt, H. Ohrtgyß Schulte Senior,

H. Engelbrecht Wipperman der rechten L.

Die Ritterschafft in gemein.

Auß der Stadt Bremen: Doctor Wedekindt Syndicus, Her Heinrich Salomon Ratsher, Her Johan Koch, Ratsher.

Auß Stade: Her Johan Plate Ratsher, Henricus Meyer, Secretarius.

Auß Buxtehude: *[kein Eintrag]*

Oldenlander und Wurster.
[folgt das weitere Protokoll].
(StA Stade, Rep. 5b, F. 92, nr. 14, Bd. 2., fol. 273r–275r, hier fol. 273r).

231
Derselbe Landtag

Bescheid

Die Bremer Landstände erlassen als Appellationsinstanz einen Bescheid in dem vor den Landtag gebrachten privatrechtlichen Prozeß des Johann vom Horn zu Wulmstorf contra Harbort von Mandelsloh.

Bescheid: StA Stade, Rep. 5b, F. 92, nr. 16a, fol. 177v–178r (zeitgleiche Abschrift).

Bescheidt.

In Appellation sachen Johann vom Hornn zue Wulmstorff Appellanten ann einem, gegenn unnd wieder Harbertenn von Mandelschlohe Appellaten am anderenn theill Ist deß Hochwurdigsten, Durchleuchtigen p., Abgeordnetenn Cantzlerß unnd Räthen, Wie auch der anwesenden allgemeinen Stende deß Ertzstiffts Bremen der bescheidt, Das diese sache vor die vorigen in priori instantia verordente Hernn Commissarien zu verweisen, Wie sie dann fur dieselben hiermit verwiesen wirdt, der gestaldt, Daß der Appellant fur denen seine angezogene gravamina Appellationis Innerhalb Sechs wochen schrifftlich gedubbelt einbrengenn, Davon einß dem Appellaten zugeschicket werden, unnd derselbige inn gleicher friest darauf respondiren, unnd seine defensionales eingeben, unnd ferner einn Jeder theill noch mit einem satze, Jedoch probationibus hinc inde salvis, zum uhrtheil schließen, Wann beiderseits concludirt, unnd die Acta inn die Furstliche Cantzley zue Vörde, vonn denn Hernn Commissarien verschloßen eingeschicket, Alß dann auf negstfolgenden Landage darauf ergehen unnd geschehenn solle, Waß recht ist. Vonn rechts wegen. Pronunciatum Baßdael, auf algemeinem Landage, undter Furstlichem Secrete amm 11. Januarii Anno p. 93.

(StA Stade, Rep. 5b, F. 92, nr. 16a, fol. 177v–178r).

232
Landtag 1593 Mai 22, Basdahl

Landtagsprotokoll

Die Bremischen Landstände verhandeln (1.) über die durch den Kreistag des Niedersächsischen Reichskreises bewilligten 13 Monate eilender Hilfe; (2.) Appellationsverhandlung in einem privatrechtlichen Prozeß; hierzu ergeht ein Bescheid (nr. A.233).

Anno 1593, Ist auff denn 22. Monattztagh May [...] einn Landagh zu Baßdaell zuhalten außgeschriebenn, [...] (Rep. 5b, F. 92, nr. 16a, fol. 179v).[1]

Ausschreiben: –
Protokoll: StA Stade, Rep. 5b, F. 92, nr. 16a fol. 179v–185v. – Ebd., Dep. 10, Hs. 9, Bd. 1, fol. 389r–398v. – StA Bremen, 2-Z.2.c.3.
Abschied: –
Weitere zu diesem Landtag gehörige Quellen: –
Literatur: –

[1] *Möglicherweise hat es 1593 einen weiteren Landtag gegeben: Nach Wiedemann, Bremen 2, S. 189 „kam auf einem Landtage (1593 Oktober 31)" der Streit um die Niederlassung der englischen Kaufleute in Stade „zur Verhandlung," ohne daß hierüber ein Ergebnis erzielt worden sei. Wiedemann nennt hierfür keine Quellenangabe; die dem Bearb. bekannt gewordenen, für das Jahr 1593 erhaltenen Landtagsprotokolle (StA Stade, Rep, 5b, F. 92, nr. 14, Bd. 2; Ebd., Dep. 10, Hs. 9, Bd. 1; StadtA Buxtehude, LSt., F. II (ehem. D I 3), nr. 1; StA Bremen, 2-Z.2.c.3) verzeichnen den von Wiedemann genannten Landtag nicht.*

233
Derselbe Landtag

Bescheid

Die erzbischöflichen Räte und die Bremer Landstände erlassen als Appellationsinstanz einen Bescheid in dem vor den Landtag gebrachten privatrechtlichen Prozeß des Siegfried von Schwanewede contra Berendt von Wersebe.

Bescheid: StA Stade, Rep. 5b, F. 92, nr. 16a, fol. 184v–185v (zeitgleiche Abschrift).

Bescheidtt schrifftlich p.

Inn Appellation sachen Siverdt vonn Schwanewedels wegen einhundert und funfzigh Reichßthaler, Beclagtenn unnd Appellanten ann einem, gegen unnd wieder Bernhardtenn vonn Wersabe Cleger unnd Appellaten ann andernn theill, Gebenn deß Hochwurdigstenn, Durchleuchtigenn, Hochgebornenn Furstenn unnd Hernn, Hernn Johann Adolfs, Postuliertenn unnd Erwoltenn zue Ertz- unnd Bischofenn der Stiffter Bremen und Lubegk, Erbenn zue Norwegenn, Hertzogenn zue Schleßweigh, Holsteinn p. Zu diesem Landage verordnetenn Räthe zusambt denn gemeinenn stendenn dieses Ertzstiffts Bremenn, auf beidertheill bescheheneß vorbringenn unnd suchenn diesenn bescheidtt, Daß diese sachenn der Partheienn naher Schwegerlicher verwandtnuß halber fur die Ehrwurdigenn, Edlenn unnd Ehrnvestenn Hernn Ordtgiesenn Schultenn, Senior der Thumbkirchen zue Bremenn, Probsten zue Osterholtze, unnd Arndtenn vonn der Hude inn gute unnd freundtschafft zuverweisen sey, Wie sie dann hiermitt dareinn verwiesenn und ann dieselbenn Commissio in forma erkandt wirdtt, Dergestaldt unnd also, daß sie furderlichst unnd zum lengstenn Innerhalb sechs wochen die Partheyenn auf einenn gewißenn tagh und stedte fur sich bescheiden, dieselbenn Ihrer angezogenenn Ihrsalenn halber gegen einander verhoren, So Immer mueglich sey sie daruber inn gute unnd freundtschafft vergleichenn unnd vonn einander setzenn, Inn endtstehung aber deßenn vonn dem Beclagtenn Appellanten seinenn angenommenenn habendenn beweißthumb denenn derselbe innerhalb Sechß wochen, die Ihme darzu pro omni termino angesatzt wordenn; Nach versuchter gute fur Ihnen zuvolfuren schuldigh sein, wie recht aufnehmenn, undter Ihrenn Pitschafftenn verschloßenn in die Cantzley zue Vörde einschickenn, unnd auff solchenn eingekommenenn beweiß auf negst folgendenn Landage waß recht ist ergehen unndt geschehen, Auch dem Appellanten die gebettene Compulsoriales ad edendum ann die Wittwenn vonn der Hude migetheilet werden sollen, Von Ambtt wegenn, Pronunciatum auf gemeinem Landage zue Baßdaell, denn 22. May Anno p. 93.

(StA Stade, Rep. 5b, F. 92, nr. 16a, fol. 184v–185v).

234
Landtag 1594 August 24, Basdahl

Landtagsprotokoll

Die Bremischen Landstände verhandeln ergebnislos (1.) über eine Kontribution zur Aufbringung rückständiger Reichssteuern; (2.) über Regelungen betreffend adelige Totschläger.

[...].

Ausschreiben: –
Protokoll: StA Stade, Rep. 5b, F. 92, nr. 16a, fol. 208r–225r (mit Paraphrase des Ausschreibens fol. 208r:
    Anno 1594 den 24 Augusti ist [...] deß morgendeß fruhe umb Acht Uhren zu Basdaell zuerscheinen einen Landtag angesetzt,) . – Ebd., Dep. 10, Hs. 9, Bd. 1, fol. 429r–459r. – StA Bremen, 2-Z.2.c.3.
Abschied: –
Weitere zu diesem Landtag gehörige Quellen: –
Literatur: –

Protocollum Waß Auff dem gemeinem landtage zue Baßdaell, So daselbst denn 24t. Augusti Anno 94 gehalten worden, furgelauffenn.

[a]Personen, So auf dem Lantag gewesen:

Unser G. F. und Her, Her Johan Adolff in der Person,
Caspar Coch Cantzler, Volrath vonn der Deke, D. Daniel Brandt, D. Laurentius
Lælius.

Prælaten: Der Abt von Hersefeldt,[1] Der Abtt vonn Stade.[2]

Thumbcap.: Her Otto von During dechant, Her Ortgiß Schulte Senior, H. Engelbert Wipperman, D. Tileman Zerneman.

Die furnembsten aus der Ritterschafft: Henneke von Brobergen, Arend von der Hude, Bartold Schulte, Frantz Marschalck.

Bremen: D. Erich Hoyers Burgermeister, D. Christoff Wiedekint, H. Johann Brandt.

Stade: bHenricus Meiger, H. Johan Upperwurtt.

Buchstehude: cM. Nicolaus Kröger Borg., Franciscus Vasmer Secretar.

(StA Bremen, 2-Z.2.c.3).

a *die folgende Liste am Seitenrand der Vorlage von gleicher Hand nachgetragen.* b *H- in der Vorlage durch Bindung nur teilweise lesbar; die davorstehende Anrede nicht mehr erkennbar.* c *die beiden folgenden Namen in der Vorlage von anderer zeitgleicher Hand nachgetragen.*
1 *Luneberg Brummer, 1575–1612 Erzabt von Harsefeld (Schulze, Harsefeld, S. 40–44).* 2 *Jodokus (Jost) von der Beke, 1583–1624 Abt von St. Marien in Stade (Schulze, St. Marien, S. 479).*

235
Landtag 1594 November 28/29, Basdahl

Landtagsprotokoll

Die Bremischen Landstände verhandeln (1.) über den Vorschlag des Bremer Domkapitels, zur Zahlung der rückständigen Reichssteuern eine Kopfsteuer im Erzstift Bremen zu erheben. Zustimmung durch alle Landstände, mit Ausnahme der Stadt Bremen; der Vorschlag, die Gelder leihweise aufzunehmen, wird angenommen; (2.) über Regelungen betreffend adelige Totschläger; (3.) Appellationsverhandlung privatrechtlicher Klagen; hierzu ergehen Bescheide (nr. A.239–241).

Ausschreiben: –
Protokoll: StA Stade, Rep. 5b, F. 92, nr. 14, Bd. 2, fol. 279r–288r. – Ebd., Rep. 5b, F. 92, nr. 16a, fol. 226r–247r. – StadtA Buxtehude, LSt., F. II (ehem. D I 3), nr. 1. – StA Bremen, 2-Z.2.c.2 (Auszug). – Ebd., 2-Z.2.c.3 (Auszug). – StA Stade, Dep. 10, Hs. 9, Bd. 1, fol. 460r–495v.
Abschied: unten nr. A.238.
Weitere zu diesem Landtag gehörige Quellen: nr. A.236, A.237 u. Bescheide in den o. a. Appellationsprozessen (A.239–241).
Literatur: Wiedemann, Bremen 2, S. 195f. – Hauschildt, Landwirtschaft 1, S. 53, nr. 34.

236

Derselbe Landtag

Ritterschaftliche Resolution

Die Bremische Ritterschaft legt dem Bremer Erzbischof (Johann Adolf) eine Resolution über den prozessualen Umgang mit adeligen Totschlägern vor, wonach jene von dem diesbezüglichen Edikt Erzbischof Christophs von 1556[1] eximiert und stattdessen anderen, im Einzelnen angeführten prozeßrechtlichen Bestimmungen unterworfen werden sollen.

Resolution: StA Stade, Rep. 5b, F. 92, nr. 16a, fol. 235v–242v (zeitgleiche Abschrift). – GWLB Hann., MS XXIII 1125, fol. 146r–152r (Abschrift 17. Jh.). – StA Stade, Rep. 5b, F. 99, nr. 53 (Abschrift 17. Jh.).

[a]Anno p. 94 den 29 Novembris ubergeben.[a]
Der Bremischen Ritterschafft resolutiones und erclerung auff F. G. gnedigeß begern.

Obwoll von Alters und Undencklichen Jaren hero die Bremische Ritterschafft Continuirt und Hergebracht, dz in Criminal- und entleibungssachen, Uber die Personen Ihres Mittulß keine Iudicia sein gehalten oder gleich mit der ordentlichen straff der Todtschleger belegt worden, daß Contrarium auch Verhöffentlich mit keinem Exempeln oder sonsten geburlich nicht kan dar gethan und erwiesen werden, Und Wiewoll Anno p. 56 Von ertzbischoffen Christoffern und algemeinen stenden dieses Ertzstiffts, daßwegen eine Constitutio wie eß in solchen fellen mit den gemeinen Undersaßen solte gehalten werden, auffgerichtet sein magh, daß doch die vom Adell unter solchem Mandato nicht mitt begriffen gewesen, oder noch nicht, besondern Alle Zeitt Privilegyrt und Exempt gblieben wie solchs mit Undterscheidtlichen Exempeln und erfolgten handlungen woll und gnugsam können erwiesen werden.

Weiln aber S. F. G. auff Jungst am 24ten Augusti gehaltenen Landtage unter andern den gemeinen Stenden von Corrigirungh und beßerung dero wieder fellich Mandatum eingefallenen mangell und mißbreuchen beden laßen, und dan I. F. G. an die Bremische Ritterschafft in sonderheitt gnedigst begerett Weiln sie sich unter Dem vorgesetzten auffgerichteden mandato nicht mit begriffen, besondern davon Exempt und gefreit zu sein erachteden, Daß derowegen sie die Ritterschafft einen Christlichen und billichen wegk treffen und vorschlagen wolten, wie eß auff solchen unvorhofften fall mitt Ireß mitteß Personen kunfftiglich zu halten sein solte; Alß aber solche erclerung biß zu diesem Itzo auff geschriebenen Landtage, wegen dz die von der Ritterschafft ein mitteß zu berattslagungh sothaneß hochwichtigen Punctes nicht beisamen kommen, Vorschoben worden, Und das die gemeine Ritterschafft und ein Jeder Insonderheitt Deme seine vorwanten entleibet sein, oder kunfftiglich (:Daß Got abwende:) werden muchten, ab solchem Ubell ein mißfallen tragen sich auch Dabey Deren in Gotteß gesetze und in andern Rechten und Von andern Obrigkeitten bei diesen fellen verordneten mitteln und straffen erinnertt, davon sie sich van ohne Verletzungh Ihrer gewißen, damit die mhutwilligen Thodttschlegere nicht gehandthabett, Vorthedingett Auch die Thetere muchten gehalstariget werden nicht eximiren konnen noch sollen.

Demnach haben sie nachfolgendts Ihr entfaltiges bedenken Zu Papir bringen Und I F. G. ubergeben wollen, Mitt underthänigster bitt, Weiln Ihre Verordnung Ihres Verhoffens Christlich, recht und billichmeßigh und dem fast teglich wachsenden laster Deß Niederschlageß so Viele muglich darauß kan gesturet und vorgebawet werden, die wolle solche getroffene vorgleichung gnedigst billigen und Confirmiereen, Auch zu steter Vester haltungh in Zwey verrecessen laßen; Also damit in kunfftigen fellen daruber procedirt und vorfharen, und die Ritterschafft uber dieß nicht in anderwege beschwertt werden mugen.

Und weiln dan vormerket werdt, daß Dieß werk auff Sechs unterscheidtlichen Puncten beruhen thuett, Nemblich:

[1.] Captura,
[2.] Custodia,
[3.] Processu,
[4.] Cognitione,
[5.] Atzungh et
[6.] Executione,

So wollen gemeine Bremische Ritterschafft darauff sich unterscheidtlichen ercleren wie folgett:

1.
CAPTURA.

So einer des Adels alhie im Ertzstifft Bremen einen niederschlag oder schuß (:Daß Godt abwenden wolle:) begeren wurde, daß derselbe ohne alle mittull und Ungeseumbtt auß dem lande weichen (:Jedoch der Captur halber Innerhalb dreien tagen von der Obrigkeitt ungefäret sein soll:) und seine unschult oder entschuldigung so schleunig ehr Immer kan, fur bringen und außfhuren und Inmittelß sich deß Landeß eußeren und enthalten soll, wo ferne aber ein solcher Thäter nach verbrachter taedt uber drey tage langk sich In diesem Ertzstifft finden laßen oder vor außfhurunge seiner entschuldigungh und wörtterungh deß Processes den fründen zu vordrieß wider einkommen wurde, daß alßdan Der Her Ertzbischoff und Landes-Furst die dem Thäter (:Doch seine nahen freunde außgeschloßen:) negst geseßene vom Adell auffmahnen, welche den selbst oder nach Ihrem gefallen die Ihren, Dienere oder Leute mit Ihren wheren dar zu ordenen und außschicken und nebenst S. F. G. darzu deputirten denselben thäter, whor ehr in diesem lande oder in seiner behausung sich finden laßen wurde, gefenglich annehmen, und nach Vörde in die Custodiam bringen laßen; Jedoch dz gleichwoll den Thätern Ihr hauß nicht spolyrt noch seinem weib, kindt oder gesinde bei dem angriff uberfallen, beschediget und beschweret werden solten; Auch mit dieser außtrucklichen bescheidenheitt, dz ein solcher Angriff oder einfall auff der Jungkern heusern oder Wonungen auch gerichten oder freyen gutern andere gestalt nicht, sie wheren

Criminal, mixt oder Civill dan alleine so ein todtschleger sich der gebuer nicht zu recht purgiert oder entschuldiget und dennoch alhie im lande der Obrigkeitt und den freunden zu wiedern sich enthalten wurde p. gedeutet und extendiret werden soll.

2.
CUSTODIA.

Die cüstodiam anlangt, wirt dafür erachtet, daß Dieselbe auff dieses Ertzstiffts Haubtschlöß Vörde, biß zu wörtterung Deß processes an zu ordnen sein solle, Jedoch so der Thäter nicht in Unsers Gnedigsten Fürsten und Hern Gerichtt angetroffen worden, und der Richter deß orteß ihnen in seinem Gerichte unnd Iurisdiction begerte Zu behalten und Caviren wolte, daß ehr nicht entkommen solle, soll einem Jeden Richter solcheß frey stehen, aber nicht auff getrungen werden.

3.
Modus Procedendi.

Welcher Zum Ungluck und Niederschlag geraten und auß dem lande entwichen, so soll inwendich vier wochen dz factum durch ein supplication umbstendich bringen und uns Commissarien Zu Hofe anhalten, demselben auch Unverdechtige Commissarien Innerhalb Acht tagen nach beschehenen supplicieren auß dem mittell der Ritterschafft sollen gegeben werden, Wornach ehr den weiter innerhalb Vier wochen seine Articulos cum denominatione testium und In gleicher frist der gegentheill, da eß Ihme geliebet seine Articulos reprobatorios ubergeben unnd einschicken, und also eineß Jeden beweiß auffgenommen werden, und wan solcher beweiß hinc inde volfuret, beiden Parteien frey stehen, Darauff die Sache zum Urtheill zu schließen oder aber publicationum Attestationum zu bitten unnd darauff und *[sic]* vermeidung weitlauffigkeit von beiden theilen nur mit einem Satze oder mit zweihen zum Hohesten, Zum unrtheill Concludiret und Submittiret und die Producta Sechsfacht eingegeben, damit einem Jeden der Stande so die urtheill daruber Zuverfaßen, umb mherer information verschicket werden.

4.
Cognitio.

[a.] Eß wirdt erachtet, dz die Cognitio nach Altem gebrauche und vormuge auffgerichter Recesse bey Unserem Gnedigsten Fursten und Hern sampt Capitull, Prælaten, Ritterschafft und Stetten stehen werde, Jedoch dz in seitlicher Linea die nehisten alß, Oheime, Vettern und Schwagere von beiderseitz biß auff den Dritten gradt bey solcher Cognition außgeschloßen und nicht zugelaßen werden.

[b.] Wan dan von Unserm Gnedigsten Fursten und Hern, Und gemeinen Stenden also decretieret Unnd eintheill mit solchem Urtheill nicht friedlich sein wurde, Dz den die Acten Uns belerungh rechtenß auff eine Unverdechtige Universitet vorschicket werden, da nun solche belerungh mit dem Urtheill uber ein kumpt, Daß eß Dan bei solchem Urtheill ahne einige Appellation soll bleiben Und gestraffet werden.

[c.] Da aber angedeutete informatio iuris mit dem Urtheill discordieren wurde, Daß alßdan Die Acta auff eine andere Universitet geschickt, und Welcherer Dan dieselbe beifallen wirdt, Daß eß da bei bleibe.

[d.] Da aber alhir in der sachen nicht sentieret sondern Die Acta pro informatione verschicket worden, daß alßdan auff den fall do die Zwey Ersten Universiteten discordieren wurden, Dem beschwerten theill tertia informatio Zugelaßen sein solle und mher nichts.

[e.] Dieweiln dan von Unserm Gnedigsten Fursten und Hern Zu underthänigsten ehren, Die gemeine Bremische Ritterschafftt hierdurch so weitt von Ihrer vorÄltern und Ihrer gerechtigkeit und freiheitt abgetretten, daß sie in Todtschlageß fellen sich I. F. G. und der gemeinen Stende Cognition Unnd Urtheill submittiren und Unterwurffich machen, wie sie sonsten Vormuge Ihrer alten freiheitt woll nicht schuldig weren, allein dz Ihr F. G. Und menniglich zu spuren, daß sie nicht lieberß dan daß Ubell und Homicidia cohibieret und strafft sehen wollen; Deß wollen sie sich darJegen hinwiederumb zu I. F. G. underthänigst vorsehen, dieselben gnedigst Consentieren werden, Wo ferne einer Adelichen Personen dergestaldt am leben zu straffen wurde erkandt unnd gleichwoll seiner Erlichen freundtschafft fast schimpfflich sein wolte, wie eß dan auch biß Dahero ungebreuchlich gewesen, Dz Die Adelß Personen Dieses Ertzstiffts Durch Den Nachrichter zur straffe gefuret und vom leben Zum tode gerichtet worden, Daß Derowegen Der freundtschafft zur ehren Alsolche Urtheill so viell gemiltert, Dz Der Condemnirter thäter anstadt Der straffe am leben mitt ewiger gefengkniß gestrafft und auff seinem oder seiner freundtschafft eigen kösten und atzung unterhalten werde, In ansehunge, dz Der thäter eine solche straffe der gefengnuß (:darin ehr alß lebendich todt Ist:) Viel schwerer auß Zu dauren sein wirtt, alß wan Ihme nur Durch Die wurckliche, oder Peinliche straffe sein leben genommen und verkurtzet wurde. Wan ehr auch dergestalt in der Custodia vorwharet wirt, ist man dadurch vorgewißert, Daß ehr kein Homicidium oder ander ubelthadt wert ferner begehn können.

[f.] Jedoch daß bei der Cognition auch Dieses in Acht genommen werde, Dieweil eß Von Alter Hero also ist gehalten worden, So Zwene vom Adell mit gleicher wher an einander geraten und Der Provocatus Den Provocanten also redlich fur Der faust entleibeth, dz dan der Provocatus und thäter Jar und tagh auß dem lande geweichen und gebliebenn und dan nehisten freunden zur außsuhne Drei hundert und drei golt gulden gegeben und damitt ab actione Criminali gefreiet gewesen, daß eß nachmalß hinfurter dabei bleiben solte.

[5.]
Die Atzung belangende.

[a.] Wo ferner der thäter so in hafften biß zu außfurung Deß Processes gehalten wirdt, oder seine freundtschafft deß Vormugenß sein, soll auß seinen gutern die Atzung nach einer billichen taxt alß zur wochen N. bezalet werden, oder Ihme von seiner freundtschafft beschaffet werden.

[b.] Wo ferne aber er in solchen Vermugen nicht where oder Die freundtschafft sich deßen vorweigern wurde, oder sonsten Unvormögenheit halber etwan nicht thun konten, alß werden I. F. G. gnedigst geruhen, auß Landeß-Furstlicher Obriggkeitt Ihme seine Atzung gereichen und geben laßen.

6.
Executio.

[a.] Die Execution thuet men der Landesfurstlichen Obrigkeitt Heimbstellen, Jedoch mit diesem bescheide, dz Die straffe am leben der gestalt gemildert, dz Der thäter dafur mit ewiger gefengknuße gestraffet werde, wie oben angezogen.

[b.] Damit aber der Condemnirter thäter zu S. F. G. ungelegenheit auch Der freundtschafft zum großeren hoen, auff dem Hauß Vörde, dar daß Furstliche Hofflager gehalten wirdt, in gefengknuß so lange ehr lebet nicht sitzen und behalten werden muge, Dz ehr derowegen auff S. F. G. anderer Heuser einß, so der freundtschafft, so Ihrer die Atzungh beschaffen mußen, an der nahede gelegen, verwarlich angenommen werden muege.

[c.] Wo ferner aber Verweisungh deß landeß oder gefengknuße oder sonsten etwaß erkandt wurden wher, dz deme gleichwoll gemeine Stende, ohne deß endtleibten freundtschafft, sonderliche Contradiction oder auff Deroselbige vorwilligungh milterungh zu treffen macht haben muchten.

[d.] Im fall aber Jegendts eine gelt buße und straffe erkandt wurde, dz alßdan solche buße zu algemeiner Stende alß eineß Erwurdigen Thumb Capitulß, Prælaten, Ritterschafft und Stetten ermeßigungh solle gestellet und hingesetzet werden.

Die unverfengliche Resolution haben alß Die Bremische Ritterschafft zu Papier bringen laßen, Jedoch mitt diesem außtrucklichen vorbehalt, Daß Dieselbe nun oder kunfftich auff einige andere felle, sie sein Criminall oder Civill oder wie Die Immer sein oder genandtt werden können, Zu Abbruch Irer Frey- und gerechtigkeitt nicht sollen gedeutet, gemeinet oder gezogen werden; Alß alleine auff Homicidia und todttschlageß felle, wie sie dan von der Ritterschafft auff Diese eintzige felle alleine gemeinet und designiret worden, Mit ziemlicher Protestation, bedingh und vorbehalt, da diese vorzeichnete Resolutiones dergestalt, wie sie gesetzet, nicht wolten beliebet und angenommen werden, Sondern Verendert und weiter außgespannen, daß auff solchen Event Die von der Ritterschafft in vorenderungh oder weiterungh keineß wegeß nicht alleine belieben und willigen, Sondern auch diese Ihre Designation gantz und gar Cassiret, wiederruffen und abgethan haben wollen, Alß wan sie nie designirt und gemachet wheren, Sondern schlechteß und rundt auff Ihre Alte freiheitt sich beruffen, und In nichts davon abegeben, de quo iterum diserte et solenniter protestantur.

(GWLB Hann., MS XXIII 1125, fol. 146r–152r).

a–a *Nachtrag in der Vorlage von anderer zeitgleicher Hand am Seitenrand.*
1 *Cassel, Bremensia 2, S. 662–667, nr. 12 (1556 o. T.).*

237

Derselbe Landtag

Erzbischöfliche Resolution

Namens des Bremer Erzbischofs Johann Adolf weisen die erzbischöflichen Räte die in der ritterschaftlichen Resolution (nr. A.236) postulierte Eximierung erzbischöflicher Totschläger vom Mandat Erzbischof Christophs von 1556[1] zurück und nehmen zu den einzelnen, in jener Resolution angeführten prozeßrechtlichen Fragen Stellung.

Resolution: GWLB Hann., MS XXIII 1125, fol. 137r–145v (Abschrift 17. Jh.).

RESOLUTIO.

Dess Hern Ertzbischöffen auff dero Bremischen Ritterschafft erclerung, wie eß mit Ihreß mitteiß Thödtschlegern und andern mißethätern soll gehalten werden.

Der Herr Ertzbischoff Unser Gnedigster Herr, Ist auß der schrifftlichen gefurderten Resolution dero Ritterschafft außfurlich berichtet worden, daß dieselben vermeinen und sich bedüncken laßen, daß mit Ihres mitteiß Mißthättern Und Thodtschlegern rechtlicher Ordnungh nach nicht Criminaliter vorfharen, Dieselben darumb nicht iustificirt, besondern a pœna Legum exempt und ohne straffe selbige weßen, Alß aber daßelbe ohne Verletzunge Ihrer gerichten nicht woll lenger geschehen, Und solchen strafflichen Unthaten nicht zu gesehen werden Könnte, Daß sie dan, Jedoch allein auß vorgeschreibener maße, Uber Die thodtschleger, Daß recht gehen laßen, gleichwoll bei andern Maleficien wie auch Die Immer sein oder genandt werden können, Ihre Frey- unnd gerechtigkeitt behalten, und solche delicta ohne straffe Der Obrigkeitt Committiren wollen, Mitt angehengter bitte, Ihnen den in resolutione angedeuteden Process buchstablichen und ohne alle enderunge zu Confirmiren oder sie sonsten nicht Zuvordencken, Daß sie sich alßdan in omnibus delictis Ihrer Freyheitt gebrauchen, und ohne rechtliche straff vorthan derselbigen geniessen.

Wiewoll nun S. F. G. auß allerhandt glaubwurdigen nachrichtigungen, Protocoln, auch der Loblichen Vorfaren, und bei S. F. G. selbst eigener Reigerung *[sic]* vielen gehaltenen Peinlichen Processen viel ein anderß und gleich Daß Contrarium wißen und befinden, Daß die ubelthaten Deß Adelß nach gelegenheitt auff Verwirckunge am leibe mitt gefengknuß, vorweisunge Deß Landeß, auch mitt geldt buße, Durch ordentliche erkanttnuß sein belegt und gestraffet worden, Und Daß auch expresse und verbis specificis Daß Mandatum Ertzbischoffen Christoffern, quoad poenam et quoad processum de Homicidis nobilibus mit eingeschleust, Daß sie den da eß notich in Continentis beweißen unnd darthuen könten mitt Vielen manhafften exempeln, auch mitt Dem Originali Mandato selbsten.

Weiln aber solcheß ein lauter vorgeblichkeitt eine unnötigh werck und bemuhung war, daßelbe zu wiederlegen, Waß nach in Gödtlichen, Naturlichen, Geistlichen oder Weltlichen Rechte fundirt, besondern ernstlich bei Zeittlicher und Ewiger straffe verbotten und keinen menschen, ehr sey gleich wher ehr wolle, zugelaßen, Ohne straffe seinen nehisten zuentleiben, gleich höhern und ander ubelthaten zubegehen, Auch dermaßen, daß wieder kein gebrauch, freiheitt oder Exemption allegirt und angezogen werden können, So laßens S. F. G. waß Dieser impunitet halber herfur gebracht, auff sich selbsten beruhen, unnd haltenß dafur, die Ritterschafft werde diesen mißbrauch Der Iustitien und den daruber eingebildeten Wahn nunmher guthwillich fharen laßen, und do in ethweß Connivendo wieder Godt unnd sein gebott eingerißen, unnd Die delicta per incuriam et iniuriam temporis aller dingeß nicht gestraffet wurden, wheren solcheß zum rhumlicher erhaltunge Ihreß Adelichen Herkommenß abschaffen laßen, da zu dan S. F. G. alß die Obrigkeitt daß Ihrige thun sich auch zu der Ritterschafft dasselbe und desto mher vorsehen wollen; Weiln fast unter Ihnen die furnembsten schrifft- und mundtlich, Darumb angehalten sie auch insgemeine vorstehen, wißen und bekennen, dz ohne Verletzung Ihreß gewißens Den Muetwilligen thodtschlegern nicht könne zugesehen werden.

Und obwoll S. F. G. eß bei Dem Mandato Ertzbischoffen Christoffers hetten können bewenden laßen, daß sich auff halß gerichts Ordnung ziehet und in poenis et processibus mherentheilß deroselben Confirmirt, so seint S. F. G. doch auß der Capitulation erinnert, daß davon In etwaß abgewichen und dahero Itzo seine geburnuß sein, Diesem handell seine endtliche unnd richtige maße zu geben, wie sie dan auch Dieser und Keiner Ursache halber die erclerung von der Ritterschafft gefurdertt.

Da nun auff S. F. G. anhalten die Ritterschafft Ihr bedencken und guttachten begriffen und zu Papier gebracht, auch S. F. G. ad Confirmandum Underthenigst ubergeben, vornhemen S. F. G. mit gnaden gerne, wollen auch Ihrer dabei ad Confirmandum gethaner bitte so viell alß zu recht und der lieben Posteritet verandtwortlich, auch bevorab bei Der Kay. Maytt. S. F. G. unverweißlich unnd zulaßig sein kan, staedt geben, vorsehen sich auch darlegen zu der Ritterschafft gentzlich, dieselben werden damit in Underthenigkeit findlich sein und ein anderß S. F. G. nichtt anmhuten.

[1.] Captura.

[a.] Was nun anfenglich die Capturam oder angreiff betrifft, erhaltenß S. F. G. dafur, daß eß rechtenß, auch in viele wege nutzlich und dienlich sei, daß men dahin trachte und gedencke, dz in Continenti perpetrato delicto der delinquent verwarlich angenommen und ad custodiam gebracht werde, unnd solcheß ohne alle seumnuß und abwartung etzlicher tage, Damit niemandt gewarnett oder sonsten propter moram fluchtich davon kommen, und die ubelthatt ungestraffett bleibe, Wie dan S. F. G. nicht unbillich angesehen und halten, daß auff gesatzte maße, die nachJagd zu wercke gerichtet und bei dem nachJagen keiner an den seinigen bescheidiget werde.

[b.] Daß aber andere mißthater, Die größere oder gleich ubelthaten begangen, nicht soltenn ebenermaßen angegriffen, verfolgtt und zur Hafft gebracht werden mugen, wie solchs ein absurdum Ja ein abschewlichs wesen und zwar eine Zerruttung alleß friedeß, Ehr und Erbarkeitt sein wolle, So wißen S. F. G. Diesen Punct wo ferne Derselbe der buchstaben nach solle verstanden werden, Ihrer Pflicht damit sie Gott, Der Kay. Maytt. und diesem Ertzstifft verwandt sein, keineß wegeß zu approbiren oder nach zu geben, besondern wie sie die Thodttschlegere mußen einZiehen und straffen laßen, alß seind sie gleicher gestaldt verbunden, Verreterey, Rauberey, bluttschande und andere mher sunde, so eine leib straffe, sonsten aber in civilibus et delictis non atrocioribus, da per fugam daß iudicium nicht illudirt und die straffe nicht Corporall sein wirtt, laßens S. F. G. bei dero von Der Ritterschafft bedencken verbeleiben, daß man die reos mit dem nachJagen unnd einZiehen verschone.

[2.] Custodia.

Die custodia bleibtt billich auff des Ertzstiffts Hause und weiln par imparem keine iurisdictione hatt, auch bei der privat Handlungh allerhandt geferliche unrichtigkeitt mit unterlauffen können, ungeacht dero gedachten Caution, so wirth man diese bemuhunge, dabei allein undanck, schaden und nachteil zu gewarten ist, sich entschlagen, und S. F. G. alß dem Oberhaubtt unnd Der Obrigkeitt an gemelten ortt die vorstrickte vorwaren zu laßen, underthenigst Heimbstellen.

[3.] Processus.

[a.] Was furs dritte dem Process betrifft, ob woll auffs vernünfftigen ursachen in Criminalibus die absentes per procuratores zu handlen nicht zugelaßen werden, Sondern reus præsens sein muß, nichtes destoweniger aber laßens S. F. G. auch dabey, daß die Außgewichene da sie können etiam absentes sich purgieren, Ihre defensionales in S. F. G. Cantzley Zu Vörde ungeseumbtt Innerhalb vier wochen ein schicken unndt daselbst weiter darauff von beiden theilen, biß zum urtheill schrifft- unndt ordentlich verfharen werde.

[b.] Eß befunden aber S. F. G., daß processes halber Keine richtiger maße, dan die in der Peinlichen Halßgerichts Ordnung schon begriffen und vorfasdet Ist, könne angeordnet werden, Da bei so woll der reorum Alß Accusatorum gelegenheitt in acht genommen unnd eineß Jeden recht dermaßen mit fleiß bedacht ist worden, dz solchs nicht woll zu beßeren stehet, Wie dan auch derselbigen Chur- und Fursten folgen unnd Menniglich in Acht zu halten haben und halten verbunden.

[c.] Eß wollen aber S. F. G. auß Der Ritterschafft die Commissarien anordnen, gleichwoll einen Ihrer unverdechtigen Räthe unnd da eß sonsten die notturfft erfurdert unparteiliche auß den ubrigen Stenden mit adiungiren laßen, Damitt eß allenthalben richtich und ohne Verdacht zu gehen, unnd bei erforschung der Warheitt fleiß gespuret unnd Keiner vervortheilet werde.

[4.] Cognitio.

[a.] Und nun bei solchem process so wirtt verfharen, dz zu beiden theilen zum bey oder Definitiff Urtheill geschloßen und auff Der Parteien Heimbstellen und bitte erkandt werden solle, Können S. F. G. auch geschehen laßen, daß die Stende ad ordinarium Iudicii Locum nach Vörde Convocirt denselben die Acten zuverlesen, zuerwegen, und darinne mitt S. F. G. vormuge der Capitulation zu sprechen ubergeben werden.

[b.] Imgleichen do die Stende Der Votorum halber ungleich oder sonsten bedenkenß hettenn, selbsten den Parteien mit bescheidt zuvorhelffen, dz alßdan berurte Acta in bei sein der Stende und Der Parteien oder Denen gevolmechtigten retulieret unnd folgendts von S. F. G. an unvordechtige Schoffen stuole oder Universiteten uns Rechtes belerungh auff beider Parteien zimblichs belhonungh verschickt, gleichwoll aber Die Urtheill in S. F. G. nhamen verfaßett und publicirt werden.

[c.] Weiln aber bei solcher der Stende Convocation allerhand verkostung auffgehen witt, den S. F. G. allein abzutragen ohn muglich, auch solches zu thunde nicht schuldich sein, so stellen S. F. G. der Ritterschafft und den andern Stenden, So Dieß mitt concerniret, gnedigst anheimb zu bedenken, wie eß damit zu halten; Eß wollen S. F. G. Ihren Räthen die notturfft schaffen, Auch dabei die versehung thuen laßen, damit die Parteien sich mit dieser weittleuffigkeit und unkostingh halber ubersehen, und Ihre acten umb rechts belerung verschicken laßen wollen, ohne der Stende bemuhunge und Convocation, daß sie damit gehöret und zugelaßen werden.

[d.] Da aber die Parteien einer oder dieselbigen alle der Stende beisamkunfft furdern, Auch die Stende selbst mit S. F. G. den Sachen beiwhonen und die Convocation bitten und haben wollen, wirt Die Ritterschafft und stende sich daruber voreinbaren, auff wz unkosten dieselben geschehen solle, dabei es dan S. F. G. auch bewenden laßen.

[e.] Wan nun solche belerungh wiederumb einkommen oder S. F. G. sich mitt den Stenden, so Anwesend sein, einer meinung und urtheill vorgleichen, haltenß S. F. G. dafur, daß es also dan bei deroselbig ohne weitere Consultation und verschickung verbleibe.

[f.] Und können S. F. G. fur sich nicht willigen, dz Ihre selbst eigen urtheill und der Stende sembtlicher bedencken den Dritten zu Corrigiren oder zu bestettigen und gleich daß Ius, wz S. F. G. rechtenß wegen, et ratione huius diœcesis haben, dardurch beschweret werde.

[g.] Welches dan auch einer Appellation fastgleich und mher alß eine rechtmeßige bereffungh sein wolte, da a superiore ad inferiorem Iurisdictionem non habentem provociret wurde, da doch ex generalis et notoriæ totius Germaniæ approbata et usu iam confirmata Consuetudine die Appellationes in Criminalibus kein stadt haben.

[h.] Wie eß dan auch zwar verkleinerlich sein wolte, solche Actorum revisionem zuzulaßen, weiln Iudici geburen wolte, ante sententiam der Rechts gelerten zu gebrauchen und nicht nach publicirter urtheill re amplius non integra.

[i.] Geschweige, daß darauff in Iudicio et extra Iudidicum allerhand disputationes Weiterung, Haeß, Unwille und sothane Zerruckung der Stende und der Parteien erfolgen könnte, welche die vielfeltige belerung nicht auffheben, unnd S. F. G. selbsten schwerlich wiederumb entrichten können.

[j.] Waß auch ohne daß fur unkostunge dadurch den Clegern, Ja den beclagten und Stenden selbst wurde auffgetrungen, soll der Anfangh baltt geben, und wißen solchs auch ohne weitere erfarunge die Jenigen far woll, die nur in Civilibus negotiis Dieser vielfeltigen und unnötigen verschickungh sich gebrauchet haben.

[k.] Solte aber bei verlesungh der einkomen belerungh ein dubium einfallen, daß S. F. G. und die Stende præhabita deliberatione wurden fur rathsamb und nötigh ansehen, die Acten an den vörigen ortt oder einen andern ad illud dubium removendum et solvendum zuverschicken, Weiln solchs recht unnd billich Ist, den ante publicationem die urtheill auß richtigen und unzweiffelhafften bedencken verfaßet werden mußen, können S. F. G. die erwiederung der verschickung zulaßen, Jedoch dz man die publicationem so lange einhalte und den Parteien einen andern gerichts tagk ad publicandum sententiam folgendts ansetze.

[l.] Eß laßen sich auch I. F. G. beduncken, wan gedachtermaßen, durch S. F. G. unnd dero Stende oder durch unpartheiliche Rechtsverstendige, die Acta mit fleiß durchgelesen und wie sich sonderlich in Criminalibus geburet, allenthalben die nottwendigenn umbstande in Acht genommen sein worden, so werde eß sich balte geben qua poena dz delictum præsertim in re nobili zu straffen.

[m.] Da alßdan perpetuus Carcer erkandt wirt, kan S. F. G. mit gefellich sein, daß darzu Locus certus außerhalb Vhörde verordnet und entweder ex propriis vel amicorum vel Accusatorum sumptibus oder nach ermeßigung nechstenß S. F. G. auß und von den Ihrigen nach notturfft den Condemnirten Atzen und unterhalten laßen; Sonsten haben S. F. G. der unparteilichen Ritterschafft auch dem vorstrickten selbst mit zum besten ein groß bedencken, so schlechter dinge einzuwilligen, dz wieder recht die poena ordinaria mutieret und an stadt derselbigen perpetuo Carcerum squalere der Condemnirter solle gestraffet werden, Welcheß sich die freundschafft destoweniger zu beschweren, weiln dem verstrickten nicht dan waß Godt und daß recht haben wol ohne alle Parteilichkeitt begegenet, und kan gleichwoll bei der Execution der Erlichen freundtschafft respect gehalten und in andere wege gratificiret werden.

[n.] Dar auch einer vom Adell den Andern redlich vor der faust, öhne Ehren und leibeß gefahr außgefurdertt, entleiben, solchs auch wie recht außfuren und beweisen wurde, wirt solchs billich in Acht genomen, Jedoch daß solche theter gleichwoll sich deß Stiffts beß zu seiner gentzlichen Absolution endthalte oder sonsten a Judice interloquirt werde, daß extra carcerem sich purgiren unnd defendiren muge, In welchem fall die rechte den Theter dermaßen verwaren, wo ferne es Ihme sonstenn am beweißthumb nitt mangelt, ehr sich auch woll dieser gantzen Poen, Jedoch nach anordnunge gemeiner beschriebener Recht, nicht hartt zu besorgen hatt.

[o.] Waß die Atzung betrifft, laßen S. F. G. bei voriger erclerungh, Auch uber dz bei der Peinlichen Halßgerichts Ordnungh unnd den gerichtlichen erkantnußen eß beruhen, da nichtich und uberflußigh diesem Punkte seine maße gegeben worden.

[5.] Executio.

[a.] S. F. G. werden alß die landeß furstliche Obrigkeits dieselbige Durch die dazu bestalte Person In dz werck richten laßen, wie auch haltt unnd Ordnungh der rechte, wie auch die Peinliche Halßgericht Ordnung vor magh und mitt bringet.

[b.] Daß aber die Stende auff eröffnete Urtheile die poenas zu miltern macht haben solden und aber daß fur sich alleine S. F. G. gantz und gar davon außgeschloßen wie solches bei Menniglich vorweißlich unvorantwortlich, Ja ergerlich und zu einem sonderbaren despect Der Hohen Obrigkeitt In deren nhamen gleichwoll die gerichte gehalten unnd die urtheill publicirt werden p. gereichen muß.

[c.] Alß können S. F. G. auch Daßelbige Keineß weges willigen noch gehelen, will auch nicht hoffen, dz sich deßen die Stende willen Anmaßen, oder Je mitt rechte anzumaßen befuget sein.

[d.] Dieß wollen aver S. F. G. thun, nachgeben und einreumen, Daß auß bestendigen ursachen umb milterungh der Poen, einziehung der Zeitt der verweisunge oder gefengkniße von dem Condemnirten bei S. F. G. angesucht und supplicirt wurde, Daß dan S. F. G. Der Stende bedenckenn darauff anhören und bei keinem die straffe endern wollen, eß geschehe dan mitt bewilligungh deß endtleibten freundtschafft und Der Stende ratth und Gutherachten.

[e.] Wurdt auch poena pecuniaria erkandt und solche urtheill durch S. F. G. und Die Stende wie oben gedacht publicirt, soll S. F. G. nicht zuwiedern sein, dz von S. F. G. und Den Stenden quantitas exprimiret und nach deß delicti gelegenheitt und deß Condemnati vermugen dieselbe angesatzet und angeslagen werden; Dan S. F. G. diesem gerichte anderß nicht gesacht und gehabt haben wollen, dan daß die ubelthater observatis omnibus circumstantiis geburlich und nach vordiente gestraffet noch beclager noch ancleger wieder recht beschweret, besondern alß in allen vorfharen werden, Dz es Godt alßdem Obirsten richter gefellich und mit fugen sich keiner zu beklagen haben muge.

Weiln dan nun S. F. G. sich ohne vorweißen unnd verletzung Ihreß Christlichen gewißens nicht anderß ercleren auch anderer gestaldt, dan wie oben gesatztt, Dero Ritterschafft Ihre bitte Approbiren und Confirmiren Könne, So wollen S. F. G. nicht zweiffeln, es werde Die Ritterschafft acquiesceren diese gnedigste, Vatterliche, Christliche und richtige erclerung mitt underthenigster danckbarkeitt auff- und annhemen. Und Weiln sie selbsten Daß S. F. G. und Den Staenden die Cognitio in criminalibus von Alterß hero geburet habe, durch andere und Widerwertige gedancken, alßdan sie in Criminalibus vor diese Zeitt keinen Judicem gehabtt noch erkandtt hetten, Dahin zu Ihrem eigen schimpff unnd schadenn sich nicht vorfhurenn laßen, Im fall in gravissimo illo homicidii delicto poena et processus prout præscriptus nicht approbiret auch andere größere und geliche *[sic]* delicta ungestraffet frei passieren solten sie Ihre submissionem revociret, cassiret, nicht gethan haben besondern bei Ihrer Impunitet verbleiben willen, Dan wie da durch alle gute satzung, Sicherheitt beide leibs und guteß Aller Gotteßfurcht und Erbarkeitt auffgehoben, und dagegen alle geferliche zurruttungh undt ein stetts wherendeß blutt badtt unter Ihnen selbst angerichtet, Ja ein boses Gottes lesterlicheß leben woll eingefuret werden, So mußen auch auff den fall S. F. G. Ihreß Ambteß gebrauchen, und diesem unwesen nicht zu ziehungh der Andern Stende ungeseumbtt seine maße gebenn, oder sust es an die ortt gelangenn laßen dahin sichs geburet, dar man leiderlich wißen und anordnen kan, Waß auff S. F. G. gnedigstes nachgeben und die repetirten protestationes Der Ritterschafft recht sein wirtt, Darauff S. F. G. Der Ritterschafft underthenigstes bedencken ohne vorzuge ferner mit gnadenn wollen gewertigh sein p.

(GWLB Hann., MS XXIII 1125, fol. 137r–145v).

1 *Cassel, Bremensia 2, S. 662–667, nr. 12 (1556 o. T.).*

238
Derselbe Landtag

Landständischer Abschied

Die Bremischen Landstände beschließen Regelungen bezüglich der Ausschreibung des Oberlandgerichts.

Abschied: StA Stade, Rep. 5b, F. 92, nr. 16a, fol. 243r (zeitgleiche Abschrift).

Ist auch von den stenden verabschiedet und bewilliget, daß nun und hinfuhro nicht mehr, wie zuvorn geschehen, die Oberlandtgerichte Außgeschrieben, unnd vonn den Canzlen abgegundiget, Sondern Jedeß Jahrß zweymahl, Alß den Montag nach Invocavit, unnd Montag nach Bartholomæi[1] ordinaria unter der Cantzley zu Vörde sollenn gehaltenn werdenn p.

(StA Stade, Rep. 5b, F. 92, nr. 16a, fol. 243r).

1 *Montag nach August 24.*

239
Derselbe Landtag

Bescheid

Die erzbischöflichen Räte und die Bremer Landstände erlassen als Appellationsinstanz einen Bescheid in dem vor den Landtag gebrachten privatrechtlichen Prozeß des Siegfried von Schwanewede contra Berendt von Wersebe.[1]

Bescheid: StA Stade, Rep. 5b, F. 92, nr. 16a, fol. 244r/v (zeitgleiche Abschrift).

Bescheidt.

In Appellation Sachen Siegfriedts von Schwanewedelß wegen gebethener publication seineß gefurten beweißthumbß Appellanten einß, unnd Berendt von Wersabe Appellaten Anderß theilß, Ist der Herrn Ertzbischofflichen Furstlichen Bremischen Canzlarß und Räthe, Auch anderer eineß Ehrwurdigen ThumbCapittelß, Prælaten, Ritterschafft, Stedte unnd Stende zu diesem Landtage verordneten der Bescheidt, Daß die gezemknuß zueroffnen, unnd die angezogene Missive darauß zunehmen, wie sie den hiemit eroffnet unnd herauß genommen wiederumb verschloßen, unnd dieselbe dem Appellaten zugestalt, Auch darvon auscultirte Copey bey der Cantley behalten, unnd der Appellate Inwendig sechß wochen bey der Cantley zu Vörde sich zuerkennen, Ob er gegenbeweiß fuhren wollen, oder nicht, schuldig sein solle, damit ferner Auf negsten Landtage, waß sich zu Rechte aignen und gebuhren will, erkandt, und verordnet werden muge, von A[mpts] W[egen].

(StA Stade, Rep. 5b, F. 92, nr. 16a, fol. 244r/v).

1 *Daneben ergeht auf diesem Landtag im selben Prozeß* (Siefriedt vom Schwanewedell contra Berendt von Wersabe) *folgender* Bescheidt Mundtlich: Der Appellant soll auf nechstem Landtage Formalia dociren *(StA Stade, Rep. 5b, F. 92, nr. 16a, fol. 245r).*

240
Derselbe Landtag

Bescheid

Die erzbischöflichen Räte und die Bremer Landstände erlassen als Appellationsinstanz einen Bescheid in dem vor den Landtag gebrachten privatrechtlichen Prozeß des Melchior Drewes et Consortes Appellant contra Borch Erbenn.

Bescheid: StA Stade, Rep. 5b, F. 92, nr. 16a, fol. 245v–246r (zeitgleiche Abschrift).

Bescheidt.

In Appellation Sachen Melchior Dreweßen wegen eineß von Ihme gefurderten Juramenti zur zeugnuße, deßen er sich aber zuthuen beschweret, Beclagten unnd Appellanten einß, und dero von Borch Erben, Clegern und Appellaten Anderß theilß, Ist der Herrn Furstlichen Ertzbischofflichen Bremischen Anwesenden Cantzlarß, Räthe, Im gleichen eineß Erwurdigen ThumbCapitulß, Prælaten, Ritterschafft, Stedte unnd Stende zu Itzigem Landtage Abgeordneter der Bescheidt, Daß Beclagtem Appellanten Auf seineß Schwagerß Johan Segemanß suchen unnd Pitten, zeit biß uffn nechsten Landtagh zuvergunnen unnd zuzulaßen, Ehr Aber Inn die Jetzigen Gerichtß Kosten, Jedoch Auf vorgehende moderation zu Condemniren unnd zuverdammen, Wie dan Ihme obgedachte dilation gegonnet unnd zugelassen, Er auch in die Jetzige Gerichts Costen, dem Clagenden Appellaten uf richterliche ermeßigung zuerlegen unnd zubezahlenn Condemniret unnd verdammt wirdt von Ambtß wegen.

(StA Stade, Rep. 5b, F. 92, nr. 16a, fol. 245v–246r).

241

Derselbe Landtag

Bescheid

Die erzbischöflichen Räte und die Bremer Landstände erlassen als Appellationsinstanz einen Bescheid in dem vor den Landtag gebrachten privatrechtlichen Prozeß des Harbort von Mandelsloh contra Johann vom Horn zu Wulmstorf.

Bescheid: StA Stade, Rep. 5b, F. 92, nr. 16a, fol. 246v–247r (zeitgleiche Abschrift).

Bescheidt.

In Appellation sachen, Herborths von Mandelschlohe, etzlicher Ihme vom Newen zugefugter Attentaten und Abgenohmener Schweine halber Clegere und Appellaten einß, unnd Johan vom Horne zu Wulmstorff Beclagten unnd Appellanten Anderß theilß, Ist der Herrn Ertzbischofflichen Furstlichenn Bremischen Anwesenden Cantzlarß, Räthe, Im gleichen eineß Ehrwurdigen ThumbCapitelß, Prælaten, Ritterschafft, Stedte unnd Stende zu Jetzigem Landtage Abgeordneter der Bescheidt, Daß Beclagter wegen seineß In dieser sachen nicht erscheinenß In Jetzige Gerichts Costen zu Condemniren, Wie er dan hiemit darzu Condemniret, Unnd weill die Heubtsache Im schrifftlichen Proceß schweben unnd hengen thue, daß demnach der Clagende Appellat sein Jetzige eingewandte Clage gleichsfalß zu schrifftenn gedubbeldt, erster tage In die Cantzley zu Vörde zuschicken, unnd der Beclagter Appellant zwischen dieß unnd nechstem Landtage darauf zuandtworten schuldig sein sollen, damit alßdan solche Clage unnd Andtwordt durchgesehen, unnd waß sich zu Rechte Aignen unnd gebuhren wirdt, decretiret unnd erkandt werden muge, Von Ambts wegen.

(StA Stade, Rep. 5b, F. 92, nr. 16a, fol. 246v–247r).

242

Landtag 1595 Februar 25–26, Basdahl

Landtagsprotokoll

Die Bremischen Landstände verhandeln über (1.) die Abgaben des Erzstifts Bremen an das Reich; (2.) eine Steuer des Niedersächsischen Reichskreises von 600 Pferden; (3.) 3 Monate zum Schutz des Westfälischen Reichskreises.

Ausschreiben: –
Protokoll: StA Stade, Rep. 5b, F. 92, nr. 14, Bd. 2, fol. 289r–299r. – StadtA Buxtehude, LSt., F. II (ehem. D I 3), nr. 2. – StA Bremen, 2-Z.2.c.2 (Auszug). – Ebd., 2-Z.2.c.3 (mit Vorschlagsliste für die Aufschlüsselung der o. a. 600 Pferde auf die einzelnen Burgen, Lande, Börden, Gerichte und Kirchspiele des Erzstifts Bremen).
Abschied: –
Weitere zu diesem Landtag gehörige Quellen: – StA Bremen, 2-Z.2.c.3 (besiegelte Or.-Ausf. Papier der Instruktion des Bremer Rats für diesen Landtag, datiert 1592 Februar 22).
Literatur: Hauschildt, Landwirtschaft, S. 54, nr. 35.

Anno 95 den 25. Februarii Ist eine gemeiner landtag zu Baßdael gehalten worden, dar von wegen Unsers Gsten. F. und H. erschienen:

Nomine Reverendissimi: Volrath von der Decken Droste, D. Caspar Koch Cantzler, D. Brandt, und D. Lęlius Hoffräthe.

Ex pręlatis: Der Her Luneberch Brummer Ertzabt zu Hertzvelde, Her Joibst von der Beke Abt zu Unser Lieben Frauwen binnen Stade.

Ex Capitulo: Her Otto von Duringen Thumbdechandt, Her Ohrtgyß Schulte Senior und probst, Her Joibst von der Galen probst, Her Engelbrecht Wippermann Thumgher und Licientiaten.

Die Nobiles: In grosser anzall.

Auß den Stetten: Bremen: Her Herman Schomacher Burgermeister, D. Wedekindt Syndicus, D. Schaffenradt Subsyndicus, H. Johan Groning Ratsher, H. Johan Cock Ratsher.

Auß Stade: Her Johan Hageman Burgermeister, H. Christoffer von der Medem, Reinerus Lange Secretarius.

Buxtehude: M. Nicolaus Kruger Burgermeister, Franciscus N. Secretarius.[1]

Vogte des Landes Wursten und Alte Landt.
[folgt das weitere Protokoll].
(StA Stade, Rep. 5b, F. 92, nr. 14, Bd. 2., fol. 289r–299r, hier fol. 289r/v).

1 Franz Waßmer, Sekretär.

243

Landtag 1595 April 10, (Bremer-) Vörde

Landtagsprotokoll

Die Bremischen Landstände verhandeln über (1.) eine Schatzreform mittels Einführung einer Kopfsteuer; eine Einigung wird nicht erzielt; (2.) Entlastung der Armen durch Einführung eines ‚Gotteskastens'; (3.) allgemeine Bettage.

Ausschreiben: –
Protokoll: StA Stade, Rep. 5b, F. 92, nr. 14, Bd. 2, fol. 300r–306r. – StA Bremen, 2-Z.2.c.2 (Auszug). – Ebd., 2-Z.2.c.3.
Abschied: –
Weitere zu diesem Landtag gehörige Quellen:–
Literatur: Hauschildt, Landwirtschaft 1, S. 54, nr. 36.

Anno p. 95 den 10. Aprilis Ist wiederumb zu Vorde ein landtagk gehalten worden.

Darselbst Unser Gster. Her in der person Jegenwertig.

Daneben Der H. Cantzler,[1] Doctor Daniel Brandt, Doctor Laurentius Lęlius, Hoffrethe.

Auß den pręlaten: Der Her von Hertzvelde.[2]

Auß dem Thumbcapittull: Der H. Thumbdechandt Otto von Duringen, Her Ohrtgyß Schulte Senior p., Her Jobst von Galen, Her Engelbrecht Wipperman, D. Zerneman Syndicus.

Nobiles: In grosser anzall.

Auß den Stetten: Auß Bremen: Her Herman Schomacher Burgermeister, Doctor Schaffenradt, Doctor Kreffting.

Auß Stade: Der Burgermeister Her Johan Hageman, Her Hinrick upp der Wurdt, Ratsher, Reinerus Lange, Secretarius.

Auß Buxtehude: Her Johan Fockrelle Burgermeister, H. Marcus Radeleves.

Die Lant.
[folgt das weitere Protokoll].
StA Stade, Rep. 5b, F. 92, nr. 14, Bd. 2., fol. 300r–306r, hier fol. 300r).

1 *Kaspar Koch.* 2 *Luneberg Brummer, 1575–1612 Erzabt von Harsefeld (Schulze, Harsefeld, S. 40–44).*

244

Landtag 1595 Juni 13, Basdahl

Landtagsabschied

Die Bremischen Landstände verhandeln (1.) erneut über die Einführung einer Kopfsteuer. Dafür sprechen sich das Bremer Domkapitel, die Prälaten sowie die Vertreter der Marschländer aus. Die Vertreter der Städte sprechen den Marschländern ein Mitspracherecht ab, was in diesem Fall von den anderen Ständen zurückgewiesen wird. Über den Vorschlag der Städte, einer Kopfsteuer zuzustimmen, wenn die Freien 10- bis 25 000 Taler aufzubringen hätten, wird keine Einigung erzielt; (2.) eine neu geforderte Türkensteuer; (3.) Verhandlungen über Ermäßigung (Moderation) der Abgaben des Erzstifs Bremen an das Reich; (4.) weitere Verhandlung über den Almosenkasten.

Ausschreiben: DA Dorum, Hs. IX, nr. 5, o. pag., Landtages-Brieffe, nr. 12 (Bekhof, Nachricht; um 1710; Aussteller: Johann Adolf, postulirter Erzbischof von Bremen; Datum Vörde am 10. May Anno 95 p.).
Protokoll: StA Stade, Rep. 5a, F. 143, nr. 7, fol. 5r. – Ebd., Rep. 5b, F. 92, nr. 14, Bd. 2., fol. 307r–314v. – Ebd., Dep. 10, Hs. 9, Bd. 2, fol. 1r–16r.
Abschied: –
Weitere zu diesem Landtag gehörige Quellen: –
Literatur: Wiedemann, Bremen 2, S. 196f. – Hauschildt, Landwirtschaft 1, S. 54, nr.37.

245

Landtag 1595 Juni 19/20, (Bremer-) Vörde

Schatzbewilligung 1595 Juni 19 (Auszug)

Die Bremischen Landstände bewilligen, daß die Einkünfte eines Viertels des genehmigten 16.-Pfennig-Schatzes zur Abtragung der Hopfensteinischen Schulden[1] verwendet werden.

Ausschreiben: –
Protokoll: –
Schatzbewilligung: StA Stade, Rep. 5b, F. 105, nr. 36, Bd. 2, S. 183r (kurzer Auszug; angefertigt nach 1602).
Weitere zu diesem Landtag gehörige Quellen: nr. A.246.
Literatur: –

[...] ein 16 pfenningschatz [...].

Anno 95 den 19 Junii zu den Hopfensteinischen schulden – 1 quartal.

(StA Stade, Rep. 5b, F. 105, nr. 36, Bd. 2, fol. 183r).

1 Zu Stephan Hopfensteiner (Hoffensteiner) und zum Streit um sein Erbe vgl. Schleif, Regierung, S. 192, nr. 13 sowie FB Reichskammergericht S. 16, nr. B 3721c.

246

Derselbe Landtag

Landtagsabschied 1595 Juni 20

Die Bremischen Landstände beschließen (1.), nachdem über den dauerhaften Modus der Aufbringung der Gelder für die Türkensteuer keine Einigung erzielt werden kann, die von den einzelnen Ständen für dieses Mal aufzubringenden Pauschalsummen; (2.) die Einsetzung von landständischen Verordneten, die gemeinsam mit den erzbischöflichen Räten einen dauerhaften, auch ohne jeweilige landständische Bewilligung gültigen Modus für die Aufbringung derjenigen Gelder festlegen sollen, die zur Zahlung der Reichs- und Reichskreis-Steuern nötig sind, und die außerdem die Register des 16.-Pfennigschatzes aktualisieren sollen.

Ausschreiben: –
Protokoll: –
Abschied: StadtA Buxtehude, LSt., F. II (ehem. D I 3), nr. 1 (besiegelte Or.-Ausf. Papier; aufgedr. Siegel erh., Summen der von den jeweiligen Ständen aufzubringenden Kontributionen von anderer zeitgleicher Hand am Rand vermerkt; Unterstreichungen mit roter und brauner Tinte im Text, wohl von zeitgleicher Hand). – StA Bremen, 2-Z.2.d.3 (besiegelte Or.-Ausf. Papier; aufgedr. Siegel erh.; Abschrift 19. Jh. liegt bei). – StA Stade, Rep. 5b, F. 92, nr. 14, Bd. 2, fol. 315r (zeitgleiche Paraphrase des Abschieds). – StA Bremen, 2-Z.2.c.3 (zeitgleiche Abschrift). – Ebd., 2-Z.2.b, nr. 0 (Abschrift 18. Jh.).
Weitere zu diesem Landtag gehörige Quellen: nr. A.245.
Literatur: Wiedemann, Bremen 2, S. 197. – Schleif, Regierung, S. 63, Anm. 259.

Zuwißen: Nachdem der Hochwirdiger Durchleuchtiger Hochgeborner Furst und Herr, Herr Johan Adolff, Postulirter unnd Erwölter zu Ertz- unnd Bischoven dero Stiffter Bremen, unnd Lubeck, Erbe zu Norwegenn, Herzog zue Schleßwig, Holstein, Nun zu underscheidtlichen zeiten unnd mahlen auf gehaltenen Landt- unnd Communicationstagen denn Algemeinen Stenden auß Ih. F. G. Ertzstiffts Bremen, Außfurlich proponiren, daß sowoll der Keyserlichenn Maytt. auf gehaltenem Reichßtage ordinari Alß auch von denn KreißStenden zu undterhaltung der sechßhundert Pferde Extraordinari TurckenHulfe, ein Ansehentlicheß bewilliget, unnd zuverhuetung dero Allerseitz den zogerhafftigen unnd nicht zahlenden Angedraweten Poenen fast Inn der eyll auf und zu wege gebracht werden muste, Unnd darauf gnedigst begehren Laßen, daß die Stende solcheß Alleß durch einen gleich- unnd billichmäßigen wege und maße Collectiret unnd Contribuiret werden, sich unter einander einhellig vergleichenn unnd denselbigen Ih. F. G. anzeigen woltenn, Unnd obwoll darauff allerhandt mittell unnd wege dem einenn unnd Andern Stande vorgeschlagenn, unnd Inn der handlung vorgewesen, Daß dennoch die Stende einmuthig unnd einhellig eineß gewißen modi unter ein Ander sich nicht vorgleichen unnd voreinbaren, Daruber dan dieß werck stecken unnd stehen Plieben, unnd zu keiner richtigen unnd gedeylichen endtschafft gebracht werden, Sondern darauß diesem Erzstiffte inßgemein, Auch denn Stenden Insonderheit Allerhandt beschwerungh unnd weiterungen leichtlich entstehen konnen.

[1.] Weilln Aber Ih. F. G. auß Vatterlicher sorgfaltigkeit und zugeneigten gnedigenn willenn solcheß ungerne, Sondern so viell An Ihr, Lieber sehen unnd nach muglichheit befurdern unnd fortsezenn woltenn, daß guete vertregliche einigkeit unter denn Stenden erhaltenn, Aller weitleuffigkeit gewahret unnd vorgebawett, Unnd gleichwoll daß, waß mann dem Reiche unnd Kraiße zuerlegen schuldig unnd Pflichtig, ohne Ih. F. G. endtlicheß zuthun, Inn guete unnd fur sich selbst vonn den Stenden zu wegen gebracht Ih. F. G. zu rechter zeit erlagt, und aller besorglicher schadenn dem Erzstifft Abgewendet werden muchte, So haben dieselbe, weiln sie vormerket, unnd vorstanden, daß die Stende auch noch heute sich nicht vereinbarenn konnen, vor sich selbst durch dero Räthe diesen nachfolgenden wegk wollmeinlich vorschlagenn Laßen, Daß nömblich die freyen Stende, die herrn Prælaten, Eineß Ehrwurdigen ThumbCapittelß, die Ritterschafft, Unnd die drey Erbarn Stette, biß man sich hirnegst, wormit sie den Schatzpflichtigen zu dieser schweren unnd hohen Contributionßlast, zu einer erleichterung Jetzo, unnd kunfftig zu hülffe kommen, unndt zu steuren wolten, Auch eineß gewißen Modi Collectandi vorgleichet, fur dießmahl zuerlegung dero dem Reich unnd dem Kraiß, Auch diesen Johannis[1] fehlhafften bedageten geldtsummen ein Jeglicher Standt ein gewißes, ohne einig præiuditz eineß Jeden Standeß hergebrachten frey- und Gerechtigkeit, vorangezogener mäße zu richtigmachung Jezigeß Terminuß die Herrn Prælaten, Eineß Ehrwurdigen ThumbCapittelß sampt den Andern Geistlichenn zweytausendt, die Anwesende vonn der Ritterschafft, auf ratification der Anderen vom Adell (:denen auf bevorstehendem Rittertage zu Basdäll[2] solcheß referirt unnd notificirt werden solte:) Anderthalb tausent, die Statt Bremen drey tausent, die Stadt Stade Ein tausent, drey hundert, dann die Statt Buxtehude siebenhundert Reichßthaler Alleß[a] in gangkbarr unnd Im Reichß Abschiedt specificirter gueter munze zuwege brengen, einliefern, unnd ohne zinße vorschießen wolten; Unnd daß man zuerstattung deß ubrigenn, damit Auch zur beschickung Auf den bevorstehenden Deputation- unnd Moderation tag notturfftiger zehrung, unnd Außrichtung vorhanden sey, man noch tausent Reichßthaler auf geburliche zinße Aufnehmen, unnd zu wegen bringen solle.[3]

[2.] Damit Aber wie bißhero geschehen, Also hinfurder dieß werck dardurch nicht in ungewißem stecken unnd stehen bleiben, Sondern daruber zuverhuetung Allerhandt unnöttigen beysamenkunfft und zehrung deßwegenn eine gewiße vorgleichung darnach man sich, sowoll In Jezigen Reichß- unnd Kraißsteuren, Alß In kunfftigenn dergleichen fellen zurichten unnd sowoll die Exempten unnd freyen, Alß unfreyen Stende daß Ihrige Jederzeit bey-, einzubringen, unnd einzulieferenn haben, treffen, und aufrichten muge, haben Auf Ih. F. G. gnedigsten Vorschlag die Stende hierneben einhellig sich vergleichen, daß ein Jeglicher auß seinem mittell gewiße Personen namhafft machen, unnd niedersezen wolle, welche Innerhalb kurzer beqwemer frist, benebenst Ih. F. G. darzuverordneten, binnen der Stadt Bremen zusamen kommen, unnd hieruber miteinander ferner Communiciren, eine gewiße maße, unnd weg beraden, und zu Papir bringen, Auch deß sechszehen Pfenningschazeß Register, unnd die darbey eingefallene unerledigte gravamina, unnd unrichtigkeiten vornehmen, dieselbigen In Richtigkeit brengen, Unnd Also ein gewißes, Jedoch auf Ih. F. G. ratification, schließen, unnd verabschieden, wie sowoll die freyen, Alß unfreyen In dießem Erzstifft zu den Reichß- unnd

Kraißseuren Contribuiren, unnd Ihre geburniß geben sollen, Darmit also Ih. F. G. hiernegst ohne der Stende fernere bemuhung eineß Jeden geburnuß Aufheben, unnd zu Rechter zeit dem Reiche und Kraiße erleggen laßen konnen.

Diesen Allen zu Urkundt Ist dieser Receß unnd Abschiedt unter Hochstgedachteß Herrn Erzbischoffen secret einem Jeglichen Stande zugestellet unnd mitgetheilet, Der gegeben auf gemeinem gehaltenen Landtage zu Vörde, Am Zwanzigsten Junii Anno p. nach Christi unserß Herrn und Heylandeß geburth der weinigern zahl Neunzigi[sten un]d^b funff p.
(StadtA Buxtehude, LSt., F. II (ehem. D I 3), nr. 1).

a Alleß *in der Vorlage über der Zeile von gleicher Hand nachgetragen.* b -sten un- *in der Vorlage durch das an dieser Stelle aufgedrückte Siegel nicht mehr erkennbar.*
1 *1595 Juni 24.* 2 *Zu dem hier genannten Rittertag in Basdahl sind bisher keine weiteren Quellen bekannt geworden.* 3 *Erhalten ist eine 1595 November 10 von den Ständen des Erzstifts Bremen ausgestellte Schuldverschreibung über insgesamt 3 000 Reichstaler (StA Stade, Rep. 1 (Erzstift Bremen), nr. 2074. Regest: Rep. Möhlmann 1, nr. 3931).*

247
Ausschußtag/Kommunikationstag 1595 August 19, Basdahl

Protokoll

Der bevollmächtigte landständische Ausschuß verhandelt auf diesem zur gütlichen Communication angesetzten Tag unter dem Vorsitz des erzbischöflichen Kanzlers Koch über verschiedene Möglichkeiten der Abzahlung der Schulden des Erzstifts Bremen mittels einer Kopfsteuer. Eine Einigung wird nicht erzielt.

Ausschreiben: –
Protokoll: StA Stade, Rep. 5b, F. 92, nr. 14, Bd. 2, fol. 320r–325v. – StA Bremen, 2-Z.2.c.3.
Abschied: –
Weitere zu diesem Landtag gehörige Quellen: –
Literatur: Wiedemann, Bremen 2, S. 198. – Hauschildt, Landwirtschaft 1, S. 54, nr. 38.

248
Landtag 1595 November 17–18, Basdahl

Landtagsprotokoll

Die Bremischen Landstände verhandeln über verschiedene Möglichkeiten der Abzahlung der Schulden des Erzstifts Bremen. Das Domkapitel schildert die schlechte wirtschaftliche Lage der Geistlichkeit im Erzstift Bremen, insbesondere die Lage der 12 in Bremen residierenden Domherren, der 34 Vikare in der Stadt Bremen, der Klöster sowie der Pfarrer auf dem Land und bietet dann eine Pauschalsumme von 3000 Talern an; die Ritterschaft plädiert zunächst für eine Kopfsteuer, bietet aber nach langen Verhandlungen am zweiten Tag eine Pauschalsumme von 2000 Talern an. Die Städte lehnen die Kopfsteuer ab und bieten ebenfalls Pauschalsummen an: Bremen 3000 Taler, Stade 1000 Taler, Buxtehude 500 Taler. Jede Kurie erklärt, nicht mehr zahlen zu können, hält aber die Ansätze der jeweils anderen für zu niedrig. Eine Einigung wird nicht erzielt. Ein neuer Landtag zu diesem Thema soll nicht mehr einberufen werden.

Ausschreiben: StA Bremen, 2-Z.2.d.3 (besiegelte Or.-Ausf. Papier; ausgestellt von Erzbischof Johann Adolf; datiert Vörde [...] am 22. octobris Anno p. 95; aufgedr. Siegel besch. erh.).
Protokoll: StA Stade, Rep. 5b, F. 92, nr. 14, Bd. 2, fol. 326r–353r. – StadtA Buxtehude, LSt., F. II (ehem. D I 3), nr. 1. – StA Bremen, 2-Z.2.c.2 (Auszug). – Ebd., 2-Z.2.c.3 (3 Abschriften von verschiedenen Händen).
Abschied: –
Weitere zu diesem Landtag gehörige Quellen: –
Literatur: Wiedemann, Bremen 2, S. 198f. – Hauschildt, Landwirtschaft 1, S. 54, nr. 39.

Anno eodem 95 den 17 Novembris Ist zu Baßdaell ein Landtagk wiederumb gehalten worden.

Darselbst Nomine Reverendissimi: Der Landtdrost,[1] D. Brandt, D. Lælius, Hoffrathe.

Nomine prelatorum: Abbas Hertzfeldensis,[2] Abbas dive Marię in Stadis.[3]

Nomine Capituli: H. Otto von During Decanus, H. Ohrtgyß Schulte Senior, H. Jobst von Galen thesaurarius, H. Engelbrecht Wipperman L.L., Doctor Zerneman Syndicus.

Nobiles: In grosser Anzall.

Civitates: Brema: Her Erich Hoya Burgermeister, Her Herman Schomacher Burgermeister,

D. Schaffenradt, H. Hinrich Zabell, H. Johan Groning, D. Kreffting, H. Johan Koch.

Stade: H. Johan Hageman Burgermeister, H. Johan Plate Burgermeister, Heinricus Meyer, Secretarius.

Buxtehude: H. Johan Fockrelle Burgermeister, H. Marcus Moller, Radtman.
[folgt das weitere Protokoll].
(StA Stade, Rep. 5b, F. 92, nr. 14, Bd. 2., fol. 326r–353r, hier fol. 326r).

1 *Johann Marschalck, Landdrost.*   2 *Luneberg Brummer, 1575–1612 Erzabt von Harsefeld (Schulze, Harsefeld, S. 40–44).*   3 *Jodokus (Jost) von der Beke, 1583–1624 Abt von St. Marien in Stade (Schulze, St. Marien, S. 479).*

249

Landtag 1596 April 23, Basdahl

Landtagsprotokoll

Die Bremischen Landstände verhandeln über einen dauerhaften Vergleich betreffend die Reichssteuern und die Abgaben an den Niedersächsischen Reichskreis; Bewilligung eines Quartals des 16. Pfennigschatzes zur Zahlung der Türkensteuer; der Erzbischof (Johann Adolf) bemüht sich um Beilegung der Meinungsverschiedenheiten zwischen den Landständen.

Ausschreiben: StadtA Buxtehude, LSt., F. II (ehem. D I 3), nr. 1 (ausgestellt Vorde [...] am 19. Martii Anno p. 96 vom Bremer Erzbischof Johann Adolf, adressiert an Bürgermeister und Rat von Buxtehude). – StA Bremen, 2-Z.2.d.3 (besiegelte Or.-Ausf. Papier; Verschlußsiegel zerbrochen, Datum wie angegeben).
Protokoll: StA Stade, Rep. 5b, F. 92, nr. 14, Bd. 2, fol. 354r–361v. – StadtA Buxtehude, LSt., F. II (ehem. D I 3), nr. 1. – StA Bremen, 2-Z.2.c.2 (Auszug). – Ebd., 2-Z.2.c.3.
Abschied: StA Stade, Rep. 5b, F. 105, nr. 36, Bd. 2, fol. 183r (kurzer Auszug; nur Schatzbewilligung; angefertigt nach 1602). – StA Bremen, 2-Z.2.c.3 (Entwurf und besiegelte Or.-Ausf. Papier der Instruktion der Stadt Bremen für diesen Landtag, ausgestellt 1596 April 21).
Weitere zu diesem Landtag gehörige Quellen: –
Literatur: Hauschildt, Landwirtschaft, 1, S. 54, nr. 40.

Anno 96. den 23 Aprilis zu Baßdael ein Landtag gehalten worden, dar Ihre F. G. in der person selbst. 17 Novembris Ist zu Baßdaell ein Landtagk wiederumb gehalten worden.

Der Landtdrost,[1] Daneben der Cantzler,[2] Doctor Brandt, D. Lælius.

Auß den prelaten: Der Her von Hertzfeldt.[3] Der Her von Unser Lieben Freuwen.[4]

Auß dem Capittull: Der Thumbdechandt,[5] der Senior,[6] Her Jobst von Galen, der Her Licentiat,[7] und der doctor und Syndicus.[8]

Die Nobiles in grosser Anzall.

Die Stette: Auß Bremen: D. Johan Schaffenradt, D. Kreffting, D. Bornhorst.

Auß Stade: Johannes Hageman Burgermeister, H. Johan Plate, Henricus Meyer.

Auß Buxtehude: H. Johan Fockrelle Burgermeister, H. Marcus Radeleves.

Auß den landen Wursten und Oldelandt.
[folgt das weitere Protokoll].
(StA Stade, Rep. 5b, F. 92, nr. 14, Bd. 2., fol. 354r–361v, hier fol. 354r).

1 *Johann Marschalck, Landdrost.* 2 *Kaspar Koch, Kanzler.* 3 *Luneberg Brummer, 1575–1612 Erzabt von Harsefeld (Schulze, Harsefeld, S. 40–44).* 4 *Jodokus (Jost) von der Beke, 1583–1624 Abt von St. Marien in Stade (Schulze, St. Marien, S. 479).* 5 *Domdekan Otto von Düring.* 6 *Ortgies Schulte, Senior des Domkapitels.* 7 *Engelbert Wippermann.* 8 *Dr. Tilemann Zernemann.*

250

Derselbe Landtag

Schatzbewilligung (Auszug)

[...] ein 16 pfenningschatz [...].

Anno 96 den 23. aprilis zu der beharlichen Turckensteur I. quartal.
(StA Stade, Rep. 5b, F. 105, nr. 36, Bd. 2, fol. 183r).

251

Landtag 1596 Juni 3–4, Basdahl

Landtagsprotokoll

Die Bremischen Landstände verhandeln über die Modalitäten der Schatzerhebung.

Ausschreiben: –
Protokoll: StA Stade, Rep. 5b, F. 92, nr. 14, Bd. 2, fol. 363r–384v. – StA Bremen, 2-Z.2.c.3.
Abschied: –
Weitere zu diesem Landtag gehörige Quellen: –
Literatur: Hauschildt, Landwirtschaft 1, S. 55, nr. 41.

Anno p. 96 den 3 und 4 Junii ist zu Baßdaell ein gemeiner landtag gehalten, darauff dieße nachbenante gewesen, so alse:

Von wegen Unsers Gnedigsten Hern: Johan Marschalck Landtdrost, D. Daniell Brandt Hoffrath p.

Von wegen des Thumbcapittelß: Her Otto von Duringen Thumbdechandt, Her Ordtgyß Schulte Senior, Her Joist von Galen Probst zu Zeven, und Lic. Wippermann.

Von wegen der Praelaten: Abbet zue Stade Her Joist von der Beke.

Von wegen der Ritterschafft: Henneke von Brobergen, Bartoldt Schulte, Volrad von der Deken, Bernhardt von Reimershaußen, Herman und Clement von Ißendorff.

Von wegen Bremen: D. Johan Schaffenrath, D. Henich *[sic]* Kreffting, und Her Johan Koch Drost zu Bederixa.

Von wegen Stade: Her Johan Hageman, Her Johan Plate, beide Burgermeister, und Henricus Meyer Secretarius.

Von wegen Buxtehuda: Her Johan Focrell Burgermeister, und N. p.[a] Rathsverwandter.

[folgt das weitere Protokoll].

(StA Bremen, 2-Z.2.c.3).

a nach p. in der Vorlage eine halbe Zeile freigelassen für möglichen späteren Nachtrag des Namens.

252
Landschaftliche Versammlung 1596 September 23–26, Bremen

Die Bremische Ritterschaft schließt sich am 23. September 1596 mit den drei zu den Landständen gehörigen Städten Bremen, Stade und Buxtehude zu einer Union gegen das Bremer Domkapitel zusammen, um für Zeiten der Sedisvakanz eine landständische Mitregierung sowie die Mitverwaltung der landesherrlichen Burgen im Erzstift Bremen durchzusetzen. Sie fügen diesem Unionsvertrag je eine Liste der dieser Union angeschlossenen und der dieser Union nicht angeschlossenen Adeligen bei, sowie ihre dem Domkapitel übergebene Protestation. Das Domkapitel anwortet darauf am 24. September mit einer mündlichen Resolution, die mit einer erneuten Protestation der beiden übrigen Landstände beantwortet wird, auf die wiederum, am 25. September, die ‚Endliche Resolution' des Domkapitels folgt. Die beiden angeführten Landstände legen am 26. September eine weitere Instruktion vor.

Ausschreiben: StA Stade, Rep. 5b, F. 92, Nr. 14, Bd. 2, fol. 2r (ausgestellt vom Bremer Domkapitel, datiert Bremen, Dom, 1596 September 9; zeitgleiche Abschrift).
Protokoll: StA Bremen, 2-Z.2.c.3.
Vertrag, Instruktionen und Resolutionen: StA Stade, Rep. 5b, F. 92, Nr. 14, Bd. 2, fol. 5r–19r (nr. A.253); ebd., fol. 20r–23v (nr. A.256); fol. 25r–36v (nr. A.257); fol. 90r–101v (nr. A.253 [mit geringfügig abweichendem Wortlaut gegenüber der u. a. Vorlage]); fol. 104r–113v (A.255); fol. 176r–185v (nr. A.257 [nicht ganz vollständig]); fol. 187r–190v (nr. A.252; allesamt zeitgleiche Abschriften). – LA Schleswig, Abt. 7, nr. 1151 (nr. A.254–A.257; zeitgleiche Abschriften). – StA Bremen, 2-Z.2.b.1 (zeitgleiche Abschrift). – Ebd., 2-Z.2.d.3 (zeitgleiche Abschrift nebst Abschriften 19. Jh.). – StA Bremen, 2-Z.2.d.4 (zeitgleiche Abschriften nebst Abschriften 19. Jh.). – StA Stade, Dep. 10, Hs. 7, S. 146–153 (Abschrift frühes 17. Jh. nr. A.252, A.254 u. A.257). – GWLB Hann., MS XXIII 1125, fol. 1r–13r (Abschrift 17. Jh.; nr. A.252, A.252, A.256, A.258). – Ebd., unpaginiert vor fol. 1r [19 Bll.] (Abschrift 17./18. Jh.; davor von wieder anderer Hand (17. Jh.): Abschrift der Namenliste von A.253.
Weitere zu dieser landschaftlichen Versammlung gehörigen Quellen: LA Schleswig, Abt. 7, nr. 1151 (umfangreiche Korrespondenz zwischen Domkapitel, Ritterschaft und Erzbischof; 1595/96; größtenteils Or.-Ausf.). – StA Bremen, 2-Z.2.d.3 (ritterschaftliche Instruktion, ausgestellt Basdahl 1596 August 28).
Literatur: Wiedemann, Bremen 2, S. 212f. – Cappelle, Stände, S. 58f. – Bachmann, Tagungsorte, S. 86. – Fiedler, Bremen, S. 209.

Landschaftlicher Abschied/Unionsvertrag 1596 September 23

Die Zusamen vorbindung der Ritterschafft undt dreyer Stette Bremen,
Stade und Buxtehude p., Anno 1596.

Wir die sembltichen und algemeine Ritterschafft des Ertzstiffts sampt Burgermeister undt Rhatt der Stadt Bremen, Stade undt Buxtehude, Bekennen und bezeugen offenbar hiemitt und in Krafft dieses briefeß fur unß, unsere Erben und nachkommen, geborn und ungeborn, jegen allermenniglichen: Obwoll vor zeitten und in Anno 1490, zwischen den gemeinen gliedtmassen, wie auch folgens in Anno 1517, 1525, 1531, Item 1534, 1541, 1544, 1549,[1] und zu anderen Zeiten mher Zwischen dem Hochwurdigsten Fursten undt Hern, Hern Christoffern, Ertzbischoffen zu Bremen, Hertogen zu Braunschweig und Leuneburgk Cristmilter gedechtnuß und Algemeinen dieses Ertzstiffts Stenden nicht alleine allerhandt underscheidtliche Recessen und Vorgleichungen sein auffgerichtet und darinnen vorsehen und vorordnet worden, wie eß mit der Regierung und Hoffhaltung deß Hern Ertzbischoff und Ihro Furstlichen Gnaden nachfolgern jedeßmall soll gehalten werden, auff daß dieselbe mit Rhatt und zuhatt der Vorordneten auß gemeinen Stenden nicht zu hoch unnd ubermaßig angestaldt sondern gemeßigt und dirigiret werden soll, daß es dem Stiffte nicht zu schwer und vortraglich gemacht werden muchte; Item wie und welcher gestalt von I. F. G. das Regiment mit duchtigen und geschickten Landtrosten, Cantzlern, Räthen, Ambtleuten, Rentmeistern, Greffen, Voigten und dienern Alleß nach Rhatt gemeiner Landtstende und gleidtmaßen, angerichtet, bestellet und dieselbige auß allen Stiffts stenden also verordnet, damit die I. F. G. und deß Stiffts in allen furfallenden und dem Stifft angelegen Sachen bestendige und Stetige Rathe sein und bleiben und allen Sachen und handelen beiwhonen solten und muchten;

Sondern auch Anno 85. nach absterben weilandt Ertzbischoffen Heinrichen und den sembtlichen Stenden dieses Ertzstiffts auff algemeinen Landtagen Etzliche gewiße Beschluß und Abscheide gemacht und allerseits beliebet und angenommen worden, welche sich auff solche vorige voranlassung und Recesse referiren, Ziehen und denselbigen vorgleichen thun, deßen aber unangesehen und unbetrachtet Ein Ehrwurdig ThumbCapittell solchen Recessen, beliebungen und Abscheide in viel wegen zuwideren handeln, Alle andere Stende nicht alleine von der Regierung dieses Ertzstiffts und allen Stiffts Sachen (:gar weinich auss genommen:) gentzlich excludiret und derselbigen sich unterwinden, an sich ziehen und Ihreß gefallenß bestellen, Daneben auch zu unleidlicher beschwer der andern mit intereßierenden Stende mit der Election und whall eineß Ertzbischoffs und Haubst dieses Stiffts gantz geferlich handeln und umbgehen deß Stiffts Lender und gerechtigkeiten fur sich alleine vorkauffen, kauffen das prætium darfur wie auch Sede vacante die jarliche einkommen deß Stiffts ohne einige Rechung ihreß gefallenß sich alleine anmaßen und hinwenden, die Stiffts Heuser fur sich alleine einnehmen und mit Ihreß mitteß Personen besetzen, wie sie sich auch Itzo fur die Regierenden Obrigkeit dieses Ertzstiffts außschreiben und angeben thuen, die Capitulationes mit den Hern Ertzbischoffen zu Ihren Vortheill und eigennutzligkeitt wider die

Recesse in vielen puncten auß und anrichten und Sulche Capitulation nebenst den Recessen (:So doch in Unterscheidtlichen Stucken Stracks wider einander sein unnd beiderlei nicht gehalten werden konnen:) festiglich zu halten I. F. G. sich mit einem Corporlichen Eydt vorpflichten und auch vorburgen laßen, Die Landtrösten, Cantzlärn, Räthe, Ambtleute, Greffen, Voigte, Richtere und andere Dienere dieses Ertzstiffts fur sich allein bestellen und annhemen und dieselbigen zu Ihren Vortheill und gefallen sich eydtlich vorpflichten und zuschweren laßen auff gemeinen Landtagen wider alten Gebrauch und herkommen den Stiffts Stenden Eine Stimme und Votum der Prælaten entziehen und sich zueigen, in deme Sich die Clostere S. Paull und S. Jurgen incorporirt, die Jungkfrawen Clostere mit Ihreß mittelß Personen zu Probsten besetzen und den Hern Ertzebischoffen in den Capitulationen einbinden und gefellig ist zu confirmiren, Auch die Vorledigte Prælaturen anderß keinen alß Canonicis emancipatis zuvorgleichen und was ohne daß vor unrichtige und mangell bei solcher Ihrer bestalten Regierung Sich teglich errogen und vorlauffen, Auch sonst woll mher fur gravamina könten angezogen werden, so alhie inseriren zu lange und weitleufftig sein wurde. Unnd wiewoll unser der Ritterschafft VorEltern hiebevor Anno 1567 und wir hernacher Anno 87 bey einem Ehrwurdigen ThumbCapittell umb Vorgleichunge und abschaffunge dieser und andere Puncten und beschwerungen freundlich angesucht, auch deßwegen bei Unserm Itzo abgestandenen Hern und Ertzbischoffen, Hern Johan Adolffen auff unterscheidtlichen Landtagen und sonsten viele Underthenigste Ansuckung gethan, so hatt doch solchs nicht vorfangen oder Stadt finden mögen, wir auch nichts andeß vormercken, den daß ein Ehrwurdig ThumbCapittell nicht gemeint, dießfalß von Ihren furhaben und Meinung abzustehen, noch sich in geburlich und billige wege zuschicken, derowegen wir dan zu erhaltung unser algemeinen Vatterlandeß nottwendich getrungen und verursacht seint worden, zu erhaltung Eintragh, liebe und friedens Unß mit einander zuvoreinigen, zu vorbinden und zusamen zusetzen, wie wir uns dan hiemit in Crafft und macht dieses brieveß mit einander voreiniget, vorbunden und zusamen sezen haben wollen, dieser gestalt und also, daß zuforderst gute anordnung, friede unnd Einigkeit unter gemeinen Stenden angerichtet und erhalten; Auch alleß so bißhero den er whenten von gemeinen Staden zu wolfarth dieses Ertzstiffts auffgerichtetden Recessen zu wider gehandeltt und furgenomen hinfurter nachbleiben und abgeschaffet die obangeregte und andere wider die Receß streitende und mßhagliche puncta in gute ordnung und richtigkeit gebracht und denselbigen hinfuro stracks gelebet, daß auch auf jeden fall dieses Ertzstifft mit einem Dienlichen und nutzbaren Häubte und Regenten wiederumb muge vorsorget werden, die Regierung unnd Hoffhaltunge denselbigen Resessen gemeß angerichtet, die Landträthe, auch Landtrosten, Cantzlern, Hoffräthe, Ambten, Greffen, Voigte und andere Dienere darnach bestalt, und auch die Capitulationes hinfuro solchen Recessen gleichformig dirigiret und eingerichtet, und sonst alle Unordnung durchauß abgeschaffet und dargegen gutte ordnung und Regiment angerichtet werden solle und muge mit dieser außtrucklichen wolbedechtigen und wilkürlichen vorpflichtung und beleibung, daß wofern Ein Ehrwurdig ThumbCapittel auff geschehne Requisition sich obgesatzter und anderer Articull und beschweurng halber mit unß nicht vorgleichen wolte, sondern die Regierung vorthan alleine haben und behalten und Unß zu unterdrucken unterstehen, oder auch unvorhoffter Unbefugter weise vorthfaren und zur Election, proclamation eineß newen Ertzbischoffs schreiten wurden, wir alß dem newen Electo eigen gehorsamb oder folge durch Unß oder die Unsern nicht leisten sollen nach wollen, Sondern Unß dagegen die Sachen zu andern wegen gerichtet, Alle vorgenommenen newerung abgeschaffet, und wir zu allen und jeden unsern vorigen frey-, Recht- und Gerechtigkeitt nach laut der alten Recesse, restituirt worden sein, und woferne wir sambtt oder jemand von Unß Insondernheit Einer oder mher hirumb nun und in kunfftigen Zeiten einigen einiger maßen von einem Bremischen ThumbCapitell oder durch Ihrer Ehrwurden anstifften von einem newe Erwolten Ertzbischoffen oder sonst jemandt jegen und uber vorangezeigte unsere und gemeiner Stiffts Stende mitvorigen Herrn Ertzbischoffen auffgerichtede vorsiegelte undt bewilligte Recesse umb dieser unser gemachte Vortrach und Zusamen satzung innerhalb oder außerhalb Stiffts (:daß God abwenden wolle:) uberfallen und behschwerdt sollen werden, daß wir dan sambtt und sonder bei einander bleiben, zusamen halten und Unnß mit nichten trennen noch trennen laßen, noch unser Einer von dem andern bei unser Eyden redlichheit und pflichten auch wilkur und wurcklicher Vorpfandung aller unser Haab und gutere Abtredt oder abwich nhemen, sondern ein dem andern mit leib und gudt nach unsern hogsten und euersten Vormugen getreulich beistehen, beipflichten und vorhelfen; Auch ferner alle beschwer, so einiger maßen dar auß entstehen und erwachsen könten und mochten, mit einander auff und annhemen und ertragen sollen unnd wollen. Im fall auch unsere notturfft Je künftig werde erfurdern unß derowegen etwa mit anderer notturfft gefast zu machen, solchs alleß und jedeß sollen und wollen wir auch alle sembtlich leisten, gelten und bezalen. Im fall auch Jemand hernach von unß oder den unserigen hoch oder niederich, reich oder amr an was ortten die gefaßen, von Jemandt, wer dar auch when dieser sachen halber uberfallen, beleidigt und beschwert wurde, den oder dieselbigen sollen und wollen wir sambtlich auff unser aller Costen und Zulage von alsolcher last und beschwerde unter guten glauben und obgesatzten vorpflichtungen mit aller unser Macht und zu ihrer Errettung zuhulff kommen, sie entsetzen, entheben, entfrien und nothloß machen. Und weilen zu jeder erfurderten gelegenheit die sembtlichen von der Ritterschafft in eile nicht woll zusamen kommen und alle sachen notturfftiglich beradtschlagen können, Alß haben wir die von der Ritterschafft die N., N., N., N. und N. etc. Darzu vormucht unnd hiemit gnugsamb gewalt und Vulmacht gegeben, daß dieselbigen nach furhaltender gelegenheit mit obgenanten Erbaren, Hochweisen Rhatt der Stette Bremen, Stade und Buxtehude oder deren vorordneten zusamen thun und alle Sachen nach notturfft und gelegenheitt berathschlagen, und waß sie vur gudt ansehen werden, darinne handeln und vorrichten gemechtigt sein sollen. Woferne auch dermaßen Sachen so geschwinde furfallen wurden, daß die obgesatzten vorordneten nicht alle bei einander kommen konten, also sollen dieselbigen so an denen örtern, da die gefhar und nhott vorhanden, am negesten geseßen, gnugsamb vulmacht haben Ihre negst benachbarte vorschreiben und mit allem moglichen fleiß dahin zu gedencken und handlen, daß keimandt unsers mittelß müge uberfallen oder beschwert werden, sondern vielmher beschutzet und errettet werden,. Da auch diesem Handell zu unserer Freyheitt Erhaltung etliche Summa florin entliehen und auffgebracht werden musten, dafur sollen und wollen wir gnugsamb versicherung und vorwisserung thun, dieselbige auch wiederumb ohne alles vorweigern unnd Unrede nach eineß jedern anparte und gelegenheit wiederumb abrichten, erlegen und betzalen, wofern auch einiger von Unß sich kunfftich dieser unser zusamensetzung und bundtnuße außern und sich von unß trennen und seiner vorpflichtung nicht nachsetzen wolte, Alß wir uns doch mit nichten vormuten noch vorsehen wollen, so sollen der oder derjenigen, die also bruchafftich befunden wurden, hinfurder alße ein Erloser, gelubloser undt ungetrewer geachtet und gescholten und hernacher vor kein gleidtmaße dieses Ertzstiffts und unsers mitteiß geachtet, gehandthabet oder vortreten werden. Und da jemandt von den Andern dieses Stifft stenden, so hirinne itzo nicht genandt, auch darumb nicht erfurdert sein, in kunfftig sich in diesem hoch nottwendigen werck zu unß thun und beispringen, auch deßen gnugsamb jegen Unß vorpflichten wurden, sollen dieselbigen von unß keinß wegeß nicht abgesondert sein, Sonder von Unß angenhommen, auch beschutzet, gehandthabet und vorthediget werden, alse wen dieselbigen sich itzo alsobaldt mit Unß eingelaßen und zusamen gesetzet hetten. Jedoch thun wir hiemit öffentlichen und wie zu rechte am bundigsten und Crifftigsten geschehen soll, kan und mag protestiren und vorbedingen, daß diese unsere Voreinigung und zusamen setzung der Rom. Kay. Maytt., Unser Allergnedigsten Herrn, deß Heiligen Reichs Ordnungen und Landtfrieden, noch sonst jemandtt an Hoch- und Obrigkeit und Regalien nicht zu abbruch oder sonst zu einiger vorkleinerung gemeint sein solle, dan wie unß jegen dieselbigen in rechtmeßigen und billige Sachen, alse sich eignet und geburet, urpietigh sein, und wollen diese unsere voreinigung alleine zu abwendung trangsalls und zu erhaltung unser und unser nachkommen frey- und gerechtigkeit und deß gantzen Ertzstiffts alse gemeinen Vatterlandeß gedie unnd wolstandt gemeinet haben, Alleß ohne behelff, Außfluchte, Argelist oder geferde. Dieß allen zu wharen gleuben, urkundt und vester haltungen haben wir hirunter gesetzt von der Ritterschafft vor unß und mit von wegen deren, so dem Præsidenten die Volmacht zugeschickt, mitt eigenen Handen unterschrieben, und wir Burgermeister und Rhatt der Stadt Bremen vor unß und mit von wegen der beiden Stede Stade und Buxtehude unsere Stadt Secret hir unter auffs Spatium wißentlichen laßen drucken, nach Christi Unsers Hern geburdt 1596, den 23ten deß Monats Septembris.

Henneke von Brobergen mein Handt, Segebade Cluver, Bernhardt v. Wersebe, Peter von der Deken, Clawes von der Deken, Luder von der Lyth, Herman von Ißendorff, Heinrich Carlhake Hermeling, Johan von Ißendorff, Heineke von Lunenberge, Arend von der Hude, Johan von Schonebeke, Johan Wihe, Johan Barnefleith, Cort Witmars, Segebade Katte, Johan Plate, Gordthardt von Brobergen meine Handt, Clauß Brummer, Albrechtt Hakeborn mein Handt, Marcuß Brummer, Siverdt von Schwanewedell, Tonnieß von Brobergen, Marquart Brummer, Christoffer von der Lyth, Johan Horn der Junger, Heinrich Cluver, Johan vom Horn, Johan zum Sandtbeke, Lorentz vom Horn, Arendt Clencke mein Handt, Herman Schuemacher Burgermeister zu Bremen, Erich Hoers Burgermeister zu Bremen mein Handt.

> Præsentem hanc Copiam cum vero suo originali de verbo ad verbum Concordare testor ego Casparus Glendorff publicus Notarius et civitatis Bremensis Secreatarius hac meæ manus subscriptione s[ub]s[crip]si.

(GWLB Hann, MS XXIII 1125, fol. 1r–13r).

1 Oben nr. A.31 (1490 November 16); nr. A.46 (1517 Juni 26/Juli 3); nr. A.57 (1525 Oktober 19; ‚Buxtehuder Rezeß‘), nr. A.67 (1531 August 31; ‚Basdahler Rezeß‘), nr. A.75 (1534 Oktober 8; ‚Basdahler Rezeß‘), nr. A.82 (1541 November 7), nr. A.93 (1544 Juli 20–26), nr. A.116 u. A.117 (1549 Juni 13).

253

Dieselbe Versammlung

Unterschriftenlisten zu nr. A.252 [1596 September 23–26][1]

Nachfolgende Junckern haben sich zu dieser Union und gantzen Handlungen mit Ihren eigen Handen Subscription auff geschehene Requisition bekandt:

Godthardt Heinrich von Brobergen, Johan Marschalck, Dieterich Schulte, Osewaldt von Sesterfleith, Clauß vom Broke, Benedictus von der Kula, Johan Bremer, Burchardt Bremer, Bartholdt Schulte, Idell Dieterich von Sesterfleith, Johan Cluver, Johan Quiter, Heinrich von Brobergen, Arendt Schulte und Luder Bicker.

Nachfolgende haben sich aufff geschehen Requisition vorweigert in diese auffgerichtete Union unnd gantze Handelung der Ritterschafft unnd Stede deß gantzen Ertzstiffts Bremen sich einzulßen, wie folgett:

Balthasar Frantz und Georgen der junger die Marschalck haben vor sich und iren Vettern Georgen Marschalck dem Eltern der Subscription vorweigert, Luder Cluver, Alverich Cluver, Ciliarus Cluver, Burchart Cluver, Asmus von Mandelslo, Dieterich von Mandelschlo, diese haben sich geweigertt, dieß zu unterschreiben, Jost von der Kula hat sich auff Schrifftliche requisition unterschreiben vorweigert.

(GWLB Hann, MS XXIII 1125, o. pag., vor fol. 1r).

1 Die Datierung ergibt sich durch die Datierung von nr. A.252 und A.258, zwischen die A.253, der Überlieferung zufolge, einzureihen ist.

254

Dieselbe Versammlung

Landständischer Abschied/‚Instruktion' 1596 September 23

Instruction waß die gemeine Ritterschafft, dieses Ertzstiffts,
wie auch die Ehrbarenn Stedte Ihrenn verordentten An ein Ehrw.
ThumbCapittull zu werben befohlenn.

Anfecklich sollen die verordentten unnd Gesandtenn, Im nahmen der gemeinen Ritterschafft unnd Stedte, denn Herrn Capitularnn, negst gepuerlicher dancksagungh gestatteter Audientz, Ihre freundtliche dienste vermelden, unnd dabey Anzeigenn, Wie daß sie vonn gemeiner Ritterschafft unnd Stedtenn, mitt Schrifftlicher Instruction unnd werbungh Abgeferttiget, unnd befelichtt dieselbe, zu verhutungh Alles mißvorstandes, unnd kunfftiger mißdeuttungh Ihren Ehrw. Alß zu überreichenn, unnd dabey zu bitten, das Ih. Ehrw. unbeschwertt sein wolttenn, dieselbe zuverlesen, zuerwegenn, unnd sich mitt solch einer Resolution darauf zu erkleren, die zu dieses guten Ertzstiffts unnd gemeinen Vatterlandes wolstandt, nutz unnd frommen gereichen unnd gedienen muge.

Ob woll gemeine Ritterschafft unnd Stedte nichtts liebers gewesenn noch gewunschett, dan daß man dieses Stiffts gewesenen Herrn Ertzbischoffen, den Durchleuchttigen, Hochgebornen Fursten unnd Herrn, Herrn Johan Adolphen, Erben zu Norwegen, Herzogen zu Schleßwigh, Holstein, Stormarn unnd der Dithmarschen, Grafen zu Oldenburgh p., Unsern Gnedigen Fursten unnd Herrn, wan es Ih. F. G. also gefellich unnd gelegen gewesen, bey unnd In diesem Stiffte, nach Gotts gnedigen willenn noch ettliche viell Jahr langh, hetten zum landesherrn haben unnd behaltenn muegenn; Dieweill eß Aber Jhe dem Lieben Gott unnd Ih. F. G. also gefallen, das sie von diesem Stifft Abgetretten, unnd Also nunmehr dieser Ertzstifft ohne Heubtt unnd Herr sey, So hetten gemeine Ritterschafft unnd Stedte, fur guth angesehen unnd eine notturfft zu sein erachttet, mitt den Herrn deß ThumbCapittulß, Dieweile sie sich ohne der Anderen Dieses Stiffts Stende vorwissen, der Heuser unnd verwalttung des Stiffts Alleine Angenommen, furnemblich Zweyer punctenn halber zu reden, unnd zu gemute zu fuhren.

1. Alß vorerst, das dieser Ertzstifft Sede nunc vacante, Also verwahrett unnd verwalttet, Auch eine solche Regierungh Angeordnett werde, das derselbige bey wolstande erhalttenn;

2. Unnd dan zum Anderenn, Daß mitt der kunfftigen Election eines Anderen landesherrnn, Also umbgegangen, das sich deßen die gemeinen Stende unnd gliedtmassenn nichtt zubeschwerenn, Auch dardurch dießem gutem Ertzstiffte kein nachtheill oder unrath endtstehen mugtte.

Waß den ersten Punct, die Regierungh, Anlangett, Obwoll demselbigen die vonn den lieben vorfahrenn In dießem Ertzstiffte nichtt ohne hochwichttige uhrsachen unnd bedenckenn mitt gutem reiffen Rathe, unnd einhelligen dieses Ertzstiffts Stende Consent, willenn unnd volborde, außgerichttete unnd vonn Bischoffenn zu Bischoffenn beschworene, Auch vonn weilandt Rom. Kays. Maytt. unnd deroselben hievor In Anno 1541 verordentten Commissarien Confirmirte Recesse[1] leichttlich Ihre Richtige masse geben, p., So were doch Im wercke unnd der thadt nun eine Zeittlanck gespuret unnd vermerckett wordenn, daß man vonn solchenn Altten Receßenn, von der einen Zeit Zur Andern, Jhe lenger Jhe mehr abgewichenn, unnd dieselbige, Insonderheitt soviell die Regierungh dieses Stiffts Anlangett, In weniger Achttung gehabt, Inn deme dieselbige Außtrucklich vermuegen unnd mitt sich brigen, daß die Regierungh unnd verwalttung dieses Ertzstiffts nichtt Alleinn Sede vacante, sondern Auch wan schon ein Landesfurst Inn der Regierungh unnd mitt Kays. Regalienn versehenn ist, demnach gleichwoll mitt bey denn Stiffts Räthenn, so von Allen Stendenn unnd Gliedtmassen deß Stiffts darzu verordnett, stehen unnd beruhen, welche deß Bischoffs unnd Stiffts bestendige Räthe sein unnd Pleibenn In deß Ertzstiffts Sachenn, unnd Andern wichtigen Controversiis, Jeder Zeit zusamen verschrieben unnd zu Rath gezogenn, Auch mitt unnd nach deren Rath, die Regierungh unnd Hofhaltungh Angestaldt, Landtrost, Cantzlar, Räthe, Amptleutte unnd dergleichen diener Angenommen unnd endturlaubett, wie auch durch dieselbige der Stende verordentte, Eide unnd Pflichtte, Auf den Amptheuseren genommmen, unnd ohne der verordentten wissen unnd willen der Herr Ertzbischoff keinn Mangeldt oder Anderer verschreibungh von sich gebenn, noch des Stiffts güther versetzenn, verkauffenn, oder sonsten veralienieren, unnd das auch In solcher der Stende verordentter beisein vonn den Renthmeistern, Ampttleutten, Schreibernn unnd Vogtenn, Jedes Jahres Rechnungh von des Stiffts Heusern, unnd deren verwalttung gethan unnd eingenommen werden, solle p.; Inmassen dan Auch undter Anderm Auch de Baßdalischen Recesse zuersehenn, das In Anno 1531 Herzogh Heinrich der Junger zu Braunschweigh In das Ertzstifft kommen unnd In Crafft unnd zu vollnziehungh des Buxtehudischen Receßes, mitt unnd neben denen dero Zeit von den Semppttlichen Stendenn verordentten, daß Regimentte mitt Cantzlern unnd HoffRäthen, bestellett habe, Alles nach ferneren gehaldt unnd Außweisung der Recessen de Annis 1490, 1517, 1525, 1531, 1534, 1541 und dergleichen mehr,[2] wie dan Auch Im Jahr 85 sobalde nach absterbenn unnd gehalttener begrebnuß weilandt Hern Ertzbischoffs Henrichs, Hochloblicher Gedechttnuß, erstlich zu Vorde unnd darnach auch auf erfolgtem Allgemeinem Landtage zu Baßdaell solche uhr Altte Recesse midt wordenn unnd thaten confirmirt unnd zu bestellungh der Regierungh Aus Allen Stendenn besondere Personenn deputirt unnd Anders mehr verordent wordenn.[3]

Deme Aber Zu wieder, die Herrn des ThumbCapittuls sich angemasset, daß Regimentt dieses Ertzstiffts fur sich Allein zubestellenn, die Herrn Ertzbischoffe Ihres gefallens zuerwehlen, oder zu Postuliren, Auch Landtrostenn, Cantzlar, Hoffräthe, Renthmeister, Ampttleute, Vögtte unnd dergleichen dienere fur sich Alleine Anzunehmen unnd dieselbigenn wie Auch die Postulirtte Zu Ertzbischoffenn, durch vast Scharffe unnd den Anderen Stenden dieses Stiffts Zum hogsten præiudicirliche, Auch mitt den Altten Recessen ex diamtro signirende Capitulationibus unnd respective gelubdenn unnd verpflichttungenn, widder Alttherkommen, sich Allein zuverbinden unnd zuverobligiren, Ja vast Alle daß Jenige, so In dem vorigen unnd Altten Receßen, Auf die Sempttliche Dießes Ertzstiffts Stende gerichttet, Auf sich Alleine durch Angeregte Capitulation zu transferiren unnd Also dardurch der gemeinen Stende Altthergebrachtte frey- unnd gerechtigkeitt, Jhe langer Jhe mehr zu Imminuiren, Hingegen Aber Ihr authoritet unnd machtt Jhe mehr unnd mehr grosser zu machenn unnd zu bestercken, unnd enndtlich sub forma & specie Principis, eine Capitular Domination unnd Herschungh einzufuhrenn, Welches dan Auch Itzo mehr Alß Zuvor Jhemals geschehen, sich ereugtte unnde herfur breche, In deme Sie dannoch nach Absterben Ertzbischoff Heinrich p. wie vorgemeldt, in Anno 85, unnd Also erst fur eilff Jharen, sich der Altten Recessen erinnertt, daß sie damals Sede Vacante selbst begerett, daß Auß Allenn Stendenn unnd Gliedtmassenn dieses Stiffts ettliche zu gemeinen Landt-Räthenn, so sich der Regierungh unnd notturfft dieses Stiffts mitt unnd neben Ihnen mitt besonderen fleisse, Trew unnd Sorgfeltigkeitt Annehmen, verordnett werden mugttenn, wie Auch geschehen, Nun unnd Itzo aber bey dießer Ingefallener Sedis Vacantz Ih. Ehrw. die Heußer fur sich Alleine ohne wissen, Rath unnd volbortt der Anderen Stende unnd gliedtmassenn, selbstmutigh occupirt unnd eingenommen, Sich Auch neulicher tage In Außgangener Citationen, die Itzo Regierende Obrigkeitt genandt, unnd Also die gantze Regierungh An sich Alleine Zu Ziehenn unnd davon die Anderen Stende Außzuschließenn, unnd dieselbe damit Ihres habenden Juris & possessiones quasi gentzlich zu endtsetzenn, unnd zu destituiren undterstandenn.

Wan Aber nun sollich beginnen, sowoll dem Rechttenn unnd der billigkeitt, Alß auch dem Alttherkommen unnd mehr Angedeutteten Recessen gantz unnd gar zu widder unnd entjegen, den Anderen dieses Ertzstifts Stendenn Auch An Ihrer unnd Ihrer lieben vorfahren Altthergebrachtter Privilegien, guter Sitten unnd gewonheiten zu hogsten præiudicirlich unnd Abbruchlich unnd dahero Auch Ihnen ein solches also widder einreissen zu lassen, bey Ihrer lieben Posteritet nicht verandtworttlich,

Alß woltten die gemeine Ritterschafft unnd Stedte Ihre Ehrw. freundtlich ermahnett unnd gebeten habenn, sich der vorigenn unnd Altten Recessenn, Alß auch deß nach neulichen, der Algemeinen Stende Schlusses, deß Anno 85. Jedoch zuerinnern, unnd wie diesem Ihrem wirdigenn beginnen unnd newerungenn Abzustehen, unnd dem nach mitt unnd nebenn denn Anderenn dießes Ertzstiffts Stendenn darann zusein, das dem Jennigen wes von wegen[a] der Regierungh dießes Stiftes, die liebe vorfahrenn wollmeintlich unnd zwar nichtt ohne hochwichttige uhrsachenn Zuerhalttungh dieses Ertzstiffts, Alß des gemeinenn Vatterlandes wolstande, einhellig geschlossen, bewilligett, unnd zu undterschietlichenn Zeittenn verReceßirtt habenn, der gebuer nach gelebett, unnd waß denselben durch Ihre selbmutige einnehmungh der Heußer unnd Alleinigen Anmassungh der Regierungh wie Auch præsentirungh unnd Aufdrengungh der Schweren unnd widderrechtlichen Capitulation biß daher zu widderen eingefurtt, wiederumb Abgeschaffett unnd remediirt werden mugtte.

Hiebei unnd neben Auch Zubewegenn unnd Zubedencken, wan gleich die Stende die Obengedeuttete Receße nichtt fur sich hettenn, das eß Jedoch, Auch Jetzo die Zeitten sein, darinnen sehr woll unnd hoch von nötten, das man mitt geburender Zusamen halttungh Auf solche wege gedachtte, dardurch dieß gute Ertzstifft In ettwas besser In Achtt Alß zuvor genommen, unnd die Heußer des Stiffts nichtt Allein mitt einem oder Zweyen Capitular Personen, sondern von Allenn Stenden, woll besetzett unnd verwahrett wurden.

Dan was Itzo fur unruhig geschwinde unnd gefehrliche Zeitten, da sich bey diesem Immer wehrendenn, unnd viel von tage zu tage Jhe mehr Jhe mehr zunehmendenn Niderlendischenn Krieghweßen, beide Spanien und Staten, Ja auch undter derselbenn beider nahmen unnd prætext, Auch Andere, mitt Allerhandt Reuberey unnd Plackerey sich zu diesem Ertzstiffte beide zu wasser unnd zu lande vast nahlen, unnd gleich darzu zu nottigem occasion unnd ursach suchenn, bedurffe keiner weittleufftigen besonderen Außfuhrungh.

Was Auch sonsten verlangt, fur gefehrliche practiken unnd Anschlege, Jegen die Stadt unnd Stifft Bremen, aus der Bahn gewesen, zu dem ende, das man dadurch beide, des Elve- unnd Wießer *[sic]* Stromes mechtich werden kontte, hette man fur dießem woll vernommen, unnd sich dessen Itzo noch nichtt weiniger zubefahrenn unnd zubesorgenn.

Man woltte vorschweigen, was ettwa vonn den benachbartenn bey dieser Itzigenn gelegenheitt dem Stiffte für eingriffe oder Abbruch geschehen, unnd zugefugtt werdenn mugtenn; Ob nun aber die Hernn des ThumbCapittuls zu Abwendungh solchen unnd dergleichen besorgtter gefahr, unnd das Stifft fur Allen schaden unnd nachtheill zu sicherenn, wie dasselbe Auch auf den nothfall fur eingriffen zu schützen unnd zu schirmen, fur sich alleine sufficient unnd genugsamb, oder auch sich dessen, so vermuge der Altten Recessen den Samptlichen Stendenn geburett, Alleine Anzumassen, unnd die Anderen Stende unnd gleidtmassen davon Außzuschließen, befugett, gebe man Ih. Ehrw. reifflich unnd wol zu erwegenn.

Dieweill nun aber den gemeinen dießes Stiffts Stenden, Alß den Rechtten, uhraltten, ein- unnd Erbgesessenen, nichtt weiniger, sondern Zwar mehr, Alß den Residirenden Capitularn, welche fur Ihre Person mehrentheils nichtt viell eigens In diesem Stiffte, Sondern nur denn Usumfructum, von Ihren geistlichen præbenden und gutteren, unnd darumb auch respectum der Anderen Stende, desto weiniger bey dießem Stiffte Aufzusetzenn unnd zuverlierenn hettenn, daran gelegenn, das dieß Stifft In gute getrewe Achttungh genommen, unnd mitt besonderem Vleiße, ernst unnd Aufsichtt verwahrett unnd verwalttet werde;

So sehen derhalben die Ritterschafft unnd Stedte fur gudt unnd Rathsamb an, Auch diesem gutem Ertzstiffte nutze unnd nottigh sein, das bey Itzigen Unruhigenn geschwinden unnd gefahrsamen leufftenn unnd Zeitten, so woll die Heuser Alß Auch der gantze Stifft von denn Sampttlichenn Stenden besetzett unnd bestellett, unnd also Communis Patria, communi consilio & auxilio tuirt unnd regiret werde. Sollte aber solches nichtt geschehen, sondern die Capitulares sich desfals von den Anderenn Stenden Absonderen, unnd wieder die vorige Recesse unnd algemeine Schluß unnd herkommen, sich des Stiffts Heußer unnd Regierungh, Alleine beharlich Anzumassen gemeinett unnd gesinnet sein, unnd daruber diesem gutem Stiffte einiger Schade und nachtheill endtstehen und zugefugtt werdenn, Alß hetten Ih. Ehrw. bey sich zu ermessenn, daß Alßdan die Stende nicht unbillichen fuge unnd uhrsache habenn wurdenn, sich auch hinwiederumb vonn Ihrenn Ehrw. Abzuziehen, unnd auf mittel zu gedencken, dardurch sie demnach bey Ihrer hergebrachten frey- unnd gerechtigkeitt erhaltenn werdenn, Alß Auch Auf den fall, sich Alles schadens unnd nachtheils, so hiedurch dem gemeinem Vatterlande zugefuget wurde, an denen, so darzu ursach unnd anlaß gegebenn, erholen mugtten, davon dan auch hiemitt die Ritterschafft unnd Stedte In bester formb Rechtens solemniter wollen protestiret unnd bedingett habenn.

Waß den Andern Punct, die Electio betrifft, Ob sich woll die gemeine Ritterschafft unnd Stedte zu berichtten, solches Auch gerne bekennen, das man fur dießem die freye wahll oder Postulation eines Ertzbischoffs denn Herrn deß ThumbCapittuls frey heimbgestaldt sein lassen, So hiellte man es Jhe doch auch Itzo dafur, daß nichtt Alleine auf das Jennige, was von Altters geweßenn, sondern viellmehr auch darauff, was die Jetzige Zeitten erfurdertten unnd mitt sich brachtten, Zusehen wehre, Wie man dan Auch nichtt Zweiffelen werde, wan die Herrn des ThumbCapittuls die Itzige Zeitten rechtt Ansehenn, unnd erwegen wolttenn, eß worden Ih. Ehrw. in deme, mitt den Andernn dießes Ertzstiffts Stendenn leichttlich einnigh sein, unnd bekennen mussen, das es Itzo viell Andere unnd Zwar solche gefehrliche unnd geschwinde leufftenn unnd Zeitten sein, das nichtt unbillich, die Stende dieses Ertzstiffts sich eben so woll Alß die Hern Des Capittuls mitt hogster sorgfeltigkeitt Angelegen sein lassen mußen, was Ihrem geliebtten Vatterlande fur ein Herr unnd Landesfurst wiederumb furgesetztt werden soltte.

Unnd ob nun Auch woll die gemeine Ritterschafft unnd Stedte, dießfals an der Herrn des ThumbCapittulß getrewen fleiß nichtt Zweiffelen woltten, So hiellttenn sie es Jhedoch auch dafur, daß eß Zu mehrem friede, ruhe unnd einigkeitt, wie Auch desto bestendiger vertrawlichkeitt Zwischen den gemeinen Dieses Ertzstiffts Stendenn Dienen, wie auch den Herrn des ThumbCapittuls zu desto weiniger gefahr unnd vorweiß, Im fall die Electio nichtt woll gerathen soltte, gereichenn kondte, wan die furhabende Electio mit der Sampttlichen dieses Ertzstiffts Stenden gemeinen Rath, bedencken unnd gustachtten fur die handt genomenn wurde, das Auch ein solches der billigkeitt an Ihr selbst, cum quod omnes tangit, ab omnibus approbari debeat, Alß Auch den Alttenn Recessen nichtt ungemeeß, In deme es dafur geachttet wirdt; Dieweill demnach die Alte Recesse außtrucklich veremlden unnd wollen, das die Landtrost, Cantzlar, HoffRäthe, Amptleutte unnd Andere geringere Amptter nicht ohne dero aus den gemeinen Stendenn verordenten Rath unnd gudtachttenn zu der Regierungh bestellett unnd Angenommen werdenn sollenn; Das Auch darumme viell mehr ein Landesherr nichtt ohne Rath, wissen unnd volbordt der Sambttlichen Stende unnd gliedtmassenn, Alß an deme Je mehr, Alß sonsten einen geringenn Ampttsdiener gelegenn, zu der Regierungh dieseß Stiffts soltte erwehlen unnd zusetzen sein, Cum eius maior sit ratio, in ipso Principe quam In Ministro, Et ubi maius periculum, ibi plenius consulendum, In massen dan Auch ein solches nicht newe, sondern in ettlichen Anderen Epsicopaten unnd Zwar auch denen, da noch die Pebstliche Religio Im Schwange gehett, unnd der Episcopus principaliter ad regimen Ecclesiasicum erwehlett wirdt, also herbrachtt, das auch die weldtlichen Stende Ihre Stimmen In Electione mitt habenn, welches dan In dießem Stiffte Auch darumb desto mehr unnd billicher statt habenn soltte unnd kontte, Dieweill der Status Ecclesiasticus nunmehr alhie vast Immutirt unnd ein Ertzbischoff Itziger Zeit mehr Ihm weldtlichen Regiment erwehlett wirdt, Also das Auch dahero, wan eß Zur disputation gerathenn soltte, mitt gutem grunde beigebracht werden kontte, das die ratio Juris Canonici, werumb [sic] von Altters die gerechttigkeitt einen Ertzbischoff zu erwehlen, dem Clero befohlen, sich gar verendertt unnd die Episcopi so principaliter ad Regimen Ecclesiasticum eligirt werdenn, Itzo furnemblich des welttlichen Regimentts sich undternemmen, umb deß willen Auch die Regalia von der Kay. Maytt. suchen empfangenn unnd Impetriren mussen.

Derowegen nicht unfuglich Inferiret werden kontte, das wie dabevor die geistlichen einen Bischoff als ein Heuptt der Kirchen eligirt, Also nunmehr die weldtlichen Stende eodem Jure & ratione billich einen Landesfursten Zuerwehlen haben soltten, welches zum weldtlichen regimentt geschichtt, unnd duchtig, unnd dieß gute Ertzstifft mitt verstande unnd weißheitt regiere, dessulben Landt unnd leutte In gutem friedtlichem unnd ruhigem wesen erhaltten, die Justitiam der gebuer administriren, Auch die Armen underthanen fur eusserlicher gewaldt, uberfall unnd eingriff, denen man sich bey diesenn sehr geschwinden unnd gefehrlichen leufften unnd Zeitten täglichs zubefahren, unnd zubesorgen haben muß, Alß ein landesFurst schutzen, schirmen unnd verthedigen konne unnd wolle.

Mitt welchem Auch die Geistlichen Rechte so weitt ubereinstimmen, das in den selbigenn auch eo casu, wan schon ein Bischoff Allein Zum Heuptt der Kirchen, unnd also principaliter Zum geistlichen regiment zuerwehlen, Concedirt unnd nachgegeben, Ja auch vor gutt, nutze unnd rathsamb angesehen wirdet *[sic]*, das zu der Election auch laicorum & plebis consensus erfurdertt werden solle, Ita ut Laici non ad faciendam in isto casu Electionem tamen ad exhibendum[b] consensum ipsi electioni interesse possint & ad cum finem etiam ad electionem vocari debeant. Et quod in eligendo Episcopatum tam Cleri quam plebis consensus & desiderium requiratur, adeo ut nullius Episcopus In vitis & non petentibus debeat obtrudi, ne plebs In vita Episcopum non optatum contemnat aut odio habent. Sed In ordinandis Sacerdotibus seu eligendis Episcopis vota civium, testimonia populorum, honorationum arbitrium & electio clericorum concurrere debent, nec solum clericorum sed etiam Civium voluntate Metropolitanus ordinandus seu eligendus sit.

Unnd Obwoll die Capitularn sich hiegegen muechten beduncken laßen wollenn, daß sie in possessione vel quasi Juris eligendi seu postulandi biß dahero gewesen unnd noch, So liessen sich Jedoch dagegenn die Stende hinwiederumb Auch gesinnen, daß sie Auch Ihres theils In poßeßione *[sic]* vel quasi consentiendi &

consequenter etiam dissentiendi sein, cum eius sit nolle eius est velle, Inmassen man sich dan Auch nichtt zuerinnern, das Jemals einiger Bischoff den Stenden wieder Ihren willen sei aufgedrungen wordenn, daher fur sich der poßeßion vel quasi ad casum contradictionis & dissensus viell unnd hartt zuberuhmen.

Vor das Alles auch den gemeinen Stenden zum hogstenn beschwerlich, wie Auch In sich gantz ungereimbt unnd unbillich, daß Auch von Außlendischen unnd Zu Hamburgh sitzendenn Personen, welche Jhe bey diesem Ertzstifft nichtt das allergeringste Aufzusetzenn unnd zu verlieren habenn, ube Sie unnd diß gute Stifft ein Herr erwehlett unnd gesetztet, dieselbige Zu solcher Election oder Postulation vocirt unnd adhibirt, Sie, die gemeine Stende, Aber alß die Rechtte Erb- unnd eingesessene davon Excludirt sein unnd Pleiben solttenn.

Derowegen dan die Ritterschafft unnd Stedte Ih. Ehrw. dreundtlich ermahnet unnd geboten habenn wollenn, die Itzige Zietten unnd gelegenheitt dieses Ertzstiffts woll zuerwegenn, unnd da Ih. Ehrw. es darfur erachten, daß wiederumb zu erwehlung oder Postulirung eines anderen landesherrn zu Schreittenn sein soltte, Alsdan Auch die gemeine Stende darzu zuerfurderenn, unnd Ihr bedenckenn darauf zu horen, Auf das also mitt unnd nach gemeinem Rath ein solcher Herr unnd Heuptt in dieß gute Ertzstifft erfurdertt wurde, der demselben bequeme unnd träglich sein muchtte. Dan sonstenn Ih. Ehrw. bey sich zu bedencken, da sie (:das sich doch die Andere Stende nichtt verstehen wollenn:) bey Ihrer meinungh verharren unnd Aller vorigenn motiven ungeachttet, gleichwoll fur sich Alleine Zur Election Schreittenn, die gemeine Stende Aber, ut quorum Interest, qualem Principem seu Magistratum habere debeant, sich dessenn beschwehrenn unnd Ihren Consens drzu nichtt geben wurdenn, daruber ettwa auch Infernere disputation geratenn, unnd ein solches fur die Kay. Maytt. kommen soltte, was dadurch fur weitterung unnd ungelechenheitt, Ja Auch dem novo Electo seu Eligendo vor hinderungh in erlangungh der Regalien geursachett werdenn konte.

So hetten auch Ih. Ehrw. leichtlich Zuermessen, wan also An erlangungh der Regaliennmangell furfallenn, oder Auch sonstenn durch der Stende dissensum dißem guten Stiffte unnd dessen undtterthanen Andere unnd mehrere ungelegenheittenn zugezogenn werden soltten, waß dan Auch Ihnen, den Capitularn, selbst darauß endtsehenn wurde, Cum electio sit de periculo eligentium, adeo ut in futurum casum, de omni damno & dispendio, quod per eam acciderit, teneantur.

Bevorab auch, wan dieße Sache ettwa Zu denen unverhofftenn wegen geratenn soltte, das sich die gemeinen Stende dessen gegen die Kon. Kay. Maytt. beschweren, unnd dabey auch ettwa der mißbreuche, die nun eine Zeittlangh hero, bey der Election der Episcoporum Zu diesem Stiffte gespurett werdenn, mitt Andeutungh[c] unnd erwehnungh thuen mußenn.

Wan Aber nun die gemeine Ritterschafft unnd Stedte ungerne sehen wolttenn, das solche unnd dergleichen disputationes ferner einreissenn, oder Auch an andere ortter gelangenn, unnd dadurch, wie woll vermuthlich, dießem gutem Ertzstiffte, Bevorab auch Ihnen, den Capitularn, selbst eine ungelegenheitt zugezogen werden soltte, gleichwoll auch Ihnen zum hogsten beschwerlich, Auch In die lenge unleidtlich, das Also durch etzliche weinige Personen, ohne Ihren consens unnd der gemeinen Stende verordentten wissen, Rath, consent unnd willen, eine landesfurst unnd Herr eingedrungen, Ihnenn Ihre wolhergebrachtte Freyheitt Abgestrickett unnd Also gentzlich vonn denn Altten Receßen abgewichenn, unnd dawidder gehandelt[d] werden soltte; Alß woltten Sie hiemitt nochmalen, wie Zuvor Ih. Ehrw. freundtlich unnd guter wollmeinungh erinnert unnd ermanett unnd gebetenn habenn, dießen Sachen ettwas weitter nachzudencken, die Itzige gantz gefehrliche unnd geschwinde leuffte unnd das es Jetzo viell andere Zeitten, darinnen eß sowoll mitt den Bischoffen Alß Auch mitt dem Clero viell einen Anderen Standt und qualitet, dan In eheZeitten, genommen, Zubetrachtenn, unnd das sowoll mitt der vorhabenden Election als Auch Inmitttelß Angemaßter verwaltungh des Stiffts unnd dessen Heußer mitt der gemeinen Stende Rath, wissen unnd volbortt, vermuege wenigerrecesse, also zu machen, das man sich dessenn zubeschwerenn, unnd ettwa dagegen auf Andere mittell zu gedenckenn, nichtt uhrsach habenn, dies Stifft Auch bey guten wolstande ohne Schadenn unnd nachtheill sein unnd Pleiben mugtte, die gemeine Ritterschafft unnd Stedte Auch dieser wollgemeintten erinnerungh Anders nichtt, dan In Allen guten zuverdenckenn, sondern sich viellmehr darauf mitt billicher unnd zuverlessiger Resolution unnd Andtwortt vernehmen zulassen.

Und des zu uhrkunde, Haben wir Henneke von Brobergen President, Segebade Cluver, Johan vom Sandtbeke, Berendt von Wersabe, Peter von der Deken, Luder von der Lith, Hermen von Issendorff, Lorentz vom[e] Horne, Albert Hakelborn, unnd Johan Barnefleth, Im nahmen unnd geheiß der Sämptlichenn Anwesenden Ritterschafft, unnd denen, so dem Presidenten Ihre volmachtt zugeschickett, unsere angeborne Pitziere hierunter aufs spatium wissendtlich gedruckett unnd mitt eignen händenn undterschrieben, Wie Auch wir Burgermeister unnd Rath der Stadt Bremen, vor uns, unnd mitt von wegenn der Anderenn Stedte Stade unnd Buxtehude, unser Stadt Secrett hierunter aufs spatium wissentlich lassen drucken. Geschehen im Jahr 1596, den 23. tagh deß Monats Sepembris.

(LA Schleswig, Abt. 7, nr. 1151).

a *folgt in der Vorlage irrtümlich* Regierungh.   b adhibendum *in der Vorlage; Korrektur nach Rep. 5b, F. 92, nr. 14, Bd. 2.*   c *folgt irrtümlich erneut* mitandeutungh *[sic] in der Vorlage.*   d gehander *in der Vorlage; Korrektur wie Anm. b.*   e vonn *in der Vorlage; Korrektur wie Anm. b.*

1 *Oben nr. A.82 (1541 November 7).*   2 *Vgl. oben nr. A.31 (1490 November 16); A.57 (1525 Oktober 19); A.67 (1531 August 31); A.73 (1534 Oktober 8); A.82 (1541 November 7).*   3 *Cassel, Bremensia 2, S. 317–364, nr. III (1585 Juni 23; Wahlkapitulation); A.200 (1585 Mai 19–22).*

255

Dieselbe Versammlung

Domkapitularische mündliche Resolution 1596 September 24

Freitags den 24. Septembris, eines Erwirdigen ThumbCapituls beschehene mündliche resolution auf die voriges tages den 23 eiusdem, von der anwesenden Ritterschaft unnd Stedte verordenten, ubergebene Instruction unnd werbung, Zu dieser grunde gerichtet:

[1.] Es hetten die anwesende Hern des ThumbCapituls angehöret, was gestriges tags die anwesende vom Adell unnd der Stedte haben proponiren lassen und furbringen, auch die ubergebene instruction unnd werbung sich vorlesen lassen, unnd wehre der beschehenen dancksagung der gestatteden audientz unnöten gewesen, dan sie ohne das Gemeinen Stenden dieses Erzstiffts zu allem freundtlichen willen unnd willfarungen geneigt.

[2.] Die werbung fur sich selbst anlangende, ob sie woll nicht abgeneigt gewesen, sich Itzo alßbaldt, auf die gestriges tages von derselbigen anwesenden, der Ritterschaft, undt der Erbaren Stedte abgeordenten ubergebene schriftliche instruction unnd werbunge sich zu ercleren. So hetten sie doch, bey verlesung derselbigen werbung, befunden, das sollich suchen unnd anmuthen, eines Erwirdigen ThumbCapituls præeminentz, Recht unnd gerechtigkeit betreffen thete, welliche das ThumbCapitull vor vieler Hundert Jaren hero, fur sich alleine, wie im gleichen, andere Geistliche Stifter mehr, ruhiglich execiret unnd hergebracht, wellich auch hiebevornne woll von ezlichen des Adels, bei den nehisten Vacantiis, nach absterben Erzbischofen Georgen unnd Heinrichen Hochstloblichster Gedechtnus, erregt unnd fürgebracht worden. Darauf gleichwoll das Thumbcapittull, der Zeit, allemahl, mit bestendiger schriftlicher resolution sich vernehmen lassen, welliche, ohne Zweifel in Handen der Ritterschaft sein werden, mitt wellicher auch die vom Adell biß dahero acquiesciret, Undt man sich woll versehen, es würde nunmehr dasselbige von Ihnen, alhie, auf die Bahne nicht gebracht sein, sondern in sollich erclerunge, einbegnügen würden getragen haben.

[3.] Zudem das auch in angezogener werbunge unnd instruction, viele unnerschiedtliche recesse, wellichen zuwiddern gehandeltt sein solle, allegiret unnd angezogen. Sollich recesse aber gleichwoll alle, zu mitteilunge einer schließlichen resolution, widder durchgesehen unnd gelesen werden müßen, welchs dan, in eile, nicht geschehen kondte. Uber das sie auch die Ritterschaft unnd Stedte auf Ire schriftliche ansuchung dieses verhörtages unter andern berichtet, Das ezliche unnd zwar die fürnehmbsten dieses ThumbCapituls izzo *[sic]* ausserhalb Stiffts, wie das auch ezliche andere unter den Residenten Ihres lebens unvermögenheit halber, bey dieser consultation nicht erscheinen kondten. Unndt dannoch der Capitularn unvorbeygenckliche nohdurft erfürdern thete, diesen sachen bis zu widderkunft deroselbigen abgereisten Herrn Capitularn, einen anstandt zugeben. Sobaldt dan dieselbigen widderümb anlangen würden, woltte man sich zusamen thuen, unnd dieß wichtige wergk nach nothdurft beradthschlagen; Darbei sich dan auch des Capitull zuvergleichen hette, ob auch die nothdurft dieser wichtigen sache wolle erfürdern, das man die extraresidentes Canonicos darunter dan Fürstliche unnd Gräfliche Personen sein, wellich mitt den anwesenden in gleichen Eiden unnd pflichten dieser ThumbKirchen verwandt, unndt dahero dieselbigen eben sowoll als die residentes, diese anmutung concerniren thete, Zuversuchen, unnd deren Radts hirinnen zugebrauchen.

[4.] Unnd was also ein Capitull auf solliche nothwendige deliberation, mitt einer entlichen erclerung gefasset, wellich Sye gleichwoll hirunter nach muglicheitt befürderen woltten, So wehren Sye des erbietens Henneken von Brobergen, wegen der Ritterschaft, auch einem Erbarn Rath der Stadt Bremen, wegen der Stedte zu anhörung sollicher erclerung (:welche dan verhoffentlich den Rechten unndt billigkeiten gemees, unnd für der Röm. Key. Maitt., Churfürsten, Fürsten und andern Stenden des Reichs verandtwortlich sein sollte:) einen tagk unnd mahlstädt zuernennen; Unndt wolten sich die anwesende Herrn Capitularn versehen, es werden sich die von der Ritterschaft unnd Stedten, sollichen geringen unnd unwandelbaren verzugk nicht misfallen lassen.

[5.] So mochten sie Ihnen auch unvermeldett nicht lassen, wie das, nachdem F. G. von diesem Erzstifte abgestanden, zu Vörde unnd auch alhie, ezliche Supplicationes einkommen, daraus mitt den gemeinen Stenden müste geredet, unnd mitt gemeinem Rath beschlossen werden. Woltten derwegen Ihre Erwirden Ihnen heimgestellet sein lassen, ob man darzu einen besondern tagk zu richtigmachung sollicher Handelung ausschreiben unnd benennen soltte.

[6.] Zu deme so wehren auch, sowoll vor obberürter resignation, als auch nachmals, bei der Canzley zu Vörde citationes gegen das bevorstehende Hofgerichte, außgebracht, Begereten demnach zu wissen, ob die Ritterschaft unndt Stedte, durch Ihren darzu abgeordente, sollichem Hofgerichte, die Zeit mitt beizuwohnen gemeint oder nicht.

[7.] Im gleichen weiln auch Georg Hammenstede gewesener Bevelighaber zu Stotell wegen des eingenommenen Schazes, zu ende dieses Hofgerichtes herein beschreiben, der gemeinen Stende verordenten, von demselbigen gebürende rechnung zuthun, ob sie auch geneigtt[a], beneben den verordenen LandtRethen die Ihrigen darzu zuverordennen, und dieselbigen darauf zubevehligen oder nicht.

(LA Schleswig, Abt. 7, nr. 1151).

a geeigtt *in der Vorlage; Korrektur nach Rep. 5b, F. 92, nr. 14, Bd. 2.*

256
Dieselbe Versammlung

Ständische Protestation 1596 September 24

> Auff sollicke beschehene erclerung eines Erwirdigen ThumbCapituls seindt auf den nachmaittag umb Dry Uhren gemeltte von der Ritterschafft unnd Stedte abgeordente, widderümb fur einem Erwirdigen Thumbcapitul erschienen unnd diese nachfolgende resolution unnd protestation schritt, welliche sie aufs Papier fassen lassen und brengen, verlesen lassen, dieses lauts gewesen:

Eß haben gemeine Ritterschafft und Stette angehört, waß ein Ehrwurdig ThumbCapitell auff Ihre eingebene Instruction und vorbringen zur Antwurdt sich vornhemen laßen und sein nun erstlich, deß Ersten Angebenß, daß Nömblichen Ein Ehrw. ThumbCapittell deßjenigen, waß von gemeiner Ritterschafft und Stetten, Insonderheitt deß ersten Puncts halber gesuchtt und begeret vor Hundert und mher Jaren in possessione vel quasi gewesen sein, wie Auch die Ritterschafft deßen, daß Sie eineß Erw. ThumbCapitelß auf Ihre davor ubergebene Gravamina beschehener Resolution und Andtwurdt acquiesciret haben solten, Sonder daß sie woll dargegen der gebuer repliciret alse auch noch bei Regierung deß itzo abgestandenen Hern Ertzbischoffen[1] fast auff ellen, wie auch noch auff den letzten von Ihro Furstlichen Gnaden gehaltenen Landtagen einstendig und embsig angehalten, gleichwoll aber von der einen zeit zur andern vorzugerlich Andtwurdt bekommen haben, dahero auch zu dieser Abermaligen Ansuchung vorursacht worden, undt hetten nun die Ritterschafft so woll die abgeordneten dero dreyer Stette Bremen, Stade und Buxtehude sich gentzlich woll vorsehen, Eß solte und wurde sich ein Ehrw. ThumbCapittell auff die ubergebne Instruction nicht mit einer So vorzuglichen Andtwurdt wie geschen, Sondern dermaßen resolviret und erkleret haben, daß denen in berurter Instruction gedachten Puncten ohne ferner vorzugk und weitleufftigkeit ein richtige maße hette gegeben werden können und die Sache ferner nicht where hingeschoben worden. In erwegung, daß I. Ehrw. die Instruction angezogne Recess dermaßen vorhin bekandtt, daß Sie nicht alleine Dieselbige vor diesem der Ritterschafft communiciret und mitgetheilet, Sondern auch sowoll in der Capitulation aller unnd jeder Bischoffen alß auch auff hievorigen Landtagen jedeßmals wen eß die occasio also gegeben, Insonderheit auch in Anno 85., nach Absterben weilanten Bischoffen Heinrichen, eben dieses Puncten der Regierung halber sich darauff referiret und gezogen[2] und darumb zu auffsuchung und vorlesung und bewegung derselben keiner ferner zeit oder dilation bedurfftich, Ihr Ehrw. auch die begerte Resolution eben umb die angedeutete Personen willen, Alse deß Hern ThumbProbsten und Hern Frantzen Marschalck, viel weiniger aber von wegen dero abwesenden und extra Residentium constituireten Fursten und Grafflichen Personen willen (:deren wie eß sich ansehen lest, mher zum schrecken dan zur notturfft erwechung geschehen:) nit zu differiren, Dieweil Ihr Ehrw. alß die Itzo Residirende Capitularen eben diejenigen sein, welche in abwesen der

Itzgedachten Personen die Resignation angenommen, deß Stiffts heuser occupirt, sich der alleiniger Regierung angemast, Citationes in Ihrem nhamen außgehen laßen und sich darinnen fur die regierende Obrigkeitt geschrieben, die auch fur sich den Tagk zur kunfftigen Election oder Postulation offentlich publicirt und angeschlagen und sich dieses gantzen Werckeß alleine angemaßet, darumb sich auch desto weiniger auff andere absenten und nit Residirende Personen zu lehren haben, zu dern auch dero der Ritterschafft und Stette suchen, durch angeregte Recesse und Herkommen dermaßen in sich klar und richtig, daß man lang bedenckenß und Radtschlagenß darauff nicht hardt von notten.

Dieweil aber gleichwoll Eur. Ehrw. sich je an Itzo zu sachen nicht resolviren, Sondern diese in sich richtige Sachen nach in ferner bedencken ziehen wollen, So must es auch die gemeine Ritterschafft und Stette vor diesmall also dabey bewenden laßen. Nachdem aber auch die gemeine Ritterschafft und Stette vornhemen, daß ungeachtete Ihres hievorigen an Eur. Ehrw. abgangne Schreibenß darinnen men sie umb ansetzung dieses vorhoertageß gesucht und angehalten, Ihr Ehrw. gleichwoll sive indispectum et vilipendium der andern Stette sive ex alia ratione durch einen offentlichen Anschlag publiciren laßen, jegen den 20. schirkunfftigen Monatstagk Octobris zur Election und Postulation eineß andern Ertzbischoffen schritten wolten, und daher wir auch auß dieser prolation der erclerung anderß nicht abnhemen könten, dan daß etwa I. Ehrw. gemeinet sein, ungeachtet dero von der Ritterschafft und Stette Itzen suchensß unnd Werbung gleichwoll zur Election und Postulation zu schreitten und hernacher der noviter Electum seu Postulatum mit den Stenden dieses Stiffts zusamen zu geben, sich aber darunter auß zu ziehen und den Event zu bevelen, wie sich der newer Erwölter oder Postulirter Herr mit den andern Stenden dieses Stiffts dero vorgestalter und andere Puncten halber vortragen wurde, oder nicht gantz unbetrachtet, obgleich ein solcher Außganck zu gedie, doer vordorbe dieses guten Ertzstiffts, des gemeinen Vatterlandeß, gereichen und geraten wurde.

So wolten dennoch die gemeine Ritterschafft unnd Stette, darvon offentliche protestiret unnd bedinget haben, da Ihr Ehrw. unerwogen und ungeachtet dieses der Ritterschafft und Stette geschenß suchen, Ehe und bevor die furgehaltene Puncten Ihre richtigkeit genhomen, zur Election oder Postulation schreitten, und dardurch entweder zwischen dem Newen Erwölten oder Postulirten Hern und gemeiner Ritterschafft und Stetten einen widerwillen und weiterung erwecken, oder auch die andere abwesende und noch nit Residirende Furstliche und Graffliche Capitular Personen jegen die ritterschafft und Stette zur Ungnaden oder anderer ungelegenheit bewegen, und vorursachen, die Ritterschafft und Stette in uncosten, Schaden und nachteill setzen und fhuren wurden, daß dan die gemeine Ritterschafft und Stette vorersten jegen solche Election oder Postulation hiemit Itzo alßdan und dan alß Itzo ofentlichen und solenniter protestiret und bedinget haben, daß sie Ihres theills in dieselbig keines wegeß gehelet und gewilliget, dan viel mher dieß der Hern Capitular beginnen offentlichen widersprechen, sich auch darbeneben außtrucklich erkleret haben wolten, daß Sie immittelß wedder dem Capitell noch dem newen Erwölten Hern mit angenombter revidirung und exspectirung der Supplicationen, besetzung des Hoffgerichteß, beschickung der Landtage und anderer dergleichen Sachen nach auch auff den unvorhofften fall, darmitt der Election und Postulation also schleunig und gefharen werden solte, dem newen Erwölten oder Postulirten eingefolge oder gehorsamb Im weinigsten zu leisten, oder durch die Ihrigen leisten zu laßen, sich nicht schuldig erachten, Immaßen Ihnen die Recesse außtrucklich zu laßen und nachgeben, daß woferne solchen Recessen nicht gelebet werden solten, Alßdan dem Hern Ertzbischoffen auch in solchem fall, da ehr schone mit Kay. Regalien vorsehen, und die Huldigung von den Stenden empfangen, eingefolge zu thun nicht schuldich, Sondern vielmher Ihrer Eyde und pflichte wiederumb unvorbunden seyn solten, und daß sie auch allen schaden und uncosten sambtt anderer ungelegenheitt. so Ihnen hir durch so woll von dem newen Erwölten oder Postulirten Hern oder auch denen nicht Residirenden Fursten und Grafflichen oder andern CapitularPersonen zugezogen werden solten, sich an den Residirenden Hern Capitularen, alse die daßelbe vorursacht und Ihre diese nothwendige Protstation, erclerung und vorbehalt nit auß, sondern vorwitz oder zur unbilligen Rebellion wollen gemeinet noch vorstanden, Sondern erheischender Ihrer hohen notturfft nach zu geburlicher defendirung und erhaltung Ihreß Rechtenß frey- und gerechtigkeit gethan haben und dabei so lange vorharren, biß daß die in dero ubergebener Instruction gesetzte Puncta Ihre richtigkeit gewinnen. Muchten auch Ihr Ehrw. hiebey freundlich nicht vorhalten, wie daß die gemeine Ritterschafft und Stette auff den fall, da der Ein oder Ander theill von und auß Ihren oder auch jemandts Ihrer zu- undt angehorigen hiruber mit der thadt beschweret oder beleidiget werden solten, daß Sie auff solchen Event sich darein voreinbaret und zusamen gesetzet, daß der eine bey dem andern halten, in seinen vorfallenden nöten beispringen, Ihnen vor unrechtmeßigen gewaldt und uberfall nach aller mugligkeitt mit beschutzen unnd unterthenig helffen solle und wolle, freundlich bittende, Ihr Ehrw. mhergedachte von der Ritterschafft und Stette diese hochnotwendigen protestirens und reservirens, wie auch die daruber beschehene zusamen setzung anderß nicht, den in allem gutenn zu vordencken, Sondern nochmalß daruber zu sein, daß zwischen den gemeinen deß Stiffts stenden guter wille und einigkeit erhalten, dieß gute Ertzstifft ohne schaden, und Nachteill bleiben und alle gefarliche weigerunge verhuten werden muge.

Daß thun sich also gemein Ritterschafft und Stette zu E. Ehrw. freundlich vorsehen, und sich hinwiederumb zu allen freundlichen willen anerbiten p.

(GWLB Hann, MS XXIII 1125, vor fol. 1r).

1 *Erzbischof Johann Adolf.*   2 *Cassel, Bremensia 2, S. 317–364, nr. III (1585 Juni 23).*

257

Dieselbe Versammlung

Domkapitularischer Abschied/,Resolution', mit weiteren
Verhandlungen 1596 September 25

ᵃDen 25. Septembris Anno p. 96.ᵃ

Auff Gestriges Tages eingewandte Protestation Zeigen die Anwesenden Herrn des ThumbCappituls zu Ihrer verandtworttungh Hiermitt Kurtzlich Ann, daß sie sich zu denn Anwesenden vonn der Ritterschafft, Vorordentenn der dreyer Stedte woll vorsehen, daß sie mitt Ihrer gegebenen Resolution, unnd Auß derenn dareinn Angezeigtenn ursachen begertter Dilation zuweider gewesen, Darauff einengeringen Anstand gegeben, unnd des gantzen Capittuls endtlichen erklerungh, uber die zuvorn Angedragene schrifftliche werbungh mitt geduldt Abgewarttet habenn solten, In bedrachtungh daß gleichwoll die deßwegenn Angezogene uhrsachen dermaßenn beschaffen, unnd der erheblicheitt seinn, Daß einen solchenn geringen vortzugh einn Stieffts Standt dem Anderen billig gunnen, unnd dar uber beschehener maßen, sich nicht beschweren soltte.

Weill Aber deßfahls weitter Inn diselbige gedrungen, unnd scharffe ungewonliche Protestationes eingewendett, Daruber sich mitt denn Anwesenden von der Ritterschafft, unnd denn Stedten, Inn weittleufftige vorAndtworttungh einzulaßenn, denn herren Deß ThumbCapittuls bedencklich, Jedoch Damitt es daß Ansehen nichtt muege gewinnen, Alß soltte die Angebrachtte werbungh, unnd dar Inne gethanes begehrenn Auff einer solchen richtigkeidt bestehenn, Alß das vonn wegen des ThumbCapittuls dawieder keine Rechttmeßige einrede, vorAndtworttungh unnd Defensiones einzuwenden, So wollen sie Hiermitt gleichwoll fur Ihrer Personn Alleine mitt außtrucklichen vorbehaldt Hirundter gethane Reservation auff solche Angemaßte protestatione unnd der furgebrachtenn werbungh inserirtte puncta, Ihre kurtze vor Andtworttungh unnd Resolution Dießmahll gegebenn habenn.

[1.] Unnd sagen demnach, soviell denn ersten Punct der werbungh betrifft, inn deme Angegeben werden will, Daß einem Erw. ThumbCapittell nichtt soltte geburett haben, Auff die vorgangene Resignation des Ertzstiftts Deßenn Heußer unnd Regierungh sich Anzumaßen, Daß sich zwar die Anwesende des ThumbCapittuls nichtt weinigh zuvorwunderen, Daß einn solchs auf deßen Hergebrachtt unnd Angezogene uhralte possession vel quasi dem ThumbCapittul nichtt will gestandenn werden, Da doch solches vonn einer sedis Vacantz zur anderenn durch daß ThumbCapittell offendtlich, Auch wißendtlich aller Stende, unnd undterthanen, dieses Ertzstiffts execiret unnd gebrauchett, Deßfahls Auch mehr gemeltt ThumbCapittull dieser Alten Kirchenn, unnd denn durchgehenden Algemeinen gebrauch der Thumbstiffter Im Heilligen Reiche, zudeme die gemeine beschriebene Rechtte, unnd Consequenter intentionem plenissime fundatam fur sich haben.

Daß Aber Inn diesem durch die Angezogene Receße eine solche ordenungh wie Angegebenn, geschehenn sein solle, deßenn kann mann sich nichtt erInnern, unnd wirdt Auch solches darinnen vorhoffendtlich nichtt zubefindenn seinn, Daß nemblich geradt auff einen solchenn standt der sedis Vacantz, unnd wie es Alßdan mitt Annehmungh der Heußer, Auch der Regierungh sollte gehalltten werden, einige meldungh geschehenn, welches auch darauff fast Alleinn zuvermercken, inn deme vonn denen vonn der Ritterschafft, unnd der Erbahrenn Stedte, inn Ihrer exhibirtten werbungh solches Allererst durch eine Angemaßete Augmentation will geschloßen unnd inferiret werden.

Ohne aber ist nichtt, daß vonn bestellungh etzlicher Landträthe Auß der Ritterschafft, darinnen vorsehungh geschehen, unnd eine gewisse maße gegeben wye unnd wannehr dieselbenn zu denn sachen gefurdertt werdenn sollen, deme Aber zuwieder, Ist durch daß ThumbCapitull nichtt furgenomen, noch Auch die vorordente LandtRäthe, durch die occupation der Heußer nichtt Abgeschafftt, wie dan auch eines Erw. ThumbCapitull meinungh nihe gewesen noch Itzo nichtt ist, die vorige Auffgerichttete Recesse, bey diesen oder Andern Punct Inn Ihrenn Rechttenn vorstande, auffhebenn zulaßen; unnd soll sich sonsten hienegst befinden, da die Receße durch unpartheische erwogenn, dann man sich deren zu Jetzigem furhabenn nicht behelffen konnen.

Eß ist Auch fast menniglichenn bekandt, waß maßenn die Röm. Kay. Maytt. Ihr Allergnedigster Herr, Auch daß Hochl. Cammergerichtte nichtt weiniger dieß, Alß Ander ThumbCapitull dermaßen fur einn standt des Reiches Achten, unnd Erkennen, Daß sie bey wehrender sedis Vacantz fur Ihre Kay. Maytt. in prima instantia tam active quam passive rechttliche Handtlungh Pflegenn konnen unnd mugen, wie dann auch sede vacante inspecie, daß ThumbCapitull dieses Ertzstiffts Jhe unnd Allerwege, nicht Aber einiger Ander standt, Deßelben zu Reichs- unnd Kreißtagen vorschriebenn.

Daß Aber die Angezogenen Recesse, dermaßen bekandt, Auch auff einem solchenn vorstande wie Itzo vormerckett sollen Angedeutet werden konnen, Daß man dem geschehenem Anmuetten, Dardurch stadt zugeben sich ebenn Pflichtigh erAchtten muchtte, Solches kann man nichtt glauben; So befindett sich auch nichtt, daß durch einige observantz einn solcher vorstandt der Receße Jemahlß eingefurdertt, Welchermaßen Aber die Relation Auff solche Recesse nach Ertzbischoff Heinrichs Thodte, unnd Also bey voriger sedis Vacantz auff Landtagen unnd sonst geschehen, Waß Auch die Ritterschafft auff willkorlich nachgeben des ThumbCapitulß & pro illa vice tantum domahls durch eine nomination Eines Landtdrosten gethan, unnd wie sich der kunfftiger felle halber dem Capitull unnd Ertzbischoffe zu guettem, daß ThumbCapitull mitt zirlichenn protestationen unnd bedingungen vorwahrett Haben, Deßen werdenn sich die sembttlichen Stende gantz woll zuerinnern wissen.

Unnd weill demnach daß Anmutten nich Daß geringste stucke, der beym ThumbCapittull, Ja dem Ertzbischoffe selbst Hergebrachttenn frey- unnd gerechtigkeidten, concerniret, So ist Auch daß ThumbCapittull nichtt zuvordencken, Daß darinnen mitt guetter zeitten deliberation unnd vorsichttigkeitt, zu deme mitt Rath unnd Vorwissenn Ihrer mittglieder, Alß der Interessenten, welche aber gleich mitt denn Anwesenden des ThumbCapittuls der ThumbKirchen, unnd diesem Ertzstiffte mitt Aidenn unnd Pflichttenn, vorwandt seinn, werde gehandeltt, wie solchs dan vorsehens Rechttens ist unnd den Anwesenden Herrn des ThumbCapittuls zu vormeidungh Alles vorweises geburenn will, Quandoquidem Actus graves & magni præjudicii non per præsentes, sed etiam, per vocatos absentes tractari[b] debent, derwegenn billich die absentes, unnd extra residentes, umb Rath hier Innen ersuchtt werdenn, welches dan gahr nichtt zu einigem schrecken, dan mann Je nichtt sagenn wirdt, dz fursten, Graffenn unnd Herrn ettwaß unvorAndtworttlichs oder welchs dem Rechttenn oder der billicheitt zuwieder sey, soltten furnehmen oder attentiren, sonderen wegen wichttigkeitt deß Handelß, Und weill eß dz gantze Capittull, Ja dem Ertzbischoff selbst betrifft, welchs Capittuls sie Membra mitt seinn, unnd Demnach billich Heist, wie An seitten der Anwesenden vonn der Ritterschafft, unnd Stedtenn Angetzogenenn Quod omnes tangit omnes approbare debent geschichtt.

So magh auch solche Rathsuchungh unnd zuzihungh Ihrer mittgelieder darumb nicht zu HintterLaßenn seinn, weill die Anwesende des ThumbCapittuls, nach Angenommener Resignation, deß Stiffts Heuser occupiret, Auch sich der Regierungh undternommen, Unnd waß darbey ferner Angezogen, Dann solche handelungh, wie gehörtt zu exerciren, Daß TumbCapittull befugtt, welchem Auch dardurch seine gerechtigkeitt nichtt entzogen noch streittigh gemachtt, sunderen viell mehr Conservirt unnd erhalten wirdt, welche und dergleichen Angetzogen Actus, die præsentes et residentes Capitulares Alleine Auch woll exerciren muegen.

Zu deme ist der beschehener Anschlagh oder publicatio Termini pro nova electione nichtt zu einiges Standes oder Personen vorkleinerungh, sonderen darumb geschehen, daß[c] dieser Ertzstieffte soviell furderlicher, mitt einem Andern Heubtt unnd Newen Herrn, Sintemahlen die Langwirige vocaturæ der Kirchen gemeinlich Allerhandt ungelegenheitten unnd schaden vorursachen, wie solchs die Jegliche erfarungh bezeugett, wiederumb vorsehen werdenn muchtte, Inmaßen dan Auch die gemeinen ublichen Rechtte eine gewisse unnd zwar Kurtze frist, den ThumbCapitteln zuvorrichttungh der Election sub Pœna Devolutionis præfigiren wie solcher vorfließungh halber noch bey weinigh Jahren einn nitt so gar weitt von Hinnen endtlegener vornehmer Stiefft nichtt inn geringe ungelegenheitt kommen ist, Unnd man gleich nach angelangtem Schreiben der vonn der Ritterschafft unnd stedte, darhin der vorhör Tagh begerett, der Anschlagh geschehen, So magh darauß keinn Visependium erzwungenn werden, Dan die Anwesende des ThumbCapittuls nicht wissen können, Waß Ihnen furgebrachtt werden sollen, Deßen sie Auch in solchen schreiben gar nichtt berichttet worden.

Wehre Auch Inn deme keine vorweißlicheidt begangen, wan gleich zuerweisen, dz bey Itziger Vacantz die Herrn des ThumbCapittels sich fur Regierende Obrigkeidt oder superiores geschrieben, Dan In dis wahr unnd unleugbar, daß bey solcher unnd dergleichen vacaturen Metropolitan- unnd CathedrallKirchenn In exercirungh der Jursdiction unnd hocheitt Sie, die Capittull, dem Abgestandenen oder Abgestorbenen Ertz- unnd Bischoffen repræsentiren, unnd ferner machtt unnd gewaldt haben, die Administration und gubernation des Ertz- unnd Stieffter unnd deren guetter, selbst zuvorwaltten, oder Andere zu derenn vorwalttungh zuvorordnen, wie solchs Itziger Zeit vast Mennichlicher Auß denn ‚observationibus practicis' des furtrefflichenn Juristen Andreæ Gailii bekandt ist,[1] unnd wirdt der Herrn des ThumbCapittuls erachttens nach, keinn Receß bei diesem Ertzstieft mitt sich bringen, Daß die Ritterschafft noch Auch die Stedte, bey solcher sedis Vacantz Auch wen der Ertzbischofflicher Stull ersetztt, eine Mittregierungh Inn diesem Ertzstiefft haben, wie dan Auch die Natur selbst, zwischen einem Regierenden Herrn oder denn, welche demselbigen ad tempus repræsentiren, unnd denn, so bey denn Herrn Raths weiße gebrauchtt werden sollen, einen klaren undterscheidt gibtt.

[2.] So Hatt es geleichsfahls umb den Zweiten Punct, Die Newe Wahll belangendt, unnd dz dartzu die von der Ritterschafft und Erb. Stedte gezogen werden mugtten, die gelegenheitt, Daß nemblich dieselbige wahll, oder Postulation, von viehlen Hundertt Jahren, bey dem ThumbCapittull gewesen, Inmaßen solchs die von der Ritterschafft, unnd Erbahren Stedte, Inn Ihrer werbungh selbst Bekennen, unnd sunstenn Niemandt Inn Abredenn seinn Kann, wie es dann Auch Also bey Anderen Im Heill. Reiche Ertz- unnd CathedrallStieften observirt unnd Inhaltten wirdt; Unnd obwolldie Anwesenden des ThumbCapittuls, der Ritterschafft unnd Stedten In Alle thunliche wege, freundtschafft unnd Allenn guetten willen ertzeigen muchten, So Stehett gleichwoll bei Ihnen noch Inn Ihrer macht und gewaldt nichtt, solche gerechttigkeitt der Election oder Juris eligendi, zu vornachteilungh & in fraudem der ThumbKirchen, Auff Andere vornemblich weldtliche Personen mitt zuwenden, wollte sich Auch einn solchs fur den Romischenn Kayseren unnd Kunigen, welche die fundatores, dieser unnd Anderer ThumbStieffter Im Reiche gemeinlichen seinn, unnd daher keinn geringe Interesse Ann denn Stiefftern haben, Auch vor Ihres Standes gleichenn, Unnd der Lieben Posteritet nicht vorAndworten Laßen, der großen ungelegenheitten, so hierauß endtlichen gewißlich diesem Loblichen uralten Ertzstiefft endtstehenn wurden, Zugeschweigen, Lessett mann sunsten Ann seinen ordt gestaldt seinn, welcher maßen die gemeine Kirchen, Im Anfangh des Christenthumbs unnd hernach her ein Zeittlangh mitt Bischoffen Bestaldt worden seinn, Dan darauff Itziger Zeit nichtt sundern auff die nehere, Inn dem gemeinen geistlichen[d] unnd oblichen *[sic]* Rechttenn, vorgeschrieben, Auch von Ertz- unnd Bischofflichen ThumbKirchen unnd Capituln, Im Heilligen Reiche Theutscher Nation vorlengst Angenommener Ordnungh, Auch vonn etzlichen Hundertt Jahren hero, woll und bestendighlich bey dieser ThumbKirchen hergebrachtter gebrauch, welche ohne gefahr, In der Eill nichtt woll kunnen auffgehoben werden, zusehen seinn will.

Wie dan Auch die gemeine Reichs Abscheide, Insonderheitt der Hochbeteurter Religionfriede Anno p. 55. zu Außpurgh aufgerichttet,[2] Die Capittull bey Ihrer freien Election ungehindertt bleiben zulaßen, Klerliche vorsehungh gethann, unnd wirdt man sunst bey Kunfftiger Wahll oder Postulation, hoigstes unnd Menschliches vleißes, Daß Jenige zu achtt nehmen, waß dieses ErtzStieffts notturfft unnd wolstande erforderen wirdt.

So ist Auch nichtt Alleine bey dieser, Sundern bey Anderen ThumbKirchen Im Heilligenn Reiche Hergebrachtt, daß Capitulationes Zwischen den Electen unnd ThumbCapittull auffgerichttet, wie dann solches vonn vielen undenklichenn Jahren bey dieser ThumbKirchen Also gehaltten, DarInnen auff die gemeine wolfardt, unnd wolstandt des Ertzstieffts gesehen, unnd wirdt gemeinlich Inn denn[e] Alttenn formulis gefolgett; Eß sei dann, Daß wegen der Zeitenn unnd Anderen weldtleufften, DarInnen vorbeßerungh furgenomen werdenn, musse, unnd hatt man sich bey dieser ThumbKirchen, Inn furstellungh, unnd vorfassungh der Capitulation Jederzeidt dermaßen vorHalttenn, Daß mann dieselbe fueglich nichtt zu thadelen, zudeme bey der Kay.[f] Maytt. deren hier uber billich Alleine zuurtheilen gepuhrett unnd zustehet, woll zuvorandtworten unnd wirdt unguedtlich einem ThumbCapittul Zugemessen, Alß daß sie dieselbigenn, Zu Ihrem Privatt vortheill, Sich dardurch großer Zumachen mißbrauchenn solten.

Worauß dann vorhoffendtlich beide die Anwesende Auß der Ritterschafft, Auch die vorordentte der Erb. Stedte Kurtzlich Haben zuvornhemen, Daß denn Anwesenden Herrn des ThumbCapittuls unguedtlich beygemessen, daß sie undter der gesuchtten Kurtzen frist, einn Anderes, Alß waß Ihre unnd der ThumbKirchenn notturfft erfurdertt, unnd zu Ihrer unnd des gantzenn ThumbCapitulß schließlicher unnd endtlicher Resolution Vonn notten ist, meinen oder furnehmen sollen, Unnd wirdt Jhe einn unpartheischer, den Anwesenden des ThumbCapittells nichtt konnen vorargen, Daß sie In solcher wichtigenn sachen, Sich nichtt konnen ubereilen, noch daß Jennige, Also gestracks Auß Handen kommen laßen, welches Ihnen vonn Ihren vorfahren, von viehlen Hundertt Jahren hero gleichsamb Inn die Hande tractirdt, unnd Ihnen Inn Ihre Aide unnd Pflichtte, nach mghlicheitt zu Conseriren vortrawet ist, Daß Ihnen Auch nichtt gepurett, Ja deßenn Uberall Keine machtt habenn bey dieser sedis Vacantz zu præiudicium Ecclesiæ & futurarum Archiepiscoporum daß geringste Aus deren Zuehorigen præeminentz Rechtten unnd gerechttigkeitten auff Andere Zuvorwenden.

Derwegen gantz unnottigerweise die scharffe unvormuedtliche Protestation Alhie Ingewendett, Dann dartzu und zu dem Angezogenen besorghlichenn weiterungen, Die Anwesende des ThumbCapittuls Keine ursache gegeben, noch Auch dartzu durch einnigenn vorsatzt ursache zugeben gemeinett seinn, Unnd stehen Hiebey wieder die Herrn des ThumbCapittuls Inn der zuvorsichtt, mann werde sich Auch zu Ihnen auff solche unnd andere weiße nichtt nottigen, vielweiniger einige weittere Impression fur die handt nehmen, Dardurch daß Capittell mitt hindansetzungh des Rechtenn, zum vorlaß Ihrer wolhergebrachttenn gerechttigkeidt zubewegenn, welchem Sie Ihren freien willen unnd Consens, Aidt unnd Pflichtt halber, nichtt accomodiren konnen oder muegen, Dessen sie sich hiermitt richttigh unnd offendtlich erkleren, Sunderen viellmehr sich Ann ordentlichem Rechttenn, woferne Sie dieserwegen spruch unnd foderungh vonn denen von der Ritterschafft unnd denn Erbahren Stedtenn nichtt muegen vorhoben bleibenn, Dartzu sie sich dann Auff Allenn Event fur die Romische Kay. Maytt. hiemitt nochmals, wie zu mehrmahlen beschehen, solch erbiettenn Auch vonn der Ritterschafft Angenomen, Aber Darauff acquiesciret unnd sie des orttes biß Ann Heuttige Stunde unbesprochen gelaßen, ersettigen laßen, erpotten haben wollen.

Mitt dieser Andeutungh, daß sich die Abgeordentte eines Erbahren Raths dieser Stadt Bremen, der In Annis p. 33., 34. unnd 68.[g] Auffgerichteten vortrege unnd was darInnen fur starcke zusage, nemblich daß ThumbCapittul bey seiner Altten Privilegien, frey- und gerechttigkeitt unvorhindertt zuLaßenn, beschehen sey, werden zuerInnern wissen,[3] Davon der Extract Auß denn Verdischenn Vortrage[4] Hieneben kann vorlesenn werdenn, unnd zusambtt denn Anderenn, Auß der Ritterschafft, unnd der ubrigenn Stedte, Dieses milden erpietens Jederzteizeid Ingedenck seinn, Daß mann daruber unnd zu dero unpartheilichenn endtscheidungh, fur Mehrhochstgedachter Key. Maytt. rechttliche erkandtnuß Leiden, geben unnd nehmen kann unnd will, Damitt Also das ThumbCapittull, Alß Auch die vonn der Ritterschafft, wiewoll daß einn vornehmer theill, unnd vast die eltisten Personen Auß dem Adell, sich Alhier bey diese furgetragene Anmuthungh nichtt eingestellett, Noch Auch wie mann deßen gleublichen underscheidtlichen berichtt erlangett, einn beliebens oder wollgefallen daran tragen, Auch die sambttliche Stedte, so Itzo Allererst sich mitt denn Anwesenden Auß der Ritterschafft Conveniret, Inn eine endtliche gewißheidt durch eine unvordechtige unnd billiche endtscheidungh Dieses mißvorstandes gerathen muegenn, Dann so weinigigh die Anwesende des ThumbCapittuls fur sich gesinnett seinn, Auß denn Angerichteten Receßen, So bey Ihrenn wurdenn gelaßen, Unnd durch Andere erfolgtte vordrege unnd Receße gantz oder zum theill nichtt vorendertt seinn, Inn Derselbigenn Rechttenn vorstande, zu Tretten; Auch Ihrer unnd Ihrer ThumbKirchenn wolhergebrachtten frey- unnd gerchtigkeitt sich vorschmeleren zulaßenn, ebensoweinigh, unnd noch weiniger, Ist Inn Ihre gedancken Jehmahls kommen, Die vonn der Ritterschafft, die Erbahrenn Stedte, Auch die ubrigenn Stende dieses ErtzStieffts, Davonn und derselbigenn frey- unnd gerechtigkeidt zuvordringenn, oder Ichtswes Dartzu Sie befugtt sein mugten, weder selbst noch durch Andere, Da Inn Ihrer gewaldt solches Abzuwenden, Innen zuerziehenn oder erziehenn zulaßenn.

Unnd woferne uber Zuvorsicht, dieß milde erbiettenn nichtt woltte Inn Acht genomen, Sunderenn mitt dem ThumbCapittull durch Angedeutete unnddergleichenn Zwanghmittell vorfahrenn werden, So wirdt Sie Niemandt kunnen vordenckenn, Daß sie dawidder Auff die wege gedencken, welche dartzu Inn Rechttenn unnd des Reichs Constitutionen vorordnett sein; Unnd Laßenn die Anwesende des ThumbCapittuls, die Röm. Kay. Maytt., Auch Alle Cur- unnd Fursten Des Heilligen Reichs urtheilen, wer bey diesem vorstande die Rechtte oder ungerechtte Bane wandere, unnd ob Auch zu deme, wie weitt unnd ferne die Angezogene gleichwoll gantz unnottige zusamensetzungh particular

Conventiones unnd Andere Angedeutete vorhalttungenn sich gebueren, unnd waß dieselbigenn, bey diesem gefeërlichenn Zeitten fur einn Ansehenn, solches die Anwesende Auß dem ThumbCapittull, die Itzo Inn geringer Antzahll zugegen, vor sich unnd Inn Ihrem nahmen, Auff daß Instendige Abermahligh Anhalttenn, unnd dabey Angehengttenn Protestation denn Anwesenden Auß der Ritterschaft, unnd denn Erbahren Stedten zu einem kurtzenn Jegenberichtt, unnd erklerungh freuntlich wollenn Anfuegen; unnd Thuen gleichwoll Ihnen, unnd dem gantzenn ThumbCapittull, Auff allenn Event, fernere nottige Außfurungh, Außtrucklich reserviren, zu deme Auch, woferne durch die Anwesende vonn der Ritterschafft unnd der Erbahrenn Stedte, hierbey uber beschehenes mildes erpietten zu Rechtte dem ThumbCapittull deßenn Angehorigenn Personen, oder Auch diesem Ertzstiefte uber zuvorsicht einiger nachtheill oder schade endtstehen, zugezogen, oder vorursachett werdenn soltte, dz sie deßenn sich bey denn vorursacherenn zuerholen, davon sie ebener gestaldt hiermitt offendtlich Protestiren wollen, sonsten Aber thuenn sie sich In allem, waß thunlich unnd vorandtwordtlich ist, Kegenn die Anwesende vonn der Ritterschafft unnd der Erbahren Stedte, zue wilfahrungh freundtlich erbiettenn.

Alß Auch die vorfahrenn bei diesem ThumbCapittull auff diese Ihre Anmutunge geburliche erklerunge gegeben, wie denn solchs Inn schrifftlichen mitt guedem grunde beschehen, unnd demnach die Jetzige Herrn deß ThumbCapituls nichtt anfenghlich unnd Jetzo Allererst, Sondern Auch Ihre vorfahren sich diesem Suchen opponiret haben, sich uber die Ritterschafft, Inn undterschiedtliche wege beschwerett, unnd solche beschwerungen in Capitula vorfaßett, Inen zustellen laßen, wie dann Auch gemeltts ThumbCapittull unnd gemeine Clerisey uber diese Stadt Bremen zu seiner Zeit Ihre gravamina Anzuzeigenn, So heilttens die Anwesende des ThumbCapituls darfur, Dz alle mißvorstendtnußen zu grunde einstmahls Aufzuheben, Räthsamb unnd diesntlich seinn soltte, Daß solche beschwerungen mitt einander vor Allerhochstenn Käy. Maytt. zubrengenn, unnd derselbigenn Richttigenn Gedigsten bescheides daruber gewerttigh zu sein, Dartzu Ihres heils gemeltte Herrn des ThumbCapituls friedlich geneigtt unnd willigh; Eß Auch darfur halttenn, wo ferne man zu gewunscheter ruhe, friede unnd einigkeitt geneigtt zu deme die guette hergebrachtte vorstendtnuße, undter denn Stendenn Auch diesem Ertzstieffte bei guettem wolstande hinfuro erhalttenn und behalttenn wolle; Eß werdenn die Anwesende vonn der Ritterschafft, wie Im gleichen Auch die Stadt Bremen, Diesen vorschlagh sich nichtt lassen mißfellig seinn.

Hierauff ist den von der Ritterschafft Hiebevor Anno p. 88. denn 10. Aprilis einkommene erklerunghs Extract oder Clausul,[5] DarInnen sie daß Rechtlichs erbieten, vor die Kay. Maytt. acceptiret, vorlesen worden; unnd ist solches nachgesatzttem Inhaltts:

Extract.

Mitt dieser Außtrucklichen erclerungh, daß sie solcher Punct sambtt oder sonders sich keiner wissenn zugeben, Sonderenn da deren richttigkeidt nichtt schleunigh soltte erfolgenn, Daß sie Ihr Erw. furgeschlagenen eigenen mittell ferner nachdencken, unnd bey der Kay. Maytt. in solcher notturfft umb Commissarios allerundertheinigste Ansuchung werden thuen mußen.

Demnegst ist auch die Clausull oder der Extract des zu Verden in Anno p. 68 Auffgerichttetenn vortrages, Daß ThumbCapittull betreffendt,[4] gleichsfalls vorlesen worden.

Nach vorlesungh dieses haben die Anwesende von der Ritterschafft unnd Stedte Abgeordente einen Abtritt begeret unnd genomen, unnd hernach Ihren wordthaltteren Nebenn Segebadenn Cluveren, unnd Goddertte vonn Brobergenn hereinn geschicket, unnd solcher vorlesener Resolution eine Abschrifft oder solche vorlesene Concept Ihnen bona fide mitt zuthielen, begehren unnd dabey Anzeigenn laßenn, Daß sie nach bekommener Abschrifft sich Inn erster gelegenheitt, wiederumb darauff erclerenn, Inmittelst aber es bey vorigenn gestriges tages beschehener einbringen unnd Protestation bewenden lassen wollen.

Capitulum.

Daß Ihnen sollich Concept bona fide soltte zugestellt werden, wie auch zu Continenti geschehen ist, unnd darbey Angetzeigtt, weiln sie es bey Ihrem vorigem einbringenn unnd Protestation wollen bewenden Lassen, Sie wollen Ih. Ehrw. dargegen diese Ihre Jetzige Resolution, unnd darbey beschehenes Rechttliches erbieten, Auch Ihre darbey Angehengtte protestation Anhero respective und erwiedertt habenn, Unnd eß dabey Auch Laßenn bewendenn, Unnd solches gleicher gestaldtt zuvorzeichnen befholen, p.

[folgt eigenhändige Unterschrift:]
Gerhardus Trekell,
subss.

(StA Stade, Rep. 5b, F. 92, nr. 14, Bd. 2, fol. 25r–36v).

a–a *Marginalie von der gleicher Hand in der Vorlage.*   b tractori *in der Vorlage.*   c *folgt irrtümlich ein zweites* daß *in der Vorlage.*   d giestlichen *in der Vorlage.*   e *folgt irrtümlich ein zweites* denn *in der Vorlage.*   f Koy. *in der Vorlage.*   g 36. *in der Vorlage; korrigiert nach Abschrift im LA Schleswig; vgl. hierzu Anm. 3.*

1 *Andreas Gail, Practicarum observationum tam ad processum iudicarium praesertim imperialis camerae, quam causarum decisiones pertinentium libri duo. Köln* [1]*1578 (mehrfach neu aufgelegt; weitere Auflagen erschienen zu Lebzeiten des Verfassers bereits ebd. 1580, 1581 und 1586). – Zu Andreas Gail (* 12. 11. 1526, † 12. 12. 1587) und seinem Werk vgl. zusammenfassend ADB 8, 1878 (ND Berlin 1968), S. 307–311 ([R.] Stintzing); NDB 6, Berlin 1964, S. 38f. (Oswald v. Gschließer); HRG 1, Berlin 1971, Sp. 1371–1373 (W. Sellert) (jeweils mit weiteren Nachweisen).*   2 *Augsburger Religionsfriede 1555 September 25, ed. Buschmann, Kaiser und Reich, S. 215–283.*   3 *Oben nr. A.59 (1533 April 12), nr. A.61 (1534 April 28) und A.62 (1534 September 22); vgl. Schwarzwälder, Bremen 1, S. 207; die in der Vorlage gebotene Jahreszahl* [15]*36 (s. Anm. g) ist nachweislich unzutreffend; denn der hier gemeinte Verdener Vertrag (s. Anm. 4) zwischen dem Bremer Domkapitel und dem Bremer Stadtrat wurde 1568 März 3 abgeschlossen; vgl. hierzu Schwarzwälder, a.a.O., S. 250–252.*   4 *Verdener Vertrag von 1568 März 3; vgl. Anm. 3.*   5 *StA Bremen, 2-Z.2.d.4 (hierin: Extract der ritterschaftlichen Resolution von 1588 April 10).*

258

Dieselbe Versammlung

Instruktion 1596 September 26

Instruction so ergangen.

Anfenglich sollen die jegenwertige abgeordnete nachbeschriebene vom Adell wegen der Junckern so in formula Unionis namkundig gemacht und zu Bremen itzo versammelt sein, denselben freundlichen dienste zuvormelden und darbeneben ihnen sambtt und besonder anzeigen, daß sie sich ohne Zweiffel woll zu erinnern wusten, welcher gestaldt auff jungst zu Baßdall zusamenkunfft eine Instruction in schrifften begriffen, darinnen dan der gemeinen Ritterschafft und Stette dieses guten Ertzstiffts notturfft vorfast und außgefuret, wie nun eine zeithero von einem Ehrwurdigen ThumbCapittull die von den lieben Vorfharen auß hochwichtigen Ursachen auffgerichtett Von Bischoffen zu Bischoffen beschweren und dan auch von Weilandt der Ro. Kay. Maytt. und Derselbigen verordneten Commissarien confirmirte und bestettigte Recesse in weinige auff acht genomen unnd denselbigen ex diametro zu wider gehandelt worden, Sonderlich, daß die Hern Eins Erwhurdigen ThumbCapitteß auch Itzo Sede vacante sich alleine ohen zuziehen, Consens und Vulbordt der andern Stende oder derselbigen abgeordneten der Regierung angemast, die Heuser Ihres gefallenß besetzet, auch bei Eligirung eineß newen Hern Bischoffes vor dieser zeit allerhand ungeburlicheitt gebraucht, schafft unnd mit den obgedachten Recessen streitende Capitulationes mit den Hern Ertzbischoffen auffgerichtet, auch Ihreß gefallenß Landtrosten, Cantzler und Rathe und andere bestellet, Ihnen dieselbe wie auch die Hern Ertzbischoffe alleine obligiret, und vorpflicht gemachtt und also alle daßjenige, So vormuge der Receß den gemeinen Stenden zukumbtt, auff sich alleine zu deuten und gezogen, Dadurch die gemeine Stende Ihre Frey- und gerechtigkeitt zu entsetzen, Ihre gewaltt aber je lenger Jhe mher zu vermheren und sich vor die gemeine Obrigkeitt außschreiben, darumb dan I. Ehrw. zu erinnern und zu vormanen, daß dieselbe von solchem widrigen begunnen und furhaben abstehen, waß wider die angezogene Receß bißhero mitt anmaßung der alleinigen Regierung, beschuttung der Heuser und auffrichtungen der geferlichen Capitulationen und andern ipso facto gehandelt wie darumb abgeschaffet und demjenigen, waß die Lieben Vorfharen zu erhaltung dieses guten Ertzstiffts wollstande zu unterscheidtlichen mhalen vorrecessiret in allen und jeden puncten nachgelebet, auch mit Kunfftiger Election also vorfharen werden möge, damit sich des nicht zu beclagen und zu beschweren hetten; wie dan solcher Instruction glaubwurdige Copey die abgeordneten bei sich haben undt Jedenn vom Adell, wo sie eß begeren wurden, furlesen sollen, mit ferner vormeldung, deß aufferwandte Zusamen kunfft zugleich auch mit vor gudt angesehen, daß zu uberreichung derselben Instruction die Junckhern auff den tagk, den ein Ehrw. ThumbCapittell ernennen wurden, alhie zu Bremen in der Personen erschienen, und in Ihrer und derer von den Stetten abgeordneten Jegenwart den hern Capitularen uberantwurten laßen sollen, dieweill dan nun Solchem Abscheide zu folge der Her Præsident und die andern von der Ritterschafft, welche in forma Unionis namkundig gemacht, auff den 25sten Tagk Septembris der von den Herrn des ThumbCapittell darzu ernennt worden, neben der Stette gesanten sich eingestellet hetten, Sie woll vorhofft, es wurden sich gleicher maßen auch die andern dem genhommen abscheide undt beschehener erforderungen gemeß bezeiget haben und erscheinen sein, demnach sich aber der meiste theill schrifftlich entschuldiget, und dahin ercleret, daß sie alle daßjennige, waß von den anwesenden zu erhaltung deß allgemeinen Vatterlandeß Frey- und Gerechtigkeitt beliebet, gethan und furgenhommen wurde, fur genhem halten und eß eben, so woll wen sie selbst personlich zur Stede und jegenwertig, mit bewilligt haben wolten. So musten die Anwesenden, die solche Vulmacht eingeschickt hetten, entschuldiget nhemen; Wheren auch der Zuvorsicht, sie wurden wie dan auch die jennigen, so anderer ihrer geschaffte halber vorhindert außgeblieben und gantze keine Volmacht von sich gegeben, nichts desto weiniger bedacht sein gemeinß Vatterlandts Frey- und Gerechtigkeitt neben den andern zu vorthedigen, davon sich nicht abtreiben zu lassen, besondern nach eußersten vormugen, darmitt darauff bedacht sein, wie solche Privilegien erhalten und gemeine Ritterschafft und Stende dabei unturbiret bleiben muchten. Alß hetten derwegen die Anwesenden die Instruction Einem Ehrw. ThumbCapittell, wie sie in schriften vorfaßet, uber andtwurtet und sich auch auff den fall, da die Hern Capitulares auff Ihren unrechtmeßigen begunnen beruhen, sich keiner richtigen und endtlichen erclerung vornhemen laßen, Auch zu erwölung und postulirung eineß newen Hern Ertzbischoffen ferner Ihren furhaben nach schreitten und daher einer oder mher beschwert, oder auch dem Algemeinen Vatterland einiger schade und Nachteill zugefuget wurde, miteinander und den Stetten voreinbaret und dahin vorbunden, daß sie auff solchen fall einer dem andern nach eußersten vormugen mitt rechtem ernste leisten und nach aller muglichkeitt wider gewalt und Uberlast sich schutzen und vorthedigen, auch Immittelst dem Ehrw. ThumbCapittell noch auch dem newen Erwolten Bischoffen biß zu endtlicher endtscheidigung derer in Instruction namkundig gemachter Puncten kein gehorsamb oder folge im geringsten nicht præstiren laßen solten noch wolten, alleß nach besage gedachter Zusamen setzung, welche fast von Wordt zu wordten mit der, welche sie hiebevor Ihre liebe Vorfharen Im gleichen fall gebrauchett, ubereinstimmet, darin dan auch die abgesandten gleichfalls glaubwurdige Copey bei sich haben, und dennen so ersucht werden, vorlesen sollen, und demnach sie berichten, daß die Anwesenden gentzlich daß vortrawen zu Ihnen tragen, sie wurden sich wegen der schuldigen Pflicht, damit sie dem gemeinen Vatterlande vorwandt, weil solchs alleß zu dieses guten Ertzstiffts wolstandt, zu erhaltung deren von den lieben vorfharen auffgerichteten Recessen erlangten Privilegien, Frey- und Gerechtigkeitten und gerichte kein bedencken tragen, besondern Itzo neben den andern der Ritterschafft und Stetten zu tretten, sich zu obgesatzter zusamen setzungen auch begeben und dan kunfftig ferner in der thadt beweisen, daß Ihnen gemeiner Stende und deß leiben *[sic]* Vatterlandts freyheit zuvorthedigen ein rechter ernst sey, zu welchs anzeig und becrefftigung sie die kegenwertige der auffgerichteten Voreinigung (:damit men gleichwoll entlich wißen muchte, waß auff allen fallen men sich zu Ihnen zu vorsehen habe:) glaubwurdige

Copie mit eigen Handen, wie dan auch sie selber gethan, unterschreiben solten. Und da nun einer oder mher vom Adell sich dieses zu thun beschwern, unnd also von den andern der Ritterschafft absundern wurde, Sollen alßdan die Gesandten dem oder denselben außtrucklich wegen der voreingten [sic] vormelden und anzeigen, daß auch sie hinwider von dem oder denselben abtreten, mit Ihm und Ihnen nichts zuthun oder zu schaffen haben, besondern vor einen solchen, der sich deß gemeinen Vatterlandeß wolstandt und besten Im geringsten nicht annheme oder mit trewen meine, halten wollen. Auch auffn fall, ehr von einem oder mher den Andern, auff waß weise daß auch geschehen oder sein konte, beschwert und molstiret wurde, sie Ihme oder denselben keine Assistentz, Hulff oder beystandt leisten, sondern von Ihme oder Ihnen und den Ihrigen gantz abweichen, unnd Im geringsten auff den notfall nicht beipflichten oder behufflich erscheinen. Es wolten sich aber die Anwesenden vorsehen, Ein jeder wurdt hirinne, alse ein Ehrlichern vom Adell rumblich und woll anstehet, sich bezeigen, denen sie dan auch hinwider zu aller freundlicher wilfarung urbietigk. Geben in Bremen den 26ten Septembris Anno 96. unter unserer etzlichen noch anwesenden eignen Subscription.

Henneke von Brobergen, Johan vom Horn, Segebade Cluver, Johan vom Horn, Heinrich Carlhake Hermeling, Godthardt von Brobergen mein Handt.

(*GWLB Hann, MS XXIII 1125, vor fol. 1r*).

259

Landtag 1596 Oktober 24, Basdahl

Landtagsabschied („Baßdalisch abscheidt'[1])

Die in das Erzstift Bremen entsandten (nicht namentlich genannten) holsteinischen Räte legen der Ritterschaft und den Städten (Bremen, Stade und Buxtehude) in dem Konflikt zwischen dem Bremischen Domkapitel und den übrigen Bremischen Landständen einen Vermittlungsvorschlag vor.

Ausschreiben: –
Protokoll: –
Abschied: StA Stade, Rep. 5b, F. 92, nr. 14, Bd. 2, fol. 41r–46v (Abschrift I), fol. 166r–170v (Abschrift II) u. fol. 191r–195r (Abschrift III; alle zeitgleiche Abschriften) – StA Bremen, 2-Z.2.d.4 (zeitgleiche Abschrift).
Weitere zu dieser landschaftlichen Versammlung gehörige Quellen: StA Stade, Rep. 5b, F. 92, nr. 14, Bd. 2, fol. 38r–40r u. fol. 115r–165r (verschiedene weitere, von den streitenden Parteien vorgelegte Resolutionen und Protestationen im genannten Konflikt; zwischen 1596 September 26 und Oktober 24). – StA Bremen, 2-Z.2.b.1 (verschiedene weitere, von den streitenden Parteien vorgelegte Resolutionen und Protestationen im genannten Konflikt; zwischen 1596 September 26 und Oktober 24). – StA Bremen, 2-Z.2.d.4 (verschiedene weitere, von den streitenden Parteien vorgelegte Resolutionen und Protestationen im genannten Konflikt; zwischen 1596 September 26 und Oktober 24; zeitgleiche Abschriften nebst Abschriften 19. Jh.). – LA Schleswig, Abt. 7, nr. 1151 (umfangreiche Korrespondenz zwischen Domkapitel, Ritterschaft, Erzbischof und dessen Räten im genannten Konflikt).
Literatur: Bachmann, Tagungsorte, S. 86.

Den 24. Octobris Anno 1596. zu Baßdael von den Holsteinischen Räthen, denen von der Ritterschafft unnd Stenden furgeschlagen p.

Obwoll die Furstliche Holsteinische Abgeordnete Räthe unndt Gesandten, Auf die Jungsth zu Bremen mit denen von der Ritterschafft, und Stat Bremen gepflogene undterhandtlungh, bei den Herrn des ThumbCapittuls ufs Instendigste angehalten, zu vergleichung der eingefallenen mißverstendtnußen, uff andere mittel, so ettwas mehr zur Sachen, und der Ritterschafft, unnd den Stetten, annehmlich sein mugten, sich zu resolviren.

So hat Jedoch das ThumbCapittul darfur gehalten, wie auch noch, das gestalten Sachen nach, Ihnen fast unmuglich, sich anderweits, Alß geschehen, wie gernne sie gleich woltten, auf andere mittell zu resolviren,

Unndt solches neben anderen, auch dieser Uhrsachen halber, das nunmehr durch die einhellige verrichtede wahll eines newen Hern, Des Hochwurdigsten, Durchleuchtigen, Hochgebornen Fursten und Herrn, Herrn Johan Friederichen, Erwöhlten zu Ertzbischoffen, dieses Erzstiffts Bremen, Erben zu Norwegen, Herzogen zu Schlesewig, Holstein, Stormarn unnd der Dittmarschen, Graffen zu Oldenburgk p., Die Sachen zu dem Stande kommen, Das dardurch die Sedis vacantz (:bei wellicher die Sampt Regierung mit verwahrungh der Heuser gegesuchtt:) auffgehöret, und den neu Erwölten Hern, eine gerechtigkeitt, zu diesem Erzstiffte nuhnmer acquiriret worden, welche Electio (:weile konnigliche, Chur- unndt Furstliche Gesandten, und gevolmechtigtte wegen des auf den 20. Huius angesatzten wahlltages, und zur verrichtungh bei demselben Ihrer anbefohlenen werbung und gescheffte, sich bei die Handt gemachet, unndt durch das ThumbCapittul zu Ihrer ungelegenheitt sich nicht aufhalten laßen wollen:) Auch zu vermeitungh eines unrahdts, nicht hat lenger eingestellet werden muegen, sondern solcher Actus in dießem nochwehrenden Monatt, welcher der ordinariorum sive ordinarius mensis ist, umb abwendungh aller besorglichen disputationen, nach dem gebrauche, aller anderen ThumbStiffter unndt Capittul, hat verrichtet werden mußen;

[1.] Damit aber doch, das es das ansehen bei der Ritterschafft unndt Stetten, nicht haben muege, Also soltte wegen solcher beschehenen Election, das ThumbCapittul nunmehr lenger zu gudtlicher vergleichungh keine anmütigkeit haben, Sondern das sie dardurch diese Sachen, von sich, auf den neu Electum verschyeben wollen, wellichs gleichwoll Ihre meinungh niemahls gewesen und dahero Ihres erachtens zimbliche mittel niemahls außgeschlagen,

So wollen sie diesen ungeachtet, und damit Ihr friedtfertiges und zur pillichkeitt allewege gerichtes gemüth so viele de mehr in der thadt gefüret, bei den puncten, was die mitverwahrungh der Heuser, unndt Sampt Regierungh des Erzstiffts belangett, Diesen furschlag thuen, Nemblich ob nicht das Haus Vörde zu handen des Abgestandennen Hern Erzbischoffen, Unsers gewesenen Gnedigsten Hern, Jegen eine versiegeltte Uhrkunde, in Verwahrungh zu übergeben, gestaldt, Solches zum Lengsten von dato auf drey Monath, Inne zu haben, Unndt sich Itzo alßbaldt, die Streittigen Stende, gewißer Hern Furstlichen Standes zu scheides freunden, zuvergleichen, unnd fur dieselbigen auf geburliches ersuchen, Innerhalb sollicher Dreyer Monathen diese eingefallene mißverstende, zu guedtlicher hinlegungh zubringen, Jedoch das, Inmittelst, der Regierungh und Diener halber, so bei dem hause Vörde und anderen Stiffts Heusern sein, es bey Itzigem Stande unndt undter des von Erwölten Hern nahmen werde gelaßen.

[2.] Soltte über zuversicht die gudte entstehen, und nicht zu Langen, auf solchen unverhoffendtlichen fahl kan man bewilligen, das alle handlungen, so vor solchen Hern Schiedtsfreunden, zum bericht und Jegen bericht, Schrifft- unndt mundtlich furgebracht, Auch was daneben, so wol an seitten der Partheyen, Alß der Hern undterhandler selbst vor mittell furgeschlagen, aber nicht angenommen, auffs getrewlichste zusammen geschrieben, die ein- unndt beylagen darbey Registrirett[a], und solche handlungh in beyweßen beider Partheyen abgeordentten, rotuliret, und an die Rom. Kay. Maytt., Unsern Allergnedigsten Hern, undter der Hern undterhändler einsiegell uberschickett, daruber Ih. Kay. Maytt. Rechtlicher Spruch eingehollet, und auf vorgehende Citation, den Partheyen publiciret, Doch das gleichwoll nach verlauff solcher obangezogener Dreyer Monatten, Die Regierungh und Stiffts Heuser, dem neu Erwöltten lenger nicht vorendthaltten werden.

[3.] Wurde aber Dieser vorschlag, so viel die undtergebungh des Hauses Vörde bedrifft, denen von der Ritterschafft und Stetten, nicht annehmblich, oder sonsten nicht zu rathen sein, Dem neu Erwölten Hern, bei diesen gefehrlichen Leufften, von der Regierungh abzuhaltten, Alsodan stunden S. F. G. die Stiffts Heuser unndt Regierungh alßbaldt einzureumen, ein gudt bestendig Regimendt, mit Rahdt der gemeinen Stiffts Stende anzuordnen, Darbei sich das ThumbCapittul nicht ließe mißfallen, wan solche Häuser und Regierungh, dem Erwölten Hern überandtworttett, darbei die Semptlichen Stende zubescheiden, und stunde darauf obgesagter maßen, dieser streit durch güdte, oder durch recht eine richtigkeit zubringen.

[4.] Woltten aber die von der Ritterschafft und Stette abermahl auf vörige mittel geben, unnd bei des ThumbCapittulß erclerungh darauf geschehen, vorharren, so demselbigen ThumbCapittul, Jedoch auf gudt erachtten der Furstlichen Holsteinischen Räthe, und gesandten, nicht zu wiedern sein, Das, ungeachttet die Sachen nuhmehr zu einem anderen Stande kommen, erkleretermaßen, die mit verwahrung der Häuser und SamptRegierungh, biß zu der ankunfft Des Newerwöltten Hern, und Lenger nicht, durch der Semptlichen Stende verordnunge, werde verwalttett, unndt gleichwol darundter obesagtter maßen, Diese Irrung auch waß sonsten, ein standt über den andern sich zubeschweren, Zum außtrage gezogen, wie es dan auch das ThumbCapittull, der Juramenten halber der Personen, so bey Itzt abgangener Sedis vacantz Ihnen geschworen, bei Ihrer erclerungh, nemblich der Extension, auf das ganze Erzstifft lest bewenden, Unndt darbey weidter dem Herkommen zuwieder, kein newes weis einzuwilligen, Achtens auch dafur, Das mit keinem Recesse, In seinen rechtten verstande zubeweisen, Das wie Itzo gesuchtt unndt angemuttet wirdt, Die StifftsBeampten oder Diener, Jemahls Jemandts anders, alß einem Erzbischoffen und dem ThumbCapittul gewondtliche Ayde und gelübtte geschworen, oder schweren angehalten worden, Deßen man sich auf den Baßdaelschen Recess Anno 31., Dan auch auf dem Vördischen Recess Anno 54, Am tage Vincula Petri,[2] wil gezogen haben; Ist auch dergestald von Altters, biß auf dieße Jegenwerttige stunde in Usu, Exercitio & observantia quiete hergebrachtt.

[5.] Nach deme auch vorgegeben wirdt, alß solten die Capitulationen den Recessen zu wieder seinn und das dahero deren editio begertt p. Is vormerkett, Daß man des Rechtten verstandes der Recessen, noch von einander ist, Unndt müeße derwegen der Rechtter vorstandt derselbigen, durch Rechtt oder guedte, Unndt also durch den Dritten zu tage gebrachtt werden. Wan nun solches geschichtt, Alßdan wirdt an Ihme selbst, sich außfundigh machen, Ob solche Capitulationes den Recessen zuwiederen, oder nicht, unndt wirdt es darfur gehaltten, Sintemahl die von der Ritterschafft unndt Stette, Die mit Erzbischoffen Heinrichen, Auch ohne zweiffel, mit dem negst Abgestandenen Hern, Aufgerichtede Capitulationes, in handen haben, Darnach dan die Itzige zu reguliren, unndt sich darauß ein discrepantz, mit den Recessen thete befinden, sie hetten solches in kunfftiger handlungh anzudeutten, unndt umb deß willen an Itzo auf die Edition so viel deweiniger fueglich zu dringen, p.

[6.] Es erbeut sich gleichwol das ThumbCapittull, Das sobaldt die Recesse, untter den streittigen Stenden auf Itzt angezeigtte maeße, in einen einhelligen verstandt, unndt sollichem verstande gemÐÐß, die Capitulation nicht formiret sein soltte, Alßdan die Capitulation, in befundenen wiederwerttigen puncten, geenderett, unnd der new Electus, den Recessen in sollichen fellen, nachzuleben erinnertt soltte werden.

[7.] Weil dan auch weder Coëlectio, noch assensus sive approbatio, bei denen von der Ritterschafft oder Stetten, nicht hergebrachtt, davon auch die Recesse durchaus keine meldungh thuen, Sondern solches bevorab die Electio sive Jus eligendi seu postulandi, ein furnehme stücke, oder frey- unndt gerechtigkeitt, des ThumbCapittuls, die Approbationes unndt assensus der postulation und electio, Auch bei den Superioribus p.,

So ist geleisteder Ayde unnd Pflichtte halber, den ThumbCapitul nicht müglich, sich solche gerechtigkeit der Wahll oder postulation endtziehen unndt versmehlern zu Laßen, magh sich auch rechts und Billicheit wegen, nicht geziemen, den Superioribus[b] solch Ihr gebührendes Rechtt, ohne Ihren Consent und Fulborth, an des Dritten hende zuvorwenden p.

[8.] Laßen sich darbey beduncken, Das Ihre vorfahren, Auch sie selbst, bei vorigen, wie auch Itziger Wäel die sorchfaltigkeitt gebrauchett, auch die Hern diesem Ertzstifft vorhrgesatzett, Deren sich die von der Ritterschafft, Stette, oder anderer undtterthanen füeglich nicht zubeschweren, Unndt umb destoweiniger ursacht haben, Das ThumbCapittul, an solcher gerechtigkeitt, der Wäel zubetrüeben, noch auch Ihren getrewen fleis unndt sorchfaltigkeitt, mit einem beßeren danck, als noch zur zeidt geschichtt, zuerkennen unndt remuneriren, Welches dan das ThumbCapittul Wie gleichfals, die in der von der Ritterschafft unndt Stetten,

Jungst binnen Bremen ubergebenen schrifften, angezogener beschwerliche, gleichwol unerfindtliche Auflage, unndt was gleichen schlages, Deßen mehr zu Ihrer verunglimpffungh, von den einem unndt anderen, undter den gemeinen Man unndt Pöbell Spargiret, unnd noch tägliches Das Capittull, Dardurch weitter, bey menniglich in vorhaß zu setzen, Spargiret wirdt, vor dißmahl der geduldt mueß befehlen p.

[9.] Haben sich dargegen, Ihrer unschuldt, eines guetten gewißens, unndt aufrichigen gemuetes zuerfrewen, Welche unschuldt dan, hirnegst an unparteischen enden unndt örttern, da es sich gebüren will, soll werden dermaßen dargethan, das menniglich in der thadt zu befinden, Das mitt sollichen Auflagen, Dem ThumbCapittull zu viel unndt ungüdtlich geschehen, Unndt darmit billigh vorschonett worden sein soltte p.

(StA Stade, Rep. 5b, F. 92, nr. 14, Bd. 2, fol. 191r–195r).

a Registrett *in der Vorlage.*   b Superiobus *in der Vorlage.*
1 *So in der Vorlage, fol. 196v.*   2 *Oben nr. A.67 (1531 August 31) u. nr. A.136 (1554 August 1).*

260
Landtag, begonnen 1596 Dezember 23, Basdahl, fortgesetzt 1596 Dezember 29–1597 Januar 7, Stade

Landtagsabschied („Stadischer Rezeß") 1597 Januar 6

Genannte adelige Gesandte aus Schleswig, Holstein und Mecklenburg vermitteln in diesem Abschied des Landtags, der am 23. Dezember 1596 in Basdahl begonnen, wegen der Unbequemlichkeit bzw. Ungelegenheit des Ortes am 29. Januar nach Stade verlegt worden ist,[1] einen verbindlichen Vergleich in den zwischen dem Bremer Domkapitel und den Bremischen Landstände strittigen Punkten: (1.) Mitregierung der Landstände bei Sedisvakanz; (2.) Rechte der Landstände bei der Wahl eines neuen Erzbischofs; (3.) Beteiligung der Landstände an der erzbischöflichen Wahlkapitulation.

Ausschreiben: –
Protokoll: StA Bremen, 2-Z.2.c.3 (datiert Anno 1596 den 21 Decembris*).*
Abschied: StA Stade, Rep. 1, nr. 2082b (Or.-Ausf. Perg.; 8 unpag. Bll.; anhäng. Siegel stark besch. erh.). – StA Bremen, 1-O 1597 Januar 6 (Or.-Ausf. Perg., Großformat, anhäng. Siegel erh.). – (StA Hann., Cop. II 1, S. 344 ff.; 1943 verbrannt). – HStA Hann., Celle Br. 22, nr. 22 (Abschrift Ende 16. Jh.). – LA Schleswig, Abt. 7, nr. 1551, o. pag. (Abschrift Ende 16. Jh.). – StA Stade, Rep. 5b, F. 93, nr. 21 (Abschrift Ende 16. Jh.). – StA Bremen, 2-Z.2.a (Abschrift Ende 16. Jh. und zeitgleicher Druck). – Ebd., 2-Z.2.d.4 (2 Abschriften Ende 16. Jh.). – Ebd., 2-Z.2.d.4 (Abschrift um 1600; von Georg Musevius und Tobias Lauterbach unterschriebene u. beglaubigte Kopie einer Or.-Ausf.). – Ebd., 2-Z.2.d.4 (zeitgleicher Druck in 3 Exemplaren; nach einer von Georg Musevius und Tobias Lauterbach beglaubigten Kopie einer Or.-Ausf.). – StA Stade, Dep. 10, Hs. 7, S. 154–167 (Abschrift frühes 17. Jh.; darunter von anderer zeitgleicher Hand: Archiepiscopus J. Fr. hat diesen Recess in Anno 1597 Vreytags post 3. Regum confirmiret.*). – Ebd., Rep. 5b, F. 128, nr. 15a, fol. 23r–29r*

(Abschrift; 1. H. 17. Jh.). - StA Bremen, 2-Z.2.b.1 (Abschrift um 1600). - Ebd., 2-Z.2.b.2, S. 287-314 (Abschrift um 1600). - Ebd., 2-Z.2.b.3 (Abschrift um 1600). - Ebd., 2-Z.2.b.6 (Abschrift um 1600). - Ebd., 2-Z.2.b.5, S. 272-294 (Abschrift Mitte 17. Jh.). - HB DoG Verden, Stettswährende Receße, S. 101-119 (Abschrift 17. Jh.). - AR Stade, Hs. 9, fol. 186r-199v (Abschrift 17. Jh.; Marginalie fol. 186r: Ist von Kayser Rudolpho 1601 cassiret vide T. pag.). - *GWLB Hann., MS XXIII 1124, S. 179-203 (Abschrift 17. Jh.). - Ebd., MS XXIII 1125, fol. 86v-98r (Abschrift 17. Jh.). - StA Stade, Dep. 10, Hs. 11, S. 188-231 (Abschrift 18./19. Jh.). Regest: StA Stade, Rep. 81, Hs. 9 (Rep. Möhlmann 1), nr. 3951 (hs. korr. aus ursprgl. 3952a; nach der Or.-Ausf.). - Rep. Möhlmann 1 (masch.), nr. 3952a (ohne Tagesdatum; nach der Or.-Ausf.).*
Weitere zu diesem Landtag gehörige Quellen: *StA Stade, Rep. 5b, F. 93, nr. 22 (landständische Gravamina; privatrechtliche Angelegenheiten). - HStA Hann., Celle Br. 22, nr. 144 (Acta betr. den auf den 20. Dez. 1596 zu Vörde angesetzten Tag wegen Irrungen zwischen dem Bremer Domkapitel und Ritterschaft und Städten des Erzstifts). StA Bremen, 2-Z.2.d.4 (Korrespondenz u. Resolutionsentwürfe 1596 Dezember). - Kassationsakten: StA Stade, Rep. 5b, F. 21, nr. 7. - Ebd., F. 149, nr. 20, fol. 23. - Ebd., F. 149, nr. 23. - StadtA Buxtehude, LSt., F. II (ehem. D I 3), nr. 2 (Abschrift der Kassationsurk. Kaiser Rudolfs II. von 1601 Juni 26).*
Literatur: *Wiedemann, Bremen 2, S. 213. - Cappelle, Stände, S. 58-61 (nach Cop. II 1; datiert 1597 Januar 9). - Wohltmann, Landständen, S. 12 (datiert 1597 Januar 9, offenbar nach Cappelle). - EKO 7.II.1, S. 5. - Schleif, Regierung, S. 37, 48 u. 164. - Fiedler, Bremen, S. 209.*

Der Durchleuchtigsten Großmechtigen Hochwurdigen, Durchlauchtigen, Hochgebornen Fursten und Herrn, Herrn Christian deß Vierten zu Denmargken, Norwegen, der Wenden und Gotten, Koniges, Hertzogen zu Schleßwigh, Holsteinn, Stormarn und der Dithmarschen, Graffn zu Oldenburgh und Delmenhorst p., Herrn Ulrigs Hertzogen zu Mechlenburgh, Fursten zu Wenden, Graffen zu Schwerin, der lande Rostogk unnd Stargardt Herrn p. und Herrn Johann Adolffen Erwohlten Bischofn zu Lubeck, Erben zu Norwegen, Hertzogen zue Schleßwigh, Holstein, Stormarn und der Dithmarschen, Graffn zu Oldenburgh und Delmenhorst p., Abgesante Rhäte und zu nachbeschriebenen Sachen Vorordnete Commissarii und gudtliche Underhandlere, Wir Mander up Perßpergh zu Hegersholm und Heinrich Ramell zu Beckeschow p. Erbgeseßen, der Koniglich Mayestet zu Denmargken, Norwegen p. ReichsRhäte, Dietrich Moltzan Furstlich Mechlenburgischer und Pommerischer Landtraht, Erbgeseßen zu Ulrichshausen und Hagen, Jochim Baßewitz Furstlicher Mechlenburgischer Hofraht, Haubtman zu Dobertin, Erbgeseßen, zu Levitzow, Symon Warpup zu Ulnhausen Erbgeseßen, Drost zum Pinnenberge, und Ludwig Pincier, dero Rechten Doctor, Thumbdechantt des Stifftes Lubeck, Thun Kundt und bekennen hirmitt offentlich: Nachdem kurz vorwichener zeidt Hochermelter Herr Bischof zu Lubeck und Hertzog zue Schleßweigh, Holstein p., Unser gnediger Herr der Ertzstifft Bremen, Welchem I. F. G. etzliche jhare loblich, woll und nit ohne sondern frommen gedeyenns und auffnemen in gueter ruhe und frieden also vorgestanden, Das die sembtlichen Stende sich deßen underthenigst bedancket auß sonderlichen hochwichtigen Uhrsachen, einem Ehrwurd. ThumbCapittell wiederumb freiwillig resigniret, und bei solchem ruhiglichem Wolstandt abgetretten, Daruber aber und nach solcher renunciation zwischen den Ehrwurdigen, Edlen, Ernvesten, Hochgelarten, Erbaren und Wolweisen Hern ThumbProbst, Dechant, Seniorn und gantzem Capitull an einem, und gedachts Ertzstiffts etzlichen von der Ritterschafft und Stätten Bremen, Stade und Buxstehude anderstheils, sich allerhandt weithin außsehende mißvorstandtnuße erhoben undt zugetragen, Dabei nicht alleine ietzo benante streitige Parteyen in weittleufftige wechselschreiben, sondern auch in ein solch mißtrawen geraten, Das weder durch gudtliche, vor diesenn von Hochgedachten Hertzogen Johan

Adolffenn Zue Holstein p., Unserm gnedigenn Herrn angeordnete, und durch S. F. G. abgeschickte Rhäte gepflogene wolgemeinte unterhandlunge noch auch durch anderer friedtfertiger gudthertziger leute bemuhung, zu geschweigen unter sich selbst gedachte uneinige Parteyen zu beßerer vorstandtnuß gebracht werden mugenn, Ja auch die eingerißene zweihelligkeitten und vorbitterunge, so weit uber handt genommen, Das die auf den Hochwurdigsten Durchlauchtigen, Hochgebornen Fursten und Herrn, Herrn Johans Friedrichen, Erwöhlten Ertzbischoffen zu Bremen, Erben zu Norwegen, Hertzogen zu Schleßweigh, Holstein p., Unserm Gnedigsten Hern, von gemeltem ThumbCapittull volnzogene einhellige Whall wiedersprochen, und S. F. G. folge und gehorsamb geweigert, Wie auch den Herrn residirenden Capitularn und ihren dienern, der frey auß- unnd eintzugk in die Stadt Bremen, und Ihre daselbst habende Residentz gehindert und gewheret worden. Auß welchem allein, da deme nicht durch reiffen raht und guete sorgfeltigkeidt vorgebauwet und die eingefallene streitigkeit zu träglichen wegen gerichtet worden where, nicht allein dem gantzen Löblichen Uhralten Ertzstifft Bremen und deßen eingeseßenen, sondern auch den benachbarten anreinenden Landen und Herschafften, Ja dem gantzen Niedersechsischen Krayße große unruhe, unleidtliche weitleuftigkeidt und daraus folgender unwiederbringliger schade und nachtheill liederlich hette ubergebracht werden und zuwachsen konnen, wie deßen in der nähe und an weiter abgelegenen öhrtern exempla mher dan gnug vor augen, Welchs aber alles Hogst- und Hochgedachter I. I. I. *[sic]* Kon. Maytt. und F. F. G. gerne vorhuetet, undt derentwegen unter den Semptlichen Stenden des Ertzstiffts vortrawlige guete vorstandtnus wiederumb angerichtet und erhalten sehenn wollen; Und derwegen Unß auß sonderliger gnedigster und gnediger Väterliger gewogenheidt, damit Sie gemeinen frieden und den sambtlichen Stiffts Stenden zugethan, zu wiederstifftungh gutes vortrauwens undt einigkeidt, ahn dieselbe Ihrem an Sie zuvorn gethanem Schreiben unndt dero allerseits darauf eingeschickten underthenigsten und undterthenigen erclerungen und bewilligungen zu folge, mit notturfftiger Instruction und Creditiven gnedigst und gnedig abgeordnet und bevehligt unß bestes muglichs fleißes zubemuhen, das nochmaln die erreugte mißhelligkeitten und hochbeschwerliche Irsalen, in der guete, durch trägliche mittell aufgehoben und dardurch aller besorgenden gefhar gewheret und vorgebauwet werden muchte, Welchem Koniglichem und Furstlichem befelich undertheinigst und unerthenigh zu gehorsahmen vor Unß auch gemeinen friede zu befurdern, und soviell An unß under den Bremischen Voreingesetzten Stiffts Stenden gutes Vortrauwen wiederumb auffzurichten Wir Unß pflichtich befunden undt willich gewesen; Das derowegen Wir Unß den Drei und Zwantzigsten tagk Decembris deß abgelaufenen Sechs und Neuntzigsten jhars, erstlich ghen Baßdahll, da die gemeine Stiffts Stende zusahmen gewesen, und sich in gueter antzall finden laßen, begeben, und nach uberreichungh der Creditiven, Unsern habenden Konigh- und Furstlichen befehlich vormuge dero Unß zugestalten Instruction Ihnen angemeldet, und Sie mit allem fleiße zum frieden getreuwlich erinnert unnd ermahnet. Dieweill aber derselbige ohrt gar ungelegen gewesen, Unß mit Ihnen vorgliechen haben, Das die vorgeschlagene gudtliche wolgemeinte handlungh in der Stadt Stade den Neun und Zwantzigsten berurtes Monats Decembris continuirt werden solte. Gegen welche Zeitt dan nicht alleine Wir Unß in die Stadt Stade begeben, Sondern Auch mhergedachte Stiffts Stende doselbst ankommen, und des morgens vormittage vor Unß auf dem Rathause erscheinen seinn.

Wan Wir Unß nun in Crafft empfangenen befehlichs und uff vorgangene gudtwillige der Parteyen beliebung, und mit Ihrem gueten vorwißenn im nhamen Gottes nach fleißiger trewhertziger ermahnungh, wie viel Ihnen zu allem theilen am gewunscheten friede und ruhe des vatterlandts gelegen, zwischen denselben der gudtlichen handlunge unterfangen, und auß denen Unß von beiden theilen so woll schrifftlich zu gestelten Actis und Documentis alß auch mundtlich gethanen außfurlichen bericht gespuret und befunden, Das obwoll allerhandt mher Irrunge vorgewesen, und ein jeder jegen den andern mher sonderbare Gravamina gehabt, dennoch der itzige Streit vornemblich auff dreien Puncten beruhet:

[1.] Erstlich, wie eß mit der Regierung deß Ertzstifftes tam vacante sede quam repleta seu existente Archiepiscopo;

[2.] Vors Ander wegen der Election aut saltem consensus et approbationis eiusdem;

[3.] und dan zum Dritten, der Capitulation zu halten sei.

Bei welchen Puncten die von der Ritterschafft und Stedten darauf gestanden, das nach beschehener hochernantes Herrn Bischoffen zu Lubeck und Hertzogen zue Schleßweigh Holstein resignation des Ertzstiffts die Herrn des ThumbCapittels, die Stiffthshauser allein zu occupiren; Die Beampten und diener auf denselbigen, wie auch die Burger in den Flegken und Vogte in den Dorffern und landen, in Eidt und Huldigungh zunhemen, und sich der Regierungh allein anzumaßen, und die andern Stende von Ihrer gerechtigkeidt und dern poßeßion vel quasi zuvortringen nicht befuget, sondern dieselben vormuge etzlicher in vorzeiten zwischen allen des Ertzstiffts Stenden und gliedtmaßen aufgerichteter Vorträge und Receß, mit dartzu zuvorstaten, Auch sunsten wegen der geschwinden leuffte und itzigen zeiten daran zusein, das die Electio oder postulatio mitt nachRaht und Consent der andern Stiffts Stende geschehen, oder denselben jhe das jus approbandi electionem gelaßen, Wie nicht weiniger die Capitulatio, so bißhertzu ohne der Stende wißen mit den Herrn Electis oder postulatis außgerichtet zu vorschein gebracht und dadurch den andern Stenden kein præiuditz oder nachteill zugetzogen, sondern solche Capitulationes den Alten Receßen gemeß formiret werden muchten, schuldich gewesen und noch sein p.

Einn Ehrwurdich ThumbCapittell aber angetzeiget, Das Sie von vielen undengklichen jharen geruhiglichen hergebracht, auch biß auf jegenwertigen erreigtenn streitt, vormuge gemeiner Rechte und durchgehenden gebrauchs dieser und Anderer Ertz- und Bischoflichen ThumbKirchen in quieta poßeßione gewesen, und noch seinn, das sie nach todtlichem abfahll oder beschehenen abstande der Ertzbischoffe, die Stiffts Heuser occupiren und Vorwaren, Die Beampten und Undterthanenn dem kunfftigen Herrn und Stiffte zu guete in Pflicht und Huldigung nhemen, unnd die Regierungh des Ertzstiffts, und was dern anhengigh, vorwalten, auch sede repleta

Hauß- und Hofordnungh mit Ihrem Rhatt unnd consens mitanordnen, und alle und jede Stiffts diener sich sowoll alß dem Herrn Ertzbischoffe schweren laßenn, Wie dan newe Herrn und Bischoffe erwehlen oder postulirn und mit denselben ohne der andern Stende raht und Zuthuen Capitulirn mugen und kunden, Unnd das die angezogene Recesse, wan Sie recht angesehen und außgelecht werdenn, ihnen desfals gar nicht entgegen seinn.

Die Parteien aber daruber in puncto juris, sinthemaln Wir Unß keiner ordentlichen oder prorogirten jurisdiction zu gebrauchen, weittleuffigh disputiren zu laßen, nicht rhatsamb, sondern nach jetzo geschaffenen Sachen dienlicher und furtreglicher erachtet, auf leidliche billige mittell zugedencken, dardurch Sie, wo nichts ewigh, endtlich, bestendich und zum grunde vortragen, Jedoch auf zeidt und weill (:bis sie sonsten noch durch andere, fernere, güdtliche unterhandlung, oder In dern entstehungh durch ordentliche Rechtliche Spruch und erkandtnus entscheiden:) Zue guetem frieden und einigkeidt voranlaßet und vorgleichen werden muchten; Alß haben Wir fur erst etzliche Unsers ermeßens nit undienliche unvorgreifliche mittell furgeschlagen, und dieselbige beiden Parten schrifftlich zugestelt, und ihr bedencken auch in schrifften, und das Sie unß fur sich selbst, da ihnen jhe Unsere Vorschlege nit annemblich, guete mittell an die handt geben muchten, begheret.

Wiewoll nun solche Unsere wolgemeinte vorschlege, keine stadt haben noch angenommen werden konnen, die von den streitigen theilen beiderseits ubergebene resolutiones auch soweit voneinander gewesen, Das Wir sie daruber keines wegeß zusahmen zubringen, noch ein gantz vollnkommenes bestendiges wergk zumachen unndt anzurichten gewust, ohngeachtet Wir etzliche tage vorgeblich damit zugebracht; Darmit Wir doch nicht gantz und gar nicht alle muhe und Arbeidt vorgebentlich angewendet haben, ungeschaffener dinge wiederumb zurugk ziehen, und die getrennte Stiffts Stende unentscheiden und unvorgleichen pleiben, auch kunfftig fernere unruhe, thätligkeit unnd zweitracht vorhuetet, und bestendiger friede erhalten werdenn muchten, Und auf das auch insonderheidt und zuforderst der Newe Erwöhlter Herr Ertzbischof, Unser Gnedigster Herr, der beschehenen Wahl biß zu der höhesten Obrigkeit allergnedigsten approbation wircklich zugenießen, Und die Stende darentjegnen von I. F. G. wiederumb zugewarten haben, was getrewen underthanen vonn Ihrer Obrigkeidt billich geburet, Und dadurch desto beßer In dem Ertzstiffte alleß Zue guetem Vortrauwen gerichtet, die vorbitterte gemuter wiederumb gelindert unnd zusahmen gebracht, und ein anders beschwerlichs nachdencken gehindertt wurde, Daß Capittell auch sampt ihren dienern und Gesinde wiederumb Zu Ihrer residentzhoffenn, In Die Stadt Bremen einen sicheren ein- und Außzugk bequemen;

So haben Wir endtlich zwischen allen theilen die sachen mit ihrer allerseits gudtwilligen Consens und beliebungh durch Gottliche vorleihung darhin behandelt unnd vorabscheidet:

[1.] Erstlich, So Viele die Regierungh anlanget, Das es biß solange ein anders in guete oder zu Rechte vorgleichen oder erkant wirdt, Welche gudt- oder Richtliche wege dan coram Arbitrario oder respective competenti judice und an ohrtern und enden, dahin des einen oder andern theils notturfft erfurdern wurdt, die Sache zubringen, und zuclagen, Oder auch unter den streitigen Stenden selbst zuvortragen, sowoll dem einen alß anderm theill da einiger sich hindurch graviret oder beschweret zusein erachten wurde, hirmit frei und unbenommen bleibet, unvorbruchlich gehalten werden soll, wie hernach folget:

Ein jeder Standt, alß die Herrn des ThumbCapittuls, die Prælaten, Ritterschafft unnd Stedte Bremen, Stade und Buxstehude, soll auß sich gewiße Personen, zu Landt- oder StifftsRhäten ernennen, und vorordnen, welche deß Herrn Ertzbischoffes unnd Ertzstifftes bestendige LandtRähte sein und pleiben sollen, Eß sei gleich daß Ertzstifft mit einem Haupt oder Ertzbischof vorsehen oder nicht, und derselbige in- oder außerhalb landeß, welche sich des Stiffts Sachen und gueter (:darunter Doch Geistliche digniteten, beneficia und dergleichen, so der Herr Ertzbischof allein zuvorleinen, nicht zuvorstehen:) bestes fleißes mitbevohlen und angelegen sein laßen, Also das ohne dern raht und vulbort darinn nichts gehandeltt noch geschloßen, Auch mit derselben Rhat das Regiment mit Landtrosten, Cantzler, Hoffrähten, Rentmeistern, Amptleuten, Voigten und dergleichen dienern jetzo und Jedesmals, so offt es nötig (:das jedoch des Herrn Ertzbischoffen und Landesfursten gudtachten sich niemandt, ohne erhebliche ursachen, welche von gemeinen Stenden fur gnugsamb erkandt werden konnen, opponire und wiedersetze:) bestellet werden, Welche neben dem gewohnlichen Eide, darmit Sie sich dem Herrn Ertzbischoffen vorpflichten, auch Dem Capitull und Vorordnetenn LandtRäten algemeiner Stende mit glubden und Eide zu fester haltungh dieses unnd anderer mit und unter den Stenden im Stifft sampt oder besonderlich aufgerichteter Receße; So dan auch, das Sie auf alle velle einer sedisvacantz die Stifftsheuser Unndt Schlößer einem Ehrwurdigen Capitull und[a] dem gantzen Stifft und allen deßelben Stenden zu gute halten sollen, biß solange die Election geschehen, unnd nach erfolgter Intimation dem Electo die Regierung wieder aufgetragen wirdt, sich vorwandt machen sollen, Fur welchen StifftsRäthen sampt den Furstlichen vorordneten Hofräten, auch jharlichs geburliche Rechenschafft von Allen beampten, biß in die Furstliche Cammer geschehen, sede vacante aber alle einnhame und außgabe dem ThumbCapittell und denn vorordneten LandtRhäten semptlich vorrichtet, Wie auch tam repleta quam vacante sede eß mitt der Einsamblungh, anwendungh und berechnung deß bewilligten schatzes, nach laut des Receßes gehalten werden soll. Mit dern Rhat die justiz vorwaltet, gute ordnung, wo und wan es vonnöten gemachet, die auch zu wichtigen Privatsachen, insonderheit aber auf der Parteyen begern und unkosten, getzogen, und mit denselbigen und andern der deputirten auß den Stenden neben den Furstlichen Hofräthen nicht alleine die Hof- und Oberlandtgerichte, sondern auch die Unter- und Landtgerichte, Jedoch ohne des Herrn Ertzbischoffen uncosten, besetzet, und die bruche und Poenen moderirt und abgehandelt werden, Auch alles anders, waß noch mher In den Vorigen Receßen (:so hirmit nicht aufgehoben, sondern vielmher hirmit confirmiret und bestettiget sein sollen:) vonn Stiffts- und dergleichen Sachen constituirt und vorordnet, und sunsten von alterß hergebracht, dieselbigen thun und vorrichten helfen; Mit der fernern ercler ung, das sede vacante deß Stiffts heuser nicht von den Capitularn alleine, Sondern von denn sembtlichen Stenden durch Ihre vorordnete in vorwahrung und vorwaltungh genomen, Rhäte und dienere, aufs newe zu behuef des gantzen Ertzstiffts und aller Stende, deßselbige beeydiget, und die Regierungh gesampt und zugleich in allen und jedenn Sachen sive publici sive privati iuris fur die Furstlichen *[sic]* Regierung gehörich administriret und vorwaltet werden; Und in eines Ehrwurdigen ThumbCapittuls unndt Ihrem nhamen die Mandata, Citationes, Commissiones und was dergleichen Ist, auß- und abgehen sollen, biß und solange die Election geschehen und dem Hern Electo der Ertzstifft und deßen Regierungh aufgetragen und tradiret wirdt.

Wan aber solche sachen vorfallen, das daran dem gantzen Stiffte gelegen, oder sunsten jemandt von denn Stenden oder gliedtmaßen dardurch mergklich vornachteiliget werden konte, Sollen dieselbige tam vacante quam non vacante sede Archiepiscopali von den StifftsRäthen vor die algemeine Stende und gliedtmaßen deß Stiffts devolviret und remittirt, Insonderheit aber keine voreußerungh oder vorpfandung, Erblich oder auf lebezeidt, der Stifftsgutere, wie dan auch mit frömbder Herschafft vorbuntenuße ohne algemeiner Stende raht und consens geschehen und aufgerichtet werden p.

[2.] Den andern punct, Der Election, alß auch consensus et approbationis Electionis betreffende, und wie eß darmit in kunfftigen fellen gehalten werden solle oder nitt, Ist vorabscheidett und von allen theilen gudtwillich angenommen, Das derselb Punct, weil ein Ehrwurdich ThumbCapittull sich darhin ercleret, Das ihnen darinne Ihrer Eidt und pflicht halben, auch andern Stifften zu vorweißlichen vorfangh Ichtwat nachzugeben unmuglich, zu fernerer gudtligen vorgleichung oder Rechtligen außtrage außgesetzet und vorstellet werden, Und ein jeder theill sich daran ersättigen und begnugen; Ein Ehrwurdig ThumbCapittull auch solange bey Ihrem gebrauch der Election, wie hergebracht gelaßen, und daran keines weges turbiret oder gehindert werden solle p.

[3.] Furß Dritte, die Capitulation angehende, dern Editio oder entstehung, dero Caßatio von der Ritterschafft und Stetten instendigh begeret und gefurdert worden, Vom ThumbCapittull aber nicht eingeraumet und gewilliget werden wollen, Hadt man sich einhelliglich darhin resolviret und vorgleichen, Das dieser Punct Capitulationis und ob ein Ehrwurdig ThumbCapittull mit Den Herrn Eligendis oder Postulandis Alleine zu capituliren befugt, Oder aber die andern Stende mit darzu zuziehen, oder denselben die Capitulationes zu ediren, gleichermaßen zu gudtligen oder Rechtligen entscheide und außtrage heimbstehen, und außgesetzet; Innmittelst aber die mit dem Herrn Electo aufgerichtede Capitulation in suspenso und ohne effect, krafft und wirkungh, der Herr Erwohlter Ertzbischof auch daran nicht vorbunden oder gehalten sein, Sondern es bei der Capitulation oder jurament Weilandt Ertzbischof Christoffern Christmilter gedechtnus, wie dieselbige corrigiret, inß reine geschrieben, und von Dem Herrn Erwöhltem Ertzbischoffe vorsiegelt, und mit S. F. G. handt unterzeichnet, auch festiglich zuhalten ducali fide zugesagt ist,[2] so lange und biß dieser Punct in gute auf andere wege gerichtet, oder Aber zu Rechte erörtert ist, ohne andere und weitere voranderung bewenden und pleiben soll.

Hirjegen haben sich die von der Ritterschafft und Stetten, auß freiem muth, wißen und willen darhin ercleret unnd erbotten, Das sie Hochsternanten Herrn Ehrwöhlten Ertzbischoffen, Hertzogh Johan Friedrich fur ihren LandesFursten unnd Regierende Obrigkeidt underthenigst erkennen unnd eheren, S. F. G. auch alle pflichtige folge gehorsamb, und was sunsten die schuldigkeidt von getrewen underthanen erfurdert, altem herkommen nach, unweigerlich præstiren unnd leisten wollen; Wie dan auch I. F. G. hinwiederumb die Samptlige Stende und alle underthanen Dieses Stiffts, alß ein lobliche Obrigkeidt, in ihren schutz und schirmb nhemen, bei gleich, Recht, Privilegien, frei- unndt gerechtigkeidt, Insonderheidt auch diesem Abscheid Furstlich handthaben, unndt gegen menniglichen sich also betzeigen, Das sich niemandt uber I. F. G. mitt fuegen zubeschweren haben sollen.

So will und soll auch ein Erbar Rhatt Der Stadt Bremen, die ernst und gewiße vorsehung thun, Das die Herren Capitularn, sambt Ihren Dienern und gesinde zue Ihren Residentzen und wohnungh in der Stadt Bremen vehlig und sicher auß- und einziehen, dieselbigen nach altem herkommen bewohnen, und jetz alßbalt und ohn allen vorzugk darzu wieder gestattet, von ihnen, Ihrer burgerschafft unnd Inwohnern, mit einiger vorgewaltigung, hemmung, hinderung, oder wie eß sunsten nhamen haben magk, nicht beschweret, bei allen Ihren hergebrachten accise freiheidt, und andern immuniteten, die Ihnen dan hiemitt außtrucklich reserviret und vorbehalten sein sollen; Ohne beeinträchtungh, trangsall, schmach und hohn gelaßen, auch darbei von einem Erbarn Rhatt geburlich geschutzet und gehandthabet werden; Wie auch aller ander wiederwill, so zwischen einem Ehrwurdigen ThumbCapittell, und denen von der Ritterschafft und Stedten obspecificirter Puncte halben eine Zeidthero gewesen, hirmit und durch diesen vortragk gentzlich aufgehoben und kein theill jegen das ander solch vorgewesen Mißtrauwen, inß kunfftige eiffern; und da deßwegen Ein Ehrwurdig ThumbCapittell dieser außgesetztenn oder andern Puncten oder zuspruch halber Proceße außbringen und Rechtsfertigungh anstellen wurde, daßelbige zu Keiner ungedult vormergken noch in einigerlei weise sich daruber beschweren wollen, Sondern einer mit dem andern In guter freundtschafft und vortrawligem wesen, wie vorhin geschehen, auch hinfuro leben, dem Rechten seinen ungehinderten lauf und an deßen außtrage sich sättigen laßen soll; Inmaßen dan die Prælaten und vom Adell, so sich mit den andern unirten nicht vorbunden, und vormuge eines uns den Konigh- und Furstlichen Abgesanten Rhätenn ubergebenen Schreibens, darvon abgesondert, und mit den entstandenen mißvorstantnußen nicht zuschaffen haben wollen; ebener gestalt von den andern vom Adell unnd Stetten mit unzeitigen aufrugkenn, Schmehungen[b] oder irgentswomitt nicht graviret, Sondern zwischen allen und jeden deß Ertzstiffts glidtmaßen friede, ruhe, und einigkeitt, alß sich solchs auch ohne das zwischen Brudern, Oheimen, Schwägern, Vorwanten, freunden unnd benachbarten anderß nicht eigenet unnd geburet, bestendiglich erhalten werden; Wie dan die dieser irrungh halben aufgerichtete union oder confederation[3] hiemit aufgehoben, caßiret undt todt sein, auch von keinem Parte zu deß andern nachteill oder præiuditio in einigerlei weise angetzogen werden soll, Sondern da jemandt jegen den andern einige anspruch hette, solchs alles nit anderß, dan mit güte oder ordentlichem Rechte suchen und außfurenn, Sonsten aber keiner einiger andern gestalt eigenthätlich noch an seiner Persohn, angehörigen und Dienern vorgewaltiget, gefahret oder beschweret werden solle.

Jede und alle vorschriebene, und diesem Receße unvorleibte Puncta unnd Articell hadt ein theill Dem andern, stete, vast und unvorbruchlich zu halten, Unß den Konigh- und Furstlichen Abgesanten und Commißarien mit handtgegebener trew, bei Adelichen Ehren, und gutem glaubenn gelobett, Auch darauff unter sich selbst alßbalt einer dem andern die handt gegeben, Und wieder diesen vortrag und abscheidt mit der that nimmer zuthun und zuhandelen, Noch auch darwider einige Exception oder behelf, wie Die Nhamen haben, und erdacht werden muchten, Dern Sie alle nicht anders, als wan sie wörtlich hirin specificiret, sich begeben und außtrugklich vorziehen, heimblich oder offentlich vor sich selbst oder andere zugebrauchen zugesagt und vorsprochen, alle geferde und argelist gentzlich außgeschloßen.

Deßen zu Uhrkundt sein dieser Vorträge Funffe gleichslautes geschrieben, und durch die obgenante Koning- unnd Furstliche Abgesanten, und gudtliche unterhändelere mit ihrem angebornen und gewohnlichen Pitschieren, durch ein Ehrwurdich Bremisch ThumbCapittull mit Ihrer Kirchen Signet, durch Henneke von Brobergen Præsidenten Zum Baßbeke, Bartolt Schulten zu Horneburgk, Segebandt Cluver zu Vollen, und Luder von der Lithe zu Ochtenhausen Erbgeseßen, an stadt und vonwegen der gemeinen Ritterschafft mit ihren angeboren Pitschafften, und dan durch Die Erbarnn Burgermeistern und Räthe der Stadt Bremen vor sich, und Ihm nhamen Stade, unnd Buxstehude mit dem großen der Stadt Bremen Insiegell vorsiegellt und bekrefftigt, Und einer darvon Hochstermelten Herrn Ertzbischoffen, der ander einem Ehrwurdigen ThumbCapittull zu Bremen, der Dritte denen von der Ritterschafft, und der Vierte Und Funffte den Stetten Bremen und Stade zugestellet p.

Welchs geschehen zu Staden, am tage der Heiligen Drei Köninge, im jhar nach der geburt Unsers Erlösers Jesu Christi Tausendtt funffhundertt unndt Sieben unnd Neunzigk.

(StA Stade, Rep. 1, nr. 2082b).

a *und in der Vorlage von gleicher Hand über der Zeile nachgetragen.* b Schmehungen *in der Vorlage von gleicher Hand über der Zeile nachgetragen.*

1 *Dieser Grund für die Verlegung dieses Landtags wird auch in nr. A.262 genannt.*   2 *Cassel, Bremensia 1, S. 100–112 (1511 Dezember 11).*   3 *Oben nr. A.252 (1596 September 23–26).*

261

Derselbe Landtag

Landtagsabschied

Weitere Beschlüsse desselben Landtags, die folgenden Punkte betreffend: (1.) Ausschreiben des nächsten Landtags auf den 26. Januar (1597) in (Bremer-) Vörde; (2.) ‚Tradition'; (3.) Eidesleistung der erzbischöflichen Bediensteten; (4.) Verlesung der Rezesse vor denselben Bediensteten.

Ausschreiben: –
Protokoll: –
Abschied: GWLB Hann, MS XXIII 1125, fol. 98v–99r (Abschrift 17. Jh. unmittelbar an die Abschrift von nr. A.260, 1597 Januar 6, anschließend).
Weitere zu diesem Landtag gehörige Quellen: –
Literatur: –

Noch ist abgeredet zu Stade:

1. Daß alle Stände den 25sten huius zu Vhörde einkommen sollen, ist auff Conversionis Pauli.

2. Bey der tradition soll Capitulum repetiren Ihre tradition unnd erInnerung thun, dz vormuge Itzigen vortrags die Andern stende auch da wehren, Dieselbigen zu Ratificiren unnd Ihreßtheilß so viell Ihnen geburt zu tradiren.

3. Dz Landtroste, Cantzler, Hoffräthe, Rentmeister, Amtleute, Greven unnd Voigte unnd Andere dergleichen dienere da sein, unnd erinnert werden, Daß eß bei der Eideß leistung Jegen S. F. G. gelaßen, Deß Capittelß Eydt, Aber vormuge Itzigen auffgerichten Recesses vorstunden werden solte, dz ehr in aller stende nhamen zu behueff deß gantzen Erzstiffts geschehen und gemeinen stenden zum besten gemeinet wehre, Auch von Ihnen also vorstanden werden solte.

4. Daß Allen denselben dienern Die Recesse vorgelesen werden p.
(GWLB Hann, MS XXIII 1125, fol. 98v–99r).

262

Derselbe Landtag

Domkapitularische Protestation, 1597 Januar 7, Stade, Hof des Erzabts von Harsefeld

Das Bremer Domkapitel protestiert schriftlich gegen die Artikel des Landtagsabschieds vom Vortag (nr. A.260), und erklärt, diesem Abschied nur unter Zwang zugestimmt zu haben.

Urkunde: StA Stade, Rep. 1, nr. 2083 (unbesiegeltes Notariatsinstrument, Perg.). Regest: Rep. Möhlmann 1, nr. 3951.

Im Nhamen der Heiligen Drievaltigkeit Amen. Sei kundt und offenbar allen und Jeden durch dieß offne Instrument, daß nach der geburdt Christi Jhesu Unsers Lieben Herren und Seligmachers im Jare alß man zalte Funffzehen Hundert Neuntzig und Sieben, in dem Zehenden der Romer Indiction oder Zinßzall, Die Zeit und Regierung des Allerdurchleuchtigsten Großmechtigsten Fursten und Heren, Herrn Rudolffen des Nhamens des anderrn, Erwehlten Romisschen Kaysers, zu allen zeiten Mhereren des Reichs, in Germanien, zu Hungern, Bohaimb, Dalmatien, Croatien und Schlavonien Kuniges, Ertzhertzogen zu Osterrich, Hertzogen zu Burgundt, Steyr, Carnten, Crain und Wirtemberg, Graffen zu Tyroll, Ihrer Kay. Maitt. Reiche des Romischen und Boheimischen im ein und zwantzigsten, des Hungarischen im Sechs und zwanzigsten Jaren, Freitages den Siebenden tagk Monats Januarii stylo antiquo, ungefher um zehen uhren vor mittages, binnen der Stadt Stade, Bremissches Ertzstiffts, uff des Herrn Ertzabts zu Hertzfelde aldar binnen Stade gelegenem hove, uff der stube daselbst, ein Erwurdich Bremisch Thumbcapittull rahts weise zusammen gewesen, dieselbigen Herrn eines Erw.^{d} Thumbcapittuls uns nachbenanten offne Notaren mit sampt Zweien glaubwurdigen gezeugen zu sich uff die Stuben berueffen und gefurdert, und daselbst durch den Erwurdigen, Edlen und Ernvesten Herrn Otto von Duringen Thumbdechanten anzeigen und vormelden lassen, Was gestalt die Konigliche und Furstliche Dennemarkesche, Mecklenburgesche und Holsteinische, zu gutlicher verhor und vorgleichung zwisschen Ihren Erw.^{d} und etzlichen von der Ritterschafft und semptlichen Stetten erweckten beschwerlichen mißvorstende abgefertigte Rethe und Gesandten nach lengest gepflogener handlung, einen vormeinten vortragk oder abscheidt, Zwisschen Ihren Erw.^{d} und deren Jegenteile auffgerichtet, welcher also gethain und geschaffen, daß er in viele wege, Ihren und Ihrer Thumbkirchen, Jha der Heren Ertzbischoven selbsten wolhergebrachten freigheyten, rechten und gerechtigkeiten hochnachteilig und abbruchig sey. Zudeme, daß in und bei erthedigung *[sic]* solches vormeinten vortrages dergestalt in Ihre Erw.^{d} gedrungen, und sonst woferne solche vortrages mittell nit stattfinden mugen, die eirsserste *[sic]* gefahr und eirticher *[sic]* vorderb deß gemeinen Ertzstiffts fur augen gestanden, Daß obb gleich Ihre Erw.^{d} eusserlich denselbigen vortragk taliter qualiter angenommen, Sie jedoch mit gutem freien ungezwungenen gemuth und willen denselben nit beliebet, acceptiret oder eingegangen hetten, Noch unvorletzet Ihrer aidt und pflicht, damit sie gemelter Thumbkirchen vorwandt, Jha auch guten gelimpffs und nachrede bei Ihres Standes gleichen, also libere und ungezwungen annhemen und vorwilligen solten, konten und mochten. Wan dan Ihrer Erw.^{d} und derselbigen Thumbkirchen, Jha des gantzen Ertzstiffts notturfft erfurdert, wieder solche handlung und den begriffenen vormeinten vortragk sich Ihres frien gemuthes und willens offentlich vor uns Notarien und gezeugen zuercleren und dagegen zu protestiren, So wolten Ihre Erw.^{d} solches hiemit nach einhalt eines zugestalten beschriebenen und alhir aller negest inserirten protestation zettels in bester und bestendigster form rechtens, auch gewonheit, alßo gethain und vorrichtet haben. Ist darauff alßovort solcher Ceddull uber lanth gelesen und uns Notarien zugestalt mit gewonlicher

Requisition, wyr beide Notarien uber solche erclerung und protestation, Ihren Erw.ᵈ ein oder mher offne Instrumenta vorfertigen, und uns umb die gebuer mit theilen wolten; Haben auch dabei Ihre Erw.ᵈ uns beiden Notarien und den Zweien hierunden benanten gezeugen die aide und pflichte, darmit wie und Sie, die zeugen, dem Thumbcapittull vorwandt, Zu diesem actu volnkomlich erlassen; Und ist die protestation zettell des lauths und einhalts wie ietz folget:

Ein Erwurdig Thumbcapittull zeiget vor Euch Notarien hiemitt offentlich an, Waß gestalt in diesen zwisschen dem ThumbCapittul und etzlichen von der Ritterschafft und Stetten dieses Ertzstiffts Bremen eingefallenen beschwerlichen Mißvorstenden, darunter daß Thumbcapittull de facto Ihrer Residentz verstossen und von der Stadt Bremen zu ihrer hohen beschwerung und schmach abgehalten, die Konig. Maitt. zu Dennemarck, Hertzog Ulrich zu Mecklenburg und Hertzog Johan Adolff zu Holstein, Ihr Gnedigster und Gnedige Herrn, den streitigen partheien gutliche handlung vorgeschlagen, welche auch die partheien vorwilliget. Und demnach solcher handlung von I. I. Konig. Maitt. und F. F. G. G. abgefertigten Rethen zu Baßdaell den 23ᵗᵉⁿ negestvorlauffenen Monats Decembris ein Anfang gemacht und auß unbequemlicheit des ohrts solcher tractat anhero uff Staden vorlagt und damit schon gantze zehen tagen zugepracht. Ob nun woll ein Thumbcapittull bei dieser handlung dohin Ihr intent gerichtet, und sich zum fleissigsten bemuhet, daß sie bei der Thumbkirchen und Ihrem wolhergeprachten frigheiten, prerogaturen, rechten und gerechtigkeiten, und deren besitz vel quasi gelassen werden muchten, So hatt doch daß Thumbcapittull bei solchem handell in der thadt leider befunden, daß es nach Ihren befragten willen nicht hatt zugehen, Sondern daß zum hefftigsten durch die unterhandelungs Räthe in Sie, daß Thumbcapittull auch mit gantz scharffen bedrawlichen worten, gedrungen, die Jennige mittel, wege oder vortragk, ßo numher alhir angenommen, einzugehen, Ja clerlich von solchen Rethen vorstanden, daß ohne vorwilligung solcher mittell daß Thumbcapittull, dessen personen und diener zu Ihrer Residentz in die Stadt Bremen nicht konten oder mochten widderumb von den Jegenteilen vorstattet werden, Jha daß durch außschlahung solcher mittell wurde voruhrsachet und daß gewißlich zu besorgen sein, daß noch in vieler, Jha woll in zehen oder zwantzig Jaren, daß Thumbcapittull zu der Residentz und Stadt Bremen nicht wurde gelassen oder kommen konnen, Zudem tagliches de beschwerung und attentaten, von den Jegenteilen schon wieder, daß Thumbcapittull vorgenommen, sich wurden vorheuffen und gefehrlicher werden; Daß auch dem Newen Erwohlten Herrn Ertzbischoven, welchem der wirdigen Stende zum gehorsam und schuldiger folge sonsten sich nicht untergeben wolten, die Regierung zum hochsten beschwerlich gemacht. Und dan auch dem Thumbcapittull dieser langwherender handlunges tagk uberauß trefflichen uncosten vorursachet, und sich besorgen mussen, Da weiter handlung dieser wegen von den Herren Undterhandelern vorgenommen, Daß solches dem Thumbcapittell und der Thumbkirchen unertreglich fallen wurde, Derowegen haben Sie, daß Thumbcapittull auß solchen hohen bewegungen und befharnussen und darmit Sie ferner unheill,

413

Ja des gantzen Ertzstiffts als gemeinen vaterlandes vor augen schwebendes vorderben und underganck Ihres theils vorhueten, Auch wiederumb zu Ihrer Residentz und in der Stadt Bremen, bei daß Ihrige kommen mochten, den entlichen vorschlag und mittell des vortrages der undterhandelunges Rethe, welche mittull und vorschlach doch auch, von den Jegenteilen selbst hergekommen, nolentes volentes, nicht aber auß freien gemuedt und willen zu letzt taliter qualiter beliebet, Auch bei sich gantz woll ermessen und betrachten konnen, Ob gleich die mittell auff ein Interim und temporall werck gerichtet sein, daß Jedoch dieselbigen Ihrer und Ihrer Thumbkirchen hergeprachten frig- und gerechticheiten mher nachteilich alß vortreglich sein werden; Ercleren demnach Ihre Erw.[d] sich hiemit vor Euch Notarien und Zeugen vorbedechtichlich und offentlich und bedingen sich dessen zum zierlichsten, zu Ihrer und mhergemelter Thumbkirchen notturfft und besten, in omnem quemcumque effectum proficuum, Daß sie anderer gestalt alß ietz gesagt und alßo nicht spontanee Sondern per nimiam, instigationem, persuasionem ut metum compulsi et coacti, solche mittell und vortrag angenommen, Daß sie auch, wan sie darzu die angezeigte gefahr, hohe beschwernuß und vormeidung mherer ungelegenheiten, Zudem der underhandlunges Rethe beschehene vorhaltung von unzweivelicher vorungnadung, welche durch nicht bewilligung dieses vordrages bei Ihren Gnedigsten und Gnedigen Kunigen, Fursten und Heren, daß Thumbcapittull gewißlich zu gewarten hette, und waß dergleichen bedrawlichen und scharffen anzeig mher von den Heren undterhandelern dem Thumbcapittull und dessen anwesenden personen, bei dieser handlung, sein ins angesicht geredet worden, nicht gezwungen und gedrungen, Ihren consent und volbort nicht hetten gegeben oder geben sollen noch konnen, wie sie dan auch dem Heren Ertzbischove noch sunst Jemant anderst, der hiebei einig Interesse haben muchte, hiedurch nicht preiudiciren wolten; Zudem das alles und Jedes, waß ietz oder auch kunfftiglich in executionem und zu wurcklicher volnziehung solches vortrages zu mhall oder in einigem dessen stuck durch das Thumbcapittull oder auch sonderbare personen desselbigen wirt vorrichtet, vorgenommen und expedyret, gleichsfalles ob metum oder obangezogener ungelegenheiten halber geschehen und keiner anderen gestalt gemeinet noch vorstanden werden solle oder moge. Und requiriren daruff Euch beide Notarien, solches alles in notam zunhemen und Ihren Erw.[d] daruber ein oder mher Instrumenta derselbigen Ihrer gelegenheit nach, haben zugebrauchen, umb die gebuer zuverfertigen und mitzutheilen.

Wan nun wir Notarii uns schuldich und pflichtich erkennen, einen Jeden in seinen befuegten sachen uff angeregte Ihre requisition und erfurderen geburliche zeugnuß und uhrkunde mitzutheilen, nicht wissen zuverweigern. Und sein diese dinge geschehen binnen Stade uff des Heren Ertzabten zu Hertzfelde Hovenn, uff der Nideren stuben, Im Jare der Geburdt Christi, Kay. Regierung, Indiction, Monat, tage, uhr und stunde wie Oben, In Jegenwart und beisein des Ernvesten, Hochgelarten und Erbarn Tylemanni Zernemans der Rechten Doctoris und wolgemeltes Bremischen Thumbcapittels Syndici, und Niclaesen Steins Amptman zu Hagen, alß hierzu sonderlich erfurderten und erbettenes gezeugen.

(S.N.) Diweilen dan Ich Gerhardus Trekell Bremisches Ertzstiffts von Pabst und Kay. Maitt. gewalt und macht offner und am Kay. Cammergericht approbirter und Immatriculirter Notarius bei erzelung ergangener geschichte und darauff eingewandter protestation und bedingung, neben nachbenantem, auch Kay. Cammergerichts Immatriculirten und hierzu erfurdertem Notario und den ermelten Zeugen Jegenwartich gewesen, dasselbige alßo wir vorgerüret, anzusehen, erzelen, und einwenden, gesehen und angehoret, Alß habe Ich solches in notam genommen und folgents in diese offine Instruments form gebracht, Dasselbige geschrieben und unterschrieben, und mit meinem gewonlichen Tauff Zunhamen und Notariat Zeichen zu beglaubung und gezeuchnuß obbeschriebener dinge, darzu Ich dan sonderlich requiriret und erfurdet worden, unterzeichnet und bevestet.

ᵃ(S.N.) Und dieweil Ich Andreas Lange, von Königlicher Kay. Matt. macht und authoritet offenbarer, und am Hochloblichen Kayserlichen Chammergerichte Immatriculirter und approbirter Notarius, zusampt vorgemelten Immatriculato Notario und Gezeugen, auf eines Erwurdigen BremischenThumbcapittuls requisition und erfordern, bei obgesagter anzeige des Hern Thumbdechandts, und uberlieferung Des Protestation zettels Persönlich iegenwertig gewesen, Dasselbe also alles erzelen, gesehen, ungehort, und in notam genommen. Alß habe Ich diß Instrumentum, welchs obgesetzter Notarius Gerhardus Trekel daruber vorfertiget und ingrossirt, neben demselbigen, Zu mhererer belaubung und gezugnuß mit meiner eigenen handt, Thauff- und Zunamen untterschrieben, und mit meinem gewöhnlichen Notariatzeichen beurkundet. p

A:L s[ub]s[crip]si.ᵃ

(StA Stade, Rep. 1, nr. 2083).

a–a *von anderer zeitgleicher Hand in der Vorlage.*

263

Landtag 1597 Januar 26, Burg (Bremer-) Vörde, auf dem großen Saal

Landtagsprotokoll

Die Bremischen Landstände huldigen dem neuen Bremer Erzbischof Johann Friedrich; Überreichung von Geschenken; landständische Gravamina (betr. Halsgericht; Hofordnung[1]). Die Landstände beschließen, in Kürze auf einem nächsten Landtag hierzu weiter zu verhandeln.

Ausschreiben: in oben nr. A.260 (1597 Januar 6) genannt.
Protokoll: StadtA Stade, F. 8, nr. 4 b-e. – StadtA Buxtehude, LSt., F. II (ehem. D I 3), nr. 2. – StadtA Stade, L.S., 4b-e. – StA Bremen, 2-Z.2.d.4.
Abschied: –
Weitere zu diesem Landtag gehörige Quellen: StA Stade, Rep. 5b, F. 92, Nr. 14, Bd. 2, fol. 277r (Inhaltsverzeichnis der Akte mit Nennung dieses Landtags; 19. Jh.). – Unten nr. A.231 (1597 März 18).
Literatur: –

1 Vgl. LA Schleswig, Abt. 7, nr. 1145, fol. 2r–9v (Zeitgleiche Abschrift der Hofordnung von 1594 August 2).

264
Landtag 1597 März 18/19, Basdahl

Landtagsprotokoll

Die Bremer Landstände verhandeln über (1.) Nominierung der Landräte; (2.) Hilfs-Zahlungen des Niedersächsischen Reichskreises an das Reich; (3.) Formel des Eids der erzbischöflichen Beamten; (4.) Gravamina: Monita wegen Zusammensetzung de Domkapitels; (5.) (altersbedingte) Absetzung des Kanzlers Dr. Kaspar Koch.

Ausschreiben: –
Protokoll: StA Stade, Rep. 5b, F. 92, nr. 14, Bd. 2, fol. 385r–388r. – StadtA Stade, F. 8, nr. 4 b-e. – StadtA Buxtehude, LSt., F. II (ehem. D I 3), nr. 2. – StA Bremen, 2-Z.2.c.2 (Auszug). – Ebd., 2-Z.2.c.3.
Abschied: –
Weitere zu diesem Landtag gehörige Quellen: –
Literatur: Hauschildt, Landwirtschaft, S. 55, nr. 42.

Anno p. 97 ist zufolge des am 26.ten Monats tags Januarii zu Vorde genommenen Abscheides den 18. Martii ein gemeiner Landtag zu Baßdaell gehalten worden. Daselbst: Reverendissimus in der Person.
Der Landtdrost,[1] D. Casper Koch, Cancellarius, D. Daniel Brandt, D. Lorentius Lelius Conciliarii.

Auß dem Capittull: H. Ohrtgyß Schulte, Senior, Her Jobst von Galen, probst, Her Frantz Marschalck, probst, D. Zerneman, L.

Auß den prelaten: Her Luneberch Brummer, Ertzabt zu Hertzfelde, H. Jobst von der Beke, Abt zu Unser Lieben Freuwen binnen Stade, H. Herman von der Beke, probst zum Alten Closter.

Nobiles: In grosser Anzall.

Ex Civitatibus: Brema: H. Carsten Stedingh, Burgermeister, D. Johan Schaffenradt, Syndicus, D. Heinrich Kreffting, D. Ebhart Bornhorst, Rathsverwante.

Ex Stadis: H. Johan Hageman Burgermeister, Reinerius Longius Secretarius.

Ex Buxtehude: H. Johan Fockrelle Burgermeister, Franciscus Waßmer Secretarius.
[folgt das weitere Protokoll].
(StA Stade, Rep. 5b, F. 92, nr. 14, Bd. 2., fol. 385r–388r, hier fol. 385r/v).

1 *Johann Marschalck.*

265
Landtag 1597 März 28–29, Basdahl

Landtagsprotokoll

Die Bremischen Landstände verhandeln über (1.) eine Hilfe von 1 000 Pferden, entsprechend 6 Römer-Monate-Hilfe für den Niedersächsischen Reichskreis; (2.) Vorgehen gegen Bettler und gardende Landsknechte; (3.) Beschwerde der Ritterschaft, betreffend ein verfallenes und den erzbischöflichen Tafelgütern zugeschlagenes Lehen der von Platen; (4.) Bitte der Ritterschaft um Aushändigung der Schatzregister; (5.) Ritterschaftliche Gravamina; (6.) Verstöße gegen die Heranziehung von landständischen Verordneten zu Prozessen.

Ausschreiben: –
Protokoll: StA Bremen, 2-Z.2.c.2 (Auszug). – StA Bremen, 2-Z.2.c.3.
Abschied: –
Weitere zu diesem Landtag gehörige Quellen: –
Literatur: –

Protocollum deß Landageß, so den 28. und 29. Martii Anno p. 97 zu Basdall gehalden wurdten.
Personæ:
Unser Gnedister Her, Her Johan Friedrich etc.
Deßen Landrost Johann Marschalck, Caspar Kock Cantzlere, D. Daniel Brandt, D. Laurentius Lælius.

Auß den Capitularen: H. Ortgeiß Schulte, H. Jobst von Galen, H. Frantz Marschalck, H. Engelbert Wipperman Licentiat.

Die Ritterschafft in gemein.

Wegen der Stadt Bremen: D. Johannes Schaffenradt Syndicus, D. Henricus Kreffting, D. Eberharden Bornhorst, Rahtsverwante[a].

Wegen der Stadt Stade: Her Johan Hageman Burgermeister, Henricus Meyer, Secretarius.

Von Buxtehude: Her Johannes Focrell Burgermeister, H. Alberdt Cernitz Rahtsverwandter p.
[folgt das weitere Protokoll].

(StA Bremen, 2-Z.2.c.3).

a Rahtsverwante *in der Vorlage Nachtrag von anderer zeitgleicher Hand; durch daneben gesetzte geschweifte Klammer auf die beiden vorangehenden Namen zu beziehen.*

266
Landtag 1597 Mai 3, Basdahl

Landtagsprotokoll

Die Bremischen Landstände verhandeln in Anwesenheit des Erzbischofs Johann Friedrich über die Aufbringung der an das Reich zu zahlenden Steuern. Die Ritterschaft schlägt hierfür eine Kopfsteuer vor, was von den übrigen Ständen abgelehnt wird, die stattdessen einen 16.-Pfennig-Schatz vorschlagen. Die Wurster und Altländer Abgesandten erklären, nach Mißernte und Teuerung keine Kontribution leisten zu können. Die städtischen Vertreter äußer hierüber ihr Befremden, da jene schatzpflichtig wären und es derwegen nicht gelden wolte, daß sie sagen, ich will nicht. Eine Einigung kommt nicht zustande.

Ausschreiben: –
Protokoll: StA Stade, Rep. 5b, F. 92, nr. 14, Bd. 2, fol. 389r–400r. – Ebd., F. 105, nr. 36, Bd. 2, S. 183r (kurzer Auszug; nur Schatzbewilligung; angefertigt nach 1602). – StA Bremen, 2-Z.2.c.3.
Abschied: –
Weitere zu diesem Landtag gehörige Quellen: –
Literatur: Wiedemann, Bremen 2, S. 199. – Schleif, Regierung, S. 63, Anm. 259. – Hauschildt, Landwirtschaft 1, S.55, nr. 43.

Anno p. 97 den 3. May, Ist abermhall zu Baßdaell ein gemeiner Landttagk gehalten worden.

Daselbst Unser Gster. Her in der person.

Der Landtdrost,[1] Der Cantzler,[2] Doctor Daniell Brandt, Doctor Lorentius Lælius.

Auß den prelaten: Der Her von Hertzvelde,[3] Der Her von Unser Lieben Frauwen.[4]

Auß dem Capittull: H. Jobst von Galen probst, H. Frantz Marschalck probst, der H. Licentiat.[5]

Nobiles: In grosser anzall.

Civitates: Bremen: Doctor Schaffenradt, Doctor Kreffting, Doctor Bornhorst.

Stade: H. Johan Hageman Burgermeister, Henricus Meyer, Syndicus.

Buxtehude: H. Johann Fockrelle Burgermeister, H. Albert Zernitz Rathsverwanter.
[folgt das weitere Protokoll].
(StA Stade, Rep. 5b, F. 92, nr. 14, Bd. 2., fol. 389r–400r, hier fol. 389r).

1 *Johann Marschalck, Landdrost.* 2 *Dr. Kaspar Koch, Kanzler.* 3 *Luneberg Brummer, 1575–1612 Erzabt von Harsefeld (Schulze, Harsefeld, S. 40–44).* 4 *Jodokus (Jost) von der Beke, 1583–1624 Abt von St. Marien in Stade (Schulze, St. Marien, S. 479).* 5 *Engelbert Wippermann.*

267

Landtag 1597 Juli 8, Basdahl

Landtagsprotokoll

Die Bremischen Landstände verhandeln über (1.) 6 Römer-Monate-Hilfe für den Niedersächsischen Reichskreis; (2.) weitere ordentliche Hilfszahlungen; (3.) Konflikt mit der Stadt Hamburg.

Ausschreiben: –
Protokoll: StA Stade, Rep. 5b, F. 92, nr. 14, Bd. 2, fol. 401r–409v. – StadtA Buxtehude, LSt., F. II (ehem. D I 3), nr. 1. – StA Bremen, 2-Z.2.c.2 (Auszug). – Ebd., 2-Z.2.c.3.
Abschied: –
Weitere zu diesem Landtag gehörige Quellen: –
Literatur: Hauschildt, Landwirtschaft 1, S. 55, nr. 44.

Anno p. 97 den 8. July Ist zu Baßdaell widderumb ein gemeiner Landttagk außgeschrieben gewesen.
Da dan von wegen Unsers Gsten. F. und H. erschienen sein: der Her Cantzler Doctor Caspar Koch und Doctor Daniell Brandt,

Von wegen der prelaten: Der Her von Hertzfelde[1] und Der Her von Unser Lieben Frauwen zu Stade.[2]

Auß dem Thumbcapittull: Der Senior Her Ortgiß Schulte, Her Jobst von Galen, Her Frantz Marschalck und der H. Licentiat.[3]

Ex Nobilibus: Ein grosser anzall.

Auß den Stetten: Bremen: Her Heinrich Sabell Burgermeister, Doctor Schaffenraht, Syndicus, Her Heinrich Schulte, Her Johan Brandt, Rathsverwante.

Stade: Her Johan Hageman Burgermeister und H. Heinrich Meyer Syndicus.

Buxtehude: Albertus Zernitz Rathverwanter, Franciscus Secretarius.[4]

Auß den landen: Ihre Abgesandte.
[folgt das weitere Protokoll].
(StA Stade, Rep. 5b, F. 92, nr. 14, Bd. 2, fol. 401r–409r, hier fol. 401r).

1 *Luneberg Brummer, 1575–1612 Erzabt von Harsefeld (Schulze, Harsefeld, S. 40–44).* 2 *Jodokus (Jost) von der Beke, 1583–1624 Abt von St. Marien in Stade (Schulze, St. Marien, S. 479).* 3 *Engelbert Wippermann.* 4 *Franz Waßmer, Sekretär.*

268

Landtag 1597 August 9–10, Basdahl

Landtagsprotokoll

*Die Bremischen Landstände verhandeln über (1.) Neubearbeitung der Schatzregister (*Neuere beschreibung*); (2.) Gravamina der Ritterschaft, betreffend den „Jungsten Stadischen Receß' (von 1597 Januar 6; oben nr. A.260); (3.) Verhandlungen folgender Klagen: Jochimus von der Decken Hauß frauw gegen ihre Vormünder; Segebande Cluver contra die guthern zu Wellen; zwei Klagen desselben gegen Luneberg Bicker; Dirick Schulte contra Christoffer Schulten; der Abt zu Stade*[1] *contra etzliche zu Hamma (Hammah); Johan und Georg Marschalck contra Ander[..] Quytern (StA Bremen, 2-Z.2.c.3).*

Die Bremischen Landstände bewilligen einen neuen 16.-Pfennigschatz und die Erhebung eines Quartals dieses Schatzes.

Ausschreiben: –
Protokoll: StA Stade, Rep. 5b, F. 92, nr. 14, Bd. 2, fol. 411r–420v. – StadtA Stade, L.S. 4b-e. – StA Bremen, 2-Z.2.c.2 (Auszug). – StA Bremen, 2-Z.2.c.3.
Abschied: StA Stade, Rep. 5b, F. 105, nr. 36, Bd. 2, fol. 183r (kurzer Auszug; nur Schatzbewilligung; angefertigt nach 1602).
Weitere zu diesem Landtag gehörige Quellen: –
Literatur: Hauschildt, Landwirtschaft 1, S. 55, nr. 45.

Anno p. 97 den 3. Augusti iß ein landtagk zu Baßdaell gehalten worden, daselbst nomine Reverendissimi gewesen: Der Landtdrost Johan Marschalck und doctor Daniell Brandt.

Von wegen der prelaten: Der Her Ertzabt v. Hertzvelde,[1] Der Her von Unser Lieben Frauwen.[2]

Auß dem Capitull: H. Ohrtgyß Schulte Senior, H. Frantz Marschalck, H. Engelbrecht Wipperman LL.

Nobiles in guter anzall.

Auß Bremen: Doctor Schaffenradt Syndicus, Doctor Kreffting, der Richteher und Her Johan Brandt.

Auß Stade: H. Johan Hageman Burgermeister, Henricus Meyer, Syndicus.

Buxtehude: H. Johann Fockrelle Burgermeister.

[folgt das weitere Protokoll].
(*StA Stade, Rep. 5b, F. 92, nr. 14, Bd. 2., fol. 411r–420v, hier fol. 411r).*

1 Luneberg Brummer, 1575–1612 Erzabt von Harsefeld (Schulze, Harsefeld, S. 40–44).   2 Jodokus (Jost) von der Beke, 1583–1624 Abt von St. Marien in Stade (Schulze, St. Marien, S. 479).

269

Derselbe Landtag

Schatzbewilligung

Anno 97 den 10. Augusti zum newen bewilligten Sechtzehenden pfenningschatze erstmals I. termini zugelassen.

(StA Stade, Rep. 5b, F. 105, nr. 36, Bd. 2, fol. 183r).

270

Landtag 1597 November 4–5, Basdahl

Landtagsprotokoll

Die Bremischen Landstände verhandeln über (1.) Durchführung der Schatzbeschreibung; seit 1554 ausgekaufte Ländereien; (2.) Verweigerung der Regalien für den neuen Erzbischof (Johann Friedrich); (3.) 600 Pferde-Hilfe für den Niedersächsischen Reichskreis; (4.) Mandat gegen die englischen Kaufleute in Stade.

Ausschreiben: StA Stade, Dep. 10, Hs. 9, Bd. 2, beiliegend zw. fol. 168v u. 169r (Or.-Ausf.).
Protokoll: StA Stade, Rep. 5b, F. 92, nr. 14, Bd. 2, fol. 422r–433r. – StadtA Buxtehude, LSt., F. II (ehem. D I 3), nr. 2. – StA Stade, Dep. 10, Hs. 9, Bd. 2, fol. 17r ff. – Ebd., StA Stade, Rep. 5a, F. 143, nr. 7, fol. 5r (Auszug). – StA Bremen, 2-Z.2.c.2 (Auszug). – StA Bremen, 2-Z.2.c.3.
Abschied: –
Weitere zu diesem Landtag gehörige Quellen: –
Literatur: Hauschildt, Landwirtschaft 1, S. 55, nr. 46.

Anno p. 97 den 4. Novembris Ist zu Baßdaell ein gemeiner Landttagk gehalten worden, darselbst von wegen Unsers Gsten. Hern erschienen: Der Landtdrost,[1] Der Cantzler,[2] D. Brandt.

Auß den prelaten: Der Ertzabt von Hertzfelde,[3] Der Her Jobst von Unser Lieben Frauwen.[4]

Auß dem Capittull: Her Ortgiß Schulte Senior und probst, H. Frantz Marschalck, der H. Licentiat.[5]

Die Ritterschafft in grosser Anzall.

Auß den Stetten: Bremen: Doctor Schaffenradt, Syndicus, Doctor Kreffting, Burgermeister Zabell, Her Johan Kock.
[folgt das weitere Protokoll].
(StA Stade, Rep. 5b, F. 92, nr. 14, Bd. 2, fol. 422r–433r, hier fol. 422r).

1 *Johann Marschalck, Landdrost.*   2 *Dr. Kaspar Koch, Kanzler.*   3 *Luneberg Brummer, 1575–1612 Erzabt von Harsefeld (Schulze, Harsefeld, S. 40–44).*   4 *Jodokus (Jost) von der Beke, 1583–1624 Abt von St. Marien in Stade (Schulze, St. Marien, S. 479).*   5 *Engelbert Wippermann.*

271

Deputiertentag 1598 Februar 13, Basdahl

Protokoll

Der Ausschuß der Bremischen Landstände verhandelt über einen Modus zur Aufbringung der Reichssteuern. nach langen Verhandlungen kommt eine Einigung über den Vorschlag der Städte zustande, dem zufolge die Städte 5/12, die Geistlichen 4/12 und die Ritterschaft 1/12 der Summe tragen sollten. Da die Landstände den Ausschuß nicht im Voraus zu diesem Beschluß bevollmächtigt hatten, hat er keine bindende Wirkung für die Landstände.

Ausschreiben: –
Protokoll: StA Stade, Rep. 5b, F. 92, nr. 14, Bd. 2, fol. 436r–445v (auf dem Aktentitel fol. 409v als Landtag bezeichnet). – StadtA Buxtehude, LSt., F. II (ehem. D I 3), nr. 1. – StA Bremen, 2-Z.2.c.2 (als Landtag bezeichnet; Auszug).
Abschied: –
Weitere zu diesem Landtag gehörige Quellen: –
Literatur: Wiedemann, Bremen 2, S. 200. – Hauschildt, Landwirtschaft 1, S. 55f., nr. 47.

272

Landtag 1598 April 4–5, Basdahl

Landtagsprotokoll

Die Bremischen Landstände verhandeln zunächst über den vom Ausschuß vorgelegten Modus zur Aufbringung der Reichssteuern (nr. A.237). Diese werden von den Landständen abgelehnt. Nach weiteren ergebnislosen Verhandlungen, beginnen der Kanzler (Dr. Kaspar Koch) und die erzbischöflichen Räte in einem Haus in Basdahl mit separaten Verhandlungen mit den einzelnen Kurien. Dadurch kommt eine Einigung zustande, derzufolge die Geistlichen 37/144, die Ritterschaft 35/144 und die Städte den Rest der Summe tragen sollten.

Ausschreiben: –
Protokoll: StA Stade, Rep. 5b, F. 92, nr. 14, Bd. 2, fol. 454r–465v. – StadtA Buxtehude, LSt., F. II (ehem. D I 3), nr. 2. – StA Bremen, 2-Z.2.c.3.
Abschied: StA Stade, Rep. 5b, F. 92, nr. 14, Bd. 2, fol. 466r–469r (zeitgleiche undatierte Abschrift). – StA Stade, Rep. 5b, F. 96, nr. 28, Bd. 1, fol. 72r (verkürzte Paraphrase; angefertigt 1602). – StA Bremen, 2-Z.2.c.2 (Auszug).
Weitere zu diesem Landtag gehörige Quellen: StA Stade, Rep. 5b, F. 92, nr. 14, Bd. 2, fol. 470r/v (Revers des Abschieds, ausgestellt vom Bremer Erzbischof Johann Friedrich in (Bremer-) Vörde 1598 Oktober 14; besiegelte Or.-Ausf. Papier). – StadtA Buxtehude, LSt., F. II (ehem. D I 3), nr. 1 (zeitgleiche Abschrift dieses Reverses).
Literatur: Wiedemann, Bremen 2, S. 200f. – Hauschildt, Landwirtschaft 1, S. 56, nr. 48.

Anno p. 98 den 4. Aprilis ist zu Baßdaell ein gemeiner Landtagk gehalten worden.

Daselbst nomine Reverendissimi: Der Landtdroste,[1] der Cantzler,[2] Doctor Daniell Brandt

Prelaten: Her Luneberch Brummer Ertzabt zu Hertzvelde, Her Joist von der Beke, Abt zu Unser Lieben Frauwen binnen Stade.

Ex Capitulo: Her Frantz Marschalck Thumbdechandt, Her Ohrtgiß Schulte Senior, H. Engelbrecht Wipperman L.L. und Doctor Zerneman Syndicus.

Auß Bremen: Doctor Schaffenradt Syndicus, Doctor Henricus Kreffting Rahtsverwanter, H. Frantz Haveman.

Auß Stade: Her Johan Hageman Burgermeister, Henricus Meyer, Syndicus.

Auß Buxtehude: H. Johann Fockrelle Burgermeister, H. Albert Zernitz Rahtsverwanter.
[folgt das weitere Protokoll].
(StA Stade, Rep. 5b, F. 92, nr. 14, Bd. 2., fol. 454r–465v, hier fol. 454r).

1 *Johann Marschalck, Landdrost.*   2 *Dr. Kaspar Koch, Kanzler.*

273
Derselbe Landtag

Landtagsabschied/Schatzbewilligung [1598 April 4/5], (Bremer-) Vörde

Überlieferung: wie nr. A.272.

Zuwißenn: Obwoll der Hochwurdiger, Durchleuchtiger, Hochgeborner Furst undt Herr, Herr Johann Adolff Erwohlter Bischoff zu Lubeck, Erbe zu Norwegen, Herzogh zu Schlesewigh, Holsteinn p. bey Ihrer F. G. Regierungh Dieses Ertzstiffts wie im gleichenn nach gehendtes der auch Hochwurdigster, Durchleuchtiger, Hochgeborner Furst unndt Herr, Herr Johann Friederich, Erwölter undt Itzo Regierender Ertzbischoff zu Bremenn, Erbe zu Norwegenn, Herzogh zu Schlesewigh, Holstein p., denn algemeinen Stendenn, auff undtterschiedtlichenn des wegenn angesetzenn, unnd gehaltenenn Landt- unnd Communications tagenn getrew- unnd Vetterlich außfurlich proponiren unndt vertragenn laßenn, Nachdem sowoll der Rom. Key. Maytt. ann ordinari bewilligtenn Reiches-, als auch dem Kreiß ann extraordinari eingewilligter Turckenn steurenn unndt hilffen, ein ansehentliches diesenn Ertzstifft Jedesmall unndt alle Jahr underschiedtlich zu erlegen obliege, undt fällich wurde; Welches Jeder Zeit zuvorhietungh dero denn zogerhafftigenn undt nicht zahlendenn angedrauwetenn Pönnenn fast inn der eile auff unndt zuwegen gebracht werdenn muste, mit angehengtenn gnedigenn begerenn, das die Stende, wie solches alles durch einenn billig meßigenn wegh undt maße inn diesem Ertzstifft contribuiret werdenn, sich under einander selbst vereinbarhenn, vergleichenn, unnd denselbenn Ih. F. G. anzeigenn woltenn; Darauff auch allerhandt mittell undt wege vonn denn einenn unndt anderenn Stenden vorgeschlagenn, unndt inn der handlungh vorgewesen.

So habenn dennoch die Stände eines gewißen modi undter ein ander sich einhälligh niemahls nicht vergleichenn noch voreinbahrenn, daruber dieß wergk steckenn undt stehen pleibenn, zu keiner richtigenn gedeylichenn endtschafft gebracht werdenn, sonderenn daraus diesem Ertzstifft ins g[em]einne[a], auch denn Ständenn Insonderheit, allerhandt beschwerungh unndt weiterungh entstehenn könenn.

Weylenn aber Ih. F. G. solches ungerne, sondernn viell lieber sehen, befurderenn undt vorsetzenn woltten, das gute verträuwliche Einigkeit undter denn Ständenn, undt eingeseßenenn dies Ertzstiffts erhalttenn, allerweitleuffigkeit gewehrt, undt vorgebauwet, gleichwoll darneben das, was mann dem Reiche undt Kreiße zuerlegen schuldigh undt plichtigh, inn gute undt vor sich selbst, vonn denn Stendenn zuwege gebracht, zu Rechter Zeit Jedes mahll erlägt, undt aller besorglicher schaden dem Ertzstifft abgewendett werdenn mugte,

So habenn dieselbige durch dero Räthe, ferner undter denn Stendenn dies wergk continuiren, tractiren, undt durch derer Undterhandtlungh so weith bewegenn laßenn, das nemblich die Freyenn Stende, die Hernn Prælati eines Erwurdigenn ThumbCapittels, die Ritterschafft, unndt die drey Erbarn Stätte, ohne einigenn præjuditz unndt abbruch eines Jedenn Standes habendenn, unndt hergebrachter Privilegien, frei- undt Gerechtigkeitt, undt derenn possession vel quasi, Auch ohne kunfftige anziehungh einiger folge der proportion oder auch des Contribuierens schuldigkeitt, eingewilligt undt angenommen, denn Schatzpflichtigenn bey dieser beschwerlichenn zeitt, undt heuffungh der zulagenn, mit dem Drittenn theill aller der schatzungh, so auff denn 4 undt 5. Aprilis dieses 98 Jahres gehaltenenn Landtage vonn denen Anno p. 94 Vier zu Regenßburgh eingewilligtenn noch unbezalett, wie auch derer so verschienenn Reichestage dieses 98. Jahres auffes neuwe bewilligett wurdenn, zu hulffe kommen, denen an sich nehmenn, abhalttenn, bezahlenn, unndt Undter sich folgender maß auff undt zu wegenn brengenn wollen, Das nemblich unabgezogen des Jennigen, was Sie hiebevor vermuege des denn 20 Junii Anno 95 gegebenenn Furstlichenn Abschiedes guthwillig, Jedoch mit Protestation, wie darinn ausgedruckett,[1] domahls contribuiret unndt zu defaliren vorbehaltenn, fur dies mahl mit obgesagtenn gedeigh. Protestation, unndt vorbehaltt eines Jedenn Standes hergebrachtenn Frey- unndt Gerechtigkeitt, zu richtigh machungh undt ablegungh des Drittentheils vorangezogener specificirten Reichesteuwrenn, die beidenn Stende, als der Geistlichen undt der Ritterstandt zusammen denn halbenn theil des Drittentheiles, Also undt dergestaldt, das die Herren Prælaten Eines Ehrwurdigenn ThumbCapittels, sambt denn anderenn Geistlichenn denn Viertentheill des Drittentheiles, undt uber das noch vonn dem anderenn Viertentheill einenn Viertentheill, Die vonn der Ritterschafft die ubrigenn drey theile des Viertentheils, unndt die drei Erbarenn Stette, denn anderenn halben theil des Drittenteiles, undter sich abtheilenn zu wegenn brengenn, unndt erlegen wolltenn, Jedoch das alles nur fur dies mahll, undt wie mehrmals berurtt, ohne abbruch undt verschmälerungh eines Jeden habenden hergebrachtenn Privilegien, frey- undt gerechtigkeit, Anziehungh einer folge, oder proportion inn kunfftigh.

Weill auch die Erbarenn Stätte insonderheitt hierbey dies bedingett, das Sie diese bewilligungh unndt zulage anders keiner gestaltt unndt weise eingehenn unndt volstreckenn, es wehre dann, das die Drey Marschlander, als die Wurster, Kedinger, undt Alttelander, welch sich vast widdersetzlich angelaßenn, wie Sie vonn Altters gethan Ihre gebuwens gleich denn anderenn Schatzpflichtigenn ohne widdersezenn erstatten unndt erlegen, Sonsten da Sie bey Ihrer widdersezlichkeit beharren, Sie dann auch diese bewilligungh nicht gethan haben woltten;

So hatt Hochstermelter Herr Ertzbischoff sich inn gnaden versprochenn, verspricht sich auch hiemit, die ernste beschaffungh zuthuenn, Das obbemelte Marschlande, dz Jenige, was Sie vonn alters hero gethan, auch herfurer gehorsamblich leistenn, erlegen unndt bezahlenn sollen; Dabey auch ferner dies verabredett, das furderlichster gelegenheit die Furstlichenn Rethe unndt Verordente der Stände ann einem gewißenn tagh unndt Mahlstette beyeinkommenn *[sic]*, vonn denn Einnehmerenn, unndt Einsamblerenn, Rechnungh, unndt Volligenn bericht, was eingekommenn, noch ausstendich, undt vor Gravamina ein Jeder habe auff- unndt einnehmenn, Unndt wie die Gravamina zur richtigkeit zu bringenn, ettwas endtliches undt gewisses schließen, unndt verabscheidenn sollen, unndt wollen.

Deßen allem zu Urkunde ist dieser Receß undter F.ⁿ secrete einem Jederenn Stande zugestellett, die gegebenn zu Vorde ann[o] p.

(*StA Stade, Rep. 5b, F. 92, nr. 14, Bd. 2, fol. 466r–469r*).

a geinne *in der Vorlage.*
1 *Oben nr. A.245 (1595 Juni 19/20).*

274
Landtag 1598 August 31, auf dem Steingraben (bei Basdahl)

Landtagsprotokoll

Die Bremischen Landstände verhandeln über (1.) Türkensteuer; (2.) Neue Schatzbeschreibung; (3.) Protest der drey lande gegen diese neue Schatzbeschreibung; (4.) Verbot der Ausfuhr von Korn aus dem Erzstift Bremen.

Ausschreiben: –
Protokoll: StA Stade, Rep. 5b, F. 92, nr. 14, Bd. 2, fol. 472r–481v. – Ebd., Dep. 10, Hs. 9, Bd. 2, fol. 33r–42v. – StadtA Buxtehude, LSt., F. II (ehem. D I 3), nr. 1. – StA Stade, Rep. 5a, F. 143, nr. 7, fol. 5r; Auszug. – StA Bremen, 2-Z.2.c.2 (Auszug). – StA Bremen, 2-Z.2.c.3.
Abschied: –

Weitere zu diesem Landtag gehörige Quellen: –
Literatur: Hauschildt, Landwirtschaft 1, S. 56, nr. 49.

Anno 1598 den 31 Augusti ist zum Steingraben landtag gehalten, und sein doselbst gewesen, dieße nachbenante person, alse:
Von wegen deß Hern Ertzbischoffs: Johan Marschalck Landtdrost, D. Caspar Koch Cantzler, D. Daniell Brandt Hoffrath.

Von wegen des ThumbCapittelß: Her Frantz Marschalck Thumbdechandt, Her Ortgyß Schulte Senior, D. Tilemannus Cerneman Syndicus.

Die Pręlaten: Der Ertzabt von Harsefeldt,[1] Der Abt von Stade.[2]

Die Ritterschafft Ins gemein, wiewoll gleichwoll nicht so gar viell.

Von wegen der Statt Bremen: Her Henrich Cabell Burgermeister, D. Johan Schaffenrath Syndicus, D. Henrich Kreffting Rahdtman.

Von wegen der Statt Stade: Her Johan Hageman, Burgermeister, Henricus Meyer Syndicus.

Von wegen der Statt Buxtehude: Her Johann Focrell Burgermeister, Franciscus Vasmer Secretarius.
[folgt das weitere Protokoll].
(StA Bremen, 2-Z.2.c.3).

1 *Luneberg Brummer, 1575–1612 Erzabt von Harsefeld (Schulze, Harsefeld, S. 40–44).*   2 *Jodokus (Jost) von der Beke, 1583–1624 Abt von St. Marien in Stade (Schulze, St. Marien, S. 479).*

275

Landtag 1598 September 13/25, (Bremer-) Vörde,

Landtagsprotokoll

Die Abgesandten der Marschlande verhandeln über den von den Ständen verabschiedeten Modus der Zahlung der Reichssteuern und erklären hierzu unter Bedenken und Vorbehalten ihre Zustimmung.

Auf diese Vorbehalte reagieren die Landstände völlig ablehnend, nach weiteren Verhandlungen erklärten zunächst die Wurster, danach die anderen Marschländer ihre völlige Zustimmung. Am 25. September 1598 nehmen die übrigen Landstände diese Erklärung der Marschländer an.

Ausschreiben: –
Protokoll: StA Stade, Rep. 5b, F. 92, nr. 14, Bd. 2, fol. 482r–495v. – StadtA Buxtehude, LSt., F. II (ehem. D I 3), nr. 1. – StA Bremen, 2-Z.2.c.2 (Auszug). – StA Bremen, 2-Z.2.c.3.
Abschied: –
Weitere zu diesem Landtag gehörige Quellen: StA Bremen, 2-Z.2.c.3 (zeitgleiche Abschrift eines von den erzbischöflichen Räten für die drei Städte ausgestellten besiegelten Reversals, wonach der neue Modus

der Steuerzahlung nichts an den bisherigen Freiheiten und Gerechtigkeiten jener Städte ändert, datiert Vörde am 14ten Octobris Anno p. 98).
Literatur: Hauschild, Landwirtschaft 1, S. 56, nr. 50 f.

Protocollum dero den 13 Septembris Anno p. 98 zu Vorde gehaltener Zusammenkunfft der Stende p.

Von wegen Unsers Gnedigsten Hern zugegen gewesen: Johan Marschalck Landtdrost D. Caspar Koch Cantzler, D. Daniell Brandt Hoffrath.

Die Prælaten: Ertzabt zu Harsefeldt,[1] und Her Joist von der Beke Abt zu Stade.

Von wegen des ThumbCapittelß: Her Frantz Marschalck ThumbDechandt, Her Ortgyß Schulte Probst zu Osterholdt, D. Tilemannus Zerneman Syndicus.

Von wegen der Ritterschafft: Hennecke von Brobergen, Segebandt Cluver, Luder von der Lith, Bartoldt Schulte, Herman von Ißendorff, Gotthardt von Brobergen.

Von wegen der Stadt Bremen: D. Johan Schaffenrath Syndicus.

Stade: Her Johan Hageman Burgermeister.

Buxtehude: Her Johan Focrell Burgermeister.
[folgt das weitere Protokoll; danach folgt:].
Protocollum des den 25. Septembris Anno p. 98 zu Vörde gehaltenen Landtages, Da zugegen gewesen, in puncto Contribution und den schatzpflichtigen:
Von wegen des Hern Ertzbischoffen: Johan Marschalck Landtdrost D. Caspar Koch Cantzler, D. Daniell Brandt Hoffrath.

Die Prælaten: Ertzabt zu Harsefeldt,[1] der Abt zu Stade.[2]

Von wegen des ThumbCapittelß: Her Frantz Marschalck ThumbDechandt, Her Ortgyß Schulte Senior, Probst zu Osterholtz, und D. Tilemannus Zerneman Syndicus.

Von wegen der Ritterschafft: Hennecke von Brobergen, Segebandt Cluver, Luder von der Lith, Bartoldt Schulte, Segeband Cluver.

Von wegen der Stadt Bremen: D. Johan Schaffenrath Syndicus.

Stade: Her Johan Hageman Burgermeister.

Buxtehude: Her Johan Focrell Burgermeister.
[folgt das weitere Protokoll].
(StA Bremen, 2-Z.2.c.3).

1 *Luneberg Brummer, 1575–1612 Erzabt von Harsefeld (Schulze, Harsefeld, S. 40–44).*   2 *Jodokus (Jost) von der Beke, 1583–1624 Abt von St. Marien in Stade (Schulze, St. Marien, S. 479).*

276

Landtag 1598 Dezember 12, auf dem Steingraben (bei Basdahl)

Landtagsprotokoll

Die Bremischen Landstände verhandeln erneut über den Modus der Zahlung der Reichssteuern.

Ausschreiben: –
Protokoll: StA Stade, Rep. 5b, F. 92, nr. 14, Bd. 2, fol. 496r–505v. – Ebd., Dep. 10, Hs. 9, Bd. 2, fol. 44r–59v. – StA Bremen, 2-Z.2.c.2 (Auszug). – StA Bremen, 2-Z.2.c.3.
Abschied: –
Weitere zu diesem Landtag gehörige Quellen: –
Literatur: Hauschildt, Landwirtschaft 1, S. 56, nr. 52.

Anno p. 98 den 12. Decembris ist uff dem Steingraben ein landtag gehalten worden, darselbst von wegen Unsers Gsten. Hern hin verordnet gewesen: Der Landtdrost Johan Marschack und der Cantzler Casper Koch D.

Auß den pręlaten: H. Luneberch Brummer Ertzabt zu Hertzvelde, Her Joibst von der Beke Abt zu Unser Lieben Frauwen binnen Stade.

Auß dem Thumbcapittull: H. Ohrtgyß Schulte Senior, H. Georgen Heinrich von Schonebeche.

Auß den Nobilibus: Ein geringer anzall.

Auß den Stetten: Bremen: D. Johan Schaffenraedt Syndicus, D. Heinrich Kreffting Rathsverwanter, H. Heinrich Hanßman Rathsverwanter.

Stade: H. Johan Hageman, Henricus Lange,[1] Secretarius.

Buxtehude: Albertus Gernitz Rathsverwanter, Franciscus N. Secretarius.[2]

Der Lande Wursten und Oldelands abgeordnete.
[folgt das weitere Protokoll].
(StA Stade, Rep. 5b, F. 92, nr. 14, Bd. 2., fol. 496r–505r, hier fol. 496r).

1 *Vorname unzutreffend; korrekt:* Reinerus.   2 *Franz Waßmer, Sekretär.*

277

Landtag 1599 Januar 9–10, (Bremer-) Vörde

Landtagsprotokoll

Die Bremischen Landstände, vertreten durch ihre Landräte, verhandeln in Bremervörde über die Punkte der erzbischöflichen Proposition, betreffend den Kreistag des Niedersächsischen Reichskreises sowie die Bedrohung durch spanische Soldaten.

Ausschreiben: –
Protokoll: StA Stade, Rep. 5b, F. 92, nr. 14, Bd. 2, fol. 506r–511v. – StA Bremen, 2-Z.2.c.2 (Auszug). – StA Bremen, 2-Z.2.c.3 (hier als Communications tag *bezeichnet).*
Abschied: –
Weitere zu diesem Landtag gehörige Quellen: –
Literatur: Hauschildt, Landwirtschaft, S. 56, nr. 53.

Protocollum des Communications tages mit den Landräthen den 9 uns 10 Januarii Anno 99 zu Vörde gehalten. [...]
Da dan dieße nachbenante personen gewesen:
Der Her Ertzbischoff In persona.
Der landtdrost Johan Marschalck, der Cantzler D. Caspar Koch, D. Daniell Brandt und D. Laurentius Lælius Hoffräthe[a].

Die Prælaten: Abbas Harsefeldensis,[1] Abbas Stadensis.[2]

Von wegen des ThumbCapittels: Her Ortgyß Schulte Senior, Her Joist von Galen Probst zu Zeven, D. Tilemannus Cerneman Syndicus.

Von wegen der Ritterschafft: Segebade Cluver, Luder von der Lith.

Von wegen der Statt Bremen: D. Johan Schaffenrath Syndicus, D. Henrich Kreffting Rahtsverwandter.

Von der Statt Stade: Her Johan Hageman Burgermeister.

Von wegen Buxtehude: Her Johan Focrell Burgermeister p.
(StA Bremen, 2-Z.2.c.3).

a *vor* Hoffräthe *geschweifte Klammer in der Vorlage, mithin auf beide davor genannte Personen zu beziehen.*
1 *Luneberg Brummer, 1575–1612 Erzabt von Harsefeld (Schulze, Harsefeld, S. 40–44).* 2 *Jodokus (Jost) von der Beke, 1583–1624 Abt von St. Marien in Stade (Schulze, St. Marien, S. 479).*

278

Landtag 1599 Januar 18, Oerel, in der Kirche

Landtagsprotokoll

Der Bremer Erzbischof (Johann Friedrich) läßt auf der Oereler Heide eine Musterung des Landesaufgebots durchführen. Anschließend findet ein Landtag in der Oereler Kirche statt. Die Bremischen Landstände verhandeln über die Schulden des Erzstifts Bremen beim Niedersächsischen Reichskreis.

Ausschreiben: –
Protokoll: StA Stade, Rep. 5b, F. 92, nr. 14, Bd. 2, fol. 520r–523r (datiert fol. 520r: Anno p. 99 den 18. Januarii hatt der Hochwirdigster Unser Gster. Herre uff der Orler Heide Munsterunge gehalten, darnach war solches geschehen, die abgeordneten auß den Stenden gen Orle in daß dorff in die Kirchen zusammen lassen furdern). – StA Bremen, 2-Z.2.c.2 (Auszug; irrtümlich datiert: 1599 Jan. 18, Landtag zu Basdahl). – StA Bremen, 2-Z.2.c.3.
Abschied: –
Weitere zu diesem Landtag gehörige Quellen: –
Literatur: Hauschildt, Landwirtschaft, S. 56, nr. 53 (datiert 1599 Januar 9). – Bachmann, Tagungsorte, S. 88.

Anno 1599 Den 18 Januarii wardt auff der Orthler heide Musterung, undt darauf zu Ortele in der kirchen ein Lantag gehalten.

Daselbst Waren gegenwardig: Unser Gnedigster Furst undt Her selbst in aigener person, Sampt dem Cantzler[1] undt Landrost[2].

Vonwegen der Prælaten undt ThumbCapitell: Der Abt von Stade,[3] H. Ortgyß Schulte probst zu Osterholtz, H. Adolff Bremer undt D. Tilemanus Zerneman.

Die Ritterschafft in Zimlicher anzhall.

Vonwegen der Stadt Bremen: D. Johannes Schaffenrad Syndicus, H. Heinrich Hußman, D. Evert Bornhorst Rhattmanne.

Vonwegen Der Stadt Stade: Johan Hageman Burgemeister *[sic]*, N. von der Wurdt, M. Reimerus Lange Secretarius.

Vonwegen der Stadt Buxtehude: Johan Fokrel Burgemeister *[sic]*.

(StA Bremen, 2-Z.2.c.3).

---

1 *Dr. Kaspar Koch, Kanzler.*   2 *Johann Marschalck, Landdrost.*   3 *Jodokus (Jost) von der Beke, 1583–1624 Abt von St. Marien in Stade (Schulze, St. Marien, S. 479).*

279

Landtag 1599 Januar 31, auf dem Steingraben (bei Basdahl)

Landtagsprotokoll

Die Bremischen Landstände bewilligen auf dem Landtag auf dem Steingraben (Rep. 5b, F. 92, nr. 14, Bd. 2, fol. 512r: Zum Steingraben/*ebd., fol. 524r:* uff dem Steingrabe*) die Erhebung des zweiten Quartals des 16.-Pfennigschatzes.*

Ausschreiben: –
Protokoll: *StA Stade, Rep. 5b, F. 92, nr. 14, Bd. 2, fol. 512r–518 (Konzept) u. fol. 524r–535v (Reinschrift). – StadtA Buxtehude, LSt., F. II (ehem. D I 3), nr. 2. – StA Bremen, 2-Z.2.c.2 (Auszug). – StA Bremen, 2-Z.2.c.3.*
Abschied: *StA Stade, Rep. 5b, F. 105, nr. 36, Bd. 2, fol. 183r (kurzer Auszug; nur Schatzbewilligung; angefertigt nach 1602).*
Weitere zu diesem Landtag gehörige Quellen: –
Literatur: *Hauschildt, Landwirtschaft 1, S. 57, nr. 54. – Bachmann, Tagunsorte, S. 86.*

Anno p. 99 den letzten Januarii ist ein gemeiner Landtagk uff dem Steingrabe gehalten worden.

Dar der Reverendissimus in Person,
der Landtdroste[1] und der Cantzler,[2] auch D. Brandt Hoffraedt.

Nomine pręlatorum: Der Her von Hertzfelde,[3] der Her von Unser Lieben Frauwen.[4]

Nomine Capituli: Der Senior Her Ohrtgiß Schulte Senior *[sic]*, Her Jobst von Galen, D. Zerneman Syndicus.

Nobiles: in großer anzall.

Civitates: Bremensium: D. Schaffenraedt Syndicus, D. Henricus Kreffting, D. Elhardus Bornhorst, Rathsverwante.

Stadensium: H. Johan Hageman, Burgermeister, H. Johan Plate, Henricus Lange, Secretarius.

Buxtehudensium nomine: H. Alber *[sic]* Zernitz, Franciscus Secretarius.[5]
[folgt das weitere Protokoll].
(StA Stade, Rep. 5b, F. 92, nr. 14, Bd. 2., fol. 524r–535r, hier fol. 524r).

1 *Johann Marschalck, Landdrost.* 2 *Dr. Kaspar Koch, Kanzler.* 3 *Luneberg Brummer, 1575–1612 Erzabt von Harsefeld (Schulze, Harsefeld, S. 40–44).* 4 *Jodokus (Jost) von der Beke, 1583–1624 Abt von St. Marien in Stade (Schulze, St. Marien, S. 479).* 5 *Franz Waßmer, Sekretär.*

280

Derselbe Landtag

Schatzbewilligung

Überlieferung: wie nr. A.279.

[...] Sechtzehenden pfennigschatze [...].

Anno 99 den 31 Januarii das 2. quartal gewilligt.

(StA Stade, Rep. 5b, F. 105, nr. 36, Bd. 2, fol. 183r).

281

Landtag 1599 März 27, auf dem Steingraben (bei Basdahl)

Landtagsprotokoll

Die Bremischen Landstände verhandeln (1.) über eine Denkschrift der Ritterschaft zur Huldigung; (2.) angemahnte Schulden des Erzstifts.

Ausschreiben: StadtA Buxtehude, LSt., F. II (ehem. D I 3), nr. 2 (besiegelte Or.-Auf. Papier; ausgestellt vom Bremer Erzbischof Johann Adolf, datiert Schloß Vörde, den 4. Martii Anno p. 99).
Protokoll: StA Stade, Rep. 5b, F. 92, nr. 14, Bd. 2, fol. 547r–557v. – StadtA Buxtehude, LSt., F. II (ehem. D I 3), nr. 1. – StA Bremen, 2-Z.2.c.2 (Auszug). – Ebd., 2-Z.2.c.3.
Abschied: –
Weitere zu diesem Landtag gehörige Quellen: StA Stade, Rep. 5b, F. 92, nr. 14, Bd. 2, fol. 537r–546r (Denkschrift der Ritterschaft [Landtag gehalten denn 27 Martii anno 99 undt von Seitten derenn vom Adell Dieses ubergeben; Titelbl. fol. 537r]).
Literatur: Hauschildt, Landwirtschaft 1, S. 57, nr. 55. – Bachmann, Tagungsorte, S. 86.

Anno p. 99 den 27 Martii ist uff den Steingrabe ein gemeiner landtagk gehalten worden.

Daselbst Reverendissimus in der Person gewesen,
I. F. G. Landtdrost,[1] D. Brandt und D. Lęlius Hoffrethe.

Ex pręlatis: Der Ertzabt v. Hertzvelde,[2] Der Abt von Unser Lieben Frauwen binnen Stade,[3] H. Herman von der Beke probst des Alten Closters.

Ex Capitulo: H. Frantz Marschalck, Decanus, H. Ohrtgyß Schulte Senior, H. Engelbrecht Wipperman L., Doctor Zerneman Syndicus.

Nobiles: In zimblicher anzall.

Ex Civitatibus: Brema: Doctor Schaffenradt Syndicus, H. Heinrich Hanßman Rahtsverwanter.

Stade: H. Johan Hageman Burgermeister, H. Henricus Meyer, Syndicus.

Buxtehude: H. Johann Fockrelle Burgermeister, Francisicus N. Secretarius.[4]

Die lande Wursten, Oldelandt und Kedingerlandt.
[folgt das weitere Protokoll].
(StA Stade, Rep. 5b, F. 92, nr. 14, Bd. 2., fol. 547r–557v, hier fol. 547r).

1 *Johann Marschalck, Landdrost.* 2 *Luneberg Brummer, 1575–1612 Erzabt von Harsefeld (Schulze, Harsefeld, S. 40–44).* 3 *Jodokus (Jost) von der Beke, 1583–1624 Abt von St. Marien in Stade (Schulze, St. Marien, S. 479).* 4 *Franz Waßmer, Sekretär.*

282

Landtag 1599 Juni 18, Basdahl

Landtagsprotokoll

Die Bremischen Landstände bewilligen die Erhebung des dritten Quartals des 16.-Pfennigschatzes.

Ausschreiben: –
Protokoll: StA Stade, Rep. 5b, F. 92, nr. 14, Bd. 2, fol. 561r–568r. – StadtA Stade, L.S., 4b-e. – StA Bremen, 2-Z.2.c.2 (Auszug). – Ebd., 2-Z.2.c.3.
Abschied: StA Stade, Rep. 5b, F. 105, nr. 36, Bd. 2, fol. 183r (kurzer Auszug; nur Schatzbewilligung; angefertigt nach 1602).
Weitere zu diesem Landtag gehörige Quellen: –
Literatur: Hauschildt, Landwirtschaft 1, S. 57, nr. 56.– Bachmann, Tagungsorte, S. 86.

Anno p. 99 den 18. Junii ist zu Baßdaell ein Landtagk gehalten worden.

Daselbst Reverendissimus in der Person gewesen,
der H. Landtdrost,[1] der Her Doctor Daniel Brandt.

Auß den prelaten: Der Her von Hertzvelde,[2] Der Her von Unser Lieben Frauwen.[3]

Auß dem Capittull: der H. Thumbdechandt,[4] der H. Senior,[5] der H. Licentiat Wipperman thumbher, Doctor Zerneman Syndicus.

Die Nobiles: In zimblicher anzall.

Auß Bremen: Doctor Schaffenradt Syndicus, Doctor Bornhorst, Rahtsverwanter.

Stade: *[kein Eintrag]*

Buxtehude: *[kein Eintrag]*

Die lande: Wursten, Oldelandt, Kedingerlandt.
[folgt das weitere Protokoll].
(StA Stade, Rep. 5b, F. 92, nr. 14, Bd. 2., fol. 561r–568r, hier fol. 561).

1 *Johann Marschalck, Landdrost.* 2 *Luneberg Brummer, 1575–1612 Erzabt von Harsefeld (Schulze, Harsefeld, S. 40–44).* 3 *Jodokus (Jost) von der Beke, 1583–1624 Abt von St. Marien in Stade (Schulze, St. Marien, S. 479).* 4 *Franz Marschalck, Domdekan.* 5 *Ortgieß Schulte, Senior des Domkapitels.*

283

Derselbe Landtag

Schatzbewilligung

Überlieferung: wie nr. 282.

[...] Sechtzehenden Pfenningschatze [...].

Anno 99 den 18. Junii das 3. quartal.

(StA Stade, Rep. 5b, F. 105, nr. 36, Bd. 2, fol. 183r).

284

Landtag 1599 September 17, Basdahl

Landtagsprotokoll

Die Bremischen Landstände verhandeln in Abwesenheit der Ritterschaft (1.) über die Huldigung gegenüber dem Erzbischof Johann Friedrich; (2.) dem Reich und dem Niedersächsischen Reichskreis geschuldete Abgaben des Erzstifts Bremen; (3.) Entlassung der Söldnertruppen des Niedersächsischen Reichskreises.

Ausschreiben: –
Protokoll: StA Stade, Rep. 5b, F. 92, nr. 14, Bd. 2, fol. 569r–576v. – StadtA Buxtehude, LSt., F. II (ehem. D I 3), nr. 1. – StA Bremen, 2-Z.2.c.2 (Auszug). – Ebd., 2-Z.2.c.3.
Abschied: –
Weitere zu diesem Landtag gehörige Quellen: –
Literatur: Hauschildt, Landwirtschaft 1, S. 57, nr. 57.

Anno 99 den 17 Septembris ist Zu Baßdaell ein Landtagk gehalten worden, daselbst:

Reverendissimus in der Person,

Der Her Landdrost,[1] Der Her Cancellarius,[2] D. Daniell Brandt, D. Laurentius Lælius.

Von wegen der prælaten: Der Her Ertzabt von Hertzvelde,[3] Der Her von Unser Lieben Frouwen.[4]

Ex Capitulo: Dominus decanus H. Frantz Marschalck, H. Orthgyß Schulte Senior, H. Engelbertus Wipperman L.L. Canonicus, D. Zerneman Syndicus.

Ex Civitate Brema: H. Herman Schumacher Burgermeister, D. Schaffenradt Syndicus, D.Kreffting, D. Bornhorst, Rathsverwante,

Ex Stade: H. Johan Hageman, Burgermeister, Her Heinricus Meyer, Syndicus.

Buxtehude: H. Albert Zernitz, Rathsher, Franciscus Waßmerius Secretarius.
[folgt das weitere Protokoll].
StA Stade, Rep. 5b, F. 92, nr. 14, Bd. 2., fol. 569r–576v, hier fol. 569r).

1 *Johann Marschalck, Landdrost.* 2 *Dr. Kaspar Koch, Kanzler.* 3 *Luneberg Brummer, 1575–1612 Erzabt von Harsefeld (Schulze, Harsefeld, S. 40–44).* 4 *Jodokus (Jost) von der Beke, 1583–1624 Abt von St. Marien in Stade (Schulze, St. Marien, S. 479).*

285

Landtag 1599 Oktober 26, Basdahl

Landtagsprotokoll (Auszug)

Die Bremischen Landstände verhandeln über: (1.) Reichskreistag (des Niedersächsischen Reichskreises) in Braunschweig;[1] *(2.) Verhandlungen mit den Hopffensteinische[n] Erben;*[2] *(3.) Schreiben des Rats der Stadt Lübeck, betreffend die vom Reichskreis geforderte Tripelhilfe; (4.) Supplik des Segebandt Cluver, betreffend dessen Klage gegen den Rat der Stadt Bremen.*

Ausschreiben: –
Protokoll: StA Bremen, 2-Z.2.c.2 (kurzer Auszug). – Ebd., 2-Z.2.c.3.
Abschied: –
Weitere zu diesem Landtag gehörige Quellen: –
Literatur: –

Anno p. 99 den 26 Octobris zu Baßdaell Landtag gehalten, und seint dagewesen von wegen deß Hern Ertzbischoffen:
D. Caspar Koch Cantzler, D. Laurentius Lælius Hoffrath.

Von wegen der prælaten: Her Joist von der Deken *[sic]*[3] Abt zu Unser Lieben Frauwen In Stade.

Von wegen des ThumbCapitteIß: Licentiatt Engelhardt Wipperman Thumbher, D. Tilemannus Cerneman Syndicus.

Die vom Adell Ins gemein, wiewoll nicht In großer anzall.

Von wegen der Statt Bremen: Her Herman Schumacher Burgermeister, D. Johan Schaffenrath Syndicus, Her Johan Vogelsangk Rahtsman.

Von wegen Stade: Her Johan Hageman Burgermeister, Henricus Meyer Syndicus.

Von wegen Buxtehude: Her Johan Focrell Burgermeister, und N.ª Rahtsverwandter.

(StA Bremen, 2-Z.2.c.3).

a *hinter N. in der Vorlage Lücke von einer halben Zeile zum späteren Nachtrag des Namens.*
1 *Kreistagsabschied zu Braunschweig 1599 September 28–Oktober 6: StA Stade, Rep. 6, nr. 44; Extract der von diesem Kreistag festgelegten Abgaben: StA Bremen, 2-Z.2.c.3. Weitere Kreistage des Niedersächsischen Reichskreises in Braunschweig fanden 1599 Januar 30 und 1599 Juli 4 statt (Abschiede: StA Stade, Rep. 6, nr. 36 und 43).* 2 *Zu Stephan Hopfensteiner (Hoffensteiner) und zum Streit um sein Erbe vgl. Schleif, Regierung, S. 192, nr. 13 sowie FB Reichskammergericht S. 16, nr. B 3721c.* 3 *Diese Angabe ist unzutreffend; gemeint ist Jodokus (Jost) von der Beke, 1583–1624 Abt von St. Marien in Stade (Schulze, St. Marien, S. 479).*

286
Landtag 1599 November 28, Basdahl

Landtagsprotokoll

Die Bremischen Landstände verhandeln in Abwesenheit der Ritterschaft (1.) über dem Niedersächsischen Reichskreis geschuldete Abgaben des Erzstifts Bremen; (2.) Tripelhilfe und Abzugsgelder für Herzog Heinrich Julius (von Braunschweig-Lüneburg).

Ausschreiben: –
Protokoll: StA Stade, Rep. 5b, F. 92, nr. 14, Bd. 2, fol. 578r–582v. – StadtA Buxtehude, LSt., F. II (ehem. D I 3), nr. 1. – StA Bremen, 2-Z.2.c.2 (Auszug). – StA Bremen, 2-Z.2.c.3.
Abschied: –
Weitere zu diesem Landtag gehörige Quellen: StadtA Buxtehude, LSt., F. II (ehem. D I 3), nr. 1 (Protokoll des 1599 November 27 von den drei Städten Bremen, Stade und Buxtehude in Basdahl abgehaltenen Kommunikationstags; auf dem Landtag vorgelegte Gravamina der Stadt Buxtehude).
Literatur: Hauschildt, Landwirtschaft 1, S. 57, nr. 58.

Anno p. 99 den 28 Novembris ist Zu Baßdaell ein Landtagk gehalten worden, daselbst:

Von wegen Reverendissimi: Der Cantzler und Doctor Lęlius.

Von wegen der pręlaten: Der Her von Unser Lieben Frouwen.

Von wegen des Capittuls: Der Her Senior, der Licentiat und der Syndicus.

Von wegen der Stetten: Bremen: Her Heinrich Sabell Burgermeister, D. Schaffenradt Syndicus, D. Bornhorst, Rathsverwanter, H. Johan Cock.

Stade: Her Johan Hageman, Burgermeister, Heinricus Meyer, Syndicus.

Buxtehude: H. Jacob Kruger, Burgermeister, Franciscus Waßmer Secretarius.

Die abgeordneten der lender.
[folgt das weitere Protokoll].
StA Stade, Rep. 5b, F. 92, nr. 14, Bd. 2., fol. 594r–607v, hier fol. 594r).

287

Landtag 1600 Mai 6, Basdahl

Landtagsprotokoll

Die Bremischen Landstände verhandeln über (1.) Zahlung der Reichssteuern; (2.) Gravamina der Altländer, Nichterhebung von Restanten; (3.) Verhandlungen über die Ermäßigung (‚Moderation') der Reichssteuern des Erzstifts Bremen; (4.) Klagen der Vertreter der Stadt Stade über die Stadt Hamburg; (5.) an die Erben des Stephan Hopfensteiner zu zahlende Schulden des Erzstifts Bremen;[1] *(6.) Landfriedensbrecher bei Thedinghausen; (7.) Appellationsverhandlungen in privatrechtlichen Klagen.*

Ausschreiben: –
Protokoll: StA Stade, Rep. 5b, F. 92, nr. 14, Bd. 2, fol. 583r–589v. – StadtA Buxtehude, LSt., F. II (ehem. D I 3), nr. 1. – StA Bremen, 2-Z.2.c.2 (Auszug). – Ebd., 2-Z.2.c.3.
Abschied: –
Weitere zu diesem Landtag gehörige Quellen: –
Literatur: Hauschildt, Landwirtschaft 1, S. 57f., nr. 59.

Anno 600 den 6. May ist zu Baßdaell ein Landtagk gehalten, et fuerint ibidem pręsentes:
nomine Reverendissimi: Der Landtdrost Johan Marschalck, Der Canceller D. Cock, Doctor Lælius Hoffraeth.

Ex prelatis: Der Ertzabt von Hertzvelde,[2] Der Abbas Stadensis.[3]

Ex Capitulo: Dominus Decanus Frantz Marschalck, Her Adolff Bremer und Doctor Zerneman Syndicus.

Ex Nobilibus: Ein guter Anzall, excepto pręsidente, qui adversam valetudinem Extendit.

Ex Civitatibus: Bremen: Doctor Kreffting und David Hanne Rahtsverwante.

Stade: Her Johan Hageman und Her Johan Plate Consules.

Buxtehude: H. Johanne Fockrelle Burgermeister und H. Marcus Radeleves Rahtsher.

Auß den Landen.
[folgt das weitere Protokoll].
StA Stade, Rep. 5b, F. 92, nr. 14, Bd. 2., fol. 561r–568r, hier fol. 561).

1 Zu Stephan Hopfensteiner (Hoffensteiner) und zum Streit um sein Erbe vgl. Schleif, Regierung, S. 192, nr. 13 sowie FB Reichskammergericht S. 16, nr. B 3721c.   2 Luneberg Brummer, 1575–1612 Erzabt von Harsefeld (Schulze, Harsefeld, S. 40–44).   3 Jodokus (Jost) von der Beke, 1583–1624 Abt von St. Marien in Stade (Schulze, St. Marien, S. 479).

288

Landtag 1600 September 16, Basdahl

Landtagsprotokoll

Die Bremischen Landstände verhandeln (1.) über Beschwerden wegen ausstehender Reichsschulden; der Bremer Erzbischof (Johann Friedrich) wird ersucht, wegen eines Aufschubs zu verhandeln; (2.) über Grenzstreitigkeiten zwischen den Ämtern Ottersberg und Rotenburg;[1] (3.) über die Schulden des Erzstifts Bremen gegenüber den Erben des Stephan Hopfensteiner;[2] (4.) Appellationsverhandlungen in privatrechtlichen Klagen.

Ausschreiben: –
Protokoll: StA Stade, Rep. 5b, F. 92, nr. 14, Bd. 2, fol. 591r–607v. – StadtA Stade, L.S., 4b-e. – StA Bremen, 2-Z.2.c.2 (Auszug). – StA Bremen, 2-Z.2.c.3.
Abschied: –
Weitere zu diesem Landtag gehörige Quellen: –
Literatur: Hauschildt, Landwirtschaft 1, S. 58, nr. 60.

Anno p. 600 den 16 7bris, Ist Zu Baßdaell ein Landtagk gehalten worden, darselbst pręsentibus gewesen:

Reverendissimus in persona.
Landtdroste,[3] Cantzler.[4]

Ex pręlatis: Abbas Hertzfeldensis,[5] Abbas divę Marię in Stadis.[6]

Ex Capitulo: Dominus decanus[7] Et Syndicus.[8]

Nobiles: In geringer anzall.

Ex Civitatibus: Brema: H. Heinrich Sabell Burgermeister, D. Kreffing, D. Bornhorst, H. Heinrich Hanßman, Ratsverwante.

Stade: H. Johan Hageman, Burgermeister, Henricus Meyer, Syndicus.

Buxtehude: H. Johan Fockrelle, Burgermeister, H. Marcus Radeleves.

Die Lande Wursten, Oldelandt, Kedingerlandt.
[folgt das weitere Protokoll].
(StA Stade, Rep. 5b, F. 92, nr. 14, Bd. 2., fol. 591r–607v, hier fol. 594r).

1 *Zur Sache vgl. Dörfler, Herrschaft, S. 383f.*   2 *Vgl. hierzu nr. A.287, Anm. 1.*   3 *Johann Marschalck, Landdrost.*   4 *Dr. Kaspar Koch, Kanzler.*   5 *Luneberg Brummer, 1575–1612 Erzabt von Harsefeld (Schulze, Harsefeld, S. 40–44).*   6 *Jodokus (Jost) von der Beke, 1583–1624 Abt von St. Marien in Stade*

(Schulze, St. Marien, S. 479). 7 Franz Marschalck, Domdekan. 8 Dr. Tileman Zernemann, Syndikus des Domkapitels.

289

Landtag 1601 Januar 8, Basdahl

Landtagsprotokoll

Die Bremischen Landstände verhandeln über (1.) Rückstände des Erzstifts Bremen bei den Reichssteuern; Türkenhilfe; Hierzu Bewilligung der Erhebung des dritten Quartals des 16.-Pfennigschatzes; (2.) Schuldverschreibungen und Inventar Erzbischof Christophs; Ansprüche Segebade Clüvers auf das Amt Neuhaus; Streit um Holzungsrecht; .(3.) den andauernden Zuzug von Adeligen in die Städte Stade und Buxtehude und über die Durchführung von Appellationsverhandlungen auf den Landtage; zu letzterem wird von Seiten des Erzbischofs (Johann Friedrich) auf (nicht näher genannte) alte Rezesse verwiesen.

Ausschreiben: –
Protokoll: StA Stade, Rep. 5b, F. 92, nr. 14, Bd. 2, fol. 609r–622v. – StadtA Stade, L.S., 4b-e. – StadtA Buxtehude, LSt., F. II (ehem. D I 3), nr. 1. – StA Bremen, 2-Z.2.c.4.
Abschied: StA Stade, Rep. 5b, F. 105, nr. 36, Bd. 2, fol. 183r (kurzer Auszug; nur Schatzbewilligung; angefertigt nach 1602).
Weitere zu diesem Landtag gehörige Quellen: –
Literatur: Hauschildt, Landwirtschaft 1, S. 58, nr. 61.

Anno 1601 den 8. Januarii ist zu Baßdaell ein gemeiner Landtagk gehalten worden.

Daselbst nomine Reverendissi erscheinen: Johan Marschalck Landtdrost, D. Caspar Koch Cantzler, Daniel Brandt D. und Hoffraedt.

Prelatorum nomine: Abbas Hertzfeldensis,[1] Abbas Stadensis.[2]

Nomine Capituli: H. Frantz Marschalck decanus, H. Ohrtgyß Schulte Senior, H. Engelbert Wipperman L.L. Canonicus.

Nobiles.

Civitates: Ex Brema: H. Heinrich Hanßman, D. Heinrich Kreffting.

Ex Stade: H. Johan Hageman, H. Johan Plate, Burgermeistere, Reinerus Lange Secretarius.

Ex Buxtehude: H. Albert Zernitz Rahtsverwanter, Francisicus Secretarius.[3]
[folgt das weitere Protokoll].
(StA Stade, Rep. 5b, F. 92, nr. 14, Bd. 2., fol. 609r–622r, hier fol. 609r).

1 *Luneberg Brummer, 1575–1612 Erzabt von Harsefeld (Schulze, Harsefeld, S. 40–44).* 2 *Jodokus (Jost) von der Beke, 1583–1624 Abt von St. Marien in Stade (Schulze, St. Marien, S. 479).* 3 *Franz Waßmer, Sekretär.*

290

Derselbe Landtag

Schatzbewilligung

Überlieferung: wie nr. 289.

[...] Sechtzehenden Pfenningschatze *[...]*.

Anno 1601 den 8. Januarii das 4. quartal.
(StA Stade, Rep. 5b, F. 105, nr. 36, Bd. 2, fol. 183r).

291

Landtag 1601 April 4, Basdahl

Landtagsprotokoll

Die Bremischen Landstände verhandeln über (1.) Aufschub bis Ostern (1601 April 12) bei der Zahlung der Reichssteuern (Türkenhilfe); (2.) Zahlung der Hilfe an den Niedersächsischen Reichskreis; Huldigung der Landstände gegenüber dem neuen Bremer Erzbischof (Johann Friedrich); Indult auf erzbischöfliche Regalien; (3.) Gravamina: Beschwerden der Kehdinger und Altländer über die Stadt Hamburg; Beschwerden der Ritterschaft über Personen, die die Zahlung des Schatzes verweigern; (4.) Memorandum über den Schatzsammler Albert Zernitz; (5.) Supplikation des Hermann von der Beke; Propst des Klosters Buxtehude-Altkloster; weitere Gravamina: Beschwerden zweier Meier aus Oberndorf über den Landdrosten (Johann Marschalck).

Ausschreiben: –
Protokoll: StA Stade, Rep. 5b, F. 92, nr. 14, Bd. 2, fol. 641r–648v. – StadtA Stade, L.S., 4b-e. – StA Bremen, 2-Z.2.c.4.
Abschied: –
Weitere zu diesem Landtag gehörige Quellen: StadtA Buxtehude, LSt., F. II (ehem. D I 3), nr. 1 (2 Schreiben Kaiser Rudolfs II., datiert Prag, 1601 Februar 17 und 1601 Februar 22, betreffend Kontributionen).
Literatur: Hauschildt, Landwirtschaft 1, S. 58, nr. 62.

Anno 1601 den 4. Aprilis ist zu Baßdaell ein Landtag gehalten worden, Darselbst nomine Reverendissi erscheinen sein: Der Landtdrost,[1] der Cantzler, D. Lelius.

Prelatorum: Abbas Hertzfeldensis,[2] Abbas Divę Marię Virginis in Stade.[3]

Nomine Capituli: H. Ohrtgyß Schulte Senior und der Licentiat.[4]

Nobiles: In zimblicher Anzall.

Civitatum nomine: Ex Brema: H. Heinrich Heneken Consul, H. Johan Schaffenraedt Syndicus, H. Heinrich Hanßman Rathsher.

Ex Stade: H. Johan Hageman Consul, H. Johan Olgart Licentiat, Reinerus Lange Secretarius.

Ex Buxtehude: H. Johan Fockrelle Consul, H. Marcus Radeleves Rathsverwanter.

Abgeordenten der lande.
[folgt das weitere Protokoll].
(StA Stade, Rep. 5b, F. 92, nr. 14, Bd. 2., fol. 641r–648r, hier fol. 641r).

1 Johann Marschalck, Landdrost.   2 Luneberg Brummer, 1575–1612 Erzabt von Harsefeld (Schulze, Harsefeld, S. 40–44).   3 Jodokus (Jost) von der Beke, 1583–1624 Abt von St. Marien in Stade (Schulze, St. Marien, S. 479).   4 Engelbert Wippermann, Lizentiat.

292

Landtag 1601 Juni 17, Basdahl

Landtagsprotokoll

Die Bremischen Landstände verhandeln über (1.) Huldigung der Landstände gegenüber dem neuen Bremer Erzbischof (Johann Friedrich); (2.) Zahlung einer Hilfe von 14 Monaten an den Niedersächsischen Reichskreis.

Ausschreiben: –
Protokoll: StA Stade, Rep. 5b, F. 92, nr. 14, Bd. 2, fol. 652r–662v. – StadtA Stade, L.S., 4b-e. – StadtA Buxtehude, LSt., F. II (ehem. D I 3), nr. 1. – StA Bremen, 2-Z.2.c.4.
Abschied: –
Weitere zu diesem Landtag gehörige Quellen: StadtA Buxtehude, LSt., F. II (ehem. D I 3), nr. 2 (Protokoll des Kommunikationstages von 1601 Juni 12).
Literatur: Hauschildt, Landwirtschaft 1, S. 58, nr. 63.

Protocollum deß den 17 Junii Anno p. 1601 zu Baßdaell gehaltenen Landtageß, darauff gewesen:
Der Her Ertzbischoff in person.
Johan Marschalck Landtrost, Caspar Koch Doctor, Cantzler, D. Daniell Brandt Hoffrath, D. Laurentius Lælius Hoffrath.

Prælaten: Her [Luneberg][a] Brummer Ertzabt zu Hersefeldt, Her Jost von der Beke Abt zu Unser Lieben Frauwen In Stade.

Von wegen des ThumbCapittelß: Her Frantz Marschalck Thumbdechandt, Her Adolff Bremer Thumbher, D. Tilemannus Cerneman Syndicus.

Die vom Adell In zimblicher anzall.

Von wegen der Statt Bremen: D. Johan Schaffenrath Syndicus, D. Henrich Kreffting Rahdtsverwandter, Her Arendt Scharhar, Rahdtsverwandter.

Von wegen Stade: Her Johan Hageman Burgermeister, Her Johan Plate Burgermeister, und Her Gerdt Lakeman Rahtsverwandter p.

Von wegen Buxtehude: Her N. Kruger Burgermeister, Franciscus Vasmar Secretarius.

(StA Bremen, 2-Z.2.c.4).

a Luneberg *fehlt in der Vorlage; stattdessen Lücke im Text.*

293

Landtag 1602 Januar 20, Basdahl

Landtagsprotokoll

Die Bremischen Landstände verhandeln über (1.) die Aufbringung der Reichssteuern; (2.) Schatzrechnung; (3.) ein Subsidium Caritativum für den Bremer Erzbischof (Johann Friedrich); (4.) Verhandlungen privatrechtlicher Klagen.

Ausschreiben: –
Protokoll: StA Stade, Rep. 5b, F. 96, nr. 28, Bd. 1, fol. 3r–36v. – StadtA Buxtehude, LSt., F. II (ehem. D I 3), nr. 1. – StA Bremen, 2-Z.2.c.4.
Abschied: –
Weitere zu diesem Landtag gehörige Quellen: StadtA Buxtehude, LSt., F. II (ehem. D I 3), nr. 1 (Schreiben der Fürsten des Westfälischen Reichskreises an den Kaiser, datiert Köln, 1601 Dezember 9).
Literatur: –

Anno 1602 den 20 Januarii Ist zu Baßdaell ein gemeiner Landtagk gehalten worden, darselbst Reverendissimus in persona,
der H. Landtdrost,[1] der H. Cantzler,[2] D. Lelius.

Ex prelatis: Ertzabbas Hertzefeldensis,[3] Abbas Beate Marie Virginis.[4]

Ex Capitulo: Dominus Decanus H. Frantz Marschalck, D. Zerneman Syndicus.

Ex Nobilibus: der presidentz[5] neben einem zimlichen anzall.

Ex Civitatibus: Brema: D. Johan Schaffenradt Syndicus, H. Heinrich Hanßman und H. Johan Brandt Rahtsverwante.

Stade: H. Johan Hageman und Her Johan Plate Burgermeistere, Reinerus Lange Secretarius.

Buxtehude: H. Johann Fockrelle Burgermeister, H. Marcus Radeleves Rahtman.

Die gesandten auß den landen.
[folgt das weitere Protokoll].
(StA Stade, Rep. 5b, F. 96, nr. 28, Bd. 1, fol. 3r–36v, hier fol. 3r).

1 Johann Marschalck, Landdrost. 2 Dr. Kaspar Koch, Kanzler. 3 Luneberg Brummer, 1575–1612 Erzabt von Harsefeld (Schulze, Harsefeld, S. 40–44). 4 Jodokus (Jost) von der Beke, 1583–1624 Abt von St. Marien in Stade (Schulze, St. Marien, S. 479). 5 Hennecke von Brobergen, Präsident der Ritterschaft.

294

Landtag 1602 Mai 3, Basdahl

Landtagsprotokoll

Die Bremischen Landstände verhandeln über (1.) die Aufbringung der zu zahlenden Reichssteuern; (2.) Kreistag des Niedersächsischen Reichskreises in Lüneburg 1602 Mai 10; (3.) Erlaß einer Jagdordnung.

Ausschreiben: StadtA Buxtehude, LSt., F. II (ehem. D I 3), nr. 1 (ausgestellt von Erzbischof Johann Friedrich, datiert Vorde Am 17. Aprilis Anno p. 1602; besiegelte Or.-Ausf. Papier; dort angeheftet: Abschrift eines Schreibens Kaiser Rudolfs II., datiert Prag denn Letztenn Februarii [i.e. Februar 28] Anno 1602).
Protokoll: StA Stade, Rep. 5b, F. 96, nr. 28, Bd. 1, fol. 37r–72v. – StadtA Buxtehude, LSt., F. II (ehem. D I 3), nr. 1. – StA Bremen, 2-Z.2.c.4.
Abschied: –
Weitere zu diesem Landtag gehörige Quellen: –
Literatur: –

Anno p. 602 den 3. Maii Ist zu Baßdaell ein Landtagk gehalten worden, fuerint ibidem pręsentes:

Reverendissimus in persona,
der Landtdrost Johan Marschalck, D. Caspar Koch, Cantzler, D. Lorentz Lælius Hoffraedt.

Auß den pręlaten: Abbas Stadensis.[1]

Auß dem Capittul: H. Ohrtgyß Schulte Senior und der Her Licentiatus.[2]

Die Nobiles in zimblicher anzall.

Auß den Steden: Bremen: D. Johan Schaffenradt Syndicus und H. Johan Koch.

Auß Staden: H. Johan Hageman und Her Johan Plate Burgermeistere.

Auß Buxtehude: H. Johann Fockrelle Burgermeister, Her Heinrich Weinbergen Rahtsher.

Auß den Landen abgeordente.
[folgt das weitere Protokoll].
(StA Stade, Rep. 5b, F. 96, nr. 28, Bd. 1, fol. 37r–72v, hier fol. 37r).

1 Jodokus (Jost) von der Beke, 1583–1624 Abt von St. Marien in Stade (Schulze, St. Marien, S. 479).
2 Engelbert Wippermann, Lizentiat.

295

Landtag 1602 Juni 15, Basdahl

Landtagsprotokoll

Der Bremer Erzbischof Johann Friedrich und die Bremischen Landstände nehmen die von Herzog Ernst von Braunschweig-Lüneburg für seinen Bruder Friedrich als dem neuen Bremer Dompropst geleistete Wahlkapitulation entgegen und bewilligen aufs neue einen 16.-Pfennigschatzes, von dem in diesem und den kommenden drei Jahren jeweils ein Viertel (, Quartalschatz') erhoben werden soll. Anschließend Verhandlung von privatrechtlichen Klagen durch die Landräte.

Ausschreiben: -
Protokoll: StA Stade, Rep. 5b, F. 96, nr. 28, Bd. 1, fol. 73r–78v. – StadtA Buxtehude, LSt., F. II (ehem. D I 3), nr. 1. – StA Bremen, 2-Z.2.c.4.
Abschied: StA Stade, F. 105, nr. 36, Bd. 2, fol. 183r (kurzer Auszug; angefertigt nach 1602).
Weitere zu diesem Landtag gehörige Quellen: StA Stade, Dep. 10, Hs. 7, S. 182–188 (Abschrift, frühes 17. Jh.; nach einer Or.-Ausf.). und StA Bremen, 2-P.1.291, S. 637–642 (18. Jh.; Abschrift v. J. P. Cassel): Herzog Ernst von Braunschweig-Lüneburg leistet namens seines zum neuen Bremer Dompropst erwählten Bruders und Bremer Domherrn Friedrich eine Wahlkapitulation; der erwählte neue Dompropst Herzog Friedrich beschwört die Einhaltung dieser Artikel; ausgestellt 1602 Juni 8, o.O.
Literatur: Schleif, Regierung, S. 63, Anm. 259f. – Hauschildt, Landwirtschaft 1, S. 55, nr. 45. – Blanken, Basdahl, S. 75. – Bachmann, Tagungsorte, S. 86.

Anno 1602, den 15 Junii Ist zu Baßdaell ein Landtagk gehalten, darselbst furgelauffen alß folget;
fuerint ibidem Nomine Reverendissimi: Der Landtdrost Johan Marschalck, Der Canzler D. Koch, D. Laurentius Lælius.

Ex prelatis: Abbas Hertfeldensis,[1] Abbas Stadensis.[2]

Ex Capitulo: H. Frantz Marschalck, Decanus, H. Ohrtgyß Schulte Senior, D. Zerneman Syndicus.

Ex Nobilibus: maxima pars.

Ex Civitatibus: Brema: D. Schaffenradt Syndicus, D. Kreffting, H. Arndt Schorhar, H. Johan Koch Radtsverwandte[a].

Stade: H. Johan Hageman und H. Johan Plate, Burgermeistere.

Buxtehude: H. Heinrich Weinbergen, Francisicus Secretarius.[3]
[folgt das weitere Protokoll].
(StA Stade, Rep. 5b, F. 96, nr. 28, Bd. 1, fol. 73r–78v, hier fol. 73r).

a Ratsverwandte *mit einer geschweiften Klammer versehen; ist auf die drei nach dem Syndikus genannten Personen zu beziehen.*

1 *Luneberg Brummer, 1575–1612 Erzabt von Harsefeld (Schulze, Harsefeld, S. 40–44).*   2 *Jodokus (Jost) von der Beke, 1583–1624 Abt von St. Marien in Stade (Schulze, St. Marien, S. 479).*   3 *Franz Waßmer, Sekretär.*

296

Derselbe Landtag

Schatzbewilligung

Überlieferung: wie nr. 295.

[...] Sechtzehenden Pfenningschatze [...].
Anno 1602 den 15. Junii – I. quartal auffs newe zugelassen.
(StA Stade, Rep. 5b, F. 105, nr. 36, Bd. 2, fol. 183r).

297

Landtag 1602 Dezember 22, Basdahl

Landtagsprotokoll

Die Bremischen Landstände verhandeln über (1.) Zahlung der Türkenhilfe; (2.) Rechnungslegung des jüngsten 16.-Pfennig-Schatzes.

Ausschreiben: StA Stade, Rep. 5b, F. 96, nr. 28, Bd. 1, fol. 81r–82v; (ausgestellt von Erzbischof Johann Friedrich; datiert (Bremer-) Vörde 1602 Dezember 9; besiegelte Or.-Ausf. Papier, liegt dem Protokoll bei).
Protokoll: StA Stade, Rep. 5b, F. 96, nr. 28, Bd. 1, fol. 80r–94v. – StadtA Buxtehude, LSt., F. II (ehem. D I 3), nr. 1. – StA Bremen, 2-Z.2.c.4.
Abschied: –
Weitere zu diesem Landtag gehörige Quellen: –
Literatur: –

Anno 1602 den 22 Decembris Ist ein gemeiner Landtagk gen Baßdaell außgeschrieben und gehalten worden.

Darselbst Unser Gster. F. und Herr in der perßon,
Johan Marschalck Landtdrost, D. Daniel Brandt, D. Lorentz Lælius Hoffrethe.

Ex prelatis: Der Her von Unser Lieben Frauwen binnen Stade.[1]

Ex Capitulo: H. Frantz Marschalck Decanus, D. Zerneman Syndicus.

Nobiles: In zimblicher Anzall.

Ex Civitatibus: Brema: D. Heinrich Kreffting, H. Johan Brandt, Rahtsverwante.

Stade: Her Johan Hageman Burgermeister, H. Johan Olgardt Rahsverwanter.

Buxtehude: Her Johan Weinbergen Rahtsher und Franciscus Waßmer Secretarius.

Die Abgeordente der Lande Wursten und Oldelandt.
[folgt das weitere Protokoll].

StA Stade, Rep. 5b, F. 96, nr. 28, Bd. 1, fol. 80r–94v, hier fol. 84r).

1 *Jodokus (Jost) von der Beke, 1583–1624 Abt von St. Marien in Stade (Schulze, St. Marien, S. 479).*

298

Landtag 1603 März 1, Basdahl

Landtagsprotokoll

Die Bremischen Landstände verhandeln über die Punkte der erzbischöflichen Proposition: (1.) Hilfeersuchen des Niedersächsischen Reichskreises; betreffend militärische Gefährdungen durch Spanische Kriegsleute; *(2.) Verhandlungen über Ermäßigung (*Moderation*) der vom Erzstift Bremen zu zahlenden Reichssteuern; (3.) Erlaß einer Jagdordnung; (4.) Reformation, des Gerichtswesens, betreffend* Prozesse *mit den Zeuberischen und sonstige Strafprozesse, gemäß der* peinlichen Halßgerichts ordnung Caroli quinti.[1]

Ausschreiben: –
Protokoll: StA Stade, Rep. 5b, F. 96, nr. 28, Bd. 1, fol. 95r–102v.
Abschied: –
Weitere zu diesem Landtag gehörige Quellen: –
Literatur: –

Anno p. 603 den 1. Martii Ist zu Baßdaell ein Landtagk gehalten worden, fuerint ibidem presentes nomine Reverendissimi: Darselbst Unser Gster. F. und Herr in der perßon,

der Landtdroste Johan Marschalck, D. Daniell Brandt, D. Laurentius Lælius Hoffrethe.

Ex prelatis: Der Her Erzabt von Hertzfelde,[2] Her Abbas von Unser Lieben Frouwen.[3]

Ex Capitulo: H. Ohrtgyß Schulte Senior, D. Zerneman Syndicus.

Nobiles: Ein zimblicher Anzall.

Ex Civitatibus: Brema: Whar Niemants, hatten sich bei F. G. Ihres aussenpleibens halber auß furgefallenen ehafftilichen vorhinderungen entschuldiget.

Ex Stade: Reinerus Lange Secretarius.

Ex Buxtehude: Her Johan Weinbergen Rahtsher und Franciscus Waßmer Secretarius.

De Lande durch Ihre Abgeordente.
[folgt das weitere Protokoll].
(*StA Stade, Rep. 5b, F. 96, nr. 28, Bd. 1, fol. 95r–102v, hier fol. 95r).*

1 *Peinliche Halsgerichtsordnung Kaiser Karls V. (Constitutio Criminalis Carolina/CCC), verabschiedet*

am 27. Juli 1532 auf dem Reichstag in Regensburg (vgl. R. Lieberwirth, Art. ‚Carolina', in: HRG 1, Sp. 592–595, mit weiteren Nachweisen). 2 *Luneberg Brummer, 1575–1612 Erzabt von Harsefeld (Schulze, Harsefeld, S. 40–44).* 3 *Jodokus (Jost) von der Beke, 1583–1624 Abt von St. Marien in Stade (Schulze, St. Marien, S. 479).*

299

1603 [vor März 28][1]

Abschied/Jagdordnung [1603 vor März 28][1]

Entwurf einer vom Bremer Erzbischof Johann Friedrich und den Bremischen Landständen einvernehmlich beschlossenen Jagdordnung: (1.) Beschluß über eine allgemeine Schonzeit für genannte Wildarten in genannntem Zeitraum; (2.) Strafe für Verstöße hiergegen; (3.) Salvatorische Klausel.

Ausschreiben: –
Protokoll: –
Abschied: StA Stade, Rep. 5b, F. 128, nr. 1, fol. 41r–43r (Entwurf).
Weitere zu diesem Landtag gehörige Quellen: –
Literatur: –

Zuwißen: Alß der Hochwirdigster p. eine Zeithero im wergk gespueret, unnd in der thatt empfunden, das durch unordentlich unndt unzeitigh Jagen, unndt schießen das wildt undt weidewergk in S. F. G. Ertzstifft Bremen mercklich verwustett, verdorben, unndt vernichttett, so wohl S. F. G. alße allen andern, deren Stiffts Stenden, unndt gliedtmaßen, so Jagens gerechtigkeitt in gedachtem Ertzstifft hergebracht, haben unnd gebrauchen, zu augenscheinlichen schaden undt handtgreifflichem verderb undt nachtheil, unnd wo[a] fern solchem unordtlichen hochschedlichen Jagen nicht durch zeittige ordnungh undt maße begegenett undt gewehrett werden soldte, das endtlich das wildt undt weidewergk darinne gentzlich verwustett unndt Außgetilgett, undt dem einenn so weinigh alße dem anderen, mitt seiner habenden undt hochgebrachten Jagens gerechtigkeitt gahr nichts gedienet sein wurde.

[1.] Daß demnach solchem besorglichem vor augen stehenden verderb undt verwustungh zeittlich vorzukommen undt zuwehrenn, Hochstgedachtte S. F. G. mitt derenn getrewen, Landt- undt Stifft Stendenn, sonderlich aber den Jennigen, so wie obgesagt, Im Ertzstifft Bremenn, Jagens gerechtigkeitt hergebracht[b] haben unndt gebrauchen, undt dießelbige hinwiederumb mitt S. F. G. sich einhelliglich Dahin verwilkuhret, vereinigett undt verleichen, verwilkuhren, vereinigen unndt vergleichen sich auch Crafft dieses hirmitt einhelliglich dahin, Nemblich das Mehrhochstgemeltte S. F. G. hinfurenn unndt so Lange sie nach dem willen des Almmechtigen, bei der Regierungh dießes Ertzstiffts sein unndt pleiben, so wohl alß andere Darinne zum Jagen berechtigtt unndt gliedtmaßen, von Faßnachten An biß dz Korn abgemehett, unndt in Hocken stehett, sich Allerseitz alles Jagens, Hetzens, schießens, Garne setzens, Lappen undt Lauschens der Rehe, Haßen,

Fuchße, Bergkhanen undt Veldthunder, gentzlich unndt aller dinge eußeren unndt endthaltten, Undt Da einer oder mehr hiruber schreitten unndt einwendigh Vorgeßatzter Zeit, mitt Jagen, Hetzen, schießen, Pfanne oder garne setzen, Lappen undt Lauschen wie vorstehett dieser wilkuhr endtweder fur sich ßelber uberschreitten, oder durch andere Darwieder handlen laßen wurde, Derselbe in 10 Thaler straffe alßbaldt mit der thadt verfallen seinn, undt solche verwilkuhrte unndt verwirgkte straffe unnachleßigh, Durch Jeden ortts habende beambtte unndt diener, den disfals fleißige auffachtt, auff die verbrechere zubevehlen, Von dem verfahrer eingefordertt unndt Anhero in Unßere Cantzley geliefferdt, unndt armen Leuten außgeteilett werden soll.

[2.] Begebe sich es auch, dz des einen undt anderen gesinde oder diener ohne befehl undt geheiß Ihrer Herrn oder Junckern sich understehen wurden, zu Jagen[c], Hetzen, schießen p., Der oder dieselbe, da sie betretten oder sonsten uberwießen wurden, sollen nichtt allein mitt dem thurn Undt gefengknuß nach gelegenheitt der verbrechungh gestraffett, sondern auch alßbaldt von ihren Herrn oder Junckern Ihres dienstes endtsetzett unndt darinne nicht Lenger geduldett werden; Oder da des uberfahrenden Dieners oder Knechtes, Herr oder Juncker Ihne in Dienst lenger behaldten wurde, soll Derselbige Her oder Juncker nicht anderß alß wan ehr Dem Diener oder Knechte Das Jagen, Hetzen, schießen p. gebotten, unndt befohlen, unndt alßo selbst wieder dieße wilkuhr gehandlet, in obgesatzte straff der 10 thaler unnachleßig zuerleggen, unndt zubetzalenn, gefallen seinn.

[3.] Jedoch Soll Dieße bewilligungh nichtt anders, als eine freiwillige, wilkuhr gemeinett, unndt Hirdurch Keinen standt oder gliedmaß[d] Bremischen Erzstiffts noch anderen so Darinne Jagens gerechtigkeitt hergebracht haben undt gebrauchen, an solcher seiner gerechtigkeitt einighe fehrlich Præiuditz, abbruch oder nachtheill Zugezogen werden, sondern nach abgethaner wilkuhr dem einen so wohl alse dem anderen seine Hergebrachte Jagens gerechtigkeitt, nach wie vor, Ungehindertt, ohne verschmahlungh, frey sein unndt bleiben, Sonder gefehrde. Uhrkundtlich p.

(StA Stade, Rep. 5b, F. 128, nr. 1, fol. 41r–43r)

a *wo in der Vorlage von anderer gleichzeitiger Hand über der Zeile nachgetragen.*   b *in der Vorlage ursprgl. herbracht durch über der Zeile von anderer zeitgleicher Hand nachgetragenes -ge- korrigiert.*   c Hagen *in der Vorlage.*   d gleichmaß *in der Vorlage.*
1 *Der Entwurf wurde dem Domkapitel zusammen mit dem erzbischöflichen Edikt, betreffend die neue Kriminalprozeßordnung, insbesondere in Zauberei-Sachen (Cassel, Bremensia 2, S. 705–719, nr. 31; Weise, Edikt, S. 51–64), in einem versiegelten Schreiben zugeschickt und ist den 28. Martii Anno p. 603 zu Capittul gebracht worden (StA Stade, Rep. 5b, F. 128, nr. 1, fol. 45v).*

300

Landtag 1603 September 2, Basdahl

Landtagsprotokoll

Die Bremischen Landstände bewilligen einen zweiten ‚Quartalschatz', ein Viertel des 1602 Juni 15 (oben nr. A.296) bewilligten 16.-Pfennigschatzes.

Ausschreiben: –
Protokoll: StA Stade, Rep. 5b, F. 96, nr. 28, Bd. 1, fol. 104r–117v. – StA Bremen, 2-Z.2.c.4.
Abschied: StA Stade, F. 105, nr. 36, Bd. 2, fol. 183r (Auszug; nur Schatzbewilligung; 17. Jh.).
Weitere zu diesem Landtag gehörige Quellen: –
Literatur: Schleif, Regierung, S. 63, Anm. 259f.

Anno 1603, 2. Septemb. Ist zu Baßdael ein landtagk gehaltten worden.
Præsentes fuerunt:
Reverendiss.
Landrost Joh. Marschalck, Cancell. Koch, D. Lælius.

Virg. abbas.[1]

Decanus Marschalck, H. Ortgys Schulte, D. Zerneman, Gerard Trekel.

Nobiles Mediocri numere.

Von Bremen: H. Hinrich Haucken Cos., D. Heinrich Kreffting, Arendt Scharhar.

Von Stade: Cos. Hageman, Cos. Plate, Oelgartten, Mar. von der Medem.

Von Buxtehude: Weingartten, Secr. Vaßmar.

(StA Bremen, 2-Z.2.c.4).

[1] *Jodokus (Jost) von der Beke, 1583–1624 Abt von St. Marien in Stade (Schulze, St. Marien, S. 479).*

301

Landtag 1603 November 14, Basdahl

Landtagsprotokoll

Die Bremischen Landstände verhandeln über (1.) die Finanzierung der aufgrund großer Brandschäden nötigen Reparaturen an Burg (Bremer-) Vörde; (2.) Klagen der Altländer und Osterstader über die auf dem letzten Landtag beschlossene Erhebung eines Quartals des bewilligten 16. Pfennigschatzes; (3.) Zahlung von Geldern, die † Dr. (Laurentius) Vomelius noch geschuldet werden, an dessen Witwe und Kinder.

Ausschreiben: datiert vom 23. Oktober 1603, liegt dem Protokoll bei (StA Stade, Rep. 5b, F. 96, nr. 28, Bd. 1, fol. 119r–121v (besiegelte Or.-Ausf. Papier).
Protokoll: StA Stade, Rep. 5b, F. 96, nr. 28, Bd. 1, fol. 119r–136v. – StA Bremen, 2-Z.2.c.4.
Abschied: –
Weitere zu diesem Landtag gehörige Quellen: –
Literatur: –

Anno 1603 den 14 Novemb. ist ein Lantag zu Basdal gehalden worden, undt ist daeslbst:
In persona erschienen Unser Gnedigster Her und Ihrer F. G. hoffräthe D. Laurentius Lælius, D. Otte Schulte, und dan der gewesener Cantzlar D. Caspar Kock.

[a]Von wegen der Capitularen: Frantz Marschalck thumbdechant, Adolff Bremer Thumbher, D. Zerneman Syndicus.

Von wegen der Prælaten der Abt von Hersefelt.[1]

Die vom adel wahren in zimblicher anzal.

Von wegen Bremen: D. Johan Scaffenrad *[sic]* Syndicus, D. Evert Bornhorst und Arnoldus Scharhar Rathsverwante.

Von wegen Stade: B. Johannes Hageman, B. Johan Plate und Secretarius von der Medem.

Von wegen Buxtehude: N. Weingartner Rathsverwandter, und Franciscus Vaßmar Secretarius.

(StA Bremen, 2-Z.2.c.4).

a *Die gesamte danach folgende Liste von anderer zeitgleicher Hand am Seitenrand der Vorlage nachgetragen.*
1 *Luneberg Brummer, 1575–1612 Erzabt von Harsefeld (Schulze, Harsefeld, S. 40–44).*

302

Landtag 1604 Februar 7

Landtagsprotokoll

Die Bremischen Landstände verhandeln über die Finanzierung der aufgrund großer Brandschäden nötigen Reparaturen an Burg (Bremer-) Vörde.

Ausschreiben: –
Protokoll: StA Bremen, 2-Z.2.c.4.
Abschied: –
Weitere zu diesem Landtag gehörige Quellen: –
Literatur: –

Auffm Landtage des 7 Februa. Anno p. 1604.
Presentes fuerunt:

Ipse Reverendiss.
Der Landrost Marschalck, D. Laur. Lælius, D. Otto Schultte.

Abbas Herseveld. Brummer, H. Ortgyß Schultte, H. Adolff Bremer, D. Engelbr. Wipperman.

Nobiles in ziemlicher Anzall.

Burgerm. Heinrich Houcken, D. Heinr. Kreffting, H. Dietrich Hoyers.

Burgerm. Johan Hageman zu Stade, Burgerm. Plate, H. Heinrich auff der Wurtt.

H. Heinrich Weingartner Buxtehud., Franc. Vaßmer Secret.

(StA Bremen, 2-Z.2.c.4).

303
Landtag 1604 Juli 13, Basdahl

Landtagsprotokoll

Die Bremischen Landstände verhandeln über (1.) Zahlung der vom Kaiser (Rudolf II.) schriftlich angemahnten, noch ausstehenden Türkensteuer; (2.) große Unrichticheitt undt beschwerden bei der Sammlung des Pflugschatzes; *(3.) noch ausstehende Besoldung des † Dr. (Laurentius) Vomelius und des jetzigen Advocaten und Prokuratoren (beim Reichskammergericht) Dr. (Andreas) Pfeffer;[1] (4.) Supplik des Klaus von der Decken, von seinem Amt als Schatzverordneter entbunden und durch jemand anderen ersetzt zu werden; nach Beredung mit der Ritterschaft erklärt Klaus von der Decken sich bereit, daß er dieser bewilligten schatzInsamlung ferner beiwohnen werdt; (5.) Beschwerde der 3 Landen, Alß Wursten, Keding und Alte Landt, gegenüber den* freien Stenden *bei der Erhebung der Türkensteuer* beschwert worden zu sein. *(6.) Klage des Friedrich von Mandelsloh gegen die Witwe vom Horn; die Akten sollen den Landständen zur Entscheidung auf dem nächsten Landtag zugeschickt werden.*

Ausschreiben: –
Protokoll: StadtA Buxtehude, LSt., F. II (ehem. D I 3), nr. 1. – StA Bremen, 2-Z.2.c.4.
Abschied: –
Weitere zu diesem Landtag gehörige Quellen: –
Literatur: –

[Am Ende des Protokolls:]
Deputati:
Consiliarii: Johan Marschalck Landtdroste, D. Caspar Coch Cantzler, D. Laurentius Lælius Rath, Lange.[2]

Prælati: D. Archiabbas Ertzfeldensis *[sic]*.[3]

Capitularibus: D. Decanus F. Marschalck, H. Alef Bremer præpositus Zev., Trekell Secret.[4]

Ritterschafft: Sein nicht starck verhanden gewesen.

Bremens.: D. Johannes Schaffenrat Synd., H. Heinrich Husman Secretar.

Stadens.: H. Johan Hageman Consul, H. Heinrich uf der Wort Senator, D. Christ.[a] Schwaneman Secret.

Buxt.: D. Nicolaus Kroger Consul, F. Vasmer Secretarius.

(StadtA Buxtehude, LSt., F. II (ehem. D I 3), nr. 1).

a Cchrist. *in der Vorlage.*
1 *Zu beiden: Schleif, Regierung, S. 225, nr. 14f.* 2 *Andreas Lange, 1602–1604 Amtmann zu Ottersberg, später (1612–1624 Rentmeister (Amtmann) zu Bremervörde (ebd., S. 198, nr. 16).* 3 *Luneberg Brummer, 1575–1612 Erzabt von Harsefeld (Schulze, Harsefeld, S. 40–44).* 4 *Dietrich Trekel, Sekretär (Schleif, Regierung, S. 235, nr. 17).*

304
Landtag 1604 August 25, Basdahl

Landtagsprotokoll

Die Bremischen Landstände verhandeln über: (1.) Schreiben des Grafen (Simon VI.) von der Lippe, des Herzogs (Heinrich Julius) von Braunschweig (-Lüneburg) und des Herzogs (Johann Wilhelm) von Jülich und Kleve namens des Niedersächsischen Reichskreises, mit Bitte um militärische Hilfe; Durchführung einer Musterung des Landesaufgebots im Erzstift Bremen;[1] (2.) Schreiben von dem Hern Mincowitz von Lubeck auß, mit der Aufforderung, die ausstehenden Reichssteuern zu bezahlen; (3.) Klage des Friedrich von Mandelsloh gegen die Witwe vom Horn; da die Akten den Ständen, entgegen dem Beschluß des letzten Landtags, noch nicht zugeschickt sind, wird die Entscheidung von den Landständen einvernehmlich vertagt.

Die Landstände bewilligen einen dritten 'Quartalschatz', ein Viertel des 1602 Juni 15 (oben nr. A.295) bewilligten 16.-Pfennigschatzes.

Ausschreiben: datiert 1604 August 6, liegt dem Protokoll bei.
Protokoll: StA Stade, Rep. 5b, F. 96, nr. 28, Bd. 1, fol. 169r–181v. – Ebd., F. 105, nr. 36, Bd. 2, fol. 183ff. (Auszug 17. Jh.). – StA Bremen, 2-Z.2.c.4.
Abschied: –
Weitere zu diesem Landtag gehörige Quellen: –
Literatur: Schleif, Regierung, S. 63, Anm. 259f.

Protocollum des den 25ten Augusti Anno p. 1604 zu Baßdaell gehaltenen Landtages.

Præsentes fuerunt:

Der Her Ertzbischoff in persona.

Johan Marschalck Landtdrost, Laurentius Lælius Hoffrath.

Prælaten: Her Christoff Brummer Ertzabt zu Harsefeldt,[2] H. Jost von der Beke Abt zu Unser Lieben Frauwen In Stade.

Von wegen des ThumbCapittelß: Her Adolff Bremer Thumbher, Probst zu Zeven und Lilienthall, D. Tilemannus Zerneman Syndicus.

Die Ritterschafft Ins gemein, aber In geringer anzall.

Von wegen der Statt Bremen: D. Johan Schaffenrath Syndicus, Her Johan Brandt Rahtman.

Von wegen Stade: Her Johan Hageman Burgermeister, Her Johan Oligardten Rahtman, Christoff Schwaneman Secretarius.

Von wegen Buxtehude: Her Hinrich Weingartner Rahtman, Franciscus Vasmer Secretarius.

(StA Bremen, 2-Z.2.c.4).

1 *In diesen Zusammenhang dürfte auch ein Mandat des Bremer Erzbischofs Johann Friedrich gehören, ausgestellt in (Bremer-) Vörde 1604 Juli 7, betreffend das Verbot des Reislaufens im Erzstift Bremen; erlassen nach Erhalt eines Schreibens des Herzogs Heinrich Julius von Braunschweig-Lüneburg, welches jener Herzog kraft seines Amtes als Obrist des Niedersächsischen Reichskreises übersandt hatte (StA Bremen, 2-Z.2.a; gedruckte besiegelte Or.-Ausf. Papier).* 2 *Der Vorname ist unzutreffend; Harsefelder Erzabt war 1575–1612 Luneberg Brummer (Schulze, Harsefeld, S. 40–44).*

305
Landtag 1605 März 19, Basdahl

Landtagsprotokoll

Die Bremischen Landstände verhandeln über (1.) Zahlung der vom jüngsten Reichstag bewilligten Türkensteuer; (2.) Beschwerde der drei Marschländer beim Kaiser, im Erzstift Bremen entgegen den Reichsabschieden ungerecht behandelt zu werden; (3.) die trotz erzbischöflicher Bitte von den Schatzsammlern noch nicht vorgelegte Schatzrechnung; (4.) Beschwerde der Altländer darüber, daß bei ihnen der Pflugschatz von Landfremden eingesammelt werden solle; (5.) Supplik der von Behr, man möge ihnen die von ihrem (ungenannten) Vater dem Erzstift Bremen geliehenen 100 Taler zurückzahlen.

Die Landstände bewilligen einen vierten ‚Quartalschatz‘, ein Viertel des 1602 Juni 15 (oben nr. A.261) bewilligten 16.-Pfennigschatzes.

Ausschreiben: –
Protokoll: StA Stade, Rep. 5b, F. 96, nr. 28, Bd. 1, fol. 104r–117v. – StadtA Buxtehude, LSt., F. II (ehem. D I 3), nr. 1. – StA Stade, F. 105, nr. 36, Bd. 2, fol. 183ff. (Auszug 17. Jh.). – StA Bremen, 2-Z.2.c.4.
Abschied: –
Weitere zu diesem Landtag gehörige Quellen: –
Literatur: Schleif, Regierung, S. 63, Anm. 259f.

Protocollum deß den 19ten Martii Anno p. 1605 zu Baßdaell gehaltenen Landtages.

Da zugegen gewesen: Der Her Ertzbischoff in der person.

Her Burchardt Cluver, Thumbher alse S. F. G. Rath oder HoffJuncker, Johan Marschalck Landtdrost, D. Caspar Koch, und Laurentius Lælius Hoffrath.

Prælaten: Her Christoffer Brummer Ertzabt zu Harsefeldt,[1] Her Jost von der Beke Abt zu Stade.

Von wegen des ThumbCapittelß: Her Georg Henrich vom Schönebeck Thumbher, Her Henrich von Isendorff *[sic]* Thumbher, D. Tilemannus Zerneman des Capittelß Syndicus.

Die vom Adell Ins gemein, aber In geringer anzall.

Von wegen der Statt Bremen: D. Johan Schaffenrath Syndicus, Her Henrich Hußman Rahtsverwandter.

Von wegen der Statt Stade: Her Christian Haveman Rathsher und Richter, M. Reynerus Lange Secretarius.

Von wegen der Stadt Buxtehude: Her Johan Focrell Burgermeister, Her Henrich Weingartner Rahtsverwandter p.

(StA Bremen, 2-Z.2.c.4).

1 *Der Vorname ist unzutreffend; korrekt: Luneberg Brummer; vgl. nr. A.304, Anm. 2.*

306
Landtag 1605 Mai 28, Basdahl

Landtagsprotokoll

Die Bremischen Landstände verhandeln über die Zahlung einer Hilfe von 8 Monaten an den Niedersächsischen Reichskreis.

Ausschreiben: –
Protokoll: StA Bremen, 2-Z.2.c.4.
Abschied: –
Weitere zu diesem Landtag gehörige Quellen: –
Literatur: –

Protocoll deß Landtages den 28 Maii Anno p. 1605 zu Baßdaell gehalten, darauff gewesen wie volget:
Von wegen des Hern Ertzbischoffen: Johan Marschalck Landtdrost, Her Burchardt Cluver Thumbher, Gotthardt von Brobergen, ªLaurentius Lælius Hoffrath, Caspar Koch gewesener Cantzlerª.

Von wegen des ThumbCapitelß: Her Adolff Bremer Thumbher, Her Henrich von Ißendorff Thumbher, D. Tilemannus Zerneman Syndicus.

Die Prælaten: Her Christoff Brummer Ertzabt zu Harsefeldt,[1] Her Joist von der Beke Abt zu Stade.

Von wegen der Statt Bremen: D. Johan Schaffenrath Syndicus, Her Henrich Haußman Rahtsverwandter.

Von wegen der Stadt Stade: M. Reinerus Lange Syndicus, Her Johan Öligardt Rahtsverwandter.

Von wegen Buxtehuda: Her Johan Focrell Burgermeister, Franciscus Vasmar Secretarius.

(StA Bremen, 2-Z.2.c.4).

a–a *beide Namen in umgekehrter Reihenfolge geschrieben; richtige Reihenfolge durch von gleicher Hand davorgesetzte Zahlen (1) und (2) angegeben.*

1 *Der Vorname ist unzutreffend; korrekt: Luneberg Brummer; vgl. nr. A.304, Anm. 2.*

307
Landtag 1605 November 13/19, Basdahl

Landtagsprotokoll

Die Bremischen Landstände verhandeln über die vom Ritterschaftspräsidenten Hennecke von Brobergen vorgelegten Gravamina.

Ausschreiben: StA Stade, Rep. 5b, F. 96, nr. 28, Bd. 1 fol. 216r–217v (datiert 1605 Oktober 22).
Protokoll: StA Stade, Rep. 5b, F. 96, nr. 28, Bd. 1, fol. 205r–217v. – Ebd, Dep. 10, Hs. 9, Bd. 2, fol. 60r–74v. – Ebd., Rep. 5a, F. 143, nr. 7, fol. 5v (Auszug; Landtag datiert 1605 November 19). – StA Bremen, 2-Z.2.c.4.
Abschied: –
Weitere zu diesem Landtag gehörige Quellen: Gravamina des Kehdinger Adels von 1605 Oktober 14, offenbar verschollen, genannt in Antwortschreiben des Ritterschaftspräsidenten Hennecke von Brobergen von 1605 Oktober 20 (Abschrift: GWLB Hann, MS XXIII 1125, fol. 115v–118r, betr. Instanzenzug des Hofgerichts; Abschrift 17. Jh.); darauf bezügliche Antwort von 1605 November 7 (Abschrift: ebd., fol. 118v–119v). – StadtA Buxtehude, LSt., F. II (ehem. D I 3), nr. 1 (Kaiser Rudolf II. belehnt den Bremer Erzbischof Johann Friedrich mit den Regalien, datiert Schloß Prag, 1605 Mai 2, zeitgleiche Abschrift).
Literatur: –

Anno 1605 den 13 Novembris ist zu Baßdaell Landtag gehalten wordenn.

Seyn erschienen p.:
Reverendissimus in persona.

Dan: Her Burckhardtt Cluver HoffRath, Johan Marschalck Landtdrost, Gotthartt von Brobergen Hoffrath, D. Caspar Coch, D. Lælius, Doct. Otto Schulten.

Auß den Prelaten: H. Jobst v. d. Beke Abt zu Stade.

Auß den [sic] Thumb Cap.: H. Adolff Bremer, Lt. Wipperman, Doct. Zerneman.

Auß der Ritterschafft: ezlichewenige, bevor Bartholt Schulte.

Auß den Stetten: Bremen: H. Heinrich Krefftingk Burgermeister, H. H. Schwichusen Rathsverwandter, Tim. Cock Secret.

Stade: H. Reinerus Lange Burgermeister, H. Johannes Ollgarten Burgermeister.

Buxtehude: H. Johan Fockrelle Burgermeister, H. Heinrich Weingartner Rathsverwandter.

(StA Bremen, 2-Z.2.c.4).

308

Landtag 1606 Februar 4, Basdahl

Landtagsprotokoll

Die Bremischen Landstände verhandeln über (1.) das von König (Christian IV.) von Dänemark jenseits der Elbe gesammelte kriegßvolck, *das an die 7000 starck sein soll, dessen geforderter Durchzug durch das Erzstift Bremen; (2.) Beschwerden der Altländer über die Schatzsammler; Verschickung der Akten im Prozeß des Johann Clüver an die Landstände.*

Ausschreiben: –
Protokoll: StA Bremen, 2-Z.2.c.4.
Abschied: –
Weitere zu diesem Landtag gehörige Quellen: –
Literatur: –

Protocoll des Landtages, so den 4ten Februarii Anno p. 1606 zu Baßdaell gehalten worden:

Da zugegen gewesen:

Von wegen deß Hern Ertzbischoffen: Johan Marschalck Landtdrost, Caspar Coch Doctor, gewesener Cantzler, D. Laurentius Lælius Hoffrath.

Von wegen der Prælaten: Her Christoffer Brummer ErtzAbt zu Harsefeldt.[1]

Von wegen des ThumbCapittelß: Her Ortgyß Schulte Senior und Probst zu Osterholtz, D. Tilemannus Zerneman Syndicus.

Die Ritterschafft, aber in geringer anzall.

Von wegen der Statt Bremen: D. Johan Schaffenrath Syndicus, Her Henrich Schwechhausen Rahtman.

Von wegen der Statt Stade: Her Johan Olygarten Burgermeister, Her Reynerus Lange Burgermeister.

Von wegen Buxtehude: Her Johan Fockrell Burgermeister, H. N.ª Rahtman p.
(StA Bremen, 2-Z.2.c.4).

a *hinter* N. *Lücke von einer halben Zeile zum möglichen späteren Nachtrag des Namens.*

1 *Der Vorname ist unzutreffend; korrekt: Luneberg Brummer; vgl. nr. A.304, Anm. 2.*

309
Landtag 1607 März 24, Basdahl

Schatzbewilligung

Die Bremischen Landstände entscheiden, den bisher jeweils jährlich neu bewilligten ‚Quartalschatz' (ein Viertel eines vollen 16.-Pfennigschatzes) künftig einmal jährlich zu erheben (das hinfuro jedes jahres ein termin 16.p.-schatzes solte gesamblet undt eingeliefert werden), *ohne daß hierfür jeweils eine erneute Bewilligung durch die Landstände erforderlich ist.*

Ausschreiben: datiert von 1607 März 7, liegt dem Protokoll bei.
Protokoll: StA Stade, Rep. 5b, F. 96, nr. 28, Bd. 1, fol. 219r–240r. – StA Bremen, 2-Z.2.c.4.
Abschied: –
Weitere zu diesem Landtag gehörige Quellen: –
Literatur: Schleif, Regierung, S. 63. – Blanken, Basdahl, S. 75.

Editorische Bemerkung:

Mit dieser letzten überlieferten förmlichen Schatzbewilligung von 1607 März 24 endet im Erzstift Bremen faktisch die Tradition der mit formellen Beschlüssen beendeten Landtage. Auch über den im Konzept vorliegenden, letzten überhaupt überlieferten Landtagsabschied von 1616 (nr. A.313) kommt bezeichnenderweise keine Einigkeit zustande. Bereits in den Jahren zuvor, nach dem großen Verfassungskonflikt der Jahre 1596//97, waren die Landtage (wie oben in Anm. 4 zu A.298 ausgeführt) de facto zu Delegiertentagen geworden und nahezu ausnahmslos ergebnislos beendet worden. Allerdings war, wie bereits Schleif (Regierung, S. 63) hervorhebt, de jure „das in den Wahlkapitulationen fixierte Schatzbewilligungsrecht der Stände freilich keineswegs gegenstandslos geworden, wie die weiteren Verhandlungen auf Land- und Kommunikationstagen zeigen."

Für die Folgezeit sind die Protokolle zahlreicher, ohne förmliches Ergebnis beendeter ‚Landtage' (de facto: Delegiertentage) überliefert. Sie sind, da sie ohne formellen Abschied blieben, für diesen Band nicht einschlägig. Um dennoch zumindest die Tätigkeit der wichtigsten, bereits von der Forschung rezipierten ‚Landtage' zu dokumentieren, werden sie im folgenden stichwortartig, ohne Anwesenheitslisten und nur in knapper Auswahl nachgewiesen.

310

Landtag 1609 September 19, Basdahl

Landtagsprotokoll

Die Bremischen Landstände verhandeln über den Konflikt zwischen den Marschländern und den übrigen Landständen.

Ausschreiben: –
Protokoll: StadtA Stade, L.S., 4f-i. – StA Bremen, 2-Z.2.c.4.
Abschied: –
Weitere zu diesem Landtag gehörige Quellen: –
Literatur: –

311

Landtag 1610 Juli 10, Basdahl

Landtagsprotokoll

Die Bremischen Landstände verhandeln über das vom Erzbischof Johann Friedrich vorgelegte Schreiben des Kaisers Rudolf II., betreffend eine Anleihe in Höhe von 60000 Gulden; Verhandlungen mit den Städten Stade und Buxtehude wegen der Kontribution.

Ausschreiben: Das von Erzbischof Johann Friedrich 1610 Juli 10 ausgestellte Ausschreiben liegt dem Protokoll bei (StA Stade, Rep. 5b, F. 96, nr. 28, Bd. 1, fol. 342/1r–2v u. StA Stade, Rep. 5b, F. 96, nr. 28, Bd. 2, fol. 1r/v).[1]
Protokoll: StA Stade, Rep. 5b, F. 96, nr. 28, Bd. 1, fol. 342/1r–3v. – Ebd., Rep. 5b, F. 96, nr. 28, Bd. 2, fol. 1r–8r. – StadtA Stade, L.S., 4f–i. – StadtA Buxtehude, LSt., F. II (ehem. D I 3), nr. 1. – Ebd., nr. 2. – StA Bremen, 2-Z.2.c.4.
Abschied: –
Weitere zu diesem Landtag gehörige Quellen: StadtA Buxtehude, LSt., F. II (ehem. D I 3), nr. 2 (Korrespondenz, diesen Landtag beteffend; besiegelte Or.-Ausfertigungen, Papier).
Literatur: –

1 *Mit dem gen. Ausschreiben beginnt in StA Stade, Rep. 5b, F. 96, nr. 28, Bd. 1, fol. 342 ein gesonderter Aktenkomplex, der den Vermerk trägt „Zum Buche No. 18 gehörige Schreiben ...". Die darauf einsetzende gestempelte Blattzählung beginnt mit ‚1'. Im folgenden deshalb für die Akte StA Stade, Rep. 5b, F. 96, nr. 28, Bd. 1, fol. 342 folgende Angabe gewählt: StA Stade, Rep. 5b, F. 96, nr. 28 Bd. I., fol. 342/[...].*

312

Landtag 1616 Juli 4, Basdahl

Landtagsprotokoll

Die Bremischen Landstände verhandeln über die landständischen Gravamina, in welchen die Landstände sich beklagen, daß der Bremer Erzbischof (Johann Friedrich) eine neue Kanzleiordnung wider das herkommen ohn zuziehung gemeiner stende ufgerichtet *hat, und daß er es in dieser Kanzleiordnung nicht bei den diesbezüglichen Gebräuchen seiner Vorgänger belassen hat, sondern* unterschiedliche räthe oder consilia gemacht alß cammer- und geheimbde räthe, darauß dan allerhandt inconcenientia erfolgen.

Ausschreiben: StA Stade, Rep. 5b, F. 96, Nr. 28, Bd. 1, fol. 342/35r/v. – Ebd., Rep. 5b, F. 96, nr. 28, Bd. 2, fol. 74v (datiert 1616 Juni 16).
Protokoll: StA Stade, Rep. 5b, F. 94, nr. 24, fol. 409r–428r. – Ebd., Rep. 5b, F. 96, nr. 28, Bd. 1, fol. 342/35r–41r. – Ebd., Rep. 5b, F. 96, nr. 28, Bd. 2, fol. 74v–7 9v u. 89r ff. – StadtA Stade, L.S., F. 8, nr. 4 f–i. – StadtA Buxtehude, LSt., F. II (ehem. D I 3), nr. 4. – StA Bremen, 2-Z.2.c.5. Druck: Schleif, Regierung, S. 146 (kurzer Auszug aus den ständischen Gravamina).
Abschied: –
Weitere zu diesem Landtag gehörige Quellen: –
Literatur: Schleif, Regierung, S. 51 u. 146. – Modéer, Gerichtsbarkeiten, S. 68 u. 73.

313

Landtag 1616 Oktober 4–6, Bremen, Domkapitelshaus ‚die Glocke'[1]

Landtagsabschied (unvollzogenes Konzept) 1616 Oktober 5

*Die Bremischen Landstände verhandeln über einen neuen Modus der Steuererhebung: Das Erzstift Bremen soll eingeteilt werden in einen Weserteil, in welchem die Steuern in der Stadt Bremen zu entrichten sind, und somit Bremen zur Legestadt bestimmt wird, sowie einen Elbteil, in welchem die Steuern in der Stadt Stade zu entrichten sind, und somit Stade zur Legestadt bestimmt wird; in jedem Teil sollen je drei Schatzsammler aus genannten Landständen die Schatzungen vornehmen. Gegen den hierzu am 5. Oktober im Konzept vorgelegten Abschied protestieren die anwesenden Vertreter der Stadt Buxtehude und der Stadt Bremen am 6. Oktober. Einigkeit kann, wie am Schluß des Protokolls vermerkt, nicht erzielt werden (*das also nichts vollig vorabschiedet; stehet also noch dahin*).*

Ausschreiben: –
Protokoll: StA Bremen, 2-Z.2.c.5.
Protokoll und Abschied: StadtA Buxtehude, LSt., F. II (ehem. D I 3), nr. 4 (Konzept des Abschieds eingebunden in das von anderer Hand angefertigte Protokoll).

Weitere zu diesem Landtag gehörige Quellen: –
Literatur: Schleif, Regierung, S. 72, Anm. 313 (hier irrtümlich als vollzogener Abschied bezeichnet).

Conventus und Tagleistung inter Status.
Gehalten zu Bremen wegen der Schatzrechnung und deren Einnehmung, von den Schatzeinsamblern, wie auch de novo modo collectas inferendi.
Anno p. 1616, den 4. octrobris.
Darbei sein gewesen wegen des Hern Ertzbischoven zu Bremen Hertzog Johan Friedrich p.: D. Otto Schulte Cantzler, D. Koch Alte Cantzler, D. Grunouw Rhat.

Wegen eines Ehrw. Thumbcapittels: H. Jurgen von Schonberg, H. Borchert Cluver, Syndicus capituli, der Junger.

Wegen der H. Prælaten: H. Johan von der Beke, Abt zu Stade.

Wegen der Ritterschafft: Dirich von Mandelßlo, D. Dotze syndicus.

Wegen der Stadt Bremen: D. Schaffenrhat syndicus, H. Johannes Almers, H. Wilhelm von Bentheimb, D. Georg Koyer.

Stade: H. Martin von der Medem Burgermeister, H. Heino Hintze Gerichtsvorwalter.

Buxtehude: H. Meinhart von der Muhlen Burgermeister, H. Christoff Schwamman syndicus.

[folgt eine Seite des Protokolls, danach folgt:]

Abscheidt.[a]

Zuwissen, Alß von etzlichen Jahren in diesem Loblichen Ertzstifft, bey dero hiebevor gemachten verordtnungh, der underschidtlichen vielen Schatzeinsamblern, unnd derselben gebrauchten dienser und schreiber, sowoll in berechnungen der erhobenen Collecten und anlagen, alß auch sonderlich an dem dardurch fast unnötigerweise verursachten uncosten, alß welcher, den rechnungh nach uff ein ansehnliches und zu etlichen Tausendt Reichsthalern beweißlich angelauffen, allerhandt beschwerliche unnd dem Ertzstifft sonders nachtheilige ungelegenheiten erreuget, denen darzu der Armen Underthanen sonders notigen erleichterungh, unvermeidtlich remediret sein wollen.

Daß demnach der Hochwurdigster Durchleuchtigster Hochgeborner Furst und Herr, Herr Johan Friederich Erwolter und Postulirter der Ertz- und Bischoff der Stiffter Bremen und Lubeck, Erbe zu Norwegen, Hertog zu Schleßwigh, Holstein, Stormarn uund der Dittmarschen, Graff zu Oldenburgh und Delmenhorst p., Unser Gnedigster LandesFurst und Herr, mit einem Erwurdigen ThumbCapitull, dem *[sic]* Prælaten, von der Ritterschafft unnd den Stetten, Alß sembtlichen Ertzstifftes Stenden, dahin einhellig sich verglichen, das nun hin fur zu einbringungh der kunfftigen Schatz terminen die vorigen Schatz einsamblern sambt und sonders ohnbemuhet, sondern derselben allerdingh hiemit erlaßen, darhingegen aber Ernstlich angewisen sein sollen, von der vorigen seither Anno 1597 abgelauffenen quarthalen, derselben terminen und restantien, bestendige Richtigkeit zu machen, dieselben alle sambt unnd sonders entweder ohne einigen unerheblichen abgangh, deß Jennigen, waß noch darvon hinderstendigh richtigh, und forderlichstem: oder aber von dem Jennigen, waß auß unvermugen der underthanen oder sonsten durch einen abgangh, oder aber auß andern erheblichen ursachen Ihnen zu erheben unmuglich fallen thuet, genuchsamben bericht zu Ihrer erheblichen entschuldigungh furzubringen, Inmaßen dan dieselben Schatzeinsambler, hirzu von Hochstermeltem Unserm Gnedigsten Herrn gebuhrlich und mit sonderm Ernst biß zu folliger leistungh aller solcher schuldigen gebuhr, hiemit angewiesen, auch fur baß dar zu durch gehorige Execution mittell und wege angehalten, Ihnen auch auff anruffen, und so offt es notigh die hulffliche handt von obrigkeit wegen herzu gebotten werden soll, gestaldt zu mehrer deßelben befurderungh heut dato wenniger nicht die Schatzschreiber, durch einen algemeinen bescheidt Ihres theils ernstlich angemanet worden;

Unndt damit an Stadt der vorigen mannigfaltigen einsamblungh, unnd deren bey denselben befundenen kostbahren unrichtigkeiten hinfuro mit mehrem vortheill, der muhe, und schweren kosten, dieses loblichen Ertzstifftes anlangen, eingebracht werden;

Alß ist ferners zwischen mehr Hogstermeltem Unserm Gnedigsten Fursten und Herrn unnd Ehrenbemelten S. F. G. Stifftes Stenden hiemit, biß auff anderwertige mehr, und bessere anordtnungh verabschedet:

Daß fur baß die bewilligte, und vereinbahrte Contributiones und schatzungen vortheillig und nutzlich einzubringen, der Ertzstifft in zwey theile, alß benantlich das Weser- und Elbtheill, abgeteilet und einem Jeglichen theile eine besondere lege Stadt, Nemblich nach der Weser die Stadt Bremen, Nach der Elbe aber die Stadt Stade, unnd dan in Bremen drey Schatzeinsambler, alß nemblich auß einem Ehrwurdigen ThumbCapittull einer, der ander auß der Ritterschafft, und der Dritte auß dem Rath zu Bremen.

Deßgleichen zu Stade fur den einen, der Herr zu Unser Lieben Frawen daselbst, der ander auß der Ritterschafft, in der nehe geseßen, und dan der dritte, auß dem Rath zu Stade, neben eines Jeden orthes qualificirten, und bey solchen des Stiffts Schatzsachen sonders geubten und wollgeseßenen Schatzschreiber, verordnet werden und sein sollen.

Inmassen dan hierzu anfenglich von einem Erwurdigen ThumbCapitull:
[folgt Leerzeile][o];
Auß der Ritterschafft:
[folgt Leerzeile][o];
Undt auß dem Rath zu Bremen:
[folgt Leerzeile][o];
Sambt *[restliche Zeile unbeschrieben]*[o];
Zu einem Schreiber dieses Bremischen theils;
Dan der Her zu Unser Lieben Frauwen in Stade,
Auß der Ritterschafft

*[folgt Leerzeile]*ᵇ;
Undt auß dem Rath zu Stade:
*[folgt Leerzeile]*ᵇ;
Sambt *[restliche Zeile unbeschrieben]*ᵇ;

Zu einem Schreiber dieses andern Stadischen theils hiemit bestaldt, und verordenet werden.

Unndt damit dieselben verordneten wißen mugen, waß zu einem Jeden gemachten theill, vor landtschafften, und orther dieses Ertzstiffts verwisen und gehorich sein sollen,

So ist darbey vergleichen, das nach der Weserseiten, das Landt Wursten, Bederica, Lehe, Vilandt, Osterstade, Ambt Hagen, die Börde Brambstede, Beverstede, Scharmbeck, Leßumb, die Vier Göhen umb Bremen, das gerichte Achimb, Ampt Langewedell, Thedinghausen, Graschafft *[sic]* Ottersbergh, und waß denen anhengigh, geordenet. Daß Ubrigen aber im Ertzstifft dem Elbtheill Ingesetzet sein soll.

Diese verordenete sollen nun beiden bemelten LegeStetten die Schatzungen, von Jedes theils angehorigen und angewisenen entfangen, Dieselben in publica custodia under dreyen Ihrer der verordenten verschiedenen schluseln, verwarlich wie auch uber einahme, unnd außgabe derselben Richtige Rechnungen durch den Ihnen zugegebenen schreiber halten laßen.

Jedoch dergestaldt, unnd also, daß sie die verordente auß den Stenden, der Lege Stadt Stade das Jenige, so sie auß Ihren anbefohlenen Landen undt orthen erheben unnd entfangen werden, zwischen Nativitatis Christi² und Faßnacht gehn Bremen an die daselbst deputirte unnd verordenete Schatzeinnehmer bey guter gelegenheit wider uberlieffern sollen, Darmit wie bißher üblich und gebreuchlich die algemeine zulage, unnd onera des Ertzstiffts daselbst abgetragen unnd daruber Register gehalten werden können.

Unnd damit in keinen wege zu vorigen ubermeßigen, und unnotigen unkosten anlaß widerumb gegeben werde,

So sollen außerhalb deren orthen unnd Landen, in welchen ein anders, und gewises hergebracht, in den Vlecken unnd dorffern Jedes orthes woll geseßene Personen verordenet werden, Welche ohne des Ertzstifftes Kosten, die gelder von Ihren mitBurgern, oder nachbaren erheben, unnd in die Lege Stette inbringen, die verordenten schatzeinsambler, auch mit zu Thun des zugeordneten Schatzschreibers uff genuchsame erkundigungh, Darzu sonderes Vleißes bedacht sein, wie solche qualificirte Personen ohne gunst am Tuglichsten bestellet werden mogen.

Damit auch die vertheillungh der taxæ eines Jeglichen Corporis oder Kirchspils ohne eines oder des deß andern ohnegeleichen beschwerungen ex æquo et bono durch billichmeßige an- unndt uberschlege vorgenohmen werde,

So sollen die verordenten daran sein, daß sobaldt die totales summæ und die anschlege unter die dorffer und Kirchspille durch eines Ehrwurdigen ThumCapittulß, der Ritterschafft und Stadt Bremen deputirte, den 8. Septembris Anno 1613 verabschedetermaßen auß dem Heuptregistern, und dero an 1581 uffgerichten beschreibungh gemacht (:Welches dan hierauff ohne einigen verzugh befurdert werden soll:).

Eines Jeden orthes in biwesen und mit zuziehungh der beAmbten [sic], Greffen, und anderer officirer, wie auch der hirunter berichteten, unnd kundigen mitwohner, So wol in den Landen Alß den Vlecken, und dorffern, solche außtheillungh ohne eines, oder deß andern ungeleichen vortheill, oder beschwerungh, uffrichtigh an die handt genohmen und verfaßt werden.

Unndt obwoll eine Newe Schatzbeschreibungh in diesem Ertzstifft hoch vonnöten, Damit man sich Dadurch vieler befundenen Mengell entheben muchte, dieselbe auch zu dem ende furderlichst in werck gerichtet werden soll,

Jedoch nachdem diselbe durch sondere Difficulteten noch ein zeitlangh sich verweilen muchte, Alß sollen die verordenete biß dahin, Unndt Inmittelst der vorigen heubtbeschreibungen Anno 1581, unnd der vorigen Schatzeinsambler Register, ungeferlich zu notturfft sich gebrauchen, und darnach reguliren.

Eß sollen auch die verordente zue dieser Newe Schatzeinsamblungh, hinfuro die anlagen von den underthanen In harter Reicheß Muntze, So viel solcher anlangen dieselben erreichen, auch in kein höhern oder andern anschlagh erheben, innehmen und verrechnen, Alß sie im Heiligen Reich und in specie dieser orthe im Ertzstifft in valore Unnd Jederzeit gäng und gebe seindt.

Die Schatzungen sollen Jaehrlich und Jedes nach den bewilligten quartalen zwischen Michaelis[3] und Nativitatis Christi[2] von den underthanen erhoben, und dieselben darzu bey guter zeit von den verordenten, durch gebuhrliche vorankundigungh erinnert unnd angemahnet werden.

Deßen zu urkundt ist hiruber dieser Recess verfaßet, und siebenfach auffgerichtet, davon den Furstlichen Hirzu deputirten Cantzlern Unnd Rethen ein, einem Ehrwurdigen ThumbCapitull daß ander, Von wegen der herrn Prælaten dem herrn Abt zue Unser Lieben Frawen in Stade Daß dritte, Von wegen der Ritterschafft Dieterichen von Mandelschlo Bremischen Landtrath das vierte, Daß funffte einem Ehrbaren wolweisen Rath der Stadt Bremen, Daß Sechß unnd Siebende Exemplar den abgeordeneten der Stette Stade unnd Buxtehude eingeliefert worden. Geschehen zu Bremen, den 5. Octobris Anno 1616.

[folgen 2 leere Seiten; danach folgt die letzte Seite des Konzepts des Abschieds:]

ᶜAbscheid wegen des Newen modi collectandi, Bremen 5. octobr. 1616.ᶜ

[folgt die letzte Seite des Protokolls].
(StadtA Buxtehude, LSt., F. II (ehem. D I 3), nr. 4).

a *in der Vorlage zeitgleich Marginalie von der Hand des Protokollanten.*   b *die offenkundig vorgesehene*

spätere Eintragung der Namen ist unterblieben.   c–c *von der Hand des Protokollanten nachgetragen; Schrift gegenüber dem übrigen Text auf dem Kopf stehend.*
1 *Der genauen Ort des Landtags wird im o. a. Protokoll im StadtA Buxtehude genannt:* Uffm Capittelhause in der Klocken, Bremæ. 2 *Dezember 25.* 3 *September 29.*

314

Land- und Rittertag, 1617 Mai 13–16, Basdahl

Landtagsprotokoll

Die Bremischen Landstände verhandeln über die neue erzbischöfliche Kanzleiordnung und die landständischen Gravamina hinsichtlich der von der erzbischöflichen Kanzlei angemaßten jurisdiktionellen Kompetenzen; der Erzbischof gibt in seiner Antwort hierauf die Versicherung ab, daß er keine Änderung der Regierung anstrebt und die Kanzleiordnung entsprechend den Wünschen der Landstände einrichten wird.

Die Bremischen Landstände verhandeln und entscheiden ferner über Gravamina der Landstände sowie über die Gravamina der von Zesterfleth zu Ober-Ochtenhausen.

Ausschreiben: –
Protokoll: StA Stade, Rep. 5b, F. 94, nr. 24, fol. 454r ff. (Abschrift 17. Jh.). – StA Stade, Rep. 5b, F. 96 nr. 28 Bd. I., fol. 342/48r–49v (Abschrift 17. Jh.). – StA Stade, Rep. 5b, F. 96, nr. 28 Bd. II., fol. 225r (Abschrift 17. Jh.). – StadtA Stade, L.S., 4f-i. – StA Bremen, 2-Z.2.c.5.
Abschied: –
Weitere zum Rittertag gehörige Quellen: nr. 257/2 u. 257/3 sowie: StA Stade, Dep. 2 (Zesterfleth), nr. 255 (Schlichtungsvertrag der von Zesterfleth, ausgestellt Basdahl, 1617 Mai 16). – Ebd., (Zesterfleth), nr. 257 (Ehepakt der von Zesterfleth, ausgestellt Basdahl, 1617 Mai 16). – Ebd., Rep. 5b, F. 128, Nr. 15a, fol. 17r. – RA Stockholm, Krigshistoriske handlingar, D III, Bremensia, vol. 115 (Gravamina der Landstände v. 1617 Mai 15).
Literatur: Schleif, Regierung, S. 26f., 51, 55, 147 u. 265. – Modéer, Gerichtsbarkeiten, S. 73. – Ehrhardt, Ober Ochtenhausen 1, S. 226.

315

Landtag 1617 Dezember 2–4, Basdahl

Landtagsprotokoll

Die Bremischen Landstände beraten über den neuen Modus inferendi collectas; *die landständischen Gravamina; Kreditoren des Giesel Schaumerß; Soldzahlung für zwei angeworbene Reiterkompanien. Einigkeit kann nicht erzielt werden.*

Ausschreiben: –

Protokoll: StA Stade, Rep. 5b, F. 94, nr. 24, fol. 478r ff. – Ebd., Rep. 5b, F. 96, nr. 28, Bd. 1, fol. 342/53r–54v. – Ebd., Rep. 5b, F. 96, nr. 28, Bd. 2, fol. 254 ff. – StadtA Stade, L.S., 4f-i. – StadtA Buxtehude, LSt., F. II (ehem. D I 3), nr. 6. – StA Bremen, 2-Z.2.c.5.
Abschied: –
Weitere zu diesem Landtag gehörige Quellen: –
Literatur: Bachmann, Tagungsorte, S. 86.

316

Landtag 1619 September 7, Basdahl

Landtagsprotokoll

Die Bremischen Landstände verhandeln über die Kriegsereignisse und die Bewilligung einer Tripelhilfe für den Niedersächsischen Reichskreis.

Ausschreiben: datiert 1619 August 23 (StA Stade Rep. 5b, F. 96, nr. 28, Bd. 1, fol. 342/327r/v; Or.- Ausf. Papier).
Protokoll: StA Stade, Rep. 5b, F. 94, nr. 24, fol. 764r–799r. – StA Stade, Rep. 5b, F. 96, nr. 28, Bd. 1, fol. 342/327r–336v. – StA Stade, Rep. 5b, F. 96, nr. 32. – StadtA Stade, 4f-i. – StadtA Buxtehude, LSt., F. II (ehem. D I 3), nr. 8. – StA Bremen, 2-Z.2.c.5.
Abschied: –
Weitere zu diesem Landtag gehörige Quellen: –
Literatur: Bachmann, Tagungsorte, S. 86.

317

Landtag 1620 Mai 30–31, Basdahl

Landtagsprotokoll

Die Bremischen Landstände verhandeln über Maßnahmen, die kriegerischen Unruhen vom Gebiet des Erzstifts Bremen fernzuhalten, sowie über die Tripelhilfe für den Niedersächsischen Reichskreis.

Ausschreiben: StA Stade, Rep. 5b, F. 97, nr. 33, Bd. 1, fol. 1r/v (datiert 1620 April 26).
Protokoll: StA Stade, Rep. 5b, F. 94, nr. 24, fol. 870r–903r. – Ebd., Rep. 5b, F. 96, nr. 28, Bd. 2, fol. 372r–382v. – Ebd. Rep. 5b, F. 97, nr. 33, Bd. 1, fol. 1r ff. – StadtA Stade, L.S., 4f-i. – StadtA Buxtehude, LSt., F. II (ehem. D I 3), nr. 9. – StA Bremen, 2-Z.2.c.5.
Abschied: –
Weitere zu diesem Landtag gehörige Quellen: –
Literatur: Kobbe, Geschichte und Landesbeschreibung 1, S. 314. – Schleif, Regierung, S. 62. – Blanken, Basdahl, S. 75. – Bachmann, Tagungsorte, S. 86.

318

Landtag 1621 März 20, Basdahl

Landtagsprotokoll

Die Bremischen Landstände verhandeln über (1.) Kriegsschäden; (2.) Truppenbesoldung.

Ausschreiben: *Das Ausschreiben liegt dem Protokoll bei (StA Stade, Rep. 5b, F. 97, nr. 33, Bd. 1).*
Protokoll: *StA Stade, Rep. 5b, F. 97, nr. 33, Bd. 1, fol. 39r ff. – StA Stade, Dep. 10, Hs. 9, Bd. 2, fol. 139r–170r. – StadtA Stade, L.S., 4f–i. – StadtA Buxtehude, LSt., F. II (ehem. D I 3), nr. 10. – StA Bremen, 2-Z.2.c.6.*
Abschied: –
Weitere zu diesem Landtag gehörige Quellen: –
Literatur: –

319

Landtag 1621 November 15, Basdahl, fortgesetzt 1621 November 21–25, (Bremer-) Vörde

Landtagsprotokoll

Die Bremischen Landstände beraten vor allem über die Kriegslage und damit verbundene Probleme.

Ausschreiben: *liegt dem Protokoll bei (StA Stade, Rep. 5b, F. 97, nr. 33, Bd. 1, fol. 539r/v (Or.-Ausf. Papier).*
Protokoll: *StA Stade, Rep. 5b, F. 97, nr. 33, Bd. 1, fol. 539r–596r. – StadtA Stade, L.S., 4f–i. – StadtA Buxtehude, LSt., F. II (ehem. D I 3), nr. 10. – StA Bremen, 2-Z.2.c.6.*
Abschied: –
Weitere zu diesem Landtag gehörige Quellen: –
Literatur: *Bachmann, Tagungsorte, S. 87.*

320

Landtag 1624 Juli 29, Basdahl

Landtagsprotokoll

Die Bremischen Landstände beraten über die Kriegsereignisse im Süden und Westen des Reiches.

Ausschreiben: *liegt dem Protokoll bei (StA Stade, Rep. 5b, F. 97, nr. 33 Bd. 2; Or.-Ausf. Papier).*

Protokoll: StA Stade, Rep. 5b, F. 97, nr. 33, Bd. 1, fol. 325r–330v. – StA Stade, Rep. 5b, F. 97, nr. 33, Bd. 2, fol. 1r–26r. – StA Stade, Dep. 10, Hs. 9, Bd. 2, fol. 231r–267r. – StadtA Stade, L.S., 4f–i. – StA Bremen, 2-Z.2.c.6. – StA Stade, Rep. 5a, F. 143, nr. 7, fol. 5v (Auszug; 17. Jh.).
Abschied: –
Weitere zu diesem Landtag gehörige Quellen: –
Literatur: –

321

Landtag 1625 Juni 9, Basdahl

Landtagsprotokoll

Die Bremischen Landstände verhandeln über die landständischen Gravamina, betreffend die Bedrückungen der Bevölkerung des Erzstifts Bremen durch dänische Truppen, die zu dieser Zeit bei Haseldorf über die Elbe setzen.

Ausschreiben: Das Ausschreiben liegt dem Protokoll in StA Stade, Rep. 5b, F. 97, nr. 33, Bd. 2 bei.
Protokoll: StA Stade, Rep. 5b, F. 94, nr. 24, fol. 1354r–1383r. – Ebd., Rep. 5b, F. 97, nr. 33, Bd. 2, fol. 76r–110r. – StadtA Buxtehude, LSt., F. II (ehem. D I 3), nr. 14. – StA Bremen, 2-Z.2.c.6. – StA Stade, Dep. 10, Hs. 9, Bd. 2, fol. 268r–301v. – Ebd., Rep. 5a, F. 143, nr. 7, fol. 5v (Auszug).
Abschied: –
Weitere zu diesem Landtag gehörige Quellen: –
Literatur: Bachmann, Tagunsorte, S. 86.

322

Landtag 1626 Oktober 14–16, Bremen

Landtagsprotokoll

Zu diesem Landag haben nicht alle Geladenen erscheinen können. Die Vertreter der Stadt Buxtehude lassen ihr Fernbleiben entschuldigen; bei zweimaligen Versuchen, zum Landtag zu kommen, sind ihre Vertreter von umherstreifenden Soldaten angefallen worden, weswegen sie auf einen dritten Versuch verzichtet haben.

Die zum Landtag erschienenen Gesandten des dänischen Königs (Christian IV.), Levin Marschalck und Otto Schele, bitten den Landtag, bei der Nachfolge des Prinzen Friedrich von Dänemark als künftigem Bremer Erzbischof zu bleiben; dies findet die Zustimmung der Landstände. Ferner bitten dieselben Gesandten die Bremischen Landstände, sich nicht auf Angebote des (kaiserlichen) Generals Tilly einzulassen. Hierzu erklären die Stände, daß sie bisher keine derartige Angebote erhalten haben.

Ausschreiben: –
Protokoll: StA Stade, Rep. 5b, F. 94, nr. 24, fol. 1447r–1483r. – Ebd., Rep. 6, nr. 91, fol. 17r–25v (hier wird dieser Landtag, wohl wegen des Fehlens der Buxtehuder, als Communicationstag *bezeichnet). – StA Bremen, 2-Z.2.c.6.*
Abschied: –
Weitere zu diesem Landtag gehörige Quellen: –
Literatur: Wiedemann, Bremen 2, S. 232.

323

Landtag 1627 September 24, Bremen, Domkapitelshaus, ‚die Glocke'

Landtagsprotokoll

Zu diesem Landtag haben wegen der Kriegsereignisse nur wenige der Geladenen erscheinen können. Es fehlten sämtliche Vertreter der Prälaten, der Ritterschaft und der Stadt Stade. Die Vertreter der Stadt Buxtehude lassen ihr Fernbleiben entschuldigen. Den Landtag am gewohnten Ort in Basdahl abzuhalten, ist ebenfalls wegen der Kriegsereignisse nicht möglich.

Die anwesenden Vertreter der Bremischen Landstände beraten über die Abhilfe gegen die Plünderungen durch die im Erzstift Bremen sich aufhaltende dänische Soldateska, die wegen ausstehender Soldzahlungen zahlreiche Plünderungen vorgenommen haben.

Ausschreiben: liegt dem Protokoll bei.
Protokoll: StA Stade, Rep. 5b, F. 97, nr. 33, Bd. 2, fol. 317r–326v. – StA Bremen, 2-Z.2.c.6.
Abschied: –
Weitere zu diesem Landtag gehörige Quellen: –
Literatur: Bachmann, Tagungsorte, S. 87.

324

Landtag 1629 September 10, Basdahl

Landtagsprotokoll

Die Bremischen Landstände, mit Ausnahme des Domkapitels, kommen auf Ladung des kaiserlichen Obristen Reinach, trotz Verbots durch den Erzbischof Johann Friedrich, zum Landtag zusammen.

Die anwesenden Landstände verhandeln über folgende Punkte der von Reinach vorgetragenen Proposition: (1.) mögliche Klagen gegen die kaiserlichen Truppen;

derartige Klagen sind den Ständen nicht bekannt geworden; (2.) Zahlung von Kontributionen an das Heer General Tillys; hierzu erklären sich die Stände, unter Versicherung ihrer Treue zu Kaiser und Reich, bereit, sofern sie dafür künftig von Roß- und Fußdiensten verschont werden. Die Stände ersuchen Oberst Reinach, die auf die Städte und die Geestgebiete verteilten kaiserlichen Truppen in den Marschgebieten zu konzentrieren, um die Küsten zu schützen.

Ausschreiben: –
Protokoll: StA Stade, Rep. 5b, F. 97, nr. 33, Bd. 1, fol. 353r–355v. – Ebd., Rep. 5b, F. 97, nr. 33, Bd. 2, fol. 327r–347v.
Abschied: –
Weitere zu diesem Landtag gehörige Quellen: –
Literatur: Wiedemann, Bremen 2, S. 247.

325

Landtag 1631 Juli 13, Basdahl

Landtagsprotokoll

Die Bremischen Landstände, mit Ausnahme des Domkapitels, kommen auf Ladung des kaiserlichen Obristen Reinach zum Landtag zusammen, wogegen Erzbischof Johann Friedrich schriftlich protestiert.

Die anwesenden Landstände verhandeln über die von Reinach vorgetragene Proposition, in welcher jener die Landstände dringend ermahnt, sich in keine Verbindung gegen den Kaiser einzulassen. Die anwesenden Bremischen Landstände antworten hierauf, daß ihnen von dergleichen nichts bekannt sei.

Ausschreiben: –
Protokoll: Kobbe, Geschichte und Landesbeschreibung 2, S. 245 (Paraphrase; ohne Quellennachweis). – Wiedemann, Bremen 2, S. 266f. (Paraphrase, ohne Quellennachweis).
Abschied: –
Weitere zu diesem Landtag gehörige Quellen: –
Literatur: –

326

Landtag, begonnen 1633 April 9–14, Basdahl, fortgesetzt 1633 Mai 20–28, (Bremer-) Vörde, Kirche

Die Bremischen Landstände verhandeln über folgende Punkte: (1.) Beschluß über eine unauflösliche Alliance mit dem Königreich Schweden, hier vertreten durch den schwedischen Rat Johann Adler Salvius; (2.) Schenkung sämtlicher im Al-

ten Land gelegenen Güter der Klöster Harsefeld und St. Marien in Stade an den ebengenannten Rat Salvius; (3.) Zahlung von monatlichen Kontributionen in Höhe von 7000 Talern, wovon 5000 an Schweden, 2000 an den Bremer Erzbischof ausgezahlt werden sollen; letzterer sollte hiervon die Burgen (Bremer-) Vörde, Langwedel und Ottersberg unterhalten; (4.) Bitte des Erzbischofs Johann Friedrich um Übertragung sämtlicher Klostergüter im Erzstift Bremen, da die in Punkt 2 genannte Summe für den angeführten Zweck nicht ausreicht; der Bitte wird unter Ausnahme der in Punkt 2 genannten Güter entsprochen; dies gilt aber nur für die Dauer des Krieges; die noch in den Klöstern anwesenden evangelischen und katholischen Damen sollten in das Kloster Zeven oder ein anderes Kloster zusammengeführt werden.

Ausschreiben: –
Protokoll: StA Stade, Rep. 5b, F. 97, nr. 33, Bd. 2, fol. 348r ff. – StadtA Buxtehude, LSt., F. II (ehem. D I 3), nr. 18. – StA Bremen, 2-Z.2.c.7.
Abschied: –
Weitere zu diesem Landtag gehörige Quellen: AR Stade, Hs. 9, fol. 275r–280r (der schwed. Rat Salvius bezeugt, die o. a. Güter erhalten zu haben, datiert Basdahl, 1633 April 14; Abschrift 17. Jh.). – Ebd., fol. 280–282 (Revers dieser Urkunde, ausgestellt durch die Räte der Städte Bremen, Stade und Buxtehude, datiert Basdahl, 1633 April 14). Vertrag der Landstände (ohne die StadtBremen) mit Johann Adler Salvius, datiert (Bremer-) Vörde 1633 Mai 28; Druck: Sverges tractater V.2, S. 74–76.
Literatur: Wiedemann, Bremen 2, S. 271–273. – Böhme, Staatsfinanzen, S. 18. – Modéer, Gerichtsbarkeiten, S. 176. – Bachmann, Tagungsorte, S. 87.

327
Landtag 1637 April 28–30, Basdahl

Landtagsprotokoll

Die Bremischen Landstände verhandeln und entscheiden über die von den Landständen in ihren Gravamina geforderte Wiedereinrichtung des durch die Kriegsereignisse eingestellten Hof- und Oberlandgerichts.

Ausschreiben: liegt dem Protokoll in StA Stade, Rep. 5b, F. 98, nr. 42 bei.
Protokoll: StA Stade, Rep. 5b, F. 98, nr. 42, fol. 522r–541v. – StadtA Buxtehude, LSt., F. II (ehem. D I 3), nr. 21. – StA Bremen, 2-Z.2.c.7. – StA Stade, Dep. 10, Hs. 9, Bd. 2, fol. 351r–375r.
Abschied: –
Weitere zu diesem Landtag gehörige Quellen: erzbischöfliche Proklamation über die Wiedereinrichtung der o. a. Gerichte, datiert (Bremer-) Vörde, 1637 Mai 9; erwähnt bei Schlüter, Ordnung, S. XXIV.
Literatur: Schlüter, Ordnung, S. XXIII f.

328

Landtag 1637 August 17–19, Basdahl

Landtagsprotokoll

Die Bremischen Landstände verhandeln und beschließen (1.) Bewilligung von Kontributionen in Höhe von insgesamt 24000 Taler; (2.) die Höhe und die Verteilung des von den Geistlichen zu leistenden Anteils an diesen Kontributionen in Höhe von 6000 Talern.

Ausschreiben: liegt dem Protokoll in StA Stade, Rep. 5b, F. 98, nr. 42 bei.
Protokoll: StA Stade, Rep. 5b, F. 98, nr. 42, fol. 543r–581r. – StA Bremen, 2-Z.2.c.7. – StA Stade, Dep. 10, Hs. 9, Bd. 2, fol. 438r–455v.
Abschied: Cassel, Bremensia 2, S. 733, nr. 36 (ohne Angabe zur Vorlage).
Weitere zu diesem Landtag gehörige Quellen: –
Literatur: –

Proportionen der Abgaben der Geistlichen im Erzstifte Bremen von A. 1637.

Zu den auf dem Landtag im August 1637. zu Baßdahl verwilligten 24000 thlr. hat secundum antiquam proportionem die Geistlichkeit des Erzstifts 6000 thlr. erlegen müssen, welche folgender Gestalt vertheilet worden:

	Thlr.
Reverendissimus & Illustrissimus wegen der Pauliner und St. Georgens Gůter[1]	540
Thumbcapitel	972
Abt zu Hersefeldt	648
Abt zu Stade	648
Capitulum St. Stephani in Brem.	180
Capitulum ad St. Anschar. in Brem.	108
Closter Zeven	468
Closter Osterholz	468
Alte Closter	468
Himmelspforten	288
Lilienthal	288
Neuen Closter	288
Neuen Wolde[2]	144
Pastores auf dem Landes, durchs ganze Erzstift, wie auch die Kůster und Structuren	492

Summa 6000 Thlr.
A. 1638.

(Cassel, Bremensia 2, S. 733, nr. 36).

1 *Güter der Klöster St. Paul vor Bremen und St. Georg in Stade.*   2 *Kloster Neuenwalde.*

329

Landtag, begonnen 1638 April 5, Basdahl, fortgesetzt 1638 April 20, Stade, Klosterkirche St. Marien

Landtagsprotokoll

Die Bremischen Landstände beraten über die Reaktion auf die nach dem Einfall kaiserlicher Truppen in das Erzstift Bremen unter General Gallas in dessen Namen vom Generalquartiermeister Christoph von Mandelsloh geforderte Einquartierung von vier Regimentern sowie der Leibkompanie im Erzstift Bremen; die erzbischöflichen Räte nennen als mögliche Alternativen Güte, Gewalt oder Toleranz; die Landstände erklären, daß sie der geforderten Einquartierung unter gar keinen Umständen zustimmen können; die Räte werden ersucht, die Einquartierung durch Geldzahlungen zu verhindern; sollte dies scheitern, soll das Erzstift mit Gewalt verteidigt werden. Die Räte halten dies für bedenklich, Erzbischof Friedrich II. erklärt hierzu aber seine ausdrückliche Zustimmung.

Ausschreiben: liegt dem Protokoll bei.
Protokoll: StA Stade, Rep. 5b, F. 98, nr. 42, fol. 584r–621r. – StadtA Buxtehude, LSt., F. II (ehem. D I 3), nr. 23.
Abschied:
Weitere zu diesem Landtag gehörige Quellen: –
Literatur: Wiedemann, Bremen 2, S. 279f.

330

Landtag, begonnen 1644 Januar 9, (Bremer-) Vörde, fortgesetzt 1644 Januar 10/11 und Januar 16/17, Verden, bischöfliche Kanzlei

Landtagsprotokoll

Die Bremischen Landstände beraten zunächst in (Bremer-) Vörde, und dann, der Neutralität wegen, in der bischöflichen Kanzlei (in cancellaria) in Verden (fol. 428r) über Reaktionen auf die Besetzung des Erzstifts Bremen durch schwedische Truppen unter General von Königsmarck und die von diesem verlangten Kontributionen.

Ausschreiben: –
Protokoll: StA Stade, Rep. 5b, F. 99, nr. 50, fol. 417r–446r. – StadtA Buxtehude, LSt., F. II (ehem. D I 3), nr. 30.
Abschied: –

Weitere zu diesem Landtag gehörige Quellen: StA Stade, Rep. 5b, F. 99, nr. 50, fol. 447r–490v (Korrespondenz, Abschriften u. Or.-Ausfertigungen, betreffend den Landtag, datiert 1643 Dezember 17– 1644 Januar 18).
Literatur: –

331
Landtag 1644 Januar 24–Februar 5, Stade

Landtagsprotokoll

Die Bremischen Landstände beraten über die Zahlung der vom schwedischen General von Königsmark geforderten Summe von zunächst 100000, dann, nach Verhandlungen, 80000 Talern für den Abzug seiner Truppen aus dem Erzstift Bremen. Die Landstände erklären sich hierzu bereit, Erzbischof Friedrich II. lehnt diese Zahlung aber kategorisch ab; eine Einigung wird nicht erzielt.

Ausschreiben: –
Protokoll: StadtA Buxtehude, LSt., F. II (ehem. D I 3), nr. 30.
Abschied: –
Weitere zu diesem Landtag gehörige Quellen: RA Stockholm, Enskilda arkiv, Oxenstierna samlingen, Johan Oxenstierna arkiv, E 948 (Schreiben des schwed. Oberkommisars Karl Gregersson an den schwed. Reichsrat Johan Oxenstierna, 1644 Februar 20).
Literatur: Wiedemann, Bremen 2, S. 284f. (ohne Quellennachweis). – Böhme, Staatsfinanzen, S. 26 (nach dem angeführten Schreiben in RA Stockholm). – Modéer, Gerichtsbarkeiten, S. 179.

332
Landtag 1644 März 28–April 2, Stade

Landtagsprotokoll

Die Bremischen Landstände verhandeln über die von Erzbischof Friedrich II. geforderten Gelder zur Aufstellung einer Truppe von 1000 Mann zu Fuß und 200 Reitern zur Verteidigung des Erzstifts Bremen gegen die schwedischen Truppen. Eine Einigung wird nicht erzielt.

Ausschreiben: –
Protokoll: StA Stade, Rep. 5b, F. 99, nr. 50, fol. 499r–551v
Abschied: –
Weitere zu diesem Landtag gehörige Quellen: –
Literatur: Wiedemann, Bremen 2, S. 285f.

333

Landtag, 1644 April 12, Stade

Protokoll

Die Bremische Ritterschaft verpflichtet sich, nachdem der Bremer Erzbischof Friedrich II. die ritterschaftlichen Rechte bestätigt hat, Roßdienstgelder für 150 Pferde bereitzustellen und hierfür eine neue Matrikel der Roßdienstpflichtigen zu erstellen.

Protokoll (Auszug): AR Stade, nr. 182, fol. 108r (ehem. E Nr. 1, Vol. I in Fach 23; 17. Jh.).

B.
Landtagsabschiede des Hochstifts Verden

1
Landtag (?) 1531 September 4

Vergleich (‚Einlassung')

Herzog Heinrich d. J. von Braunschweig-Lüneburg (-Wolfenbüttel) bezeugt den in seiner Gegenwart ausgehandelten, von Bischof Christoph von Verden und dem Verdener Domkapitel ausdrücklich konsentierten Vergleich (‚Einlassung') verschiedener Streitpunkte zwischen Bischof Christoph von Verden, seinem Bruder, dem Domkapitel, den Verdener Landständen und einzelnen Personen, insbesondere über zahlreiche einzeln genannte strittige Rechte und Einkünfte. Ferner: Bewilligung eines Landschatzes zur Tilgung genau aufgeführter Stiftsschulden in Höhe von 9000 Goldgulden, darunter Schulden bei genannten Personen sowie eine Rente von 4000 Goldgulden beim Goslarer Rat; der Schatz soll vom Rotenburger Drosten und von Wigand Rauch eingetrieben und von Michael von Mandelsloh an die angeführten Gläubiger verteilt werden.

Ausschreiben: –
Protokoll: –
Abschied: HStA Hann., Celle Br. 33. nr. 10, fol. 4r–7r (Abschrift 16. Jh., vom Notar Theodericus Trekell beglaubigt, nach einer Or.-Ausf.).
Weitere zu diesem Landtag gehörige Quellen: –
Literatur –

Vonn Godts gnadenn wir Hinrick der Junger Hertzog zu Brunsswick unnde Luneborgk etc. Bokennenn unnde thun kundtlich wißenn Idermennichlichem: Nach dem wir vernommenn unnd zu erfarung gekamenn, wie der Hochwerdigst in Godt Hochgeborner Furste Her Christoffer Ertzebischupp zu Bremenn, Administrator des Stiffts Verdenn, Hertzog zu Brunsswgk unnd Luneborgk etc., Unser Fruntlicher Lieber Her unnde Bruder, myth dem Capittell, Stiffts verwanthenn unnde underthanenn myt Syner Liebe ethliche Irrung unnde gebrechenn habenn, Das auch Hochgedachter Unnser Her unde Bruder zu schuld unnde schadenn der geswind leuffte halben erwachssenn, dar aus dem Stifft Verdenn schadenn unnde nadeell erfolgenn mochte, Szo habenn wir aus bruderlicher liebe, die wir zu Unserm Lieben Hernn und Bruder In sunderheyt dragenn, unnd aus gnedigenn wyllenn und zuneigung jegenn das Capitell unnd alle Stifftz vorwantenn alhir zu Verdenn inns Stifft begebenn, sollichs zu unterhandlenn unnd myt Godts Almechtigenn hilff der massen, wie folgeth, eyn eynigung unnd vorgleichung bosprakenn unnd der wege unnd ordnunge angesetzt, wie deme Inn kunfftigenn tzeitenn mocht vorkhommen unnd vorhutung gescheenn:

[1.] Zum erstenn soll unnd will Unnser Her unnd Bruder des Stiffts gueter ane weissenn unnd wyllenn des Capitells nicht vorandernn, vorkouffenn, vorpfendenn oder beschwerenn, Auch des Stiffts ureigenn gueteren, die vor kein lehen geweßenn, nicht vorlehenenn.

[2.] Unnd wann Seyne Liebe ausser halb landes aus Seyner Liebe beydenn Stifftenn vorreiten, Will Sein Liebe der Domherrnn eynenn, In dan sie einn thidtlangk aussenbliebenn werden myt bevell gebenn, Auff das Haus Rodenburgk sollichs Syner Liebe unde dem Stifft zum bestenn myt truwenn zu wartenn, Szo sollenn de Drostenn unnd Amptleute myt wissenn unnd willenn des Capittels gesetz unnd geordeneth werdenn unnd dem Capittell eide myth thuenn, Alles nach altenn hergebrachtenn brauch unnde gerechticheyt.

[3.] Das auch das Capittell Seyner Liebe alße guets Hernn unnd Landsforstenn gnedigenn wyllenn vormercken, Szo ist Seyne Lieb zufriedenn unnd will gnedichlich gunnenn, ob gueter vom Stifft vorsetzt oder vorpfendeth werenn unnd aussennstundenn, die Syne Liebe nicht losenn wolde, das Capittell dieselben losen mag, unnd sollenn frombden wider vom Capittell oder Irenn personen zulosenn nicht gegunnet werdenn; Aber vann eyner person des Capittells uff andernn kommen zu lossenn, stehet by gantzem wyllen unnd gefallen Unnses Bruders, damit dester meher lieb unnd trew unter Inenn erweckt werde, Jodoch was eyn Ider des zuthun gesynneth unnd thut, das er desselben gnugsam Reversall Seyner Liebe vann sich gebe, damyt zukunfftige irrunge vorhut werde.

[4.] Wo sich auch personenn des Capittels Jegenn Unnsernn Herenn unnde Bruder der billicheyt nach Alss der getreuwenn boweisenn, wie sich egenet unnd geburth, sie thun werdenn, unnde wissen Seiner Liebe erleddigtt, Szo will Seine Liebe die gelegenheyt myt denn Capittels personen gernn vorandernn unnd gnedig bodencken haben; Die weill sich dann Unser Her unnde Bruder so gnedichlich iegen dem Capittell vornhemen lesth, Szo ist das Capittell auch in deinnstlichenn bedangken Seyner Liebe zu willen myt dem Hove denn Er Bartholt vann Landtsbergenn zeliger gehadt,[1] zu freidenn, das Unser Her unnd Bruder denn Hoff nach auff weisung eynes boßundernn auffgerichtenn brieffs bohollte unnd gebrouche.

[5.] Wie das Capittell vor Hermann Vogtt gebetenn, Szo ist Seyne Liebe willens, dem selbenn seinn gudt nach vormughe sigell unnd breve folgen zu lassenn.

[6.] Szo will auch Seine Lieb Hermenn Schepenstedenn ab treffenn unnde willenn machenn vann seyner hausfrouwenn unnde Stiffkinder vorpfendeten gueteren oder Ime die gueter volgenn laßen.

[7.] Also denn auch de vehede myt Seßemanne, Burger zu Hildensem, myt verdehalbhundertt guldenn abgehandelt, dar zu eynn Iglicher Stifftz undersasss [sic] eynenn halbenn gulden erlegt, Szo sollen derselbigenn halbenn guldenn bey denn leutenn so lang das die Vierdehalbhunderth guldenn abgetogenn werdenn, Inn nechster schatzung myt eingereckennt werdenn.

[8.] Die weill sich dann sunsth viell Irrung twischenn Unserm Bruder unnde dem Capittell, denn underthanenn unde auch unnder denn personen, Alß tzoll, holtz, mast, Acker, landt, zuslegenn, hoff molen, erbfalls, vorkauffs an qweck unnd anderenn, Auch gerichtenn unnde sunst erhaltenn, Szo habenn Wir umb alles bestenn willenn unnd da myt die sachenn dester leiderlicher zu anrichtenn sein moghenn, die nachfolgende weise bosprachenn: Erstlich myt den Erbfallen unnd vorsterbenn der leuth Im Stifft, das dar einn uffsehenn soll gehadt werdenn, das die erben bey Irem rechtenn bleibenn unnd nichts umbillichs vorgenommen werde.

[9.] Als dann der Heynßenn dem Capittell zustehett unnd sich Unnser Herr unnd Bruder des myt dem Capittell vorgleicht, das er Ir seinn soll, Sein Liebe auch nicht meher dann eynenn Hoff, dar veer man uff wonenn, dar bey hatt, Szo kann Unser Bruder geschenn lassenn, das Capittell Seyner Liebe ann eynenn andernn orthe so eynenn gutenn Hoff unnd menn oder beßerenn zur vorgleichung thuenn, da myt das holtz unnd masth myt meherer radt unnd enigkeyt moge gebracht werden.

[10.] Wann dann auch masth im Heinßenn isth, mogenn das Cappittell die Sweinn In die mast scherenn nach gelegenheyt, wie das im Stifft gewonlich unnd ublich is, ane vorhinderunghe Seiner Lieb unnd der Irenn Insag.

[11.] Die Zuslege unnde Irrung zu Avebergenn sollen zum forderlichstenn zur bosichtunghe komhenn unnd dar inn messigung vorghenamenn werdenn das Seyner Liebe Am Stifft zu Verdenn vor Ire uberricheyt unnd gerechticheyt gheburlich außweisunge gescheeh.

[12.] Zu der selbenn tzeit worth auch Johann Lattemans sach myt dem Acker verhorth.

[13.] Die sach myth dem gericht zue Dorverden wert bosichtiget, das alle, die dar zu ghehorenn dar tho erforderth, unnd so alle nottorfft gehorth, geschee dar Inn, was sich geburth, das niemandt boswerth werd.

[14.] Hartkenn Dyckhoffs sach myt dem lande das er clagt, Hinricus der Schreiber neme Ime dasselb, wordt bosichticht unnde der billicheyt nach entscheydenn.

[15.] Wie sich denn die koter zu denn Meyerenn Indrengenn, wollenn ane unnderscheit der meyer gerechtichey brauchenn, So soll dar uff nach gelegenn dingenn eynn bosichtunge unnde vorhandlunge gescheenn, da myt koter unnde meyer byeinander bleibenn unnde wonenn moghen.

[16.] Martenn Ostemann soll bey seyner gewer der Irrungenn landes pleybenn biß zu bosichtigung unnde vorhandlung der sachenn unde also itzt dem mann das korn, so upp dem land gewachssenn, Aus seiner handt genommenn und zu trewer handt gelecht, Szo soll denn noch dem mann seinn gewer dar durch nicht gebrachen synn. Unnd die weill dann das Capittell dem Herrn zu erhenn unnd gefalenn denn hand[en]ᵃ vor der Restitution des korns Ires mans halbenn Inrumenn unnd gescheenn lassen wollenn, Szo wollenn Wir, das die sach vorboscheidenn bosichtigt unnd auch vorhandellt werdt, das eynn Ider bey seinem rechten bleib.

[17.] Ob Clawes Hermeling Acker unnd landt zu Amendorff unde Ritzenbergenn, weider vor genamenn abscheydt vorhandellt oder nytt, soll bosichtigt unnd die billicheyt dar Inne vorghenommenn werdenn.

[18.] Hernn Anthoni vann Mandelslo soll mann denn tzehendenn vann der Kalenbunthe unvorhindert folgen lassenn, Unnd alßo steytt Ith umme denn tzehendenn vam Frießenn, unnd will Her Anthoni der tzehende gebur sich vann denn Vresenn wide sei Auch len weillen uffkommenn. Aber Unnser Here unnde Bruder vann ethlichenn boricht werth, das der tzehende dar vonn nicht gebur, Szo soll der Artickell myt beyder teyll nottorfft bosichtigt unnde so vorhanndelt werdenn, das eynn Ider bey seynem rechtenn unnd freyheyt pleibe.

[19.] Die Damwisch soll mann bosichtigenn, ob sich der zuslach nach dem Abgebrachtenn haw erleidenn wolle oder nitt, unnd dar Inn nach gelagenn naburlichn handln *[sic]*, Also vorhandelenn, das denn nachbernn nicht boswerlich, unnd Sanct Andreas Capittell ann Irenn rechtenn nicht nachteilich.

[20.] Der hoff zum Dreßell, auch der halbe Tatell unnd mole tzur Etzenn sollenn uff beider teyll gerechticheyt unnd bositz bosichtiget unnd vorhandellt werdenn.

[21.] Alße sich denn tzwischenn Her Hinrich Davordenn Doemkoster unnd Heinrich Slepegrellenn Irrung auff das korn zu Awhausenn, so tzu der pfar bohorth, entstandenn unnd Slepegrell das korn angreiffenn, Szo eigennt sich vonn rechts wegenn, dar Slepegrell die pfar zw Owhusen wider restituere, will dann Slepegrelle Er Hinrich Davorden alße bositzer der pfarre nicht umbosprachenn lassenn, soll er Im vor dem drosten und vorordentenn eyns sleunigenn entlichenn rechtenn schehenn, Szo aber die sach In gudt mocht vorhandellt werdenn, das rechts nicht nott, sehenn Wir lieber.

[22.] Der gleichenn sollenn auch twischenn Slepegrellen unnd dem Capittell zu Sanct Andrease die sachen bosichtigt werdenn, so sich auff denn tzwenn hoff zu Owhusenn unnde der uffgehabenn frucht begebenn, vorgenommenn unnd vorhandellt werdenn, dar ersth de guthe vorsucht, unnd dar nach zum rechtenn ein iedell *[sic]* teyll seins rechtenn geniessenn mughe.

[23.] Nach dem sich auch tzwischenn Capittell unnde der Stad Verdenn auch der entzellige personenn Irrung zugetragenn, sich auch boclagenn, das Unnsers Herrn unnd Bruder tzollener ungeburlich mitt im umbgee, Szo sollenn, die sie bolangenn, die Amptleutt Im Suderende oder gebow oder molenstene fur unnd tzoller nach nottorfft vorhandelt unnde billicheyt gehaltenn werdenn.

[24.] Wir wollenn auch dem Stifft Verdenn zu gnadenn die Irrung zu Stemmenn Im Camper bruch unnd dem Land zu Luneborch zuvorhandelnn unnd Zuvortragenn myth boschickenn.

[25.] Unnd da mitt dieße obgescriebenn sachenn unnd was sich sunsth Irrich hallt, Alße de holtzung myt denn Amenn *[sic]* leutenn unde der Vogte pfandung desthe geschickter vorhandellt unnde gehalltenn werde, Szo habenn wir denn unnde andernn sachenn, so noch vorfallenn werdenn, dieße ordenung gegebenn: das In denn vortragenn unnd Richten sachenn der Trosth zu Rodenburgk unnde das Capittell sich stett unnde tzeit die parthenn zubetagenn, die gebrechenn zu bosichtigenn unnd zuvorhandelnn sollen nach gelegenheyt der sachenn voreynigenn. Was sie auch In der gute vordragenn mugenn, das sie keynn Fleis noch arbeyt sparenn; wo dann etlich sachenn zur gutt nicht wollenn vortragenn seynn, das dar zu sleunige wege den rechtenn vorgenommenn, damytt denn partienn gehulffenn unnd sie der sachen abkhomen. Szo aber neuwe sachen unnd gebrekenn In fielen unnd das Capittell darumb ersucht unnde die parthienn nicht vorghelichenn mochtenn, So sollen sie dem Drostenn antzeigenn unnd uff gelegene stett vorschreiben. Wor auch der Drost zu Rotenburgk angesucht, der thue des gleichenn, ob er die vortragenn kundt; wo och nitt, das er das Capittell uff ghelegene stett vorschriebe unnd wie obenn myt fleis zu beidersitz In die sachenn sehenn, damit Im Stifft freidt unnd recht erholtenn werden.

[26.] Dar auch dem Stifft unnd Unnserm Hern unde Bruder der unkost nitt zu großs, Szo will Seyne Lyebe durch denn drostenn laßenn acht habenn, was nutt gesindt auff dem haußse zu Rotenburgk unnd uff dem hoffe In der Stadt Verdenn sy, das bohaltenn werdt; was auch unnutz, das denen erlaubt werde.

[27] Szo soll auch der Drost das haus unnd Ampt zu Rotenburgk, Auch der hoff zu Verdenn myt aller Irer Inn- unnd zubehorung warenn unnd borechenen, auch dar vann anthwurten Unnserm Bruder In beywesenn des Capittells.

[28.] Als aber unnser Her unnd Bruder des Stifftz Verdenn halbenn, Uber Capittel unnd ethliche personenn auch viel boßwerlicher artikell uns vorbracht, Szo habenn Wir die selbigenn umb ursach willenn itzt nicht eroffent, Szo will doch Sein Liebe der selbigenn myt dießem vorschwigen nicht vorgebenn habenn, beßunder so tag angesetzt unnde die ander sachenn zuvorhorenn, ungeverlich Nach Martini[2] Im wiederkhomenn unnserer Rethe aus dem Stifft Bremenn boschriebenn werdenn, so sollenn ein sach bey der andernn, was eyns Iglicken nottorfft erfurdt unnde antzeigenn wardt, vorhordt unnde vorhandellt werdenn, dar zu Wir Unsern Rethen bovell gebenn unnde sie vorordnenn wollen.

[29.] Die weill dann das Capittell, Manschafft unnd Stadt Verdenn Unsers Herren unnde Bruder sachenn nach ertzalter gelegenheyt unnd nottorfft angheschenn unnd zu hilff unnd stur Seiner Liebe schullt unnd anliggen eyns vor alle, Neun tausent guldenn zu botzalenn, zu sich genammenn, Nemlich ein Tausent gulden Cordt van Mandelslo unnde eynn Tausendt guldenn Ernn Ludeke vann Dassell Burgermester zu Luneborch, Drie tausendt guldenn Johann vann der Kedenborch unnde vier tausendt dem Rade zu Gosler, das Unnserm Lieben Herrn unnde Bruder auch Uns zu bosonderm gnedigenn willen unnd dangk khumbt, Szo verwilliget Unser Bruder, ob schatz bey denn underthanen angelacht, dar der Trost zu Rotenburgk unnd Wigandt Rauch denn trewlich auffnemenn unnd zu hauff sammelenn unnd mitt wißenn Her Michaels vann Mandelslo vann des Capittels wegenn, auch sunst nergenn dan an die vorgedeutenn orth, da myt des Stifftz schulde enthrichtet unnd botzallt werdenn werdenn *[sic]*. Dar Inn wyll Unnser Her unnd bruder kein Ingreff oder vorhinderunge thuenn, aber bey Unnßerm abscheid lassen. Wo auch Unser Bruder In denn schatt Ingreff thett unnd dießer alredt nicht nakeme, so soll das Capittell weiter zuerfolgenn auch nicht schuldig sein, so lang das Unnser Her unnd Bruder dem abscheidt nachkumpt. Solche upgehaben landtschatz sollen der Drosth unnd Wegand Rauch unnd das außgebenn Er Michaell vann Mandelslo myt Inenn Unserm Hernn unde Bruder vor dem Capittell trewlich borechnen.

[30.] Doch sollenn mit dießem anlaß alle die andernn vertrege und vorpflichtung, ßo hirfur auffgerichtett unnd bosegellt nicht gekrenckt, sunder mher bovestet synn unnd bleibenn ane gheferde. Dem zu urkundt unnd meherer bofestung, das sollliches alles stedt unnd vest geholden werdt, habenn Uns Unser Her unnde Bruder unnd auch das Capittell vann Ir unnde der andernn wegen zugesacht, vorsegellt wissentlich myt Unnserm Furstlichenn wontlichenn Ingesegell. Actum Am Mantage Nach Egidii Im XV^C unnd XXXI^{ten} Jare.

Unnd Wir Cristoffer vann Godts gnadenn Ertzebischoff zu Bremenn, Administrator zu Verdenn etc., Bokennenn und betzeugenn hie myt In krafft dießes breves, das Wir dißenn anlas In all seinen punctenn und artiklenn gewilliget unnd vulbordet habenn, Wollen auch dem stracks erfolgenn unnd halten. Dem zu urkundt habenn wir Unnser Sigell hir unden neben Unsers Bruders wissentlich heissen hengenn.

Unnd Wir Probst, Dechant unde gantz Capittell bowilligenn unnd vulbordenn den anlas auch In all seinen puncten unde artikelenn strack unnd vast zu halltenn und zu erfolgenn, umb uns iegen Unsenn Gned^{ten} Herenn alse getreuwe underthanenn gehorsamlich eigendt unde geburth In allweg zuhalltenn haben. Dem zu urkundt habenn wir unsers Capittels Ingesegell nebenn Hochgedachter Unßer G^{ter} unnd G. Hernn Segell gehangt. Actum Am Jar unnd tag wie obenn.

(HStA Hann., Celle Br. 33. nr. 10, fol. 4r–7r).

a *Textverlust am Seitenrand der Vorlage.*
1 *Durch die im 20. Jh. vorgenommene Bleistift-Foliierung der Akte ist hier die Reihenfolge der Blätter in Unordnung geraten; die richtige Reihenfolge ist: fol. 4, fol. 5a [sic], fol. 6, fol. 5 (ehem. fol. 7).*

2
Derselbe Landtag (?)

Weitere, in Einzelheiten teilweise abweichende Überlieferung dieses Vergleichs.

Ausschreiben: –
Protokoll: –
Abschied: Spangenberg, Chronicon, S. 168–170 (Regest, nach unbekannter Vorlage).
Weitere zu diesem Landtag gehörige Quellen: –
Literatur: Pfannkuche, Neuere Geschichte, S. 25. – Wolters, Erzbischof Christoph, S. 49. – Frick, Konfession, S. 10. – Riggert-Mindermann, Verden, S. 259–261. – Riggert-Mindermann, Stände, S. 7.

Anno 1531. Montags nach Egidii[1] ist grosser Unwille entstanden zwischen Bischoff CHRISTOPH und dem Capittul auch Landschafft und Ständen des Stiffts Vehrden/hierzu hat sich eingelassen Hertzog Hinrich von Braunschweig und Lüneburg und es beygelegt auf folgende Weise.

1. Erstlich/wann der Bischoff aus dem Lande verreisete/so sollen etzliche auß dem Thumb-Capittul an das Hauß Rohtenburg verordnet werden.

2. Die Güter so Bischoff CHRISTOPH und andre seine Antecessores versetzet/ und er selber nicht lösen kan/soll das Thumb-Capittul vor andern zu lösen Macht haben/kein Frembder aber dazu verstattet werden.

3. Wan Wischland erlediget/soll der Bischoff das Capittul damit bedencken/ oder desen Capitular-Personen, hiergegen wollen Capitulum verwilligen/daß der Bischoff die Zeit seines Lebens behalten möge Herr Landesbergen Hoff.[1]

4. Dieweil der Feind Seseman zu Hildesheimb abgehandelt mit 350 Gold-Gülden/ soll er solche Gelder dem Capittul zufolgen lassen/und weiter consentiren, daß einjeder Bauer auf dem Lande einen halben Gold-Gülden dazu contribuiren und keinen Eingriff darin thun.

5. Wegen der Streitigkeit des Holzes zum Heinße hat der Bischoff nachgegeben/ daß für den Hof/welchen der Bischoff alda hat/das Capittul einem andern gleich gut geben möge/damit des Holzes und die Messe rathlich möge gebrauchet und genützet werden.

6. Die Zuschläge sollen in Augenschein genommen/und was unbillig nieder gerissen werden.

7. Das Gericht zu Dörverden betreffend soll man die Erbexen allemahl dazu fodern/und dem Gericht seinen Lauff lassen/und darin geschehen/was sich gebühren wolle.

8. wegen der Streitigkeit zwischen den Meyern und Kötern soll nach Gelegenheit Besichtigung geschehen/und was Recht/verordnet werden/damit einerbey dem andern bewohnen bleiben möge.

9. Marten Osteman soll bey der Gewehr bleiben/und das Korn zu treuer Hand geleget werden.

10. Claus Hermelings Land zu Amendorff soll besichtiget und die Billigkeit darin geschaffet werden.

11. Herr Anthonies von Mandelßlo soll man seine Zehenten von der Kalebundten folgen lassen/der Zehente von der Frieser Weyde soll besichtiget und nach Befindung und Verhör/was recht ist/da ein verhånget werden.

12. Der Hoff zu Dressel/auch der halbe Tattel nebst der Mühle zu Eitzen sollen besichtiget und nach Befindung beyder Theilen Gerechtigkeit die Billigkeit verschaffet werden.

13. Die Irrung zwischen Herrn Hinrici Daverde und Hinrich Schlepegrellen des Hofes halber zu Ochtenhausen soll durch den Drosten verhöret/und nach Billigkeit und Recht darinnen verhenget werden.

14. Deßgleichen wegen der Streitigkeit zwischen dem Capittul S. Andreæ und Hinrich Schlepegrellen/auch die Zwo Höffe Ouwhausen und deren aufgehobenen Früchten soll erstlich die Güte versucht/und in Entstehung der selben darin geschehen was recht ist.

15. Die Klage über den Zöllner/daß er ungebührlichen Zoll nehme von der Stadt und Süderende auch von Bauholz und Mühlensteinen/soll auch nach Nothdurfft verhöret und geschlichtet werden.

16. Der Streitigkeit mit den Kempern und Stemmern will sich der Bischoff mit annehmen/und durch seine Drosten und Beamten[3] verhandeln lassen.

17. Damit des Bischoffs Vorrath auf Rohtenburg und dem Stiffts-Hofe durch das unnütze Gesinde nicht möge verschwendet werden/wil man Besichtigung vornehmen in Gegenwart des Thumb-Capittuls durch das unnütze Gesinde abschaffen.

18. Soll auch Rechnung geschehen vom Hause Rohtenburg und Stiffts-Hofe/in Gegenwart des Thumb-Capittuls.

19. Ob denn wohl noch andre Articul mehr vorgebracht/ist für gut befunden/daß dieselbe biß auf den andern angesetzten Tag gegen Martini[4] mögen hinaußgestellet seyn/der Bischoff aber solle und wolle sich also darin schicken/daß des vielen Klagens hinführo solle ohne unnoht seyn.

Auf/und nach diesem allen/hat Hertzog Hinrich/vor seinem Bruder dem Bischoff gehandelt/daß Capittul/Landschafft und die Stadt/demselben eine Schatzung gewilliget/so sich erstrecken solle auf 9 000 Gold-Gülden in Ablegung und Bezahlung/1 000 Gold-Gülden Herr Cörde von Mandelßlo/1 000 Gold-Gülden[5] Lüdecken von Dassel Bürgermeistern zu Lüneburg/3 000 Gold-Gülden Johann von der Kehtenburg/und 4 000 Gold-Gülden dem Rath zu Goßlar vor das versetzte Bergwerck[4]/und diesen Schatz sollen/Drosten und Amten/auch Herr Michel von Mandelßloh einnehmen und an genante Oerter verwenden. Der Bischoff aber keinen Eingriff darin thun.

Dieses alles/gelobten Hertzog Hinrich/und Bischoff CHRISTOPH, unter ihren Hand- und Petschafften zuhalten/die Schatzung ist darauf gefolget/und auch etzlicher massen die Bezahlung/aber die von Goßlar haben ihre 4 000 Gold-Gülden nicht bekommen/das Bergwerck stehet noch verpfändet/und der Kettenburg ist auch noch nicht bezahlet worden.

(Spangenberg, Chronicon, S. 168–170).

1 *Die Domkurie des 1529 März 8 verstorbenen Verdener Domherrn Bartold von Landesbergen hatte (Erz-) Bischof Christoph sofort nach dem Tod jenes Domherrn gewaltsam besetzt, obgleich diese Kurie eigentlich von Rechts wegen an Dietrich von Mandelsloh hätte fallen müssen. Dessen Ansprüche erkannte (Erz-) Bischof Christoph implizit an, da er ihm als Entschädigung eine Lehensexpektanz gewährte (Spangenberg, Chronicon, S. 167).* 2 *1531 November 11. – Über diesen Gerichtstag haben sich keine weiteren Quellen erhalten.* 3 *Über diese Schatzung haben sich keine weiteren Quellen erhalten.* 4 *Vgl. hierzu Spangenberg, Chronicon, S. 168:* Anno eodem, Montags in den Paschen [1531 April 10] versetzte Bischoff CHRISTOPH an dem Rath zu Goßlar die andere helffte am Berckwercke Reddinge und das halbe neunte Teil am Rahmels Berge samt der alten Schmede/welches der Bischöffe von Vehrden Hauß und Wohnung daselbst war/samt allen Gerechtigkeiten vor 3400 Gold-Gülden davon sie ihme also 2 000 Gold-Gülden bezahlet und das übrige auf Johannis Baptistæ, alles erblich zu gebrauchen nebenst dem vorigen halben Teile/so ihnen vorhin versetzet/außbescheiden 6. Gold-Gülden so zu der Memorien Bischoff IOHANNIS von Atzel vermacht.

3
Landtag (?) 1532 o. T.

Schatzbewilligung

Das Verdener Domkapitel und die Landschaft bewilligen dem Verdener Bischof Christoph die Erhebung einer Steuer, die von den Einwohnern des Hochstifts Verden aufgebracht und deren Erträge für einen Zug gegen die Türken verwandt werden sollen. Sollte jener Zug nicht zustande kommen, sollen die Gelder für Baumaßnahmen an der Burg Rotenburg verwandt werden.

Ausschreiben: –
Protokoll: –
Abschied: Spangenberg, Chronicon, S. 170 (Regest).
Weitere zu diesem Landtag gehörige Quellen: –
Literatur: –

Anno 1532 hat Bischoff CHRISTOPH, nebenst dem Thumb-Capittul und Landschafft/bewilliget eine Türckensteuer/von des Stifftes Leuten einzuheben/ und seind dem Bischoff alsobald davon zugestellet 656 Gold-Gůlden Behuef des Türcken Zugs; Mit dem Bedinge/dafern der Zug nicht für sich gehen solte/daß er alsdan solche Gelder/an dem Hause Rohtenburg verbauen solte.

(Spangenberg, Chronicon, S. 170).

4
Versammlung der Landstände 1541 Januar 9, Soltau, Wohnhaus des Bürgers Peter Brummerhoves, fortgesetzt 1541 Januar 30, Bremen, Kreuzgang des Doms

Landständische Gravamina 1541 Januar 9/Protestation 1541 Januar 30

Die Verdener Landstände, nämlich Domkapitel, Ritterschaft und Landschaft, protestieren einvernehmlich in einer Versammlung im Kreuzgang des Bremer Doms am 30. Januar 1541 gegen die ungebührliche Antwort, die sie vom Bremer Erzbischof und Verdener Administrator Christoph auf ein an ihn adressiertes Schreiben erhalten haben.

Vorangegangen war eine Versammlung der Landstände am 9. Januar 1541, die sie wegen Gefahr für Leib und Leben nicht im Hochstift Verden sondern in Soltau abgehalten haben. Auf dieser Versammlung haben sie, im Rahmen ihres (seit

1639) beim Reichskammergericht anhängigen Prozesses wegen mehrerer, vom Administrator ausgeschriebenen, mit Gewalt eingetriebenen, ungewöhnlichen, gegen landständische Privilegien und Rechte verstoßenden Schatzungen, jenes hier inserierte Schreiben an den Administrator aufgesetzt und verlesen lassen, das anschließend durch einen genannten Boten dem Administrator persönlich zugestellt wurde. In diesem Schreiben haben sie den Administrator aufgefordert, sie bezüglich der angeführten Schatzungen nicht weiter in ihren Rechten und Freiheiten zu beeinträchtigen und den an ihn ergangenen Promotorialbriefen des Reichskammergerichts Folge zu leisten.

Der Notar Johannes Plage beglaubigt diese landständische Protestation in einem am selben Tag im Kreuzgang des Bremer Doms ausgestellten Notariatsinstrument.

Urkunde: StA Stade, Rep. 27, V 387, fol. 19r (Or.-Ausf. Perg.; unbesiegeltes Notariatsinstrument). Regest: FB Reichskammergericht, S. 232.
Weitere zu dieser Urkunde gehörige Quellen: StA Stade, Rep. 27, V 387, fol. 1r–18r (Akten des Reichskammergerichtsprozesses zwischen dem Verdener Domkapitel sowie der Land- und Mannschaft des Hochstifts Verden gegen den Bremer Erzbischof und Verdener Administrator Christoph wegen ungewöhnlicher Schatzungen entgegen den Gewohnheiten des Hochstifts; 1539–1541).

Im namen Gades Amen. Witlich, Kundich unnd apenbar sy allenn und Jedwenn, de dat Jegenwartige Instrument Seen, Horenn offte Lesenn, Dat nach der geborth Christi Dusent Viffhundert Eynn unnd Vertich Jar, In der veerteyndenn Indiction, am drittigesten dage des Mantes Januarii, Keyserdům des Alderdurchluchtigesten, Grotmechtigesten, Unoverwintligesten Furstenn unnd Hernn, Herrn Carols des funfften, Romischen Keysers, to allen tiden Merer des Richs, Im dre unde twintigesten Jare der regerunge, In mynes apenbarenn Notarii unde der getugen underboschrivenn iegenwardicheyt synnt personlich erschenen de Werden, Vesten unnd Erbarer Her Diderick vann Mandelslo Doemdekenn, Michael van Mandelslo Sanckmeister, Diderick vann Mandelslo Scholaster, Diderich Slepegrelle, Diderick Elmendorpe unnd Clawes Heemelinck Doemherenn der Kercken tho Verden, Unnd Diderick Beer, Jurgen van der Wensen, Johan van der Kedenborch sampt anderenn Rittermetigenn unnde des Adels Verdischen Stiffts, de Landtschup des Verdeschen Stiffts presenterende, Ock de nottrofft unde anliggende sake des gedachtenn Verdeschen stiffts tho beratslagende unde erwegende sunderlich versammellt, protesterden unnd apentlich dorch gedachtenn Herenn Diderick van Mandelslo domscholaster bodungeden, dat se sich in nachbenompter stede unnde demm Luneborgeschenn lande vorsammelt, were anders giner gestallt vorgenomen, dan alleyn, Szo de sufften van dem Hochwerdigesten, Durchluchtigen, Hochgebaren Fursten unnd Heren, Herren Christoffer Ertzebischup tho Bremen, Administrator des Stiffts Verdenn thom dele orer Huser, Hove unnd guder entsettet, Unnd wedder recht boroveth werenn, Haddenn ock gyne stede Im Verdeschen Stifft, dare de sulven umbofarth Hoves unde gudes van fruchten des Administrators dorften sich vorsammelen; So hedde ock de Administrator wedder loffte unnd Ede ock gegeven segell unnd breve ungewontlige und unbillige schattinge wedder des Stiffts frigheit unnd gerechticheit detlich unnd myt wallt genamen. Ock halven de sufften Rittermetigen unnd lantschup by Hochloveligen Key. Matt. Camergericht van nottrofftich hulp unnd middell des rechten tho erholdinge des stiffts frigheit bitlich angeholden. Hedden ock van sulven Camergericht promotorialbreve uthgebracht unnd dem Herenn Administratori vorkunden lathen. Unde we woll de Administrator nach vorkundinge der Keyserlichen promotoriales, de eyne schattinge unnd bosweringe over der anderen den armen Ingeseten des Stiffts wedder recht unnd hergebrachte frigheit ungeborlich upgelacht, So se dan bofunden de Administrator alle middell des rechtens unnd billicheit affgeslagen, dar myt aver se des handells geborlige uthforderinge unnd recht mochten bokomen, Weren se bodacht der halven thor averfloth by dem Heren Administrator eyne schrifftlige ansokinge to donde und brachten vor und leten lesen eynen papiren sendebreff vann worden tho worden ludende so nafolgeth:

> Dem Hochwerdigesten In Godt Durchluchigen, Hochgebarennen Furstenn und Heren, Herrn Christoffer Artzebischup *[sic]* tho Bremen, Administrator des Stiffts Verden, Hertog tho Brunsswick und Luneborch etc., Unsem Gnd[sten] Heren denstlichen geschreven. Hochwerdigste, Durchluchte, Hochgebarnn Furste unnd Her, Unse geborlige denste syn I. F. G. vornn[a], Unnd bidden I. F. G. Hir mith vorten, Szo I. F. G. wedder I. F. G. plicht, Segell, Breve unnd anders Itliche schattunge, spolierung und susth unliddelike bosweringe unns unde unnsern armen luden tho gesettet, der halven unnd solch tho affienunge wy vom Hochlovelichen Keyserlichen Camergericht promotorialbreve uthgebracht unnd gegen I. F. G. vorkunden lathen, Wo woll wy dan gementh I. F. G. in botrachtenn rechtens und billicheit vann den deitlichen vornemende affgestan edder thom wenigsten Ro. Key. Mat. als I. F. G. overcheit schuldigen gehorsam leistet unnd nach der Hilligen Rikes ordenung In geborender tidt tho uthforunge unser foringe unde sproke Ire unpartigginge rede neddergesetzet myt genochsamer vorleitunge unnd ander vormoge Key. promothoriall breve uns vorboscheden, Unde des handels affgeholpenn hedde ock ander In hollt Sulcher Keiserlichen promotorial vorhandellt verlichs doch van I. F. G. nicht allein vorechtlich hinderblivenn, dan ock synth sulcher vorkundinge hoger boswer unnd unlidlige schattinge tho gefoget unnd up gebracht. Dar mit over Wy nochmals tho uthdracht sulcher handeling kamen mogen, Is noch unnse flitich bith unnd Requisition, I. F. G. den sulven promotorialen geleven und uns geborende mathe vorbosthedenn und recht unvortogert boiegenen lathe, dar myt uns ferner foringe vorthowenden unnodich sy. Unnd wo woll wy uns dessulven dem rechten tho stuer und Key. Mat. Unserm Aldergnedigesten Herenn tho schuldigen gehorsam underdenichlick vorhopenn[b], Szo bidden wy doch I. F. G. andtwordt, I. F. G. Godt Almechtich In hogen wolstande bofelende. Datum under unsermm des Doemcapitells unnd dreer vonn der Landtschup Secreten, des wy somptlich hir tho gebruken, den Negenden dach Januarii Anno etc. XLI. Doemcapittel, Ridderschup unnd gemene Landtschupp des Stichtes Verden.

Nach apentlicher vorlesinge sulches vorinsererdenn breves hebben de gemelten heren und landtschup den Ersamen Hans Roder der Stat Soltow gesworne boden und borger gewunnen, den sulven vorinsererden breff, den se ock do mals vorpitzeret, dem Heren Administratori egener personen to bringenn und aver andtwordende thogestallt. Den he also vorpitzeret entfangenn und up erforderen der heren und rittermetigen Junckeren der landtschup Verdesches Stifftes myt upgerichtetden vingeren tho Godt unnd den hilligenn liffliges Edes gesworen, dat he denn entfangenen breff dem Heren Administratori personlich aver andtworden wolde, in dem he by Syner Furstliche Gnade, so he andtworde erlangen konde, gelofflich wedder bringen und anseggen wolde. Do sulvesth hebben ock de gemelte Heren und Junckeren der landtschup dem gedachten gewunnen und gesworen boden bofalen, Dat he by gedanem Ede de andtworde unnd wes ome boiegende upgenanten Heren Diderick van Mandelslo Scholaster bynnen Bremen scholdt boscheith van orer aller wegen geven, Welches de genante bode also annam. Up welche alle und Ider de upgemelten Heren und Rittermetige landtschup van my Notario em tho geven Eyn offt mer ᶜInstrument und instrumentaᶜ gebeden. Vorhandelt unde gescheen is dith bynnen Soltow, Im lande to Luneborch gelegen, und darsulvesth in des Ersamen Peter Brummerhoves borger darsulvest waninge huse, Im Jar, Indiction, dag, mante und Keiserdum so vorgescreven; dar by und aver weren de vorsichtigenn Hinrich van Dincklage und Frederick Slepegrelle, Monsterschen und Verdeschen stichtes leigen, vor tugeslude hir tho sunderliges geeschet und gebeden.

Dar na Am Jare, Indiction und Keiserdom bavengescreven, den druttigesten dach des vorgenompten Mantes Januarii vor dem Werden und Erbaren Heren Diricke vann Mandelslo domheren und Scholaster to Verden, bofelhebber der landtschup Verdesches Stiffts, In myns apenbaren Notarii und der getugen undenboschreven hir tho sunderlichs geeschet und gebeden iegenwardicheit, is personlich gekamen de vorgescrevene Hans Roders borger, hefft by synem gedanen Ede upgenanten Heren Didercke in andtwordt angesecht, dat he sich up geschenen bofell na Vorde in dat Stifft Bremen, dar de Ertzbischup van Bremen husholt, erfoget, dar sulvesth vor dem slote Sine Gnade personlich bofunden und Synen Gnaden den vorinsererden breff des acht und twintigesten dages Januarii In boscheden, Dat Jurgen van der Wense unde etlige ander den breff uthgesanth. Do hebbe de Ertzebischup noch vorlesinge des breves dem boden thor andtworth gegeven und gesacht, Se moten woll Hundert drose hebben alle de gennen, de den breff uthsenden, Und ith ga umme dat Landt to Luneborch neyn mure; Und sulchs sy gescheen in Jegenwardicheit des Ertzebischuppes Bussenschutten und broitsluter, ock susth mer Siner Gnade dener; Sachte dar boneffen de unde dat he he den anderen dach by dem Cantzeler um eyn schrifftlich andtwort angesocht hadde, Wer he van van dem Cantzeler boschedenn, De Ertzebischup wolde by denn Muntligen andtworden blyven. Up welck alle und Ider de upgenante Her Diderich vann Mandelslo tho behoff der semptligen Ridderschup unnd Landtschup Verdeschen Stiffts sich to guenn unnd maken ein offte mer apenbaren Instrumentum et Instrumenta in der besten form van my apenbaren Notario gebeden. Gescheen is dat bynnen Bremen Im ummegange der Domkercken dare sulvesth am Jare, Indiction, dage undᵈ Mante und Keiserdum so vorgeschreven; Dar by, an und aver weren Albert Grape und Peter Wendt leien Bremisches und Monstersches stifftes vor tuge hir tho geeschet und gebeden.

(S.N.) Unde ick Johannes Plage Clerick Myndessches Styfftes von Pewestlicher gewalth oppenn Notarius, Wanth ick dussem allen und Idenn vorgescreven, do de so nacheinander gehandelth und gescheen myt den benompten Thugen Jegenwardich an und aver gewesth und de alle und Ider nacheinander ßo tosehende gehorth und geßeen hebbe, Darumme hebbe ick durch Jegenwertige Instrumenth dorch eynes anderen hande gescreven, ßo Ick susth dorch andere gescheft vorhindert, dar over gemaketh und myt mynem namen thonamen und gewantliken ßigneth vortekenth Im geloven und tuchnisse aller und Ider vorgescreven, dar tho geescheth und gebeden.

(StA Stade, Rep. 27, V 387, fol. 19r).

a vorñn *in der Vorlage.*   b vorhopeñn *in der Vorlage.*   c–c *in der Vorlage stark gekürzt:* Instrū uñ instrā.   d und *in der Vorlage unterpunktiert.*

5
Vergleich 1541 April 28, Regensburg

Der Salzburger Erzbischof und päpstliche Legat Ernst, Pfalzgraf bei Rhein und Herzog in Ober- und Niederbayern, und Herzog Heinrich d. J. von Braunschweig-Lüneburg (-Wolfenbüttel) vermitteln einen Vergleich zwischen dem Bremer Erzbischof und Verdener Administrator Christoph auf der einen und den Verdener Landständen auf der anderen Seite über strittige Punkte hinsichtlich der Privilegien, Freiheiten, Rechte, Statuten und Gewohnheiten, sowie speziell des Verdener Süderendes, des Meierzinses, der Zehnten, der Güter und der Nutzungsrechte und anderer Sachen, die Kirche und das Hochstift Verden betreffend.

Urkunde: auszugsweise inseriert in nr. B.7.

6
Vergleich 1541 Mai 17

Der Bremer Erzbischof und Verdener Administrator Christoph schließt einen Vergleich mit dem Verdener Domkapitel, der Verdener Landschaft und der (Norder-) Stadt Verden über strittige Punkte.

Urkunde: (StA Hann. Brem. Or.; 1943 verbrannt [letzte Signatur nicht bekannt]; Or.-Ausf.). Regest: StA Stade, Rep. 81, Hs. 9 (Rep. Möhlmann 1), nr. 3346.

7

Bestätigung des Vergleichs 1541 Juli 13, Regensburg

Kaiser Karl V. bestätigt den hier auszugsweise inserierten, am 28. April 1541 vom Salzburger Erzbischof Ernst und von Herzog Heinrich d. J. von Braunschweig-Lüneburg (-Wolfenbüttel) vermittelten Vergleich zwischen dem Bremer Erzbischof und Verdener Administrator Christoph auf der einen und den Verdener Landständen auf der anderen Seite über strittige Punkte (oben nr. B.6).

Urkunde: StA Stade, Rep. 2 (Domstift Verden), nr. 312 (besiegelte Or.-Ausf. Perg. anhäng. Siegel gut erh.). Regest: Rep. Möhlmann 1, nr. 3346.

8

Landtag 1548 Mai 15

Landtagsabschied

Die Verdener Landstände beschließen detaillierte Regelungen bezüglich folgender Punkte: künftige Besetzung der Burg Rotenburg, Übernahme der durch die Mansfeldischen Truppen entstandenen Kosten; Bekräftigung und Erweiterung von Bestimmungen der bischöflichen Wahlkapitulation sowie Festlegung weiterer Verpflichtungen Bischof Christophs.

Ausschreiben: –
Protokoll: –
Abschied: StA Stade, Rep. 8, F. 19, nr. 1, fol. 6r–8r (vom Notar Hermann von Mandelsloh, Verdener Kleriker, beglaubigte Kopie einer besiegelten Or.-Ausf.; 16. Jh.). Regest: Spangenberg, Chronicon, S. 195f. – Dörfler, Herrschaft, S. 267 (nach Spangenberg).
Weitere zu diesem Landtag gehörige Quellen: –
Literatur: Wiedemann, Bremen 2, S. 99. – Frick, Konfession, S. 9 u. 56.

Thoweten und kundt sy idermenniglichen: Dewile und nachdem hier bevor dem hochwirdigsten in Godt durchleutigenn hoichgebornen Fursten und Hern, Hern Christoffern, Ertzebischoven zu Bremen, Administratorn des stiffts Verden, Hertzogen zu Braunschweigk unnd Luneburgk etc., mienem gnedigesten hern, Irer F. G., und den stiffts Verden hauß Rodenborch, durch die protesterende bundeß stende geweldiglichen enthwendet, und durch Graff Albrechten von Manßfeldt, bißanhero, dath die stende des stiffts Verden, nemblich das erwerdige domcapittell, sampt der gemenen ridderschop datsulvige huß mith groter beschwerunge, widerumb an sich gebracht, vorentholden, dar durch dan, unnd uth der krigeßhandelung, so gemelte stende hir bevorn notdrengelich thor gegenwere widder den gedachten Graffen von Manßfeldt vorthonemen vororsakt, ohne ein merglicher unkost entstanden, also dat se sich mith schulden beladen mothen. Do syn hute dato, tho lave und ehren gode dem almechtigen unnd dem gedachten stiffte Verden und gemeinen ingesetenen dessulvigen tho nutte und besten, dar mith sulche schulde wedderumb affgelecht, unnd dat stiffte Verden uth der beschwerung wedder in ruhe, frede und einigkeit und wolstandt gesettet werden moge, thwischen hoichgemelten fursten an einem, und densulvigen stenden des stiffts Verden anderdeils, folgende artikell einhellichlich verabschiedet, bewilliget unnd beslotenn:

[1.] Erstlich, dath up dat hueß Rodenborch, so balde dath vom Graffen von Manßfeldt gerumet, einer uth der gemelten ridderschop des stiffts Verden, nemblich der ernvheste unnd erbar Ditterich Bere, tho einem drosten schall gesettet werden, de Iren F. G., desgleichen dem domcapittel gelovet und geschwaren sei. Und schal dath hueß Rodenborch irer F. G. apen hueß sin unnd bleven, also dath Ire F. G. wie von olderßher mith so vele perden, alß Iren F. G. gefellich, wen und so offte Iren F. G. sulchs gelegen, dar up unnd af riden mogen.

[2.] Thom andern. Dewile tho aflehnung der obborurtenn schulde und beschwarung des stiffts schattunge von noden, so schullen de gemelten stende solche schattunge mith weten und rade Irer F. G. upt forderlicheste verordenen, vornhemen und allen der stiffts ingesetenn upleggen, darinne dan niemants geistlichs oder wertlichs standts, frey oder unfrey, knechte oder magede, beschonet oder gefryet, aber ein ider nach seinem vermogen angeslagen und taxirt werden, unnd in furderung solcher schattunge durch Ire F. G. oder imands anders, wan Ire F. G. kein insper, vorhinderung oder ingrepe geschein, sunder de itzo upgelopene krigeskosting vor erst daruth betalt. Dath ander overige in ander des stiffts beschwerliche schulde, na rade und mith weten Irer F. G. gewendet werden schall.

[3.] Thom dridden. Dewile an dem huse Rodenborch etlichs gebuwes nodich, so schal dem drosten, so dat hueß wie vorgemeldet innehebben werdt, von Irer F. G., dergleichen dem domcapittell und ridderschop, wes he buwen oder nicht buwen schall, bevholen werden.

[4.] Thom verden willen und schullen Ire F. G. einen idem, geistlichs oder wertlichen standes, by olden hergebrachten privilegien, fry- unnd gerechtenheiden unvorhindert bliven unnd darwedder nicht beschweren laten, ok nemandts mith ungnaden averfallen, sundern wen Ire F. G. jemandts thobesprechen vormeinen, sulchs vor dem capittell unnd ridderschop geschein.

[5.] Thom voiften willen und schullen Ire F. G. nichts von dem stiffts vorpenden, vorkopen oder vorgeven ane vorweten und willen des domcapittels und der ridderschop.

[6.] Thom sesten willen und scholen Ire F. G. niemandts up dat hueß Rodenborch edder den stiffts hoff tho Verden setten eth sim drosten, schrever, vogede oder andre gesidde, de schollen dan dem domcapittell und ridderschop mith lofften und eden, mith vorwandt sin. Undt wan Ire F. G. buten landes vorriden, alsdan etlichen von dem domcapittell und ridderschop dath hueß Rodenborch und stiffte mede bevhelen, unnd alle dat gesinde, an deselingen wisen, dat se sich na ohmen thorechten.

[7.] Thom sevenden willen und schullen Ire F. G. in keine coadiutorie willigen unnd keinen coadiutorem over dat stiffte Verden one vorweten und mithvorwilligung des domcapittels und ridderschop annhemen.

[8.] Thom achten willen und schullen Ire F. G. mith thodoen des domcapittels und ridderschop alle snede und grentze thwischen dem stiffte Verden und dem ertzstiffte Bremen, ock dem furstenthumb Luneborch und graveschafft Hoya, bethein unnd entscheiden, und von dem, wes tho dem stiffte Verden gehorich, eth sy in holte, velde, water, weide oder andern, nichts tho dem ertzestifft Bremen leggen oder gebruken laten.

[9.] Thom negenden willen und schullen Ire F. G. dem domcapittel und der ridderschop vorhulplich syn und furderung doen, dath dem stiffte Verden aller schade, den de stende dessulvigen von wegen Johan Roden oder anderen saken des ertzstiffts Bremen halven geleden,[3] von den stenden des ertzstiffts erlecht unnd betalt werden moge.

[10.] Thom teinden willen und schullen Ire F. G. by der Romischen Key. Mait., unserm allergnedigsten Hern, alle furderung und flit doen und bidden, dath Ire Key. Mait. itzigen des stiffts erleden schaden gnedigst ansehen und darvor begnadung und erstadung doen wolde. Und wo by Ire Mait. also wes erholden und erbeden werden mochte, dat sulvhs in des stiffts beste gewendandt un gekert werde.

[11.] Thom elfften willen und scholen sich Ire F. G. mith keinen potentaten oder hern vorbinden oder voreinigen, edt gesche dan midt rade, wetten und willen des domcapittels unnd ridderschofft.

[12.] Thom twolfften willen und scholen Ire F. G. wen dusse krigeßtenkoste betalet und erlecht, in keine schattinge im stifft Verden upleggen oder anrichten, edt gesche dan mith wetten und willen des domcapittels, ridderschafft unnd der stende des stiffts, wie solchs von olderßhere geholden.

[13.] Thom derteinden willen und schullen Ire F. G. keine schulle up dat stiffte bringen oder maken one bewilligung des domcapittels und ridderschop. Und wo dat geschege, willen dat domcapittel und de ridderschop dar tho nicht andtwurden.

[14.] Thom verteinden willen und schollen sich Ire F. G. keiner kreigeßleuffte oder handlunge annhemen, daruth dem stiffte Verden ieniger unkost oder schade mochte benigen, ane vorwetten und bewilligung des domcapittels und der ridderschop. Und wo dat ane sulche bewilligung geschege, wolden sy des mith nichte entgelden oder thodoinde hebben.

[15.] Thom veiffteinden willen und schullen Ire F. G. oder dersulvigen bevelhebber[1] in keine thoslege uth der gemeinte thomaken ane vorweten und nagewendt des domcapittels und ridderschop bewilligen oder de anthorichtende gestaden, unnd de thoslege, so im stiffte syn und[a] durch Ire F. G. und der stende vorordendte, besichtiget, und de, so Iren F. G. und dem stiffte schedlich, afgedan, de andern, so Iren F. G. und dem stiffte nutte, lidelich und vordrechlich, erholden bliven.

[16.] Thom sesteinden. Dath alle vorige, twischen Iren F. G. und den stenden upgerichtede handlung und receß festiglich geholden unnd densulvigen hir innen nichts derogirt, aber dat de hir mith desto mer ratificirt und bestedigt sin schollen.

[17.] Thom seventheinden. Dewile ock in einer vowarung thwischen obgemelten[b] Graffen von Manßfeldt und dem domcapittel, ridderschop und stenden des stiffts Verden, alß den von dem Graffen dat hueß Rodenborch wedderumb avergelaten, ingelutet, dat dat domcapittel, ridderschop unnd stende derwegen by den oren de vorsehunge doen, schaffen und inbinden wollen, dath de jenigen, so gedachtem graffen thostan, und in der twispaldigen handlunge up dem huse Rodenborch und sunst gedenet, ock de stadt Bremen von den sulvigen nicht schollen beschadiget oder in einige wege beschwerdt werden, dat Ire F. G., wen Iren F. G. dat hueß Rodenborch wedderumb thogestalt, gelickeßfals diesen artickel neben dem domcapittel, ridderschop und stenden holden wollen und schollen.

[18.][2] Doch hebben sich Ire F. G. in allewege in dieser vorhandelunge, abschede unnd vorwilligung ihres geborlichen gehorsams gegen de Rom. Key. und Kunigliche Mait., dat Ire F. G. sich dar iegen keinnerlei wyse vowilliget oder vorbunth hebben, aber deßfals alleseits frei stan wollen, vorbehold.

[19.] Unnd letzlich schollen und wollen sich uhdgemelts domcapittel sampt der ridderschop und stenden des stiffts Verden hinwiderumb gegen Ir. F. G. in allerwege tho ider tidt wie gehorsamen underdanen geben und wolansteidt ertzegen und holden, alle argelist und gefer hir inne gentzlich uthgesloten und hindan gesettet.

Des tho orkunde diser abschiedes brieff, twei gelickes ludes upgerichtet, de hoichgemelter furste mith egener handt undergeschreven unnd mith Irer F. G. upgedruckden secret, desgelichen dat domcapittel mith irem missiven segell, des sie an staedt ihres grothen segels, so diesen geschwinden leuffte halven by ohnen nicht vorhanden, gebruken, ock Ditterich Bere alß ein landtsate von wegen der ridderschop des stiffts Verden mith synem angeborn pitzier bevestiget, deren ein Iren F. G., der ander dem domcapittell unnd ridderschap thogestalt. Nach Christi unses hern gebordt im voiffteinhundersten unnd achtendvertigesten jaren, dinxtags nach dem sondage Exaudi.

Christopherus manu propria subscripsi.

(StA Stade, Rep. 8, F. 19, nr. 1, fol. 6r–8r).

a und *in der Vorlage gestrichen und unterpunktiert.*   b obememelten *in der Vorlage.*

1 *In Spangenberg (Chronicon, S. 196) wird dieses Wort mit ,Beamten' wiedergegeben.*   2 *Die Numerierung folgt hier dem Regest in Spangenberg, Chronicon,, S. 196; in der Vorlage ist dieser Passus unmittelbar, ohne Absatz, an den vorangehenden angeschlossen.*   3 *Im Regest in Spangenberg, Chronicon, S. 196 wird diesbezüglich der* Schade durch Wrißbergen und Johann Rohden zugefügt *erwähnt. Da die Schäden durch Christoph von Wrisberg in der erhaltenen Abschrift nicht erwähnt werden, könnte eine Or.-Ausf., die dem Chronisten Andreas von Mandelsloh im späten 16. Jh. vorgelegen haben könnte, an dieser Stelle ausführlicher gewesen sein als die erhaltene Abschrift. Dies erscheint aber eher unwahrscheinlich. Sehr viel wahrscheinlicher dürfte die Annahme sein, daß Andreas von Mandelsloh für sein Regest die recht allgemein gehaltene Passage des Rezesses anhand seiner Kenntnis der historischen Fakten präzisiert hat.*

9

Landtag 1548 Oktober 8

Landtagsabschied

Auf Begehren der Landstände erklärt sich Bischof Christoph bereit, (1.) Dietrich Behr nicht aus seinem Amt (als Drost) auf Burg Rotenburg zu entlassen, bevor jener die geschuldeten 3 000 Reichstaler samt Zinsen gezahlt hat; (2.) jedermans Rechte unangetastet zu lassen; (3.) seinen Bediensteten Heinrich Gieseken zu entlassen; (4.) die auf der Burg Rotenburg verwahrten ausgeliehen Geschütze auf Wunsch an die benachbarten Fürsten zurückzugeben; (5.) und die noch ausstehenden Einkünfte aus der ‚Johann Rode- Brand- Schatzung' nunmehr einzufordern und vollständig den Landständen zu überlassen.

Ausschreiben: –
Protokoll: –
Abschied: Spangenberg, Chronicon, S. 196 (Regest).
Weitere zu diesem Landtag gehörige Quellen: –
Literatur: Frick, Konfession, S. 9.

Anno 1548, Montags nach Francisici ist abermahls ein Land-Tag gehalten/darauf der Bischoff verwilliget:

1. Dieterich Behren/daß er des Ambts Rohtenburg nicht solle eher entsetzet werden/er habe denn zuvor seine 3 000 Reichsthaler sammt Zinsen wieder bezahlet.[1]

2. Daß S. F. G. einen Jeden bey gleich und Recht lassen sollen.

3. Nachdem auch S. F. G. einen Diener Nahmens Hinrich Gieseken bey sich håtten/ der dem Capittul und der Landschafft zuwieder/daß er denselben entuhrlauben mögte.

4. Weiln auch bekandt/daß etzliche Stück Geschützes von den Nachbahren entlehnet/und auf das Hauß Rohtenburg kommen/daß I. F. G. dasselbe wann es begehret wieder abgefolget werden möge.

5. Schließlich daß I. F. G. geschehen lassen wollten/daß was von Johann Rohden Brandschatz noch bey den Unterthanen nachständig/selbiges möge eingefodert werden/und dabey keinen Eingriff thun/hingegen man mit Verwilligung der begehrten 2 000 Gold-Gülden sich gegen I. F. G. willfåhrig wieder bezeigen wollte.

(Spangenberg, Chronicon, S. 196).

[1] *Dietrich Behr zu Stellichte wurde 1549 von (Erz-) Bischof Christoph abgesetzt; an seiner Stelle wurde Hans Herzog aus Pattensen vom (Erz-) Bischof als Drost auf Burg Rotenburg eingesetzt (vgl. Spangenberg, Chronicon, S. 197).*

10
Versammlung der Landstände 1549 Januar 24

Landständische Gravamina

Die Stände des Stiffts Vehrden fordern von vom Bremer Erzbischof und Verdener Administrator Christoph von Verden, daß er vor seiner bevorstehenden Abreise aus dem Hochstift Verden, von der sie Kenntnis erlangt haben, die Burg Rotenburg an mehrere Domherren und Stiftsadelige (etzliche Capittuls-Herrn und des Stiffts von Adell) übergeben solle. Zudem fordern sie, daß den Ständen all das, was sie gegebenenfalls in künftigen Notzeiten an Aufwendungen für diese Burg leisten sollten, baldmöglichst, und vor allen anderen Gläubigern, zurückerstattet werden solle. Die übrigen dem Hochstift Verden entstandenen Schulden solle der Erzbischof zurückerstatten, sobald er wieder in den Besitz des Erzstifts Bremen gelangt sei. Sollten diese Fordungen erfüllt werden, wollten sie hinwiederumb ihr Vermögen bey S. F. G. strecken.

Anno 1549, in vigilia conversionis Pauli.

Erzbischof Christoph bewilligt diese Forderungen in einem undatierten Antwortschreiben.

Ausschreiben: –
Protokoll: –
Abschied: --
Weitere zu dieser Versammlung gehörige Quellen: Schreiben der Stände an (Erz-) Bischof Christoph und dessen undatiertes Antwortschreiben. Regest: Spangenberg, Chronicon, S. 197.
Literatur: –

11
Landtag 1557 März 17

Schatzbewilligung

Die Verdener Landstände bewilligen den von Christoph, Erzbischof von Bremen, Administrator von Verden, erwünschte Zahlung von insgesamt 600 Goldgulden für Angelegenheiten des Westfälischen Reichskreises und treffen Regelungen über die Aufbringung der Gelder.

Ausschreiben: –
Protokoll: –
Abschied: Spangenberg, Chronicon, S. 207 (Regest). – Dörfler, Herrschaft, S. 268 (Auszug, nach Spangenberg).
Weitere zu diesem Landtag gehörige Quellen: –
Literatur: t–

Den 17. Martii am Tage Gertrudis hat Bischoff Christoph einen Land-Tag zu Vehrden außgeschrieben/und daselbst proponiren lassen/daß der Hertzog von Gůlich eine Zulage fodern thåte wegen des Westphälischen Crayses Behuef des Rohtberg und Lippeschen Krieges/als 600 Gold-Gůlden a 15. Patzen/davon des Stiffts und Stadt Vehrden quota sich belief zu 317. Rthaler. Es ward aber durch Vorbitte des Thumb-Capittuls dahin vermittelt/daß so vielmehr auf die Meyer wurd geschlagen/daß der Raht und die Stadt nicht mehr als 200. Gulden erlegten/ mit dem Vorbehalt/wann hinkůnfftig die Schulden des Stiffts sollten abgeleget werden/daß sie alsdann auch nach ihrem Vermögen das Ihrige dabey thun sollten und wolten.

(Spangenberg, Chronicon, S. 207).

12
Landtag 1558 [nach Februar 2][1]

Schatzbewilligung

Die Verdener Landstände entscheiden (zur Finanzierung der Stiftsgeschäfte während der Sedisvakanz), 1 000 Reichstaler auf die Burg Rotenburg auszuleihen, da sie auf den Nachlaß und den Schatz des verstorbenen (Bremischen) Erzbischofs (und Verdener Administrators Christoph) keinen Zugriff haben.

Ausschreiben: –
Protokoll: –
Abschied: Spangenberg, Chronicon, S. 219 (Regest).
Weitere zu diesem Landtag gehörige Quellen: –
Literatur: Pfannkuche, Neuere Geschichte, S. 58. – Frick, Konfession, S. 14.

Hierauf ein Landtag ausgeschrieben und darauf 1 000. Rthlr. auf das Hauß Rohtenburg aufzuleyhen verwilliget/damit man des verstorbenen Ertz-Bischoffen Nachlaß und Schatz aus bewegenden Ursachen sich nicht anmassen dürffte.

(Spangenberg, Chronicon, S. 219).

1 *Der Terminus post quem ergibt sich daraus, daß in Spangenberg, Chronicon, S. 219 unmittelbar vorangehende Absatz mit der Datierungsangabe* Am Sontage nach Purificationis Mariae *beginnt.*

13

Landtag 1559 Januar 10, Verden, Kapitelhaus[1]

Landtagsabschied

Die Verdener Landstände entscheiden über folgende Punkte: (1.) Zahlung der Türkensteuer; (2.) Leistung des Willkomm für den neuen Bischof; (3.) Abtragung der Schulden des Hochstifts Verden; (4.) (Schuld-) Urkunden, die nicht vom Verdener Domkapitel besiegelt worden sind; (5) Beschickung des Reichstags; (6.) Zahlung rückständiger Abgaben für das Reichskammergericht und andere Reichsangelegenheiten; (7.) Streitigkeiten mit dem Bremischen Domkapitel bezüglich des Nachlasses des † Bischofs Christoph; (8.) die noch ausstehende Bezahlung der Räte Bischof Christophs; (9.) Streitigkeit mit Henning Rickleff und anderen Amtleuten, betreffend die Rückerstattung von Geldern.

Ausschreiben: StA Stade, Rep. 40, Nr. 709, fol. 12r/v (Auszug: Liste der Adressaten; 18. Jh.).[1]
Protokoll: -
Abschied: StA Stade, Rep. 8, F. 19, nr. 1, fol. 10r–12r (Abschrift 16. Jh.).
Weitere zu diesem Landtag gehörige Quellen: -
Literatur: -

Abscheidt des gehaltenen landtags zu Verden uff den 10ten Januarii anno der weiniger zall LVIIII.

[1.] Erstlich ist mit dem verordneten furstlichen rethen L. Jost Spigelbergk cantzer *[sic]* und D. Ollgarten der Turkensteuer halben verabscheidet, das men zwischen hie und ostern das geldt uf des capittels und landtschafft verschreibung oder so sunderlich es geschehen magk, ufbringen und sich vermitler weil durch den botten, den mein gnedigster Her nach Speir schicken will, wie hoch dieß stifft der Turkensteuer halber belecht, verkunden und alßdan der Rom. Maett. zufridenstellen. Des sich Sein F. G. gegen Ire Rom. Maett. ercleren, und dieselbe dilation bitten wolle.

[2.] Des vilkumps halber will men sich zu Seiner F. G. einfuhr nach altem gebrauch dieses stiffts, nach aller gebur erzeigen.

[3.] Die einlassunge des stiffts versetzten guter belangen, die das capittel mit versiegelt, und welcher gestalt dieselben widerumb mochten zu der bischofflichen taffel gebracht werden, hat Sein F. G. dieweil die abwesenden van der landtschafft des nicht verstendigt ᵃauch der landtag derhalbenᵃ nicht auß schriebenᵇ das dieselbe sache biß uff einen andern lantag mochten verschoben.

[4.] Und daß auch die jennige, so des capittels siegel nicht hetten, uf den selbigen lantag mochten verschriben, ir ankunfft und eines jeden gerechtigkeit mochte gehort, und die jeniggen, so uff unfugen mochten befunden van den gutern abzutretten, mochten unterweisen werden.

[5.] Die beschickkungen des Reichstags belangen; Lest sich capittel und landtschafft Seiner F. G. gnedig bedenck woll gefallen, und willen Hern Veit Krummer zu der behoff, ire vollmacht schickken.

[6.] Der van Verden sache belangen; haben dieselben Irer F. G. rethen ire sache zugestelt und lest sich capittel und landtschafft underthenig gefallen, daß Sein F. G. zum furderligsten an daß cammergericht und den fiscal schreibe und sich der gelegenheit erkunde, ob dem stillstandt biß das der gesandter van der Rom. Maett. bescheidt bekome zuerhalten, und im fall, da befunden, daß die sache eilende gefahr uf sich truge, und men sich der acht tegelich besorgen mußte, das dan capittel und landtschafft uf Seine F. G. gnedigs gefallen bewilliget, den halben teil der van Verden nachstehenden alten Reichsanlagen, vermuge des kunniglichen decrets gehn Speier zu schickken, und das geldt van Unsers Gnedigsten Hern seligen verlaßenschafft zunemen, jedoch dergestalt, da capittel und landtschafft darumb besprochen und ein andern beßern recht darzu hetten, daß die van Verden alsdan daßelbig geldt widerumb darbei legen sollten.

[7.] Die irrung mit dem Bremischen thumbcapittel Unsers Gnedigsten Hern seligen verlaßenschafft belangen, ist capittel und landtschafft bitt, das ein w. thumbcapittel zu Bremen gegen Sein F. G. sich erclerte, wes sie vermeinen, daß inen allhier im stifft van wegen der verlaßenschafft wider recht enthalten wirdt, und daß alßdan Sein F. G. tag darin ansetze, so will sich capittel und landschafft zu sein leggung der gebreche in gute, oder da die mistunde zu recht uf Sein F. G. und an^c andere rechtliche orter hiemit erbotten haben.

[8.] Und das auch unsers gnedigsten fursten und hern seliger rethen derselben tag zugeschrieben und inen daselbst irer angeforderten besoldung halben entlich schleußliche antwort gegeben werden.

[9.] Henningus Rickleff betreffen, weiß sich ein capittel nit zu erinnern, daß sie ime solche zusage, in seiner supplication vermeldet, gethan, dan allein, daß sie mit der landschafft davon handlen wolten. Und ist der halben dem capittel und landtschafft bedencklich gefallen, ime oder andern ambleuthen ires geberes halben, den sie ohne außtrucktlichen bevelich capittels und landtschafft, dan sie mit iren siegelen beweisen musten, widergeben soln.

Actum Verden, Dingestages nach Trium Regum anno 59.

(StA Stade, Rep. 8, F. 19, nr. 1, fol. 10r–12r).

a–a *unterstrichen.* b *dazu Marginalie* NB. c *folgt gestr.* all.

1 *Die Adressaten der Ausschreiben für die* landtage im stifft Verden *in den Jahren 1559, 1561 und 1566 (*anno 559 item 61 und 66*) waren:* 1. das tuhmbcapittell; 2. die ritterschafft, folgende geschlechter: die Grothen zum Stillhorne, die von der Wense, die Behren, die Cluvers, dazumahl Conrhadt *[sic]* und Heinrich der junger, auch des alten Heinrich Cluvers sohn, die Schlepegrellen, die Honstehten, die Torneye, die von Alden, die von Mandelslho zu Holtzbaden und Eisel, ist itzundt die wittibe, die von Zahrenhausen alle gefettern, NB: Henny, Johann, die von Honhorst, itzo Philip, die von der Kettenburg. NB: Zu dieser designation seindt die von Staffhorst nicht benant worden, es ist aber meo tempore *[i.e. 1761]* zwomahl Johann von Staffhorst auch citiret und erschienen; 3. der rath der stadt [Verden]. *Sie alle wurden* ihm nahme I. F. G. von dehro cancellario *zu den Landtagen zu* Verden auffm capittelhause *geladen; vgl.* Riggert-Mindermann, Verden, *S. 260;* Riggert-Mindermann, Stände, *S. 6.*

14

Landtag 1559 März 16, Verden, Kapitelhaus[1]

Landtagsabschied

Die Verdener Landstände bewilligen einen Pflugschatz, legen die Höhe der Abgaben und die Modalitäten der Einsammlung sowie der Verwendung der daraus erzielten Einnahmen fest.

Ausschreiben: StA Stade, Rep. 40, Nr. 709, fol. 12r/v (Auszug: Liste der Adressaten; 18. Jh.).[1]
Protokoll: -
Abschied: StA Stade, Rep. 8, F. 19, nr. 1, fol. 13r–15r (Or.-Ausf.; 4 aufgedr. Siegel besch. erh.); StA Stade, Rep. 8, F. 19, nr. 1, fol. 13r–15r (Abschrift 16. Jh.).
Weitere zu diesem Landtag gehörige Quellen: -
Literatur: -

Zu wissen, daß dem hochwirdigssten in Gott durchleuchtich unnd hochgebornen Fursten unnd Heren, Hern Georgen Erwelten Ertzbischoven zu Bremen, Confirmirter zu Minden, Administratorn zu Verden, Hertzogen zu Braunschweig und Luneburgk p., von Siner F. G. thumbcapittell, ridderschafft unnd stendenn deß stiffts Verden heut, Donnerstags nach Judica, ein gemeiner landtschatz durch das gantze stifft in geist- und marschlandenn nachfolgender gestalt zugelassen und bewilligt worden isth: Nemlich, daß Sein F. G. von einem jeden hoff, dar ein pflug von gehet, vier thaler und von zween halven hoven unnd pflugen sechs daler durch die verordneten schatzsamler, deren zween D. F. G. von iren rethen, zween ein wirdig domcapittel, zwe von der landtschafft und einer von wegen der stadt Verden deputirt werden und einfurdern sollen und mugen. Dartzu soll ein ider pflug kate einen halven daler und ein ider koter sechs schillingk Lubsch in dieser schatzung entrichten und mit diesem schatz in aller massen, wie der im stifft Bremen Seiner F. G. bewilligte,[1] schallen werden furnemblich, daß ein werdig domcapittel den halben theill sullichs landtschatz zu entrichtung des stifftes beschwerligen schulden, und der letzten vom Reich bewilligten Turckensteuern ein nemen, unnd den anderen halben theil Sein F. G. auß radt der verordenten des capittels unnd landtschaft zu befreyung Seiner F. G. beschwerten und versetzten taffelguther gebrauchen sollen und wollen. Nachdem auch uff gehaltenem landtag capittel und landtschafft Seinen F. G. zugesagt, zu entrichtung angeregter Turckenhülff tausend daler uf neghstkunfftige osteren auffzubringen und aber auß diesem landtschatz dieselben in solcher eyl nicht konnen gesamlett werden. So hatt ein werdig domcapittel und landschafft gegen hochgedachten Fursten sich versprochen, daß sie zu dieser Reichs anlage des stiffts Verden tax uff interesse borgen, und Seinen F. G. zum furderlichsten zustellen wollen. Und soll obberurter landtschatz zum halben theil zwischen theil dato unnd negstkunfftigen pfingsten, und der ander halbe theil zwischenn Michaelis und Martini negest folgende, von den schatz samlers zu samen gebracht werdenn. Weil dan auch etzliche auß der ritterschaft auff diesem landtage nicht erschienen, haben sich die anwesenden furbehalten, das sie neben einem werdigen domcapittel hochgedachtem fursten diesen pflugschatz, allein uber ire leut und guter, die sie im stifft haben, zugelassen. Mith underthenigher bitt Sein F. G. auch die abwesende junckeren auß waß mergkligen ursachen und anliggen des stiffts Verden dieser schatz bewillige, gnedigst erinnern wollen, zweiffels one, es wurden auch dieselbigen van diesem schatz ire leute nicht auß ziehen. Wilche erinnerung solcher gestalt den abwesenden zu thun, Sein F. G. angenommen, zuversichtig, das sie sich dem jennigen, waß auff diesem landtage eindrechtiglichen beschlossen, nicht wieder setzen werden. Weitter hatt Sein F. G. capittel und landtschafft gnedigst zugesagt, daß die zuverhor und abhelffung allerley privat sachen des stiffts ingeseßnen zwischen dato und negstkunftige Pfingsten[2] soviel muglich, oder je bald etzliche irer furnehme rethe verordenen, die etzliche tag nacheinander neben einem werdigen domcapittel und der landschafft verordenten sollche gebrechen in verhör nemen und entscheiden sollen. So wollen auch Ir F. G. des capittels und der landtschafft verordente forderlich an sich bescheiden, und bey denen in radt stellen, welcher gestalt die stadt Verden vor die lauffende garden und musterplatz am fuglichsten und bequemesten mochte gefestet und dartzu bey einem erwirdigen domcapittel, ritterschafft und gemeinen stenden deß ertz stifftes Bremen, umb nachbarliche hulff und zuthaedt genedigste furderung und fleiß anwendenn. Zu merer urkundt sein dieser receß zwey gleich lautend uffgerichtet, neben hochgedachtes Fursten gewonlich handtzeichen, mit Seiner F. G. und des capittels ingesiegel auch etzlicher von der landschafft pitzschafften versiegelt worden. Im jar nach Christi unsers selichmachers geburt im funftzehen hundert neun und funftzigisten jar, Donnerstag nach Judica.

      Georgius archiepiscopus Bremensis etc. pp. manu propria.

(StA Stade, Rep. 8, F. 19, nr. 1, fol. 13r–15r).

a Jar *im Or. gestr.*
1 *Vgl. nr. B.13, Anm. 1.*   2 *1559 Mai 14.*

15

Landtag 1560 Februar 12, Verden

Landtagsabschied

Die Verdener Landstände bewilligen einen 16. Pfennig-Schatz.

Ausschreiben: –

Protokoll: –

Abschied: StA Stade, Rep. 8, F. 19, nr. 1, fol. 23r/v (1. Or.-Ausf.; 4 aufgedr. Siegel stark besch. erh.); StA Stade, Rep. 8, F. 19, nr. 1, fol. 26r–27r (2. Or.-Ausf.; 4 aufgedr. Papiersiegel erh.); Abschrift: StA Stade, Rep. 8, F. 19, nr. 1, fol. 20r–21r (Abschrift 16. Jh.). Druck: Dörfler, Herrschaft, S. 784f., Anlage 16 (nach der 1. Or.-Ausf.).

Weitere zu diesem Landtag gehörige Quellen: StA Stade, Rep. 8, F. 19, nr. 2, Bd. 1, fol. 2r–3v (Or.-Ausf. eines Schreibens der Herzöge Heinrich d. J. und Wilhelm d.J. von Braunschweig-Lüneburg, datiert Celle, 1560 Februar 6, adressiert an den Verdener Bf. Georg, betreffend die Mitteilung, daß Thomas Grote und

Jürgen von der Wense nicht an dem ausgeschriebenen Landtag inn Verden uff schirstkunftigen Montag (d.i. 1560 Februar 12) teilnehmen können).
Literatur: Dörfler, Herrschaft, S. 272–274.

Zu wissen sey allermenniglich, das heütt dato dem hochwirdigsten in Gott durchleuchtigen hochgebornen Fursten und Hern, Hern Georgen, Erwelten Ertz-Bischove zu Bremen, Confirmierten deß stiffts Minden, Administratorn zu Verden, Hertzogn zu Braunschweig und Luneburgk etc., vom thumbcapittell, ritterschafften und stenden deß stiffts Verden zu entrichtung der nachstendigen Reychß- und kreyß anlage, auch deß stiffts schulde unnd etzliche Seiner F. G. vorsetzenn taffell gutter eine gemeine landtsteuer, nemblich der sechtzehende pfenning nachfolgender massen eingereumet und bewilliget worden:

Ist nemblich, das zween auß dem wirdigen thumbcapittell, wen sie darzu verordenen werden, zween auß der ritterschafft, alß nemblich Johan von Sarenhusen den altern und Johan von Honhorst, und einen auß dem rade zu Verden verordenet, welchen Seine F. G. auch einen schreyber zugeben, die furderlich solchen schatz beschrieben; und soll der halbe theill zwuschen Fastelabendt und Ostern eingesamblet und bey einem wirdigenn thumbcapittell und verordenten der landtschafft zu getreuwen henden deponiert und gelecht, und alßden unser gnedigster her noch einen gemeinen landtag von wegen der abwesenden junckern, die auff diesem landtag nit erscheinen, außschreyben, da alßdan eindrechtigklichn vom capittell und landtschafft oder dem ausschuß, der darzu verordenet, beschlossen werden soll, zu waß von oberzaltn beschwerdn und notwendigkeitten diese schatzung anzuwenden.

Der ander halbe theill aber soll gleychergestaldt uff nechstkunfftigen Michaelis[1] auffkhummen und gesamblet werden. Unnd sollen zuvorgleychung der Irrung sich der vorlassenschafft halber zwuschen beyden Thumb-Capitelln auch Landtschafft der Stifft Bremen unnd Verden enthalten, auß dem Capitell Und Landtschafft deß Stiffts Verden etliche vorordenet werden, die auff negest kunfftigen Montag[2] zu Bremen einkummen und mit Capitell und Ausschuß deß Ertzstiffts Bremen auff etliche mittel und wege, dadurch die vorlassenschaft deß Stifts Verden auff vorgehende gnugsame Caution und versicherung den vorordenten Curatorn zuzustellen handeln sollen. Im fall aber solche Caution und vorgleichung daselbst nit stadt vinden kondte, dan deß Bremischen Ausschuß bedencken, und furschlage auff dem Kunfftigen Landtage gemeine stende dieses Stiffts berichten, da dan dieser Irrung auch Ihre geburliche maß und bescheidt soll gegeben werden. Zu warer urkundt sein dieser Receß zween auffgerichtet und von Hochgedachtem G^{n}st. Hern, domCapitell, und zween von der Landtschafft versiegelt wurden. Actum Verden, Montags nach septuagesimæ Anno p. 60.

(StA Stade, Rep. 8, F. 19, nr. 1, fol. 23r/v).

1 *[1560] September 29.*   2 *[1560] Februar 19.*

16

Landtag 1560 April 4

Landtagsabschied

Die Verdener Landstände entscheiden über folgende Punkte: (1.) den von ihnen bewilligten 16. Pfennig-Schatz und dessen Verwendung sowie (2.) den Verbleib des Nachlasses des verstorbenen früheren Verdener Bischofs (Christoph), wozu auch Silbergeschirr des früheren Verdener Bischofs Bertold (von Landesbergen) im Wert von 300–350 Taler gehört. (3.) Bitte der Landstände an Bischof Georg von Verden, mit den Herzögen von Braunschweig-Lüneburg, dem Bremer Domkapitel und der Bremer Landschaft sowie den Grafen von Hoya eine Tagfahrt zu verabreden zur Festlegung der Grenze des Hochstifts Verden mit dem Fürstentum Lüneburg, dem Erzstift Bremen und der Grafschaft Hoya.

Ausschreiben: –
Protokoll: –
Abschied: StA Stade, Rep. 8, F. 19, nr. 1, fol. 29r–30v (Abschrift 16. Jh.; Text nachträglich von einer Hand des 16. Jh.s korrigiert). Druck: Dörfler, Herrschaft, S. 325 f. (Auszug).
Weitere zu diesem Landtag gehörige Quellen: –
Literatur: –

Zu wißen, daß uf heut dato am Donnerstag nach Iudica diße sechtzigsten Jars gehaltenen landtag zwischen dem Hochwirdigsten in godt Durchleuchtig Hoch geborenen Fursten und Herren, Herrenn Georgen, Erwelten Ertzebischoven zu Bremen, Confirmirten zu Minden, Administratorn deß Stiffts Verden, Hertzogen zu Bronschwig *[sic]* und Luneburgk p., auch Capittel und Stende deß Stiffts Verden

[1.] deß Itzo bewilligten sechtzehenden pfennigschatz halber verabscheidet worden, Daß darauß vor erst die Reichs- unnd Kreitzanlage, auch tausent Thaler, so daß Capittel, auß bewilligung gemeiner landtschafft zu bestellung und versehung deß Hauses Rotenburgk gelenet, bezalen, und ferner ein Werdich Domcapittell, auch der Außschuß Nemblich Johan van der Kedenburch, Johan van Szarenhußen und Heinrich Kluver, mitt unsem gnedigsten Herren sich beradtschlagen sollen, waß vor ander nottwendige Stifftes schulde da Jerlichs schade und Interesse ufflauffen, neben etzligen versetzten Bischoffligen taffelguter van dem ubrigen gelosett werden. Und sollen dieselben deß Capittels und gemeiner Stende verordnete auch den gebaw uf Rotenburgk besichtigen. Und sein unsem gnedigsten herren zu vollenbringung deßelben auch deßen am Stiffts hove uber die vorige auß dem letzten pfluchschatz zugestelte zwei hundert thaler, noch zwei hundert gulden Muntz van diesem sechtzehen pfennigschatz bewilliget, doch mit der protestation und bedingung da gemelter baw deß Stiffts hoves und zu Rotenburgk mehr kosten worde daß Sein F. G. noch derselben erben Drostenn oder bevhelichaber dem Stifft derselben keinen weiteren kosten oder schadenn vorhinn noch daruff tringen sollen oder wollen, deßen auch der Hoptman Clawes van Eppen gegenwertig unnd ander seiner F. G. Drosten, Amtleute oder bevhelhaber van Capittel unnd landtschafft uff diesem landtag genuchsamb gewarsahmet worden sein, und hochgedachter furst auch darin bewilliget. Und sollen auß diesem schatz waß die beiden newen stuck uf Rotenborch zu gißen gekostet, auch waß daß Capittel der verlaßennschafft halber uff etzligen Zusammenkumbsten und in anderen nottwendigen gemeinen Stifftes sachen, am Cammergericht auch in beschickung der Key. Maet[n]. und Kreitz Stenden angewendet, und berechnen kan bezalet werden.

[2.] Und soll unßes gnedigsten herren geseliger und loblicher dechtnuße verlaßenschafft uff beider thumcapittel Bremen und Verden, und derselben Stifft darzu verordneter Außschuß beschehen verainigung und abrede zu der Curatorn handen gestalt, darzu auch Ir F. G. weß van dem nachlaß uf Rotenburgk noch vorhanden forderlich schickenn. Es wollen aber Capittel und landtschafft davon zubehueff unseres gnedigstenn herren etzlich silber geschir ungeferlich uf drei oder viertehalb hundert thaler van Bischop Bartheldt herrirendt inbehalten, mitt dem bescheidt, daß Ir F. G. solchs bei dem Stifft laßen, auch do eß mitt recht nitt erhalten werden konnte, widder dabei legge wollen.

[3.] Letzlich hatt Hochgedachter Furst, Capittel und gemeine landtschafft uf ir underthenig ansuchen gnedigst versprochen und zugesagt, sich mitt Ir F. G. vetteren den Hertzogen zu Luneborch, auch Capittell und landschafft deß Ertzstiffts Bremen, Deßgleichen den Gravenn zur Hoye zubeziehung der Luneborgischen, Bremischen und Hoyeschen Grenitz und landtschnede mitt dem Stifft Verden bequemer gelegener tagsatzung zuvereinigen, Damit diese notwendige sache zu erhaltung deß Stiffts hoch- unnd gerechtigkeit und entscheidung mannigfaltiger irrung, die sich zwischen der benachbawerten fursten, herschafften und diß Stiffts ingeseßen zugetragen und lange jar her erhaltenn haben, nitt lenger vertzogen noch hingestelt werde. Deß zu warer urkundt sein dieser Receß zwei gleichlautende van Hochgedachtem fursten, auch einem Werdigen Domcapittel und dem Außschuß versigelt und verfertiget worden, im jar und tag wie oben gemelt.

(StA Stade, Rep. 8, F. 19, nr. 1, fol. 29r–30v).

17

Landtag (?)[1] 1561 Januar 22, Verden, Kapitelhaus

Ausschreiben

*Georg (George), bestätigter Erzbischof von Bremen und Bischof von Minden, Administrator des Bistums Verden, lädt die Verdener Landstände auf den 22. Januar 1561 nach Verden in das Kapitelhaus zu einem Landtag (*einen gemeinen Landttagk uff den 22. Januarii dieses 61. Jahres, wirt sein der tagk Vincentii, in unser Stadt Verden uff das Capitullhauß außzuschreiben*).*

4. Januarii Anno p. 61.

Ausschreiben: StA Stade, Rep. 8, F. 19, nr. 2, Bd. 1, fol. 31r (Entwurf, datiert 1561 Januar 4). – StA Stade, Rep. 40, Nr. 709, fol. 12r/v (Auszug: Liste der Adressaten; 18. Jh.).[1]
Protokoll: –
Abschied:–
Weitere zu diesem Landtag gehörige Quellen: –
Literatur: –

1 Zu den Adressaten sowie zum Ort des Landtags vgl. oben nr. B.13, Anm. 1. Da keine weitere Überlieferung zu diesem Landtag vorliegt, bleibt unsicher, ob er tatsächlich stattgefunden hat.

18
Landtag 1561 Dezember 11/12, Verden, Kapitelhaus

Landtagsabschied

Die Verdener Landstände entscheiden im Landtagsabschied vom 12. Dezember 1561 über folgende, auf dem Landtag am 11. Dezember 1561 verhandelte Punkte: (1.) die von den Verdener Landständen auf dem am Tag zuvor abgehaltenen Landtag bewilligten drei Pflug-Schätze für die kommenden drei Jahre (1562–1564) mit Festlegung der Abgabenhöhe für Hofbesitzer, Pflugkötner und Brinksitzer sowie mit Benennung eines namentlich genannten landschaftlichen Ausschusses zur Sammlung dieser Pflug-Schätze; (2.) Genehmigung eines Willkomm für den Bischof Georg von Verden in Höhe von 4 Bremer Groten pro sakramentsberechtigtem Einwohner; (3.) Verzicht auf die Rückzahlung von 300 Joachimstalern, die der Bischof zuvor von den Landständen geliehen hatte, sowie Regelungen über die Verwendung der bewilligten Pflug-Schatz-Aufkommen; (4.) Zusage des Bischofs Georg gegenüber den Landständen, sich mit den Herzögen von (Braunschweig-) Lüneburg um eine Einigung über den Zehnten von Kirchwerder (Elbinsel, Stadt Hamburg) sowie um die Regelung der Landesgrenze des Erzstifts Bremen und des Hochstifts Verden gegenüber dem Fürstentum Lüneburg zu bemühen; (5.) Versprechen des Bischofs Georg, zum Nutzen des Hochstifts zu regieren.

Ausschreiben: StA Stade, Rep. 40, Nr. 709, fol. 12r/v (Auszug: Liste der Adressaten; 18. Jh.).[1]
Protokoll: –
Abschied: StA Stade, F. 19, nr. 4 (besiegelte Or.-Ausf.; 6 aufgedr. Siegel erh.). – StA Stade, Rep. 8, F. 19, nr. 1, fol. 32r–34v (vom Notar Johannes Fischebeck *beglaubigte Abschrift; 16. Jh.).*
Weitere zu diesem Landtag gehörige Quellen: –
Literatur: –

Zuwissen: Nachdem der Hochwirdigster in Gott durchleuchtiger Hochgeborner Furst und Herr, Herr Georg Confirmirter der Ertz- und Stiffte Bremen und Minden, Administrator zu Verden, Hertzog zu Braunschweig unnd Leneburgk p. auff gistrigen tag, alß nemblich den elfften Decembris dieses Itzigen lauffenden Jares auß sonderlichen hohen unnd nottwendigen ursachen einen gemeinen Landtag alhie In diesem Stifft Verden verschrieben,

[1.] Das auff die vorgertragene proposition seiner F. G., Verdisch Thumb-Capittell, Ritter- unnd Landtschafft drey Pflugschatz in den negesten dreyen nach einander folgenden Jarn, einzusamblen, durch das gantze Stiffte Verden in geest unnd masch, zugelassen, unnnd bewilligt worden ist; Solcher gestalt, das ein Ider hoff drey Jochimdaler unnd da zween uff einem Hove wonen vier Jochimdaler, ein Wustehoff oder eine hove landes, so nicht in einen hoff gehorich, zween Jochimdaler, Ein plochkoter einen halben thaler, Ein Brincksitter ein orth dalers geben, Unnd mag Ir F. G. dieses Jars schatzung alsbaldt abkundigen und in vierzehen tagen darnach einsamblen lassen. Unnd sein zum Ausschuß und einsamblung desselben schatzes verordenet, neben denn verordenten des Capittels, Borchart und Heinrich Kluver, Johan von Szarnhuß unnd Johan Honhorst, Den hochgedachter Furst einen zuordenen magk. Unnd soll dieser Pflugschatz von den einsamblern zu eines Wirdigen Thumbcapittels handen gestellet und zu nachfolgenden notwendigen obligen Hochgedachts Fursten und des Stiffts angewendet werden.

[2.] Es ist auch hieneben Hochgedachtem Fursten nach altem loblichen gebrauch ein gemeiner Willkum eingereumet, Das ein Ider Haußgesessen mit seinem weibe und kindern, knechten und megeden, die so groß sein, das sie zu dem Sacramente gehen, ein Jede person vier Bremer grote entrichten, Die Ir F. G. alsobaldt außkunden und einfordern lassen mag, Davon Ir F. G. die Confirmation expediern lassen.

[3.] Und haben Capittell und Landtschafft Iren F. G. drey hundert Jochimdaler, so denselben hiezuvor gelent, nachgelassen, Das Sein F. G. die nicht bezalen dorffen, Und daruber noch siebenhundert Jochimdaler zu den gebeuwten des Stiffts uberwiesen, die Ir F. G. auß dem ersten schatz gelifert und ferner davon die Reichs anlagen unnd hernacher auß dieses Jares und den volgenden schatzungen des Capittels und Stiffts schulden, die zu vier tausent dreyhundert acht und viertzig Jochimdalern sich erstrecken, bezalet werden. Und was dan von der schatzung ubrig, Soll zu einlosung der Bischofflichen Taffelgutern angelegt werden, Und inen dagegen die ingeloßten Brieff und Siegell, sampt denjenigen, die Ir F. G. auß denn vorigen Landtschatzungen geloset, zugestellet werdenn.

[4.] Eß hatt Hochgedachter Furst auch uff diesem Landtage Capittell und Landtschafft gnediglichen versprochen und zugesagt, Das die mit iren Vettern den Hertzogen zu Leuneburgk von wegen des tegeden zu Kerkwerder, auch vergleichung anderer irrung und bezihung der landtschnede, bemelts Furstenthumbs und der Ertz- und Stiffts Bremen und Verden, uff den negestkunfftigen Frolingk zu Wetterstagen einer zusamenkunfft vergleichen wollten.

[5.] Was dan andere Particular sachen betrifft, davon uff diesem Landtage meldung geschehen, Wollten Ir F. G. sich in derselben vergleichung aller gebur verhalten, Unnd des gemeinen Stiffts sambt derselben ingesessen nutz, gedey und wolfart mit gnedigen vetterlich getrewen fleiß befordern.

Des alles zu warer bestendiger urkundt sein dieser Receß zwey gleich lauts vonn Hochgedachtem Fursten und S. F. G. Thumbcapittell und vieren von der

Landtschafft, Nemblich Borchart Kluver, Johan von der Kedenborch, Johan von Szarnhußen und Jost Beren versiegelt, und der ein Iren F. G., der ander einem wirdigen Thumbcapittell zugestalt. Im Jar nach Christi unsers hern geburt im Funfftzehenhundert ein und Sechtzigsten, ahm Freitag nach Conceptionis Mariæ virginis.

(StA Stade, Rep. 8, F. 19, nr. 4).

1 *Zu den Adressaten sowie zum Ort des Landtags vgl. nr. B.13, Anm. 1.*

19

Landtag (?) 1563 März 4, Verden, Kapitelhaus

Ausschreiben 1563 Februar 9 und 12

*Georg, bestätigter Erzbischof von Bremen und Bischof von Minden, Administrator des Bistums Verden, lädt die Verdener Landstände auf den 4. März 1563 nach Verden in das Kapitelhaus zu einem Landtag (*einen gemeinen Landtag uff denn Donnerstag nach Invocavit schirstkunfftig, wirt sein der 4te Martii, alhir binnen der Stadt Verden uff dem Capittellhauß frue umb neuen uhr*).*

Datum Verden, am 12ten Februarii Anno p. 63.

(Datierung der Or.-Ausf.).

Ausschreiben (datiert Verden, 1563 Februar 9): StA Stade, Rep. 40, Nr. 709, fol. 13r (Abschrift 17. Jh.).
 – StA Stade, Rep. 8, F. 19, nr. 2, Bd. 1, fol. 4r/v (datiert Verden, 1563 Februar 12, adressiert an das Verdener Domkapitel; besiegelte Or.-Ausf.).[1]
Protokoll: –
Abschied: –
Weitere zu diesem Landtag gehörige Quellen: –
Literatur: –

1 *Über diesen Landtag sind außer den Ausschreiben keine weiteren Quellen erhalten. Es muß somit offenbleiben, ob er tatsächlich stattgefunden hat. – Zu den Adressaten und zum Ort des geplanten Landtags vgl. auch oben nr. B.13, Anm. 1.*

20

Landtag (?) 1566 Januar 4, Verden, Kapitelhaus

Ausschreiben 1565 Dezember 27

*Georg, Bestätigter Erzbischof von Bremen und Bischof von Minden, Administrator des Bistums Verden, lädt die Verdener Landstände auf den 4. Januar 1566 nach Verden in das Kapitelhaus (*auf schristkunfftigenn freitagk nach dem newenn Jahre, wirdt sein der vierte Monats tagk Januarii, auf unserm Capittelhaus zu Verdenn zu geburlicher fruher tagetzeit umb neun uhr furmittag) *zu einem Landtag. Der Landtag soll sich ausweislich des Ausschreibens mit Fragen, die die Reichskreise betreffen, und anderen vorgefallenen Sachen (*etzliche Reichs-Kreiß unnd andere Sachen furfallen*) beschäftigen.*

Datum Verden, den 27sten Decembris nach Christi unsers erlosers unnd selichmachers geburt Anno p. 66.[1]

Ausschreiben: StA Stade, Rep. 40, Nr. 709, fol. 12r/v (Auszug: Liste der Adressaten; 18. Jh.). – StA Stade, Rep. 8, F. 19, nr. 2, Bd. 1, fol. 7r/v (datiert Verden, 1565 Dezember 27,[1] adressiert an das Verdener Domkapitel; besiegelte Or.-Ausf.).[1]
Protokoll: –
Abschied: –
Weitere zu diesem Landtag gehörige Quellen: –
Literatur: –

1 *Aufgrund des im Bistum Verden üblichen Weihnachtsstils begann das Jahr 1566 am 25. Dezember 1565 heutiger Zählung. Bereits auf dem Aktentitel ist von einer Hand des 17. Jh.s deshalb zurecht vermerkt:* Landtagsbrieff Verden 27 Decembris Anno 65. *2 Über diesen Landtag sind außer den Ausschreiben keine weiteren Quellen erhalten. Es muß somit offenbleiben, ob er tatsächlich stattgefunden hat. – Zu den Adressaten und zum Ort des geplanten Landtags vgl. auch oben nr. B.13, Anm. 1.*

21
Landtag (?) 1566 Mai 27, Verden, Kapitelhaus

Ausschreiben 1566 Mai 20

*Georg, bestätigter Erzbischof von Bremen und Bischof von Minden, Administrator des Bistums Verden, lädt die Verdener Landstände auf den 27. Mai 1566 nach Verden in das Kapitelhaus zu einem Landtag (*auff negstkunfftigen Montag nach Exaudi, wirth sein der siben und zwantzigste umb acht uhr auff dem Capittel hause alhir zu Verden einen gemeinen Landtag zu haltende*).*

Datum Verden, den 20sten Maii Anno p. 66.

Ausschreiben: StA Stade, Rep. 40, Nr. 709, fol. 12r/v (Auszug: Liste der Adressaten; 18. Jh.). – StA Stade, Rep. 8, F. 19, nr. 2, Bd. 1, fol. 5r/v (adressiert an das Verdener Domkapitel; besiegelte Or.-Ausf.).[1]
Protokoll: –
Abschied: –
Weitere zu diesem Landtagsausschreiben gehörige Quellen: StA Stade, Rep. 8, F. 19, nr. 2, Bd. 1, fol. 6r (dem Ausschreiben beigelegt: Extract auß der Gesandten schreibenn vonn Augspürg ahnn dem Herrn Ertzbischoff zu Bremenn etc.*).*
Literatur: –

1 *Über diesen Landtag sind außer den Ausschreiben und dem dort beigelegten* Extract *keine weiteren Quellen erhalten. Es muß somit offenbleiben, ob er tatsächlich stattgefunden hat. – Zu den Adressaten und zum Ort des geplanten Landtags vgl. auch oben nr. B.13, Anm. 1.*

22

Landtag 1567 Dezember 4

Landtagsabschied

Von den Artikeln des Landtagsabschieds ist nur einer überliefert: Bischof Eberhard von Verden richtet an die Stände die Aufforderung, sich zu äußern, was hinsichtlich der Religion verbessert werden solle. Die Stände antworten dahingehend, daß sie es dem Bischof völlig anheimstellen, diese Dinge so anzuordnen, wie er dies für richtig hält und vor Gott verantworten kann.

Ausschreiben: –
Protokoll: –
Abschied: Chytraeus, Chronica, S. 227 (Regest); Frick, Konfession, S. 65f., Anm. 249 (zit. nach Chytraeus).
Weitere zu diesem Landtag gehörige Quellen: –
Literatur: Klippel, Mittheilungen, S. 16f. – Pfannkuche, Neuere Geschichte, S. 77. – May, Bischöfe, S. 42.

[...], hat er [bischoff Eberhardus] die Geistlichen so wol auch die andern seine Landstånde mit einander auff einen landtag (im jahr 1567 den 4. December) versameln lassen und unter andern seine Landstånde mit einander auff was masse die Religion, welche da zur zeit noch allenthalten Båpstisch war, verbessert werden mőchte, welche nach zeitigem gehabtem und gepflogenem rathe ihm zur antwort gegeben. Sie wolten diesen gantzen handel die Religion belangende dem Bischofe gantz und gar heimgestelle und befohlen haben, der wůrde diese dinge dermassen anzuordnen und zu bestellen wissen, wie es zu főrderst gegen Gotte mayestet zu verantworten.
(Chytraeus, Chronica, S. 227).

23

Landtag 1568 August 25, Verden

Landtagsabschied

Die Verdener Landstände entscheiden auf dem Landtag am 25. August 1568, der gemäß den Beschlüssen des Ausschußtags vom 19. Juli 1568 stattfand, über folgende Punkte: (1.) eine dreijährige Viehschatzung, die zur Abzahlung genau aufgeführter Schulden verwendet und von namentlich genannten Angehörigen des Domkapitels und der Landschaft eingesammelt werden soll. Außerdem Regelungen über Gerichtstage und die rechtliche Beilegung von Streitigkeiten zwischen Bischof und Landschaft.

Ausschreiben: –
Protokoll: –
Abschied: StA Stade, Rep. 8, F. 19, nr. 1, fol. 59r–65r (Or.-Ausf.; 7 aufgedr. Siegel erh., mit einzelnen Marginalien von einer Hand d. 16. Jh.). – Ebd., fol. 68v–73v (Abschrift 16. Jh.).[1]
Weitere zu diesem Landtag gehörige Quellen: –
Literatur: –

Zu wißen: [I.] Nachdem der Hochwirdiger und wolvormugender furst unnd herr, Herr Eberhardt Postulirter zu Vherden, Confirmirter Bischoff tzu Lubeckh, Herr vom Hauß ihnn Leunennburg p. zu Folge deß gehaltenen denn 19 Julii auschuß Tageß einen gemeinen Landtag, denn Mittwochenn nach Bartholomæi, Welcher whar der 25 Augusti, angesetzett, unnd Personlich uff denselben denn anwesendenn so stadtlich erschienenn, antzeigen lassen,

[1.] Nachdem uff gemeltem auschuß Tage vorabscheidet, daß uff Jetzigem Landtage gehandelt unnd geschloßenn werden sollte, welcher gestalt die nachstendige uffgeborgete Reichs steur, auch die Landtschulde betzalt werden soltenn, Auch mitler weill uff dem gehaltenem KreißTage zu Colln eine zulage zum vorrath, von zwien Monatenn dem einfachenn Romzuge na bewilliget werden, daß zu vollenziehung solches abschiedeß unnd zu erlagung deß bewilligten vorraths sie sich woltenn angreiffen, unnd zu abschaffung der Reiches-, Kreiß-, unnd Landtschulde eine ansehnliche beharliche unnd wherende schatzunge bewilligenn, durch welch all nutlichenn einem Jhar nach dem anderenn solche schulde genßlichen mochten abgelacht unnd betzalet werdenn inn betrachtung, so viel die Reichs- und Kreißschulde bedreffenn, theten daß jo langer die se henne stundenn, jo großer und hoher die vonn wegenn der Zinse unnd Renthe so jerliches musten uffgeborget werden, zu mercklichen schaden deß Stifftes erwuchsenn, So viell aber die Landtschulde, unter welchenn auch die vorsetzten guether, ahnn welchenn ein Bischoff sich schwerlich erhaltenn konnte, anlangenn thete, hette eß die gelegenheit, daß dieselbigenn alle umb deß Stifftes nutze und besten willen vor vielenn Jharenn etwa vorsetzet, unnd umb ein geringeß auffstundenn, unnd dem Stiffte viel ein großers einbringen kontenn, Derentweghen dann auch Ertzbischofff Georgen Hochloblicher gedechtnuß wie denn auch Ihre furstliche gnade sich vorpflichtet, solche gueter mitt zu thuende deß Stifftes wider ahnn daßelbige zu bringenn, unnnd waß noch unfrey zu freyn unnd alß die nottrufft solche schatzunge erfurdert. Damit auch desser jetzignénn bewilligtenn vorraths halber man in die Comminerte Poenn nit fallen mochte, Sehe Ihre F. G. vor gudt ahnn, daß zu solchem bewilligetem vorrade uber die begerte ansehentliche schatzunge, so nirgent denn zu altenn Reichs-, Kreiß- und Landtschuldenn sollte gewendet werden, man solchen vorrath jetzt alß baldt belacht hette, und so Kunfftig im reich oder Kreiß etweß bewilliget wurde, daß solches gleichsfals alß baldt berechenet unnd belacht, und mit nichten hinfurter uffgeborget, oder auß der beharlichen schatzunge genhommen, sonstenn deweil jetzundt die schwerlichenn zeite vorhanten, unnd keine linderung der zulage zu vorhoffen, sonder man teglich andere schwerliche bewilligung des Reichs oder Kreiß erwarten muß, Konten man niemals vonn wegenn der neuwen anlage die Alte Reichs-, Kreiß- unnd Landtschulde betzalenn.

[II.] Uff welches geschenes vordragenn geantwurtet: Wiewoll eß vonn wegen der bosen jhar, denn armen Leuten beschwerlich, daß die mit beharlicher schatzung soltenn belcht werden, so hetten sie doch zu undertheniger Antzeige dahinn geschloßen, daß sie woltenn bewilligen unnd einrumen einen dreierigen Dubbeltenn pluchschatz unnd derselbige sollte durch furstlicher gnade, deß Capittels und Landtschafft vorordentenn ingenhommen, unnd in eine kaste, dar vier schlußell zu sein sollte, gelacht werden, Dovonn einen schlußel Ihre F. G., denn anderenn daß Capittell, denn dritten einer von der Landtschafft, den vierten die stadt in verwarung habenn sollte, unnd von solchem Pluchschatze soltenn die vorordenten, die alten Reichs- unnd Kreißschulde, unnd waß sonst in denn drien jharen von Reich oder Kreiß bewilliget werden konnte, betzalenn, Waß denn also uberich, solte Ihrer F. G. zum besten unnd zu freihung der Landtschulde seinn.

[III.] Hierauff habenn Ihre F. G. sich erkleret, und angetzeigt: Nachdem auß dem einfechtigenn Plugschatz Lichtlich antzunemhenn, daß die drei jerige duppelte Plugschatz nit so viel inbringen kann und magk, daß dardurch die heuptsumma, der uffgeborgtenn Reiches- unnd Kreißsteurenn muge abgelacht werden, tzugeschweigen, daß etwaß ubriges sein sollte, so achtet denn Ihre F. G. daß bedencken der Landschafft, daß eine Lade sollte mit vier schloßenn gemaket werdenn, unnotig. Nachdem bereit gewiß, waß der Pluchschatz thue, auch die schulde gewiße inn welche ehr alßbaldt sollte gewendet werden. Unnd dieweil einenn Stiffte weinich mit solchen dreierigem Pfluchschatz gedienet und gehulffen, Begeret denn Ihre F. G., daß sie sich beßer wolten Angriffen unnd Ihnen F. G. einen wherenden vheschatz, so nitt uff zehen, Neuen oder 8., doch uff 3. jhar bewilligen, und solchs darumme, daß solcher vheschatz denn Leuten drechlicher, denn der Pfluchschatz, denn hir gebenn, die, so viel habenn, viel, die anderenn aber so weinigk habenn werdenn nit so hoch beschweret, im Pfluchschatz aber muß der Arme je so viell gebenn alß der Reiche, der noch woll einß so viel Landes hatt, unnd ist also eine große ungleicheit.

[IV.] Uff solch erklerung hatt de Landtschafft weiter eingebracht,

[1.] daß sie die schulde erwegenn, unnd derentwegenn einhellich geschloßen, daß sie jetziger zeit alle alte Reichs- unnd Kreißschulde datzu denn zolnn zu Vherden, nach innhalt volgender, diesem besigeltem abschiede invorliebter vortzeichnuß tzubetzalen ahn sich genhommenn, Nemblich:

[a.] Henrich Rantzow Koninglicher Dennemarkschen Stadthalter Vier Thausent Sechs hundert goltfl., die ihme jerliches uß dem Zolln vorzinset werdenn;

[b.] Item hern Alherden vonn Brenkenn Sechshundert golttfl., die ihme sint dem Sechssichsten jhare jedes jhares mit funff unnd dreissig goltfl. vorzinset wordenn, thuet der zinß inn sibenn jharenn zwei hundert unnd zehen golttfl.;

[c.] Noch her Alerth zwei hundert Thaler Hauptsummen, daruff inn Elff jharenn zu zinse gelauffen hundert unnd zehen Thaler;

[d.] Item zwei hundert acht unnd sechstig Thaler Henrik Blomen;

[e.] Item hundert Thaler tzu deß Kreiß vorrath, vonn deß Capittels gelde genhommen;

[f.] Item sechstig golttfl. Dittrich vonn Mandelsenn Wittwen;

[g.] Item Vier hundert Drießig Thaler, vier unnd drießig grott. Henrik vom Höfe;

[h.] Item Twolff hunderth goltfl. der Zemmmerschen und Fresischen;

[i.] Dreihunder goltt fl. Wolter Krusen;

[j.] Zwei und sibentzig golttfl. hern Jurgen vann Santbeke,

[k.] hundert golt fl. doctor Hallenn,

[l.] hundert zwei unnd funffzig gulden Muntz zu dem new bewilligtenn Kreiß vorrath,

[m.] unnd dann noch Tausent Vier und sechstig gulden Muntz zu 15 Patzenn Tzu dem hinderstendigen Gotischen Krigeß Kosten, auch besonderlichenn Turkenhilff des 68. unnd 69.sten jhars sampt denn zinsen, so von dem 67 unnd 68 jharenn vonn bemelten summen außerhalb Henrik Rantzouwen gelts betaget wordenn;

mit untertheniger bitt, weiter uff duß mall inn sie nitt zu drengen, unnd sich vor neuwenn schulden zu huten, denn sie woltenn dazu nit antwurten. Doch woltenn sie vonn deme, so daß Reiche oder Kreiß hinfurder bewillen wurde, oder so dem Stiffte ein unvorsehenlicht unheill, welches gott ver almechtige gnediglich abwende, zustunde, Darumb billicher weise die underthanen zu belagen sich davonn nitt absonderenn, sonnderr daß thuonn, waß inn solchenn fellen sich eignet unnd gebhuret.

[2.] Unnd wolten also zu abschaffung der Reichs- unnd Kreiß schulde unnd zu freihung deß zolln ahn Stadtt deßen Pflugschatz bewilligenn, einen dreiarigen vheschatz, unnd denn anschlag so machen, daß solche schulde, unnd so etwaß inn denn drein jharenn mochte vom Reiche oder Kreise bewilliget werdenn, dardurch konnte betzalet werden.

[3.] Im Fall aber mit solchem vheschatze Obgemelte schulde nit kontenn genßlich abgelacht werdenn, daß alß dann sollte vonn einer neuwen steuer geredett werdenn. Unnd damit der vheschatz Ordentlich inkommenn mochte, haben sie vor gudt angesehenn, daß vonn wegen furstlicher gnaden inn dem Ampte Vherden Johann vonn Affelen von wegenn deß Capittels, her Arndt Bheer, oder Georgen vonn Sandtbeke vonn wegenn der Landtschafft, Henrik Cluver inn dem Ampte Rodenburg, der Droste oder Rentmeister, her Arndt Bheer, oder Georg vonn Sandtbeke und Johann von Tzarenhausen solche schatzunge mochtenn insammelenn.

[V.] Uff solch inbringent ist von furstlicher gnade geantwurtet:

[1.] daß Ihre F. G. sich woll vorsehen, sie sollten sich beßer angegrieffen haben, damit dem Stiffte noch inn mherern hette konnenn geholffenn werden. Derweil aber eß jetziger tzeit nitt geschehenn mochte, ließen eß Ihre F. G. uff duße zeitt auch dabei berouwenn. Derweill aber der anschlag sollte gemachet werdenn, so begertenn sie, daß der so gemachet wurte, daß etwaß im vorath Plieben mochte. Also daß obgemelte schulde genßlichenn betzalet, Unnd derentwegen oder so inn den dreen jaren waß neuweß vom Reiche oder Kreise bewilliget, keiner anderer steur vonn notenn.

[2.] Zum Anderenn, dieweill Ihrer F. G. auß bedenklichenn ursachenn darahnne gelegenn, daß Henrich Rantzow mit dem furderlichstenn muchte abgelacht werden, Alß begerden Ihre F. G., daß solchs auß dem erstenn jhare deß vheschatzes geschehen mochte.

[3.] Zum Drittenn, so viel die warnung vor neuwe schulde zu huten Anginge, where eß ahnn deme, daß Ihre F. G. nitt bedacht einige neuwe schulde tzu machen, sonder Viel mher dahin trachten wolten, daß sie die altenn noch Resterende schulde mit zuthuonn der Landtschafft mochtenn ablegenn. Unnd nach dem die Landtschafft sick erkleret, daß sie sich vonn demem, so daß Reiche oder Kreiß bewilligenn wurde, oder so sonst dem Stiffte etwaß unvorsehentliches konnte zusehenn, dardurch Pillich ein Stiff zubelegenn, sich davonn nitt abtzusonderenn, so habenn Ihre F. G. solch erbieten, Welch ahnn sich selbest auch Recht und billich zu sondrigem gefalen angenhommenn, wollenn auch hinwiderumb die vetterliche sorgfeltigkeitt thuenn, daß dem Stifft kein unheil begegnen muge.

[VI.] Hierauff ist endtlich vonn der Landtschafft geschlossen:

[1.] Wieviell sie nit ungeneigt, denn zollen Allererst zu freyenn, so Where esz doch ahnn deme, daß die Turkensteuer erstlich moste erlacht werdenn. Damit aber Ihre F. G. Ihre underthenige zunegung[a] spuren mochten, wolten sie dafur seinn, daß der zoll auß dem vheschatze deß anderen jhares mochte gefreiet werdenn, unnd also kunftigenn Osterenn uber ein jhar anno p. 70[2] Henrich Rantzow abgelacht. Sie wolten auch weiter denn anschlag so machen und verordnen, daß uber alleß noch etwaß sollte im vorrath pliebenn, unnd solle zu diesem schatz alle schatz Pflichtigenn, Nemblichenn Meines Gnedigen Heren, deß Capittels, der junkerenn, unnd der Stadt Vherdenn Meyer belecht unnd ein jeder vonn denn schatz vorordentenn zu dem Kasten, so bei dem Thumb-Capittel stehet, darinne der schatz gelacht werdenn soll, einenn schlußell, wie oben gemelt, habenn, auch Ihre F. G. vorordentenn unnd dem Capittel jerliches von aller innome und außgabe rechnung thuenn, die ingeloßten brieff, Siegell unnd Quitantz inn die Kasten leggenn.

[2.] Alß auch ferner vonn der Landtschafft gebetten wordenn, daß Ihre F. G. tzu allen gebrekenn, so tzwischenn den glidtmaszen deß Stifftes seien, auch dennen, so mit Ihrenn G. zu thuende, einen Tagk ansetzenn. Unnd aber Ihre F. G.

solchs bedenklich gewesen, auß der ursache, daß jerliches zweene gerichts Tage gehaltenn, uff welchem Rechtliche unnd gudtliche handell gepflogenn werdenn. Ist der abscheidt belebet wordenn, daß uff solche gerichts Tage die Partheien, so miteinander zu thuonde, uff vorghande Citation erschienenn sollen, Alß dann solle ihnenn begegenenn, waß sich inn guete oder Rechte von pillicheit wegenn eigent unnd gebhuret, unnd so besichtigung vonn nothen, auch jeder tzeit vorgenhommenn werdenn, und soll inn allenn gebrechenn, so kunfftiglich tzwischenn Ihrenn F. G. einem oder mher von der Landtschafft entstehenn mochten, dise Ordnung gehalten, daß Ihrenn G. heimgestellt sein soll, zu entscheidung derselbenn zweenn vonn den Landsaßenn uff die Appellation gericht zuvorschreibenn, Welche neben deß Capittels vorordentenn in solchen gebrechen erstlich die guete vorsuchen, unnd so fher die entstunde und die sache nitt uber zwei hundert gulden wert, sollen die vorordentenn macht habenn, die sache mit rechte zuentscheiden, oder beide Parthe in einen sleunigen process zu vorfaszen, solcher gestalt, daß ein jeder theill vonn vier Wochen zu vier Wochen bei verlust deß satzes seine Rechtliche notturfft duppelt inbringen unnd inn driern schrifften zum urtheill beschluszenn, so auch tzeugenn zuvorhoren, soll ein jeder dieselbige inn Sechsischer frist, Nemblichenn Sechs Wochenn, drey Tagen vorhoren laßenn, drufft alßdann auch inn zwo Wechsell schrifftenn in gleicher frist Zum urtheill beschloßenn, unnd die vorordenenn vor sich, oder nach belerung einer unparteischenn Universiteten oder scheffenn stoels, daß urtheill darauff erofnen mugen, also daß zum langsten inn jhares frist solche sache mit urtheil unnd recht geschiedenn unnd niemandtt sich vortzuchlichenn ufhaltung zubeklagen, so fher aber die sache sich uber zwei hundert fl. erstreckenn, unnd die vorordentenn oder so Ihre G. ausz der Landschafft vorschriebenn neben dem Capittell die inn der guete nit vordragenn kontenn, unnd ein theill dieselbig ahnn die gantzen Landtschafft zuvorschubenn Pitten wurde, sollenn oder magk Ihre F. G. alsz dann einen gantzen Landt-Tagk datzu auß schreibenn, unnd so fher alß dann uff demselbenn Landtage solche sache inn der guete oder zu Rechte nitt gescheidenn werdenn konnte, sollen beide Parthe inn allermaszenn, alß oben vonn denn geringerenn sachenn gemeldet, zu schrifftlicher Handelung geweisenn, unnd nach erkantnusz der Rechts gelerten erortert werden.

Welches uff gegenwertigem Landtage also Hochermelter Furst unnd Seiner F. G. Thumb-Capittell unnd Landtschafft sich gefallen unnd disenn Abschied damit sich manniglich darnach zu richten inverlieben laszenn. Welcher tzween einesz gleicher maszeigenn inhalts uffgerichtet, unnd mit desz Hernn Bischoffs, Thumb Capittels, Jurgenn vonn der Wense, Ditterich Bherenn, Henrich Cluver unnd Johann vonn Tzarenhausenn wegen der junkerenn unnd Stadt Vherden Secreten unnd Pitzieren vorsiegeltt. Welches geschehen zu Vherdenn, Mittwochensz nach Bartholomæi Apostoli, Anno p. Sechstig Acht.

(StA Stade, Rep. 8, F. 19, nr. 1, fol. 59r–65r).

a *so Abschrift;* zuvegung *Or.-Ausf.*

1 *In einem nach 1638 angefertigten Register der in der Akte StA Stade, Rep. 8, F. 19, nr. 1 enthaltenen Landtagsabschiede (fol. 1r - 2v) findet sich der folgende Vermerk:* 1568, 1572, 1576, 1577: Copia etzlicher landttagß abschieden; die originalia seindt h. Andreas von Mandesloe zugestellet worden *(fol. 1r).*

Dieser Vermerk dürfte das Fehlen einer Original-Ausfertigung des Landtagsabschieds von 1576 April 3 wohl hinreichend erklären. Von den Landtagen von 1568 August 25 (oben nr. B.22), 1572 Juli 21 (unten nr. B.26) und 1577 August 14 (unten nr. B.28) sind allerdings Original-Ausfertigungen der Abschiede in dieser Akte enthalten. Es bleibt unklar, ob es sich bei diesen Original-Ausfertigungen um die von dem damaligen Verdener Domdekan Andreas von Mandelsloh zurückgegebenen Originale handelt, oder ob es sich bei den an Andreas von Mandelsloh ausgehändigten Originalen um weitere, jetzt verlorene Original-Ausfertigungen dieser Landtagsabschiede gehandelt hat. 2 1570 März 26.

24
Landtag 1568 September 29

Bischöfliche Propositionen

Bischof Eberhard von Verden legt den Verdener Landständen (insgesamt neun) Artikel vor, betreffend die Reform der Messe und des Kirchengesangs, die von den Landständen angenommen werden, wodurch die katholische Messe abgeschafft und der Gottesdienst gemäß der Augsburgischen Konfession im Stift Verden eingeführt werden.

Ausschreiben: –
Protokoll: –
Abschied: Chytraeus, Chronica, S. 227 (Regest); Frick, Konfession, S. 65f., Anm. 249 (zit. nach Chytraeus).
Weitere zu diesem Landtag gehörige Quellen: –
Literatur: Klippel, Mittheilungen, S. 16f. – Pfannkuche, Neuere Geschichte, S. 77. – Schäfer, Eberhard von Holle, S. 78f. (Edition der neun Artikel nach dem Protokoll des Generalkapitels von 1567; der Landtag von 1568 September 29 ist hier nicht genannt). – May, Bischöfe, S. 350.

Darauf[1] hat der Bischoff dem Thumbcapitel und den andern geistlichen und praedicanten im gantzen lande etzliche artikel von der Messe und kirchen gesangen ubergeben, daruff sollten sie auf nechst künfftige landtag, so auff Michaelis angestellet war, ihre antwort und erklerung thun. Da sie nun diese Artikel angenommen, ist alsbald die bäpstische Messe in der hohen stiftskirchen zu Verden so wol auch in den andern städten und dörffern abgeschafft und dargegen die lehre und ceremonien der Augspurgischen confession allenthalben angerichtet worden.
(Chytraeus, Chronica, S. 227).

1 *Der Text schließt unmittelbar an das Regest des Landtags von 1567 Dezember 4 (oben nr. B.22) an.*

25

Landtag 1572 Juli 21, Verden

Landtagsabschied

Die Verdener Landstände entscheiden über folgende Punkte: (1.) Bewilligung einer dreijährige Viehschatzung in den Marsch- und Geestgebieten des Hochstifts Verden nach einfachem Anschlag; (2.) Einziehung von Äckern und Gütern durch Geistliche, (3.) Bau und Unterhalt eines Pfarrhauses und eines kleines Pfarrwitwenhauses gemäß der Kirchenordnung und (4.) Zins von Kirchengütern. Gegen den letzten Punkt protestiert die Stadt Verden und verweigert ihre Zustimmung.

Ausschreiben: –
Protokoll: StA Stade, Rep. 8, F. 19, nr. 2, Bd. 2, fol. 12r.
Abschied: StA Stade, Rep. 8, F. 19, nr. 1, fol 82r–83r (Abschrift 16. Jh.). – Ebd., fol. 73v–74v (Abschrift 16. Jh.; nicht ganz vollständig).
Weitere zu diesem Landtag gehörige Quellen: –
Literatur: EKO 7.II.1, S. 139. – Frick, Konfession, S. 68 (ohne Quellennachweis).

Zuwißen, [1.] Das dem Hochwirdigen Fursten und Hern, Hern Eberhardten Bischoffen zu Lubeck, Administrator zu Verden, von S. F. G. DombCapittul und Landschafft des Stiffts Verden Ein drey jähriger[a] viehschatz zur Marsch undt zur Geist durch das gantze Stifft nach dem einfachen Anschlage bewilligt undt nachgegeben worden ist; Söllicher gestalt, das derselbe von dreyen darzu verordenten Schatzsammlern, Alß von wegen Hochgedachts Hern Bischoffen Johan von Affeln, von wegen des DombCapittuls her Georg von Sandtbecke und von wegen der Ritterschafft her Johan Honhorst mit zuthun des Rentmeisters zu Rotenburgk furderlich beschreiben und zu diesem Schatz alle, die so schatpflichtig sein, Ihre zulage thun, Alß nemblich, das ein jeder Pferdt zur Marsch vier schillinge, ein jeder heubt viehes zwey schill., von jedem Schwein ein schill., vom Schaffe ein Seßling undt von ein Imme ein soßling, Undt den zur Geist von Jedem Pferde drey schilling, von heubte viehes anderthalben schilling, von Schweine neun Pfennige, vom Schaffe ein Seßling undt vom Imme ein Seßling sol gegeben werden. Und sol dieser Landschatz uf diesen kunftig Bartholomei[1] in allen Caspeln abgekundigt werden, unndt zwischen Michaelis[2] und Martini[3] den dreyen Einnehmern, deren einer aus dem DombCapitul, Nemblich her Andreas von Mandelßlo, der ander von der Ritterschafft, alß Herbort von Mandelßlo, und der dritt aus dem Rhat zu Verden, alß Wilken von der Hoye Burgermeister, uberandtwortet werden, davon erstlich die Alt und newen Reichs- undt Kreyß bewilligte zulage, deßgleichen Cammergerichts unterhaltung betzahlet und das ubrige zu Ablegung der noch hinderstelligen Stiffts Schulde und einlösung der Bischofflichen guter, so mit wißen undt willigung des DombCapittuls vorsetzet worden und zu außfuhrung beider Keyserlichen Commission angelegt werden sollen; und solche eingelöste Siegel undt brieffe zu der Einnehmer handen gestellet werden.

[2.] Weiter ist verabscheidet, das die Geistlichen, als Dombhern, Canonici, Vicarii undt Pastorn, so sie weltlichen Ihre Ackere undt guetere außerhalb Meyerhoffen ufkundigen unndt selbst gebrauchen wolle, das alß dan die Inhaber Ihnen sollichs nicht vorenthalten sollen.[4]

[3.] Ferner ist auch verabscheidet, das ein Jeder Caspel Ihrem Pastorn ein Hauß laut der Kirchen Ordnung bawen undt darbeneben ein klein Wittwen hauß bawen undt in beßerung halten sol und niemandt die jenien davon abhalten.

[4.] Letzlich ist verabschiedet, das die Pastorn zu den Kirchen guetern, so die Kirchen, da sie Pastornn sein, haben undt andern außgethan werden, umb den Zinß, so bißhero davon gegeben worden, die negsten sein sollen. Ein Rath zu Verden Aber hat dieses Puncts halber Protestirt undt darin nicht willigen wollen.

Deßen allen zu Urkundt sein dieser Abschiede tween gleichlauts verfertigt, und mit des Hern Bischoffs, DombCapittuls, Christoffer von Hundenberges in Vormundtschafft seines Mundtleins Jacob Groten Sohns, her Luder Cluver an Stadt seins Vaters Borchardts, Christoffer von der Kedenburg von wegen der Ritterschafft und der Stadt Verden Secreten undt Pitziern versiegelt und eines der her Bischoff, das Ander das DombCapittull zu sich genohmen, Welches Geschehen zu Verden, den 21 Julii Anno der weniger Zahl zwey undt Siebentzig p.

                    Everhardus manu propria.

Luder Cluver min handt   Christoffer von der
in mangel eins Pitziers.   Kedenburgk min handt
                                  in mangel eins Pitziers.

(StA Stade, Rep. 8, F. 19, nr. 1, fol 82r–83r).

a *so in der anderen Abschrift;* jährigen *in der Vorlage.*
1 *1572 August 24.*   2 *1572 September 29.*   3 *1572 November 11.*   4 *Hierzu Marginalie von anderer Hand (16. Jh.) in der anderen Abschrift:* Erclerung: Wan aber die pastorn der kirchen guter in irer eingenen notturfft nicht gebrauchen, sondern andern umb zins austhuun und also der Kirchen ire ufkunffte versmeleren werden, soll inen solchs nicht zu gelassen werden, sonder mugen die Kirchschworen neben unsern Ambten uff den fall die Kirchen gueter den jenigen, die am meisten da von ierlich geben wollen, austhuen, doch alß das die Kirchen guter nicht erblich werden, sonder die Kirchschworen alle sieben jar die macht mugen behalten, die Kirchen guter uf zu sagen und andern, so mehr da von geben wollen, einthuen.

26

Ausschußtag 1576 April 2–3, Verden

Abschied/Schiedsgerichtsentscheid 1576 April 2, Verden

Bischof Eberhard von Verden und der Ausschuß der Verdener Landstände entscheiden als Schiedsrichter einen Streitfall zwischen Ulrich Behr auf der einen und dem Verdener Domkapitel sowie dem Verdener Amtmann Johann von Affeln auf der anderen Seite um genannte Güter und Einkünfte.

Ausschreiben: –
Protokoll: –
Abschied: StA Stade, Rep. 8, F. 19, nr. 1, fol. 74v–76v (Abschrift 16. Jh.).
Weitere zu diesem Ausschußtag gehörige Quellen: –
Literatur: –

Zuwissen: Nach deme der Ernvester und Erbar Olrich Beher sich etzlichen puncten halber uber ein Erwirdig Thumbcapittel zu Verden und uber den Achtparn Johan von Affelenn Amptman des stiffts Verdenn beclagett, das heut dato dieselbe von dem Hochwirdigen Fursten und Hern, Hern Eberhardten p. und dem vorordenten Ausschuß des Thumcapittels, der Ritterschafft und der stadt Verdenn, Als her Jurgen von Mandelslo, her Wilcken Klencken, Johan Honhorsten, Heinriche und Moritze von Zarnhausen und Johan Kenckell in verhor genommen und nachfolgender weise zum theill vergleichet, zum theill vor recesset.

[1.] Und alse Erstlich geclagt worden, das Ime durch ein Thumbcapittel insperung geschehe in seinem zehende zur Eitzenn, In deme das sie einen Ihrer Meiers Rengenstorff von dem zehenten Eximiren woltenn, Alß ist dieser punct also verglichenn, das derselbe des Capittels man, sollte hinfurter den korn zehentenn wie die Andere Menner zur Eitzenn Ulrich Beheren Jharliches entrichten und volgen lassen mit dem Schmalen und Immen zehenden, Aber soll ehr dieses Jahr verschonet werden unnd pleibenn und seine freyheit, so ehr wegenn solches schmalen und Immen zeheden *[sic]* zu habenn vormeinet, neben den Andern mennern zur Eitzenn, so gleichfalls befreiet zu seinde sich ehrachten, zu Rechte auß furenn.

[2.] Der Ander punct, in welchem geclagett wordenn, das Ein klein Bucholtz bei dem Heinse sollte gelegen und den Bherenn Allein zustendich sein, und Aber Ein Thumbcapittel den Beherenn In dem Heinse noch in dem Bucholtze alß Ein stucke und pertinentz des Heynsen wegen des Hauses Stelligte nicht gestendich sein wollen, den Leuthenn Aber zur Hohen Lerne und den Andern Angehorigen Dorffern Ihre gerechtigkeit dar Innen gerne gunneten, ist dahin verschoben, das gedachter Ulrich Beher An sich genomen die geschehene vorschlegen bey diesem punct, Ahn den Durchleuchtigen Seinen Gnedigen Landesfurstenn und Lehen Heren gelangen zu lassen und nach Erlangter erclerung bey S. F. G. sich daruff gegen den hochwirdigen p. S. G. Hern Innerhalb vierzehen tagen underteniglich zuerkleren.

[3.] Der dritte punct, In welchem geclagt worden, das der Amptman Ihme von seine hofe zur Eitzenn den zehenden vorenthaltenn und Aber der Amptman gar keinen zehenden von solchem hofe gestendig sein wellen, ist der punct mit freiwilligenn Annheischunge des Amptmans, der seiner sachen woll vertrewete, dahin gestellet, das Er, der Amptman, sich der clage undernemen, und mit derselbenn werunge der Verdischen Außtrage verfharen soll, und hatt gedachter Amptman Auch Eingewilliget, Das ehr von dem zehenden von dem lande, so Lutkemuller Als ein Antecessor bishero gebrug[t][a] hatt, so viell gelts bey dem Rade zu Verden deponiren will, Alß derselbe Jharliches und so lande Alß der Rechtliche process werdt ertragenn, kan und werdt ist, und damit solichens Desto besser muge æstimiret werden, haben sich beide theill, Ulric[h][a] Beher und der Amptman, dahin vergleichen, wen das korn uff dem lande gehockett und Auffgebunden ist, das Als dan sie beide theill selbst Auf das landt zihen oder Ire volmechtige und diener schicken wollen, welche den zehendenn Auff zehelen und durch unparteische leuthe, so van dem hern Bischoff hochgemelt und Ulrich Beheren darzu verordnett werdenn, æstimirn und nach solcher æstimation sll volgende Jahr Auff den fall der Rechtliche proces in Einem Jahr seine endtschafft nicht erreicht, die deposition bey dem Rade zu Verden geschehen.

[4.] Uff den verden punct, zu welchem geclagett worden, das der Amptman den samptlichen leuthen zu Eitzen sollte vorbotten haben, den Immen zehendenn zu gebenn, und Aber der Amptman solchs nicht gestendig gewesenn, sonder die leuthe zur Eitzenn sich beclaget, das Ulrich Beher Ihnen den Schmalen zehenden und Imme zehenten uf drengen wollen, und sich bey Ihrer freiheit zu handthabenn gebetten, Alß is vorabscheidett, das sie Ihre freiheitt wie Recht doceren erweisen und vermuge obgedachter Verdischenn Außtrege In der sachen Rechtlichen prociren sollen.

[5./6.] Der 5 und 6 punct, In welchem geclagt worden, Alß sollten die zwein leuthen zu Penningbostell und Einer zum Gerkenßhove und einer zu Lutken Zelen und Einer zwen zu Averbergenn mit ungeburlichen und ungewondtlichen diensten uber ufgerichten Receß belagt werden und dabei Angehangett, das es kotener sein soltenn, Auch zu Stelligte nicht Anders gebrukt werden, und aber solche punct den Hern Bischoff hoch und obgemelt selbst betreffen thete, Als ist von I. F. G. wegen solchs nicht gestanden, Sonder dargegenn Angetzogenn, das die leuthe keine kotener, sonder Rechte hovener wher, dan sie hetten so viell acker, wische, holtzingen und weide, Als Andere Ire benachparte hoveners, so konnte Auch aus Alten und newen schatz Registeren erweiset werdenn, das sie hoveners schatzunge Auch hoveners pflichte den pastor gegeben und vor Jedermenniglich davor gehalten worden und hetten derentwegen Ihre F. G. nicht sondern, waß der verdracht und Abscheid midt sich bruchte uber die leuthe vorhengen lassen; dieweil Aber gedachter Ulrich Beher den verdracht vor sich dunken thete, der her Bischoff Aber dagegen vor I. F. G. Als ist der punct dahin verabschiedett, das Ulrich Ber, der Cleger, gleichsfals der Her Bischoff in diesem punct beclagter glaubwerdige Copey des Abschiedes mit Dieterich Beherenn saligen gemachet, und wo Ein Jeder den wolte vorstanden habenn Als den Einen scheides Richter, Alß der Ernvesten Erbarn und hochgelarten hern doctor Minsinger von Frondeck neben Einen schreiben, dessen sie sick uff eine gewisse zeitt vergeleichen wolten, schicken solltenn und welche meinung gedachter her Doctor dan schliessen wurde, das darbey pleiben sollte.

[7.] Der 7 klag punct, In welchen geclagt werden, alß sollte der Amtman uf dem Buhrbrick zu Lutken Zelen eine kote den Behern und anderer grundhern Meier zu beschwerung daselbst gesetzet haben, und aber dargegen Angetzogen, das der man uf der gemeint gebawet und den Beheren leuthen nirgendt in schedtlich sein konnte und die gemeinen des durffes Manne selbst, dar umgebeten, das ehr dahin bawen mochte, und Ulrich Beher dessen berichtet hette ehr solchs puncts clage eingestellet. Es ist Aber das uber die billicheit und Alten gebrauch die Einwoner und leuthe zu Zehele, wegenn erwentes koters oder sunsten hinfurter der nicht sollen beschwert werden, gleich Anzeigett.

[8.] Was den letzten punct, den drifft weide zu Lutken Zehelen betreffenn, anlangt, ist derslebe dahin verschoben, das der Amptman neben dem ThumbCapittel und gudt hern, die ortter besichtigenn soll und dahin verordnen, weß sich eigen und geburen will, und den leuthen solchs zu halten bey einer peen Auch befhelen.

Des zu urkunde sein diser vorgleichung und vorhandlung drey schriffte eines lauts gefertigett und Einer davon Einem Erwerdigenn ThumbCapittell zu Verden, die Ander Ulrich Behren, die dritte dem Amtmanne zu gestellet und mit Hochgedachts Hern Bischoffs secret und der verordenten des Ausschusses pitzeren vorsigelt worden, Welches geschen zu Verden, den Andren Aprillis Anno p. 76.
(StA Stade, Rep. 8, F. 19, nr. 1, fol. 74v–76v).

a *Textverlust am Seitenrand.*

27
Derselbe Landtag

Landtagsabschied 1576 April 3,[1] Verden

Die Verdener Landstände entscheiden über folgende Punkte: (1.) die Bewilligung eines Vieh-Schatzes von 14 000 Talern, aufzubringen innerhalb von drei Jahren, zur Zahlung der Reichssteuern und zur Schuldentilgung; (2.) Schonung der Armen bei Eintreibung dieses Schatzes durch die Beschränkung des steuereinziehenden Personals auf einen bischöflichen Diener und einen landschaftlichen Schreiber; (3.) Regelungen bezüglich exemter Schafe der Junker und Bürger zu Verden; (4.) Baumaßnahmen auf Burg Rotenburg sollen weitestgehend eingestellt werden, bis die Schatzeinkünfte vorliegen; (5.) Regelung bezüglich Beerdigungsgebühren im Hochstift Verden; (6.) hinsichtlich des Aufwands bei Hochzeiten (,Brautlacht') und Kindelbier soll künftig die im Fürstentum Lüneburg gebräuchliche Ordnung übernommen werden

Ausschreiben: –
Protokoll: –
Abschied: StA Stade, Rep. 8, F. 19, nr. 1, fol. 37r–39v (Or.-Ausf. Papier; 11 aufgedr. Siegel erh.). – Ebd., Rep. 94, nr. 942 (Or.-Ausf. Papier; 2 Bögen, zeitweilig zu einer in umfangreichere Akte gehörig, Or.-Paginierung (16. J.): S. 1246–1251; ; 10 aufgedr. Siegel erh., 1 Siegel ab). – Ebd., Rep. 8, F. 19, nr. 1, fol. 76r–78r (zeitgleiche Abschrift).
Weitere zu diesem Landtag gehörige Quellen: –
Literatur: –

Zuwissen, das Heut dato ein Landtag zu Verden gehalten worden, Und uf demselben durch die Anwesenden der Herren des ThumbCapittes *[sic]* und der Landtschafft vorabscheidet, Nemblich,

[1.] Das eine Schatzunge von Viertzehen Tausendt Tahler sollte publiciret werden, Alß und der gestalt, das solche Viertzehen Tausent Taler durch einen vheschatz Inn vier Jaren sollten ufkommen, und zw der behuff das vhe durch die verordente des Herrn Bischoffs und des ThumbCapittels, und der Landschafft zw erster gelegenheit beschrieben werden, Und die erste entrichtung solchs Schatzes in diesem Jahre uf Bartholomei[2] schiestkunfftig erfolgen, Die Andere im Sieben und Sibenzigsten Jahre uf Bartholomei[3], das dritte Jahr, Als das Acht und Siebenzigste Jahr, sollte frey sein, Im neun und Siebenzigsten Jahre Aber die Reste der virtzehen tausendt Taler erlegt werden, Von welchen virtzehen tausent Taler zw sich zw nehmen bewilliget worden, und davon der Fresischen ihre Hauptsummen, und was sunst zubehuff des Stiffts von den Herrn Tumbdechant und Johan Kenckell geborget, und Sonsten von Reichstewern und Cammergerichts underhaltung und der doctoren besoldung biß uf diesen Landtag betaget, neben der verehrung, So nach Zell pro ingrossatura sich geburet, bezalen sollen, Und das ubrige Zw ergenzung der Unkosten, so Ihren Furstlichen Gnaden uf Zeller Handt Tagleistung bißhero ufgegangen, gebrauchen, Das ubrige aber soll ein ThumbCapittell zw sich nemen, und Zw des Stiffts Sachen uf genugsame rechenschafft expenderen, Und soll von denselben erstlich dem Jenigen, so bißhero in des Stiffts Sachen An Stadt doctoris Johan von Hallen advocando gebraucht worden, vor seine gehabte muhe und Arbeit ehrlich abgelegt werden, und ihme Auch die besoldung der funffzig Taler, So gedachter doctor Halle gehabt, von diesen Ostern[4] Anzurechnen gemacht, und von dem Thumb-Capittell An Stadt der ganzen Landtschafft versiegelt werden, Auch frey stehen soll, Ihme solche bestallung, wan die Sachen zw ende gelauffen, und das Stiffts seiner nicht mehr dürfftig, ufzukündigen.

[2.] Nachdem Auch bey Diesem Punct des Schatzes vorgelauffen, Als sollte durch das nachzellen des Vehes die Arme Leute zum teil in vorigem schatzungen beschwert worden sein, Als ist es nachfolgender gestalt vorabschiedet, das solch nach zellen von des Herrn Bischoffs dienern Anders nicht geschehen soll, dan in beysein eines schreibers, So ThumbCapittell und Landtschafft darbey vorordenen wollen.

[3.] Es sollen Auch der Herrn des ThumbCapittels Junckern und Burgerschaff,t zu Verden, so sie etwan bey den Leuten Haben Schatz frey sein, Doch sollen die Burger dem Amptmanne zw Verden einen Specification ubergeben, bey welchem sie ihre schafe haben und wie viel.

[4.] Was das gebawete des Hauses Rotenburgk Anlanget, ist vor rathsam Angesehen, Das dasselbe Ingestellet werde, biß diese Jahr vorbey und die Schatzunge ufgekommen, doch solle dem Herren Bischoffe frey stehen, mitlerweile den Thurn und was sonst Ihrer F. G. notig Achten, das abgebrochen werden soll, dahl zu nehmen und mit dem scheiren Kalck, und was sonst dazu gehören will, sich gefast zu machen, und bereit. Und Imfall was nötig ist zubawen, dasselbe vor die Handt nehmen, und das Bawgelt zw guter rechenschafft vorlegen.

[5.] Ferner, nachdeme Allerhandt Clage uber die Pastorn uf den Dürffern vorgekommen, derhalben das dieselbe wegen der vorstorbenen nicht gleich furdern, Sonder in einem Caspel mehr gefurdert wirt, Als in dem Andern, Darmit nuhn des Puncts halber Auch gleicheit im Stifft gehalten werde, Als ist vorabscheidet, das die Pastoren hinfurter wegen der verstorbenen nichts mehr furdern sollen, dan einen halben Taler, doch sollen Kindern und diese zw dem Tische des Herrn nicht bequeme dar mit nicht gemeinet werden, Sonder wegen denselben nach gelegenheit einiger gefurdert werden.

[6.] Diweil Auch der Brautlachte und Kindelbier Halber uf den Durffern grosse mißbreuche sein, und die Leute sich daruber verzeren und An denn Bettelstab gerathen, Als soll derentwegen Alhier Im Stifft die ordenung so in furstenthumb Luneburg gehalten wirdt, Auch gehalten, und von den Cantzlenn publiceret und Jerlichs uf den Landtgerichten den Leuten vorgehalten werden.

Des zw urkunde sein dieses Landtages Abscheides zwen eines Lautes gefertigt, und mit des Herrn Bischoffes und ThumbCapittels, Auch der Stadt Verden Secreten, und der Junckern Peizeren befestiget, und hatt eines davon der Herr Bischoff das Ander ein Ehrwirdig ThumbCapittell wegen der Landtschafft zw sich genommen. Welchs geschehen zw Verden den Dinstag nach Lætare, Welches war der Dritte Aprilis Anno Funffzehenhundert Siben und Sechszigk *[sic]*ª.

(StA Stade, Rep. 8, F. 19, nr. 1, fol. 37r–39v).

a *so in der Vorlage; die andere Or.-Ausf. hat* Funffzehen hundert sechs *[gestr., darüber von einer Hand d. 16. oder frühen 17. Jh. nachgetragen:* sieben*]* und Sechsigh; *die angeführte Abschrift hat* 1576; *vgl. Anm. 1.*

1 *In den Originalen irrtümlich auf 1566 bzw. 1567 datiert (s. Anm. a). 1567 fiel der Dienstag nach Lätare aber auf den 11. März, 1576 dagegen, wie hier angegeben, auf den 3. April. Damit ist nachgewiesen, daß hier eine Fehldatierung des Originals vorliegt. Die Datierung des Originals ist bereits in der Abschrift Rep. 8, F. 19, nr. 1, fol. 78r korrigiert worden, wo zudem direkt unter der Datierung von einer Hand des 16. Jahrhunderts angemerkt ist:* der Datum originals ist Sieben und Sehszigk. 2 *1576 August 24.* 3 *1577 August 24.* 3 *1576 April 22.*

28
Landtag 1577 August 14, Verden

Landtagsabschied

Die Verdener Landstände entscheiden über folgende Punkte: (1.) Erhebung eines einjährigen Viehschatzes im Jahr 1578 zur Bezahlung der Türkenhilfe sowie sonstiger Reichs- und Kreisabgaben; (2.) Benennung von Verordneten, die von den Exemten, nämlich vom Klerus, von der Stadt Verden und vom Süderende Verden, diesen Viehschatz einsammeln sollen; (3.) jegliche Bewilligung weiterer Steu-

523

ern, sofern nötig, soll auf einem späteren Landtag erfolgen; (4.) die vom Bischof gewährte Exemtion der Pastoren von dieser Schatzung soll künftige Schatzungen nicht präiudizieren; (5.) Ernennung des Magisters Elard von der Hude zum allgemeinen Prozeßbevollmächtigten der Verdener Landstände.

Ausschreiben: –
Protokoll: –
Abschied: StA Stade, Rep. 8, F. 19, nr. 1, fol. 85r–86r (Or.-Ausf. 1; 8 aufgedr. Siegeln besch. erh.). – Ebd., fol. 87r–88r (Or.-Ausf. 2; 8 aufgedr. Siegel erh.). – Ebd., fol. 77r–80v (Abschrift 16. Jh.).
Weitere zu diesem Landtag gehörige Quellen: StA Stade, Rep. 8, F. 19, nr. 1, fol. 78v (Überschrift: Anno p. 77 den 14 Augusti. Aus dem Reichs Abscheid; Abschrift 16. Jh.).
Literatur: –

Zuwissen, das Heut Dato ein Landtagk zw Verden gehalten worden, Und uff demselben durch die Anwesenden der Herrn des ThumbCapittels und der Landtschafft vorabscheidet, Nemblichen,

[1.] Das zw Ablegung der zw Regenspurgk bewilligten Türcken hielff und deshalben Monats zw der Moscowiteschen Reise, Item der Bewilligten vier Romzüge uff dem Kreistage zw Cöln, Item zw Ablegung dessen, so uff die inquisition gegangen, und nochmals uff die Moderation gehen wirdt, Und was man sonsten zw underhaltung Cammergerichts und vormuge des vorigen Abscheides dem Jennigen, so bißhero in des Stiffts Sachen gebraucht worden, und noch zuthunde schuldig, Und dan auch darmit in vorfallenden des Stiffts sachen ein Vorrath vorhanden sein muge, Das zw der vorigen bewilligten dreyjerigen Vieheschatz noch ein jeriger Vieheschatz solle bewilliget sein, Also und dergestalt, nachdeme in dem Vorigen Abscheide vorleibet, Das das 78 Jahr frey sein sollte, Und aber die notturfft der Reichs und Kreiß Anlage solchs nicht erleiden will, Hatt die Landtschafft denn Vieheschatz des 78 Jars bewilliget, Und soll solcher Vieheschatz neben deme, so von den ubrigen dreyjerigen Schatz Ausserhalb dessen, so dem Herrn Bischoff daraus geburet, uberbleiben wirdt, zw obgedachten Reichs, Kreiß und Andern expensen gebraucht werden;

[2.] Und darmit dem Reichs Abscheide, soviel die Türcken hielffe betrifft, Auch genug geschege, Und die exempten und gefreieten Geistlichen und Weltlichen darzw Contribuerten, ist ferner verabscheidet, das die Cleresie, die Stadt Verden, und Suderende ihr taxam, wie von Alters geschehen, erlegen sollen; Den Junckern und Vögten aber, Dieweil die bißhero keine gewisse Satzung und taxe gehabt, sollen durch nachfolgende Vorordente Einnehmer, Als Johan von Affeln, Bischofflichem Amptmanne, Herr Andreas von Mandelslo und Herr Jürgen von Sandtbeken, Heinrichen von Zarenhausen, Burckhardt Cluver, Heinrich Blomen Burgermeister und Johan Kenckeln Radtmanne zw Verden, Ihre taxa ufs furderlichste vorordenet werden, und dieselbe die auch einzubringen schuldig sein.

[3.] Und so fern dan aus zugelegter Rechenschafft befunden wirdt, Das man darmit nicht zukommen könne, soll derentwegen ein ander Landtagk Ausgeschrieben werden; Und wolten die Landsassen ferner Als dan aller gebüer sich vorhalten.

[4.] Nachdem aber uff vorbitt des Herrn Bischoffs die Pastorn mit dieser Türckenhielff verschonet, haben die Stende gleichwol protestiert, Das solch nachgebendt ihnen künfftig kein Præiuditium, oder den Pastorn ein Vorteil gebehren soll.

[5.] Dieweil Auch die Landtschafft eine Sache gegen Hans Cŭrdten Erben rechthengig hetten, vor einen Ersamen Rade der Stadt Verden, Ist vorabscheidet, Das Magistro Eilardo von der Hude eine Vollmacht solle von der Landtschafft zw solcher Sache, und Allen andern Sachen, so etwan vorfallen und sie betreffen möchte, gegeben werden.

Des zw Urkunde sein dieses Landtages Abschiede Zwene eines Lauts gefertiget, und mit des Herrn Bischoffs und ThumbCapittels, Auch der Stadt Verden Secreten, und etzlicher der Junckern Pitzieren befestiget. Und hatt eines davon der Herr Bischoff, das Ander ein Erwerdig ThumbCapittel wegen der Landtschafft zw sich genommen. Welchs geschehen zw Verden den Mitwochen nach Laurentii, welcher war der viertzehende Augusti Anno Funfzehen hundert, Sieben und Siebenzigk.

(StA Stade, Rep. 8, F. 19, nr. 1, fol. 85r–86r).

29

Landtag 1581 Juni 21, Verden

Landtagsprotokoll

Die Verdener Landstände beraten und entscheiden über folgende Punkte, ohne daß hierüber ein formeller Abschied zustande kommt:[1] *(1.) Verbot der Calvinistische Lehre; (2.) Verbot des Kaufhandels bei der Domweih im Süderende Verden vor und während des Gottesdienstes; (3.) Festlegung eines Höchstzinssatzes von 5% zur Verhinderung von Wucher bei Pfandgeschäften; (4.) Verordnete für das Hofgericht; (5.) (Reichs-) Exekution gegen Bischof Eberhard; (6.) Verhandlungen über die Gewährung eines Nachlasses ('Moderation') bei der Türkenhilfe; (7.) Verpfändung des Hofs in Westen und (ungenannter) Zehnten; (8.) Geschütze und Munition auf Burg Rotenburg; (9.) Unterhalt der Nonnen (des Klosters Mariengarten in Verden); (10.) Baumaßnahmen auf Burg Rotenburg; (11.) Bau einer steinernen Kapelle und Hofstube auf Burg Rotenburg anstelle vorhandener hölzerner Gebäude; (12.) Bau eines Zwingers auf Burg Rotenburg; (13.) Flutung des Wassergrabens der Burg Rotenburg; (14.) Zahlung einer 'Verehrung' für den jetzigen Kanzler Dr. Heinrich Borcholt und den früheren Kanzler Dr. (Johann von) Halle; (15.) bisher von einzelnen Adeligen noch nicht gezahlte Kontributionen für die Türkenhilfe; (16.) Reetmähen und andere Dienste; (17.) Schaftrift; (18.) Gebühren der Pastoren bei Beerdigungen; (19.) neue Zuschläge.*

Ausschreiben: –
Protokoll: StA Stade, F. 11, nr. 1, fol. 146r–151r (Abschrift 16. Jh.).
Abschied: kam nicht zustande.[1]
Weitere zu diesem Landtag gehörige Quellen: –

Literatur: *EKO 7.II.1*, S. 140, Anm. 54 u. 56. – Schäfer, *Eberhard von Holle*, S. 130. – Frick, *Konfession*, S. 73 u. 84. – Nistal, *Bischöfe*, S. 183.

[I.] Anno 81, den 21. junii, ist ein landtagk gehalten unnd den erwirdigen domcapittel, ritter- unnd lanndtschafft des stiffts Verden vom hern bischoff daselbst nach eroffnung des tages, die ursach worumb der landtagk angesetzett durch S. F. G. cantzler angezeigtt wurden:

1. Deweil die Calvinische lehr und sect an etzlichen orten einrisse unnd gottes wordt zu widder das capittel und landtschafft mitt S. F. G. dahin schließen, das solche lehr im stifft Verden kunfftiglich nicht gelitten, sondern da iemants derselbigen lehr unnd secten im stifft angetroffen, das ehr bey der obrigkeitt angegeben und nicht gelitten werden muchte.

2. Daß jerlichs in der domweihung den kramern oder kauffleuten keine kauffmanschafft vor und unter dem gottesdienste ym Suderende müge gestattet werden, sondern damitt stille zu halten, biß der gottes dienst in der kirchen ganntz auß sey, unnd daßelbige offenttlich zu publiciren.

3. Das des wuchers halben muchte geschloßen werde, damitt die pfande nicht verstunden, oder so jemants die pfande nach verlauff der zeitt der bezalung nichtt von sich gebe, das ehr alß dann der heubtsumma solle verlustig sein; auch nicht mehr dann funff von hundertt zu nehmen.

4. Auch sey das verordente hoffgerichte ubel becleidett; begeren derhalben S. F. G., das zweine capittels personen muchten darzu verordenett unnd nhamhafft gemacht werden, die mit des capittels syndico oder secretario das hoffgerichte ierlichs becleiden, begeren gleichfals auch zweine auß der landschafft dazu verordenen.

5. Nach dem auch an S. F. G. hofe der execution mangel unnd die partey nach erhaltener urtheil rei iudicatae nicht pariren wollen, begeren S. F. G. eine gewiße zeitt zuernennen und zu schließen, darmitt die executio geschehen solle, oder ob es der rechts frist alß 6 wochen 3 tage in diesem fall zu laßende sey.

6. Wie woll auch die moderatio vergangener jaren erhalten, so sein die jar verfloßen unnd keine moderatio widder erlangett; derhalben werde die alte tax gefurdertt, darzu dan eine ansehenttliche summa geldts muß erlegt werden, wie dann auch 1500 thaler uff zine genomen unnd zwey letzten zill Turckenhulff, und mehr schuldt vermüge der designation, so S. F. G. hatt alßbaldt ubergeben laßen zu bezalende verhanden.

7. S. F. G. haben den hoff Westen und etzliche zehenten mit S. F. G. eigenem gelde an sich gelösett; begeren derhalben S. F. G. verschreibung zu geben, das S. F. G. erben oder dahin S. F. G. das geldt wenden würde, den hoff und zehent so lange behalten mügen, bis der pfandtschilling vom stifft erlegtt worden, oder das geldt ietzo widerumb zu enttrichten.

8. S. F. G. haben geschutz, polver und kugel uff Rodenburgk gebrachtt, dafür S. F. G. erben erstattung gebüre, mit boger, das solchs geschehen müge; wo nichtt, muße es S. F. G. erben gefolgtt werden; es wollten aber S. F. G. das haus ungerne

damitt bloßen; begeren derhalben, das jemants zur besichtigung und handelung dahin muge geschicktt werden; S. F. G. wollen dem stifft ein ansehentlichs darin schencken.

9. Auch habe S. F. G. auff der nonnen underhaltung 800 thaler gewandt, dafur S. F. G. den platz der zweier vorwercke begertt, und solchs an das capittel gelangen laßen; begern nochmaln erclerung, ob man wille den platz folgen laßen oder das geldtt wider enttrichten.

10. Die verwilligte erbawung des hauses Rodenburgk sey vast geschehen. Nun haben S. F. G. den verlacht gethan und vast alles uff zinse genommen, auch ihr eigen geldt dazu gethan, unnd die landtschafft damit verschonett; begeren derhalben vermüge der designation die betzalung widderfaren zu laßen.

11. Es sey uff dem hauß ein capel und hofe staube nötig; begeren zuverwilligen, das an stadt des holtzen gebawts die hofe staube und capel müge zu bawen verwilligett werden.

12. Wie dan auch ein stercker zwinger von wegen des pulvers und großer gevare vonnöten; begern auch zuverwilligen denselben zu bawen.

13. Wann auch daß waßer im graben abgelaßen werde, konne man leichttlich an den wall kommen; begeren derhalben zuverwilligen, den graben tieffer zu machen.

14. Doctor Hinrich Borcholt vererung: Cantzler begert eine ansehenliche verehrung vor alle mühe und arbeitt, die ehr nach Doctor Hallen abstandt in stiffts sachen uff grenitz tagen, landtagen und sonsten andere mühe gehabtt, und namhafftig zu machen, wie hoich die sein solle, wie dann auch Doctor Halle noch eine verehrung vermüge seiner designation vom stifft begerett.

15. Das etzliche stiffts junckern ire turckenhülff nichtt contribuert; derohalben begeren S. F. G., das sie mugen sich erclern, ob sie contribueren wollen, oder nicht; wolten sie es nicht thuen, sollen sie auch zu keinen landtagen mehr verschrieben werden.

Deme allen nach begeren S. F. G. einen stadtlichen vorradt zu beradtschlagen und zu bewilligen, darauß das vorbenante geldt und was vonnöten alles müge betzaltt werden, unnd uff etzliche jar einen beharlichen viehe schatz zu bewilligen.

[II.] Uff vorgeschlagene articull hatt capittel und landtschafft sich beradtschlagett und durch Hern Jurgen von Mandelschlo, Hern Jurgen vom Sandtbeke und M. Eilardum von der Hude von wegen des domcapittels, auch Johan Honhorst, Moritz von Zarenhausen und Rodolphum von Diepholdt von wegen der landschafft verordenten ausschoß erclerett:

Deweilen sie das gefurderte bawgeldt, contribution geldt und alle andere artickel und punct das hauß Rodenburgk belangende vor die wichtigesen ansehen, wollen sie sich erstlich darauff erclern, unnd bitten demenach capittel und landtschafft, das ihnen der schatz und bawregister abeschrifft muge gedoppeltt zugestaldt werden, so wollen capittel und landtschafft uff einen tag widder zusammen kommen, die register durchsehen und S. F. G. zwischen dieses und Michaelis uff ale solche puncta beandtworten, so sein auch die articull der wichtigkeitt, das sie auff ein mahl nichtt konnen richtig gemachtt oder beradtschlagett werden, und dann ferner uff die ander artikell ordine zu andtworten:

1. So viel die Calvinische lehr und secten belangen, sey ein punct, welche S. F. G. zugehörig, der wegen wollen das capittel und landtschafft denselbigen an S. F. G. gestaldt sein laßen und die selben ferner abschaffen, wie auch capittel und radt in ihrer jurisdiction zu thuende erbutig, und konnene erleiden, das solchs mit in dem receß gesatzt werde.

2. Die kramer sollen auch vor und under der predigt in der domweihung kunfftiglich nicht ausstehen oder verkauffen und keine kauffmanschafft die zeit geduldett werden, biß so lange der gottes dienst in der kirchen gantz außen und wolen das capittel gegen die erstbekommende domweihung solchs zeittlich publiciren lassen.

3. Mitt dem wucher laßen sich das capittel und landtschafft gefallen, das damit gehalten werde, wie die rechte verordenen, im Reiche gebreuchlich und die kreißabeschiede mitt sich brengen.

4. Daß hoffgerichte soll mitt zweien capittels personen unnd ihrem syndico oder secretario auch mitt zweien aus der landtschafft, welchen S. F. G. solchs gegen das hoffgericht zu vermelden haben besetztt, unnd daran kunfftiglich kein mangel gespüret werden. Eß biten aber die herrn, das keine parteiligkeit am hoffgerichte müge gespürett werden, doch das die personen, so aus der landtschafft jerlichs dazu verordenett werden, uff ihren kosten nist zeren dorffen.

5. S. F. G. execution belangen, ist solchs S. F. G. heimbgestaldt, capittel und landtschafft aber laßen sich gefallen, das es bey der zeitt, so die rechtt hirin verordenet bleibe, weiln S. F. G. das capittel damit nicht gemeint habe.

6. Belangen die 1500 thaler und bevorstehende Turckenhulff bitten capittel und landtschafft, die 1500 thaler noch ein jar uff zinse mügen stehen pleiben, und nach zugelegter rechnung die zwo termine Turckenhilff entliehen werden, damit die armen leuthe weiln die 4 jar schatz nach ein ander gegeben, sich ein weinich verholen, darnach solle es zusammen bezaltt werden.

7. Was angehett die gelösete zehenten und den hoff Westen, hetten S. F. G. die brieffe uff die gelösten zehenten unnd Westen; die konten S. F. G. so lange behalten, das S. F. G. der pfandtschilling vom stifft erlegtt worden; man wolle sich aber versehen, das etzliche zehenten aus dem vorigen schatz gelösett sein.

8. So viel angehett das geschutz und munition, sollen etzliche aus dem capittel und der landtschafft zur besichtigung des geschutzs zu Rodenburgk ankommen, sich derhalben mitt S. F. G. bereden, und alßdann dem capittel darumb relation thuen.

9. Das closter berurende, laßen es die herrn bey dem bescheide, so S. F. G. jungst dem capittel general bekommen, nochmals beruhen.

Der 10. artl., die erstattung des hauß Rodenburgk gebawts,

der 11. artl., der meldett von der capell und hoffe staube,

der 12. artl. vom dwenger,

und der 13. artl. dabey von graben angezogen, sein im anfange ins gemeine beandtwortett, und uff die zusamenkunfft verschoben

14. Uff das geldt, so Doctor Halle gefurdertt, ist der bescheidt gewesen: Ehr habe das seine vom capittel wegk, so sey ihme auch bey der landtschafft nichts nachstendig, derhalben konne man ihme nichts bewilligen.

[15.] Den punct mitt der contribution etzlicher jungkern belangen, haben sie durch Rodolphum von Diepholtz der stadt Verden secretarien derogestaldt verandtworten laßen, das sie oder ihre vorfahren niemals zur turckenhilff contribuirt hetten, wolten auch ungerne sich und ihren kindern zum furfangk in newerung bewilligen; bitten derohalben undertheiniglich, sie damitt zuverschonen.

[16.] Auch beschwert sich die landtschaft, das ihre leute mit newerung beschwertt worden, mehr alß von alters gebreuchlich gewesen, dann etzliche von wegen des reithmeyendes gepfandett sein worden, bitten, das ihnen ihre pfande mügen widder gegeben werden, und daß sie mitt dem rethmeiende hinfurder mügen verschonet werden, daß sie auch uber die sieben tage dienst, als 3 zur aberstenborgh, 2 zur holtzung und 2 zur hoff arnte nicht mugen beschwerett werden.

[17.] Auch beschweren sich die landtschafft, das sie uber alte gewonheit mitt dem schaffe drifften beeindrengett werden; bitten, solchs abzuschaffen und sie bey alter gerechtigkeitt zu laßen.

[18.] Weill auch uff jungst gehaltenem landtage vermuge der receße verabscheidett, das die pastorn von einem leibe 2 daler nehmen sollen,[2] bitten die landtsassen, daß solchem receßen die pastorn sich gemeß verhalten und sich damit begnügen laßen, gleichsfals auch mitt den schincken 3 g. und vor eine schulder 1½ g., wenn keine meste ist.

[19.] Auch werden viel newe zuschlege und imme zeune gemachtt; bitten, solchs auch zu unterlaßen und vermuge voriger abschiede nach widerumb abzuschaffen.

[III.] Darauff hatt der bischoff sich erclerett, das die abschrifft der register capittel und landtschaft bekommen sollen, und sey in einer abeschrifft so da zuiegen, auch folgendts angenommen worden, gnug, die gemelte deliberatio zwischen die unnd Michaelis sey zu langk, egeren eine geringere zeitt.

Weiln aber die 1500 thaler Turckenhulff und Reichsanlage, weiln die moderatio nicht erhalten, nothwendiglich entrichtett sein mußen, und sich solchs vermüge der designation uf 3 000 thaler verlauffe, auch ander geldt zu erleggende sey, begeren

S. F. G. zu solcher behueff abermaln eine vieheschatz zuverwilligen, sunsten muße es uff zinse entliehen werden.

[1./2.] Mitt der andtwordtt der Calvinischen lehr und entthaltung des verkaufes vor und unter dem gottes dienste in der domweihung sehen S. F. G. gerne und laßen es dabey beruhen; begeren aber des weiteren, das der papgoy im lesten pfingsttage geschossen werde, damit das volck die vorigen tage in die kirchen gehen müege.

[3.] Mit der andtwordt uff den wucher sein S. F. G. auch zufrieden.

[4.] S. F. G. sehen auch gerne die hoffgerichts bestallung und lassen es dabey beruhen; begern aber zweine aus dem capittel und der landtschafft nhamhafftig zu machen, welche so sie nichtt da bey wollen jeder zeitt, das sie dennoch eine gewiße zeitt von jaren dabey sein mügen, und wollen S. F. G. den uncosten stehen.

[5.] S. F. G. sehen fur radtsamb an, daß die executio bey verordnung der rechten pleibe.

[6.] Der 6. punct von den 1500 thal. und zweien zielen turckenhulff stehett in der sambtkunffts beradtschlagung und das dan S. F. G. folgendts beandtwortett werden.

[7.] Von den guetern so gelosett; uff etzliche haben S. F. G. briefe, uff etzliche, alß die S. F. G. von den vicariis gelosett, aber gantz keine.

[8.] Obwoll S. F. G. begeren, das der ausschoß in zeitt der besichtigung buxen, pulver und kugeln befelich bey sich haben muchten eynen schrifftlichen vertrag mitt S. F. G. ufzurichten, ist doch solches von S. F. G. uff die widder zusammenkunfft auch gestaldt, und konnen erleiden, das alß dan darnach mitt S. F. gehandeltt werde

[9.] Nonnen belangen; begern S. F. die zwo stette zuverwilligen oder das geldt widder zu geben, und das darauff ietzo müge erclerung erfolgen.

[10.–14. bleibt unbeantwortet].

[15.] Uff der junckern beschwerung der contribution und gravaminum halber hatt sich der bischoff enttlich erclerett, das der Reichsabschiedt vermüge, daß alle geben sollen; wollen sie nuhn güeter haben vom stiffte, so mußen sie auch contribueren, oder sich der gueter enthalten, und weren uff den fall zu contribueren nichtt schuldig.

[16.] S. F. G. haben des reth hawendes gantz und gar keine newerung und haben auch S. F. den dienst am hause auch also gefunden, da bey es billig zu laßende; und sollen die leuthe nuhr allein zur burgk dienen.

[17.] Die stadt wiße sich zu berichten, das im vorigen abscheide nachgegeben, das S. F. G. anderthalb tausend schaffe zur masth haben mügen;[3] derhalben bedrengen Ihre F. G. die burgerschafft und der jungkern leuthe mitt ihrem drifte nichtt, sondern die burgerschaft legen selbst zuviel schaffe zu, damit der triffte beschwerdt werde, und wollen S. F. G. bevelich geben, wie es dann daselbst S. F. G. dem ambttmanne bevholen haben, das S. F. G. schaffe den armen leuthen in ihren weiden kunfftiglich nichtt sollen getrieben werden, darauff wolle der ambttmann solchs mitt fleiß dem hirten bevelen, oder eynen andern hirten dabey mittiren.

[18.] Belangend die pastoren, das die uber die bewilligte plichtt mehr haben wollen, wollen es S. F. G. bey vorigem landttages abschiede auch beruhen laßen.

[19.] Der zuschlege halber wollen S. F. G. gebürlichs einsehen thuen, wie dann auch S. F. G. die irrung zwischen Lüder Clüver, Olrich Behren unnd mit Didtrich Honstetten wollen besichtigen, und die geburnus beschaffen laßen; sonsten wißen S. F. G. sich keiner irrung zuerinnern.

[IV.] Darauff hatt capittel unnd landtschafft sich weiter beradtschlagett und zur andttwordt geben laßen: Daß S. F. G. sie nachmaln wolten in underthenigkeitt gebetten haben, ihne dilation zuvergonnen, dann je nichtt müglich, das die rechenschafft unnd recess so balde kunte verlesen und bedacht werden. Sie wolten uff Montagk vor Bartholomei den 21. Augusti zusamen alhie einkommen, und dingstags die register unnd recesse verlesen, und wolten sich alßdann deß puncten der landtschatzung und aller anderen puncten darauff keine resolutio geschehen, kegen S. F. G. in underthenigkeit ercleren, mitt bitte, das mittler weile der jungkern leuthe mitt dem ungewöndtlichen dienste, damit sie nach dem hauß Rodenborg beschwerett werden, verschonett pleiben, auch den leuthen die reith pfandung widder geben werden; das auch vor der zeit der drost seinen aidt thuen müchte.

[V.] Darauff haben S. F. G. diße andtwordt gegeben:

Das S. F. G. mitt dem tag und dilation friedtlich unnd sollte der droste den aidt in 14 tagen thuen, doch unschedtlich dem tag was S. F. G. uff Rodenburgk hetten, folgents aber haben S. F. G., etzliche aus der landtschafft zuverordnen, so den receß muchten verßiegelen, und dem einzuverleiben. Im fall S. F. G. mittler weill versturbe, daß alßdann S. F. G. alle das ire vom hauß Rodenburgk sollte gefolgett, und das hauß ehe und zuvor noch capittel, postulato oder jemandts anders sollt eingethan werden; darauff das capittel unnd landtschafft weiter geschloßen unnd bevholen S. F. G. zuvermelden, daß man es mitt des drosten aidt biß uff die erste vorgemelte zusamenkunfft wolte beruhen laßen. Unnd hatt die landtschafft solchs darumb gethan, damit des bischoffs begeren, alß furfengklich, disputirlich unnd bedencklich auß dem receße bleiben muchte. Und ist, wie mir[4] der Domdechant den andern tag berichtet, kein receß vor dießmaln ufgerichtet worden.

[VI.] Zugedencken, daß mittwochen den 21. juni uff gehaltenem landtage zwischen dem erwirdigen domcapittel und gemeiner landtschafft des stiffts Verden verabscheidett, das ihre erwirdige und edle gonst. ohne vorgehende citation Montags vor Bartholomei, wird sein den 21. Augusti, zu Verden widderumb einkommen und negestfolgenden Dingstags von den bewusten sachen weiter handelen und reden wollen. Signatum Verden, den 21. Junii anno 81.

(StA Stade, F. 11, nr. 1, fol. 146r–151r).

1 *Daß dieses Protokoll aber offenkundig von den Zeitgenossen de facto als einem Landtagsabschied gleichbedeutend angesehen wurde, ergibt sich aus dem ersten Satz des Landtagsprotokolls von 1581 August 21/22 (nr. B.30). – Herrn Norbert Bischoff, Döhlbergen, danke ich hinsichtlich des Landtagsprotokolls von 1581 Juni 21 sehr herzlich für die gewährte Hilfe.*   2 *Vgl. oben nr. B.27, Abschnitt 5 (1576 April 3).*   3 *Rückbezug nicht sicher; vielleicht auf oben nr. B.27, Abschnitt 3 (1576 April 3) zu beziehen.*   4 *Wer hier gemeint ist, war nicht zu ermitteln, da der Verfasser dieses Protokolls bisher unbekannt ist.*

30
Landtag 1581 August 21/22, Verden, Kapitelhaus

Landtagsprotokoll

Die Verdener Landstände beraten über folgende Punkte: (1.) Änderungen (bei den Dienstpflichten) hinsichtlich des Reetmähens zu Rotenburg; neue Zuschläge; (2.) Zahlung einer ‚Verehrung' für den jetzigen Kanzler Dr. Heinrich Borcholt; (3.) bisher unübliche bäuerliche Dienste; (4.) Rückerstattung in Pfand genommener Ochsen an Ulrich Behr; (5.) Verminderung der Schaftrift in den Marschen; (6.) Abforderung von Ochsen durch bischöfliche Beamten; (7.) Verpflichtung, Holz ausschließlich an den Stiftshof (in Verden) zu liefern; (8.) Beschwerden zweier genannter Fußknechte über ungerechtfertige Pfändungen.

Ausschreiben: –[1]
Protokoll: StA Stade, F. 11, nr. 1, fol. 151v–154v (Abschrift 16. Jh.).[2]
Abschied: kam nicht zustande.
Weitere zu diesem Landtag gehörige Quellen: Schreiben des Verdener Domkapitels an Luneberg Bicker, an das Bremer und an das Mindener Domkapitel, alle datiert 1581 August 23, sind dem Protokoll in Abschrift beigefügt (fol. 155r–156r).
Literatur: –

[I.] Anno domini 81., den 22. Augusti, sein das domcapittel und landtschafft des stiffts Verden genommenen abschiede nach ufm capittelhause widderumb erschienen. Der Domdechant zu Minden und Her Diderich Frese aber haben sich enttschuldigen laßen, unnd haben die anwesende von dem capittel und der landtschafft erstlich die baw register des hauses Rodenburgk für die handt genommen. Deweiln nuhn darein beschwerung gefunden, die des landtags abschied nicht gemeß, auch die vollenkommentliche notturfftige verlesung und erwegung der register ietzo nicht beschehen konnen, sonder dazu 3. oder 4. tage zeit nötig erachtett, also das die landtschafft und capittel alle mitt ein ander darauff nicht wachten konnen. So ist die sache biß uff Galli den 6. Octobris verschoben, und ein ausschuß vom capittel und der landtschafft verordenett, die am tage Galli des morgens zu acht uhren ufm capittel hause erscheinen, die register mitt personen, so sich uff rechnung verstehen, durch lesen unnd ferner davon gemeinem capittel und der ritterschafft relation thuen sollen. Unnd sein zum ausschuß bey die baw register verordenett H. Andreas von Mandelschlo, H. Jurgen von Mandelschlo, H. Jurgen vom Sandtbeke unnd H. Godthartt von der Lidt von wegen des capittels, von wegen der ritterschafft Johann Honhorst, Heinrich von Zarenhausen und

Geverdt Schlepegrell, welcher aber gesagt, das ehr nich dabey sein konnte, und dan 2 personen des radts zu Verden. Unnd willen alßdan capittel und landtschafft nach befindung der register und aller gelegenheitt der register halber mi S. F. G. weiter reden.

Waß belangett das uffgeborgte geldt zu Luneburg und sonsten Turckenhulffe unnd Reichs anlage, so nodtwendig ausgegeben werden muß, so ferne das stifft soll vor schaden behuett werden, will capittel unnd landtschafft befurderung thuen, daß das geldt, so kein stillestandt zu erhalten, solle erlegtt, das auch die zulage des Reichs und Turckenhulffe solle bezalt werden, darumb das die armen stiffts underthanen diß jars mitt dem begerten schatz muchten verschonet bleiben. Unnd ist uff vorgerurte 2. punct belangende die verlesung der baw register biß auf Galli unnd abschlagung des schatzes der Her Bischoff uffm stiffts hoffe beanthworttet unnd in aller underthenigkeitt gebetten worden, gedachte dilation nicht ungnedig zuvermercken, und die schatzung auch pleiben zu laßen, unnd die armuth veterlich zu bedencken. Und sein S. F. G. weiter nachfolgende beschwerung unnd resolution von wegen des capittels und der landtschafft darauff S. F. G. angezeigtt:

[1.] Daß sich die junckeren uber die newerung des rethawens zu Rodenburgk, auch uber die new gemachten zuschlege beschweren, und gebetten, solchs abzuschaffen unnd sie uber altt herkommen nitt beschweren.

[2.] Die begerte verehrung D. Heinrichs Borcholten, das ehr in stiffts sachen viel mühe gehappt, ist ihm zugesagt, doch gebetten, damitt zu erster lanndtschatzung zu gedulden, so soll ihm so viel gegeben werden, das ehr verhoffenttlich damit zufrieden sein solle.

[3.] Auch werden der junckeren leuthe uber die 3 tage dienst beschwerett, welches niemahls gebrauch gewesen. Bitten derhalben S. F. G. die jungkern und die armen leuthe damitt verschonen und bey irem althergebrachten gebrauche bleiben zu laßen.

[4.] Auch Ulrich Behren seine abgepfendete ochsen widder zu gebende.

[5.] Auch ist gebetten worden, den vielen schafftrifft zur marsch abzuschaffende.

[6.] Auch weiln man berichtett, das den haus leuthen unter S. F. G. nhamen die ochsen abgebetten werden, das sich die leuthe beclagen, bittet capittel unnd lanndtschaft, die armen leuthe damitt nicht zu beschweren.

[7.] Das holtz auch in keine heuser, dann uff den stiffts hoff zu führen.

[8.] Das auch die fußknecht Hinrich Fischer unnd Dirich Harttmann mitt den armen haus leuthen bey pfandungen unnd sonsten in ihrem dienste mit billigkeitt umbgehen, unnd sich muhtwilligkeitt schahendes und drewendes an ihnen entthalten muchten. Unnd in solchs alles gnedichlich einzustehende unnd abschaffung zu thuende, wolte capittel und landtschafft S. F. G. in underthenigkeit gebetten haben.

[II.] Darauff hatt der Her Bischoff durch den Cantzler Heinrich Borcholtt anzeigen laßen:

S. F. G. hetten sich der erclerung mitt den baw registern nichtt versehen. Nach dem hiebevorn der bescheidt gewesen, das das capittel unnd lanndtschafft sich jetzo uff alle unerleddigte puncta ercleren wolten, unnd jetzo woll so viell personen verhanden, so die register verlesen unnd sich darauff bereden konten, sey dann darein ethwes dem recess ungemeß unnd S. F. G. des in specie berichtett werden, so wolte S. F. G. sich ercleren, daß es dem receß soltt gemes sein, unnd sey der punct mitt dem gebawte jetzo billig richtig zu machen. So haben auch S. F. G. geldt dazu geliehen, das muße bezaltt sein; begeren derhalben, das die register verlesen und sich capittel unnd lanndtschafft darüber bereden, unnd der artikel mit dem gebewte müge richtig gemacht werden, oder zu ercleren, woher die zinß zu nehmen.

Belangen aber die einstellung des schatzes, begeren S. F. G. abermaln, der schatz zu bezalung des gelts, das das stifft dem Prior zu Luneborg schuldig unnd zu entrichtung Turcken zyll unnd Reichs anlage, zuverwilligen, dann bey dem Prior sey keine frist zu erlangen.

[1.] Betreffendt reth hawentt und zuschlege: Rethhawentt des sein S. F. G. in possessione unnd konnen sich deß nichtt begeben; geschehe des jars nuhr ein mahll unnd wann der grabe tieffer gemachtt, wurde es auch verbeleiben; aber zuschlege sollen abgeschafft, auch die leuthe darzu gestraffet werden; und wusten S. F. G. sich nicht zu berichten, das zuschlege mitt ihrem wißen und willen gemacht, so wehre es S. F. G. auch allzeitt zu widder gewesen.

[2.] Doctor Hinrich Borcholdt ist mitt dem bescheide seines honorarii woll zufrieden, bittet aber umb lebens unnd sterbens willen, sich das honorarium nambhafftig zu machen.

[3.] Belangen den dienste mitt der borgfeste, des sei S. F. G. in besitz, unnd haben es auch also zu ihrer ankunfft gefunden, dabey wollen S. F. G. bleiben, und werde niemandts uber dem alten gebrauch beschwerett, solle auch nicht geschehen.

[4.] Ulrich Behren leuthe haben nicht dienen wollen, darumb sein ihnen die ochsen genommen; konnen die gegen erleggung pfanndtgeldts widder bekommen, doch nicht ohne enttgelttnuße.

[5.] Uff den schaffdrifften zur marsch hetten S. F. G. sich hiebevorn bereits erclerett, das den hirten solte undersagett werden, die leuthe nicht zu beschweren; da nuhn druber geschehe, unnd es S. F. G. oder ambttmann gezeigt, solten sie gestrafft werden; aber S. F. G. were ufm landtage ein anzall schaffe zu treiben verwilliget, die doch S. F. G. alle nicht treiben, sonde die bürgerschafft habe viell schaffe.

[6.] S. F. G. wissen von keinen abgebetteten ochsen, und wenn die leuthe in specie nambhafftig gemachtt, unnd wer sie darumb gebetten, solle erclerung folgen.

[7.] Wie sich dan auch S. F. G. ercleren wolten, wenn außtrucklich angezeigt, wer das holtz gehawen, unnd wer das bekommen.

[8.] Auch wollen sich S. F. G. ercleren, der beschwerung halben, so den leuthen von den fußknechten bejegnen, wenn die leuthe und beschwerung mitt nhamen angezeigt werden.

Unnd haben endtlich S. F. G. begerett, den punct mitt den baw registern richtig zu machen, oder zinse auffs verlegte bawgeldt zu bezalen, auch folgendts zu ablegung des Priors schulde unnd des Keysers termin unnd Reichs anlage den schatz zuverwilligen.

So haben auch S. F. G. angezeigt, das die von der Rö. Key. M. weiniger tagen ein schreiben bekommen, darin S. F. G. eines indulti uber die regalia vertröstett werden, unnd sey zu empfangung der regalien und indulti den vorfaren ein sonderlich schatz verwilligt; begeren demnach hirzu hulffe zu thunde.

[III.] Hirauff ist des capittels und der landschafft abgesandten anttwordt gewesen: Sie hetten S. F. G. berent der baw register und schatzung halber angehörett, auch vernommen, waß S. F. G. uff die anderen angehengkten punct sich erclerett, achten solchs unnötig zuwiderholen, unnd wollen nhun gerne S. F. G. begeren dem capittel und landtschafft widderumb fürbringen; aber es weren bereits etzliche aus dem capittell und der landtschafft uff solchen abscheidt biß uff Galli[3] wegkgezogen, das keine grundtliche andtwort folgen konnte. Mitt undertheniger bitte, S. F. G. muchten die geringe zeit biß auff Galli[3] anstehen; und hette auch zum theill darumb dieße sach einen anstandt genommen, das der Domdechant zu Minden unnd andere sich enttschuldigen laßen. Unnd konten die abgesandten des capittels und der lanndtschafft in S. F. G. bedencken gestaldt sein laßen, ob die einen gemeinen landtag etzliche tage nach Galli[3] ausschreiben unnd darzu die gantze ritterschafft vorschreiben wolten. Welchs sich aber S. F. G. geweigertt unnd gesagett, S. F. G. konte keine 2 oder 3 landtage ausschreiben; das capittel muchte es thuen; unnd habe daneben S. F. G. sich verhoren laßen, S. F. G. wolten das bawgeldt woll widder bekommen, unnd einen schlag schahen.

Solchs S. F. G. begerendt ist den capittells unnd der lanndtschafft personen, so noch binnen Verden gewesen, unnd widder zusammen kommen, fürgebracht.

Darauff beschloßen, das umb enttleihung etzlichs geldts an das DomCapittell zu Brehmen, Hern Luneberg Bicker einen credentz mitt zu geben, auch an das DomCapittell zu Minden umb fürsprechung etzlichs geldts zu schreiben.[4]

So sollen auch capittell unnd ausschoß der jungkern zu ablegung des stiffts schulden, Reichs anlage unnd Turcken hilff bevelich haben, das geldt zu entleihende und verßiegelung darauff zu gebende, unnd solle dießes jars die schatzung verbeliben.

Nota das der Domdechant den recess Bischoff Georgen die burgfeste belangen gegen kommenden Galli[3] gewißlich uffrichte.

(StA Stade, F. 11, nr. 1, fol. 151v–154v).

1 *Da auf dem Landtag von 1581 Juni 21 ausdrücklich* ohne vorgehende citation *auf den Landtag vom 21./22. August eingeladen wurde (oben nr. B.29), ist davon auszugehen, daß das Fehlen eines Ausschreibens für den Landtag von 1581 August 21/22 nicht auf Überlieferungsverlust zurückzuführen ist, sondern darauf, daß es ein derartiges Ausschreiben nie gegeben haben wird.* 2 *Bei fol. 153r/v ist die Paginierung vertauscht: fol. 153r ist die Rückseite, fol. 153v die Vorderseite dieses Blattes. – Herrn Norbert Bischoff, Döhlbergen, danke ich hinsichtlich dieses Landtagsprotokolls sehr herzlich für die gewährte Hilfe.* 3 *(1581) Oktober 16.* 4 *Die hier genannten Schreiben an Luneberg Bicker, an das Bremer und an das Mindener Domkapitel, alle datiert 1581 August 23, sind dem Protokoll in Abschrift beigefügt (fol. 155r–156r).*

31

Landtag 1582 Juli 5, Verden, Kapitelhaus

Landtagsprotokoll

Verhandlungen des Landtags: (I.) Bischöfliche Proposition, betreffend: (1.) Notwendigkeit einer neuen Schatzung zur Bezahlung von Schulden, Baumaßnahmen auf Burg Rotenburg, Türkenhilfe und sonstigen Reichs- und Reichskreisabgaben; (2.) Bau des Torhauses (‚Pforthaus') der Burg Rotenburg; (3.) Zahlung der dem Kanzler (Dr. Heinrich Borcholt) zugesagten ‚Verehrung'. – (II.) Proposition der Landschaft, betreffend: (1.) Frage an das Domkapitel nach dem Fortbestehen der Union mit der Landschaft; (2.) Dienstpflichten für den Bau von Befestigungen (‚Burgfeste') auf Burg Rotenburg; (3.) Vorkauf von Wachs, Wolle und Bienen; (4.) vom Landgericht verhängte Brüche; (5.) Forderung überhöhter Abgaben durch die Pastoren; (6.) Hinweis auf die Lasten von Türkenhilfe und Reichsabgaben; (7.) Ablehnung der vom Bischof beantragten Schatzung. – (III.) Erklärung des Domkapitels, betreffend: (1.) und (2.) Angaben zur Union mit der Landschaft; (3.) Vertagung der Entscheidung über die vom Bischof beantragte Schatzung; (3.) Bewilligung der Erbauung des Torhauses (‚Pforthaus' der Burg Rotenburg; (4.) Dienstpflichten für den Bau von Befestigungen (‚Burgfeste') auf Burg Rotenburg; (5.) Vorkauf von Wachs, Wolle und Bienen; (6.) vom Landgericht verhängte Brüche; (7.) Wegnahme von Ochsen in Walle durch den Bischof; Bitte um deren Rückgabe; (8.) Finanzierung der Rückzahlung des von Johann von Zahrensen gekündigten Kredits über 2 000 Taler. – (IV.) Antwort der Landschaft auf die Erklärung des Domkapitels, betreffend: (1.) Union mit dem Domkapitel; (2.) Vertagung der Schatzung; (3.) Kredit des Johann von Zahrensen über 2 000 Taler. – (V.) Gemeinsame Erklärung von Domkapitel und Landschaft, betreffend Vertagung der beantragten Schatzung. – (VI.) Landständische Gravamina, betreffend: (1.) Verbot des Vorkaufs von Ochsen und anderen Waren; (2.) Dienstpflichten für den Bau von Befestigungen (‚Burgfeste') auf Burg Rotenburg. – (VII.) Antwort des Bischofs, betreffend: (1.) Vertagung der beantragten Schatzung; (2.) Verbot des Vorkaufs von Ochsen und anderen Waren; (3.) Dienstpflichten für den Bau von Befestigungen (‚Burgfeste') auf Burg Rotenburg und das Reetmähen zu Rotenburg; (4.) vom Landgericht verhängte Brüche; (5.)

Höhe der den Pastoren zu leistenden Abgaben; (6.) Ablehung der Rückgabe der in Walle weggenommenen Ochsen; (7.) Vertagung der beantragten Schatzung. – (VIII.) Erstellung einer von Dietrich von Ahlden beantragten beglaubigten Abschrift des im Prozeß zwischen ihm und der Dorfschaft Otersen ergangenen Urteils des Landgerichts von [15]68 November 18, betreffend den Fohlenzehnten in Otersen.

Ausschreiben: StA Stade, Rep. 8, F. 19, nr. 2, Bd. 1, fol. 9r–10v (datiert Verden 1582 Juni 22 [Verdenn, den 22sten Junii Anno p. 82]; adressiert an das Verdener Domkapitel; besiegelte Or.-Ausf.).
Protokoll: StA Stade, F. 11, nr. 1, fol. 156v–160r.[1]
Abschied: –
Weitere zu diesem Landtag gehörige Quellen: –
Literatur: EKO 7.II.1, S. 140, Anm. 54. – Frick, Konfession, S. 15 u. 85. – Riggert-Mindermann, Verden, S. 260f.

Anno domini 82, donnerstags nach der heimbsuchung Mariae virginis, den 5. julii, ist ein landtag gehalten unnd darzu versamblett gewesen Andreas von Mandelschlo Domdechant, Georg von Mandelschlo, Georg vom Sandtbecke, Ulrich Kluver, Johann von Seggerde, Godthardt von der Lydt, Gebhardt Kluver, Eggerdt Nagel unnd Lunebergk Bicker.

[I.] Unnd hatt anfengklich nach eroffnung des tages der herr Bischoff furbrengen lassen, das das capitell unnd die anwesende landtschafft sich zu berichthende, daß S. F. G. vorm jare ein rechnung der unkosten, so ufs gebawte zu Rodenburgk ergangen, ubergeben, welcher unkosten sich dann in die zwantzigk tausent achte hundert unnd siebenzigk thaler ungeferlich verlauffen. Nun hetten S. F. G. an arbeits leuten, Rantzowen zinsen und sonsten viel nach geben, unnd wollten auch noch an zwo tausent thalern nicht mangelen lassen, begerett derhalben:

[1.] Nachdeme S. F. G. das bawgeldt andern leuthen uff zinß schuldig, eine leidtliche schatzung zu erleggung des bawgeldes uf etzliche jar zuverwilligen, welche schatzung von wegen der annahenden Turcken steur unnd gewöndtlicher Reichs unnd kreiß annlage doch muße forthgehen;

[2.] auch ferner nach zu geben das pfordt hauß zu Rodenburgk zu bawen.

[3.] Wie dann auch der cantzler gebetten, ihme seine zugesagte verehrung aus dießem schatz zu bewilligen.

[II.] Darauff ist S. F. G. auch die landtschafft abgetretten und hatt gemelte landtschafft den herrn des capittels in sonderheitt widderumb fürbrengen unnd anzeigen laßen,

[1.] welcher gestaldt zwischen dem capittel und der landschafft eine unio und confoederatio vor jahren auffgerichtett, darin verfassett, das das capittel und die landschafft des stiffts sachen beradtschlagen und befurdern, unnd zu solcher behueff bey einander halten wollen. Weiln denn nun also unnd solche unio bey dem capittel verhanden, biten die landschafft, das sowoll das capitell alß sie des stiffts und der armen underthanen beste bedencken unnd ehe unnd zuvor S. F. G.

einige andtwordt gegeben werde, ercleren mügen, ob sie auch bey der union und der landschafft bleiben wollen.

[2.] Unnd mugen demnach ihren Erwirden ferner nicht verhalten, das die armudt mit den gewöntlichen diensten der burgkfeste widder billigkeit unnd alt herkommen zum hochsten beschwerett werden. Unnd konnen Bischoff Georgii abescheidt, darin der burgkfeste eine masse gegeben, über zuversichtt nichtt bekommen.

[3.] So müssen auch die leute wachs, wolle unnd imme nichtt verkauffen, es sey dann denn voigten unnd drosten angebotten.

[4.] Auch werden sie mitt den brüchen an den landtgerichten widder billigkeit unnd altt herkommen beschwerett.

[5.] Den pastoren mussen die armen leuthe noch mehr geben dann alters hero gebreuchlich gewesen.

[6.] Welchs an sich bereits beschwerung gnug, unnd sey uber das alles noch vorhanden die Turcken steur unnd Reichs anlage; mitt bitte, solches alles neben der armen leute beste zu bedencken.

[7.] Dem allen nach, weiln dann dieße schatz fürderung gantz beschwerlich, auch etzliche aus der landtschafft nicht erschienen, wollen sie in die schatzung nicht willigen, damitt die eine beschwerung nicht uber die anderen uff die leuthe gelegt werde.

[III.] Darauff hatt sich das capittel ercleret:

[1.] So viel die unionem unnd confoederationem anlangett, berichtett her Andreas von Mandelschlo Domdechant, das ehr habe gehorett, das ungefehr drey jar zuvor, ehe ehr ins stifft gekommen sey, zwischen dem capittell unnd landtschafft ein vertrag uffgerichtett des einhalts, so jemands baven recht unnd billigkeit von einem Bischoffe wurde betrenget, das sie dann wollen samptlichen an ein ander halten, unnd ein den ander in habendem rechte nichtt verlassen. Ehr habe auch darnahmals die vertrag verlesen; es sey aber vor 40 jaren geschehen, unnd will erachten, das solcher vertrag bey des capittels segelen unnd brieffen verhanden sey, aber jetzo in eile nichtt auffgesucht werden.

[2.] Nach dem auch die landschafft andtwordt gebetten, ob das DomCapittel bey ihnen halten unnd bey der union bleiben wolle, alß haben ihre Erwirde daiegen angezeigt, daß sie bey gemelter union bleiben unnd in allen stiffts billichen unnd befuegten sachen bey der landschafft halten wollen, unnd hoffen, daß solchs die landschafft hinwidderumb auch thuen werde.

[3.] Belangen die angezogene beschwerung der armuth, darauf solle Seine F. G. vom capittel neben der landschafft angesprochen unnd gebetten werden, mitt der schatzung bis nach ausgangk des Reichstages stille zu halten; mitt erinnerung, das man auch darumb das etzlich der landschafft unnd capittels personen aussen geblieben sein, die schatzung nicht willigen konne.

[4.] Auch solle gleichsfals vom capittell unnd der landschafft Sein F. G. gebetten werden, sie armen leute mitt der burgkfeste uber alten gebrauch nicht zu beschweren.

[5.] Item die beschwerung des unbillichen furkauffs an wachs, wullen, schaffen unnd immen, so den armen leuthen daran bejegenett abzuschaffen, damitt ein jeder sein gudt und wahr verkauffen müge, worhin es ihm gelegen.

[6.] Item der bruche halben die armen leuthe an den landtgerichten beschwerdt, wie dann auch S. F. G. der pastoren beschwerung wegen, damit sie armen leuthe widder alten gebrauch uberladen, sollen angeredet werden.

[7.] Man wolle auch S. F. G. anreden neben der landschafft, das den leuten zu Walle die abgenommene ochsen von S. F. G. mügen widder gegeben werden.

[8.] Auch stellet das capittel in der landschafft bedencken: Nach dem Johann von Zarenhausen uff 2 000 thaler die lose gekundigett unnd seine zinse auch nicht erlangt, wo her heubtsumma unnd zinß zu bezalende sein wollen.

[IV.] Die landtschafft hatt sich hirauff erclerett unnd

[1.] sich bedancktt, daß das capittel bey der union bleiben unnd in stiffts sachen, damit doch keine privat sachen gemeinett sein sollen, bey ihnen halten wollen; und sein solchs auch hinwiederumb zu thuende erbutig unnd bitten, die union neben Bischoff Georgii receß der burgkfeste halben auffzusuchen.

[2.] Unnd lassen sich auch gefallen, daß S. F. G. umb anstandt der begerten schatzung bis nach dem Reichstage unnd abschaffung vor gedachter beschwerung durch etzliche aus dem capittel, der landschafft und etzliche aus dem radte S. F. G. angelangett werden.

[3.] Belangent die 2 000 thaler unnd zinse mitt Johann von Zarenhausen, sehen die landschafft vor radtsamb an, das man mitt ihme uff einen stillestandt handele und mitt der zinsen radt finde biß nach dem Reichstage.

[V.] Darauff Sein F. G. folgendt angeredet unnd denselben vermeldett worden, das capittell unnd landschafft in die begerte schatzung zu erstattung des gebawtes zu Rodenburgk nicht willigen konten, deweiln uff jetzigen Reichstage eine dermassen beschwerliche Turckenhülff damitt weder geistlicher noch weldtlicher verschonet wirdt, von den stenden des Reichs bewilliget wirdtt, So mussen auch andere Reichs steur unnd stiffts schulde mitt Johann von Zarenhausen bezalett werden, derhalben musse man erst sehen, wie hoich sich die Turckensteur verlauffen wolle, unnd ob solche große beschwerung deß stiffts tragen konne. Zu dem sein etzliche des capittels unnd landtschafft eltiste und fürnehme personen, ohne welcher bedencken unnd radt sie in dießer hoichwichtigen schatz sachen nichts fürnhemen oder schließen konnen, nicht erschienen, konnen derhalben in erfürderten schatz nicht willigen. Unnd haben demnach die abgesandten von wegen des capittels unnd gemeiner lanndtschafft gebetten, mitt der landtschatzung bis nach dem Reichstage stille zu halten. Wann dann derselbige geendigett und die abwesende mitt erschienen, waß dann zu erhalten unnd im sambtlichen des capittels unnd der landtschafft radte weiter befunden wirdett, solchs soll Seiner F. G. zu undertheniger andtwordt wiederumb fürgebracht werden; mitt undertheniger bitte, mitt solcher zeit und andtwordt fridtliche zu seinde, auch das capitell unnd landtschafft im gleichen die abgesandten dießer andtwurdt unnd werbung nichtt ungnedig zuverdencken.

[VI.] Negest dem sein S. F. G. nachfolgede beschwerung angezeigt, unnd darauff gnedige abschaffung gebetten worden:

[1.] Erstlich, das den armen leuten im stifft nicht müge verbotten werden, die ochsen unnd ander wahr, dar sich die armudt mitt enttsetzen kann, uff der ampten unnd vogeden fürkauffe nicht stehen zu lassen, sondern das ihnen müge frey sein, die ihrer gelegenheit nach zuverkauffen unnd den kaufleuten das geleide zuvergonnen. So aber jemandts ohne geleite oder zollen kauffte oder den zollen vertriebe, das die straffe auff den keuffer unnd nicht auff den verkeuffer muchte gelechtt werden.

[2.] Hatt capittel unnd landtschafft durch ihre abgesandten bitten, das die arme leuthe zu der borgfeste nicht hoher unnd mehr zu dienende beschwertt werden, alß des jars 3 tage, wie von alters hero gebreuchlich und auch vermüge Bischoff Jurgens abescheide bewilliget,[2] unnd das sie auch anders nirgent zu keiner arbeit, dann zur burgkfeste mügen gebrauchett werden. Unnd nach dem etzliche leuthe uber dem rethawent gepfandett, das ihnen solche pfande mügen widderumb gefolgett werden. Das auch die ochsen, so vorm jare einem manne von Walßede genomen sein, bitten capittel und landtschafft, das sie dem manne mügen widderumb zugestaldt werden.

[VII.] [1.] Darauff hatt S. F. G. nochmaln umb vorwilligung der landtschatzung unnd erstattung des bawgeldts angehalten, unnd die betzalung auff leittliche jar zu verwilligen begert, und sich erbotten, S. F. G. wollen den Turckenschatz gentzlichen und Reichs steur gentzlich vor abgehen lassen.

[2.] S. F. G. sagen weiter uff den articul des vorkaufs, das S. F. G. keiner jungkern oder praelaten meiern ochsen zuverkauffen verbotten, sondern allein S. F. G. eigenen meiern. Unnd sey solchs des zollen halben geschehen; auch gehe von den immen zoll, weiln der nichtt enttrichtett, habe S. F. G. etzlich leuthe drüber in straff genomen. Unnd begeren S. F. G. die jennigen namhafftig zu machen, so mitt dem vorkauff von den praelaten oder jungkern leuthen beschwerett worden.

[3.] Der burgkfest unnd rethawent sein S. F. G. in gebrauch unnd possession, haben es also für sich gefunden, wollen auch davon nichtt widderumb abstehen.

[4.] Die bruche am landtgerichte habe S. F. G. viel ringer dann S. F. G. vorfaren genomen, unnd wolle S. F. G. das mit Bischoff Jurgen register beweisen; unnd weiln das der dangk, wolle S. F. G. bey den alten bruchen bleiben.

[5.] Die beschwerung mit den pastoren anlangende, sagen S. F. G., es sey ein gebrauch, das dem pastorn ein schincke und dem koster eine schulder gebüre. Nun geben die leuthe dem pastoren vor den schincken 6. schillingk; wollen sie das nun nicht thuen, so sey je billig, das die leuthe dem pastorn jerlichs den schincken geben; unnd lassen es S. F. G. dabey auch beruhen.

[6.] ᵃDie ochsen zu Walle wollen S. F. G. nicht widder geben.ᵃ

[7.] S. F. G. haben endtlich gewilligett, das der landschatz biß nach vollendetem Reichstage vorbleibe; unnd haben entlich angezeigt, S. F. G. hetten bevelich daß hauß Rodenburgk uff rechnung zu bawen.

[VIII.] Uff jetz gehaltenem landtage hatt Unser Gnediger Furst unnd Herr uff underthenig anhaltendt Dirichs von Aelden eine auscultirte copeien einer urtheill, so den 18. Novemb. anno 68 vor dem landtgerichte zu Verden widder die dorffschafft Otersen des valenzehenten wegen gesprochen worden, dem erwirdigen domcapittel auch ritter unnd gemeiner landtschafft des stiffts Verden vorbrengen laßen, und begerett, sich zu erclerende, ob derselbigen urtheil soll folge geschehen unnd demnach gedachte dorffschafft Otersen schuldig sein, Dirichs von Aelden den valenzehenten folgen zu laßen.

Solchem hoichermeltes Unsers Gnedigen Fursten unnd Hern begeren nach haben capittell unnd landtschafft obberurte copey mitt vleiß verlesen, unnd nach dem sie befunden, das von der urtheil nichtt appelliret, und also dieshalb vor viel jaren ihre wircklicheitt unnd krafft erlangett gehabt, sich einhellig erclerett, das angeregter urtheill billig nachgelebet werde, unnd derwegen Dirichs von Alden befuegt sey, nach einhaldt derselben den valenzehenten von den von Otersen jerlichs zu ziehende.

(StA Stade, F. 11, nr. 1, fol. 156v–160r).

ᵃ⁻ᵃ *Nachtrag von gleicher Hand am Seitenrand.*
1 *Herrn Norbert Bischoff, Döhlbergen, danke ich hinsichtlich dieses Landtagsprotokolls sehr herzlich für die gewährte Hilfe.*   2 *Vgl. oben nr. B.30/III (1581 August 21/22).*

32

Landtag (?) 1582 November 27, Verden, Kapitelhaus

Ausschreiben 1582 November 3

Eberhard, Bischof von Lübeck, Administrator des Bistums Verden, Abt und Herr vom Haus zu St. Michaelis in Lüneburg, lädt die Verdener Landstände auf den 27. November 1582 nach Verden in das Kapitelhaus (denn Dingstag nach Catharinen, welcher sein wirt der 27 Tag Novembris schirkunftig, des morgens zu 9. uhren uf dem Capittelhause unser Thumkirchen zw Verdenn) *zu einem Land-*

tag. Dieser Landtag soll, nachdem der vorangegangene Landtag die Beschäftigung mit den von den Reichsständen (den stenden des heiligen Romischen Reichs) *bewilligten Abgaben vorerst verschoben hatte, sich nunmehr mit diesen, im Stift Verden aufzubringenden Geldern beschäftigen, da der Reichsabschied jetzt im Druck vorliegt* (dieweil ein solcher Reichsabscheidt offentlich in Druck vorhanden).

Datum Rodenburg am 3 Novembris Anno p. 82.

Ausschreiben: StA Stade, Rep. 8, F. 19, nr. 2, Bd. 1, fol. 11r–12v (adressiert an das Verdener Domkapitel; besiegelte Or.-Ausf.).[1]
Protokoll: –
Abschied: –
Weitere zu diesem Landtagsausschreiben gehörige Quellen: StA Stade, Rep. 8, F. 19, nr. 2, Bd. 1, fol. 13r (dem Ausschreiben beigelegt: Johan von Seggerden *teilt dem Verdener Domkapitel mit, daß er an dem für den 27. November ausgeschriebenen Landtag aus genannten Gründen nicht teilnehmen kann; Datiert Rethem (?), 1582 November 23 [*Raden, dem 23sten 9bris Anno p. 82*]; Or.-Ausf.; Siegel herausgeschnitten).*
Literatur: –

1 Über diesen Landtag sind außer den Ausschreiben und dem dort beigelegten Schreiben des Johann von Seggerden keine weiteren Quellen erhalten. Es muß somit offenbleiben, ob er tatsächlich stattgefunden hat.

33
Landtag 1583 Januar 24, Verden, Kapitelhaus[1]

Landtagsabschied

Die Verdener Landstände entscheiden über folgende Punkte: (1.) Bewilligung einer sechsjährigen Viehschatzung und genaue Festlegung der Verwendung der einkommenden Gelder; (2.) Einsetzung von genannten Schatzverordneten und Festsetzung der Abgabenhöhe; (3.) Dienste auf der Burg Rotenburg; (4.) Bestätigung des Beschlusses des Landtags von 1576 (April 3; oben nr. B.27), demzufolge die Pastoren in allen Kirchspielen des Hochstifts Verden bei Beerdigungen maximal ½ Reichstaler erheben sollen.

Ausschreiben: –
Protokoll: –
Abschied: StA Stade, Rep. 8, F. 19, nr. 1, fol. 102v–108r (Or.-Ausf. Papier 1; 7 aufgedr. Siegel erh.). – Ebd., fol. 110r–115r (Or.-Ausf. Papier 2; 7 aufgedr. Siegel erh.). – Ebd., fol. 94r–100v (vom Notar Johannes Laurentius Kittelin *beglaubigte Abschrift; 16. Jh.) – Ebd., fol. 89r–93v (Abschrift 16. Jh.).*
Weitere zu diesem Landtag gehörige Quellen: StA Stade, Rep. 8, F. 19, nr. 2, Bd. 2, fol. 12v (unten nr. B. 69, Protokoll d. Landtags von 1614 August 8; der Landtagsabschied von 1583 Januar 24 wird hier in einer Marginalie genannt).
Literatur: EKO 7.II.1, S. 140, Anm. 54. – Frick, Konfession, S. 85.

Zuwissen, das Heüt Dato uff gehaltenem Landtage Von dem Hochwirdigen Fürsten unnd Herrn, Herrn Eberharten Bischoffen zu Lübeck, Administratorn zu Verden, Abten und Herrn vom hauß zu Sanct Michael inn Lünenburg ./. den

Anwesenden eine Ehrwirdigen ThumbCapittelß, Landsassen unnd denen, so zu Landtägen pflegen vorschrieben zu werden,

[1.] eine schatzung ist bewilligt worden, Also unnd dergestallt, daß die hausßleüt im ganzen Stifft Sechs Jar lang einen Viehschatz uff hierunder gesatzten Anschlag sollen zu entrichten schüldig sein, unnd auß demselben Vieheschatze sollen die im vorigen Jar bewilligte zu Augspurg Vierzig Monatliche Rohmzüge zur defensiff hülff und, so nöttig, die Zehen Monate bewilligte eilende Hülffe in eventum, unnd dann auch die Zween Monat zum Vorrath dieses Kreises daselbst bewilligt, uff zeit unnd ziel, wie die im Reichs unnd Kreiß Abschieden befunden richtig gemacht werden. Und nachdem inn obgedachtem Reichs Abschiede befindlich, Das Exempt unnd nicht exempt, geistlich unnd welltlich dartzu zu contribuiren sollen schüldig sein, Alß sollen alle die, so im Stifft gesessen, zu der behuff belegt werden, unnd einem jeden derwegen seine Taxa von den Verordneten einnahmern des Schatzes zugesandt werden, Welche ein jeder sub poena dupli vormüg des Reichs Abschiedes soll zuerlegen vorpflichtet sein. Darnach soll hochgedachtem Fürsten oder Seiner F. G. erben uff vielfaltige mit Seiner F. G. gepflogne handlung, nachdem dieselbe ein grosse summa ahn den zweien steinern heusern zu Rotenburg, so sie vorlegt, dem Stifft zu guttem unnd besten sinken unnd fallen lassen, auß obgedachtem Vieheschatz innerhalb Sechs jaren erstattet werden Siebenzehen Tausent Reichsthaler, dann ob wol Sein F. G. viel andere nützliche gebeüte zu Rotenburg, uff dem Stifftshofe zu Verden unnd sonsten im Stifft ahn Vorwerck unnd Mölen gethan, So haben doch Seine F. G. von denselben gar keine zulage oder einigewiederstattung bekommen, unnd so obgedachte Siebenzehen Tausent Reichsthaler innerhalb den Sechs jaren nicht vollenkömlich erlegt werden könten, Dessen doch ThumbCapittel unnd Landtschafft sich befleissigen wollen, das es innerhalb der Zeit gewiß geschehen müge, soll daß ubrige, so resten würt, Seinen F. G. oder deren erben gebürlicher weise vorzinset werden. Nachdem auch S. F. G., ThumbCapittel unnd Landtschafft von allen bey Sein F. G. Zeitten bewilligten schatzrechnung ubergeben lassen, Welche sie auch zur gnüg angenommen, sein die hiermit richtig gemacht, unnd Sein F. G. unnd deren Schatzverordneten davon Krafft dieses Recesses quitirt. Folgendes sollen auß solchem Vieheschatz die Hauptsummen bezalet werden, welche dem Stiffte Zum besten, vor dieser Zeit uffgenommen, unnd mit der underthanen schaden, unnd nachtheil vorzinset werden müssen. Unnd dann ferner soll darauß das jennige richtig gemacht werden, so mann dem Keiserlichen Cammergericht, dem Kreise, Advocaten unnd Procuratorn noch schuldig, unnd inn diesen sechs jaren zu entrichten, nachmaß sich gebüren will. Unnd dieweil inn etzlichen Landtags Abschieden begriffen, Das Doctor Heinrichen Borcholten vor seine mühe, vleiß unnd arbeit, so er inn der Rechtfertigung de Krummen Graffschafft, den greniz sachen unnd sonsten gehabt, ehe unnd zuvor ihme ein jarlich dienstgellt zugesagt, unnd vormachet, Alß ist einhellig beschlossen, das ihme auß gedachtem Vieheschatz uff seine quitanz durch die verordneten innnehmer des schatzes zu einer vorehrung solle gereichet werden, Fünff hundert Lübesche Marck, welches er zu Danck angenommen, unnd sich hinfürder ThumbCapittel unnd Landtschafft inn allen müglichen, zu dienen

543

erbotten, wie imgleichen Magistro Eilardo von der Huden. vor seine mühe, die er inn der Landtschafft sachen, wieder die Kortschen, unnd ihrer Kinder gehapt, funffzig Reichsthaler, auß dieser schatzung zuentrichten zugesagt, unnd vorehret werden. Waß dann ahn diesen vieheschatz, wann obgedachte summen richtig gemacht, uberbleiben würt, soll durch die verordenten, inn vorfallenden Stiffts sachen, uff gnugsamb rechenschafft unnd beweiß angewandt werden.

[2.] Unnd damit solcher Vieheschatz richtig einkommen müge, sein zu einnehmung desselben verordnet, von wegen hochgeachts Herrn Bishoffs inn dem Ampt zu Verden, der Amptmann Johann von Affeln, unnd inn dem Ampt zu Rotenburg der Rentmeister Heinrich Elver, von wegen des ThumbCapittels Herr Eggerdt Nagel, unnd Herr Gebhardt Klüver, unnd von wegen der Ritterschafft Johann von Honhorst, unnd Heinrich von Zarnhausen, welche den schatz uffs fürderlichst, beschreiben lassen sollen, also unnd dergestallt, Daß erstlich zur Marsch, ein jeder Pferdt Acht schilling, ein Ochse, Kuhe, oder Starcke vier schilling, ein Schwein anderhalben schilling, ein Schaff ein schilling, das Imme ein schillin;. Zur Geist aber ein Pferdt Sechs schilling, ein Ochse, Kuhe oder Starcke drei schilling, ein schwein Neun Pfenning, ein Schaff ein Schilling, ein Imme ein schilling, alles zum helen Vieheschatz gegeben werden. Unnd soll nuhn dieser Vieheschatz diß erste jar gantz, das Ander jar halb, unnd also daß dritte jar wiederumb gantz, unnd so folgendes das eine jar gantz, daß ander jar halb, biß die Sechs bewilligten jar umb sein, genommen werden. Unnd soll dieser Vieheschatz uff itzigen Sontag den 27 Januarii inn allen Karspeln uff der Cantzel abgeküdigt, unnd die leüt zubeschreibung des Schatzes durch die Vögte darzu erfordert werden. Unnd wann dann solcher schatz eingesamblet, sollen die Schatzunge in des Capittelß unnd Landtschafft gewarsamb geliefert werden, Welche dieselben inn eine Kiste, darzu gemelltes Capittel unnd Landtschafft die Schlüssel haben unnd vorwahren sollen, gelegt werden. Alß auch von wegen des nachzellens gemeiniglich Klage unnd Irrungen vorfallet, So ist hiemit abgeredt, Das solch nachzellen durch die Vögte unnd diener inn beiwesen eines von den Schatzverordenten, den sie under sich darzu deputiren werden, geschehen und vorgenommen werden soll. Waß dann ahn Viehe, so inn der ersten beschreibung vorschwigen, ubrig befunden, Davon soll der schatz von den verordenten nachmalß genommen werden, Die brüche aber Sein F. G. vorbehalten sein.

[3.] Nachdem auch ferner uff diesem Landtage wegen der dienste, so der Prelaten, Junckern unnd Landtsassen leütte zur Burgfeste zuthunde schüldig sein, von den Landtsassen eine disputatio errögt, Also unnd dergestallt, daß sie angezogen, Als sollten die Leütte im Ampt Rotenburg gesessen mit mehren Burgfest diensten beschweret werden, Alß von allters gebreüchlich gewesen, Auch gegen unnd wieder den Receß, so weilandt der Hochwirdigster Hochgeborne Fürst, Herr Georg, Hoch- und Christmilder gedechtnüß, ettwa mit ihnen derwegen uffgerichtet, Unnd aber Hochgedachter Fürst sich uff den allten gebrauch gezogen, unnd den besitz, Nemblich, daß die, so im Ampt Rotenburg gesessen, so offt es die notturfft erfordert, mit der handt zur Burgfeste zudienen vorpflichtet, unnd sich keines Recesses, so derentwegen bey Bischoff Georgen zeitten uffgerichtet sein sollte, zuerinnern wüste, denselben Auch niemals gesehen, unnd gleichwol uff ihr vielfalltigs unterthenigs bitten unnd anhalten, sich erbotten, daß sie ihnen zu sondrigen gnaden unnd guttem, unnd uff ihr mildes erbieten, Daß sie es inn andere wege gegen Sein F. G. undertheniglich zu vordienen sich bevleissigen wollten, dahinn erkleret, Daß sie wol können geschehen lassen, auch hiemit wollen nachgegeben haben, Daß zeit Seiner F. G. regierung mit den diensten der Burgfeste es gehallten werde, wie folgt, Nemblich, das im Ampte Verden, die Meier mit Pferden unnd wagen, unnd die Köter mit der handt järlichs drey Tage, wie von allters hero gebracht, unnd dann die, so im Ampt Rotenburg gesessen, gleichs fallß drey tag des jars allein mit der handt zur Burgkfeste des hauses Rotenburg dienen, unnd darüber weitter zur Burgkfeste nicht sollen beladen werden; Doch sollen die andern diensten, wie von allters bey dem hause Rotenburg, alß zween tage inn der hofferndte, zween tage inn der höltzung, und ein tag Reth zumeien, unnd zum Stiffts hofe zu Verden, der Ritterdienst, alß nemblich zween tag mit dem Pflug, unnd ein tag zumeien, unnd von den Clauß Meiern der dienst, wie die von altersthero gewohnet, unnd biß ahn diß itziges jar gebreüchlich gewesen, geschehen, hinfürder so bleiben unnd geleistet werden; Unnd ein jeder gutther seine leütte, dahinn weisen unnd ermahnen, Daß sie des Morgens frühe ankommen, Dann sonsten soll ihnen derselbe tag nicht vor voll gerechnet werden, Und daß solches nicht Kinder, sonder starcke Personen sein mögen, Welche erklerung unnd indult ThumbCapittel unnd Landtschafft zu grossen gnaden unnd danck, angenommen, unnd dargegen sich zu allen underthenigen diensten hinwieder gegen Sein F. G. erbotten.

[4.] Es ist auch auf diesem Landtage uber die Pastorn geklagt worden, alß sollten dieselben die leütt, wann keine mast vorhanden, wegen der Schinken mit gelde ubernehmen, Alß ist einhelliglich vorabscheidet unnd beschlossen, das hinfürder, wann der Allmechtig Gott Mast bescheret, daß dann ein jeder Meyer, er wohne uff einem gantzen oder halben hofe, seinem Pastorn einen schinken, unnd dem Custer eine schuldern geben soll. Wann aber keine mast vorhanden, soll dem Pastorn vor den schinken Acht schilling, unnd dem Custer drey schilling entrichtet werden, Unnd sollen die Pastorn unnd Custer damit sich begnügen lassen, Unnd die leütt darüber nicht beschweren, wie sie dann auch sonsten mit der begrebnüß sich vorhallten sollen, gleich im Landtags Abschiede des 76. jars begriffen,[2] Alß nemblich, daß sie inn allen Kirchspeln, wegen der verstorbenen, nichts mehr fordern sollen, dann ein halben thaler, von verstorbenen Kindern aber sollen sie, Krafft des Abscheides, nach gelegenheit ringer nehmen. Unnd damit sie dieser zweier Puncten wissenschafft haben mögen, sollen ihnen Extracte dieses unnd des vorigen Abschiedes, sich darnach zurichten, zugesandt werden.

Dessen allen zu Urkunde sein dieser Abschiede zween gleichs lauts vorfertigt, unnd mitt Hochgedachts Hernn Bischoffs, der ThumbCapittels, etzlicher der Junckern, Alß Ulrich Behrn, Christoffern von der Kedenburg, Heinrichen von Zarnhausen, Ernsten von Alten, unnd der Stadt Verden Secreten unnd Pitzieren befestigt, unnd hatt einen davon Hochgedachter Herr Bischoff, den andern ein Ehrwirdig ThumbCapittel vor sich unnd die Landtschafft zu sich genommen.

Welches geschehen zu Verden den vier unnd zwanzigsten Januarii, Anno der weinigern zal drey und achtzig.

(StA Stade, Rep. 8, F. 19, nr. 1, fol. 110r–115r).

1 Den genauen Ort des Landtags nennt der zeitgenössische Aktentitel der Or.-Ausf. 2: Landages abscheidtt uff dem Capittelshauße zw Verden den 24sten Januarii anno p. 83 gehalten, wegen des Viehschatzes undt dienste zur Burgfeste zu Rodenburg (StA Stade, Rep. 8, F. 19, nr. 1, fol. 116v). 2 Oben nr. B.27 (1576 April 3).

34
Landtag 1587 Januar 10–14, Verden

Landtagsabschied 1587 Januar 14

Die Verdener Landstände entscheiden über folgende Punkte: (1.) 200 Mark, die die Stände von den von Bothmer aufgenommen haben; (2.) Ablösung der von den Clüver aufgenommenen 1500 Goldgulden; (3.) Reichssachen: Visitation des Reichskammergerichts, Türkensteuer und Unterhaltung des Reichskammergerichts; (4.) Visitation des Reichskammergerichts; (5.) Kosten der angeworbenen Landsknechte („Kriegsvolk"); (6.) Aufbringung der für Burg Rotenburg aufgewendeten Baukosten; (7.) Auseinandersetzung mit Johann von Holle und Anderen um den Nachlaß des † Verdener Bischofs Eberhard von Holle; (8.) finanzielle Forderungen der Erben des † Kanzlers Dr. Heinrich Borcholt; (9.) Forderung der Ritterschaft an das Domkapitel um Aushändigung eines Auszugs der Wahlkapitulation Bischof Christophs (von 1502)[1] und einer Kopie des Unionsvertrags (von 1582).[2]

Ausschreiben: ausgestellt vom Verdener Domkapitel, Ritterschaft und Landschaft; verschollen; erwähnt in StA Stade, Rep. 8, F. 19, nr. 1, fol. 117r.
Protokoll: StA Stade Rep. 8, F. 19, nr. 2, Bd. 1, fol. 33r–98v u. 100r–158v (datiert 1578 Januar 10).
Abschied: StA Stade, Rep. 8, F. 19, nr. 1, fol. 117r–120v (datiert 1587 Januar 14; Or. Ausf., 4 aufgedr. Siegel erh.).
Weitere zu diesem Landtag gehörige Quellen: –
Literatur: –

Zuwissen, das auff gehaltenem Landtthage zu Verden Anno 87, den 11 Januarii, außgeschrieben von einem Erwürdigen Thumbcapitel undt gemainer Ritterschafft undt Landtschafft seind nachfolgende Articuln beschlossen, vergleichen undt verabscheidet worden:

[1.] Zum ersten, ahnghande die zwei thausent Taller, welche von ᵃdem ThumbCapitel unndtᵃ der Landtschafft auffgenhommen sein von den Von Botmern, ist verabscheidet, wo ferrn die Von Botmern sollche 2000 Taller bei der Landtschafft nit wollen stehen laßen, das alß dan die sollen auff zinse bei anderen zu wege gebracht werden, Undt so lang vorzinset, das mhan khommen khan zu alsolchem golde auß gemainer landt schatzungen, Undt alß dan mit er Landtschafft verschreibung von den Von Botmern eingeloset.

[2.] Zum andern, ahnghande die Vormeinte loßkundigung der Cluver auff Funffzehen hundert goltgulden, neben erlegung der geburlichen zinsen, ist verabscheidet, dieweil solliche foderung, eine alte verlegene Schult sache, Auch der Herr Bischoff zu mhermhalen sich horen laßen, das guete nachrichtung verhanden, das dieselben bezalet, das die notturfft erfodert, das bei den Officianten der Cantzelei, Undt dem Nachlaß des Herrn Bischoffs, erkundigung geschehen, undt auffgesuchet werden, ob etwas verhanden, da mit die bezalung bescheinet werden khan.

[3.] Zum dritten, betreffen die Turckensteur, undt unterhaltung des Kay. Cammergerichtes, Besoldung des Advocaten undt Procuratorn zu Speir, zu folge des Reichs- undt Craißabscheiden, im gleichen der Landtabscheiden, ist beschlossen undt nochmhals verabscheidet, das sollich geldt soll auß gemainen Landtschatzungen genhommen werden.

[4.] Zum Vierden, belangende die Visitation des Kay. Cammergerichtes, auff schirstkunfftigen ersten thag Maii, ytziges 87sten Jahres, darzu der Bischoff des Stiffts Verden alß ein Gaistlicher Furst verordnet, hat ein Erwürdig Thumbcapitell auff sich genhommen, deßhalben ahn den Churfursten zu Maintz, alß des Reichß Ertzcantzelers zu scheiben, oder schickhen, Undt so viel muglich, da bei zu befodern, das von wegen des Stifftes Verden mit etzlichen Verordneten auß dem Thumbcapitel, undt anderen gelarten qualificirten personen, in staadt des Regierenden Bischoffs zu Verden, sollich Visitations werck verrichtet werden mogte, Undt da solliches zu erhalten, das als dan da durch ein grosses dem Stiffte gesparet werden khonne.

Da aber solliches nit zu erhalten, das alß dan vor dißmhal das Stifft Verden verschonet werden moge, biß das der Neuw postulirter Bischoff confirmirt, undt Seine Regalien von der Kay. Maytt. außgebracht.

Was dan auff die Visitation, undt diß gantz Visitation^b werckh van unkosten auffgewandt werden mußen, das dieselben auß den landtschatzungen zu nhemen, dieweil solliches Landtsachen sein, undt das Stifft undt gantze landt zu tragen schuldig.

Dieweill aber in der geldckasten, darinne die Landtschatzung enthalten werden, sollich notturftig geldt nit furhanden, Auch in diesen kummerlichen zeitten, den armen Unterthanen unmuglich furfallen wolte, die Landtschatzung zu bezalen, Alß ist verabschiedet, das auff zinse sollich geldt auffzubringen, undt auß der Landtschatzungen zu verrenten, biß das der Haubstuel khonne abgelegt undt bezalet werden.

[5.] Zum Funfften, was belanget die Unkosten, so auff das kriegeßfolckh, welches in diesem Jahre ahngenhommen, gegangen, Ist verabscheidet, das das Ambt Verden, wie zu Rotenburg geschehen, sollich kosten tragen undt verrichten soll.

[6.] Zum Sechsten, Nachdeme befunden, das dem Saligen Herrn Bischoffs von wegen der Bauwkosten zu Rotenburg geschehen, sechstehalb tausendt undt etzliche

Taller, auß den Landtschatzungen noch hinterstendig, ist verabscheidet, das sollicher Nachstandt soll auß den hinterstendigen zwen Jerigen Landtschatzungen entrichtet werden, alle Jahr ein theill darvon.

[7.] Zum Siebenden, Nachdem der Droste Johan von Holle, undt Seine Consorten den 5ten Novemb. bei einem Erwürdigem Thumbcapitell von wegen des Nachlasses des Seligen Herrn Bischoffs, Christmilder Gedächtnuß, ahnfoderung gethan, Welcheren den 12 thag dieses Monats Januarii ein Thag ahngesetzet ist, sollich Sache von einem Erwurdigen Thumbcapitel, undt Verordneten auß der Landtschafft in verhor genhommen werden.

Was nhun darin von einem Erwürdigen Thumbcapitel, undt Verordneten auß der Landtschafft verabscheidet, concludirt, undt beschloßen, das will die gantze Landtschafft, neben dem Thumbcapitel genham haben undt halten.

Dieweill aber befunden, das die Schuldt Verschreibung, auff Viertausent goldtgulden, welche von der Frisischen, undt Semerschen auffgenhommen undt bezalet worden sein, von Hochgedachten Bischoffn noch nit zu handen des Capituls restituirt, Derenthalben ist verabscheidet, das von des saligen Herrn Bischoffs Erben diese Schuldtbrieff mit ernst soll gefodert werden, undt in die tresen gelegt.

[8.] Zum Achten, betreffen des saligen Cantzelers D. Heinrichn Borcholten nachgelaßen Erben foderung, seines nachstandes halben, ist verabscheidet, das ein Erw. Thumbcapitell soll mit denselben Erben handlen auf billige wege, dieweill etzliche viell Jahr ehr in sachen der Krummen Graffschafft nichtes gedienet, Auch auff eine zeidt Ehr funffhundert Marck Lubisch albereidt bekhommen hat. Was dan durch das Capittell behandlet, soll auß der Landtschatzungen genhommen undt entrichtet werden.

[9.] Zum Neunden, alß die Von der Ritterschafft von einem Erwurdigen Thumbcapitell begeret ein Extract der Capitulation benandtlichen allein betreffen der Vom Adell, undt Stende Privilegien undt Freihaiten, In gleichem Copiam der Union, so bei zeiten Bischoffs Christoffn Hochloblicher Gedächtnuß, auffgerichtet sein soll, hat ein Erw. Thumbcapitell auß vielerhandt Ursachen sollicher foderung nit staadt thuen khonnen, Sondern dahin sich ercleret, undt erbotten, Wofern yemandts auß der Ritterschafft oder Landtschafft uber zuversicht kunfftiglichen von dem Neuwen Heren postulirten Bischoffen in verkurtzung Ihrer privilegien undt Freihaiten beschweret werden wolte, das alß dan ein Erwurd. Thumbcapitel, will bei Hochgedachten Fursten intercediren undt befoderen, das niemandts wider[c] Rechten [d]in irenn[d] Privilegien undt Freihaiten von S. F. G. verkurtzet werde.

Dar auch die ahngezogene Unionen khonnen gefunden werden, ist ein Erwürdig Thumbcapitel erbietig, den Stenden die zu communiziren.

[10.] Letzlichen, was ferne etzliche unter den Landtstenden wurden privat mhängele haben undt einem Erwurd. Thumbcapitel schrifftlich die ubergeben, alß dan nach befindung, sede vacante, weill ein Erwurd. Thumbcapitell geburliche

Verordnung dar in thuen, das die zu pilliger endtschfft gefodert werden, oder ahn das Hoffgericht ᵃoder andere Untergerichteᵃ die remittiren.

Whan das obberurter massen obengedachte puncte von der sembtlichen Anwesenden Landtschafft, neben einem Erwürd. Thumbcapitell beschlossen undt verabscheidet, Alß hat ein Erwürd. Thumbcapitel zu zeugnuß der Warheit unter diesem Abscheidt Ihr Capittels Siegel ad causas wißentlichen trucken laßen, Wie dan gleicher gestalt Johan Von Honhorst undt Heinrich Von Sarnhausen, von wegen der Ritterschafft diesem Abscheidt mit Ihren Pitschafften, Undt der Radt zu Verden mit der Stadt Secret befestet haben. Geschehen undt gegeben zu Verden den 14 Januarii.

(StA Stade, Rep. 8, F. 19, nr. 1, fol. 117r–120v).

a–a *von gleicher Hand am Seitenrand nachgetragen.*   b Visitation *in der Vorlage unterpunktiert.*   c *folgt* in der Vorlage gestr. der.   d–d *von gleicher Hand über der Zeile nachgetragen.*

1 *Vgl. StA Hann., Brem. Or.; 1943 verbrannt [letzte Signatur nicht bekannt]; Or.-Ausf.. – HStA Hann., Celle Br. 33, nr. 10, fol. 9r–11v (vom Notar* Fredericus Vulgreve *im frühen 16. Jh. beglaubigte Abschrift eines 1502 Juli 5 [sic] ausgestellten, von den Notaren* Johannes Schrever *und* Henningus Brothencke *beglaubigten Notariatsinstruments, in welche die Wahlkapitulation inseriert ist).³ – StA Wolfenbüttel, 2 Hs. 6, fol. 99r–100v (Abschrift 17. Jh.). Regest: StA Stade, Rep. 81, Hs. 9 (Rep. Möhlmann 1), nr. 2817 (nach der verbrannten Or.-Ausf.). – Spangenberg, Chronicon, S. 155 f. (wohl nach der verbrannten Or.-Ausf.). – Frick, Konfession, Anhang, S. I, nr. A. a (nach Spangenberg). – Schütz, Johann Rode, S. 208, nr. 216 (nach der Wolfenbütteler Abschrift); Vgl. hierzu Weise, Staatsarchiv Stade, S. 210, Anm. 15. – Frick, Konfession, S. 7.*

35
Landtag 1588 Juli 8–10, Verden, Kapitelhaus

Teilnehmerliste

Vollständige Auflistung aller Teilnehmer dieses Landtags.

Überlieferung: *StA Stade, Rep. 8, F. 19, nr. 2, Bd. 1, fol. 160r (am Seitenrand der ersten Seite des Protokolls).*

Reverendissimi Verordnete: Jobst Spiegelberg Canzler, D. Joachim Cranenbergk, Johan von Affeln Ambtm., Heinricus Weingertner, Heinrich Graßhoff.

Capitulares: Herr Dieterich Friese Domd., Georg von Mandelshloe, Wilcken Klencke, Geörg von Santbeke, Johan von Seggerde, Wilcken Klüver, Gothart von der Lydt, Friederich Hemming Synd.

Landtschafft: Johan von Honhorst, Johan von Zarenhusen, Heinrich von Zarnhusen, Christoff von der Kedenburg, Ernst von Alden, Gebhartt Slepegrel, Herberten von Mandelshlo, Otto Grote, Burgkhart Behr, Burgkhart Klüver, D. Schleuffer.

Wegen des Rath zu Verden: B. Johan Bodeken, Christoff Weselow, Frantz Panning, Rudolff von Diefholtz.

(StA Stade, Rep. 8, F. 19, nr. 2, Bd. 1, fol. 160r).

36

Derselbe Landtag

Landtagsabschied (Konzept)

Die Verdener Landstände entscheiden über folgende Punkte: (1.) den Streitfall zwischen Johann von Holle als einem Verwandten des † Bischofs Eberhard, auf der einen und Bischof Philipp Sigismund, Domkapitel und Landständen auf der anderen Seite über die Verwendung des Nachlasses des † Bischofs Eberhard; (2.) Güter von Johann von Holle und Lippolt von Bothmer; (3.) Bewilligung von 600 Talern aus dem Schatz für Baumaßnahmen auf Burg Rotenburg; (4.) daß zur Verbesserung des Weges in der Dörverder Marsch die Meier im Amt Rotenburg je 1 Fuder Steine, die Meier von der Geest im Amt Verden je 2 Fuder Steine und die dortigen Meier von der Marsch je 2 Fuder Sand liefern sollen.

Ausschreiben: –
Protokoll: StA Stade, Rep. 8, F. 19, nr. 2, Bd. 1, fol. 160r–174v.
Abschied: StA Stade, Rep. 8, F. 19, nr. 2, Bd. 1, fol. 175r–177v (Konzept, mit Marginalien und Korrekturen von einer gleichzeitigen Hand).
Weitere zu diesem Landtag gehörige Quellen: –
Literatur: –

ªZuwissen, daß demnach sich zwischen deß Hochwurdigenn in Gott Hochvermugenden Fursten unnd Herrn, Herrn Eberharten Bischoffen der Stiffte Lubeck unnd Verdenn, Abt unnd Herr S. Michaelis in Leuneburg seligen Christmilder gedechtnuß, Brudern Johan von Holla unnd andern Consorten deßelbigen blutsverwandten freunde, ᵇam einen undᵇ dem Hochwurdigen Durchleuchigen unnd Hochgebornen Fursten unnd Herrn, Herrn Philippo Sigißmundo Postulirten Bischoffen deß Stiffts Verden, ᶜEinem Ehrwurdigen Verdischen Thumb-Capitul, auch Ritter- und Landschafftᶜ, am ᵈanderen theillᵈ,ª etliches Nachlaß deß Hauses Rothenburg unnd andern Puncten halber, so bemelte die Bischoffliche zugewandte freunde, Ihnen zugehorich vermeint, irsal unnd Mißverstandtnuß zugetragen, und aber die von Holla & Consortes zu underschiedlichen malen derentwegen bey Hochgedachtem Fursten und ThumbCapitul eine Tageleistung underthenich vleisich und einstendich gesucht unnd gebeten, Als ist entlich zu der behueff ein Landtagk angesetzet und auff heute dato undenbeschrieben gehalten worden, unnd auf demselben nach vleißigen verhor unnderwegung der sachen von gemelten ThumbCapitul, I. F. G. Deputirten Cantzler unnd Rethen, auch Ritter- unnd Landtschafft unten gemelt verabscheidet worden, den Nachlaß deß Hauses Rothenburg betreffendt,

[1.] hette Bischoff Eberharten seliger gedechtnuß auf Rothenburg daselbst ein stattlichen vorrath befunden, unnd do derselbe gleich von Jharenn zu Jharenn in etwaß Verbeßert sein sollte, were solches nit auß dem patrimonio und eigenen deß seligen Hern Bischoffen, Sondern viell mehr auß den Kirchen- und Stiffts Verden gutern beschehen, Worumb derselbe auch bey den Kirchen unnd Stifft Verden billich vonn rechts wegenn gelassenn wordenn muste, ᶜunnd dennoch ihnen denn Bischofflichenᶜ Verwandten fur diesen auß sonderlicher gnaden unnd gunsten von I. F. G. und ThumbCapitull etliche Bischoffliche Kleider, Bucher unnd anders auf ihr undertheniges vleißiges unnd embsiges ansuchen gefolget, Jedoch Cum protestatione unnd auff gethane Caution der von Holla & Consortum, daß es dem Stifft zu keinem preiuditz gerreichenn *[sic]* sollte, Als wurden sie hiemit nachmals friedich sein und solichs gnade unnd wolthat nit mißbrauchen; Hieruber aber konnte man ihnen ferners nichts zukommen lassen, weill sie schon alles unnd mehr hinweg hetten, alß sich zu rechte eigendt und geburett; waß die schuldenn, so verhanden unnd vonn Bischoffen Seligenn gemacht sein muchtenn, ᶜbelangetᶜ weren dieselb deß Nachlaß oder Stiffts Verden halber nit, sondern anders woher verursacht, ᶜunnd ohne befur gefunden Consent und bewilligung Eins Ehrwurdigen ThumbC[apituls] und Landtschafft gemachet,ᶜ Den do dieselb vonn Stifft herruren gewesen, hette der Herr Bischoff (wie in denn fellen deß Stifft bereffendt geschehen) zweifels ohn sie das ThumbCapitull unnd Landtschafften dazu gezogen, oder in zum weinigstenn deß Capituls Consens und verwilligung gebeten, Welches alles, weill es vorpleiben und nit beschen, konnte Daß Stifft Verdenn auch Damit keinsweges beschwertᶠ werden,ᵍ unnd thette man sich hinfurt nit anders zu ihnen den Bischofflichen verwandten versehen, Sie daß Capitul und Stifft hinfurt mit dergleichen foderung verschonen wurden, ᵉdie Anspruch unnd Foderung aber, so das stifft Verdenn wider die verwandte freunde hette, in deme sie nach vom Stifft allerhandt guter liegent unnd pharendt, deren auf iungst gehaltenem Landttag in spem erinnerung geschen, zu unnd an sich gebracht hetten,ᵉ solchen Convention man sich hiedurch nit begeben, sondern außtrucklich wolte furbehaltenn haben unnd demnach die Capitulation des S. H. Bischoffen bey handen vermag, do I. F. G. daß Stifft mit einigen aufschlag oder schulden unverhoffentlich beschweren, und dieselbe nit ablößen wurde, man sich auf den fall an etliche Adeliche geschlechte, Sonderlich die vonn Holla und Monnichausen erholenn solte, So muste man solchen, do es sich begebenn und dergleichen aufschlag unnd schulden verhandenn einhalts derselben geleben und wircklich nachsetzenn, Were sonsten denn verwandtenn freunden in ander weg gunstigen willen zuerzeigen urbuttich.

[2.] Die guter aber, so Johann von Holla wie auch Lippolt von Bothmar unnd ander blutsfreunde auß dem Stiffts inhabenn theten, dieselbige Solten ihnen so weit unnd ferner gelaßen werden, Als sie daruber deß Capituls mitbewilligung unnd besiegelung hetten, Darauf aber gleichwoll geburlich sich kegen dem ThumbC[apitul] reversirn; ᵉDo aber Capituli consensus nicht verhandenn, mustenn dieselb vermög ihrer eideß pflicht widerumb zu der kirchen unnd Capitull genommen werden.ᵉ Solten sich aber sonsten keiner thetlicheit beforchten, weill man niemandts de facto zubeschweren gemeint;

[3.] Wan auch I. F. G. einen Ehrw. ThumbC[apitul], Ritter- unnd Landtschafft proponirn laßenn, Daß das Haus Rothenburg fast baw- unnd niderfellich were, und, do denn bey gutter zeitt nit furgebawet, zubesorgen, Daß ein großer unwiderbreglicher schade daraus wurde fleißen, unnd erwachsenn, Hier auch dem gantzen Stifft mercklich gelegenn, unnd I. F. G. solchs in bedenckenn, deß ThumbC[apituls], Ritter- unnd Landtschaft gestellet, Sonderlich woher der bawkosten zunemen, unnd wer demselbigen verlegen solte, Darauff hatt ein Ehrw. Thumbc[apitul], Ritter- unnd Landtschafft sich erklerett, Ob man woll verhofft, Daß Hauß Rothenburg, weill etliche viell Tausendt dazu Contribuirt, also erbawet sein solte, Daß es bestandt gehabt, doch weill das gegenspeill zubefinden, unnd die beßerung Hochvonnöten, Wolte man 600 Thlr. widerumb zu der Bawkosten I. F. G. aus dem schatze verwilligen, unndt außelen laßen, zweifeltenn ein Ehrw. ThumbCapitul, auch Ritter- und Landtschafft, mit I. F. G. ohn zweifell auch etwaß dazu unnd bey thun wurde, Daß solcher baw bestendich sein muchte.

[4.] Die besserunng deß weges in der Dorverder Marschs betreffendt ist derentwegen auf gnediges begern I. F. G. verabschiedet, daß solche furderlich mit geburende ernst unnd vleiß solle ins werck gerichtet unnd folgender gestalt furgenomen werden, Daß Nemblich die Meier deß Ampts Rothenburgk Jeder 1 fuder stein, die im Ampt Verden aber auf der geist Jeder 2 fuder steine, Dan die Meier in der Marsch Jeder 2 fuder sandeß furen unnd damit solichem weg beßern unnd bawen sollen, Das es ein bestandt haben muge.

Und weill solche bewilligung I. F. G. zu underthenige gefallenn unnd auß pflicht geschen, bitten derentwegen ihnen eine Reverss gnediglich mitzuteilen, Welches also verwilliget unnd verabscheidet worden ist, p.

(StA Stade, Rep. 8, F. 19, nr. 2, Bd. 1, fol. 175r–177v).

a–a *Text gestrichen.*   b–b *gestrichen und durch darüber gesetztes* anderteil *ersetzt.*   c–c *Nachtrag am Seitenrand.*   d–d *gestrichen und durch darüber gesetztes* einen und *ersetzt.*   e–e *in der Vorlage unterstrichen.*   f *gestrichen und durch drüber gesetztes* belegt *ersetzt.*   g *folgt später gestrichenesEinfügungszeichen zur Einfügung eines später ebenfalls gestrichenen Nachtrags am Seitenrand:* In sonderlicher ferner wirgung *[?]* daß gedachter *[gestr. und durch* Er *überschrieben]* Bischoff Eberhart Seliger sich furstlich und stattlich verpflichtet und in der Capitulation reversirt *[über gestr.* elig[.....]*]*, dafur auch die Burgen sich ebenmessig obligirt und eingestellet hetten, daß derselbe dieß Stifft mit keinem Auffschlag oder einigen Schulden *[folgt gestr.* wolle*]* beschweren solte.

37

Landtag 1589 September 15, Verden (?)

Teilnehmerliste

Namentliche Auflistung aller Teilnehmer dieses Landtags, mit Ausnahme der Vertreter der Stadt Verden.

Überlieferung: StA Stade, Rep. 8, F. 19, nr. 2, Bd. 1, fol. 179r (am Seitenrand der ersten Seite des Protokolls).

Presentibus: R^{mo} Philip. Sigism. p. Ep[iscop]o p., H. Dieterich Friese Decano, H. Wilcken Klencke, H. Geörg von Sandbeke, H. Joh. v. Seggerde, H. Gothart von der Lith, H. Luneberg Bicker, H. Gebhart Cluver, H. Hilmar v. Alden, H. Friedrich Haßelbusch Decano S[ancti] A[ndree], Friedrich Hemming Syndico.

Christoff Wedekindt Syndico Brem., D. Joachim Kraneberg, Heinrich Weingertner, Johan von Affeln, Heinrich Boliche Secret. Rottenburg, Consiliarii[1]

Von den Landtstenden: Johan von Honhorst, Christoff von der Kedenburg, Joh. von Zarnhausen, Ernst von Alden, Hinrich Cluver, Herbort v. Mandelschlöe, Burchart Cluver.

Deß Raths abgeordente: p.

(StA Stade, Rep. 8, F. 19, nr. 2, Bd. 1, fol. 179r).

1 Consiliarii *steht in der Vorlage neben einer geschweiften Klammer, die 3 Namen zusammenfaßt und ist demzufolge auf Heinrich Weingärtner, Johann von Affeln und Heinrich Boliche zu beziehen.*

38

Derselbe Landtag

Landtagsprotokoll und -abschied

Die Verdener Landstände verhandeln und entscheiden über folgende Punkte: (1.) Ermittlung der Kosten für Baumaßnahmen auf Burg Rotenburg; (2.) Baumaßnahmen am ‚Kruttorn' (Krautturm) auf Burg Rotenburg; (3.) Baumaßnahmen auf dem Verdener Bischofshof in Lüneburg; (4.) Prozeß gegen Johann von Holle um das Erbe des † Verdener Bischofs Eberhard von Holle.[1]

Ausschreiben: –
Protokoll und Abschied: StA Stade, Rep. 8, F. 19, nr. 2, Bd. 1, fol. 179r–182v (von verschiedenen Händen in z. Tl. sehr flüchtiger Schrift geschrieben).
Weitere zu diesem Landtag gehörige Quellen: –
Literatur: –

Anno p. 89 den 15. Septembris ist ein gemeiner Landtdach geholden worden, und uff demselben proponirt wie volget:

[I.]

[1.] Erstlich Unser F. G. und Here durch den hern doctor Wedekinus vormelden laßen, derer ettlige hoichwichtige sachen vorgefallen und zubehricht derselben ein landtdag außgeschrieben. Danck S. F. G. laßen des de gemeine landtschafft irstl. *[?]* hiebevorn uffm landdag proponiren laßen, erstlich von wegen des gebawes uffm hause Rotenborch, das nottwendich das muße gebeßert werden. Derwegen I. F. G. auch mith ettzlichen geschickten Bwmeistern geredet, wie dem mitt dem besten und fredelichsten muchte gehulffen werden. Der Bwmester von Groning befunden, das die gewelbe noch mehr zu rißen, der mit Isern anckern dem gebw zu hefften vormeinet, Welchs I. F. G. sich nicht kan uberreden laßen. Noch mit einem andern Bwmeistern beredet, der mit Balcken p. an statt der gewelbe deß Hauß zumachen gerathen. Das Capittel hiebevorn sich ercleren, das mith 600 thalern dem ghebawe zu hulffen, die auch S. F. G. bewilliget. Der Bwmeister vormeinet aber, das mith der Summa nicht kunne dem gebaw gehulffen werden und muste die gewelbe gans abgebrochen werden. Hette F. G. fur die 600 thaler materialia bey die handt und zuwege bringen lassen. Derwegen I. F. G. vor nottwendich erachten, dieße sachen mith der landtschafft zureden. Und sollen I. F. G. dießen punct zu beßern bedencken eines Erw. Domcapittels und der Landtschafft, Doch das I. F. G. eine bestendige behausinge hebe muste, dar dieselben die Administration dießes Stiffts sicher vorwalten konnen. Willen auch der Landtschafft zu bedencken geben, was einen großen schimpt sein werde, ßo das Hauß Rotenburgk solte ganß infallen und zu ruinenn ginge, wie zu besorgen.

[2.] Bi und neben dießen punct S. F. G. erwogen, das das gewelbe oder Kruthtorn auch dermaßen mangel hette, das no alleine denjennigen, ßo uff hause sein, sondern auch Ire F. G. nith konten sicher sein. Bischoff Eberhart seliger bereitt ins weiter gestelt, das der Pulver Kruttorne uff andern ordt gelathen und bereits ein fundament geslagen in den wassergraben. Wil derwegen I. F. G. zu bedencken gestalt, weill B. Eberhart druber gestorben, Ob nicht auch solch gebette Nicht fur der handt zunemen, daß der Turn allein etliche schue hohen muchte auff gezogen werden mit einem Tathe.

[3.] Neben diesen puncte erinnert F. G., daß auch in der Stadt Luneborch der hoiff dem Bischoff gehorich eingefallen, begern derwegen ettzlige zw deputiren, de da hin zihen und sollichen schaden besichtigen, wie dem schaden gehulffen werden muge.

[4.] Ferner vormeldet, das Johan von Holle einen Notarien und zeugen ahn I. F. G. geschicket ein Instructionibus und darin daß Capittel und de Landeßschup sich derselben nun beßer zu berich[ten], sollen de Instructiones vorgeleßen werden:

„De erste Instruction.

Das Jonatas von Holle p. & Consortes Treckell abgefertigt, daß B. Eberhardt Ew. R^{mo} vermelden solte den Nachlaß folgen zulassen, oder der Newn Rethe Niderzusezen.

Die ander Instruction.

Gerhardus Trekell Notarius wegen Johan von Holle ahn den Hr. Bischoff abgeferdiget, Zu vormelden, das Johan von Holla genommen de Wisch und Ackere, de Halß genant,
Einen hoff zur Etzenn,
Einen Katen zur Zelen,
Drie hove zu.[2]
Daruff restitution geben mith [..]ern, ßo ehr von Jemandts darumb besprochen, wollte ehr zw rechte beschwörd. Bittet und requireret I. F. G. in geborender frist newn rete zu settzen. Auch proponirt, was I. F. G. oder derselbe [.......], Berawen solliche Instruction in zwen puncten, Erstlich daß Ihnen, denn von Holle, die Ingeschlagenen Meier muchten restituirt werden, 2do. daß Ihnen der Nachlaß zu Rothenburg gefolget werden mugte, Oder derwegen vermuge der Ordnung der Neun Rethe Niderzusetzen."

Ire F. G. de Andtwordt gegeben, Das deßelben von Johan von Holle nicht ersuchen werden, sich auch der sachen nicht zuberichten wusten. Solte derwegen Johan von Holle de sachen beym Capittel, da de bereidt ins werck gestellt, vordhan fordern. Die verradt und eingedombte uff Hause Rotenborch und sunsten [...] I. F. G. vom Capittel eingeandwordet, wolten I. F. G. auch dafur sein, das der vorradt nicht solte vorringert werden. Der entwendete Meigere und Weischen weren deßelben sede vacante vom Domcapitell an das stiffte wedder genommen, und erachtet I. F. G., das solliches billich geschin. Und hetten I. F. G. sich auch leslich kegen Johan von Holle erbotten, da ehr uff gemeinem landages ansuchung thun worde, solle Ime ferner richtig Antwordt gegeben, und wolte es F. G. mit Capitul und Landschafft bereden. I. F. G. erachtet, das nach vormuge der rethe Johan von Holle solliche ansproche nicht wolle geben. Auch wollen I. F. G. nicht gemenet sein vom Domcapitel in dießer ansprache obzuzihen. Alß auch Jo. von Holle uff das Reichs Constitution sich referiren und die vormugen das newn reten niddergesetzten, Auch in denselben begreffen, wan ein Chor und Firsten bedencklich vorfelt, ob die newe rete Wollen niddersetzen oder nicht. Das alßdhan an das kaiserligen Camerg[ericht] de sachen zustellen. Wollen derwegen sollichs dem Capittel heimstellen, was in dieme zu thun oder nicht, und welches weg ann sich g[....].

In Außwege des Camergerichts ordenung zu bewilligen were bedencklich, den der so die Rethe nicht setzet, auß die unkost stehen, konten mit solchen kosten die sache am Camergericht außgefurt werden. Unnd konte auch die Recommutationes fur den Außwegen nicht nidergestelt werden, Daß F. G. bedencken ließ, daß uff weitere erforderung und requisition des von Holle begeren I. F. G. sich kegen deselbigen zuerkleren, und begern Capittul und Landtschafft, sich auff diße punct erkleen wolte, waß den von Holle zuantworten oder nicht.

[II.] Resolutio Capituli p.

[1.] Erstlich dem Hern Bischoff bedanckett Irer F. G. gnedig erscheinung p.

Uff den punct des gebawts ahm Hause Rotenborch ist des Capittels und der Ridderschafft bedencken, Das es zu I. F. G. gnedig erklerung soll gestelt sein, was dieselben zu behorich, sollichs gebawts forderen wollen, Daruff wollen sie sich widderumb underthenich erkleren. Solte aber eins fur alle gefodert werden,

[2.] Dem punct aber des Dwengers bitten sie underthenichlich, das die muge noch eine zidtlanck ingestellet, das die Armen leuthe nicht ßo vile beschweren.

[3.] Denn wegen des Hauses zw Luneborch wollen sie doch sonderlich mith I. F. G. reden.

[4.] Johan von Holle ließen sie bei Ihrer vorigen erklerung auff fur gehaltenem Landtag beraden, welche sie anhero repetiren, weren ihn in den Nachlaß oder guttern nicht gestendich, Liessen sich mitgefallen, daß man sich der Außwege begebe, und die sache ad Cameram hette kommen lassen, doch wollen R^{mo} nicht furschreiben.

[III.] Replico p.

I. F. G. widderumb replicando vormelden laßen, Das I. F. G. mith dem Stiffte hertzgruntlige meinede und deßen wolfart stedes zubeforderen etc.

[1.] Den anslach des Bwgeldes konne I. F. G. nicht ßo in Ile ane beradtslagung der Bwmeister sich erkleren p. Sondern begeren noch I. F. G., das das Capittel und Ritt. sich eines gemainen Summam zum Anfang mugen vorgleichen p., soll auch I. F. G. einen zuschuß thun. Weil aber die schade und mangel des gebaws dermaßen geschaffen, das die noch vor dem Winter muße bebeßert werden, derhalber zu radtschlagen, wo hero das gelt zunemen. Das auch ein schreiber angenommen, die von sollichen unkosten, ßo uff das gebaws soll gewendet werden, sonderlich mugen vorreken.

[2.] Was von wegen des Dwengers ist vor gudt angesehen, lest sich Ire F. G. sollichs sich gefallen, Das doch gleichwol dahin gedacht, das die materialia uff den froling mugen vorhanden sein.

[3. wird nicht beantwortet.]

[4.] Uff den punct deßen von Holle erkleren sich Ire F. G., das sich vom Capittel und landt. nicht wolle separiren, Doch das der Antwordt, so Ime mußen entlich gegeben werden, man sich vergleiche, muße die sache aber, die daß Stifft in gemein concernirt, Tribus expensis getrieben werden

IV.] Duplica capituli.

[1.] Es ist F. G. widerumb angewandt wurden, ein gewisses Summa und eins fur alle zubegern, konte aber gleichwoll 6 oder 5 000 thaler nicht bewilligen.

[V.] Triplica R[mi].

[1.] R[ms] konne sich auff gewisse Summa nicht erkleren, sei kein bu verstendiger, wolten sie nicht ettwaß zum Anfang bewilligen, were R[mo] fast nicht daran gelegen, sei ein Stiffts Hauß, wolten aber die in anno futuro jerlich protestirt haben.

[VI. Landtagsabschied]

Der entlige beschlus aber, und abscheidt des Landtages is ungefehr dießer gewesn:

[1.] Das zwo Bwmeister sollen vorschrieben, und anhero gefordert werden, darumb der eine, ßo das gebawde uff Rodenborch gemacht, sein soll, ßo ferne mhan deße[n][a] mechtich sein kann, wo nicht, eine ander erfaren personen an seine Stadt brauchen, und durch dießelben, das gebaw nach aller nottrufft besichtigen, und der unkosten einen ubersicht machen laßen; und ist vor unnotich erachtet, das vom Cap[ittell][a] oder Ritterschafft dahin geschicket, dhan dießelben sein bereidt dahin geweßen, und Inen allerseits die gelegenheit bewust. Wan aber solliche besichtigung Durch die Bwmeistere geschen, solle zu Verden eine sambtkunpt [sic] bestellet werden, Da zu aus dem Capittell Her Wilcken Klencke und Her Jorgen vam Sandtbeke, und aber auß der Ritterschafft Johan Honhorsten[b], und Christoffer von der Kedenborch, und dhan auch auß dem Rade zu Verden ettzlige[c] sollen verordent sein, Welche neben Furstlichen H. Rethen alle nottrufft mith gemeltenn Bwmeistern sollen underraden, und des Bwgeldes ein ubersicht gemacht werden p.

Und da auch der bawkosten nicht zu hoch erstrecken wurde. daß derselbige dem Stifft ertreglich sein muchte, Sollen die deputirte und beamte gemechtigt sein zuschliessen, wie dan mit Ihnen ein abscheidt genommen und geredet. Do es aber zu hoch wurde angeschlagen, muste widerumb ein Lantag von Newen beschriben werden, den auff den fall hetten sich die deputirten mit F. G. zuschliessen beschwert.

(:Nota: Es sein auff diesen Lantag die Verordente befelicht, do ferne sich der bawkosten nicht zu hoch erschrieben wurde, sie mit F. G. schliessen solen. Erstlich F. G. den 600 thaler jo auff den negstgehaltenem Lantage bewilliget, noch 1400, und also zu sammen 2 000 zuzusagen, Oder aber und schließlich, do man damit nicht zulangen konte, Sollen sie befelicht sein zu berurten 600 thaler noch 2 000 zubewilligen, Do sonsten der Bawkosten sich hoger wurde erstrecken, Muste ein New Lantag außgeschrieben werden. Es solten aber diese Summen mit den gedige eins fur alle I.F. G. bewilliget und auß dem Schatze gefolget werden:).

(StA Stade, Rep. 8, F. 19, nr. 2, Bd. 1, fol. 179r–182v).

a Textverlust am Seitenrand der Vorlage.   b in der Vorlage am Rand von anderer zeitgleicher Hand nachgetragen anstelle des gestr. Namens Frantz Otto von der Wenße.   c ettzlige gestrichen.
1 Die diesbezüglichen Prozeßakten sind erhalten (StA Stade, Rep. 27, nr. H 4690ᵃ u. H 4690ᵇ; vgl. FB Reichskammergericht, S. 125).   2 Ortsname in der Vorlage nicht eingetragen; vgl. hierzu die in Anm. 1 genannten Prozeßakten.

39

Versammlung der Landstände 1590 August 5, Verden, Kapitelhaus

Protokoll und Landständischer Abschied

Die Verdener Landstände verhandeln unter sich über folgende Punkte: (1.) Schulden von 2 000 Talern bei Heinrich Witzendorff in Lüneburg; (2.) 315 Taler Schulden bei den Erben des Cord vom Hove; (3.) Reichskammergerichtsprozeß gegen die von Holle;[1] (4.) Zahlung der Türkensteuer.

Die Ritter- und Landschaft verweigert, aufgrund der zu geringen Zahl anwesender Personen, über bereits bewilligte Summen hinaus die Entnahme von Geldern aus dem Schatz zur Bezahlung dieser Schulden zuzulassen; auch möchte sie mit dem Prozeß gegen die von Holle nicht belastet werden.

Einvernehmlich verabschiedet wird die Forderung, die Schatzeinehmer auf den 26. August 1590 zur Rechnungslegung zu zitieren.

Ausschreiben: –
Protokoll: StA Stade, Rep. 8, F. 19, nr. 2, Bd. 1, fol. 184r–187v.
Abschied: –
Weitere zu dieser Versammlung gehörige Quellen: –
Literatur: –

Anno etc. 90, den 5 Aug. sein auff außgegangene Citation und Ladung eines Ehrwirdigen Thumb-Capituls fur demselben uff dem Capitulshause zu Verden die Edle Ernveste und Erbare Johan Behr, Christoffer von der Kedenburg, Johan Honhorst unnd Geverdt Schlepegrell, aus der Verdischen Ritterschafft und Frantz Pannink abgefertigt vom Rade der Stadt Verden erscheinen, und hatt anfenklich wolgemelts Thumb-Capitull durch Ihren Syndicum Fridericum Hemmingk der Rechten Licentiatus obgedachten von der Ritter- und Landschafft wegen Ihres erscheinens dancksagung gethan, sich auch Laßen entschuldigen, daß sie nicht ehr furgefurdert, dann I. Erw. mit andern gescheftenn, sonderlich mit denn verordenten dieses Stiffts Rethenn hetten zu thun und zureden gehabt.

[I.] Haben demnach ferner Ihnen nachfolgende puncta proponirn Laßen:

[1.] Erstlich, das gemeiner Ritter- und Landtschafft bewust, das man Heinriche Witzendorffe zu Lunenborg 2000 thaler Heubtsumma schuldig were, nun weren die jharlichen zinse von zweien jharen auffgeschlagenn, unnd geschege einstendige furderung umb bezalung derselbigen, begerten ihr bedenckens, Wie man zur ablegung solches Summens kommen muchte, ob die aus gemeinen Landtschatze zunehmen.

[2.] Zum andern hetten Corts vom Hove erben 315 thaler wider das Stifft zu Rechte erhalten, furderten auch bezalung, ob die auch auß gemeinem Landtschatze zubezalen, oder woher man die nehmen solte.

[3.] Zum dritten, Als wusten sich die von der Ritter- und Landtschafft zuberichten, das uff Jungst gehaltenem Landttage einhellig beschloßenn wurden, das man dero von Holle Sachenn (.weil man die von Holle zu reconveniren hette und vermuge der Reichs Constitutionen fur den 9 nidergesetzten Richtern, keine reconvention wurde zugelaßen.) inn erster instantz an das Kayserliche Camergerichte solte verschiebenn; Nun hetten die vonn Holle fur Langest am Kay. Camergerichte Citation wieder das Stifft Verdenn außgebracht, Auch ihr ClagLibell ubergeben, und ob woll des Stiffts procurator zu Speir D. Johann Gödelman zur Jegenhandlung 8 Monat zeit erhalten, so were doch solche frist uber die Helffte verfloßen, und noch zur zeit nicht bedacht, waß dajegenn einzuwendenn; Eß wolte aber nun mehr zeit sein, sich mit gelerten Leuten verfaßet zumachen, damit in termino des Stiffts jegen notturfft eingewendet muchte werdenn; So hetten Ritter- undt Landtschafft zuwachten, das darzu auch gelt wolte gehören; Baten sich zuercleren, ob solches auß gemeiner Landsteur, oder woher es zunehmen sein solte.

[4.] Und zum vierden furderte der Kay. Fiscall noch einen mercklichen Summen, so das Stifft zum *[sic]* der Turckensteur und sonsten schuldig sein solte; Baten zu berathschlagen, und sich zuerclerenn wie deme zuthunde, unnd waß darjegenn einzuwenden.

[II.] HirAuff haben obgemelte Ritter- und Landtschafft abtritt genommen, und folgents einem Ehrwirdigen ThumbCapitull Antworten Laßen:

[1.] Waß für erst die dancksagung und derselbigen angehengte entschuldigung anbelangte, were derselbigen nicht nötig, dan sie sich schuldig erkennten, des Stiffts besperrung helffen zu beradtschlagen, und wan sie dero wegen Citiret und erfurdert wurden gehorsamblich zuerscheinen p.

[2.] Aber die proponirte puncten bel[an]g[en]dt^a, darauff ihr bedencken requiriret und erfurdert wurde, Erachteden sie, dieselben der wichtigkeit zu sein, das durch sie alleine, darinne nichts fruchtbarlichs konte berathschlaget werden, sondern wolte die notturfft erheischen, die gantze Ritter- und Landtschafft darzu zu Citirn, so weren sie erbottig, Als dan auch wiederumb anzukommen, unnd neben Denselbenn waß nötig zu berathschlagenn.

559

Damit aber gleichwoll unter des, die sache wieder die von Holle nicht verseumet werden muchte, wurde ein Ehrwurdig ThumbCapitull sich mit gelerten Leuten woll gefaßt machen, unnd die jegen notturfft wißen einzuwenden. Mit bitte ein Erw. ThumbC[apitul] wolte sie weiln ihrer nur vier von der Ritterschafft und einer von wegen des Rades jegenwertig wehrenn, fur dieß mall entschuldigt haben, und sie weiter mit diesenn handelen nicht beladen, p.

[III.] Hierauff zeigete der Herr Domdechant Her Dieterich Friese an:

[1.] Was die 2 000 thaler unnd zwey jerige verseßene zinse mit Heinrich Witzendorffe anbelangete, Weren von gemeiner Ritter- undt Landtschafft bewilliget, Auch hetten sich ezliche auß der Ritter- undt Landtschafft dafur alse Burgen verschriebenn; Es were aber an deme, das zuvermuten, wo die aufgeschlagene zinse nicht erleget, sollten Werden, das als dan Heinrich Witzendorff des Capituls Sultzenguter zu Luneburg wurde behemen und Arrestiren Laßen; Da nun solches geschehe, so wurde man die Burgen widerumb zum einlager furdern, und wurde also allerhandt schade darauß entstehenn und erfolgenn.

[2.] Was die 315 thaler, so man Curts vom Hove erben schuldig were, belangen thete, Were eß ann deme, das die gedachte Erben solche Summen dem Stiffte mit ordentlichem Rechte angewunnen, mußen derowegen (.seines erachtens.) vom Stiffte bezalet werdenn.

[3.] Mit der von Holle Sachen muchte man Langer nicht verziehenn.

[4.] Auch hette eß mit der ReichsContribution darumb der Fiscall anfurderung thete, seine maße, und stunde solches zwischen dem Stiffts- und Kay. Fiscall, noch zuunendtschiedener rechtfertigung, beide wegen der moderation Stiffts und stadt Verdenn, auch wegen Exemption der Stadt Verdenn p.

[IV.] Hierauff Ließen obgemelte der Ritter- unndt Landtschafft wieder Sagen:

[1.] Was albereits von gemeiner Ritterschafft und Landtschafft hiebevor bewilliget unnd angenommen were, das wolten sie nicht retractirn, Wolten es auch dafur halten, das vonn dem Thaler, so diese verlauffene jhare eingenommen were, noch woll so viell in residuo were, das Heinrich Witzendorff die zwey jerige betagte zinse, woll konten bezalet werden; man solte die, so etwas auß dem Schaze genommen, daßelbige wieder Laßen erlegen, Auch einmall die verordente schatz einsambler zu bestendiger rechnung anhalten.

[2.] Waß aber die andere puncta darin von Ritterschafft unnd Landtschafft noch nicht bewilligt, anbelangte, derowegen baten sie wie zuvor gebeten, das darzu der eine so woll als der Ander muchte Citirt werdenn.

[V.] Eß ist auch obgemelten aus der Ritterschafft ein schriebendt, die Schatzrechnung einzunemen, von I. Gnedigen Fursten und Hern eben dieselbige zeit, Als dieser tag gehalten worden, uberantwortet worden.

Dieß Schriebendt haben sie einem Ehrwurdigen ThumbCapitull zu Verden behandet, und gebetenn, deme folge zuthuen p.

Diesem Allen nach ist verabschiedet worden, das auff den 26 dieses Monats Augustus Lauffenden 90 jhares, die schatzeinnehmere Citirt, unnd vom Schatze bestendige rechnung thun, Alßdan auch dieser proponirten puncten halben ferner unteredung geschehen solte p.

(StA Stade, Rep. 8, F. 19, nr. 2, Bd. I, fol. 184r–187v).

a *in der Vorlage* belgdt.
1 *Die diesbezüglichen Prozeßakten sind erhalten (StA Stade, Rep. 27, nr. H 4690^a u. 4690^b; vgl. FB Reichskammergericht, S. 125).*

40

Landtag 1590 September 14

Protokoll mit Teilnehmerliste

Die Verdener Landstände verhandeln über folgende Punkte:[I.] Proposition der bischöflichen Räte: (1.) Baufälligkeit der Burg Rotenburg; (2.) Möglichkeiten der Abtragung genannter Schulden; (II.) Erklärung des Domkapitels: (1.) Kosten für Baumaßnahmen auf Burg Rotenburg; (2.) Auslösung der vor zwei Jahren für 2 000 Taler an Heinrich Witzendorf verpfändeten Lüneburger Salinengüter des Domkapitels; (3.) Rückerstattung der vom Bischof in Angelegenheiten des Hochstifts ausgegebenen Gelder; (4.) Inbesitznahme des Hofes in Oiste durch Erp vom Hove wegen Schulden in Höhe von 315 Talern; (5.) Prozeß mit Johann von Holle; (6.) Schatzung.

Ferner Beratung über die von Seiten der Landschaft vorgebrachten Gravamina des Harbort von Mandersloh und des Dietrich von Zahrensen.

Ausschreiben: –
Protokoll: StA Stade, Rep. 8, F. 19, nr. 2, Bd. 1, fol. 188r–192v.
Abschied: –
Weitere zu diesem Landtag gehörige Quellen: StA Stade, Rep. 8, F. 19, nr. 2, Bd. II, fol. 14r (Protokoll des Landtags von 1614 August 8 (unten nr. B. 69); Landtag von 1590 September 14 wird hier in einer Marginalie erwähnt).
Literatur: –

Anno p. 90 Am 14 Septembris ist ein gemeiner Landag gehalten, daruff sin jegenwordich geweßen: An Statt Unsers L. F. und Hern der Cantzeler D. Niger, Doctor Joachim Khranenberg, Hinricus von Erfurdtt und Johan van Affelen. Das Domcapittel: der Her Domdechant, H. Jorg v. Mandelslo, H. Wilken Klencke, H. Jorg vam Sandbeke, H. Johan van Seggern, Her Gordt van der Lyet, Her Geverdt Kluver, Hilmar van Alden und Otto Everdt van Holle. Van der Landtschafft: Johan Honhorst, Johan Bere, Christoffer van der Kedenborch,

Hinrich van Sarenhusen, Geverdt Slepegrelle, Ernst van Alden etc., und sein dieße punct vorhandelt worden:

[I.] Erstlich, der Her Cantzeler vormeldet, das der Hochw. in Godt p. Furst und Her, Her Philip. Sigiß. mith consent und bewilligung eines Erw. domcapitels ein gemeiner Landag außzuschrieben [a]bevolen hette[a] und das nun de gemeine Landtsaßen gehorsamlich erscheinen ist, derwegen Dancksagung geschen.

1. Van wegen des gebuwetes zu Rodenborch vormelden, Das sollichs mercklign schaden nemen wurde, ßo denn nicht in zeidt vorgebuwet. Und were vorgangen jares daruff gesloßen, das zwo furneme buwlude solten anhero bescheden werden und denselben auß dem Capitell und Landtschafft welche zugeordent. Und sey daruff auch Pawel Francken domalen anhero bescheden, doch dar er berichtet, ehr konte nicht lange dem dinge obworten, und sehe derwegen noch uff sollicher beschede. Und sin nun die gewelbe auch bereidt uffgenomen, welchs dan muße vorvolget werden. Und solliche unkoste konte Ire F. G. ane zuthun der gemeinen Landes zulagen nicht uff sich nemen. Es solte sich C[apittel] und Landt[schafft] erkleren, waß sie zu der gebawte contribuirn wolten.

2. Auch Ire F. G. nun ein zeidt anhero zu gemeiner Landtsteur und andres vorlecht, auch de Reichs zulage de Anno 83. und 84 bedaget, noch Hinderstellig, derwegen Ire F. G. vor nottich erachtet, zu dero behoff dahin erachten, das eine genante Summa geldes zusamen genomen, zu deme auch ander schulde mugen mith abgetroffen werden.

[II.] Consultatio Capituli et resolutio eiusdem:

[1.] Die Hern des Capittels wißen sich zuberichten, Das vorgangen Jares wegen des Gebuwes beredet, Das dem Hern Bischoff 2000 thaler uber die 600, welche erstlich zum gebaw sin vorwilliget, noch solten vorwilliget werden, und ist ferner dahin gesloßen, das mith der Landtschafft muge werden geredet; Well hiebevor Unßerm Gnedigen F. und Hern 2000 thaler (mit ingerechnnt de 600) zu dem gebaw bewilligen. Das noch uber das Iren F. G. 3000 thaler und mith ingerechent de 600 dies mal noch angebotten oder aber von I. F. G. sich wuersinn wolten, das hernach kein weitere solche forderung geschen solte, das dan die 3000 thalter uber die 600 ingewilliget.

[2.] Dieweil auch von Heinrich Witzendorff 2000 thaler vor zwo jaren gelenet, darvor ime des Capittels Sultzegudt zu under pfande vorsettzet, Das derwegen auch mith der Landtschafft geredet, ob die auß dem gemeinen schatze zu[ne]men[b] oder wie man darinne vorfare. Das das Capittul wille durchauß nicht lenger ir Sultzegudt davor stehen laßen.

[3.] Was auch den andern punct betreffen, alß das Ire F. G. zu behuiff des Stiffts ettzlich gelt vorlethen, Erachte das Capitel vor billich, das Iren F. G. sollichs betzalet.

[4.] Es ist an dieme, das Erp vom Hove ein Immission uff den hoiff zu Oste von wegen 315 thaler, zu rechte erkant, Derwegen zu beradtschlagen, wo hero das sollichs 315 thaler sollen werden genomen, damit dem Schimpffe der Immission vorgekomen.

[5.] Im gleichen auch geben, Weil mahn mith Johan von Holle in rechtferdigung geraden, Das ein gelarter Advocat^c bestellet, welcher in der sache diene..

[6.] Was die schatz rechnung belangen, davon solle die Landtschafft auch ferner bericht bekamen.

Dies ist also der Landtschafft vorgehalten, und in ir bedencken gestellet.

[III.] Erklerung der Landtschafft:

[1.] Das Hauß Rotenburg betreffen, der Bwfelleicheit halber, weil 2000 thaler bereidt ingewilliget mit ingerechnet die 600 thaler, Alß wollen die Adel in keinen Zweiffell zihen, es werden de Hern des Domcapittels dafur sein, das die Arme leuthe nicht zu vile beschweret. Und willen es fur ire personen erachten, das die Armen leuthe billich dies jar, das alles uber gewachsen, nicht konnen beschweret, Das derwegen uff ander wegen zu dencken, wohero sollichhe summa der 2000 thaler genomen, beß die von den leuthen konnen zu wegen gebracht werden.

[2.] Uff den andern punct, was Ire F. G. vorschoßen, konnen sich die vam Adel noch nicht gewiße erklerung *[sic]*, weil noch keine liquidation, was vorlethen were, geschen ist.

[3.] Die 2000 thaler, so zu Luneborg entlenet und des Capittels sultengudt davor hipoticiret, Sagen de Landtschafft, Das die Heren des Capittels nicht alleine wo hero die 2000 thaler genomen, sondern auch das der Armen leuthe arme gelegenheit muge werden behertziget. Und dieweile die glaubiger gnuchsamb assekuriren, auch das Capittel des underpfandts halben selber ire possession irer jerligen rente sei auch da nicht in vorhindert, Das man derwegen uff wege zu dencken, wo hero die jerlige zinse der 2000 thaler genomen, beß die haubtsuma konne abgeloßet werden.

[4.] Die sache der 315 thaler mit Erp vom Hove erachten sie ein frembde sache, und billich die Arme Leuthe darmit nicht zu beschweren, und bitten, derhalben den punct außzusettzen.

[5.] Inn Johan van Holle sachen einen gelarten Man ahn zu nemen, und sollichs in der Landtschafft radt gestelt, Sagen sie das es soll zu der Hern bedencken gestelt sein, ob sie den Hern Cantzelern oder einen andern bestellen wollen; Doch erachten sie, was die bestallung belangen, sollen ire Arme Leuthe deßhalben mith Schattzung nicht beschweret.

[6.] Und ferner in Speir haben sie widderumb ire gravamina furgebracht, alß van wegen Herbort van Mandelslo und Hinrich Cluvers zeden werdet, und haben derwegen zw underschettliche Supplication ingeben.

[7.] Dirich van Sarnhusen sich beclagen, Das ehr einen knecht in seinem Brode gehabt, welcher ime eine Maget geschwengert, und ehr sich vormeinet, demselben nach alter freyheit under dem vam Adel selbes zu straffen, so wurde ehr doch van der ubricheit darinne vorhindert.

[IV.] Daruff das Capittel widder inwenden laßen:

[1.] Was die 2000 thaler betreffet, wusten sich die Landtschafft sonderlich die eltisten wol zu berichten, Das nheher mall semblich bewilligen, das wie die 600 thaler die 2000 thaler Iren Furstlichen Gnaden sollen vorwilliget, und sonderligen auß irem Mittel, welche weren die uff die 3000 thaler sich erkleret, wan mhan das Revers bekomen konne und dießer forderung einmal obkomen konte.

[2.] Was die R. Contribution, ßo Ire F. G. vorlethen, anlanget, sin de Hern des Capittels mitt der Landtschafft einig, das alleine dasjennige erlediget, was mit Quitantz und dergleich erweiset.

[3.] Die 2000 thaler, ßo Witzendorp haben sollen, Sagen noch die Hern, das sie kurtz umb ire Sultzguder nicht lenger davor wollen stehen laßen, und da sie derwegen in mangel sollen geraden, worden sie vorursachen die gesattzen Burgen ein zufordern. Das derwegen sie die Landtschafft dahin mugen trachten, das mith Witzendorff gehandelt und sie ire gudt befrey bekomen.

[4.] Die 315 thaler und dem hoiff zu Oste belangen, wißen die vom Adel, das sollich schult nicht vom Bischoff Everdt gemacht, ßondern eine gemeine Stifftes ist, und derwegen ahn die Erben Bischoffs Everhardt nicht konne gebracht werden, und billich auch muße auß dem gemeinen schatze betzalet werden.

[5.] Den Advocaten in Hollen sachen belangen, wuste die Landtschafft sich zuberichten, das daranne der Landtschafft sowol alß dem Capittel gelegen, und sie auch van dießer sachen niemals sich abgesondert, Wie dhan auch Borcholt vom Stiffte seine besoldung gehabt, alß 500 mk. zu vorehrung und 50 thaler zu jargelde.

[V.] Gravamina Herbordt van Mandelslo,
Supplication invorlebet.

[1.] Erstlich, das ime van der ubericheit geweret, seine Meiger und Köter zw pfanden.

[2.] Zum andern, Das ehr nicht solle macht haben, seine Meiger uber 2 thage zu hoiffdienst zu laden.

[3.] Zum 3., Das ime seine pferde gleich einem buren abgepfandet etc.

[VI.] [1.] Den ersten punct erachten die Heren des Capittels unbillich, Das ime sollliche vorhinderung an seinen Meigern zugefuget, deß Er die im Stifft nicht solte pfanden mugen.

[2.] Den andern, laßen sie de Heren bedencken, das es genuch sei, das die Meiger 2 thage dienen.

[3.] Zum dritten sagen das Capittel, Weil ehr von seinem Meiger Fetting den hoiff an sich numpt, ßo muße ehr auch pillich davon thun in Landtschattzung und andern, gleich der hoff zwvor dazu ist vorpflicht weßen.

[4.] Was letzlich die abgepfandet pferde belanget und das Capittel damalen darumb intercidiren, das ime de widder zugestolt, haben sie sollichs gerne gethan. Er muße aber sich dermaßen vorhalten, das ehr nicht ursache da zu gebe.

[5.] Dieterich von Sarenhusen ist der bescheit gegeben, Das sollich Bruche hiebevor von alters hero an das Sent gehorich und nun ahn Unsern Gnedigen Hern und das Capittul gekomen, und derwegen das Capittel nichts darinne thunn, ehe und zuvor mith Unserm Gnedigen Heren sich deßen vorgleichen.

[6.] Hinrich Kluvers Supplication ist dem deragen *[?]* Johan von Seggern zugestalt, welche[r] van dem Meiger daruff andtwordt fordern wirdt.

[VII.] Die Landtschafft ubermal inbringen laßen:

[1.] So vile deme, was uff vorigen gehalten Landtage vorabscheidet, anlangen, ist nochmalen einfellich von dem Capittell under der Landtschafft bewillen, Das die drie thausent daler doch mitt ingerechent de 600 thaler Iren F. G. zubehoiff des schadhafften gebuwets zugesagt; Doch das dies mal das gelt nicht konne durch schattzung zuwege bracht auß ursachen wie vorgemeldet.

[2.] Und das auch I. F. G. sich genuchsamb reversiren, das ire Arme leuthe mith ferner schatzung zu behoiff Des gebawets nicht beschweret.

[3.] Die Contribution, ßo Ire F. G. erlechen, sin sie es mit dem Hern des Domcapittels einig, alß das es muge erwißen werden, wes alßo außgeben und erleden.

[4.] Was den privat sachen, alß erstlich die 200 thaler mith Witzendorp, betreffen, wollen sie sich erachten, dar sie nach der vorigen schattzung woll soviel averich, das die zinse konnen bezalet werden etc.

[5.] Den punct mit den 315 thalern Arp vam Hove laßen sie noch bei vorigen bedencken bleiben.

[6.] Im gleichen den punct mith Johan van Holle rechtfertigung, da bei angezogen, das in sachen de Krumme Greveschup belangen, Barcholt sie van der gemeinen Landtschafft besoldet, ßo sei doch sollichs ungleich, dan die sache de graveschafft belangen sei unbewechliche und deiß bewechlige guetere, und derselben nicht konnen solliche expens uff die Landtschattzung gedrungen werden.

[7.] Dirich van Sarenhusen pleibt nochmals bey seiner meinung und erachtet, daß ihm als einem von Adell wolgebhure seinen knecht zustraffen, wie solches von Alters hero sey gebreuchlich gewesen p.

[8.] Den ersten punct Herbordt van Mandelslo betreffen: datt ehr sich bedancket, des Domcapittels erclerung.

[VIII.] Das Capittel lest sich mith gefallen:

[1.] Was der 3000 thaler mith eingerechent de 600 ist bewillet.

[2.] Was abermal der 2000 thaler, ßo Witzendorp haben solle, angezogen wirdt, sagen noch die Hern, das sie ir Sültzengudt nicht lenger willen underpfendelich stehen laßen, sonder Witzendorp muße die haubtsuma haben, wo nicht will die nott erfordern, das die Burgen ingefordert.

[3.] Arp vom Hove wegen der 315 thaler were woll die summa der 100 goltfl. versteiget, Aber vermucht der verschreibung daß der hoff ist leng behalten solte biß alle zinse zukost und schaden gentzlich bezalt, do sich die Landts[chafft] hiebey wolten vom Capitul absondern, wolte alienatio erfolgen auff die Immission.

[4.] Herbordt van Mandelslo belangen, den punct mith Vettings hove, konne das Capittel ime kaine freyheit inrumen, eher und bevorn mith Unserm Gnedigen Hern daruff geredet.

[5.] Joh. v. Holla, konte man nicht glauben, daß sich Lands[chafft] von Capitul separirn wolte etc., bereffe so woll immobilia als mobilia, und were solche separatio wider die Alte Union, muße derwegen Advocatus bestellet werden.

[IX.] Weiter hatt de Landtschafft vormelden laßen:

[1.] das sie sich kurtzlich einer menung vergleichet, Weil mhan vormercket, das man in dießer handelung ane gult nichts kan außgerichtet werden, ßo woll mith dem gebuwe, alßo mith Witzendorp, Alß wollen sie bewilligung, das dies jar eine halbe schattzung und im gleichen das kumpstige jar eine halbe schattzung beschrieben wurde, Und das dajegen das Reverß zu wege gebracht, das die Arme leute von wegen des gebuwets zu Rodenburch nicht weiters beschweret, Das auch zuvor sollichs geschicht, de Rechnung van der ersten schatzung nottrufftich genomen werden solte.

[2.] Es haben auch de van Dorverden durch die Landtschaft eine Supplication uberandtworden laßen uber den Voget darselbest der Mast halber, das ehr 6 swin ingetriben die sie ime nicht gestendich. Noch sich beclaget, das inen vorbotten Ochsen und vehe zu vorkauffen, es siy dhan, das sie deßen bewilligung der Heren haben, und das daran de Hern wollen den vorkauff haben.

[X.] Resolution Capituli:

[1.] Hinrich van Westen wil mhan horen und ßo man befinde, das ehr kain recht dazu habe, willman inen underweißen davon obzutehen.

[2.] Den punct mith dem Oßen kopen will das Capittel mith den benambten reden, und vorschaffen, das die billicheit darinne soll gehalten werden.

[3.] Was belanget die bewilligung des halben schattzes dies jar und dem halben schatz das volgenden jar, konnen die Hern wol erliden das sollicher geringer schatz zugelaßen. Es sie ober an dieme, das zubehoiff des gebawets 3000 thaler Unserm Gnedigen F. und H. zugelaßen, und dhan auch 2000 thaler Witzendorp, und zwo hundert daler zinse, Die alle auß dem halben schatz nicht konnen erlecht werden.

[4.] Da aber die Landtschafft Das Domcapittel gnuchsam wolle vorwaren, Das sie der 2000 thaler mith Witzendorp sollen fernomen werden, konnen sie woll erliden, das sollicke Suma noch ein jar bestande bleibe, und ober die 200 thaler nun alßovort erlechet werden, Darmit I. F. G. auch was zu handen krige.

[5.] Die sachen mith Arp vom Hove der 315 thaler konten dieselbe nirgents den Auß dem schattze bezalt werden, und ließe es Capitel bey furiger erklerung pleiben.

[6.] Das auch die Landtschafft in der Holleschen sachen vam Capittel sich wollen absondern, laßen sie sich bedunken, weil ßo woll dann den mobilibus bonis, alß auch den immobilibus gelegen, wie zuvor alleine die immobilio von inen angezogen, will das capittell erachten, die Landtschafft werde sich eines anderen bedencken.

[XI.] De Landeschafft entlich pro Conclusion abermals inwenden laßen:

[1.] Das sie sich laßen bedunken, sie haben ßo vile in diser sachen geschen, alß sie konnen, und sagen, das sie die rechnung ubergeslagen der zwo jarigen halb schatzung ahn die 5000 thaler sich vorlauffen werden, davon wol konte betzalet werden, was ingewilliget, auch de 2000 thaler mith Witzendorp.

[2.] Auch laßen sie sich gefallen, das die Hern sich erkleren, das das Capittull de 2000 daler by Witzendorp noch ein jar wollen stehen laßen; doch das die Zinse bezalet.

[3.] Das auch das Reverß zuvor ingroßiren ehe und zuvor die schatz uff nein beschrieben.

[4.] Arp vam Hove betreffen, sagen sie da ein Capittel in iren guthen gewesen, Befinden das sollicke sumam auch den Armen leuthen muße uffgelecht werden, laßen sie es auch da by beruhen.

[5.] In der sachen die Hollen belangen, Das der Advocat von der Armen leuthen schatzung solle besoldet werden, und sie sich darinnen geweigert, soll von inen dahin nicht gedutet werden, alß das sie sich vam Capittel abzihen wollen, ßondern konnen auch erliden das darinne der billicheit nach vorfaren werde.

[6.] In der Holleschen sachen den Advocaten zu bestellen, haben die Landschafft den Hern des Domcapittels heimstellet, welchen personen sie gebrauchen wollen, Doch weill hiebevor der Cantzeler Doctor Niger von dem Capittel vorgeslagen, gefelt inen auch derselbe. Was die jarlige besoldung belangen, Geben sie auch dem domcapittul die vollmacht mith ime zu handelen.

[XII.] Van wegen des Capittels und Landtschafft,

den Reden relation gedhan, durch den Her Sindicus zu dem grunde:

[1.] Was die furgestelten punct belangen, erstlich die Dancksagung, erachten das Capittel und Landtschafft vor unnottich, Dhan was sie zu beforderung des Stiffts thun konnen, erachten sie sich schuldich.

[2.] Was die proponirte puncten in sich belangen, haben sie sich erklert, Das zu den 600 thalern, ßo zuvor bewilliget, noch 2400 thaler ingerumet, alßo das de ganze Suma des bewilligten Bwgeldes 3000 thaler; Doch das sollichs in des hauses gebawete gewendet und auch mith einem Reverß mugen vorwaret werden, das^c die Armen leuthe mith weiter schattzung des gebawets halber nicht mugen beschwert werden.

[3.] Was die Contribution, ßo UnS. F. G. und Here vorlethen, anlangen, solle auch ßo vile deßen mit genuchsamem bewiß kan dar gethan^d, betzalet werden.

[4.] Die Furstligen rede darufff Andtworden, Das sie nach vormuge entfangener Instruction befunden, das I. F. G. nach dem gemachten uberslach nicht ringer alß mit 6000 zukomen konnen.

[5.] Entlich ist den Rethen angezeiget, daß Capitul und Landschafft zu den 600 noch 3000 und 400 und also zusamen 4000 thaler F. G. zu den gebaute zu Rothenburg zuwilligen wolten, doch daß F. G. sich dakegen reversiren solten, hinfuro deß gebauts halben kein anfoderung zuthun oder derwegen daß Stifft in einig wegen zubeschweren, Auch in Reverß mitzusetzen, daß F. G. die Landtschafft bey Ihrer alten gerechticheit gnedichlich schutzen und handthaben wolte.

[5.] Dieß haben die Rethe ad referendum angenommen, weill sie entlich zuschliessen vermuge ihrer instruction nicht befelicht, und dabey ein S. F. G. schreiben ubergeben an ein Ehrw. Thumbc[apitel] wegen deß privilegii der 10 goltfl. appellationgelt.

(StA Stade, Rep. 8, F. 19, nr. 2, Bd. I, fol. 188r–192v).

a–a *in der Vorlage von anderer zeitgleicher Hand über gestr.* beslußen. b zumen *[sic] in der Vorlage.*
c *in der Vorlage von anderer zeitgleicher Hand über gestr.* procurator. c *folgt in der Vorlage gestr.* das Capittel. d *folgt in der Vorlage gestr.* werden.

41

Landtag 1590 November 23/24, Verden, Kapitelhaus

Teilnehmerliste

Namentliche Auflistung aller Teilnehmer dieses Landtags, mit Ausnahme der Vertreter der Stadt Verden.

Überlieferung: StA Stade, Rep. 8, F. 19, nr. 2, Bd. 1, fol. 194r (am Seitenrand der ersten Seite des Protokolls).

Præsentibus Dni.: R^{mo} Philip. Sigis. Ep[iscop]o, H. Ditrich Friese Decano, H. Georg v. Mandelschloe, H. Wilcken Klencke, H. Geörg v. Sandbeck, H. Johan von Seggerde, H. Luneburg Bickern, H. Gebhart Clawen, H. Hilmar v. Alden, H. Ottho Ernst v. Holla, H. Ernst v. Bothmer, Dn. Herm. Niger Cancellario Dn. D. Kranenbergio, Dn. Affolio, Dn. H. Wingartner, Dn. H. Bolichio Secretario R^{mi}, H. Hemmingio Syndico, Dn. R. v. Diepholt Secretario in Civitate.

Von den Landtstenden: Johan Bhere, Joh. v. Honhorst, Christoff v. der Kedenburg, Ernst v. Alden, Hinrich von Zarenhusen,[1] Dietrich von Zarenhusen,[1] Ernsth Ottho v. der Wense, Gebhart Schlepegrell, Hinrich Cluver, Herbort v. Mandelschlöe, p.

Deß Rathes abgeordente p.

(StA Stade, Rep. 8, F. 19, nr. 2, Bd. 1, fol. 194r).

1 *Der Zuname* von Zarenhusen *ist aufgrund einer geschweiften Klammer auf die danebenstehenden Namen* Hinrich *und* Ernst *zu beziehen.*

42

Derselbe Landtag

Landtagsabschied

Die Verdener Landstände beschließen über die folgenden Punkte: (1.) Bewilligung eines zweijährigen Viehschatzes nach dem Anschlag des Abschieds von 1583 (oben nr. B.33), um dem Bischof Philipp Sigismund wegen der Baukosten, betreffend die Burg Rotenburg, für die er bereits 600 Reichstaler erhalten hat, die verbleibenden 6000 Reichstaler erstatten zu können, und Regelung der Modalitäten der Erhebung. (2.) Einsetzung genannter Schatzschreiber von Seiten des Bischofs und der Landstände; (3.) das Nachzählen der eingegangenen Schatzeinkünfte; (4.) Leistung der Viehsteuer für das erst beim Nachzählen ermittelte, bisher verschwiegene Vieh; (5.) Feststellung, daß dieser Landtagsabschied keinerlei rechtlichen Auswirkungen auf die Bestimmungen der bischöflichen Kapitulation (von 1586)[1] *sowie die Gehorsamspflichten von Domkapitel und Landständen gegenüber dem Bischof besitzt.*

Ausschreiben: –
Protokoll: StA Stade, Rep. 8, F. 19, nr. 2, Bd. 1, fol. 194r–203v *(datiert 23 Novembris Anno p. 90).*
Abschied: StA Stade, Rep. 8, F. 19, nr. 1, fol. 123r–126v *(Or.-Ausf.; 7 aufgedr. Siegel erh.).*
Weitere zu diesem Landtag gehörige Quellen: StA Stade, Rep. 8, F. 19, nr. 2, Bd. 2, fol. 14r *(unten nr. B.69, Protokoll d. Landtags von 1614 August 8; der Landtagsabschied von 1590 November 23 [sic] wird hier in einer Marginalie genannt).*
Literatur: –

Zuwissen: Als der Hochwurdiger, Durchleuchiger, Hochgeborner Furst und Herr, Herr Philippus Sigißmundus Postulirter Bischoff des Stiffts Verden, ThumbProbst der Bischofflichen Kirchen zu Halberstadt, Hertzog zu Braunschweig und Luneburg p. Heut Dato uff gehaltenem Landtag den Anwesenden eines Ehrwurdigen Thumbcapituls und Landtstenden von Ritterschafft und Stetten, so zu gemeinen Landtagen pflegen verschrieben zu werden, gnedig proponiren, vermelden und anzeigen laßen,

[1.] Das Seine F. G. zu gepurlicher außfuhrung des angefangenen nottwendigen gebewtes zu Rotenburg lautt und Inhalts eines gemachten ungefehrlichen Anschlags eine ansehnliche summen geldes benöttigtwehren, mit gnedigem begern S. F. G. zu der behuff uber die albereit empfengne sechshundert Reichstaler noch sechßtausendt Reichstaler und also zusammen sechßtausent und sechßhundert Reichstaler auß gemeiner Contribution oder Landsteuren underthenig zu willigen, auch reichen und folgen zulaßen, Das demnach ob- und wolgemelte Herrn Capitularn neben den Anwesenden getrewen Landtschafft, stenden, von Ritterschafft unndt Stetten S. F. G. zu underthenigen ehren und gehorsamb, auch in vernunfftiger betrachtung dero von S. F. G. angezogenen erheblichen und hochwichtigen Ursachen angeregte summa geldes der sechßtausendt und sechßhundert Reichsthaler zu gepurlicher und nothwendiger volfuhrung des angefangenen Rotenburgischen gebewdes underthenig gewilligt, verheissen und zugesagt, Also under der gestaldt, das dievon S. F. G. albereit empfangene sechßhundert thaler von der gewilligten summen gekürzt und abgezogen und also S^r. F. G. nachmals sechßtausent thaler gereicht und gefolgt werden sollen, Auch Hochgedachtem Herrn Bischoffe die bewilligte und nachstehende sechßtausent thaler Auff zwen termin und in zwey Jahrn den nechsten, Als in Anno ein und Neunzig und zwey und Neunzig, erlegt und bezahlt werden sollen, folgender gestalt und maßen, das S. F. G. in schirstkunfftigen ein und Neunzigsten Jahre zwischen Martini[2] und Weihnachten[3] zwey tausent Reichsthaler und dan zwischen Martini und Weihnachten des folgenden zwey und Neunzigsten Jahres[4] die übrigen vier tausent in ganzen und unverschlagenen Reichsthalern erstattet und abgetragen werden sollen, zu welcher behuff dan von den Anwesenden eines Ehrwerdigen Thumbcapituls und den Landtstenden in gemein ein zwey Järiger ganzer Vieheschatz nach dem gewohnlichen und in Anno p. drey und Achtzig gegebenen Landtags Abscheidt designirten Anschlage gewilliget und deputirt worden, darvon ein halber Vieheschatz in Anno p. ein und Neunzig zu bezahlung des ersten terminus der zwey tausent thaler und dan in Anno zwey und Neunzig zu erstattung des andern unnd lezten terminus der vier tausent thaler ein gantzer Vieheschatz und endtlich Anno drey und Neunzig zubezahlung der zwen tausent thaler neben den betaggten zinsen, damit das Stifft Verden Heinrichen Witzendorff zu Luneburg verhafftet, und dan dreyhundert funffzehen thaler, damit gemeltes Stifft Arp vom Hoff wegen des Hoffs zu Oste obligirt und verpflichtet ist, auch andere des Stiffts notturfft und furfallenden sachen abermahl ein halben Vieheschatz colligirt und eingesamblet werden soll. Eß soll und will aber Hochgedachter Herr Bischoff der S. F. G. bewilligten contribution sich selbst nicht untermaßen, Sondern wan Vogte den bewilligten Vieheschatz in die Schatzkisten anhero gehn Verden gelieffert, dieselbige von den Schatzverordneten gegn gepurliche quitanz empfangen und einnehmen laßen.

[2.] Und damit solcher zwey Järiger gantzer Vieheschatz anfenglich richtig beschrieben, auch folgents von den Vogten auff empfangene clare verzeichnuß, was und wieviell ein Jeder geben soll, die gebuer nach volkomlich eingefordert werden muge, So seindt zu beschreibung deßelben von wegen Hochgedachts Hern Bischoffs in dem Ampt Verden der Amptman uff dem Stifftshoff Ebeling Heidman, und in dem Ampt zu Rotenburg der Rentmeister daselbst Heinrich Graßhoff, von wegen eines Ehrwurdigen Thumbcapituls Herr Gotthardt von der Lith und Herr Gebhart Cluver, von wegen der Ritterschafft Christoff vonn der Kedenburg und Gebhart Schlepegrelle, und dan Alvericus Otterstedt zum gegenschreiber deputirt und verordnet, Welche angeregten gewilligten Vieheschatz zu rechter gewohnlicher zeit mit allem vleiß beschreiben und verzeichnen, Auch folgents den Vogten im Stifft Verden hin und wider eine clare und richtige designation, was und wieviell ein Jeder ihrer anbevolhenn Vogtey einwohner oder undersaßen zum halb oder ganz Jerigen Vieheschatz zuentrichten schuldig, überschicken und zuhanden schaffen sollen, Damit gedachte Stiffts Vogtey und ein Jeder insonderheit in seiner anbefolenn Vogtey angeregten bewilligten Vieheschatz zu gepurender zeit richtig und volkomlich Colligiren und einfordten konne, und die Schatzverordnete mit viell muhe und arbeit enthoben, auch die bißanhero wegen der gepflogenen vielfaltigen versamblung der Schatzverordneten uffgangene uncosten ersparet werden mugen.

Eß hatt auch Hochgedachter Herr Bischoff auff der Anwesenden eines Ehrwurdigen Thumbcapituls und Landtsaßen underthenige bitte zu mehr gnediger anzeig S. F. G. wolgeneigten und gnedigen willens gegen sie die Herrn Capitularn und gemeine Landtstende gnedig gewilligt, verheißen und zugesagt, das S. F. G. obgemelte verordnete Schatzbeschreiber bey wehrender verrichtung solcher ihres anbevolhenen Ampts mit notturfftigem underhalt angemeßen Trincken, Futter und mahl gnedig versehen und versorgen laßen wollen.

[3.] Als auch von wegen nachzelens gemeiniglich Clag und irrung vorfellt, So hath Wolhochgemelter Herr Bischoff auff underthenige erinnerung den Anwesenden eines Ehrwurdigen Thumbcapituls und Landtsaßen sich gnedig dahinerclert, das S. F. G. Ihre verordnete und diener, so darzu adhibirt und gepraucht werden, sollen ihrer gethanen Aide und Pflicht mit gnaden ernstlich erinnern und bey ihnen sampt und sonders die gnedige versehung thun laßen wollen, das Niemandt von den Haußleuten zur ungepure beschwert oder mit unzimblichen bußen und straff belegt werden solle. Da auch S. F. G. folgents erfahrung komen, das eine oder mehr S. F. G. diener in dem fall sich ungeburlich erzeigt und den sachen zuviell gethan, wollen S. F. G. solches dermaßen ernstlich zu eiffern und zu straffen wißen, das menniglich spuren und befinden soll, das S. F. G. ein ganz ungnediges mißgefallen daran haben und tragen.

[4.] Eß konnen auch S. F. G. gnedig geschehen laßen, das solch nachgeben durch S. F. G. Vogte und diener in beywesen eines von den Schatzverordneten, welchen sie unter sich darzu deputiren werden, geschehe und verrichtet werde, und was dan bey solchen nachzelen an viehe, so in der ersten beschreibung verschwiegen, ubrig befunden oder sonsten glaubwurdig erkundiget wirdet, daran soll der angelegte vieheschatz nachmals gefordert und eingenommen, und die bruche und straff als dem Herrn Bischoff als dem Gnedigen Landesfursten reservirt und vorbehaltenn sein.

[5.] Eß soll aber durch diesen Landtags Abscheidt der fur dieser zeit mit Hochgedachten Herrn Bischoff uffgerichteter Capitulation, aßecuration und veranlaßung nichts derogirt oder benommen sein, Sondern dieselben nach wie vor in alle ihren Puncten, Clausuln und Articuln bey krefften und wurden sein und pleiben, auch zu allen theilen stett, vhest und unverbrochen gehalten werden. Dagegen aber wollen S. F. G. gnedig versehen, es werden auch die Herrn Capitularn und Landtstende gegen S. F. G. sich dermassen erzeigen und verhalten, das Ihre F. G. Ihren underthenigen schuldigen gehorsamb zu spuren und sich über sie mit fuegen nicht zubeschweren haben mogen.

Deßen allen zu urkundt sein dieser Receß oder Abscheidt zwen gleichlautts verfertigt und mit Hochgedachts Herrn Bischoffs, eines Ehrwurdigen Thumbcapituls, etzlicher von der Ritterschafft, als Johan Beren, Ernst von Ahlden, Gebhardt Schlepegrelle und Dietrich von Zahrenhausen, und der Stadt Verden Secreten und Pitschafften befestigt. Und hett einen Receß oder Abscheidt davon Hochgedachter Herr Bichoff, den andern aber ein Ehrwurdig Thumbcapitul fur sich und gemeine landtschafft zu sich genommen. Alles geschehen, gewilligt und geschloßen zu Verden uffm Capitulhauß am drey und vier und zwanzigsten Novembris Im Jahr nach Christi unsers lieben Herrn und Heilandts geburt ein Tausent funffhundert und Neuntzig.

(StA Stade, Rep. 8, F. 19, nr. 1, fol. 123r–126v).

1 *Oben nr. B.35.*   2 *1591 November 11.*   3 *1591 Dezember 25.*   4 *1592 November 11–Dezember 25.*

43

Landtag 1591 Januar 11

Landtagsprotokoll

Die Verdener Landstände verhandeln und beschließen insbesondere über Maßnahmen zur Behebung des Brandschadens auf Burg Rotenburg.

Ausschreiben: -
Protokoll: StA Stade, Rep. 8, F. 19, nr. 2, Bd. 1, fol. 204r–207v (z. Tl. sehr flüchtig geschrieben).
Abschied: –
Weitere zu diesem Landtag gehörige Quellen: -
Literatur: -

[I.] Anno 1591, den 11. Januarii ist ein gemeiner Landtag wegen deß brantschadens zu Rothenburg geschen auff befurgehndeß außchreiben gehalten und den gemeinen stenden dieses Stiffts, so dazu gehorsamlich in gutter anzahl erschienen, proponirt wurden in presenia R^{mi} per Cancellarium Nigrum p. Ob woll R^{ms} nicht liber gewolt, den die Stende mit der Convocation zuverschonen, So hetten doch I. F. G. des brandtschadens halber zu Rothenburg diesen Landtag außschreiben und ansetzen mussen.

Und wusten ein Ehrw. Cap. und die Landstende, daß unlangst zu Rothenburg ein grosser brandt schade geschen, und daselbst kuchen baw und bachauß nebens *[?]* andern vorrath verbrandt. Ob nun woll I. F. G. dahin etliche von C. und L. beschieden, die solchen schaden besichtigt, hetten dieselbigen sich doch nicht auff etwaß gewiß einlassen oder erklern wollen, Sondern diesen Landtag nebens *[?]* R^{mi} außzuschreiben erachtet, Were der schade fast unversehenlich *[?]* geschen p. Erachtet I. F. G. es wurde C. und L. deroselb hiebey mit rath und thatt beyspringen. In sonderbarer betrachtung, daß I. F. G. ohn kuchen, braw- und backheuser nicht leben und sich halten konnten, Musten den schaden versch[..]tzen p., Begert F. G. solich wegk ohn beschattung der Armuth muge reparirt werden, zuberathschlagen.

Hielten F. G. dafur, weill es ein Furstlich Hauß, daß es den Newen gebaute muste gleich gemacht und erbawet werden, mit gewelben und sonsten, so dohir dan so viell mher auch kain Newer brandtschade zubesorgende. Ubergibt zu der behuff, weß deß gebaute ungefherlich, wie es uberschlagen, kosten wolte, F. G. ein Designation und anschlag, deren Summa^a sich auff Elff tausent und etliche thaler thette erstrecken, Ohn angesehen, do zie *[?]* deß essens und drinckens der bawleute und meister nicht were gedacht worden. Weill F. G. albereit ein ansehnliches durch den brandtschaden verlhoren, wurden C. und L F. G. nicht mher ansinnen sein, Sondern will eher sich als einich mit F. G. erkleren, und rath geben, woher daß bawgelt zu nemen. Wolten C. und L. rathliches bedencken gnedigst *[?]* begert haben p. und F. G. fur Ihre person auch weß muglich dabey thun, wie sie auch albereit hibefur gethan.

[II.] Resolutio des Capituls und Landstende p.

Es hette die stende deß Stiffts underth. angehort, waß von F. G. proponirt und Letzlich dohin verstanden, daß F. G. ungern den Landtag außschreiben willen, aber dazu durch den brandt schaden verursacht worden, und sich dabey ferner erbotten und begert bey diesen Werck F. G. mit rath und thatt beyzuspringen und sich auff die Designation, ßo ubergeben, underthenig zuerkleren:

[1.] Erachteten die Stende die eingewante entschuldigung unotich und sein erbietich F. G. als die die getrewen Landstende allen gehorsam underthenich zuerzeigen, mit hintrede erbiten p.

[2.] Trugen die Landstende mit F. G. ein mitleiden, daß dergleichen schaden geschen, und muchten wol wunschen, daß deßelbige vorplieben. Und ob woll C. und L. F. G. in dieser sachen gerne underth. rathen wolten und I. F. G. zu dem brandtschaden kein ursache geben, So were doch die Armuth in diesem Stifft nun eine geraume zeit mit gantz beschwerlichen schatzzung und aufflagen betrengt, sonderlich bey deß vorigen Hern Bischoffen zeiten. Und were noch newlicher tag, wie F. G. wissendt, dessen ungeachtet deroselb 6600 thaler zu den gebaute des Hauses Rothenburg gewilliget,

[3.] So wusten auch F. G., daß ohn denselbigen sonstigen diß Stifft wegen des Reiches Contribution an Turckensteur und andern collecten und zulagen ein merckliches thun und zuschiessen musten, welches alles von den Armen leuten und auß dem schatz muste bezalt und erlagt werden; und werden aber deß C. und L berichet, daß am Keis. hofe die sachen mit diesem Stifft fast geferlich stehen solte, die den etlichen Ihres mittels H. von der Beck[b] berichtet, so deß ortes verreiset ge[..]iesen, und zuvermuten, daß dieß Stifft dahin auch noch woll etwaß wurde hinwenden mussen. Auß welchen ursachen und sonderlich in betrachtung der Armuth der Armen underthanen so kunnen, daß libe Kott, die Stende kein weitere schatzung zulassen oder eine schatzung auff die ander unwillig konen p. Wie sie dan solches nicht musten fur Gott dem Almechtigen, und den benachparten zuverantworten, mit gantz undertheniger bitte R^{ms} die stende in diesem fall zu ungnaden nicht wolle pedencken.

[III.] Replica R^{mi} p.:

[1.] Es hatte F. G. sich woll einer ander Resolution verhofft und weren auch andres ertrostet, hetten auch in gedechtnuß, daß die 6600 thaler verwilliget, F. G. hetten zu unnotigen schatzung kein ursach geben, kem zu deß Hauses Rotheburg beste. Und wurde F. G. solche Summa auch zu einem Termin nicht erlegt.

[2.] H. von der Beck belange, were nicht ohn daß derselbe an F. G. geschrieben und were der Mißverstandt wegen der Moderation, daß dieß Stifft auff den gethanen anschlag als zu hoch moderationem gebeten, und auch derwegen appellatio interponirt worden, Erachteten nicht dadurch daß Stifft gefherdet werden solte p. Begern F. G. mhermals bey diser sachen und brandtschaden sich anders zuerkleren p.

[IV.] Duplica Capituli & statuum:

[1.] Es erachten C. und Landsch., daß dieselb, so bey F. G. gewesen, sich nicht auff ein oder andern weg erklert, Sondern hetten die sache auff den gemeinen Landtag remittirt und verschoben. Und wusten F. G. den zustandt der Armen leute in diesem Stifft, daß die durch die schatzung gantz außgemergelt und waß bereit gewilligt kaum ertragen konten. Bitten derwegen gantz underthenich auß der eingewanten ursachen es bey der Resolution gnedich pleiben zulassen.

[2.] H. von der Bek und die sachen Kais. Hofe betreffendt, hetten gerne verstanden, daß dieselbe nicht geferlich; Mit bitte, F. G. die stende gnadich entschuldigt annem und nicht verdencken wolte etc.

Wobei es mit diesem Landtag verplieben. Actum ut supra.

(StA Stade, Rep. 8, F. 19, nr. 2, Bd. 1, fol. 204r–207v.).

a *in der Vorlage* Sā.   b *in der Vorlage* Reck.

44

Landtag 1591 Dezember 20, Verden, Kapitelhaus

Teilnehmerliste

Namentliche Auflistung aller Teilnehmer dieses Landtags.

Überlieferung: StA Stade, Rep. 8, F. 19, nr. 2, Bd. 1, fol. 208r (am Seitenrand der ersten Seite des Protokolls).

Præs. Dnis. Cap.: H. Dietrich Friese, Decano, H. Georg v. Mandelsloh Seniore, H. Wilcken Klencke, H. Geörg v. Sandbeck, H. Johan v. Seggerde, H. Luneberg Bicker, H. Gebhart Cluver, H. Hilwert v. Alden, Fried. Hemming Syndico.

R[mi]. Rethe: Herm. Nigro Cancellario, Joh. ab Affelen, Hinr. Wingartnero, Ebeling Heitman, Gottschalck Embcker Secret.

Von der Landtschafft: Johan Honhorst, Christoff von der Kedenburg, Dietrich v. Zarnhausen, Gebhart Schlepegrell, Hinrich Cluver, Honstede[1], Borchart Cluver, Herbort v. Mandelschlöe.

Deß Rathes abgeordneten: Johan Hurleke, Johan Bodeker, Rudolp. a Diepholt Secret.
(StA Stade, Rep. 8, F. 19, nr. 2, Bd. 1, fol. 208r.)

1 Vor Honstede *ist eine Lücke gelassen für den nicht eingetragenen Vornamen.*

45

Derselbe Landtag

Landtagsprotokoll

Die Verdener Landstände verhandeln mit dem Bischof Philipp Sigismund über: (1.) Gegenmaßnahmen gegen die vom kriegesvolck *des Herzogs Moritz (von Sachsen-Lauenburg) im Hochstift Osnabrück verübten Gewalttaten; (2.) die Bezahlung des Brandschadens auf Burg Rotenburg; (3). die Zahlung der noch an den Fiskal des Reichskreises zu leistenden Abgaben.*

Ausschreiben: -
Protokoll: StA Stade, Rep. 8, F. 19, nr. 2, Bd. 1, fol. 208r–215v.
Abschied: –
Weitere zu diesem Landtag gehörige Quellen: -
Literatur: -

46

Landtag 1592 Mai 22, Verden, Kapitelhaus

Teilnehmerliste

Namentliche Auflistung aller Teilnehmer dieses Landtags.

Überlieferung: StA Stade, Rep. 8, F. 19, nr. 2, Bd. 1, fol. 216r (erste Seite des Protokolls).

Præs. Dnis. Capitularib.: H. Thumbdechant Ditrich Friese, H. Wilcken Klencke, H. Geörg v. Sandbeck, H. Gebhart Cluver, H. Luneberg Bicker, Friedrich Hemming Syn.

Consiliar. R^{mi}.: H. Cantzler H. Nigro, H. Affeln, H. Wingartner, H. Ebeling, Gottschalck Eimckler Secret.

Von der Landtschafft: Johan von Honhorst, Christoff v. der Kedenburg, Ditrich v. Honstede, Frantz Otto v. der Wense, Gebhart von Mandelschlöe, Heinrich und Burchart Cluver, Bheren und Staffhorstes abgesandte.

Von Deß Rathes abgeordenten: Burgermeister Johan Botecker, Woldecke Wichman, Rudolff von Dipffholtz Secret.

(StA Stade, Rep. 8, F. 19, nr. 2, Bd. 1, fol. 216r).

47

Derselbe Landtag

Landtagsabschied (unvollzogen)[1]

Die Verdener Landstände bewilligen: (1.) zur Bezahlung des Brandschadens auf Burg Rotenburg und zur Abzahlung einzeln genannter restierender Reichskontributionen die Aufnahme eines Kredits, für den genannte Angehörige der Landstände sich verbürgen, sowie (2.) zur Rückzahlung dieses Kredits die Erhebung eines halben Viehschatzes in den Jahren 1594 und 1595.

Ausschreiben: (Or.-Ausf.): StadtA Verden, A XX, 4.1 (datiert 1592 April 29, Rotenburg).
Protokoll: StA Stade, Rep. 8, F. 19, nr. 2, Bd. 1, fol. 216r–220v.
Abschied: StA Stade, Rep. 8, F. 19, nr. 2, Bd. 1, fol. 221r–224v (Or.-Ausf., unbesiegelt).
Weitere zu diesem Landtag gehörige Quellen: –
Literatur: –

Zuwißen: Alß der Hochwurdiger, Durchleuchtiger, Hochgeborner Furst und Herr, Her Philippus Sigismunduß, Postulirter Bischoff der Stiffte Verden und Oßnabrugk, Hertzog zu Braunschweig und Leuneburgk etc. Abwesent Seiner F. G. durch deroselben Cantzler und Räthe Auff Heut dato untenbeschrieben gehaltenem Landtag den Anwesenden eins Ehrw. Thumb-Capituls und Landtstenden von

Ritterschafft und Staden, so zu gemeinen Landtag pflegen verschrieben zu werden, gnedich und Außfhurlich proponiren, vormelden und Anzeigen laßen,

[1.] Daß die zwischen dem Kays. Fiscall und gemeinen Stiffts Verden wegen der gewilligten Reichs contribution und Anlage vor vielen jharen eingerißene irrunge und Mißverstende, Auch die daruber am Kays. Cammergerichte schwebenden unterschiedliche processe nunmehr so weit gerathen, Daß kegen und wider S. F. G. An Hochgedachtem Kays. Cammergerichte, den 14. Februarii iungsthin, wegen der Restanten An dero in Anno p. 76. zu Regenßpurgk gewilligten Turckenhulffe (welche nach dem in Anno 1545. gemelten Alten Anschlag, Auff 2586. fo.^{2} zu 15. batzen, 16 Silbergr.^{3} und 8 d.^{4}, sich erstrecken theten) Ein Eventual privation urtheill ergangen, darin S. F. G. Alle privilegien, digniteten und Freiheiten, so dieselbe von der Rom. Kays. Maitt. und dem Heiligen Rom. Reiche hette und zu lehen truge, privirt und entsetzett wurde, eß were dan, daß S. F. G. binnen Sechs Monaten und zeitt der eroffneten urtheill gleubliche Anzeige geburlicher erlegung der geklagten und erkanten Restanten thete. Und daß es sonsten Auch mitt den ubrigen Puncten der Restanten An dem Andern gewilligten Reichs contributionen (Alß An dem Anno 70. zu Speir gewilligten bawgelde, an dem Anno 76 zu Rengenßpurgk gewilligten Legationskosten in die Moßcaw, und den an dero Anno p. 82. zu Augßpurgk gewilligten Turckenhulffe) ebenermaßen gegherlich sunde, und man Auch wegen der Ergewanten Appellation, bei der heuptsache, deß Rechtlichen Siegß halber, wenig hoffnunge habe, und demnach der leste und nechste wegk sein wolte, daß man sich bei Aller Hochstgedachter Rom. Kays. Maitt. durch gutte Leuthe handlunge, wegen solcher Restanten (welche sich in Alleß vermuge der ubergebenen designation auff 4594. fo.^{2} zu 15. batzen, 1 Silbergr.^{3} und 4 d.^{4} belauffen thetenn) in gute vorgleiche und Abfunde mitt gnedigem begeren, eß wollen sich die Anwesende einß Ehrw. ThumbCapitulß mitt den Stenden der getreuen Landtschafft darauff bereden, Auch uff mittel und wege schließen, dardurch solche irrunge und Mißverstende hin- und beigelegt, Auch Alle darauß erfolgende sorgliche beschwerunge von gemeinem Stiffte Abgewanth werden muchte; So haben sich ob- und wolgemelte Hern Capitularn, neben den Anwesenden getreuen Landtstenden von Ritterschafft und Staden nach Angehorter proposition und gehabter deliberation dahin erklerett: Ob sie woll nichtt gewust, daß die Sachen, wegen der streitigen Reichs contributionen dieseß theilß so ubell und gefherlich gestanden, Auch zwar den Armen leuthen in diesem Stifft Verden, wegen der iungst gewilligten Landtsteur, ohn daß mehr dan genugsame beschwerett werden, So wollen Sie gleichwoll Hochgedachtem Ihrem Gnedigen Fursten und Hern zu underthenigen ehren und gehorsamb, Auch zu Abwendung der furstehenden gefhar und ungelegenheitt die Nachstendige Reichs contributionem ungesummett richtig machen. Ließen sich auch S. F. G. gnedige wolmeinunge wegen der handlunge mitt der Rom. Kays. Maitt. underthenig gefallen, und wolten demnach bei deroselben durch Hermanum von der Becke, welchen sie zu dero behuff anhero bescheiden, tractation und unterhandlunge Aller underthenigst pflegen laßen: Ob auch woll itziger zeitt bei den Schatzverordenten, oder in dem gemeinen kasten kein barschafft verhanden were, gleichwoll Aber

577

weil mit barem gelde gutt kauffen, und Sie eß demnach gantzlich dafur hielten, daß man die Sache durch baar betzalunge gemeinem Stifft zum besten, Auff beßere und treglicher mittell brengen konten, Alß wen man ohn gelt Auff termin handlen solte, So weren sie gemeinett, Ein stuck geldeß bei Andern Auff gewonliche verzinsung zu entlienen und auff zu nhemen; und wolten sich dafur an stadt und von wegen gemeineß Stifftes und deßelbigen Landtstenden die Edle und Ehrnveste Johan von Honhorst, Christoff von der Kedenburg, Gebhart Schlepegrell und Borchartt Cluver, wegen der Ritterschafft, und Burgermeister Johan Bodeker, wegen eins Erbarn Raths der Statt Vehrdenn, burglich obligiren und verpflichten, doch Also, daß sie hinwiderumb von den Hern einß Ehrw. ThumbCapitulß, und den landtstenden in gemein geburlich versichert, und schadeloß gehalten wurden, wie dan nicht unbillich were, Auch in Alwege geschehen solte.

[2.] Domitt also solche entliehene gelder in kunfftigen zeiten widerumb betzalett, Auch die obgemelten burgen ihrer obligation benohmen werden konten, So wolten Sie die Hern Capitularn, und Anwesende getreue landstende uber die vorige in Anno 90. gewilligte Landtsteur oder contribution, so zu erst in Anno 93. ihre endtschafft haben wurde, noch zwei jharige halbe vieheschetze nach der gewohnlichen Anlage willigen, und solten solche solche zwei jherige vieheschetze, in zwey unterschiedlichen jharen, Alß in Anno 94. und 95. colligirt und gesamlet werden, Allermaße und weise, wie davon in dem negsten Landtags Abscheidt, unter dem dato den 23. Novemb. Anno 90. der weniger zall nach der lenge disponirt und geordnett worden.[5]

Deßen Allen zu urkundt seindt dieser Receß oder Abscheidt zwene gleichs lauts verfertigett und anstadt Hochgedachts LandtsFursten mitt S. F. G. Cantzlei secret, Auch eins Ehrw. ThumbC[apituls] und der Statt Verdenn insigell befestiget, darneben den Auch die Edle und Ehrnveste Frantz Ottho von der Wense, Dieterich Honstede, Hinrich Cluver und Herbordt von Mandelschloe, Anstadt und von wegen der Ritterschafft solche Receß und Abscheidt mitt ihrem Angebornen und gewonlichen pitschafften versigelt und befestigt habenn. Und von solchem Receße oder Abscheide ist Einer bei der Furstlichen Cantzley geplieben, den Andern Aber hatt ein Ehrwurdich ThumbCapitull fur sich und gemeine Landtschafft in verwahrunge genohmen. Alleß geschehen, gewilligett und gefaßett zu Verden auff dem Capitull hause, in der Bischofflichen Thumbkirchen doselbst, Am zwey und zwantzigsten Montstagk Maii, im jhare nach Christi unsers Lieben Hern und Heilandts geburtt Ein tausent, funffhundertt, und zwey und Neuntzigk.

(StA Stade, Rep. 8, F. 19, nr. 2, Bd. 1, fol. 221r–224r.).

1 *Vgl. zeitgenössische Marginalie in StA Stade, Rep. 8, F. 19, nr. 2, Bd. 1, fol. 221r:* Nota: Dieser Abscheidt ist noch nicht versiegelt; *sowie Notiz in StA Stade, Rep. 8, F. 19, nr. 1, fol. 3r (16. Jh.):* Pro Memoria. Der Landtags Abschied von 22 Maii 1592 zu Verden wegen restirender Baugelder, Legations-Costen in die Moscau und Türken Hülffe ist dem Landtags-Protocollo vom 22 Maii 1592 zwar angefraget aber nicht vollenzogen worden.   2 *florenos (Gulden).*   3 *Silbergroschen.*   4 *denarii (Pfennige).*   5 *Oben nr. B.42.*

48

Landtag (?) 1593 Juni 27, Verden

Vergleichsvertrag/Abschied

Bischof Philipp Sigismund von Verden und das Verdener Domkapitel einigen sich über folgende strittige Punkte: (1.) Gerichtsherrschaft über das Dorf Westen; Grenze der Gemarkung Westen;[1] Zuständigkeit des Gerichts Dörverden; (2.) Blutgerichtsbarkeit im Süderende Verden; (3.) Unterhalt des Reichskammergerichts; Unkosten der Reichs- und Reichkreistage; Einnahmen aus den Strafen der Sendgerichte.

Ausschreiben: –
Protokoll: –
Abschied: StA Stade, Rep. 27, nr. V 389, fol. 135r–141r *(vom Notar* Joh[annes] Lange *beglaubigte Abschrift einer Or.-Ausf. ; 1614–1616).*
Literatur: –

Zuwißen: Nachdeme sich ein Zeit hero zwischenn dem Hochwürdigen, Durchleuchtigen, Hochgebornen Fursten undt Herrn, Herrn Philippo Sigißmundo, Postulirten Bischoffen des Stiffts Verden undt Oßnabrugk, Hertzogen zu Braunschweig undt Lüneburgk p. An einem, und S. F. G. Erwurdigen ThumbCapittel zu Verden, am anderntheill, wegen der Gerichte des hoffes Westen; Item wegen der Peinlichen Halßgerichte im Suderende undt dan auch wegen der Cammergerichts unterhalt, auch Reichs- undt Kreißtagen unkosten; Item wegen des Sendgerichts, allerhandt Irrunge, undt mißverstende erhalten, Das dieselben heut dato unterbeschrieben, mit furwißen undt bewilligung Hochgedachts Herrn Bischoffen, undt eines gantzen Ehrw. ThumbCapittels, auf hernachfolgende maß undt weiße grundtlich verglichen, hin- undt beigelegt wordenn p.:

[1.] Alß nemblich undt zum Ersten, so soll Hochgedachtem Herrn Bischoffen die Hohe LandtsFurstliche Obrigkeit undt was dartzu gehörig, sambt dem Peinlichen Halßgerichte am hoffe zu Westen wie auch über daß gantze Dorff undt deßen Holtz- undt Veldtmarcken unstrittig pleiben, und gelaßen werden, Nur alleine, Das ein Ehrw. ThumbCapittell zu Verden, oder an stadt deßelbigen der Besitzer undt Inhaber des hoffes Westen, in Peinlichen Sachen, den angrief haben, Alß undt derogestaldt, das Sie die mißhedigen, so daselbst im Dorff Westen, oder deßen Holtz- undt Veldtmarcken delinquirt oder sonsten betrffen werden, gefengklich einziehen, auch biß auf S. F. G. oder deroselben Beambten, die gefangene Mißthätter zu gepürlicher Peinlicher Leibsstraffe begehren undt abfordern werden, sollen sie verpflichtet und schuldig sein, S. F. G. oder deren bevehlhabern, dieselben gutwillig heraußer zugeben, undt folgen zulaßen, Undt soll die traditio oder uberlieferungh der gefangenen, in solchen fällen, an die Grenitzen, der Westischen holtz- und Veldtmarcken geschehen. Es soll aber die Westische holtz- undt Veldtmarcke folgende gestaldt, Ihre Grenitze haben: Alß von dem ofer des Allerstrombs, am Obersten, undt der Westener Ahe, fur dem holtz herauf gleich auf die Grenitzestein, in der Schlendals Kulen, von dannen

579

hinter der Windtmuhlen an der Hoyschen Grenitze hinunter, durch den busch ‚die Höpe' genant, auf den stein im Kenen mohr, hinter dem bruch wieder auf Rippen Meigers Immehoff, von dannen gleich uber auf dem Bleck Kamp, so den Heiddingheuser gehörig, von dannen fur der Heiddinghäuser Kempen hero auf die Egken des Westenerlohes, Zwischen dem Lohe, und dem Alten Damme, oder den Heiddinghausern Kampen, hindurch biß fast an Heiddinghaußen umb dz Lohe bei dem Graben fur den Wischen, ‚die Faelte' genant, herwieder biß an den Deich, undt unter demselben hinauf biß wiederumb an die Alten Aller, bey dem mittelsten Heck, dorch den ort Holtzes bey der Westener Ahe, so der Dorffschafft Otersen angehörig, undt mit der Alten Aller von der Ahe gescheiden, wirdt, hiemit nicht gemeinet, sondern hievon außgenommen.[1] Ferner so sollen auch daselbst zu Westen S. F. G. undt deroselben nachkommen am Stifft Verden zu schaden undt nachtheill keine abgesagte Feindt, oder sonsten ander Niederwerttige Persohnen vergleitet oder in ander wege, gehauset, und geheget, undt geschutzet und aufgehalten, sondern dieselben vielmehr I. F. G. oder dem bevehlhabern auf deroselben begehren und erfordern gutwillig Sistiret und gefolget werdenn.

Die Untergerichte aber uber das Dorff Westen undt dessen holtz- und Veldtmarcken sollen sampt aller zubehör, an verwirckten bruchen, Poenen undt straffen, wie auch die hergebrachte Pfandtungh auf der Aller (:Alß da dem Einhaber des Hoffes Westen zu nahe gefischet, oder das Holtz entfrembdet würde:) Einem Ehrw. ThumbCapittell, oder dem Besitzer undt Innhaber des hoffes Westen, unstrittig folgen, undt gelaßen werden, Alß undt derogestaldt, das Sie nicht alleine die Leuthe undt Einwohner zu Westen, alß ihre untersaßen in burgerlichen Irrungen undt gebrechen, nohtturfftig hören undt nach billichkeit entscheiden, sondern dieselben auch, wegen ihrer verbrechungh, undt uberfahrung gepüerlich straffen, undt also zum schuldigen gehorsamb bringen, undt anhalten müegen; Jedoch sollen undt wollen Sie sich mit solcher straffe aller gebüer undt bescheidenheit verhalten, Dieselben auch nur alleine, in geringen verbrechungen oder uberfahrungh, so nicht an leib undt leben, sondern Willkurlich zustraffen, undt zu dem untergericht gehörig sein, zugebrauchen.

Es sollen auch die Leuthe zu Westen nach Dorverden, nach alß vor, zugerichte gehen, und zu welcher Zeit also das Gerichte zu Dorverden zuhalten, soll dem Pastorn zu Westen nach alten gebrauch ein Zettel zugeschicket, undt daßelbige von der Cantzell abgelesen werden; Es soll aber daselbsten zu Dorverden uber die Leuthe zu Westen, in erster Instantz nicht zurichten sein, undt gantz uber alle, und in keine bruche gewroget oder gefunden werden, Dan dieselbe alle, keine außbescheiden, ohne Peinliche Halsgerichts sachen, sollen des ThumbCapittels und deßen verwaldter befr[e?]ech stehen, undt nach gebur gestraffet werden.

[2.] Zum andern, so viel das merum imperium oder die Peinliche Halsgerichte im Suderende belanget, ist vom Hochgedachten Herrn Bischoffen gnedig bewilliget, Das die Herrn eins Ehrw. ThumbCapittels, wie solches sein soll, von undencklichen Jahren also hergebracht sein soll, Dieselben hinfurter bey zutragenden fellen im Suderende exerciren undt gebrauchen muegen, Jedoch also, das Sie, die heilige

Justitz zuerhaltung guter disciplin, mit gebüerendem ernst administriren, und einen ieden so woll dem Armen alß dem Reichen, schleüniges Rechts verhelffen wollen.

Wan auch die Peinliche Halsgerichts sachen im Suderende so weit gerathen, das die gefangne Mißthäter mit Peinlicher tortur oder scharffer frage zubeleggen, soll daßelbige zu ieder Zeit denn Furstlichen BeAmbten *[sic]*, aufm Stifftshofe zu Verden zeitlich angemeldet, undt kundt gethan werden, damit Sie nach alten gebrauch solcher tortur mit beiwohnen konnen.

Wie Sie dan folgents auch, wan die Confessiones oder Urgichten der gefangenen im nahmen eines Ehrw. ThumbCapittels umb Rechtsbelehrung zuverschicken, ad rotulationem actorum gefordert werden sollen, Damit Sie umb den verlauf der Sachen mit Wißenschafft tragen, und demnach künftiglich, so viel weiniger bedencken haben muegen, bey dem Gehegten Peinlichen Halsgerichte zusitzenn, undt auf die erholete Rechtsbelehrungh, finden und urtheilen zulaßen, wie ihnen dan auch zu derobehuef die Rechtsbelehrungh, neben einer gleichlauende Copey fur dem angestaldten Gerichtstage, zeitlich insinuirt undt behandigt werden soll, Davon Sie die Copey bey dem Furstlichen Ambt behalten, undt das Original einem Ehrw. ThumbCapittell wiederumb folgen laßen sollen. Ob auch wohl ein Ehrw. ThumbCapittel unbenohmen sein soll, den Armen gefangenen nach gelegenheit der Sachen, gunst undt barmhertzigkeit zuerzeigen, und also die Scherffe des Rechtens zu miltern, So sollen undt wollen Sie sich doch gleichwohl bey solcher moderation aller gebüer und bescheidenheit verhalten, und dieselben nicht temere, sondern allein aus hochwichtigen, erheblichen und vernünftigen, auch in Rechten und der Naturlichen billigkeit ergrundten Ursachen gebrauchen, undt stadt finden laßen, Sich auch sonsen bey der gantzen Administration der Peinlichen Gerichten, also beziegen undt verhalten, das Sie es fur Gott, und dem Gnedigen Landtsfursten nach gebüer verantwordten können, Ihnen auch bey menniglich hohes undt Niedriges standes, tühmblich und unverweißlich sein soll.

Wann auch endtlich den Armen gefangenen die Sachen so weit gerathen, das er vermüege Urtheill undt Rechte, an Leib undt leben gestraffet, undt also fur ein Peinlich Haßgerichte, gestaldt werden soll, Wollen die Herrn eines Ehrw. ThumbCapittels dem Ambtmn aufm Stifftshofe zu Verden solches Zeitlich vermelden, undt umb anstellungh eines Peinlichen gerichts Sollicitiren, Welches ihnen auch auf begehr, nicht soll verweigert werden, undt als dan folgendts guetwillig geschehen laßen, das nach Altem gebrauch das Peinliche Gerichte, im nahmen undt von wegen des Gnedigen Landtsfursten offentlich geheget undt gehalten, undt also die Publicatio et Executio Sentenciæ im nahmen S. F. G. geschehen und erfolgen müege, Doch man also ein Sententz von der Universitet geholet, das dan der Gnediger Landtsfurste, oder S. F. G. bevelchaber, oder das Gerichte, dieselbe umb keinerley Ursache willen, nicht Limitiren, sondern nach der Urtheill, mit der Execution verfahren oder dem ThumbCapittell den gefangenen in ihre Hafft wiederstellen, undt also Das jus absolvendi, und die dahero rurende Poen, und geldt starffe beim Ehrw. ThumbCapittell, undt der StifftsKirchen gebaw- undt unterhalt, wie von Alters hero, pleiben soll.

Wann auch frembde gefangene ins Capittell Hafft gebracht wurden, undt der Gnedige Landtsfurste aus erheblichen Wichtigen Ursachen, einenoder mehr deroselben, auß dem Suderende abfordern, und zu dero behueff ein Ehrw. ThumbCapittel, gnedig ersuchen laßen würde, Alß wollen ein Erw. ThumbCapittel sich aller bescheidenheit, undt alß es ihrer Jurisdiction unschedtlich, darinnen zuverhalten wißen.

[3.] Was endtlich die Cammergerichts unterhalt, auch Reichs-, und Kraißtage unkosten; Item das Sendtgerichte betrifft, haben die Herrn eines Ehrw. ThumbCapittels auf S. F. G. gnediges ersuchen, Hochgedachtem Herrn Bischofen, zu unterthenin undt gefallen, auch in undertheniger betrachtungh, das S. F. G. Jehrliche reditus undt aufkunfften, wegen des Stiffts Verden etwas geringe, undt also S. F. G. nicht wohl muglich wehre, angeregte Expensen, undt uncosten, aus und von demselbigen zuerstatten, oder auch die gewohnlichen brüche, Poenen undt straffen, So etwan zum Sendtgerichte gehöreten, zuentbehren, sich guetwillig dahin erkleret, das Sie solche Puncten, sambt undt sonders (:ungeachtet was diesfals in dero mit S. F. G. aufgerichteten Capitulation versehen:) gentzlich schwinden undt fallen laßen, auch darvon hinfuro bey S. F. G. Regierungh, weiter nicht moviren, sondern vielmehr, underthenig verstatten, undt geschehen laßen wollen, Das S. F. G. die Cammergerichts unterhalt, auch Reichs- undt Kraißtage, unkosten, auß dem gemeinen Landtschatze (:wie in andern Ertz- undt Stifften gebreuchlich:) gefolgedt, undt dan auch S. F. G. die gewohnlichen brüche, Poenen undt straffen des SendtRechts wegen, nach wie vor, fur sich alleine haben, undt behalten muchten; Jedoch mit dieser Condition, undt erklerung, das diese Ihre gutwillige Concession der Capitulation in andern Puncten, Clausulen undt Artickelen, nicht præjudicirlich, schedtlich oder nachtheilig sein muchte, vermüge eines von S. F. G. sonderbahren vorfertigten Reverse, welcher Einem Ehrw. ThumbCapittell zugestellet werden soll.

Urkundtlich seint dieses vertrags, Zween gleichlautende Recess aufgerichtet, undt mit Hochgedachts Herrn Bischoffen, undt eines Ehrw. ThumbCapittels Insiegel Confirmiret undt bestettiget, Davon der H. Bischoff den einen behalten, undt Wohlgemelts ThumbCapittel den andern zu sich genohmen.

Geschehen undt geben zu Verden, am Donnerstagk nach Corporis Christi, wahr der ein undt Zwantzigste Monatstagk Junii, Im Jahre nach Christi Unsers Lieben Herrn undt Heilandes geburth, Eintausent Funffhundert undt Drey undt Neuntzigk.

(StA Stade, Rep. 27, nr. V 389, fol. 135r–141r).

1 *Die hier genannte Grenze ist anhand erhaltener FN gut rekonstruierbar (vgl. Rosenbrock/Voigt, Flurnamen, S. 38f., 42–44 u. 150–152): Beginnend im Süden führt die Grenze von der Aller über die Alte Mühle (S. 150, nr. 53) und den Wald ‚Höpen' (S. 38, nr. 5) nach Norden durch ein großes Bruchgebiet (heute: Dörverder, Stedorfer und Westener Bruch) zum ‚Imhoff' (S. 152, nr. 131), von dort zur noch bestehenden Hofstelle Hiddinghausen, dann nach Osten über den ‚Lo' (S. 150, nr. 5 u. 20) und den ‚Fahlt' (ebd., nr. 6) zur ‚Alten Aller' (ebd., nr, 14) und von dort wieder an die Aller. Insgesamt weicht diese Grenze nicht mehr als maximal 1–2 km von der heutigen Westener Gemarkungsgrenze ab.*

49

Landtag 1593 Juli 31, Verden, Kapitelhaus

Landtagsabschied

(1.) Die Verdener Landstände bewilligen dem Verdener Bischof Philipp Sigismund, 7000 Reichstaler aus den Kontributions- und Landsteuereinkünften zur Durchführung notwendiger Reparaturen des im Jahr 1590 auf Burg Rotenburg abgebrannten Gebäudes, die aus dem im Landtagsabschied vom 22. Mai 1592 beschlossenen halbjährigen Viehschatz[1] aufgebracht werden sollen, wobei der im Landtagsabschied vom 23 und 25. (sic! korrekt: 24.) November 1590 beschlossene Ansatz zugrundegelegt werden soll.[2]

(2.) Die Verdener Landstände bekräftigen, gemäß der Wahlkapitulation Bischof Philipp Sigismunds (von 1586),[3] die Bestimmung, derzufolge Meier und andere Bauern nicht berechtigt sind, ohne Konsens des Bischofs und ihres Gutsherrn Verkäufe oder Verpfändungen von Höfen oder Ländereien vorzunehmen. Die Gutsherren erhalten die Erlaubnis zur entschädigungslosen Einziehung dieser Güter, müssen sie aber erneut an Bauern ausgeben.

Ausschreiben: –
Protokoll: –
Abschied: StA Stade, Rep. 8, F. 26, nr. 41, fol. 1r–2v *(Or.-Ausf.; 6 aufgedr. Siegel sowie 1 stark besch. Verschlußsiegel erh.). –* StadtA Verden, A XX, 4.2 *(von der kgl. schwed. Kanzlei in Stade beglaubigte Abschrift von 1653). –* StA Stade, Rep. 8, F. 19, nr. 1, fol. 1v *(Regest, 16. Jh.).[4] –* StA Stade, Rep. 8, F. 19, nr. 2 Bd. 2, fol. 11r *(Regest; datiert 1593 Juli 30). – Ebd., fol. 22r (Regest).*
Weitere zu diesem Landtag gehörige Quellen: –
Literatur: Frick, Konfession, S. 93.

Zuwißen: Alß der Hochwurdiger, Durchlauchtiger, Hochgeborner Furst undt Herr, Herr Philippus Sigißmundus, Postulirter Bischoff der Stiffte Verden undt Oßnabrugk, Hertzog zu Braunschweig undt Luneburgk p. Heute dato auff gehaltenem Landtage, den Anwesenden Eines Erwurdigen ThumbCapittels undt Landstenden von Ritterschafft und Stedtten, So zu gemeinen Landtägen, pflegen verschrieben zu werden, gnedig proponiren, vermelden und anzeigen laßen,

[1.] Welcher gestaldt S. F. G. zu nottwendiger reparirung, des in anno p. 90 zu Rotenburgk abgebrandten gebewdes albereit ein annsehenlichs verbawet, Auch ferner zu gebeurlicher vollnziehunge deßelbigen noch ein stadtlichs haben, und annwenden musten, Mitt gnedigem begeren, S. F. G. zu dero behueff, ein nahmhaffte Summa geldes Auß gemeiner Contribution und Landsteur underthenig zu willigen, auch furderlichst reichen undt geben zu laßen, Daß demnach ob- und wollgemelte Herrn Capitularn, neben den Algemeinen getrewen Landstenden, vonn Ritterschafft und Stedtten, S. F. G. zu untherthenigen ehren und gehorsamb, Auch in vernunfftiger betrachtunge, dero vonn S. F. G. bey geschehener Proposition, Angezogenenn erheblichen, und hochwichtigen Ursachen zu gebeurlicher undt nottwendiger vollfuhrung des angefangenen Rotenburgischen gebewdes, Sieben Tausent Reichs Taler underthenig gewilliget, verheißen und zugesagt, Welche

S. F. G. in Anno p. 94. und 95. zwischen Martini[5] und Weinachten[6], und also auff zweien unerschiedliche Termin, erlegt und bezahlet werden sollen, zu welcher behueff, mann dan, die am 22. Maii, in Anno p. 92. angeordnete zwei halbiehrige Vieheschetze,[1] gebrauchen, auch auffn nottfall, (.Alß da ettwann S. F. G. Vonn itztgedachten beiden halbiehrigen Vieheschätzen, nicht allerdinge die obgedachten 7000. Taler bezahlet werden konten.) den dritten halbiahrigen Vieheschatz, so in Anno p. 96. colligirt und gesamblet werden soll, bewilliget und angeordnet haben will. Waß aber uber die 7000 Taler, vonn dem itztgedachten Anno p. 96. halbiahrigen Vieheschatz uberich, solle mit rath und guttachten, allgemeiner Stende, zu behueff dieses Stiffts nutz und besten, hin und angewendet werden. Die beschreibunge aber, und einnahme solcher Vieheschatze, soll auff maß und weise, wie davon im Landtags Abscheide, unter dato, den 23. und 25. Novembris, Anno p. 90. disponirt,[2] geschehen, und angeordnet werden, vor Einß.

[2.] Zum andern, Alß auch S. F. G. glaubwurdig erfahren, das S. F. G. auch Eins Erwurdigen Thumbcapittels sambt der Clerisey, und anderer im Stifft Verden, Guttherren Meier, ihre inhabende höffe, hueffen, oder sonsten etzliche stucke landes darvonn, ohne S. F. G. und Irer Erw. und Gunst. Alß der Gutherrn wissen und willen, offt und vielmahls verkauffen, oder umb geldt verpfendeten, und versetzten, Darauß S. F. G., Einem Erw. Thumbcapittell, und anderen Guttsherren, kein geringer schade und nachtheill, Ann ihren Meier guttern, entstunde, und zugefugt wurde, und demnach solche ungelegenheit, den annwesenden Eines Erw. Thumbcapittels, und Landstenden, inn gnaden erinnern, und anmelden laßen, Mitt gnedigem begeren, Auff mittell und wege zugedencken, Wie solchem unwesenn kunfftiglich gewehret, und furgebawet werden muchte, So haben mit und neben S. F. G. ob- und wollgemelte Herrn Capitularn, und anwesende Landstende sich erinnert, Waß deßfals in dero, mit S. F. G. auff gerichten Capitulation versehen, und einmutiglich dahin geschlossen, Daß vermuge und inhalts deroselben, S. F. G. Einem Erw. Thumbcapittell, Auch sonsten allen und jeden Guttsherrn im Stifft Verden, erlaubtt und zugelaßen sein soll, Alle hueffe, hoffe, Auch alle Ecker, stucke landes, oder zinßgutter, der sey weinig oder viell, so vonn denn Meiren und Leuthen, ohne S. F. G. Ihrer Erw. und Gunst. Alß der Guttsherrn wissen, willen und vollborth, verkaufft, versetzt, oder verpfendet worden, Oder auch noch kunfftiglich derogestaldt verkaufft, versetzt oder verpfendet werden muchten, Ohne furgehende klage, und rechtsforderung, Auch ohne erstattung des kauff- oder pfandtgeldes, vor sich selbst anzugreiffen und anzunehmen, Auch damit zuthuende, Alß S. F. G., Auch Irenn Erw. und Gunst. Alß den Guttsherrn am besten gelegen sein will, Doch mit dieser außtrucklichen bescheidenheit, Daß eß wiederumb in paurpflicht gebracht, Auch dem Gnedigen Landesfursten, Guttsherrn, und gemeinem Stifft, das Irige davon begegen und wiederfahren muge, Alles fernernn und mehrern inhalts angeregtter Capitulation.

Und damit dieser Allgemeiner Schluß, und vergleichunge menniglich kundt und offenbahr werde, Und also ein Jeder, fur schaden und nachtheill sich zu hueten wisse, Soll dieselbige furderlichst publicirt, Und vonn allen Cantzelnn im Stifft

Verden bey versamblung der Christlichen Gemein, verleßen und abgekundiget werdenn.

Deßen allen zu Urkundt, seint dieser Receß oder abscheide, zween gleichslauts verfertigt und mit Hochgedachts Herrn Bischoffs, Eines Erw. Thumbcapittels, etzlicher vonn der Ritterschafft, Alß der Edlen und Ernvesten Johann Behren, Gebhardt Schlepegrellen und Herbordt vonn Mandelßlo, Auch von der Stadt Verden, Secreten und Pittschafften befestiget, Und hatt den Einen Receß oder Abscheidt Hochgedachter Herr Bischoff, den Andern aber Ein Erw. Thumbcapittell fur sich und gemeine Landtschafft in verwahrung genohmen. Alles geschehen, gewilliget und geschlossen zu Verden, auff dem Capittelhauße in der Bischofflichen Thumbkirchen daselbst, Am Dingstage nach Jacobi, wahr der letzte Monats Tagk Julii, Im Jahre nach Christi unsers lieben Herrn, und Heilandts geburtt, Ein Tausendt funffhundert, undt Drey unndt Neuntzig p.

(StA Stade, Rep. 8, F. 26, nr. 41, fol. 1r–2v).

1 Oben nr. B47.   2 Oben nr. B.42.   3 StA Stade, Rep. 2 (Domstift Verden), nr. 381 (besiegelte Or.-Ausf.).   4 Es handelt sich um das Inhaltsverzeichnis dieser Akte. Der Landtagsabschied von 1593 Juli 31 war in dieser Akte diesem Regest zufolge als Copia enthalten. Er ist hier mit Bleistift von einer jüngeren Hand (18. Jh.?) als N° 16 bezeichnet. Trotz dieses Eintrags fehlt er aber in der Akte. Der Verlust muß schon vor Durchführung der modernen Foliierung des 20. Jahrhunderts eingetreten sein, denn der hier von derselben Hand als N° 15 bezeichnete Abschied von 1590 November 23/24 (oben nr. B.42) endet, der modernen Stempelfoliierung zufolge, auf fol. 127v (dort Aktentitel); der hier als N° 17 bezeichnete Abschied von 1594 Oktober 15 (unten nr. B.50) beginnt mit dem in der Stempelfoliierung als fol. 128r bezeichneten Aktenumschlag; zwischen fol. 127v und 128r muß sich ehemals also eine heute verlorene Kopie des Landtagsabschieds von 1593 Juli 1 befunden haben.   5 11. November 1594 und 1595.   6 25. Dezember 1594 und 1595.

50

Landtag 1594 Oktober 15, Verden, Kapitelhaus

Teilnehmerliste

Namentliche Auflistung aller Teilnehmer dieses Landtags.

Überlieferung: StA Stade, Rep. 8, F. 19, nr. 2, Bd. 1, fol. 216r (erste Seite des Protokolls).

Præsentibus: R^{mo} Dno. Philippo Sigismundo Episcopo p., H. Thumbdechant Dietrich Friese, H. Wilcken Klencken, H. Jorg von Sandbeck, H. Johan von Seggerde, H. Gebhart Cluver, H. Luneberg Bicker, H. Friedrich Hemming Syndico.

R^{mi}. Consiliariis: H. Philips Warpuff Marschalck, H. Frantz Crampen, H. Hermen Nigro Cantzlern, H. Jacob Deich D^r, H. Johan von Affeln, H. Hinrich Wingartner,

Von der Ritterschafft: Christoff von der Kedenburg, Curdt Honstede, Gebhart Schlepegrell, Frantz Otto v. der Wense, Borchart Cluver, Borchart Bher, Dietrich von Zarnhausen, Johan Beren abgesanten.

Wegen der Statt Verden: Johan Botecker, Burgermeister[1], Johan Hurleke, Burgermeister[1] H. Frantz Panning, Rudolff von Dipholtz Secretario.

(StA Stade, Rep. 8, F. 19, nr. 2, Bd. 1, fol. 216r).

1 *Das Wort* Burgermeister *ist in der Vorlage neben den Namen eingetragen und verbindet mit einer geschweiften Klammer die beiden Namen* Johan Botecker *und* Johan Hurleke.

51

Derselbe Landtag

Landtagsabschied

Die Verdener Landstände beschließen (1.) über die Bereitschaft zur Bezahlung der 80-monatigen Türkensteuer; (2.) die Ausweitung des 1593 Juli 31 (oben nr. B.47) für Baugeld bewilligten halben Viehschatzes zu einem ganzen Viehschatz; (3.) die Verwendung übrigbleibender Geldern zur Abtragung genannter Stiftsschulden; (4.) die Modalitäten des Einnehmens dieses Schatzes, die entsprechend der Regelungen des Landtagsabschieds von 1590 November 23 und 25 (sic) (oben nr. B.42; 1590 November 23/24[!]) geschehen soll.

Ausschreiben: –
Protokoll: StA Stade, Rep. 8, F. 19, nr. 2, Bd. 1, fol. 225r–232v.
Abschied: StA Stade, Rep. 8, F. 19, nr. 1, fol. 129r–130v (Or.-Ausf.; 7 aufgedr. Siegel erh.). – Ebd., fol. 131r–134r (vom Notar Dietmar Kolemosius beglaubigte Abschrift, spätes 16./frühes 17. Jh.).
Weitere zu diesem Landtag gehörige Quellen: –
Literatur: –

Zuwissen: Als der Hochwürdiger, Durchleuchtiger Hochgeborner Furst und Herr, Herr Philippus Sigismundus Postulirter Bischoff der Stiffte Oßnabrugk und Verden, Hertzog zu Braunschweig und Luneburgk p. Heut dato uff gehaltenem LandTage den Anwesenden eins Erwürdigen ThumbCapittels und Landstenden, von Ritterschafft und Stedten S^r. F. G. Stiffts Verden, so zu gemeinen LandTägen pflegen verschrieben zuwerden, gnedig proponiren, vermelden und anzeigen laßen,

[1.] Welcher gestalt uf jungst zu Regensburgk gehaltenem ReichsTage, der Rom. Kay. Maytt. zu nothwendiger defension wider den gemeinen Erbfeindt der gantzen Christenheit, den leiden Turgken, und also dem Heiligen Romischen Reiche, Ja der gantzen Christlichen Gemeine zum besten, von den anwesenden ReichsStänden, ein ansehenliche ReichsContribution oder Turgkensteur auf Achtzigk Monat gewilliget, darvon man auf negstkunfftigen Weinachten zehen Monat und auf Johannis Baptistæ, des bevorstehenden funff und Neunzigsten Jahres auch zehen Monat eilende Turgkenhülff (welche diesem S^r. F. G. Stiffte Verden nach dem gewöhnlichen Anschlage zehenTausendt vierhundert Furstengulden Außtrüge, oder machen thete), und das folgendts alle Jahre zehen Monat bestendige Turgkenhülffe, biß zu außgang der gewilligten Achtzig Monat erleggen und bezahlen müste, Mit gnedigem begehren, Weil solche ReichsContribution oder Turgkensteur, neben S^r. F. G. rest und nachstande des gewilligten bawgeldes, von dem auf negstem LandTage gewilligten halben Vieheschatze, vollnkomlich nicht erstattet oder abgetragen werden konnte. Es wolten die Anwesende eins Erwurdigen ThumbCapittels, und getrewe Landstende auf mittel und wege gedencken, Wie man zu gebührlicher erstattung angeregter ReichsContribution am besten und füglichsten rathen müchte.

[2.] Das demnach ob- und wolgemelte Hern Capitularn, neben den allgemeinen getreuwen Landstenden von Ritterschafft und Stedten, nach gehabter nothwendiger unterredung und deliberation, S. F. G. diesen underthenigen Furschlag gethan, Das auf Sr. F. G. gnedige ratification Ihre Erw. und G$^{sten.}$ nicht abgeneigt, auf dieß Jahr, an statt des halben Vieheschatzes einen gantzen Vieheschatz zu samlen und einzunehmen, auch die versehung zuthunde, das am freitage vor Martini, wirt sein der Achte Novembris negstkunfftig, darselbig gantze Vieheschatz colligirt und eingesamlet, und alßdan S. F. G. Ihres nachstandts kegen widerlieferung S^r. F. G. unter dero handt und Secret volliger und gnugsamer quittung auf die Anno 93. den 31. Julii gewilligte siebenTausendt Taler bawgelt, contentirt und befriediget, und das übrige in gemeinem Kasten bleiben, und volgendts nach gelegenheit zu gebührlicher erstattung der gewilligten ReichsContribution und anderer gemeines Stiffts notturfft gebraucht und angewandt werden sollte; Jedoch mit dieser condition und erklerunge, Das der gewilligter gantzer Vieheschatz in diesem S^r. F. G. Ambt Verden neben S^r. F. G. Ambtman Ebeling Heitman, von Hern Gebhardt Klüvern, und Alverico Otterseden eingenommen und folgendts nicht alßbaldt S. F. G. überliefert, oder auch auf S^r. F. G. Stifftshoff gebracht, Sondern den Schatzverordenten tradirt, und in die gemeine Schatzkisten gelegt werden müchte.

[3.] Es haben auch ob- und Wolgedachte Hern Capitularn und gemeine Landstende fur gutt und rathsamb angesehen, Auch nothwendig zu sein erachtet, Das zu gebührlicher bezahlung der gewilligten ReichsContribution und anderer gemeiner Stiffts notturfft folgendts noch auf etzliche Jahr, ein halber Vieheschatz gewilliget und eingesamblet werden sollte, Jedoch nicht lenger und ferner, dan biß man in gemeinen Kasten soviel bekommen und zusamen gebracht, Das man die gewilligte Reichssteur der Achtzig Monat, Romerzug und andere gemeines Stiffts obligende Schulden und beschwerungen darvon erleggen, bezahlen und abtragen konnte, Alß nemblich, Das die funffzehenhundert goltfl. bey Heinrich Witzendorpff zu Luneburgk, und die Achthundert goltfl. bei Tobiaßn von Rothan zu Braunschweig mit den zinsen, so uns kunfftiglich darauf erwachsen konten, Wie auch die Cammergerichts underhaltung und des Hern Cantzlers besoldung, darauß ein zeit von Jahren abgetragen werden müchten, Worauf dan da solchs vorhanden, damit der gewilligter halbjehriger Vieheschatz gentzlich auffhoren, und zuende sein sollte.

[4.] Und weill nun Hochgedachter Furst nach gehabter nothwendiger deliberation, in gnaden befunden, Das die von S^r. F. G. Ehrwürdigem ThumbCapittel und getrewen Landstenden gethane Underthenige furschlage, nach gelegenheit der Sachen nicht zu verbeßern, Alß haben S. F. G^n. Ihre dieselbigen in gnaden mitgefallen laßen, und also mit und neben den Anwesenden Hern Capitularn und Landstenden gnedig ratificirt und bewilliget mit gnediger verheißung und zusage, die gnedige versehung und anordnung zuthunde, Das diesem gemeinem LandTags Abschiede von S^r. F. G. Beambten in allen Puncten, Clausulen und Artikeln, gehorsamblich gelobet, und gebührlich nachgesetzt, Auch von gemelten Beambten und Vogten mit keiner Pfandung kegen die Leute, ahn die von den Schatzverordenten gefordert, verfahren, und es sonsten mit beschribuung und einnehmung dieses gantzen und halbjehrigen Vieheschatzes, Wie davon im Landtags Abschiede Anno Neuntzig, Am drei und zwanzigsten und funff und zwantzigsten Novembris disponirt, observirt und gehalten werden sollte.

Deßen allen zu urkundt, seint dieser Receß oder Abschiede zwen gleichlautts verfertiget, und mit Hochgedachts Hern Bischoffs, Eins Erwürdigen ThumbCapittelß, etzlicher von der Ritterschafft, alß der Edlen und Ernvesten Arndt von Honstedt, Frantz Otto von der Wense, Gebhardt Schlepegrellen und Burgkhardt Behren, Auch der Stadt Verden Secreten und Pitschafften bevestigt, und hat den einen Receß oder Abschiedt Hochgedachter Herr Bischoff, den andern aber ein Erwürdig ThumbCapittel fur sich und gemeine Landtschafft in verwahrung genomen. Alles geschehen, gewilliget und beschloßen zu Verden, auf dem Capittelhause, in der Bischofflichen Thumbkirchen daselbst, am Dinstage nach Burchardi, wahr der Funfftzehende MonatsTag Octobris, im Jahr nach Christi unsers lieben Hern und Heilandts geburth, ein Tausendt, funffhundert vier und Neuntzig.

(StA Stade, Rep. 8, F. 19, nr. 1, fol. 129r–130v).

52

Landtag 1595 Juli 8, Verden, Kapitelhaus

Landtagsabschied

Die Verdener Landstände beschließen über die folgenden Punkte: (1.) die im Reichsabschied von 1594 bewilligte Reichskontribution und Türkensteuer; (2.) die dazu vom Hochstift Verden zu leistende, vom Pfennigmeister des Westfälischen Kreises festgestellte Summe; (3.) die Verhandlungen über die Verringerung ('Moderation') dieser Abgabenhöhe; (4.) Zahlung der Kosten für den Unterhalt des Reichskam-

mergerichts aus dem Schatzkasten; (5.) Erlaß einer Ordnung gegen herrenlose und gardende Landsknechte sowie fremde Bettler durch den Bischof.

Ausschreiben: StA Stade, Rep. 8, F. 19, nr. 2 Bd. 1, fol 14r (datiert 1595 Mai 26).
Protokoll: StA Stade, Rep. 8, F. 19, nr. 2, Bd. 1, fol. 233r–236r (Protokollant: Rudolf von Diepholz, Syndikus der Stadt Verden).
Abschied: StA Stade, Rep. 8, F. 19, nr. 1, fol. 136r–141r (Or.-Ausf.; 6 aufgedr. Siegel erh.).
Weitere zu diesem Landtag gehörige Quellen: -
Literatur: -

Zuwissen, [I.] Alß der Hochwurdiger Durchleuchiger Hochgeborner Furst und Herr, Herr Philippus Sigißmundus, Postulirter Bischoff der Stiffter Oßnabrugk und Verden, Hertzog zu Braunschwich unnd Luneburgk p. Heutt dato Auff gehaltenem Landtage den Anwesenden Einß Ehrw. Thumb-Capittelß unnd Landtstenden von Ritterschafft unnd Städten S. F. G. Stiffts Verden, so zu gemeinen Landtägen pflegen verschrieben zu werden, Hernachvolgende funff Unterschiedttliche Puncten gnedig proponiren, vormelden und Anzeigen laßen,

[1.] Nemblich zum ersten, daß S. F. G. Auß dem jungst in Anno 94. publicirtten ReichsAbschiedt unter Andern gnedig befhunden, Daß die der Röm. Kays. Maytt. gewilligtte ReichsContribution oder Turckensteur Auch von Andern underthanen, geistlich unnd welttlich, se wehren Exempt oder nicht, Exempt gefreyet oder nicht gefreyett, ungeachtett Aller Vorträge, Obligation, Statuten, gebreuche, gewonheitten, und Herkommen, so darwider Angezogen und furgewanth werden muchtten, colligiret, erlegt und bezhalett werden sollte, Also daß Auch die Capitteln bey den Hohen Stifften, deßgleichen vermugende Closter, Hospitalien, darmit nicht zuverschonen. Unnd daß demnach S. F. G. es gnedig darfur hielten, das solcher ReichsAbscheidt Auch in diesem Stifft billig in Acht genohmen, und deme zufolge, die Armuth hierunter einß theilß verschonett, unnd solche Contribution Auch Auff die Andere Stiffts Stende von prælaten, Ritterschafft unnd Städtten, pro quota gelegt wurde, sonderlich, weill solches nicht Alleine dem Reichsabschiedtte gemeß, sondern Auch in Andern benachbartten Ertz- und Stifften, Alß observirt, unnd gehaltten wurden, Und dhen Auch die Armuth in diesem S. F. G. Stiffte ohn daß, wegen der gewilligten Krayß- und Landsteur, Albereitt mehr dhen gnugsamb beschwertt wehre.

[2.] Zum Andern, Daß der Pfhenningmeister deß Westphälischen Krayses in werligkeitt eine designation oder vorzeichnuß, dero von diesem S. F. G. Stifft Verden restirenden Krayßsteur eingeschickett, daraus befindtlich, daß gemellts Stifft noch 581 fl., 9 batzen schuldig wehre, Welches sich dahero verursachett, daß man die gewilligte Krayßsteur nach dem moderirten Tax erleget und bezhalett hette, unnd Aber der Pfenningmeister dieselben nach dem Altten Anschlag fordertte, und daß man Auch die in Anno 90. gewilligte Krayßsteur auff zween Monatt, Alß 152 fl. noch schuldig wehre.

Und ob nun woll S. F. G. gnedig enttschloßen, deßhalben an den Pfenningmeister schreiben zulaßen, und Allen muglichen fleiß Anzuwenden, daß es bey dem moderirten Anschlag biß zu enttlicher Austragtt der sachen gelaßen werden muchte, so stunden doch S. F. G. in großen zweiffell, ob solches auch bey den

Andern Krayßstenden zuerhalten sein wurde, in Ansehunge, daß vieleicht dieselben muchtten erachten haben, weß deßfalß in Anno 92. Wieder S. F. G. Am Kay. Cammergerichtte erkandt und außgesprochen, und wie man sich darauff mit der Rom. Kay. Maytt. vorgliechen unnd abgefhunden hette, Jha daß man Auch die jungst zu Regenßpurgk gewilligte ReichsContribution oder Turckensteur nicht nach dem moderirten Anschlag, sondern nach dem Altten gewhonlichen Tax erleggen undt bzhalen muste. Und woltte derowegen die notturfft erfordern, daß man sich zu verhutunge Anderer unnd mehrer Angelegenheitt, Auch Auff solchen fall etzlicher maßen præparirte, und mitt gelde gefast machtte, und sonderlich die sachen dahin richtete, daß die in Anno 90. gewilligtte Krayßsteur, Welche nach dem moderirten Anschlag 152 fl. machen thette, erstes tageß erlegtt, bzhalett wurde, Unnd will nun Aber Auch solche Krayßsteuren Aus den gemeinen Schazkasten gnohmen werden musten, unnd Also die Armuth dardurch noch mehr bschweret werden woltte, wehre zwar dieses zu mehrer besterckung deß ersten Puncten billig zuattendiren unnd in Acht zunehmen.

[3.] Zum dritten, dieweill der moderation Sachen S. F. G. Stifft Verden belangendt, von beiden theilen verlengst geschlossen, und Also die sache Auff erkandtnuß stunde, und Aber itziger Zeit zu Speier ein deputation Tagk gehalten wurde, alhe solche unnd derogleichen Sachen, vermuge deß jungsten ViehAbschiedtts, determinirt und versprochen werden soltten. So woltten S. F. G. den Andrestenden, einß Ehrw. ThumbCapittelß unnd Andern Landstenden, gnedig zubedrucken Anheimb stellen, ob nich deß Stiffts notturfft erdertte, Umb versprechuung Angeregtter Sachen zu sollicitiren, und anzuhaltten, sonderlich, weill man sich Aber solcher erkandtnuß durchauß keiner gefhar oder Angelgenheitt zubesorgen hette, Und dhan solchs sollicitiren durch S. F. G. procuratorn zu Speyer D. Johan Godellman nicht unfuglich geschehen kontte, Whan derselbige darufff Specie avisirt, und befheligett wurde. Jhedoch, eß woltten S. F. G. darneben Auch dieß gnedig erinnertt haben, daß Auch eine Exemption Sache S. F. G. Stadt Verden betreffende, vorhanden, und in deroselbigen gleicher gestaltt uriusque geschlßen wehre, Und daß vieleicht Auff itzoberurtts Anhaltten, nicht Alleine in der moderation, sondern Auch in der Exemption Sache erkandt unndt gesprochen werden muchtte.

[4.] Zum Viertten, Dieweill Auch fur dieser zeitt gewilligett, daß die Cammergerichtts unterhaldtt aus gemeinem Schazkasten erlegtt und bezhalet werden soltte, und dhan dem Procuratori zu Speyer jherlichs seine besoldung verlag; und Copeyengeltt enttrichtett werden muste, und aber solches gar ein geringeß wehre, und mitt einer muhe uberschickett werden kontte, so wollte S. F. G. gnedig begehrett haben, daß hinvortter solche Procuratorn gebuer, neben der Cammergerichtts unterhaltung Auß gemeinem Schatzkasten erstattet, undt abgetragen werden muchtte.

[5.] Zum funfften unnd letztten, weill Auch von den umblauffenden Herrlosen knechtten und Gardenbrudern den Armen Leuthen Auf dem Lande viell und großer schade und uberlast begegnete, und zugefugt, wurde Auch in dem Suderende und in der Stadtt Verden, die frembdtten bettler Hauffenweise herumblieffen und den Andern inheimischen Armen leuthen das brott fur dem maull enttzogen, So woltten S. F. G. den Anwesenden Einß Ehrw. ThumbCapittelß und Landtstenden zubedencken gnedig Anheimbstellen, ob nicht wieder gemeltte Gardebruder offenttliche mandata oder verbottsbrieffe antzuschlagen, und dhan im Suderende und in S. F. G. Stadt Verden, wegen der bettler eine gewiße Anordtnung zumachen wehre, damit niemandt ohn der Obrigkeitt erlaubnuß sich deß bettlenß unternehmen dorffte, und Also die Almosen beßer den biß anhero zu weill geschehen, Angelegtt werden muchten.

[II.] Daß demnach S. F. G. ob- und Wolgemeltte Herrn Capitularn, neben der Algemeinen getrewen Landtstenden, von Ritterschafft und Städtten nach gehabtter nothwendiger unterredung und deliberation Auff nachfolgende maß undt weiß underthenig geanttworthett:

[1.] Alß erstlich, daß Ihre Ehrw. und Gunst. nichtt Abgeneigt wehren, lautt des ersten Puncten zu der gewilligten Reichscontribution, oder Turckensteur, Auch fur Ihre personen mittzucontribuiren, und also die Armuth einß Theilß zuentsetzen; Dieweill Aber der modus colligendi huiusmodi tributa ettwaß schwer und weittleuffig sein wurde, so wollte ihreß erachtens die notturfft erfordern, daß von S. F. G. Einem Ehrw. Thumbcapittell und Landstenden, etzliche gewiße personen verordttnett wurden, die von solchem werck unter sich tractirten, und also der Sachen einen Anfang machtten. Auch folgendtts auff negestkunfftigen Lanttage, S. F. G. und einem Ehrw. ThumbCapittell, Auch dero Anderen Landstenden ihr bedencken eröffneten, damit Alßdhan aus einheiliger bewilligung ettwaß gewißes geschloßen unnd determinirt werden muchte. Inmittelß Aber, wurden die gewilligten Termin angeregtter ReichsContribution oder Turckensteur Aus gemeinen Landt- oder Schazkasten erlegett und bezalett werden mussen. Unnd will nun S. F. G. nach gehabtter nothwendiger deliberation in gnaden befhunden, daß solcher furschlag nach gelegenheitt der sachen nicht zuverbeßern, so haben S. F. G. Ihr denselbig gnedig mittgefallen laßen, unndt darauff anstadt S. F. G. deroselben Cantzley Räthe zu Commissarien gnedig verordttnett. Wegen Eins Ehrw. ThumbCapittelß und der Landtstende Aber, seintt darzu die Ehrwurdige, Edle, Ehrnveste, Erbare und Wolweise Herr Wilcken Klencke, Herr Georg von Sandtbecke, Herr Johan von Seggerde, Gebhartt Schlepegrell, Didttrich von Zharnhausen, Burgermeister Johan Botticher und Frantz Panning deputirt, gesetztt und verordttnett worden.

[2.] Bey dem Andern Puncten, so Auff die Restanten der Krayßsteuren gerichtett, haben Ihre Ehrw. unnd Gunst. deß gnedigen Landttsfursten gnedigeß erbithen, mit undertheniger dancksagung acceptirt, und angenommen, und sich darneben erbetten, die in Anno 90. gewilligtte Krayßsteur nach dem moderirten Anschlage, Alß nemblich 152 fl. erstes Tageß zuerleggen, und dem KrayßPfenningmeister zuhanden zuschaffen, Jhedoch mit dieser Condition, daß solche 152 fl. An der gefordertten Summa der 581 fl., 9 batzen gekurztett und abgezogen werden muchtten. Und hatt darmit Auch dieser Punct seine maß unnd richtigkeitt erlangett.

[3.] Beim dritten Punct, so auff die erleddigung deß Stiffts Verden moderation Sachen, unndt die deßhalben furhabende Sollicitation gerichtett, haben sich Ihre

Ehrw. und Gunst. noch entpfhangnem notturfftigem bericht, underthenig gefallen laßen, daß dem Procurator zu Speyer D. Johan Godellmann angeregte Sollicitatio committirt, unnd Anbefholen werden muchtte, sich Auch darneben erbetten, itzgemeltten Procuratori auß gemeinem Kasten zehen Reichsthaler pro honorario zuverehren, und dhan Auch daß bottenlohn richtig zumachen, und ist darmit Auch dieser Punct absolvirt, unnd erledigett wordenn.

[4.] Deß viertten Puncten halber, deß Procuratorn zu Speyer besoldung und Andere gebuer belangende, haben Ihre Ehrw. und Gunst. underthenig vermelden und anzeigen laßen, daß dieß S. F. G. Stifft Verden Albereitt mit vielen Außgaben beschwertt wehre, und demnach S. F. G. underthenig gebetten, von solchen begeren in gnaden Abzustehen, und weill nun S. F. G. mit solcher eingewanthen underthenigen enttschuldigung in gnaden zufrieden gewesen, Hatt darmit Auch dieser Punct seine maß unnd enttschafft erlangett.

[5.] Beim funfften unnd letztten Puncten, so wieder die umblauffende herrlose Knechtte und frembder bettler gerichtett, haben Ihre Ehrw. und Gunst. underthenig erinnertt, daß wegen der umblauffenden herrlosen Knechtt und Gardebruder, Auch fur dieser zeitt Auff gehaltenem Landtägen verordttung gemacht, darbey sie es nochmalß beruhen und wenden ließen, mit undertheniger bitte, S. F. G. wollten gnedig geruhen, solche Landttages Abschiedte Auffsuchen zulaßen und die darinne Angeordentte mittel und wege in gnaden zu wercke zurichtten.

Dargegen wehren Sie auch erbottig, so woll im Suderende, alß in der Stadt Verden, wegen der frembdtten bettler, solche ordtnung zunachen, daß sich neimandt hinfurtter mit fugen zubeschweren haben sollte. Und will sich nun der Werdiger Landsfurste Auch diesen furschlag in gnaden gefallen laßen, Auch der Stende erbiethen, mit gnedigem gefallen, Auff und angenohmen, ist darauff von S. F. G. undt den Anwesenden Eins Ehrw. ThumbCapittelß, und Landtstenden von Ritterschafft undt Stedtten mit einhelligem consent und bewilligung geschloßen, daß die geschehene Abrede nach ublichem gebrauch zu Pappier gebrachtt, und nach gebuer Confirmirt und bestettigett, Auch in Allen Puncten, Clausuln und Articklen, stett, fest, und unvorbruchlich gehaltten werden sollte.

Deßen allen zu Uhrkundt, seindt dieser Receß oder Abschiedtt zween gleichlautts vorfertigett, und mitt Hochgedachtts Herrn Bischoffs, Einß Ehrw. Thumbcapittelß, etzlichen von der Landtschafft, Alß der Edlen und Ehrnvesten, Johan von Honhorst, Gebhartt Schlepegrellen, und Burchardt Cluverß, Auch der Stadtt Verden Secreten und Pittschafften bestettigett, und hatt den einen Receß Hochgedachter Herr Bischoff, den Andern Aber Ein Ehrw. Thumb-Capittell fur sich und Gemeine Landschafft in verwharung genohmen. Alleß geschehen, gewilligett und geschloßen zu Verden, auff dem Capittellhause in der Bischofflichen Thumb-Kirchen daselbst, Am Dinßtage nach Mariæ Heimbsuchung, whar der Achte MonattsTagk Julii im Jahr nach Christi Unsers lieben Herrn und Heylandtts geburtt Ein Tausent funffhundertt und funff unnd Neuntzigk.

(StA Stade, Rep. 8, F. 19, nr. 1, fol. 136r–141r).

53

Landtag 1597 Februar 22, Verden

Landtagsabschied

(1.) Die Verdener Landstände bewilligen dem Bischof Philipp Sigismund angesichts der Gefahren des Spanisch-Niederländischen Krieges sowie weiterer genannter Reichs- und Reichskreisangelegenheiten 1000 Reichstaler zur Finanzierung von dessen Reise zum Kreistag des Niederländisch-Westfälischen Reichskreises, bei der ihn je ein Vertreter des Verdener Domkapitels und der Landstände begleiten soll.

(2.) Die Landstände beschließen das Verbot des Vorkaufs von Vieh, Wolle, Honig, Wachs, Flachs und dergleichen Waren; ausgenommen davon bleibt das bisher übliche, genau benannte Vieh-Vorkaufsrecht des Bischofs.

Ausschreiben: StA Stade, Rep. 8, F. 19, nr. 2, Bd. 1, fol. 15r (datiert 1597 Januar 26).
Protokoll: StA Stade, Rep. 8, F. 19, nr. 2, Bd. 1, fol. 237r–240v (Protokollant: Rudolf von Diepholz, Sekretär der Stadt Verden).
Abschied: StA Stade, Rep. 8, F. 19, nr. 1, fol. 142r–144v (Or.-Ausf.; 6 aufgedr. Siegel erh.).
Weitere zu diesem Landtag gehörige Quellen: StA Stade, Dep. 6 C, nr. 85, p. 8 (Landtagsakten 1659-1720; darin Nennung dieses Landtagsabschieds).
Literatur: –

Zuwißen: Alß der Hochwirdiger, Durchleuchtiger, Hochgeborner Furst und Herr, Herr Philippus Sigißmundus postulirter Bischoff zu Oßnabrugk und Verden, Dombprobst zu Halberstadt, Hertzog zu Braunschweig und Luneburgk, Heut Dato den 22 Februarii uff gehaltenem Landtage denn Anwesenden Eines Erwirdigen DombCapittuls, undt LandtStenden von Ritterschafft undt Stedten, so zu gemeinem Landtage pflegen verschrieben zuwerden, gnedig proponirn undt antzeigen Lassen,

[1.] das derr Herr Churfurst zu Coln undt Administrator des Stiffts Munster,[1] Als mit Außschreibender Furst des Niederlendischen Westphälichen *[sic]* Krayses S. F. G. Hochgedacht durch eine Anschauliche Legation vornemer Adelicher Geistlicher undt weltlicher Auch gelarter personen freundt- und Vetterlich zuerkennen gegeben, Was gestalt uber das hochbeschwerliche fast Aller welt nunmher bekante Hispanischen und Statischen Kriegsunwesen, Auch sich ettlicher tzweyung uner den Krayß Stenden erreget, welche den tzwar, da sie nicht uffgehoben wurden, das ungluck des Krayses viell mher heuffen undt vermheren, den ettwan zu Abwendung deßelben beforderung und Anlaß geben solten, Imgleichen daß nunmher neher zu den Sachen gethan und die in Heyligen Römischen Reich uff Jungst gehaltenem Reichstage zu Regensburgk gewilligte drey Monatliche gelthulffe nach dem Einfachen Römerzugk beygebracht und wie dieselben zu Abwendung des großen Krays unheils antzulegen sein mähte *[sic]* zu rhadtschlagen von nöten sein wolte. Fortmher das Auch einer Kayserlichen Legation an die Semptliche Krayß Stende man gewertig were undt endtlich Allerley dem Krayß Hochwichtiger Sachen in gemein wie Auch ettlicher Stende in specie zuberhaten undt daruf zuschließen obliegen theten.

Diese puncte Aber Alle der wichtigkeit weren, das uff einer gemeinen Krayß versamblung in persönlichem Anwesen der Krayß Stende daruber consultiret undt verabscheidet werden muste, undt den das S. F. G. Von Andern glidtmaßen des Krayses Albereit die Tröstliche Zusage bekomen, in der personen den Sachen bey zuwhonen S. F. G. als ein geduppeltes Membrum ebenmeßig dem betrangten Vaterlandt zu guten in der person sich einzustellen nicht beschweren wolte, Undt das tzwar S. F. G. diesem Suchen ungern Stadt geben wollen in reifflicher erwegung, das das werck große kosten undt Allerhandt gefhar bey sich hette, gleichwol Aber zu S. Churf. G. durch vleißiges Instendiges Anhalten, wellichs Auch dermaßen eilig gemacht worden, das S. F. G. Eins Ehrwirdigen DombCapittuls des Stiffts Verden Rhat daruber nicht pflegen kunnen, Man Endtlich dahin sich ercleret: Wofern die Andern Krayß Stende in der person uff den bevorwehenden Krayß Tagk erscheinen wurden, Als dan S. F. G. sölichs gleichsfals thun undt nach vermugen demselben mit Rhat undt Daht gestalten Sachen nach beypflichten wolten, Undt das von Hogstvermelten Hern Churfursten der Röm. Kays. Mtt. diese S. F. G. gethane Resolutio Alsbaldt notificiret und beygebracht worden, von deroselben Auch Aller gnedigsten Kayserlichen bescheidts man nunmher uff was zeit deroselben Kayserliche pottschafft ankomen muchte, stundtlich Aller unterthenigst thete gewarten.

Und weil es Angetzogenermaßen an S. F. G. seiten umb die dinge geschaffen, undt dieselbe Itzo dechtlichen in procinctu undt bereitschafft weren, Aber von Ihren Taffel- undt patrimonial gutern eine so kostbare Außlendische Reise zuverrichten nicht vermochten, Dahero von Anderen Ihrem Landt undt Leuten eine Ansehenliche zusteur zur zehrung gewilliget bekomen. Undt die Stende des Stiffts Verden S. F. G. mit einer Sum geldes die burde der Außrustung undt Staffirung muchten helffen tragen, Auch damit S. F. G. des Stiffts notturfft so viel baß in Acht haben kunte, Jemandts von dem DombCapittul undt aus der Ritterschafft zum geferten zuordnen wolten.

Das demnach ob- undt wolgemelte Hern Capitularn neben den Anwesenden getrewen LandtStenden von Ritterschafft undt Stedten nach gehabter nottwendiger unterredung undt deliberation S. F. G. zu unterthenigen ehren und gehorsamb, Auch in vernunfftiger betrachtung dero von S. F. G. erheblichen angezogenen ursachen folgender gestalt underthenig resolviret undt ercleret:

Ob wol von wegen der großen beschwerung, so aus den bißhero gehabten mißjharen undt darbey unterscheidtlichen Angelegten Schatzungen, Daß Vermugen der Armen underthanen in diesem geringen Stifft Verden sehr erschopfet, Also das mit dero Itzigen angemuteten Zusteur zu verrichtung S. F. G. außStaffirung zu der Reise die Hern Capitularn neben den Anwesenden Stenden sich gern verschonet sehen mugen, Daß dennoch desto weniger zu Antzeigung Ihres underthenigen wolgeneigten gemuts und des hochwichtigen nottwendigen wercks vortsetzung S. F. G. erster Tag, es gehe der Krayßtagk fort oder nicht, undt Also ohne einige

Condition und beding Tausendt Reichsthlr. zu mitbehueff Ihrer Außrustung unterthenig præsentiren undt verehren wollen, deroselben Auch S. F. G. kegen Quitantz von der Schatzeinnemern gewiß mechtig undt fähig werden solle, Da auch S. F. G. Jemandt aus dem DombCapitul undt denen von der Ritterschafft mit sich uff die Reise erfordern wurde, wortzu sie dan samptlich und ein jeder sich schuldig willig[a] erkente, das als dan die jenigen, So in specie S. F. G. begehren muchten, Aller underthenigen gebuer sich wolten zuertzeigen wissen.

[2.] Undt weil bey diesem Landtage von den gemeinen Stiffts Stenden dem Alten Herkomen nach loco gravaminis unter Andern ist vorgebracht worden, das uff dem Lande hin undt wieder die Monopolia undt schettliche Vorkeuffe an Vieh, Wulle, Honig, Wachs, Flachs undt dergleichen sehr uber handt nehmen und daher umb Abschaffung derselben bey dem G. Landesfursten unterthenige vleissige Ansuchung geschehen, So ist dahin geschlossen, das erstes Tages im gantzen Stifft die versehung gethan werden sol, damit sothane vorkeuffe hinfort nicht mher geduldet und ein Jeder das Jenige, so Ihme zu kauffen undt feill sein wirdt, nach seinem gefallen undt weme er sölichs gunnet, ohne Jemandts einrede undt verhinderung zu distrahiren undt zuverkeuffen frey stehen solle.

Eß sol Aber hiemit dem LandesFursten der Vorkauff an Vieh biß 14 Tage fur Mittag Als dan ein Jeder sein Vieh frey verkauffen magk, vor wie nach verpleiben, wie den das ubrige, so von den Stenden ist angedeutet worden, gleicher gestalt Also in Acht genomen werden sol, damit sich niemandt mit fuegen daruber zubeschweren haben solle.

Damit dan Also der Landtag geschlossen undt zu deßen urkundt undt vhester haltung seindt uber genommenen Abscheidt der Haubt wie auch der Anderer mit eingefallener Sachen halben dieser Abscheide tzwene gleichlautendt verfertigt undt mit Hochgedachts Hern Bischoffen Cammersecret eines Ehrwirdigen DombCapittuls, auch ettlichen von der Ritterschafft, Als Frantz Otto von der Wense, Gebhart Schlepegrel undt Burchardt Cluver, undt der Stadt Verden Secreten versiegelt. Geschehen zu Verden am 22sten tage des Monats Februarii Anno p. 97.

(StA Stade, Rep. 8, F. 19, nr. 1, fol. 142r–144v).

a willig *von anderer zeitgleicher Hand über der Zeile nachgetragen.*
1 *Ernst von Bayern, Erzbischof von Köln und Adminstrator von Münster.*

54

Landtag 1598 August 26, Verden

Teilnehmerliste

Namentliche Auflistung aller Teilnehmer dieses Landtags.

Überlieferung: StA Stade, Rep. 8, F. 19, nr. 2, Bd. 1, fol. 245r (erste Seite des 2. Protokolls).

R. Contz. [...] Rethe: D. Jacob Deich, Joh. v. Affeln, Casparius Rheden.

Von der Ritterschafft: Christoff v. der Kedenburg, Gebhart Schlepegrell, Dietrich von Zarnhausen, Borchart Cluver, Borchart Bhere, Christoffer v. Alden, Wilelm *[sic]* Beken pro Johan Bheren.

Deß Raths abgeordete *[sic]*: 2 burgermeister, Frantz Panning, Rudolphus v. Diepholtz.

(StA Stade, Rep. 8, F. 19, nr. 2, Bd. 1, fol. 245r).

55
Derselbe Landtag

Landtagsabschied

Die Verdener Landstände beschließen über die Bewilligung von 60 einfachen Römer-Monaten gemäß dem diesbezüglichen Reichstagsabschied, verschieben aber angesichts der geringen Teilnehmerzahl aus der Ritterschaft den Beschluß über die Finanzierung dieser Abgabe auf einen künftigen Landtag.

Ausschreiben: –
Protokoll: StA Stade, Rep. 8, F. 19, nr. 2, Bd. 1, fol. 241r–244r (Protokollant: Rudolf von Diepholz, Sekretär der Stadt Verden). – Ebd., fol. 241r–252v.
Abschied: StA Stade, Rep. 8, F. 19, nr. 1, fol. 146r–151r (Or.-Ausf.; 7 aufgedr. Siegel erh.). – Ebd., fol. 152r–157v (vom Notar Johann Fischbeck beglaubigte Abschrift; Ende 16./Anfang 17. Jh.). – StadtA Verden, A XX, 4.2 (Abschrift Ende 16. Jh.).
Weitere zu diesem Landtag gehörige Quellen: –
Literatur: –

Zuwissen, Alß der Hochwürdiger, Durchleuchtiger, Hochgeborner Furst unnd Herr, Herr Philippus Sigißmundus postulirter Bischoff zu Verden und Oßnabrugk, Dompropst zu Halberstadt, Herzogk zu Braunschweig und Luneburgk, Unser Gnediger Furst unnd Herr, Heut Dato den 26.sten Augusti nach vorgangener S. F. G. personlichen nicht erscheinens geburlicher entschuldigung, durch derselben Verordenten Cantzler unnd Regierungs Räthe gemelten Stiffts Verden, Uff offentlichen Landtage den Anwesenden eines Ehrwürdigen DomCapittels unnd Landtstenden von Ritterschafft undt Stätten, so zu gemeiner Landtagsversamblung, dem Loblichen gewohnlichen Herkommen nach, pflegen verschrieben zuwerden, gnediglich vermelden unnd anzeigen lassen,

[1.] Daß die Romische Kay. Mayst., Unser Allergnedigster Herr, S. F. G. schrifftlich zuerkennen gegeben, waß gestalt die Chur-Fursten unnd Stende des Heyligen Reichs uff gehaltenem Reichstage zu Regenspurgk dieses noch lauffenden 98. Jahres Irer Kay. Maytt., tzwar auß Hochvernunfftigen Hochbewegenden ursachen die Direction unnd bestellung des gantzen Kriegswesen zu Ungern,

Kegen unnd wider unsers Christlichen glaubens unnd nahmens gemeinen Erbfeindt den Turcken, auffgetragenn und vertrawett, Daß auf Ire Rom. Kay. Maytt. auß väterlicher sorgfeltigkeitt sich mitt dieser schweren Last und burde der gantzen Christenheit zu guten hetten beleggen lassen, unddemnach nicht allein zu dieses Jahres veltzuge albereitt ein ansehnliches Kriegsvolck geworben, besondern vermuege des Reichs Abscheidts mitt zuziehung der Pfalz Neuburgk p. unnd Hern Georg Ludwigen Landtgraffen zue Leuchtenbergk die vornemen Ämbter der Kriegs Commissarien unnd Reichs Pfennig Meister sambtt zweien Adiuncten bestellet unnd mitt notturfftigen Instructionen versehen, Dakegen auch derselben obligationes unnd Reverß hinwieder empfangen; Darentgegen Irer Rom. Kay. Maytt. Allerhochstgedacht sie die Stende hinwider zu sothaner rottung und versicherung des grausamen feindes nervos rerum gerendarum, unnd also eine mittleitliche Hulffleistung, nemblich den einfachten Romer Zugk Sechzig Monatt zu dero albereit vor vier Jahren uff Achtig Monatt promittirten unndt mehrestheiß geleisteten Hulffe noch Sechzig Monat an gelde unnd tzwar guten groben Reichssorten in volck zu verwenden, dergestalt eingewilliget, das 25. Monatt in Itzigen Jahre zu dreyen Zielen unnd Terminen, Georgii,[1] Jacobi[2] (.welche beide denn albereitt verfloßen.) unnd kunfftigen Michaelis,[3] ferner folgen, den Neun unnd Neunzigsten Jahrs zwanzig Monatt, unnd den das Dausent sechs hunderten Funffzehen Monat zubemelten Terminen, in dieses Stiffts Verden gewönlicher Legestadt erlegt und entrichtet werden solten, mitt angehaffter gnediger auch ernstlicher Kayserlicher ermahnung unnd bevehl, gentreulich daran zu sein unnd in obangeregten Terminen an ortt, stelle und Munzsorten die Quotam ratione huius Diocesis unverweigerlich unnd ohne einige verhindernuß, gehorsamblich zu deponiren unnd Zuentrichten, Darbey auch reifflich zubehertzigen, Daß in verpleibung dieser Hulffleistung und wofern in termino sothane nicht einkomen solte, Ihr Rom. Kay. Maytt. wieder Regiment halten nach munsteren oder abdancken, auß einem geringen saumfall auch gar Leichtlich großer schaden unnd Landt unnd Leuthe verderbenn entsprießen unnd herruren konte. Welches hernach zu thun und zubeklagen viel zu spatt sein wurde. Ja das fortmehr uff den widrigen fall von Ihr Rom. Kay. Maytt. Daß Jenige mittel, so in vorigem und letztem Reichsabscheide uff dergleichen fälle statuiret unnd gesetzet, vorgenommen, auch mitt hindansetzung alles Respects unnd einwendens exequiret werden. Wie den dem Keyserlichen fiscalis auch wo nöttig seins Ambtts sich zugebrauchen albereit ernstlicher bevehl geschehen. Dakegen aber uff den gespureten gehorsam unnd daß andern gutt Exempell hiedurch gegeben worden sey, aller Keyserlichen gnaden man hinwieder gewertig sein solte, alles mit weiterm des Kayserlichen schreibens inhalt, so den Ex authographo[a] unter den Kay. Maytt. handt undt siegell den anwesenden stenden von wortten verlesen, aber wegen seiner zimblichen prolixitet diesem abscheit nicht inseriret worden ist.

Und wiewoll nun S. F. G. diese Keyserliche allergnedigste erinnerung also gestalt befunden, Daß sie tzwar aller unterthenigst davon sich Loß zu wircken unnd zuentfreyen woll Allerhandt erhebliche motiven unnd ursachen furwenden konten, Darunter diese nicht die weinigsten zuachten, Daß dieses geringfugige

Stifft Verden und deßen arme Leuthe eine guette zeitt her über ir eigne obligende burden mitt schweren Contributionen unnd anlagen zu vielen wegen belegestiget, darneben auch durch eingefallenen Mißwachs, Deurung, Sterbende leuffte, abgangk der täglichen Handtirung unnd Commercien zum unvermugen gerathen, Aldieweilen aber dieselbe bey sich Furstlichen bedächten, Daß von wegen Dieses Niederlandischen Kreises uff dem Letzt gehaltenen Reichstage diese unnd andere gravamina wiederumb zum Aller ausfuhrlichsten den Stenden des Reichs weren vorgetragen worden, Imgleichen, das die gewiße nachrichtung verhanden, wie etliche von den andern Kreisen über dieses noch zu einem übrigen sich erbotten hetten, über daß auch gemeltes erinnerung schreiben cum comminationibus uff den Reichstagsabscheit und tanquam abundans erfolgete, ferner die Höchste gefahr der Lieben Christenheitt uff der verweigerung eines und andern standes hulfflichen handtbietung hierunter Versirten. Entlich S. F. G. auch und derselben Stifft ungern im Heyligen Reich horen solten, daß man andern zur nachfolge unnd Exempel deß gehorsambs unnd mittleidens in diesen fall sich entbrechen und entziehen wolte. So wusten tzwar S. F. G. fur diesesmahl anders nichts zu thun, den der parition und gehorsam sich zu unterwerffen, und wolten dahero diesen Itzigen punctum in der gegenwertigen und gehorsamen Landtstende Rhat unnd bedencken gestalt haben, mit gnedigem begern, mitt fleiß zu deliberiren, uff waß maß unnd weise zu prodediren unnd zuverfahren, daß die obgedachte eingewilligte Sechtzig Monat pro quota dieses Stiffts zusammen gebracht, unnd furderlichst zuvermeidung der angedeuteten poen, an gehörende ortten unverlengt geschafft werden muchten.

[2.] Daß demnach ob- und wolgemelte Landtstende, nach genommenen abtritt und gehabter nottwendiger unterredung und berathschlagung, mitt wolgedachten Cantzler unnd Räthen, an statt S. F. G. volgender gestalt sich vereinbart und vergleichen:

Obwoll S. F. G. wie auch die sambtliche Stiffts Stende sich besorgen mußen, das ihre unnd der Armen unterthanen difficultates nach Itzigem Ungerischen zustande schwerlich eine fruchtbarliche remission und erlassung der 60. Monatt operiren wurden, unnd zu deme summum periculum in mora verhanden, welchem eußerstes vermugens vorgebawet werden muste, Daß daher und damit die Rom. Kay. Maytt. aller gnedigst zuspüren, Daß S. F. G. und die sambtliche stende des Stiffts Verden, an Ihnen nicht gerne ettwaß, daß zu abwendung der vorstehenden gefahr und zubeschutzung des geliebten vaterlandes dienen mochte, erwinden laßen wolten, sie unterthenig gemeinet und erbottig weren, die obgemelte 60. Monat nach anweisung des buchstabens im Reichsabscheide sowol alß vielgedachten Keyserlicher gethanen erinnerungs schreiben zuerlegen, zu derbehuff auch einen gantzen vieheschatz dieses 98. Jahres zu colligiren und einzusamblen, Weil aber der terminus solutionis fast kurtz, und daß gelt zu abtragung der dreyer erster ziele Itzo in gemeinen kasten nicht verhanden, ßo wolten sie ungeseumett umb ßo viel gelt, alß man dartzu vonnöten hette, und zu ablegung drey hundert Reichsthlr., so bey Herman Wilckens auff Monatgelt stehet und auff Michaelis bezahlt werden mußen, sich bewerben unnd denen oder die jenigern, so außerlichen muchten, unter eines Ehrwurdigen DomCapittels unnd vier auß der Ritterschafft, Alß

Gebhardt Schlepegrellen, Burchardten Kluvers, Dietrichenn von Zarenhausen und Burcharten Bheren, sambt eines Erbarn Rhatts der Stadt Verdenn Siegeln zu assecuriren unnd zuverwahrenn, Jedoch mit diesem anhange, daß der gnedige Landesfurste forderlichst einen andern gemeinen Landtagk gnediglich deputiren unnd ansetzen, und darzu die stende in mehrer anzahl, alß Itzo geschehen were, zuerscheinen ernstlich ermahnenn, darauff auch eine deliberation, und berathung, wie die bißhero gefreiete unnd eximirte stende, sich angreiffen unnd den Armen dieses Stiffts die burde allein zudragen in etwas zulindern, vor die handt genommen, und wie die gewilligte Reichs Contribution ferner Abzutragen entlichen berahttschlaget unnd geschloßen werden mochte.

[3.] Und ob woll uff diese der Stende gethane Resolution und erklerung Cantzler unnd Räthe denselben hinwieder angedeutet, Daß der Gnedige Landesfurste gerne dem Stifft zu guetenn eine Haupttschatzung eingewilliget sehenn solte, in reiffer erwegunge, Daß Dadurch eine großer Summa solt beygebracht werden, und man die nachrichtung befunde, daß in vorzeiten eine solche schatzung im Stifft were angeordnett, und ein Hauptt uber 10. Jahr alt einen schreckenberger hette steuren unnd erleggen mußen, Daß auch diese eingewilligte viehe schatzung ein altes were, und noch Itziger leuffte gelegenheitt, unnd da die schatzung leider sich heuffeten, unnd ohne daß noch andere schulde abztragen weren, uff einen andern wegk, so ein mehres außtragen konte, zudencken sein muste.

[4.] So haben demnach die stende und sonderlich weil die vonn der Ritterschafft in geringer anzahl beieinander gewesen sein, unnd eines andern Landtages instendig begerett, bey voriger gethaner erklerung verharret, die den anstatt des Gnedigen Landesfursten Cantzler und Räthe mitt approbiret und angenommen, und nach irem vermugen einen andern Landtagk zubefordern, verheißen unnd zugesagt, damit also der Landtagk seine entschafft erlangett hatt.

Und sein zu urkundt deßen dieser Recesse zwene gleiches lautes verfertigt worden, anstatt des Gnedigen Landesfursten mit S. F. G. Verdischen Regierungs Secrett, eines Ehrwurdigen DomCapittels, auch von obgedachten vier vom Adeln auß der Ritterschafft und der Stadt Verden versiegelt worden. Geschehenn zu Verdenn am 26. tage des Monatts Augusti Anno Neunzig Achte.

(StA Stade, Rep. 8, F. 19, nr. 1, fol. 146r–151r).

a aultographo *in der Vorlage; so zunächst auch in der Abschrift; dort von gleicher Hand in* authographo *korrigiert.*
1 *1598 April 23.*   2 *1598 Juli 25.*   3 *1598 September 29.*

56

Landtag 1598 November 24, Verden, Kapitelhaus[1]

Landtagsprotokoll

Die Verdener Landstände verhandeln in Abwesenheit Bischof Philipp Sigismunds[2] über folgende Punkte, ohne daß hierzu ein Abschied zustande kommt: (1.) Aufbringung der Kosten der Reichs- und Reichskreisabgaben infolge des ‚Spanischen Krieges', deretwegen der Bischof von Seiten des Kaisers durch den Grafen von Lippe zur Zahlung ermahnt worden ist, nachdem genannte Zahlungstermine nicht eingehalten wurden; (2.) Behandlung der exemten Stände bei der Erstattung der Kosten die dem Bischof beim Erhalt der Regalien durch den Kaiser entstanden sind; (3.) Beschwerde des Christoffer von Alden, betreffend seine Meier, gegen den Domherrn Eilardus von der Hude, der jene Meier mit neuen Zehnten (nien zehenten) belegt haben soll; das Domkapitel erklärt dazu, daß es kein Unrecht habe tun wollen, daß es diesbezüglich aber dem Recht seinen Lauf lassen will.[1]

Anno etc. 98 den 24 Novembris ist abermahl ein gemeiner landtag gehalten wurden [...].

Ausschreiben: –
Protokoll: StadtA Verden, A XX, 4.2 ([5 Bll.]; Abschrift spätes 16. Jh.).
Weitere zu diesem Landtag gehörige Quellen: Städtische Gravamina (undatiert): StadtA Verden, A XX 4.1. – StA Stade, Rep. 8, F. 19, nr. 2 Bd. 1, fol. 253r (Aufzählung von Abgabepflichten der Verdener Domherren; darunter Vermerk: Ad protocol. Landtags den 24 Novembris Anno 98 gehorich, aber nichs gewisses geschlossen p.). – Landtag erwähnt in Lehentag, S. 145–153 u. 161–172 (1600 April 2) u. unten B.62 (1600 Juni 25).
Literatur: –

1 *Der Ort dieses Landtags wird in Lehentag, S. 145–153 u. 161–172 (1600 April 2) genannt.*   2 *Vgl. hierzu auch ebd.*

57

Derselbe Landtag

Landtagsabschied (Auszug aus dem Konzept)

Die Verdener Landstände entscheiden über den zweiten, auf dem Landtag verhandelten Punkt, betreffend die Behandlung der exemten Stände bei der Erstattung der Kosten die dem Bischof beim Erhalt der Regalien durch den Kaiser entstanden sind.

Ausschreiben: –
Protokoll: –

Abschied: StA Stade, Rep. 27, V 389, fol. 134r (vom Notar Johannes Lange (Johannes Langius) *beglaubigter Auszug* aus dem wahren concipyrten Landtages Abschied; 1614–1616).
Weitere zu diesem Landtag gehörige Quellen: –
Literatur: –

Extract,
Landtags Abschiedt de dato
24 Novembr. Anno 98.

[2.] Soviel aber die von der Römischen Kays. Maytt. erlangten Drei Jährigen Regalia theten concerniren unnd betreffen, so wündscheten S. F. Gden. sie die sämptliche Stände zu der Impetration derselben, glück unnd heill, beneben friedfertigen Regierung unnd langem Leben, weren auch bißhero mitt S. F. G. in aller Underthenigkeitt woll zufrieden gewesen, unnd wolten sich hinforth auch ferner gegen S. F. Gden. wie getrauwen Underthanen eigenet unnd geziemet, accomodiren unnd verhalten etc.

(StA Stade, Rep. 27, V 389, fol. 134r).

58

Derselbe Landtag

Landtagsabschied (weiterer Auszug aus dem Konzept)

Die Verdener Landstände entscheiden über das 2. landständische Gravamen, demzufolge Heinrich Clüver und Heinrich Koch zur unverzüglichen Zahlung ausstehender Schulden angehalten werden sollen.

Ausschreiben: –
Protokoll: –
Abschied: StA Stade, Rep. 8, F. 19, nr. 2 Bd. 1, fol. 254r. (Auszug aus dem Konzept).
Weitere zu diesem Landtag gehörige Quellen: –
Literatur: –

Extractus protocolli Landtags den 24 Novembris Anno 1598.

Gravamina:

2. Gravamen: Die Landstende bitten, daß Heinrich Cluver und Heinrich Koch muchten Ihrer Restanten halber gefodert und zur Zalung gehalten werden.

Bescheidt:

Wegen Heinrich Cluver soll Erstlich der dechant S. Andreæ seine Restanten an 767 R. thaler, 25 ß[1], 5 d[2] bezahlen oder in duplicibus dessen soll Ihm sein hauß imm ThumbCapitul zugeschlossen werden.

So soll auch an die beambten zu Rothenburg den H. Drosten Ernsten von Hoykuff und Rentmeister Gotschalck Eimbcker geschrieben werden, Daß sie Heinrich Koch mit starcker Execution dahin compelliren und halten, daß Er seine Restanten an 383 R. thaler bei der Schatzrechnung erster gelegenheit den Schatzverordenten bezalen musse p.

Dieser Bescheidt ist am 20 Junii Anno 99 auff dem Landtag repetirt,[3] weill Cluver gestendich, daß Er den schatz auff genomen, sey unnotich darumb eine Action anzustellen, Sondern solle quittandz bringen oder zalen, sey auff vielen landtägen darumb gefodert, darauff so abgescheidet.

(StA Stade, Rep. 8, F. 19, nr. 2, Bd. 1, fol. 254r).

1 *Schilling*.   2 *Pfennig (denarius)*.   3 *Vgl. hierzu nr. B.54*.

59

Landtag 1599 Mai 10, Verden, Kapitelhaus

Teilnehmerliste

Namentliche Auflistung aller Teilnehmer dieses Landtags.

Überlieferung: StA Stade, Rep. 8, F. 19, nr. 2, Bd. 1, fol. 255r (erste Seite des Protokolls).

Præs. Dnis.: H. Dietrich Frieße, H. Klencke, H. Sandbeke, H. Hilmer v. Alden, H. Otto Eberh. v. Holle.

Von den Rethen: H. Caspar Rheden, Johan v. Affeln.

Von den Junkern: Christoff v. der Kedenburg, H. Schlepegrell, Borchart Cluver, Ernst v. Mandels. *[sic]*, Wilelm *[sic]* Beken .

Beide Burgermeister, Secretarius Rudolffus.

(StA Stade, Rep. 8, F. 19, nr. 2, Bd. 1, fol. 255r).

60

Derselbe Landtag

Landtagsprotokoll

Die Verdener Landstände verhandeln in Abwesenheit des Bischofs und des Kanzlers, die durch die Räte Casparus Rädenn und Johan von Afflenn (StadtA Verden, A XX, 4.2) vertreten werden, über folgende Punkte, ohne daß hierüber ein

Abschied zustande kommt: (1.) Zahlung der auf dem Kreistag des Westfälischen Reichskreises in Dortmund im November 1598 beschlossenen Beihilfe wegen des Spanischen Kriegs; (2.) Zahlung der Gelder für den Unterhalt des Reichskammergerichts; die Landstände erklären, daß die bewilligte monatliche Hilfe gemäß der Reichsmatrikel in Höhe von 120 Gulden zu je 21 ggr., aus der Schatzkiste bezahlt werden solle. Sollte dies nicht ausreichen, so soll mangels ausreichender Teilnehmerzahl auf diesem Landtag (weiln ihrer wenig; StadtA Verden, A XX, 4.2) auf einem späteren Landtag über die Aufbringung der fehlenden Gelder entschieden werden. (3.) Entschuldigtes Fernbleiben des Lüneburgischen Marschalls (Marschalcks) von diesem Landtag.

Diese resolution haben gedachte Casparus Räden und Johan von Affelnn ad referendum angenommen und ist damit der landtag aufgehoben *(StadtA Verden, A XX, 4.2).*

Datum und Ort: Landtag am 10. Maii Anno 99. *(StA Stade, Rep. 8, F. 19, nr. 2, fol. 255)*/Den 10 Maii Anno etc. 99 ist eyn gemeiner landtag zu Verdenn uff dem Capittelhause gehalten [...] *(StadtA Verden, A XX, 4.2).*

Ausschreiben: StadtA Verden, A XX, 4.1 (datiert: 1599 Mai 1, Verden, Or.-Ausf.).
Protokoll: StA Stade, Rep. 8, F. 19, nr. 2, Bd. 1, fol. 255r–257r. – StadtA Verden, A XX, 4.2 ([5 Bll.])
   (beide Protokolle weichen im Wortlaut vollständig voneinander ab).
Abschied: –
Weitere zu diesem Landtag gehörige Quellen: –
Literatur: –

61
Landtag 1599 Juni 20/21, Verden, Kapitelhaus[1]

Landtagsabschied

Die Verdener Landstände beschließen über die folgenden Punkte: (1.) Finanzierung der Abgabe eines Römerzugs von 3 Monaten und eines von vier Monaten in genannter Höhe; (2.) Bewilligung der Münsterischen Hilfe.

Ausschreiben: StA Stade, Rep. 8, F. 19, nr. 2, Bd. 1, fol. 16r (datiert 1599 Juni 3; Or.-Ausf.).
Protokoll: –
Abschied: StA Stade, Rep. 8, F. 19, nr. 1, fol. 159r–164r (1. Or.-Ausf.; 5 aufgedr. Siegel erh.). – Ebd., fol. 165r–170v (2. Or.-Ausf.; 5 aufgedr. Siegel erh.).
Weitere zu diesem Landtag gehörige Quellen: –
Literatur: –

Zuwissen sey menniglich: Demnach der Hochwirdiger, Durchleuchtiger, Hochgeborner Furst und Herr, Herr Philippus Sigißmundus, Postulirter Bischoff der Stiffte Verden und Oßnabrugk, Dombprobst zu Halberstadt, Hertzogk zu Braunschweig und Luneburgk etc., Unser Gnediger Furst und Herr, Den sembtlichen Stenden des Stiffts Verden auf gemeinem offentlichen Landtage hatt proponiren und vortragen laßen,

[I.] was gestalt unlangst zu Coblentz die Funff Lobliche Kreiße, der Churfurstliche Reinische, Frenkische, Ober Reinische, Niederlendische Westphalische und Niedersechsische Kreiß, dahin geschloßen, Das nunmehr des Heyligen Reichs ordnung und Hochbeteurten abschiedts, denen von Hispanischen Kriegs Volck bedrangten, Die hulffliche handt zubieten, und daher erfolget, Das zur effectuation desselbigen auch die Stende deß Westphelischen Kreyses im verschienen Monatt Maii sich zusamen nach Munster gethan, und folgender meinung sich vereinbart: Das nemblich ein Jeder standt des Kreises beschweret und unbeschweret, zu einer gemeinen defensiffhülff seinen anschlagk Romerzugs Dreyfach und deßen so viell als drey Monat besoldung erdregt, an Volck oder gelde Den Kreyß Obristen unfeilbar, doch der gestaldt, so viel die geldt hulffe bedurffe, vermuge der Reichsordnung auf einen zu Roß nicht 12 sondern 17 fl., fur einen zu fueß nit 4 sondern 8 fl. in Franckfurter wehrung wegen der Itzo ersteigerten besoldung einschicken und erlegen, mit diesem weiterm Vorbehalt und Unterscheidt, Imfall, so woll Reuter als knecht umb 17 fl. und 8 fl. nicht zubestellen, sondernetwas mehr zuzulegen were, Solches von den Stenden auch erstattet, Und da es ein geringes anlauffen wurde, Den Stenden daßelbige wiederumb zum besten Kommen solte. Daß auch nach ferner Vier Monat einfachen Romerzugs In obgedachter Franckfurter wehrung zubestellung anderer furfallenden neben außgaben, alß besoldung der Hohen Empter, bevelhaber, Artelerei, munition, Kundtschaffter, bottenlohon, und dergleichen, ohne einigen Mangell oder seumbnuß In den Tag Stäten Coln oder Dortmund zuerlegen bewilliget, Und dabey furter die Verordnung gethan, wen Dieser Vorrhat aufgehen wurde, Des auf ein mehrers alßden, die Kreyßstende gedencken solten, weiniger auch nicht, wen in Casu Summa necessitatis etwan auf 2. oder 3. Monat welcher der KreyßObrister auch zu- und nachgeordente ermechtiget sein sollen, eine Summa geldes aufzunemen sein muchte, Diesebige von gemeinen Kreyßstenden nach Jeder quota mit geburlichem Interesse 6. von 100. richtig gemachet, und vielgemelt Obrister Und sie die zu- und nachgeordente, Ohne allen schaden pleiben; Folgendts die eines Jeden standes alte und newe Restanten Aufs aller furderlichst eingepracht und zu vorgemelten anlagen ebenmessig gebraucht werden solten, Alles mit dieser austrucklichen angehefften Comminationª und bedrawung, Wofern Jemandt unter den Stenden In der anlag seumig erfunden wurde, gegen Denselben durch gebuerliche mittell procediret, oder Das gelt aufgebracht, und von Ihme das Intereße, wie Hoch es auch Immer anlaufft, mit dem Hauptgelde abgerichtet werden solle, Und daß hierauß die gehorsame Stende des Stiffts so viell alle Verstunden, Das diese eine Sache daruber weill periculum in mora Itziger zeitt anders nicht zu disputiren sein wolle, Den woher das gelt zunemen, Damit nicht S. F. G. Daß Stifft und deßen eingeseßene In schaden, nachtheill und unheill gerathen, welches Do es geschehen solte, S. F. G. hiemit offentlich bezeuget haben wollen, Das sie es nicht verursacht, und der oder die Jenigen, an welcher der mangell gewesen, solchs stehen, abtragen und gelten solten. Eß wolten aber gleichwoll S. F. G. anders nicht hoffen, Weill dieses defensiff vorhaben, eine allgemeine werck were, Darauß sich kein standt des Kreises wickeln konte, welches auch mitt Gottes Hulff dem lieben Vatterlandt gedeilich sein wurde, Und da es anders nicht mehr wirkete, zum weinigsten Irer Viel doch mit den Ihrigen auß dem großen schrecken, Darin sie Vorm Jahr, wie das Hispanische Volck uber Rhein gekomen, gebracht werden solten. Eß werde ein Jeder von den stenden ohne groß hintergedancken und aller Ungelegenheit vorzubawen Dieser proposition sich accomodiren und bequem machen. Hierbey auch dieses zur nachrichtung animadvertiren: Obwoll S. F. G. weill auf gehaltenem Munsterschen Kreyßtage dieses Stiffts Restanten halber gedacht worden, Durch dero abgesandten Vorgeben laßen, Das das Stifft auf drey zu Roß und zehen zu Fueß moderiret, Deßen auch desselbe von Daher in possessione gepliben, mit diesem begeren, Das solches bey schickung der Tripellhulff uund den geforderten Restanten in achuung genomen werden muchte, Hette man doch auß den Actis des Kreises Ihm bejegnet, Daß Anno 77. dem Stiffte der Moderirter anschlagk des Anno p. Neun und funfftzig zu Augßpurg auf achte Jahre erstrecket, welche nunmehr vorlengst verfloßen, Derwegen es billig bey dem voralten anschlage verpleiben muste, So hette man Itzige gelegenheit nach damit sichersettigen laßen mußen, Und weill bey dieser sachen S. F. G. durch den abgeordenten naher den Kreißtagen ferner berichtet worden, Das zwei mahel hinter einander Zu Dortmundt und Itzo zu Munster wegen dieses Stifftß Verden Das Votum nach Minden gepragt, welches die session berurete, Aber weill S. F. G. Darauff, das sie die gelegenheit derselben halben nicht gewust, nicht mit in specie den gesandten instruiret, gleichwoll daruber Jedesmals ad protocollum hetten protestiren laßen, Und den diesem Puncte Sessionis gleichwoll dem Stifft zum Hochsten gelegen S. F. G. das Ihrige Damit man deßhalben nicht gfheret werden muchte, gern thun wolte, So wolten sie demnach gnediglich begeret haben, Kegen den nechsten Kreißtage nach erlangter notification Jemandt ex gremio Capituli und der Landtschafft, mit dahin zu verordnen, und wie dieselben darauff nunmehr umblieffen, vernemmen laßen. Imgleichen auch von den Jenigen, so zuletzt und darunter M. Eilardus von der Hude gewesen sein soll, der session halber erkundigung zunemen, auch ein Registrator und verwalter der ReichsKrieß [sic] und dergleichen sachen damit dem Stifft an seiner præeminentz auch diesesfals nicht entgehe, bestalt werden muge, So wolte S. F. G. nunmehr dero Stende underthenige erklerung vor dieses mall dahin vernemmen, was gestaldt vermuge des Munsterschen Kreyßtages abschiedes, Die vor erzelte Special puncta, furnemblich aber des geldes halber erst zuerledigen[b] und richtig zu machen.

Darauf wie gleichfals in den andern Capitibus propositionalibus dem Stift Verden zum gutem procediret und verfahren werden muchte.

[II.] Hiruber haben ob- und wollgedachte stende miteinander notturfftig gerathschlaget, und ist darauff nachfolgender beschluß gefallen: Daß nemblich soviell deß Dreyfachen Romerzuges auff drey Monat, so auff Ein Tausent dreyhundert drey und achtzig thaler, funfftzehen Batzen gerechnet werden, wie auch die vier Monates einfachen Romerzugs zu sechshundert sechs und neuntzig

605

thaler, funfzehen Batzen sie von den andern Kreißstenden sich nicht eximiren, besondern dieselben auß deß Stiffts Vorhat erlegen und bey bringen, auch daß viell als die Rechnung außtragen wurde im schatz kasten nicht verhanden sein muchte, solches anders woher uffgebracht und nebens einem Ehrwürdigen ThumbCapittull, Christoff von der Kedenburgk und Gebhardt Schlepegrell sich dafur obligiren und verpflichten, und zu wiederbetzalung desselbigen und ander obligen deß Stifftß der in Anno Acht und Neuntzig den Vier und Zwantzigsten Novembris auffm Landttage gewilligter gantzer Viheschatz auff negestkunfftigen Jacobi beschriben und gesamblet, Auch die Furstliche Rhäte diese erklerung dem gnedigen Landtsfursten ungesumet unterthenig notificiren und ob S. F. G. noch hoffe dererste getripelte post der Eintausendt dreyhundert drey und Achtzig thaler[c] funffzehen Batzen, oder aber den Kreyß Obristen kegen gewonlichen Quittung zugeschicket werden solle; Den auch ob nicht der ander post der einfachen Vier Monat an sechshundert sechs und neutzig thaler funnfzehen Batzen S. F. G. dem Stiffte zu guten in die Legestadt Coln oder Dordtmundt nach Ihrer Oßnabruggischer uberschickung oder in andere sichere wege gnediglich befurderen wolten. Die gnedige erklerung auch hiruber erwartet werden, und gleichwoll eventualiter darneben zu befurderung der sachen, man zu Bremen sich umbthun solte, ob etwan das gelt an beide gehorende orter auf einen Wechsell umb eineZimbliche der stende belohnung uberschrieben werden kunte, Das gelt inmittels aber bißzuerlangter resolution darauf, auf einen oder andern dergleichen wegk zu fussen volkomblich bey dem schatz verordenten, Hern Gebhardten Cluver in deposito hinterleget verpleyben solle.

Was aber die Restanden des Stiffts ferner thete betreffen, welche Laut einiges von pfennigmeister eingeschickten verzeichnußes sich auff Neunhundert funff und funffzig fl. belieffen, So wusten die Stende zwar nicht, das einige derselben von diesem Stifft solten zufordern sein, und daher vor gutt angesehen werden, auff des Stiffts Kosten an den Pfennigmeister einen botten forderlich zu schicken, und eine Special derselben designation zufordern, und da dieselbe seine richtigkeitt haben solte, als den druber sich aller gebuer erzeigen und beweisen.

Wie imgleichen den ubrigen puncten des Abschiedts so viell dieses Stiffts dereselben bedurffen theten, sich accomodiren, gleichwoll darumb bitten wolten, da Je andere stende alles so gewilliget nicht abrichten solten, auch dieses Stiffts halben solches in achtgenommen werden muchte, Sie musten es auch, weill der moderation halben uber angewandten fleiß auf dem Kreißtage nichts hette erhalten werden mugen, Darbey ersitzen und bewenden lassen, und solte zunechsten Kreißtages versamblung Jemandt von einem Ehrwürdigen DombCapittull fur sich und an statt der Landtschafft auf den Kreißtagk deß Stiffts wegen deputiret und verordnet werden.

Endtlich auch da der Gnedige Landtsfurste den stenden eine person zum Regißtratorn und Verwaltern der Reichskreyse und anderer denselben anhengenden sachen gnediglichen vorschlagen wurde, so wolten sie darauff sich aller gebuer In underthenigkeitt resolviren, auch von Eilardo von der Hude und sonsten der session halben nachforschung thun, und an befurderung guter richtigkeit diesesfals an Ihnen nichts erwinden laßen.

Schließlich aber Undertheniges fleißes alle miteinander gebeten haben, Das man sich in dieser gefehrlichen geschwinden Zeiten der Armen und underthanen des Stifftß mit den besten wolle annemen, und derselben bestes Iren underthenigen vertrawen noch alle zeitt stifften und schaffen helffen.

[III.] Und weill den hierauß gespueret worden, das die sache in puncto principali ire gute Richtigkeitt erlanget, Das ubrige auch von den Rhäten gleichsfals beliebet und angenommen worden, so ist demnach deß Registratoris und Verwalters halben hinwieder angetzeiget, Das der Gnedige Landesfurst Keinen vor dieses mahll darzu zu nominiren wuste, es muste aber der Constituendus eine person sein, so stets in loco und der qualification halben fleißig und des Rechtens etwas mit erfahren were, Inmassen darauf sie die Stende vor sich zu gedencken wißen wurden, und weill auch S. F. G. Je und alle wege der armen underthanen sich getrewlich und veterlich angenommen, so wolthen sie auch zu dieser geschwinden zeitt, da sie derselben armutt und ungelegenheit gar woll wusten, sich ferner dieselben getreulich commendiret und bevolen sein lassen.

Womit also der Landtag auch dieses mahll geendiget ist. Und sein daruber Drey gleichlautende Receß, dem alten herkommen nach verfertiget und mit des Gnedigen Landsfursten, Eines Erwürdigen DombCapittels, auch wegen der Landtschafft Christoffer von der Kedenburgk und Gebhardt Schlepegrelden *[sic]*, und der Stadt Verden respective Furstlichen Siegeln und Pittschafften versiegelt worden. Geschehen und gegeben am 21 Junii Anno p. 99.

(StA Stade, Rep. 8, F. 19, nr. 1, fol. 159r–164r).

a *in beiden Or.-Ausf. durch Buchstabenstreichung korrigiert aus ursprgl.* Communication.   b *so in der 2. Or.-Ausf.; die Vorlage hat hier irrtümlich* zuledigen.   c thaler *fehlt in der Vorlage; hier nach der 2. Or.-Ausf. ergänzt.*

1 *Den Beginn und den Ort des Landtags nennt das Ausschreiben:* So haben wir zu der behueff den 20. dises Monats gnediglich berechnet und angesatzt, und begeren dem nach in gnaden, Ir wllet uff dieselbe zeit deß morgens zeitlich uff dem Capittelhause alhier erscheinen, [...] *(StA Stade, Rep. 8, F. 19, nr. 2, Bd. 1, fol. 16r).*

62

Landtag 1600 Juni 25–27, Verden, [Kapitelhaus]

Landtagsabschied 1600 Juni 25 *[sic]*

Die Verdener Landstände verhandeln und entscheiden über folgende Punkte: (1.) Prüfung der von Bischof Philipp Sigismund am Vortag vorgelegten neuen Kirchenordnung;[1] *(2.) Senkung der Kosten für private Feiern; (3.) Ergänzung der 1576 erlassenen Bettelordnung Bischof Eberhards;*[2] *(4.) Anordnung einer Jagd-*

Schonzeit durch Bischof Philipp Sigismund zu genau benannten Zeiten: Wegen zu geringer Teilnahme von Seiten der Ritterschaft an diesem Landtag vertagt; daraufhin bischöfliche Ankündigung, daß künftig nach einem Fernbleiben vom Landtag die Abwesenden nicht mehr zu Landtagen geladen werden sollen; (5.) Verhängung der Reichsacht wegen nichtgezahlter Reichssteuern; Bitte des Bischofs um Aushändigung eines Schlüssels zum Schatzkasten; kein Beschluß über letzteres; Einsetzung des landschaftlichen Syndikus' Lic. Friedrich Hemming zum Bevollmächtigten in Sachen Reichs-, Reichskreis- und Reichskammergerichtssachen; (6.) Verhandlung über das auf dem Landtag vom 24. November 1598 (oben nr. B.56f.) beschlossene Subsidium Caritativum; (7.) bezüglich der Exemtions-Sachen soll gemäß den Landtagsbeschlüssen (desselben Landtags) von 1598 gehandelt werden; (8.) Rechtsfindung der Landstände: Stirbt ein Bürge, ohne für die Bürgschaft einen Erben benannt zu haben, so ist die Bürgschaft erloschen und die Erben des Bürgen nicht zahlungspflichtig.

Ausschreiben: StadtA Verden, A XX, 4.1 (ausgestellt von Bischof Philipp Sigismund, datiert 1600 Juni 2).
Protokoll: StadtA Verden, A XX 4.2.
Abschied: StadtA Verden, A XX, 4.2 (1. Or.-Ausf.; 23 pag. S.; 3 aufgedr. Siegel erh., 2 ab). – StA Stade, Rep. 8, F. 19, nr. 1, fol. 173r–184v (2. Or.-Ausf.; 5 aufgedr. Siegel erh.). Druck: Heyken, Spuren, S. 14–16, nr. I (Auszug; nach den beiden Or.-Ausff.). – Frick, Konfession, Anhang, S. VIII–X, nr. d (Auszug, nach der Or.-Ausf. im StadtA Verden; irrtüml. als Edition des Landtagsprotokolls bezeichnet).
Weitere zu diesem Landtag gehörige Quellen: StadtA Verden, A XX, 4.2 (Abschrift eines Schreibens der Stadt Verden an den Bischof mit einer Beschwerde über Jürgen von Sandbeck, 1600 April 17). – StA Stade, Dep. 6 C, nr. 85, p. 9f. (Landtagsakten 1659–1720; darin Nennung dieses Landtagsabschiedes).
Literatur: Heyken, Spuren, S. 17–19. – EKO 7.II.1, S. 138, 141f. u. 144. – Frick, Konfession, S. 97–101 u. 107. – Nistal, Bischöfe, S. 185.

[I.] Zuwissen sei menniglichen: Als der Hochwirdiger, Durchleuchtiger, Hochgeborner Furst und Herr, Herr Philippus Sigismundus postulirter Bischoff der Stiffte Oßnabrugk und Verden, Domprobst zu Halberstadt, Hertzogk zu Braunschweig und Luneburgk p., Unser Gnediger Furst und Her, Den samptlichen Stenden des Stiffts Verden Uff einem offenem Landtage In S. F. G. furstlichen personlichen gegenwart ettliche puncte gnediglich vortragen lassen, und derselben undertheniger Rhatt, bedencken und erklerung respective daruber gefordert.

[1.] Erstlichen: Das S. F. G. so lange sie durch Gottes gnade die Regierung des Stiffts Verden in den handen gehapt, vor allen dingen dahin mit fleis getrachtet, Daß Gottes des Allmechtigen allein seligmachendes wordt im stiffte hin und wieder muchte Lauter und rein gelehret werden. S. F. G. hetten auch Jederzeit dahin gesehen, Daß sie zu der behueff qualificirte personen, so da dasselbige rechtschaffen schneiden und dergestalt den Unterthanen furtragen Kunten, daß eß nicht leer und ohne furcht wieder zu hauß komen durffte, gnediglich promoviren und befurdern mugen, si wolten auch ferner an Ir nichts hirin erwinden lassen; Undt inducirte S. F. G. hierzu Ir Christliches gewißen Furstliche Education, und dero loblichen Antecessorn und vorhern rhumliche Exempla, so da dem meisten deile unter den stenden nicht unbewust sein wurden. Das ob woll der Hochwirdigste in Gott Durchleuchtiger Hochgeborner Furst und Herr, Herr Georg, Ertz- und

Bischoff der Stiffte Bremen und Verden, Administrator zu Minden, Hertzog zu Braunschweig und Luneburgk, S. F. G. Freundtlicher und Vielgeliebter Herr Vetter, Hochloblichster unnd Christmilder Gedechtniß ein Loblicher Doch Catholischer Furst gewesen, Und man sich die Vermutung schwerlich machen sollen, Daß die leer des Evangelii in disem Stifft daher solt geduldet sein worden, so hette dennochs S. F. G. als ein Hochverstendiger furst und welcher sehr weit gedacht und gesehen in diesem Stiffte die Augspurgische Confession sowoll in der Lehr als auch den Ceremonien leuchten und blicken lassen, Insonderheit auch die priesterehe und Sacrament des Altars nach Christi einsetzung zu gebrauchen, Christlich und furstlich gegen den Romischen gebrauch gnedigst Concedirtt und nachgegeben. Diesem loblichen fursten, Hertzog Georgen p. were der Hochwirdiger Hochvermugender Furst Her Eberhardt postulirter des Stiffts Verden, Confirmirter Bischoff zu Lubeck, Herr vom Hauß zu Luneburgk hochloblicher gedechtnuß, succediret und gefolget. Welches F. G. in diesem Christlichenn wercke den sachen noch neher und endtlich, so weit getreten, Das mir Rhatt und Zuziehen eines Ehrwürdigen DombCapittels und der gemelten Landtschafft das Bapstumb auß dem Stifft gentzlich expelliret und gedrieben. Eß hette S. F. G. auch eine Allgemeine Reformaion gemachet, Imgleichen eine offentliche Kirchen Visitation gehalten, und nach verrichteten dingen eine Christliche Kirchen ordnung darnach man sich in der Leer, Ceremonien unnd sonsten im Stiffte verhalten solte, verfassen und hin und wieder bei die Kirchen legen lassen, deren man sich auch biß hieher als einer richtschnur rhumblich gebrauchet. Und wurden die stende sich konnen entsinnen, Daß sie hierunter sich Jederzeit woll befunden, Und das man anderer Wolthaten Dhete geschweigen. So were Gott nicht gnugsam dafur zu dancken, Das sieder geschehenen Reformation das Stifft mit beschwerlichen Kriegs Durchzugen, einbelagerungen, streuffereien, plackereyen, und anderen Jimerlichen discordien und Spaltungen wie woll dabefur geschehen, Ubersehen und Verschonet worden, und ferner zu bitten, das dieser gelibter fride prolongiret und erweitert werden muchte.

Ob auch woll vorgedachte errichtete Verdische Kirchenordnung in Iren wirden billig zuhalten, sintemall dieselbe fein, rundt und kurtz zusammen gebracht, So hette sich dennoch unlangst, Alß S. F. G. mit Zuziehen eines Ehrwürdigen DombCapittels zu Rotenburgk der gelegenheit der Kirchen im Stiffte erkundet, vielfeltig befunden, Daß dieselbige ordtnung nottwendig an ettlichen ortern extendiret und vermehret werden muste, und insonderheit so viell den Punct der Ceremonien belangendt, bey welchen eine grosse discrepantz unnd ungleicheit gespuret worden. Daher den auch vor gutt angesehen dieselbige ordnung ettlichen im Stifft erfharenen Kirchen Personen unter die handt zu geben, und zu bevelen dieselbige mit fleiß zu revidiren und an diensamen ortern zu extendiren, die prætermissa aber von andern benachbarten reformirten Kirchen zu mutuiren und zu entlehnen. Und als nu diesem geburlichen folge geschehen, und daß werck S. F. G. gestern zu abent zugestalt worden, So wolten S. F. G. den samptlichen Stenden dasselbige offeriret und begeret haben, mit fleiß darin sich zwar sehen und Ihr wolmeindtliches bedencken S. F. G. daruber zueroffnen. Da solches geschehen, wolten S. F. G. Ires teils es auch ferner bewegen, und dem gantzen Ministerio gleicher gestalt zu examiniren uffgeben, und denn hiernegst mit den stenden in sampt, sich der publication halben voreinbaren und vergleichen.

[2.] Zum Anderen, so hetten F. G. bei werend Irer Regierung offte und vielmals erfharn, Das uff den weichbildern und dorffern Im Stiffte uff Hochzeiten, Vorlobnissen, Kindtauffen, fastelabends Gelagen, Kirmessen und anderen dergleichen zusammenkunfften grosse Uncosten und Irrungen solten uffgewant werden, Daß auf einer dem anderen nichts nachgeben wolle, und daher unter andern dieser unrhat verursachet wurde, Daß dem Landschatze, wovon die onera des Stiffts zudragen, mercklich Restanten hinterplieben, S. F. G. finden Ires Teils bei Iren Rechnungen das Irige im gleichen, und wurden die guttern ohne allen tzweifell an Irer geburniß auch daß Irige gespuret haben. Damit aber auch dieser Ungebuer und vorderbden unterthanen ein remedium, Jedoch daß darunter derselben ehre und notturfft bedacht, Iren auch Ire freunde allerdinge præcidiret und abgesnitten wurde, muchte gefunden werden. So hette S. F. G. Bischoffen Eberhardten Hochloblicher Gedechtniß in Anno 76 hieruber begriffene ordnung bey der Cantzley gefunden, Dieselbige vorlesen und befunden so woll daß dieselbe doch mutatis mutandis gefuglich publiciret worden kunte, sie hette auch dieselbe unterschiedliche mall abschrieben lassen, und wolte begeret haben, es muchten dieselbigen die stende vorlesen und erwegen S. F. G. auch drüber Ir Rhatsames bedencken eroffnen und anzeigen.

[3.] Zum Dritten. So hetten S. F. G. sich vielmals underthenig berichten lassen, und wurden eß auch die Jenigen unter den stenden, so uff dem Lande wonhafft weren, zum aller besten wissen, Das uff den Hochzeiten, Kindelbieren und anderen gastortten der Haußleutte, die bettler dergestalt heuffig und unverschampt sich zu den leuten eindringen solten, Das auch die Geste denselben fast platz geben, und sie gleich andern geladenen halten, unnd tractiren mussen, Ja das sie sich damit nicht allein nicht ersettigen liessen, Sondern mit Dantzen wolten, und allerley uppigkeit und unleidtlichen muthwillen mehr drieben, Daß auch ferner wen Inen zu Zeiten bescheidentlich in das spiell ettwaß gesagt wurde, sie mit dem Roten hanen draweten und mit wehren wie sie die Irer pracher art nach hetten, furnemblich aber mit messern den leuten zu Halse wolten; Das auch im verschienen Hoffgericht und general Capitull uff einer Hochzeit im Ambt Verden von tzweien betelern ein Haußman mit Meßern erstochen, und uff den Thumbkirchoff begraben worden; Eß hette S. F. G. auch warhafftige anzeige bekomen, Das uff einer Hochzeit hundert und ein und dreissig Bettler weren gezehlet worden p. Und weill dieses den armen leuten eine uberauß grosse burde undt last, So muste S. F. G. als eine Christliche Obrigkeit notwendig bedacht sein, Wie sie die underthanen derselben entheben und benemen konten. Hetten derwegen zu abwendung deß vorgedachten ungeziessens uff diß mittel gedacht, Dasz wen etwan eine Hochzeit oder ander freude wolt gehalten werden, Daß dem Vogte des ortes verpflichtet sein solte, sich selbst dahin zu verfugen oder Da ehr ehehaffte verhinderung hette, andere an seine statt dahin zu verordnen, So da uffsicht haben und so starck werden, Das sie den muettwillen den armen leuten avertiren und abwenden konten, Daß eß auch jeder excess erforderen wurde ettliche derselben gefencklich nemen und zu verdienter straffe an die Ambtheuser bringen. Da aber je kein Vogt des ortes verhanden *[sic]*, solle die anzeige der Hochzeit oder Gesterei den beambten geschehen, welche durch die Ambts diener vorgedachte ebenmessig verrichten, und alß den armen unterthanen schutz und schirm halten solten.

Eß muste aber Hierdurch einen rechten bekanten Stiffts Hauß Armen, So da ein zeichen hetten, seine Allmose, die ime frome Christen auß gutem hertzen Zu eignen wolten, nicht abgesnitten sein, Auch die zum schutz und abkehrung der bettler gemachte ordnunge einen solchen verstandt haben, Das die verordente im geringsten den leuten weder am gelde noch sonsten etwaß abforderen durffte, Sondern zur ergestzlicheit Irer muhe mit essen und drincken sich begnugen und ersettigen lassen.

[4.] Zum Vierden, ob woll in diesem Stiffte Verden daß wiltpratt in grosser menge nicht befindlich, So erachten dennoch S. F. G. Daß das geringe so Gott verliehen nicht aller dinge zu verwusten und auß zu ösen, sondern daruber eine ordnung, damit man dessen Zu zeitten in ettwas zugeniessen haben muchte, Zumalen nicht undiendlich, und sehen daher Sein F. G. vor gutt an, Daß von Gregorii[3] biß uff Laurentii[4] stille gehalten werden solte; Daß auch die schutzen, so vielfeltig angetroffen und sich uff einen und anderen, welchen sie schossen, beruffen, Gleichwoll aber bißweilen uff einem Valen Pferde befunden sein, gentzlich abgeschaffet, und das, so viel daß federwilt bedreffen thete, von Fastnacht biß uf Johannis Baptistæ[5] verschonet werden solte; S. F. G. wolten auch sich versehen, man wurde mit derselben disfals einig sein.

[5.] Zum Funfften, so wusten sich die samptliche stende auch weiter mehr den woll zu entsinnen, Das S. F. G. offte und vielmals in der Person und auch durch die Rhäte anhalten lassen, Das umb guter richtigkeit willen ReichsKreises und dergleichen sachen, ein gewisser Registrator muchte bestalt werden; Eß hette S. F. G. gleichwol bißher solches noch nicht erheben konnen, und diese verzogerung numehr soviell zu wege gebracht, das S. F. G. abereins in die Acht am 7. May unlangst were erkleret worden, Inmassen solchen die declaration, so S. F. G. von Keyser und von Derselben Hern Brudern p., Hertzog Heinrich Julio zu Braunschweig p., were zugeschickett, und so S. F. G. Itzo offentlich den Stenden wolte vorlesen lassen, hell und klarlich mit brechte, Was dieses S. F. G. fur ein abermaliger grosser und merklicher schimpff were, Hette ein Jeder verstendiger leichtsam bei sich abzunemen, Eß hette eß aber S. F. G. fur Ire person gantz nicht verursachett, und were daher allein solches entstanden, Das einer vor dem Andern umb die quitantz, so der Kauffman zu Bremen anstatt hundert thaler, so er zu denn erlegten uiell verschossen, Innebehalten, sich nicht bekummert; Den da man die selbige zu handen bekomen, hette sie konnen dem Keyserlichen Fiscall zugeschickt und dadurch die Acht verhutet worden sein.

Es hette Zwar S. F. G. woll gute billige fuge diese Ihres hohen Schimpffs verursachung zu eifferen, sie wolten eß aber an seinen ort lassen gestalt sein, und sich den gebure wissen zu endtschuldigen, an Itzo aber eines vor alle begert haben bei werenden Landtage einen Registratorn zu bestellen; und weill S. F. G. in den quitantzen erlegten ziele nicht gedacht worden, S. F. G. auch hinfort auß den quitantzen nicht zu excludiren, damit S. F. G. nicht weiter in sorgen stehen durffte, Daß zum dritten mall die Acht uber sie ergehe, Daß eß auch nicht heissen muchte, S. F. G. an Keiserlichen Cammergericht in odiosis Iren namen lassen proclamiren, und in gratiosis und denen dingen daran danck zu verdienen dahinden stehen pleiben muste, Weill den auch S. F. G. Antecessorn die Irigen bei dem schatzkasten mit gehapt, S. F. G. aber darzu bißher nicht were verstattet worden, So wolten S. F. G. auch Ihrer Antecessorn Iuris sich hiervon gebrauchen und einen schlussel mit zum schatzkasten haben; Stunden in der gnedigen Zuversicht, das S. F. G. unter den stenden niemandts dieses verdencken und daß S. F. G. eß ohne einig bedencken solle concediret unnd nach gegeben werden.

[6.] Zum Sechsten, so hette S. F. G. Anno 98 am 24. Novemb. uff offenem Landttage bei der publication der Regalien umb daß Subsidium charitativum gnediglich lassen anhalten, Worauff die erklerung gefallen, Daß weil in langer zeit dasselbige nicht colligiret unnd gesamlet were, Das ein Erwürdig DombCapittell derselben sachen nachsehen und kegen S. F. G. glucklicher ankunfft in das Stifft oder Je zum nechsten Landtage sich aller gebuer wolte resolviren und erkleren. Alß aber S. F. G. davon noch nichts vernommen, so wolte sie nunmehr uff diesem Landtage bescheidts hiruber gnediglich gewertig sein.

[7.] Zum Siebenden, so hetten ein Rhatt der Stadt Verden S. F. G. unterschiedtliche mahll supplicando angelanget, Daß die Exemption sache hiebevorh alle zeit ex fisco were gedrieben worden, und daß man nun Inen allein dieselbe wolt uffdringen, sie auch ettwan tzweihundert und ettliche Dreissig goltfl. pro extorquendis inhibitionalibus am keiserlichen Hoffe hetten spendiren und verschiessen mussen, mit untertheniger bitte solches gelt Inen wieder ex fisco refundiren zulassen, und hinfort communibus sumptibus bei zutretten, Da nu gleichwoll dieses Supplicirter massen sich alß solt erhalten und die semptliche Stende ein Corpus des Stiffts weren, So kunte S. F. G. nicht sehen, worumb man nicht aus dem gemeinen vorhat Inen beispringen solte. Wolten daher S. F. G. gendiglich begeret haben, es muchte ein Erwurdig DombCapittell und die von der Ritterschafft dieses woll erwegen, und also dabey verfohren, Das eines geringen halben kein newering gemacht, sondern zwischen den gemeinen stenden, wie eß den zu disen gefehrlichen Zeiten hochnotig gute Correspondentz und verstendtniß mochte erhalten werden.

[8.] Endtlich, So were bei der furstlichen Cantzlei unterschiedlich diese disputatio vorgefallen, Wan einer fur sich allein gelobet hette, und in dem gelubde keiner erben gedacht were worden, Ob nach absterben des burgen daß gelubde alsbaldt erloschen, oder ob dessen seine nachgelassene erben zu betzalen schuldig sein sollen.

[II.] Und will S. F. G. daruber gern der Stende erklerung haben, Wie im Stifft solches sie belebet, und erfharen, auch wie etwan druber muchte geurteilet sein worden, Damit sie kunfftig sich darnach weiter zu achten, so wolte sie neben den andern propositional puncten auch hieruber derselbigen resolution gnediglich gewertig sein:

[1.] Daß demnach sie die gehorsame Stende alle und jede puncte in fleissige deliberation gezogen, und kegen S. F. G. daruber sich folgender gestalt untertenig resolviret und erkleret, und hetten sie nu fu *[sic]* erst gantz gerne vernommen, das S. F. G. sich die ehr Gottes mit fleiß liessen angelegen sein, auch die ungleicheit, so man etwan bei den Kirchen furnemblich in den Ceremonien befunde, und dadurch der gemeine man Leichtsam zu denen gedancken konte gerhaten, als wen auch woll eine ungleicheit in der Leher mit unterlauffen solte, zu einer Consonatz *[sic]* und durchgehenden gleicheit wolt befordern, zu der behuff den auch S. F. G. die Verdische Kirchen ordnunge de novo durchsehen und hin und wieder extendiren und nottwendig vormehren lassen. Weill aber die gedachte Kirchen ordnung, wie der augenschein gebe, fast groß und weitleuffig auch unmuglich dieselbe bei diesem Landtage als ein Hochwichtiges werck zu examiniren und zu bewegen S. F. G. auch selbst wie vermerckt wurde, wie imgleichen das gantze Ministerium sothane ebenmessig noch nicht vollig durchlesen, und bewegen, So wolten sie die stende gebeten haben, man muchte inen bis uff Michaelis[6] zeit geben, Wolten sie mit fleis dieselbe inmittels erwegen, und wen alsden von S. F. G. ein ander Landtagk außgeschrieben wurde, sich mit derselben In underthenigkeit daruber vergleichen. Mit welcher getahnen erklerung den S. F. G. friedtlich gewesen, und versehen thun, Das ettliche Exemplar der newen ordnung furderlichst describiret und abgeschrieben werden sollen.

[2.] So woll den andern punct, die unkost uff Hochzeiten, Verlobnischen, Kindtauffen, Kirmessen, Fastelabendt, Pfingstbier und dergleichen belangent, so wolten die Stende mit S. F. G. darin einig sein, Daß Bischoff Eberharten Hochloblicher gedechtniß ettwan verfaste ordnung wieder herfur gesucht, und von S. F. G. in ettlichen puncten gebraucht werden muchte. So viell aber die kindelbier thete bedurffen, weill bei demselbigen ubermaß grosse kosten uffgewant wurden, und doch dises notorium das solches hin und wieder in vornemen Steten nicht geschehe, So wolten sie die Stende gebeten haben, Eß muchte S. F. G. die kindelbier uff den weichbilden und Dorffern gantz abrogiren und abschaffen, und das allein den Jenigen frawen, so das kindt zur tauffe bringen hulffe ein drunck gebotten, und gar keine malzeit gegeben werden muchte.

Daß auch den Leuten uff dem Landt bey Irem Vogelschiessen zu Irer freude ein trummel erlaubet sein muge, Welchs S. F. G. gleichfals approbiret und beliebet furderlichst auch hin und wieder publiciren und kundt machen wollen.

[3.] Bei dem Dritten puncte, der bettler halben, seint mit S. F. G. gnedigen getahnen vorschlage, so bei der proposition getahn, eß die Stende gantz einig, wolten aber darbey noch dises gebeten haben, Das S. F. G. die Edicta der garden bruder halben wieder erfrischen lassen mochte, Sintemahl sie berichtet worden, Das von derselben den leuten auch nicht weinig schade zugefugt wurde, welches S. F. G. gnediglich zu wercke zu richten zugesagt, und Damit man des Stifftes kundbare arme leute vor andern kennen muge, Wollen S. F. G. zeichen machen und denselben die im Stiffte jederzeit dragen lassen.

[4.] Zum Vierdten, die Jagt belangendt, hatt sich die Ritterschafft beklaget, daß sie in geringer anzahl beisammen weren, und daher hinter der andern wissen diesem punct nicht votiren konten, Daher gebeten, Das biß zu einer anderen Landtagsversamblung derselbe mochte verschoben werden, womit S. F. G. gestalten sachen nach zufriden gewesen, und solten hinfort die negsten Landtages außschreiben unter andern mit dieser Clausul abgehen, Wofern sich einer oder der ander nicht werden einstellen, Daß hinfort der oder dieselbe zu Landtagen nicht mehr gefurdert werden sollen.[a] Eß ist gleichwoll hierbei nicht destoweniger verabredet, Daß die substituirte schutzen und so hinfort uff andern namen geschossen, gentzlich sollen abgeschaffet sein, auch ein geburliche uffsicht daruff angeordnet werden.

[5.] Zum Funfften, so hetten die Stende ungern gehort, Weill man sich jederzeit mit der betzalung der Reichsteuren allewege richtig gehalten, Unangesehen bißweilen gar ein geringer verzugk der leute unvermugenheit halben eingefallen, Daß S. F. G. in die Acht erkleret worden, und wurde S. F. G. ire nottrurft gegen dem Fiscal gleichwol wissen wieder In Acht zunemen, Damit aber in Kunfftig eines Registratorn halben nichts muge verseumet werden, Will I. F. G. die Stende eine qualificirte person dazu zuerwelen underthenig heimbgestellet, und I. F. G. daruff deß Stiffts Syndicum Licentiat Friederich Henning nominirt, So hetten die Stende mit Ihm gehandelt, Daß der daß onus gegen erstattung Zwantzich thaler Jherlichen uff sich nemen und bei Reichs-, Kreiß- und Cammergerichtssachen an seinen fleiß nicht wolle erwinden lassen. Eß sollen auch hinfort die quitantzen in Sein F. G. und der Stende nahmen gefordert und hiernegst alle Jhar vom schatze rechnung eingenomen werden, beten eß sonst wie S. F. G. eß gefunden mit der schatzverordnung pleiben zulassen, welches den S. F. G. in weiter bedenckens genomen.

[6.] Zum Sechsten, wolten sie das Subsidium charitativum Itzo gewilliget, aber hierbei gantz unterthenig gebeten haben, mit der extraction desselbigen bei den armen Haußleuten biß uber das Jahr stille zuhalten, und von den geistlichen twischen diß und Martini[5] solches zu erigiren und einzufordern, welches S. F. G. sich den gnediglich haben fallen lassen.

[7.] Zum Siebenden, Weill der Exemption sachen halben hiebevor uff Landtagen erwehnung geschehen, ein Erwürdig DombCapittell aber und Ritterschafft sich daruber vernemmen lassen, das sie bevor auß deß Stiffts vorrhat zu diser ferner verpleiben und kein newering gemachet werden muste, ein Rhatt aber hiergegen angezogen, Das allewege ex fisco die sache befordert und niemals der Rhat als unlangst da Herman von der Beche am Keiserlichen Hoffe Inhibitoriales an den Fiscall außgebracht, etwaß Erleget, hinwieder angezeiget und voriges gebeten, welches Capittull und Ritterschafft nit gestendig gewesen, sonder es bei den hieboforn auff Landtag Anno 98 gebenen bescheide[6] gentzlich bewenden lassen, So hatt man disen punct, weill die von der Ritterschafft bei dessen resolution albereit von einander gewesen, biß uff nechstkunfftigen Landtagk wieder verschoben.

[8.] zum Achten und Letzten, Die frage belangendt, Wen einer fur sich allein gelobet hette, und in dem gelubde keiner erben gedacht were worden, ob nach absterben deß burgen, das gelubde albaldt erloschen, oder ob dessen seine erben zubetzalen schuldig sein solten, und wie eß hierin im Stiffte gebreuchlich were.

Darauff haben die samptliche stende folgende erclerung eingebrachtt, Daß sie die zeit ires lebens anders nicht beleobet, von iren alters auch anders nicht gehoret, und wusten nicht, daß eß anders im Stiffte gebreuchlich gewesen und geurteilet worden, den daß nach absterben deß Burgen, wen derselbe ungedacht seiner erben geleobet, die fideiussio und burgeschafft erloschen, Die erben auch niemals mit einiger betzalung graviret noch beschweret worden. Eß wolten auch sie die stende underthenig gebeten haben, dises zu einbringen und Stiffts gewonheit dem Landtages abscheide mit inseriren zu lassen, und wen einer oder ander welcher dessen heut oder morgen zu thun haben muchte, Unter S. F. G. handt und siegel einen schein gnediglich zu communiciren und mit zudeilen, Welches den Stenden gnediglich promittiret und zugesaget.

Und hatt damit der Landtagk seine endtschafft genomen, eß seint auch daruber dem herkomen nach drey Recesse unter Hochgedachts Hern Bischoffen, eines Ehrwirdigen DombCapittels und ettlicher auß der Ritterschafft, als Christoffer von der Kedenburgk und Gebhardt Schlepegrell, auch der Stadt Verden Secret und Siegeln uffgerichtet worden. Geschehen am 25. Junii Anno p. 600.

(StadtA Verden, A XX, 4.2, S. 1–23).

a *hierzu Marginalie:* NB.
1 *Gedruckt Lemgo 1606 (EKO 7.II.1, S. 145–208).* 2 *Vgl. hierzu Nistal, Bischöfe, S. 184f. (mit weiteren Nachweisen).* 3 *März 12.* 4 *August 10.* 5 *Juni 24.* 6 *[1600] September 29.* 7 *[1600] November 11.* 8 *Oben nr. B.56–B.58 (1598 November 24).*

63
Landtag 1601 Juni 27 (?)[1]

Die Verdener Landstände beraten über die neue Kirchenordnung (mehr nicht bekannt).

Ausschreiben: –
Protokoll: –
Abschied: –
Weitere zu diesem Landtag gehörige Quellen: Erwähnt im Landtagsabschied von 1602 Januar 22 (nr. B.64).
Literatur: EKO 7.II.1, S. 142, Anm. 76. – Frick, Konfession, S. 101, Anm. 391.

1 *Es ist nicht völlig auszuschließen, daß „die Angabe der Jahreszahl 1601 in diesem Protokoll [= nr. B.64] auf einem Irrtum beruht" (EKO 7.II.1, S. 142, Anm. 76). Möglicherweise ist hier also der Landtag von 1600 Juni 25–27 gemeint (nr. B.62).*

64

Landtag 1602 Januar 21–22, Verden, Kapitelhaus

Landtagsabschied 1602 Januar 22 (Konzept)

Die Verdener Landstände beschließen über folgende Punkte (1.) Ablehnung des von Johann von Holle d. J. ohne Konsens des Bischofs als dem dafür zuständigen Gutsherrn und ohne Konsens des Domkapitels vorgenommenen Verkaufs des Hofes in Mulmshorn; (2.) Kostenerstattung im Reichskammergerichtsprozeß zwischen dem Lohmeier[1] und dem Herzog von Braunschweig-Lüneburg; (3.) Einführung einer neuen Kirchenordnung;[2] (4.) neue Jagdordnung; (5.) neue Ordnung betreffend Kindstaufen; (6.) Abschaffung des Unwesens der gardenden Landsknechte und völliges Verbot des Gardens; (7.) Überweisung des von Heinrich Elvers Erben angestrengten Prozesses an das Verdener Hofgericht; (8.) Abschwächung der 1593 erlassenen Bestimmung, daß Meier ohne Zustimmung ihrer Gutsherrn generell keinen Besitz verkaufen dürfen;[3] (9.) Verbot des Vorkaufs von Lebensmitteln und Errichtung eines Wochenmarkts in der (Norder-) Stadt und im Süderende Verden; (10.) Bitte des Bischofs Philipp Sigismund, ihm ebenso wie 1561 Dezember 12 dem Bischof Georg ein subsidium charitativum *zu gewähren.[4]*

Ausschreiben: –
Protokoll: –
Abschied: StA Stade, Rep. 8, F. 19, nr. 1, fol. 186r–191r (Konzept). Druck: Heyken, Spuren, S. 16, nr. II (Auszug). – Frick, Konfession, Anhang, S. X f. (nach dem Konzept, wörtlich nach dem Auszug bei Heyken). – StA Stade, Rep. 8, F. 4, nr. 19, [Extract] nr. 3 (Auszug; kurz nach 1622).
Abschied: –
Weitere zu diesem Landtag gehörige Quellen: –
Literatur: EKO 7.II.1, S. 141f. – Frick, Konfession, S. 89 u. 99f. (irrtümlich als Landtagsprotokoll bezeichnet). – Nistal, Bischöfe, S. 185. – Dörfler, Herrschaft, S. 674. – Riggert-Mindermann, Stände, S. 8, Anm. 14.

Zuwissen sei menniglichen: [I.] Als der Hochwirdiger, Durchleuchtiger unnd Hochgeborner Furste unnd Herr, Herr Philippus Sigismundus postulirter Bischoff der Stiffte Oßnabrugk unnd Verden, Dompropst zu Halberstat, Hertzogk zu Braunschweigk und Luneburgk, Unser Gnediger Furst unnd Her, den semptlichen stenden des stifts Verden uff gemeinem Lantage hat proponiren unnd vordragen laßen,

[1.] Nemblich Zum ersten, das Johan von Holle der Junger seinen hoff in Wolmeßhorn *[sic]* ohne consens unnd bewilgung *[sic]* S. F. G. als des gnedigen gudtshern unnd eines Erwirdingen DomCapittels Teßen von Persaw hette verkaufft unnd eingeantwortet; weill aber ohne mercklichs des stifft præiuditz unnd nachteill solcher Meyerhoff in fromde hende nicht kont gestattet werden, das daher S. F. G. wolte fredigklich begeret haben, uff mittell unnd wege zugedencken, wie das gudt bey dem Stiffte zuerhalten, unnd das uff den fall, eß solte erhandelt werden, die jehrlichen intraden, welche den S. F. G. nicht begerten, einer erleichterung des Kauffschillings in etwas mit sein konten.

[2.] Zum andern, so wehre man vor Jahren mit dem Hertzogen von Luneburgk in eine beschwerliche rechtfertigung des Lohnmeiers halben gerahten, unnd nuhmer vom Keyß. Cammergericht dem Stiffte 315 fl., 9 batzen zu restituiren ufferlecht, zu dem hette man in derselben sache uff dieser zeiten eine Kayserliche Commission außgebotten, welche erstes dages alhier wurde expediirt werden; weill aber die sache gleich andern eine rechte Stiffts sache were, nicht destoweniger aber von S. F. G. uff Ire Kosten tam Advocando quam procurando vertreten worden, So wolten sie gnediglich begeret haben, gleich andern Stiffts sachen die unkosten, so da uff die Commission zuwenden sein wolten, Beneben den 315. fl., 9 b. Restitution geldes, uff erfordern, zuerlegen unnd abdragen zulaßen.

[3.] Zum dritten, so hette S. F. G. am 27. Junii Anno p. 601, den stenden die Kirchenordnung vorbringen laßen, unnd daruber Ir Judicium begeret; weill aber damahls bedencken bis uff Michaëlis[5] genomen, unnd daruff als den zum nechsten landtage daßelbe erfolgen solte, die Pastores auch vielfeltige umb richtigmachung derselben anhalten dehten, so wolte nuhmer F. G. der stende gutachten daruber gewertig sein.

[4.] Zum vierden, weill auch domals der punct der Jagt ordnung bis zum nechsten landtage außgesatz, so wolte S. F. G. auch nuhmer der stende erklerung daruber vernemen, unnd darnach daruber sich mit Inen geburlich vergleichen.

[5.] Zum funfften, so were mit den Kintauffen hiebevor, Zwar ordnung gemacht, dabey es billich auch bliebe; weill aber hochlich geklaget wurde, das fast die leute keine gefattern bekomen konten, so wolten S. F. G. zubedencken gestalt haben, ob nicht etwan eine gewiße anzahl der gefattern zuverordnen, unnd denselben mit zuziehen etlicher der nechsten blutsverwandten, eine mahltzeit zugeben wehre.

[6.] Zum Sechsten, obwoll am 25sten Junii Anno 601 ein Mandat unter andern der garden bruder halben cum clausula, das etzlichen Kriegsleuten, so Ire Paßbort hetten, unnd sich verzogen, ein zehnpfenning nicht solte verweigert werden, publiciret, so befunden sich doch darunter ein großer mißbrauch, derwegen ferner zubedencken gestalt wurde, ob nicht das garden gar abgeschaffen unnd uff wege zugedencken, wie in benachbarten Landen, das die provincia von gardenbrudern, mußiggengern unnd andern losen gesinden, gesaubert werden wolte, solches auch durch gewiße dazu bestellende Personen etc.

[7.] Zum siebenden, so hetten Elvers Erben abereins suppliciret Irer sachen abzuhelffen; weil den S. F. G. nicht wuste, wie ohne schimpfliche nachrede anders den dingen zu duhn, so wolten sie das pro promovenda Iustitia etliche auß den stenden deputiret wurden, so da neben S. F. G. albereitz deputirten Rahten, doch uff vorgehende relaxation unnd eingehung anderer ad actum illum beeidigung die sache in verhor unnd handlung nehmen mochten dehten sich versehen mit S. F. G. deßen die stende einig sein wurden.

[8.] Zum Achten, obwoll In Anno p. 93. verabschiedet, das die Meyer absque consensu der gudthern nichts solten versetzen, so befunde sich doch darunter ein solcher abusus, das auch woll die Commercia der leuten durfften verbotten

617

werden, welches wieder die Christliche libe unnd Ius gentium milit[ar]e[a], weill den bisher uff den Landtgerichten gefunden, das ein Meier uff 4. Jahrlangk ein stuck landes zur abnutzuung salvo dominio woll versetzen mugen, so wolten S. F. G. auch begeret haben salvo recessu eß bey denselben findung also bleiben zulaßen.

[9.] Zum neunden, so wurden S. F. G. berichtet, das ex aliis provinciis die venalia uff dem Lande den Stiffts genoßen wurden weck gekaufft, welches den auch S. F. G. an zollen unnd andern schaden dete; derhalben S. F. G. daruff gedacht, das per vices in Stat unnd Suderende solte ein wochenmarckes gehalten, unnd solches nechst verbietung der Monopolien publicirt werden; wolten sich gleichsfals versehen mit S. F. G. man deßen einig sein solte.

[10.] Zum Zehenden, so wehren Anno 61 Freitags post conceptionis Mariæ Bischoff Georgen p. das subsidium charitativum gewilliget, unnd S. F. G. dabey 300 thaller von den Stenden verehret, wolten nu S. F. G. sich ersehen, es wurden die gemelten Stende S. F. G. deßfals auch womit unterthenig ansehen, unnd sich darzu bewegen laßen, das S. F. G. pro aris et focis unnd fur dises Stiffts heill unnd wolfart auch alles gethan hetten, unnd ferner thun wolten, was derselben lobliche Antecessores gethan haben mochten.

[II.] Das demnach nach gehabtem bedencken sie, die stende, sich nach folgender gestalt resolviret unnd erkleret,

[1.] Nemblich unnd uff den ersten Punkt, so hetten sie Zwar ungerne gehort, das Johan von Holle sich mit Persawien, so weit vertieffet, er hette auch selbst nichts an die stende gelangen laßen, darum sie den umb diese sache sich auch nichts zubemuhen, unnd konte man ime nuhmer Inn itzigem stande keines Meyer Rechtes Am Wulmshorn *[sic]* gestendig sein, sondern konte oder solte er deßelben gentzlich ohne einige ersattunge privirt werden; Weill aber Unser Gnediger Furst unnd Herr, der Herr Bischoff, hiebevor gegen en von Hollen sich eines andern, welches man in scriptis den stenden uberreichet erkleren, so ist dieses ad referendum angenommen, mit diesem anhangen, das Johan von Holle bey den stenden keine ansuchung gethan, nichtIme sondern S. F. G. zu imputiren, sintemall dieselb uff gemeinen Landtagk diesen Handell zubringen unlangst gnediglich an sich genomen, es auch noch gerne sehen solten, das der Hoff bey das Stiffts Hauß Rotenburgk zuverhutunge allerlei ungelegenheit kommen mochte.

[2.] Uff den andern Punct haben sie angetzeigt, das auß der Capitulation so viell erschiene, wie S. F. G. alle process am Kayß. Cammergericht uff Ire Kosten wolt dreiben laßen, warbey es auch muste bewenden, unnd wolten sie sich versehen, weil man alle bereit die capitulation mit anlegung der Cammergerichts unterhaltung auch Kreiss Kosten S. F. G. zu gutem Limitiret, man werde ja sie ferner mit andern zulagen nicht dringen.

Als aber hierauff eingewandt, wen gleich Sein F. G. die unkosten uff die Commission solt uff sich nehmen, so wurde man doch derselben vermugen der capitulation unnd auch zu rechte die 315 moderirte fl. als ein Iudicatum nicht uffdringen, konnen S. F. G. eß sich auch mit nichten auffdringen laßen wurden,

So haben daruff die stende replicando wieder furgebracht, das sie diesem Punct soviell das Iudicatum allein der 315 fl., 9 b. belangete, ferner nachdennken unnd den gebuer hirnegsten sich zuerkleren wißen wolten.

[3.] Auff den dritten Punct ist dise resolutio gefallen, das die hiebevor ubergebene Kirchenordnung weitleufftig wehre, derwegen sie zu betten, eß bey B. Eberarten Hochloblichen gedechtnus gemachten ordnung verpleiben zulaßen, unnd da sachen daruber vorfallen solten, die entscheidung derselben der Regierung zu Committiren unnd uffzugeben, welches das ad referendum ebenmeßig ist angenommen worden.

[4.] Auff den Vierden Punct, die Jagt belangent, haben die stende gebetten es bey den Alten Zulassen, eß wolte ein Jeder, der eß befugt, sich in terminis und aller gebuer nach verhalten, sonderlich auch das schießen durch jeden eigne diener unnd sy keine frembde Berichten; wolten sich hierbei gleichwoll auch versehen S. F. G. eß also mit dem schießen auch halten laßen wurde, welches gleicher gestalt ad referendum angenommen.

[5.] Auff den funfften Punct ist geschloßen, das der am 27 Junii Anno 1600 uffgerichteten constitution unnd vergleichung unschedtlich die unterthanen des Stiffts In Flecken unnd dorffern zur Kindauff drey gefattern allein bitten, unnd derselben von nechsten verwandten, als vatter, Mutter, Schwester, bruder, auch derselben ehegatten unnd kinder, wie dan ein jeder die am leben haben wurdt, soviel Personen als umb einen disch sitzen konnen, Jedoch (:ohne Pastorn unnd Custer:) nicht uber 12 Personen zur geselschafft laden unnd mit eßen unnd drincken versehen mochten, da jemandt mehr den drei gefattern auch uber den Pastorn unnd Custern mehr dan Zwolff Personen bitten oder sonst daruber ihrer mher ungebeten sich finden lassen wurde, solte derselbe vor eine jede Person eine wilkurliche straffe erlegen.

[6.] Zum sechsten, obwoll das garden uff gewiße maße Im Stiffte ist concediret unnd nachgegeben, so ist doch wegen des mißbrauchs, so da uner den Armen unterthanen zu mercklichen nachtheill gespuret wer, dahin verabscheidet, das das garden hinfort gantz unnd gar soll verbotten unnd abgeschaffet sein, den unterthanen auch bei straffe iniungirt unnd bevolen werden, Keinem garde bruder etwas zugeben; es soll aber gleichwoll was sonsten dem in Anno p. 600 am 27. Junii publicirten Mandat vonn bettlern unnd andern inserirt ist worden, in seinen wirden verbleiben.

[7.] Zum siebenden, Henrich Elvers seligen erben sache belangent, hat man sich das am F. Verdischen Hoffgericht sonderlichst dieselbe angenomen unnd gefordert werden soll.

[8.] Zum achten, so haben sich die stende dahin vernehmen laßen, das die gudthern Iren Meiern so weit uff vier Jahrlangk zu Irem besten die abnutzung eines stuck landes zuversetzen nachgeben konten, was sie es mit consens unnd beliebung derselben dehten, uff welchen fall sie, die gudthern, sich auch woll zu accomodiren unnd zuerzeigen wißen wolten, was auch den gudthern eß gelegen were, selbst auff ein 4 Jahr das gelt außzulegen, das sie als den wolten andern vorgetzogen werden, unnd wen je einem fremden uff 4 Jahr etwas eingeraumet, unnd aber der gudther immittels seine geburniß von Meier nicht haben könte, wolte der dem Creditorn auch vorzogen werden, unnd das sonsten noch daruber die Gutshern oder Creditorn einen Revers nach außgangk der vier Jahrlangk des landes sich nicht weiter anzu maßen, heraußgeben solten, weil aber dise resolutio fast weitleuftig, als ist dieselbe auch ad referendum angenomen.

[9.] Im gleichen weill der Neunde Punct von den wochenmarckten, als welcher bey B. Eber[har]ten[b] zeit auch soll vorgewesen sein, aber aus ursachen, so domahls In der feder geblieben, S. F. G. auch were abgeschlagen, itzo abermahls gentzlich recusiret worden, hat man sölchen auch ad referendum angenommen.

[10.] Schließlich unnd zum letzten, so wolten sie sich versehen, was wurde das subsidium charitativum anders nicht den wie von Alters hergebracht, colligiret haben unnd[c] weill sie daran nicht Zweifelten, S. F. G. zu anzeigung Ires unterthnigen gemutz demselben gleich Bischof Georgen H. Gedachen geschehen .300. Reichsthaler unerthenig verehren, welche man den wegen S. F. G. mit geburlicher dancksagung acceptiret unnd angenomen, auch von ortern unnd enden gegen quitantz zufördern wißen wolle.

[d]Hiemit hatt der landtdagk seine endtschafft gehnommen, undt seint zu urkunt dessen seint *[sic]* diser Receß oder abscheidt tzweene gleichslauts verfertiget undt mit Hochgedachtes Hern Bischoffes, ein Ehrw. Domcapitels, etzlichen von der landtschafft, auch der Stadt Verden Secreten befestiget. Geschehen zu Verden uff dem Capitel hause, den 22[e] Januarii Anno p. 602.

(StA Stade, Rep. 8, F. 19, nr. 1, fol. 186r–191r).

a *die Vorlage hat milite(?).*   b *in der Vorlage* Eberten *[sic].*   c *in der Vorlage* umd.   d *Nachtrag von anderer zeitgleicher Hand.*   e *von gleicher Hand korrigiert aus* 21.
1 Gemeint ist Woldeck Lohmeyer, der Meier auf dem Lohof in Dörverden; vgl. die diesbezüglichen Reichskammergerichtsakten (StA Stade, Rep. 27, nr. B 1665[b]; FB Reichskammergericht, S. 8).   2 Gedruckt Lemgo 1606 (EKO 7.II.1, S. 145–208).   3 Vgl. oben nr. B.49 (1591 Juli 31).   4 Vgl. oben nr. B.18.   5 1601 September 29.

65

Landtag 1605 Januar 15.–17., Verden, Kapitelhaus

Landtagsabschied 1605 Januar 17

Die Verdener Landstände beschließen über die folgenden Punkte: (1.) Abwendung der Belästigungen durch umherstreifende Landsknechtsrotten sowie Übernahme der Osnabrücker Defensiv-Ordnung im Hochstift Verden; Bewilligung eines Schatzes; (2.) Gültigkeit und Wert der umlaufenden Silbergroschen.

Ausschreiben: StA Stade, Rep. 8, F. 19, nr. 2, Bd. 1, fol. 17r (datiert 1604 Dezember 17).
Protokoll:–
Abschied: StA Stade, Rep. 8, F. 19, nr. 1, fol. 200r–201v (Or.-Ausf.; 6 aufgedr. Siegel erh.). – StadtA Verden, A XX, 4.2 (vom Notar Johannes Rademacher beglaubigte Abschrift einer mit 6 Siegeln besiegelten Or.-Ausf.; frühes 17. Jh.). – StA Stade, Rep. 8, F. 19, nr. 1, fol. 196r–198v (Abschrift frühes 17. Jh.). Druck: Heyken, Spuren, S. 16, nr. III (Auszug; nach Or.-Ausf., irrtüml. als Protokoll bezeichnet u. auf 1605 Januar 15 datiert). – Frick, Konfession, Anhang, S. XI, nr. f (Auszug, nach Or.-Ausf. u. nach Heyken, Spuren, mit Übernahme der Fehler Heykens).
Weitere zu diesem Landtag gehörige Quellen: –
Literatur: EKO 7.II.1, S. 142. – Frick, Konfession, S. 102f., 105f., 108.

Zuwissen: Als der Hochwurdiger, Durchleuchtiger, Hochgebornen Furst und Herr, Herr Philip Sigißmundt, Postulirter Bischoff der Stiffte Oßnabrucgk und Verden, Thumbprobst zu Halberstadt, Hertzog zu Braunschweig und Luneburgk, unter anderm worüber ein sonderbahrer Abscheidt gefertigt worden, den Stenden dieses Stiffts uff gemeinem Landtage vorbringen laßen,

[1.] Was gestalt S. F. G. neben etlichen Fursten und Hern, so zum theill albereits mit derselben einig weren, auch ferner sich vereinbahren würden zu abwendung der Plackereien und streuffenden Rotten, so S. F. G. in ihrem Stifft Oßnabrugk, sowol alß etlichen benachbarten Landen unvermutlich zu zeiten begegnet, Und dan auch zu etwas sicherung Ihrer F. G. person in defensionwergk, mit Ihren gehorsamen Stenden und Undtherthanen in Städten, Flecken, und uff dem Lande angefangen, und daruff gnedig begehret, Sintemahl dieser seiner F. G^n. Stifft ein gliedt des Niederlendischen Westphalischen Kreisses mit wehre, und dasselbige auch billig da S. F. G. andere zu dem wergk vermugen solten, das Ihrige mitthun musten, Das Sie die Stende nach außweisung einer schrifftlichen übergebenen, und in I. F. G. Stifft Oßnabrugk gemachten Ordnung, sich auch erzeigen und beweisen möchten,

Das demnach ob- und wolgemelte Stende sich dahin undterthenig resolviret und erkleret, Ob woll die von I. F. G. vorgestalte Oßnabruggische Ordinantz in diesem Stifft Verden gefüglich nicht konte gemacht werden, Das dennoch nicht destoweniger und unangesehen dieß arme geringe Stifft albereit mehr dan zuviel beschweret, S. F. G. zu besserer vortsetzung des angefangenen heilsamen Vertedigungs wergks Sie die Stende (:Jedoch uff Jahrlang kunfftig und nicht lenger:) wolten undterthenig willigen, Das ein jeder gantzer Meierhoff in der Marsch soll einen ReichsThaler, ein halber Meierhoff aber einen halben Thaler, Weiter zwei gantze Meierhoffe zur Geist einen Reichsthaler zusamen, Der Köter aber zur Marsch und Geist einen ortsthaler geben; Das gelt auch zu solcher zeit colligiren und samlen lassen, Damit uff kunfftige Pfingsten gegen Quitantz S^r. F. G. es geliefert und eingeandworttet werden solle.

[2.] Zum andern, So hat S. F. G. auch ob- und wolgemelten Stenden proponiren lassen, Wie die Silbergroschen alhier im Stiffte an allerorten so heuffig im schwange wahren, Das auch fast kein oder jhe gahr selten ein ReichßThaler wurde gefunden, und der Stende bedencken gnediglich gefordert, Ob nicht entweder dieselben Silbergroschen, wie an andern örtern solle geschehen sein, gahr abzusetzen oder

621

miltern, oder so daran ein bedencken sein solte, Das die Thaler etwas möchten gesteigert und erhöhet werden.

Worauff dan nach hincinde gehabter gebührlicher deliberation dahin geschloßen, Das hinfort alhier im Stifft Verden ein Silbergrosche eilff Bremer Schwaren, ein ReichsThaler aber funff und zwantzig silbergroschen gelten, solchs auch hin und wieder im Stiffte zur wissenschafft von den Cantzeln offentlich abgekundiget, und an etlichen örtern schrifftlich affigiret und angeschlagen werden solle.

[3.] Und alß auch noch ferner etliche andere puncte, zum deill von den Stenden beschwerungsweise bei dieser LandTags versamblung seint vorgelauffen, So haben I. F. G. sich daruff dergestalt respective erkleret, Das mitderoselben die gemelte samptliche Stende undterthanig content und zufrieden gewesen. Und weill dan der Landtag damit sich geendiget hat, so seint altem gebrauche nach dieser Receße zween gleichlautts über vorgedachte beide beschlossene puncte gefertiget und mit Hochgedachtes Herrn Bischoffen, eines Erwurdigen DombCapittels, ettlicher von der Ritterschafft, alß Christoffs von der Kedenburgk, Ernst von Mandelsloe, und Gebhardts Schlepegrellen, auch der Stadt Verden Secreten und Pitschafften befestiget; und hat den einen Receß Hochgedachter Herr Bischoff, Den andern ein Erwurdig DombCapittell vor sich und gemeine Landstende in verwahrung genomen. Alleß geschehen, gewilliget und geschlossen zu Verden auff dem Capittelhause in der Bischofflichen Thumbkirchen daselbst, am Siebenzehenden Januarii, im Jahre nach Christi unsers lieben Hern und Heilandts geburth ein Tausendt Sechshundert und Funffe.

(StA Stade, Rep. 8, F. 19, nr. 1, fol. 193r–194r).

66
Landtag 1608 Juni 17, Verden, Kapitelhaus

Landtagsprotokoll

Die Verdener Landstände verhandeln über die neue Kirchenordnung.

Ausschreiben: –
Protokoll: StA Stade, Rep. 8, F. 19, nr. 2, Bd. 1, fol. 262r–263v.
Abschied: –
Weitere zu diesem Landtag gehörige Quellen: –
Literatur: Frick, Konfession, S. 105.

67

Landtag 1608 September 8–9, Verden, Kapitelhaus

Landtagsprotokoll

Die Verdener Landstände verhandeln erneut über die neue Kirchenordnung.

Ausschreiben: StA Stade, Rep. 8, F. 19, nr. 2, Bd. 1, fol. 18r/v (datiert 1608 August 31; Ladung auf 1608 September 8; Landtagsverhandlungen sollten dann 1608 September 9 beginnen).
Protokoll: StA Stade, Rep. 8, F. 19, nr. 2, Bd. 1, fol. 263r–264v. – StadtA Verden, A XX 4.2. Druck: Heyken, Spuren, S. 16f., nr. IV (datiert 1608 September 8; kurzer Auszug nach dem Protokoll im StA Stade). – Frick, Konfession, Anhang S. XI (datiert 1608 September 8; kurzer Auszug, nach Heyken, Spuren).
Abschied: –
Weitere zu diesem Landtag gehörige Quellen: –
Literatur: EKO 7.II.1, S. 142 (datiert 1608 September 8).

68

Landtag 1611 Dezember 11, Verden, Kapitelhaus

Landtagsabschied

Die Verdener Landstände entscheiden über folgende Punkte: (1.) Ablehnung des Verkaufs des Gutes Mulmshorn durch die Erben des † Johann von Holle an Volrad von der Decken, stattdessen Kauf dieses Guts durch das Domkapitel, um es, zusammen mit weiteren 1000 Reichstalern aus dem Schatz, den bischöflichen Tafelgütern hinzuzufügen; (2.) Bestallung eines Medicus für das Hochstift Verden und dessen Besoldung.

Ausschreiben: –
Protokoll: StA Stade, Rep. 8, F. 19, nr. 2, Bd. 2, fol. 1r–5r.
Abschied: StA Stade, Rep. 8, F. 19, nr. 1, fol. 204r–207v (Or.-Ausf.; 6 aufgedr. Siegel erh.).
Weitere zu diesem Landtag gehörige Quellen: –
Literatur: Dörfler, Herrschaft, S. 674.

Zuwissen sei hiemit menniglichen: [I.] Alß der Hochwurdig, Durchleuchtig und Hochgeborner Furst und Herr, Herr Philippus Sigismundus Postulirter Bischoff dero Stiffter Verden und Oßnabrugk, ThumbProbst zue Halberstadt, Hertzog zu Braunschweigk und Luneburgk etc., uff deme heut dato gehaltenem Landttage einem Erwurdigen ThumbCapittell, und den andern Stenden dieses Stiffts Verden, gnediglich anzeigen und vermelden lassen,

[1.] Das bei I. F. G. kurtz verrugkter zeitt Volrath von der Deken sich angeben und berichtet, das Er willens und vorhabens wehre, Das guedt Mulmßhorn, von weilandt Johan von Holla seligen Erben, an sich zuerhandlen, mit undtertheniger bitte, das I. F. G. darinnen gnedigk consentiren und willigen muchte, zu welcher begueff Er dan auch von dem Hochwurdigen, Durchleuchtigen und Hochgebornen Fursten undt Hern, Hern Christian Bischoffen zu Minden, und Hertzogen zu Braunschweigk und Luneburgk etc., ein vleissig intercession schreiben undtrthenigk offerirt und übergeben, Wie dan I. F. G. nicht anders wüsten, Dan das mittelst Hochermelter I. F. G. intercession bei eim Erwurdigen ThumbCapittell, Er Volrath von der Deken gleicher gestalt umb Consens angehalten. Nun wurde das guedt pro emphyteusi gehalten, und hetten I. F. G. alß directo Domino die Holleschen Erben es furlengst undtrthenig denunciirt, Das Sie es verkauffen, und I. F. G., ob Sie es kauffen wolten, frei und anheimb gestalt. Es wehre aber I. F. G. zu kauffen allezeit wie auch noch bedencklich gewesen, Dieweill man aber in solchen fellen, entweder kauffen, oder das es eim andern verkaufft wurde consentiren und willigen muste, So hette I. F. G. mit Ihnen, den anwesenden aus dem ThumbCapittell, und den andern gehorsamen Stenden dieses Stiffts Verden hierüber consultiren wollen, stelleten auch gnedig Ihnen anheimb, Ob Sie nicht das guedt kauffen, bei die Bischoffliche Taffell leggen, und also dadurch die Taffellgüeter in etwas verbessern, und in deme anderer benachbarter Stiffter und Herrschafften Exemppell nachfolgen wolten, I. F. G. Oßnabrugksche Stende ohnangesehen dieselbe durch die Kriege eine geraume zeithere hefftig betrengt, ja fast ins verderben gesetzet, hetten vor wenig Jahren das Guedt Geßmelde mehr dan mit Sechtzig Tausendt Reichs Thalern gekaufft und bei die Bischoffliche Oßnabrugksche Taffell gelecht, ohnangesehen, das auch sonsten I. F. G. zu dero Hoffhaltung Sie die Stende offtmahls einen ehrlichen beisprungk gethan, welchs I. F. G. Ihnen den Oßnabrugkschen Stenden rumblich müsten nachsagen, Wehrens auch in gnaden zuerkennen willig und erbietig, Darbei auch der gnedigen zuversicht, die Verdische Stende gleiche affection haben, und dieselbe blicken und sehen lassen wurden, So besorgten auch I. F. G. wan Volrath von der Deken das guedt an sich brechte, Das Er sich dan in der Wildtbahn des einen und andern zu ungebüer undternehmen muchte: Dartzu wehre das guedt an eim streitigen orte belegen, und will der Herr Ertzbischoff zu Bremen, ohngnadt uff Ihnen Volrath von der Deken geworffen, zubesorgen das dadurch mehr streits zwischen den Ertz- und Stifften Bremen und Verden erregt werden müchte, Jedoch und da den Stenden das guedt zukauffen bedencklich, wolten I. F. G. in Sie die Stende dieserwegen nichtringn, in betracht das solch guedt wenig einbringen konte. Und well man uff diesen fall deme von der Deken den Consens nicht verweigern konte, muchte man sehen, Wie man der besorgenden Ungelegenheit und beschwerden durch einen revers vorbawete, und Sie soviel moglich abwendete Vor eins.

[2.] Zum andern, Das I. F. G. eim Medici halber, undt das der in diesem Stiffte bestalt und angenohmen werden müchte, hiebevor proponirn und vorbringen lassen, Das wehre den Stenden gnugsamb wissendt. Dieweill aber darauff noch zur zeit nicht geschlossen, und inmittelst vorgefallen, Das eine vornehme FrawsPerson aus Hildenßheimb, wie auch alhie zu Verden, der Cancellarius D. Jacob Deich verstorben, von welchen beeden man gewisse nachrichtung hette, Das Sie beederseits, wan Sie nur zu rechter zeit einen Medicum gehabt hetten, salvirt und beim leben erhalten werden müegen. Solcher Exempel auch wol mehr vorgefallen sein muchten, und kunfftig vorfallen konten, I. F. G. und dem gantzen Stiffte auch übell nachgeredet wurde, Das die Menschen an ihrem leben und gesuntheit verseumet werden solten, So wolten I. F. G. den Stenden diesen punct nochmahls zu berathschlagen proponirt haben, mit gnedigem begehr, de Stende sich selbsten hierunter, wie auch dieß bedencken wolten, Das dieß wergk nicht alleine nutzlich, sondern auch weill allerlei kranckheiten einfielen und sich Täglich heufften, hochnötig, und das es nicht alleine vor den Menschen, sondern auch vor Godt dem Allmechtigen unverandworttlich, Das man einen Menschen an seinem leben verseumen solte. Derohalben dan I. F. G. umb soviel destomehr undtertheniger wilfahriger resolution gewertig sein, undt folgendts mit den Stenden sich vergleichen wolten, Was fur eine person vociret, bestalt undt angenohmen werden konte.

[II.] Das demnach ein Erw. ThumbCapittell, wie auch die andern getrewen Stende dieses Stiffts solche puncte in deliberation gezogen, und folgendts kegen I. F. G. sich in undtertheningkeit dahin resolvirt und erkleret,

[1.] Das Sie, die Stende dieses Stiffts, das guedt Mulmßhorn kauffen, bei die Furstliche Taffell leggen und perpetuiren, Auch damit I. F. G. ihre undtertheninge affection umb soviel destomehr erspüren, darzu noch Tausendt Reichßthaler verehren, und forderlichst aus dem Schatze undtertheninge reichen und leggen lassen wolten.

[2.] Mit I. F. G. wehren Sie auch einig, das ein Medicus hinfurter alhie gehalten werden muchte, deme wolte ein Erwurdig ThumbCapittell freie wohnunge schaffen, und Jahrlich zwantzig ReichsThaler geben. So wolte Burgermeister und Rath der Stadt Verden von dem Ihrigen Ihme auch Jahrlich Zwantzig Reichsthaler erleggen, und solten ihme darzu aus dem Schatze jehrlich Sechtzig Reichsthaler, und also in Summa alle Jahr Hundert Reichsthaler gegeben werden.

[III.] Welche der Stende undtertheninge resolution I. F. G. zu gnedigem dancke uff und angenohmen, Darauff pro hac vice D. Cosmam Borneman Itzo zu Stade vor einen Medicum nominirt, und mittelst ehrlicher commendation vorgeschlagen, uff welche Person und das dieselbe fur dießmahl vocirt werden muchte die loblichen Stende gewilliget, Und ist dabei auch dieß abgeredet, Das hinfurter wan der locus eins ordinarii Medici vacirn würdet, I. F. G. oder deren Successorn am Stiffte mit vorwissen und bewilligung der gertrewen Landstende einen Medicum vocirn, die Landstende aber denselben zu confirmirn macht haben solten.

Dessen allen zu urkundt sein dieser Receß oder Abschiede zwene gleichslauts verfertiget, undt mit Hochgedachts Hern Bischoffs, eins Erwurdigen ThumbCapittels, etlicher von der Ritterschafft, alß Johan Behren Drosten zu Ahlden, Ernsten von Mandelslo Drosten zu Rotenburgk und Johan von Honhorst, und dan der Stadt Verden Secreten und Petschafften befestiget, und hatt einen Receß oder Abschiedt davon Hochgedachter Herr Bischoff, den andern ein Erwurdig ThumbCapittell fur sich und gemeine Landtschafft zu sich genohmen. Alles geschehen zu Verden uffm Capittelhause, den eilfften Decembris nach Christi unsers Erlösers geburth im Tausent, Sechshundert undt eilfften Jahre.

[unter den Siegeln eigenhändige Unterschriften:]
Johan Bher d. Junger mppa., Ernst von Mandelslo, Johan Honhorst.
(StA Stade, Rep. 8, F. 19, nr. 1, fol. 204r–207v).

69

Landtag 1614 August 8, Verden, Kapitelhaus

Landtagsabschied (verschollen)

Die Verdener Landstände entscheiden über Gravamina des Adels und der Stände gegen Ernst von Mandelsloh, Drost zu Rotenburg, die dem Abschied und dem Protokoll beigefügt sind.

Anno 1614 den 8 Augusti Montags nach Dominici uff dem Capittullhauße ein algemeiner lantagk gehalten worden *(Protokoll, fol. 6r).*

Ausschreiben: –
Protokoll: StA Stade, Rep. 8, F. 19, nr. 2, Bd. 2, fol. 6r–20r (in sehr flüchtiger Schrift; darin Gravamina gegen Ernst von Mandelsloh: fol. 11r–12r).
Abschied: StA Stade, Rep. 8, F. 19, nr. 1, fol. 2r (Kurzregest; die eigentlich dazugehörige vollständige Abschrift bzw. Or.-Ausf. dieses Abschieds, die hier sambt einer beylagen vom selben Dato, Graveminum Nobilium et Statuum *enthalten war (ebd.), fehlte in der Akte bereits bei Anfertigung der Sicherungsverfilmung im späten 20. Jh.).*
Weitere zu diesem Landtag gehörige Quellen: –
Literatur: –

70

Landtag 1614 August 12

Landtagsprotokoll

Die Verdener Landstände verhandeln in Fortsetzung des Landtags von 1614 August 8 (nr. B.69) weiter über die Gravamina gegen Ernst von Mandelsloh, Drost zu Rotenburg.

Anno 1614 den 12 Augusti *(Protokoll, fol. 20v).*

Ausschreiben: –
Protokoll: StA Stade, Rep. 8, F. 19, nr. 2, Bd. 2, fol. 20v–25r.
Abschied: –
Weitere zu diesem Landtag gehörige Quellen: –
Literatur: –

71

Landtag 1620 August 31, Verden, Kapitelhaus

Landtagsabschied

Die Verdener Landstände entscheiden über folgende Punkte: (1.) dauerhafte Besetzung der Burg Rotenburg mit zwölf Soldaten und einem Korporal, Führer oder Wachtmeister, der bei Bedarf auch die militärische Ausbildung des ‚Ausschusses auf dem Lande' durchführen soll, als Maßnahme gegen die vom Amtmann von Ottersberg verübten Übergriffe im Hochstift Verden, insbesondere im Amt Rotenburg; (2.) Bewilligung eines vollen Viehschatzes zur Abtragung der Schulden des Hochstifts Verden.

Ausschreiben: StA Stade, Rep. 8, F. 19, nr. 2, Bd. 1, fol. 19r (datiert 1620 August 10).
Protokoll: StA Stade, Rep. 8, F. 19, nr. 2, Bd. 2, fol. 26r–30r.
Abschied: StA Stade, Rep. 8, F. 19, nr. 1, fol. 208r–211v (Abschrift 16. Jh.).
Weitere zu diesem Landtag gehörige Quellen: –
Literatur: Dörfler, Herrschaft, S. 461 (mit auszugsweisem Druck einzelner Passagen des Abschieds).

Zuwissen sey menniglichen: [I.] Alß der Hochwürdiger, Dürchleuchtiger undt Hochgeborner Fürst undt Herr, Herr Philippus Sigismundus postulirter Bischoff dero Stiffte Oßnabrügk undt Verden, ThumbProbst zu Halberstadt, Hertzog zu Braunschweigk undt Lüneburgk etc., Unser Gnediger Fürst undt Herr, heut dato den 31.sten Augusti nach vorgangener S^r. F. G. personlichen nicht erscheinens, gebüerlicher entschüldigung dürch dero hinterlassenen Cantzler undt Regierungs Räthe dieses Stifts Verden uff offentlichen Landttage den anwesenden eines Ehrwürdigen ThumbCapittuls undt Landtständen von Ritterschafft undt Stäten, so zu gemeiner Landttags versamblung, dem herkommen nach pflegen verschrieben zu werden, gnediglich vermelden undt antzeigen lassen,

[1.] Das der jetziger Ambtman zum Ottersbergk nun ein zeithero sich in vielwege gantz vermessentlich unterstanden hette, auch noch täglich undterstünde, diesem Stifft undt zuforderst dem Ambt Rotenburgk allerhandt hochbeschwerlich, geferliche undt sehr præiudicirliche eingriffe, so woll an den grentzen alß auch sonsten in andern des Stiffts geruhiglich hergebrachten gerechtigkeiten, zuzufügen, dannenhero des Stiffts unumbgängliche notturfft erfordern thäte, sein des Otterßbergischen Ambtmans beginnen nicht allein per viam ordinariam, sondern auch dürch erlaubte hochnötige defension nach müglichkeit zubegegnen, Zu derobehueff S. F. G. mit undt nebst eim Ehrwürdigen ThumbCapitull vor rathsamb undt hochdienlich angesehen hetten, das hinfurt uff dem Hauß Rotenburgk zwölff gute undt wolversuchte Soldaten, nebst einem truglichen Corporal, Führer oder Wachtmeister, der künfftigk den Außschuß uff dem Lande in Wehren undt Waffen nach nohturfft instruiren, exerciren und üben könte, bestellet, undt selbe von den eingesessenen des Stiffts dürch eine gahr liederliche extraordinari collectation jährlich underhalten würden, damit man sich derer uff alle begebende fälle auch sonsten bey diesen gefährlichen leufften, zu mehrer des Hauses Rotenburgk versicherung zugebrauchen hette. Undt weln dieses des Stiffts hochste nohturfft erfordern thäte, demselben auch in vielwege ersprießlich, sonderlich, wie erwehnet, dadürch das Hauß undt Schloß Rotenburgk, alß das einige asylum und vestung dieses Stiffts, destobas versichert undt verwehret würde, So zweiffelten S. F. G. nicht, die anwesende Stände Ihnen solchen gnedig wolgemeinten vorschlagk undrthänig gefallen lassen würden, vor eins.

[2.] Vors ander bliebe den anwesenden Ständen auch unverhalten, was gestaldt S. F. G. von einem Ehrw. ThumbCapittull unlengst underthenig, demütig berichtet worden wehren, das dieses Stiffts hohe nohturfft erfordern solle, einen vollen viehe schatz, zu ablegung dessen schülden, fürderlichst undt so baldt müglich zu beschreiben. Wan sich dan S. F. G. dabey dero Capitulation, des herkommens undt das von solchen Sachen uffm gemeinen Landtage tractiret werden müsse, gnedig erinnert, So liessen Sie Ihnen den Stenden auch solchen punct hiemit vortragen, der gnedigen zuversicht, die anwesenden Stände von Ritter- undt Landtschafft sich auch daruff zu des Stiffts erspreißligkeit aller gebüer und unverweißlichen bezeigen undt vernehmen lassen würden.

[II.] Das demnach ob- und wolgemelte Landtstände nach genommener abtrit undt gehabter nothwendiger undterredung mit wolgemelten Cantzler und Räthen an stadt S. F. G. vorgedacht volgender gestadt vereinbahret undt verglichen,

[1.] Das zu diesen gefehrlichen undt beschwerlichen zeiten, da man hin undt wieder nichts dan Krieg undt Kreigßgeschrey höret, diesem Stifft sonderlich dem Hauß Rotenburgk zum besten Zwölff guete außerlesene Soldaten, nebst eim tüchtigen wolerfarnen Corporal, sollen angenommen, uffs Hauß Rotenburgk zu dessen versicherung verlegt, auch künfftig dürch berürten Führer oder Wachtmeister, der Außschus dieses Stiffts, in wehr undt waffen, nach nohturfft exerciret und geübt werden, zu deren besold- und nohtürfftigen undterhaltung von den eingesessenen dieses Stiffts, uff zwey Jahrlang jährlichs ein geringes, alß von dem vollen hofe 6. undt von dem halben hoffe 3. grote erlegt undt uffgenommen werden sollen. Undt ob woll die Stände sich hierbey reserviret, das solches nach geendigten zweyen Jahren ausser ferner bewilligung in consequentiam nicht müchte gezogen werden, So ist doch solches an seiten Hochgedachter I. F. G. uff künfftiger zeit fernere leuffte undt dieses Stiffts vorstehende gelegenheit verstellet, und dabei sich verwahret, im fall die geringe gewilligte jährliche extraordinaria collectio nicht sufficient sein müchte, das alßdan I. F. G. frey undt bevor stehen solle, die specificirte geringe anlage, soweit zu erhöhen, das die bewilligte Soldaten davon nohtürfftig undterhalten werden konten.

[2.] Weiln auch vors ander von den Stenden erwehnung geschehen, das zu volliger abhelffung des Stiffts beschweren, eines vollen vieschatzes nicht gnug, sondern das zwey Jahr nacheinander eine vollige vieheschatzung beschrieben werden müste, Cantzler undt Räthe aber an stadt S. F. G. in die andere Schatzung zu bewilligen, nicht befehligt gewesen, So ist derenthalben verabredet undt geschlossen, das dieß Jahr die eine Schatzung fürderlichst beschrieben, undt was wegen künfftigen Jahres Schatzung vorgelauffen, I. F. G. außfürlich berichtet werden solte, der underthenigen zuversicht, I. F. G. mit deren gehorsamen Ständen raht undt guetachten, auch einig sein, undt solches mit approbiren und ratificiren werden. Doch weiln Ritter- undt Landtschafft sich beschweret befunden, in einige Schatzung zu bewilligen, ehr von den Schatzverordneten vollige undt bestendige Rechnung geschehen wehre, undt dan Cantzler undt Räthe an stadt I. F. G. nebst eim Ehrw. ThumbCapittull solchs nicht zu improbiren gewust, ist dieses puncts halber dahin geschlossen, das so woll von Mehrhocherdachter I. F. G. alß andern Stenden dieses Stiffts eine person die Rechnung von den Schatzverordneten einzunehmen fürderlichst solle deputiret und den selben anbefohlen werden, sich eines tages zu vergleichen, die Rechnung einzunehmen, undt davon gebüerliche relation zuthuen.

Haben also obernante beede proponirte puncte uff diesem offentlichen Landtage mit aller Stände beliebung, wie erwehnet, Ihre gebührliche richtigkeit bekommen, und ist damit der Landtag geendigt, sein auch darüber zwey gleichlautendt Recesse uffgerichtet, undt altem herkommen nach mit I. F. G., eins Ehrw. ThumbCapituls, auch Ernsten von Mandelßlo undt Johan von Honhorst, und der Stadt Verden Secreten undt Pittschafften befestigt, auch I. F. G. einer undt dem ThumbCapittull an stadt der LandStände auch einer davon zugestellet. Geschehen uffm Capittulhauß zu Verden am 31.sten Augusti Anno p. 620.
(StA Stade, Rep. 8, F. 19, nr. 1, fol. 208r–211v).

72

Landtag 1623 Mai 5, Verden, Kapitelhaus[1]

Landtagsabschied

Die Verdener Landstände beraten und entscheiden über folgende Punkte: (1.) Tod Bischof Philipp Sigismunds von Verden und Wahl von dessen Koadjutor Friedrich von Dänemark, Sohn des Königs Christian IV. von Dänemark, zu dessen Nachfolger; (2.) durch einzeln aufgeführte militärische Maßnahmen verursachte Kosten; (3.) Besatzung der Burg Rotenburg mit zwölf Soldaten und einem Korporal entsprechend dem Landtagsabschied von 1620 August 31;[2] (4.) General-Quittung über die von den Schatzverordneten vorgelegte Rechnung aller Einnahmen und Ausgaben; (5.) Bewilligung eines vollen Viehschatzes sowie, falls nötig, weiterer Kontributionen zur Finanzierung der in (2.) und (3.) genannten Ausgaben; Verpflichtung der Schatzverordneten, hierüber auf späteren Landtagen Rechnung zu legen.

Ausschreiben: –
Protokoll: StA Stade, Rep. 8, F. 19, nr. 2, Bd. 2, fol. 31r–38v. – Ebd., fol. 40r–51r.
Abschied: StA Stade, Rep. 8, F. 19, nr. 1, fol. 212r–216v (Or.-Ausf. Papier; 5 aufgedr. Siegel besch. erh.). – Ebd., fol. 217r–221v (zeitgleiche Abschrift mit zahlreichen Marginalien von anderer zeitgleicher Hand).
Weitere zu diesem Landtag gehörige Quellen: –
Literatur: –

Zuwissen: [I.] Alß Ein Ehrwirdich ThumbCapittull Des Stiffts Verden Heutt Dato den 5. Maii Auff Offentlich Ausgeschriebenem und gehaltenem Landttage, den Anwesenden Landt Ständen von dero Ritterschafft undt Verordtneten dero Stadt Verden, in Abweßenheidt dero Andern mit eingeladenen, so zu gemeinem Landtage verschrieben undt pflegen verschrieben zu werden, wollmeintlich proponiren undt vorschlagen laßen,

[1.] Erstlich, daß den gemeinen Ständen undt menniklich leiden genuchsamb wißendt, waß gestaldt Godt der Almechtiger, nach seinem gnedigen ohnwandtelbahren willen, weilandt den Hochwurdigen, Durchlauchtigen undt Hochgebornen Fursten undt Herrn, Herrn Philip Sigißmundus, Postulirten dero Stiffter Verden undt Oßnabrugk, ThumbProbsten zu Halberstadt, Hertzogen zu Braunßweigh undt Luneburgk, Unsern Allerseits Geweßenen Gnedigen Fursten undt Herrn ohnlengst durch den zeittlichen dodt auß dieser zehrgenglichen undt hochbetrübten weldt, zu sich in die Ewige Himblische Freude Abgeforderth, Undt ob woll ein Erwürdich ThumbCapittull, so woll mennichlich, Ihrer F. Gd. ein Langers Leben, insonderheidt zu diesen geschwierigen undt gefehrlichen Zeitten von hertzen gewünschet, undt gönnen mügen, So habe man sich jedoch dieses fahls, deß Allerhögsten ohnwandelbahren willen mit geduldt zuunter geben, Undt sey Ihrer F. Gd. Hochsehl. Angedechtnuß billich eine Christliche Rhüe, undt von Godt dem Almechtigem, an einem großen Thage, eine froliche Aufferstehungh, beneben Allen Außerwehlten, Zum Ewigen undt sehl. Leben zu gönnen.

Deweilen aber bey Ihrer F. Gd. Hochsehl. Angedemkenß *[sic]* Lebzeitt undt Regierungh-Ambt mit Ihrer F. Gd. Außdrucklichen beliebungh, ohne Zweiffell, Auß sonderbahrer Außversehungh Gotts, deß Almechtigen, demselben zu loebe, Undt diesem Stiffte, deßelben Stände undt Armen Underthanen zum besten, Der Hochwürdiger, Durchleuchtiger undt Hochgeborner Furst undt Herr, Herr Friederich Erbe zu Norwegen, Coadjutor dero Ertz- undt Stiffter Bremen undt Schwerin, Zum Coadjutori dieses Stiffts legitime erwehlet, Undt also numehr Ihrer F. Gd. vermüge dero Recesse, so zwischen dem Großmechigsten, Durchleuchtigsten undt Hochgebornen Fursten undt Herren, Herrnn Christian, dem Vierten zu Dennemarck, Norwegen, dero Götten undt Wenden Könige, Hertzogen zu Schleßwigh, Holstein, Stormarn undt dero Dithmarischen, Graffen zu Oldenburgk undt Delmenhorst, Unserm gnedigsten Konnigk undt Herrn, zubehueff Höigsteged. Ihrer Maytt. Herrn Sohne errichtet undt vollentzogen, zu solcher succession wurgklich gelangett, So werden auch numehr vermüge errichteter Capitulation undt Anderer Recess, die sämbtliche gehorsame Stände, Hochged. Ihrer F. Gd. fur Ihr Heubtt und Bischoffen underthänigk erkennen, halten undt respectiren, undt zuforderst Godt dem Almechtigen undt zugeleich Einem Ehrwurdigem ThumbCapittull, hohenn danck wißen, daß eß zu einer solchen succession zu dieses Stiffts wolfarth gelangett sey.

[2.] Zu dehme wehre Kundtbahr, in waß wege dieß Stifft eine zeittlangk hero mit vielen durchtzuegen undt unter Anderen vom Herrn von dorth beschweret worden, Welchen man nicht Alleine Abfinden, besonderen Auch so woll wegen dero

Furstl. Braunschweigischen Alß Auch Manßfeldischen Soldatesca undt Kriegeß Volckß, alle dienliche mittell an die handt bringen mußen, dadurch Allerhandt bevohrstehende gefahr von diesem Stiffte zu avertiren undt Abtzuwenden; Auch zu dero begueff eine Salvegarte bey hochged. Ihre F. Gd. underthänigk impetriret undt erhoeben, undt wie man entlich deß ghuts etzlicher maßen gesicherdt, nicht zu weiniger so forth Ruchtbahr geworden, Daß auff deß Löbl. Niedersachsischen Creißes zu Braunßweigk Algemeiner Stände undt deroselben deputirten versamblunge in præjuditium dieses Stiffts dahin geschloßen, Daß wolgemelten Löbl. Niedersachsischen Creißes gewerbeneß volck Alhir inß Stifft inquartiret, undt die generall Munsterunge verrichtet werden solle, zu avertirungh deßelben, Auch Alle dienliche mittell undt wege, nicht mit geringer mühewaltungk, Aber iedoch vergeblich versucht, undt ohne daß dabey Hoigstged. Ihrer Königl. Maytt. Verordneter Vornehmer Commissarius der Ehrwurdiger, WollEdler, Gestrenger undt Vester, Siegfriedt Poghwische p. so lange schlecht respectiret worden, biß daß derselbe Anhero Königl. besatzungh beforderth, darauff dan entlich Auff den Wollverordtneten Königl. Commissarium Andere Königl. officierer undt vornehme befehlichaber, Alß die Alhier inmitteß Kostfrey gehalten worden, undt noch gehalten werden, undt daß Alleß zubehueff Hochged. Ihrer F. Gd. begrebnuße nicht ein geringes bewilligt worden, Numehr Aber in dero gemeinen Schatz Kasten nichts ubrigs verhanden, so zu dero behueff antzuwenden, Derwegen darauff zugedencken, wohero solche Noethwendige Außgaben zunehmen, Undt deßwegen guette Richtigkeidt getroffen werden möge.

[3.] Entlich wehre Den sämbtlichen Anwesenden Ständen ohnverborgen, Waß gestaldt in Anno p. 1620 p. den 31sten Augusti Auff domahlß gehaltenem Algemeinen Landttage einhellig bewilligt, Daß Zwolff Soldaten undt ein Corporall zubehueff deß Haußes Rottenburgk Auff zwey Jahr in bestallung Auff- und Angenohmmen worden, undt zu dero behueff die eingeßene HaußLeütte zu contribuiren schuldich undt gehalten sein sollen; weilen nun solche zwo Jhar ohnlengest verflossen, so müße Auch hierauff verabscheidett undt geschloßen werden, Wie eß hinfüro mit solchen Soldaten zuhalten p.

[4.] Schlißlich, weill Auch eine zeittlangk hero a part vom einem undt anderm Stande bewilligungk auff gelder auß dem Schatze erhoeben undt zuwege gebracht, undt dadurch Allerhandt Confusiones eingefhürett, welcheß billich Abtzuschaffen, undt Alleß auff vorigen Standt undt fueß billich hinwieder zusetzen, undt vest undt bestendich vertrawen undt Einigkeidt unter den gemeinen Ständen hinwieder zustifften, solches Aber gefueglich nicht geschehen kan, eß sey dan sache, daß die Schatzverordneten, weilen in dero Schatz Kasten gantz undt gahr nichts mehr verhanden, deßwegen undt insonderheidt wegen voriger Einnahme undt Außgabe auß fur alle richtich quitiret werden.

[II.] Daß derowegen die Anweßende Stande Alle undt iede vorwehrwehnte puncta in fleißige deliberation getzogen, sich darauff folgender gestaldt einhellich resolviret undt erkleret,

[1.] Daß sie ambt undt sondernß Hochged. Ihrer F. Gd. Christmilter gedechtnuße, Auch von grundt Ihres hertzen, Alß einem Christlichen undt friedtliebenden Fursten ein langers Leben woll gegönnet haben muchten, Aber solches Alleß billich Gotts gnedigen willen Anheimbgestellet, undt verpleiben laßen, undt geleich wie Ihre Hochged. Ihre F. Gd. schmertzlich Abgangen, Also haben Sie mit besondern frewden vernohmmen, Daß einer so vornehmmer Herr, Auß so Löbl. Konnichl. Stamme gebohren, zu solcher succession gelangett sey, haben.

[Die Antworten zu 2. und 3. der Proposition vgl. unten unter 5.]

[4.] Auch entlich geschloßen undt verabscheidett, undt zwahr so viell den Letzten articull belangett, daß die Anwesende von dero Ritter- undt Landtschafft Auß bewegender Uhrsachen auff Alle Einnahme undt Außgabe biß Auff diese zeit die sämbtliche Schatzverordnete zu quitiren undt sich also wegen gemeinen Stiffts gegen dieselbe Aller an- undt zuspruche begeben, Inmaßen dan wegen solcher voriger Einnahme undt Außgabe inßgemeine biß Auff diese zeit dieselbe Crafft dieses bestendnis Wolgedachter Schatzverordnete quitiren thuen.

[5.] So viell Aber die ubrige vorige puncta betrifft, wolten die Anwesende Stände Einß fur Alle Einem Ehrwurdigen ThumbCapittull zu richtich machung Aller undt ieglicher pöste, einen volligen Viehe Schatz beschrieben undt Auffnehmen zulaßen, bewilligen, Davon Auch zugleich, den Soldaten auff drey Viertheill Jahres, Ihre besoldungh gereicht undt gegeben werden solle, Jedoch woferne Wolgemelteß ThumbCapittell, damit uber verhoffent nicht zulangen könte, daß alß dan insonderheidt zubehueff dero Soldaten noch etwaß Contribuiret undt nachgeschoßen werden solle. Damit alß die Onera wegen solcher Soldaten von den Meyerhoeffen undt Leüthen, den Standen angehoerigh, Abgebracht, undt dieselbe dieserwege quitiret werden müegen, Zumaßen dan hiernegest Auff Algemeinem Landtage auff Andere mittell undt wege soll geschloßen undt verabredet werden, wie eß nach verlauff der drey Vierteheill Jahre mit solchen Soldaten zuhalten, undt wohero dieselben ferner besoldet werden sollen. Inmaßen dan Auch demnegsten undt wohnach dero zeit ein ander Schatz hinwieder bewilligett undt Auffgenohmmen wirdt, vom *[sic]* solcher Einnahme undt Außgabe, wie fur diesem ublich hergebracht, den sonderlichen datzu auff gemeinem Landttage Verordtneten richtige Rechnungh geschehen soll.

Damit dan also dieser Landttagh fur dießmahll geschloßen, Auch darüber dem herkommen zufolge, Dieser Recess unter Eineß Ehrwurdigen ThumbCapittulß, Auch etzlicher von der dero Ritterschafft, Alß Ernsten von Mandelßlohen, Drosten zu Rottenburgk, zu Eißell, Baltzer von Zahrenhaußen zu Trochell, Johan Honhorst zur Verse Erbgeseßen, Auch dero Stadt Verden, Secret undt Siegull errichtedt undt vollentzogen worden, Welches geschehen den 5.ten Maii Anno p. 1623 p.

[unter den Siegeln eigenhändige Unterschriften:]

Ernst von Mandelslo, Baltzer von Zarenhausen, Johann Honhorst.

(StA Stade, Rep. 8, F. 19, nr. 1, fol. 212r–216v).

1 Den genauen Ort des Landtags nennen die beiden Protokolle. 2 Oben nr. B.71.

73

Landtag 1630 April 22 (alten Stils)/Mai 2 (neuen Stils), Verden, Stiftshof

Landtagsprotokoll und -abschied

(1.) Die Verdener Landstände erklären sich, nachdem Licentiat Mensing namens des neuen Verdener Bischofs (Franz Wilhelm von Wartenberg) die bischöfliche Bereitschaft zur Bestätigung der Privilegien übermittelt hat, nunmehr bereit, dem neuen Bischof zu huldigen. (2.) Die Landstände akzeptieren durch Schweigen die vom Bischof angeordnete Einführung des neuen Kalenders, der am kommenden Donnerstag, dem 9. Mai (1630) neuen Stils, dem Himmelfahrttag, eingeführt werden soll, so daß das kommende Pfingstfest auf den 19. Mai neuen Stils fällt.

Ausschreiben: (Ladung durch den Drosten Hermann Christoph von Mandelsloh 1630 April 19 (alten Stils); Druck: Pratje, Altes und Neues 9, S. 20; ohne Angaben zur Vorlage).
Protokoll und Abschied: Druck: Pratje, Altes und Neues 9, S. 24f. (ohne Angaben zur Vorlage).
Weitere zu diesem Landtag gehörige Quellen: Schreiben des Verdener Bischofs Franz Wilhelm von Wartenberg an den Kölner Erzbischof, Kurfürst Ferdinand von Bayern 1630 Mai 8 (Druck: Forst, Politische Correspondenz, S. 419–421, nr. 389; hierin S. 420f. zum Landtag von 1630 April 22).
Literatur: Metzler, Johannes Arnoldi, S. 119. – Frick, Konfession, S. 134f.

Den 22sten April Anno 1630.

[1.] Auf ausgeschriebenen Landtag sind des Stifftes-Stände, und also auch Senatus, vor I. F. G. auf dem Stiffts-Hofe erschienen, woselbst Senatui, beneben der Bürgerschaft, das homagium zu præstiren, abermahl angemuthet worden. Senatus hat I. F. G. unterthänig vortragen lassen: Sie hätten gäntzlich gehofft, I. F. G. würden E. Erb-Rath und die Bürgerschaft, aus den vor diesem entdeckten Motiven, mit dem Ende gnädig verschonet haben; weilen sie aber vermerkten, daß I. F. G. von einmahl gefaßter Meynung nicht abzubringen, müsten sie dazu sich versehen; trügen aber zu I. F. G. das unterthänige Vertrauen, Sie Bürgermeister und Rath, beneben der hochgedrängten Bürgerschaft, derenthalben gegen Jedermanns, absonderlich aber des Kayserl. Fiscals Zuspruch, gnädig und väterlich beschützen würden.

[2.] Pro 2do bäthen Sie I. F. G. daß Sie Senatum und Bürgerschaft bey ihren wohl vorgebrachten Privilegien, uhralten Gewohnheiten und Gerechtigkeiten schützen und vertreten wollten.

Wie sich nun I. F. G. durch Licent. Mensing hierauf gnädig vermehmen lassen, daß Sie dem Rath und die Bürgerschaft gegen Jedermann zu vertheidigen erbothig, auch dieselben bey ihren Privilegien zu erhalten, ja selbige noch zu vermehren und zu verbessern, geneigt und willig wåren. Darauf ist die Huldigung würklich vollzogen, und der Eyd der gewöhnlicher Massen abgelegt worden.

Eod.

Licentiat Mensing hat nomine Reverendissimi Illustrissimi den sämtlichen Stiffts-Ständen und der Bürgerschaft fürgebracht, daß nunmehr I. F. G. als confirmirter und regalisirter Bischoff dieses Stifftes, sich höchlich bemühen würde, daß nicht allein allerhand dem Stiffte abgelegene Onera abgeschaffet; sondern auch gute löbliche Ordnungen, an allen und jeden Orten, verschaffet und eingeführt würden.

[2.] Weilen dann I. F. G. zu Anfangs hochnützlich und hochnöthig fürkähme, daß, mit andern benachbarten Oertern, die theils den neuen Calender bereits angenommen, theils aber in kurzen sich dazu verstehen würden, eine Gleichheit gehalten, und aller Unordnung dadurch vorgebauet würde; als wäre I. F. G. gnädiger und ernstlicher Wille und Meinung, daß hinführo in diesem Stiffte der neue Calender gebrauchet, damit künftigen Donnerstag, würde seyn der 9te May N. Calenders, der Anfang gemachet, auf selbigem Festum ascensionis Domini gefeyert, folgends den 19ten Ejusd, Festum Pentecostes gehalten, und also fortan nach demselben procediret und verfahren werden solte etc.

Weilen die anwesenden Stände, deme sich zu opponiren undienlich, auch postulatum Articulis Fidei nicht zuwider befunden, haben sie solches, tacendo, gebilliget und angenommen etc.

(Pratje, Altes und Neues, S. 24–26).

74

Landtag 1631 Juni 18, Verden

Landschaftlicher Abschied

Die Verdener Landstände protestieren energisch gegen die von Bischof Franz Wilhelm von Verden angekündigten (nicht näher benannten) Strafmaßnahmen bei weiterem Widerstand gegen die vom Bischof angeordneten Rekatholisierungsmaßnahmen im Bistum Verden.

Ausschreiben: –
Protokoll: Pfannkuche, Ungedruckte Verdener Urkunden, H. 4, S. 14, nr. 15 (Domkapitelsprotokoll von 1631 Juni 18; Abschrift Mitte 19. Jh.; z. Zt. verschollen).
Abschied: –
Weitere zu diesem Landtag gehörige Quellen: –

Literatur: Frick, Konfession, S. 139f. (mit Textauszug, nach der o. a., z. Zt. verschollenen Abschrift Pfannkuches).

Auszug.

[...] Die aber in ihrem Gewißen, ohne unauspleiblichen Verderb und Unergangk ihrer Seelen Heil und Seligkeit von ihrer in Gottes Wohrt fundirt und von ihren Eltern und Voreltern auf sie transferirten Religion nicht abtreten konnten, dißelbigen verschonete man Eillich mit angedroheter Strafe, zumahlen sie ohnedas durch die sechsjährig dauernde Einquartierung und andere über die Maßen schwere ausgestandene Kriege, pressuria und contributiones genugsam waren gemartert und geplaget, ihnen auch das Mark und den Knochen gepreßet und sie aller zeitlichen Haus und Güter beraubet, daß den meisten Bürgern nur das bloße Betend mehr übrig, darüber sich ein Stein in der Erden zu geschweigen, ein vernünftiger fürstlicher Mensche erbarmen sollte. [...].

(Frick, Konfession, S. 140).

75
Landtag 1636 Oktober 9, (Burg) Rotenburg[1]

Landtagsabschied

Die Verdener Landstände beraten und beschließen über folgende Punkte: (1.) Möglichkeiten der Abzahlung des vom Obristen Josias (von) Rantzau dem Bischof Friedrich II. von Verden gewährten Kredits in Höhe von 16000 Reichtalern, von denen die ersten 4000 Reichstaler am 11. November 1636 zurückgezahlt werden müssen; (2.) Einrichtung einer dauerhaften Garnison in (der Burg) Rotenburg und der Stadt Verden, bestehend aus einer insgesamt 100-köpfigen Kompanie Soldaten, die je zur Hälfte in Rotenburg und Verden einquartiert werden sollen.

Ausschreiben: StA Stade, Rep. 8, F. 19, nr. 2, Bd. 1, fol. 20r/v (Konzept; datiert Bremervörde [auff unserer Residenz Vorde] 1636 September 23; adressiert: An den H. Landdrost Caspar Schulze). – Ebd., fol. 21r/v (Konzept; datiert Bremervörde [Vorde] 1636 September 23; adressiert: Ad Capitulum Verdense mutatis mutandis Civitatem Verdensem undt Ritterschafft doselbst). – Ebd., fol. 22r (Konzept; datiert Bremervörde [auff unserer Residenz Vorde] 1636 September 24; adressiert: Ahn Einen Jeden von Adell, so zum Stifft Vehrden gehörich absonderlich).
Protokoll: StA Stade, Rep. 8, F. 19, nr. 2, Bd. 2, fol. 52r–57r.
Abschied: StA Stade, Rep. 8, F. 19, nr. 1, fol. 224r/v u. 231r/v (Konzept.). – Ebd., fol. 227r–230r (Or.-Ausf.; 7 aufgedr. Siegel erh., 1 aufgedr. Siegel ab).
Weitere zu diesem Landtag gehörige Quellen: Landtags-Nebenabschied (s. nr. II.68.2).
Literatur: –

Zuwißen: [I.] Alß der Hochwurdigst, Durchleuchtig, Hochgebohrner Furst undt Herr, Herr Friederich Erwelter des Ertz- undt Bischoff dero Stiffter Brehmen undt Verden, Coadjuor zu Halberstadt, Erbe zu Norwegen, Hertzogh zu Schleßwigk, Holstein, Stormarn undt Dittmarschen, Graff zu Oldenburg undt Delmenhorst p., Unser gnedigster Furst undt Herr, auff Hochstansehnliche interposition der

Konigl. May.^tt zu Dennemarken, Norwegen, p. Die hiebevor mit der Konigl. May.^tt undt Hochloblichen Cron Schweden, dieses Stiffts Vehrden halber angefangene tractaten, ohnlengst in Ihrer F. Gn. Stadt Stade reassumiret, durch muhesahme unterhandlung Hogstged. Ih. Konigl. May.^tt Zu Dennemarck dazu verordneten vortrefflicher abgesandten continuiert, undt vermittelst gutiger verleihung des Allerhögsten zu glucklicher, ersprießlicher endschafft gepracht, undt dardurch dieß lobliche Stifft von großer confusion, zerruttung undt gefahr, darin es ein zeitlang begriffen gewesen, undt demselben von newen angenahet, undt albereit vor der thur gestanden, liberiret undt befreyet, Undt aber Unter andern bey solcher handlunge mit den Konigl. Schwedischen dieses expresse reserviret undt außgedinget,

[1.] Das dem Obristen Josias Rantzowen Jegen abtretunge des Furstl. Hauses undt Ambts Rotenburg eine nahmhaffte Summe geldes, Nemblich Sechzehentausent Reichsthaler undt zwar davon Viertausent Reichsthaler auff Negstkommenden Martini,[2] Das ubrige aber auff andere bestimmte terminum nachgehents ohnfehlbahrlich abgetragen undt erleget werden solten. Darvor dann I. F. Gn. undt theils dero Vornehme Bediente Ihren Credit bey hoher verpflichtungh interponiert, auch darbey ohne großen schimpff undt schaden nicht falliren konnen. Derwegen eine unumbgengliche notturfft ermeßen dero getrewe Stiffts-Stände in eyll anhero zu Convociren, Ihre vernunfftige unterthenigste gedanken daruber zuvernehmen, welcher gestaldt darzu gehorig mittell ohnseumblich bey rechter zeitt herbeygeschaffet, der Inerponirte Credit wieder relaxiret undt trewe undt glauben observiret wurde.

[2.] Nicht zweiffelnd, wie die Anwesende Stände I. F. Gn. bey diesem gantzen werck zu dieses in eußerster gefahr gesteckten Stiffts Conservation undt rettung gefuhrte undt noch fuhrende Hohe Landesfurstliche sorgfalt undt gnedigste wollgeneigte proposition, Liebe undt hulde im werck selbsten verspüret, auch sich deßen ins kunfftig zu I. F. Gn. zu getrösten undt versichert zu halten, Also dieselbe auch Jegen I. F. Gn. mitt einer solchen resolution undt würcklicher bezeigunge herauslaßen, Undt dero unter die arme greiffen werden, wie es der sachen hohe notturfft erfurdert, Undt I. F. Gn. gnedigste Confidentz zu dero getrewen Stände gerichtet, Alß auch wegen Itziger annoch sehr gefehrlicher in der nähe undt sonst im schwang gehander kriegsleufften die notturfft erfordern will, Dies Furstliche Hauß undt die Stadt Vehrden mit einer leidtlichen guarnisoun zu besetzen. So haben I. F. Gn. daruber undt woher der Unterhalt vor solche guarnison zu nehmen, der anwesenden Stände Rhattliches bedenken gnedigst erfordert.

[3.] Unnd wiewoll sie nicht ungeneigt gewesen, diesem Landtage in selbst eigener persohn beyzuwohnen, Dennoch sie aber daran behindert, So haben Sie Ihre dazu Bevollmechtigte Rhäte, Landtdrosten undt Cantzler Caspar Schulten uff Khumuhlen Erbgeseßen, undt Dietrich Reinkingen, der Rechten Doctorn abgeordnet undt die proposition durch dieselbe thun laßen.

[II.] Worauff sich dann ehergemelte stände zusahmen gethan, Daß werck seiner wichtigkeit nach in reiffe deliberation gezogen,

[1.] I. F. Gn. Landesfurstliche Vigilantz undt sorgfalt mitt unterthenigster, demuehtiger dancknehmigkeit erkandt, undt sich bey dem Ersten Punct dahin gehorsamblich erklert: Demnach man soviell nachricht auß den Registern erlanget, das nach dem alten einfachen modo contribuendi in diesen beiden Monaten biß auff Martini Zweytausent Reichstaler undt etwas daruber zuerheben, das zu erreichung der gantzen Summa der Viertausent Reichstaler solches anticipando zu dupliren, undt die unterthanen hinwieder hiernegst uff erfolgende weitere vergleichung bey folgenden Contributionen in etwas zugemeßen haben solten.

Was aber unter deßen auß dem Ambt Vehrden gehaben werden kan, soll Den Beambten befohlen werden, solches Imgleichen anhero zuverschaffen. Undt demnach bey vielen unterthanen daß unvermugen so groß sein mogte, das sie zu solcher duplirte Anlahge nicht zugelangen. Also wolte Ein Erwürdig ThumbCapittull, Diesen der Ritterschafft undt andere Guttherrn vor ihre Meyere undt bawren, den mangell von dem ihrigen anleihungsweise ersetzen undt vorschießen, welches wegen I. F. Gn. unterthanen undt Meyere den Vögten gleichfals zu Injungiren. Undt damit man wegen obgemelter auff Martini felliger Summa soviell do mehr gesichert seye, haben sie die Anwesende Stände dahin erbotten, uber voriges noch Eintausent Reichsthaler ohnfehlbahrlich auff den Ersten Novembris undt zwar Eintausent marck Ein Erwirdich ThumCapittull, Eintausent marck die von der Ritterschafft, Eintausent marck die Stadt Vehrden anhero in Vorrath zuliefern, undt der cassa vorzusetzen.

Daneben begeret, weill die Stende von Alters die Ihrige zur SchatzEinnehmunge deputiert, das es Jetzo undt inskunfftig damit auch also gehalten werden mogte.

Wegen der annoch ubrigen Zwolfftausent Reichsthaler, weill es darmit noch in etwas anstandt hette, wolten sie die Stende sich bey negster besahmenkunfft ferner Jegen I. F. Gn. gehorsamblich erklehren undt bezeigen.

Welche erklehrunge obgemelte I. F. Gn. zu diesem Landtag abgeordnete Rhäte, Landtdrost undt Cantzlër auff I. F. Gn. verhoffentlich erfolgende ratification, in dero Nahmen acceptiret undt daruff den vogten sich diesem abschiede gemeeß zuerzeigen, undt Jegen den Ersten Novembris von I. F. Gn. unterthanen undt Ihrentwegen die gebühr ohnauffheltlich einzupringen anbefehlen.

[2.] Betreffendt den Andern Punct, befinden die Stände vor notig, daß dies Furstliche Hauß undt die Stadt Vehrden nicht bloß zulaßen, sondern mit einer Leidtlichen guarnisoun zubesezen. Hielten aber darvor, das solches durch eine Compagnie von 100 kopffen woll geschehen, Davon die helffte auff diesem Furstl. Hauße, Die Andere helffte aber in Vehrden geleget werden konte; Wolten aber Inmittelst auff unterhaltung der guarnisoun in der Stadt Vehrden bedacht sein.

Welches die Furstl. Abgeordnete ad referendum angenommen.

Daneben wegen der Schatz Einnehmer sich erklehret, Wann die Stände darzu Jemandt benennen wurden, Das sie solches I. F. Gn. gehorsamblich hinterpringen wolten, Nicht zweiffelende, I. Furstl. Gn. damitt gnedigst zufrieden, undt die Einnehmer dem herkommen gemeß verordenn[a] undt bestellen laßen würden, das sich niemandt darüber zubeschwehren.

Womit dieser Landtag beschloßen undt daruber dieser Abschiedt in duplo gleichlautendt, gefertiget, undt mitt gemelter Furstl. Abgesandten, E. Ehrwurdigen ThumbCapittels, dehren von der Ritterschafft, alß H. Johan Grothe zum Stillhorn, Obristen, Wilhelmen von der Wense, zur Wense, undt Balthasar von Zahrenhausen zu Trochell, undt der Stadt Vehrden Secreten versiegelt. So geschehn zu Rotenburg den 9 Octobris[b] Anno p. 1636.

(StA Stade, Rep. 8, F. 19, nr. 1, fol. 227r–230r).

a *Konzept und Or.-Ausf. haben* verdenn *[sic]; in der Or.-Ausf. von anderer zeitgleicher Hand korrigiert in* verordenn.   b *in Konzept und Ausfertigung korrigiert aus ursprgl.* Novembris.
1 *Dem an Domkapitel, Stadt Verden und Ritterschaft adressierten Ausschreiben zufolge lädt Bischof Friedrich II. die Landstände nicht, wie sonst üblich, ins Kapitelhaus nach Verden, sondern* nacher Rotenburg, weill eß Unsicherheit und anderer Ursachen halben in unßer Statt Vehrden dem Herkommen gemeß nicht geschehen mügen *(StA Stade, Rep. 8, F. 19, nr. 2, Bd. 1, fol. 21r).*   2 *1636 November 11.*

76

Derselbe Landtag

Landtags-Nebenabschied

Die Verdener Landstände verpflichten sich, an den Erzbischöflich-Bremischen Landdrosten Caspar Schulte, der sich gegenüber Rantzauischen Bevollmächtigten für Schulden des Bischofs Friedrich II. von Verden in Höhe von 4000 Reichstalern verbürgt hat, aus eigenen Mitteln bis 14 Tage vor dem 11. November 1636 in Verden 1000 Reichstaler als Darlehen auszuzahlen, wobei das Domkapitel, die Ritterschaft und die (Norder-) Stadt Verden je ein Drittel dieser Summe zahlen soll.

Abschied: *StA Stade, Rep. 8, F. 19, nr. 1, fol. 225r–226r (Or.-Ausf.; 4 aufgedr. Siegel erh.).*
Literatur: –

[1.] Demnach bey gegenwertigen von dem Hochwürdigsten, Dürchleüchtigen, Hochgebornen Fursten und Herrn, Herrn Friederichen, Erwölten zue Ertz- und Bischoffen dehrer Stiffter Bremen und Verden, Coadjutore zue Halberstadt, Erben zue Norwegen, p. Unsers Gnedigsten Fursten und Herrn, außgeschriebenen Landtage haubtsachlich vorgeleuffe, wie und weß maße die vierteusendt Reichsthaler, dafur der Herr Ertzstifftischer Bremischer Landdrost Caspar Schulte p. nach Holsteinischem Recht sich burglich eingelaßen, Zwischen hir undt einstehendem Martini[1] alß auff dehme in der obligation benanten termino, dehme Rantzowschen Bevolmechtigten abgelegt, und dieses beschwehr- und gefehrliche Credit wiedereingelöset werden solte, und zue dem Ende die gedoppelte

Contribution uff zweene Monath von dehnen sembtl. Ständen bewilligt, in meinung diese 4000 rthlr. auß derselben zuerheben.

[2.] Ist demnach diese vorsichtige beysorge getragen, aldieweil die arme underthanen dieses Stiffts durch dehnen von vielen Jahren hero erlittenen Kriegesschaden sehr außgemergelt, daß die gefloßene Contribution nicht so richtig und precise eingebracht sondern viel unter den Restanten hinterstelig vorpleiben mogte. Dehrwegen von dehnen gesambten Ständen einhellig beliebet, verabschiedet und sich untereinander vorbunden, damit zue diesen 4000 rthlr. destogewißer zuegelangen und keines weges wolermelten H. Landtrosten *[sic]* der nicht zahlung halber durch dem Holsteinischem strengen Rechte des Einlagers einiger verglimpff verursacht wurde, tausendt Rthlr. in specie*[?]*ᵃ fur sich und auß ihren mitteln außzubringen, Der Casha darleihungsweiße vorzuschicken unndt 14 tage fur einstehenden Martini binnen Verden zuerlegen.

[3.] Eß haben aber die gesambte Stände diese tausent thlr. herbey zuschaffen volgender gestalt zugleichem theile, unter sich getheilet, undt ein Jeglicher Standt davor zuerlegen auff sich genohmmen, Alß E. Ehrw. ThumbC. einen dritten theil, sein 333. Rthlr., 16 ß., Die Ritterschafft einen drittentheill, alß auch 333. rthlr., 16 ß., und einen drittentheil die Stadt Verden, sein auch 333. rthlr., 16 ß., in alles 1000 rthlr.

[4.] Daneben verabschiedet und vergleichen, daß die oder derselbe Standt oder der undt dieselbe Persohnen auß dem *[sic]* Ständen, in bezahlung seines antheilß seumig befunden, und dadurch unkosten oder wol gahr daß einlager verursachn würde, Solches alles wieder zuerstatten, undt den Causirten schimpff deß Einlagers nach belieben des obwolberürtem H. Landtrosten *[sic]* zue büessen schuldig sein solle.

[5.] Wirdt auch hiemit allen Statutis, Beneficiis undt Ecceptionibus, Insonderheit læsionis, Inductionis, non paratæ executionis undt wie Sie nahmen haben mügen, gentzlichen wiedersprochen und derselben auff keinerlei weyse, enweder von eim Jeglichen gantzen Stande oder aber von einer entzeln Persohn auß den Ständen sich zugebrauchen, hiemit offentlich vorwilkührt; Hiebey aber außtrücklich preservirt und vorbehalten, daß diese dahrleistungh, vielweiniger die Außtheilung dieses darlihens, in casum consequentiænicht gezogen, undt hinfuro von keinem Stande einer gegen den andern, undt auch sonsten, in præiudicium des Andern, Alß wie allzeit die Last zuegleichentheile, ex proportione æquali, wie itzo diese 1000. rthlr. außgetheilet, abgetragenn werden müste, eingeführt und allegirt, werden soll.

[6.] Schließlich hat E. Ehrw. ThumbC. mit dehnen andern Ständen auß der Ritterschafft und der Stadt, bey vorschießungh dieses dahrliehens per expressum außbedungen, daß ehistes, sobald müeglich, unndt fur andern beschwerden nur practicirt werden kann, die Zahlung dieser 1000 rthlr. auß der gemeinen Anlage oder Contribution Ein Jeglichem Standt gewertig sein wolle.

Damit nun obbeschriebenen allem von dehnenn Ständen stet und ohne Gefährde nachgelebet würde, haben diesen nebenReceß bey gegenwertigem Landttage, die sembtl. Stände unter sich uffgerichtet, undt fur gewißer fester haltung derselben durch die Anwesende Deputirte, Alß auß E. Ehrw. ThumbC. von dem Herrn Thumbdechanten H. Orthgieß Schulten, undt H. Nicolao Höpken, Dehro Rechten Doctori undt Syndico Capituli Verdensis, Auß der Ritterschafft von den H. obristen Johan Groten auff Stelhorn undt Wilhellm von der Wense zu der Wense Erbgeseßen, mit ihrenn eigenen Pitzschaffen, wegen der Statt Verden aber, weilen Dieselben Deputirte ihre Pitzschafften nicht bei sich geführt, mit der Stadt Einsiegel bekrefftigt p. Geschehen zu Rotenburck, den 9. octobris Anno p. 1636.
(StA Stade, Rep. 8, F. 19, nr. 1, fol. 225r–226r).

a sue *in der Vorlage; Kürzungsauflage nich restlos gesichert.*
1 *1636 November 11.*

77
Landtag 1637 Februar 28, Verden, Kapitelhaus

Landtagsabschied

Die Verdener Landstände beschließen über die folgenden Punkte: (1.) Rückzahlung der dem Obristen Josias (von) Rantzau noch geschuldeten 12 000 Reichtaler; (2.) Unterhaltung der Garnison in Verden und Rotenburg; (3.) Modus der Beschreibung der einzutreibenden Viehschatzung; (4.) finanzielle Beisteuer des gesamten Stifts zur Behebung der Schäden, die kürzlich die Reiter des Obristen Meier im Kirchspiel Neuenkirchen angerichtet haben.

Ferner erklärt das Verdener Domkapitel auf ein diesbezügliches Gravamen der Ritterschaft hin, daß die in der Wahlkapitulation getroffene Regelung, wonach der Drost zu Rotenburg ein Domherr sein muß, den Rechten der Ritterschaft nicht entgegen stehe. Ein Gravamen des Rats der (Norder-) Stadt Verden, wonach ihm hinsichtlich des Zolls durch bischöfliche Beamte Unrecht geschehen sei, weisen die bischöflichen Abgesandten zurück.

Ausschreiben: –
Protokoll: StA Stade, Rep. 8, F. 19, nr. 2, Bd. 2, fol. 59r–67v.
Abschied: StA Stade, Rep. 8, F. 19, nr. 1, fol. 236–239 (Konzept). – Ebd., fol. 232r–235r (Or.-Ausf.; 8 aufgedr. Siegel erh.).
Weitere zu diesem Landtag gehörige Quellen: StA Stade, Rep. 8, F. 19, nr. 2, Bd. 2, fol. 81r/v (Protokoll des Kommunikationstags von 1637 März 17, betr. den Viehschatz).
Literatur: –

Zuwißen: [I.] Alse der Hochwurdigster, Durchleuchtiger, Hochgeborner Furst und Herre, Herr Friederich, Erwelter zu Ertz- und Bischoff dero Stiffter Brehmen und Verden, Coadiutor zue Halberstadt, Erben zue Norwegen, Hertzog zu Schleßwig, Holstein, Stormarn und der Dithmarschen, Graff zu Oldenburgk und Delmenhorst p., Jungsten am 9. Octob. des verwichenen 1636. Jahres zue Rotenburgk genommenen Landttages abscheide zufolge[1] zue weiter erorterung dehro dahmals auffm Stifft Verden ungeschlichtet gebliebene beschwerungsposte verursachet worden, einen gemeinen Landttag außzuschreiben, Und ie selbigen beschwerungen abzukommen, sich mit sämbtlichen Ständen zuberathen, Daß demnach heute dato auff I. F. G. gnädigstes außschreiben, selbige Stände, so woll E. Erw. Thumb-Capitull, Als auch die von der Ritterschafft, und Erbahren Rahtt der Stadt Verden, in zimblicher versamblung auffm Capitullhauße daselbsten, sich zu sahme gethan, und haben Ih. F. G. denselben durch deroselben abgeordnete H. Dietrich Reinkingk, Cantzler, H. Dietrich Schultzen, Drosten zue Rotenburgk, und H. Johann Schleuff [sic], Furstl. Rahtt, folgender gestalt proponiren, und vortragen laßen:

1. Eß wusten sich dieselben zuerinnern, waß maßen dem Obristen Josias Rantzowen, uber die bei jungst gehaltenem Landttage zusahme gerachte 4 000. R.Thlr. annoch 12 000. R.Thlr. resirendt geblieben, welche dazumahl nicht uffzubringen gewest, Besondern von I. Konigl. Maytt.. zu Dennemarck, Norwegen p. auff unterhandlung und außgestalte Caution, Ih. F. G. erlecht, und außgezahlet worden. Weiln nun selbige gelder auffm kunfftigen Kyler umschlage,[2] sambt dem versprochenen Interesse hinwieder bezahlet werden, und deßwegen ohnfehlbahrer Credit gehalten werden muße, Also wolten die getrewen Stände auff mittell und wege gedencken, wohero selbige gelder erhoben, und Ih. Konigl. Maytt. interponirter Credit gerettet werden konte.

[2.] Vor daß ander: Ob woll bei Jungstem Landttage zue Rotenburgk verabscheidet worden, Daß E. Erw. ThumbCapittull und E. Erb. Rahtt sich zusahme thun und mittell an die handt schaffen wolten, das die Guarnisoun zu Rotenburg und Verden ihren unterhalt haben könte, sei doch solches biß dahero verblieben, also das I. F. G. seithero der gantzen Zeit solche Guarnisoun guten theills aus ihren eigene hebungen unterhalten mußen, Darumb wurden sie gleichmeßig sich vereinbahren, welcher gestalt solche verschoßene gelder Ih. F. G. wieder ersetzet werden muchten.

[3.] Zum dritten: Weill aber solche und andere auff diesem Stifft hafftende Onera auß der unterhanen vermugen und Contribution herbeigebracht werden mußen, wolte die notturfft erfordern, nach vorigem modo Contribuendi eine newe description furderlichst anzustellen, und darauff zu determiniren, wie hoch dieselbe anzuordnen, Wobei in acht zunehmen, daß den unterthanen von den Cantzelen notificiret werden muste, daß ein Jeder sein vermugen auffrichtig anzeigete, mit der verwarnung, da Jemandt etwas verschweigen zuhaben betretten wurde, deßen allerdings verlusig sein solte, Und das zugleich abrede genommen wurde, wer außm ThumbCapitull und Ritterschafft zu der description zu deputiren, nach eingebrachter Description konte alßdan eine Communication ausgesetzet, und dabei determiniret werden, wie hoch der anschlag zumachen.

[4.] Zum Vierdten: Weill auch bekandt, Das des Obristen Meyers Reuter neulich ins Kirchspiell Nienkirchen gefallen, den leuten daselbst ihr viehe, Pferde, und andern Vorrath wegkgenommen, weiln sie aber solches nicht verursachet, Besondern die vermeinte prætension aufs gantze Stifft gangen, Alse wehre nicht ohnbillich, ex communi den leuten etwas Beisteurlich zusein, Worüber sie sich auch vereinbahren wolten.

[II.] Auf welche vorbeschriebene poste sich die Stände, nach gehabter bedencken, folgender gestalt resolviret und erklehret:

[1.] Erstlich, Waß die 12 000. R.Thlr., Sey billich, das dieselben durch mittell zu geburlicher Zeit wiederumb herbeigebracht, und Ih. F. G. deßwegen Schadeloß gehalten werden, muste ein modo Collectandi gemacht, und das geldt darnach zuwege bracht werden. Demnach aber des Stiffts ohnvermugen kundtbahr, haben die Stände erwehnet, Ob nicht bei Ih. Konigl. Maytt. zubehandelen, das solche gelder auff gewiße, etwas weiter hinaus gesetzte terminen stehen bleiben möchten.

[2.] Zum andern, Wan die Richtigkeitt solcher Collecten halber gemacht, musten auch I. F. G. der verschoßenen gelder halber auß selbigen einkunfften, befiediget, und die Guarnisounen ins kunfftig erhalten werden.

[3.] Furs Dritte, laßen sich die Stände, was den modum Collectandi anlanget, gefallen, Jedoch weill sie sich besorgen, es muchten die leute etwas unrichtig mit angebung ihres Viehes sich bezeigen, und auff vorgehende offentliche verwarnunge das Viehe in die benachbahrte örther vertreiben, hielten sie fur dienlicher, das die Description ohnverwarnet zur Handt genommen wurde. Und ist zue anschreibung solches Viehes angesetzet der 6. Martii, Auch Ex Capitulo darzu deputiret, H. Alverich Cluver, und H. Eberhardt von der Lith, Auß der Ritterschafft Baltzer von Zahrenhaußen, und Christoff Dietrich von der Kettenburgk.

[4.] Zum Vierdten, Die begehrte Zusteur wegen der außplunderung betreffendt, konte von den ersten auffkunfften ein gewißes assigniret, und den leuten proportionabiliter gegeben werden.

[III.] Es haben auch die Ritterschafft und der Rahtt sich etzlicher poste halber beschweret, furnemblich,

[1.] Daß mit Ihren leuten auffm Lande wegen ohnordentlicher dienste und pfandung verfahren werde.

[2.] Zum Andern, Auch das die Ritterschafft vernommen, das das ThumbCapitull mit I. F. G. eine Capitulation aufgerichtet, darinne unter anderen enthalten sein solte, Das niemandt alß ein Capitular persohn mit dem Drosten Ambt zue Rotenburgk providiret werden solte. Weill aber solches ihrem herkommen zuwieder, angesehen auch die Stifft beguterte Landtsaßen fur diesem, und allewege dazu admittiret worden, Alse pitten sie solches hinwieder zu altem stande kommen zulaßen.

3. Imgleichen beklaget sich der Rahtt, das ihre Burger wieder ihre privilegia, und hergebrachte gerechtigkeitt mit dem Zoll von I. F. G. Beambten beschweret werden.

[IV.] Worauff ihnen zur andtwortt gegeben, Waß

1. ihre Meyer anlanget, wuste man sich deßen nicht zubesinnen, Da hinkunfftig deßwegen etwas vorlauffen muchte, konten sie es allmahl angeben, solte der gebuer remediret.

2. Wegen des Drosten Ambts erklehret sich E. Erw. ThumbCapitull, das Zwar solch Ambtt niemalß bei der Ritterschafft perpetuirlich gewesen, Zumahlen auß alten Capitulationibus zubefinden, das baldt das Capitull fur sich solch Ambtt allein reserviret, balt die von der Ritterschafft darzu genommen, darumb ihnen auch Ja hiermit nicht præjudiciret werden konte, oder solte.

3. Den Zoll betreffendt, konte der Rahtt solches bei I. F. G. absonderlich suchen, Und wurden es I. F. G. bei dem Stande, da es tempore Philippi Sigismundi geweßen, bewenden laßen.

[4.] Was dan Schließlich E. Erw. ThumbCapituls postulata wegen gantzen, gantzem Stiffte verschoßener gelder, und sonsten belanget, Weill sie I. F. G. deßwegen ein Rechnung uberliefern laßen, Auch erbietigk, den andern Ständen selbige Rechnung ad revidendum einzuhandigen, Alß ist solcher post und was sonsten andere, alse wegen verschoßenen geldern auff jungstem Landttage, visitation der Kirchen, solches haben die H. Abgesandten ad referendum angenommen, versehentlich, I. F. G. sich dabei auch mit genädigster anordnung bezeigen werden, und haben sich auch die ubrigen Stände, wegen E. Erw. ThumbCapituls anfoderung auff ersehene specification und Rechnung nach befindung, der Billichkeit gemeeß zuerklehren erbotten.

Und hat sich dieser Landttagk hiemit geendiget. Uhrkundtlich sein dieser recesse zwo eines einhalts verfertiget, dieselben in nahme I. F. G. von den H. gesandten unterschrieben, sowoll auch E. Erw. ThumbCapitull, etzlichen von der Ritterschafft, und E. Erb. Rathe versiegelt, und in I. F. G. Cantzlei eines, das andere wegen der Stände E. Erw. ThumbCapitull zugestellet, und geliefert worden. Geschehen Verden, am 28. Februarii Anno 1637 etc.

[unter den Siegeln eigenhändige Unterschriften:]

D, Reinkingk, D. Dieterich Schulte, Jo. Schleiff s[ub]sp[ripsi].

Johan Bherr *[sic]*, Wilhelm von der Wense, Tonnieß Tornei s[ub]sp[rib]si.

(StA Stade, Rep. 8, F. 19, nr. 1, fol. 232r–235r).

1 *Oben nr. B.75.* 2 *Zum Kieler Umschlag vgl. zuletzt Erling Ladewich Petersen, Der Kieler Umschlag in nordwesteuropäischer Perspektive, in: Hansische Geschichtsblätter 98, 1980, S. 61–75; Jürgen Jensen, Der Kieler Umschlag, in: Ders./Peter Wulf (Hg.), Geschichte der Stadt Kiel, Neumünster 1991, S. 56–64; Reimer Hansen, Der Kieler Umschlag. Entstehung, Konjunktur und Funktionswandel eines internationalen Geldmarktes vom Ausgang des Mittelalters bis zum Anbruch der Moderne, in: Zeitschrift der Gesellschaft für Schleswig-Holsteinische Geschichte 117, 1992, S. 101–133.*

78

Landtag 1638 Januar 26, Burg Rotenburg

Landtagsabschied

Die Verdener Landstände verhandeln und entscheiden über folgende Punkte: (1.) Verhandlung mit dem Generalfeldmarschall Graf von Götzen über genannte Unterstützungen des Westfälischen Kreises zugunsten der kaiserlichen Truppen; (2.) Abzahlung der dem König (Christian IV.) von Dänemark, Vater des gegenwärtigen Verdener Bischofs Friedrichs II., geschuldeten Gelder durch Erhebung einer Kontribution; (3.) Rückzahlung der vom Domkapitel entsprechend dem Landtagsabschied vom 28. Februar 1637 (nr. B.77) vorgestreckten Gelder; (4.) Wiederbesetzung der durch die Kriegsereignisse wüstgewordenen Hofstellen; (5.) Verbringung der Archivalien des Domkapitels nach Hamburg.[1]

Ausschreiben: –
Protokoll: –
Abschied: StA Stade, Rep. 8, F. 19, nr. 1, fol. 245r–248v (Konzept). – Ebd., fol. 240r–244r (Abschrift 17. Jh.).
Weitere zu diesem Landtag gehörige Quellen: StA Stade, Rep. 8, F. 19, nr. 2, Bd. 2, fol. 83r–84r (Memorial Ihr Fürstl. Gn. ertheylter Resolution uber die von E. Ehrnw. ThumbCapitell den 13. Januarii dieses 1638 mundtlich angebrachte unnd schrifftlich ubergebene puncta; enthält 10 Artikel). – StA Stade, Dep. 6 C, nr. 85, pag. 11f. (Landtagsakten 1659-1720; darin Nennung dieses Landtagsabschieds).
Literatur: –

Zuwißenn: [I.] Alß der Hochwürdigster, Durchleuchtiger, Hochgeborner Furst unndt Herr, Herr Friederich, Erwöhlter zu Erz- undt Bischoffen dero Stiffter Brehmen unndt Verden, Coadiutor zue Halberstatt, Erbe zu Schleswig, Holstein, Stormarn und der Dithmarschen, Graff zu Oldenburgk und Delmenhorst p. Wegen allerhandt dem Stifft Verden Concernirenden beschwerden haben verursachet worden, einen gemeinen Landttagk außzuschreiben, unndt wie selbige Beschwerungen abzukommen, sich mit den sämbtlichen Ständen zuberathen, Daß demnach heute Dato, auff I. F. G. gnedigstes außschreiben, selbige Stände, so woll Ein Erwürdig ThumbCapitell, Alß auch die von der Ritterschafft undt Erbarn Rathe von der Statt Verden in zimblicher versamblung zu Rotenburg uffm Schloß sich zusammen gethan, Unndt haben I. F. G. denselben durch Ihre deputirte, Alß Caspar Schulten Furstl. Landtdrosten des Stiffts Bremen, Herrn Dietrich Schulten Drosten uf Rotenburgk, Doct. Heinrich Groten ViceCantzlärn des Stiffts Verden, Herrn Johan Schleiff Verdischen Cantzley Rath, folgender gestaldt, durch den Herrn ViceCantzlärn proponiren unndt vortragen laßen:

[1.] Erstlich, das der Kayserl. Herr GeneralVeltMarschalck Graff von Götze Newlicher tage an I. F. G. einen gesandten, nemblich ihren Subdelegireten Herrn von Zetterich, den Commandanten aus Wulffenbuttell mit Creditif briefe unndt werbungen abgeordnet, Dahin gerichtet, Weiln von dero Romisch. Kays. Maytt., Unserm Allergnedigsten Kayser unndt Herrn, Ihme, Herrn VeltMarschalck, der gantze Westphälische Krayß zu unterhaltung seiner Soldatesca assigniret worden,

644

worunter auch das Stifts Verden, mit begriffenn, Derowegen Begehret, Im Nahmen Allerhogstged. Ih. Kays. Maytt., auff ein Regimenth zu Roß einquartierung, unnd unterhaltung, machen unndt verschaffen zu laßen. Zu dehm hetten die Churfurstl. Durchleuchtigkeit zu Sachsen An I. F. G. vorhin ebenmeßig gelangen laßen, Zu Vortsetzung dieses annoch obhandenen Kriegß Zu Regensburgk newlich bewilligte Reichssteur nach der Reichsmatricul Ih. Churfr. Durchl. außfolgen zu laßen, Deßwegen Ih. F. G. gnedigst begehren, Die sämbtlichen Stände darüber zu deliberiren, unndt I. F. G. unterthänigst an die handt zugeben, wie diesen beiden Poste auffs beste abzuhelffen.

[2.] Zum ander, wusten sich die Stende zuerinnern, Daß annoch ein zimblicher Rest wegen der 12 000 Rthlr., so Ih. Konigl. Maytt. zu Dennemarck, Norwege, deroselben Hochgeehrten Herrn Vatter, an Josias Rantzowen, wegen Des Hauses Rotenburg bezalen laßen, unbezahlet hinterstellig verblieben. Weil nun solcher Rest auff Unterthänigstes anhalten der Stende von Ih. F. G. mit großer muhesambkeit auffgesprochen worden, solchs aber uff bestimbte Zeit auch notwendig Bezahlet werden muße, dahin bedacht zu sein, Durch waß mittell selbige gegen die zeit auffgebracht unndt die deßwegen Interessirete ihrer verpflichtung loß gemachet, und benommen[a] werden konten.

[3.] Zum Dritten hette Ein Erwürdig ThumbCapittel vermüge einer ubergebenen Rechnung, auff jungst gehaltenem Landtag zu Verden am 28. Febr. des verfloßenen 1637. Jahres,[2] so wollgemeltes ThumbCapittell fur daß Stifft in diesen Kriegßzeiten verschoßen, eine foderung angestellet, worüber annoch keine richtigkeit gemachet. Weil nun wollgemeltes ThumbCapittell auch bey I. F. G. unterthänigst anfoderung gethan, wegen solcher Rechnung einige gewißheit zuerlangen, Alß begehrten I. F. G. gleichfalß solcher Rechnung halber sich zubesprechen, Daß Ein Erwürdig ThumbCap. deßhalb Satisfaction geschehen müchte.

[4.] Vierdtens erinnerten sich die Stände, ebenmeßig, daß leider im Stifft, wegen des Beschwerlichen Kriegßwesens, die Hoffe uff dem Lande fast desolat, abgebrandt unndt Öde geworden, unndt wie dieselben mit Newen Colonis hinwieder besetzet werden mußen, sich allerhandt ohne der Gutsherrn Consens gemachte onera und Schulde befunden, Deßwegen offtmahlen ansuchung geschehen, wie solche erledigte pöste hinwieder besetzet, auch wie es mit denen darauff hafftenden oneribus oder schulden gehalten werden solte. Darumb I. F. G. auch gnedigst begeherten, sich eines gewißen schlußes zuvergleichen, wie daßelbe zue einer gewißheit zu bringen, unnd daß bonum publicum dadurch befoderdt werden konte.

[5.] Furs funffte, Hetten auch die Schuldiener sich offtmals hochlich beschweret, Das von Einem Erwürdigen ThumbCapittell etwa in Anno 1626 ihre Siegell unndt Brieffe zu Hamburg, daraus sie ihr Salarium und unterhalt haben mußen, versetzet, unnd sie biß dahero ihrer alimentation unnd besoldung destituiret worden. Weill nun Ein Erwürdig ThumbCapittell auch fur diesem angeben, das solches in dieser Kriegßzeit unndt zu[b] des Stiffts Conservation geschehen, unter deßen sich aber nicht verantworten laßen wolte, die Schule dadurch in abgangk kommen, undt die Jugendt der Institution halber verseumen zu laßen, besondern zu befoderung des gemeinen besten vielmehr zutrachten, Das solche Hochnutzliche fundationes Erhalten unndt vielmehrverbeßert werden muchen, Alß begehrten I. F. G. imgleichen, Die Stände wolten solchen Post Reifflich berathen, wie nemblich, unnd durch was mittell den Schuldienern zu Ihrem Salario zuverhelffen, Auch endtlich die auff die versetzten Briefe gehobene gelder hinwieder erleget, und also dergestalt der fundation zufolge, sich ihrer besoldung wie vorhin gewesen, hinwieder vorsichert sein muchten.

[II.] Auff vorgehende Gnedigste proposition haben die sämbtlichen Stände sich berathen, unndt ist endtlich folgendes Conclusum mit gnedigster ratification unnd beliebung I. F. G. eines Jeglichen Punctes halber gemachet, unnd vereinbahret worden:

[1.] Alß Zum Ersten, Waß die von H. Churfr. Durchl. zu Sachsen, Imgleichen wegen Herrn Graff von Götzen angebrachte prætension belanget, Weill die Stände es für Rathsamber ansehen, mit Chur Sachsen vielmehr alsß dem H. FeltMarchalck Graffen von Götzen daferne Ja einige Contribution der Kays. armee halber dem Stifft angemuthet, oder aufferlegt werden solte, sich in Handelung einzulaßen, Alß wolten I. F. G. Die Stände unterthänigst gebethen haben, Bey Chur Sachsen deßwegen auffs fleißigste negotiiren zu laßen, Daß es auff solchen fall bey derselben anfoderung umb erheblicher ursachen willen, verbleiben muchten. Sonsten Herrn Graff von Götzen anfoderung betreffentt, wolten Ebenmeßich I. F. G. unterthänigst gebethen haben, weiln nicht Rathsamb, dieselben mit Lediger handt abzuweisen, unndt dadurch vielleichte der Armee ungunst sich ufzuburden, Daß demnach I. F. G. Hochstansehenlich authoritäth Interponiren, unndt durch die ihrigen gnedigst abhandeln laßen wollen, Daß derselbe mit darreichuung vieler Stucke geldes abgewiesen, unndt also beiderseits bey gueten willen erhalten werden mügen. Erbieten sich die Stende durch I. F. G. anordnung die mittell außem Stiffte, unterthänigster gebuhr nach auffbringen zu laßen.

[2.] Zum andern, Die Ih. Konigl. Maytt. Zu Dennemarck, Norwegen p. Restirende gelder betreffent, sehen Die Stände fur Rathsamb an, Daß durch gnedigste anordnung I. F. G. eine Liederliche wochentliche Contribution Durchs gantze Stifft proportionabiliter angestellet, Dieselbe eingenommen, und hinbeigelegt werde, Versehen sich also, in dero zeit, die Summa hinbeigebracht unnd auff den termin bezahlet werden könte, welche anlage I. F. G. sich zwar gnedigst belieben laßen, zu zu solchem ende auch die abtheilung gemachet, Daß das Ambt Rotenburgk Monatlich 1000 Rthlr., Daß Ambt Verden 400 Rthlr. einbringen solle, Unndt weill in Mangelung des Jungstgehaltenen Viehe Schatzes Register, kein gewiße proportion deßwegen gemachet werden konnen, Alß haben I. F. G. die von der Statt und Suderende zue Verden angebotten 200 Rthlr. Monatlich auch gnedigst, Jedoch interimß weise, angenommen, dergestalt das hirnegst dem werke weiter nachgesehen, unndt ein fundamentatis proportio, nach befindung des Viehes, unndt eines Jeden vermügenheit angestellet werden soll. Jedoch haben sich I. F. G. Dabey gnedigst reserviret, Daferne, welches Gott verhüten wolle, etwa ein Casus sich begeben solte, Daß die Contribution gelder durch das[c] Kriegßwesen unvermutlich

Consumiret werden muchten, Daß auff solchen fall die Stände uff andere mittell bedacht sein wolten, Ih. Kongl. Maytt. gelder gewiß herbei zubringen, unnd die Interessirte Schadeloeß zu halten.

[3.] Zum Dritten, wegen Eines WolErwürdigen ThumbCapittuls ubergebenen Rechnung und weil die Stände sich darauff also baldt nicht resolviren konnen, Alß haben I. F. G. zu hinbeilegung selbigen Postes Commissarios verordnet, welche die sache furdersambst vernehmen, entweder dieselben in guete Zwischen Einem Erwürdigen ThumbCapittell unndt den Ständen vergleichen, oder I. F. G. in entstehung soliches unterthänigsten bericht einliefern werden.

[4.] Zum Vierdten, Die auff den leddigen unnd sonsten beschwerten Meyerhöffen Schulden belanget, Laßen es Ih. F. G. bey denen Deßwegen im Stifft uffgerichteten recessen gnedigst bewenden. Jedoch weil Ein Erbahr Rath zu Verden erwehnung gethan, Daß ihrer burger etzliche große schuldt foderung in denselben zu prætendiren haben, unndt deßhalben umb vermittelung ansuchung gethaen, Alß haben I. F. G. sich gnedigst erklehret, Deroselben anleitung unndt vorschlege Zu thun, wie sie vermeinen Demselben Puncte Salvo recessibus beizu kommen sey, wollen sich alßdan nach Beschaffenheit und Befindtnuß der Sachen, gnedigst weiter erkleren.

[5.] Zum Funfften, Was endtlich die Schuldiener betrifft, haben I. F. G. sich gnedigst, Jedoch der gewißheit halber unverpflichtigk, dahin resolviret: Weiln ohne Das die gemeinen außgabe bey dieser Zeit etwas schwer fallen, gleichwoll I. F. G. nicht verandtwortlich befinden, Uner deßen die Schuldiener ohnbesoldet hinhalten, unnd dadurch die schule in abgabgk kommen Zuelaßen, Daß nach befindtnuß vorangezogener anlage[d], den schuldienern, Damit sie ihre arbeit halber unterdeßen auch etwas gewißligkeit empfinden mugen, etwas, so viel die einkommende gelder erleiden, wollen zukommen zulaßen, biß etwa dieser Post auff ihr weiters ansuchen, auch zur richtigkeit gebracht, unnd die auffkunffte[e] zu vorigem Stande hinwieder gesetzet werden konnen.

Urkundtlich sein dieser recesse zwo, eines inhalts verfertiget, Dieselben im Nahmen I. F. G. mit dem Cantzlei Secret versiegelt, undt von Einem Erww. [sic] ThumbCapittell, so woll auch der Ritterschafft halber von den anwesenden, Imgleichen Ein Erbar Rath der Statt Verden mit ihren Insiegeln befestiget, Deren eines bey I. F. G. Cantzley zu Verden hinbei gelegt, Daß ander E. Erw. ThumbCap. der Stende halber zugestellet worden. Geschehen Rotenburg, Am 26. Januarii Anno 1638 p.

(StA Stade, Rep. 8, F. 19, nr. 1, fol. 240r–244r).

a *so im Konzept; die Vorlage hat* bekommen.   b zu *nur im Konzept; fehlt in der Vorlage.*   c durch das *nur im Konzept; fehlt in der Vorlage.*   d anlage *nur im Konzept; fehlt in der Vorlage.*   e *so im Konzept; die Vorlage hat* ankunfft.

1 *Zur Verbringung der Verdener Archivalien nach Hamburg vgl. umfassend, Weise, Staatsarchiv Stade, S. 64–67.*   2 *Oben nr. B.77.*

Epilog

Mit dem Landtagsabschied von 1638 Januar 26 endet die Geschichte der allgemeinen Landtage des Hochstifts Verden. In der Zeit bis zur Aufhebung des Hochstifts im Jahr 1648 fanden (kriegsbedingt?) ausschließlich Deputierten- und Kommunikationstage statt, wobei die Deputiertentage in den Protokollen gelegentlich als ‚Landtage' bezeichnet wurden, auch wenn sie es de facto nicht waren. Hieran nahmen jeweils ein bis drei Vertreter (‚Deputierte') der bischöflichen Räte, des Domkapitels, der Landschaft (Ritterschaft) und der Stadt Verden teil. Insgesamt waren in der Regel nicht mehr als zehn Personen anwesend, häufig nur fünf oder sechs. Für keinen dieser Tage ist ein Abschied überliefert, doch liegen die Protokolle sowie einige Ausschreiben vor. Die diesbezügliche Überlieferung bietet also keine Quellen zur Geschichte der Landtagsabschiede oder zur Landtagsgeschichte im engeren Sinne, mithin keine für diesen Band einschlägige Quellen; sie ist aber dennoch durchaus von Interesse für die Geschichte der Verdener Landstände in der Schlußphase des 30jährigen Krieges und sei deshalb im folgenden zumindest summarisch zusammengestellt:

79. Deputiertentag 1638 Februar 7, o.O.

Ausschreiben: StadtA Verden A XX, 4.1 (Or.-Ausf., datiert: auff Unser Residentz Rothenburg, denn 2. Februarii Anno 1638; Thema: Kontribution).

80. Kommunikationstag 1638 April 6, [Rotenburg], bischöfliche Kanzlei.

Protokoll: StA Stade, Rep. 8, F. 19, nr. 2, Bd. 2, fol. 85r/v; Thema: Kontribution.

81. Kommunikationstag 1638 August 3, Verden, Kapitelhaus.

Ausschreiben: StA Stade, Rep. 8, F. 19, nr. 2, Bd. 1, fol. 23r/v; Liste der Adressaten fol. 23v).
Protokoll: StA Stade, Rep. 8, F. 19, nr. 2, Bd. 2, fol. 113r–116r (ohne Vertreter der Ritterschaft, die aufgrund des gleichzeitigen Lüneburger Landtags zum Teil entschuldigt sind).

82. Kommunikationstag 1638 September 6, Verden, Kapitelhaus.

Entwurf für Ausschreiben: StA Stade, Rep. 8, F. 19, nr. 2, Bd. 1, fol. 25r (Schreiben von Heinrich Groten und Johann Schleiff an Bischof Friedrich II. von 1638 August 25).
Protokoll: StA Stade, Rep. 8, F. 19, nr. 2, Bd. 2, fol. 93r–94r (Thema: Schatzung).

83. Kommunikationstag 1638 Oktober 26, Verden, Kapitelhaus.

Protokoll: StA Stade, Rep. 8, F. 19, nr. 2, Bd. 2, fol. 95r (Thema: Kontribution).

84. Kommunikationstag 1639 Januar 17, Süderende Verden, Apotheke *(auf der Apeteck.).*

Protokoll: StA Stade, Rep. 8, F. 19, nr. 2, Bd. 2, fol. 97r–98r (unvollständig; Thema: Vogtei Sottrum, Gravamina der (Norder-) Stadt Verden).

85. Deputiertentag 1639 Mai 24, Rotenburg.

Protokoll: StA Stade, Rep. 8, F. 40, nr. 709 (Abschriften von 1705), fol. 10r–11r (kurzer Auszug). – Ebd., fol. 48r/v (kurzer Auszug). – Ebd., fol. 49r–51v (längerer Auszug). – StA Stade, Rep. 8, F. 19, nr. 2, Bd. 2, fol. 100r–103r (Themen: Verhandlung über Schuldenzahlungen; (erfolglose) Ansetzung eines allgemeinen Landtags durch Bischof Friedrich II. für den kommenden Donnerstag (30. Mai). Die anwesenden Vertreter der Stände erklären, hierzu ihre Deputierten entsenden zu wollen, die am Mittwochabend (29. Mai) zusammenkommen werden).

86. Deputiertentag 1639 Mai 30, Rotenburg.

Protokoll: StA Stade, Rep. 8, F. 19, nr. 2, Bd. 2, fol. 103v–104v (Themen: Schweden, Restitution des Hochstifts; Kontribution).

87. Deputiertentag 1639 Juni 8.

Protokoll: StA Stade, Rep. 8, F. 19, nr. 2, Bd. 2, fol. 105r–106r. – StA Stade, Dep. 6 C, nr. 85, S. 23–27 (Themen: Allgemeine Schatzung, rechtliche Gleichstellung von Rotenburg und Visselhövede; Kontribution).

88. Deputiertentag 1639 Juli 16, Verden, Kapitelhaus.

Protokoll: StA Stade, Rep. 8, F. 19, nr. 2, Bd. 2, fol. 99r u. 107r–112r (Themen: Kontribution, Schulden des Hochstifts, Gravamina).

89. Kommunikationstag 1640 Januar 17, Verden, Kapitelhaus.

Protokoll: StA Stade, Rep. 8, F. 19, nr. 2, Bd. 2, fol. 113r–116r (Themen: Kontribution rechtliche Gleichstellung von Rotenburg und Visselhövede; Reduzierung der Kosten für das Kriegeswesn).

90. Deputiertentag 1641 März 5/6, Rotenburg.

Ausschreiben (Konzept): StA Stade, Rep. 8, F. 19, nr. 2, Bd. 2, fol. 117v–118r (ausgestellt von Kanzler und Räten, [Bremer-] Voerde, 1641 Februar o. T.).

Protokoll: StA Stade, Rep. 8, F. 19, nr. 2, Bd. 2, fol. 117v–143v.

91. Kommunikationstag 1641 Oktober 6, Rotenburg.

Ausschreiben: StadtA Verden, A XX, 4.1 (Or.-Ausf., ausgestellt von Vizekanzler und Räten, datiert Verden 1641 Oktober 2).

92. Deputiertentag 1642 Juli 26/27, Verden, Kapitelhaus.

Protokoll: StA Stade, Rep. 8, F. 19, nr. 2, Bd. 2, fol. 144r–162v.

93. „Landttag" genannter Deputiertentag 1643 Juli 10–12, Verden, Kapitelhaus.

Ausschreiben: StA Stade, Rep. 8, F. 19, nr. 2, Bd. 1., fol. 27r (1643 Juni 21; hierin geht es um die Verlegung des Tages von dem ursprünglich Termin (Verden, 26. Juni 1643) auf den 10. Juli).

Protokoll: StA Stade, Rep. 8, F. 19, nr. 2, Bd. 1, fol. 27r–28r. – Ebd., Bd. 2, fol. 163r–174r. – Ebd., fol. 175–184r.

Indices

Die folgenden Zahlen beziehen sich auf die Nummern in Teil A (Erzstift Bremen) und Teil B (Hochstift Verden). Nicht aufgenommen sind die Lemmata ‚Landstände' und ‚Stände', da diese bei jeder Nummer anzuzeigen wären. Auf Angaben zur Lokalisierung der Orte wird bei allgemein bekannten Städten (z. B. Kreisstädten oder anderen größeren Städten) und bei Orten im Gebiet des ehemaligen Regierungsbezirks Stade verzichtet, sofern es sich nicht um mehrfach vorkommende Ortsnamen handelt (z. B. Hagen). Titulierte Adelige und hochrangige Geistliche sind unter ihrem Vornamen aufgenommen. Alle Personen sind mit dem höchsten Rang verzeichnet, mit dem sie im vorliegenden Werk genannt werden; frühere oder gleichzeitige niedrigere Ränge sowie spätere Rangerhöhungen bleiben unberücksichtigt.

Abkürzungen:

a. d.	an der
b.	bei
Bf.	Bischof
bfl.	bischöflich
Bg.	Bürger
Bgm.	Bürgermeister
Bm.	Bistum
brem.	bremisch
d.Ä.	der Ältere
d.J.	der Jüngere
d.	der, die, das, des
dän.	dän.
dt.	deutsch
Ebf.	Erzbischof
ebfl.	erzbischöflich
Ebm.	Erzbistum
engl.	englisch
FN	Flurname
frz.	französich
fsl.	fürstlich
Fsm.	Fürstentum
Gf.	Graf
Gft.	Grafschaft
Hzg.	Herzog
Hzm.	Herzogtum
Kg.	König
kgl.	königlich
Kgr.	Königreich
Ks.	Kaiser
ksl.	kaiserlich
Ksp.	Kirchspiel
Lic.	Licentiat
Mag.	Magister
N.N.	Name nicht bekannt
ON	Ortsname
Rh.	Ratsherr
s.	siehe
s.a.	siehe auch
schwed.	schwedisch
Wwe.	Witwe
† bei Orten: wüst; bei Personen: verstorben.	

Index der Personen und Orte

A

Achim **A:** 111, 117, 132, 133, 142, 143, 159, 160, 162
— Gericht **A:** 199
Adickes, Johann, Vogt in Padingbüttel u. Mulsum **A:** 93
Adolf, Gf. von Holstein, Kölner Koadjutor **A:** 82
— Hzg. von Holstein **A:** 89
Affeln, Johann von, Amtmann, bfl. Rat **B:** 23, 25, 26, 28, 33, 35, 37, 40, 41, 44, 46, 50, 54, 59, 60
Ahausen, Höfe **B:** 1, 2
— Korn zu **B:** 1Ø, 2
— Pfarrei **B:** 1
Ahlden, Drost in **B:** 68
Ahlden, von, Adelsfamilie **B:** 13

- Christoffer von **B**: 54, 56
- Dietrich von **B**: 31
- Ernst von **B**: 33, 35, 40, 41, 42
- Hilmar (Hilwert) von, Verdener Domherr **B**: 37, 40, 41, 44, 59

Albert II., Hzg. von Braunschweig-Lüneburg, Ebf. von Bremen **A**: 1

Albrecht, Gf. von Mansfeld **A**: 103, 104, 105, 107. – **B**: 8, 72

Aller, Fluß **B**: 48

Alte Mühle FN bei Westen **B**: 48

Alte Aller, Fluß **B**: 48

Altenbruch, Ksp. **A**: 61

Altenwalde **A**: 207
- Gericht **A**: 207
- Kirche **A**: 207
- Kirchhof **A**: 207
- Landwehr zwischen Ritzebüttel und Altenwalde **A**: 207
- Vogt **A**: 207

Altes Land **A**: 1, 30, 82, 96, 101, 134, 138, 174, 192, 193, 196, 200, 217, 249, 273, 281, 282, 288, 303, 308, 326
- Abgeordnete **A**: 276, 297
- Ew. (Altländer) **A**: 220, 230, 266, 287, 291, 308
- Grefen **A**: 73
- Güter **A**: 30
- Schöffen **A**: 73
- Schulten **A**: 73
- Vögte **A**: 202, 242

Altkloster, s. Buxtehude-Altkloster

Altluneburg, Burg **A**: 22
- Burgmannen **A**: 22

Alt-Scharhörn, Nordseeinsel **A**: 207

Amedorf, Äcker und Land **B**: 1, 2

Amelunxen, Hilmer von **A**: 208

Anckeln, Michel von Landschreiber des Landes Kehdingen **A**: 221

Anderlingen **A**: 15

Anton I., Graf von Oldenburg und Delmenhorst **A**: 116

Apen, Herbert von **A**: 69, 73

Arensch, Außendeichsland (Butendick) **A**: 207

Asel, Johann von s. Johann III., von Asel, Bf. von Verden

Assel (?) (Haßelle), Deichgericht zu **A**: 32

Augustinereremiten **A**: 50, 54

Augsburg **A**: 107, 113, 118, 119, 169, 195, 257 – **B**: 24, 33, 47, 61, 62

Aumund, Karsten von **A**: 13
- N.N. von, Wwe. Karstens **A**: 13

Averbergen (Hohen- oder Nedden-) **B**: 1, 26

B

Badenhop, Hermann **A**: 173

Balduin II., von Wenden, Ebf. von Bremen **A**: 5–8, 10–24

Bardenflete, Hauptmann **A**: 208

Barenschiet, Walter, Mag. **A**: 69

Barnefleth, Johann **A**: 150
- Johann **A**: 252, 254

Barsen s. Bersen

Basbeck, Gut **A**: 260

Basdahl **A**: 2, 5, 6, 9, 11, 16, 17, 20–22, 24, 25, 27, 30, 32, 33, 35, 36, 39, 40, 46, 48, 50–52, 54, 67–73, 75–77, 79, 80, 81, 87, 90, 94–97, 100, 104, 108, 109, 113, 114, 121–124, 126, 128–130, 138–140, 144, 147, 149, 150, 152–154, 156, 161, 164–178, 180, 182, 185–188, 191–193, 195–208, 211, 213–215, 217–221, 226–235, 242, 244, 247–249, 251, 254, 258–260, 262, 264–268, 270–272, 274, 276, 279, 281, 282, 284–289, 291–295, 297, 298, 300–321, 323–329
- auf dem Steingraben bei s. Steingraben
- auf der Heide hinter dem Dorf **A**: 190
- Haus des Marten Tweiteman **A**: 223
- Haus des N.N. **A**: 272
- Hof des Johann Bosen **A**: 50, 54

Bassewitz, Joachim (von), Mecklenburgischer Hofrat, Hauptmann in Dobbertin, Erbgesessen zu Livitzow **A**: 260

Bayern, Ernst von, Erzbischof von Köln, Administrator von Münster **B**: 53

Beckeschow, Gut (Lokalisierung?) **A**: 260

Bederkesa **A**: 56
- Amt **A**: 105, 138
- Burg **A**: 32, 96, 101, 138
- Drost **A**: 251

Behr, Adelsfamilie **B**: 13, 26, 46
- Arndt **B**: 23
- Burchart **B**: 35, 50, 51, 54, 55
- Dietrich, Drost d. Hochstifts Verden auf Burg Rotenburg **A**: 138 – **B**: 4, 8, 9, 23, 26
- Johann **B**: 39, 40–42, 49, 50, 54
- Johann d.J., Drost in Ahlden **B**: 68, 77
- Jost (Jobst) **A**: 150, 172, 185, 205 – **B**: 18
- Ulrich **B**: 26, 29, 30, 33

Beke, Hermann von der, Propst d. Klosters Buxtehude-Altkloster **A**: 200, 205, 226, 228, 264, 281, 291 – **B**: 43, 47, 62
- Jodokus (Jobst) von der, Abt d. Klosters

652

St. Marien in Stade **A:** 192, 193, 196, 198–200, 202, 205, 217, 226, 230, 242, 248, 249, 251, 264–268, 270, 272, 274–279, 281, 282, 284–289, 291–295, 297, 298, 300, 304–307
– Jost von der **A:** 173
– Wilhelm von der **B:** 54, 59
Bendingbostel **B:** 26
Benkeloh, Hof **A:** 18A, 18B, 19
Berensch, Außendeichsland (Butendick) **A:** 207
Berge, Borchart von dem **A:** 18A, 18B
Bernefur, Vincenz **A:** 69
Bersen (Barsen), Friedrich von **A:** 222
– N.N. von, Vater d. Friedrich **A:** 222
Bertold, von Landesbergen, Bf. von Verden **B:** 16
Beverlo, FN bei Ottersberg **A:** 18, 19
Beverstedt **A:** 99
Bexhövede, Marten von **A:** 15, 25
– Frau N.N. **A:** 24
Bicker, Anton (Tonnies) **A:** 73
– Arend **A:** 198, 199
– Arnold, Erzabt d. Klosters Harsefeld **A:** 67, 89, 100
– Bastian **A:** 73, 100
– Berendt **A:** 73
– Christoph, **A:** 69, 73
– Christoph, Erzabt d. Klosters Harsefeld **A:** 118, 135, 138, 179
– Johann **A:** 73, 99
– Klaus **A:** 138
– Klaus **A:** 199
– Luder d. Ä. **A:** 69, 73, 75, 76, 109, 112, 120, 135, 150
– Luder **A:** 199, 253
– Luneberg, Verdener Domherr **A:** 268. – **B:** 30, 31, 37, 41, 44, 46, 50
– Peter **A:** 73
Birkenfelder, Georg, Mag., ebfl. Hofrat **A:** 180, 193
Bischof, Michael, zu Manspurg, Kammerherr **A:** 148
Bisterfelt, Bernhard **A:** 173
– N.N., Frau d. Bernhard **A:** 173
Bleck Kamp, FN bei Westen **B:** 48
Blome, Heinrich, Verdener Bgm. **B:** 23, 28
Blumenthal, Burg **A:** 12–14, 32
Bocks, Catharina, Wwe. d. Dietrich von Horn **A:** 173
Bocklo, Wald **A:** 7
Bodecker, Johann, Verdener Bgm. **B:** 35, 44, 46, 47, 50, 52
Bodenhausen, Melchior von **A:** 53, 57
Böhmen, Kg. von s. Rudolf II., Ks.

Bötersen, Hof in **A:** 18, 19
Boissot, Karl, ksl. Rat **A:** 91
Boliche, Heinrich, Verdener Domherr, Sekr. d. Verdener Bf.s, Rat in Rotenburg **B:** 37, 41
Borch, von, Adelsfamilie **A:** 10, 40
– – N.N., Erben der **A:** 240
– Godert von **A:** 10, 20
– Iwen von, Burgmanne zu Horneburg **A:** 30, 40
– Johann von **A:** 10–15, 20
– N.N. von, Ehefrau (Wwe.) d. Iwen **A:** 7, 10, 20, 22
– N.N. von, Kinder des Iwen **A:** 10, 20
– Otto von **A:** 11, 12, 14
Borcholt, Heinrich, Dr., Verdener Kanzler **B:** 29–31, 33, 34, 40
– Johann, Abt d. Klosters St. Marien vor Stade **A:** 22
Bordeslo, Jodokus (Jost), Abt d. Klosters St. Marien in Stade **A:** 89, 100
Bornemann, Cosmas, Dr., Arzt **B:** 68
Bornhorst, Eberhard, Dr., Bremer Rh. **A:** 249, 264–266, 278, 279, 282, 284, 288, 301
Boschen, Nikolaus, Propst d. Klosters Neukloster, Rat d. Bremer Ebf.s **A:** 172, 192, 193, 198–200
Bothmer, von, Adelsfamilie **B:** 34
– Ernst von, Verdener Domherr **B:** 41
– Lippolt von **B:** 36
Bottken, Ulrich, Verdener Bg. **A:** 173
Brabant **A:** 91
Bramstede, Luder, Propst d. Klosters Zeven, Bremer Domherr **A:** 33, 35
Brandenburg, Markgft. **A:** 75, 76
Brandenburg, Joachim Friedrich von s. Joachim Friedrich, von Brandenburg, Ebf. von Magdeburg
Brandt, Daniel, Dr., Hofrat d. Bremer Ebf.s **A:** 217, 226, 228, 230, 234, 242, 243, 248, 249, 251, 264–267, 270, 272, 274, 275, 277, 279, 281, 282, 284, 289, 292, 297, 298
– Johann, Bremer Rh. **A:** 158, 234, 267, 268, 293, 297, 304
Braunschweig, Fsm. **A:** 161. – **B:** 72
– Stadt **A:** 285. – **B:** 51, 72
Braunschweig-Lüneburg, Hzg. von/Hzm. **A:** 10, 36, 39, 54, 57, 63, 65, 67, 68, 73, 89, 90, 103, 116, 132–135, 138, 145, 157, 160, 161, 202, 203, 205, 206, 254, 286, 295. – **B:** 1, 2, 4, 5, 7, 15, 62, 16, 18, 64, 295; s. a. Albert II., Ebf. von Bremen, Christian, Bf. von Minden; Christoph,

653

Ebf. von Bremen, Administrator von Verden; Friedrich, Bremer Dompropst; Georg, Ebf. von Bremen, Administrator von Verden; Otto II., Ebf. von Bremen; Philipp Sigismund, Bf. von Verden
– hzgl. Marschall **B:** 60

Bremen, Dom **A:** 2, 3, 13, 32, 57, 69, 71, 74, 90, 116, 118, 120, 169, 220, 233, 252, 255, 257, 262
– – Altar St. Mauritii, Kommendist **A:** 204
– – Kapellanat **A:** 117
– – Kreuzgang **B:** 4
– Dombaumeister **A:** 209, 214
– Domdekan **A:** 34, 46, 48, 52, 57, 67, 69, 71, 74, 79, 86, 89, 90, 91, 101, 106, 116–118, 120, 137, 158, 167–169, 180, 192, 196, 198–200, 202, 203, 205, 206, 214, 217, 226, 229, 230, 234, 242, 243, 248, 249, 251, 262, 272, 274, 275, 281, 282, 284, 287–289, 292, 293, 295, 297, 300, 301, 303
– Domfreiheit **A:** 32
– Domherr **A:** 18, 34, 54, 57, 69, 90, 91, 101, 107, 113, 117, 118, 128, 132, 133, 172, 180, 200, 202, 215, 220, 242, 251, 254–259, 265, 273, 282, 284, 285, 289, 292, 295, 301, 303–306
– Domkapitel **A:** 1–3, 5–12, 14–24, 27, 30, 31, 34, 46, 48, 50, 52, 54, 57, 61, 67, 71, 73, 74–76, 79, 82, 86–91, 93, 94, 100, 101, 109, 127, 128, 132, 133, 135–137, 145, 147, 150, 154, 158, 161, 163, 166–170, 172, 179, 180, 189, 192, 193, 196, 198–206, 210, 211, 214, 215, 217, 225, 226, 229, 230, 234–236, 239, 240, 241–245, 248, 249, 251, 252, 254–262, 264, 266–268, 270, 272–279, 281, 282, 284 –289, 291–295, 297–299, 303–308, 324, 328. – **B:** 13, 16, 30
– – Hauptmann d. Domkapitels **A:** 158
– – Lizentiat d. Domkapitels **A:** 286, 291, 294
– – Senior d. Domkapitels **A:** 14, 25, 67, 74, 79, 86, 89, 116, 117, 120, 137, 167–169, 198–200, 202, 203, 205, 206, 217, 226, 229, 230, 233, 234, 242, 243, 248, 249, 251, 260, 264, 267, 268, 270, 272, 274, 276, 278, 279, 281, 282, 284, 286, 289, 291, 294, 295, 298, 308
– – Subsenior d. Domkapitels **A:** 196

– – Syndikus d. Domkapitels **A:** 192, 193, 202, 217, 243, 248, 249, 262, 272, 274, 275, 277, 279, 281, 282, 284–288, 292, 293, 295, 297, 298, 301, 304–306, 308
– Domkapitelshaus ‚die Glocke' **A:** 31, 32, 86, 313, 323
– Domkurien **A:** 32, 260, 262
– Dompropst **A:** 46, 48, 61, 69, 91, 101, 158, 167–169, 217, 256, 260, 295
– Domshof **A:** 32
– Domthesaurar **A:** 248
– Ebf./Administrator **A:** 1–25, 31, 32, 34–39, 41, 42, 43, 46–50, 52, 54–61, 64–67, 70–83, 85–98, 100–103, 107, 109, 111–115, 117–125, 127, 128, 129, 131–136, 140, 142–152, 154, 157–163, 165, 166, 170, 171, 174–176, 179, 180–183, 186, 189, 190–192, 196–201, 206, 207, 217–221, 226, 227, 228, 229, 230, 234, 236, 237, 242, 243, 245, 248, 249, 251, 252, 254–260, 262, 263, 264–268, 270, 272–279, 281, 282, 284 –289, 291–295, 297–302, 304–308, 311, 312, 313, 324–326, 328, 329, 331–333. – **B:** 1–21, 23, 62, 68
– ebfl. Amtmann, Beamter **A:** 31, 133, 136, 189, 252, 254, 259–261
– ebfl. Befehlshaber **A:** 189, 255
– ebfl. Diener **A:** 259
– ebfl. Kanzlei **A:** 137, 299, 314; s.a. Bremervörde, Kanzlei
– ebfl. Kanzler **A:** 50, 52, 133, 136, 172, 179, 180, 192, 193, 196, 198, 199, 202, 210, 214, 217, 226, 229–231, 234, 240–243, 247, 249, 252, 254, 258, 260, 261, 264–267, 270, 272, 276, 278, 279, 284, 286–289, 291, 293, 294, 295. – **B:** 90
– ebfl. Landdrost **A:** 32, 50, 52, 67, 133, 189, 192, 193, 196, 198, 199, 202, 210, 217, 242, 248, 249, 251, 252, 254, 258, 260, 261, 264–266, 268, 270, 272, 274–279, 281, 282, 284, 287–289, 291–295, 297, 298, 300, 302, 304–308. – **B:** 75, 76, 78; s.a. Bremervörde, Drost
– ebfl. Marschall **A:** 112
– ebfl. Räte, Hofräte, Kammerräte **A:** 31, 69, 73, 75, 89, 102, 103, 111, 170, 172, 180, 185, 192, 193, 196, 198–200, 208–212, 214, 217, 226, 230, 231, 233, 237, 240–243, 248, 251–254, 258, 260, 261, 264, 273–275, 277,

654

279, 281, 285, 287, 289, 292, 294, 297, 298, 301, 303–308, 329. **B:** 90
- ebfl. Rentmeister s. Bremervörde, Rentmeister
- ebfl. Schreiber **A:** 254
- ebfl. Vizekanzler **A:** 192
- ebfl. Vögte **A:** 133, 136, 189, 252, 254, 260, 261
- Erzbistum **A:** 46, 48, 67, 207, 237
- Erzstift **A:** 3, 5, 12, 21, 31, 43, 48, 54, 56, 57, 64, 67, 71, 74–76, 80, 82, 87–91, 93–98, 100, 101, 104, 105, 107, 111–114, 116–118, 120, 122, 124, 129, 130, 132, 134–140, 144, 150, 153, 154, 158, 160–164, 169, 170, 172, 174, 180, 182, 185, 189, 192, 194, 195, 197, 198, 201, 203, 206–208, 210, 211, 218–221, 223, 226–228, 230, 231, 233, 235–237, 242, 245, 247, 248, 252, 254, 255, 257–262, 273, 278, 281, 284, 286–288, 289, 298, 299, 308, 313, 321, 323, 328–332. – **B:** 4, 8, 10, 16, 18
- – Administrator **A:** 27–29
- – Burgen **A:** 147, 192, 254, 259, 260
- – Frauenklöster **A:** 252
- – Geistliche (ohne Prälaten) **A:** 150, 257, 271, 273, 328
- – Grefen **A:** 252, 261
- – Klostergüter **A:** 326
- – Landräte **A:** 48, 210, 211, 254, 255, 257, 260, 264, 295
- – Marschlande **A:** 47, 48, 135, 179, 180, 186, 187, 189, 213, 267, 273, 281, 282, 287, 303, 324
- – – Abgeordnete der **A:** 244, 275, 286, 291, 293, 294, 297, 298, 310
- – – Richter **A:** 189
- – Pastoren **A:** 207
- – Prälaten **A:** 1, 3, 5–12, 15, 17, 20–25, 27, 31, 34, 46, 48, 50, 52, 54, 57, 67, 71, 73, 75, 76, 87, 89, 91, 93, 100, 102, 118, 120, 135, 137, 150, 163, 169, 170, 189, 196, 198–200, 202, 205, 206, 214, 215, 217, 226, 229, 230, 234, 236, 240–243, 248, 249, 251, 260, 264, 266–268, 270, 272–279, 281, 282, 284–289, 291–295, 297, 298, 301, 303–308, 323
- – Richter **A:** 189
- – Ritterschaft **A:** 1, 2, 5–12, 14–27, 30, 31, 33, 34, 46, 48, 49, 52, 54, 56, 57, 67, 71, 73, 75, 76, 79, 86, 87, 89, 91, 93, 100, 101, 109, 113, 116, 118–120, 132, 135, 137, 150,

163, 172, 174, 179, 180, 186, 189, 192, 196, 198, 200–202, 206, 217, 225, 226, 229, 230, 234, 236, 237, 240–243, 248, 249, 251, 252, 254, 256–260, 262, 264–268, 270–279, 281, 282, 284–289, 291–295, 300–305, 307, 308, 323, 333
- – Ritterschaftspräsident **A:** 186, 198, 254–256, 260, 287, 293, 297, 298, 307
- – Schöffen **A:** 189
- – Schultheiß **A:** 189
- – Städte **A:** 1, 5–12, 14–18, 20–25, 27, 30, 31, 34, 46, 48, 52, 54, 57, 67, 71, 73, 75, 76, 87–89, 91, 93, 100, 132, 135, 137, 150, 160, 163, 189, 193, 196, 198–200, 202–206, 214, 217, 226, 234, 236, 240, 241–243, 248, 249, 251, 254–260, 262, 264–266, 267, 268, 270, 271–279, 281, 285 –289, 291–295, 297, 298, 300–302, 304–308
- Koadjutor **A:** 36, 38, 39, 41, 87–91. – **B:** 72
Bremen, Stadt **A:** 1, 2, 13, 31, 32, 33, 35, 46, 48, 50, 52, 54, 56, 67, 69, 73–76, 79, 84, 85, 88–90, 93, 95–97, 99–103, 105, 106, 109, 111, 113, 115, 118, 120, 122–125, 129, 132, 133, 135, 136, 137, 150–152, 154–159, 163, 167, 168, 170, 173, 176, 180, 189, 192, 193, 196, 198–200, 202, 205, 214, 226, 230, 234, 235, 242, 243, 245, 248, 251, 252, 254, 256–260, 264–267, 268, 274, 275, 277, 278, 281, 282, 284–289, 291–294, 297, 298, 300–308, 313, 322. – **B:** 4, 8, 15
- Älterleute **A:** 57
- Bg., Bewohner, Einwohner **A:** 54, 71, 72, 102, 103, 120, 158, 222, 260
- Bgm. **A:** 2, 12, 14, 15, 18, 19, 50, 52, 57, 67, 71, 73, 74, 79, 86, 106, 109, 115, 118, 120, 122–125, 129, 156, 158, 167, 168, 180, 192, 193, 196, 198–200, 205, 208, 217, 226, 234, 242, 243, 248, 252, 260, 264, 267, 270, 284–286, 288, 291, 300, 302, 307
- Kaufleute **B:** 62
- Kirchgeschworene **A:** 47
- Kloster St. Johannis (Franziskaner) **A:** 54
- Kloster St. Katharinen (Dominikaner), Prior **A:** 54
- Kloster St. Paul vor **A:** 46, 48, 54, 57, 74, 89, 116, 120, 252, 328

– – Abt **A**: 46, 48, 54, 57, 89, 100, 116, 120
– Rat, Rh. **A**: 12–14, 18, 19, 35, 54, 57, 67, 71, 73–75, 79, 86, 103, 106, 115, 118, 120, 122–125, 127, 129, 135, 158, 167, 168, 172, 180, 192, 193, 196, 198–200, 205, 215, 217, 226, 230, 242, 249, 254, 255, 257, 260, 264, 265, 267, 270, 274, 276–279, 281, 282, 284–288, 291–293, 295, 297, 301, 304–308, 326
– Richteherr **A**: 268
– Sekretär **A**: 252, 307
– Subsyndikus **A**: 242, 264
– Syndikus **A**: 180, 192, 193, 196, 198–200, 217, 226, 230, 242, 267, 268, 270, 272, 274–279, 281, 282, 284, 286, 292–295, 301, 304–306, 308. – **B**: 37
– Stift St. Ansgarii **A**: 54, 58, 113, 328
– – Kanoniker **A**: 54, 58
– – Propst 113, 118, 200, 202
– – Vikarien **A**: 54, 58
– Stift SS. Stephani et Willehadi **A**: 54, 58, 328
– – Kanoniker **A**: 54, 58
– – Vikarien **A**: 58
Bremen, Johann von **A**: 93
Bremer, Adolf, Bremer Domherr, Propst d. Klöster Zeven u. Lilienthal **A**: 215, 287, 292, 301–304, 306, 307
– Aleff **A**: 73
– Benedikt **A**: 150, 173, 192
– Bertholt **A**: 69
– Burchard **A**: 253
– Christoph **A**: 150
– Detlef **A**: 69
– Detlef **A**: 225
– Friedrich, Bremer Domdekan, Propst d. Klosters Osterholz **A**: 52, 57, 69
– Johann **A**: 253
– Jürgen (Georg) **A**: 46
– Margrete **A**: 173
– Marie, Wwe. d. Ortgies Hermeling **A**: 211
– Wulff **A**: 18
Bremervörde **A**: 6, 8, 12, 32, 35, 37, 54, 61, 67, 74, 75, 76, 80, 105, 105, 116, 118, 122, 124, 129, 135–137, 143, 160, 165, 166, 171, 181, 183, 184, 189, 215, 237, 243, 245, 254, 255, 260, 261, 275, 277, 297, 319, 327, 330. – **B**: 4, 90
– Amtmann **A**: 11, 18, 19, 201
– Bürger **A**: 116, 222

– Burg **A**: 10, 107, 113, 116, 118, 126–128, 132, 133, 138, 160, 170, 172, 186, 189, 190, 194, 195, 217, 236, 244, 249, 259, 272, 273, 294, 301, 302, 326. – **B**: 75
– – neues Tor **A**: 172
– – Gewölbe **A**: 172
– – großer Saal **A**: 263
– Drost **A**: 140, 201, s. a. Bremen, ebfl. Landdrost
– Gericht **A**: 133
– Kanzlei **A**: 75, 76, 163, 210, 215, 218, 231, 233, 237–239, 241, 255; s. a. Bremen, ebfl. Kanzlei
– Kirche **A**: 326
– Rentmeister **A**: 79, 133, 136, 252, 254, 260, 261, 303
Brencken, Alert von **B**: 23
Brettorf, Höfe in **A**: 18
Brobergen, Gericht **A**: 215
Brobergen, von, Adelsfamilie **A**: 202
– Anton (Tonnies) von **A**: 252
– Godert von **A**: 69
– Gotthart von **A**: 202, 215, 252, 253, 257, 258,
– Gotthart von, ebfl. Hofrat **A**: 306, 307
– Heinrich von **A**: 173, 235
– Hennecke von **A**: 73
– Hennecke von, zu Basbeck, brem. Ritterschaftspräsident **A**: 198, 212, 214, 224, 234, 251, 252, 254, 255, 258, 260, 275, 293, 307
– Hermann von **A**: 73, 116, 150, 173
– Johann d. Ä. von **A**: 212
– Veit **A**: 198
Broke (Bruche), Klaus vom **A**: 253
– Michael vom **A**: 173
Broker, Hertich, Stader Bg. **A**: 40
Brüning, Rolf **A**: 222
– NN., aus Bremen, Mutter Rolfs **A**: 222
Brüssel **A**: 91
Brummer, Christoph, als Erzabt d. Klosters Harsefeld bez. **A**: 304–306, 308
– Johann **A**: 173
– Klaus d.Ä. **A**: 173
– Klaus **A**: 252
– Luneberg, Erzabt d. Klosters Harsefeld **A**: 192, 193, 199, 200, 202, 205, 214, 226, 229, 230, 242, 243, 248, 249, 264, 266–268, 270, 272, 274–277, 279, 281, 282, 284, 287–289, 291–293, 295, 298, 301–306, 308
– Marquard **A**: 252
– Markus **A**: 252
– N.N., Brüder **A**: 173

Brummerhoves, Peter, Soltauer Bg. **B:** 4
Brundiderkes, Johann, Bremer Bgm. **A:** 12
Bruns, Johann, Abt d. Klosters St. Marien in Stade **A:** 135
Bücken, Stift, Propst **A:** 18, 52
Bülkau **A:** 73
Bülkauer, die **A:** 20
Bülsdorf **A:** 117, 132
Bülstedt, Hof in **A:** 18, 19
Büren, Stadt Bremen **A:** 117, 132
Büren, Daniel von d. Ä., Bremer Bgm. **A:** 50, 52, 54
– Daniel von d. J., Bremer Bgm. **A:** 158, 199, 200, 208
Buhrbrink, FN in Klein-Sehlingen, Amtmann auf dem **B:** 26
Burg, Stadt Bremen **A:** 71, 99
Burgund, Hzg. von **A:** 262
Butjadingen **A:** 215
Buxtehude, Stadt **A:** 1–3, 31–33, 46, 48, 54, 56, 66, 73, 95, 100, 101, 111, 158, 163, 170, 180, 192, 193, 196, 198–200, 202, 205, 207, 217, 226, 230, 234, 242, 243, 245, 248, 249, 251, 252, 254, 256, 257, 259, 260, 264–268, 272, 274–279, 281, 282, 284–289, 291–295, 297, 298, 300–308, 311, 322, 323.
  – Bgm. **A:** 2, 50, 52, 56, 57, 66, 67, 71, 73, 89, 95, 118, 120, 180, 234, 242, 243, 248, 249, 251, 264, 266, 268, 272, 274, 275, 277, 278, 281, 285–288, 291–294, 305–308
  – Kirchgeschworene **A:** 57
  – Mühlenhof in **A:** 38
  – Rat, Rh. **A:** 57, 66, 67, 73, 89, 95, 100, 118, 120, 127, 135, 192, 193, 215, 248, 249, 251, 265–267, 272, 276, 287, 289, 291, 293, 294, 297, 298, 301, 304, 305, 307, 308, 326
  – Sekretär **A:** 180, 192, 193, 242, 264, 267, 274, 276, 279, 281, 284, 286, 289, 292, 295, 297, 298, 300–302, 304, 306
  – Syndikus **A:** 217
Buxtehude-Altkloster, Kloster **A:** 48, 57, 65, 67, 73, 75, 76, 136, 138, 191, 199, 205, 226, 254, 264, 281, 291, 328
  – Konvent **A:** 75, 76
  – Priorin **A:** 138
  – Propst **A:** 48, 75, 76, 200, 205, 226, 228, 264, 281, 291
Bysscup, Michael, Kammerherr **A:** 148

C; s. a. K

Cadenberge **A:** 117
Cadenberge, Meinert zum **A:** 173
Calvin, Johannes, Reformator **B:** 29
Campe, Ew. in **B:** 2
Cappel, Vogt in **A:** 93
Cappelen, Heinrich von, Amtmann in Neuhaus **A:** 215
Celle **B:** 15
Christian II., dän. Kg. **A:** 54
Christian III., dän. Kg. **A:** 87–91, 97
Christian IV., dän. Kg. **A:** 260, 262, 308, 322. – **B:** 72, 75, 77, 78
Christian, Hzg. von Braunschweig-Lüneburg, Bf. von Minden **B:** 68
Christoph, Hzg. von Braunschweig-Lüneburg(-Wolfenbüttel), Ebf. von Bremen, Administrator von Verden **A:** 41, 42, 46–50, 52, 54–61, 64–67, 70–83, 85–98, 100, 101, 103, 107, 109, 111–125, 127–129, 131–136, 140, 142–145, 150, 154, 158, 161, 236, 237, 252, 289. – **B:** 1–13, 16, 34
Clüver, Adelsfamilie **A:** 18, 202. – **B:** 13, 34
– Alverich d. Ä. **A:** 73, 89
– Alverich **A:** 71, 73, 86
– Alverich, zu Cluvenhagen **A:** 73
– Alverich **A:** 253
– Alverich, Verdener Domherr **B:** 77
– Anna, Ehefrau d. Hermann vom Horn **A:** 173
– Beke, Wwe. d. Klaus Hermeling **A:** 173
– Borchard **A:** 73, 113, 118, 120, 135, 150, 158. – **B:** 18, 25, 28
– Borchard **A:** 220, 224, 253. – **B:** 35, 44, 46, 47, 50, 52–55, 59
– Borchard, Bremer Domherr **A:** 306
– Christoph **A:** 73
– Ciliarus **A:** 253
– Dietrich **A:** 73, 138
– Dietrich **A:** 73
– Dietrich, zu Embsen **A:** 150
– Gebhard, Verdener Domherr **B:** 31, 33, 37, 40–42, 44, 46, 50, 51, 61
– Gise **A:** 10, 15
– Gise, Drost in Hagen **A:** 50, 56, 89, 113, 118, 120
– Heinrich d. Ä., Sohn Gisos **A:** 50, 56, 57, 67, 73, 75, 76, 89, 113, 118, 120, 173. – **B:** 13
– Heinrich d. J. **A:** 150, 173. – **B:** 13, 16, 18, 23

- Heinrich **A:** 252. – **B:** 40, 41, 42, 46, 47, 58
- Johann, Ritter **A:** 1, 2
- Johann **A:** 73, 173, 179
- Johann, Gogrefe **A:** 208, 209, 214, 222, 224, 253
- Klaus **A:** 73
- Klaus **A:** 238
- Konrad **B:** 13
- Luder, brem. Ritterschaftspräsident **A:** 179, 198, 216, 224, 253. – **B:** 25, 29
- N.N., Erben Heinrichs d. Ä. **A:** 173
- N.N., Kinder Heinrichs d. J. **A:** 173
- Pelleke, Ehefrau Gisos **A:** 10, 15–17
- Segebade, Bremer Dompropst, Propst in Wildeshausen **A:** 41, 56, 69, 117, 132
- Segebade, zu Wellen **A:** 198, 214, 252, 254, 257, 258, 260, 268, 275, 277, 285, 289
- Ulrich **A:** 33
- Vinzenz **A:** 73
- Wilken, Verdener Domherr **B:** 35

Cluvenhagen **A:** 73
Corlhake s. Hermeling
Corpern, Georg, Sekretär **A:** 87, 89
Cramm, Borchard von **A:** 128
Crampen, Franz, bfl. Rat **B:** 50
Cruningen, Josse von, ksl. Obrist **A:** 95
C°urten, Hans **B:** 28
C°urten, N.N., Erben d. Hans **B:** 28

D

Dänemark **A:** 54, 87–91, 97, 172, 260, 262, 322. – **B:** 72, 75, 77, 78; s. a. Friedrich, von Dänemark, Bremer Koadjutor; Friedrich, von Dänemark, Ebf. von Bremen (Friedrich III.), Bf. von Verden (Friedrich II.)
- Gesandte **A:** 260, 262, 322,
- Kg. von, kgl. **A:** 87–91, 97, 229, 260, 262, 308, 322. – **B:** 23, 72, 75, 77, 78
- Reichsräte **A:** 260, 262,
- Statthalter **B:** 23

Dalmatien, Kg. von s. Rudolf II., Ks.
Damwisch, FN **B:** 1
Daniel **A:** 15
Dassel, Ludeke von, Lüneburger Bgm. **B:** 1, 2
Daverden **A:** 116–120, 125, 132, 136, 151, 155, 157, 160
Daverden, Heinrich, Verdener Domcustos **B:** 1, 2
Debstedt **A:** 215
- Börde **A:** 208

Decken, von der, Adelsfamilie **A:** 109, 202
- Heinrich von der, Bruder Thomas' **A:** 87, 89–91, 93, 116
- Heinrich von der, Stader Bgm. **A:** 217
- Hermann von der **A:** 210
- Joachim von der **A:** 268
- Johann von der **A:** 116
- Klaus von der, Stader Bgm. **A:** 52, 56, 71, 150
- Klaus d. J. von der **A:** 210, 252, 303
- N.N. von der, Ehefrau Joachims **A:** 268
- Peter von der **A:** 192, 221, 252, 254
- Thomas von der **A:** 89, 93, 100, 116, 133, 135, 150
- Volrad von der **A:** 202, 234, 249, 251. – **B:** 68

Deich, Jacob, Dr., Verdener Kanzler **B:** 50, 54, 68
Deichende, ON, Ew. **A:** 116
Delmenhorst, Burg 132, 133, 136
- Gf. von **A:** 89, 90, 118, 260, 313. – **B:** 72, 75, 77, 78; s. a. Nikolaus, Ebf. von Bremen; Oldenburg
- Herrschaft **A:** 132, 133

Denen, Reinwerd, Bremer Bgm. **A:** 1
Desebruch, Caspar, Schiffer **A:** 202
Deutsche Nation **A:** 71
Deutschland (*Germanien*), Kg. von, s. Rudolf II., Ks.
Diepholz, Gf. von s. Johann, Gf. von Diepholz
Diepholz, Rudolf von, Sekretär d. Stadt Verden **B:** 29, 35, 41, 44, 46, 50, 53–55, 59
Dinerdes, Tidtke **A:** 15
Dincklage, Heinrich von **B:** 4
- Hermann von **A:** 69

Dithmarschen, Hzg. von **A:** 172, 218, 254, 259, 260, 313. – **B:** 72, 75, 77, 78
Dobbertin, Hauptmann zu **A:** 260
Dörverden **B:** 48
- Ew. **B:** 40
- Gericht zu **B:** 1, 2, 48
- Lohof, Meier **B:** 64
- Vogtei zu **B:** 40
- Marsch, Weg in der **B:** 36

Döringerloh, Johann **A:** 69
Dortmund **A:** 68, 69
Dorum **A:** 92, 93
- Vogt zu **A:** 93

Drewes, Augustin **A:** 173
- Jacob **A:** 173
- Johann **A:** 225

– Melchior **A:** 224, 240
– Otto **A:** 100
Dreeßel, Hof in **B:** 1, 2
Droste, Heidenreich, ebfl. Hofrat **A:** 196
Ducker, Heinrich, Buxtehuder Rh. **A:** 95
Dudenrath, Heinrich, Erzabt d. Klosters Harsefeld **A:** 46, 48, 50, 52, 57
Düring, Arp von, Bremer Landdrost **A:** 202, 210, 214, 217
– Dietrich von **A:** 198, 214, 215
– Gise von **A:** 73
– Johann von **A:** 73, 89, 137
– Otto von **A:** 40
– Otto von, Bremer Domdekan, Propst d. Klosters Lilienthal **A:** 192, 193, 196, 198–200, 202, 205, 206, 214, 217, 228–230, 234, 242, 243, 247–249, 251, 262,
Dyckhoff, Hartken **B:** 1

E

Ebbensick, FN bei Ottersberg **A:** 18, 19
Ebeling **B:** 46
Eberhard, von Holle, Bf. von Verden u. Lübeck, Abt d. Klosters St. Michaelis in Lüneburg **B:** 22–24, 26–29, 31–34, 36, 38, 40, 62
Ebner, Erasmus, Kriegskomissar in Franken **A:** 135
Eckleff, Henning von, ebfl. Rentmeister in Bremervörde **A:** 79
Edebaus, Johann, Vogt in Wremen **A:** 93
Eggeling, Gedeon, Dr. iur. utr., ebfl. Kanzler **A:** 179, 180
Eimker, Gottschalk, Verdener Domherr, Rentmeister in Rotenburg **B:** 44, 46, 58
Eißel, Gut **B:** 13, 72
Eitze, Gut **B:** 26
Eitze, Ew. **B:** 26
– Hof in **B:** 38
– Mühle in **B:** 1, 2
– Schmalzehnt u. Immenzehnt **B:** 26
– Zehnt **B:** 26
Eitzen, Christoph von **A:** 119
– Christoph von, Stader Bgm **A:** 180
– Marcus (von) **A:** 93
Elbe, Fluß **A:** 67, 87, 101, 116, 132, 145, 172, 189, 191, 254, 308, 313, 321
Elen, Eberhard von, ebfl. Sekretär **A:** 31
Elm, Meier in **A:** 15
Elmlohe (Elme), Burg **A:** 32
Elmendorp, Dietrich, Verdener Domherr **B:** 4.
Elze, Rotger von **A:** 18

Elver, Heinrich, Rentmeister in Rotenburg **B:** 33, 64
– N.N., Erben Heinrichs **B:** 64
Embsen, Gut **A:** 150
Engeo **A:** 117
Engern **A:** 57, 116
Engländer **A:** 226
Eppen, Klaus von, Hauptmann **A:** 158.
– **B:** 16
Erfurt, Heinrich von **B:** 40
Erich II., Hzg. von Braunschweig-Lüneburg(-Calenberg) **A:** 145
Erikes, Ede, Vogt in Spieka **A:** 93
Ernst, Hzg. von Braunschweig-Lüneburg **A:** 295
Ernst, von Bayern, Ebf. von Köln **B:** 53
Ernst, Pfalzgf. bei Rhein, Hzg. von Ober- u. Niederbayern, Ebf. von Salzburg, päpstl. Legat **B:** 5, 7
Esich, Eler, Bremer Rh. **A:** 205
– Johann, Bremer Rh. **A:** 217
Esens, Balthasar von, Junker **A:** 86
Estorff, Karsten von **A:** 173
– Margarethe, Wwe. Karstens **A:** 173
– N.N., Kinder Margarethes u. Karstens **A:** 173
Everinghausen, Hof in **A:** 18

F

Fahlt (*Faelte*), Wiese, FN **B:** 48
Ferdinand I., Ks. **B:** 13, 16
Ferdinand II., Ks. **A:** 324, 325. – **B:** 78
Ferdinand, von Bayern, Ebf. von Köln **B:** 73
Fetting, N.N., Meier **B:** 40
Fischebeck, Johannes, Notar **B:** 18
Fischer, Heinrich, Landsknecht **B:** 30
Fockrelle, Johann, Buxtehuder Bgm. **A:** 180, 192, 193, 217, 243, 248, 249, 251, 264–266, 268, 272, 274, 275, 277, 278, 281, 285, 287, 288, 291, 293, 294, 305–308
Forster, N.N., Dr., Advokat am Reichskammergericht **A:** 208
Fränkischer Reichskreis **B:** 61
Franken **A:** 134
Franken, Paul, Baumeister **B:** 40
Frankfurt am Main **A:** 174, 189
Frankreich, frz. **A:** 95, 100, 154, 205
Franz I., Hzg. von Sachsen-Lauenburg (Sachsen, Engern und Westfalen) **A:** 116, 118, 145, 170
– Franz II., Hzg. von Sachsen-Lauenburg (Sachsen, Engern und Westfalen) **A:** 170, 201

659

Franz-Otto, Hzg. von Braunschweig-Lüneburg **A:** 138
Franz Wilhelm, von Wartenberg, Bf. von Verden **B:** 73, 74
Frese, Dietrich, Bremer Domdekan, Propst d. Klosters Zeven u. d. Stifts Bücken **A:** 52, 57, 69, 94, 117
 – Dietrich, Verdener Domdekan **B:** 30, 35, 37, 39–41, 44, 46, 50, 59
 – Jobst, Landdrost, ebfl. Rat **A:** 192, 193, 196, 198, 199
 – Johann, Bremer Bgm. **A:** 12, 14, 18, 19
 – Otrabe **A:** 158
 – N.N., Frau **B:** 23, 27, 34
Fresenweide, FN **B:** 1, 2
Freiburg (Elbe), Kirchhof **A:** 210
Friedrich I., dän. Kg. **A:** 89, 90
Friedrich III., von Wied, Bf. von Münster **A:** 56
Friedrich, Hzg. von Braunschweig-Lüneburg, Bremer Dompropst **A:** 295
Friedrich, von Dänemark, Bremer u. Verdener Koadjutor **A:** 87–91
Friedrich, von Dänemark, Ebf. von Bremen (Friedrich III.), Bf. von Verden (Friedrich II.) **A:** 322, 328, 329, 331–333. – **B:** 72, 75–78, 82, 85
Frondeck, Minsinger von, Dr. **B:** 26

G

Gail, Andreas, Jurist **A:** 254
Galen, Dietrich von, Bremer Dompropst **A:** 179, 217
 – Jodokus (Jost), Bremer Domthesaurar, Propst d. Klosters Zeven **A:** 199, 200, 214, 242, 243, 248, 249, 251, 264–266, 267, 277, 279
Gallas, Matthias, ksl. General **A:** 329
Geldern, fsl. Räte in **A:** 69
Geldern, Hzg. von **A:** 76
Generalstaaten s. Niederlande
Georg, Hzg. von Braunschweig-Lüneburg, Ebf. von Bremen, Bf. von Verden u. Minden **A:** 52, 146–152, 154, 157–163, 165, 166, 169, 255. – **B:** 13–21, 23, 30, 31, 33, 62, 64
Georg Ludwig, Landgf. von Leuchtenberg **B:** 55
Gerdeß, Aleke **A:** 15
Gerhard III., Gf. von Hoya, Ebf. von Bremen **A:** 25
Gerkenhof, ON **B:** 26
Giehle ON **A:** 25
Giehlermühlen ON **A:** 50, 56

Giseken, Heinrich, ebfl. Bediensteter **A:** 9
Glasau, Gut **A:** 189
Glinstedt **A:** 18, 19
Gödelmann, Johann, Dr., Prokurator **B:** 39, 52
Götzen, Johann von, Graf, ksl. Generalfeldmarschall **B:** 78
Gogreve, Berendt **A:** 215
Goslar, Stadt **A:** 63
 – Rat **B:** 1, 2
Goten, Kg. der **A:** 87–91, 97, 260, 262, 322. – **B:** 72, 75, 77, 78
Gotischer Krieg **B:** 23
Graben bei Ottersberg **A:** 18, 19
Grape, Albert **B:** 4
Grasshoff, Heinrich, Rentmeister in Rotenburg **B:** 35, 42
Gregersson, Karl, schwed. Oberkommissar **A:** 331
Grimmeke, Augustin **A:** 11, 12
 – Bertold **A:** 12
 – Matthias, Abt d. Klosters Harsefeld **A:** 30
Grinden, ON **A:** 117, 132
Gröning, Bremer Familie **A:** 25
 – Detmar **A:** 12, 24
 – Hermann **A:** 54
 – Johann **A:** 54
 – Johann, Bremer Rh. **A:** 242, 248
Gröning, N.N. von, Baumeister **B:** 38
Gröpelingen, Heinrich von **A:** 22
 – Hermann (von), Bremer Rh. **A:** 12
Groninger Land (Niederlande) **A:** 56
Großenwörden, Ew. **A:** 215
Grote, zu Stillhorn, Adelsfamilie **B:** 13
 – Heinrich, Dr., Verdener Vizekanzler **B:** 78, 82
 – Jacob **B:** 25
 – Johann, zu Stillhorn, Obrist **B:** 75, 76
 – Margrete, Wwe. d. Heinrich d. J. Clüver **A:** 173
 – N.N., Sohn d. Jacob **B:** 25
 – Otto **B:** 35
 – Thomas, **B:** 15
 – Ulrich **A:** 57
Gruben, Anna, Wwe. d. Michael vom Broke (Bruche) **A:** 173
 – Johann **A:** 173
 – Klaus **A:** 173
 – Otto **A:** 173
Guden, Magnus, ebfl. Hofrat **A:** 198

H

Hackelborn, Albert **A:** 225, 252, 254
Hadeln, Land **A:** 1, 56, 57, 61, 207

– Propst von **A:** 1, 3, 200
– Schöffen **A:** 170
Hadeln, Otto von **A:** 173
Hagel, Klaus **A:** 173
Hagemann, Johann, Stader Bgm. **A:** 242, 243, 248, 249, 251, 264–268, 272, 274–278, 285, 287–289, 291–293, 295, 297, 300–304
Hagen (b. Achim) **A:** 117, 132
Hagen (im Bremischen) **A:** 262
– Burg, Amtmann **A:** 74, 208
– Drost zu **A:** 50
– Gericht zu **A:** 32
Hagen, Gut (Lokalisierung?) **A:** 260
Hagen, Jacob von, Stader Bgm. **A:** 1, 12
– Johann von **A:** 38
Hake, Jürgen, Dekan d. Stifts Überwasser in Münster **A:** 69
Halberstadt **A:** 140
— Dompropst s. Philipp Sigismund von Braunschweig-Lüneburg, Bf. von Verden, Halberstädter Dompropst
— Koadjutor s. Friedrich, von Dänemark, Ebf. von Bremen u. Bf. von Verden
Halle, Johann von, Dr., Verdener Kanzler **B:** 23, 27, 29
Halvesborstel **A:** 15
Hamburg **A:** 10, 13, 52, 54, 56, 88, 96, 97, 101, 116, 132, 133, 172, 191–194, 196, 198, 202, 254, 287, 291. – **B:** 78
– Dom **A:** 89
– Domkapitel **A:** 89
– Stadt, Rat **A:** 207
Hammah **A:** 268
Hammenstede, Georg (Jürgen), ebfl. Befehlshaber zu Stotel **A:** 215, 255
Hamming, Erich, Kanoniker d. Stifts St. Stephani et Willehadi in Bremen **A:** 54
Hansmann, Heinrich, Bremer Rh. **A:** 276, 281, 288, 289, 291, 293
Hanne, David, Bremer Rh. **A:** 287
Harburg, Burg **A:** 132, 136
Harder, Steffen, ebfl. Rat **A:** 95, 102
Harsefeld, Kloster **A:** 18, 22, 30, 46, 48, 50, 52, 57, 67, 73, 89, 100, 116, 118, 135, 138, 179, 192, 193, 199, 200, 202, 205, 214, 226, 229, 230, 234, 242, 243, 248, 249, 264, 266–268, 270, 272, 274–277, 279, 281, 282, 284, 287, 288, 289, 291–293, 295, 298, 301–306, 308, 326, 328
– Erzabt **A:** 18, 22, 30, 46, 48, 50, 52, 57, 67, 73, 89, 100, 118, 135, 138, 179, 192, 193, 199, 200, 202, 205, 214, 226, 229, 230, 234, 242, 243, 248, 249, 264, 266–268, 270, 272, 274–277, 279, 281, 282, 284, 287, 288, 289, 291–293, 295, 298, 301–306, 308, 328
– Konvent **A:** 30
Hartmann, Dietrich **B:** 30
Haselbusch, Dietrich Dekan d. Stifts St. Andreas in Verden **B:** 37
Haseldorf (Holstein) **A:** 321
Haßelle s. Assel
Hastedt, Hof in **A:** 18, 19
Haucke, Heinrich, Bremer Bgm. **A:** 300, 302
Havemann, Christian, Stader Rh. **A:** 305
– Eilert, Bremer Bgm. **A:** 180
– Franz, aus Bremen **A:** 272
Hechthausen, Ew. **A:** 215
Hegersholm (Lokalisierung?) **A:** 260
Heidedörfer, fünf **A:** 207
Heidenbruch, FN bei Ottersberg **A:** 18, 19
Heiliges Römisches Reich (Deutscher Nation) **A:** 71, 74, 88, 91, 93, 101, 113, 118, 119, 133, 135, 145, 147, 154, 172, 174–176, 184, 187–189, 192, 195, 197, 223, 228, 230, 234, 235, 242, 244, 249, 252, 257, 264, 266, 271–276, 284, 287–289, 291, 293, 294, 298, 320, 324. – **B:** 4, 13, 14, 16, 18, 23, 27, 29–33, 38–40, 47, 48, 51–53, 55, 56, 61, 62
– Erzkanzler **B:** 33
– Fürsten **A:** 71, 88, 113, 255, 257
– Grafen **A:** 113
– Kg., Ks., ksl. 71, 73–76, 82, 88, 90, 91, 94, 96, 97, 100–103, 107, 109, 113, 116, 118, 163, 213, 217, 226, 229, 237, 252, 256–258, 262. – **B:** 25, 33, 34, 38, 39, 47, 53, 64, 78
– ksl. General **A:** 322, 329
– ksl. Generalquartiermeister **A:** 329
– ksl. Gubernator **A:** 97, 101
– ksl. Hof **B:** 43, 62
– ksl. Kommissare **A:** 82, 94–97, 101, 107, 132, 166, 191, 254, 258
– ksl. Kriegskommissare **A:** 135
– ksl. Kriegsräte **A:** 97, 101
– ksl. Obristen **A:** 97, 99, 101 324, 325
– Kurfürsten **A:** 71, 113, 135, 255, 257
– Reichspfennigmeister **A:** 172, 192. – **B:** 55
– Reichsstände **A:** 88, 255
Heimbruch, Heino von **A:** 79
– Heinrich von **A:** 16
– Luder von **A:** 10
– Martin von, Bremer Bgm. **A:** 52, 56
Heinrich, Gf. von Schwarzburg, Bf. von

Münster (Heinrich III.), Administrator von Bremen (Heinrich II.) **A:** 27–29, 31, 32
Heinrich III., Hzg. von Sachsen-Lauenburg (Sachsen, Engern und Westfalen), Ebf. von Bremen **A:** 170, 171, 174–176, 179, 181, 183, 186, 189, 190, 192, 196–201, 206, 252, 254–257, 259
Heinrich d. Ä., Hzg. von Braunschweig-Lüneburg(-Wolfenbüttel) **A:** 36, 39
Heinrich d. J., Hzg. von Braunschweig-Lüneburg(-Wolfenbüttel) **A:** 54, 57, 63, 65, 67, 68, 73, 103, 133, 134, 135, 145, 157, 160, 161, 254. – **B:** 1, 2, 5, 7, 15
Heinrich N.N. **A:** 15
Heinrich der Schreiber **A:** 1
Heinrich Julius, Hzg. von Braunschweig-Lüneburg **A:** 286. – **B:** 62
Heins, Wald **B:** 1, 2, 26
  – Hof **B:** 2
Heitberg, FN **A:** 18
Heitmann, Ebeling **B:** 42, 44, 51
Heitmöller, Heinrich, Zöllner, ebf. Rat **A:** 87, 95, 102, 103
Helle, Lippold (von der) **A:** 12, 14, 15, 18
Hellingstede, Johann, Propst d. Stifts Bükken **A:** 18
Hemeling, Klaus, Verdener Domherr **B:** 4
Hemming, Friedrich, Lic. iur., Syndikus d. Verdener Domkapitels **B:** 35, 37, 39–41, 44, 46, 50, 62
Hennecke **A:** 73
Hennecke, Heinrich, Bremer Bgm. **A:** 291
Henrichs, Lüder, Vogt zu Midlum **A:** 93
Hermeling, Beke, Wwe. d. Klaus **B:** 173
  – Heinrich Corlhake **A:** 252, 258
  – Klaus, ebfl. Sekretär **A:** 87, 173. – **B:** 1, 2
  – Klaus **A:** 211
  – N.N., Wwe. d. Ortgies **A:** 211
  – Ortgies **A:** 211
Herzog Bernds Graben, bei Ottersberg **A:** 18, 19
Hessen, Landgf. von **A:** 89, 90
Hiddinghausen **B:** 48
  – Hiddinghäuser Kamp, FN **B:** 48
  – Hofstelle **B:** 48
Hildesheim, Bf. von **A:** 88
  – Bg. **B:** 1, 2
  – Hochstift **A:** 88
  – N.N., vornehme Frau **B:** 68
Himmelpforten, Kloster **A:** 48, 133, 328
  – Klosterjungfer **A:** 173
  – Konvent **A:** 133
  – Marschleute **A:** 75, 76
  – Meier **A:** 75, 76
  – Propst, Propstei **A:** 48, 133, 200, 202
Hinck, Joachim, Dr. iur., Bremer Domdekan **A:** 107, 113, 158, 167, 168, 180
Hipstedt, Höfe in **A:** 18
Hipstedt, Christoph, Notar **A:** 207
Höpen, Wald **B:** 48
Höpken, Nikolaus, Dr. iur., Syndikus d. Verdener Domkapitels **B:** 76
Hoers, Erich, Notar u. Sekretär d. Stadt Bremen **A:** 252
Hoevetgraben, Gewässer **A:** 207
Hohe Lieht, FN **A:** 207
Hohnhorst, Adelsfamilie **B:** 13
  – Harneit von **A:** 116
  – Johann von **A:** 18.
  – Johann von, zu Veerse **B:** 15, 18, 25, 26, 29, 30, 33–35, 38–41, 44, 46, 47, 52, 68, 71, 72
  – Philipp von **B:** 13
Holle, von, Adelsfamilie **B:** 36, 39
  – Eberhard von s. Eberhard, von Holle, Bf. von Verden u. Lübeck
  – Johann von, Drost **B:** 34, 36, 38, 40
  – Johann d. J. von **B:** 64, 68
  – N.N., Erben Johanns d. J. **B:** 68
  – Jonatas von **B:** 38
  – Otto Eberhard (Evert), Verdener Domherr **B:** 40, 59
  – Otto Ernst, Verdener Domherr **B:** 41
  – Sander von **A:** 40
Holstein, holsteinisch **A:** 82. – **B:** 76
  – Gesandte aus **A:** 260, 262
  – Hzg. von **A:** 87–91, 97, 205, 226, 260, 262, 322. – **B:** 72, 75, 77, 78; s. a. Friedrich, Ebf. von Bremen, Bf. von Verden; Johann Adolf, Ebf. von Bremen, Bf. von Lübeck; Johann Friedrich, Ebf. von Bremen
  – Räte **A:** 259
  – Ritterschaft **A:** 88
Holtzerne Höhe FN **A:** 207
Honstedt, von, Adelsfamilie **B:** 13
  – Arndt von **B:** 51
  – Curdt von **B:** 50
  – Dietrich von **B:** 29, 46, 47
  – N.N. von **B:** 44
Hopfensteiner (Hoffensteiner), Stefan, Landdrost **A:** 52, 57, 245, 246, 285, 287, 288
  – N.N., Erben Stefans **A:** 245, 246, 285, 287, 288
Horn, Dietrich vom **A:** 173
  – Hermann d. Ä. vom **A:** 135, 150, 173

- Hermann d. J. vom, ebfl. Rat u. Marschall **A:** 73, 93, 95, 112
- Johann vom, zu Wulmstorf **A:** 231, 241, 252, 258
- Johann d. J. vom **A:** 252, 258
- Klaus d. Ä. **A:** 73
- Klaus d. J. vom **A:** 73, 75, 76, 89
- Konrad vom **A:** 41, 43, 44, 47, 51, 70, 71
- Lorenz vom **A:** 252, 254
- N.N. vom, Wwe. **A:** 303, 304
- Otto vom **A:** 73

Horneburg, Burg **A:** 22, 40, 56, 96, 260,
- Burgmannen **A:** 10, 22, 30
- Vorburg **A:** 40

Hove, Erp vom **B:** 40, 42
- Cord vom **B:** 39
- Heinrich vom **B:** 23
- N.N. vom, Erben Cords **B:** 39

Hoya, Gf. von **A:** 10, 132, 133, 136, 138, 203, 208. – **B:** 16; s. a. Gerhard III., von Hoya, Ebf. von Bremen
- Gft. **A:** 138. – **B:** 8, 48

Hoyen, Liborius von der, Buxtehuder Bgm. **A:** 52, 56
- Marquard von der, Bremer Rh. **A:** 18
- Marquard von der, Stader Rh. **A:** 12, 18
- Wilken von der, Verdener Bgm. **B:** 25

Hoyer, Dietrich (Dirck) **A:** 56
- Dietrich, Bremer Rh. **A:** 302
- Erich, Dr., Bremer Bgm. **A:** 234, 248

Hoykuff, Ernst von, Rotenburger Drost **B:** 58

Hude, Burg s. Ritterhude, Burg
Hude, von der, Adelsfamilie **A:** 27, 202
- Alverich von der **A:** 118, 173
- Arend von der **A:** 73
- Arend von der **A:** 220, 228, 233, 234, 252
- Cord von der **A:** 73
- Elard von der, Verdener Domherr **B:** 28, 29, 33, 56, 61
- Gevert von der **A:** 12, 14
- Gevert von der **A:** 173
- Heinrich von der **A:** 22
- Jost von der **A:** 73
- Jürgen von der **A:** 73
- Jürgen von der **A:** 73
- Martin von der **A:** 73
- N.N. von der, Kinder Alverichs **A:** 173
- N.N. von der, Wwe. Heinrichs **A:** 22
- N.N. von der, Wwe. Segebades **A:** 228
- Otto von der **A:** 57, 61, 73
- Otto von der **A:** 73, 86
- Otto von der, Bremer Domherr, Propst d. Stifts St. Ansgarii in Bremen u. d. Klosters Himmelpforten **A:** 180, 192, 193, 196, 199, 200, 202
- Segebade von der **A:** 67, 69, 73, 75, 76, 89, 99, 120, 135, 150, 173, 175
- Segebade von der, Bremer Domherr, Propst d. Stifts St. Ansgarii in Bremen **A:** 87, 90, 91, 97, 113, 118, 132, 150
- Segebade von der **A:** 215, 228
- Werner von der **A:** 32, 34, 46, 50, 71, 73

Huginge, † **A:** 18
Hundenberg (Hodenberg?), Christoph von **B:** 25
Hurleke, Johann, Verdener Bgm. **B:** 44, 50
Hußmann, Heinrich, Dr., Bremer Rh. **A:** 278, 303, 305, 306

I

Imhoff, Hof **B:** 48
Imsum **A:** 93
- Vogt zu **A:** 93

Inschede, Hof in **A:** 214
Issendorff, von, Adelsfamilie **A:** 7, 8, 10, 12, 15, 18
- Christoffer von **A:** 150, 172, 198
- Clement von **A:** 251
- Heinrich von, Bremer Domherr **A:** 305, 306
- Hermann von **A:** 12, 14, 17–20, 23
- Hermann von **A:** 73,
- Hermann von **A:** 251, 252, 254, 275
- Johann von **A:** 252
- Klaus von **A:** 10–12, 14
- Klaus von **A:** 73
- Minrich von **A:** 12, 14

Itzehoe **A:** 87, 89

J

Joachim Friedrich, von Brandenburg, Ebf. von Magdeburg **A:** 174, 215
Johann, Gf. von Diepholz **A:** 82
Johann, Hzg. von Holstein **A:** 89
Johann III., von Asel, Bf. von Verden **B:** 2
Johann, Rode, Ebf. von Bremen **A:** 34–39, 42, 154
Johann, (Waltrami?), Verdener Weihbf., Titularbf. von Melos (?) **A:** 18
Johann Adolf, Hzg. von Schleswig-Holstein, Ebf. von Bremen, Bf. von Lübeck **A:** 207, 217–221, 226–230, 233, 234,

663

236, 237, 242, 244, 248, 249, 252, 254, 256, 257, 262, 273
Johann Friedrich, Hzg. von Schleswig-Holstein, Ebf. von Bremen **A**: 259, 260, 263, 264–268, 270, 272, 273, 276, 278, 279, 281, 282, 284, 286–289, 291, 295, 297–299, 311, 312, 314, 324–326. – **B**: 68
Johann Wilhelm, Hzg. von Jülich und Kleve **A**: 304
Johansen, Friedrich **A**: 138
Jülich und Kleve, Herzog von **A**: 304. – **B**: 11
Julius, Hzg. von Braunschweig-Lüneburg **A**: 202, 203, 205, 206
Junge, Heinrich (auch gen. Heinrich Wildeshusen), Abt d. Klosters St. Paul vor Bremen **A**: 46, 48, 54, 57

K; s. a. C

Kaden, Michael von, Dr., Bevollmächtigter beim Reichskammergericht **A**: 140
Kadewisch, FN **A**: 117, 132
Kärnten, Hzg. von **A**: 262
Kaiser, ksl. **A**: 71, 82, 88, 90, 91, 94, 96, 98, 100, 101, 102, 107, 109, 111, 113, 116, 118, 120, 128, 135, 174, 179, 189, 217, 226, 228, 254, 255, 257, 259, 260, 262, 272, 298, 303, 311, 324, 325. – **B**: 13, 16, 30, 51–53, 55–57, 62, 78
Kalebünde, FN, Zehnt **B**: 1, 2
Karl V., Ks. **A**: 82, 88, 90, 91, 94, 96, 98, 100, 101, 102, 107, 109, 113, 116, 118, 120, 128, 135, 189, 298. – **B**: 4, 7, 8
Karnehem, Sweder von, Mag., Propst zu Zütphen, fsl. Geldrischer Rat **A**: 69
Katt, Adelsfamilie **A**: 69
– Segebade **A**: 252
Kavel, Curd, Buxtehuder Bgm. **A**: 1
Kehdingbruch, FN **A**: 117, 132,
Kehdingen **A**: 1, 82, 96, 101, 150, 174, 189, 273, 281, 282, 288, 303
– Adel in **A**: 307
– Bewohner **A**: 215, 291
– Grefe **A**: 73, 189, 221
– Hauptleute **A**: 189
– Landschreiber **A**: 221
– Schöffen **A**: 73
– Schulten **A**: 73
Keller, Marcus (Marx), ebfl. Rat, Vizekanzler **A**: 171, 180, 192, 193, 199
Kenckel, Cord, Bremer Bg. **A**: 158
– Detmar, Bremer Bgm. **A**: 156
– Johann, Verdener Rh. **B**: 26, 27, 28
Kenenmoor, FN **B**: 48

Kerkhove, Daniel von dem, Stader Bgm. **A**: 1
Kettenburg, Burg **B**: 1
Kettenburg, von der, Adelsfamilie **B**: 13
– Christoph von der **B**: 25, 33, 35, 38–42, 44, 46, 47, 50, 54, 59, 61, 62, 65
– Christoph Dietrich von der **B**: 77
– Johann von der **B**: 1, 2, 4, 16, 18
Kiel **B**: 77
Kirchwalsede **B**: 31
Kirchwerder, Elbinsel (Stadt Hamburg), Zehnt **B**: 18
Klein Sehlingen **B**: 26; s. a. Sehlingen
Klencke, Arendt **A**: 252
– Benedikt **A**: 73
– Cord **A**: 150, 172, 198
– Johann **A**: 53, 57, 73
– Konrad, Bremer Domdekan **A**: 34, 48
– Ludolf **A**: 52
– Wilken **A**: 52, 53
– Wilken, Verdener Domherr **B**: 26, 35, 37, 38, 41, 44, 46, 50, 52, 59
Kleve s. Jülich
Knipensen, Tide von **A**: 94
Koblenz **B**: 61
Koch (Kock), Heinrich **B**: 58
– Johann, Bremer Rh., Drost zu Bederkesa **A**: 230, 242, 248, 251, 270, 286, 294, 295
– Kaspar, Dr., Bremer Kanzler **A**: 202, 205, 210, 214, 226, 229–231, 242, 243, 247, 249, 251, 264, 266, 267, 270, 272, 274–278, 284–289, 291–295, 300, 301, 303, 305–308
– Klaus **A**: 10
– Tim., Sekretär d. Stadt Bremen **A**: 307
Köln **A**: 119, 213, 293. – **B**: 23, 28, 61
– Ebf. **B**: 53, 73
– Koadjutor **A**: 82
Königsmarck, Hans Christoffer von, schwed. General **A**: 330, 331
Koning, Kilian, Dr. **A**: 54
Korff, Joachim **A**: 69, 135
– Jürgen **A**: 235
– Melchior **A**: 69, 100
Korn, Michel **A**: 173
– Erben Michels **A**: 173
Kortsche, die, **B**: 33
– N.N., Kinder der **B**: 33
Kranenberg, Joachim, Dr., Verdener Domherr **B**: 35, 37, 40, 41
Kreffting, Heinrich, Dr., Bremer Rh. **A**: 243, 248, 249, 251, 264–266, 268, 272, 274, 276, 277, 279, 284, 287–289, 292, 295, 297, 300, 302, 307

Kreyen (Kregen), Henneke, Gogrefe **A:** 18
Kroatien, Kg. von s. Rudolf II., Ks.
Kroch, Luder **A:** 12
Krudener, Johann **A:** 173
Krüger, Johann, Buxtehuder Bgm. **A:** 173
– Nikolaus, Mag., Buxtehuder Bgm. **A:** 192, 193, 234, 242, 292, 303
Krumme Grafschaft **B:** 33, 34, 40
Krummer, Veit, Mag., Bremer Kanzler **A:** 94, 98, 102. – **B:** 13
Kruse, Wolter **B:** 23
Kuchenschreiber, Engelbert **A:** 215
Kuhla, Beke von der, Klosterjungfer in Himmelpforten **A:** 173
– Benedikt von der **A:** 198, 253
– Detlef von der **A:** 11, 12, 14, 17
– Detlef von der **A:** 138, 150
– Heinrich von der **A:** 15
– Heinrich von der **A:** 73
– Jost von der **A:** 253
– Klaus von der **A:** 89, 93, 118, 120, 135, 173
– Luder von der **A:** 69
Kuhmühlen, Gut **B:** 75
Kuhstedt **A:** 99

L

Lakemann, Gerd, Stader Rh. **A:** 292
– Jacob, Stader Bgm. **A:** 192, 193, 198
Lamstedt **A:** 202
– Börde **A:** 215
Landesbergen, Bertold von s. Bertold, Bf. von Verden
– Bertold, Verdener Domherr **B:** 1, 2
Lange, Andreas, Notar, ebfl. Amtmann in Ottersberg, ebfl. Rentmeister in Bremervörde **A:** 262, 276, 279, 303
– Johannes, Notar **B:** 57
– Reiner, Sekretär d. Stadt Stade **A:** 242, 243, 264, 276, 278, 289, 291, 293, 298, 305–308
Langen, Engelbert von **A:** 138
Langwedel, Burg **A:** 3, 4, 32, 33, 65, 67, 74, 101, 134, 160, 326
– Amtmann **A:** 32
– Burgmannen **A:** 33
Lattemann, Johann **B:** 1
Laves, Arnd, Bremer Rh. **A:** 192, 193, 200, 226
Lehe, ON **A:** 208, 215
Lehe, von, Familie **A:** 74
Lehrden **B:** 26
Leipzig **A:** 173
Lelius, Lorenz, Dr., Bremer Hofrat **A:** 229, 230, 234, 242, 243, 248, 249, 264–266, 281, 284–287, 292, 294, 295, 297, 298, 300–308
Lembke, Leffrentz **A:** 173
Leuchtenberg, Landgf. von **B:** 55
Levitzow, Gut (Lokalisierung?) **A:** 260
Lieth, Arendt von der **A:** 93
– Bartold von der **A:** 73, 138
– Christoph von der **A:** 252
– Dietrich (Dirick) von der **A:** 73
– Dietrich von der **A:** 215
– Eberhard von der, Kommendist am Altar St. Mauritius im Bremer Dom **A:** 204
– Eberhard von der, Verdener Dh. **B:** 77
– Everd von der **A:** 150, 173, 198
– Franz von der **A:** 73
– Franz von der **A:** 185
– Gotthart (Gordt) von der, Verdener Dh. **B:** 30, 31, 35, 37, 40, 42
– Heinrich von der **A:** 7, 10–12, 14, 15, 18
– Johann von der **A:** 73
– Johann von der **A:** 173
– Jost von der **A:** 73
– Luder von der **A:** 18, 19
– Luder von der **A:** 52, 56
– Luder von der, zu Ochtenhausen **A:** 215, 252, 254, 260, 275, 277
– Martin von der **A:** 7, 12, 14, 25
– Melchior von der **A:** 46
– Otto von der **A:** 73
– Wilken von der **A:** 7, 12, 14–17, 25
Lilienthal, Kloster **A:** 18, 19, 48, 228, 304, 328
– Äbtissin **A:** 18, 19, 228
– Propst **A:** 48, 228, 304
Lippe, Graf zu **A:** 304.– **B:** 11, 56
Lohmeyer, Woldeck, Meier in Dörverden **B:** 64
Ludolf (Zuname unbekannt), Propst d. Klosters Neukloster **A:** 48
Lübeck, Bf. **A:** 218, 219, 233, 260; s.a. Eberhard, Bf. von Verden u. Lübeck; Johann Adolf, Ebf. von Bremen, Bf. von Lübeck
– Domdekan **A:** 260
– Hochstift **A:** 218, 219, 233, 260
– Stadt **A:** 52, 54, 56, 140, 285
– – Rat **A:** 285
Lüders, Alberich Sibe, Vogt zu Cappel **A:** 93
– Nocke Ebe, Vogt zu Dorum **A:** 93
Lüdingworth, Ksp.
Lühe, Freigericht zur **A:** 30

665

Lüneburg, Fürstentum **B**: 8, 16, 18, 27, 81
– Hzg. von/Hzm. s. Braunschweig-Lüneburg, Hzg. von/Hzm.
– Kloster St. Michaelis, Abt, s. Eberhard von Holle, Bf. von Verden u. Lüneburg, Abt d. Klosters St. Michaelis in Lüneburg
– – Prior **B**: 30
– Saline, Güter d. Verdener Domkapitels **B**: 39, 40
– Stadt **A**: 36, 39, 52, 54, 56, 88, 297.
– **B**: 39, 40, 42, 51
– – Rat **A**: 56
– – Bgm. **B**: 1, 2
– Verdener Bischofshof **B**: 38
Lütcken, Wulf **A**: 198
Lütke Strucklohe, FN **A**: 207
Lützow, Joachim **A**: 154
Luhne, Hof in **A**: 18
Luneberg, Burg s. Altluneberg, Burg
Luneberg, Arp (Erpe) von, Bremer Domkantor **A**: 1
– Arp von **A**: 22
– Balthasar von **A**: 73
– Balthasar von **A**: 150
– Christoph von **A**: 73
– Daniel von **A**: 15
– Heineke von **A**: 222, 252
– Jasper von **A**: 73
– Johann von **A**: 15
– Melchior von **A**: 73, 100
– Wilken von **A**: 10, 12, 15–17, 22, 23
Lutkemüller, Bauer **B**: 26

M

Magdeburg, Ebf. von **A**: 174, 215
– Erzstift **A**: 172
Magnus, Hzg. von Sachsen-Lauenburg (Sachsen, Engern und Westfalen) **A**: 54, 57, 75, 76
Mainz, Ebf. **B**: 33
Maltzan, Dietrich von, zu Ulrichshausen u. Hagen, meklenburgischer Landrat **A**: 260
Mandelsloh, von, Adelsfamilie **B**: 13
– Andreas von, Verdener Domdekan, Chronist **B**: 8, 23, 25, 28, 30, 31
– Anton von **B**: 1, 2
– Asmus von **A**: 224, 253
– Christoph von, Generalquartiermeister d. ksl. Truppen **A**: 329
– Cord von **B**: 1, 2
– Dietrich von, Verdener Domdekan **B**: 2, 4
– Dietrich von, Verdener Domscholaster **B**: 4
– Dietrich von, Befehlshaber der Ritterschaft im Hochstift Verden **B**: 4, 23
– Dietrich von **A**: 253
– Ernst von, zu Eißel, Drost zu Rotenburg **B**: 59, 65, 68–72
– Friedrich von **A**: 303
– Gebhard von **B**: 44
– Georg (Jürgen) von, Verdener Domherr **B**: 26, 29–31, 35, 41, 44
– Harbort von **A**: 199, 231, 241. – **B**: 25, 35, 40, 41, 46, 47, 49
– Hermann von **A**: 10
– Michael von, Verdener Domkantor, Bremer Domherr **A**: 79. – **B**: 1, 2, 4
– N.N., von, Wwe. Dietrichs **B**: 23
– N.N. von, Wwe., zu Holzbaden und Eißel **B**: 13
Mander auf Persberg zu Hegersholm, dän. Reichsrat **A**: 260
Mansfeld (Sachsen-Anhalt) **A**: 104
Mansfeld, Gf. von **A**: 103, 104, 105, 107, 130. – **B**: 8, 72
Manspurg, Gut (Lokalisierung?) **A**: 148
Marschalck, Adelsfamilie **A**: 12, 202
– Balduin **A**: 30
– Balthasar **A**: 30
– Balthasar Franz **A**: 253
– Franz **A**: 73, 89, 109, 116, 118, 120
– Franz, Bremer Domdekan und Propst **A**: 205, 264– 268, 272, 274–276, 281, 282, 284, 288, 289, 292, 293, 295, 297, 300, 301, 303
– Franz **A**: 219, 234, 256
– Georg d. Ä. **A**: 253
– Georg d. J. **A**: 253, 268
– Johann **A**: 69, 73, 75, 76, 78, 100, 116
– Johann **A**: 73
– Johann, Bremer Landdrost **A**: 248, 249, 251, 253, 265, 266, 268, 270, 274–278, 282, 284, 288, 289, 291–295, 297, 298, 300, 302–308
– Levin, Gesandter d. dän. Kg.s **A**: 322
– Margarete, Wwe. d. Klaus von der Kuhla **A**: 173
– Mauritius, Knappe **A**: 1
– Mauritius, Propst d. Stifts Ramesloh **A**: 18
– N.N. d. J. **A**: 12
– Segebade **A**: 18
– Segebade **A**: 135, 138, 150
– Segebade **A**: 212

Marßel, Tibbe von, Äbtissin d. Klosters Lilienthal **A:** 228
Martt, Julius, Dr. **A:** 174
Marten, Hilmer **A:** 51
Maximilian II., Ks. **A:** 174
Mecklenburg, Gesandte aus **A:** 260, 262
- Hzg. von **A:** 262
- Hofrat **A:** 260
- Landrat **A:** 260
- Rat **A:** 262
Medem, Christoph von der, Stader Rh. **A:** 242
- Martin von der, Stader Bgm. **A:** 56
- Mar[tin?] von der, Sekretär d. Stadt Stade **A:** 300, 301
Meier, Heinrich **A:** 119
- Heinrich, Kommendist am Altar St. Mauritius im Bremer Dom **A:** 204
- Heinrich, Sekretär u. Syndikus d. Stadt Stade **A:** 230, 234, 248, 249, 251, 265–268, 272, 274, 281, 284–286, 288
- N.N., Obrist **A:** 87
- Rippe, Bauer **B:** 48
Melos (?) (Millen), Titularbf. von **A:** 18
Mensing, N.N., Lic. **B:** 73
Metkendals Lehde FN, **A:** 207
Metz **A:** 154
Michaelis, Heinrich, Stader Rh. **A:** 192, 193
Midlum, Vogt zu **A:** 93
Minden **B:** 61
- Bf. von **B:** 68; s.a. Georg, Ebf. von Bremen, Bf. von Verden u. Minden
- Domdekan **B:** 30
- Domkapitel **B:** 30
- Hochstift **B:** 4
Misselwarden, Vogt zu **A:** 93
Mittelsand, Weserinsel **A:** 74
Mittelsten Heck, FN **B:** 48
Möller, Johann **A:** 109
Moisburg, Burg **A:** 132, 136
Moisburg, Borchart von **A:** 10, 11, 12
Mölen, Bernd von der, Wildeshäuser Bgm. **A:** 1
Möller, Marcus, Buxtehuder Rh. **A:** 217, 248
Moritz, Hzg. von Sachsen-Lauenburg (Sachsen, Engern und Westfalen) **B:** 49
Moskau **B:** 28, 47
Münchhausen, von, Adelsfamilie **B:** 36
- Anton von **A:** 64, 133
- Dietrich von, ebfl. Rat **A:** 94
- Ebert von **A:** 116
- Jobst von **A:** 57
- Johann von, ebfl. Rat **A:** 93–95, 102, 103, 109, 116
Münster **B:** 61
- Bf. von **A:** 27–29, 32, 56, 132, 133. – **B:** 53
- Bm. **A:** 136
- Hochstift **A:** 208. – **B:** 4
- Stadt **A:** 208
- – Stift Überwasser, Dekan **A:** 69
Mundemann, Andreas, Propst d. Klosters Zeven **A:** 94
Mulmshorn, Gut/Hof in **B:** 64, 68
Mulsum **A:** 159, 160

N

Nagel, Adelsfamilie **A:** 25
- Eggert **B:** 31, 33
- Giseke **A:** 15, 25
- N.N. **A:** 15
- Willeke **A:** 25
Narthauen, Hof in **A:** 18, 19
Nartum, Höfe in **A:** 18, 19
Nernstedter Deich b. Sachsendingen **A:** 93
Neuenkirchen (b. Visselhövede), Ksp. **B:** 77
Neuenwalde, Befehlshaber zu **A:** 207
- Kloster **A:** 207, 328
- – Vogt **A:** 207
- – Klostermeier **A:** 207
- – Verwalter **A:** 207
Neuhaus (Elbe) **A:** 214
- Amt **A:** 93, 173, 175, 215, 289
- Amtmann **A:** 117, 215
- Burg **A:** 107, 113, 116–118
Neukloster (b. Buxtehude), Kloster **A:** 48, 135, 172, 192, 193, 200, 328
- Propst, Propstei **A:** 48, 135, 172, 192, 193, 200
Niederländisch-Westfälischer Reichskreis **A:** 69, 73, 195, 242, 293. – **B:** 11, 15, 16, 20, 23, 25, 28, 31, 33, 34, 45, 48, 52, 53, 55, 56, 60, 61, 62, 64, 78
Niederlande, niederländisch **A:** 254. – **B:** 53
Niedersächsischer Reichskreis **A:** 140, 143, 145, 172, 175, 179, 185, 186, 189, 191, 194, 202, 205, 213, 215, 229, 230, 232, 242, 249, 260, 264, 265, 269, 273, 277, 278, 284–286, 291, 292, 294, 298, 306, 316, 317. – **B:** 61, 72
- Oberst **A:** 205, 229, 277
Niger, Hermann, Dr., Verdener Kanzler **B:** 40, 41, 43, 44, 46, 47, 50, 51
Niemann, Klaus **A:** 15
Nikolaus, Graf von Delmenhorst, Ebf. von Bremen **A:** 4, 12

Nindorf, Mühle in **A:** 212
Nindorf, Basilius von **A:** 173
- Moritz von **A:** 100, 118, 120, 135, 150
N.N, Hzg. von Holstein, Oberst d. Niedersächsischen Reichskreises **A:** 205
N.N., Bauer d. Harbort von Mandelsloh **B:** 40
N.N., Knecht d. Dietrich von Zahrensen **B:** 40
N.N., Kötner d. Harbort von Mandelsloh **B:** 40
N.N., Magd d. Dietrich von Zahrensen **B:** 40
N.N., Meier d. Christoffer von Ahlden **B:** 56
N.N., Meier d. Harbort von Mandelsloh **B:** 40
N.N., Oberst d. Niedersächsischen Reichskreises **A:** 229
N.N., Stiefkinder d. Hermann Scheppenstede **B:** 1
N.N., Vormünder der Kinder d. Karsten von Estorff **A:** 173
N.N., Vormünder d. Kinder d. Hermann d. Ä. vom Horn **A:** 173
N.N., Vormünder d. Wwe. d. Joachim von der Decken **A:** 268
N.N., Vormund d. Wwe. d. Segebade von der Hude **A:** 228
Nordsee **A:** 207
Norwegen, Erbe von **A:** 89, 90, 218, 219, 233, 246, 254, 259, 260, 273, 313. – **B:** 72, 75–77
- Kg. von **A:** 88–90, 260. – **B:** 72, 75, 77, 78

O

Obernburger, Johannes, ksl. Rat **A:** 91
Oberndorf, Meier in **A:** 291
Ober- u. Niederbayern, Hzg. in s. Ernst, Pfalzgf. bei Rhein
Oberrheinischer Reichskreis **B:** 61, 195
Ochtenhausen, Gut **A:** 15, 260
- Hof **B:** 2
Oekerbeck, Fluß **A:** 207
Oerel **A:** 10, 92
- Börde **A:** 215
- Heide bei **A:** 179, 180, 278
- Kirche **A:** 278
Österreich, Erzherzog zu **A:** 262
Oiste, Hof in **B:** 40, 42
Oldenburg, Gf. von **A:** 133
Oldenburg und Delmenhorst, Gf. von **A:** 89, 90, 116, 118, 218, 254, 259, 260, 313. – **B:** 72, 75, 77, 78
- Gft. **A:** 192
Oldendorf, Ew. **A:** 215
Oligart (Olgart/Olgarten), Dietrich, bfl. Rat **B:** 13
- Johann, Lic., Stader Rh. **A:** 291, 297, 300, 304, 306–308
Oppeln (Kehdingen) **A:** 117, 132
Ortenbeck, Fluß **A:** 207
Orwede, Lüder **A:** 116
- N.N., adelige Ehefrau Lüders **A:** 116
Osnabrück **B:** 65, 68
- Bf. **A:** 189; s. a. Philipp-Sigismund, Bf. von Verden u. Osnbrück
- Hochstift **A:** 189 **B:** 45, 65
Osten, Ksp. **A:** 1, 150, 215
Osterholz **A:** 99
- Kloster **A:** 27, 48, 69, 75, 89, 100, 116, 135, 200, 202, 205, 233, 275, 278, 308, 328
- – Propst, Propstei **A:** 27, 48, 69, 75, 89, 100, 116, 135, 200, 202, 205, 233, 275, 278, 308
Ostermann, Martin **B:** 1, 2
Osterstade **A:** 1, 12, 101, 150
Osting, Dietrich, Stader Bgm. **A:** 52
Otersen, Dorf/Dorfschaft **B:** 31, 48
- Fohlenzehnten **B:** 31
Otten, Dietrich **A:** 138
Otterndorf, Burg **A:** 76, 170
Ottersberg, Amt **A:** 287
- Amtmann **B:** 32, 71, 303
- Burg **A:** 10, 18, 19, 32, 33, 133, 151, 152, 155–159, 326
- Drost **A:** 158
- Fischer **A:** 18, 19
- Gericht **A:** 18, 19
- Go **A:** 18
- Jäger **A:** 18, 19
- Vogt, Vogtei **A:** 18, 19, 158
Otterstedt, Hof **A:** 18, 19
Otterstedt, Alverich, Schreiber **B:** 42, 51
Otterstedt, Gotthart von **A:** 18
Otto II., Hzg. von Braunschweig-Lüneburg, Ebf. von Bremen **A:** 1–3
Otto I., Hzg. von Braunschweig-Lüneburg (-Harburg) **A:** 116
Otto V., Gf. von Hoya **A:** 10
Ovenck s. Quenck
Oxenstierna, Johan, schwed. Reichsrat **A:** 331

P

Paderborn, Bf. **A:** 189
Padingbüttel, Vogt zu **A:** 93
Pahlen, Markus **A:** 210, 221
Panning, Franz, Verdener Rh. **B:** 35, 39, 52, 54
Pape, Johann, Stader Bgm. **A:** 95
Papst, päpstlich **A:** 71, 88, 101, 136, 163, 254, 262. – **B:** 4, 22
– päpstl. Legat **B:** 5
Parma **A:** 213
Persberg zu Hegersholm, Gut (Lokalisierung?) **A:** 260
Pentz, Achim **A:** 107, 116, 132, 133
Persau, Tese von **B:** 64
Peterswerder, Weserinsel (Stadt Bremen) **A:** 117, 132
Pfalz-Neuburg, Hzm. **B:** 55
Pfeffer, Andreas, Dr. Advokat **A:** 303
Philipp, Hzg. von Holstein(-Gottorf) **A:** 226
Philipp Sigismund, von Braunschweig-Lüneburg, Bf. von Verden **B:** 36–38, 40–43, 45, 47–50, 52, 53, 55–57, 61, 62, 64, 65, 68, 71, 72, 77
Pinneberg **A:** 145
– Drost zu **A:** 146
Pintzier, Ludwig, Dr., Lübecker Domdekan **A:** 226, 260
Plage, Johannes, Notar **B:** 4
Plate, Ditmar, Stader Bgm. **A:** 95
– Johann **A:** 89
– Johann, Stader Bgm. **A:** 230, 248, 249, 251, 279, 287, 289, 292, 293, 295, 300–302
– Johann, Adliger **A:** 252
– Johann, Grefe d. Landes Kehdingen **A:** 221
– Marquard **A:** 17
Platen, von, Adelsfamilie **A:** 265
Pogewisch (Podewisch/Powisch), Mette, Wwe. d. Iwen von Borch **A:** 40
– Siegfried **B:** 72
– Wulf, Ritter **A:** 89
Prag **A:** 228, 291, 294, 307
Puttemann, Gert, Bremer Rh. **A:** 199

Q

Quelkorn **A:** 18, 19
Quenck (Ovenck?), Dietrich **A:** 32
Quenkeler, Johannes **A:** 65
Quiter, Ander[..] **A:** 268
– Arend **A:** 100
– Johann **A:** 150
– Johann **A:** 253

R

Radeleves, Jakob, Buxtehuder Bgm. **A:** 95
– Markus, Buxtehuder Bgm. **A:** 243, 249, 287, 288, 291, 293
– Peter, Buxtehuder Bgm. **A:** 50, 71
Rademacher, Johannes, Notar **B:** 65
Ramell, Heinrich, zu Beckeschow, dän. Reichsrat **A:** 260
Ramelsloh, Stift, Propst **A:** 18, 19
Rammelsberg (bei Goslar) **B:** 2
Ramminger, N.N., Dr., Erben des **A:** 208, 213
Rantzau, Breda **A:** 89
– Heinrich, kgl. dän. Statthalter **B:** 23, 31
– Johann, Ritter, Hofmeister **A:** 87, 89, 90
– Josias, Obrist **B:** 75–78
– Schacke **A:** 89
Rape, Johann, Kanzler **A:** 50, 52
Rauch, Wigand **B:** 1
Raugenbusch, FN **A:** 207
Ravensburg, Jürgen von, Landdrost **A:** 67
Reddinge, Bergwerk b. Goslar **B:** 2
Regensburg **A:** 82, 187–189, 273. – **B:** 5, 7, 28, 47, 51, 52, 53, 55, 78
Reichardt, Johann, ebfl. Bediensteter **A:** 75, 76
Reich, Moritz **A:** 215
Reimershausen, von, Adelsfamilie **A:** 16
– Bernhard von **A:** 251
Reinach, Melchior von, ksl. Obrist **A:** 324, 325
Reinking, Dietrich, Dr., Kanzler **B:** 75, 77
Rengenstorf, Meier **B:** 26
Rethem (?) (Raden) **B:** 32
Rhade, Kirche St. Johannis **A:** 18
Rheden, Caspar (von), bfl. Rat **B:** 54, 59, 60
Rhein, Fluß **B:** 61
Rhein, Pfalzgf. bei s. Ernst, Pfalzgf. bei Rhein, Ebf. von Salzburg
Rheinischer Reichskreis **B:** 61, 195
Rickleff, Henning, Amtmann **B:** 13
Ringstedt, Börde **A:** 56
– Meier in der **A:** 56
Ritterhude, Burg **A:** 22
– Burgmannen **A:** 22
Ritzenbergen, Acker u. Land **B:** 1
Ritzebüttel, Amt, Amtmann **A:** 207
– Burg **A:** 207
– Landwehr zwischen Ritzebüttel u. Altenwalde **A:** 207

669

Robbensand, Sandbank vor Cuxhaven **A:** 207
Rode, Gerhard, Abt d. Klosters St. Marien in Stade **A:** 48
– Johann, Kurialer **A:** 117. – **B:** 8, 9
– Johann, zu Bederkesa **A:** 56
– Johann s. Johann, Rode, Ebf. von Bremen
Roder, Hans, Soltauer Bg. **B:** 4
Rönne, von, Adelsfamilie **A:** 20
– Christoph von **A:** 173
– Cord von **A:** 21
– Detlef von **A:** 225
– Dietrich von **A:** 22
– Gerd von **A:** 150
Rosebruch, Wiese bei **A:** 138
Rostock, Herr zu s. Ulrich, Hzg. von Mecklenburg
Rotberg **B:** 11
Rotenburg (Wümme) **A:** 18, 19, 80, 81, 95. – **B:** 30, 32, 34, 62, 75, 77, 85–87, 89–91
– Amt **A:** 288. – **B:** 1, 23, 33, 42, 71, 75, 78
– Amtleute, Beamte **B:** 1, 58
– Befehlshaber **B:** 16
– Brücke **A:** 18
– Burg **A:** 138. – **B:** 1–3, 8–10, 12, 16, 27, 29–31, 33, 34, 36, 38, 40, 42, 43, 45, 47, 64, 71, 72, 75, 78, 79
– – Gebäude, Räume **B:** 16, 27, 29, 31, 33, 38, 40, 42, 49, 88
– – Kapelle **B:** 29
– – Wassergraben **B:** 29
– Drost **B:** 1, 2, 8, 9, 16, 23, 29, 34, 58, 68–70, 72, 77, 78
– Garnison **B:** 75–77
– Hauptmann **B:** 16
– Kanzlei **B:** 80
– Korporal **B:** 71, 72
– Meier **B:** 36
– Neue Brücke **A:** 18, 19
– Räte **B:** 37
– Rentmeister **B:** 23, 25, 33, 42, 58
– Soldaten **B:** 71, 72
– Wachtmeister **B:** 71
Rothan, Tobias von, Braunschweiger Ew. **B:** 51
Rudolf II., Ks. **A:** 217, 226, 228, 254, 255, 257, 259, 260, 262, 272, 291, 294, 303, 307, 311. – **B:** 30, 51–53, 55–57, 62
Runge, Marquart, Abt d. Klosters St. Marien vor Stade **A:** 22

S; s. a Z

Sachsen **A:** 57, 89, 90, 116. – **B:** 78
Sachsen-Lauenburg (Sachsen, Engern und Westfalen), Hzg. von **A:** 49, 56, 57, 75, 76, 99, 116, 118, 145, 170, 201; s. a. Heinrich III., Ebf. von Bremen
Sachsendingen **A:** 93, 116
– Ew. **A:** 116
Salomon, Heinrich, Bremer Rh. **A:** 198, 230
Salvius, Johann Adler, schwed. Rat **A:** 326
Saltza, Heinrich von, Drost in Bremervörde **A:** 140
Salzburg, Ebf. von s. Ernst, Pfalzgf. bei Rhein, Ebf. von Salzburg
Sandbeck, Georg (Jürgen) von, Verdener Domherr **B:** 23, 25, 28–31, 35, 37, 38, 41, 44, 46, 50, 52, 59, 62
– Johann von **A:** 10, 12, 14, 24
– Johann von **A:** 252, 254
– Jost von **A:** 73
– Jost von **A:** 150
Schaffenrath, Johann, Dr., Syndikus d. Stadt Bremen **A:** 242, 243, 248, 249, 251, 264–268, 270, 272, 274–279, 281, 282, 284–286, 291–295, 301, 303–306, 308
Schalandt, Johann **A:** 211
Schaumers, Giesel **A:** 315
Scharmbeck, Börde **A:** 47
Scharnstedt, Ew. **A:** 116
Schele, Heine, Buxtehuder Bgm. **A:** 1
– Otto, Gesandter d. dän. Kg. s **A:** 322
Schepenstede, Hermann **B:** 1
– N.N., Ehefrau Hermanns **B:** 1
Schermbeke, Martin, Bremer Rh. **A:** 18
Schermer, Klaus **A:** 219
– Margarethe, Wwe. d. Klaus **A:** 219
Schiver, Christoph, Lic., Kanzler **A:** 180, 192, 193, 196, 198, 199,
Schleiff, Johann, bfl. Kanzleirat **B:** 77, 78, 82
Schandals Kule FN **B:** 48
Schlepegrell, Adelsfamilie **B:** 13
– Dietrich, Verdener Domherr **B:** 4
– Friedrich **B:** 4
– Gebhard **B:** 30, 35, 39–42, 46, 47, 49–55, 59, 61, 62, 65
– Heinrich **B:** 1, 2
Schleswig, Hzg. von s. Christian IV., dän. Kg., Johann Adolf, Ebf. von Bremen, Bf. von Lübeck; Johann Friedrich, Ebf. von Bremen, Friedrich, von Dänemark, Bremer Koadjuor; Friedrich II., von Dänemark, Bf. von Verden

- Gesandte **A:** 206
Schleuffer, N.N., Dr., Syndikus d. Verdener Ritterschaft **B:** 35
Schlüter, Konrad. Dombaumeister **A:** 209, 214
Schmalkalden (Sachsen-Anhalt) **A:** 101
Schnedermann, Gert, Bremer Rh. **A:** 180
Schönebeck, Dorothea von, Wwe. d. Hermann von Brobergen **A:** 173
  – Georg Heinrich, Bremer Domherr **A:** 276, 305
  – Heinrich von **A:** 12, 14
  – Johann von, Propst d. Stifts Wildeshausen **A:** 12, 24, 25
  – Johann von **A:** 52, 57, 65
  – Johann von **A:** 173
  – Johann von **A:** 252
  – Luder von **A:** 12
  – Martin **A:** 12
  – N.N. von, Brüder Heinrichs **A:** 12
  – N.N. von, Mutter Dorotheas u. Johanns **A:** 173
Wilken von **A:** 135, 150, 158
Schorhar, Arndt, Bremer Rh. **A:** 292, 295, 300, 301
  – Dietrich, Bremer Bgm. **A:** 18, 21
Schrader, Ludolf, Buxtehuder Bgm. **A:** 180
Schreiber, Bernd **A:** 138
Schulte, Adelsfamilie **A:** 202
  – Arend **A:** 198, 253
  – Balthasar, Knappe, Horneburger Burgmanne **A:** 30
  – Bartold **A:** 73
  – Bartold **A:** 210, 215, 234, 251, 253, 260, 275, 307
  – Caspar, Bremischer Landdrost **B:** 75, 76, 78
  – Christoffer **A:** 268
  – Detlef **A:** 135, 150
  – Detlef **A:** 202, 215, 253
  – Dietrich **A:** 268
  – Dietrich, Drost auf Rotenburg **B:** 77, 78
  – Ertman **A:** 18
  – Ertman **A:** 52
  – Friedrich **A:** 10, 12, 14, 18, 19
  – Garlich, ebfl. Rat, Landdrost **A:** 31, 32, 73
  – Gerd **A:** 12, 14
  – Geverd d. Ä. **A:** 1
  – Giseke **A:** 12
  – Heinrich, Bremer Rh. **A:** 267
  – Hermann, Knappe, Horneburger Burgmanne **A:** 30
  – Johann, Knappe, Hornburger Burgmanne **A:** 30
  – Johann, Erzabt d. Klosters Harsefeld **A:** 18, 22
  – Melchior **A:** 100
  – Ortgies, Senior d. Bremer Domkapitels, Propst d. Klosters Osterholz, Propst von Hadeln und Wursten **A:** 179, 180, 192, 193, 196, 198–200, 202, 205, 206, 217, 226, 229, 230, 233, 242, 243, 248, 249, 251, 264, 265, 267, 268, 270, 272, 274–279, 281, 282, 284, 286, 287, 289, 291, 294, 295, 298, 300, 302, 308
  – Ortgies, Verdener Domdekan **B:** 76
  – Otto, Dr., ebfl. Rat **A:** 301, 302, 307
  – Wilken **A:** 12
Schumacher, Hermann, Bremer Bgm. **A:** 200, 217, 226, 242, 243, 248, 252, 284, 285
Schutten, Hei **A:** 173
Schwachhausen, Heinrich, Bremer Rh. **A:** 307, 308
Schwanemann, Christoph, Sekretär d. Stadt Stade **A:** 303, 304
Schwanewede, Burchard von **A:** 172
  – Heinrich von **A:** 10
  – Johann von **A:** 73
  – Jürgen von **A:** 73
  – Jürgen von **A:** 150, 173
  – Luder von **A:** 173
  – Martin (von), Stader Bgm. **A:** 50, 56
  – Siegfried von **A:** 73
  – Siegfried (Sievert) von **A:** 215, 233, 239, 252
Schwarzburg, Gf. von s. Heinrich, Gf. von Schwarzburg, Bf. von Münster, Administrator von Bremen
Schweden, Kgr. **A:** 326. – **B:** 75, 86
schwedisch, General **A:** 331
  – Oberkommissar **A:** 331
  – Rat **A:** 326
  – Reichsrat **A:** 331
  – Truppen **A:** 330, 332
Schwendi, Lazarus von **A:** 104
Schwencke, Caspar, Syndikus d. Stadt Stade **A:** 192, 193, 198, 199, 217
Schwerin, Gf. von, s. Ulrich, Hzg. von Mecklenburg
Schwerin, Bistum, Koadjutor s. Friedrich, von Dänemark, Ebf. von Bremen, Bf. von Verden
Schwingen, Hieronymus **A:** 116
  – Brüder d. Hieronymus **A:** 116

Seelbach, Kantz von, fsl. Geldrischer Rat **A:** 69
Segemann, Johann **A:** 240
– N.N., Brüder **A:** 173
– Otto **A:** 173, 240
Seggerden, Johann von, Verdener Domherr **B:** 31, 32, 35, 37, 41, 44, 50, 52
Sehlingen, Kate in **B:** 38; s.a. Klein Sehlingen
Semer, Frau **B:** 34
Sesemann, Hildesheimer Bg. **B:** 1, 2
Siades, Peke Johann **A:** 138
Sihelgraben, Gewässer **A:** 203
Simon VI., Gf. zu Lippe **A:** 304
Sirikes, Adike, Vogt zu Imsum **A:** 93
Slamstorp, Johann d. Ä., Propst zu Hadeln **A:** 1, 3
Slavonien, Kg. von s. Rudolf II., Ks.
Soltau, Stadt **B:** 4
– Bote **B:** 4
– Wohnhaus d. Peter Brümmerhoves **B:** 4
Sottrum **A:** 18, 19, 73
– Hof in **A:** 18, 19
– Vogtei **B:** 84
Spade, Adelsfamilie **A:** 173
– Heine **A:** 173
– Ortgies, Propst d. Klosters Zeven **A:** 10, 18, 19, 22
Spanien, spanisch **A:** 277, 298. – **B:** 56, 60, 61
– Kgr. 254
Speckense, zum ON **A:** 15
Speyer **A:** 95, 98, 100, 101, 140, 208. – **B:** 13, 34, 39, 40, 47, 52
Spiegelberg, Jost, Lic., Verdener Kanzler **B:** 13, 35
Spieka, Vogt zu **A:** 93
Stade, Stadt **A:** 1–3, 13, 31, 33, 40, 46, 48, 54, 56, 57, 73–75, 87, 91, 95, 100–102, 109, 116, 121, 131, 134, 137, 150, 158, 163, 170, 173, 180, 192, 193, 196, 198–200, 202, 205, 226, 242, 243, 245, 251, 252, 254, 256, 259, 260–262, 264–268, 272, 274–279, 281, 282, 284–289, 291–293, 295, 297, 298, 300–308, 311, 313, 323, 331–333. – **B:** 68, 75
– Bg. **A:** 133
– Bgm. **A:** 2, 12, 14, 18, 19, 52, 56, 57, 67, 71, 73, 89, 95, 118, 120, 180, 192, 193, 217, 242, 243, 248, 249, 251, 264–266–268, 272, 274, 275, 277–279, 281, 284–289, 291–293, 295, 297, 300–302, 304, 307, 308
– engl. Kaufleute **A:** 226, 227, 229, 269

– Harsefelder Hof **A:** 262
– Kaufleute **A:** 133
– Kloster St. Georg **A:** 48, 75, 103, 109, 116, 132, 134, 136, 252, 328
– – Konvent **A:** 75, 252
– – Propst **A:** 48, 75
– Kloster St. Marien vor, bzw. [nach 1499/1500] in **A:** 22, 48, 89, 100, 135, 202, 205, 217, 226, 230, 242, 248, 249, 251, 264, 266–268, 270, 272, 274–279, 281, 282, 284–289, 291–295, 297, 298, 300, 304–307, 326, 328, 329
– – Abt **A:** 48, 89, 100, 135, 192, 193, 196, 198–200, 202, 205, 217, 226, 230, 234, 242, 248, 249, 251, 264, 266–268, 270, 272, 274–279, 281, 282, 284–289, 291–295, 297, 298, 300, 304–307, 328
– Rat, Rh. **A:** 12–14, 18, 19, 50, 57, 67, 73, 89, 118, 120, 127, 135, 172, 192, 193, 202, 215, 230, 243, 291, 292, 296, 304–306, 326
– Rathaus **A:** 260
– Richter **A:** 305
– Sekretär **A:** 230, 242, 243, 264, 265, 276, 277, 279, 289, 291, 293, 298, 301, 304, 305
– Syndikus **A:** 192, 193, 217, 266–268, 272, 274, 281, 284–286, 288, 306
Stade, Otto von **A:** 15
Stadthagen **A:** 85
Stadland **A:** 36
Stadtlander, Ulrich, Leutnant/Hauptmann **A:** 208, 213
Staffhorst, von, Adelsfamilie **B:** 13, 46
– Joachim von **A:** 173
– Johann von **B:** 13
Stargard, Herr zu s. Ulrich, Hzg. von Mecklenburg
Statius, Friedrich, Propst d. Klosters Buxtehude-Altkloster **A:** 48
Steders, Tiarik, Vogt zu Misselwarden **A:** 93
Steding, Karsten **A:** 7
– Karsten, Bremer Bgm. **A:** 192, 193, 196, 198, 205, 264
Steidelborgk FN **A:** 207
Steiermark, Hzg. zu s. Rudolf II.
Stein, Nikolaus, Amtmann zu Hagen **A:** 229
Stein, Steffen vom **A:** 87
Steinfort, Bach b. Altenwalde **A:** 207
Steingraben, FN b. Basdahl **A:** 2, 5, 6, 9–14, 16, 17, 20–22, 24, 26, 27, 30, 32, 33, 34, 40, 46, 51, 52, 96, 109, 124, 130,

164–167, 171–175, 185, 186, 200, 213, 229, 274, 276, 281
Stelbogen, Sebastian, Dr., ebfl. Kanzler **A:** 179, 180
Stellichte, Burg **B:** 26
Stemmen, Ew. **B:** 2
– Camper Bruch, FN **B:** 1
Stemshorn, Statius, Stader Rh. **A:** 198
Stillhorn, Gut **B:** 75, 76
Stinstede, Dietrich von **A:** 7
– Eggert von **A:** 21, 25
Stolzenau **A:** 206
Stormarn s. Christian IV., dän. Kg., Johann Adolf, Ebf. von Bremen, Bf. von Lübeck; Johann Friedrich, Ebf. von Bremen; Friedrich II., von Dänemark, Bf. von Verden
Stotel, Burg, Befehlshaber **A:** 255
Stovenhagen, Wolder **A:** 12
Struver, Zacharias **A:** 215
Swanenflogel, Heinrich **A:** 56
Swarte, Heinrich, Stader Bgm. **A:** 18, 19
Syke, Amt **A:** 203, 205
– Amtmann **A:** 206

T

Taaken, Hof in **A:** 18, 19
Tadel, Hof **B:** 1, 2
Tarmstedt, Hof in **A:** 18, 19
Thedinghausen **A:** 287
– Amt **A:** 101, 132, 136, 202, 203, 205
– Amtmann **A:** 203, 206, 209
– Burg **A:** 33
– Burgmannen **A:** 33
Tilly, Johann Tserclaes, Gf. von, ksl. General **A:** 322, 324
Tirol, Gf. von s. Rudolf II., Ks.
Torney, Adelsfamilie **B:** 13
– Anton (Tonnies) **B:** 77
Toul **A:** 154
Traiecto, Heinrich de, Propst d. Klosters St. Georg in Stade **A:** 48
Trekel, Dietrich, Sekretär d. Bremer Domkapitels **A:** 303. – **B:** 1
– Gerhard, Notar **A:** 257, 262, 300. – **B:** 38
Trochel, Gut **B:** 72, 75
Türken **A:** 70, 72, 73, 93, 98, 101, 116, 135, 166, 167, 169, 172, 174, 179, 180, 192, 202, 213, 246, 249, 250, 273, 274, 289, 297, 303, 305. – **B:** 3, 13, 23, 28–31, 34, 39, 43, 47, 51, 52
Turban, Caspar, Lic. iur., ebfl. Rat **A:** 198, 199
Twelckhorne s. Quelkorn

Twiste, Hof in **A:** 75
Tymme, Gerburg, Priorin d. Klosers Buxtehude-Altkloster **A:** 138

U

Ullenhausen, Gut, im Extertal **A:** 260
Ulm **A:** 98, 101
Ulrich, Hzg. von Mecklenburg **A:** 262
Ulrichshausen, Gut (Lokalisation?) **A:** 260
Ungarn **B:** 55
– Kg. **A:** 88; s. a. Rudolf II., Ks.
Unser Lieben Frauen Specken, FN bei Neuenwalde **A:** 207
Uthlede, Dorf **A:** 208

V

Vagede, Berend **A:** 10
Vahrendorf, Ludolf, Propst, Bremer Domdekan u. Dompropst, **A:** 99, 118, 158, 167, 168
Veerse, Gut **B:** 72
Verden (einschließlich Norderstadt) **A:** 66, 96, 108, 113, 114, 115, 125, 128, 138, 143, 145, 160, 162, 257. – **B:** 1, 2, 6, 11, 14, 15, 20, 21, 23, 25–29, 31, 33, 34, 37, 39, 40, 42, 47–55, 62, 64, 65, 68, 71, 74–78, 84, 93
– Bf./Administrator **A:** 18, 46, 48, 57, 71, 73–76, 79, 80, 89, 93, 101, 107, 113, 115–118, 120, 121–125, 128, 129, 132, 133, 135–137, 149, 150, 158. – **B:** 1, 2, 4–8, 10–12, 14–21, 32, 33, 40, 60; s. a. Johann III., von Asel; Bertold, von Landesbergen; Christoph, von Braunschweig-Lüneburg; Georg, von Braunschweig-Lüneburg; Eberhard, von Holle; Philipp Sigismund, von Braunschweig-Lüneburg; Friedrich, von Dänemark; Franz Wilhelm, von Wartenberg
– bfl. Gesandte **B:** 77
– bfl. Kanzlei **A:** 330. – **B:** 34, 52, 47, 62, 77, 78
– – Kanzleirat **B:** 52, 78
– – Offiziant **B:** 34
– bfl. Kanzler **B:** 4, 13, 29–31, 34, 35, 40, 41, 43, 44, 46, 47, 50, 51, 55, 60, 68, 71, 75, 77
– bfl. Marschall **B:** 50
– bfl. Räte **B:** 1, 13, 14, 38, 40, 44, 46, 47, 50, 54, 55, 59, 60, 71, 75
– bfl. Sekretär **B:** 41, 44, 46
– bfl. Vizekanzler **B:** 78, 91
– Bistum **B:** 74

- Bürger **A:** 173. – **B:** 27, 73
- Bgm. **B:** 25, 28, 35, 44, 47, 50, 52, 54, 59, 68
- Dom **B:** 4, 5, 24, 32, 49, 51, 52, 65
- – Kapitelhaus **B:** 13, 14, 17–21, 30–33, 35, 39, 41, 42, 44, 46, 49–52, 56, 60–62, 64–69, 71, 72, 75, 77, 81–83, 88, 89, 92, 93
- – Kirchhof **B:** 62
- Domcustos **B:** 1
- Domdekan **B:** 1, 4, 23, 27, 29–31, 35, 37, 39–41, 44, 46, 50, 59, 76
- Domherren **B:** 1, 2, 4, 10, 18, 25, 28, 29, 35, 40, 47, 50, 51, 56, 59
- Domkantor **B:** 1, 4
- Domkapitel **A:** 67, 87, 88, 138. – **B:** 1–4, 6, 8, 9, 11, 13–16, 18–21, 23–27, 29–34, 36, 38–40, 42, 44, 46–49, 51–53, 55, 56, 61, 62, 64, 65, 68, 71, 72, 75–78
- – Senior **B:** 44
- – Syndikus **B:** 29, 35, 37, 39–41, 44, 46, 50, 62, 76
- Domkurien **B:** 2
- Dompropst **B:** 1
- Domscholaster **B:** 4
- Garnison **B:** 75–77
- Hochstift **A:** 46, 48, 90, 120, 143, 198. – **B:** 1–5, 8, 10–16, 18, 23, 24, 27, 29, 30, 32–34, 36, 39, 40, 42, 43, 47–49, 51, 52, 55, 61, 62, 64, 65, 68, 71–73, 75–78, 86, 88
- – Adel **B:** 4, 10, 23, 27–30, 33, 34, 55, 72, 75
- – Amt **B:** 23, 33, 34, 42, 51, 62, 78, 36
- – Amtmann, Beamter **B:** 2, 13, 26, 27, 30, 33, 35, 42, 51, 77
- – Geestlande **B:** 14, 25, 33, 65
- – Gesinde **B:** 8
- – Klerus, Kleriker **B:** 25, 28, 48
- – Landdrost **B:** 75; s.a. Rotenburg, Drost
- – Marschlande **B:** 14, 25, 30, 33, 65
- – Medicus **B:** 68
- – Pastoren **B:** 25, 27–29, 31, 33, 48, 64
- – Prälaten **B:** 33
- – Prokurator **B:** 39, 52
- – Schreiber **B:** 8
- – Städte **B:** 42, 47, 49, 51, 53, 55
- – Vögte **B:** 8, 28, 33
- – Zöllner **B:** 1, 2
- Hof in der Norderstadt **B:** 1
- Kloster Mariengarten, Nonnen **B:** 29

- Koadjutor **A:** 87–90. – **B:** 72
- Rat/Rh. d. Norderstadt **B:** 11, 15, 25, 26, 28, 30, 34, 35, 38, 39, 41, 44, 46, 47, 54, 55, 62, 68, 73, 77, 78
- Rathaus in der Norderstadt **A:** 145
- Ritterschaft **B:** 1, 4, 8, 13–15, 18, 25, 26, 29–31, 33, 34, 36, 38, 39–44, 46, 47, 49–55, 59, 61, 62, 64, 65, 68, 71, 72, 75–78, 81
- – Befehlshaber **B:** 4
- – Syndikus **B:** 35
- – städt. Meier **B:** 23
- – städt. Sekretär **B:** 29, 35, 41, 44, 46, 50, 53, 55, 59
- Stift St. Andreas, Dekan **B:** 37, 58
- – Kapitel **B:** 1, 2
- Stiftshof in der Norderstadt **B:** 16, 28, 30, 33, 38, 42, 51, 73
- Süderende **B:** 2, 5, 28, 29, 52, 64, 78
- – Amtmann **B:** 1
- – Apotheke **B:** 84
- Weihbf. **A:** 18
Verdun **A:** 154
Vesmer, † (?), Höfe in **A:** 18
Vetting, Bauer **B:** 40
Vicken, Heinrich **A:** 10
Vieland **A:** 191
Visselhövede **B:** 87, 89
Vogelsang, Johann, Bremer Rh. **A:** 285
Vogt, Hermann **B:** 1
Volrad, Gf. von Mansfeld **A:** 130
Vomelius, Laurentius, Dr., Advokat **A:** 208, 303
Vorwerk, Hof in, b. Ottersberg **A:** 18, 19

W

Waffensen, Höfe in **A:** 18, 19
Wale, Dietrich **A:** 69
Walle (Stadt Verden) **B:** 31
Walle, Vrederke von, Bremer Bgm. **A:** 1
Wangelin, Henning **A:** 161
- N.N., Wwe Hennings **A:** 161
Wardtwarden Boyng von **A:** 218
Waßmer, Franz, Sekretär d. Stadt Buxtehude **A:** 234, 242, 264, 267, 274, 276, 279, 281, 284, 286, 289, 290, 292, 297, 298, 300–304, 306
Weckebrodt, Johann, Propst d. Klosters Osterholz **A:** 27
Weddewarden **A:** 48
- Burg **A:** 48
Wedekind, Christoffer, Dr., Syndikus d. Stadt Bremen **A:** 180, 192, 193, 196, 198–200, 215, 217, 223, 230, 234, 242. – **B:** 37, 38

Wechold, Johann **A**: 73
- Ortgies **A**: 73
Wehlenkuhle, FN, **A**: 207
Weinbergen, Heinrich, Buxtehuder Rh. **A**: 294, 295, 297, 298
- Johann **A**: 297, 298
Weingärtner, Heinrich, Buxtehuder Rh. **A**: 300–302, 304, 305, 307
- Heinrich, Verdener Domherr, bfl. Rat **B**: 35, 37, 41, 42, 46, 50
Wellen, Gut **A**: 260, 268
Wenden **A**: 89, 90
- Fürst zu s. Ulrich Hzg. von Mecklenburg
- Kg. der s. Christian IV., dän. Kg.
Wenden, Balduin von s. Balduin, von Wenden, Ebf. von Bremen
- Hermann von **A**: 21
Wendt, Peter **B**: 4
Wense, Gut **B**: 75, 76
Wense, von der, Adelsfamilie **B**: 13
- Ernst Otto von der **B**: 41, 46
- Franz Otto von der **B**: 38, 47, 50, 51, 53
- Jürgen von der **B**: 4, 15, 23
- Wilhelm von der **B**: 75–77
Werenberg, Hermann, Bremer Bg. **A**: 158
Werner, Augustin **A**: 100
Werpup, Friedrich, ebfl. Hofrat **A**: 196
- Philipp, bfl. Rat, Marschall **B**: 50
- Simon, zu Ullenhausen, Drost zu Pinneberg **A**: 260
Wersebe, Arendt von **A**: 73
- Bernd von **A**: 73
- Bernd von **A**: 215, 220, 233, 239, 252, 254
- Hermann von **A**: 12, 16, 25
- Hermann von **A**: 50, 52
- Johann d. Ä. von **A**: 1
- Karsten von **A**: 73, 109
- Ortgies von, ebfl. Rat **A**: 150, 172
- Ortgies von **A**: 208, 215, 220
Weselow, Christoph, Verdener Rh. **B**: 35
Weser, Fluß **A**: 32, 74, 101, 189, 209, 254, 313
- Brücke **A**: 32
- Deich **A**: 74
- Fähre **A**: 74
- Wehr **A**: 32
Westen, Dorf **B**: 48
- Ew. **B**: 48
- Gemarkung **B**: 48
- Gericht **B**: 48
- Hof in **B**: 29, 48
- Holz- und Feldmark **B**: 48
- Pastor **B**: 48
- Windmühle bei **B**: 48
Westen, Heinrich von **B**: 40
Westener Ahe, Fluß **B**: 48
Westenlohe, Wald **B**: 48
Westertimke **A**: 18, 19
Westfalen **A**: 57, 116
Westfälischer Reichskreis s. Niederländisch-Westfälischer Reichskreis
Weyhe, Anton von **A**: 138
- Dietrich von **A**: 57
- Erp von **A**: 10, 15, 18, 57
- Jost von **A**: 173
Wichmann, Woldeke, Verdener Rh. **B**: 46
Wiedenbrügge, Johann, Propst d. Klosters Osterholz, Abt d. Klosters St. Paul vor Bremen **A**: 48, 75, 89, 100, 116, 120
Wihe, Johann **A**: 252
Wike, Johann, Lic., Stader Bgm. **A**: 180
Wilckens, Hermann **B**: 55
Wildeshausen **A**: 1, 2, 12
- Amt **A**: 208
- Bgm. **A**: 1, 2
- Stadt **A**: 31, 132, 136, 208
- Stift, Propst **A**: 12, 24, 25, 31, 41, 56, 117
Wildeshusen, Heinrich s. Junge, Heinrich
Wilhelm d. J., Hzg. von Braunschweig-Lüneburg **B**: 15
Winkeldorf, Hof in **A**: 18, 19
Winkelmann, Mauritius, Advocat **A**: 179
Wippermann, Engelbert, Dr., Lic. iur., Bremer Domherr **A**: 217, 220, 226, 229, 230, 234, 242, 243, 248, 249, 251, 265–268, 270, 272, 281, 282, 284–286, 289, 291, 294, 302, 307
Wisch, Clemens von der, Landdrost **A**: 50, 52, 69
Withmer (Witmars), Cord **A**: 252
- Heinrich, Mag., Sekretär **A**: 99, 101, 107
Wittesand, FN **A**: 22
Wittorp, Hermann von, Vogt zu Ottersberg **A**: 18
Witzendorff, Heinrich, Lüneburger Bg. **B**: 39, 40, 42, 51
Wolfenbüttel **B**: 78
Worth (Wurdt), Heinrich up der, Stader Rh. **A**: 243, 278, 302, 303
- Johann up der, Stader Rh. (?) **A**: 234
Worms **A**: 56, 91, 93
Wremen, Vogt zu **A**: 93
Wrisberg, Christoph von, Obrist **A**: 99, 142–145. – **B**: 8
Wümme, Fluß **A**: 18
Württemberg, Hzg. zu s. Rudolf II., Ks.

675

Wulmstorf **A:** 231, 241
Wulven, Cord von **A:** 38
Wurder, die **A:** 32
Wursten, Land **A:** 47–49, 52, 53, 56–58, 74–76, 82, 86, 92, 93, 101, 116, 118, 126, 127, 133, 138, 142, 159, 160, 192, 193, 196, 200, 207, 217, 249, 273, 275, 276, 282, 288, 297, 303
– Ew. (Wurstfriesen) **A:** 52, 85, 87, 92, 102, 116, 143, 215, 230, 266
– Kirch- und Deichgeschworene **A:** 160
– Vogt **A:** 93, 202, 242

Z; s.a. S

Zabel, Heinrich, Bremer Bgm. **A:** 248, 267, 270, 274, 286, 288
Zahrensen, von, Adelsfamilie **B:** 13
Zahrensen, Balthasar von, zu Trochel **B:** 72, 75, 77
– Dietrich von **B:** 40–42, 44, 50, 52, 54, 55
– Heinrich von **B:** 26, 28, 30, 33–35, 40
– Henny von **B:** 13
– Johann d. Ä. von **A:** 116. – **B:** 13, 15, 16, 18, 23
– Johann von **B:** 31, 35
– Moritz von **B:** 26, 29
Zernemann, Tilemann, Dr., Syndikus d. Bremer Domkapitels **A:** 192, 193, 198–202, 205, 217, 226, 234, 243, 248, 249, 262, 264, 272, 274, 275, 277–279, 281, 282, 284–288, 292, 293, 295, 297, 298, 300, 301, 304–308

Zernitz, Albert, Buxtehuder Rh. **A:** 265–267, 272, 276, 279, 284, 289, 291
Zesterfleth, von, Adelsfamilie **A:** 22
– von, zu Ober Ochtenhausen, Adelsfamilie **A:** 314
– Dietrich von **A:** 73
– Dierich von **A:** 73
– Eitel Dietrich von **A:** 253
– Gerveyt von **A:** 73
– Heinrich von **A:** 73
– Heinrich von **A:** 73, 75, 76
– Johann von **A:** 8, 10–12, 14, 15, 17
– Johann von, Knappe **A:** 30
– Klaus von **A:** 46, 57, 73
– Klaus von **A:** 150
– N.N., Mutter Johanns **A:** 15
– Oswald von **A:** 253
Zetterich, N.N. von, Wolfenbütteler Kommandant **B:** 78
Zeven **A:** 48, 108, 109
– Kloster **A:** 10, 18, 19, 22, 33, 34, 48, 52, 94, 200, 214, 251, 277, 303, 304, 326, 328
– – Propst **A:** 10, 18, 19, 22, 33, 34, 48, 52, 94, 200, 214, 251, 277, 303, 304
– Klosterhof **A:** 107, 108, 115
Zimmersche, die **B:** 23
Zütphen, Kloster, Propst **A:** 69
Zütphen, Heinrich von **A:** 50, 54

Index ausgewählter Sachen

A

Abbruch eines Klosters **A**: 54
Abgaben **A**: 48, 136. – **B**: 31
Abgabenverringerung s. Moderation
Ablager **A**: 116, 132
Absetzung **A**: 145, 264
Advokat am Reichskammergericht **A**: 179, 303. – **B**: 33, 40, 64
Äcker **A**: 117, 208. – **B**: 1, 2, 25
Agnaten **A**: 191
Allianz **A**: 325, 326
Almosenkasten (Gotteskasten) **A**: 243, 244
Amtleute **A**: 5, 28, 38
Anleihe **A**: 100
Appellation **A**: 46, 138, 171, 172, 173, 174, 175, 178, 179, 198, 204, 208, 209, 210, 211, 212, 214, 215, 217, 218, 223–225, 229–233, 235–237, 239–241, 287, 288, 289. – **B**: 23
Approbation **A**: 259, 260
Archivalien des Domkapitels **B**: 78
Arme **A**: 189, 243. – **B**: 27, 31, 40, 43, 52
Arrest von Gütern **A**: 75, 76
Artolerey **A**: 158. – **B**: 61
Atzung (Essensversorgung) eines Gefangenen **A**: 236, 237
Aufwandsentschädigung **A**: 228
Ausfuhrverbot **A**: 274
Ausschuß der Landstände **A**: 50, 103, 109, 111, 113, 142, 143, 147, 157, 160, 175, 193, 195, 198, 208–212, 217, 247, 271, 272. – **B**: 15, 16, 18, 23, 26, 29, 30, 71
Aussteuer s. Gerade

B

Basdahler Rezeß/Abschied **A**: 57, 65, 67, 73, 75, 76, 132, 252, 259
Bauer (*Baumann*) **A**: 3, 5, 28, 37, 38, 64, 139, 140, 141. – **B**: 1, 2, 18, 49, 75, 78
Baufälligkeit **B**: 40
Bauhilfe **A**: 175, 176, 190, 191, 194, 195. – **B**: 40, 42, 47, 51
Bauholz **B**: 1, 2
Baukosten **A**: 172. – **B**: 34, 38, 40, 42, 43
Bauleute **B**: 43
Baumaßnahmen **A**: 160, 186, 187, 190, 194, 195. – **B**: 3, 8, 16, 27, 29–31, 36, 38, 40, 43
Baumaterial **B**: 38
Baumeister **B**: 38, 40, 43
Bauregister **B**: 30

Bede, Landbede **A**: 4, 5
Bedrohung (durch Söldner, Kriegsleute) **A**: 277, 298
Beerdigungsgebühren **B**: 27, 29, 33
Befestigungsbauten **A**: 160. – **B**: 31, 33
Befestigungspflichten **A**: 33
Belagerung **A**: 95
Belohnung **A**: 200, 201
Bergwerk **B**: 1, 2
Beschlagnahme **A**: 31
Beschwerden (*Gebreke, Gravamina*) **A**: 31, 46, 48, 52, 57, 60, 65, 69, 74, 76, 85, 93, 95, 97, 102, 104, 107, 109, 131, 132, 149, 160, 174, 193, 208, 215, 263, 264, 265, 268, 287, 288, 291, 301, 303, 305, 307, 308, 312, 314, 315, 321, 327. – **B**: 4, 27, 29–31, 40, 58, 69, 70, 77, 84, 88
Besetzung des Erzstifts Bremen **A**: 330
Besichtigung (eines Streitfalls) **B**: 1, 2, 23
Besoldung **A**: 301, 303. – **B**: 13, 27
Bestätigung (*Confirmation*) **A**: 109, 110. – **B**: 8,
Bettelordnung **B**: 62
Bettler **A**: 265. – **B**: 52, 62
Bevollmächtigung (für einen Prozeß) **B**: 28
Beweisführung **A**: 11
Bienen (*Immen*) **B**: 29, 31, 33
Bier **A**: 54, 67, 191, 202; s. a. Kindelbier, Pfingstbier
Blutgerichtsbarkeit s. Halsgericht
Bohnen **A**: 189
Botenlohn **B**: 61
Brand, Brandstiftung **A**: 7, 15, 103, 107, 301, 302
Brandschaden **A**: 301. – **B**: 43, 45, 47
Brandschatzung, Brandschatz **A**: 107, 301, 302. – **B**: 9
Braupfanne **A**: 158
Brautlacht s. Hochzeit
Brautschatz **A**: 173, 211
Brinksitzer **B**: 18
Bruder, Brüder **A**: 22, 69
Brüche, Bruchgeld **B**: 31, 33, 40
Bücher **A**: 120
Bündnisse **B**: 8
Bürgen, Bürgschaft (*Warschup*) **A**: 17, 22, 69, 89, 100, 116, 189, 192, 213, 225. – **B**: 1, 2, 62
Bürger (?) (*broger*) **A**: 38
Bürgerrecht **A**: 32
Burg, Burgen (*Häuser*) **A**: 32, 56, 111, 192,

677

200, 201, 252, 254, 255, 256, 257, 258, 259, 260, 326. – **B:** 8, 10, 40
Burgbesatzung **B:** 8, 71, 72, 75
Burgbefestigung (*Burgfeste*) **B:** 31, 33
Burglehen **A:** 32
Buxtehuder Rezeß **A:** 57, 60, 65, 67, 73, 75, 76, 136, 199, 252

C

Calvinistische Lehre **B:** 29
Captura s. Gefangennahme
Claus-Meier **B:** 33
Confessio, Urgicht **B:** 48
Cognitio s. gerichtliche Untersuchung
Custodia s. Gefangenschaft
Contumation **A:** 193

D

Defensiv-Hilfe **A:** 94, 95, 96, 98, 101, 105. – **B:** 33, 61
Defensiv-Ordnung **B:** 65
Deich **A:** 75, 76, 189
Deichgericht **A:** 32
Deichregister **A:** 215
Delinquent s. Straftäter
Dienste, Dienstpflichten **A:** 48, 96, 136. – **B:** 29–31, 33
Dinkzahl s. Schutzgeld
Domweih **B:** 29
Donation **A:** 211
Drohschriften **A:** 107
Durchzug von Kriegsvolk **A:** 308

E

Eid **A:** 82, 132, 136, 259, 260, 261, 264. – **B:** 8,
Eigenleute **A:** 2, 33, 34
Einlager **B:** 76
Einquartierung von Truppen **A:** 329. – **B:** 74
Elbschiffahrt **A:** 191
Election s. Wahlrecht
Entlassung eines Drosten **B:** 9
Entlassung von Bediensteten **B:** 9
Entlassung von Söldnertruppen **A:** 284
Entschädigung **A:** 151
Erbbrief **A:** 15
Erbe, Erben **A:** 40, 69, 173, 185, 200, 201, 285, 287, 288. – **B:** 34, 62
Erbfälle **A:** 170, 191, 194. – **B:** 1
Erbgüter **A:** 16, 18, 22, 23, 25, 26, 30, 40, 69, 101, 170, 173, 175, 208
Erbschaft **A:** 173, 285, 287, 288
Exemtion vom Hofgericht **A:** 170
Exemtion vom Totschläger-Mandat **A:** 222, 236, 237
Exemtion von Schatz- und Abgabenzahlungen **A:** 246. – **B:** 27, 28, 33, 39, 52, 56, 57, 62; s. a. Schatzpflicht

F

Fähre **A:** 74
Fahrhabe, mobile Güter **A:** 211. – **B:** 40
Fastelabend **B:** 62
Fehde **A:** 9, 10, 21, 37, 57
Feinde **A:** 124
Fernbleiben vom Landtag **B:** 62
Fiskal, kaiserlicher **A:** 116, 135. – **B:** 13, 39, 62
Fiskal des Reichskreises **B:** 45
Fische, Fischfang **A:** 18, 19, 67, 74
Fischwehr s. Wehr
Flachs **B:** 53
Fohlenzehnten **B:** 31
Folter (*peinliche Tortur*) **B:** 48
Frauen **A:** 10, 15, 22, 26
Frauengerade s. Gerade
Freiheiten **B:** 4, 5, 8
Friedebruch **A:** 124, 132, 133
Friedlosigkeit **A:** 21
Fristversäumnis **A:** 11, 204
Fußdienste **A:** 324

G

Garden der Landsknechte **A:** 109, 172, 265. – **B:** 52, 62, 64
Garnison **B:** 75–77
Gebreke s. Beschwerden
Gefangennahme (*Captura*) **A:** 236, 237
Gefangenschaft (Gefängnis, *Custodia, Carcer*) **A:** 22, 109, 112, 145, 172, 236, 237
Gefattern s. Taufpaten
Gehorsamspflicht **A:** 120
Geistliche **A:** 57, 58
Gelage **B:** 62
Geldleihe, Kredit **A:** 164, 173, 185, 189, 208, 213, 235, 305, 311, 315. – **B:** 1, 12, 18, 23, 27, 31, 34, 40, 47, 74, 75, 76, 77, 78
Geldzahlung **A:** 203
Geleit **A:** 67, 138, 158. – **B:** 31
Geleitbrief (*Salvegarte*) **A:** 138. – **B:** 72
Geleitgeld **A:** 67, 158
Gemeiner Pfennig **A:** 135
Gerade (*Frauengerade, Hausgerade*) **A:** 40, 173, 211
Gerechtigkeiten, Gerechtigkeit **A:** 1, 5, 18, 19, 33, 46, 48, 54, 57, 76, 113, 132, 133,

135, 211, 255, 258, 262, 273. – **B:** 1, 4, 5, 8, 16
Gericht **A:** 18, 19, 31, 32, 136, 236, 237, 298. – **B:** 1, 23, 48; s. a. Hofgericht, Landgericht, Oberlandgericht, Untergericht
gerichtliche Untersuchung (*Cognitio*) **A:** 236, 237
Gerichtsbarkeit s. Jurisdiktion
Gerichtsgrenzen **A:** 18, 19. – **B:** 48
Gerichtskosten **A:** 140
Gerichtsreform **A:** 116
Gerichtstag, Rechtstag, *Richtedag, Tagsatzung* **A:** 6, 18, 21, 23, 46, 57, 132, 136, 137, 150. – **B:** 16, 23
Gerichtsverhandlung **B:** 1
Gerichtswesen **A:** 298
Gerste **A:** 189
Gesandtschaft, Gesandte **A:** 226, 228, 258, 259
Geschenke **A:** 263
Geschütze **A:** 43, 120, 152, 156, 158. – **B:** 9, 29
Getreide (*Korn*), Getreidekauf **A:** 67, 117, 133, 136, 187, 188, 189, 207, 213, 274. – **B:** 1, 2
Getreiderente **A:** 189
Gewalttat, Gewalttaten **A:** 210. – **B:** 45
Gewehre (Büchsen) **B:** 29
Gewohnheiten **B:** 5
Gottesdienst **B:** 29, 62
Gottesdienst, katholischer **A:** 88. – **B:** 22, 23, 62
Gotteskasten s. Almosenkasten
Gravamina s. Beschwerden
Grenzbegehung **A:** 206
Grenze **A:** 138, 198, 202, 203, 205, 206, 207, 288. – **B:** 8, 16, 18
Grenzsäule **A:** 202, 203, 205, 206
Grenzstreitigkeiten **A:** 138, 198, 202, 203, 205, 206, 288. – **B:** 8, 16, 18
Güter, eigene **A:** 20, 24, 31, 117. – **B:** 36
Güter, entfremdete **A:** 200, 201, 205, 270. – **B:** 25, 68
Güter, Erb- s. Erbgüter
Güter, geistliche **A:** 116
Güterbesitz **A:** 24
Güterschenkung **A:** 326
Gutsherren **B:** 49, 64, 75

H

Hafer **A:** 189
Halbhof **A:** 139, 140, 141. – **B:** 71
Halsgericht, Halsgerichtsordnung **A:** 237, 263, 298. – **B:** 48
Handhilfe **A:** 186, 187, 195

Hausgerade s. Gerade
Hausrat **A:** 14, 158
Hauswirt **A:** 40
Heerlager (Feldlager) **A:** 99
Heerzug, Heerzüge **A:** 136, 142
Hergewette **A:** 7
Hexerei s. Zauberei
Hilfe, Hilfeleistung **A:** 56, 63, 120, 174, 175, 184, 192, 198, 229, 230, 264, 265, 266, 270, 273, 291, 292, 298, 304, 306. – **B:** 33, 53, 77, 78; s. a. Bauhilfe, Defensiv-Hilfe, Handhilfe, Türkensteuer
Hochwasser (*Wasserflut*) **A:** 189
Hochzeit (*Brautlacht*) **B:** 27, 62
Hof, Bauernhof **B:** 64, 78; s. a. Halbhof, Vollhof
Hofdienst **A:** 75, 76, 207
Hofernte **B:** 33
Hofgericht, Hofgerichtsordnung **A:** 46, 116, 136, 137, 150, 160, 163, 170, 172, 173, 189, 193, 202, 214, 229, 255, 260, 327. – **B:** 29, 62, 64
Hofhaltung **A:** 55, 56, 57, 73, 75, 76, 82, 178, 192, 252
Hofordnung **A:** 263
Hofstelle, wüstgewordene **B:** 78
Holz **A:** 67, 158, 172. – **B:** 1, 2, 30
Holzeinschlag **A:** 189
Holzherren **A:** 20
Holzungen **A:** 20, 116, 132, 187, 289. – **B:** 1, 2, 26, 33
Honig **B:** 53
Huldigung **A:** 176, 260, 281, 284, 292. – **B:** 73

I

Immenzäune **B:** 29
Immobilien (immobile Güter) **B:** 40
incorporiert **A:** 252
Indult **A:** 291
Interim **A:** 128
Inventar **A:** 116, 201, 289

J

Jagd **A:** 202, 299. – **B:** 62, 64
Jagdhunde **A:** 18, 19, 202
Jagdordnung **A:** 294, 298, 299. – **B:** 62, 64
Jagdrechte **A:** 33, 192, 299
Jagd-Schonzeit s. Schonzeit
Jäger **A:** 18, 19. – **B:** 62
Jurisdiktion (Gerichtsbarkeit) **A:** 57, 88, 116, 117, 132, 237, 314
Jus gentium militare **B:** 64

679

K

Kalender, neuer **B:** 73
Kanzleiordnung **A:** 312, 314
Kapellanat **A:** 117
Kaufhandel **B:** 29
Kaufleute **A:** 3, 32, 133, 226, 227, 229, 270
Kaution **A:** 237
Kieler Umschlag **B:** 77
Kindelbier **B:** 27, 62
Kinder **A:** 10, 16, 20, 22, 26. – **B:** 33
Kindstaufen **B:** 62, 64
Kirchengebäude, verfallene **A:** 133
Kirchenordnung **A:** 175. – **B:** 25, 62, 63, 64, 66, 67
Kirchenvisitation **A:** 175. – **B:** 62
Kirchgeschworene, Juraten **A:** 57, 58
Kirchspiel (*Caspel*) **B:** 25, 33
Kirmes **B:** 62
Klagen, gerichtliche **A:** 7, 8, 9, 10, 11, 14, 15, 16, 17, 18, 20, 21, 22, 23, 27, 30, 32, 40, 56, 109, 116, 120, 137, 150, 170, 175, 185, 192, 202, 208, 209, 210, 211, 212, 235, 236, 237, 239–241, 268, 285, 293, 295, 303, 304. – **B:** 1, 26, 40
Kleidung **A:** 133, 173
Kleinodien einer Frau **A:** 173, 211
Kleinodien eines Klosters **A:** 54
Klostergüter **A:** 326
Klosterverwalter **A:** 109
Knecht **A:** 7, 8, 17, 31, 109, 116
Koadjutor **A:** 75, 87, 88, 89, 90, 91. – **B:** 8,
Kötner **A:** 3, 5, 28, 37, 38, 64, 139, 140, 141. – **B:** 1, 2, 18, 40, 65
Konfession, Augsburger **B:** 24, 62
Konfirmation s. Bestätigung
Konspiration, Koniuration **A:** 98, 101
Kontributionen **A:** 178, 189, 190, 227, 234, 246, 266, 311, 313, 324, 326, 328, 330–332. – **B:** 29, 40, 42, 49, 55, 72, 74–80, 83, 86–89
Konzil **A:** 71, 74
Kopfsteuer **A:** 235, 243, 244, 247, 266
Korn s. Getreide
Kornkauf **A:** 133, 136
Korporal **B:** 71, 72
Krämer **A:** 5, 28
Krankheit **A:** 12
Kredit s. Geldleihe
Kreis-Kasten des Niedersächsischen Reichskreises **A:** 172
Kreismünztag **A:** 191
Krieg **A:** 47, 48, 49, 86, 95, 97, 100, 116, 120, 133, 135, 136, 145, 158, 172, 179, 316–320, 326, 329. – **B:** 8, 11, 23, 53, 55, 57, 60, 61, 74, 76, 77, 78
Kriegskosten **A:** 172. – **B:** 8, 23, 72
Kriegsschäden **B:** 76, 77, 78
Kriegsvolk s. Landsknechte, Söldner
Kriminal- und Entleibungssachen **A:** 236
Kühe **A:** 15. – **B:** 33
Kürschner (*Peltser*) **A:** 5, 28
Küster **B:** 33, 64
Kundschafter **B:** 61
Kurator s. Prokurator

L

Landbede s. Bede
Landesaufgebot (*Sate*) **A:** 33, 174, 176, 178, 179, 180, 186, 193, 196, 229, 278, 304
Landfrieden, Landfriedensbruch **A:** 1, 73, 74, 135, 136, 143, 287
Landgericht **A:** 116, 137, 160, 260. – **B:** 31
Landgüter **A:** 17
Landschatz, Landschatzung, Landsteuer **A:** 28, 29, 154, 161, 166. – **B:** 1, 2, 25, 39, 40, 42, 48, 49
Landschnede s. Grenze
Landschreiber **A:** 215
Landsknechte (*Kriegsvolk, Kriegsknechte, Kriegsleute*) **A:** 47, 48, 52, 54, 56, 73, 75, 76, 87, 96, 97, 109, 116, 140, 145, 172, 182, 187, 265, 284. – **B:** 34, 45, 52, 55, 61, 62, 64, 65
Landstraßen, Straßen **A:** 95, 132, 133, 136
Landwinnung **A:** 207
Lassen (Fisch) **A:** 67, 74
Lebensmittel (*venalia*) **B:** 64
Legestadt **A:** 313
Lehen, Lehengüter **A:** 20, 56, 74, 101, 192, 265
Leibstrafe **B:** 48
Leibzucht **A:** 14, 40, 170
lutherische Lehre s. Reformation

M

Malstatt **A:** 110, 138, 255
Mast **B:** 1
Medicus **B:** 68
Meier, Meierhöfe **A:** 15, 22, 31, 56, 57, 75, 76, 93, 207. – **B:** 1, 2, 5, 11, 23, 25, 33, 36, 40, 49, 56, 64, 65, 72, 75, 78
Meierzins **B:** 5
Memorie **A:** 40
Messer, erstochen mit **B:** 62
Mißernte **A:** 266
Moderation (Abgabenverringerung) **A:** 172,

174, 192, 195, 197, 198, 200, 201, 208, 215, 217, 223, 246, 287, 298. – **B:** 29, 43, 52
Modus der Schatzerhebung (*Modus Collectandi*) **A:** 243, 244, 246, 247, 248, 251, 271, 272, 273, 275, 276, 313, 315. – **B:** 11, 14, 23, 33, 42, 51, 71, 76, 77
Monopolia **A:** 187. – **B:** 53, 64
Morgengabe **A:** 40, 170
Mühle **B:** 1, 2
Mühlensteine **B:** 1, 2
Mündel **B:** 25
Münze **A:** 17, 179, 194. – **B:** 65
Munition **A:** 158. – **B:** 29, 60
Musterung **A:** 174, 176, 178, 179, 180, 193, 213, 229, 278, 304

N

Nachjagd **A:** 237
Nachlaß **A:** 200, 201. – **B:** 12, 13, 16, 34, 36
Nachzählen der Schatzeinkünfte **B:** 42
Nachrichter s. Scharfrichter
Neunaugen (Fisch) **A:** 67, 74
Nichterscheinen vor Gericht **A:** 12, 21, 116
Nominierung **A:** 264
Notwehr **A:** 153, 184
Nutzungsrechte **B:** 5

O

Oberlandgericht **A:** 137, 189, 193, 238, 260, 327
Ochsen **A:** 15, 35, 67, 74, 117, 132. – **B:** 31, 33
Ochsenzoll **A:** 35, 67, 74

P

Pacht **A:** 207
Papageienschießen **B:** 29
Particularsachen **B:** 18
Paß (*paßbort*) **B:** 64
Pastoren **A:** 207. – **B:** 25, 27–29, 31, 33, 48, 64
Patria s. Vaterland
Pest **A:** 202
Pfändung **A:** 15, 19
Pfand, verpfändete Güter **A:** 41, 88, 147, 150, 151, 155, 156, 157, 158, 159, 200, 201, 205, 207 – **B:** 1, 8, 29, 30, 40, 49
Pfandbrief **A:** 214
Pfandgeschäft **B:** 29
Pfandschilling **A:** 158. – **B:** 29
Pfarrhaus **B:** 25
Pfarrwitwenhaus **B:** 25

Pferde **A:** 15, 32, 33, 57, 96, 133, 140, 201, 209, 242, 265, 270, 333. – **B:** 33, 40, 62, 77
Pfingstbier **B:** 62
Pflugkate, Pflugkötner **A:** 140. – **B:** 18
Pflugschatz **A:** 3, 4, 37, 38, 41, 42, 43, 44, 47, 48, 49, 50, 51, 53, 56, 63, 70, 72, 75, 76, 77, 81, 82, 83, 84, 86, 113, 118, 119, 130, 146, 154, 184, 303, 305. – **B:** 14, 16, 18, 23
Plünderungen **B:** 30
Poen s. Strafe
Policey **A:** 132, 176, 187, 189
Polizeiordnung **A:** 176, 187, 189, 190
Postulation **A:** 254, 255, 256, 257
Präsentationsrecht **A:** 207
Privation **A:** 133
Privilegien, Privilegienbestätigung **A:** 1, 57, 88, 89, 116, 120, 176. – **B:** 4, 5, 8, 73
Prokurator, *Kurator* **A:** 172, 228. – **B:** 16, 28, 33, 38, 39, 64
Promotorialbrief **B:** 4
Protestation **A:** 262, 273, 274. – **B:** 4, 16
Proviant **A:** 116
Prozeß (*Ployt*), Gerichtsverfahren **A:** 75, 76, 120, 135, 138, 149, 150, 172, 173, 180, 186, 187, 193, 194, 198, 200, 201, 214, 215, 218, 223–225, 228, 230–233, 236, 237, 239–241, 265, 298. – **B:** 23, 28, 31, 38, 39, 40, 62
Prozeßakten **A:** 303, 304, 308

Q

Qweck s. Vieh

R

Raub **A:** 7, 15, 103, 107
Rechnungslegung des Drosten **B:** 1, 2
Rechnungslegung, Rechenschaft über Schatzerträge **A:** 79, 82, 86, 116, 127, 133, 136, 200, 201, 293, 297, 305. – **B:** 39
Recht der ärgeren Hand **A:** 2, 33, 34
Rechtsbelehrung **A:** 218. – **B:** 48
Rechtsbescheid **A:** 138, 145, 163, 202, 204, 208–215, 217–225, 230–233, 235, 239–241
Rechtsfindung **A:** 2, 6, 7, 8, 9, 10, 11, 14–18, 20–23, 27, 30, 33, 34, 40, 69, 118, 119. – **B:** 62
Rechtstag s. Gerichtstag
Reetmähen **B:** 29, 30, 33
Reformation, lutherische Lehre **A:** 50, 54, 71, 74. – **B:** 23

681

Regalien **A:** 73, 116, 136, 172, 191, 254, 270, 291, 307. – **B:** 56, 57, 62
Register **A:** 120
Registrator für Reichskreisangelegenheiten **B:** 62
Reichsabschied, Reichstagsabschied **A:** 119, 135, 145, 257, 305. – **B:** 29, 32, 33, 52, 55
Reichsacht: **A:** 56, 107. – **B:** 62
Reichs-Constitution **B:** 38, 39
Reichsexekution **B:** 29
Reichshilfe **A:** 184. – **B** 30
Reichskammergericht **A:** 56, 71, 73–76, 119, 132, 135, 136, 140, 179, 194, 198, 200, 201, 208, 257, 303. – **B:** 1, 4, 13, 16, 27, 33, 34, 38, 39, 48, 52, 60, 62, 64
Reichskreisabschied **A:** 140. – **B:** 29, 33, 61
Reichskreispfennigmeister **B:** 52, 61
Reichskreissteuern, Reichskreisabgaben **A:** 179, 205, 213, 242, 246, 249, 278, 284, 286. – **B:** 23, 28, 31, 45, 52, 56, 60
Reichskreistag **A:** 257, 277, 285, 294. – **B:** 23, 28, 48, 53, 61
Reichslandfrieden **A:** 184
Reichsmatrikel **B:** 60
Reichsordnung **A:** 135, 172. – **B:** 61
Reichspfennigmeister **A:** 172, 192. – **B:** 55
Reichssteuern, Reichsabgaben, Reichskontributionen **A:** 147, 154, 160, 174, 176, 178, 184, 188, 189, 181, 192, 195, 197, 198, 202, 205, 208, 217, 223, 226, 228, 230, 234, 235, 242, 244, 246, 249, 266, 271, 272, 273, 284, 287, 288, 289, 291, 293, 294, 298, 304. – **B:** 13, 18, 23, 27, 31, 32, 40, 43, 47, 51, 52, 56, 62
Reichstag **A:** 67, 107, 113, 116, 118, 119, 169, 172, 189, 193, 195, 257, 305. – **B:** 13, 31, 48, 51, 55
Reichsvorrat **A:** 174
Reislaufen **A:** 176, 184, 195
Reiterei (berittene Soldaten) **A:** 73, 87, 96, 133, 140, 145, 315, 332. – **B:** 61, 77
Reiterkompanien **A:** 315
Rekatholisierung **B:** 74
Religionsfrieden **A:** 257
Religion, evangelische **B:** 74
Religionssachen, Religionswirren **A:** 156, 159. – **B:** 22
Rente **A:** 101, 117, 132. – **B:** 23,
Reparaturarbeiten **A:** 301, 302
Residierende Domherren, Residenz, Residenzpflicht **A:** 75, 76, 248, 252, 254–257, 260, 262

Resignation **A:** 255
Restitution **A:** 209. – **B:** 1, 86
Richtedag s. Gerichtstag
Richter **A:** 31, 189
Ritterdienste **B:** 33
Rittergericht **A:** 184
Ritterrecht **A:** 149
Roggen **A:** 189
Römer-Monat **A:** 265, 266, 292, 306. – **B:** 33, 55
Römerzins **A:** 174
Römerzug **A:** 174, 195. – **B:** 23, 28, 33, 61
Roßdienst **A:** 133, 180, 324, 333
Rotulierung **A:** 218, 259
Rückerstattung von Geldern **B:** 13

S

Sakrament **B:** 18
Sand (für Wegebau) **B:** 36
Sate s. Landesaufgebot, Musterung
Schaden **A:** 145. – **B:** 8,
Schätzung von Gütern **A:** 208
Schafe **A:** 67. – **B:** 27, 29, 30, 33
Schaftrift **B:** 29, 30
Scharfrichter (Nachrichter) **A:** 236
Schatz, 16.-Pfenning- **A:** 78, 79, 93, 105, 109, 116, 126, 127, 133, 134, 135, 138, 147, 148, 162, 169, 174, 175, 178, 184, 185, 190, 208, 215, 216, 223, 226–228, 245, 246, 249, 250, 266, 268, 269, 279, 280, 282, 283, 289, 290, 295, 296, 297, 300, 301, 304, 305, 309. – **B:** 15, 16
Schatz, 2-Taler- (2-Gulden-) **A:** 75, 76, 132
Schatz, Pflug- s. Pflugschatz
Schatz, Vieh- s. Viehschatz
Schatzbeschreibung, Schatzregister **A:** 138, 192, 198, 200, 201, 215, 217, 223, 265, 268, 270, 274. – **B:** 29, 30, 42, 61, 77, 78
Schatzbewilligung **A:** 3, 5, 28, 29, 37, 38, 41–44, 47, 49–51, 53, 55, 57–59, 61–64, 68, 70, 72, 75–78, 81–84, 86, 93, 105, 113, 118, 119, 130, 132, 134, 135, 139, 140, 141, 146–148, 154, 161, 162, 169, 184, 190, 215, 216, 227, 245, 246, 249, 250, 268, 269, 279, 280, 282, 283, 289, 290, 295, 296, 300, 301, 304, 305, 309 – **B:** 1, 2, 3, 8, 11, 12, 14–16, 18, 23, 25, 27, 28, 33, 42, 47, 55, 65, 71, 72, 77, 78
Schatzeinnehmer, Schatzverordnete (*Collector*) **A:** 43, 44, 47, 50, 51, 61, 70, 72, 116, 127, 138, 139, 140, 169, 255, 260,

305, 308, 313 – **B:** 1, 18, 27, 28, 33, 39, 42, 51, 58, 71, 72
Schatzkiste, Schatzkasten **A:** 93. – **B:** 39, 42, 51, 52, 60, 61, 62, 72
Schatzschreiber **A:** 313. – **B:** 27, 42
Schatzpflicht **A:** 179, 180, 273; s.a. Exemtion
Schatzrechnung **B:** 58, 61, 71, 72
Schatzreform **A:** 243
Schatzregister s. Schatzbeschreibung
Schatzung, Steuern **A:** 4, 8, 10, 22, 78, 120, 139, 140, 166, 176, 179, 260, 291, 293, 303, 313. – **B:** 4, 8, 28, 30, 31, 39, 40, 42, 43, 48, 51, 68, 82, 87
Schatzverweigerung **A:** 4. – **B:** 31
Schiedsleute, Schiedsrichter **A:** 1, 36, 52, 71, 135, 136, 259, 260. – **B:** 26
Schiedsspruch (Urteil) **A:** 13, 14, 71, 259, 260. – **B:** 26
Schiff **A:** 145, 202
Schiffahrt **A:** 191
Schinken **B:** 33
Schirm und Schutz **A:** 31, 57, 67, 120
Schleusenregister **A:** 215
Schlüssel für die Schatzkiste **B:** 62
Schmähungen **A:** 210
Schmalkaldischer Bund **A:** 101
Schmied **A:** 5, 28
Schnede s. Grenze
Schneider (*Schröder*) **A:** 5, 28
Schöffenstuhl **B:** 23,
Schonzeit (für Wild) **A:** 299. – **B:** 62
Schuhmacher **A:** 3, 5, 28
Schulden, Schuldner **A:** 15, 53, 57, 59, 61, 62, 64, 69, 73, 75, 76, 77, 78, 93, 105, 116, 117, 130, 132, 133, 135, 143, 146, 147, 154, 160, 161, 164, 169, 170, 175, 185, 192, 198, 208, 226, 230, 278, 281, 284, 286, 287, 288, 289, 304 – **B:** 1, 2, 8, 9, 10, 11, 13, 23, 27, 30, 31, 39, 40, 51, 58, 61, 64, 71, 76–78, 85, 88
Schuldenerlaß **A:** 226, 230
Schuldiener **B:** 78
Schuldverschreibung **A:** 289
Schutzgeld (*Dinkzahl*) **A:** 215
Schweine **A:** 15, 20, 32. – **B:** 1, 33
Schwert **A:** 104
Schwertmage **A:** 16
Sedisvakanz **A:** 252, 254, 255, 256, 257, 258, 260
Selbstjustiz **A:** 202
Send, Sendgericht **B:** 40, 48
Sentenz s. Urteil
Silbergeschirr **B:** 16
Söldner (*Kriegsleute, Kriegsvolk, Soldaten, Soldateska*) **A:** 284, 298, 308, 318, 321–324, 329, 332. – **B:** 71, 72, 75
Söldnerwerbung **A:** 184
Spillseite **A:** 16, 40
Stadischer Rezeß **A:** 260, 262, 268
Spanisch-Niederländischer Krieg **B:** 53
Starke (Kuh) **B:** 33
Statuten **B:** 5
Steine (für Wegebau) **B:** 36
Steuer s. Kontribution; Landschatz; Pflugschatz; Schatz; Schatzung
Steuerfreiheit (*Exemtion*) **A:** 193
Stint (Fisch) **A:** 67, 74
Strafe (*Poen*) **A:** 215, 236. – **B:** 48
Strafprozeß **A:** 293
Straftäter (*Delinquent*) **A:** 236, 237
Straßen s. Landstraßen
Straßenraub **A:** 136
Subsidium Caritativum **A:** 293. – **B:** 18, 62, 64
Sühneverhandlungen **A:** 36, 39
Supplik, Supplikation **A:** 138, 236, 255, 285, 303. – **B:** 40
Synodalia **A:** 67

T

Tätlichkeiten **A:** 11
Tafelgüter, Güter des Erzstifts/Hochstifts **A:** 132, 133, 136, 146, 147, 160, 200, 201, 205, 265 – **B:** 1, 2, 5, 18, 68
Tagfahrt **B:** 16
Tagsatzung s. Gerichtstage
Taufpaten (*gefattern*) **B:** 64
Testament, Testamentsvollstrecker **A:** 69, 132, 173
Teuerung **A:** 188, 266
Tohopesate **A:** 73,
Tortur s. Folter
Totschlag, Totschläger **A:** 22, 136, 153, 172, 184, 192, 199, 234–237
Tradition 261
Tripelhilfe **A:** 285, 286, 316, 317
Trommel **B:** 62
Truppenwerbung **A:** 176
Türkensteuer (*Türkenhilfe, Türkenzug*) **A:** 70, 72, 73, 93, 98, 101, 116, 135, 166, 167, 169, 172, 174, 179, 180, 192, 202, 213, 246, 249, 250, 273, 274, 289, 297, 303, 305. – **B:** 3, 13, 23, 28–31, 34, 39, 43, 47, 51, 52

U

Unfreie **A:** 2, 33, 34

Union der Landstände gegen das Domkapitel **A:** 252, 258
Union der Landstände mit dem Domkapitel **B:** 31, 34, 40
Universität **A:** 71, 74, 218, 236, 237. – **B:** 23, 48
Untergericht **A:** 189, 190, 260
Unterhalt von Nonnen **B:** 29
Urfehde **A:** 112
Urgicht s. *Confessio*
Urteil **A:** 46, 132, 173, 192, 210, 236, 237. – **B:** 23, 31
Urteilsvollstreckung (*Executio*) **A:** 236, 237

V

Vakanz einer Pastorenstelle **A:** 207
Vakanz einer Prälatur **A:** 252
Vaterland (*Patria*) **A:** 254, 258
Verbannung (Landesverweisung) **A:** 236
Verehrung **B:** 27, 29–31
Vergadderung **A:** 116
Verlöbnis **B:** 62
Verteidigung **A:** 197
Vieh (*Qweck*) **A:** 15, 117, 133, 136. – **B:** 1, 23, 27, 28, 53, 77, 78
Viehkauf **A:** 133, 136. – **B:** 1
Viehschatz **B:** 23, 27, 28, 33, 42, 47, 51, 61, 71, 72, 77, 78
Vikare **A:** 57, 58
Visitation des Reichskammergerichts **B:** 34
Vörder Rezeß **A:** 135
Vogelschießen **B:** 62
Vollhof **A:** 139, 140. – **B:** 71
Vorkauf **A:** 82, 133, 136, 187. – **B:** 1, 31, 53, 64
Vormund, Vormundschaft **A:** 10, 11, 12, 14, 16, 173, 268. – **B:** 25

W

Wachs **B:** 31, 53
Wachtmeister **B:** 71
Waffen **B:** 71
Wahl, Wahlrecht (*Election*) **A:** 88, 89, 116, 132, 133, 136, 252, 254, 255, 256, 257, 258, 259, 260, 322. – **B:** 72
Wahlkapitulation **A:** 145, 252, 254, 255, 256, 257, 260, 295. – **B:** 8, 34, 42, 49, 71, 72, 77
Wahltag **A:** 259
Weg, Feldweg **B:** 36
Wegnahme von Ochsen **B:** 31
Wehr, Fischwehr **A:** 32
Weizen **A:** 189
Wiederherstellung von Burgen **A:** 200, 201
Wiederkauf **A:** 22
Wild, Wildarten, Wildbret (*wiltpratt*) **A:** 299. – **B:** 62
Wildschützen **A:** 172, 176, 187, 299
Wilhadus-Pfennig **A:** 117, 132
Willkomm **A:** 42, 154. – **B:** 13, 18
Willkür **A:** 13
Wirt (*Taverner*) **A:** 3, 5, 28
Witwe **A:** 7, 17, 20, 22, 40
Wochenmarkt **B:** 64
Wolle **B:** 31, 53
Wucher **B:** 29
wucherliche Kontrakte **A:** 188, 189, 191, 194

Z

Zauberei (Hexerei) **A:** 298
Zehnte, Zehntrechte **A:** 101, 170, 192, 207. – **B:** 1, 2, 5, 18, 26, 29, 31, 56
Ziegen **A:** 138
Ziese **A:** 67
Zinsen **A:** 100, 101, 116, 117, 185, 189, 207. – **B:** 23, 29, 31, 33
Zitation (vor Gericht) **A:** 21, 46, 137, 173, 215, 255, 256, 259, 260. – **B:** 23, 39
Zoll **A:** 32, 35, 67, 74, 132, 133, 136, 158, 207. – **B:** 1, 23, 31, 77
Zuschläge **B:** 1, 8, 29, 30
Zuzug von Adeligen in Städte **A:** 33, 289